D1689829

Hans Renner Geschichte der Musik

Hans Renner

GESCHICHTE DER MUSIK

Mit 186 Abbildungen im Text, 103 Notenzeichnungen und 119 Abbildungen auf Tafeln

Deutsche Verlags-Anstalt Stuttgart

Dieser Nachdruck macht die Ausgabe der »Geschichte der Musik« aus dem Jahre 1965 wieder zugänglich. Auf den Versuch, das Schlußkapitel des Verfassers († 1971) über die »Neue Musik« von anderer Hand fortführen zu lassen, wurde im Interesse der Einheitlichkeit des Werkes verzichtet.

CIP-Kurztitelaufnahme der Deutschen Bibliothek

Renner, Hans:
Geschichte der Musik / Hans Renner. –
Unveränd. Nachdr. d. 1. Aufl. von 1965. –
Stuttgart: Deutsche Verlags-Anstalt, 1985.
ISBN 3-421-06244-7

© 1965 und 1985 Deutsche Verlags-Anstalt GmbH, Stuttgart
Alle Rechte vorbehalten
Unveränderter Nachdruck der 1. Auflage von 1965
Text- und Bildgestaltung: Juergen Seuss, Niddatal
Gesamtherstellung: C. H. Beck'sche Buchdruckerei, Nördlingen
Printed in Germany

Inhaltsübersicht

Musik im Altertum 13

Musik im abendländischen Mittelalter 47

Musik des 16. Jahrhunderts *(Renaissance)* 89

Musik des Barock *(Generalbaßzeit; ca. 1600 bis 1750)* 127

Die Klassik *(etwa 1730 bis 1810)* 269

Musik des 19. Jahrhunderts 347

Übergänge zum 20. Jahrhundert 519

Von der ›Neuen Musik‹ 579

Anhang 629

Meiner Frau zugedacht

Einleitung · *Von der Musik der Naturvölker*

Über den Ursprung der Musik gibt es verschiedene Theorien. So glaubt man in der Nachahmung von Liebeslockrufen der Vögel, in anfeuernden Rufen bei gemeinschaftlicher Arbeit, in Jagd- und Kampfrufen, Ausrufen des Entzückens oder Totenklagen Urimpulse der Musik zu erkennen. Manches scheint dafür zu sprechen, doch sind Rufe noch nicht Musik. Erst wenn derartige Rufe sich zu Tonmotiven von bestimmter Tonhöhe festigen, können sie zu Keimzellen musikalischen Geschehens werden; erst durch gewollte Wiederholung werden sie über das bloß Triebhafte oder Zufällige hinausgehoben, und erst in Verbindung mit freien oder periodischen rhythmischen und formalen Gliederungen wird aus solchen Motivketten Gesang, gestaltete Musik.
Den Funden aus vorgeschichtlicher Zeit entspricht vieles, was man bei den sogenannten ›Primitiven‹, den ›Naturvölkern‹ feststellte. Wenn man aus der musikalischen Verhaltensweise der Primitiven Rückschlüsse zu ziehen versucht auf die Ursprünge der Musik, so ist hierbei zu berücksichtigen, daß die Kulturen der Primitiven ontologisch denen der geschichtlich übersehbaren Gemeinschaften nicht nach-, sondern nebengeordnet sind. Sie bieten keine echten Analogien zum vorgeschichtlichen Sein etwa im Abendland, wohl aber Beispiele für andere Erscheinungsformen geschichtslosen menschlichen Seins überhaupt. Es lassen sich also aus der Beobachtung der Primitiven immer nur Hypothesen über das Wesen des vorgeschichtlichen Seins aufstellen; Hypothesen, die gewisse Vorstellungen vermitteln können vom mutmaßlichen Werden menschlicher Kulturen innerhalb jener Zeiträume, die der direkten Forschung entrückt sind. Dies gilt auch für die Musik als Bestandteil jeder Kultur.
Auf Grund der Forschungsergebnisse der vergleichenden Musikwissenschaft darf man etwa folgende Entwicklung als wahrscheinlich annehmen: Von frühauf war die Musik dem Tanz oder tanzähnlichen Regungen verbunden. Lautäußerungen in Verbindung mit Bewegungen waren die ersten Verständigungsmittel des Menschen. Lautäußerungen festigten sich zu Worten, mit denen bestimmte Begriffe gemeint waren. In Wortverbindungen, die anfangs stets im Zusammenhang standen mit hinweisenden Bewegungszeichen (Gebärden, Gesten), wurden dann Begriffsverbindungen, Wünsche, Geschehnisse mitgeteilt. Gestenreiche Sprachen entstanden. Die Gestik steigerte sich unbewußt als Ausdruck der Euphorie (des Wohlbefindens) zum rhythmisch gegliederten Schreit-, Hüpf-, Stampf- oder Springtanz. Ihm zugehörig waren zunächst unartikulierte Ausrufe, später tonal gefestigte Wort- oder Rufmotive, dann Gesänge, Musik. Das Triebhafte, Unbewußte der ersten Stufen solcher Tanzwerdung läßt sich bei spielenden Kindern, aber auch bei Tieren beobachten. Die

Menschenaffen etwa schlagen die Fäuste gegeneinander, trommeln sich auf die Bäuche, sie hüpfen oder springen im Kreis herum und begleiten ihr rauschhaftes Treiben mit periodisch wiederkehrenden Schreien.

Die dem Tanz und dem Wort verbundene Musik der Primitiven wird nie um ihrer selbst willen als ›Kunst‹ betrieben, sie ist zweckbestimmt und Mittel der Magie; man

›Klangzauber der Primitiven‹. Schlaginstrumente der Eingeborenen auf den Molukken

spricht ihr Zauberkräfte zu über Tiere, Menschen und die von Dämonen belebte Natur. Dem ›Klangzauber‹ der Primitiven – wie dem verwandten ›Bildzauber‹ – liegen natürliche Erfahrungen zugrunde. Die ersten Jäger beobachteten die Lock- und Balzrufe der Vögel, die Brunftschreie der Tiere; sie ahmten sie nach und erlebten, daß die Tiere sich täuschen ließen: sie näherten sich und wurden zur Beute.

Aus solchem Erfolg erwuchs der Glaube an die Macht der Klänge über die Tiere. Die Tierpantomimen, die man bei einigen Naturvölkern beobachtet hat – bei ihnen allen werden Tierrufe nachgeahmt –, sollen hervorgegangen sein aus Stammesübungen, die der Vorbereitung der Jagd dienten. Diese ursprünglich vielleicht realistisch gemeinten Übungen wurden dann von animistischen Vorstellungen überdeckt und in den Kultpantomimen ins Magische gesteigert.

Allen Primitiven erscheinen die Zusammenhänge des Seins dunkel und unbegreiflich, ihre wenigen rationalen Erkenntnisse gleichen ›Bewußtseinsinseln‹ inmitten einer traumverhangenen Vorstellungswelt und werden unbewußt in diese eingeordnet. Ihr ganzes Sein ist eingebettet in Kultgebräuche. Ein Lied, das die Sonne herbeirufen soll, singen sie nicht am Mittag oder Abend, einen Totengesang nicht außerhalb der Totenfeier. Nach ihren Vorstellungen können die Tages- und Jahreszeiten nicht wechseln ohne kultische Zeremonien; Dürre, Fehlernten und Mißgeschick aller Art kann nur der rechte Zauber bannen. Wer ihn kennt und anordnet, wer die Ritualgesänge dem Chor vorsingt, die geheiligten Kultinstrumente besitzt und verwaltet, hat Macht über seinesgleichen. Er, der Schamane, der Medizinmann, ist der Mund der Geister und Dämonen. Oft ist er zugleich der Häuptling und berufen, stammeswichtige Zeremonien einzuleiten durch monotone Klopfrhythmen auf der Fetischtrommel oder dem Tamtam, durch langgezogene Töne auf dem Priesterhorn u. a. Er reißt die Stammesmitglieder in die orgiastische Raserei wilder Tänze und Zaubergesänge und läßt sie teilhaben an einer magischen Verwandlung, in der die Stimmen der Dämonen vernehmbar werden.

Die durch einen Zauberglauben geeinten Primitiven kennen noch keine persönlich gemeinten Liebeslieder; die Gesänge der Beschneidungs- und Mannbarkeitsfeste sind Ritualgesänge. Erst bei höher entwickelten Primitiven gibt es das persönlich gemeinte Liebeslied und auch das Kriegs- und Arbeitslied. Lieder, an deren Zauberkraft man nicht mehr glaubt, weil sie versagten, sinken ab zu Spott- und Kinderliedern; Instrumente, deren magische Kraft dadurch gebrochen wird, daß man sie dem Schamanen nachzubilden lernt, werden zu profanen Volksinstrumenten oder zum Kinderspielzeug.

Auf der niedersten Kulturstufe betonen die Primitiven den Rhythmus ihrer Kultgesänge nur durch Körperbewegungen, durch Stampfen, Hände- und Schenkelklatschen. Die ältesten Instrumente sind Klappern, Rasseln und Schwirrhölzer, Stampfbretter, auch Pfeile und Lanzen, die man gegen Schilde oder Hohlkörper schlägt. Auf höherer Stufe folgen dann Pauken und Trommeln, Pfeifen und Flöten der verschiedensten Art, meist aus Knochen, ferner Muschelhörner, Tierhorntrompeten und aus dem Schießbogen entwickelte Musikbogen mit zunächst einer, dann mehreren Saiten; als Lautverstärker bringt man an ihnen bisweilen Kürbisgehäuse oder andere Hohlkörper an. Derartige Musikbogen wurden auch bei den geschichtlich übersehbaren Völkern nachgewiesen, aus ihnen leiten sich die alten Bogenharfen her. Es gibt bei den Primitiven auch Saiteninstrumente aus Bambus- oder Schilfrohr mit ›stammeigener‹ Saite; das heißt, aus dem Rohr ist eine lange schmale Rindenfaser teilweise herausgelöst; an den noch mit dem Rohr verbundenen Enden sind ihr Stäbchen oder Steine untergeschoben, damit sie gespannt wird. Oder man bindet mehrere verschieden lange ›Klingrohre‹ zusammen und erhält so die primitivste Form der Zither.

Alle bekannten Musikinstrumentarten – man unterscheidet drei Hauptgruppen: Schlag-, Blas- und Saiteninstrumente – finden sich bei den Primitiven. Sie sind den Instrumenten der vor- und frühgeschichtlichen Völker artverwandt, aber unabhängig von fremden Vorbildern entstanden. Im allgemeinen haben sie magische Bedeutung; viele Instrumente werden als Dämonen verehrt.

Die Primitiven kennen noch keine Tonsysteme. Ihren Melodien liegen Tonreihen zugrunde, die unbewußt, ohne Kenntnis der Spannungsverhältnisse zwischen den Intervallen, aus der Vielzahl der Töne willkürlich ausgewählt sind. Bei Eingeborenen der niedersten Entwicklungsstufe, etwa bei den Wedda auf Ceylon, den Minkopi auf den Andamaneninseln nördlich von Sumatra, den Feuerländern in Südamerika sowie bei australischen und afrikanischen Stämmen, hörte man unbegleitete Tanzgesänge,

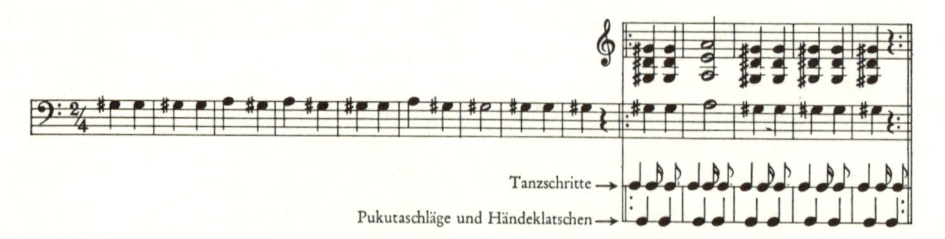

Gesang der Minkopie, nach Portmann, 1888. Die Pukuta ist ein Schallbrett, das mit den Fersen getreten wird

die zwei bis höchstens drei Halbtöne umfassen. Ein Hauptton, zu dem stets zurückgekehrt wird, tritt klar hervor; von ihm wird nach unten oder oben mit nur einem Achtel-, Viertel- oder Halbton melodisch abgewichen. Bei Höhepunkten treten zur Hauptstimme verstärkend parallele Oktaven und Quinten bzw. Quarten als Oberstimmen, wie beim abendländischen ›organum‹. Schon die Primitiven machen also die klangliche Struktur der Töne unwillkürlich im Sinne der natürlichen Obertonreihe (2., 3., 4. Oberton) hörbar. Die formale Gliederung ihrer Gesänge stellt sich dar als eine Kette von gleichartigen melodischen Motiven (aus zwei bis drei Halbtönen) und Rhythmen, die manisch wiederholt werden, wobei sich die Dynamik allmählich bis zu exzessiven Höhepunkten steigert. Als Wirkung derartiger Tanzlieder wurden Bewußtseinsstörungen, rausch- und tranceartige Zustände der Tänzer beobachtet. – Bei höher entwickelten Naturvölkern erweitert sich der melodische Bogen bis auf fünf verschiedene Töne, gelegentlich sogar bis zur Oktave und darüber hinaus.
Auffallend ist die Neigung, in der Melodik von oben nach unten fortzuschreiten, wobei sich die Tonstufen vergrößern; typisch ist ferner das Bestreben, die Haupt- oder Rahmentöne der Melodie aus konsonanten Intervallen (Quinte, Quarte, Oktave) zu bilden. Gesänge, die man bei den Eskimos aufnahm, weisen hierdurch überraschende Analogien zu einfachen europäischen Volksliedtypen auf. Die begleitenden Gesänge höher entwickelter Primitiver stellen sich formal dar etwa als ›Thema mit Variationen‹, aber auch zwei- und dreiteilige oder frei sich entfaltende Gebilde, Wechselgesänge mit Refrains, Strophenlieder mit rezitativischen Einschüben und andere Strukturen ergeben insgesamt einen erstaunlichen Reichtum an verschiedenartigen Formtypen.
Die Primitiven singen im Chor vorwiegend einstimmig. Ihren mehrstimmigen Gesängen fehlt in der Regel die für die abendländische Mehrstimmigkeit bezeichnende Harmonie als das Einende. Es gibt zwar Naturvölker mit aufkeimendem Harmonieempfinden, so die Ea-Uwhe auf den Freundschaftsinseln – bei ihren Gesängen teilt

sich der Chor bisweilen und bildet dann Moll-Dreiklänge – oder die Neuseeländer und andere – ihre Lieder weisen Terzen- und Sextengänge auf –, auch die erwähnten organumartigen Gesänge gehören hierher, doch im allgemeinen sind konsonante Zusammenklänge selten. Die Baluan auf dem Bismarck-Archipel, die Makua in Ostafrika oder die Wolof in Senegambien und andere Stämme bevorzugen geradezu Parallelgänge von dissonanten Sekunden. Gewöhnlich verläuft die Mehrstimmigkeit heterophon (Heterophonie = Andersstimmigkeit), das heißt, gleichzeitig mit einer Melodie erklingen etwas von ihr abweichende Variationen. Da sie der Hauptstimme nicht im Sinne einer bewußten Harmonik zugeordnet sind – sie sind keine Begleitstimmen, sondern improvisierte Umspielungen der Melodie –, spricht man hier von ›verschleierter Einstimmigkeit‹ oder auch von ›verschleierter Mehrstimmigkeit‹ (beides trifft zu).

Es gibt auch kanonartige Sätze oder eine reale Mehrstimmigkeit mit völlig selbständiger Führung zweier harmonisch voneinander unabhängiger Stimmen über gleichbleibendem Bordun- oder Ostinatobaß und endlich klanglich wie rhythmisch außerordentlich komplexe, sozusagen freitonale Gebilde – so bei den Kaburen aus Nordtogo –, die in der abendländischen Notenschrift nicht fixierbar sind, besonders, da bei all diesen Gesängen Melismen von Achtel- und Vierteltönen die Halbtöne immer wieder verschleiern. In den Tonauswahlen – Zwei-, Drei-, Fünf-, Siebentonmelodien usw. – unterscheiden sich die Gesänge der Primitiven verschiedener Kontinente oft nur unwesentlich voneinander, sehr dagegen im Klangcharakter, der bedingt ist durch Eigenarten der stimmlichen Veranlagung oder durch die Art, wie man die Stimme verstellt, sie ›maskiert‹, um die Wirkung ins Magische zu steigern und die Dämonen zu beeindrucken.

Trauergesang der Neuseeländer, nach Ambros, 1880

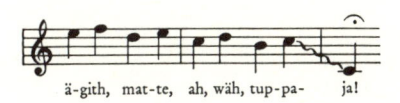

ä-gith, mat-te, ah, wäh, tup-pa- ja!

Der Glaube an die magische Wirkung der Musik ist ebenso bei vorgeschichtlichen Völkern wie bei den mythischen Kulturen des geschichtlichen Altertums nachgewiesen. In der Höhle Trois-Frères in Südfrankreich fand man eine farbige Wandmalerei aus der Altsteinzeit, auf der ein mit Hirschmaske und Tierfellen vermummter Tänzer die Flöte bläst, offensichtlich, um mehrere Tiere, die vor ihm herspringen, mit seinem Zauberspiel zu beeinflussen; eine altägyptische Platte aus dem 4. vorchristlichen Jahrtausend zeigt eine ähnliche Szene. Viele bildliche Darstellungen und auch Sagen aus dem Altertum und dem abendländischen Kulturkreis rühmen die zauberkräftige Macht der Musik.

Musik im Altertum

Überlieferungen aus etwa fünf Jahrtausenden geben Auskunft über die Musik des Altertums. Die ältesten Dokumente stammen aus den Frühzeiten der Kulturen des Nahen und Fernen Ostens – China, Indien, Mesopotamien und Ägypten. Es handelt sich dabei ausschließlich um indirekte Zeugen verklungener Musik – also etwa um Bruchstücke von Musikinstrumenten, um Schilderungen oder Darstellungen von Musik- und Tanzszenen in Werken der Literatur und der bildenden Kunst, um Mythen, Sagen, Märchen, vereinzelt auch um Tonsysteme und mehrdeutige Tonschriften, nicht aber um Werke, die wieder zu tönendem Leben erweckt werden können. Auch die in diesen Ländern heute noch gepflegten ehrwürdigen Kultgesänge, deren Ursprung man auf jene mythischen Zeiten zurückführt, sind nur indirekte Zeugen vergangener Epochen. Durch die mündliche Überlieferung wurden sie im Gang der Jahrtausende unmerklich sich selbst entfremdet.
Alle diese Urkunden sind gleichwohl nicht sinnarmes Stückwerk, sie vermögen durchaus eine Vorstellung zu vermitteln vom Wesen antiker Musik, von ihren Gesetzmäßigkeiten, ihrer Zweckbestimmung, ihrer Bedeutung für den einzelnen und für die Gesellschaft. Darüber hinaus gewähren sie Einblicke in die geheimnisvolle Kontinuität geschichtlicher Vorgänge überhaupt, in das, was Dauer hat durch Verwandlung.

China

Im alten China war die Musik auf das innigste allen Bereichen des Lebens zugehörig. Sie genoß dort höchstes Ansehen. Wenn Konfuzius aussprach: »Moral und Musik bestimmen das Leben der Gemeinschaft«, so war das vom Standpunkt der Besten seiner Zeit durchaus wörtlich zu verstehen. Er bestätigte damit eine Auffassung, die bereits Jahrtausende vor ihm in seinem Lande gültig war.
Um 2300 v. Chr. gab Kaiser Tschun seinem Musikmeister Quei die präzise Anweisung: »Lehre die Kinder der Großen, damit sie durch deine Sorgfalt gerecht, milde und verständig werden – stark ohne Härte, ihres Ranges Würde ohne Stolz und Anmaßung behaupten. Diese Lehren wirst du in Gedichten ausdrücken, damit man sie nach passenden Melodien singen und mit dem Spiele der Instrumente begleiten kann. Die Musik soll dem Sinne der Worte folgen, laß sie einfach und natürlich sein, denn eine eitle, leere und weichliche Musik ist zu verwerfen, ... sie führt zur Sitten-

losigkeit.« Damit war nicht nur Konfuzius vorweggenommen, es ergab sich eine genaue Entsprechung zur altgriechischen Ethoslehre.

Den führenden Geistern Altchinas war die proteushafte Natur der Musik durchaus bewußt. Die Musik konnte nach ihrer Ansicht den Bestand nützlicher Sitten sowohl sichern als auch gefährden, daher stellten sie Gesetze auf, um ihre ›staatserhaltende‹ Funktion zu gewährleisten. Gesetze aber lassen sich nur entwickeln im Hinblick auf bereits erkannte Ordnungen, die es zu verwirklichen oder zu schützen gilt.

Aus China ist die älteste Tonordnung, das älteste bekannte Tonsystem zuverlässig überliefert. Es entstand im 3. Jahrtausend v. Chr. zur Zeit der mythischen fünf Kaiser und vereinigte in sich errechnete Töne, die mit kosmischen Erscheinungen gleichgesetzt wurden. Die fünf Haupttöne des Systems (f, g, a, c, d) bezeichneten die damals bekannten fünf Planeten (Saturn, Venus, Jupiter, Mars, Merkur), zugleich und je nach dem Sinn der aus ihnen abgeleiteten Melodien aber auch die Himmelsrichtungen, die Tages- oder Jahreszeiten, die Lebensalter, die Farben Gelb, Weiß, Blau, Rot, Schwarz, ferner bestimmte Gedanken, Leidenschaften, Rangstufen innerhalb des Staatsapparates oder der Gesellschaft und vieles andere. In erster Linie aber kam ihnen magische Bedeutung zu.

Die chinesische Mythologie ist reich an Legenden, welche die wunderbare Macht der Musik preisen. Charakteristisch ist die Legende von der Kunst des Musikmeisters Wen. Sie findet sich im ›Wahren Buch vom quellenden Urgrund‹, das Liä-Dsi vor rund 2300 Jahren aufzeichnete (deutsch von R. Wilhelm, Jena 1811). Darin heißt es: »...Darauf schlug er während des Frühlings die Schang-Saite und ließ das achte Rohr begleiten. Da erhob sich plötzlich ein kühler Wind, und Kraut und Baum trugen Früchte. Als es Herbst geworden, schlug er die Güo-Saite an und ließ das zweite Rohr erwidern. Da kam laue Luft linde geflossen, und Kraut und Baum entfalteten ihre Pracht. Während des Sommers schlug er die Jü-Saite an und ließ sie von dem elften Rohr begleiten. Da fielen Reif und Schnee durcheinander, die Flüsse und Seen wurden plötzlich starr. Als es Winter geworden, da schlug er die Dschi-Saite an und ließ das fünfte Rohr erwidern. Da ward der Schein der Sonne stechend heiß, und das harte Eis schmolz rasch zusammen. Zuletzt ließ er die Gung-Saite ertönen und vereinigte sie mit den vier anderen Saiten, da säuselten liebliche Winde, glückbringende Wolken schwammen, süßer Tau fiel herab, und kräftig rauschten die Quellen.«

Eine tiefe Symbolik liegt in dieser Legende verborgen. Die Saitennamen beziehen sich auf das uralte chinesische Nationalinstrument, das Kin (oder K'in), das der Religionsstifter Fo-Hi erfunden haben soll. Gung (auch Kung) ist der Stammton *f*, auf den alle anderen bezogen sind, er bedeutet Kaiser. Schang (Tschang) ist der Ton *g*, der gestrenge Minister. Güo (kio), der Ton *a*, bezeichnet das sanfte, milde, untertänig gehorchende Volk. Dschi (tsche) = *c* symbolisiert die Staatsangelegenheiten und Jü (Ju) = *d* das Bild aller Dinge, das Universum. Die erwidernden Rohre bezeichnen einzelne der 12 unterschiedlichen Bambuspfeifen, die Ling-Lun (um 2500 v. Chr.) an den Quellen des Hoangho schnitt. Er stimmte die Pfeifen ein nach dem Gesang des doppelgeschlechtigen Wundervogels Fung-Hoang. Fung sang sechs vollkommene männliche Töne, Hoang sechs andere unvollkommene weibliche Halbtöne. Sie zusammen ergaben die 12 Töne der Oktave. Wiederum bildete *f* den Grundton. – Ling-Lun nannte ihn den ›Großen Ton‹ oder auch den ›Kaiserpalast‹. Er hieß auch ›Gelbe Glocke‹, ›Mitte‹, ›Ganzes Jahr‹ und wurde als Grund- oder Zentralton der halbtonlosen Fünftonreihe angesehen. Man hielt ihn für den Urton schlechthin. Vernehmlich war er im Rauschen des Hoangho, im Gesang des Wundervogels Fung-Hoang wie im tönenden Gang der Sonne. Auf ihn als auf ihre Mitte waren alle anderen Töne bezogen. Seine Höhe wurde festgelegt durch genaue Bestimmung der Maße des Bambusrohres, auf dem Ling-Lun ihn als erster hervorbrachte. Überall im Lande galt er als verbindlich. Wurde eine Dynastie gestürzt, so führte man ihren Untergang darauf zurück, daß die Ritualmusik dieser Dynastie vom Ton ›Gelbe Glocke‹ abgewichen war. Man eichte daher jedesmal nach solch einem Ereignis die Rohrmaße neu, um die Übereinstimmung der Musik mit der Weltordnung wiederherzustellen.

Die kosmische Musikauffassung Altchinas ist vorbildlich geworden für alle neueren asiatischen Musikkulturen einschließlich der japanischen. Vielleicht war sie auch über Vorderasien und Ägypten bis Griechenland vorgedrungen. Nicht nur in der Musikgesinnung von Hellas und Altchina, sondern auch in den Tonsystemen beider Kulturen fand sich Verwandtes: Die halbtonlose chinesische Fünftonreihe (f, g, a, c, d) – als älteste aller bekannten ›Skalen‹ oder ›Tonleitern‹ ausgewählt aus den 12 Halbtönen der Oktave – lag als halbtonlose pentatonische Reihe den Melodienauswahlen der ältesten griechischen Musik vor Terpander zugrunde! Sie ist in vielen Ländern der Erde noch heute gebräuchlich.

Im 3. Jahrhundert v. Chr. fügten chinesische Musikgelehrte die fünf bzw. zwölf Lü (Gesetze = Töne) ihres Systems einem Quintenzirkel ein. Das System erreichte damit einen bewundernswert hohen Stand. Man konnte nun bereits Tonleitern unterschiedlicher Typen über jedem einzelnen Ton des Quintenzirkels errichten, modulatorische Fortschreitungen theoretisch begründen u. a. m. Die Auswirkungen dieser Theorie auf die Musikpraxis sind freilich nicht durch Beispiele überliefert.

Mehrstimmigkeit im abendländischen Sinn war der altchinesischen Musik fremd. Man nimmt an, daß sie wie die aus ihr hervorgegangene neuzeitliche und ebenso wie die fast aller Kulturen des Nahen und Fernen Ostens ›verschleiert einstimmig‹ (= heterophon) vorgetragen wurde; das heißt: Von einer gegebenen Hauptstimme weichen die begleitenden Stimmen improvisierend mit feinen Melismen ab, doch läuft keine Stimme der Hauptstimme bewußt zuwider, alle gemeinsam geben ihr eine vieldeutige Kontur. Harmonik als bewußtes Gestaltungsprinzip war unbekannt (siehe jedoch griechische Heterophonie, Seite 41). Die Rhythmik der Ritualgesänge war stets zweiteilig, als sei sie einem feierlichen Schreiten angepaßt.

Die mündliche Überlieferung hat Melodietypen bewahrt, die im 3. Jahrtausend v. Chr. entstanden sein sollen. Eine Legende berichtet, Konfuzius (um 500 v. Chr.) sei über einen Hymnus des Musikmeisters *Quei* (2300 v. Chr.) derart in Entzücken geraten, daß er drei Monate lang darüber meditiert habe, ohne Essen anzurühren. Dieser oder auch ein anderer fünftöniger Hymnus soll in der Ritualmusik solche Bedeutung erlangt haben, daß er über Jahrtausende hinweg alljährlich im ›Tempel vor dem Tore der reinen Wolken‹ in Gegenwart des Kaisers beim Ahnenkult gesungen wurde.

Das Instrumentarium Altchinas unterschied acht Gruppen von Klangwerkzeugen (je nach dem Material, aus dem sie gefertigt waren). Da gab es Trommeln und Pauken mit Fellen aus gegerbter Tierhaut, Spiele mit abgestimmten Platten aus Klingstein, Metallglocken und Gongs aller Art und Größe, Glockenspiele, ein der Okarina ähnliches Instrument aus Ton, Holztrommeln in Tierform, Flöten aus Bambus, Panflöten,

Das ›King‹, chinesisches Schlaginstrument aus übereinandergehängten Klingsteinen, die nach den 12 Lü der Oktave und deren vier Zusatztönen gestimmt sind und die mit einem Klöppel angeschlagen werden

dann die aus einem Flaschenkürbis gefertigte Mundorgel Tscheng und vor allem das ehrwürdige Saiteninstrument Kin, ursprünglich mit 5, später mit bis zu 25 Saiten bespannt, und das ihm verwandte Ché (= wunderbar), eine Art Psalterium, von dem in China die Rede ging: »Wer es spielen will, muß seine Leidenschaften überwunden und die Tugend in sein Herz gegraben haben, sonst wird er nur unfruchtbare Töne hervorbringen.«

Damit ist der Rahmen für die gesicherte Überlieferung abgesteckt. Spezialabhandlungen vermitteln zwar Einblicke etwa in das uralte Musikzeremoniell im Kaiserpalast – es soll sich seit fünf Jahrtausenden kaum verändert haben –, Bilder von diesem Zeremoniell machen anschaulich, was es für Instrumente bei Hof gab und wie man sie spielte, doch wie und was das Volk musizierte, was außerhalb des Kaiserpalastes, außerhalb der Tempel, der Klöster, der priesterlichen Sphäre musikalisch vor sich ging, ob und worin eine Wechselwirkung zwischen Volks- und Kultmusik bestand, bleibt dunkel. Berührungspunkte hat es aber wohl ohne Zweifel gegeben. Zumindest die Priester als Träger und Bewahrer jener alten Musikkultur – Musik war für sie die ›Schwester der Religion‹ – hatten als Lehrer und Lernende mit allen Gesellschaftsschichten Kontakt. So darf man folgern, daß hier wie überall das ganze Volk Anteil hatte an der Durchbildung der Instrumente und daß neben den kunstreichen Gebilden gelehrter Musiker auch Eingebungen des unbefangenen Volksgeistes in den zeitlosen Kultgesängen jener vergangenen Welt verwandelt fortleben.

Indien

Indiens Musik leitet sich von den Göttern her. Ihnen verdankte sie ihre magische Kraft, durch sie hatte sie Gewalt über Menschen und Tiere und über die unbelebte Natur. Sie äußerte sich in Ragas (Melodieformeln, Melodietypen, nicht Tonarten oder Skalen). Sie wurden wie die chinesischen mündlich überliefert und galten als geheiligte Modelle für den improvisierenden Vortrag. Auch sie waren auf einen geeichten Zentralton, ›Sa‹, bezogen.

Die ersten fünf Ragas entsprangen den fünf Köpfen des Gottes Krishna, eine sechste Raga gebar sein Weib Parbuti. Brahmas Weib Sarasvati stiftete ferner dreißig Raginit (Nebenformeln), verkörpert in dreißig Halbgöttinnen. Von ihr stammt auch Indiens ältestes Saiteninstrument, die Vina. Schon zu Krishnas Zeit sollen die fünf Ragas und dreißig Raginit 16000 ›abgeleitete Formeln‹ hervorgebracht haben. Von ihnen verwendete man freilich nur einige hundert.

Altindische Philosophen entwickelten verschiedene Tonsysteme. Eines von ihnen wies bereits die diatonische Reihe auf. Sie war aber noch unterteilt in 22 (nicht 24) Scruti (Vierteltöne), die aus 66 errechneten ausgewählt sind. Eine altindische Harmonik ist nicht überliefert. Alles spricht für eine ›verschleierte Einstimmigkeit‹ der Vortragsweise (siehe Heterophonie, Seite 11). Die Rhythmik – der heutigen entsprechend – war vermutlich außerordentlich frei und vielgestaltig. Sie ergab sich aus der schwebenden Rhythmik der Sprache und fand ihre Durchformung in ›rhythmischen Reihen‹ die sich – etwa bei Gesang mit Instrumentbegleitung – polyrhythmisch überlagern konnten. Indien ist wohl das einzige Land der Erde, von dessen Bewohnern Tonsysteme in bild- und blütenreichen Versen überliefert wurden.

Entsprechend ihrer magischen Bedeutung waren alle Ragas – wie noch heute vielfach – an bestimmte Tages- oder Jahreszeiten und an tausenderlei Kultbräuche gebunden. Jeder Ton, jedes Intervall, jede Melodieformel war befrachtet mit Symbolen. Die phantastische Vielzahl solcher Formeln war verhältnismäßig leicht zu gewinnen. Ableitungen ergaben sich teils schon durch einfache Transposition, das heißt durch Errichtung einer Haupt- oder Nebenformel über einem anderen als dem Zentralton ›Sa‹. Sie ergaben sich ferner durch Änderung der Reihenfolge von Ganz-, Halb- oder Vierteltönen, durch Überspringen einzelner Töne und anderes mehr.

Altindische Kultmusik war stets gesungene Dichtung. Die im Sanskrit überlieferten Vedagesänge vermitteln in der phantastischen Pracht ihrer sprachlichen Bildungen eine Ahnung vom unerschöpflichen Reichtum an Ornamenten, den die Melodik der uralten Tempelgesänge aufgewiesen haben mag. Man vermutet schweifend unregelmäßige, litaneiähnliche Melodietypen. Nach Schilderungen zu schließen, eignete ihnen ein zarter sinnlicher Schmelz. Die Musik mag aber auch leidenschaftliche Wirkungen gekannt haben. Nimmt man die heutige indische Musik zum Maßstab, so wird die alte – sofern man von den Vierteltönen absieht, welche die Halb- und Ganztöne portamentoartig verbinden – mit der abendländischen Musik manches gemeinsam gehabt haben (indogermanische Kulturverwandtschaft!). Neuere indische Melodien zeigen oft eine Hervorhebung der Quinte, Oktave und großen Terz, ferner symmetrisch-periodische Gliederungen, Motivwiederholungen, zwei- oder dreiteilige Form und andere Merkmale abendländischer Musik.

Das altindische Instrumentarium wies Trommeln – Udukai und Damura (diese in Form einer Sanduhr; sie ist dem Gott Schiwa geweiht und wird noch heute von Schlangenbeschwörern gerührt) –, Holzpauken (Naguar), Tamtam, Glöckchenspiele und anderes Schlagzeug, ferner Flöten (Bilam, Matalan, Tal), Posaunen (Tare), Trompeten (Buri), Muschelhörner (Cankha) und verschiedene Saiteninstrumente auf, unter denen die Vina an erster Stelle stand. Das zweisaitige, mit einem Rund-

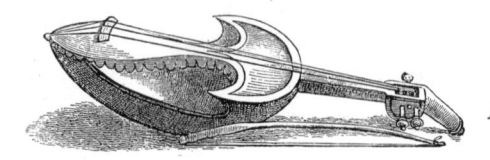

Dreisaitige indische Geigenart: Serinda

bogen gestrichene Ravanastron stammt wahrscheinlich aus Ceylon. Es ist das älteste nachweisbare Streichinstrument überhaupt und soll um 5000 v. Chr. vom König Ravana erfunden worden sein. Es wird noch heute von indischen Bettelmönchen gespielt. Magaudi und Sitar, zwei gitarreähnliche Instrumente, sollen altpersischen Ursprungs sein. Endlich war da noch die dreisaitige Serinda, ein eigenartiges Instrument, das beim Spielen gegen die Brust gehalten wurde. Alle diese Klangwerkzeuge wurden sehr zurückhaltend verwendet. Sie umspielten den schwelgerisch sinnenfrohen Einzel- oder Gruppengesang gelegentlich mit feinen Melismen.

Die indische Notenschrift soll nach Fétis die »ältest existierende« sein. Ein Nachweis hierfür gelang nicht. Sie bezeichnete die Ganz-, Halb- und Vierteltöne mit Buchstaben und verwandte für dynamische und rhythmische Werte verschiedene Kreis- und Schlangenlinien. Sie läßt sich nur andeutend in die abendländische Notenschrift übertragen, der alle Zeichen für die feinen Schwebungen und Zwischentöne dieser zarten exotischen ›Seelensprache‹ fehlen. Als charakteristisch mag vermerkt sein, daß die Inder in ihren Musikaufzeichnungen jeder melodischen Periode das Bild einer Lotosblume hinzufügten. Seltsamerweise findet sich die Lotosblüte auch in der altgriechischen Tonschrift, freilich nicht als Verzierung, sondern als Tonwertzeichen. Ob sie aus der indischen Tonschrift übernommen wurde, weiß man nicht.

Mesopotamien

Indirekte Zeugnisse von der Musik jener Völker, die in vorchristlicher Zeit das Zwei- oder Zwischenstromland (Mesopotamien) und Ägypten besiedelten, weisen vielfach verblüffende Analogien zur altchinesischen Musik auf, so daß man die Vermittlerrolle eines spurlos untergegangenen mächtigen Zwischenreiches für möglich hält.

Bis ins 3. Jahrtausend v. Chr. und noch weiter zurück ist die Musikkultur der Sumerer belegt, und zwar durch Funde in den Königsgräbern zu Ur, durch bildliche Darstellungen von Musik- und Tanzszenen auf Vasen, steinernen Schalen, Skulpturen und durch ganz oder teilweise erhaltene Musikinstrumente, zum Beispiel durch fünf- und siebensaitige, mit kostbaren Intarsien geschmückte Leiern, durch Harfen, Schalmeien, Doppeloboen, Trommeln und Rasseln. Aus der Anzahl der Saiten der Zupfinstrumente (sie ist des öfteren belegt) läßt sich folgern, daß schon die Sumerer ein Tonsystem besaßen, dessen Haupttöne zu kosmischen Erscheinungen in Beziehung gesetzt wurden. Die Spieler auf den Abbildungen sind stets aufrecht stehende Tiere, ein Zeichen für die magisch-mythische Vorstellungswelt jener uralten Kultur.

Sie wurde abgelöst von der der *Babylonier* (um 2400 bis 1600 v. Chr.). Plutarch berichtet von ihnen, daß sie bestimmte Töne den Jahreszeiten gleichsetzten! Den Babyloniern folgten in der Herrschaft die Hethiter und diesen etwa von 1100 bis 600 v. Chr. die Assyrer. Bereits auf hethitischen Darstellungen findet sich mehrfach die Laute.

Ein assyrisches Relief aus dem 8. Jahrhundert v. Chr. zeigt vier Musiker. Zwei von ihnen haben Flachtrommeln (eine Art Tamburin), einer spielt eine sechssaitige, ein anderer eine zwölfsaitige Leier. Darf man hieraus schließen, das assyrische Tonsystem habe bereits eine in 12 chromatische Halbtöne gegliederte Oktavreihe gekannt? Ein am gleichen Ort gefundener knöcherner Leiersteg kompliziert das Bild. Er weist Kerben für 26 Saiten auf. Die Handhaltung einiger Harfenisten auf anderen Darstellungen gab zu der Vermutung Anlaß, daß damals zumindest schon zweistimmige Griffe verwendet wurden. Daß es eine Mehrstimmigkeit gegeben habe, läßt sich hieraus freilich nicht folgern. Der überwiegend heterophone Charakter neuzeitlicher exotischer Musik spricht eigentlich dagegen.

Für das Ansehen der assyrischen Musik ist bezeichnend, daß bedeutende Musiker in Ninive, der sagenhaften Hauptstadt des Landes, den königlichen Beamten im Rang vorgeordnet waren. Zur Zeit Sanheribs und Nebukadnezars standen sie den Königen als ›Brüder‹ am nächsten. Man verehrte sie wie Götter. Ihre Instrumente waren mit erlesenem Kunstsinn entworfen und auf das kostbarste geschmückt. Sie verfügten über viele Sänger und über Orchester aus verschiedenartigen Saiten-, Blas- und Schlaginstrumenten. Das ist durch manche Darstellung belegt. Die Musikliebe der Könige kam selbst den Musikern unterworfener Feindstämme zugute: sie wurden als einzige verschont!

Nach der Zerstörung Ninives (612 v. Chr.) und dem Verfall des Reiches vermischte sich die assyrische Kultur mit der anderer vorderasiatischer, vor allem syrischer Völkerstämme semitischen und nichtsemitischen Ursprungs.

Während des siebenten bis zehnten christlichen Jahrhunderts wurden Elemente der älteren Kulturen des Zweistromlandes, auch Persiens, Ägyptens und Griechenlands, von den mohammedanischen Arabern frei übernommen. Durch sie gewann die ›*islamische Kultur*‹ damals Einfluß bis nach Indien und China im Osten und bis nach Sizilien und Spanien im Westen. Während der Herrschaft der Araber in überwiegenden

Teilen Spaniens (etwa 8. bis 15. Jahrhundert) wurde die arabische A'lud oder Aud (Laute) dort heimisch. Sie ist zwar keine arabische Erfindung, sondern geht auf Umwegen wohl zurück auf assyrische Vorlagen, wurde dort aber weiter durchgebildet. Die Araber selbst vermuteten in Pythagoras den Erfinder der Laute, die sie in Persien vorfanden. Auch Blasinstrumente (z. B. Oboe, Flöte, Trompete) und allerlei Schlag-

Rabab-Spieler. Das mit dem Bogen gestrichene Instrument hat oft nur eine Saite, mitunter aber zwei oder mehrere

zeug (z. B. Trommeln und Pauken) gelangten mit den Arabern in der für sie typischen Form nach Spanien, ebenso Streichinstrumente, vor allem die Rebab, auch Rabab oder Rubab (abendländisch Rebec), in der man eine der Vorformen der Geige zu sehen geneigt ist.

Das komplizierte arabische Tonsystem gliedert die Oktave in siebzehn Dritteltöne. In den arabischen Melodien sind reine Dur- und Mollterzen dominierend, zwischen ihnen vermitteln die kleineren Tonstufen portamentoartig. Die arabische Musiktheorie ist von der griechischen inspiriert, aber im Gegensatz zu ihr sehr mit orientalischer Phantastik durchsetzt. Ihr Einfluß auf die abendländische Musiktheorie ist – wenn überhaupt – sekundärer Natur.

Ägypten

In der ägyptischen Geschichte unterscheidet man in vorchristlicher Zeit ein Altes, Mittleres, Neues und Saïtisches Reich. Im Altreich (etwa 3200 bis 2200 v. Chr.) entstanden während der 4. Dynastie die gewaltigen Giseh-Pyramiden. Es versank mit der 7. Dynastie. Das Mittlere Reich (etwa 2100 bis 1700 v. Chr.; 11. bis 17. Dynastie) erlag den Hyksos. Nach über hundertjähriger Fremdherrschaft entstand das starke Neue Reich (etwa 1580 bis 1150 v. Chr.; 18. bis 21. Dynastie). Es dehnte seine Macht bis über Äthiopien, Arabien und Syrien aus, wurde dann aber die Beute der Assyrer, Libyer und Äthiopier. Eine kurze letzte Blütezeit ergab sich unter den aus Saïs stammenden Dynastien. Ihr Reich (etwa 663 bis 526 v. Chr.) fiel dem Ansturm der Perser unter Kambyses zum Opfer. 332 v. Chr. wurde Ägypten von Alexander dem Großen erobert, 30 v. Chr. wurde es römische Provinz.

Diese ungenauen Zahlen (fast jede Tabelle variiert sie ein wenig) umklammern schematisch einen Zeitraum von rund 3 000 Jahren. Über ihn spannt sich der Lebensbogen einer der großartigsten Kulturen der Menschheitsgeschichte. Rätselhaft unvermittelt trat sie aus dem Dunkel hervor. Von Anbeginn war da ein durchentwickeltes Staatsgefüge mit Gliederungen in Berufsstände, in Zünfte gleichsam. Sie ergänzten einander zu einer Organisation, welche Leistungen von erstaunlicher Beständigkeit hervorbrachte. Sie wurde mit drakonischen Methoden in Gang gehalten und war gegründet auf einer absolutistischen Staatsidee, die sich im Pharao, dem Statthalter der Götter, verkörperte. Die Priester, seine Paladine, geeint in unangreifbarer Kaste, herrschten durch und mit ihm. Ihre auf die Erhaltung der Macht gerichtete Weisheit lebte aus einer magischen Vorstellungswelt, in der sich Jenseitsgedanken mit einem bewundernswerten Sinn für die Erfordernisse der Wirklichkeit merkwürdig verbanden. Zwar schienen alle Anstrengungen konzentriert auf die Sicherung der Existenz der Mächtigen im Jenseits (gigantische Grabstätten, Konservierung der Körper usw.), doch das Diesseits wurde darüber keineswegs mißachtet. Je sinnenfreudiger es sich in seiner Machtfülle darstellte, desto vollkommener würde es sich im Jenseits spiegeln.

Die Polarität solcher Gesinnung fand ihren Ausdruck in einer zweigesichtigen Staatsreligion, das heißt in der Verbindung von Sonnenkult und Totenkult. In der Paarung von Göttern und Nebengöttern des Lichts mit solchen des Totenreiches, in der Identifizierung des Pharao mit dem Sonnengott (Ra) und zugleich mit dem Gott der Nachtsonne (Osiris), im symbolistischen Tierkult, in Bräuchen, die dem Geschehen der Stunden, Tage, Monate und Jahre zugeordnet waren, in den ›Sonnenhymnen‹ und ›Totenbüchern‹: überall fand sich eine Symbiose von Licht und Finsternis, Diesseits und Jenseits in deutlichen oder verschleierten Bezügen.

Das Wissen der Priester war Geheimwissen. Astronomie, Astrologie, Mathematik, Physik usw. waren Mittel der Magie. Sie dienten primär dem die Macht erhaltenden Kult, nicht dem Logos und der Ratio. Das galt entsprechend für die bildenden Künste und für die dem Tanz und dem Wort verbundene Musik, auch diese waren Ausdrucksträger des Kultischen.

Die Ausübung der Musik war in Ägypten einer besonderen Kaste vorbehalten. Nur Priester und dafür erzogene Mädchen findet man musizierend auf altägyptischen Bildwerken. Es sind Inschriften überliefert, auf denen der ›Oberste des Gesanges‹ als ›Verwandter des Pharao‹ und zugleich als ›Prophet der Hathor‹ und anderer Götter erscheint. Aus zahllosen Bilddarstellungen ist ferner ersichtlich, daß die Musik bei kultischen Handlungen aller Art, besonders bei Totenfeiern, aber auch bei Kriegszügen und Festlichkeiten in den Häusern der Mächtigen, eine große Rolle spielte.

Im Alten Reich verwendete man vornehmlich Harfen und Flöten, einzeln oder in Gruppen. Eine Abbildung aus der 4. Dynastie zeigt eine einfache Rundharfe ohne Resonanzkasten und ohne Vorderholz. Sie ist mit sechs Saiten bespannt. Bereits aus derselben Dynastie gibt es Darstellungen von übermannsgroßen, mit einem Fuß versehenen Rundharfen mit 4, 7, 10 und mehr Saiten. In der Regel werden sie kniend gespielt. Die Haltung der Spieler läßt Rückschlüsse zu auf einen strengen, feierlichen, leidenschaftslosen Charakter jener alten Musik. Zwar nicht in der Hand von Spielern, aber als Hieroglyphenzeichen in der uralten Bilderschrift erscheint ebenfalls in der 4. Dynastie des öfteren ein lautenartiges Instrument. Es heißt Nabla (die Gütige), zeigt zwei oder auch drei Saiten und ist bisweilen überschlank, monochordähnlich! Bei den Hebräern wurde daraus die Nebel, bei den Römern das Nablium. Ob es babylonischen oder ägyptischen Ursprungs ist, weiß man nicht. Vielleicht übernahmen es die Araber von Ägypten, als sie dort (nach Kambyses) die Herren waren.

Im Mittleren Reich (während der 12. Dynastie) hat sich der Rundbogen der Harfe zu einem unten breit ausladenden Resonanzkörper umgebildet. Die Saiten sind durch Wirbel einstimmbar! Nun sieht man die Nablas auch bereits auf Bildern, ebenso Lyren und andere gitarreähnliche Instrumente mit langem, dünnem Hals, ferner Flöten, auch schlanke Doppelflöten – sie sind nie miteinander verbunden, jede Hand hält eine dieser Flöten, beide werden aber zugleich angeblasen (Zweistimmigkeit?) –, Handtrommeln und anderes Schlagzeug. Die strengen alten Darstellungen sind sinnenfreudigeren gewichen. Gruppenbilder von Tänzerinnen, Chören und Instrumenten lassen auf eine üppige Klangpracht der Musik schließen.

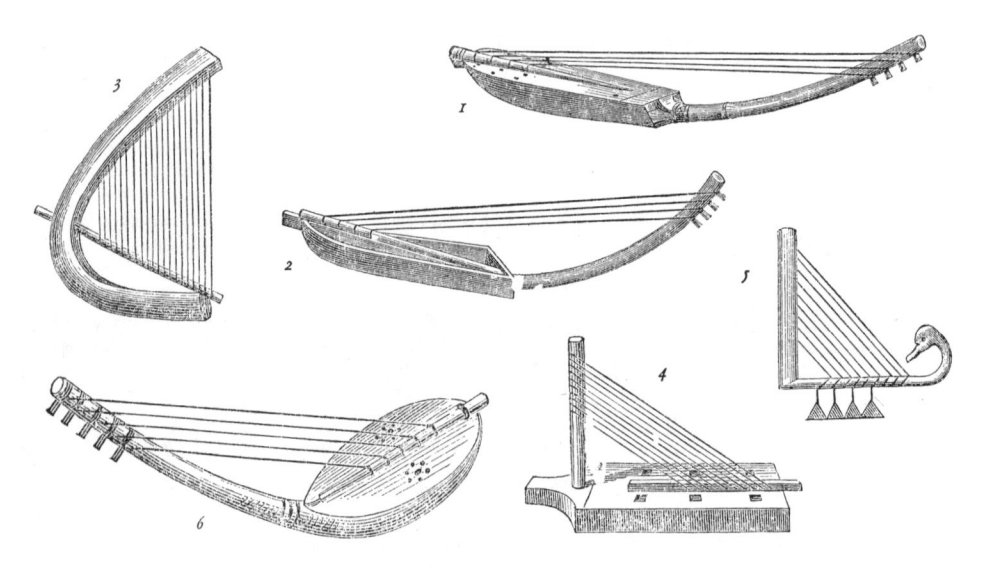

1 und 2 Formen der ersten ägyptischen Harfe, 3, 4 und 5 winkelförmige ägyptische Harfen, 6 Mittelding zwischen Harfe und Laute

Im Neuen Reich fand die Entwicklung ihren Höhepunkt. Die Harfen nehmen nun bisweilen jene Dreiecksform an, die sich auch bei alten irischen Harfen findet. Da gibt es übergroße Exemplare mit wuchtigen, paukenartig ausladenden Resonanzkörpern und mit 11, 13, 18, ja 21 Saiten. Sie werden nur von Priestern gespielt. Daneben sieht man in der Hand von Sklavinnen zierliche kleine Harfen unterschiedlicher Form. Oft sind nun die Harfen mit Isis- oder Hathorköpfen, mit Tiersymbolen und anderen Zeichen versehen oder mit Intarsien aus erlesenen Hölzern, aus Elfenbein oder Schildpatt geschmückt. Zu den Instrumenten der Vorreihe kommen nun auch sumerische Oboen, Röhrentrommeln, Hörner und Sistren (Klappern). Bei letzteren zeigt der die Klappern tragende Stiel oft das Bild der Göttin Hathor, oder er hat die Form einer Katze mit menschlichem Antlitz. Neuerdings nimmt man an, daß die Sistren nicht als Musikinstrumente verwendet wurden, sondern als Träger magischer Kräfte ausschließlich die Aufgabe hatten, bei Totenfeiern und anderen kultischen Handlungen Dämonen zu vertreiben und der Menge rituelle Zeichen zu geben. Sie waren also etwa die ›Ministrantenglöckchen‹ Ägyptens. Im Grabe *Tut-anch-Amuns* (18. Dynastie, etwa 1350 v. Chr.) fand man goldene und silberne Trompeten, die man noch spielen kann; in einem anderen Grabe im ›Tal der Könige‹ aus der gleichen Zeit eine wundervoll geformte Laute. Sie ist mit gedrehten, gelb und frisch aussehenden Darmsaiten bespannt.

Verweltlichung der Musik spricht aus manchen Bildwerken dieser Epoche. Da sieht man reichhaltige Orchester. Große Harfen geben anscheinend Quintbässe an, Flöten, Oboen, kleine Harfen und Lauten begleiten den melodischen Gesang der Chöre. Hand- und Röhrentrommeln markieren den Rhythmus der Tänzer. Die ›Obersten der Musik‹ leiten die Chor- und Orchestermassen mit der Zeichensprache ihrer Hände (›Cheironomie‹ nennen das später die Griechen, siehe Seite 37 und 58). Sie sind die ersten Dirigenten der Geschichte, von denen Abbildungen überliefert sind.

Im Saïtischen Reich vollzog sich eine Art Rückbesinnung auf die strenge Kultmusik des Altreiches. Die vom Neuen Reich übernommenen asiatischen Anschauungen wurden ausgemerzt, viele fremde Instrumente verbannt. Der Archaismus ging so weit, daß beispielsweise die neue geschwungene Dreiecksform der Harfe wieder der einfachen Bogenform des Altreiches angenähert wurde. Analogien drängen sich auf. 20. Jahrhundert: Rückbesinnung auf die Musik der Gotik, der Renaissance und des Barock, Wiederbelebung alter Instrumente, alter Musikformen, Satztechniken und Gesinnungen.

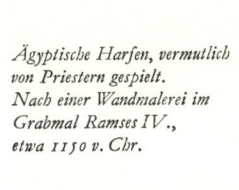

Ägyptische Harfen, vermutlich von Priestern gespielt. Nach einer Wandmalerei im Grabmal Ramses IV., etwa 1150 v. Chr.

Die Rundharfe, deren Bild den Beginn jener großen mythischen Musikkultur stellvertretend überliefert hat, kennzeichnet auch das Ende ihres dreitausendjährigen Weges. Ab und an, bei niedrigem Wasserstand, tauchen aus den Fluten des Assuan-Stausees, über der versunkenen Nilinsel Philä, die Mauern eines spätägyptischen Tempels auf. Seine Westwand zeigt das Bild des Götterpaares Horus und Hathor. Hathor thront auf der Pforte zum Totenreich. Eine schmucklose Rundharfe, ihr zu Ehren von einer Sklavin gespielt, gibt letzte Kunde von fernen, verklungenen Wirklichkeiten.

Palästina

Als Kind soll Kambyses seiner Mutter geschworen haben: »Ich will in Ägypten das Oberste zuunterst kehren.« Er löste sein Wort später auf barbarische Weise ein. Doch den Geist Ägyptens vermochte er nicht mehr zu treffen. Was über des Landes Grenzen fortwirken sollte, das war längst fruchtbar geworden in den Besten anderer Völker. Israeliten und Griechen vor allem wurden zu Mittlern ägyptischer Geistigkeit.
Ägyptische Priester aus Heliopolis weihten Moses in das Geheimwissen ihrer mächtigen Kaste ein. Er war einer der Ihren, bevor er den Weg zu seinem Volke fand. Als er die Kinder Israel dann zur Zeit der 19. Dynastie (um 1314 v. Chr.) aus dem Lande führte, da ergab es sich unwillkürlich, daß er in seinem ersten Siegesgesang nach dem Auszug das Versmaß altägyptischer Hymnendichtung verwandte: »Lasset uns singen dem Herrn: denn glorreich ward er verherrlicht, Roß und Reiter hat er ins Meer gestürzt.« Seine Schwester Mirjam aber schlug zu diesem Jubelchor die ägyptische Handtrommel.
Von den Instrumenten, welche die Israeliten aus Ägypten mitnahmen, wäre zunächst die Harfe zu nennen. Sie hieß in Palästina zwar Kinnor (ein Wort phönizischer Herkunft), entsprach aber der ägyptischen Dreiecksharfe aus dem Neuen Reich. Wie diese war sie klein und tragbar. Ägyptischer Herkunft waren auch die lautenähnliche Nebel (siehe Nabla, Seite 23), dann die Lyra, die erwähnte Handtrommel (Toph) und die schlanke Trompete (Asosra). Man verfertigte sie aus Kupfer, Holz oder Silber. Sie diente vornehmlich als Signalinstrument: Die Fürsten und das Volk rief sie zum Tempel. Die Sage verlieh ihr magische Kraft: Der Klang der ›Trompeten von Jericho‹ brachte die Mauern der Stadt zum Einsturz.
Syrischer Herkunft dagegen waren wohl das stark gekrümmte Widderhorn (Schofar) und die etwas gestrecktere Posaune (Keren). Große und kleine Flöten (Nekabhim und Chalil), auch wohl Doppelflöten und Sackpfeifen (Hirtenpfeifen), dann das Psalter – eine viereckige Zither vielleicht assyrischer Herkunft (mit zehn Saiten bespannt, welche die Zehn Gebote symbolisieren) – und die Sambuka, eine Art Laute mit Bünden, vervollständigten etwa das Instrumentarium.
Weitaus an erster Stelle unter den Künsten stand bei den Hebräern die im Dienste der Religion sich erfüllende Poesie. Mit ihr unlösbar verbunden waren Mimik und Musik, deren Ursprung Moses (Buch 1) auf den sagenhaften König Jubal zurückführte. Israels Könige, auch seine Propheten waren stets Dichter, Sänger und Instrumentalisten zugleich. Sie »weissagen auf Cithern und Harfen und Zymbeln«. In vordavidischer Zeit waren die ›Prophetenschulen‹ zu Jerusalem, Jericho, Gilgal, Bethel und Najoth so etwas wie Universitäten, Zentren der Bildung, aber auch der religiösen Meditation. Zugleich waren sie Lehr- und Übungsstätten für Dichtung und Musik. In ihnen wurde mosaisches Wissen gepflegt und fortgebildet, in ihnen das Lehrbare der Künste übermittelt.
Etwa um das Jahr 1025 v. Chr. ergab sich unter König David eine Umgestaltung dieser universellen Bildungsstätten. Besonders das Gebiet der kultischen Musik wurde von ihm durchorganisiert. Mit ihm zog die Blütezeit der altjüdischen Tempelmusik

herauf. In ihm und seinem Nachfolger Salomo verkörperte sich in einzigartiger Reinheit der Typ des priesterlichen Künders, der als Dichter, Musiker und Mime zugleich seinem Gotte diente. Als David die Bundeslade in seine Stadt einholte, zog er selbst singend, sich mit der Harfe begleitend und tanzend dem Zuge der Priester, den Chören und dem Volke voraus. Musik war bei ihm etwas grundsätzlich anderes als bei den umgebenden Völkern (die Ägypter des Altreichs und der saïtischen Periode vielleicht ausgenommen). Sie war nicht auf Sinnenreiz aus, sie gab weder artistischen noch ästhetischen Maximen Raum, noch wurde sie überhaupt als ›Kunst‹ begriffen. Sie war ausschließlich Mittel der Hinwendung zu Gott. Sie wurde zur ›musica sacra‹, zu einem Element, das »eine Vereinigung mit unseren Nächsten schafft – und mit dem höchsten Wesen« (Strawinsky). Hierin begegnete sich David mit der altchinesischen Musikgesinnung Kaiser Tschuns ebenso wie etwa mit der Palestrinas.

Das schloß orientalische Prachtentfaltung bei kultischen Anlässen keineswegs aus. Als David den Bau des Tempels begann, bestimmte er 4000 Leviten als ›Lobsänger des Herrn‹, dazu Instrumentalisten in phantastischer Zahl. Im 68. Psalm heißt es: »Voran gehen die Fürsten, sich anschließend den Sängern, in der Mitte der paukenschlagenden Jungfrauen.« Diese Schilderung macht die Bezogenheit auf ägyptisches Zeremoniell deutlich: Das Bild einer Gruppe ›paukenschlagender Jungfrauen‹ ist

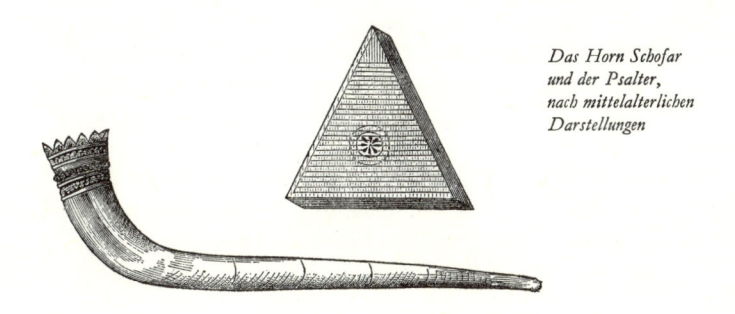

Das Horn Schofar und der Psalter, nach mittelalterlichen Darstellungen

bereits aus einem thebanischen Grabe, also aus dem ägyptischen Altreich, überliefert. Bei der Einweihung des fertigen Tempels durch König Salomo, den politisch klugen, prunkliebenden Schwiegersohn eines ägyptischen Pharaos, nahmen die Festlichkeiten gigantische Ausmaße an.

Nach König Salomos Tod zerfiel das Reich. Juda und Israel trennten sich. Sittenlosigkeit und Götzendienst breiteten sich aus. Auch die Tempelmusik geriet in Gefahr: »Harfen, Leiern, Pauken, Flöten und Wein sind bei euern Gelagen, auf des Herrn Werk schauet ihr nicht...«, eiferte Jesaia. Nur in Splittergruppen, bei Sektierern gleichsam, lebte sie fort. Wie sie geartet war, weiß niemand. Man vermutet, daß sie (ähnlich wie die altchinesische, indische oder ägyptische) geheiligte melodische Formeln enthielt, welche die Grundlage bildeten für einen psalmodierenden Wechselgesang zwischen Vorsänger und Chören. Vielleicht war dieser Wechselgesang strophisch gehalten, vielleicht sangen die Chöre aber auch nur kurze Refrains nach. Auf solch einfache, sinnfällige Art mögen Teile aus den fünf Büchern Mose (dem ›Pentateuch‹), dann die Psalter Davids, das Hohelied Salomonis und die Klagelieder Jeremiae bis zur Zeit Christi und darüber hinaus von den Anhängern des alten Glaubens singend zelebriert worden sein.

Uralte ›Pentateuchweise‹ der jemenitischen Juden, nach Idelssohn

a- dôn ho-'ô-lo-mim ba-'al ho- ra-ha-mim

Im Jahre 70 n. Chr. hörte das Opfer im Tempel zu Jerusalem auf. Der Tempel wurde von den Römern zerstört, das jüdische Volk in alle Welt zerstreut. Doch manche der alten melodischen Formeln und auch die Riten der Tempelgesänge waren inzwischen auf vielen Wegen und nicht zuletzt über die Jünger Christi zu den jungen Christengemeinden gelangt. Von ihnen wurden sie im Rahmen der teilweise gültig gebliebenen Tradition, aber mit einer der neuen Lehre entsprechenden Sinngebung weitergepflegt. Es besteht die ans Sichere grenzende Wahrscheinlichkeit, daß die musikalische Liturgie der griechisch- und römisch-christlichen Kirche im altjüdischen Tempelgesang ihren Ursprung hat (siehe Seite 49).

Wenn aber hierin der Keim der abendländischen ›musica sacra‹ sich enthüllt und wenn ferner die altjüdische Poesie – die Pracht ihrer Bilder, die Hintergründigkeit ihrer religiösen Vorstellungswelt, ihre Neigung zum Transzendieren – den unvergänglichen Beitrag Judas zur abendländischen künstlerischen Kultur bildet, so verdankt das Abendland Hellas den Abglanz einer frühen umfassenden, gleichsam diesseitigen Menschlichkeit und in den Künsten Beispiele einer Gesinnung, die in der Harmonie des Natürlichen das Schöne begriff und im gesetzmäßigen Aufbau harmonischer Formen den vollendeten Ausdruck des Geistigen anstrebte.

Hellas

Was ist die Harmonie, in der die Sirenen singen? – das wohlgeordnete Weltall!
Pythagoras (um 580 bis 500 v. Chr.)

Mit dem Beginn des 2. Jahrtausends v. Chr. hellt sich das Dunkel der griechischen Vorgeschichte allmählich auf. Es werden sichtbar die Spuren der minoischen Kultur. Sie wurde getragen von einem kleinasiatischen Volk, das von Kreta aus die Griechenland vorgelagerten Inseln und dessen Ostküste besiedelte. Vom Norden her überfluteten dann indogermanische Stämme das Land. Sie mischten sich mit den Einwohnern und brachten mit ihnen die mykenische Kultur hervor.

Die Geschichte des minoischen Reiches ist im Europamythos angedeutet: Zeus in der Gestalt eines Stieres entführt Europa nach Kreta. Dort wird sie die Mutter des Minos und seiner Brüder Sarpedon und Radamanthys. Minos, Begründer des minoischen Reiches und der kretischen Seeherrschaft, die sich bis ins Schwarze Meer erstreckt, wird nach seinem Tode Herrscher des Hades, neben Radamanthys. Dessen Name und der Totenmythos verweisen nach Ägypten (Osiris-Kult!).

In der 2. Hälfte des 2. Jahrtausends erlag die mykenische Kultur der dorischen Wanderung. Mit ihr gelangten wiederum Fremdlinge aus dem Norden ins Land, vor allem die Dorer, die späteren Spartaner. Sie waren herber geartet als die halborientalischen Mykener und bewahrten auf lange hin mit ihrer Eigenart ihren Dialekt.
Auch nach der dorischen Wanderung strömten asiatische Kultureinflüsse ungehindert nach Griechenland ein. Dort entstanden nun mehrere selbständige Staatengebilde, die nacheinander die Vorherrschaft über das Land gewannen. Zunächst war Sparta an der Reihe (etwa 10. bis 6. Jahrhundert v. Chr.). Während seiner Herrschaft wurden die Küsten Kleinasiens, Unteritaliens und Siziliens kolonisiert. Ihm folgte Athen (5. bis 4. Jahrhundert v. Chr.) und damit das Goldene Zeitalter des Perikles: Hochblüte aller Künste! Im Peloponnesischen Krieg (431 bis 404) wurde Athen mit Hilfe der Perser von Sparta zerschlagen. Den müden Sieger überwanden ein wenig später die Thebaner (371). Die erschöpften Griechen erlagen den Mazedoniern, die zwölf Jahre später ins Land einfielen. Nach kurzer Scheinblüte des Alexandrinischen Weltreiches (Tod Alexanders des Großen 323) ergab sich unter den Diadochen abermals eine Durchsetzung Griechenlands mit Elementen asiatischer Kulturen. Die ›hellenistische Weltkultur‹ wurde nach der Zerstörung von Korinth (146) vom römischen Weltreich weitergetragen.

Begegnung dreier Kontinente

Das ist alles andere als das Bild einer harmonischen Entwicklung. Völker und Kulturen aus drei Kontinenten mischten und durchdrangen einander. Die Bildung eines großräumigen Staatswesens von Dauer gelang den Hellenen nicht. Für kurze Zeit verwirklichten sie als Lebensrahmen das Nebeneinander kleiner, relativ machtloser Stadtstaaten. Bruderkriege zwischen ihnen führten dann zu sinnloser Selbstvernichtung.
Doch in diesem von Spannungen und Gegensätzen erfüllten Land vollzog sich damals nach geheimnisvollem Gesetz ein einzigartiger Vorgang: Das Unvereinbare klärte sich für die kurze Periode weniger Jahrhunderte zum faszinierenden Bilde eines Menschentums, dem nichts Früheres vergleichbar ist.
Etwa bis zum Abschluß der dorischen Wanderung beruhte das gesellschaftliche Leben in Hellas auf ähnlichen Voraussetzungen wie in Altägypten. Magie und Geheimwissen waren Machtmittel einer herrschenden Priesterkaste. Die Macht verkörperte sich in gottähnlichen Königen. Die Künste waren Ausdrucksträger des Kultischen, ihre Ausübung war den Priestern und den von ihnen abhängigen Kasten vorbehalten. Dann aber kam es zu einem rätselhaft schnellen Aufstieg aus der Enge solch verhangener Vorstellungswelt. Aus dem Jahre 670 v. Chr. ist ein denkwürdiges Zeichen überliefert, das diesen Vorgang erhellt: Man schmückte die Außenfront des Apollotempels zu Delphi mit der weithin sichtbaren Inschrift: »Erkenne Dich selbst.« Thales, einer der ›Sieben Weisen‹ des antiken Hellas, soll dieses Wort geprägt haben. Es wurde zum ›movens‹ einer geistesgeschichtlichen Umwälzung sondergleichen. Es riß die Menschen aus ihrer dumpfen Befangenheit in magische Verzauberung. Auf sich selbst verwiesen, versuchten sie ihren Standort in der Umwelt zu erkennen und zu deuten im Sinne des Logos und der Ratio. Umwelt und Ich bildeten fortan den Gegenstand unablässiger Befragung.
Das führte zu einer bewußt dialektischen Verhaltensweise gegenüber dem Sein und

zu einzigartiger schöpferischer Gespanntheit auf allen Gebieten. Sie bewirkte Veränderungen des Weltbildes, der ›religio‹, der machtpolitischen und gesellschaftlichen Verhältnisse. Die absolutistische Staatsform wurde überwunden und abgelöst von der freien Demokratie (Athen). Der einzelne, das Erkenntnisstreben, die Wissenschaften, die Künste wurden in bis dahin unvorstellbarem Maße frei!
Ein ›Individualismus‹ neuzeitlicher Art war damit nicht gegeben. Der einzelne, für sich und für alle verantwortlich, band sich bewußt und freiwillig an sittliche Grundgedanken, die dem Staatsganzen förderlich waren. Er ging als Teil auf in der universellen Idee des Stadtstaates. Dieser wiederum wurde aufgefaßt als Teil und Abbild des geordneten Weltganzen. Er war eine Realität wie die Erde, die Sterne, die Götter. Die neue geistige Freiheit spiegelte sich in der grandiosen Gegensätzlichkeit gleichzeitig sich auswirkender Anschauungen. Orientalischer Fatalismus – spürbar in der Auffassung von der absoluten Schicksalsbestimmtheit des Menschen und in der Leugnung des freien Willens – und die These vom göttlichen Ursprung der Seele sowie die Lehre vom bewußt sittlichen Handeln, die Ethoslehre, das etwa waren die extrem gegensätzlichen Gesinnungen, zwischen denen sich der großartige Lebensbogen der griechischen Kultur spannte. Stets gefährdet durch sich selbst, empfing er indessen gerade hieraus seine stärksten Antriebe.
Im freien Hellas wurde die männliche Jugend gymnastisch und musisch erzogen. Das heißt, Körper, Geist und Seele wurden gleichermaßen ausgebildet. Zu den Disziplinen der musischen Erziehung gehörten Religion – sie lehrte die Ehrfurcht vor den Göttern –, Poesie – sie vermittelte die großen Sinnbilder – und Musik. Gymnastische und musische Erziehung waren untrennbar miteinander verbunden. Auf dem Gebiet der Musik gehörte die Beherrschung des Gesanges, des Aulos- und Kitharaspiels zur Allgemeinbildung. Man musizierte nicht, um – wie die Virtuosen – mit dem Vortrage irgendeines Liedes zu glänzen, sondern um ›musikalisch‹ zu werden. Man war überzeugt: gute Musik macht das Wesen ausgeglichen. Wer von der Ordnung der Töne durchdrungen ist, der erkennt den Sinn des Staates, des Kosmos und der Götterwelt.
In dieser Auffassung spiegelt sich der universelle Charakter griechischer Musik. Allen Bereichen des Lebens war sie auf das innigste verbunden. Niemals ist im späteren Abendland ähnliches wiederum Wirklichkeit geworden.

Musik-Gesinnung

In der ältesten Periode bis etwa zur dorischen Wanderung blieb Musik in Hellas, was sie in den antiken Kulturen Chinas, Indiens, Mesopotamiens und Ägyptens gewesen war: zauberkräftig und kultisch zweckgebunden. Ihre Ausübung war den Priestern vorbehalten.
Den Ursprung der Musik führten die Griechen auf die Götter zurück. Mythen, die teilweise Umwandlungen ägyptischer Mythen sind, bezeugen es. So berichtete Diodor, in Ägypten gelte Osiris als Stifter der Tonkunst. Er sei begleitet von »neun sangeskundigen Jungfrauen«. In Hellas wurden aus ihnen die neun Musen, und aus Osiris

wurde Apollo, der Lichtgott und Musenführer (Musagete). Auch der Hermesmythos ist in einem altägyptischen Priestermythos vorgebildet: Bei einer Wanderung stieß Gott Hermes mit dem Fuß an die Sehnen, die quer über einen ausgetrockneten Schildkrötenpanzer gespannt waren. Der Klang entzückte ihn, er formte aus dem Gehäuse die erste Lyra.

Die Zauberkraft der Musik ist in manchen Mythen bezeugt. So etwa lockt Orpheus mit den Klängen seiner Lyra Tiere, ja Bäume und Felsen zu sich. Mit seinem Gesang

Odysseus, an den Sirenen vorüberfahrend, nach einem Relief eines marmornen Sarkophags

überwindet er selbst den Gott der Unterwelt. Amphion zwingt mit seiner siebensaitigen Lyra Steine, sich zu einer gewaltigen siebentorigen Mauer um Theben zu schichten. Thaletas von Kreta vertreibt mit seinem Saitenspiel die Pest aus einer Stadt. Circe und die Sirenen der Odyssee betören ihr Opfer mit zauberischen Gesängen. Arion entzückt mit seinem Kitharaspiel einen Delphin derart, daß ihn das Tier auf den Rücken nimmt und sicher über das Meer trägt.

Echte Zeugen griechischer Musik vor der Jahrtausendwende gibt es nicht. In Orpheus vermutet man zwar eine geschichtliche Gestalt, doch die ihm einst zugeschriebenen ›orphischen Gesänge‹ sind nachweislich jüngerer Herkunft. Ob sie auf Vorlagen aus seinen Tagen zurückgehen, steht dahin. Inhaltlich verweisen sie auf den ägyptischen Osiris-Kult. Eher schon könnte der Linos-Gesang als ältestes Dokument gelten. Über ein Jahrtausend soll er sich unverändert in Griechenland erhalten haben. Doch auch er scheint aus Ägypten übernommen zu sein. Noch Herodot will ihn melodisch gleichlautend dort gehört haben! Linos hieß dort Meneros. Er war der Sohn des ersten ägyptischen Königs Menos aus dem Altreich. Das Meneros-Lied – ein Klagegesang auf den frühen Tod des Königssohnes – entspricht inhaltlich der Linos-Klage.

Damit schließt sich der Kreis der Überlieferungen aus jenen mythischen Zeiten. Überragende kultische Bedeutung erlangten von Anbeginn die Götter Apollo und Dionysos für die griechische Musik. Apollo, Inbegriff des Klaren, Schönen, Harmonischen, wurde der Gott des Gesanges und des Saitenspiels. Bogen und Lyra waren seine Attribute. Sein Halbbruder Dionysos wurde zum Gott des Rausches, der Fruchtbarkeit, des Weines (in Rom wurde er zu Bacchus). Er war zugleich der Totengott. Seine Attribute waren Flöte und Aulos. Apollinische Musik ist Ausdruck des Erhabenen, der Klarheit und Harmonie, dionysische Musik dagegen Ausdruck der Leidenschaften, des Rausches und der Trauer. Zwischen diesen Polen bewegt sich fortan in Hellas und im gesamten Abendland alles, was den Namen Musik trägt.

Silene mit Kithara, nach einem griechischen Vasenbild

Die zweite Periode der griechischen Musik fiel in den Zeitraum vom Ende der dorischen Wanderung bis zum Peloponnesischen Krieg. In ihr erlebte sie ihre Hochblüte. Ohne ihre kultische Bedeutung einzubüßen, gewann sie nun in Übereinstimmung mit der allgemeinen Entwicklung und zumeist in Verbindung mit Dichtung und Tanz ihren eminent sittlichen, erzieherischen, politischen und endlich auch poetisch-ästhetischen Sinn. Sie wäre freilich nicht Musik, wäre sie nicht zugleich auch ›zauberische Verführerin‹, Verderberin von Zucht und Sitten. Diese Polarität betont das dem Pythagoras zugeschriebene Wort von der Harmonie des Sirenengesangs (siehe Seite 28).
Der Doppelsinn altgriechischer Musik fand seinen Ausdruck in der Symbolkraft bestimmter Instrumente, Tonarten und Melodieformeln. Das Instrumentarium war zwar ähnlich reichhaltig wie das der Kulturen Asiens, doch nur Kithara (nebst Lyra) und Aulos (nebst Flöte) erlangten überragende Bedeutung. *Kitharodie* und *Aulodie* –

Sologesang mit Kithara- bzw. Aulosbegleitung – waren neben dem Chorgesang die wichtigsten Gattungen griechischer Musik. Die Kithara oder Phorminx, wohl zur mykenischen Zeit aus der ägyptischen Lyra entwickelt, galt als Abbild des Weltalls und Symbol für Apollo. Ihre Domäne war die apollinische Musik. Sie begleitete Gesänge feierlich sakralen oder episch heldischen Charakters. Der Aulos dagegen, eine

Griechinnen mit Harfe, Kithara und Lyra, nach einem Vasenbild, etwa Ende des 5. Jahrhunderts v. Chr.

Doppelschalmei (etwa Doppeloboe) sumerisch-babylonischer Herkunft, begleitete als Symbol des Dionysos sinnlich leidenschaftliche Gesänge und Tänze, Traueroden und dergleichen. Bisweilen wurde er durch die Flöte ersetzt. Die Schwester der klanggewaltigen Kithara, Apollos sanfte Lyra, verband sich der intimen geselligen Lyrik.

Symbolkraft besaßen auch die üblichen melodischen Oktavreihen und Tonarten (siehe Seite 40). Schon ihre Namen, z. B. dorisch, phrygisch, lydisch ..., deuten dies an. Sie waren von Landschaften hergeleitet und charakterisierten Eigenschaften ihrer Bewohner. Die dorische Reihe oder Skala (zu finden auf den weißen Klaviertasten von e^1 bis e) galt als ernst, männlich, mutbildend, veredelnd. Sie stand im Mittelpunkt der musischen Erziehung und war die Skala apollinischer Gesänge. Die phrygische dagegen (zu finden auf den weißen Klaviertasten von d^1 bis d) empfand man als aufreizend. Sie war die Skala kriegerischer Gesänge und dionysischer Dithyramben. Die lydische (c^1 bis c) wurde in Sparta wegen ihres melancholischen Charakters gemieden. Andernorts fand sie Verwendung in Trauergesängen und zarten lyrischen Ergüssen. Allgemein galt sie als verweichlichend. Die Symbolkraft der Tonarten erschöpfte sich damit keineswegs. Man sah in den Skalen, den Ordnungen der Tonwelt auch Analogien zu den Ordnungen des Staates, zu den Tages- und Jahreszeiten und anderen kosmischen Phänomenen, insbesondere zum gesetzmäßigen Gang der Gestirne: Sphärenmusik. Die Lehre von den Ordnungen der Tonwelt war eine mathematische und philosophische Disziplin!

Platon, schon der herbstlich schillernden Zeit nach dem Peloponnesischen Krieg zugehörend, warnte vor der Einführung neuer Tonarten. Die herbe dorische Tonart der

Spartaner war für ihn Inbegriff hellenistischen Geistes. Er sagte: »Die Einführung einer neuen Tonart vermag den ganzen Staat in Gefahr zu bringen. Nirgends verändert man die Tonarten, ohne daß die wichtigsten Grundgesetze des Staates mitverändert werden.« Diese Auffassung entspricht durchaus der altchinesischen Musikgesinnung!

Alle Gesänge ergaben sich in Hellas aus bestimmten Melodieformeln oder Nomoi (Nomos = Gesetz). Man löste die Nomoi aus ihrer Formelhaftigkeit, indem man sie improvisierend mit Melismen, auch Vierteltönen auszierte und immer wieder gleichsam individualisierte. Stimm-Maskierungen, nasale, orientalische Gesangsmanieren erhöhten die Wirkung des Vortrags. Im Prinzip entsprachen die Nomoi den Ragas der Inder, den Melodietypen Chinas. Jeder Nomos war aus einer bestimmten Tonart abgeleitet, jeder gab einer eigenen Grundhaltung Ausdruck. Viele Nomoi erlangten als geheiligte Symbole im Rahmen der kultischen Tradition Dauer. Sie waren nicht unbedingt an bestimmte Texte gebunden, beruhten jedoch als ›sprachgezeugte Melodien‹ auf feststehenden, variablen Grundrhythmen, welche mit den Sprechrhythmen (Jambus = kurz-lang, Trochäus = lang-kurz, Spondeus = lang-lang, Anapäst = kurz-kurz-lang und Daktylos = lang-kurz-kurz) und mit den aus ihnen zusammengesetzten Versmaßen der Dichtung (Hexameter = ›Sechsmaß‹, Pentameter = ›Fünfmaß‹ usw.) übereinstimmten.

Man verwendete in Hellas zwei Notenschriften. Beide bezeichneten die relative Tonhöhe mit Buchstaben (ein geeichter Zentralton, etwa ein ›Kammerton‹, von dem aus sich die absolute Tonhöhe errechnen ließe, ist nicht überliefert). Die ältere ›diatonische‹ Notenschrift war spezialisiert für Instrumentalmusik, die äußerst komplizierte jüngere ›enharmonische‹ für den gelegentlich in Vierteltönen sich bewegenden Gesang. Es gab zwar auch Zeichen für Tondauerunterschiede und Pausen, doch meist wurden rhythmische Werte nicht notiert. Sie ergaben sich aus den Texten.

Zu den wichtigsten erhaltenen Bruchstücken gehört das Fragment eines Chores aus dem ›Orestes‹ des Euripides (ca. 408 v. Chr.) – es zeigt die dorische Tonart mit eingemischten Vierteltönen –, gehören ferner ›Zwei delphische Apollohymnen‹ des

Ho-son zês phai- nu, me-den ho- los sy ly- pu,   *Skolion des Seikilos, nach Handschin*

pros o- li-gon e- sti to zên, to té-los ho chro-nos a-pa- teî

Atheners *Kleochares* (ca. 280 v. Chr.), ebenfalls in der dorischen Tonart, das ›Skolion‹ (Lied) des *Seikilos* (etwa 1. Jahrhundert v. Chr.) in der phrygischen Tonart und ›Drei Hymnen‹ des *Mesomedes* (117 bis 138 n. Chr.), eines Lyrikers aus Kreta und Zeitgenossen Kaiser Hadrians. Die Musen sowie Helios und Selene preist er in der dorischen, Nemesis und Dike in der ionischen Tonart. Die Echtheit zweier älterer

Fragmente, eines Homerischen ›Hymnus an Demeter‹ und einer ›Pythischen Ode‹ des Pindar (um 470 v. Chr.) ist fraglich. Alle diese Musikdenkmäler sind Schattengebilde. Keines läßt sich authentisch wieder zum Leben erwecken.

Musik-Praxis

Weit lebensvollere Eindrücke vom Musikleben in Hellas vermitteln indirekte Dokumente. Aus ihnen geht hervor, daß Sparta das erste Musikzentrum war. Schon um die Jahrtausendwende war dort die Kithara das Begleitinstrument von Aöden (Berufssängern). Auch der Chorgesang, vor allem in der Form des Päan, des Lobgesanges auf die Götter, des Sieges- oder Festliedes, wurde bereits gepflegt. Den Reigen jener Sänger, die sich vom Aulos begleiten ließen und als Rhapsoden Götter- und Heldenepen in einer Art Sprechgesang vortrugen, eröffnete um 750 v. Chr. der sagenhafte, aber wohl geschichtliche *Olympos*. Er und seinesgleichen begannen ihren Vortrag stets mit einem Pröomium, einem strophisch gegliederten Hymnus an die Götter. Bis ins 2. Jahrhundert v. Chr. blieben die Pröomien üblich.
Der erste namhafte Sänger, der sich selbst mit der Kithara begleitete, war *Terpander* von Lesbos. Er siegte 676 v. Chr. bei den spartanischen Wettkämpfen, den Kareen, mit einem selbstverfaßten Nomos und später noch viermal in den Pythischen Spielen zu Delphi. In diesen und anderen kultischen, gymnastischen und musischen Wettkämpfen, so etwa in den Panathenäen und den Dionysien zu Athen, vor allem aber in den Olympischen Spielen besaß Hellas großartige Symbole für seine weltoffene Kulturgesinnung. Bei den Olympischen Spielen vereinigten sich seit 776 v. Chr. alle vier Jahre (bis 393 n. Chr.) die tüchtigsten Sportkämpfer, Dichter und Sänger des Landes zu friedlichem Wettstreit. Die Spiele waren undenkbar ohne Musik. Trompetengeschmetter überglänzte die Pferderennen, Flötengirlanden umkränzten die Wagenrennen und Fünfkämpfe, Knabenchöre feuerten die Wettläufer und Ringkämpfer an, Festchöre ehrten die Sieger. Etwa seit der Perikleischen Zeit gesellten sich zu den Wettkämpfen der Sänger, Trompeten- und Hornbläser dann die der Dramatiker. Auch ihre Kunst war gleichsam eingebettet in Musik.
Gekämpft wurde um der Ehre willen und zum Ruhme der Götter.
Doch seit der athenischen Ära waren oft auch materielle Interessen mit im Spiel. Schon Berufssänger wie *Simonides von Keos* (556 bis 467 v. Chr.) oder *Pindar* (522 bis 448 v. Chr.) – von ihm sind 45 Oden auf olympische Sieger erhalten – ließen sich herbei, selbst für die Olympischen Spiele gegen Bezahlung zu arbeiten.
In der Regel waren die Kultspiele damals jedoch nicht mit solchen Praktiken verquickt. Im weiten Bereich der geselligen Musik hatten die Berufssänger ihr eigentliches Betätigungsfeld. Von den Mächtigen, in deren Häusern sie sich hören ließen, wurden sie mit Geschenken überhäuft. Oft gehörten sie als Poeten zum Gefolge eines Großen. Sie sangen ihre Lieder zur Lyra. Ihre Lyrik ging zurück auf die kultischhymnische Kitharodie. Den Weg zur volkstümlich geselligen Lyrik nahm sie über

die Gesänge etwa des *Archilochos* (um 650 v. Chr.), des *Alkäos* (um 580) und der Dichterin *Sappho* (um 560) bis hin zu *Anakreon* (um 530) aus Ionien, der in Athen sein Leben beschloß. Die diesem Sänger der Tafelfreuden, des Weines und der Liebe zugeschriebenen etwa 60 Anakreontischen Lieder (deutsch von *Mörike*) sind Nachahmungen aus einer späteren Zeit.

Seit Anakreon improvisierte man gern beim Symposion (dem Gastmahl) sogenannte Skolien, heitere Trink-, Liebes- oder auch Spottlieder. Die Lyra ging von Hand zu Hand, und jeder Gast versuchte sich im Verseschmieden und Singen aus dem Stegreif. Gewiß – dabei streifte die Musik ab, was an die monumentale Strenge kultischer Nomoi erinnern konnte. Sie wurde unterhaltsam, prickelnd, leichtfertig – und sicher bisweilen auch banal. Doch im allgemeinen hatte die gesellige Lyrik jener Tage hohes Niveau. Nach überlieferten Versen aus dem 5. und 4. Jahrhundert v. Chr. zu urteilen, war sie nicht selten geistreich, verinnerlicht und von großer Ausdruckskraft. Als ›Bildungskunst‹ mag man sie etwa dem ritterlichen Minnesang des abendländischen Mittelalters vergleichen. Freilich unterscheidet sie sich von ihm durch den orientalischen Bilderreichtum ihrer Sprache und durch ihre mediterranen Wesenszüge.

Wer sich nicht auf Gesang und Poesie verstand, galt als ›ungebildet‹. Diesen Tadel mußte selbst *Themistokles* (525 bis 459 v. Chr.) hinnehmen, weil er es einmal ablehnte, bei einem Gastmahl zur Lyra zu singen. In welchem Maße damals Musik auch Mittel der Politik war, das zeigt das Phänomen ›singender Staatsmänner‹. *Solon* (um 630 bis 560 v. Chr.), Gesetzgeber Athens, begann seine in Versen abgefaßten Staatsreden stets singend! Berühmt war seine von einer Flöte begleitete völlig gesungene ›Elegie‹, eine Rede, mit der er die Athener zur Wiedereroberung von Salamis entflammte. Terpander verhinderte 644 v. Chr. in Sparta einen Aufruhr durch die Kraft seines Gesanges und seines Kitharaspiels.

Von den führenden Gemeinwesen oder ihren Staatsmännern wurden für die örtlichen Wettkämpfe der Chöre und Virtuosen besondere Gebäude zur Verfügung gestellt. Sie waren charakteristisch für das Bild jeder angesehenen Stadt. So hatte Sparta einen imposanten ›Konzertsaal‹, den Skias, und Athen hatte das berühmte runde Odeion, ein Geschenk des Perikles an seine Landsleute. Diese Tempel Polyhymnias, der ›vieltönenden‹ Muse der Musik, waren Kultstätten.

Bei den Dionysien der Athener wurden im Odeion die sogenannten ›Dithyramben‹ zelebriert. In zweierlei Gestalt priesen sie Dionysos, den Gott des Rausches und der Totenwelt: als sinnlich schwelgerische Festchöre und als mythische Klagelieder. Sie sind um 600 v. Chr. von dem sagenhaften Arion durchgebildet und später von Athen übernommen worden. Aus diesen Dithyramben sollen die griechischen Tragödien und ihre ›bacchantischen‹ Nachspiele, die Satyrdramen, hervorgegangen sein, und zwar durch Umwandlung der episch in ihnen enthaltenen Handlungselemente in die Sichtbarkeit gespielter dramatischer Vorgänge. Die handelnden Personen wurden zunächst vor dem Hintergrund hymnischer oder reflektierender Chöre von nur einem Schauspieler unter verschiedenen Masken dargestellt.

Als erster Tragödiendichter und Schauspieler soll *Thespis* 534 v. Chr. aufgetreten sein. Sein ›Spiel‹ unter verschiedenen Masken wurde von vielen Zeitgenossen als

erregende Neuerung, von anderen als unsittlich empfunden. Aus der Angewohnheit des Thespis, seine Rollen von einem Wagen herunter vorzutragen, rührt die Wortbildung ›Thespiskarren‹ her.
In den Werken der griechischen Tragiker und Satyriker spielte die Musik eine unterschiedliche Rolle. Die Chöre waren den Männern vorbehalten und stets Sängerchöre. Gewöhnlich traten zwölf bis fünfzehn Sänger auf, im Eumenidenchor des *Äschylos* (525 bis 456 v. Chr.) waren es fünfzig. Ein Koryphäe (Vorsänger) fungierte als ihr Kapellmeister. Statt eines Dirigentenstabes trug er lautklappernde Schuhe (Krupetien); mit ihnen gab er den Rhythmus an. Das Steigen oder Fallen der melodischen Bewegung deutete er mit Handzeichen an. Dafür hat der Grieche die Bezeichnung Cheironomie (Zeichensprache; siehe Seite 25 und 58, Neumenschrift).
Die ersten Tragödien hatten etwa die Form eines Chor-Oratoriums. Nur der Protagonist (1. Schauspieler) stand dem Chor gegenüber. Äschylos führte den Deuteragonisten (2. Schauspieler) ein und ermöglichte dadurch echte Dialoge. Sophokles (496 bis 406 v. Chr.) beschäftigte zusätzlich einen Tritagonisten (3. Schauspieler). Schon bei ihm, vollends aber bei *Euripides* (484 bis 406 v. Chr.) stand die nun nicht mehr geschilderte, sondern tatsächlich ausgespielte Handlung im Mittelpunkt. Die Musik wurde ihr untergeordnet. Doch stets bildeten feierliche Chorsätze und ruhige Schreittänze den Rahmen des Geschehens. Die Dichter bestimmten die kultischen Melodieformeln für die Chöre, gelegentlich ersannen sie als Komponisten auch neue Nomoi. Hierbei hielten sie sich an den Symbolcharakter der Tonarten und Begleitinstrumente. In den Tragödien verwandten sie je nach der Situation Kitharas oder Aulos, in den Satyrspielen nur Aulos bzw. Flöten. Auch die vokalen Stimmregister ordneten sie einer durchdachten Ausdrucksskala ein. Für Leidenschaftsausbrüche wählten sie die helle, etwas gepreßte Tenorlage, für epische Partien die ausgeglichene Mittellage, für Trauergesänge und ähnliches die dunkle Baßlage.
Über das Äußere der Solisten ist man durch Bilder und Schriften unterrichtet; sie stolzierten auf hohem Kothurn (Stelzschuh) einher, verbargen ihre Gesichter hinter drastischen Masken, die zugleich als Stimmverstärker dienten und trugen künstlich verlängerte Arme. Sie wirkten wie monumentale Stilisierungen der Figuren, die sie darstellten. Wahrscheinlich entsprach dem äußeren Pathos ihres Auftretens eine nicht minder pathetische Art der Deklamation. Es ist sehr wohl möglich, daß ihr Vortrag ein psalmodierendes Singen war, vielleicht steigerte er sich auch nur in Liebesliedern, Totenklagen, Freudenhymnen oder dionysischen Rhapsodien zum Gesang.
Die Renaissance-These von der antiken Chor-Oper ist zwar nur eine Hypothese, doch steht fest: Alle Erscheinungsformen des Theatralischen in Hellas – das archaische Chor-Oratorium des Thespis ebenso wie die klassische Chor-Tragödie nebst Satyrdrama und die politisch-zeitkritische Gesellschaftskomödie – waren mit Musik verbunden. Auch das bäuerliche Rüpelspiel konnte sie nicht entbehren, es stand und fiel mit seinen volkstümlich derben Tanz-, Trink- und Spottliedern.
Der Niedergang der Musik im sterbenden Hellas äußerte sich ähnlich wie bei anderen verlöschenden Kulturen der geschichtlichen Zeit. Sie löste sich aus ihren Bindungen zum Kultischen, zur ›religio‹, zum Staatswesen. Ihre Symbolkraft schwand. Ästhe-

tische Gesichtspunkte bestimmten immer entschiedener ihre Struktur. Ihre Mittel und ihr Ausdruck wurden üppiger, ihre Formen unbestimmter und ihre Inhalte schal. Hetären und Virtuosen aller Art machten aus ihr ein Geschäft. Ihre kunstvollen Äußerungen blieben als Produkte überfeinerter Bildung wenigen Kennern vorbehalten. Sie diskutierten über Musik, sie genossen geschmäcklerisch ihre ›Reize‹, ohne ihrer im Grunde noch zu bedürfen. Musik wurde Luxus. Auch die volkstümlichen Lieder und Tänze, ja selbst die Gassenhauer sanken ab zu billigen Nachahmungen ohne Kraft, Anmut und Witz. Sie dienten bei Umzügen, Schaukämpfen und Gelagen oberflächlicher Volksbelustigung.

Die kultische, ›klassische‹ Musik vermochte sich zwar auf einem begrenzten Gebiet noch zu behaupten, sie fand auch hin und wieder noch leidenschaftliche Fürsprecher. Doch alle Reformversuche scheiterten, die Laien, Träger der alten Musikkultur, verlernten das Singen und Spielen und zogen es vor, sich von bezahlten Musikern unterhalten zu lassen. Schon bei *Platon* (427 bis 347 v. Chr.) kündigte sich die Endphase an. Doch noch hielten damals die Dämme, dank der Kraft der Fundamente. Hierfür ein Beispiel:

Als *Timotheos von Milet* (447 bis 357 v. Chr.), ein Zeitgenosse Platons, im sittenstrengen Sparta die seit Terpander geheiligte siebensaitige Kithara durch eine elfsaitige zu ersetzen suchte, empörte sich das Volk gegen ihn. Sein Instrument wurde beschlagnahmt. Vier Saiten schnitt man herunter. Derart verstümmelt hing man es zur Warnung in der Konzerthalle, im Skias, auf. Timotheos aber wurde verbannt.

Er hatte sich in Sparta auch als ›Neutöner‹ hören lassen, die dorische Tonart mißachtet und ein Spiel ›in 12 Halbtönen‹ gewagt. In einem Lustspiel des Pherekrates wurde er dafür verspottet:

> *Dike* Wer ist denn der Timotheos?
> *Musik* Ein Rotkopf aus Milet,
> Ärgers tat er mir als alle die vor ihm,
> Ein unerhört Gewimmel von Ameisen war sein Sang,
> Und traf er wo allein mich wandelnd an,
> So löste er mich in zwölf Töne auf!
> *(mitgeteilt von A. W. Ambros)*

Musik-Theorie

Die ersten Musikdenker Griechenlands – Olympos und Terpander (siehe Seite 35) und auch noch *Pythagoras* (um 580 bis 500 v. Chr.) – erteilten ihre Lehren mündlich. Sie waren die Gesetzgeber der ›klassischen‹ Musik. Die Erkenntnisse des Pythagoras fanden in Aufzeichnungen seiner Schüler ihren Niederschlag. Er gab der Musiktheorie, ohne sie aus ihren mythischen Bezügen zu lösen, den Rang einer mathematischen, philosophischen, ja physikalischen Disziplin. Historisch gelangte er zu einer Synthese griechischer und ägyptischer Auffassungen.

Pythagoras deutete die Welt als kosmische Ordnung, die auf mathematischen Gesetzen beruht. Seine zentrale These »Alles ist Zahl und Harmonie« fand er bestätigt in der gegebenen Welt der Töne. Am Monochord, dem Einsaiter, vielleicht auch schon an der ägyptischen Nabla (siehe Seite 29), nahm er seine berühmt gewordenen Tonmessungen vor. Ihr Ergebnis war im wesentlichen die Ermittlung der mathematischen Verhältnisse zwischen Grundton, Quarte, Quinte und Oktave und – daraus abgeleitet – die Theorie von den harmonischen und disharmonischen Intervallen. Die große Terz berechnete er als dissonant, was sich bis ins 16. Jahrhundert n. Chr. auswirkte. Solange man seiner Auffassung folgte, konnte man Dreiklänge aus Grundton, großer Terz und Quinte (zum Beispiel c-e-g) nicht als konsonant anerkennen. Damit fehlte die Voraussetzung für den Dur-Moll-Dualismus der tonalen Musik. Das Vermeiden der großen Terz bei Akkord-Abschlüssen und viele andere Merkmale der christlich-mittelalterlichen Musik sind hierauf zurückzuführen.

Pythagoras war der Schöpfer der ersten vollständigen diatonischen Reihe (von oben nach unten gelesen: e^1, d^1, c^1, h – a, g, f, e). Sie ist zusammengesetzt aus zwei unverbundenen gleichartigen Tetrachorden (Viertonreihen) und stellt die dorische Reihe dar (vollständige dorische Tonart siehe unten). In Erz gegossen, soll sie den Heratempel zu Samos geschmückt haben. Sie verdrängte die siebentönige Reihe des Terpander, welche die noch ältere halbtonlose pentatonische Reihe (Fünftonreihe; siehe China, Seite 17) durch Oktavverdoppelung zweier Töne erweiterte. Bereits zwei Jahrhunderte vor China entwickelte Pythagoras ein Quintensystem. Nach ihm berechnete er alle Tonverhältnisse, auch die der Vierteltöne. Von ihm leitet sich auch der Begriff Sphärenharmonie her.

Anderthalb Jahrhunderte nach Pythagoras war der Kulminationspunkt der ›klassischen‹ Musik bereits durchschritten. Platon trat als Mahner auf. Sein Schüler *Aristoteles* (384 bis 322 v. Chr.) wurde zum Prototyp des Musikästheten. Viele der ihm zugeschriebenen Gedanken über Musik stammen freilich nach neueren Forschungsergebnissen aus dem 1. bis 2. nachchristlichen Jahrhundert.

Die Pythagoräer bis hin zu den Mathematikern *Euklid* (um 300 v. Chr.) und *Eratosthenes* (276 bis 195 v. Chr.), ja bis zu *Didymos von Alexandrien* (um 30 v. Chr.) und *Ptolemaios* (um 150 n. Chr.; drei Bücher der Harmonik) vertraten die Maxime ihres geistigen Ahnherrn: »Alles ist Zahl und Harmonie«, im Endstadium bis zu einer überspitzten Zahlensymbolik mit atavistisch magischem Einschlag!

Im Gegensatz zu ihnen stellte *Aristoxenes von Tarent* (geb. um 350 v. Chr.) die Maxime auf: »Das Gehör entscheidet, nicht die Mathematik.« Er war Ästhet. Die pythagoräische Kanonik kühn negierend, ersann er bereits eine ›temperierte Stimmung‹ von zwölf gleichen Halbtönen innerhalb der Oktave, die ihm das Umstimmen der Saiten für verschiedene Tongeschlechter ersparte. Doch selbst er empfand die große Terz noch als dissonant!

Dreihundert Jahre nach Aristoxenes errechnete der Pythagoräer Didymos dann die Konsonanz der großen und kleinen Terz. Zwar übernahm der Alexandriner Ptolemaios seine Berechnungen in seine Schriften – so blieben sie erhalten –, doch Folgen hatte das zunächst nicht. Die alten Lehren wurden – unwesentlich modifiziert –

weiter überliefert durch *Plutarch* († 120 n. Chr.), *Quintilianus* (um 150 n. Chr.), *Kleonides* (2. Jahrhundert n. Chr.), durch den Neuplatoniker *Plotin* (204 bis 270 n. Chr.), vor allem aber durch *Cassiodorus* (485 bis 580; ›Institutiones musicae‹) und *Boëtius* (um 475 bis 524), den Berater des Ostgotenkönigs Theoderich. Auf seinen fünf Büchern ›De musica‹ fußte das Wissen des Mittelalters von der antiken Theorie.
Anderthalb Jahrtausende nach Didymos, 1558, berief sich der Italiener Zarlino auf dessen Berechnungen (Konsonanz der großen und kleinen Terz). Er folgerte daraus den Dur-Moll-Dualismus, die theoretische Voraussetzung der funktionellen Tonalität! Über gewaltige Zeiträume hin verband sich hier antikes Denken mit neuzeitlichem Denken unmittelbar und folgenschwer.
Die griechischen Hauptoktavreihen (dorisch, phrygisch, lydisch; siehe Seite 33) wurden durch unmittelbare Hinzufügung zweier weiterer gleichartiger Tetrachorde (eins oben, eins unten) und Verdoppelung der jeweils neu gewonnenen obersten Töne in der Tiefe zu vollständigen Tonarten (Systema téleion). So wurde zum Beispiel aus der dorischen Oktavreihe e^1-e die vollständige dorische Tonart a^1-A. Entsprechendes galt für die phrygische bzw. lydische Haupttonart. Sie wurden aus den Oktavreihen d^1-d bzw. c^1-c gewonnen (siehe Seite 33). Jede Tonart umfaßte also zwei Oktaven. Von jeder Haupttonart wurden nach bestimmten Grundsätzen zwei Nebentonarten abgeleitet. So ergaben sich insgesamt neun diatonische Tonarten:

> dorisch – hypodorisch – hyperdorisch
> phrygisch – hypophrygisch – hyperphrygisch
> lydisch – hypolydisch – hyperlydisch

Beispiel: Aus der dorischen Haupttonart erhält man die hypodorische Nebentonart, indem man die Tetrachorde der dorischen Oktavreihe: e^1, d^1, c^1, h und a, g, f, e so austauscht, daß das obere Tetrachord plus Ganzton dem unteren unmittelbar in der Tiefe angefügt wird:

> a, g, f, e
> ↓
> e, d, c, H (von hypo = unter).
> ↓
> A

Durch sinngemäße Erweiterung dieser Oktavreihe auf 2 Oktaven (siehe oben) erhält man die vollständige hypodorische Nebentonart. Entsprechend erhält man die hyperdorische Nebentonart, indem man das untere Tetrachord der dorischen Oktavreihe plus Ganzton dem oberen unmittelbar in der Höhe anfügt (von hyper = über). Gleiches gilt entsprechend für die phrygischen und lydischen Nebentonarten. Einige dieser Nebentonarten haben seit Aristoxenes auch andere Namen. So ist etwa:

> hyperdorisch = mixolydisch
> hypodorisch = äolisch
> hyperphrygisch = lokrisch
> hypophrygisch = iastisch oder ionisch.

Damit war der Vorrat an Skalen keineswegs erschöpft. Die eben genannten ließen sich praktisch über jedem Ton der Oktavreihe errichten, also ›transponieren‹. Etwa seit Terpander und bis ins 4. Jahrhundert verwandte man ferner Vierteltöne in enharmonischen Reihen (nicht zu verwechseln mit dem neuzeitlichen Begriff Enharmonik = Umdeutung eines Tones der ›temperierten Stimmung‹ in einen anderen, zum Beispiel fis = ges). Weder für die enharmonische noch für die chromatische Reihe der Antike gibt es im tonalen System der Neuzeit Entsprechungen. Beide Reihen bestehen nicht aus kontinuierlichen Folgen von Viertel- oder Halbtönen, sondern sie färben innerhalb eines Tetrachords, dessen Außentöne konstant bleiben, einen Ton um. Damit verschiebt sich dann der Abstand der anderen Innentöne. So wird zum Beispiel aus dem diatonischen Tetrachord e, d, c, H das chromatische e, des, c, H und das enharmonische e, c, c minus ¼, H. Das chromatische besteht also aus den Tonschritten anderthalb, einhalb, einhalb, das enharmonische aus den Tonschritten zwei, einviertel, einviertel.

Die griechische Musiktheorie war im wesentlichen eine reine Melodielehre, sie untersuchte also nicht aus der Mehrstimmigkeit sich ergebende Zusammenklänge. Mehrstimmigkeit im neuzeitlichen Sinne ist nicht mit Beispielen belegt. Und doch hat man in Hellas zumindest Zweiklänge gekannt, nur vom Unterricht waren sie ausgeschlossen.

Die übliche Deutung des Begriffes Heterophonie = verschleierte Einstimmigkeit (siehe Seite 17), ist demnach für die hellenische Musik nicht ganz zutreffend. Ungeklärt bleibt allerdings bei Platon, ob es außer einer ›Gegensätzlichkeit von Stimme und Begleitung‹ (Instrumentalbegleitung) auch eine solche von führenden und begleitenden Vokalstimmen, so etwas wie eine vokale ›Gegenstimmigkeit‹ gegeben hat.

Rom

Sagenhafte Stadtgründung Roms 753 v. Chr. durch Romulus und Remus. Die Stadtkönige (753 bis 510), Rom als Republik (501 bis 31), Zeit der Kaiser (30 vor bis 476 nach Chr.). 265 v. Chr. beherrschte Rom nahezu ganz Italien. Mit dem 1. Punischen Krieg (264 bis 241 v. Chr.) Beginn der Expansionspolitik. Unter Kaiser Trajan (98 bis 117 n. Chr.) Rom Mittelpunkt eines gewaltigen Imperiums. 330 n. Chr. Byzanz Hauptstadt des Reiches unter Konstantin. 395 Teilung des Reiches in ein Oströmisch-Byzantinisches und ein Weströmisches Reich. 410 Eroberung Roms durch die Westgoten, 455 Plünderung Roms durch die Vandalen. 476 Kapitulation des weströmischen Scheinkaisers Romulus Augustulus vor dem germanischen Heerführer Odoakar.
Das waren – vom ersten zum letzten Romulus – rund 1200 Jahre. Etwa 500 Jahre hiervon umfaßten die eigentliche Blütezeit des Imperiums.

Die alte römische Kultur wird in ihren Elementen verständlich aus der Verschmelzung von Eigenem mit den Kulturen der Etrusker und der vom Imperium beherrschten Kolonien, insbesondere des Ostens (Hellas, Ägypten, Kleinasien). Da die Etrusker oder Tusci vermutlich asiatischen Ursprungs waren, wurde Rom östlichen Einflüssen bereits lange vor dem Aufstieg des Imperiums ausgesetzt.

Etwa um 800 v. Chr. siedelten sich die Etrusker in der Gegend der heutigen Toscana (Tuscia) an. Sie brachten eine Schrift mit, die von der altgriechischen abgeleitet war und waren bedeutend vor allem in Werken der bildenden Kunst und im Kunstgewerbe; ihre Musik soll Züge der griechischen und der ägyptischen aufgewiesen haben. Ihre Instrumente waren griechischer Aulos und Flöte, ägyptische Doppelflöte und Trompete. Wandgemälde in ihren Totenkammern mit Darstellungen von Begräbnisfeiern, auf denen meist Doppelflöten abgebildet sind, erinnern an sumerische oder altägyptische Totenzeremonien. Unsere Kenntnis der alten römischen Musik beruht auf Schilderungen, Instrumentfunden und Bildern (zu den Theoretikern Plutarch, Quintilianus und Boëtius, siehe Seite 40). Aus den Dokumenten ergibt sich, daß die heidnischen Römer von der esoterischen Kraft der Musik nahezu unberührt blieben. Musik war für sie Unterhaltung. Ovid sah in ihr einen verderblichen Luxus. Die gesellige Musik wurde vorwiegend von Sklavinnen und käuflichen Virtuosen gepflegt. Eine besondere Rolle spielte die anfeuernde Kriegsmusik.

Etruskischer Flötenbläser, nach einer Wandmalerei

Das Instrumentarium bevorzugte ›tibia‹ (Flöte), ›tuba‹ (Trompete) und ›buccina‹ (Krummhorn), kannte aber außerdem alle Instrumente der Provinzen. Kaiser Nero trat auf als Virtuose der Kithara und der griechischen Wasserorgel. Nach Seneca gab es bei Theatervorstellungen mehr Sänger als Zuschauer. Das ganze Theaterrund wurde mit Trompeten besetzt, von der Bühne ertönten Tibien und andere Instrumente. Auch bei den Bacchanalien, rauschenden Festen, Vorläufern des Karnevals, und bei öffentlichen Ballett-Pantomimen, die auf etruskische Vorbilder zurückgingen (erste Pantomime 364 v. Chr.), war ein gewaltiges Aufgebot an Sängern und Instrumenten üblich. Bei Dramenaufführungen dagegen fehlten Chöre! Lieder gab es für jede Gelegenheit. Doch ihre Beherrschung gehörte nicht zur Allgemeinbildung, sie wurden von Virtuosen oder Sklavinnen vorgetragen. Öffentliche Festmusiken waren in ihrer klanglichen Struktur primitiv, in ihrer Aufmachung pomphaft repräsentativ. Alles in allem:

Buccinator. Die Buccina, eine Art Krummhorn, römisches Blasinstrument, fand hauptsächlich während kriegerischer Auseinandersetzungen als weithin tönendes Signalhorn Verwendung

Musik war weder Bestandteil der Erziehung noch ›Erkenntnisstreben‹ im Sinne der griechischen Ethoslehre, noch gar Kult – sie diente dem Vergnügen.
Wenn auch Rom die antike Musik zu Grabe trug, so wurden ihre Mittel doch unter den Trümmern des Imperiums bewahrt für Kommendes. Das vergehende heidnische Rom wurde zur Wiege der christlich-abendländischen Kirchenmusik.

Kelten und Germanen

Kelten und Germanen gehören zur Familie der Indogermanen, die um 2000 v. Chr. nach Griechenland, Italien, Mittel- und Westeuropa einwanderten und sich mit der Urbevölkerung mischten.
Die Kelten drangen als erste nach Westen vor und besiedelten Gallien und Britannien. Einige Stämme gelangten nach Spanien und verschmolzen mit den Iberern (nordafrikanischer Herkunft) zu den Keltiberern, andere in den Rhein-Donau-Raum bzw. nach Oberitalien. 390 v. Chr. plünderten sie Rom. Später wurden die westeuropäischen Kelten von Rom unterworfen. Nach der Zeitenwende wurden sie christianisiert und teils romanisiert, teils germanisiert. Nur in der Bretagne, in Schottland, Wales und Irland hielten sie sich noch lange unvermischt. Es gibt dort noch heute Sitten und Dialekte, die man auf sie zurückführt.
Die heidnischen Kelten glaubten an Dämonen. Sie wurden von Druiden, weissagenden Priestern, beherrscht. Trümmer von Ringwällen, Waffen, schmiedeeisernes Gerät und Keramiken mit griechischer (!) Ornamentik bezeugen ihre Kultur.

Den griechischen Rhapsoden vergleichbar sind die altkeltischen Barden. Als Dichter und Sänger bildeten sie einen hochangesehenen Stand. Ihre Götter- und Heldenlieder trugen sie singend vor. Dabei verwandten sie wie die Rhapsoden einfache, immer wiederkehrende, geheiligte Melodieformeln. Sie begleiteten sich selbst, zunächst mit der Crwth, einer Leier vielleicht asiatischer Herkunft, später mit der Rahmenharfe. Nach der Unterwerfung Galliens und Britanniens durch Rom wurden sie verfolgt. Viele gingen zugrunde, viele paßten sich an. Das christianisierte Bardentum hielt

sich in der Bretagne, in Irland, Schottland und Wales bis ins 17. und 18. Jahrhundert. Dichtung und Musik des Mittelalters haben ihm viel zu danken.
Im 4. Jahrhundert zog der kymrische Barde *Maxim Wledig* mit 60000 Kelten von Britannien nach Italien. Dort wurde er als *Clemens Maximus* (383 bis 387) einer der Gegenkaiser des Theodosius. Damals nahmen die Barden Einfluß auf die romanische Poesie, auf ihre Reimbildung und Deklamation. Die ›Ambrosianischen Hymnen‹ (387) weisen dies aus. Bis hoch ins Mittelalter veranstalteten die Barden öffentliche Dichter- und Sängerwettstreite. Den Sängerkrieg auf der Wartburg (1207) führt man auf keltische Vorbilder zurück. Die Fahrenden des 11. bis 14. Jahrhunderts, die englischen Minstrels und bretonischen Jongleurs, Spielleute, die als Possenreißer und Bänkelsänger die Heere begleiteten oder den Troubadours als Musikanten dienten, verbreiteten altkeltisches Liedgut in Europa. Auch die Strömung gegen die einstimmige Musik, welche im ersten christlichen Jahrtausend im Abendland vorherrschte, war wesentlich von Kelten getragen. Sie gelten als Erfinder der abendländischen Mehrstimmigkeit!
Um so bemerkenswerter ist es, daß keltische Barden in Gallien und Britannien antikes Wissen verbreiteten. Viele Barden beherrschten Lateinisch und Griechisch wie ihre Muttersprache. An den irischen Universitäten führten Barden ein Lehrfach über griechische Kunst ein. Der erste ›Musikwissenschaftler‹ der Universität zu Oxford (gegründet 886) war keltischer Barde, er lehrte altgriechische Musiktheorie!

Die Germanen besiedelten bis etwa 1000 v. Chr. den Norden Europas. Dann teilten sie sich in Nord- (Skandinavier), Ost- (Burgunder, Goten, Vandalen) und Westgermanen (Alemannen, Bajuwaren, Franken, Thüringer, Friesen usw.). Letztere verdrängten die Kelten aus Mitteleuropa und vereinigten sich dort in Stammesverbänden. Seit dem 2. Jahrhundert v. Chr. kam es zu Auseinandersetzungen mit Rom (Cimbern, Teutonen). 9 n. Chr. Schlacht im Teutoburger Wald. Die Römer wurden über den Rhein zurückgedrängt. Die Goten gelangten um die Zeitenwende von Skandinavien bis ans Schwarze Meer. Im 3. Jahrhundert fielen sie in das Imperium ein (Thrazien, Griechenland, Kleinasien), wurden aber abgewiesen. Im 4. Jahrhundert bildeten sie unter Ermanerich ein großes Reich zwischen Donau und Don (West- und Ostgoten). Es erlag 375 den Hunnen. Hierdurch wurde die Völkerwanderung ausgelöst. Sie verwandelte die gesellschaftliche Struktur Mittel-, West- und Südeuropas.
Bis zur Berührung mit dem Imperium, ja noch zur Zeit des Tacitus (um 55 bis 120) lebten die heidnischen Germanen wie alle Naturvölker in einer magischen Vorstellungswelt. Die Natur war für sie belebt von Dämonen. Ihr Animismus fand seinen Ausdruck in zauberkräftigen Opferbräuchen und seltsamen Weissagungen. Ihre Götter- und Heldenmythen umschlossen ein selbständiges, naturbezogenes Weltbild, zu dem auch ein elementarer Jenseitsglaube gehörte.

Eine Schrift kannten die heidnischen Germanen nicht. Erst zu christlicher Zeit entwickelten sie aus dem Kapitelalphabet der altrömischen Kaiserzeit ihre Runen. Sie verwandten sie zunächst nur als Zauberzeichen, später auch für Inschriften auf Denkmälern. Im 7. Jahrhundert verlor sich die Runenschrift wieder. Ein zuverlässiges Wissen konnte erst ausgehen von literarischen Dokumenten, in denen die Urform etwa der Zaubersprüche, der Mythen und Sagen wohl nur noch wie ferner Widerhall nachklingt. Das gilt für die ›Merseburger Zaubersprüche‹ (8. bis 9. Jahrhundert) und für die beiden Edden. Die ältere ›Edda‹ (9. bis 12. Jahrhundert) bringt altgermanische

Götter- und Heldenlieder in Stabreimen, zum Teil schon mit christlichem Einschlag. Die jüngere ›Edda‹ wurde erst um 1220 auf Island von Snorri Sturluson geschaffen. Sie umfaßt Sagen in Prosa, Beispiele für die Kunst der Skalden, jener Dichter und Sänger, welche erst seit dem 10. Jahrhundert im Norden den keltischen Barden und germanischen Harfnern nacheiferten.

Altgermanische Musik ist nicht überliefert. Doch man fand steinzeitliche Instrumente, Rasseln, Klappern, Tontrommeln und Knochenpfeifen. Sie belegen zumindest das hohe Alter der Musik des Nordens. Aus der Bronzezeit (etwa 1400 v. Chr.) stammen die rätselhaften Luren als Zeugen einer hohen Kultur. Ihre Schalltrichter sind oft

Crwth, Crout oder Chrotta aus dem 10. Jahrhundert. Als Streichinstrument damals hervorgegangen aus der altirischen kitharaähnlichen Leier gleichen Namens. Die ›Streich-Chrotta‹ existierte noch Ende des 18. Jahrhunderts in ihrer alten Form bei der Landbevölkerung vornehmlich in Irland, Wales und in der Bretagne

mit Ziertellern und reicher Ornamentik geschmückt. Man fand sie in Norwegen, Südschweden, Dänemark, Schleswig-Holstein, Mecklenburg und Hannover, und zwar meist paarweise (Zeichen ihrer kultischen Zweckbestimmung); sie waren stets auf den gleichen Grundton eingestimmt. Exemplare, die man in Kopenhagen aufbewahrt, sind noch heute spielbar. Ihr Klang ist mächtig, aber weich und voll, er ähnelt dem der Posaunen. Sie haben einen Tonumfang bis zu $3^{1}/_{2}$ Oktaven und geben 12 bis 20 verschiedene Naturtöne her. Mit dem 5. vorchristlichen Jahrhundert kamen die Luren aus unbekannten Gründen wieder außer Gebrauch.

Aus der Bronzezeit des Nordens sind kostbar verzierte Jagd- und Kriegshörner überliefert (jüngeren Datums solche aus Gold). Sie sollen ›rauh und furchterregend‹ klingen. Die älteste erhaltene germanische Rahmenharfe stammt aus einem Alemannengrab (5. bis 7. Jahrhundert n. Chr.).

Kelten und Germanen begleiteten ihren Gesang mit unterschiedlichen Instrumenten. Venantius Fortunatus gab hierüber im Jahr 609 folgende Auskunft: »Romanusque lyra plaudat tibi, Barbarus harpa, Graecus Achilliaca, chrotta Britanna canit.« So war damals also die Harfe (harpa) typisch für die Germanen, die Crwth (chrotta) für die Britannen (Kelten und Angelsachsen). Vierhundert Jahre später war der Name chrotta (Rotta) dann auf das ›Psalterium‹ übergegangen. Notker Balbulus erklärte (um 1000): »Daz Psalterium, Saltirsanch, heizet nu in diutscum Rotta.« Die Crwth der Barden aber war um diese Zeit in ein Streichinstrument umgewandelt und als Zupfinstrument von der Harfe verdrängt.

Alle Aufzeichnungen über den Charakter altgermanischer Musik stammen aus christlicher Zeit. Tacitus erwähnt die Schwerttänze der Germanen und ihren schrecklichen ›barritus‹, einen ›Gesang in die hohlen Schilde‹, den sie bei Angriffen anstimmten. Johann Diaconus, um 800 Biograph Gregors des Großen, meinte, der Gesang der Alemannen und Gallier gleiche dem ›Herabpoltern eines Lastwagens vom Berge‹. Er spricht von ihren ›rohen, wie Donner brüllenden Stimmen‹ und versichert, ihre ›an den Trunk gewöhnten, heiseren Kehlen‹ seien ›keiner sanften Modulation fähig‹.

Doch die Germanen kannten nicht nur lärmende Tanz- und Kriegsmusik, sondern auch intime, ›geraunte‹ Kultgesänge und zauberkräftige Melodieformeln für die Tages- und Jahreszeiten, für Hochzeiten und Begräbnisse. Die in den ›Merseburger Zaubersprüchen‹ überlieferten Beschwörungsformeln lassen hierauf schließen. Einen bevorzugten Sängerstand gab es zunächst anscheinend nicht. Erst seit dem 5. Jahrhundert n. Chr. wurden Harfner erwähnt. Sie eiferten den keltischen Barden nach und erlangten ähnliches Ansehen wie diese. Zur Karolingerzeit (8. bis 10. Jahrhundert) mußten die Harfner in Mitteleuropa der ›ecclesia militans‹ weichen. Sie wurden nach Norden abgedrängt, dort traten die Skalden ihr Erbe an und pflegten es bis ins 13. Jahrhundert.

Bei den niederen Spielleuten und ›Fahrenden‹ jedoch blieben Reste altgermanischen Liedgutes noch lange lebendig. Sie gingen ein in die Kunstmusik und verschmolzen mit Elementen der aus dem Süden eingeführten christlichen Musik.

Musik im abendländischen Mittelalter

Aus der Begegnung von keltisch-germanisch-romanischer Wesensart, von Christentum und Antike erwächst die Kultur des Abendlandes. Als Mittelalter bezeichnet man den Zeitraum vom Untergang des Weströmischen Reiches (476) bis zur Reformation (1517), die den geschichtlichen Abschluß dieser Epoche bildet. Man kann das Mittelalter auffassen als die Zeit der werdenden und religiös bestimmten Einheit des Abendlandes unter dem alleinigen christlichen Dogma Roms.
Der Begriff Abendland (Okzident) als Gegensatz zum Morgenland (Orient) ist vor allem aus der Kirchengeschichte zu verstehen. Nach dem Großen Schisma des Jahres 1054, das die endgültige Spaltung der Kirche in eine westlich-römisch-katholische und eine östlich-byzantinische mit sich brachte, wurden die römisch-katholischen Länder Mittel- und Westeuropas zum Abendland. Erst nach der Reformation fand der Begriff Anwendung für das ganze christlich-humanistische Europa. Die politische und kulturelle Isolierung des Ostens wurde durch das Große Schisma begünstigt. Zwar kam es im Gefolge des 4. Kreuzzuges, bei welchem Byzanz von den Kreuzfahrern erobert wurde, zu dem kurzlebigen lateinischen Kaisertum (1204 bis 1261) und nach der erneuten Trennung unter den *Paläologen* (1261 bis 1453) besonders im 14. und 15. Jahrhundert noch zu einer bedeutsamen kulturellen Begegnung zwischen Byzanz und Italien – sie gab den Anstoß zur Renaissance (!) –, aber nach der Zerstörung von Byzanz durch die Türken (1453) hatte die konfessionelle Spaltung und die Verselbständigung der östlichen Nationalkirchen Folgen, die sich bis in die Gegenwart hemmend auf eine Verständigung zwischen Ost und West auswirkten. Wäre Rußland nicht von Byzanz, sondern von Rom aus christianisiert worden, so hätte die politische und kulturelle Entwicklung Gesamteuropas wahrscheinlich anders verlaufen können.

Einstimmige geistliche Musik des Mittelalters

Psalmen, Hymnen und Choräle

Um das Jahr 62 schrieb der *Apostel Paulus* in seinem Brief an die Kolosser in Phrygien (Kleinasien): »Lehret und ermahnet euch selbst mit Psalmen und Lobgesängen und geistlichen lieblichen Liedern.« Überall, wohin er kam auf seinen Missionsreisen durch Kleinasien, Mazedonien, Griechenland, wurden die melodischen Formeln altjüdischer Tempelgesänge bekannt. Sie gesellten sich zu den einheimischen Weisen – Gesängen aus Syrien und Antiochia, altgriechischen ›Nomoi‹ –, welche den jungen Christen vertraut waren und von ihnen ohne Bedenken zu biblischen Texten gesungen wurden.
Im altchristlichen Rom wurden selbst Zirkuslieder (cantica) in Verbindung mit frommen Texten zu geweihten Liedern, welche die Verfolgten bei ihren geheimen Andachten in den Katakomben sangen. Derartige Übertragungen weltlicher Melodien

auf geistliche Texte (und umgekehrt) lassen sich später wieder beobachten bei den Kontrafakten und Parodien des 15. Jahrhunderts oder im 20. Jahrhundert bei der ›Heilsarmee‹, die sich bemüht, Gassenhauer durch fromme Texte zu reinigen.

Nur eines duldete die altchristliche Kirche nicht: Musikinstrumente. Für sie war Musik immer und ausschließlich einstimmiger Gesang. Erst etwa seit dem 9. Jahrhundert wurden gelegentlich Orgeln zugelassen. Aber noch bis weit ins 2. Jahrtausend hinein bezeugen Synodalbeschlüsse und Verbote den freilich auf die Dauer aussichtslosen Kampf des Klerus gegen diese ›Werkzeuge heidnischer Verführungskunst‹.

Pri - mus tonus sic in - ci - pi - tur, sic flec - ti - tur et sic me - di - a - tur

at - que sic fi - ni - tur

Beispiel einstimmigen Gesangs

Die ›Psalmen‹ wurden – im Sinne der altjüdischen Tempelgesänge – von den Christen teils im Wechsel zweier Halbchöre (antiphon), teils im Wechsel von Vorsänger und Chor (responsorisch) vorgetragen. Die einfachen melodischen Formeln wurden hierbei der Silbenzahl der Texte durch unakzentuierte Tonwiederholungen angepaßt. So entstanden eintönige Sprechgesänge, rezitativische Gebilde mit nur geringem melodischem Profil als Ausdruck kollektiver Frömmigkeit.

Zu den Psalmen und anderen vom Priester ›psalmodierend‹ gelesenen Texten der Heiligen Schrift gesellten sich die Hymnen, freie religiöse Dichtungen. Auch sie wurden zunächst rezitiert, gewannen aber bald eine reichere ausdrucksvolle Melodik. *Bischof Ambrosius* (333 bis 397) führte solche antiphonisch oder responsorisch gesungenen Psalmen und Hymnen in die von ihm gestiftete Mailänder Liturgie ein. Er

Ae - ter - ne re - rum con - di - tor, Noc - tem di - em - que qui re - gis

Anfang eines Hymnus des Ambrosius, nach dem ›Breviarium sec. consuet. cur. rom. XIII.s.‹

wußte warum. Drastisch meinte er in seiner Erklärung des ersten Psalmes: »Was hat man nicht für Arbeit, in der Kirche das Volk zum Schweigen zu bringen, wenn bloß vorgelesen wird! Sobald aber der Psalm ertönt, wird gleich alles still.« Er sammelte die Hymnen seiner Zeit, unter ihnen auch solche syrischer Herkunft, und trat selbst als Hymnendichter hervor. Viele der ›Ambrosianischen Lobgesänge‹ stammen von ihm. Die meist vierzeiligen jambischen Strophen seiner Hymnen zeigen bisweilen Endreime. Diese Neuerung und vor allem die den Rhythmus belebende, sinngemäße musikalische Akzentuierung der Texte führt man auf keltischen Einfluß zurück. Alle Melodien der Ambrosianischen Hymnen sind diatonisch gehalten und bewegen sich bereits im Rahmen der ›Kirchentöne‹ (siehe Seite 59).

In der Folgezeit kam es immer wieder zu fruchtbaren Wechselbeziehungen zwischen Westrom, Byzanz und Syrien. Halleluja-Gesänge und Jubilationen althebräischen Ursprunges (fast ohne Text) gelangten so nach Rom, ferner byzantinische Hymnen und Tropen (Troparien), freie Dichtungen, die zwischen einzelne Psalmenverse eingeschoben wurden, aber auch griechische Gesänge, so das ›Kyrie eleison‹ und andere.

Entscheidend für die Vereinheitlichung der abendländischen Kirchenmusik wurde die Einführung der lateinischen Sprache in die Liturgie. Da in Byzanz ähnliches nicht gelang, entstanden in den Ostländern verschiedene Nationalkirchen mit eigener Liturgie und eigenen Gesängen. Im Westen gab es zur Zeit *Gregors des Großen* (von 590 bis 604 Papst) vier Liturgien, und zwar die römische, mailändische, gallikanische und mozarabische (spanische). Sie hielten sich zwar teilweise noch bis ins 11. Jahrhundert (die mozarabische bis heute), aber die Eigenheiten ihrer Musik wurden allmählich abgeschliffen und durch die ›römische Norm‹ ersetzt. Zu dieser schuf Papst Gregor selbst die Grundlage.

Er ließ die Kirchengesänge seiner Zeit sammeln und vereinigte die besten in einem kostbaren Buch, dem ›Antiphonar‹, das über Jahrhunderte hin als musikalisches Brevier mit einer goldenen Kette am Altar Sankt Petri befestigt blieb. Es enthält Gesänge

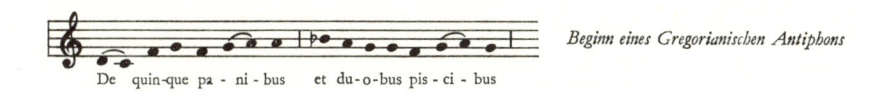

Beginn eines Gregorianischen Antiphons

De quin-que pa - ni - bus et du-o-bus pis - ci - bus

für die Festtage des ganzen Kirchenjahres und für alle Teile der Liturgie: Rezitative, Lektionen (Lesungen) und Psalmen, insgesamt Accentus genannt, weil der akzentuierte Sprechstil in ihnen vorherrscht, sowie Concentus, das heißt melodisch reichere Hymnen, Responsorien und Antiphone. Der musikalische Teil dieser Gesänge wurde zunächst mündlich überliefert.

Gregor leitete auch die organisatorischen Vorarbeiten für die Verbreitung der Gesänge. Er gründete in Rom eine Schola cantorum, eine klösterliche Sängerschule, deren Tradition noch heute in der päpstlichen Kapelle fortlebt, und er entsandte die dort ausgebildeten Mönche in die Klöster der westlichen Länder, wo sie die ›Gregorianischen Choräle‹ in lateinischer Sprache heimisch machten. Er vereinheitlichte ferner die Singweise der Choräle etwa auf der Basis der ›Kirchentöne‹ und erreichte so, daß überall, wo seine Sendboten hinkamen, »in einer Zunge« Gott gepriesen wurde.

Bald nach Gregors Tod wurde in Sankt Gallen (625) nach dem Muster der römischen Schule eine ›Schola cantorum‹ gegründet. Der Mönch Romanus soll eine Abschrift des ›Antiphonars‹ nach dort gebracht haben. Im 8. Jahrhundert folgten Würzburg, Eichstätt, Fulda, Metz, Rouen, Tours und andere, im 9. Jahrhundert Oxford, im 11. Jahrhundert Reichenau. Karl der Große, bekannt dafür, daß er heidnischen Widerstand mit Gewalt zu brechen wußte, zeigte sich besonders eifrig, sein Reich mit einem

Netz solcher Schulen zu überziehen. Wie er als Christ nur eine Kirche anerkannte, so duldete er in der Kirche nur eine Musik, die römische.
Schon zur Zeit des Ambrosius waren wesentliche Teile der musikalischen Liturgie den Priestern und klösterlichen Sängern vorbehalten. Die Gemeinde beteiligte sich nur noch responsorisch, das heißt, sie antwortete auf den Priestergesang mit refrainartigen Formeln. Im Jahre 578 wurde den Frauen das Singen in der Kirche untersagt. Ein strenger Ritus beherrschte immer ausschließlicher den Gottesdienst. Er kristallisierte sich musikalisch in der Form der Messe, deren liturgischer Rahmen während des 5. bis 8. Jahrhunderts festgelegt wurde. Die frühen, stets einstimmigen, unbegleiteten Messen wurden grundsätzlich im ›Gregorianischen Choralton‹ zelebriert. Die ersten überlieferten (mehrstimmigen) Messen stammen aus dem 14. Jahrhundert.
Die ›Gregorianischen Choräle‹ sind für den katholischen Gottesdienst der Alten und Neuen Welt verbindlich geblieben. Regionale Abweichungen von der ›römischen Norm‹, die sich trotz strenger Verordnungen (im 12., 17., 18. und 19. Jahrhundert) herausbildeten, werden stillschweigend geduldet. Offiziell gültig sind gegenwärtig die in der Vatikanischen Ausgabe von 1908 zusammengefaßten Gesänge, und zwar die im Graduale enthaltenen Meßgesänge und die im Antiphonale enthaltenen Gesänge für die Nebengottesdienste. Beide sind vereint im ›Liber usualis‹.

Sequenzen und Tropen

Zu den eigenartigsten Gebilden, die das frühe Mittelalter auf dem Gebiet der geistlichen Musik hervorbrachte, gehören die Sequenzen. Die Gattung entstand im 9. Jahrhundert in der Provence, sie erlebte während des 10. bis 14. Jahrhunderts ihre Blüte – besonders im Kloster des heiligen Martial zu Limoges, in Sankt Peter zu Moissac, in Rouen, Paris, im Land Burgund, in Sankt Gallen, Aachen, auf der Reichenau – und klang dann in Italien ab. Man unterscheidet Prosa- und Reimsequenzen. Die Prosasequenzen entsprangen einem Bedürfnis der Lehrpraxis: Um die wortlose, melodisch reich verzierte Halleluja-Jubilation leichter dem Gedächtnis einzuprägen, legte man ihr freie dichterische Texte von entsprechender Silbenzahl unter. Bald bildete sich ein typisches Formschema heraus. Es umfaßte beliebig viele Strophen, von denen jede aus zwei metrisch und melodisch gleichen Versen bestand, keine aber der anderen glich. Eingeleitet und beendet wurde diese Form oft von selbständigen, kurzen Gebilden. Das Schema sah also etwa so aus: a, bb, cc, dd...z. Im Gegensatz hierzu zeigte das Formschema der Hymnen eine beliebige Anzahl von metrisch und melodisch völlig gleich gebauten Strophen.
Im 12. Jahrhundert wurden die Sequenztexte, wohl unter keltischem Einfluß, mit Reimen durchsetzt und zu neu erfundenen Melodien gesungen, welche die Texte sinngemäß deklamierten. Hieraus erklärt sich ihre Volkstümlichkeit. Im 13. und 14. Jahrhundert vollzog sich dann eine Angleichung der Sequenzform an die des Hymnus. Einer der ersten Meister der Sequenz war der Sankt Gallener Mönch *Notker Balbulus*

(Notker der Stammler, um 840 bis 912). Ihm wurde auch das berühmte Antiphon (nicht Sequenz!) »Media vita in morte sumus« zugeschrieben, das Luther frei übersetzte: »Mitten wir im Leben sind mit dem Tod umfangen.« Nicht zu verwechseln mit dem ›Stammler‹ ist der Sankt Gallener Mönch *Notker Labeo* (Notker ›mit der langen

Mittelalterliche Darstellung eines Glockenspieles

Lippe‹, 952 bis 1022). Er verfaßte als erster musikwissenschaftliche Traktate in althochdeutscher Sprache. Weitere Meister der frühen Sequenz waren *Berno von der Reichenau* († um 1048), *Wipo von Burgund* († nach 1050), *Hermannus Contractus* (1013 bis 1054) und *Gottschalk von Limburg* (um 1090), Hauptmeister der volkstümlichen französischen Reimsequenz war der Augustiner-Chorherr *Adam de Saint-Victor* († um 1190) von der Abtei bei Paris. Viele Sequenzendichter bis zu *Thomas von Aquin* (1225 bis 1274), dem Schöpfer der Fronleichnamssequenz, ja bis zu *Thomas von Kempen* (1380 bis

Thomas von Aquin, Beginn der Fronleichnamssequenz

1471) zeigten sich von seiner überragenden Kunst beeinflußt. Spätmeister der Hymnensequenz waren der italienische Minnedichter *Jacopone da Todi* (1230 bis 1306) – ihm ist die Mariensequenz ›Stabat mater dolorosa‹ zu danken – und *Thomas von Celano* († um 1250), Schöpfer des ›Dies irae‹.
Im 15. und frühen 16. Jahrhundert entstanden Sequenzen in solchen Mengen und

von so unterschiedlichem Wert, daß Papst Pius V. auf dem Trienter Konzil (1545 bis 1563) alle bis auf vier verbot. Er duldete nur noch das ›Dies irae‹ sowie die Sequenzen für Ostern, Pfingsten und Fronleichnam. Erst 1727 wurde als fünfte die Mariensequenz ›Stabat mater‹ zugelassen.

Fast gleichzeitig mit den Sequenzen kamen in den abendländischen Klöstern, ausgehend von Sankt Gallen, die Tropen (Troparien) auf. Es handelt sich bei ihnen um freie Einschübe in die Gregorianischen Choräle. Zunächst wurden nur die melodischen Verzierungen (Melismen) der Choräle in Einzeltöne au gelöst und Silbe für Silbe mit neuen Texten versehen. Der Mönch *Tutilo* († 915) machte solche Tropen in Sankt Gallen heimisch. Er fügte beispielsweise dem ›Kyrie eleison‹ lateinische Textparaphrasen ein: »Kyrie (rex genitor ingenite) eleison.« Bald wuchsen sich diese Einschübe zu textlich und melodisch selbständigen Partien aus, die sich als freie Glossen zwischen unangetasteten Choralhälften behaupteten. Das Verfahren wurde schließlich auf alle Meßgesänge und auch auf die Lesungen (Lektionen) übertragen und während des ganzen Mittelalters beibehalten. Es entsprang dem Bedürfnis, die starren liturgischen Gesänge aufzulockern und der Menge schmackhaft zu machen. Jene Tropen, die man den rezitativischen Lesungen einfügte, versah man daher mit Reimen und liedartigen Melodien, näherte sie also den Sequenzen an, die bisweilen mit ihnen identisch sind. Ganze Meß- oder auch Stundengottesdienste (Offizien) wurden so zu Reimoffizien, etwa bei *Julian von Speyer* († um 1250), *Franz von Assisi* (1181 bis 1226) und *Antonius von Padua* (1195 bis 1231). Das Tridentinische Konzil merzte solche Freizügigkeiten indessen wieder aus. Damit verschwanden die Tropen aus der strengen Kirchenmusik. Manche ihrer Eigentümlichkeiten mündeten jedoch ein in die antiphonische Musik der katholischen Liturgie.

Geistliche und weltliche Volkslieder

Ein gerader Weg führt von den Tropen zu den volkstümlichen Kirchenliedern, den geistlichen Volksliedern. Schon im 10. Jahrhundert zersang das Volk das ›Kyrie eleison‹ zum ›Kyrieleis‹ und verband es mit tropischen Texterweiterungen in der Landessprache! Es entstanden die ›Leise‹, so etwa in der Allerheiligenlitanei: »Kyrieleis, unde die heiligen alle helfant uns, kyrieleis!« Diesem wohl ältesten Beispiel folgen viele nichtliturgische Weihnachts-, Oster- und Pfingstleise, ›Leise‹ zu allen Festen des Kirchenjahres. Von ihnen sind viele heute noch lebendig, so etwa die Osterleise »Christ ist erstanden« (13. Jahrhundert) oder die Weihnachtsleisen »Gelobet seist du, Jesu Christ« (14. Jahrhundert) und »Es ist ein Ros entsprungen« (15. Jahrhundert). Aber auch die Formen der Hymnen und Sequenzen machte sich das Volk zu eigen. Zunächst entstanden merkwürdige sprachliche Mischbildungen, zum Beispiel: »In dulci jubilo, nu singet und seit fro, unsres Herzens Wonne leit in praesepio« (liegt in der Krippe), sodann Übersetzungen, ›Leich‹ genannt, zum Beispiel »Komm heiliger Geist« (»Veni sancte spiritus«), Parodien, das heißt Übertragungen geistlicher Texte auf weltliche Melodien und umgekehrt, vor allem aber auch Neuschöpfungen, so die Kreuzfahrerlieder, die geistlichen Lieder der Minnesänger, die Geißlerlieder und andere in unerschöpflicher Fülle.

Man spürt es an diesen Schöpfungen des Volksgeistes, die getragen sind von der Kraft reiner Empfindung: Jene Menschen beugten sich nicht mehr widerwillig einer aufgezwungenen Lehre, sondern sie hatten begonnen, wirklich in ihr zu leben: sie waren

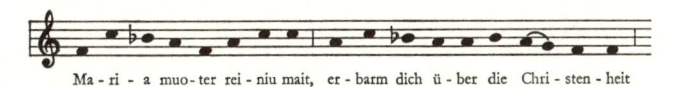

Ma - ri - a muo-ter rei - niu mait, er - barm dich ü - ber die Chri - sten - heit

Aus einem Geißlerlied des 14. Jahrhunderts

Christen geworden. Es wurde kaum mehr eine Grenze zwischen geistlichen und weltlichen Liedern gezogen. Was in den Menschen war an Zärtlichkeit und Liebe, an Ritterlichkeit, Zuversicht, Leidensfähigkeit und Glauben, spiegelte sich auf das natürlichste in beiden Bereichen, die einander ganz durchdrangen.

Dieser Vorgang wird deutlich vor allem in dem im 15. Jahrhundert in Nürnberg entstandenen ›Lochamer Liederbuch‹. Es enthält neben einstimmigen weltlichen Volksliedern auch mehrstimmig gesetzte kunstvolle Bearbeitungen, darunter Kostbarkeiten wie »All meine Gedanken die ich hab'« oder »Ich fahr' dahin«, »Ich spring' an diesem Ringe«, »Der Winter will hinweichen«. Ähnliche Sammlungen aus dem 15. Jahrhundert sind etwa das ›Berliner‹ oder ›Glogauer‹, dann das ›Münchener‹ und das ›Deutsche Liederbuch‹ des Zisterzienserstiftes zu Hohenfurt, in welchem geistliche und weltliche Volkslieder friedlich nebeneinander stehen.

Geistliche Schauspiele und ihre Abarten

Mit dem Zusammenbruch der antiken Welt verlor auch das klassische Drama vorerst seine Wirkung. Das Schauspiel sank ab zur primitiven Schaustellung in Arenen, zum Gaukelspiel der Possenreißer und Joculatoren, nicht selten zur obszönen Farce. Nachdem die Kirche dieses Treiben vergeblich bekämpft hatte, machte sie sich die unersättliche Schaulust der Menge zunutze; sie nahm Laienspieler in Dienst und gab dem Drama einen christlichen Sinn.

Die ersten tastenden Schritte in das Gebiet des Theatralischen erfolgten innerhalb der Kirche im 10. Jahrhundert. Damals stieß man in den Tropen zu Dialogen vor. Die Handlungselemente, die in der Weihnachts-, Oster- und Passionsgeschichte enthalten sind, gewannen dadurch in den lateinischen Lesungen vor dem Altar dramatisches Leben. Bald wagte man – ähnlich wie bei den geistlichen Volksliedern – Übertragungen der Texte in die Landessprache und als nächsten Schritt eine mimische Belebung der Dialoge. So entstanden im 11. Jahrhundert die ersten liturgischen Dramen, und zwar in Sankt Gallen, Einsiedeln, Freising und Beuron, von wo sie sich nach Frankreich (Limoges, Rouen, Fleury, Beauvais), England und Italien verbreiteten. Sie wurden innerhalb der Kirche als Weihnachts-, Oster- und Passionsspiele feierlich zelebriert und bilden die Vorstufe zu den späteren Oratorien.

Eine reiche Gliederung erfuhren diese liturgischen Spiele bald dadurch, daß man dramatische Szenen (etwa in der Weihnachtsgeschichte, den Kindermord, die Gespräche der Hirten, der Drei Könige u. a.) und lyrische Partien (etwa die Verkündigung der Engel, die Anbetung der Hirten) in sinnvollem Wechsel einander gegenüberstellte und sie musikalisch unterschiedlich ausstattete. Zwiegespräche wurden in realistisch akzentuiertem Sprechgesang vorgetragen, lyrische Höhepunkte dagegen zu Sequenzen verdichtet und zu volkstümlichen Weisen als schlichte Weihnachtslieder gesungen, in deren Refrain die Menge bisweilen einstimmte.

Psalterion, nach einer Darstellung aus dem 9. Jahrhundert

Im 12. Jahrhundert ging man dazu über, diese Spiele auch außerhalb der Kirche darzustellen. Zunächst wählte man den Vorhof der Kirche, später den Markt als Schauplatz. Die geistlichen Schauspiele mit Musik wurden damit zu Mysterienspielen oder ›Miracles‹. Um sie volkstümlicher zu machen, wurden frei erdachte Figuren eingeführt, so etwa die Ehre, Liebe, Wahrheit, aber auch der Tod und der Teufel, der Quacksalber und andere Volkstypen. Auch in der Stoffwahl wurde man nun freier. Zu biblischen Themen gesellte sich das ›Spiel von den klugen und törichten Jungfrauen‹, kamen ›Marienklagen‹, ›Rahel-Klagen‹, ›Prophetenspiele‹ und auch außerbiblische Stoffe hinzu (Abbildung Seite 63). Die Musik spielte in diesen Stücken eine unterschiedliche Rolle. Entweder blieb sie auf eingestreute Lieder beschränkt, oder sie begleitete das Ganze im Wechsel von Sprechgesängen und Liedern. Darin kündigten sich bereits Singspiel und Oper an. Gesungen wurde einstimmig, bisweilen zog man Instrumente hinzu. Im 13. Jahrhundert übertrugen höfische Dichter die in den Mysterien entwickelte Technik auf weltliche Schauspiele mit Musik. Die ältesten überlieferten Muster solcher Liederspiele stammen von *Adam de la Hale* (1240 bis 1287), einem der letzten bedeutenden Troubadours. Er griff in den Themen bisweilen auf biblische Stoffe zurück, so etwa in ›Adam und Eva‹ oder ›Le congé d'Adam‹, behandelte aber auch weltliche Vorlagen, so in ›Le jeu de la feuillée‹ und in ›Le jeu de Robin et de Marion‹.

Wie der griechischen Tragödie das Satyrspiel sich anschloß, so erschienen im Gefolge der Mysterienspiele alsbald derbe Schwänke oder auch bissige Satiren, zynische Persiflagen, deren Spott nicht einmal vor der heiligen Messe haltmachte. Der Klerus zeigte sich während des ganzen Mittelalters diesem Treiben gegenüber erstaunlich großzügig. In Frankreich wurde sogar einer dieser Schwänke, das zynisch obszöne Eselsfest, alljährlich in der Kathedrale von Notre-Dame in Paris gespielt. In Deutschland blieben diese Stücke auf die Fastnachtszeit begrenzt als zunächst mehr oder weniger derbe Maskenmummereien. Später entstanden aus ihnen die ›Fastnachtsspiele‹, die in Hans Sachs ihren Meister fanden.

Zu den weltlichen und geistlichen Spielen gehörten selbstverständlich auch Tänze. Schon die frühen Christen in Syrien, Griechenland und Italien kannten feierliche Schreittänze. Hinzu kamen zur Karolingerzeit in den christianisierten Gebieten keltische, germanische, überhaupt landesübliche heidnische Tänze. Sie blieben dadurch erhalten, daß einsichtige Missionare die altheidnischen Feiertage und Bräuche in den Christianisierungsprozeß aufnahmen. Den heidnischen Göttern geweihte Festtage wurden umgewandelt in Gedenktage für Heilige und Märtyrer. Kultlieder wurden umgeschrieben und Kulttänze durch neue Sinngebung in christliche Fest- und Freudentänze verwandelt, so daß sie sich zwanglos selbst in feierliche Mysterienspiele einfügen ließen.

An den geistlichen Schauspielen und ihren Abarten erweist sich dasselbe wie an den Pantomimen der Naturvölker, den Tanzspielen der orientalischen Kulturen, den Chor-Dramen der Antike: überall erwächst das ›Musiktheater‹ aus dem Kultischen! Die Stoffe ändern sich, doch stets gelangt man zu verwandten Techniken und Ausdrucksformen, zum Solo- und Chor-Lied, Rezitativ, Dialog und Tanz. Auch die Gattungen des späteren mehrstimmigen abendländischen Musiktheaters – szenisches Oratorium, ›opera seria‹ und ›buffa‹, Singspiel und Operette – bedienen sich ihrer. So weit sie sich im Laufe der Jahrhunderte von ihren Ursprüngen auch entfernt haben: sie bleiben rückführbar auf jene elementaren Mittel, die im Mysterienspiel und seinen weltlichen Varianten gegeben wurden.

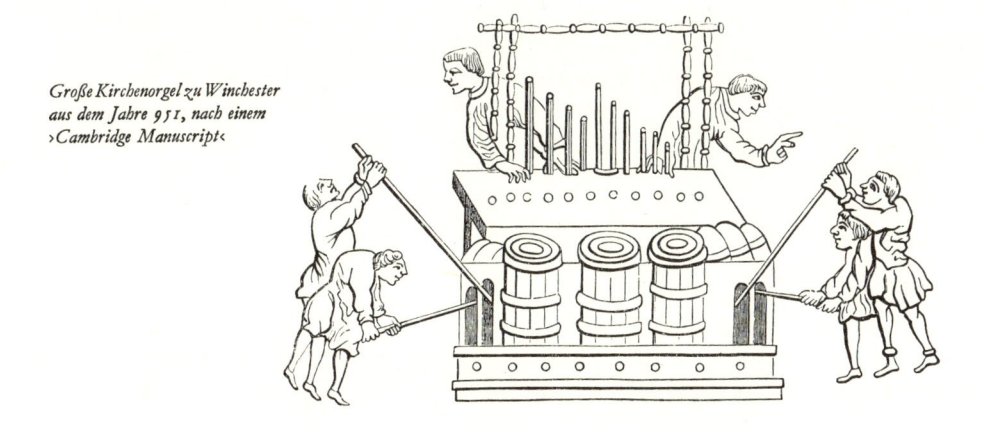

Große Kirchenorgel zu Winchester aus dem Jahre 951, nach einem ›Cambridge Manuscript‹

Notenschrift, Solmisation, Kirchentonarten

Seit dem 8. oder 9. Jahrhundert zeichnete man die Melodien der ›Gregorianischen Choräle‹ auf. Damals entwickelten die Kirchenmusiker Italiens, Frankreichs, Spaniens und Konstantinopels verschiedene Typen der sogenannten Neumenschrift. Sie bestand aus Zeichen oder ›Winken‹ (Neumen), die über dem Gesangstext angebracht wurden und das Steigen oder Fallen der Melodie angaben. Um eine exakt deutbare Schrift handelte es sich dabei nicht, sondern nur um eine Gedächtnisstütze, eine graphische Darstellung der Handwinke, mit denen die Lehrer ihren Schülern den Verlauf

Guido von Arezzo, 995 bis 1050

einer Melodie zu veranschaulichen suchten: stufenweises Erheben der Hand = stufenweises Steigen der Melodie, Senken der Hand = Fallen der Melodie. Ein ähnliches Verfahren – freilich ohne Notierung – kannten schon die alten Ägypter. Von ihnen übernahmen es die Griechen als ›Cheironomie‹ (siehe Seite 37). Die mündliche Überlieferung wurde durch die Neumenschrift nicht überflüssig, denn diese Schrift gab weder Aufschluß über die Tonhöhe noch über die Zeitwerte der Töne (lang, kurz).
Um das Jahr 900 begann man, die Neumen mit Buchstaben zu versehen (Romanus-Notation) und sie rhythmisch entsprechend der Wortbetonung zu akzentuieren. Ein wenig später gruppierte man sie – ohne Buchstaben – um 1 bis 3 Hilfslinien. Sie wurden dadurch zwar übersichtlicher, aber nicht lesbarer. Eine entscheidende Neuerung gelang dann dem Mönch *Guido von Arezzo* (um 995 bis 1050). Er verwandte vier farbige Hilfslinien, deren jede einen bestimmten Ton bezeichnete. Sie standen übereinander im Terzabstand und bildeten mit ihren Zwischenräumen für weitere vier Terzen eindeutige ›Schlüssel‹; dadurch wurde die exakte Notierung von Melodien bescheidenen Umfanges möglich, allerdings noch ohne rhythmische Gliederung.

In der Zeit nach Guido nahmen die Neumen allmählich die Form von Notenköpfen an. Sie wurden zu den ›Nota quadrata‹ der römischen Choral-Notation bzw. zu nagelförmigen Zeichen einer gotischen Abart der Hufnagelschrift. Beide Arten erhielten sich, neben anderen, während des ganzen Mittelalters. Die ›Nota quadrata‹ finden noch heute in katholischen Choral-Büchern Anwendung.

Auch die Choral-Notation gestattete nur die Aufzeichnung der Tonhöhe. Mit dem Aufkommen der Mehrstimmigkeit wurden dann Zeichen zur Festlegung des rhythmischen Verhältnisses der Stimmen zueinander erforderlich. Das Problem wurde gelöst durch die Mensural-Notation (von mensurabilis = meßbar). Sie entstand während des 12. bis 13. Jahrhunderts und setzte Notenzeichen von unterschiedlichem Zeitwert für Maxima ◥, Longa ◥, Brevis ■, Semibrevis ♦, Minima ♩ und noch geringere Werte, ferner Zeichen für mehrtönige Figuren (Ornamenttypen), sogenannte Ligaturen, die nach einem komplizierten System einander zugeordnet wurden. Die Mensural-Notation stellt die Urform unserer heutigen Notenschrift dar, die im 16. Jahrhundert aus ihr hervorgegangen ist (siehe ›Entwicklung der Notenschrift‹).

Guido von Arezzo soll auch der Erfinder der ›Solmisation‹ und der nach ihm benannten ›Guidonischen Hand‹ gewesen sein. Bei der Solmisation handelte es sich um die Gliederung des Tonbereichs in ›Hexachorde‹, das heißt in Reihen von je sechs diatonischen Tönen, die nach einem bestimmten System benannt wurden. Aufsteigend vom Grundton ergaben sich die Namen ut, re, mi, fa, sol, la. Ist der Grundton c, entsprechen sie den Tönen c, d, e, f, g, a. Der Schritt mi-fa kennzeichnet stets einen Halbtonschritt. Der Name ut wurde bald durch den klangvolleren do ersetzt, für den fehlenden 7. Ton (in der auf c aufbauenden Reihe = h) wurde später si eingefügt.

Die Solmisation ist oft variiert und erweitert worden. Die wichtigsten aus ihr entwickelten Methoden der Gegenwart mit Namen für alle chromatischen Halbtöne sind Tonika-Do, Eitzsches Tonwort und Jale. Die Solmisation wird ergänzt durch die Guidonische Hand. Bei dieser Methode wurden die einzelnen Fingergelenke und Spitzen mit Tönen gleichgesetzt. Beim Unterricht bezeichnete der Lehrer den gewünschten Ton mit einem Finger der anderen Hand.

Die Kirchentöne oder Kirchentonarten sind Oktavgattungen, die der Kirchenmusik des Mittelalters zugrunde liegen. Sie leiten sich her von den antiken griechischen Tonarten (siehe Seite 33 und 40) und haben mit diesen auch ihre Benennung gemeinsam, allerdings in einer anderen, aus Mißverständnissen hervorgegangenen Zuordnung. Etwa bis zur Zeit Gregors des Großen unterschied man vier Kirchentonarten, nämlich dorisch (d–d^1), phrygisch (e–e^1), lydisch (f–f^1) und mixolydisch (g–g^1). Der angelsächsische Abt *Flaccus Alcuin* (753 bis 804) und der Mönch *Hucbald von Saint-Amand* (um 840 bis 930) erwähnten außer diesen authentischen oder Haupttonarten bereits vier von ihnen abgeleitete plagale Nebentonarten, nämlich hypodorisch (A–a), hypophrygisch (H–h), hypolydisch (c–c^1) und hypomixolydisch (d–d^1). Man findet sie auf dem Klavier, indem man von jedem Grundton aus die weißen Tasten bis zur oberen Oktave anschlägt. Dreihundert Jahre später nahm der schweizerische Gelehrte *Glareanus* (1488 bis 1563) in sein Hauptwerk ›Dodekachordon‹

(1547) noch zwei authentische Tonarten – die ionische (c–c¹) und äolische (a–a¹) – und ihre plagalen Nebentonarten – die hypoionische (G–g) und hypoäolische (e–e¹) – auf, und zwar in dem Bestreben, durch sie die volkstümlichen Dur- und Moll-Tonleitern zu erklären, welche damals längst auch in der Kirchenmusik eine Rolle spielten. Die ionische Tonart entspricht unserem C-Dur, die äolische unserem melodischen a-Moll (absteigend).

Man legte den Kirchentonarten bestimmte Charaktereigenschaften zugrunde. Die dorische Tonart verwandte man vornehmlich für ernste Melodien, die phrygische für ekstatische. Die lydische bzw. mixolydische dienten dem Ausdruck freudiger

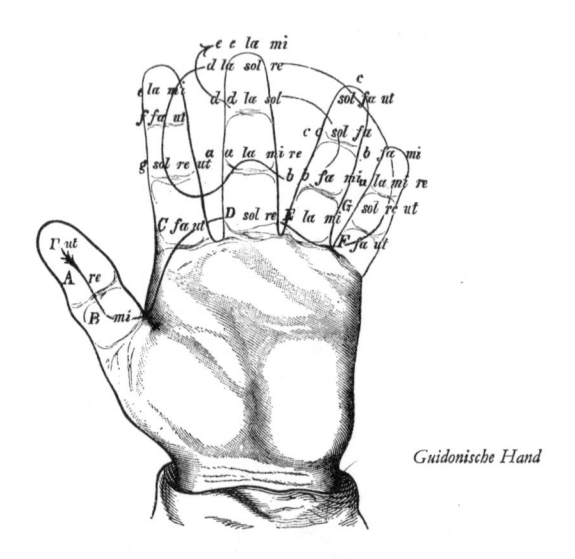

Guidonische Hand

Verklärung oder feierlicher Hochstimmung. Diese Tonartensymbolik erstreckte sich mit feinen Unterscheidungen auf alle zwölf ›Kirchentöne‹ (man identifizierte sie mit den zwölf Aposteln), sie verzeichnete aber auch eine generelle Bewertung. Danach galten die authentischen Tonarten als in sich ausgeglichen, die plagalen als unruhig und dem Ausgleich zustrebend. Hier deutet sich schon die Unterscheidung von Dur und Moll an.

Da Glareanus mit der Einführung der ionischen und äolischen Tonart nur der melodischen Realität volkstümlicher Dur- und Moll-Weisen Rechnung zu tragen suchte – das Wesen der Zusammenklänge interessierte ihn hierbei nicht –, blieb seine Reform ohne tiefgehende Auswirkung. Erst dem Theoretiker *Gioseffo Zarlino* (1517 bis 1590) gelang dann in seinen ›Istitutioni harmoniche‹ (1558) der Nachweis eines Dualismus in der Natur der Zusammenklänge. Er ging dabei aus von den Berechnungen des Griechen Didymos (siehe Seite 39, 40), der bereits die Konsonanz der großen und kleinen Terz mathematisch ermittelte – eine Erkenntnis, der sich das ganze Mittelalter hartnäckig verschloß –, und er folgerte hieraus den harmonischen Dualismus der Tonartgeschlechter Dur und Moll, der die theoretische Grundlage der funktionellen Tonalität bildet. Während des 15. und 16. Jahrhunderts bestanden Kirchentonarten und Dur-, Moll-Geschlechter in der Praxis nebeneinander. Im frühen 18. Jahrhundert setzte sich die Dur-Moll-Tonalität dann in der Harmonik der kirchlichen und weltlichen Musik durch. Hiervon unberührt blieb das Fortbestehen alter kirchentonartlicher Melodietypen in den ›Gregorianischen Chorälen‹.

Einstimmige weltliche Musik des Mittelalters

Die Spielleute

Im Mittelalter hatte die Musik den Rang einer Wissenschaft. Mit Arithmetik, Astronomie und Geometrie bildete sie das Quadrivium der vier Hauptdisziplinen der ›Sieben Freien Künste‹, und zwar vor Dialektik, Grammatik und Rhetorik. In Klosterschulen und Universitäten wurde sie bis ins 16. Jahrhundert als Pflichtfach gelehrt.

Während des frühen Mittelalters wies ihr die Kirche drei Bereiche zu. Der ›musica mundana‹ entsprach etwa die antike ›Sphärenmusik‹ der Pythagoräer, in der sich die Harmonie der Welt offenbarte. Christianisiert wurde sie zur ›Engelsmusik‹, zum Gesang der himmlischen Heerscharen, den nur Begnadete zu vernehmen vermögen.

Gleichsam ihr Echo war die ›musica humana‹, die Musik in sich ausgeglichener, harmonischer Menschen, welche mit ihr das Ohr Gottes erreichen wollen oder die Schönheit seiner Schöpfung preisen.

Dem dritten Bereich, der ›musica instrumentalis‹, war zugehörig die volkstümliche weltliche Sing- und Spielmusik, aber auch die ›teuflisch geschmückt buhlmusik‹ der ›spielleut und gaugkler‹. Im Sachsenspiegel (1237), dem bedeutendsten Rechts- und Sittenbuch jener Zeit, werden die Spielleute so charakterisiert: »spielleut und gaugkler sind nicht leut wie andere menschen, denn sie nur ein schein der menschheit haben, und fast den tollen zu vergleichen«. Der Kirche waren diese rechtlosen ›Fahrenden‹ ein Greuel. Erst *Papst Eugen IV*. (1431 bis 1447) gestattete ihnen, als ›ehrlich‹ zum Abendmahl zu gehen.

Nachdem die Instrumentalmusik im späten Mittelalter begrenzt Eingang in die Kirche gefunden hatte, verlor sich allmählich die Dreiteilung der Musik. Man unterschied fortan nur noch die ›musica sacra‹ und die ›musica profana‹ oder ›vulgaris‹ (›secularis‹), also ›Kirchenmusik‹ und ›weltliche Musik‹. Endlich sah man in ihnen nicht mehr unüberbrückbare Gegensätze, sondern Geschwister, ›zur Ehre Gottes‹ einander zugesellt. Daß es dazu kam, war nicht zuletzt das Verdienst der Spielleute.

Die Spielleute, Minstrels aus England, Jongleurs aus der Bretagne, italienische Joculatores und Histrionen, bewegten sich mit Vorliebe in der Kumpanei von Possenreißern im Troß der Krieger, oder sie streiften als ›Fahrende‹ von Land zu Land. Die gelehrte Musik der Klöster mißachteten sie. Wider ihre Unwissenheit wetterte

Guido von Arezzo: »Qui facit, quod non sapit, definitur bestia« (»Wer tut, was er nicht weiß, muß Tier genannt werden«). Es scherte sie wenig. Sie spielten die Chrotta, das Saltirsanch, die Vielle, Drehleier, Sackpfeife, Rebec und anderes ›Werkzeug des Teufels‹. Sie schwelgten in frechen Terzen und aufreizend großen melodischen Sprüngen, die die Kirche verabscheute. Sie wußten ihre Lieder und die Reigenlieder des Volkes, den Ridewanz, Firgandrey, Murmun oder Tripotay derart rhythmisch zu singen und zu begleiten, daß niemand ihrer Verlockung zu widerstehen vermochte.

Aus einem Tanzlied englischer Minstrels, 13. Jahrhundert, nach einer Übertragung von Johann Wolf

Bischof Philipp de Vitry (1290 bis 1361) erhob warnend seine Stimme: »Wie die Kuh, die den anderen vorausschreitet und am Halse die Schelle trägt, so hat das Weib, das zuerst singt und den Tanz anführt, die Schelle des Teufels an den Hals gebunden; denn der Reigen ist ein Kreis, dessen Mittelpunkt der Teufel ist, und alle wenden sich zur Linken, weil alle dem ewigen Tode zustreben.« – »Die Mütter suchen wohl ihre Töchter vor diesen Tänzen zu hüten und treiben sie auch mit dem Rechen ins Haus zurück, allein die Mädchen haben ihre Schliche und drängen mit aller Gewalt und Lebhaftigkeit zur Linde und hinein in den fröhlichen Tanztrubel.« So sah es mit schmunzelndem Einverständnis im 13. Jahrhundert Neithart von Reuenthal, Minnesänger und freimütiger Schilderer derber dörflicher Szenen.

Allerdings hatten die ritterlichen Minnesänger zu den Spielleuten ein anderes Verhältnis als der Klerus. Fast jeder Minnesänger, jeder Troubadour und Trouvère hatte einen Spielmann in seinen Diensten, der seine Weisen begleitete und sie nicht selten sogar erfand (siehe Seite 65). So wurden die Spielleute Mittler zwischen Volkskunst und Minnesängerkunst. Viele Minstrels, Ménestriers oder Ministeriale, wie die Spielleute in Deutschland hießen, erwarben sich eine außerordentliche Bildung. Sie wurden zu gelehrten Berufssängern und Instrumentalisten, mitunter zu Rittern geschlagen, erhielten ein Lehen und wurden selbst Minnesänger. Etwa Neithart von Reuenthal, Wolfram von Eschenbach, Reimar, Hartmann von Aue waren von unfreien Ministerialen zu ritterlichen Minnesängern aufgestiegen. Es wurden aber auch ›ritterbürtige‹ Minnesänger – etwa Walther von der Vogelweide oder der Tannhäuser – aus politischen Gründen gelegentlich zu ›Fahrenden‹, zu ritterlichen ›Vaganten‹.

Im 13. Jahrhundert suchten viele Spielleute ihr Glück in den Städten. Sie nahmen dort Dienste an als Stadtpfeifer, Trompeter, Wächter oder Tanzgeiger, sie drängten sich in die Schulen und schlossen sich nach dem Vorbild der Zünfte zu Spielmannsgenossenschaften zusammen. So kam es 1288 in Wien zur Gründung der Nicolaibrüderschaft. Sie genoß den Schutz des Adels. An ihrer Spitze stand der ›Pfeiferkönig‹. Rechtsfragen bearbeitete das ›Spielgrafenamt‹ (aufgehoben erst 1782). In Paris entstand 1330 eine ähnliche Korporation, die Ménestrandie, unter dem Schutzpatronat des heiligen Julian. Sie wurde 1407 von Karl VI. bestätigt, und abermals 1658 von Ludwig XIV. (aufgehoben erst 1773). Alle Mitglieder waren ihrem Oberhaupt, dem ›roi des violons‹, zinspflichtig. Auch in England und anderen Ländern gab es derartige Spielmannsgenossenschaften bis hoch ins 18. Jahrhundert hinein.

Im späten Mittelalter gewannen die organisierten Ménestriers entscheidenden Einfluß auf die Entwicklung der Kirchenmusik. In England, im Hennegau, in Flandern und Burgund gelangten die Tüchtigsten unter ihnen zu geachteten Stellungen. Die Kirche nahm sie als Sänger, Lehrer und Komponisten mit offenen Armen auf, Fürsten und Könige warben um ihre Freundschaft. Durch ihre Tätigkeit bahnte sich im 15. Jahrhundert eine neue Blütezeit der mehrstimmigen Kirchenmusik und zugleich der weltlichen vokalen und instrumentalen Musik an, die sich vom flämisch-burgundisch-niederländischen Raum über Frankreich, Deutschland, Spanien und Italien

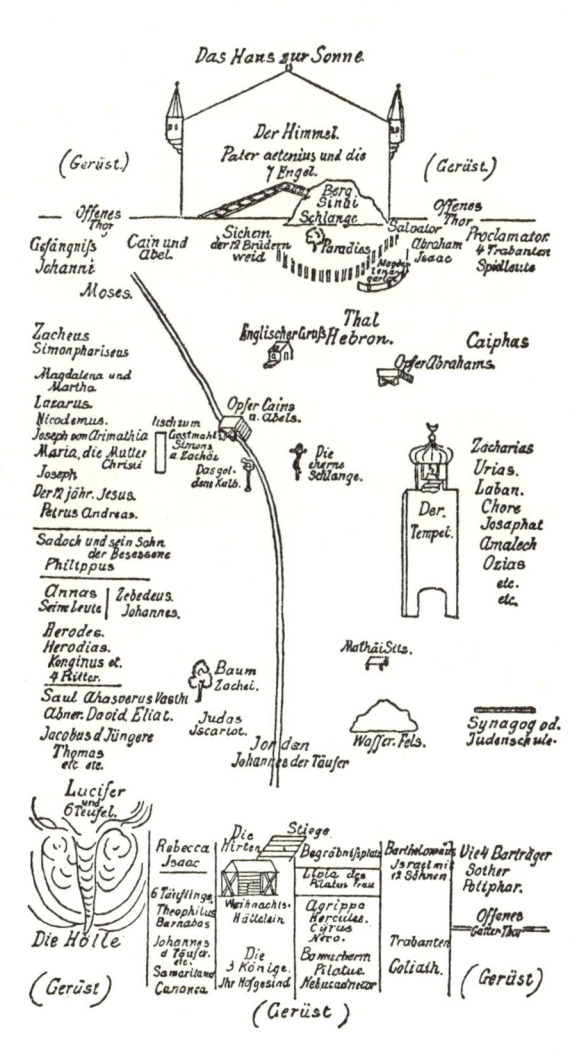

Szenenanordnung bei einem mittelalterlichen Passionsspiel, 1583

ausdehnte. Namen wie Dufay, Okeghem, Obrecht, Josquin und Isaac sind hier zu nennen. Auch im 17. und 18. Jahrhundert hatten die Spielmannszünfte und Stadtpfeifereien noch bedeutende Leistungen aufzuweisen. Im Zuge der Verbürgerlichung büßten sie dann ihren Einfluß ein. Ihre Mitglieder rekrutierten sich fortan aus biederen Kunsthandwerkern. Schon Lully, Hofkomponist Ludwigs XIV., charakterisierte sie wieder abschätzig als »Meister Großtuer und Nichtswisser«.

Troubadours, Trouvères, Minnesänger und Meistersinger

Die ritterlichen Gesänge der Troubadours, Trouvères und Minnesänger besitzen eine unverwechselbare Eigenart. Entsprechendes findet sich weder in den Liedern und Tänzen des Volkes noch in der kirchlichen Gregorianik. In den ritterlichen Gesängen des 11. bis 13. Jahrhunderts kam es zum ersten Mal auf abendländischem Boden zum Durchbruch einer persönlichen Lyrik, die um ihrer selbst willen als Kunst gepflegt und bewertet wurde und die doch etwas anderes ist als ›l'art pour l'art‹ oder höfischer Zeitvertreib: der verbindliche Ausdruck einer Epoche.

Sie reflektierte, was in einem aufstrebenden und wieder vergehenden Stand an ›religio‹, Gesittung, an Reichtum der Gedanken und Empfindung wirksam war, in vielfältigen, zunächst streng gemeißelten, dann üppig gegliederten und später artistisch verspielten Formen. Anregungen von überallher waren in dieser Lyrik verwoben. Sie war das Produkt traditionsgebundener Bildung, weltoffenen Wesens und naiv volkstümlichen Spieldranges zugleich. Antike, kirchliche, keltische, lateinische, persisch-arabisch-moslemitische Einflüsse, Volkslied und Volkstanz wirkten sich in ihr aus. Sie war die erste Form einer individualistischen Kunst in Europa.

Die Anfänge der ritterlichen Liedkunst ergaben sich gegen Ende des 11. Jahrhunderts südlich der Loire in der Provence. Sie war die Heimat der Troubadours, deren Name auf das französische Wort ›trouver‹ (finden) zurückgeht, da sie ihre Gedichte und Melodien selbst ›erfanden‹. Könige waren in ihren Reihen, Herzöge und viele Ritter. In der Frühzeit trugen sie niemals Werke anderer vor; sie entsprachen einer Grundforderung adeliger Bildung, indem sie nach Meisterschaft in der höfischen Poesie strebten, die stets Dichtung und Musik in sich vereinte: »Ein Vers ohne Musik ist wie eine Mühle ohne Wasser« *(Folquet de Marseille,* † 1231). Sie waren Dichter, Sänger und Komponisten zugleich und bekannten sich zu ihren Werken.

Zunächst dienten sie mit ihrer Kunst der Kirche. Ihre Ausbildung erhielten sie in den Klosterschulen des Landes, vor allem in Limoges. Sie schufen geistliche ›Marienlieder‹ in lateinischer Sprache und in Sequenzform. Erst während der Kreuzzüge wandten sie sich auch weltlichen Themen zu. In der Fremde sangen sie in ihrer Landessprache, der ›langue d'oc‹, von ihrer Sehnsucht nach der Heimat und ihrer Geliebten. Daheim aber priesen sie in ihren Liedern die in den fremden Ländern bestandenen Abenteuer, die Heldentaten und den ritterlichen Tod der Kreuzfahrer, Freundschaft und – Liebe. Aus den ›Marienliedern‹ wurden nun ›Frauenlieder‹.

TAFEL 1

Bild 1 Musikantenrelief aus einem Grab bei Sakkara, IV. Dynastie. *Bild 2* Ägyptische Harfenspielerin, XIX. Dynastie. *Bild 3* Ägyptische Musikantinnen, links Doppeloboe, dann Laute und Harfe. Wandmalerei aus Theben.

TAFEL 2

Bild 1 Teile ägyptischer Musikinstrumente aus Gräberfunden. *Bild 2* Ägyptische Leier. *Bild 3* Huehuetl (Trommel), mexikanisches Musikinstrument, Nahóa-Kultur.

TAFEL 3

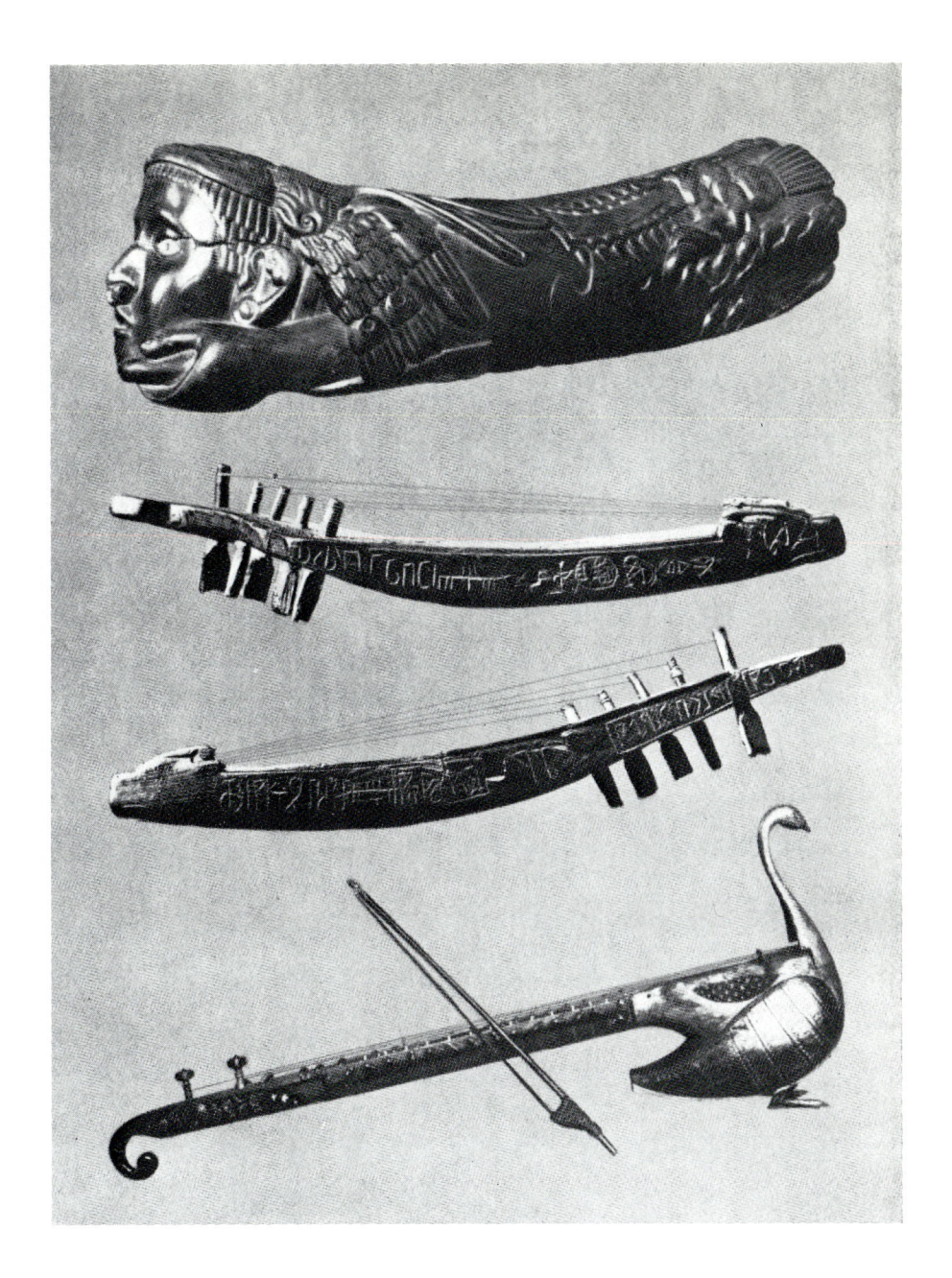

(Von oben) Bild 1 Teponaztli (Zungentrommel) aus Tlaxcala, toltekische Kultur Mexikos. *Bild 2 und 3* Lettisches Streichinstrument aus dem 12. Jahrhundert. *Bild 4* Indisches Streichinstrument, der Schall- oder Resonanzkasten hat die Form eines Vogels.

TAFEL 4

Bild 1 Musikalischer Wettstreit zwischen Apollon und Marsyas, Relief von der Musenbasis aus Mantineia, Leto-Apollon-Artemis-Gruppe des Praxiteles, 4. Jahrhundert v. Chr. *Bild 2* Altgermanisches Julfest.

Nördlich der Loire, wo die ›langue d'oïl‹ die Landessprache bildete, gesellten sich zu den Troubadours im 12. Jahrhundert die Trouvères. Beider Kunst unterschied sich nur durch die Sprache. Hier wie dort gab es ›Frauenlieder‹, ›sirventes‹ und ›canzonas‹, ›Dienst- und Huldigungslieder an die Geliebte‹, deren Name geheimgehalten wurde, sodann ›planches‹ oder ›plains‹, ›Heldenklagen‹, ›rondels‹, Rundgesänge mit wiederkehrendem Refrain, ›jeux partis‹, Gesänge in Dialogform, und ›tenzone‹, ›Streitlieder‹, in denen mehrere Sänger das Thema Liebe auf ihre Art abhandelten. Bei Wettgesängen – in Frankreich hießen sie ›cours d'amour‹ – standen diese ›tenzone‹ stets im Mittelpunkt. Der Preis, eine Blume, wurde dem Sieger von einer Dame überreicht. Der Sängerkrieg auf der Wartburg (1207) war solch eine ›tenzone‹ in deutscher Abwandlung. Hinzu kamen ›aubes‹, Zwiegesänge eines Liebhabers mit dem Warner, dem Wächter oder dem Tod, ›dansas‹ oder ›ballatas‹ (Balladen), Tanzlieder mit Chor-Refrain, ›pastorales‹, ländliche Liebeslieder, und anderes mehr. Den dichterischen Gattungen entsprachen musikalische Formen von regelmäßiger oder lockerer Gliederung, bisweilen mit rezitativischen Einschüben. Die einfachste Form (a–b in ständiger Wiederholung) fand Anwendung bei der Wiedergabe heldischer Epen (›chanson de geste‹). Es gab auch bereits reine Instrumentalstücke, die ›estampies‹, meist in Sequenzform, und kleine instrumentale Zwischenspiele.

Eine merkwürdige Form mit doppeltem Refrain zeigte die französische virelai. Aus ihr gingen die spanischen ›cantigas‹ (Marienlieder) und italienischen ›laudas‹ (Lobgesänge) hervor. *Alfonso der Weise* (1221 bis 1284) hinterließ eine berühmte Sammlung von ›cantigas‹, deren Texte er selbst verfaßte, während die Melodien von seinen Hofmusikern stammten. Bei den italienischen ›laudas‹ handelte es sich um zunächst ein-, dann mehrstimmige geistliche Volkslieder, von frommen Brüderschaften bei Umzügen und dergleichen gesungen.

Der erste, dem Namen nach bekannte Troubadour war Graf *Guillaume de Poitiers* (um 1100). In der Blütezeit der höfischen Lyrik gab es viele Begabungen, so *Bernart de Ventadorn* (1140 bis 1195), *Bertran de Born* (1140 bis 1215) und ihren spanischen

›Lerchenlied‹ von Bernart de Ventadorn, nach Handschin

Altersgenossen *Rambeaut de Vaqueiras*. Unter den Trouvères ragten hervor der englische König *Richard Löwenherz* (1157 bis 1199) und sein legendärer Spielmann *Blondel*. Der letzte bedeutende Troubadour war ›Der Bucklige von Arras‹, Adam de a Hale (siehe Seite 56), wegen seiner kecken Liederspiele auch ›Schelm von Arras‹ genannt. Unter den 16 erhaltenen Liedern seines Spieles von ›Robin et Marion‹ findet sich bereits ein reizendes Dur-Lied, ›Robin m'aime‹. Rund 260 Melodien der Troubadours, annähernd 2000 der Trouvères sind in einem Sammelwerk, dem ›Chansonnier de l'Arsenal‹, erhalten, leider in einer Schrift, die nur über die Tonhöhe, nicht aber über die Zeitwerte der Töne Auskunft gibt. Neue Übertragungen, die sich an den

Sprachrhythmus der Texte hielten, vermitteln eine Vorstellung von dem Reiz und der Formschönheit dieser alten Weisen. Als Begleitinstrumente vermutet man Harfe oder Flöte, Vielle (Fiedel) und Rotta, rhythmisch unterstützt durch Trommel oder Handtrommel. Vielleicht wurde die Gesangsmelodie im Einklang mitgespielt, vielleicht hat man sie improvisierend ›heterophon‹ ausgeziert oder ihr bereits Quint- bzw. Quartbässe hinzugefügt, wenn nicht gar freiere Formen früher Mehrstimmigkeit aus Freude am Phänomen ›Klang‹ spielerisch gewagt.

Die Kunst der deutschen Minnesänger des 12. bis 14. Jahrhunderts wurde angeregt durch das Vorbild der ritterlichen Sänger Frankreichs, durch die Marienlyrik der Gregorianik, die deutschen Volks- und Tanzlieder und die meist lateinischen Vagantenlieder (›Carmina burana‹) fahrender Studenten. Viele ›Carmina burana‹ (›cantiones profanae‹ und ›cantiones clericorum‹, also weltliche und klerikale Gesänge) besitzt die Abtei zu Benediktbeuren in einer Handschrift aus dem 13. Jahrhundert. Leider wurden nur zu wenigen Texten Melodien in ›Neumen‹ aufgezeichnet. Einen Begriff vom Wesen dieser ›Carmina‹ vermittelt die bunte Sammlung übermütiger, derber und galanter ›cantiones profanae‹, die Carl Orff in unserer Gegenwart neu vertonte.

Der Einfluß der Troubadours auf den deutschen Minnesang war beträchtlich. Als Kaiser Barbarossa 1156 die burgundische Fürstentochter Beatrix ehelichte, folgte ihr der Trouvère *Guiot de Provins*. Er machte die französische Kunst an Barbarossas Hof heimisch. Von dort drang sie vor bis nach Österreich. Bald gab es vielerorts Übersetzungen französischer Dichtungen, und höfische Melodien der Trouvères machten die Runde durch Schlösser und Burgen. Gleichwohl führte das nur bei den kleinen Meistern zu einem ›welschen Manierismus‹.

Die bedeutenden Minnesänger waren ausgesprochene Individualisten, freimütig in ihren Äußerungen und oft wenig bedacht auf Eleganz in der Diktion ihrer Verse und Melodien, doch auch fähig, Esoterisches mit einem Minimum an Mitteln in einer sublim gegliederten Sprache verhalten anzudeuten. Unerschöpflich ist ihre Phantasie beim Thema Liebe, ganz gleich, ob sie in scheuer religiöser Anbetung das Marienwunder preisen, ob sie der hohen Minne ehrfurchtsvoll ihren Tribut zollen oder der niederen Minne mit derb erotischen Versen huldigen.

Ihre Melodien sind leider entstellt überliefert. Einige hundert blieben zwar erhalten, meist aber in posthumen Fassungen aus dem 14. und 15. Jahrhundert, zurechtgestutzt

Walther von der Vogelweide, Ausschnitt aus seinem ›Palästinalied‹

von den ›Meistersingern‹. Die ›Große Heidelberger Liederhandschrift‹ (14. Jahrhundert), auch ›Manessische Handschrift‹ genannt, enthält nur Texte, und zwar rund 7000 Strophen von 141 Sängern, dazu 317 Bilder. Die Jenaer und Colmarer Handschriften (14. bis 15. Jahrhundert) bewahren rund 200 Melodien in ›Meistersinger-Fassung‹. Von *Neithart von Reuenthal* gibt es aus posthumen Quellen etwa 60 Melodien, von *Walther von der Vogelweide* drei (posthum, 14. Jahrhundert). Nur aus der Spätzeit sind Melodien überliefert, bei denen es sich entweder um glaubwürdige zeitgenössische Abschriften oder um Originale handelt, so etwa von *Münch von Salzburg* (2. Hälfte des 14. Jahrhunderts), *Hugo von Montfort* (1357 bis 1423) und *Oswald von Wolkenstein* (1377 bis 1445), dem ›letzten Minnesänger‹. Sie sind aber nicht mehr typisch für den Minnesang, schon zur Zeit des aufblühenden Meistergesanges entstanden und von ihm beeinflußt.

Aus Bildern der ›Manessischen Handschrift‹ geht hervor, daß sich die Minnesänger von ›singerlin‹ (Knappen) mit kleinen Harfen oder Fiedeln begleiten ließen, sofern sie nicht selbst Spieler waren. Ihr Instrumentarium blieb aber nicht auf diese Klangwerkzeuge beschränkt. Von Ulrich von Lichtenstein wird berichtet, er sei 1228 in Begleitung von zwei berittenen Posaunisten, einem Flötisten, der zugleich Pauker war, und zwei Fiedlern, eine ›fröhliche Reisenote‹ spielend, ›vom Neuburger Turnei‹ (Turnier) gezogen. Bei den Turnieren fanden sich Spielmannsorchester ein, in denen alles vertreten war, was sich an Streich-, Zupf-, Blas- und Schlaginstrumenten auftreiben ließ.

Nachweisbar ist der Minnesang etwa ab 1150. Aus der zweiten Hälfte des 12. Jahrhunderts sind bemerkenswert Heinrich von Melk aus Österreich, der Spervogel, Heinrich von Veldecke, der von Kürenberg, Dietmar von Aist und der Schwabe Meinloh von Sevelingen. Die Hochblüte des höfischen Minnesanges vertraten dann bis etwa 1230 die Thüringer Walther von der Vogelweide, Wolfram von Eschenbach und Heinrich von Morungen, die Bayern bzw. Schwaben Reinmar der Alte, Hartmann von Aue und Neithart von Reuenthal. Spätere Meister des 13. und 14. Jahrhunderts, etwa der Tannhäuser, Ulrich von Lichtenstein, Reinmar von Zweter, Marner, Heinrich Frauenlob, Muskatblüt, Mügelin (viele von ihnen waren Bürger!), bildeten dann mit den letzten ihrer Art – Münch von Salzburg, Hugo von Montfort und Oswald von Wolkenstein – die Brücke zum Meistergesang.

Als Walther von der Vogelweide 1228 seinem Herrn, Kaiser Friedrich II. ins Heilige Land folgte, da sang er begeistert: »ich bin komen an die stat da got menischlichen trat.« Er brachte damit zum Ausdruck, was die Kreuzfahrer beseelte. Sie wagten Äußerstes, um das Christentum zu verteidigen und das Land des Herrn zu befreien. Gegen Ende der Kreuzzüge (1270) verebbte diese religiöse Inbrunst. Mit dem Erstarken monarchischer Machtfülle und dem Aufblühen des städtischen Bürgertums büßte das Rittertum seine soziale Funktion ein, die ritterlichen Ideale verblaßten. Manche Ritter stiegen zum Feudaladel auf, viele wurden Raubritter, andere wanderten ab in die Städte und wuchsen hinein in neue Formen bürgerlicher Existenz. Mit ihnen und den Spielleuten gelangte auch die Kunst des Minnesanges dorthin. Die Inhalte der ritterlichen Lieder veralteten, bürgerliche Themen wurden den Melodien unterlegt. Es entstand der Meistergesang.

Heinrich Frauenlob, eigentlich Heinrich von Meißen, † 1318 in Mainz, einer der bereits bürgerlichen Minnesänger, gründete etwa um 1280 in Mainz die erste Singschule. Er sah in der Sangeskunst ein Mittel, eine Brücke zu schlagen zwischen den verschiedenen

*Herr Heinrich Frauenlob,
13. Jahrhundert, nach der
›Manessischen Handschrift‹.
Deutlich zu sehen ist, daß sich
schon damals die Form der
Streichinstrumente der unserer
heutigen Violinen zu nähern begann*

Zünften, Gilden und Innungen, die sich gegeneinander abkapselten und deren Mitglieder sich sehr zu seinem Ärger abendlicher ›Sauf-, Schmaus- und Spiellust‹ hingaben. Kurfürst Georg II. unterstützte ihn nach Kräften. Zuerst fanden sich die Steinmetzen ein, bald folgten die Gold-, Zeug-, Grob- und Hammerschmiede, sodann die Weber, Schneider, Schuster und übrigen Handwerker. Genau besehen, war Frauenlobs Singschule der Prototyp aller ›Liedertafeln‹ und ›Gesangvereine‹ bis heute.

Sein Beispiel fand im 14. Jahrhundert Nachahmung in Frankfurt am Main, Straßburg, Würzburg, Zwickau, Prag und anderen Reichsstädten. Im 15. und 16. Jahrhundert bildeten Colmar, Breslau, Danzig, Görlitz, Heilbronn, Regensburg, Ulm, vor allem aber Augsburg und Nürnberg wichtige Zentren des Meistergesanges. Mancherorts hielten sich Meistersingerzünfte bis ins 17. Jahrhundert, die Nürnberger Zunft bestand bis ins 18. Jahrhundert, die Ulmer löste sich erst 1839 auf, indem die letzten vier Ulmer ›Meister‹ ihre Innungsbücher, Insignien und Fahnen dem ›Liederkranz‹ feierlich übereigneten.

Richard Wagner hat in seinen ›Meistersingern von Nürnberg‹ ein anschauliches Bild von den positiven und negativen Seiten des Meistergesanges entworfen. Sein Konterfei verwertet manch echten historischen Zug. Die Anregungen verdankte er u. a. Wagenseils ›Von der Meistersinger holdseliger Kunst‹ (1697), den Anfang seines Meistersingermotivs fand er im ›Langen Ton‹ von Meister Heinrich Mügling. Die Meistersinger waren vor allem Kunsthandwerker. Innerhalb ihrer Zünfte gab es den Aufstieg zum Meister nur über die beschwerliche Stufenleiter Schüler, Schulfreund, Singer, Dichter. Ihre ›Tabulaturen‹ enthielten die Gesetze, über deren Reinhaltung der ›Merker‹ mit unnachsichtiger Strenge wachte. Das starre Dogma ihrer Tradition hemmte im allgemeinen eine freie künstlerische Entfaltung. ›Sänger‹ wurde, wer nach den Regeln alte Weisen fehlerfrei wiederzugeben vermochte, ›Dichter‹, wer zu ihnen neue Reime zu erfinden wußte. Der ›Meister‹ endlich hatte zu neuen Reimen neue Weisen zu schaffen. Er mußte den neuen ›Ton‹ mit ›Körnern‹ und ›Blumen‹ (Koloraturen) gebührend ausziEren. Diese Forderung führte bald zu drolliger Originalitätssucht. Da gab es eine ›frisch-Pomeranzen-Weis‹, eine ›buttglänzende Draht-‹ oder ›geschwänzte Affenweis‹ und andere Absonderlichkeiten.

Die Singstunden dieser ehrbaren Handwerker bildeten gleichwohl über Jahrhunderte hin Brennpunkte der privaten und öffentlichen Musikpflege. Ihrem betont religiösen Konservativismus und ihrem Sammeleifer ist es zu danken, daß viele alte Weisen erhalten blieben. Ihr Regelkram verhinderte auch nicht immer den Durchbruch schöpferischer Begabungen. Namen wie *Konrad Regenbogen* (16. Jahrhundert), *Michael Behaim* (1416 bis 1474), *Hans Folz* († vor 1515) und vor allem *Hans Sachs* (1494 bis 1576) bezeugen es.

Oberhaupt der Nürnberger Schule, die bald nach 1450 weit über 200 Mitglieder zählte, wurde Hans Sachs, ›Schuster und Poet dazu‹. Die Vielseitigkeit seiner Themen und der Reichtum seiner Gedanken stellten ihn bei aller Andersartigkeit der Aspekte in die Nähe der großen Renaissancegestalten. 59 Fabeln, 26 Komödien, 27 geistliche, 28 weltliche Dramen, 52 Schauspiele, 64 Faschingsschwänke und zahllose Lieder, insgesamt 6048 Werke bilden sein schöpferisches Vermächtnis. Als Musiker wurde er zum Wegbereiter des Lutherliedes. Die herrliche ›Silberweis‹ des Neunzehnjährigen (1513): »Salve, ich grus dich schone, rex Christe in dem trone, der du tregest die krone misericordiae ...«, dichterisch eine freie Umdeutung des alten Marien-Antiphons »Salve regina mater misericordiae«, klingt melodisch deutlich an in Luthers Reformationslied »Ein' feste Burg« und später in Philipp Nicolais »Wachet auf, ruft euch die Stimme«. In seiner ›Wittenbergisch Nachtigall‹ pries Hans Sachs den Reformator: »Wach auf, es nahet gen den Tag; ich hör' singen im Hag ein wonnigliche Nachtigall, ihr' Stimm' durchdringet Berg und Tal...« Mit diesen Versen seines würdigsten Dichters mündet der Meistergesang in die volkstümlichen Bereiche des evangelischen Kirchenliedes.

Mehrstimmige Musik des Mittelalters

»...es ist vor allem das seltsam und zu verwundern, daß einer eine schlichte Weise oder Tenor (wie es die musici heißen) dahersinget, neben welcher drei, vier, fünf Stimmen auch gesungen werden, die sie mit Jauchzen rings umspielen und umspringen und mit mancherlei Art zieren und schmücken und gleich wie einen himmlischen Tanzreigen führen, freundlich einander begegnen und sich gleich herzen und lieblich umfangen...«
Luther (1483 bis 1546)

Der Musikgelehrte *Fétis* (1784 bis 1871) berichtet, ein Araber, dem ein Franzose die ›Marseillaise‹ auf dem Klavier vorspielte, habe die linke Hand des Spielers ergriffen und gerufen: »Nein, erst jene Melodie, dann kannst du mir diese andere auch spielen.« Verblüffende Reaktion auf das Urerlebnis der Mehrstimmigkeit! Aber ist das Verhalten jenes Arabers nicht durchaus begreiflich? Das Verständnis für mehrstimmige abendländische Tonkombinationen setzt voraus, daß man sich in die abendländische Klangwelt eingelebt hat. Nur für ihre frühen Ansätze lassen sich außerhalb Europas Entsprechungen finden. Die komplizierten neuzeitlichen Strukturen sind im wesentlichen das Ergebnis einer isolierten Entwicklung.

Sie wurde entscheidend begünstigt durch die Erfindung der ›Mensural-Notation‹ und der aus ihr hervorgegangenen neuzeitlichen Notenschrift; erst sie ermöglichte es dem Musiker, beliebig viele Stimmen nach bestimmten Gesetzen einander zuzuordnen und sie befähigte ihn, Klangarchitekturen (etwa Fugen, Sonaten usw.) zu entwerfen, deren satztechnische und formale Struktur niemals durch eine chorische Improvisation zu erreichen gewesen wäre. Sie ließ den ›Komponisten‹ (Zusammensetzer) überhaupt erst in Erscheinung treten und machte ihn unabhängig vom Wort, von der Stimme, vom Instrument. Erst seit es diese Schrift gab, entstand im Abendland allmählich die moderne Trias: Komponist, reproduzierender Musiker und Publikum. Die Tatsache, daß die mehr als zweistimmige Komposition mit der Mensural-Notation zugleich aufkam, schließt freilich nicht aus, daß es schon lange zuvor ein mehrstimmiges Musizieren gab.

Anfänge – ars antiqua (7. bis 13. Jahrhundert)

Nur über etwa ein Jahrtausend hinweg läßt sich die Entwicklung der abendländischen mehrstimmigen Musik anhand zuverlässiger Zeugnisse überblicken. Zwar behauptete *Franchius Gafurius* in seinen ›Practica musicae‹ (1496), bereits in den ›Ambrosianischen Totenlitaneien Mailands‹ (4. Jahrhundert) seien ›neben anderen Intervallen auch Sekundgänge‹ vorgekommen, aber sein spätes Zeugnis hat wenig Gewicht. Auch die Bezeichnung ›paraphonista‹, die aus dem Rom des 7. Jahrhunderts belegt ist – man übersetzte sie willkürlich mit ›Parallelsänger‹ und begriff darunter einen Sänger, der einen anderen mit einer parallel geführten Stimme begleitete –, ist kaum als Zeugnis anzusehen. Die früheste schriftliche Kunde von ›zweistimmigem Singen‹

›Zweistimmiges Singen‹

stammt von dem englischen *Bischof Aldhelm* (640 bis 709). Aus ihr geht aber nicht hervor, wie diese Zweistimmigkeit beschaffen war.
Die erste Beschreibung eines zweistimmigen Gesanges ist in der ›Musica enchiriadis‹ enthalten. Sie wurde lange dem Mönch *Hucbald von Saint-Amand* (840 bis 930) zugeschrieben, ist aber vielleicht schon um 860 entstanden. Dort ist die Rede von einer ›Diaphonia cantilena‹, einem ›Zwiegesang‹ also. Er wird bezeichnet als ›Organum‹, und zwar zunächst als ›Quint-Organum‹, das heißt als ein Nebeneinander von parallelen Quinten und Oktaven.

Quint-Organum   *Quart-Organum*

Diesem ›Klangband‹ fehlte aber noch das entscheidende Merkmal echter Polyphonie, die ›Gegenbewegung‹ der Stimmen. Sie tritt zaghaft in Erscheinung im ›Quart-Organum‹, bei welchem die Stimmen aus dem Einklang bis zur Quart auseinandergehen und am Ende des Gesanges wieder in den Einklang münden.
Im 11. Jahrhundert entwickelte sich dann eine dritte Form des Organum, in der es zu

Harpffen vnd Lauten.   **Drey Pfeiffer.**

Wir schlagen nach der Tablatur/
Nach der Noten rechter Mensur/
Daß die Lauten vnd auch die Harpff
Geben jr Concordantz fein scharpff/
Mit gschwinden leufflein auff vnd nidr/
Nach deß Gsangs art hin vnd wider/
Singn wir Carmina mit dem Mund/
Orpheus die schöne kunst erfundt.

Mit gar lieblicher Meloden
So pfeiffen wir hie alle drey/
Mit Schwegel/Zincken vñ zwerchpfeiffen
Darmit wir gar gründtlich ergreiffn/
Die Thon der Lieder componirt/
Vnd der Lieb darmit wirt hofiert/
Der zarten Frauwen roter Mund/
Pan der Gott die Pfeiffen erfund.

Laute, Posaune, Harfe, Zinke, Schwegel und Querflöte. Holzschnitte von Jost Amman, mit Texten von Hans Sachs, 1568

bewußter Gegenbewegung zweier Stimmen kam. Die Hauptstimme, der Tenor, lag unten, die in konsonanten Intervallen gegenläufig geführte oder in freien Verzierungen ausschwingende Begleitstimme darüber. Diese Frühform echter Zweistimmigkeit ist in den weit über 100 in linienlosen Neumen aufgezeichneten Kirchengesängen des berühmten englischen ›Winchester-Tropar‹ (11. Jahrhundert) belegt. Eine Festigung erfuhr diese Technik besonders in Spanien in dem sogenannten ›discantus‹, bei dem stets ein Gregorianischer Choral die Hauptstimme, den ›cantus firmus‹ bildete, über welchem eine zweite Stimme, der ›jubilus‹, in reichen Verzierungen sich entfaltete. Die erste Definition echter Kontrapunktik (punctus contra punctum = Note gegen Note) wird Johannes Cottonius (11. bis 12. Jahrhundert) zugeschrieben: »Steigt die Hauptstimme, so falle die Begleitstimme und umgekehrt.« Wohl schon vor diesen kirchlichen Formen früher Mehrstimmigkeit gab es in der englischen und norwegischen Volksmusik den Brauch, einstimmige Gesänge über einer gleichbleibenden, bisweilen rhythmisch gegliederten Instrumentalstimme, dem Bordunbaß, zu führen. Giraldus Cambrensis verwies hierauf 1185 in seiner ›Descriptio Cambriae‹. Vielleicht kannte der englische Volksgesang damals außerdem bereits eine organumartige Zweistimmigkeit in parallelen Terzen.

Aus dem Kloster Saint-Martial zu Limoges stammt eine weitere Sammlung zweistimmiger Kirchengesänge (12. Jahrhundert), in denen der im Baß liegende ›cantus firmus‹ von einer rhythmisch frei gegliederten Zierstimme begleitet wird. Dieser Organum-Typ erlebte etwa zwischen 1150 und 1250 in der Notre-Dame-Schule zu Paris seine Blütezeit. Die klanglichen, rhythmischen und textlichen Beziehungen zwischen dem ›cantus firmus‹ und der melodisch immer selbständiger werdenden Zierstimme wurden nun geklärt, verfeinert, typisiert. Der erste bedeutende Meister dieser Schule, *Magister Leoninus*, war der Schöpfer des ›Magnus liber organi‹, des großen Organum-Buches (etwa 1150 bis 1175). Seine zweistimmigen Organi überarbeitete etwa um 1200

Trumscheitspieler aus dem 15. Jahrhundert. Das Trumscheit oder ›Monochord‹ wurde wegen seines grellen Klanges auch ›Trompetengeige‹ genannt. Es hatte einen schmalen, mannshohen Resonanzkörper aus drei keilförmigen Brettern und war meist mit nur einer Saite bespannt

der *Magister Perotinus Magnus*. Er fügte ihnen eine bzw. zwei weitere Oberstimmen hinzu und vervollständigte das Buch durch eigene drei- bzw. vierstimmige Organi von großer rhythmischer und melodischer Eigenart.
In den feingliedrigen Organi dieses Meisters ist die ›Motette‹, die spätere Hauptform der mehrstimmigen kirchlichen und weltlichen gotischen Musik, bereits vorgezeich-

Aus dem Organum ›Alleluja Pascha‹ des Leoninus, nach Ludwig

net. Bei ihr treten zum tiefen Tenor, der wohl meist instrumental vorgetragen wurde und Ausschnitte eines Gregorianischen Chorals in breitem Zeitmaß des öfteren wiederholt, zwei bis drei vokale Oberstimmen. Die erste, ziemlich ruhige heißt Motetus (von *mot* frz. = Wort), die darüberliegende, weit lebhaftere Triplum (die Dritte), die oberste, in noch feineren Zierfiguren ausschwingende Quadruplum (die Vierte). Mit der Zeit gewannen die verschiedenen Stimmen eine außerordentliche melodische und rhythmische Selbständigkeit, doch sie wurden stets so geführt, daß sie bei den rhythmisch betonten vertikalen Schnittpunkten miteinander konsonante Intervalle bildeten. Eine Harmonik im Sinne der späteren Dur-Moll-Tonalität war damit noch nicht erreicht.
Bald ging man dazu über, die Selbständigkeit der Stimmen durch verschiedene Texte hervorzuheben. Da fanden sich dann lateinische und französische, kirchliche und weltliche Verse in friedlichem Beieinander. Die Freude am Gegensatz, am verwirrenden Spiel zierlicher Ornamente, die Lust, Fremdartiges zu vereinen, Auseinanderstrebendes leicht und ohne Strenge zu binden, fand in diesen Motetten einen bezaubernden Ausdruck. Es lebt in ihnen die gleiche Gesinnung, die den weiträumigen gotischen Domen, den figurenreichen Portalen, den minuziös ausgearbeiteten Altären und Schnitzwerken dieser Epoche ihr einzigartiges Gepräge gab.
Anders als unsere Zeit urteilte hier freilich das auf die Dur-Moll-Tonalität eingeschworene 19. Jahrhundert. Fétis, ein typischer Vertreter der Geschmacksrichtung seiner Zeit, bezeichnete die Organi und Motetten des 13. und 14. Jahrhunderts als »falsch in der Verbindung der gleichzeitigen Töne und in der Aufeinanderfolge der Tongruppen sowie in den Bewegungen der Stimmen, die sich fortwährend hindern und kreuzen, ja geradezu absurd im Charakter und in der Form der Tonsätze, welche in der Verbindung verschiedener Gesänge bestehen, die durch Unterbrechung der Phrasen und fortwährende Alteration der Notenwerte einen monströsen Zusammenklang von Dissonanzen ergeben«.
Eine kirchliche Abart der Motette ist der monumentale ›conductus‹ (conducere = zusammenführen). Ihm fehlt der instrumentale Tenor. Jede Textsilbe erhält einen Ton, alle Stimmen schreiten gleichzeitig fort. Auch die weltliche Motette tritt gern als rein vokaler ›conductus‹ auf, doch sie betont schwelgerisch den sinnlichen Reiz der Zusammenklänge. Die verwandte, meist dreistimmige ›cantilena‹ bevorzugt frei ausgezierte liedhafte Bildungen und tänzerische Rhythmen.

Von der Pariser Notre-Dame-Schule aus fanden diese Formen der ›ars antiqua‹ (der ›alten Kunst‹) während des 13. Jahrhunderts Verbreitung in England und Spanien. Sie beeinflußten dort die Volksmusik und nahmen volkstümliche Elemente in sich auf. Von englischen Spielleuten des 13. Jahrhunderts sind zweistimmige Tänze überliefert, andererseits gibt es Troubadour-Gesänge in mehrstimmiger Bearbeitung. Theoretiker der ›ars antiqua‹ sind der Engländer Johannes de Garlandia der Ältere, Franko von Paris und Franko von Köln. Unter den Meistern nach Leoninus und Perotinus Magnus ragen hervor Petrus de Cruce und der letzte Troubadour Adam de la Hale.

Ars nova (14. und frühes 15. Jahrhundert)

Die mehrstimmige Musik des 14. Jahrhunderts ist in die Geschichte eingegangen als ›ars nova‹, als ›neue Kunst‹. Die Bezeichnung hat man dem Titel einer Abhandlung entlehnt, in der *Philipp de Vitry* (1291 bis 1361) um 1325 die musikalischen Errungenschaften seiner Zeit selbstbewußt der ›ars antiqua‹ des 13. Jahrhunderts gegenüberstellte. War die ›ars nova‹ wirklich eine neue Kunst? Sie war die Fortsetzung der ›ars antiqua‹ in anderer Richtung. Äußere und innere Zeitumstände bestimmten ihren Weg. Auf ihm veränderten sich allmählich ihre soziale Funktion, ihre Ausdrucksmittel, ihre Formen und ihr Wesen. Sprunghaft vollzog sich ihre Hinwendung zur weltlichen Musik.
Im Jahre 1322 erließ Papst Johann XXII. eine Bulle ›Docta sanctorum‹. In ihr wandte er sich unter Androhung der Suspension gegen alle Auswüchse des Kontrapunkts. Vor allem verbot er die Verbindung des Gregorianischen Chorals mit weltlichen Gegenstimmen oder seine Ersetzung durch diese, ferner alle nichttraditionellen Verzierungen und den Gebrauch anderer als der Kirchentonarten. Er forderte die

Motetus mit drei verschiedenen Texten von Adam de la Hale, nach Boltée de Toulmon. Der ›cantus firmus‹ liegt hier im Baß

Wiederherstellung der von allen Zutaten gereinigten alten Gregorianik und duldete nur die elementaren Intervalle Quinte, Quarte und Oktave. Damit war die Entwicklung der mehrstimmigen Kirchenmusik zunächst abgedrosselt. Die erste erhaltene dreistimmige ›Messe von Tournai‹ (entstanden Ende des 13. bis Mitte des 14. Jahrhunderts) und auch die vierstimmige ›Gregorianische Messe‹ Machauts, im freien Motettenstil vermutlich 1361 in Reims für die Krönung Karls V. entworfen, beweisen, daß das Verbot auf die Dauer das Eindringen toleranter Tendenzen in die liturgische Musik nicht hat aufhalten können.

In der weltlichen Sphäre gewann die mehrstimmige Musik nun eine Fülle neuer Wesensmerkmale. Sie wurde präziser in der Form und subjektiv im Ausdruck. Zur dreiteiligen kirchlichen Rhythmik – sie symbolisierte die Dreieinigkeit Gottes – trat die zweiteilige. Die Gesamtform der Motette – früher unregelmäßig – erhielt durch zwei- oder dreiteilige Gliederungen Symmetrie. Schon bei Philipp de Vitry wurde die Motette gelegentlich isorhythmisch, das heißt: jeder ihrer drei Formteile weist in den entsprechenden, rhythmisch voneinander abweichenden Einzelstimmen (Tenor, Motetus, Triplum, Quadruplum) bei unterschiedlicher Melodik ein annähernd oder völlig gleiches rhythmisches Bild auf. Ferner wurde die Notenschrift verfeinert und

Anfang einer Ballade von Machaut, nach Handschin

in den Stand gesetzt, rhythmische Perioden metrisch zu fixieren. Vor allem aber: die Oberstimme, der Diskant, wurde zur Hauptstimme.

Diese Neuerung, in der sich das gesteigerte bürgerliche Selbstgefühl kundtat, sicherte den sogenannten ›Diskant-Liedern‹, die nun in Mengen entstanden, eine breite, volkstümliche Wirkung. Bei ihnen wurde die frei erfundene Gesangsmelodie der Oberstimme in der Regel von ein bis zwei tiefen Instrumentalstimmen, dem Tenor und Kontratenor begleitet. Bei vierstimmigen Sätzen trat zur Begleitung noch eine hohe Instrumentalstimme. Darüber hinaus drängte die Entwicklung auch schon rein instrumentalen Bildungen zu. Geschmeidig wußte man die mehrstimmige Musik den Bedürfnissen der verschiedenen Gesellschaftsschichten anzupassen. Die einfacheren zweistimmigen Lieder kamen dem Geschmack und dem Fassungsvermögen breiter Kreise entgegen. Die drei- und vierstimmigen Kompositionen dagegen wandten sich mehr oder weniger exklusiv an Kenner und gebildete Liebhaber. Sie dienten der höfischen Unterhaltung und wurden um ihrer selbst willen nach ästhetischen Gesichtspunkten bewertet.

Die Vielfalt der Formen und Besetzungsvarianten läßt sich ermessen aus den annähernd 150 Werken, die von dem bedeutendsten Meister des 14. Jahrhunderts, *Guillaume de Machaut* (um 1300 bis 1377), überliefert sind. Er war Dichter, Musiker,

Gelehrter und Diplomat zugleich. Seine Bildung erwarb er sich auf vielen Reisen kreuz und quer durch Europa, zunächst als Sekretär Johanns von Luxemburg, dann in Spanien und am französischen Hof. Seinen Lebensabend verbrachte er als Chorherr (Kanonikus) zu Reims. Abgesehen von seiner empfindungstiefen vierstimmigen Messe – sie ist formal ein Wunderwerk strenger Kirchenmusik, thematisch an die Gregorianik gebunden und doch klanglich frei und neuartig – liegt seine Bedeutung in seinen weltlichen Kompositionen.

Da gibt es isorhythmische Motetten von großartiger Symmetrie der rhythmischen und formalen Gliederungen und von zugleich erstaunlicher Freizügigkeit der melodischen Stimmführung. In der Spannung zwischen Gesetz und Freiheit offenbart sich die Kraft seines selbstbewußten Stils. Sie ist auch seinen Diskant-Liedern eigen, mögen sie nun als Balladen, Doppel-Balladen mit zwei gleichzeitig zu selbständigen Melodien gesungenen Texten, als Vokal- oder Instrumental-Balladen, dreistimmige Rondeaus oder Rondellas (Refrainlieder mit meist zwei Begleitinstrumenten), als dreistimmige ›chassés‹ (Jagdlieder, deren Oberstimmen kanonisch geführt sind) oder als zweistimmige volkstümliche Chansons auftreten.

Im 14. Jahrhundert wurde nahezu ein Viertel der europäischen Bevölkerung durch die Pest vernichtet. Inquisition und Häresie, Raubrittertum, Machtkämpfe der weltlichen Großen gegen die Päpste und gegen die Städte kennzeichnen die Zerrissenheit dieser umstürzlerischen Wirklichkeit. Vor solchem Hintergrunde gewinnt die Kunst Machauts eine besondere Faszination. In ihr wurden die Spannungen der Zeit frucht-

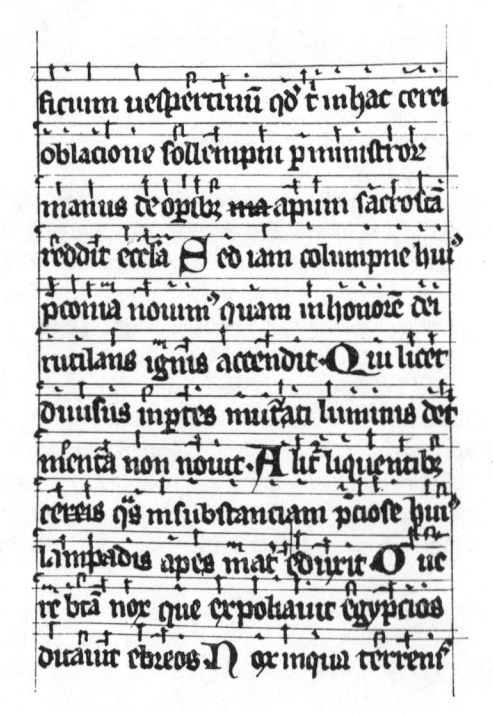

Aus ›Processionale et Rituale Ilbenstadiense‹, Notenhandschrift, 14. Jahrhundert

Notenhandschrift aus dem 15. Jahrhundert in deutscher und lateinischer Sprache

bar. Ihre zugleich zarte und bizarre, widerspruchsvolle, mystische Klangwelt, die nach halbtausendjährigem Schlaf in ihrer vieldeutigen Schönheit von unserer Gegenwart wieder gewürdigt wird, weiß noch nichts von Tonika und Dominante und von ausgewogenen Schlußkadenzen. Ihre ›monströsen Dissonanzen‹ empfindet man heute als Merkmale einer Kunst, die viele Wesenszüge mit der Kunst unserer Tage gemeinsam hat.

Die rund zweihundertjährige Herrschaft Frankreichs auf dem Gebiet der mehrstimmigen Musik gipfelte in Machaut und erlosch dann zunächst mit ihm. Italien, das seit dem 7. Jahrhundert als Musikland merkwürdig unergiebig blieb, trat unvermittelt etwa um 1325 aus seiner Zurückhaltung wieder hervor. Es entflammte sich an der mehrstimmigen Musik Frankreichs und geriet in den Rausch eines wahren Liederfrühlings. Besonders in Oberitalien kam es zu einer Blütezeit mehrstimmiger weltlicher ›Diskant-Lieder‹. Man vertonte Dante, mit Vorliebe aber Petrarca und Boccaccio, in deren Versen Humanismus und Renaissance sich stürmisch ankündigten. Man formte französische Diskant-Lieder spielerisch um, paßte sie dem eigenen Denken und Empfinden an. Es entstanden zierliche Madrigale, zwei- bis dreistimmige Liebeslieder, Spott- oder Trinklieder mit der vokalen Hauptstimme im Diskant, sodann dreistimmige ›caccias‹ – vielleicht den französischen ›chassés‹ nachgebildete Jagdlieder, in denen die gesungenen Oberstimmen einander kanonisch jagen, instrumental begleitet von einer Art ›Bordunbaß‹ (orgelpunktartig ausgehaltene Baßstimme), und endlich die Ballatas, bei denen ein in Fiorituren schwelgender Gesangsdiskant von wohllautenden Harmonien zweier Instrumente getragen wird.

Florenz wurde zum Mittelpunkt der italienischen ›ars nova‹. Ihr erster Sänger war

Giovanni da Cascia, etwa gleichaltrig mit Machaut und von ihm beeinflußt. Ihr überragender Meister war der blinde *Francesco Landini* (1324 bis 1397), zugleich einer der bedeutendsten Organisten seiner Zeit, ihr letzter eigenwilliger Vertreter der aus Lüttich stammende *Giovanni da Ciconia* († nach 1410). Diese Männer und ganze Komponistengruppen fügten der mehrstimmigen Musik neue Akzente hinzu. Sie gaben dem Gesangsdiskant ein fast schon monodisches Übergewicht über die anderen Stimmen, sie ließen in neuartigen melodischen Wendungen den Schmelz der ›schönen‹ italienischen Stimmen sich entfalten und sie reinigten das Gefüge der Begleitstimmen von schroffen klanglichen Reibungen. Das Klangbild wurde durchsichtig und in sich harmonisch. Um die Wende zum 15. Jahrhundert wurde in den Motetten Giovanni da Ciconias bereits die tonale Harmonik instinktiv verwirklicht! Rätselhaft unvermittelt, wie sie kam, klang die ›ars nova‹ Italiens um 1420 wieder ab, ein früher Vorbote der Renaissance des 16. Jahrhunderts.

Die ältesten Belege einer terzseligen Zwei- oder Mehrstimmigkeit, die wohl durch Flamen, Niederländer und Nordfranzosen nach Italien gelangte, stammen aus England. Aus dem späten 13. Jahrhundert ist dort der ›Hymnus auf den heiligen Magnus‹ überliefert. Er ist zweistimmig, bewegt sich zumeist in Terzen und gehört zur Gattung der englischen ›gymels‹ oder Zwillingsgesänge. Da ist ferner der berühmte sechsstimmige (!) ›Sommer-Kanon‹ (›Sumer is icumen in‹) aus der gleichen Zeit, ein klangprächtiges Gewebe konsonanter Linien rings um eine klare Dur-Melodie!

Anfang des ›Sommer-Kanon‹ aus dem 13. Jahrhundert

Entscheidenden Einfluß gewann England im Laufe des 14. und frühen 15. Jahrhunderts auf die Kirchenmusik. Es mißachtete als einziges Land Europas die Bulle Papst Johanns XXII. und übertrug die neue Mehrstimmigkeit auf die liturgische Musik. Mit König Heinrich V. gelangten dann englische Priester und ›doctores of music‹ auf das Festland. Sie setzten die kirchliche ›ars nova‹ zunächst in der Normandie durch. Rom wagte nicht einzuschreiten, da der burgundische Herzog Johann und *Kaiser Sigismund* (1410 bis 1437) die Bestrebungen Heinrichs V. förderten. Auf dem Konstanzer Konzil (1414 bis 1418) siegte die Reformpartei. Nun öffnete die Kirche der ›ars nova‹ bereitwillig ihre Pforten, Papst Martin V. führte sie in Rom ein. Damit wurde die Kirchenmusik bald allgemein mehrstimmig und ›wohlklingend‹ im Sinne des englischen Harmonie-Empfindens. Typisches Merkmal dieses Harmonie-Empfindens war das ›Fauxbourdon‹. Darunter verstand man eine Stimmführung, bei der eine entweder im Baß oder im Diskant stehende Melodie von parallelen Terzen und Sexten begleitet wurde. Das Fauxbourdon begann (wie das Organum) mit einem konsonanten Quint-Oktav-Klang und mündete in ihn wieder ein:

Fauxbourdon

Dieses Prinzip schloß freie Figurationen der Einzelstimmen nicht aus. Es trat auch in Verbindung mit echten Kontrapunkten auf, die miteinander konsonante Intervalle bildeten.
Bahnbrecher der kirchlichen ›ars nova‹ auf dem Festland wurde Englands damals bedeutendster Komponist *John Dunstable* (um 1370 bis 1453). Er stand als Mathematiker, Astronom und Musiker in den Diensten des Bruders Heinrichs V. und war mit ihm in Nordfrankreich. Seine Messen, Motetten, Hymnen und Choral-Variationen (!) fand man in Bibliotheken Englands, Frankreichs, Österreichs und Italiens. Sein berühmtestes Lied, ›O rosa bella‹, existiert – teils drei-, teils sechsstimmig gesetzt – in zwanzig zeitgenössischen Handschriften, verstreut über den ganzen Kontinent. Die Mehrzahl von Dunstables Werken bewegt sich in der von den konservativen Kirchenmusikern als lasziv verpönten ionischen Tonart, dem genauen Muster der späteren Dur-Tonarten! Um Dunstable bildete sich eine englische Komponistenschule. Viele ihrer Mitglieder setzten sich in den höfischen und kirchlichen Musikzentren des Abendlandes für die Verbreitung der harmonischen englischen ›ars nova‹ ein. Bemerkenswert unter ihnen ist *Lionel Power*, sein Stil ist dem Dunstables zum Verwechseln ähnlich.

Franko-flämische Musik (Die alten Niederländer des 15. und 16. Jahrhunderts)

Im 15. Jahrhundert erlebte das Herzogtum Burgund (Niederburgund, Bourgogne) unter Philipp dem Guten (1419 bis 1467) und Karl dem Kühnen (1467 bis 1477) einen glanzvollen Aufstieg. Flandern, Mecheln, Antwerpen, die Franche-Comté, ferner Holland, Hennegau (Hainaut), Seeland, Namur, Brabant und Limburg, dazu Luxemburg, bedeutende Teile Nordfrankreichs, Geldern und Zutphen wurden burgundisch. Nach Karls des Kühnen Tod fiel die Bourgogne an Frankreich. Die anderen Gebiete wurden durch die Heirat seiner Tochter Maria mit dem Erzherzog und späteren Kaiser Maximilian I. habsburgisch und gelangten im 16. Jahrhundert über Philipp den Schönen in den Besitz Karls V. von Spanien. Dieser vereinigte die 17 niederländischen Provinzen 1548 noch einmal zu einem ›burgundischen Kreis‹. Unter seinem Sohn Philipp II. (1555 bis 1598) erfolgte nach dem ›Aufstand der Niederlande‹ 1579 der Abfall der sieben nördlichen Provinzen.
Der steil aufsteigenden, bis in die Mitte des 16. Jahrhunderts etwa sich haltenden und dann in blutigen Wirren absinkenden Kurve dieses machtpolitischen Geschehens entsprach der Verlauf der künstlerischen Entwicklung. Der burgundische Hof, die Städte und Klosterschulen Burgunds wurden zu Zentren europäischer Kultur. Maler wie Hubert und Jan van Eyck (Genter Altar, 1432), Rogier van der Weyden (Kreuzabnahme, Flügel-Altäre) oder Hans Memling (Schrein der heiligen Ursula, Madonnen) im 15. Jahrhundert, und im 16. Jahrhundert dann Lukas van Leiden (Jüngstes Gericht) oder der Architekt Cornelis Floris, der den Prachtbau des Antwerpener Rathauses schuf, vermitteln eine Vorstellung von der inneren Größe und dem äußeren Glanz jener burgundischen Kulturperiode, die von der Spätgotik zur Renaissance überleitete.

In der Musik vertreten sechs Namen von europäischem Rang ebenso viele franko-flämische Musikergenerationen, die der ›niederländischen Musik‹ über den Kontinent Geltung verschafften. Es sind: Dufay, Okeghem und Josquin Desprez im 15. Jahrhundert, Willaert, Orlandus Lassus und Sweelinck im 16. Jahrhundert. Zu ihnen gesellen sich, teils gleichwertig, teils in geringem Abstand etwa Binchois, Busnois, Obrecht und Isaac im 15., Gombert, Clemens non Papa und Philipp de Monte im 16. Jahrhundert. Nur zwei dieser Meister – Obrecht und Sweelinck – waren echte Niederländer (Holländer). Die anderen stammten aus dem Hennegau oder aus Flandern. Man geht daher neuerdings dazu über, den Begriff ›Die alten Niederländer‹ durch den zutreffenderen ›franko-flämische Meister‹ zu ersetzen.

Im fränkisch-flämischen Raum vollzog sich damals die Synthese der französischen, italienischen und englischen ›ars nova‹, die Durchbildung eines neuen kontrapunktischen vokalen und instrumentalen Stils auf harmonischer Grundlage, die Wertangleichung aller Stimmen und ihre Individualisierung. Die Abschnitte dieses bedeutungsvollen Weges der mehrstimmigen Musik werden deutlich an den Werken ihrer Meister.

Da ist zunächst *Guillaume Dufay*, geboren um 1400, wahrscheinlich in Südflandern (Le Fay), gestorben 1474 als Kanonikus in Cambrai, dem Zentrum der burgundischen Kirchenmusik. In Cambrai als Chorknabe erzogen, kam Dufay 15jährig nach Italien. Er wurde Sänger der päpstlichen Kapelle in Rom, kam nach Pisa, Florenz, und später wohl nach Paris. 1441/42 war er am Hofe Philipps des Guten in Burgund, 1442 bis 1449 leitete er die Kapelle des Gegenpapstes Felix V., seit 1454 war er wieder in Cambrai. Dufay und der ältere Dunstable haben einander gekannt und sich in ihrer Kunst derart beeinflußt, daß man ihre Beziehung mit der Haydns und Mozarts verglichen hat. Man vermutete sogar, der für Dunstable und die englische Musik des 15. Jahrhunderts so typische Fauxbourdon sei eine Erfindung Dufays. Wenn dem auch ältere englische Muster entgegenstehen, so hat Dufay dieses dem festländischen ›organum‹ als ›Klangband‹ vergleichbare Ergebnis frühenglischen Harmonie-Empfindens doch wohl als erster aus der Technik des Kanons erklärt und damit für die echte Polyphonie erschlossen.

Früh wurde Dufay mit den Leistungen der französischen und italienischen ›ars nova‹ vertraut. Etwa de Vitrys, Machauts und Ciconias Stileigentümlichkeiten fanden neben denen Dunstables in seinen Werken ihren Niederschlag. Die feingliedrige Linearität des Machautschen Motettenstils verband sich in ihnen zwanglos mit der Ornamentik der italienischen Melodik und dem nahezu tonalen Harmonie-Empfinden Dunstables oder Ciconias. Die Kunst Dufays ist eine der imponierendsten Leistungen der Spätgotik. Aber es finden sich in seinen rund 200 erhaltenen Werken – Messesätzen, Motetten und französischen Chansons – auch bereits Ansätze zu einer Entwicklung, die in die Zukunft weist. Hierzu gehört vor allem sein Streben, die Stimmen einander wertmäßig anzugleichen. Zum Diskant tritt bei ihm gleichberechtigt der Tenor. Der Kontratenor übernimmt die Rolle eines Basses mit deutlicher Betonung der Tonika-Dominant-Funktion. Seit Dufay gibt es ›Diskant-Tenor-Lieder‹ und ebensolche Messen neben den älteren ›Diskant-Liedern‹ und ›Diskant-Messen‹ der ›ars nova‹.

Revolutionierend wirkte die Freizügigkeit, mit der Dufay in seinen liturgischen Musiken den Gregorianischen ›cantus firmus‹ instrumental durch weltliche Volkslieder ersetzte. Unbekümmert komponierte er eine Messe über eine eigene Chanson ›Se la face ay pâle‹ und eine andere über das Soldatenlied ›L'homme armé‹. Sein Beispiel

Anfang des Soldatenliedes »L'homme armé«, Übertragung nach Kiesewetter

machte Schule. Viele Komponisten, von Josquin bis Palestrina, ja bis zur Gegenwart (Johann Nepomuk David), verwandten in geistlichen Kompositionen das gleiche Soldatenlied. Bei Dufay büßte freilich der ›cantus firmus‹ seine beherrschende Rolle ein. Ambros meinte hierzu, er wurde »zum Holzreifen, bestimmt, den darum gewundenen Blütenkranz zusammenzuhalten, ohne selbst sichtbar zu werden«.
Die Neuerungen, die sich bei Dufay auf alle Form- und Besetzungsgattungen der weltlichen und geistlichen Musik erstreckten, führten bei der nächsten Generation der Niederländer zu einschneidenden Folgerungen.
Überragender Meister dieser Generation war der Flame *Johann Okeghem* (1430 bis 1495), ein Schüler Dufays. Sein Weg führte ihn von Antwerpen nach Cambrai zu Dufay, dann an den französischen Königshof nach Paris. In den Diensten dreier Könige – Karls VII., Ludwigs XI. und Karls VIII. – stieg er zu hohen Ämtern auf. In diplomatischer Mission unternahm er viele Reisen, deren eine ihn bis nach Spanien führte. Unter seinen Zeitgenossen erlangte er legendären Ruhm als Komponist und ›König über alle Sänger‹. Die Nachwelt verehrt in ihm einen der bedeutendsten Wegbahner der mehrstimmigen Musik.
Unter den ›Niederländern‹ war Okeghem der eigentliche Mathematiker, ein Kombinationsgenie ersten Ranges. Er spielte mit Themen wie ein Virtuose und verknüpfte sie auf die phantasievollste Weise. Alle ausdenkbaren ›kanonischen Künste‹ wurden von ihm systematisch in den Tonsatz einbezogen. Aus wenigen Themen und Motiven wußte er scheinbar spielerisch achtstimmige Wunderbauten aufzutürmen. Im Grunde war er ein Mystiker, der zum Ruhme Gottes seine dunkel-ernsten Dome aufrichtete. Seine Kunst gipfelt in dem zyklopischen 36stimmigen (!) Kanon ›Deo gratias‹, den er aus vier neunstimmigen Kanons kombinierte.
Der heutige Hörer einer seiner vollständigen Messen wird das Artistische ihrer Struktur kaum wahrnehmen, dagegen angezogen sein von dem feierlichen Ernst ihres Ausdrucks. Er wird in diesen Messen den ersten Beispielen einer Musik begegnen, die sich nicht mehr im Ebenmaß periodischer Formen streng begrenzt, sondern in der Entfaltung gleichwertiger Stimmen breit und majestätisch verströmt. Die von Dufay, Dunstable oder Ciconia errungene harmonische Statik versinkt wieder im Strom dieser Musik. Reichere klangliche Bildungen, Sekundreibungen und andere Gewagtheiten verwischen die tonalen Konturen, weiten den Blick ins Unbegrenzte.
Eines der größten Verdienste Okeghems ist die von ihm geschaffene Durchimitation. Mit diesem wichtigsten Beitrag des 15. Jahrhunderts zur Kontrapunktik versöhnte er

die gegensätzlichen Prinzipien der Cantus-firmus-Technik und der Kanon-Technik. Bei der Cantus-firmus-Technik werden einer Hauptstimme, dem Cantus firmus, mehrere Nebenstimmen als Begleitung kontrapunktierend hinzugefügt. Beim Kanon dagegen wird ein Thema nacheinander von allen Stimmen wörtlich nachgeahmt (imitiert). Okeghem nun ließ auch in seinen nichtkanonischen Sätzen die Nebenstimmen

Weltliches Lied von Okeghem, Übertragung nach der Casanatenensis. Beispiel für die Durchimitation. Jede Stimme beginnt mit dem Kopfmotiv, paßt sich dann aber im selbständigen Verlauf dem Diskant harmonisch an

mit dem Eingangs- oder Kopfmotiv des ›cantus firmus‹ kanonisch einsetzen. Damit betonte er die absolute Gleichwertigkeit aller in einem Werk vokal und instrumental miteinander auftretenden Stimmen. Seine Verfahrensweise erschloß der mehrstimmigen Musik den Weg in die unbegrenzten Möglichkeiten echt polyphonen Denkens.

›Canon trium vocum‹ von Okeghem, Übertragung nach Ambros. Dasselbe Kopfmotiv wie bei der oberen Abbildung bildet hier den Anfang eines Themas, das von allen Stimmen im Quartabstand wörtlich imitiert wird

Sie begünstigte sowohl die Verselbständigung der A-cappella-Musik, das heißt der reinen Vokalmusik, als auch die der Instrumentalmusik und bildet die Voraussetzung für das Entstehen vieler Erscheinungsformen neuzeitlicher mehrstimmiger Musik. Unter den Zeitgenossen Okeghems ragt hervor der aus Bergen op Zoom in Holland stammende *Jacob Obrecht* (um 1430 bis 1505). Er vertrat eine weniger konstruktive, der Improvisation zuneigende Kompositionsweise. Sein Wirkungskreis blieb zwar vorwiegend Burgund, aber auch er kam weit herum, nach Innsbruck und Italien vor allem. Schon als Dreißigjähriger war er in Ferrara, bei seinem letzten Aufenthalt dort raffte ihn die Pest dahin. Italien erschloß ihm den Sinn für die Schönheit geschmeidiger Melodik, für die Symmetrie der Form und für die klare Farbigkeit einfacher Harmonik. Von Okeghem übernahm er die Kunst des polyphonen Satzes. Er wußte das Andersartige zwanglos zu vereinen und gelangte bald zu einem schon deutlich affektbetonten Stil. Vorbild für Generationen wurde seine A-cappella-Motetten-Passion (um 1500, siehe Seite 114), die erste, welche die Geschichte verzeichnet! Okeghem eiferte er nach in 25 Messen und in reizvollen Motetten. Volkstümlich schlicht wirken manche seiner eleganten Chansons.

Josquin Desprez, 1450 bis 1521

Verkörpert der Mystiker Okeghem satztechnisch den Typus des konstruktiven Musikdenkers, Obrecht den des mehr improvisierenden Ausdrucksmusikers, so vereinigt *Josquin Desprez* (1450 bis 1521), der ›große Unsterbliche‹ der dritten Generation, in seinem Schaffen eine zugleich strenge und freie Satzweise. Er stammte aus dem Hennegau, soll Okeghems Schüler gewesen sein, war 1474 bis 1479 Hofkantor in Mailand, ab 1484 mit Unterbrechungen für ein Jahrzehnt Mitglied der päpstlichen Kapelle zu Rom, dann bis 1499 Kapellmeister an der Kathedrale zu Cambrai, um 1500 in Modena, Paris, Ferrara, nach 1503 wieder in Rom, am Hofe des Kardinals Ascanio Sforza. Die letzten Lebensjahre verbrachte er als Dompropst in seiner Geburtsstadt Condé.

Josquins Wirken fiel in die Zeit der deutsch-niederländischen Spätgotik, vertreten etwa durch die Maler Lochner, Schongauer, Grünewald, Bosch, Holbein, Dürer, andererseits in die der italienischen Früh- und Hochrenaissance. Bramante, Botticelli, Leonardo da Vinci und Raffael überlebte er, Michelangelo und Tizian waren bei seinem Tode in mittleren Lebensjahren. Bei solcher Konstellation erwies es sich als glückliche Fügung für die Musik, daß Josquin meist in Italien tätig sein konnte. Als Erbe Okeghems wohl versehen mit dem Rüstzeug des Meisters, sensibel, anpassungsfähig und doch in sich gefestigt, gelang es ihm, spätgotische Kunstgesinnung in Einklang zu bringen mit der humanistischen Ideenwelt und dem Formgefühl des Südens. Aus mittelalterlichem Denken sich lösend, wurde er zum ersten Meister mehrstimmiger Renaissancemusik.

Josquin baute nicht, wie Okeghem, Ton-Dome, in deren Wölbungen der Mensch erschauernd seiner Nichtigkeit sich bewußt wird, er trat als Persönlichkeit nicht hinter

Schluß des Sanctus aus der Messe »Ave maris stella« von Josquin Desprez. Josquin schrieb auch eine Messe über das Soldatenlied ›L'homme armé‹ (siehe Notenbeispiel Seite 81). Bei ihm wurde daraus, etwa im »Kyrie«

oder:

Auch rückläufig (als ›Krebs‹) wird dieser Cantus firmus verwendet

Homophone Takte aus der Messe ›Pange lingua‹ von Josquin Desprez

sein Werk zurück, die Musik wurde ihm zum Mittel der Selbstaussage. Man hat ihn mit Raffael verglichen. Seine Leistung wurde beispielhaft für das ganze 16. Jahrhundert. Sie besteht in der konsequenten Weiterbildung der Okeghemschen Durchimitation, in der Heraufführung des rein vokalen A-cappella-Stils und in der Umwandlung der Musik in eine Affektsprache.

Bei Josquin werden alle Stimmen des vorwiegend fünfstimmig durchimitierten Vokalsatzes ›sanglich‹. Sie ergänzen einander in symmetrischen Formen harmonisch. Die Durchimitation erstreckt sich auch auf den Rhythmus. Die Gesamtform ist des öfteren bereits in polyphone und homophone Partien gegliedert, auch gibt es schon vereinzelt Ansätze zu einer Mehrchörigkeit. Bei den homophonen Partien führt eine Stimme, ihr sind die anderen akkordisch untergeordnet. Der Ausdruck gewinnt durch eine der Sprachmelodie angeglichene sinnvolle Deklamation eine mitunter dramatische Eindringlichkeit.

Josquins polyphone Messen, Motetten und Chansons haben sich nachhaltig ausgewirkt. Sein Ausdrucksstil erneuerte sich in Orlandus Lassus, seine kontrapunktische und formale Universalität in Palestrina. Bis weit ins 16. Jahrhundert hinein blieb seine Kunst führend in Europa. Luther meinte schwärmerisch, sie sei »fein, fröhlich, willig, milde und lieblich, nicht gezwungen noch genötigt, und nicht an die Regel stracks und schnurgleich gebunden, sondern frei wie der Finken Gesang. Josquin ist der Noten Meister, die haben es müssen machen, wie er wollte, die anderen Sangmeister müssen machen, wie es die Noten haben wollen«. Seine kunstvollen Ausdrucksmusiken bezeichnete die nachfolgende Generation als ›musica reservata‹, und sie verstand darunter eine exklusive, dem Kenner vorbehaltene autonome Musik.

Unter den Zeitgenossen Josquins gab es eine Reihe tüchtiger Meister, die ihrem gemeinsamen Lehrer Okeghem nacheiferten und die niederländische Musik an den Höfen des Kontinents heimisch machten, so etwa *Antoine Brumel* (1460 bis 1520) in Chartres, Paris, Ferrara, *Loyset Compère* († 1518), Kanonikus der Kathedrale zu Saint-Quentin, *Pierre de la Rue* († 1518), Hofmusikus Philipps des Schönen in Courtrai und Brüssel, *Jean Ghiselin* († 1535) in Ferrara, *Caspar von Werbecke* († um 1515) in Rom u.a. Keiner von ihnen erreichte Heinrich Isaac, der – etwa gleichaltrig mit Josquin – die satztechnischen und formalen Ergebnisse der abklingenden gotischen Epoche an der Schwelle zur Renaissance in überragenden Kunstwerken zusammenfaßte.

Heinrich Isaac (vor 1450 bis 1517) war Flame. Sein Lebensweg führte ihn um 1480 nach Florenz, wo er am Hofe Lorenzo di Medicis als Organist, Lehrer und Komponist tätig war. Von dort gelangte er über Rom nach Innsbruck (1484) zu Erzherzog Sigismund und etwa zehn Jahre später als Gefolgsmann Kaiser Maximilians nach Wien und Augsburg. Vorübergehend war er für Friedrich den Weisen in Torgau und für das Domkapitel zu Konstanz tätig. 1514 ging er im Auftrage Maximilians wieder nach Florenz, wo er seine Tage beschloß.

Anfang eines instrumentalen ›Carmen‹ von Heinrich Isaac

Man rühmte Isaacs Vielseitigkeit, seine Bildung, seinen Charakter, seine diplomatischen Fähigkeiten. Er wurde manches Fürsten Freund und war einer der vertrauten Ratgeber seines Kaisers. War Josquin feinnerviger Meister der exklusiven ›musica reservata‹, so wurde Isaac urwüchsiger Schöpfer zahlloser Gebrauchsmusiken, die teils

Triumphzug des Kaisers Maximilian I., Holzschnitt von Hans Burgkmair dem Älteren, 1515 bis 1516

der polyphonen ›musica sacra‹, teils – leichter geschürzt – der ›musica profana‹ zugehören. Er war sattelfest in der niederländischen, italienischen, französischen und deutschen Manier, ein Telemann des ausklingenden 15. Jahrhunderts. Wie keiner seiner Zeitgenossen ließ er sich tragen vom unerschöpflichen Strom echter Volksmusik. Die bezaubernde Frische seines Stils, sein gelegentlich derber Humor, seine Gemütstiefe und Menschlichkeit treten am reinsten zutage in den Werken, in denen er Volkstümliches in vollendeter künstlerischer Form darbietet. Vor allem mit seinen Liedsätzen wurde er zur bleibenden Verkörperung der Musik seiner Zeit.

Isaacs künstlerisches Vermächtnis umfaßt ein dickes Bündel Messen, ein riesiges Motettenwerk – den polyphonen ›Choralis Constantinus‹ mit Gesängen für ein ganzes Kirchenjahr –, ferner eine Unmenge weltlicher Musik, darunter die in Florenz entstandenen ›Canti carnascialeschi‹ (heitere Karnevalsgesänge, ›Frottolen‹ zu Versen Lorenzos des Prächtigen) und viele geistliche und weltliche Liedsätze und Bearbeitungen. Seine unsterbliche Weise »Innsbruck, ich muß dich lassen« verwandte später der Prediger J. A. Hesse in dem Choral »O Welt, ich muß dich lassen«. Die gleiche Melodie regte Paul Gerhardt an zu seinem Abendlied »Nun ruhen alle Wälder«. Von Isaac existieren auch bereits reine Instrumentalmusiken. In den ›Denkmälern der Tonkunst in Österreich‹ sind 58 dieser ›carmina‹ erhalten. Lebensvolle Spielmusiken, freilich noch vokalen Charakters, ›untextierte‹ Liedsätze, Übertragungen, wie sie vereinzelt als Vorläufer der Instrumentalmusik schon seit dem 13. Jahrhundert für Orgel und Laute und später dann für Gamben begegneten.

Für die mehrstimmige Vokalmusik Deutschlands brachte Isaacs Wirken einen allge-

Triumphzug des Kaisers Maximilian I., Holzschnitt von Hans Burgkmair dem Älteren, 1515 bis 1516

meinen Aufschwung mit sich, der, ausgehend von der Hofkapelle Kaiser Maximilians in Innsbruck, Wien und Augsburg, bald auf den Hof Friedrichs des Weisen in Torgau und auf andere Höfe, vor allem in München, Heidelberg und Stuttgart-Ludwigsburg übergriff. Freilich – während Josquin in Italien bereits in die Freiheit der humanistischen ›musica reservata‹ hineinwuchs, erprobte man in Deutschland zunächst noch Dufays und Okeghems Kompositionsweise. Gleichwohl – von Anbeginn fand man einen eigenen Ton. Er hob sich ein wenig schroff und ungelenk, aber rhythmisch zupackend, kräftig und gemütvoll ab vom vorwiegend konstruktiven Stil jener franko-flämischen Meister.

Als früheste Belege sind zu verzeichnen die dreistimmige ›Missa Auleni‹ (um 1470), das einzige erhaltene Werk des Johannes Aulenus, und eine Messe des *Adam von Fulda* (um 1445 bis 1505), der als Kapellmeister Friedrichs des Weisen in Torgau und später als Dozent an der Universität in Wittenberg wirkte. Zahlreiche Motetten und bis zu siebenstimmige Messen im niederländischen Stil zeugen für die reife Kunst des Bamberger Meisters *Heinrich Finck* (um 1445 bis 1527), der in Krakau, Stuttgart, Salzburg und Wien höfischen Kantoreien vorstand. Ebenfalls Messen und Motetten, vor allem aber schöne Liedsätze gibt es von *Alexander Agricola* (um 1446 bis 1506). Bis etwa 1474 war er in Mailand – daher seine Vorliebe für geschmeidige Melodik. Seit 1500 war er am Hofe Philipps des Schönen in Burgund, schließlich als dessen Gefolgsmann in Spanien, Valladolid. Er gehörte, wie Obrecht, dem improvisatorischen Schaffenstyp an. Auch der Orgelmeister *Paul Hofhaimer* (1459 bis 1537), berühmt durch seine Orgelsätze, mit denen er Vokalsätze auszierend umspielte, hat einige schöne Liedbearbeitungen im Stil Obrechts geschaffen. Er stammte aus Salzburg, wurde 1479 Organist in Innsbruck, wo er ab 1484 mit Isaac zusammen tätig war. Seit 1490 stand er in den Diensten Kaiser Maximilians. Wie Isaac war er vorübergehend in Torgau und Augsburg. Er beendete seine Laufbahn als gefeierter Domorganist in Salzburg. Hier wäre auch zu nennen der mit eigenartigen Messen, Hymnen, deutschen Psalmen und Liedsätzen Luther nahestehende Schweidnitzer *Thomas Stoltzer* (1480 bis 1526), Kaplan und Hofkapellmeister Ludwigs II. von Ungarn.

Der bedeutendste Schüler Isaacs war der in Zürich geborene *Ludwig Senfl* (um 1488 bis 1543). Nach Isaacs Tode (1517) wurde er dessen Nachfolger als Hofkomponist

Beginn des Liedes
›*Lust hab ich g'habt zur musica*‹
von Ludwig Senfl

Maximilians I. 1523 übernahm er die Münchner Hofkantorei. Er war der erste Deutsche, der in seinen Motetten, Messen und rund 400 Liedsätzen dem Renaissancestil Josquins zuneigte. Luther, mit dem ihn eine echte Musikerfreundschaft verband, war entzückt von seinen Motetten. Er meinte, dergleichen »vermöchte ich nicht zu machen, wenn ich mich auch zerreißen sollte«.

Musik des 16. Jahrhunderts *(Renaissance)*

Das 16. Jahrhundert erlebte in den Künsten die Entfaltung der Hochrenaissance und die ersten Anzeichen des Barock. Kaum ein Jahrhundert war derart erfüllt von Licht und Schönheit, vom Streben nach Erkenntnis, Freiheit, Gerechtigkeit und Harmonie, kaum eines aber auch derart gegensatzreich. Welche Spannweite der geistigen Aspekte in den Leistungen der überragenden Erscheinungen allein auf dem Gebiet der Literatur und der Künste, von Torquato Tasso über Rabelais und Cervantes zu Shakespeare, von Macchiavell zu Thomas Morus, von Erasmus zu Kopernikus, von Luther zu Ignatius von Loyola, von Leonardo, Michelangelo und Grünewald zu El Greco!
Die humanistische Hinwendung zur Antike – in Italien schon im 14. und 15. Jahrhundert durch Byzanz ausgelöst – und der Versuch, in den Künsten von altgriechischen Leitbildern auszugehen, trug der Epoche den zunächst abschätzig gemeinten Namen ›Renaissance‹ ein. Doch die Künstler des ›Rinascimento‹ erschöpften sich nirgends in einer Nachahmung von Vergangenem, sie ›wetteiferten‹ mit den Leistungen der Antike. Sie lösten sich von der hierarchischen Vorstellungswelt des Mittelalters, waren erfüllt von einem neuen universalistischen Lebensgefühl und begriffen den Menschen bewußt als Persönlichkeit. Er wurde das Thema der Künste, an ihn wendeten sich die Kunstwerke.
Aus dem Antagonismus der Kräfte in der menschlichen Natur gewannen die Künstler ihre stärksten Antriebe. In ihren Werken kam es zu einer faszinierenden Synthese scheinbar unvereinbarer Gegensätze. Im Erschreckenden stellten sie zugleich das Versöhnende, im Abstoßenden das Anziehende dar. Noch im Gemeinen entdeckten sie den Reiz des Schönen. Selbst im Technischen wurde das Widerspruchsvolle schöpferisch erprobt. Ein Beispiel ist die Zentralperspektive. Sie ermöglicht die Darstellung des Raumes, des Körperlichen auf der Fläche und machte die Malerei – indem sie ihr zu gewähren schien, das Wahre auszusagen – zum Werkzeug der Illusion. Der Doppelsinn der Künste, ihre Fähigkeit zu verführen oder zu erheben durch den Schein, ihre Kraft, Sinnbilder zu geben, ihre Grenzen wurden nun bewußt gesehen.
Die Musiker des ›Rinascimento‹ gaben ihrer Kunst immer entschiedener den Charakter einer differenzierten Affektsprache. Sie führten in der weltlichen und kirchlichen Musik den ›A-cappella-Stil‹ seinem Höhepunkt entgegen, sie klärten die klanglichen Verhältnisse ihrer Kunst im Sinne einer Hinwendung zur tonalen Harmonik, sie bereicherten diese Harmonik mit chromatischen Farbwerten und erhoben sie neben Melodik und Rhythmik zum tragenden Element der polyphonen Musik; überdies

schufen sie die ersten Beispiele einer selbständigen Instrumentalmusik, die sich in eigenen Formen entfaltete. Damit erschlossen sie die Entwicklung der neuzeitlichen Musik. Von einer ›Renaissance‹ kann man bei ihnen nicht reden. Sie gingen aus von der ihnen zugänglichen abendländischen Tradition und gelangten dann in den einzelnen Ländern zu zwar verwandten, aber doch deutlich voneinander abweichenden Nationalstilen.

Musikpflege im 16. Jahrhundert, Holzschnitt von Hans Burgkmair

Die Entwicklung von der gotischen zur Renaissance-Musik verlief zwar kontinuierlich, doch sie führte in ein grundsätzlich Neues, in den schon erwähnten Antagonismus von Vokal- und Instrumentalmusik.

Die frühmittelalterliche einstimmige Musik war vorwiegend wortgezeugt bis hinein in ihre Formstrukturen. Genauer gesagt: das Bibelwort, das kultische Wort prägte sie in Formen der Gregorianik, der Hymnen, Tropen und geistlichen Lieder. Diese Formen gingen dann über auf die einstimmige weltliche Musik, sie beeinflußten aber auch die Formen der weltlichen Dichtung, die sich ihnen anzupassen suchte.

Die polyphone Musik des späten Mittelalters dagegen entwertete das Wort. Sie türmte Wortgebilde aus verschiedenen Sprachen und verschiedenen Inhalts derart übereinander, daß die Texte unverständlich wurden.

Die Musik des ›Rinascimento‹ strebte überall da, wo sie sich mit dem Wort verband,

wieder eine sinnvolle Deklamation an, und zwar auch in der Mehrstimmigkeit. Die Verständlichkeit des gesungenen Wortes wurde oberstes Gebot. Das führte schließlich zur Erfindung der Monodie, das heißt eines einstimmigen ›Sprechgesanges‹, der von Instrumenten mit einfachen Akkorden begleitet wurde. Etwa gleichzeitig ergab sich nun erstmalig in der Geschichte eine vom Wort völlig unabhängige Instrumentalmusik. Diese Teilung (in Vokal- und Instrumentalmusik) ermöglichte sowohl das Entstehen aller Formen der neuzeitlichen Instrumentalmusik als auch deren freizügige Vereinigung mit den Formen der Vokalmusik in der Kantate, im Oratorium, in der Oper und anderen Mischformen. Damit bahnte sich innerhalb des 16. Jahrhunderts ein Vorgang an, der an Bedeutung nur dem Entstehen der mehrstimmigen Musik um die erste Jahrtausendwende vergleichbar ist.
Wie damals die Erfindung der Mensural-Notation und einer konzisen Notenschrift die Entwicklung begünstigte, so wirkte sich jetzt die Erfindung des Notendrucks außerordentlich belebend aus. Die ersten Schritte in dieser Richtung wurden schon 1476 von dem aus Ingolstadt stammenden *Ulrich Hahn* († 1478) in Rom unternommen. Ihm folgten 1481 in Würzburg *Jörg Reyser* und in Venedig *Octavianus Scotus*. Sie druckten zunächst Linien, fügten in diese dann die Noten (mit Typen) und lieferten bereits vor 1500 ganze Meßbücher nach ihrem Verfahren. Daneben erschienen bald Notendrucke nach Holz- bzw. Metallschnitten, sie waren aber zu kostspielig. Der Italiener *Ottaviano dei Petrucci* (1466 bis 1539) erlangte 1498 ein Privileg Venedigs für sein neues Typendruckverfahren. 1501 erschien sein erster Druck ›Harmonice musices Odhecaton‹ mit drei- und vierstimmigen Chansons und Motetten von Josquin, Obrecht, Busnois, Compère, Agricola, Brumel, Isaac, Okeghem und anderen Meistern. Er machte Schule, seine Drucke übertrafen aber noch lange viele Nachahmungen an Exaktheit und Schönheit.

Die Entstehung und Verbreitung speziell der Instrumentalmusik wurde begünstigt durch die Tabulaturen (nicht zu verwechseln mit dem Regelkodex der Meistersinger), ›Partiturauszüge‹ sozusagen, Arrangements von mehrstimmigen Vokalstücken für den Organisten (Cembalisten) oder Lautenisten (Gitarristen). In den einzelnen Ländern entwickelten sich selbständige, voneinander abweichende Orgel- und Lautentabulaturen (siehe Abbildung Seite 123). Während die in Linien oder auch ohne Linien gesetzten Buchstaben (oder stellvertretenden Ziffern) der Orgeltabulatur stets bestimmte Töne bezeichneten, waren die entsprechenden Zeichen der Lautentabulatur verständlich im Sinne einer Griffschrift, das heißt, sie gaben dem Spieler an, welche Griffe er auf seinem nach verabredeter Norm eingestimmten Instrument auszuführen hatte.
Die Tabulaturen dienten zunächst der Übertragung von mehrstimmigen Vokalsätzen für Harmonie-Instrumente (Orgel, Laute usw.), sie erleichterten dem Komponisten dann aber vor allem auch die Aufzeichnung von Stücken, die nur für sein Instrument erfunden waren. Tabulaturen und Notendrucke aller Art verbreiteten sich rasch über den Kontinent. Sie machten die Musiker mit den Leistungen aller Länder vertraut und wirkten sich äußerst anregend aus auf einen stilbildenden Musikaustausch zwischen den Völkern.

Italien

Gesellschaftslieder (Frottola, Villanella, Madrigal)

Nach dem Liederfrühling der ›ars nova‹ im 14. Jahrhundert mit seinen heiteren Madrigalen, Caccien und Ballaten war Italiens Stimme im Konzert der europäischen Völker auf lange Zeit hin wieder fast ohne Gewicht. Überall waren die ›Niederländer‹ tonangebend. Die Erzeugnisse der italienischen Volks- und Gesellschaftsmusik nahm man nicht so ernst, daß man sie auch nur aufzeichnete. Unentwegt bot sich Neues dar in verschwenderischer Fülle und so überließ man sich genießerisch dem Reiz des Wechsels. So kam es, daß die meisten dieser kleinen ›Gebrauchsmusiken‹ verschollen sind. Es erwies sich jedoch, daß gerade aus dem in ihnen sich regenden Sinn für elementare melodische, rhythmische und klangliche Bildungen der allgemeinen Entwicklung Antriebe zuströmten, die als starke Gegenkräfte zur abstrakten niederländischen Gedankenkunst das Wesen der neuen Musik entscheidend beeinflußten und veränderten.

Etwa seit dem letzten Drittel des 15. Jahrhunderts ging man sorgsamer mit diesen Stücken um. So notierte man in Florenz am Hofe Lorenzos des Prächtigen zahllose ›canti carnascialeschi‹, Karnevalsgesänge oder ›frottole‹ (Nichtigkeiten, neckische musikalische ›Frotzeleien‹), charmante drei- oder auch vierstimmige ›Diskant-Lieder‹, volkstümliche Abkömmlinge französischer Chansons.

Szene einer ›commedia dell'arte‹, etwa um 1600

Anderer Art waren die aus Mantua überlieferten ›frottole‹. Sie leiteten sich von der melodiösen ›ballata‹ her, waren also höfische Lieder italienischen Ursprungs, meist witzig, leicht und Eros gewidmet. Mit Vorliebe wurden sie von Einzelstimmen gesungen. Die gefälligen Instrumentalbegleitungen griffen gerne primitiv-volkstümliche Quintfortschreitungen parodierend auf. Die Blütezeit der Frottolen reicht bis

weit ins 16. Jahrhundert hinein. Sie klang etwa in den vierziger Jahren in den
›Villoten‹ ab. Etwas früher gewannen die neapolitanischen ›Villanellen‹ (Bauernlieder) und die in Rom wieder aufkommenden ›Madrigale‹ große Beliebtheit.
Die Villanellen waren zunächst Gassenlieder ländlichen, derb-komischen oder auch
lasziven Inhalts, dreistimmige Chor- oder Solo-Lieder mit der Melodie im Diskant.
Die begleitenden Stimmen fügten sich ihr organumartig mit parallelen Quinten und
Terzen ein. In ihrer Primitivität bildeten sie einen krassen Gegensatz zur durchgeistigten Polyphonie der Niederländer. Die Kraft der Villanellen beruhte auf ihrer
eingängigen Melodik und auf dem Schwung ihrer tänzerischen Rhythmen. Sie wurden

Anfang einer Frottola von Bartolomeo Tromboncino, 1509

bald in Deutschland, Frankreich und England nachgeahmt und gewannen beträchtlichen Einfluß auf die Madrigale, die sie vor einer Verkünstelung bewahrten. Andererseits übernahmen sie von diesen und von den französischen Chansons bisweilen eine
verfeinerte kontrapunktische Satztechnik. Sie wurden dann zu Canzonen *(cantare =
singen)*, Canzonetten (kleine Canzonen) oder anderen Mischtypen, oder sie verschmolzen mit dem Madrigal. Die Gattung hielt sich bis weit ins 17. Jahrhundert hinein,
manche ihrer Wesenszüge leben in der Instrumentalmusik fort. Die charakteristische
Dreistimmigkeit der barocken Triosonate soll auf sie zurückgehen.
Demgegenüber verkörpert das Madrigal den Typus des anspruchsvollen weltlichen
Kunstliedes der italienischen Renaissance. Es war derart wandlungsfähig, daß es die
vielfältigsten Neuerungen stilistischer, satztechnischer und formaler Art in sich zu
vereinen vermochte. Die frühen Madrigalisten, etwa der dreißiger Jahre, gingen aus
von den alten Mustern des 14. Jahrhunderts (siehe Seite 77). Selbst in der Textwahl
lehnten sie sich an die Vorlagen an. Sie bevorzugten Petrarca, Tasso, Boccaccio. Doch
bald änderte sich das. Neue Dichtungen wurden vertont, die ursprünglich kleinen,
symmetrischen musikalischen Formen wurden weiträumig und frei von jedem Schema.
Das gilt auch für die Besetzung. Der ›A-cappella-Stil‹ setzte sich zwar grundsätzlich
durch, zunächst in vier-, dann in fünf- bis sechsstimmigem Satz. Doch etwa seit der
Jahrhundertmitte kam es gelegentlich zu Instrumentalbegleitungen oder auch zu
völligen Übertragungen auf Instrumente.

Schon früh gewann die imitatorische Manier der Niederländer Einfluß auf die Struktur der Madrigale. Sie überwucherte aber selten deren Gesamtform. Meist wurde diese frei und gegensatzreich gegliedert in homophone und polyphone Partien, die sorgfältig deklamiert wurden. Im letzten Drittel des Jahrhunderts bereicherten enharmonische Umdeutungen und chromatische Zwischenfarben, naturalistische Tonmalereien und räumliche Chorteilungen (Doppelchörigkeit) das Satzbild. Ein leidenschaftlicher, in seinen Abstufungen äußerst farbiger Ausdrucksstil fand schließlich in diesen durchkomponierten Madrigalen seine schöpferische Verwirklichung. Von ihnen war es dann nicht mehr weit zur dramatischen Opernszene Monteverdis mit dem Wechsel von monodisch geführtem Dialog und reich gegliedertem Chor.

Venezianische Schule

Das Madrigal wurde zwar zur repräsentativsten Gattung der italienischen Renaissancemusik, doch zunächst gaben ihm dort Meister des fränkisch-flämischen Raumes künstlerischen Rang. In Flandern mehrte das Erbe Josquins als markantester unter den landsässig Bleibenden *Clemens non Papa* (das heißt ›Clemens nicht der Papst‹; um 1500 bis etwa 1558) mit wertvollen Messen, Motetten, Chansons und Psalterliedern. Andere ›Niederländer‹ dagegen zog es nach Italien.
Dort wurde einer von ihnen, *Adrian Willaert* (um 1480 oder 1490 bis 1562), Begründer der Venezianischen Schule, die dann weit über das 16. Jahrhundert hinaus den Mittelpunkt fortschrittlichen Musizierens bildete. Zu Brügge geboren, Schüler Jean Moutons, der Josquin-Schüler war, kam Willaert 1516 nach Rom. Von dort führte ihn sein Weg über Ferrara nach Ungarn. 1527 war er wieder in Italien, und zwar als Kapellmeister der Markuskirche zu Venedig. Hier wurden u. a. Andrea Gabrieli, Cyprian de Rore, Zarlino und Vicentino seine Schüler. Schon durch diese Gefolgschaft erlangte er europäische Bedeutung. Beispielsweise über Andrea Gabrieli gelangten seine Neuerungen zu Haßler und Giovanni Gabrieli und über diesen weiter zu Schütz, von Vicentino zu Monteverdi, von Zarlino zu Sweelinck. Bis hin zu den englischen Madrigalisten ist sein Vorbild nachweisbar!
›Messer Adriano‹ – so nannte man Willaert in Venedig – hat wohl als erster, zumindest aber etwa gleichzeitig mit den Niederländern *Jakob Arcadelt* (um 1514 bis 1557) und *Philippe Verdelot* († um 1567), die imitatorische Manier auf das Madrigal übertragen und die Gattung in allen Grundzügen vorgezeichnet. In seinen Madrigalen finden sich bereits Ansätze zu chromatischen Zwischenfärbungen und doppelchörige Gliederungen. Zu diesen soll er, wie Zarlino bezeugte, durch die beiden einander gegenüberstehenden Orgeln der Markuskirche angeregt worden sein: Ein schönes Beispiel für die Verschwisterung von Architektur und Musik: eine bauliche Eigentümlichkeit (auf beiden Orgelemporen ließen sich Chöre aufstellen!) löste eine epochale musikalische Neuerung aus. Das barocke Prinzip des ›Konzertierens‹, also des ›Wetteiferns‹ zweier oder mehrerer Vokal- bzw. Instrumentalgruppen oder auch

Soli, auch die musikalischen Echowirkungen des Barock und anderes mehr: hier, bei ›Messer Adriano‹ in der Markuskirche zu Venedig hat es seinen Ursprung. Zieht man in Betracht, daß auch das Orgel-Ricercar, eine aus der Motette abgeleitete Vorform der Orgelfuge, auf Willaert zurückgeht, daß er seine neue Manier auf Motetten, Messen und andere sakrale Musiken anwandte und daß er außer einer Unzahl von Madrigalen auch reizende Villanellen und Lautenbearbeitungen für die höfische Gesellschaftsmusik beisteuerte, so ergibt sich das Bild einer universellen Persönlichkeit, deren Wirken auf vielen Teilgebieten der Musik für Generationen richtungweisend wurde.

Adrian Willaert,
Bildnis aus dem Jahre 1559

Unter seinen Zeitgenossen ragt der Italiener *Constanzo Festa* († 1545) hervor. Er übertrug in Rom den durchimitierten Stil auf die sakrale Motette und widmete sich auch der Madrigalkomposition, war aber bei weitem nicht so fortschrittlich wie die beiden Willaert-Schüler *Nicola Vicentino* (1511 bis 1572) und *Cyprian de Rore* (1516 bis 1565), der letzte ›Niederländer‹ unter den Venezianern und Nachfolger seines Lehrers im Amte. Sie vertraten die ›chromatische Richtung‹ unter den Madrigalisten.
Was bei Willaert elementar hervortrat, wurde bei ihnen zu einer humanistischen Doktrin. Vicentino beabsichtigte, die antike Enharmonik und Chromatik zu ›erneuern‹. Er mißverstand aber in seiner Schrift ›L'antica musica ridotta alla moderna

pratica‹ (1555) die griechische Theorie und förderte damit unbewußt die von Willaert selbst angebahnte Abwendung vom Dogma der aus den antiken Skalen hergeleiteten Kirchentöne. Trotz erregter Diskussionen setzte sich Vicentinos Chromatik praktisch durch, in Ansätzen etwa bei Cyprian de Rore, dann bei *Giovanni Giacomo Gastoldi* (1556 bis 1622), am entschiedensten aber bei *Don Carlo Gesualdo, Fürst von Venosa* (um 1560 bis 1614), einem Schüler des Chromatikers Nenna. In seinen prunkvoll-farbigen fünf- und sechsstimmigen Madrigalen wurde die Endstufe dieser Richtung erreicht (Strawinsky übertrug 1959 in seinem ›Monumento pro Gesualdo di Venosa‹ drei seiner Madrigale frei auf Instrumente).

In der Kunst des wohl etwas älteren *Luca Marenzio* (um 1550 bis 1599) gipfelt das italienische Madrigal. Sein Weg führte ihn von Rom nach Polen und von dort wieder nach Rom, wo er als Organist der päpstlichen Kapelle sein Leben beschloß. In seinen Madrigalen verkörpert sich sein Wesen am reinsten. Er widmete sich dieser Gattung mit nahezu der gleichen Ausschließlichkeit wie Jahrhunderte später Chopin der Klavierkomposition. Fern von jeder Doktrin vereinigte er die vielfältigen Mittel der vokalen Satzkunst in einen nuancenreichen, leidenschaftlichen Ausdrucksstil von höchster formaler Ausgeglichenheit und betörendem Wohllaut. Seine Landsleute nannten ihn bewundernd ›Il piu dolce cigno‹ (›allersüßester Schwan‹). Als Madrigalisten kamen ihm nahe die Venezianer Andrea und Giovanni Gabrieli und der junge Monteverdi, doch bei keinem stand das Madrigal derart im Mittelpunkt.

Andrea Gabrieli (um 1510 bis 1586), seit 1536 Kapellsänger an der Markuskirche, wurde 1566 dort Organist an der zweiten Orgel als Nachfolger *Claudio Merulos* (1533 bis 1604), der damals die erste Orgel übernahm. Merulo, als Orgelmeister seiner Zeit unerreicht, wirkte bahnbrechend durch seine großgearteten Orgel-Ricercaren (1567), -Canzonen (1592) und -Toccaten (1598). Ausgehend von den ›Fantasie e Ricercari‹ Willaerts löste er die Orgelkomposition vollends aus ihrer Abhängigkeit von der vokalen Musik. Sie verselbständigte sich fortan in autonomen Formen. Auch Andrea Gabrieli schuf eindrucksvolle ›Ricercari per l'organo‹. Seine Bedeutung beruht aber auf der folgerichtigen Weiterbildung der durch seinen Lehrer Willaert heraufgeführten vokalen Doppel- und Mehrchörigkeit in prunkvollen ›cantiones sacrae‹, Madrigalen, Motetten und Messen. In seinen 6- bis 16stimmigen ›concerti ecclesiastici‹ (Kirchenkonzerte) gelangte er als erster zu einem Wetteifer von Chören mit der Orgel.

1586 erhielt Gabrielis Neffe und Schüler *Giovanni Gabrieli* (1557 bis 1612) das Amt des ersten Organisten an der Markuskirche. Während seiner Lehr- und Wanderjahre wurde München für seine Entwicklung wichtig. Er sammelte dort von 1575 bis 1579 unter Orlandus Lassus praktische Erfahrungen. In seiner Heimatstadt Venedig wurde er dann zum begehrtesten Lehrer seiner Zeit, auch Heinrich Schütz verdankte ihm die Grundlagen seines Könnens. Seinen Oheim übertraf Giovanni noch an Vielseitigkeit und fortschrittlicher Gesinnung. In ihm gipfelt die Venezianische Schule. Er schrieb Werke für Chor oder Instrumente, ließ Chor- und Instrumentalgruppen miteinander wetteifern, steigerte seine großartige, klangliche Raumkunst bis zu 22stimmiger Fünfchörigkeit und gelangte auch bereits zu selbständigen chorischen Streicher- bzw. Bläserstücken. In ihnen wandte er als erster bewußt klangfüllende Oktavverdoppelungen an; damit wurde er zum Begründer des neuzeitlichen Orchestersatzes. Unter seinen Werken ragen hervor die ›Sinfoniae sacrae‹ (1597 bzw. 1616), die 6- bis 19stimmigen Motetten (1615) und die ›Canzoni e sonate a 3–22 voci‹ (1615), darunter die berühmte ›Sonata pian e forte‹ und die ›Sonate für drei Violinen mit Generalbaß‹. Viel bewundert und oft nachgeahmt, gaben sie den Weg frei zur Kammermusik des Barock.

Römische Schule

Im Gegensatz zur Venezianischen Schule vertrat die Römische Schule eine kirchlich-konservative Richtung. Trägerin der Schule war die Päpstliche Kapelle, die damals bereits auf eine 1000jährige Tradition zurückblicken konnte (siehe ›Schola cantorum‹, Seite 51). Von ihren ersten Meistern, dem schon erwähnten Constanzo Festa (siehe Seite 97) und *Giovanni Animuccia* (um 1500 bis 1571), sind geistliche Madrigale und Motetten überliefert, in denen der polyphone A-cappella-Stil der ›Niederländer‹ sich mit italienischem Harmonie- und Melodie-Empfinden klangschön verbindet.

Der bedeutendste Komponist der Schule und der katholischen Kirchenmusik überhaupt ist *Giovanni Pierluigi da Palestrina*. Seinen Namen erhielt er von dem kleinen Ort Palestrina, dem alten Praeneste bei Rom, wo er um 1525 das Licht der Welt erblickte. Sein eigentlicher Familienname war Pierluigi. 1537 bis 1542 war er Chorknabe an Santa Maria Maggiore zu Rom und Schüler Firmin le Bels, der sein Können Josquin verdankte; 1544 bis 1551 zunächst Organist, dann Kapellmeister an der Hauptkirche seiner Vaterstadt. 1551 wurde er – obwohl seit 1547 verheiratet – ›Maestro de putti‹

Giovanni Pierluigi Sante,
bekannt unter dem Namen Palestrina,
1525 bis 1594

(Leiter des Knabenchores) an der Peterskirche zu Rom. Fünfzehn Päpste sah er den Stuhl Petri besteigen. Ihre Einstellung zu seiner Kunst bestimmte den wechselvollen Lauf seines Schicksals. 1554 widmete er Papst Julius III. sein erstes Buch mit vier- und fünfstimmigen Messen. Der Papst war entzückt und berief ihn 1555 in das Sängerkollegium der Sixtinischen Kapelle. Doch schon im gleichen Jahr wurde er von Papst Paul IV. mit zwei anderen »verheirateten Individuen, die zum Skandal des Gottesdienstes und der heiligen Kirchengesetze mit den päpstlichen Kapellsängern zusammenlebten ...«, wieder entlassen. Nach langem Krankenlager wurde er Kapellmeister an San Giovanni im Lateran, 1561 bis 1571 wirkte er in gleicher Funktion an Santa Maria Maggiore. 1571 wurde er als Nachfolger Animuccias in sein altes Amt als Kapellmeister zu Sankt Peter wieder eingeführt. Die Absicht Papst Sixtus V., ihn zum Leiter der Sixtinischen Kapelle zu machen, scheiterte an den Intrigen der Kapellsänger, unter denen er bis zu seinem Tode (2. 2. 1594) zu leiden hatte. Sie konnten sich nicht damit abfinden, unter einem ›Weltlichen‹, einem ›Familienvater‹, singen zu müssen.

Legendärer Ruhm wurde Palestrina als ›Retter der Kirchenmusik‹ zuteil. Auf dem Konzil von Trient (1545 bis 1563) soll seine ›Missa Papae Marcelli‹ (1562/63) eine derartige Wirkung hervorgerufen haben, daß der Klerus darauf verzichtete, die ›mehrstimmige Musik‹ aus der Kirche zu verbannen. Der ›Palestrina-Stil‹ soll danach als vorbildlich für die Kirchenmusik erklärt worden sein. Wie verhält es sich hiermit?

Unter den auf dem Konzil erörterten Fragen spielte auch die Kirchenmusik eine Rolle. Während des dritten Konzilsabschnittes (1561 bis 1563) setzte sich Papst Pius IV. für ihre Reform ein. Aber es war keine Rede davon, die ›mehrstimmige Musik‹ zu verbannen. Es ging vielmehr um eine Reinigung der ›Gregorianischen Choräle‹ von allem Zierat, um einen Verzicht auf die Figuralmusik, auf die Instrumente und weltlichen Melodien, und um eine würdig-schlichte Kompositionsweise, die eine für jeden verständliche Vertonung der heiligen Texte gestattete. Der niederländische Komponist *Jakobus de Kerle* (1531 bis 1591) wurde beauftragt, ein Werk zu schaffen, das diesen Anforderungen genügte. Seine ›Preces speciales‹ (1561) fanden den Beifall des Konzils. Somit war er der eigentliche ›Retter‹ oder Reformator. Freilich verblaßte sein Werk dann vor dem stärkeren Palestrinas, der 1567 seine sechsstimmige ›Missa Papae Marcelli‹ (zusammen mit sechs anderen Messen) veröffentlichte, wobei er sich darauf berufen konnte, sie sei 1564 von der mit der Durchführung des Konzilsbeschlusses beauftragten Kardinalskommission als vorbildlich hingestellt. Sein Werk wurde fortan zum Inbegriff des ›klassischen‹ Stils der ›musica sacra‹.

Palestrinas Kunst hält sich gleich fern von den grellfarbigen Al-fresco-Wirkungen der Venezianer wie vom betonten Subjektivismus der Monodisten. Sie bevorzugt gedämpfte Farben und erreicht – einmaliges Phänomen zwischen Renaissance und Barock – den formvollendeten, affektgereinigten, lyrisch-epischen Ausgleich in einem feierlich ernsten, leidenschaftslosen A-cappella-Stil, der alle satztechnischen Mittel der Zeit in sich vereinigt. Ihre Wirkung beruht weniger auf der Inspiriertheit der Themen und strukturellen Entwicklungen, als vielmehr auf der schmucklosen Reinheit und überpersönlichen Würde ihrer Äußerungen. Keine Absicht scheint ihr innezuwohnen, als nur die, in einem natürlichen Sinne schön zu sein ›Soli Deo Gloria‹.

Annähernd hundert Messen, nahezu doppelt so viele Motetten, dazu Lamentationen, Litaneien, Vesperpsalmen, die ›Inproperien‹ und viele andere geistliche Werke bilden das schöpferische Vermächtnis Palestrinas. Es wird ergänzt durch zwei Bücher mit weltlichen Madrigalen (1555).
Unter dem Druck der Gegenreformation, die durch das ›Tridentinum‹ ausgelöst wurde, hat Palestrina sich von seinen profanen Madrigalen distanziert, er hat sie ›widerrufen‹. Sein Widerruf wirft ein grelles Licht auf die Gewissenskonflikte, die jener Religionsstreit damals über die abendländische Menschheit verhängte. Überall beteuerten ›rechtgläubige‹ Komponisten plötzlich der Kirche gegen Ende des Jahrhunderts ihre unbedingte Gefolgschaft mit einer Flut von ›Lamentationen‹ und ›Psalmi poenitentiales‹ (Bußpsalmen), als seien sie von einer Angstpsychose befallen. Vergeblich sucht man nach Zeichen solcher Bedrängnis in Palestrinas Schaffen. Wie unberührt vom Treiben der Welt wuchs er hinein in die feierliche Klarheit seiner geistlichen Werke. Mit freier Sicherheit schien er in der Musik »nur das zu behandeln, worin am meisten Gottes Lob enthalten ist und das das Gemüt der Menschen leicht zur Frömmigkeit erwecken kann ...« (aus einem Briefe Palestrinas an Papst Sixtus VI.). War diese Haltung das Ergebnis eines unaufhörlichen Opferganges? Überdenkt man Palestrinas Leben, so möchte man es annehmen. Zweifellos hat er die Stimme des ›Diabolus in artibus‹ gekannt. Allein – die Frage verstummt vor seiner Musik: sie ist der Ausdruck unerschütterlichen Glaubens und friedvoller Gottnähe.
Viele und bedeutende Musiker eiferten Palestrina nach. Da waren zunächst seine Schüler *Giovanni Maria Nanino* (1545 bis 1607), Gründer einer Schule, an der Palestrina noch selbst lehrte, *Annibale Stabile* († 1595?) und *Giovanni Andrea Dragoni* (1540 bis 1598), sodann Naninos Bruder *Giovanni Bernardino Nanino* (1550 bis 1623), *Marco Antonio Ingegneri* (1545 bis 1592), der tüchtige Lehrer Monteverdis, *Felice Anerio* (1560 bis 1614), Nachfolger Palestrinas als Komponist der päpstlichen Kapelle und dessen Bruder (?) *Giovanni Francesco Anerio* (1567 bis 1620), welcher für die Frühform des Oratoriums Bedeutung erlangte. Er wich indessen vom reinen A-cappella-Stil Palestrinas schon beträchtlich ab, färbte das schlichte Satzbild chromatisch ein und verwandte auch Instrumente. Mit *Bernardino* Naninos Schülern *Paolo Agostini* (1583 bis 1629) und *Vincenzo Ugolini* († 1626) wurde dann der prunkhaft-barocke Spätstil der Römischen Schule eingeleitet, der etwa dem Manierismus in der Malerei vergleichbar ist. Er gipfelt in Ugolinis Schüler *Orazio Benevoli* (1605 bis 1672). Seine berühmte ›Salzburger Festmesse‹ (1628) ist zwölfchörig angelegt und umfaßt 53 teils vokale, teils instrumentale Stimmen. *Antonio Maria Abbatini* (1595 bis 1677), ebenfalls diesem Kreis zugehörig, schuf außer kirchlichen Werken eine der ältesten komischen Opern. Schlichter ist Giovanni Maria Naninos Schüler *Gregorio Allegri* (1582 bis 1652), unsterblich durch sein neunstimmiges ›Miserere über den 51. Psalm‹, ein Werk, das bis heute alljährlich zur Karwoche in der Sixtinischen Kapelle gesungen wird – es ist das nämliche, ursprünglich nur für die Sixtina reservierte Werk, welches der Jüngling Mozart später bei seinem Rombesuch nach zweimaligem Hören aus dem Gedächtnis niederschrieb. Der Papst gestattete ihm, es mitzunehmen. Mozart führte es in Deutschland erstmalig auf. 1771 wurde es in London gedruckt und allgemein zugänglich.

Spanien, Frankreich, England

Spanien erreichte im 16. Jahrhundert unter Karl V. (1519 bis 1556) den Höhepunkt seiner politischen Machtentfaltung. Während dann unter dessen Sohn Philipp II. (1556 bis 1598) mit dem Abfall der Niederlande, dem Verlust der Armada und anderen Schicksalsschlägen der Niedergang sich abzeichnete, erlebten die Künste ihr ›Goldenes Zeitalter‹, das sich im 17. Jahrhundert vollendete. Unweit von Madrid entstand das Renaissanceschloß Escorial, eine monumental-ernste Variante des italienischen Baustils. In der Malerei gelangte El Greco zu einem visionären Ausdrucksstil von großer Eigenart. In der Literatur vertrat etwa Castilleio noch die altspanische Hofpoesie; Mendoza, Staatsmann und Dichter zugleich, wurde mit seinem realistischen Schelmenroman ›Lazarillo de Tormes‹ zum Typus jener humanistischen Schriftsteller, die antike und italienische Elemente eigenwillig mit nationalspanischen verbanden. Cervantes gehört mit seinem Spätwerk, dem unsterblichen ›Don Quixote‹, dann schon zum 17. Jahrhundert, ebenso Lope de Vega mit einem Teil seiner rund 800 Komödien, mit seinen ›autos sacramentales‹ (geistliche Schauspiele, Mysterienspiele), seiner blühenden Epik und Lyrik. Typisch für das Jahrhundert aber wurden die spanischen Romanzen, volkstümliche, lyrisch-epische Gedichte, die in manchem ›Romancero‹ (Sammlung) bewahrt wurden. Sie regten später Schiller, Goethe, Tieck, Schlegel, Uhland und andere zu freien Nachdichtungen an.

Die Musik jener hochgestimmten Zeit spiegelt in ihren Erscheinungsformen den Empfindungsreichtum und die weltoffene Geistigkeit der Spanier. Das Erbe des großen Josquin vermittelte ihnen sein Schüler, der Flame *Nicolaus Gombert* (etwa 1490 bis 1560) aus Brügge. Er kam 1537 mit 20 Sängern nach Madrid. Seine Motetten, Messen und Chansons können sich neben denen seines Lehrers wohl hören lassen. Die italienische Variante des polyphonen A-cappella-Stils vertraten zunächst die Spanier *Christobal Morales* (um 1512 bis 1553) und *Bartolomeo Escobedo* (um 1500 bis 1563). Beide erwarben ihr Können als päpstliche Kapellsänger in Rom. Beider Messen, Motetten und Lamentationen gehören zum wertvollsten spanischen Kulturbesitz. Bei *Francisco Guerrero* (1527 bis 1599), *Juan Gines Perez* (1548 bis 1612) und dessen Schüler *S. B. Comes* (1568 bis 1643), der auch vortreffliche Madrigale schrieb, tritt das spanische Element besonders deutlich in Erscheinung. Sie alle überragt der Kastilier *Tomaso Ludovico da Vittoria* (Victoria, um 1540 bis 1613). Er wurde in Rom Schüler Escobedos und Morales', stieg dort 1573 zum Kapellmeister auf und wurde 1589 Königlicher Vizekapellmeister in Madrid. In seinen dunkelgetönten Hymnen, Psalmen, Messen, seinem herrlichen Requiem für die Kaiserin Maria und vielem anderen steht er stilistisch seinem Freunde Palestrina nahe.

Während diese und andere Meister in mystisch-religiöser Versunkenheit der ›musica sacra‹ dienten, sang sich das Volk in weltlichen Liedern Freud und Leid von der Seele. In einem dickleibigen ›Canzoniere‹ (Liedersammlung) sind nahezu 500 zwei- bis vierstimmige Bayladas (Balladen) und Villancicos (volkstümliche Ableger der italienischen Villanellen; im 17. Jahrhundert dann Kirchengesänge, von Chorsätzen flankierte Sololieder) überliefert. Die Eigenart des spanischen Nationalcharakters drückt sich in ihren leidenschaftlich federnden Rhythmen, ihrer melodiösen Motivik und Ornamentik, in der betonten Grandezza reizvoll aus.

Im Konzert der europäischen Völker gewann die spanische Instrumentalmusik jener Epoche besonderes Gewicht durch die Werke der Lauten- und Orgelmeister. Ihre

›Tabulaturbücher‹ enthalten zumeist Bearbeitungen von Chorsätzen oder begleiteten Solo-Liedern für Laute bzw. Orgel, daneben aber auch schon Originalkompositionen für diese Instrumente. Der blinde Organist und Cembalist Philipps II., *Antonio de Cabezon* (1510 bis 1566) wurde mit seinen Orgel-, Cembalo-, Harfen- und Lautenwerken zum führenden Maestro seiner Zeit. Neben seinen Bearbeitungen von Motetten Josquins verdienen Interesse seine dunkel-feierlichen ›Tientos‹ (Ricercari), ›Fantasien‹ und ›Variationen‹ für Orgel. Ein Sonderfall war *Diego Ortiz*. Er verfaßte bereits 1553 eine Anleitung zum freien Variieren von Melodien, und zwar für die von

Notendruck aus dem ›Magnificat‹ des Christobal Morales

einem Cembalo begleitete Solo-Gambe! Seine Schrift gibt Auskunft über die damals verbreitete Kunst der Improvisation, sodann über eine Instrumental-Zusammenstellung, die erst im Barock allgemeine Verbreitung fand, und endlich enthält sie schon Hinweise auf die Frühform der Chaconne. Für diese Form ist typisch, daß ein ostinates, das heißt hartnäckig wiederholtes Thema oder Motiv von Begleitstimmen mit immer neuen Variationen umspielt wird. Der Name Chaconne bzw. ›Ciacona‹ oder ›Chiacona‹ wurde zwar erst nach 1600 in Italien üblich (›Passacaglia‹, ›Folia‹ oder ›Follia‹ besagen dasselbe!), auch wurde das Formprinzip erst seit dieser Zeit mit dem der Chaconne identisch, aber bei Ortiz ist es in den Grundzügen bereits dargelegt. Die bis heute für Spanien typische Vorliebe für ostinate Themen und Motive in Volkstänzen und Liedern mag zur Zeit der arabischen Besetzung entstanden sein: allen orientalischen Völkern ist sie gemeinsam.

Frankreich erlebte im 16. Jahrhundert machtpolitisch den Glanz des Hauses Valois, seinen Niedergang in den blutigen Wirren der Hugenottenkriege und den Aufstieg des Hauses Bourbon. In den Künsten setzte man sich eigenwillig auseinander mit der italienischen Renaissance. In der Literatur war neben dem Spötter Rabelais und dem geistvollen Essayisten Montaigne die humanistische Dichtergruppe ›Pléiade‹ um Pierre Ronsard tonangebend. Seine nationale Lyrik und die seines Freundes du Bellay gingen auf antike und italienische Muster klassizistisch zurück. Beide gewannen neben dem genialischen Clement Marot Einfluß auf die Musiker der Zeit, die ihre Verse eifrig vertonten.

Die wichtigsten Erscheinungsformen der bürgerlichen und höfischen weltlichen Musik – Chanson, Cembalo- und Lautenmusik, Ballet de la cour – gediehen in engster Partnerschaft mit der humanistischen Dichtung. Die geistliche Musik wurde zum Ausdruck der französischen Reformation.

Die mehrstimmige Chanson*, welche im 14. Jahrhundert schon Machaut und nach ihm Dufay, Okeghem, Josquin, Isaac und andere pflegten, vertrat während des 16. Jahrhunderts die weltliche Vokalmusik Frankreichs vorwiegend, und zwar als homophones Diskant-Lied (vokal oder instrumental begleitet) oder reich gegliedert in rezitativische und polyphone Partien oder auch in verspielt-imitatorischem Stil als polyphones A-cappella-Lied: stets formvollendet im Sinne der Textvorlagen, die verständlich deklamiert und bisweilen mit extremem Wohlbehagen an lautmalerischen Effekten realistisch dargestellt wurden. Die Chanson übernahm unbekümmert, was ihr an Villanella, Madrigal, Villancico, Baylada und anderen ausländischen Formen gefiel, und blieb doch sie selbst, ganz gleich, ob sie unter ihrem Namen oder als Vaudeville, Air, Air de cour etc. auftrat. In der Provinz war sie – ein wenig simpel – französisches Lied schlechthin, in Paris dagegen modisches Attribut kosmopolitischer Geselligkeit. Von hier aus fand sie ihren Weg an alle Höfe und Kulturzentren Europas.

Dem Pariser Attaignant und anderen Verlegern verdankt die Nachwelt Sammlungen von mehreren tausend Chansons französischer und ausländischer Komponisten. Meister der Gattung waren etwa Willaert, Gombert, Clemens non Papa, Arcadelt, *Guillaume Costeley* (1531 bis 1606), *Claudin Le Jeune* (1528 bis 1602), berühmt auch durch seine hugenottischen Psalmen und ebenso wie *Jacques Mauduit* (1557 bis 1627) befreundet mit Ronsard, dem meistvertonten Dichter seiner Zeit, vor allem aber der Flame *Philipp de Monte* (1521 bis 1603), der in Frankreich und Italien, in London, Wien und Prag seiner Kunst nachging und zu allen Gattungen der weltlichen und geistlichen Musik Hervorragendes beisteuerte, weiterhin Orlandus Lassus, Sweelinck, *Claudin de Sermisy* (1490 bis 1562) und der Josquin-Schüler *Clément Janequin* († um 1559), der mit rund 400 erhaltenen Beispielen die französische Programm-Chanson vor Sermisy und Le Jeune als überragender Meister vertrat. Im Ersinnen tonmalerischer Effekte war er seiner Zeit weit voraus. Etwa in ›La bataille‹ gab er eine höchst realistische Schilderung der Schlacht von Marignano. Sein ›Le caquet des femmes‹ hallt wider vom Tratsch der Marktweiber, in ›Le chant des oiseaux‹ fing er als Ahnherr Messiaens das Gezwitscher der Vögel ein – Hasenjagden, Volksszenen, alles, was

---

* ›La‹ *chanson, nicht zu verwechseln mit* ›le‹ *chanson, dem meist einstimmigen französischen Lied des späten 18. bis 20. Jahrhunderts.*

›mit Geräusch verbunden‹, reizte seine Phantasie. Das späte italienische Madrigal hat ihm manches zu danken.

Die Instrumentalmusik Frankreichs bestand in ihren Anfängen wie andernorts aus Sätzen für Orgel, Clavecin (Cembalo), Laute oder Gitarre, meist Übertragungen von geistlichen oder weltlichen Vokalsätzen. Neben diesen kleinen Spielmusiken der bürgerlichen und höfischen Hausmusik gab es aber auch schon Bläser- und Streicherstücke ähnlichen Ursprungs, die als Einlagen bei prunkvollen szenischen ›Ballets de la cour‹ – den Vorläufern der französischen Oper – oder bei höfischen Tanzlustbarkeiten Verwendung fanden. Übertragungen italienischer oder französischer Tanzlieder – etwa geradtaktige Schreittänze wie ›Pavane‹, ›Branle‹ oder ›Basse danse‹ und ungeradtaktige Hüpftänze wie ›Gaillarde‹ und andere mehr – wurden des öfteren schon in buntem Wechsel suitenartig aneinandergereiht. Andererseits bereitete die Chanson in allen ihren Spielarten als instrumentale ›Canzone francese‹ der italienischen ›Sonata‹ den Weg.

In der geistlichen Musik Frankreichs wurde *Claude Goudimel* (1505 bis 1572), Opfer des Blutbades von Lyon, zum Sänger der Hugenotten. Er schrieb zunächst Chansons, Oden, Motetten und Messen, kam dann in Berührung mit dem Werk des calvinistischen Dichters Marot, der die Psalmen Davids frei ins Französische übertrug, und vertonte viele dieser gereimten Psalmen äußerst kunstvoll im Motettenstil (8 Bände, 1551 bis 1568). Doch in solcher Form waren sie für den hugenottischen Gemeindegesang ungeeignet. 1564 gab Goudimel daher einfachere Fassungen heraus. Er verwandte nun neben eigenen Themen auch zahlreiche weltliche Chanson-Melodien, u. a. von Lefranc und Bourgeois, und verzichtete im Satzbild nahezu auf imitierende Kontrapunkte. Ein Jahr später veröffentlichte er abermals Bearbeitungen, diesmal im schlichten vierstimmigen Satz, die Melodien lagen nun stets im Diskant. In dieser volkstümlichen Form wurden die Psalter in den Hugenottengemeinden rasch heimisch. Sie gelangten auch nach Deutschland und gewannen dort Einfluß auf das protestantische Kirchenlied.

Auch in England ergab sich im 16. Jahrhundert eine tiefgreifende Änderung der machtpolitischen und geistigen Situation. Unter Heinrich VIII. (1509 bis 1547) kam es durch einen äußeren Anlaß – seine Scheidung von der aragonischen Katharina – zum Zerwürfnis mit Rom. Aus eigener Machtvollkommenheit erhob sich Heinrich 1534 zum Oberhaupt einer anglikanischen Kirche. Seinen Schatzkanzler, den großen Humanisten Thomas Morus, der seine Suprematur nicht anerkennen wollte, ließ er enthaupten. Unter Heinrichs unmündigem Sohn Eduard VI. wurde die anglikanische Kirche Staatsreligion (1552). Eduards Schwester Maria Tudor, mit Philipp II. von Spanien vermählt, führte den Katholizismus wieder ein und ließ die Protestanten grausam verfolgen. Elisabeth I. (1558 bis 1603) stellte die anglikanische Episkopalkirche wieder her. Sie bekämpfte Spanien, ließ die katholische Maria Stuart hinrichten und begründete nach dem Untergang der spanischen Armada (1588) die englische Seeherrschaft.

Während der Elisabethanischen Zeit blühten die Künste. Dem Vorbild Hans Holbein d. J., des Hofporträtisten Heinrichs VIII., eiferten viele vortreffliche Bildnismaler nach. Die Literatur vertraten neben Shakespeare der Dramatiker Marlowe, der Wort-Virtuose Spenser und die Lyriker Wyatt und Sidney. Die Kirchenmusik, im allgemei-

nen konservativ, paßte sich schon unter Heinrich VIII. der anglikanischen Liturgie an. Die weltliche Musik übernahm zwar ausländische Formen und Satztechniken, war aber gesättigt mit Elementen der bodenständigen Volks- und Tanzmusik. Sie gelangte in den Madrigalen zu einem selbständigen vokalen Ausdrucksstil und in der Virginalmusik zu Ergebnissen, die sich auf dem Festland bis ins 18. Jahrhundert auswirkten.
Als letzter der altenglischen Kontrapunktiker erlebte *Robert Fairfax* (1470 bis 1521) noch die ersten Jahrzehnte des neuen Jahrhunderts. Er schrieb beharrlich Messen und andere geistliche Musiken im Stil Dunstables oder Powers (siehe Seiten 79 und 80). Etwa im Rahmen der katholischen Kirchenmusik des Festlandes hielten sich fortan die verschiedenen Messesätze für die ›Morning‹ und ›Evening Services‹ (Morgen- und Abendandachten), die Choralsätze, Hymnen und anderen ›cantiones sacrae‹. Indessen – unter Heinrich VIII. entstanden neu die sogenannten Anthems, Kirchengesänge im imitierenden Motettenstil auf biblische Texte (Psalmen und Sprüche). Sie bilden seither Teile der anglikanischen Liturgie, und zwar zunächst chorisch-polyphon, vom 17. Jahrhundert an in freier Kantatenform, reich gegliedert in monodische Soli und polyphone Chöre.
Erster namhafter Meister solcher Anthems war *Thomas Tallis* († 1585), der wendige Hoforganist aller englischen Könige seines Jahrhunderts. Berühmt wurde seine vierzigstimmige (achtchörige) Motette ›Spem in alium non habui‹. Sein großer Schüler *William Byrd* (1543 bis 1623) bereicherte die ›musica sacra‹ mit wertvollen Messen,

Ausschnitt aus einer ›Galliard‹ von William Byrd

Orgelsätzen und anderen geistlichen Werken. Die weltliche Musik verdankt ihm vor allem Arrangements von Vokalsätzen und auch schon Originalkompositionen für das Virginal, das englische Spinett. Mit ihnen eröffnete er lange nach *Hugh Ashton* († 1522), dem Verfasser der ältesten erhaltenen Virginalstücke (›Hornpipe‹ und ›Lady Careys Dompe‹), die unübersehbare Schar der Elisabethanischen Virginalisten, deren beste als gelehrige Schüler der Italiener zugleich vortreffliche Madrigalisten waren.
Das kleine tragbare Virginal war – vor Lauten und Gamben – das beliebteste Instrument der Hausmusik jener reichen Epoche, die auch noch unter Elisabeths Nachfolger, *König Jakob I.* (1603 bis 1625), andauerte und erst unter Karl I. (Einfluß der Puritaner) jäh abbrach. Die beiden wichtigsten Zeitdokumente, die Sammlungen ›Fitzwilliam Virginal Book‹ (1470 bis 1625) und ›Parthenia or the Maidenhead‹ (1611), enthalten Arrangements und Originalbeiträge von Byrd und dessen Schüler *Thomas Morley* (1557 bis 1628), von *John Dowland* (1562 bis 1626), dem besten Lautenmeister seiner Zeit – von ihm gibt es bereits fünfstimmige Kammermusiken für Laute und

Gamben –, von den Organisten *John Bull* (1563 bis 1628) und *John Wilbye* (1574 bis 1638) und endlich von dem jung dahingegangenen *Orlando Gibbons* (1583 bis 1625), dem nach Byrd vielleicht eigenartigsten unter ihnen.

Viele der in diesen Sammlungen enthaltenen Werke sind erste Muster einer aus dem Geist des Instruments geschaffenen neuen Gattung. Von ihnen leitet sich die neuzeitliche Klaviermusik her; sie beeinflußten die Entwicklung auf dem Festland von

PARTHENIA
or
THE MAYDENHEAD
of the first musicke that
euer was printed for the VIRGINALLS.
COMPOSED
By three famous Masters: William Byrd, D: John Bull, & Orlando Gibbons.
Gentilmen of his Ma:ties most Illustrious Chappell.
Dedicated to all the Maisters and Lovers of Musick.

Ingrauen
by William Hole.
for
DORETHIE EVANS
Cum
Priuilegio

Printed at LONDON by G: Lowe and are to be soulde at his howse in Loathberry.

Titelblatt der Sammlung ›Parthenia‹ für Virginalmusik, 1611

Sweelinck und den Clavecinisten Frankreichs bis hin zu Bach. Die Virginalisten entwickelten eine neue Spielmanier mit instrumentgerechten Passagen, Figurationen, Akkordgriffen und -brechungen. Sie notierten Ihre Werke bereits auf zwei getrennten Systemen für die rechte und linke Hand und gelangten zu eigenen Formen, so etwa in ihren Variationen über altenglische Lieder und Tänze (z. B. ›hornpipes‹), in chaconneähnlichen ›grounds‹, programmatischen ›fancies‹ (Fantasien) und drolligen kanonischen ›catches‹, die sie Vokalstücken nachbildeten. Sie übernahmen aber auch ausländische Tanzformen wie Gaillarde, Pavane etc. und gestalteten daraus Eigenes. In ihren meist kleinen, kühlen, rhythmisch strengen, formschönen Gebilden, die sich

ohne weiteres suitenartig aneinanderreihen lassen, spiegelt sich der unerschöpfliche Reichtum einer einzigartigen klanglichen Vorstellungswelt.
Während England mit seinen Virginalmusiken einen eigenen Beitrag zur abendländischen Kunstmusik lieferte, war es auf anderen Gebieten der Musik schon damals vorwiegend fremden Einflüssen ausgesetzt. Geradezu überflutet wurde es von italienischen Madrigalen, die in zahllosen Abschriften und Drucken von Hand zu Hand gingen. Die bodenständige Madrigalproduktion hielt sich formal zwar im Rahmen solcher Vorbilder, sie hob sich aber im Ausdruck, in der herben, vielfach auf altenglische Volks- und Seemannslieder zurückgehenden Melodik und im gleichsam maritimen Klangkolorit eigenwillig von ihnen ab.

Deutschland

Deutschland, Brennpunkt der Reformation, stand politisch während des ganzen 16. Jahrhunderts unter der Führung der Habsburger. Nach dem Tode des kunstliebenden ersten Maximilian herrschte – meist aus der Ferne – dessen Sohn Karl V. (1519 bis 1556). In seiner Regierungszeit kam es zum Reichstag zu Worms, brachen die Bauernkriege aus. Die Religionsfrieden von Nürnberg und Augsburg brachten nicht das, was ihr Name verhieß: den Frieden. Ferdinand I. (1556 bis 1564) begünstigte die Gegenreformation, die unter Maximilian II. (1564 bis 1576) und Rudolf II. (1576 bis 1612) – trotz des Vordringens des Protestantismus bis nach Österreich – vor allem von Bayern aus ihre Machtposition mit spanischer Hilfe verstärkte. Die Gegensätze verschärften sich, sie betrafen keineswegs nur das ›Für oder Wider die Reformation‹. Meinungsstreitigkeiten innerhalb des protestantischen Lagers, humanistische Probleme und soziale Spannungen kamen hinzu. Die Gesellschaft in all ihren Schichten schien vom Fieber des Protestierens erfaßt. Es gelang aber dennoch nicht, die Grundprobleme gesellschaftlichen Lebens dauerhaft zu lösen. Es fehlte die Führung, die staatsmännische Weisheit, und so trieben die ungelösten Fragen unentwirrbar über die Grenzen des Jahrhunderts hinaus in das Chaos des Dreißigjährigen Krieges.
Kein Wunder, daß die Schriften der Gelehrten und Dichter flammten von Zeichen der Unruhe! Reuchlin, Luther, Hutten, Melanchthon, Fischart – die großen und kleinen Reformatoren, Humanisten, Philosophen und Philologen: wie einig schienen sie in ihren Zielen, wie uneinig waren sie in der Wahl ihrer Wege, wie streitbar begegneten sie einander, ganz gleich, ob es um die Probleme der Bauern, um Nuancen in Glaubenssachen oder nur um Textsilben beim alten Plautus ging.
Freilich – inmitten der Auseinandersetzungen spannen kontemplative Naturen wie Meister Sachs oder Jörg Wickram vergnüglich ihr Garn, griff der Domherr und nüchterne Träumer Kopernikus ein Weltsystem aus den Sternen, das einem neuen Zeitalter sein Signum gab, bildeten die Werke der schöpferischen Maler gleichsam Inseln der Erfüllung. Grünewald, die beiden Holbein, Dürer, Cranach, Burgkmair, Baldung gen. Grien und Altdorfer! Dann aus den schicksalsverbundenen Niederlanden Hieronymus Bosch, der ältere Brueghel und seine Söhne: Das äußere und innere Bild einer Epoche, gewann Ausdruck und Dauer in ihrem Vermächtnis. Die Wurzeln ihrer Kunst reichten weit hinab in die deutsch-flämische Spätgotik, sie übernahmen aber auch von der italienischen Renaissance, was ihnen gut dünkte.
Den Malern verwandt scheinen die Musiker jener Zeit. Man denke an Dürers ›Bildnis seiner Mutter‹, an Cranachs ›Ruhe auf der Flucht nach Ägypten‹, an eine Landschaft Altdorfers oder an Grünewalds ›Isenheimer Altar‹. Gibt es nicht Brücken von diesen Werken etwa zu einem Luther-Choral, einem Weihnachts- oder Volkslied jener Tage, zu den Madrigalen Haßlers, den kühnen Orgelphantasien Sweelincks oder den visionären Chorsätzen des alternden Orlandus Lassus? Maler wie Musiker dieses reichen Jahrhunderts – aus der gleichen Wesensmitte dienten sie ihrer Kunst.

Kirchenmusik

In jener aufgewühlten Zeit der Glaubensnöte, der Bilderstürmer, Schwarmgeister und Sektierer entlud sich in den reformierten Ländern der Überdruck an seelischer Belastung mit elementarer und befreiender Kraft in die evangelische Kirchenmusik. Zum ersten Sänger der Reformation wurde *Martin Luther* (1483 bis 1546), die ›Wittenbergisch Nachtigall‹. So nannte ihn bewundernd Meister Sachs, der sich mutig zu seiner Lehre bekannte.

Alle Verdienste, die sich Luther um die deutsche Musik erwarb, werden übertroffen von seiner wohl persönlichsten Schöpfung, dem evangelischen Gemeindelied. In einer Stunde tiefer Erschütterung, unter dem Eindruck der Nachricht vom Märtyrertod zweier Protestanten zu Brüssel, entstand 1523 sein erster Choral »Ein neues Lied wir heben an«. Ungeheuer war die Wirkung. Auf Flugblättern wanderte das Lied von Hand zu Hand. Bald war es in aller Munde, ein Kampflied des Glaubens und der Zuversicht. Andere Lieder folgten – achtunddreißig insgesamt – unter ihnen das Reformationslied »Ein' feste Burg ist unser Gott« (1529). Es gab den Verzagten und Verfolgten Mut, es hatte die zündende Kraft echter Revolutionslieder und war doch anderes und mehr: Volkslied, Ausdruck und Sinnbild einer Wesensgemeinschaft.

Wiedergabe der ersten Zeile des Reformationsliedes ›Ein' feste Burg ist unser Gott‹ mit dem von Luther benutzten Stimmband

Nur zu einem Teil seiner Choraldichtungen erfand Luther eigene Melodien, es mögen etwa zwanzig sein. Und auch bei ihnen ging er nach altem Meistersingerbrauch oft auf Vorlagen zurück, die er veränderte, den Worten anpaßte und ›singbar‹ machte für jedermann. Er übertrug Sequenzen, Hymnen, Antiphone und Psalmentexte ins Deutsche (»Ein' feste Burg« geht auf den 46. Psalm, »Aus tiefer Not« auf den 130. Psalm zurück). Er gab altdeutschen Leisen und weltlichen Liedern neue geistliche Texte (»Ich komm' aus fremden Landen her« wurde zum Weihnachtslied »Vom Himmel hoch«), er erschloß ehrwürdige Gregorianische Weisen in Verbindung mit freien Nachdichtungen dem Gemeindegesang. Sein Beispiel machte Schule, rasch mehrte sich der Liederschatz der jungen Kirche.

Indessen – Luther war nicht nur Dichter, Komponist, Sänger und Lautenspieler, sondern zugleich der kluge und leidenschaftliche Organisator der evangelischen Kirchenmusik. Er gab ihr den Rahmen, in dem sie sich nun machtvoll entfalten konnte bis hin zu Johann Sebastian Bach. Das war kein leichtes Unterfangen zu seiner Zeit, in der viele Protestanten in der Orgel ›des Teufels Dudelsack‹ sahen und nichts dawider taten, wenn die Bilderstürmer mit Beilhieben manch großes Prachtstück, manch zierliches Regal und Portativ zertrümmerten. Die ›verfluchten calvinistischen Musikverächter‹ hätten am liebsten jede Musik aus der Kirche verbannt; viele Kirchenchöre wurden aufgelöst mit der Begründung, man könne nicht Gott dienen und sich dafür bezahlen lassen. Man mußte schon erfüllt sein von Liebe zur Musik, mußte tatkräftig und zielstrebig sein wie Luther, um solche Widerstände zu überwinden.

Ein einfaches Motiv beherrschte sein Wollen. Er sprach es in aller Klarheit aus: »Auch das ich nit der Meinung bin, daß durchs Evangelion sollten alle Künste zu Boden geschlagen werden und vergehen, wie etliche Abergeistlichen vorgeben, sondern ich wollt all Künste, sonderlich die Musica, gerne sehen im Dienst des, der sie geben und geschaffen hat.« Und warum? »Gott redet mit uns durch sein Wort, und wir wiederum reden mit ihm durch Gebet und Lobgesang!« Diese Äußerungen Luthers bilden den Schlüssel zum Verständnis seiner Kirchenmusikreform. In ihnen verbindet sich der Theologe mit dem Musiker, der Künstler mit dem Volksmann, der Sucher und Lobpreiser Gottes mit der christlichen Gemeinde.

In drei Schriften (1523 bis 1526) legte Luther die Ordnung des evangelischen Gottesdienstes und die musikalische Liturgie in den Grundzügen fest. Er war hierbei bestrebt, auch die ›süßesten Melodien‹ der katholischen Kirche dem Gemeindegesang zugänglich zu machen und nur reformbedürftiges ›christlich zu reinigen‹. Nicht nur geistliche Lieder, Motetten und andere Werke der ›musica sacra‹ übernahm er, auch die Messe behielt er bei. Freilich – gemäß seiner Anschauung vom allgemeinen Priestertum sprengte er den ›heiligen Raum‹, der den Klerus vom Kirchenvolk trennte. In seiner dritten Schrift ›Deutsche Messe und ordnung Gottisdiensts‹ (1526) bestimmte er, daß die Messeteile durch deutsche Gemeindelieder ersetzt werden könnten. Damit fiel die Schranke zwischen dem die Messe zelebrierenden Klerus und der Gemeinde. Sie trat in den Mittelpunkt des Gottesdienstes und hielt wieder unmittelbar Zwiesprache mit Gott im einstimmig gesungenen, unbegleiteten Choral. Aus dem ›Kyrie‹ der Vor- oder Katechumenen-Messe wurde das deutsche »Ach Gott vom Himmel«, aus dem Gloria »Allein Gott in der Höh«, aus dem Credo »Wir glauben all an einen Gott«. Die Opfermesse (Offertorium, Wandlung) trennte Luther allerdings von der Messe ab. Diese hörte damit auf, feierlicher Ausdruck des in geistlicher Wirklichkeit sich vollziehenden Opfertodes Christi zu sein, sie wurde als ›verschnittene Messe‹ (Bischof Ketteler) zum schlichten Kernstück der Lutherischen Liturgie. Die Opfermesse verselbständigte sich dann im Abendmahl mit dem deutschen »Jesaia dem Propheten« anstelle des Sanctus und mit dem Schlußgesang »Erhalt uns Herr bei Deinem Wort«.

Auch den Altargesang behielt Luther gegen viele Widerstände bei, doch wie bei den Messeteilen übertrug er auch hier die lateinischen Worte der Lektionen ins Deutsche. Die Gregorianischen Töne glich er den Sprachakzenten der neuen Texte an. Dabei berieten ihn seine musikalischen Mitarbeiter, die Torgauer Kantoren Konrad Rupff und Johann Walther.

Von größter Bedeutung für die evangelische Kirchenmusik war, daß Luther nicht nur den einstimmigen Gemeindegesang, sondern auch die mehrstimmige Musik nach Kräften förderte. Voraussetzung dafür war, daß er sich der im protestantischen Raum

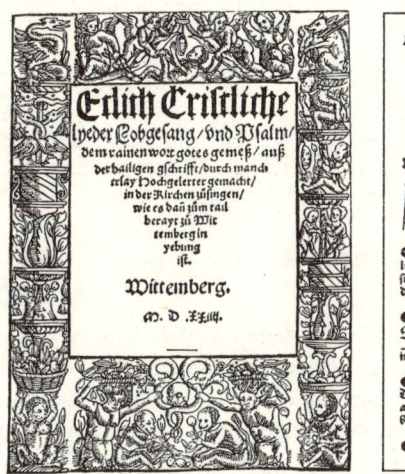

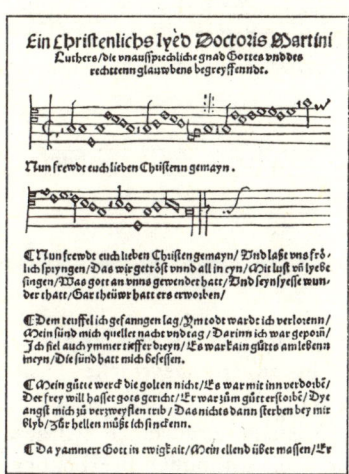

Titel und erste Seite des ersten Wittenbergischen Gesangbüchleins, von Johann Walther 1524 herausgegeben

gefährdeten Kirchenchöre annahm, die als besoldete Institutionen teilweise seit dem frühen Mittelalter die Träger der geistlichen Vokalkunst waren. Sie wurden nun aus Berufschören zu freiwilligen Chören, die stellvertretend für die ganze Gemeinde sangen. In Wittenberg etwa, wo 1525 die Hofkapelle und der Stiftschor der Schloßkapelle aufgelöst wurden, blieben zunächst nur die Schulchöre bestehen. Sie erhielten auf Luthers Betreiben weiterhin Stiftungen, mußten sich aber zusätzlich als ›Kurrende‹ umtun *(currere* = laufen, umhergehen), das heißt, in den Straßen Weihnachtslieder singen, bei Hochzeiten und Begräbnissen mitwirken, »in geflickten Mänteln und Schuhen gehen und das liebe Brot vor den Türen sammeln«, wie ehedem Luther, »der auch ein solcher gewesen«. In Wittenberg ergänzte Luther Schulchöre, die das lateinische Singen beibehielten, durch Laiensänger. Die in Torgau unter seinem Freunde Johann Walther stehende Kantorei wurde organisatorisch zur Musterschule. Künstlerisch taten sich besonders hervor die Schulchöre von Schulpforta, Grimma, Meißen, vor allem aber der Dresdner Kreuzschulchor und die Leipziger Thomaner.

Wie wurde nun die Kirchenmusik geregelt? Die Messe wurde zunächst nur in kleinen

Landgemeinden vom einstimmigen Gemeindegesang ersetzt. In den Städten beteiligten sich am Vortrag der Choräle abwechselnd die Kantorei (mehrstimmig), die auch beim Altargesang mitwirkte, die Gemeinde (einstimmig) und die Orgel, die sowohl frei präludierte als auch ganze Choral-Strophen allein brachte. Aus dieser Konvention erwuchsen für die Orgel die Gattungen des Choral-Vorspiels, des Orgel-Chorals und der Orgel-Variation, für die Kantoreien dagegen die Choral-Motette und die reicheren Formen etwa der Choral-Kantate und der Choral-Passion.

Choralbearbeitung von Arnold von Bruck, aus ›Newe deudsche Geistliche Gesenge...‹, 1544

Bevor einstimmige Gesangbücher mit unbegleiteten Melodien verbreitet wurden, kam es im ersten ›Geystlichen gesangk Buchleyn‹ Wittenberg (1524) von *Johann Walther* (1496 bis 1570), zu dem Luther ein Vorwort schrieb und fünfundzwanzig Lieder beisteuerte, zu einer Synthese von Volks- und Kunstmusik. Das Büchlein enthielt 3- bis 6stimmige Bearbeitungen im polyphonen Stil der ›Niederländer‹ von zweiunddreißig alten und neuen Liedern, meist mit dem Choral im Tenor! Zu Lebzeiten Luthers erschien ferner die Sammlung ›Newe deudsche Geistliche Gesenge für die gemeinen Schulen‹ (1544) von Georg Rhaw mit weit über 100 mehrstimmigen Choralbearbeitungen von Rhaw, Bruck, Dietrich, Senfl und Stoltzer. Wiederum handelte es sich hier um kunstvolle Choral-Motetten.

Choralbearbeitung von Hans Leo Haßler aus ›Kirchengesänge simpliciter‹, 1608

Bald nach 1564 gelangten dann Goudimels ›Hugenotten-Psalter‹ in ihrer letzten, volkstümlichen Fassung (siehe Seite 105) nach Deutschland. In Verbindung mit den freien Textnachdichtungen von *Ambrosius Lobwasser* (1573) fanden sie sogleich Anklang und Verbreitung. Wichtiger als dies: Die schlichte Satzweise Goudimels mit der Melodie im Diskant setzte sich durch. Als erster verwandte sie *Lucas Osiander* in seiner Sammlung ›50 geistliche Lieder‹ (1586), »... also gesetzet, daß ein' gantz Christliche

Gemein durchaus mitsingen kann«. Seinem Beispiel folgten viele Komponisten und Herausgeber von Gesangbüchern, vor allem *Melchior Franck* (1602), *Hans Leo Haßler* in seinen ›Kirchengesängen simpliciter‹ (1608) und *Johann Hermann Schein* in seinem Leipziger ›Cantionale‹ (1627). Die Kluft zwischen Kantorei- und Gemeindegesang schloß sich damit vorübergehend. Der Geistliche stimmte den Choral an, den die Gemeinde mitsang, die Kantorei begleitete mit einfachen Akkorden. Das änderte sich erst, als die Orgel die Kantorei unterstützte oder ihre Rolle allein übernahm, also etwa um 1651, als Samuel Scheidt sein ›Görlitzer Tabulaturbuch‹ herausgab.

Michael Praetorius, 1571 bis 1621

Während der Gemeindegesang sich allmählich seiner noch heute üblichen Form annäherte, blieben die Kantoreien etwa bis zur Jahrhundertmitte auf die Choral- oder Lied-Motetten Walthers und Rhaws und auf die Literatur der katholischen ›musica sacra‹ angewiesen. Doch bald wetteiferten die Geister, die schlichten Choralweisen im Stil der Niederländer oder Venezianer mit »mancherlei Art zu zieren und schmükken«: Die deutsche Lied-Motette, zu der sich dann die Spruch-Motette über Psalmen und Bibelsprüche gesellte, erlebte nach 1570 ihre Blütezeit. Ihre vortrefflichsten Meister waren die beiden Lassus-Schüler *Leonhard Lechner* (um 1550 bis 1606) und *Johannes Eccard* (1553 bis 1611), der Gabrieli-Schüler Hans Leo Haßler (siehe Seite 121) und vor allem *Michael Praetorius* (1571 bis 1621) aus Wolfenbüttel. Sein Hauptwerk, die ›Musae Sioniae‹ (1605 bis 1611), enthält weit über tausend kunstvolle Sätze von Choral-Melodien, darunter zierliche Duette und Terzette und einen klassisch schönen vierstimmigen Satz von ›Es ist ein Ros' entsprungen‹. Diese Meister schufen auch

wertvolle freie Motetten ohne Choral-Melodie als ›cantus firmus‹; sie bereiteten der Choral-Kantate des 17. Jahrhunderts den Weg.
Im Rahmen der protestantischen Liturgie entstand um die Jahrhundertmitte auch die *Choral-Passion* in den Grundzügen. Sie ging hervor aus einem alten katholischen Ritus: Die Passionsgeschichte Christi wurde während der Karwoche von mehreren Klerikern vom Altar aus lateinisch im Gregorianischen Lektionston vorgetragen, und zwar mit verteilten Rollen für Christus, für den Evangelisten, für Einzelpersonen (Soliloquenten) und für die Menge (Turba) der Jünger, Kriegsknechte, Juden usw. Den gleichen Inhalt gab man nun der Choral-Passion. Indessen – an die Stelle der Kleriker traten Sänger der Kantorei. Die Textgrundlage bildeten die Evangelien in der deutschen Übertragung von Luther, zum rezitierenden Einzelgesang der Soliloquenten trat der mehrstimmige Choral-Gesang der Turbae. Um die ›Sieben Worte Christi‹ in einer Passion vereinen zu können, faßte man Textstellen aus den vier Evangelien zur ›Evangelienharmonie‹ zusammen. Gleichwohl galten die Bezeichnungen ›Matthäus-‹, ›Markus-‹, ›Lukas-‹ oder ›Johannes-Passion‹, je nachdem, ob eine Passion für den Palmsonntag, Kardienstag, Karmittwoch oder Karfreitag bestimmt war. Die neuartige Gliederung, die deutsche Sprache und die realistische Deklamationsweise steigerten die Wirkung derart, daß die Choral-Passion als dramatische Passion bezeichnet wurde. Das früheste Beispiel der Gattung ist die ›Matthäus-Passion‹ von Johann Walther (um 1550). Ihr folgten etwa die ›Johannes-Passion‹ desselben Meisters, dann die Passionen von Meiland, Mancinus, Besler, Gesius, Vulpius und Schütz. Katholische Muster eines ähnlichen Typs zu lateinischen Texten sind dem Spanier Vittoria und dem Flamen Orlandus Lassus zu danken. Noch bis hin zu Schütz wurden diese Passionen nur für den reinen A-cappella-Gesang entworfen.
Einen anderen Charakter hatten die *Motetten-Passionen*. In ihnen wurde seit Obrecht die Leidensgeschichte lateinisch und mehrstimmig im figurierten Motetten-Stil gesungen, also bewußt jede realistisch-dramatische Wirkung vermieden und durch strenge Stilisierung das Sakrale der Atmosphäre betont. Auch dieser Typus wurde von protestantischen Komponisten an den ins Deutsche übertragenen Evangelientexten erprobt. Beispiele sind etwa die ›Johannes-Passionen‹ von Burgk, Lechner und Demantius.
Zwischen Choral- und Motetten-Passion ergaben sich verschiedene Übergangsformen, in denen entweder die Worte Christi oder auch die Texte aller Soliloquenten mit Ausnahme des Evangelisten mehrstimmig gesungen wurden. Von dieser Kategorie wurden wichtig für Schütz die Johannes-Passion (1561) und die oratorienartige Auferstehungshistorie (1573) des in Dresden wirkenden Italieners *Antonio Scandello* (1519 bis 1580). Er ließ die Worte Christi vierstimmig vortragen. Diese Varianten behaupteten sich aber als Typen ebensowenig wie die Motetten-Passion, einzig die Choral-Passion erwies sich als lebensfähig. Sie amalgamierte Elemente der anderen Typen und im 17. Jahrhundert auch solche des ohnehin verwandten Oratoriums und der Kantate, ferner des venezianischen und des monodischen Stils (wetteifernde Gegenchöre; instrumental begleitete Rezitative, Solo-Arien u. a.), und fand dann im Hochbarock – verbunden mit einem reichen orchestralen Geschehen – ihre Vollendung in Johann Sebastian Bach.

Titelblatt des 1620 von Michael Praetorius herausgegebenen ›Syntagma musicum‹

Musik des 16. Jahrhunderts

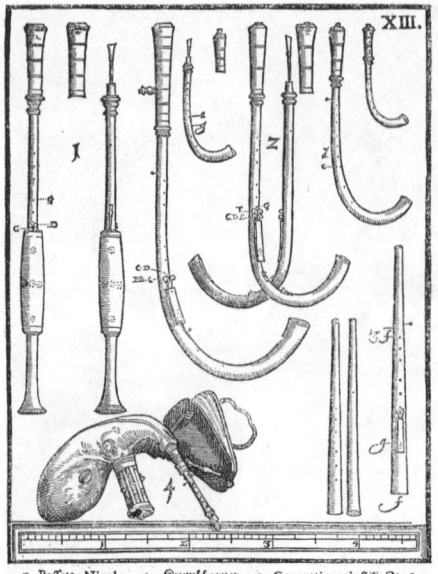

1. Bassett: Nicolo. 2. Krumbhörner. 3. Cornetti muti: stille Zincken. 4. Sackpfeiff mit dem Blasbalg.

2. Bandoer. 2. Orpheoreon. 3. Penorcon. 4. Italianische Lyra de Gamba.

1. 2. Kleine Poschen / Geigen ein Octav höher. 3. Discant-Geig ein Quart höher. 4. Rechte Discant-Geig. 5. Tenor-Geig. 6. Bas-Geig de bracio. 7. Trumscheit. 8. Scheidtholtz.

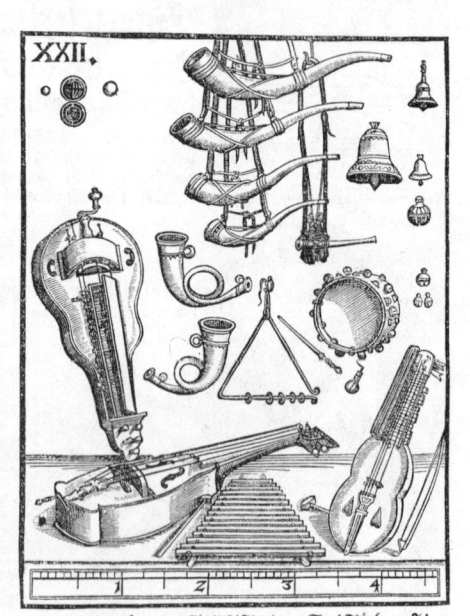

1. Allerley Bawren Lyren. 2. Schlüssel Fiddel. 3. Stroh Fiddel. 4. Jägerhörner. 5. Triangel. 6. Singkugel. 7. Morenpaucklin.

Nachbildung von vier Blättern aus Praetorius' ›Syntagma musicum‹

Der katholischen ›musica sacra‹ widmeten sich zur Zeit Kaiser Maximilians die Meister um Isaac und seine Schüler bis hin zu Senfl, später dann etwa der tüchtige *Jakob Handl* (1550 bis 1591) – er machte neben Haßler und Praetorius die Kunst der Venezianer in Deutschland heimisch – und vor allem Orlandus Lassus (siehe Seite 118).

Ausschnitt aus einem der ›Cantiones sacrae‹ von Jakob Handl, alias Jacobus Gallus, 1586. Bezeichnend ist die doppelchörige Gliederung

Einen tiefgreifenden Einfluß besonders auf die Schulmusik übten die Humanisten aus. Auf ihre Anregung hin entstanden lateinische Schulmusiken für die protestantischen Kantoreien, entstanden Vertonungen der Oden des Horaz (so etwa von Tritonius, Senfl, Hofhaimer), Einlagen und Schlußgesänge für Aufführungen antiker Dramen und andere betont humanistische Bildungsmusiken. Nicht zuletzt ihnen war das Fundament und das hohe Niveau der deutschen Kantoreien zu danken, die nun über Jahrhunderte hin Brennpunkte der musikalischen Kultur bildeten, auf immer verknüpft mit Namen wie Lechner, Praetorius, Schein, Scheidt, Tunder, Rosenmüller, Buxtehude, Telemann und Johann Sebastian Bach.

Weltliche Musik

Mit der Schulmusik tritt nun die weltliche Musik wieder ins Blickfeld. Sie unterschied sich zwar in ihrer Zweckbestimmung und ihrem Ausdrucksbereich von der geistlichen Musik, erwies sich aber in vielen Äußerungen als mit ihr austauschbar und war ihre unerschöpfliche Kraftquelle. Manches Volks- und Meistersingerlied wurde zum Kirchenlied, manch kunstvolle Liedbearbeitung im Stil der Niederländer oder Italiener wurde mit anderem Text in den geistlichen Motettenschatz aufgenommen. Eine große Zahl solcher ›Kontrafakten‹ und ›Parodien‹ belegt die musikalische Substanz- und Formeinheit hier wie dort. Zwei Beispiele: Orlandus Lassus legte ohne Bedenken einer Messe die Chanson zugrunde: »Je ne mange pas du porc« (»Ich esse kein Schweinefleisch«). Haßlers Liebesweise »Mein Gemüt ist mir verwirret von einer Jungfrau zart« wurde bei Johann Sebastian Bach zum Choral »O Haupt voll Blut und Wunden« und dieser wiederum zum Choral »Wenn ich einmal soll scheiden«.

Trotz der politischen, sozialen und weltanschaulichen Spannungen des 16. Jahrhunderts kam es in der weltlichen Musik Deutschlands nach schroffen Rückschlägen

Musik des 16. Jahrhunderts

*Kammermusik: Aus dem Titelbild zum Patrocinium musices von Orlandus Lassus
(Kniegeige, Laute, Cembalo, Armgeige, 2 Zinken, 2 Posaunen, 5 Sänger, davon 2 Knaben, rechts Kapellmeister)*

zu einem verheißungsvollen Freiwerden schöpferischer Kräfte. Später zwar als in anderen Ländern, doch mit nicht geringeren Ergebnissen, entfaltete sich vor allem die mehrstimmige Vokalmusik. Sie blieb länger als anderswo spätgotischer und niederländischer Musiziergesinnung und Praxis verbunden. Das war zur Maximilianischen Zeit der Fall bei den großen Liedmeistern Adam von Fulda, Finck, Isaac, Stoltzer und Hofhaimer (siehe Seite 85 bis 88) und später zur Zeit Karls V., auch noch etwa bei A. von Bruck und dem sensiblen Lyriker Lorenz Lemlin. Bis in die dreißiger Jahre hinein wurden die Liedbearbeitungen gern noch als instrumental begleitete Sololieder mit der Gesangstimme im Tenor gesetzt. Das entsprach nicht nur den Gepflogenheiten bürgerlicher und höfischer Hausmusik-Kreise, auch die Meistersinger begleiteten ihre Lieder mit Laute oder Fiedel. Erst bei Senfl, bei Thomas Sporer, Caspar Othmair und Jobst von Brant trat mit der Hinneigung zu Josquins aufgelockertem humanistischem Renaissance-Stil die A-cappella-Liedbearbeitung (solistisch und choraliter) in den Vordergrund.

Mit *Orlandus Lassus* (1532 bis 1594) gewann der italienische Stil in Deutschland rasch an Bedeutung. Lassus stammte aus Mons (Hennegau), war also ›Niederländer‹. Sein Lebensweg, der ihn kreuz und quer durch Europa führte, begünstigte die Entfaltung seiner reichen Anlagen. Schon als Chorknabe kam er nach Sizilien, von dort über Mailand nach Rom, wo er 1553 bis 1554 als Lateran-Kapellmeister tätig war. Weitere Stationen waren Frankreich, England, Holland, Belgien und endlich München. Dort wurde er 1556 Mitglied und 1560 Leiter der Hofkapelle Herzog Albrechts V., derselben Kapelle, der Senfl einst vorstand.

Er verkörpert den Typus des universellen Renaissance-Musikers. Äußere Zeichen seines Europäertums sind seine Namensvarianten. In seiner Heimat nannte er sich Roland de Lassus, in Italien Orlando di Lasso, in Frankreich Roland de Lattre. In Deutschland paßte er sich mit der lateinischen Version Orlandus Lassus der humanistischen Mode an. Seine Produktivität war beispiellos. Sein Lebenswerk umfaßt mehr als 2000 kirchliche und weltliche Werke, darunter etwa 50 Messen, herrliche Bußpsalmen, rund 1 200 Motetten, von denen ein halbes Tausend erst 1604 als ›Magnum opus musicum‹ von seinen Söhnen veröffentlicht wurde, sodann, zu Texten in der jeweiligen Landessprache italienische Villanellen und Madrigale, französische Chansons, deutsche Liedbearbeitungen und vieles andere.

Die Zeitgenossen verehrten in Lassus einen ›Fürsten der Musik‹; um seine Kunst bildeten sich Legenden. Im Gegensatz zu Palestrina war er von Anbeginn leidenschaftlicher Ausdrucksmusiker. Begabt mit untrüglichem Instinkt für Wirkung, fand er stets die musikalische Formel, die dem Wesen einer Dichtung entsprach. Und er nahm das Leichte leicht, seine prunkvollen Madrigale, seine eleganten Liebeslieder und Villanellen, seine derb-komischen ›Gassenhawerlin‹ bezeugen es. Auch seine frühen geistlichen Musiken sind Aussagen einer diesseitigen Natur.

Orlandus Lassus

Doch in diesen Werken lebt sich nur eine Seite seines Wesens aus. Erloschen scheint das Vergnügen am artistischen Kunterbunt dann plötzlich in den erschütternden sieben ›Bußpsalmen‹, die der Dreiunddreißigjährige wie unter der Last einer jähen Depression niederschrieb, und zwar bald nach dem Tridentinum, auf dem die Gegenreformation organisiert wurde. Vermutlich bestanden hier Zusammenhänge, wie bei Palestrina und anderen katholischen Musikern. Lassus bearbeitete Lutherische Kirchenlieder. Vielleicht wollte er mit seinen Bußpsalmen diesen ›Frevel‹ sühnen. Seine Depression wich zwar wieder, er mehrte weiterhin die Zahl seiner höfischen Weisen und Volksliedsätze, doch sein Wesen änderte sich nun.

Eine neue Innerlichkeit beseelte seine Sprache, sie wurde gleichsam stiller. Sein letztes Lebensjahrzehnt war von Schwermut umdüstert. Man sprach von Überarbeitung und wollte ihn pensionieren. Seine Frau petitionierte für ihn und schrieb dem Herzog: »Es wäre sein Tod, wenn er nit diente!« Man hatte ein Einsehen und beließ ihm sein Amt. Und es vollendete sich seine Kunst in den Mysterien der späten Motetten-Zyklen, den ›Prophezeiungen der Sibyllen‹, den ›Bußtränen des Heiligen Petrus‹. Sie überragen die Zeiten, vergleichbar den ›heiligen Gesängen‹ von Schütz, den letzten Offenbarungen Bachs und Mozarts.

Lassus' stilgeschichtliche Leistung läßt sich auf eine einfache Formel bringen: Er repräsentiert als Kosmopolit den europäischen Stil seiner Zeit. Das besagt: Er vereinte als Erbe Josquins niederländische Linearität mit italienischem Klangempfinden, konstruktives Denken mit musikantischer Erfindungsgabe, er band Elemente südländischer, gallischer, angelsächsischer und süddeutscher Melodik, Rhythmik und Harmonik in einer universellen Ausdruckskunst, die zwischen Gotik und Barock vermittelt.

Die Deutschen sahen in Lassus einen der Ihren. Sein Vorbild bewirkte im letzten Drittel des 16. Jahrhunderts eine allgemeine Hinneigung zum Stil der Italiener. Von seinen unmittelbaren Schülern verschrieben sich Eccard und deutlicher noch Leonhard Lechner (siehe Seite 113) der ›welschen Manier‹. Sie entwarfen derb-komische Villanellen, die sie mit ›päurischen‹ Quintenparallelen stilgerecht würzten, und ließen sie als ›teutsche Liedlein‹ hinausgehen. Sie versuchten ihre Kunst an melodiösen Canzonetten, tanzseligen Balletti und chromatischen Madrigalen im Stil Gastoldis oder Marenzios. Bald waren überall an deutschen Höfen italienische Musici begehrt, wanderten junge Deutsche gen Süden, um dort ihr Handwerk zu erlernen.

Als einer der ersten kam *Hans Leo Haßler* (1564 bis 1612) nach Venedig, wo er bei Andrea Gabrieli zugleich mit dessen Neffen Giovanni, dem Schüler Lassus', in die Lehre ging. 1585 wurde er Organist des Grafen Fugger in Augsburg. Von dort führte ihn sein Weg über Prag nach Nürnberg. Später war er Organist in Ulm, danach in Dresden. Bei einer Reise ereilte ihn der Tod in Frankfurt am Main.

Haßler war unter den deutschen Meistern der eigentliche Madrigalist, er machte die venezianische Manier diesseits der Alpen heimisch. Man findet bei ihm die typisch gabrielische Mehrchörigkeit, die venezianischen Farbkontraste und eine schon fast monodische Melodik, die über breiten Akkorden frei dahinströmt. Nirgends aber verliert er sich an das Fremde. Er nutzte die südländische Technik, bewahrte aber die eigene Wesensart. Charakteristisch für ihn sind die ›innigen Herztöne‹ seiner Weisen, von denen manche im deutschen Liederschatz lebendig blieben (siehe »Mein Gemüt ist mir verwirret«, Seite 117). Neben dem etwas jüngeren Michael Praetorius war er der bedeutendste Vokalkomponist zwischen Lassus und Schütz. Mit seinen chorischen Instrumental-Sätzen aus dem ›Lustgarten neuer teutscher Gesäng, Balletti, Gaillarden und Intraden‹ (1601) eröffnete er die reiche deutsche Suiten-Produktion des Barock.

Im allgemeinen aber haben die deutschen Instrumental-Musiken des 16. Jahrhunderts noch vokalen Charakter, das heißt: in der Regel handelt es sich bei ihnen um ›untextierte Liedsätze‹, um Übertragungen von Vokalwerken für Orgel oder Laute, seltener für Streich- bzw. Blasinstrumente.

Vor allem die Orgelwerke stellen interessante Vorstufen der autonomen Instrumental-

Nürnberger Stadtpfeifer, nach einem Gemälde von Albrecht Dürer

musik dar. Denn die Organisten beschränkten sich keineswegs darauf, Liedsätze wörtlich zu kopieren, sie ›kolorierten‹ sie vielmehr, das heißt, sie schmückten sie mit schon typisch instrumentalen Figuren spielerisch aus. Gelegentlich stellten sie auch kleine Präludien an den Anfang, tokkatenartige Stücke (*Toccata* = Tastenstück), die sie freilich meist improvisierten und selten aufschrieben. Da die Orgel im 15. und 16. Jahrhundert noch zugleich in der Kirche und (als kleines, tragbares ›Portativ‹) in der Hausmusik verwendet wurde, finden sich in den damaligen Orgel-Tabulaturen neben Übertragungen von geistlichen Gesängen auch solche von höfischen Liedern, Volksliedern und Tänzen. Die ganze Vielfalt der geselligen Vokalmusik spiegelt sich in ihnen.

Die deutsche Organistenschule, ›Koloristenschule‹ genannt, leitete sich her von dem blind geborenen Organisten *Konrad Paumann* (um 1410 bis 1473) aus Nürnberg. Diesem Meister ist das älteste Orgelspiel-Lehrbuch, das ›Fundamentum organisandi‹ zu danken. Es enthält neben zweistimmigen, zierlich kolorierten Übertragungen bereits kleine ›Präambeln‹, also selbständige Vorspiele. Der bedeutendste Kolorist des

Beginn einer ›Präambel‹ aus dem Kleberschen Orgelbuch, etwa 1520

16. Jahrhunderts war wohl Paul Hofhaimer (siehe Seiten 87, 117). Seinem Spiel wurde harmonische Fülle und ›engelhafte Süße‹ nachgerühmt. Ihn und andere namhafte Organisten überragt der Niederländer *Jan Pieter Sweelinck* (1562 bis 1621). Er hat freilich die ›Koloristenmanier‹ bereits überwunden und gehört mit seinen autonomen Orgelwerken schon dem 17. Jahrhundert an.

Von zahlreichen Orgelmeistern sind auch Lautensätze überliefert. *Arnolt Schlick* gab 1512 sogar ›Tabulaturen etlicher lobgesang und lidlein uff die orgeln und lauten‹ heraus. Er behandelte also beide Instrumente gleich, ein Zeichen für die hochentwickelte polyphone Spieltechnik der Lautenisten. Eine unübersehbare Lautenliteratur bezeugt die Beliebtheit dieses schönen Instrumentes in der deutschen Hausmusik. Aus der Flut der Namen seien hervorgehoben *Hans Judenkünig* mit ›schöne kunstlich unterweisung‹ (1523), *Hans Newsidler* mit ›Fantaseyen, Preambeln, Psalmen und Muteten‹ (1536), *Sebastian Ochsenkuhn* mit ›Tabulaturbuch auff die lauten‹ (1558), ferner die ›Lautenbücher‹ des Grafen Fugger (1562) und das ›Neu Lauttenbuch auf 6 und 7 Chorseyten Straßburg‹ (1582).

Die Lauten- und Orgel-Tabulaturen, die oft auch für das Spinett galten, vermitteln nur einen Einblick in Teilgebiete der instrumentalen Musizier-Praxis dieses Jahrhunderts. Ohne Frage hat man damals auch Blas- und Streichinstrumente einzeln oder in Gruppen mit und ohne Gesang verwendet. Nicht anders als schon im 15. Jahrhundert unterhielten die Mächtigen neben dem privilegierten Hoftrompeter und Turmwächter Orchester in Stärke von bis zu 50 Mann, die ihnen in Krieg und Frieden voranzogen, Gäste einholten oder bei Gelagen aufspielten. Aber es gab für sie keine Spezialliteratur, weil die Gesangsstimmen zugleich für die Instrumente gültig waren. Lassus kombinierte seine Chorsätze gelegentlich mit Krummhörnern, Posaunen, Zinken und Blockflöten, mit Gamben, Spinett und anderen Instrumenten.

Bei Tanzlustbarkeiten improvisierte man nach altem Spielmannsbrauch mit Instrumenten die Begleitung zu den Tanzliedern. Stets – wie schon im 13. und 14. Jahrhundert – reihte man solche Lieder im paarweisen Wechsel von ruhigem Schreittanz oder ›Reigen‹ (Vortanz im Zweiertakt) und lebhaftem, gesprungenem ›Hupfauf‹ oder

›Proportz‹ (Nachtanz, Drehertanz im Dreiertakt) aneinander. So entstanden freie Vorformen der ›Tanzsuite‹, lange bevor diese in der Instrumentalmusik des Barock heimisch wurde.

Auf seine Weise holte Deutschland im 16. Jahrhundert den Vorsprung der anderen Musikländer Europas auf. Überall gab es um die Jahrhundertwende eine nationale und eine übernationale Tonsprache, es gab bodenständige Ausdrucksformen und solche, die mit charakteristischen Abwandlungen in allen Kulturzentren gepflegt wurden. Die konstruktive polyphone Satztechnik der ›Niederländer‹ und ihr ›Cantus-firmus-Prinzip‹ fanden im vokalen A-cappella-Stil ihre Erfüllung. Sie werden nun abgelöst von einer freieren individuellen Schaffensweise. Immer entschiedener dient die Musik dem Ausdruck der Empfindungen und Leidenschaften in einer klanglich aufgelockerten, melodisch und rhythmisch differenzierten Affektsprache.

Wie in den anderen Künsten, so wird auch in der Musik der Mensch das Maß der Dinge. Damit verlagert sich der Schwerpunkt von der geistlichen Musik zur welt-

Beispiel einer handschriftlichen Lautentabulatur (Codex Bakfark) des ausgehenden 16. Jahrhunderts

lichen. Ein neues Jahrhundert zieht herauf, gekennzeichnet durch unbändigen Schaffensrausch, aber auch gefährdet durch die Hybris menschlicher Selbstverherrlichung. Kurz vor der Jahrhundertwende (1597), drei Jahre nach dem Tod von Palestrina und Orlandus Lassus, wird Florenz zum Schauplatz eines Ereignisses von größter Tragweite: Die Oper erblickt dort das Licht der Welt.

Vom Stil in der Musik (Zwischenbemerkung)

Goethe nennt Stil »den höchsten Grad, welchen die Kunst je erreicht hat und erreichen kann«. Seine Deutung läßt sich indessen nicht verallgemeinern, denn das Wort Stil ist in unterschiedlichem Sinn gebräuchlich. Im Hinblick auf ein einzelnes Kunstwerk bedeutet Stil so viel wie Einheit von Wesen und Form. Man spricht vom ›Werk-Stil‹ etwa der ›Matthäus-Passion‹ oder des ›Tristan‹ und versteht darunter die organische Verbundenheit aller Teile dieser Werke.

Der Organist, Holzschnitt aus dem Ständebuch von Jost Amman, 1568

Man bezeichnet mit Stil aber auch das, was Werkgruppen gemeinsam ist, die innerhalb bestimmter Lebensabschnitte von einzelnen geschaffen wurden. So spricht man vom Früh-, Mittel- und Spätstil Beethovens und versteht darunter für jede dieser Stilperioden die für Beethoven charakteristische Ausdrucksweise.
Sodann besitzt Stil als ›Zeit-Stil‹ eine gewisse Verbindlichkeit für die Werke aller Künstler eines Landes oder auch Kontinents innerhalb bestimmter Epochen (etwa Gotik, Barock, Romantik). Hier wird Stil erkennbar an äußeren Merkmalen (Ornamenten, Klangwirkungen, Redewendungen, Techniken, Manieren, Formtypen) und an Wesenszügen, die sich bei vielen Werken aus bestimmten Zeitabschnitten finden (zum Beispiel Weltschmerz der ›Werther-Zeit‹, Unendlichkeitsdrang der Romantik). Beim Einzelwerk besagt Stil also das Besondere in jeder Hinsicht, bei Werkgruppen einer Epoche dagegen das Allgemeine, das, was die Leistung des Genies ebenso aufweist wie die Durchschnittsarbeit irgendeines Zeitgenossen.
Es gehört zum Wesen jeder Konvention, daß sie Auswahlen trifft, Systeme bildet, daß sie das Besondere zu verallgemeinern sucht, sobald es faszinierend in Erscheinung

tritt. Hieraus ergeben sich in den Künsten alle vom Besonderen abgeleiteten Stilmerkmale der verschiedenen Epochen.

Die äußeren Stilmerkmale (Ornamente, Redewendungen, Ausdrucksformeln, Klangwirkungen) sind die sinnfälligen Chiffren der Zeitstile. Sie treten plötzlich auf, finden bisweilen aber erst nach langem Reifeprozeß in einem Werk eine überzeugende Ausprägung, so daß es scheint, als beruhe die Eigenart dieses Werkes geradezu auf ihnen. Sie sind jedoch nur Gefäße des Geistigen, unterliegen natürlichen Abnutzungsvorgängen und besitzen nur eine begrenzte Variabilität. Bei den Epigonen werden sie zu Attributen einer Manier, zu sinnentleerten Formeln und schließlich zu Phrasen, die man ›nicht mehr hören‹ kann. Ist dieses Stadium erreicht, so beginnt die Überwindung des herrschenden Zeitstils.

Zu allen Zeiten wirkt sich das Geistige in unterschiedlichen Strömungen aus, die einander sowohl widerstreben als auch gemeinsam einem Ausgleich zustreben. Die eine oder andere Strömung kann freilich eine besondere Anziehungskraft ausüben, sie wird dann gleichsam zum ›cantus firmus‹ im polyphonen Kräftespiel. Doch nur selten scheint eine einzige Kraft alle anderen an sich zu binden. Meist treten zwei oder mehrere gegensätzliche Kraftzentren gleichzeitig hervor. Ihre Auswirkungen überschneiden und durchdringen einander früher oder später.

Während der Renaissance verkörpern in der Musik etwa Palestrina und Orlandus Lassus solche polaren Kraftzentren. In Palestrina überwiegt das Streben nach einer klassischen Kunstäußerung, während bei Orlandus Lassus das dynamische Element deutlicher hervortritt. Wie solche Dominanten im Lebenswerk des Einzelnen erst im Laufe der Entwicklung sich ausprägen, so werden sie in der Epochen- und Ländergeschichte erst aus der Summe aller Ergebnisse bestimmter Zeitabschnitte deutbar.

Pfeifer und Dudelsack spielen auf zum Bauerntanz, Kupferstich von Hans Sebald Beham aus dem Jahre 1546

So gipfelt etwa die italienische Renaissancemusik gleichzeitig im klassisch ausgeglichenen Stil Palestrinas und im expressiv-dynamischen Stil der venezianischen Meister. Entsprechendes ergibt sich damals in Deutschland, Frankreich oder England.

Die hier vereinfachend angedeuteten Gegensätze mögen gewisse Anhaltspunkte für

Musik des 16. Jahrhunderts

Trommler, links aus der Garde Kaiser Rudolfs II., Radierung, 1587, von Jakob de Gheyn, rechts während des Dreißigjährigen Krieges, nach einem Kupferstich von Peter Isselburg

die Orientierung im verwirrenden Geschiebe der Vorgänge bieten. Die äußeren Stilmerkmale historischer Musikepochen sind dem Kenner so vertraut, daß er meist schon bei der ersten Begegnung mit einem ihm unbekannten Musikstück dessen ungefähres Alter und oft auch dessen Urheber anzugeben weiß. Weit schwieriger ist es dagegen, über den ursprünglichen Charakter eines solchen Werkes Verbindliches auszusagen. Je älter ein Werk, desto verhangener sein ursprüngliches Wesen. Jeder neue Zeitstil bewirkt, daß die zurückliegenden anders gesehen und beurteilt werden. Auch die im letzten undeutbaren Meister begreift jede Zeit anders. Es gibt gegenwärtig Dirigenten, die in den Werken Palestrinas bewußt das dynamische Element betonen. In seiner ›Missa papae Marcelli‹, also einem Werk, in dem die Romantik den Inbegriff sakraler Abgeklärtheit erkannte, entdecken sie plötzlich das leidenschaftliche Pathos der Renaissance, und es ist wirklich in ihm enthalten! Oder Wagner: Neuerdings wollen Regisseure und Musiker aus dem Dionysier Wagner in seiner Hochburg Bayreuth durchaus einen Apolliniker machen. Ist das so abwegig? Sein Werk würde die erste Hälfte des 20. Jahrhunderts schwerlich überstanden haben, wäre nicht auch diese Komponente in ihm wirksam.

Musik des Barock *(Generalbaßzeit; ca. 1600 bis 1750)*

Vom Wesen des Barock

Mit dem Begriff Barock verbindet sich die Vorstellung von Reichtum, Fülle, Überfluß. Das Geburtsland des Barock ist Italien, im engeren Sinne Rom. Die Übergänge zwischen Renaissance und Barock sind fließend. Die Musik der Generalbaßzeit ist als Musik des Barock verständlich aus den geistigen Grundlagen dieser im wesentlichen höfisch-klerikalen Kulturepoche.
Der Stilbegriff Barock war im 19. Jahrhundert vom portugiesischen ›barocco‹ (bizarre, mißgestaltete Perle) abgeleitet und zunächst abschätzig gemeint. Man sah damals im Barock einen überladenen Manierismus im Gefolge der Renaissance und mißachtete die höfische Kunst des 17. und 18. Jahrhunderts als den Ausdruck einer überwundenen feudalistischen Epoche. Noch Jacob Burckhardt, der keineswegs in solchen Vorurteilen befangen war, blieb lange Zeit zurückhaltend. Erst der Alternde fand Zugang zur Kunst des Barock. Er bekannte: »Mein Respekt vor dem barocco nimmt stündlich zu. Er hat nicht nur Mittel für alles, sondern auch Mittel für den schönen Schein.«
Burckhardts Beispiel löste dann im frühen 20. Jahrhundert eine allgemeine Überprüfung vorgefaßter Meinungen aus. Was sich nicht voraussehen ließ, trat ein: Die Mißachtung schlug um in Zuneigung, ja in Bewunderung und Liebe. Das gilt besonders für die Musik des Barock. Etwa seit 1910 werden ihre Schätze systematisch in den Archiven aufgespürt und der Praxis wieder zugänglich gemacht. In der allgemeinen Wertschätzung steht sie gegenwärtig fast höher im Kurs als die der Klassik und Romantik. Sie weist eine Fülle neuer Formen und Mischformen auf: Fuge, Suite, Sonate, Konzert, Kantate, Oratorium, Oper und andere Formgattungen gelangten in ihr zur Entfaltung.
Die Unterschiede zwischen der Kunst des Barock und der Renaissance treten sinnfällig hervor in der Malerei. Es sei daher versucht, an zwei Beispielen aus der früh- bzw. spätbarocken Malerei (von Michelangelo bzw. Gaulli) Einblick in jene Wesenszüge zu nehmen, die auch der Musik dieser Epoche eigen sind.
Michelangelo läßt sich als Maler, Bildhauer, Architekt und Dichter kaum einer bestimmten Stilepoche einordnen. Zeitlich gehört er der Hochrenaissance an, doch im Grunde schafft er – wie Rembrandt oder Bach seinem eigenen Gesetz folgend – mit den Mitteln seiner Zeit Kunstwerke, in denen sich das Streben von Jahrhunderten erfüllt und Möglichkeiten andeuten für Wege in die Zukunft. Einige seiner Menschenbilder scheinen das Schönheitsideal der Renaissance zu verkörpern, andere sprengen die harmonische Statik des Cinquecento und weisen durch ihre ungeheure dynamische Spannkraft weit über das Barock hinaus.

Für beides bietet seine Decke der Sixtinischen Kapelle im Vatikan zu Rom (entstanden 1508 bis 1512) ein Beispiel. An ihren Formstrukturen ist die latente Kraft überkommener Gesetze und zeitbedingter Anschauungen noch ablesbar, in der beunruhigenden Gewalt ihrer Visionen aber drückt sich bereits die Überwindung der geistigen Grundlagen der Renaissance aus. Michelangelo teilt die Decke noch streng auf in Rechtecke, Dreiecke, Kreise und korrespondierende Gliederungen. Jedem Formteil ist entweder eine Szene aus der Schöpfungsgeschichte und der Sintflut oder eine Einzelfigur (Sibyllen, Apostel, Jünglinge usw.) zugehörig. In der überwältigenden Fülle des Dargestellten ist zwar alles thematisch und stilistisch aufeinander bezogen, doch jede einzelne Szene, jede Figur hat noch ihren umgrenzten Eigenraum, sie ist im wesentlichen auf sich gestellt und will für sich betrachtet sein. Michelangelo zeigt den Menschen, wie er zu sich selbst erwacht, sich aufrichtet, frei sich behauptet, anbetet, und er zeigt ihn in der Auflehnung, grübelnd, sündig, verzweifelnd, in schrecklicher Vereinsamung und Ohnmacht eingezwängt in Balkendreiecke, aus denen es kein Entrinnen gibt. Er befragt ihn in der Vereinzelung, er begegnet sich selbst in ihm, er monumentalisiert den Menschen in seinem Verhalten zu Gott.

Andere Eindrücke vermittelt die spätbarocke Decke der Jesuitenkirche ›Il Gesù‹ zu Rom von Gaulli (entstanden 1670 bis 1683). Der jüngere Meister ist zwar ohne den älteren nicht denkbar, aber in seinem Werk hat sich das Verwandte extrem verwandelt.

Gaulli durchbricht gleichsam spielerisch, schon einer Konvention folgend, die gesetzten Schranken. Er mißachtet den umgrenzten Raum und sucht virtuos die Anschauung des Grenzenlosen zu geben, er betont bewußt das Dekorative, das bei Michelangelo eine untergeordnete Rolle spielt. Architektur, Plastik und Malerei scheinen bei Gaulli ihre Eigengesetzlichkeit eingebüßt zu haben. Eine ungeheure Kunstfertigkeit ist aufgewendet, um die drei Künste miteinander zu verschmelzen, sie gleichsam unmerklich auseinander hervorgehen zu lassen und sie einzusetzen zur Verwirklichung eines zwar sakralen, doch durchaus weltlich gesehenen Schauspiels aus Stein, Stuck, Farbe. Die Decke wird zum geöffneten Himmel, aus dem Licht herniederströmt. Scharen von Engeln schweben empor, den Namen Jesu zu verherrlichen, der gleißend in einem Lichtkreis geschrieben ist, welcher die Blicke auf sich zieht, ohne die Mitte zu beherrschen. Auf der anderen Seite der ellipsenförmigen Decke ballen sich Wolken zusammen; sie durchziehen auch Teile des Gewölbes und überschatten Massen Verworfener, die in die Tiefe stürzen, auf den Beschauer zu. Eine Szene von berauschender theatralischer Eindringlichkeit, aber ohne Gewicht im einzelnen. Die Details sind zwar aufs feinste ausgeführt, doch nebensächlich im verwirrenden Auf und Ab der Linien, im Gewoge der Farben.

Michelangelo strebt in seiner Kunst nach dem vergeistigten Ausdruck einer universellen Humanitas, Gaulli bereitet mit seiner Kunst den Sinnen ein Fest. Die himmlischen und teuflischen Heerscharen auf Gaullis Bild sind austauschbare Figuren im großen oder kleinen Welttheater. Man findet sie – als Krieger, Jäger, Scholaren oder allegorische Gestalten – in zahllosen weltlichen Barockwerken wieder. Mit gleicher Inbrunst und mit dem gleichen theatralischen Entsetzen, mit dem sie hier Gott noch durch ihren Höllensturz verherrlichen, huldigen sie dort irgendeinem vergöttlichten Menschen, dem König, dem Fürsten, einem Duodezpotentaten oder einer Kurtisane. Michelangelos Gesinnung ist noch beispielhaft für den Humanismus der Renaissance, der in einer Mischung von heidnisch-hellenistisch-christlichen Gedankengängen die göttliche Abstammung des Menschen betont und den durch Schuld verschütteten Weg zu Gott durch Werke des Glaubens und der Liebe wieder zu öffnen sucht.

Der Humanismus hat indessen viele Gesichter. Seine auf Gott bezogene Erscheinungsform hat ihre antithetische Komponente in jener Auffassung, die in der ›déification de l'humanité‹, also in der ›Vergöttlichung des Menschlichen‹, in der Selbstverherrlichung des Menschen hybrid gipfelt. Sie bildete sich schon während der Renaissance aus dem Überschwang des neu erwachenden Selbstbewußtseins und bewirkte dann, daß die Dinge nicht lange in der Schwebe blieben. Sie gedieh hypertrophisch und gab dem gesamten Barock bis zum ›roi soleil‹, ja der Neuzeit überhaupt, einen gelegentlich grandios-gefährlichen Akzent. Sie erhob und erniedrigte den Menschen zugleich, sie forderte ihm Höchstleistungen ab oder stürzte ihn in selbstmörderische Exzesse, wo immer sie sich verabsolutierte.

Absolutistische Strömungen sind kennzeichnend für das Barock. Gemessen an der Gegenwart, in der sich die Technik, in der sich abstrakte Formeln verabsolutieren, war es freilich ein höchst sinnenfreudiger, diesseitiger Absolutismus. Er kam den Künsten zugute. Viel Reichtum, auf viele relativ machtlose Feudalherren, Bürger und Edelleute in Stadt und Land verteilt, das war schon die Formel für das Perikleische Zeitalter in Hellas. Und das ist sie nun wieder für die blühende Kultur des in Stadtstaaten und kleine Machtbereiche aufgespaltenen reichen Italien des 17. Jahrhunderts, in gewissem Sinne auch für das zentralistische Frankreich während des gleichen Zeitraums und für Deutschland nach dem Dreißigjährigen Krieg. Unter denselben Bedingungen entstand bereits die Kultur der italienischen Renaissance. Das Andersartige, das bald überall das Barock von der Renaissance unterschied, ergab sich aus einer fundamentalen Umwertung im Weltanschaulichen, hin zum Diesseitigen. Sie resultierte aus dem Übergang vom Ptolemäischen (umgrenzten) zum Kopernikanischen (offenen) Weltbild, der damals als Zugang zu einer neuen Freiheit empfunden wurde.

Eben dieses neue Freiheitsbewußtsein aber wurde nun inmitten einer trügerischen ›Welt des schönen Scheins‹ zum Ansporn für die Entfaltung des Ego, für den Höhenflug und den Tiefgang der Gedanken und Empfindungen und für eine echte Humanitas. Die Künste jener Zeit bestätigen es.

Eine von Händels deutschen Arien beginnt mit den Worten »Meine Seele hört im Sehen«. In diesem Paradoxon eines Dichters des frühen 18. Jahrhunderts (Brockes) verdichtete sich die Quintessenz barocken Empfindens zu einer poetischen Formel. ›Raum-Musik‹, ›klingende Architektur‹, ›Farbtöne‹, ›Klangfarben‹, ›malende Poesie‹, ›dichtende Malerei‹, das alles sind Begriffe und Formulierungen des Barock.

Scheinbar regellos einander durchdringend und ergänzend, legen die Künste jener Epoche gemeinsam Zeugnis ab für eine Menschenart, die sich auf schwankem Grund so zu bewegen weiß, als sei das Leben ein schwermütig heiteres Fest in einem Spiegellabyrinth mit abertausend Türen zum Überall und Nirgendwo.

Vom Generalbaß in der Musik des Barock

Der Name Generalbaßzeit ist etwa für den gleichen Zeitabschnitt gebräuchlich, der die Musik des Barock umfaßt. Er besagt vor allem eines: Nahezu allen Musikwerken der Epoche waren in der Aufführungspraxis ›Generalbaßinstrumente‹ zugehörig, auf denen ›Generalbaßspieler‹ die Sänger oder Instrumentalisten aus dem Stegreif begleiteten. Nicht nur äußere Gründe bewirkten, daß eine so merkwürdige Musizierpraxis zu einer allgemeinverbindlichen Einrichtung wurde. Es gibt hierfür innere Ursachen und auch dafür, daß diese Praxis zeitlich mit der Musik des Barock zusammenhängt.

In seinen ›Istitutioni harmoniche‹ erbrachte Gioseffo Zarlino 1558 den Nachweis eines ›Dualismus in der Natur der Zusammenklänge‹ (siehe Seite 40). Damit war theoretisch die Bresche geschlagen für den Durchbruch der neuzeitlichen funktionellen Tonalität. Diese bewertet die Klänge in ihrer Beziehung zu einem Zentralton und zu den Hauptdreiklängen der über jedem Zentralton bildbaren, mithin ›transponiblen‹ Dur- und Moll-Tonarten. Es dauerte zwar noch lange, bis das theoretische Gebäude dieser Tonalität durchgebildet war, doch für die Praxis war das unerheblich, sie eilte der Theorie beträchtlich voraus.

Schon während des 15. und 16. Jahrhunderts trat in der Kunstmusik die Abwendung von den streng diatonischen Kirchentonarten und die Hinwendung zum Klangdualismus der Dur-Moll-Geschlechter beziehungsweise zu den polaren Spannungen der tonalen Kadenzen deutlich in Erscheinung. Damit überlebte sich allmählich die Hörweise der Gotik. Während der frühen Gotik gab es neben der charakteristischen, im Sinne der Dur-Moll-Tonalität ›monströs dissonanten‹ mehrstimmigen Musik (siehe Seite 73, Fétis) noch echte einstimmige Musik. Sie war ohne hinzugedachte oder wirklich hinzugefügte Zusammenklänge aus sich selbst verständlich, wie etwa die der griechischen Antike. Mit dem Aufkommen und der Verallgemeinerung des tonalen Empfindens erlosch jedoch im Abendland der Sinn für einstimmige Musik völlig. Wie ist das zu erklären?

Durch die zunehmende Anwendung tonaler Zusammenklänge in der mehrstimmigen Musik wurde das polyphone Klangbild ständig vereinfacht. Es wurde von den gotischen Dissonanzen allmählich gereinigt und in die Klanggerüste tonaler Kadenzen eingebettet. In Übereinstimmung mit der humanistischen Wesenshaltung verstärkte sich ferner die Neigung, aus den polyphon gleichwertigen Stimmen eine Stimme als Subjekt herauszuheben und ihr die anderen akkordisch begleitend unterzuordnen. So entstanden mit der Zeit tonale Akkordtypen. Sie erschienen in sinnvollem Wechsel bei metrischen und rhythmischen Schwerpunkten oder auch bei jedem einzelnen Ton der nunmehr immer ausschließlicher in den Dur- und Moll-Tonarten sich bewegenden Melodien.

Zwischen diesen zahlenmäßig begrenzten Akkordtypen (die ›genormten‹ Akkordbässe der Ziehharmonikas zeigen einige von ihnen) und den gebräuchlichen Dur-Moll-Melodien bildeten sich in einem Jahrhunderte währenden Ausleseprozeß gesetzmäßige Wechselwirkungen heraus. Jede besondere Wendung einer Melodie rief eine Klangvorstellung wach, der ein bestimmter Akkord, eine bestimmte Akkordfolge

entsprach, jede Akkordveränderung zwang andererseits der Melodie eine bestimmte Richtungsänderung auf. Diese Wechselwirkungen prägten sich dem allgemeinen Empfinden allmählich so ein, daß man im Abendland etwa seit der Mitte des 16. Jahrhunderts nicht mehr in der Lage war, einstimmige Melodien noch als solche zu bewerten. Unwillkürlich fügte man ihnen – und sei es in der Vorstellung – ein tonales Akkordgerüst hinzu; das läßt sich gegenwärtig selbst beim schlichten Volksgesang nachweisen. Sobald mehrere Laien ein Volkslied gemeinsam singen, teilen sich zumindest bei besonderen Höhepunkten die Stimmen, um zwei oder drei Harmonietöne zur Melodie zu bilden.
Geschichtlich ergab sich aus dieser Entwicklung: Neben der Rhythmik und Kontrapunktik wurde die tonale Harmonik als besondere Erscheinungsform der Mehrstimmigkeit eines der tragenden Elemente der abendländischen Kunstmusik. Damit vollzog sich sowohl im Prinzip der monodischen Hervorhebung einer melodischen Stimme als auch in der tonalen Polyphonie die Versöhnung von ein- und mehrstimmiger Musik auf der Basis der tonalen Harmonik.
Das war ein Vorgang von größter Tragweite. Er veränderte das Wesen der abendländischen Musik von Grund auf. Indem sie auf die Tonalität festgelegt wurde, büßte sie zwar viel an melodischer und polyphoner Freizügigkeit ein, doch sie gewann nun im Rahmen der neuen Konvention mit den tonalen Beziehungswerten eindeutige Ausdrucksmittel der Harmonik.
Solange in der Kunstmusik die Kirchentöne vorherrschten, also noch bis ins 16. Jahrhundert hinein, hatte der Satz Gültigkeit: »Cujus toni, videtur in fine!« Sinngemäß übersetzt: »Welcher Tonart eine Melodie angehört, das sieht man an ihrem Schluß!« Die vortonale Kunstmusik war demnach tonartlich nur bedingt deutbar, hierauf beruhte ihre melodische und polyphone Freizügigkeit. Diese war freilich auch nur relativer Natur, denn die Kirchentöne stellen nur Oktavausschnitte aus der C-Reihe dar. Übertragungen in vorzeichenreiche Reihen waren zwar möglich, galten aber als ›musica ficta‹ (gedachte, abstrakte Musik) und kamen in der Praxis nicht vor.
In der tonalen Musik wird die Zugehörigkeit eines Stückes zu einer Tonart zwar in der Regel ebenfalls durch den Schlußklang, ja durch eine Abschlußkadenz bekräftigt, sie ist aber schon von Anbeginn und kontinuierlich aus jedem Detail ablesbar, und zwar auch dann, wenn mehrere Tonarten berührt werden. Jeder Tonartwechsel wird sogleich eindeutig wahrgenommen und ist durch zugeordnete Akkorde klanglich darstellbar. Das ermöglicht die sinnvolle Verbindung von gegensätzlichen Tonartbezirken in komplexen Klangarchitekturen. Durch die bewußte Auswertung der dualistischen (Dur-Moll-)Gespanntheit ihrer melodischen und klanglichen Elemente wurde die tonale Musik erst wahrhaft zu einer Affektsprache.
Die Entwicklung zur Tonalität vollendete sich etwa während des 17. Jahrhunderts. Sie gipfelte im Hochbarock, trug auch noch die Wiener Klassik, zeigte dann aber während des 19. Jahrhunderts Auflösungserscheinungen, die im 20. Jahrhundert den radikalen Versuch einer Liquidierung des tonalen Prinzips herbeiführten.
Die Geschichte der abendländischen Musik vom 17. bis zum 19. Jahrhundert ist also im wesentlichen die Geschichte der mehrstimmigen tonalen Musik. Ihre gültig ge-

bliebenen Erscheinungsformen leben gegenwärtig im Bewußtsein breitester Kreise der zivilisierten Kontinente als die eigentliche Leistung abendländischer Musikkultur fort. Und nicht nur dies; die tonale Musik fand in allen Kulturvölkern der Welt Nachahmung, sie wird zur Zeit überall vorherrschend gepflegt. Die Möglichkeit eines epochalen Richtungswechsels – fort von der tonalen Musik und hin zu einer neuen Art des Musikhörens und -erlebens – bleibt hiervon freilich unberührt.

Die Technik des Generalbaßspiels war das äußere Merkmal für den sich abzeichnenden Sieg der tonalen Harmonik. Die Entflechtung des niederländischen Liniengewebes, die individuelle Hervorhebung einzelner Melodien und die Gewöhnung an eine Handvoll tonaler Akkordtypen waren gegen Ende des 16. Jahrhunderts bereits so weit gediehen, daß man eines Tages dazu übergehen konnte, bei instrumental begleiteten Sologesängen – etwa bei Liedern zur Laute, zum Cembalo, zur Orgel – nur noch zwei ›Rahmenstimmen‹ zu notieren, eine für den Sänger und eine für den Begleiter, den ›Generalbaßspieler‹. In seiner Stimme (stets nur Baßstimme) kennzeichnete man die Akkorde, die er am Harmonie-Instrument ausführen sollte, durch ›Ziffern‹, die ihm einen hinreichenden Begriff von der Klangvorstellung des Komponisten gaben. Das neue Verfahren – ›bezifferter Baß‹ genannt – machte die komplizierte Schreibweise der Lauten-, Cembalo- oder Orgel-Tabulaturen überflüssig.

Den Harmonie-Instrumenten (Laute, Cembalo, Orgel und anderen) als den eigentlichen Generalbaßinstrumenten fügte man baßverstärkend meist eine Gambe, später ein Cello, ein Fagott, eine Posaune oder auch einen Kontrabaß hinzu. Das älteste Dokument dieser Art ist der handschriftlich erhaltene Orgelbaß von Striggios 40stimmigem ›Ecce beatam lucem‹ (1597 von seinem Sohn herausgegeben). Er ist aus den tiefsten Stimmen ausgezogen und sollte im Kreis der 40 Mitwirkenden ›zur Aufrechterhaltung der Harmonie‹ gespielt werden, und zwar von ›Orgel, Laute, Cembali oder Violen mit einer Posaune‹. In Italien bürgerte sich die neue Praxis zuerst ein. Bald nach 1600 war dort jeder Vokal- oder Instrumentalmusik ein aus Harmonie-Instrument und baßverstärkendem Streich- bzw. Blasinstrument bestehender Generalbaß zugehörig. Man bezeichnete ihn kurzerhand als ›Basso continuo‹ (Abkürzung: Bc), eben da er ›kontinuierlich‹ dabei war. Der Name tauchte erstmals auf bei Caccini in der Widmung seiner Oper ›Euridice‹ (1600). Nach der neuen Schreibweise notierte man, wie gesagt, für den Generalbaßspieler nur den Baß exakt. Die Akkorde, die er zusätzlich spielen sollte, waren durch die Ziffern nur summarisch angedeutet. Diese Ziffern sagten nichts aus über den Oktavbereich, in dem die Akkorde gegriffen werden sollten, sie stellten dem Spieler auch die Lage der Akkorde (weite, enge, gemischte Lage) und die Stimmführung, also die Art der Tonverbindungen bei den Akkordfolgen anheim, sie gestatteten ihm sogar, nach Belieben Verzierungen und kunstvolle Imitationen anzubringen. Damit war der Improvisation eine außerordentliche Freiheit eingeräumt.

Das kam nicht nur dem Generalbaßspieler zugute, auch der Solist konnte seine meist nur skizzierte Stimmvorlage aus dem Stegreif ergänzen. Das begünstigte naturgemäß die Entfaltung des Virtuosentums. Jeder Sänger oder Instrumentalist suchte sich als Improvisator hervorzutun, jeder Virtuose dachte sich besondere Effekte, Schnörkel,

Ornamente und dergleichen aus, mit denen er scheinbar aus dem Stegreif, in der Tat aber methodisch die Vorlagen auszierte. So entstanden mit der Zeit viele Verzierungstypen. Soweit man sie als charakteristisch empfand, wurden sie verallgemeinert und als ›Manieren‹ den nationalen Verzierungslehren zugrunde gelegt.
Bald gab es regelrechte ›Lehrstücke‹ mit hinzugefügten Varianten, aus denen auch der Liebhaber ersehen konnte, wie eine Melodie nach der italienischen, französischen oder polnischen Manier auszuzieren sei. Noch aus dem Hochbarock, von Telemann, sind methodische Sonaten (1732) erhalten, in denen »allemal das erste Adagio mit Manieren begleitet« ist. Zwei Beispiele aus einem dieser Adagii, nämlich zwei Fassungen der gleichen melodischen Phrase mögen verdeutlichen, um was es hier geht.

Zwei Beispiele aus einem der Telemannschen Adagii

Zunächst erscheint die Phrase schmucklos, sodann mit Telemanns Verzierungsvorschlägen. Von einer notengetreuen Wiedergabe einer Komposition war demnach damals keine Rede. Die Interpreten hatten es in der Hand, aus ihrer Vorlage ein Kunstwerk oder eine Farce zu machen. Das gesellige Gemeinschaftsmusizieren wurde als Stegreifspiel zu einer Art ›Konversation in Tönen‹, die souveräne Improvisation des Virtuosen aber wurde oft zum Mittel einer übertriebenen Selbstdarstellung.
Die Generalbaßtechnik entsprach somit durchaus der barocken Mentalität. Indem sie dem Interpreten die Freiheit gab, auf seine Weise schöpferisch teilzuhaben am Entstehen von Musikwerken, steigerte sie sein Selbstbewußtsein. Aus ihr erklärt sich überdies weitgehend die ungeheure, später nie wieder erreichte Massenproduktion des Barock: alle generalbaßbegleiteten Stücke haben den Charakter von Skizzen.
Gerade damit aber wurde diese Technik, wie sich allmählich herausstellte, zu einem Hemmschuh für die Entfaltung des individuellen autonomen musikalischen Kunstwerks! Sie begünstigte in der Praxis die Beschränkung auf den begrenzten Formelvorrat marktgängiger Manieren, Form- und Ausdrucksschemata und somit den Schlendrian, die Routine. Je mehr sich während des Barock der Sinn für die Eigenart der Instrumentalklangfarben und für den Reiz bestimmter Klangfarbenmischungen schärfte und je größere Sorgfalt die Komponisten daran wandten, auch die Mittelstimmen melodisch zu führen, desto unzulänglicher mußte ihnen die Generalbaßtechnik erscheinen.
Diese Technik benachteiligte den Komponisten. Sie minderte seine Autorität gegenüber dem Generalbaßspieler und weitgehend auch gegenüber dem Virtuosen, und sie erschwerte ihm die Aufzeichnung differenzierter subjektiver Klangvorstellungen. Er

vermochte einer entstellenden Wiedergabe seiner Schöpfungen nur entgegenzuwirken, indem er sie exakt aufzeichnete und es durchsetzte, daß seine Formulierungen für jeden Spieler verbindlich wurden. Im Detail erwies sich seine Kunst, und im Detail hatte sie sich zu bewähren. Mit der zunehmenden Individualisierung der Musik geriet der Komponist zwangsläufig in Widerspruch zur Generalbaßpraxis. Ein echtes Dilemma, das die Geschichte zugunsten des Komponisten entschied. Die Generalbaßpraxis mußte einer sublimeren Erscheinungsform eben jenes Individualismus weichen, der sie einst ins Leben rief und dem sie vortrefflich diente. Das generalbaßlose, durchgezeichnete autonome Kunstwerk wurde schließlich verbindlich für jede Wiedergabe. Diesem Plus stand freilich ein Minus entgegen. Die Generalbaßspieler wurden allmählich zu nur noch reproduzierenden Musikern ihre, oft reich durchgebildete Fähigkeit zu freier Improvisation verkümmerte, die Aufspaltung des ursprünglich einheitlichen Musiklebens in die Dreiheit Komponist, ausübender Musiker und Hörer wurde endgültig. Daraus ergaben sich im 19. und 20. Jahrhundert tiefgreifende Folgen.
Eines der wenigen Beispiele, an denen sich die Überwindung der Generalbaßpraxis direkt ablesen läßt, möge hier den Abschluß bilden. Es stammt aus Johann Sebastian Bachs ›Sonate in g-moll für obligates Cembalo und Flöte‹. Das Cembalo streift in dieser Sonate nach mehreren Anläufen seine alte Rolle als Generalbaßinstrument ab und wird zum ›konzertanten‹, das heißt gleichberechtigt ›wetteifernden‹ Partner der

Beispiel aus Bachs ›Sonate in g-Moll für obligates Cembalo und Flöte‹

Flöte. Und zwar so: In den zwölf Takten, die dem Beispiel vorausgehen, führt das bereits zweistimmig ausgeschriebene Cembalo allein. Beim Einsatz der Flöte (Takt 1 bis 3) weicht es jedoch in seine alte Generalbaßrolle zurück. Bach notierte hier nur den bezifferten Baß! Die kleinen Noten im Liniensystem über der Baßstimme wurden später von einem Bearbeiter hinzugefügt. Sie veranschaulichen eine von vielen möglichen Lösungen, nach denen man die von Bach gewünschten Harmonien ausführen kann. Sobald die Flöte schweigt (Takt 4), wird die Cembalostimme wieder zweistimmig aufgezeichnet, ihre Rolle ist also exakt festgelegt. Der Vorgang wiederholt sich. Dann vereinigen sich Cembalo und Flöte konzertant in dreistimmiger Linienführung.

Italien

Die Barock-Oper

Die Verbindung von Theater und Musik ist uralt. Die Oper, als ganz oder teilweise ›in Musik gesetztes‹, gesungenes Drama, Schau- oder Lustspiel hat einen ehrwürdigen Stammbaum. Etwa die Chor-Dramen, die bäuerlichen Rüpel- und Singspiele von Hellas, die liturgischen Dramen, die Passionsspiele, Mysterien und Liederspiele des abendländischen Mittelalters, die Fastnachtsspiele und Schwänke der Meistersinger, die deutschen Humanisten-Dramen, die englischen ›masques‹ und ›heroic plays‹, die französischen ›ballets de la cour‹ sind einige ihrer Ahnen.

Hinzu kommen die italienischen Renaissance-Dramen mit ihren Intermedien (szenischen ›Einlagen‹ meist humoristischen Charakters, von Canzonen, Chören und Tänzen durchsetzt), die merkwürdigen Madrigal-Komödien Italiens, in denen selbst die Sololieder chorisch in mehrstimmigem Madrigalstil vertont wurden, hinzu kommen aber auch die vielen Vorstufen des monodischen Gesangsstils. Ganz allgemein sind hier zu nennen alle Diskantlieder mit Instrumentalbegleitung und schließlich auch die reinen Instrumentalstücke chorischen und konzertanten Charakters, von Gabrielis Blasmusiken bis hin zu des Spaniers *Diego Ortiz* frühen ›Variationen für Solo-Gambe und Cembalo‹ (um 1550).

Alle musikalischen Elemente der Oper – Sprechgesang (Rezitativ), begleitetes Solo- und Chorlied, reine Instrumentalmusik usw. – waren schon da, bevor sie selbst entstand. Aber sie wurden in ihr gleichsam noch einmal hervorgebracht und auf ein Zusammenwirken im Rahmen der neuen Aufgabe eingestimmt.

Anfänge: Florenz

Vincenzo Galileis Monodie
Die eigentliche Geschichte der Oper begann kurz vor 1600 in Florenz mit allen Anzeichen einer radikalen Umwälzung: Absage an den A-cappella-Gesang, Ächtung der Polyphonie, Unterordnung der Musik unter die Poesie, Zertrümmerung ihrer konventionellen Formen – das und anderes noch stand an.

Etwa um 1580 bildete sich im Hause des Grafen Bardi zu Florenz eine ›camerata‹ von Gelehrten, Malern, Musikern und Dichtern. Alle, die diesem Freundeskreis angehörten, waren durchdrungen vom humanistischen Ideal einer Erneuerung der Antike. Zu den Musikern der ›camerata‹ zählten u. a. *Vincenzo Galilei* (um 1520 bis 1591; Vater des Physikers), Caccini, Cavalieri, Corsi und Peri. 1581 veröffentlichte Galilei eine Schrift ›Dialogo della musica antica e moderna‹. Er hatte drei altgriechische Hymnen des Mesomedes entdeckt. Die ihnen beigefügten Notenzeichen (Buchstaben) vermochte er zwar nicht zu entziffern, doch er kam zu der Überzeugung, daß es sich bei den Hymnen um instrumental begleitete Sologesänge handelte.

Hieraus folgerte er, die griechischen Tragödien seien durchgehend rezitativisch, das heißt in einem einstimmigen, begleiteten Gesangsstil vorgetragen worden, der etwa die Mitte zwischen Singen und affektbetontem Sprechen innehielt. Er und seine Freunde glaubten, mit dieser Einsicht den Schlüssel zur Erneuerung der antiken Tragödie in Händen zu halten.

In einer Schrift erhob Galilei nunmehr flammenden Protest gegen den »Irrsinn des Kontrapunkts«, und zwar mit der Begründung, es sei unmöglich, den Empfindungsgehalt einer Dichtung in vielstimmiger Musik auszudrücken. Er empfahl die Rückkehr zum antiken Deklamationsstil und vertonte selbst in diesem Stil, das heißt so, wie er ihn sich vorstellte, die Szene des Grafen Ugoline aus Dantes ›Inferno‹ und Teile der ›Klagelieder Jeremiä‹.

So entstanden die ersten monodischen Sprechgesänge, das heißt Rezitative für eine Singstimme; sie waren von Violen begleitet.

Jacopo Peri · ›Dafne‹ und ›Euridice‹ – Musikalische Prosa

1592 wurde Graf Bardi als päpstlicher Kämmerer nach Rom berufen. Die ›camerata‹ traf sich daher fortan im Hause des Edelmannes Corsi in Florenz. Galileis Gedankengänge wurden hier weiter diskutiert und praktisch erprobt. Der Dichter Rinuccini († 1621) verfaßte über ein antikes Thema ein arkadisches Pastoraldrama, und *Jacopo Peri* (1561 bis 1633) vertonte alle Dialoge im ›stilo recitativo‹. 1597 kam diese erste Oper ›Dafne‹ im Hause Corsis zur glanzvollen Aufführung. Der Erfolg war derart, daß man das Werk 1598 und 1599 während des Karnevals wiederholte. Peris Musik ist verschollen, der Text wurde später u. a. von Gagliano (1608) und Schütz (1627) neu vertont.

Rinuccini und Peri schufen nun gemeinsam eine zweite Oper: ›Euridice‹. Dieses Urbild zahlloser Orpheus-Opern ging im Jahre 1600 gelegentlich der Hochzeit Heinrichs IV. von Frankreich mit Maria von Medici zu Florenz mit sensationellem Erfolg in Szene. Das Orchesterchen dieses ersten vollständig erhaltenen ›dramma per musica‹ besteht aus Clavicembalo, Chitarrone, Tenorlaute – als vielleicht alternierenden Generalbaßinstrumenten – und baßverstärkender Lira grande. Für eine eingelegte Schäferszene sind als ›antikes‹ Attribut drei Flöten vorgeschrieben. Alle Monologe und Dialoge werden von Solosängern im ›Stilo recitativo‹, einer Art musikalischer Prosa, vorgetragen; die Begleitinstrumente, von Adeligen hinter der Szene (!) gespielt, haben nur wenige Akkorde zu bringen, die immer dann wechseln, wenn der Verlauf des Textes dazu herausfordert. Knappe Chöre, meist einstimmige Wechselgesänge (Männer- oder Frauenstimmen), umrahmen die einzelnen Akte im Sinne antiker Chöre. Nur im freudigen Schlußakt kommt es in Verbindung mit Tänzen zu mehrstimmigem Chorgesang. In lapidarem Stil ist damit die Grundform der Chor-Oper für alle Zukunft vorgezeichnet.

Der Triumph der Poesie über die Musik scheint in ›Euridice‹ nahezu vollständig. Der ›Sprechgesang‹ folgt sklavisch den Regungen der Dichtung und vermeidet alles, was zu einer »Zerfetzung der Poesie« (Caccini) führen könnte. Einzig in Orpheus' ›Lamento‹ (Klagegesang), dem Urbild vieler barocker Lamenti, und in der Schlußszene wagen sich melodische Wendungen schüchtern hervor.

Alles in allem also ein höchst langweiliges Elaborat, mißverstandene Antike, vergewaltigte Polyhymnia – so sollte man meinen.

Aus dem ›Lamento‹ des Orpheus in Peris ›Euridice‹

Dennoch faszinierte ›Euridice‹ die Zeitgenossen. Das wird verständlich, wenn man andere Versuche jener Zeit prüft. Alle diese Versuche kranken an einer sinnwidrigen Deklamation und einem Übermaß an mehrstimmiger Musik. In den Madrigal-Komödien etwa, die aus den Intermedien herausgewachsen sind als die vielleicht opernnächsten Gebilde, wird fast jeder Monolog von einem mehrstimmigen Chor in ornamentreicher Verbrämung vorgetragen. Dramatische Wirkungen werden dadurch erstickt. Vecchi strebte in seinem musikalisch wertvollen ›Amfiparnasso‹ (1597) eine andere Lösung an. Er versteckte den Madrigalchor hinter Vorhängen und ließ die an sich reizende Komödie als Pantomime spielen. Auch das war freilich nicht operngemäß. Die Oper steht und fällt mit Akteuren, die zugleich Sänger sind.

Peris ›Euridice‹ erfüllte demgegenüber trotz ihrer Unzulänglichkeiten die Grund-

Personenverzeichnis mit Eintragung der Besetzung der Oper ›Euridice‹ von Peri aus dem Jahre 1600

forderung des Musiktheaters nach dramatischer Wahrhaftigkeit. Die Vorgänge auf der Bühne blieben verständlich, die Hauptdarsteller traten wirklich als einzelne handelnd und singend auf, sie begegneten einander in sinnvoll deklamierten lebensnahen Dialogen. Was sie zu sagen hatten, war musikalisch zwar streng stilisiert, doch das nahm man um so bereitwilliger hin, als man völlig im Banne der Täuschung stand, der merkwürdig trockene monodische Sprechgesang sei das Abbild der antiken musikdramatischen Rhetorik.

Nicht minder wichtig – der ›stilo recitativo‹ verlieh den Akteuren auf der Bühne eine sozusagen höhere Würde, mit einem Minimum an Mitteln gab er den alltäglichsten Figuren den Anschein des Besonderen. Kein Wunder, daß er sich sofort unter dem pomphaften Namen ›stilo rappresentativo‹ durchsetzte und daß er fortan als Grundelement des Musiktheaters – freilich auch nur als solches – fortbestand.

Giulio Caccini · ›Euridice‹ – ariose Kantilenen

Das ›dramma per musica‹, die ›favola in musica‹, die ›opera‹ (Inbegriff des Wortes Werk, Allkunstwerk) war nun da! Sie wurde alsbald zum Tummelfeld der sonderlichsten Illusionen, aber auch zum Kampfplatz der Eitelkeiten, der Intrigen. Was tut's. Sie gedieh vortrefflich in der Hitze menschlicher Leidenschaften.

Der erste Intrigant unter den Opernkomponisten war *Giulio Caccini* (um 1550 bis 1618), Mitglied der ›camerata‹, Lautenspieler, Sänger und Komponist zugleich. Als Peris ›Euridice‹ entstand, wußte er sich den Text zu beschaffen. Er begann ebenfalls mit der Vertonung, hinkte aber hinter Peri her. Immerhin gelang es ihm mit Hilfe seiner adeligen Schüler, ein paar Abschnitte seiner Version in Peris Spectaculum einzuschmuggeln. Nicht genug damit, auch seine Schüler versuchten sich als Monodisten und brachten ihre dilettantischen Erzeugnisse als ›Einlagen‹. So ging es schon der ›Euridice‹ nicht besser als dann den meisten Barock-Opern und vielen Opern der Klassik und Romantik: Sie wurde verschandelt durch fremde Zutaten.

Zwei Jahre nach Peris ›Euridice‹ erlebte Caccinis Neuvertonung (gedruckt 1600) ihre einzige Aufführung. Sie hält einem Vergleich mit Peris Arbeit künstlerisch nicht stand, doch sein Werk wurde ebenfalls für den Weg der Oper wichtig, denn in ihm stehen die ersten formlosen Ansätze zur monodischen Arie, der zweiten Wurzel barocker Opernmusik.

Als ›szenisches Lied‹ war dieses Gebilde den dogmatischen Vorkämpfern der neugriechischen Rhetorik verhaßt. Es fand auch erst um die Mitte des 17. Jahrhunderts über die Kantate als liedartig durchgeformter Gegensatz zum Rezitativ seinen beherrschenden Platz in der Oper. Caccinis Ansätze zur Arie, seine ariosen Kantilenen sind das Beste, eigentlich Zukunftsträchtige, was er zu bieten hatte. Er hielt sich in ihnen weder an das rhythmische Metrum der Textvorlage noch an überkommene musikalische Formschemata, versuchte vielmehr, im Rahmen des ›stilo recitativo‹ und mit dessen Mitteln der nüchternen musikalischen Prosa (dem musikalischen Bericht) freie melodische Gesänge gegenüberzustellen, in denen die Musik nur Ausdruck der Empfindung war.

In dieser Richtung ging die Entwicklung dann auch tatsächlich weiter. In den späteren Opern, in den verwandten Formen der Kantate, des Oratoriums, der Passion, ja im solistischen Kunstlied etwa bei Schubert oder Hugo Wolf und im ungebundenen Parlandostil bei Richard Strauss: überall findet sich entweder eine klare Gliederung in trockenen Bericht (Rezitativ) und lyrische bzw. dramatische Arie oder ein freies Übergehen aus der einen Musizierart in die andere (Wagner). Hier, bei Caccini, wurde diese Evolution eingeleitet.

Notenbeispiel aus der Vorrede von Caccinis ›Le nuove musiche‹, 1601

Caccini hatte 1601 unabhängig von seinen Opernplänen monodische Arien und Madrigale mit Begleitung einer Theorbe (Baßlaute) als ›nuove musiche‹ erscheinen lassen. Sie erregten das Entzücken der Kenner, wurden fleißig nachgeahmt und erwiesen sich als die eigentlichen Vorbilder des neuen Stils, und zwar gerade deshalb, weil sie nicht musikalische Prosa boten, sondern dem monodischen Gesang das weite Gebiet poetischer Melodik erschlossen.

Den Ruhm, Schöpfer der ersten Oper zu sein, hat Caccini zwar an den Schicksalsgefährten Peri verloren, doch die Epoche der barocken Monodie trägt den Namen seiner Arien und Madrigale: ›nuove musiche‹.

Rinuccini · Symbiose von Dichtung und Musik
Der Gelehrte *Doni* (1594 bis 1647) nennt vor den Musikern den Mäzen und Schöngeist Corsi und den Dichter Rinuccini »die eigentlichen Baumeister der dramatischen Musik«, ein Gedankengang, der deutlich jene Auffassung des Barock vertritt, wonach die Künste einander wechselseitig bedingen, auslöschen und bestätigen. Inbegriff dieser humanistischen Denkweise ist die Oper als Symbiose aller Künste, als ›Gesamtkunstwerk‹.

Über eines bestand damals noch kein Zweifel: Das Primäre in der Oper ist die Dichtung. Ihr sollen die anderen Künste dienen: in freier Selbstbehauptung, als Teile einer übergeordneten geistigen Wirklichkeit, die erst aus dem lebendigen Zusammenklang aller Künste möglich wird.

Ein derart künstliches, doch in sich harmonisches Gebilde ließ sich zwar in einem schöngeistigen Gelehrten- und Künstlerkreis als Idee formulieren, es ließ sich als Ziel verkünden und anstreben, aber nur in seltenen Glücksfällen annähernd verwirklichen. Seit ihrer Geburtsstunde erwies sich die Oper denn auch als ›enfant terrible‹. Fast alle ihre Erscheinungsformen legen Zeugnis ab von der Rivalität zwischen Dichter und Musiker, viele auch vom aufreibenden Kampf dieser beiden mit der Primadonna, dem Primo uomo, der Primaballerina, ja mit dem Chor und dem gesamten technischen Apparat. ›Daphne‹ und ›Euridice‹ stehen als erste Ergebnisse einer vollständigen Symbiose von neuzeitlicher Dichtung und Musik am Beginn einer Entwicklung, die bald unabsehbare Folgen nach sich zog und bis zur Gegenwart heranreicht. Bereits in jenen ›dramma per musica‹ ist die dramatische Poesie ebenso von der Musik abhängig wie diese von ihr.

Italien erlebte im 17. Jahrhundert einen Niedergang der Dichtung. Er wurde durch einen unvergleichlichen Aufstieg der Musik kompensiert, der schon geraume Zeit vor 1600 einsetzte, im Bürgertum, im Adel und bei den Dichtern. Sie waren fast alle ›musizierende Dichter‹, von Dante zu Tasso und erst recht später. Je näher sie dem Barock zeitlich stehen, desto deutlicher wird ihre Musikbesessenheit. Zunächst schrieben sie in gelehrter Nachahmung der Antike neben ihren Tragödien noch ziemlich spröde ›commedie erudite‹, bald jedoch saftig volkstümliche ›commedie dell'arte‹, Intermedien und höfische Schäferdramen, die ohne Musik nicht denkbar sind. Schon Tassos ›Aminta‹ und Guarinis ›Il pastor fido‹ sind ganz auf sie eingestellt. Mit ›Dafne‹ und ›Euridice‹ wurde dann das ›dramma per musica‹, also das ›Drama durch die Musik‹, Wirklichkeit.

Daß der Anstoß zur Oper von einem verseschmiedenden, ›auch komponierenden‹ Kunstfreund und von einem Dichter ausging, war nur folgerichtig. Diese Männer wollten Dichtung und Musik im Drama vereinen, doch sie allein vermochten es nicht. Corsi war Universaldilettant noch im Sinne der Renaissance. Rinuccini war zumindest ›noch‹ Dichter, in der Musik aber nach dem Zeugnis Donis ein sensibler Liebhaber mit dem feinsten Gehör. Seine schöpferische Unfähigkeit in der Musik suchte er durch seine Verbindung mit Musikern (Peri, Caccini, dann Monteverdi, Gagliano und anderen) auszugleichen. Und er kam in seinen Dramen der Musik weiter entgegen als alle seine Vorgänger.

Als Rinuccini sich mit Peri und Caccini einließ, hoffte er, mit ihrer Hilfe der Dichtung durch die ›nuove musiche‹ erhöhte Geltung zu verschaffen. In der Tat aber lieferte er die Dichtung der Musik aus. Das heißt, seine Dramen waren ebenso auf die ›nuove musiche‹ angewiesen, wie diese auf sie. Niemand – am wenigsten Rinuccini selbst – dachte daran, ›Dafne‹ oder ›Euridice‹ ohne Musik aufzuführen. Aus dem einfachen Grund, weil diese Stücke erst zusammen mit der Musik die beabsichtigte Wirkung erreichen konnten. Das war das entscheidend Neue! Sie waren nicht mehr autonome Schauspiele, sie waren – obwohl Dichtungen – ›Libretti‹ (›Büchlein‹), das heißt Opern-Textbücher, dramatische Skizzen, denen erst der Komponist mit seinen Sologesängen, Chören und Instrumentalstücken Leben verlieh.

Mantua, Venedig

Claudio Monteverdi
Von Anbeginn war die Oper kostspieliges Ausstattungsstück und damit zunächst auf die Gunst der Aristokratie angewiesen. Kardinäle, Fürsten, Stadtoberhäupter ließen bei besonderer Gelegenheit solch eine ›favola in musica‹ in ihren Palästen aufführen, und sie nahmen das stets zum Anlaß, vor geladenen Gästen ihren Reichtum und ihre Macht zu demonstrieren. Die Opernproduktion war demzufolge zahlenmäßig in den ersten Dezennien noch gering. In Florenz leisteten sich als erste die Mediceer den Luxus einer Chor-Oper. In Mantua suchte Herzog Vincenzo Gonzaga es ihnen gleichzutun, er beauftragte seinen Hofkapellmeister Claudio Monteverdi, eine Original-Oper zu schaffen. Eine Sternstunde der Oper brach damit an.
Claudio Monteverdi ist eine der großartigsten Gestalten der abendländischen Musikgeschichte. Er stammte aus Cremona (* 14. 5. 1567). Sein Lehrer war der treffliche Kirchenkomponist Ingegneri, bekannt durch Messen, Lamentationen und klangprächtige Madrigale. Schon mit 16 Jahren konnte Monteverdi einen Band ›Madrigali spirituali‹ herausgeben. 1590 kam er als Sänger und Violinist an den Hof der Gonzagas nach Mantua, 1601 wurde er dort Kapellmeister. Er erwarb sich die Freundschaft seines Herrn, begleitete ihn auf manchen Reisen (bis Paris) und lernte so alle Strömungen der ›musica viva‹ kennen. Nach des Herzogs Tod erhielt er 1613 einen ehrenvollen Ruf nach Venedig, wo er als Kapellmeister der Markuskirche am 29. 11. 1643 starb.
Als Monteverdi sich der Opernkomposition zuwandte, war er bereits ein berühmter Madrigalist. Sein Lebenswerk umfaßt 9 Bände Madrigale, Canzonen, viele Kirchenmusiken, darunter Motetten, Psalmen, Hymnen, einzigartig schöne Magnifikats und Messen, zwei Bände ›Scherzi musicali‹ (1607 und 1632), verschiedene Intermedien, Ballett- und Schauspielmusiken, das weltliche Oratorium ›Il combattimento di Tancredi e Clorinda‹ (1624) und acht Opern, von denen indessen nur der ›Orfeo‹ (1607), ein Bruchstück aus der ›Adrianna‹ (1608), das einaktige Tanzspiel ›Il ballo dell' ingrate‹ (›Tanz der Spröden‹; 1608), ›Il ritorno d'Ulisse in patria‹ (1641) und ›L'incoronazione di Poppea‹ (1642) erhalten sind.
Sieben Jahre nach Peris ›Euridice‹, zu Beginn des Karnevals 1607, wurde Monteverdis ›Orfeo‹ in der Accademia degl' Invaghiti zu Mantua zum ersten Male aufgeführt. Es war das bedeutendste Musiktheater-Ereignis des 17. Jahrhunderts. Das Libretto des ›Orfeo‹ stammt von *Alessandro Striggio*, dem Sohn eines vortrefflichen Madrigalisten (siehe Seite 134). Er hielt sich in seinem Text an die bekannte antike Fabel, die er wirkungsvoll dramatisierte, und er bot damit dem Musiker den poetischen Entwurf für eine wahrhaft tragische Oper.
Monteverdi kannte die Experimente der Monodisten und billigte ihre Gedankengänge, soweit sie das Verhältnis der Musik zur Sprache betrafen. Im Geleitwort seiner ›Scherzi musicali‹ (1607) betonte er ausdrücklich: »L'orazione sia padrona dell'armonia e non serva« (»Die Sprache sei die Herrin der Musik und nicht die Dienerin«), und er folgte dieser Maxime zeitlebens. Doch vom eigentlichen Ziel der ›camerata‹ –

Erneuerung der antiken Tragödie – hielt er wenig. Er wußte, daß es kein ›Zurück‹ gab in die vorchristliche mythische Wirklichkeit der Antike, er wollte das Musikdrama seiner Zeit verwirklichen. Um dieses Ziel zu erreichen, ging er andere Wege als Peri und Caccini. Während sie mit der unmittelbaren Tradition brachen und ihrem Dogma viele Möglichkeiten der Musik opferten, verwandte er mit genialer Selbstverständlichkeit alle Mittel, die ihm aus der Zeit zuwuchsen, um etwas Neues zu gestalten.

Das Neue beginnt schon mit der Ouvertüre des ›Orfeo‹. Sie ist ohne Vorbild und doch aus einer alten Tradition abgeleitet. Man pflegte damals auf den Beginn eines Spectaculums mit Fanfarensignalen aufmerksam zu machen. Das tut hier auch Monteverdi, doch er baut aus dem hellen Fanfaren-Akkord, den er dem Ganzen voranstellt, sogleich eine festliche ›Toccata‹ von zweimal 16 Takten. C-Dur durchleuchtet sie, zunächst in vier Bläsern, über denen eine Trompete (Clarino) sich melodisch tummelt,

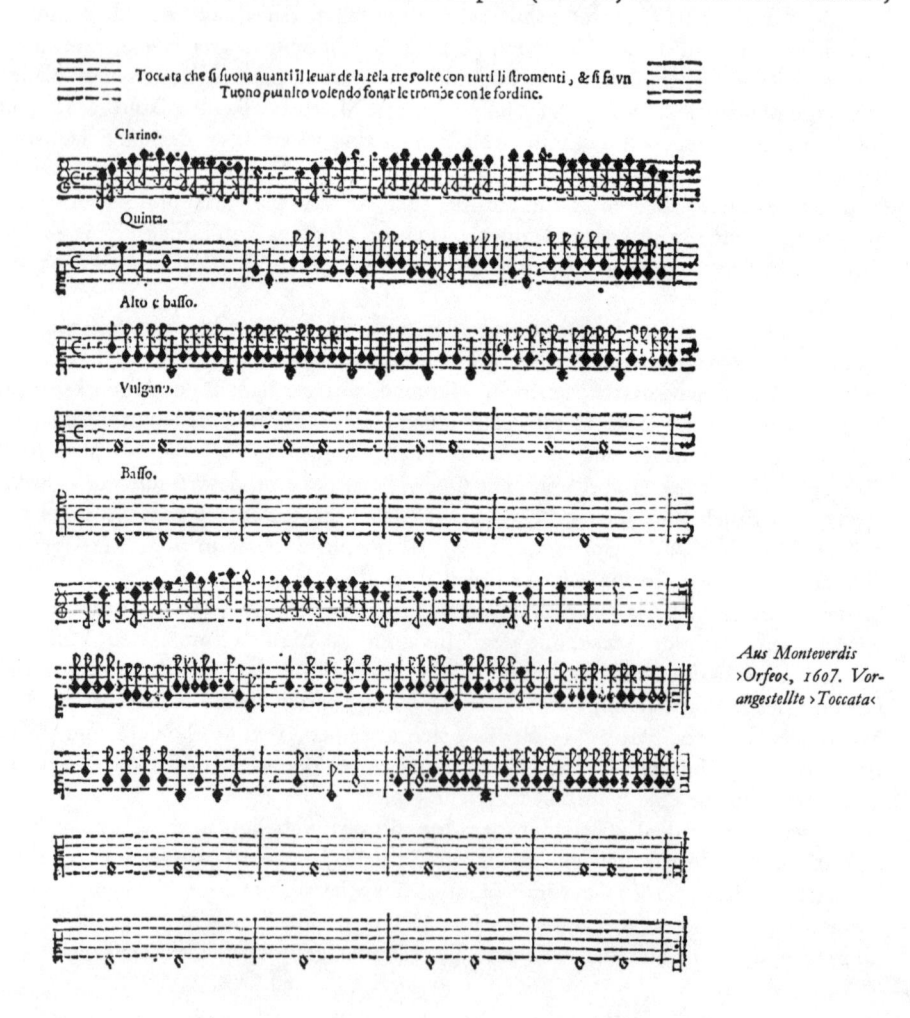

Aus Monteverdis ›Orfeo‹, 1607. Vorangestellte ›Toccata‹

dann in reicherer Instrumentation. Nicht genug damit: Als zweiten Teil bringt die Ouvertüre ein ›Ritornell‹ mit elegischen Melodien, die über einer sequenzartig sich verschiebenden ostinaten Baßfigur einhergehen. Dieses Ritornell (Wiederkehr) taucht nun in der Oper als Interludium (Zwischenspiel) wieder auf, und zwar immer dann, wenn die Handlung zur Melancholie, zu einer Klage oder zur Trauer Anlaß gibt! Die Ouvertüre bereitet also planvoll auf den Empfindungsgehalt der Oper, auf ihren tragischen Grundzug vor. Sie wird damit zum ersten Beispiel einer Formgattung, die dann zwar noch eine eigene Entwicklung durchläuft, aber mit ähnlichem Sinn bis zu Wagner und über ihn hinaus der Oper verbunden bleibt.

Neu ist auch das Instrumentarium des ›Orfeo‹. Es umfaßt 2 Gravicembali*, 2 Contrabassi di viola, 10 Viole da braccio, 1 Doppelharfe, 2 kleine Violinen (alla francese), 2 Chitarronen, 2 Organi di legno, 3 Gambenbässe, 4 Posaunen, 1 Regal, 1 Flautino alla

Ritornell aus dem ›Orfeo‹ von Monteverdi

vigesima seconda, 1 Clarino, 3 Trombe sordine. Bereits sieben Jahre nach Peri ist also das Opernorchester von 4 auf 34 Instrumente, das heißt zur Normalstärke der klassischen Besetzung, emporgeschnellt! Erstmals sind hier alte Harmonie-Instrumente (Orgeln, Lauten, Harfe) mit einer Violengruppe und mit neuartigen, solistisch verwendeten Blas- und Streichinstrumenten zu einem differenzierten Klangkörper vereinigt. Leider läßt sich aus Monteverdis flüchtiger Instrumentation (Generalbaßpraxis!) kaum mehr eine Vorstellung gewinnen von der barocken Fülle der Klangwirkungen, die er mit diesen reichen Mitteln erzielte. Doch wo er exakte Vorschriften gab, spricht aus ihnen eine eigene Klangphantasie und bereits das Streben, mit einzelnen Instrumenten Personen und dramatische Situationen zu charakterisieren.

Monteverdis monodische Gesänge sind nicht länger ›erniedrigte Musik‹ (Oskar Bie) wie bei Peri; in ihnen entfaltet sich ein ausdrucksvoller, dramatischer Deklamationsstil, der aus seinen schon pseudomonodischen, harmonisch kühnen Madrigalen abgeleitet ist. Eine sinnvolle Übereinstimmung der sprachlichen und musikalischen Gestik erreichte er durch Motive, in denen er musikalische Gebärden sah; sie sind gelegentlich schon ›leitmotivisch‹ verwendet, das heißt mit bestimmten Personen oder Grundgedanken der Handlung durchgehend verbunden. Damit sind bereits Ansätze zu Berlioz' ›idée fixe‹ und Wagners ›Leitmotivik‹ verwirklicht.

Wenn es der Ausdruck der Leidenschaft erforderte, schreckte Monteverdi vor schwir-

---

* *Gravicembalo, auch Cembalone genannt, tief gestimmtes Cembalo, neben Chitarrone, Violone usw. als Generalbaßinstrument gebräuchlich.*

renden Koloraturen für die Sänger und vor gestammelten oder pathetisch zerdehnten Wortwiederholungen nicht zurück. Auf Grund eingehender Naturbeobachtungen zerlegte er den Sprachrhythmus des öfteren in kleine lebhafte Untergliederungen. Die Kadenzen an den Vers-Endungen werden bei ihm geschmeidiger, größere gedankliche Zusammenhänge durch Motive oder autonome musikalische Formen gekennzeichnet. So schließen sich bei ihm Szenen zu einer musikdramatischen Einheit, die sich in Chöre, Einzelgesänge und instrumentale Zwischenspiele gliedert.
Dramatische Steigerungen unterstrich Monteverdi gern durch frei eintretende Septimen, schroff aufsteigende Sequenzen und ungewöhnliche Dissonanzenketten. Wegen solcher »Ungeheuerlichkeiten« mußte er »schon zu Lebzeiten den Haß der Reaktion erfahren, den nur das Genie erfährt« (Alfred Einstein). Die Gegenwart sieht in ihm den ›Vater der Dissonanz‹ und den ersten Meister eines wahrhaft dramatischen musikalischen Ausdrucksstils. Nie entspringen die rücksichtslosen Härten seiner Harmonik unkünstlerischer Willkür, sie sind extreme Mittel einer hinreißenden Affektsprache.
Weit entschiedener als seine Vorgänger gliederte Monteverdi seine monodischen Gesänge in berichtende ›musikalische Prosa‹ und in lyrische bzw. dramatische Partien, in denen die Musik nur ›Sprache der Empfindung‹ ist. Da ergeben sich bereits dreiteilige ariose Kantilenen mit eingeschobenen Instrumental-Ritornellen, Gesänge, die man formal als Vorstufen der Da-capo-Arie bezeichnen kann. Auch schon das erste Duett der Operngeschichte, ein monodischer Zwiegesang zwischen Apoll und Orpheus, findet sich am Schluß des Werkes. In der Zeichnung elementarer Leidenschaften und des Erhabenen gipfelt Monteverdis Kunst. Monumentale Wirkungen erreicht er in den Chören. Sie flankieren die einzelnen Akte, treten aber auch inmitten der Szenen in Aktion, anteilnehmend, mahnend, tröstend im Sinne des antiken Dramas. Monteverdi löste sich in ihnen souverän vom monodischen Dogma und entwarf sie polyphon im fugierten Stil der Niederländer! Daran erweist sich die universelle Spannweite seiner schöpferischen Natur. Er war in seinen Neuerungen kühner als die Zeitgenossen und dennoch legitimer Erbe einer großen Vergangenheit.
Die Nachwelt vergaß den ›Orfeo‹. Erst im Zuge der Barock-Renaissance erwies sich erneut die Lebenskraft dieser ersten gültigen Musik-Tragödie der Geschichte. Nach d'Indy bemühten sich viele Bearbeiter, ihr ein modernes Klanggewand zu geben. In Deutschland hat sich die Fassung von Carl Orff (1940, Dresden) durchgesetzt, Hindemith führte das Werk 1956 in Wien mit alten Instrumenten auf.

Aus Monteverdis Oper ›Arianna‹, Beispiel aus dem Teil ›Lamento d'Arianna‹, 1608

Monteverdi blieb bei den Errungenschaften des ›Orfeo‹ nicht stehen. Bereits 1608 wurde seine zweite Oper ›Arianna‹ (Text von Rinuccini!) in Mantua gegeben. Sie soll den ›Orfeo‹ noch übertroffen haben. Das einzig erhaltene Bruchstück, ›Lamento d'Arianna‹, ist nach Doni »die schönste Komposition, welche bis zum Jahre 1640

für das Theater geschrieben worden ist«. Man hat es unzählige Male nachgeahmt. Es gibt der Verzweiflung der von Theseus verlassenen Arianna Ausdruck. Auf alle Versuche des Chores, sie zu trösten, antwortet sie mit der Klage »lasciate mi morire« (»Laßt mich sterben«; siehe Notenbeispiel, Seite 146).
Das Lamento ist ein Musterbeispiel für das undeutbare Verhältnis Monteverdis zur Dichtung. Seine Musik scheint das Wesen der poetischen Vorlage vollkommen auszuschöpfen, und doch lebt die Musik zugleich so sehr aus sich selbst, daß sie die Worte vergessen macht. Das ist Monteverdi bewußt geworden. 1630 arbeitete er Teile des ›Lamento‹ in fünfstimmige Madrigale um, 1640 löste er die Musik von ihrem weltlichen Text und gab sie in Verbindung mit lateinischen Worten als ›Pianto della Madonna‹, als ›Marienklage‹ heraus. Spricht hieraus Unterordnung der Musik unter die Poesie? Das Genie, sich selbst fremd, neigt in seinen Theorien zu Paradoxen, es ist nicht wörtlich zu verstehen.
Wiederum Neues wagte Monteverdi 1608 in dem galanten Interludium ›Il ballo dell'ingrate‹ (›Tanz der Spröden‹). Rinuccini lieferte ihm das Textbuch. Die Fabel: Amor beklagt sich bei Pluto über die Sprödigkeit der Schönen Mantuas. Pluto ruft die Widerspenstigen zusammen und läßt ihnen von einem Geisterballett die Qualen aller Spröden im Jenseits vor Augen führen. Die knappe Handlung wird von Soli und Chören interpretiert, den Schwerpunkt aber bilden die pantomimischen Charaktertänze der Geister. Sie werden von Instrumentalsätzen getragen, in denen das gleiche Thema vor allem durch rhythmische Variationen seinen Ausdruck ändert. In einem vierstimmigen Schlußgesang wird die Moral gezogen: »Seid barmherzig, ihr Schönen!« Die Neufassungen des Werkes von Carl Orff bzw. Roberti Luppi sind freie Bearbeitungen.
Die anderen Mantuaner Bühnenwerke Monteverdis sind verschollen. Überliefert ist dagegen das Interludium ›Il combattimento di Tancredi e di Clorinda‹ (1624, Venedig). Abermals wurde ein neues Problem eigenartig gelöst. Die Handlung folgt dem 12. Gesang von Tassos ›Befreites Jerusalem‹. Tankred und Clorinda begegnen sich nachts, ohne sich zu erkennen. Sie kämpfen miteinander. Tankred verwundet die Geliebte, sie stirbt in seinen Armen. Musikalisch wird die im ›Ballo dell'ingrate‹ angewendete Methode hier abgewandelt. Diesmal ergibt sich eine realistische Kampfdarstellung. Schauerliche Triller und Tremoli, von Monteverdi eigens für dieses Werk ›erfunden‹ (bzw. noch einmal erfunden, denn Biagio Marini hatte solche schnell aufeinanderfolgenden bebenden Streichertöne bereits 1617 verwandt), schildern die ›ira‹, den Zorn der Kämpfenden. Pizzicati (gezupfte Töne der Streichinstrumente, hier erstmals illustrativ verwandt) markieren auf den Harnisch niedersausende Schwerthiebe. Das Musik-Theater gewann damit abermals Ausdrucksbereiche und Stilmittel. Monteverdi faßte sie zusammen unter dem Namen ›stilo concitato‹ (erregender, dramatischer Stil) und verstand darunter alle Details des im ›Combattimento‹ erprobten Stils. Dazu gehört auch die Neuerung des Testo (Erzähler). Er hat die Zwischentexte zu singen, die die einzelnen Phasen des pantomimischen Kampfes erklären, übernimmt stellvertretend aber auch die Gesänge der Handelnden, ist also der einzige Sänger des Stückes. Den Testo hat der ›Combattimento‹ mit den alten

Passionen und Oratorien gemeinsam, daher bezeichnet man diese Oper bisweilen auch als weltliches Oratorium. 300 Jahre nach der Uraufführung erlebte das Werk in Göttingen die erste Neuaufführung (1924).
Monteverdis Urheberschaft an der Oper ›Il ritorno d'Ulisse in patria‹ (1641, Venedig) wurde erst nach 1942 einwandfrei ermittelt. In Deutschland wurde der ›Ulisse‹ in der Bearbeitung von Kraak erstmals bei den Nymphenburger Festspielen 1958 in Konzertform zu Gehör gebracht, 1959 folgte Wuppertal mit der szenischen Aufführung. Bewundernswert ist in diesem Alterswerk die abgeklärte und doch vitale Ausdruckskraft der Sprache. Das gilt auch für die letzte Oper des 75jährigen, ›L'incoronazione di Poppea‹ (1642, Venedig), die Hamburg in einer Neufassung von Walter Goehr 1959 herausbrachte. Beiden Werken ist eine Hinneigung zur Solistenoper gemeinsam. Chöre und selbständige Instrumentalsätze treten in den Hintergrund zugunsten ausdrucksvoller, klanglich und melodisch subtiler Ariosi; in ihnen vollendet sich hier die Kunst des greisen Meisters.

Wandlungen: Rom

In Monteverdi setzte sich die Kunst Willaerts über Andrea und Giovanni Gabrieli und die der chromatischen Madrigalisten vom Range Gesualdos über Ingegneri fort. Er übernahm die monodische Schreibweise, pflegte aber zugleich die polyphone und gelangte so ohne Bruch mit der Tradition zu seinem ›stilo concitato‹. Alle damals bekannten Formen und Ausdrucksmöglichkeiten der Musik führte er der neuen Gattung Oper zu. Seine Spätwerke sind schon weitgehend durchgebildete Musizier-Opern mit Ariosi, Duetten, Passacaglia-Variationen, Rondi, Chören und Tänzen. Hier sind der Opernmusik Wege aufgetan, die nun weit fortführen von der strengen, noch zugleich humanen und sakralen Musik der Renaissance.
Monteverdi hat die Entwicklung nicht allein bis zu diesem Punkt vorangetrieben, viele Meister seiner Zeit trugen dazu bei. Eine Sondergruppe fand sich in Rom zusammen. An ihrer Spitze stand zunächst *Emilio del Cavalieri* (um 1550 bis 1602). Bereits 1600, drei Jahre nach Peris ›Orfeo‹, brachte er im Oratorio des Klosters Santa Maria di Vallicella eine ›Rappresentazione di anima e di corpo‹ heraus. Er hielt sein Stück für ein Musikdrama, es handelte sich aber um ein madrigalisch vertontes ›allegorisches Spiel‹ ohne dramatische Entwicklung, in dem personifizierte Begriffe moralisierend auftraten.
Wie wenig zimperlich das Barock mit äußerer Prachtentfaltung umsprang, geht aus Anmerkungen Donis hervor. Er macht sich darüber lustig, daß Cavalieri seine Stücke in einem Saal gespielt sehen will, der »höchstens 1000 (!) Personen faßt, damit die Sänger ihre Stimmen nicht anzustrengen brauchen«. Und er meint verächtlich, solche »Chimären« könne man vorschreiben, »wenn Mönche und Studenten spielen, aber nicht, wenn es sich um Aufführungen an Fürstenhöfen handelt. Die verlangen einen Raum von gehöriger Größe und ausgesuchte Sänger, und es lassen sich Mittel finden, die Stimmen der Sänger stärker zu machen ...«.

In dieser Glosse spiegelt sich der Lebensstil der Zeit: Rivalität zwischen den Städten, zwischen Aristokratie und Geistlichkeit, Weltläufigkeit der Kunst und beginnendes Startum hochgezüchteter Sänger. Römische Kardinäle förderten damals das musikalische Schauspiel mit demselben Eifer wie der Adel, wenn auch in anderem Sinne. Sie sahen in ihm ein Mittel, die Moral des Kirchenvolkes zu heben. Cavalieris ›Spiel von Seele und Leib‹ wurde zum Prototyp der moralisierenden, allegorischen römischen Oper.

Dieser römische Typ, auch geistliche Oper genannt, nahm bald Stilelemente der Florentiner Chor-Oper in sich auf. Die Rezitative wurden dramatisiert, musikalischer Bericht und lyrische Kantilene getrennt, stofflich ergaben sich Anleihen bei antiken Themen. Als Novum ist zu verzeichnen das erste weltliche ›Melodram‹ (gesprochener Text, musikalisch untermalt) ›La morte d'Orfeo‹ (1610) von *Steffano Landi* (um 1590 bis 1655), einem ausgezeichneten Madrigalisten und Kirchenkomponisten. In seiner Oper ›Sant' Alessio‹ (1632) trat zum erstenmal ein Sopran-Kastrat in einer Männerrolle auf. Eingeleitet wurde das Werk bereits von einer dreiteiligen Ouvertüre (langsame $^4/_4$, lebhafte $^3/_4$, breite $^4/_4$). Rom sind auch die ersten komischen Opern zu danken: ›Che soffre speri‹ (1639) und ›Dal male il bene‹ (1653). Kardinal Giulio Ruspigliosi, der spätere Papst Clemens IX., verfaßte ihre Libretti!

Die geistliche Oper Roms verwandelte sich bald ins Oratorium. Manche ihrer Eigentümlichkeiten aber übernahmen die Meister Venedigs und später Neapels in ihre weltlichen Opern. In Neapel erfolgte dann im 18. Jahrhundert die Trennung der ›opera seria‹ und ›opera buffa‹, also der ernsten und der komischen Oper. Zwischen beiden siedelte sich die ›opera semiseria‹, die halbernste Oper an.

Venedig

Von Venedig nahm der europäische Siegeszug der Oper seinen Ausgang. 1637 wurde dort das erste öffentliche Operntheater zu San Cassiano ins Leben gerufen. Gegen ein Eintrittsgeld von zwei Lire hatte jedermann Zutritt. Die bislang den Aristokraten vorbehaltene Oper wurde damit zu einer Angelegenheit der ganzen Bevölkerung. Bald entstanden Konkurrenzunternehmen, entstanden erstmalig auch überdachte Logentheater. Aristokraten und wohlhabende Bürger mieteten eine Familienloge oder nahmen sie in erblichen Besitz, für die Kleinbürger blieben die Galerien. Der Opernbesuch wurde zum gesellschaftlichen Ereignis.

Während man damals in Deutschland noch im Freien und nur über Tag Schauspiele gab, traf man sich in den Theatern der Lagunenstadt abends bei künstlichem Licht. Auf der Bühne brannte eine Fackel, rechts und links auf dem Proszenium je eine Öllampe. Das Publikum brachte Kerzen mit, bei ihrem Schein las man die gedruckten Textbücher. Ein bezaubernder Rahmen für die Vorgänge auf der Bühne, an denen die Hörer mit südländischem Temperament unmittelbar teilnahmen. In der Regel wurde eine Oper eine ganze Stagione (Spielzeit) hindurch gegeben. Zunächst gab es jährlich nur eine Stagione während der Karnevalszeit. Als bald zwei weitere hin-

zukamen, schnellten die Produktionsziffern jäh in die Höhe. Von 1637 bis 1700 entstanden allein für Venedig rund dreihundert Opern, also jährlich etwa fünf. Hinzu kamen annähernd ebensoviele für andere Städte Italiens oder für den Export. Da die Unternehmer sich den Wünschen ihres Stammpublikums anpassen mußten, entstanden bald Spezial-Opern für den exklusiven aristokratischen Geschmack und andere, volkstümliche, für die Bürger.
Charakteristisch für beide Richtungen wurde die neue Form der chorlosen Solistenoper. Die Primadonna (erste Dame, Sopran) und der Primo uomo (der erste Sopranbzw. Altkastrat) traten in den Mittelpunkt des Interesses. Die Unsitte, durch Entmannung von stimmbegabten Knaben deren Mutation zu verhindern und so Kastratenstimmen zu züchten, die den Sopran- bzw. Altcharakter mit perversem Klangreiz verbinden, wurde damals von der Kirche geduldet und ausgenutzt. Bereits 1562 gehörte ein Kastrat, Pater Hieronymus Rossinus, der päpstlichen Kapelle als Sänger an. In der Oper verwandte nach Landi auch Monteverdi Kastraten, und zwar ohne Rücksicht auf den Charakter der Rollen. Die Partien des Nero und des Ottone in seiner ›Poppea‹ sind für SopranKastraten geschrieben, die Frauenrollen dagegen für Altstimmen.
Dieses Mißverhältnis war beabsichtigt. Die bald nach 1650 zur Gewohnheit werdende Bevorzugung von Kastraten wurde zwar zunächst dadurch begünstigt, daß Frauen im Theater nicht auftreten durften. Doch auch, nachdem sie längst wieder zugelassen waren und als Primadonnen Stargagen bezogen, wurde der Typ des Primo uomo während des 17. und nahezu ganzen 18. Jahrhunderts, vornehmlich in Italien, der natürlichen Männerstimme vorgezogen und teilweise unglaublich dotiert. Im Kastratenwesen enthüllt sich ein Stück unverfälschtes Barock. Man verfügte über den Menschen, verstümmelte ihn, vergötterte in ihm dann das Absurde und wurde der Selbsterniedrigung nicht gewahr.
Noch Gluck, Vorkämpfer für ›Einfachheit, Wahrheit, Natürlichkeit‹ in der Kunst, entwarf die Rolle seines Orpheus für den Altkastraten Guadagni. Er schrieb sie dann zwar für Tenor um, da man dies 1762 in Wien forderte, doch die Nachwelt (zuerst Berlioz), bezaubert vom spezifischen Altklang der Originalfassung, übertrug sie kurzerhand einer Sängerin. Dabei ist es bis heute geblieben. Die Schar der Verschnittenen verließ damals den Thespiskarren, als Jünglinge verkleidete Mädchen lösten sie irgendwann ab. Fortan bildeten ›Hosenrollen‹ das harmlosere Vergnügen der Menge, von Mozarts Cherubin bis hin zu Richard Strauss' Quinquin.
Der Starrummel war symptomatisch für die Veränderung im Wesen der Oper, sie wurde nun zur Handelsware der ›Traumfabrikanten‹ des 17. und 18. Jahrhunderts. Alles an ihr wurde typisiert, entsprechend den Leitbildern des Erfolges, und sorgfältig geschminkt mit dem Anschein des Originellen.
Die Texte entfernten sich bald völlig von den Idealen der Renaissance, sie brachten unter dem Deckmantel antiker Namen aktuelle Zeitbilder, Schlüsselfabeln, die mit übersinnlichen Erscheinungen drapiert, aber realistisch im Zeitkostüm ausgespielt wurden. Entführungen, Morde, Intrigen aller Art würzten die Themen Liebe und Eifersucht. Das Ganze war sensualistisch auf kaleidoskopisch wechselnde Kontrast-

wirkungen berechnet. Das Unwahrscheinliche, ja das Monströse wurde Trumpf!
»Wer nicht überraschen kann, soll Stallknecht werden!« (aus einem Traktat des 17. Jahrhunderts).
Eine wichtige Funktion fiel damit dem Maschinenmeister zu. Je verblüffender er zu zaubern verstand, desto geringer das Risiko einer Inszenierung. Er ließ Götter auf Wolkenkissen herniederschweben, Fontänen springen, Nymphen schwimmend über die Bühne gleiten, Höllenfeuer auflodern. Er wurde so hoch bewertet, daß sein Name auf den Programmen vor dem des Komponisten erschien, sofern dieser überhaupt erwähnt wurde.

Kastrat Farinelli in Gala, Federzeichnung
In Italien hatte Farinelli
den fatalen Spitznamen ›il ragazzo‹

Phantastische Summen erzielten die Kastraten, Farinelli beispielsweise pro anno 50000 Franken. Dieser Spezies folgten die Primadonnen und ihnen die Maschinenmeister. Die Librettisten, die in der Regel eine Pfründe als Hofpoeten hatten, gingen meist leer aus. Die Komponisten wurden mit einem Taschengeld von 100 bis 400 Dukaten abgefunden, spärliche Zuschüsse gewährte man ihnen als Kapellmeistern bzw. Spielern des 1. Cembalo. Ihre Partituren blieben fast immer Manuskript.
Von Erfolgsopern machten oft nur die Texte die Runde durch die übrigen Städte Italiens, sie wurden dort von einheimischen Komponisten mit neuer Musik versehen. Bisweilen teilten sich mehrere Komponisten in diese Arbeit, jeder von ihnen vertonte dann einen Akt. Heraus kamen dabei sogenannte ›pasticci‹, also Opern-›Pasteten‹. Sie waren vor allem im 18. Jahrhundert sehr beliebt. Noch Händel und Gluck gehörten zeitweise zu den Pastetenbäckern unter den Opernkomponisten.
Eine vollständige venezianische Opernmusik entstand gewöhnlich im Zeitraum von nur etwa vierzehn Tagen bis vier Wochen. Maestri, die vierzig, ja hundert und mehr Opern neben einer unübersehbaren Fülle anderer Werke hinterließen, sind keine Seltenheit. Die meist nur für eine Stagione verwandten Opernmusiken waren in der Regel ephemerer Natur. Vieles an ihnen blieb Skizze und der Improvisation über-

lassen. Ihre formale Struktur war weitgehend typisiert, ihr Aufbau glich einem Liederstrauß, der von Rezitativen zusammengehalten und von Spielmusiken aufgelockert wurde. So setzte sich die ›Musizier-Oper‹ durch, weniger zunächst beim Typ nach aristokratischem Geschmack, den vor allem Cavalli pflegte, entschieden dagegen beim volkstümlichen Typ, dessen begabtester Vertreter Cesti war.

Pietro Francesco Cavalli (eigentlich *Caletti-Bruni;* 1602 bis 1676) folgte zunächst römischen Vorbildern und schloß sich dann Monteverdi an. Die heroische Rezitativ-Oper verdankt ihm gehaltvolle Beispiele. Seine Rezitative steigern sich bei lyrischen oder dramatischen Höhepunkten zu weitbogigen ariosen Gebilden. In ihnen verwandte er mit Vorliebe schlichte Themen und Melodien nach Art der venezianischen Barcarole (Gondellied im ³/₂-Takt), die er gern in Passacaglia- oder Chaconne-Form variierte. Dieser Variationstyp des Arioso, untermalt von einer reichgestuften Harmonik, blieb charakteristisch auch für Cavallis Anhänger; durch sie wurde die Barcarole zum europäischen Modelied. Man findet bei Cavalli aber auch bereits zwei- und dreiteilige Arien und Duette (diese meist in Sterbeszenen) mit tonmalerischen Koloraturen. Er hinterließ neben wertvollen Kirchenmusiken 42 Opern, darunter den ›Egisto‹ (1642), mit dem er vergeblich versuchte, Paris für die venezianische Oper zu gewinnen, ferner ›Serse‹ (1654 Venedig, 1660 Paris) und vor allem ›Ercole amante‹

Aus einem Schlummerchor der Oper ›Ercole amante‹ von Cavalli

(1662), zur Hochzeit Ludwigs XIV. geschrieben. In diesem Werk verband er erstmalig die italienische Oper mit dem französischen ›ballet de cour‹ und gewann damit erheblichen Einfluß auf die französische Oper, das heißt auf Lully.

Den Cavallischen Operntyp machte der begabte *M. Antonio Sartorio* (1620 bis 1681) in Hannover heimisch, *M. Antonio Ziani* (›der Jüngere‹, 1653 bis 1751) setzte ihn in Wien durch. Dort war der venezianischen Oper freilich schon durch seinen Onkel *P. Andrea Ziani* (1630 bis 1711) und vor allem durch Cesti mit volkstümlicheren Mustern der Boden bereitet.

›Volkstümlich‹ – darin bekundete sich eine natürliche Reaktion gegen den humanistischen Bildungsrummel und gegen die musikalische Askese in jeder Gestalt. Der Weg für die Musizier-Oper war damit frei. Liedgebilde aller Art strömten in sie ein und verbanden sich mit der Arie in vielfältigen Erscheinungsformen. Da gab es süße kleine Volks- und Tanzlieder, Strophenlieder zum Nachträllern für jedermann. Sie machten ihr Glück als Arietten (kleine Arien), Cavatinen, Canzonetten, Couplets, Chansons, als glutvolle Sicilianos im schwebenden ¹²/₈-Takt. Und da waren vor allem die anspruchsvollen Arien für den Primo uomo und die Primadonna, auch sie in wechselnder Gestalt und unter mancherlei Namen, als lyrische, dramatische oder Buffo- (komische) Arie, als Bravour-, Koloratur-(Zier-) und Spiel-Arie, gipfelnd in der großen Da-capo-Arie.

Wenn der Menge eine Arie besonders gefiel, verlangte sie sie stürmisch ›da capo‹ (von Anfang, noch einmal). Darauf war die Form der ›Da-capo-Arie‹ raffiniert zugeschnitten. Dem Hauptteil (A) schloß sich ein in der Stimmung und auch tonartlich bzw. rhythmisch gegensätzlicher kurzer Mittelteil (B) an, ihm folgte eine freie, vom Sänger mit improvisierten Verzierungen geschmückte Wiederholung von A. Diese Grundform erhielt in Neapel dann ihre letzte Durchfeilung. Ein Instrumental-Ritornell (r) bereitete auf den Einsatz des Sängers vor, kleine eingeschobene Ritornelle gaben ihm Atempausen. Das dreiteilige Schema der neapolitanischen Da-capo-Arie wurde verbindlich für viele Formen der barocken Instrumentalmusik bis hin zur Sonate und Fuge!

Die Rolle des Rezitatives wurde in der Musizier-Oper auf ein Mindestmaß eingeschränkt. Es schrumpfte zum Secco-Rezitativ *(secco* = trocken) und fand überall Anwendung, wo die Handlung in Berichten und Dialogen vorwärts drängte, es wurde grundsätzlich vom 1. Cembalisten, in der Regel also vom Komponisten begleitet. Seine nach ›bezifferten Bässen‹ improvisierten Akkorde bildeten einen kaum beachteten Klanghintergrund für den Sprechgesang der Akteure, sie waren aber unentbehrlich, denn sie trugen den skandierten Rhythmus der Sprache, unterstrichen und belebten deren stilisiertes Pathos und bereiteten modulierend auf die Arien vor, die bei lyrischen Ruhepunkten oder dramatischen Entladungen aus ihnen herauswuchsen, freilich niemals unmittelbar, sondern durch Zäsuren in sich abgegrenzt. Die Secco-Rezitative wußte man der krausen Phantastik der Texte und dem bisweilen minutenschnellen Wechsel an Bildern und theatralischen Effekten derart anzupassen, daß niemand von den Vorgängen abgelenkt wurde; noch in ihrer dürftigsten Form garantierten sie die Permanenz der Musik. Auf ihr beruhte die spezifische Wirkung des Ganzen.

Wollte man in der Musizier-Oper – etwa in den obligatorischen Traum-, Folter- und Geisterszenen – das Stimmungshafte der Vorgänge tonmalerisch unterstreichen oder auf eine Arie besonders vorbereiten, dann griff man zum ariosen ›recitativo accompagnato‹, das Monteverdi entwickelte. Es wurde nicht vom Cembalo, sondern der Situation entsprechend von Streichinstrumenten, Blechbläsern oder anderen Klangwerkzeugen begleitet, spielte aber in der venezianischen und neapolitanischen Oper eine relativ untergeordnete Rolle. Erst bei Gluck wurde es wesentlicher Bestandteil des musikdramatischen Stils.

Klage des Oronte aus der Oper ›La Dori‹, 1663, von Cesti

Haupt der venezianischen Musizier-Oper und ihr Wegbereiter in Deutschland war *Marc Antonio Cesti* (1623 bis 1669), Schüler Carissimis und Franziskanermönch ›dell'ordine di San Spirito‹. Nur knapp ein Dutzend Opern von ihm sind nachweisbar, darunter solche für Florenz, Venedig, Innsbruck und vor allem für Wien, wo sein

›Pomo d'oro‹ (›Der Liebesapfel‹; 1666-67), zur Vermählungsfeier des Kaisers entworfen, als Zierde des Jahrhunderts gepriesen wurde. Eines verstand Cesti meisterhaft: Er rührte seine Zuhörer mit elegischen Kantilenen und schmachtenden Liebes-Duetten, die Nachfolge fanden bis hin zu Verdis Aida. Doch er war raffiniert genug, das Übermaß an Süße mit einer gelegentlichen Prise deftigen Humors erträglich zu machen: Seine komischen Szenen haben Possencharakter!

Erwähnenswert unter seinen vergessenen Nachfolgern ist der ältere Pietro Andrea Ziani, weil er die ›Trompeten-Arie‹, das heißt eine Arie, in der die Trompete mit dem Sänger konzertiert, in die Oper einführte. Sie wurde neben Arien mit konzertierender Flöte, Oboe oder Violine bis hin zu Händel und Bach typisch für die Barockmusik.

Giovanni Legrenzi (1626 bis 1690), ein Meister gediegener Kirchen- und Kammermusik, und der ernste *Carlo Pallavicino* (1630 bis 1688) suchten den volkstümlichen Operntyp Cestis mit dem aristokratischen Cavallis zu verschmelzen, doch auch ihre Beispiele, wertvoll in Einzelheiten, sind vergessen.

Oratorium, Kantate, geistliches Konzert

Manche sind nur der Musik wegen ins Oratorium gekommen; dann wurden sie weicher und empfänglicher für die geistlichen Ermahnungen und wendeten sich mit großem Eifer zu Gott.
Orazio Griffi (frühes 17. Jahrhundert)

Im *Oratorium* werden geistliche oder weltliche Stoffe im allgemeinen mit den Mitteln der Oper, aber unszenisch dargestellt. Die Gattung entstand in Rom. Ihr Name stammt vom Oratorio, dem Betraum, den schon das altchristliche Privathaus aufwies. Seit dem frühen 16. Jahrhundert gab es vielerorts in Italien auch öffentliche Oratori, kapellenartige Betsäle, in denen man zusammenkam, um die Bibel auszulegen und sich religiös zu erbauen.

Im Jahre 1558 richtete *Filippo Neri* (1515 bis 1595, heiliggesprochen 1622) beim Kloster San Girolamo zu Rom ein solches Oratorio ein. Goethe verglich Neri in seiner ›Italienischen Reise‹ mit Luther. Er fand es bezeichnend für die damalige Situation der Kirche, daß in Rom »ein tüchtiger, gottesfürchtiger, energischer, tätiger Mann gleichfalls den Gedanken hatte, das Geistliche, ja das Heilige mit dem Weltlichen zu verbinden, das Himmlische in das Saeculum einzuführen und dadurch ebenfalls eine Reformation vorzubereiten; denn hier liegt doch ganz allein der Schlüssel, der die Gefängnisse des Papsttums öffnen und der freien Welt ihren Gott wiedergeben soll«.

Neri sammelte in San Girolamo eine Laienbrüderschaft, die als ›Congregazione dell'Oratorio‹ 1575 vom Papst anerkannt wurde. Diese ›Oratorianer‹ oder auch ›Philippiner‹ waren Weltpriester ohne klösterliches Gelöbnis, sie halfen Neri bei seinen Bestrebungen. Er verzichtete in seinen öffentlichen Andachten zu San Girolamo und später in dem größeren Oratorio San Valicell (seit 1577) auf jede Liturgie. Laien aus allen Bevölkerungsschichten strömten ihm zu und lauschten seinen ›Exercitii spirituali‹, die man sich etwa als freie Bibelstunden vorstellen muß. Zu Beginn und am Ende der Exerzitien sangen die Oratorianer geistliche Volkslieder in italienischer Sprache. Neri nannte diese einfachen strophischen Chorlieder ›Laudi spirituali‹ (geistliche Lobgesänge). Sie haben mit den mittelalterlichen lateinisch-gregorianischen Lobgesängen nichts zu tun, ähneln vielmehr in ihrer weltfreudigen Melodik und ihren Quinten- und Terzparallelen den Villanellen und Frottolen; als Diskantlieder sind sie verwandt mit dem ›Hugenotten-Psalter‹ Goudimels und mit dem protestantischen Choral. Sie konnten also von jedermann mitgesungen werden und erfüllten so eine der Grundvoraussetzungen, diese Andachten zu einer Sache des Volkes zu machen. Genau wie Luther legte Neri aber größten Wert darauf, daß gut gesungen wurde und daß die Gesänge Niveau hatten. Er zog hervorragende Meister wie Animuccia und Palestrina als Chorleiter und Komponisten heran. Sie schulten für ihn den Stammchor der Oratorianer und schufen drei- bis fünfstimmige Lauden im Madrigalstil, die dem Fassungsvermögen der Laien angepaßt waren. Das sprach sich herum, bald widmeten sich viele Meister der neuen Gattung, unter ihnen vor allem Nanino, Dragoni und Ingegneri.

G. F. Anerio veröffentlichte 1619 die interessante Laudensammlung ›Teatro armonico spirituale‹. Sie enthüllt eine gegenüber den Anfängen bereits entscheidend veränderte Situation: Die Lauden, ursprünglich Marienlieder, Bitt- und Klagegesänge, wurden bei ihm zu dramatischen Dialog-Lauden. Chöre und monodisch behandelte Soli, lyrische geistliche Lieder und kleine Erzählungen biblischer Begebenheiten lösen einander ab. Die neue Formgattung der Dialog-Lauden ergab sich aus der Sitte, die ›exercitii‹ möglichst einzuschränken und dafür die Lesung von Abschnitten aus der Bibel oder von freien allegorischen Dichtungen immer mehr in den Mittelpunkt der Andachten zu stellen. Diese Lesungen wurden nicht gesprochen, sondern von einem ›Testo‹, einem ›Erzähler‹ gesungen, und zwar anfangs unbegleitet, wie in den alten liturgischen Dramen und Passionsspielen, seit dem Aufkommen der Monodie und der Oper dann rezitativisch mit Orgelbegleitung. Das war freilich zunächst nicht die Regel, des öfteren wurde die Rolle des Testo auch vom Chor übernommen.

Rund 20 Jahre vor Anerios Veröffentlichung wurde in Neris Oratorio zu San Valicell bereits Cavalieris ›Rappresentatione di anima e di corpo‹ aufgeführt (siehe Seite 148). An dieses Werk anknüpfende Versuche, die Dialog-Lauden im Sinne der allegorischen römischen Oper nicht nur musikalisch zu dramatisieren, sondern sie szenisch aufzuführen, scheiterten am Widerstand der Oratorianer. Die Dialog-Lauden übernahmen zwar die in der römischen Oper ausgeprägten technischen und formalen Mittel, aber sie distanzierten sich grundsätzlich von szenischen (pantomimischen) Vorgängen.

Etwa seit 1640 wurde für die Dialog-Lauden die Bezeichnung ›oratorio vulgare‹ gebräuchlich. ›Vulgare‹, also vulgär, volkstümlich, da in ihnen sowohl der epische Bericht als auch die lyrischen oder dramatischen Arien und Chöre zu Texten in italienischer Sprache gesungen wurden. Klerikale Bestrebungen, das Oratorium von der allegorischen oder freien Dichtung zu lösen und es zu verkirchlichen, führten dann vorübergehend zum ›oratorio latino‹; seine lateinischen Texte waren ausschließlich der Bibel entnommen, es war dreiteilig gegliedert und Bestandteil der Liturgie. Zwischen dem

zweiten und dritten Teil stand die Predigt. Unerreichter Meister dieser exklusiven Variante ist *Giacomo Carissimi* (um 1605 bis 1674), von 1628 bis zu seinem Tode Kapellmeister an der Apollinariskirche zu Rom, Lehrer Scarlattis, des Deutschen Johann Kaspar Kerll und des Franzosen Marc Antoine Charpentier.
Carissimis 16 Oratorien, vor allem ›Jephta‹, ›Judicium Salomonis‹, ›Baltazar‹ und ›Jonas‹, sind vollendete Muster eines in sich ausgeglichenen durchgeistigten Stils. Carissimi ist Lyriker, er bevorzugt zarte, gedämpfte Klangfarben und graziöse, nahezu

Aus einer Solokantate von Carissimi

volkstümlich eingängige Melodien. Er meidet das Massive, den Kolossalstil etwa Benevolis, und erfüllt die Kleinform mit intensivstem Ausdruck. Monodie und alte vokale Polyphonie zugleich stehen im Dienst seiner überragenden psychologischen Charakterisierungskunst. Den Testo läßt er als Chor, als Duett (dialogisch) oder als Solo auftreten (dann vergleichbar dem Evangelisten in der Passion). Chortechnisch ist Carissimi der Erbe Monteverdis, seine Chöre verkörpern in ihrer edlen, klangschönen Schlichtheit innerhalb der italienischen Kirchenmusik einen ähnlich hohen Stand wie später Corellis ›Concerti grossi‹ auf dem Gebiet der weltlichen Instrumentalmusik. Viele Fäden spinnen sich von ihnen zur andersartigen Chorkunst von Schütz und Händel.
Mit Carissimi erlosch die Bedeutung des ›oratorio latino‹. Es sank ab zum süßlichen ›oratorio erotico‹ und mündete gegen Ende des 17. Jahrhunderts ein in das ›oratorio vulgare‹. Dieses war inzwischen zum ›oratorio dramatico‹, das heißt formal etwa zu einer geistlichen Konzertoper geworden. Das hatte im wesentlichen der Dichter *Arcangelo Spanga* († 1721) durch seine Texte bewirkt. Er schaffte den Testo ab und bot in rund dreißig Beiträgen Dichtungen im Sinne der Tragödien Senecas. Als Stoffe verarbeitete er in freier Form Legenden und Heiligengeschichten. Musikalisch ergab sich fortan eine sehr weitgehende Annäherung zunächst an den Stil der venezianischen und im 18. Jahrhundert an den der neapolitanischen Oper. Die Chöre traten zurück, es entstand das virtuose belcantistische Solo-Oratorium. Die Texte lieferten – wie in der Oper – vornehmlich Zeno und Metastasio, die Musik verweltlichte. Selbst zu Pasticci kam es im Oratorium des 18. Jahrhunderts. Man übernahm in sie unbedenklich Ouvertüren, Da-capo-Arien und dergleichen aus beliebten Opern und weltlichen Kantaten. Unter den italienischen Oratorienkomponisten des 17. Jahrhunderts taten sich Antonio Veracini, Battista Vitali, Battista Bassani und Giuseppe Torelli hervor. Im 18. Jahrhundert schrieben nahezu alle Opernmeister auch Oratorien. Hervorgeho-

ben sei Legrenzis Schüler *Antonio Lotti* (1667 bis 1740), ein sensibler Lyriker und Ausdrucksmusiker von betont religiöser Innigkeit, der farbenfreudig instrumentierte. Ihm sind auch wertvolle A-cappella-Messen, Nachblüten des reinen Palestrina-Stils, ferner Madrigale und Kirchenkantaten zu danken.

Der Begriff *Kantate* bedeutete ursprünglich ›Singstück‹ im Gegensatz zur Sonate, dem ›Klingstück‹. In den beiden Bezeichnungen grenzten sich also zunächst ganz allgemein Vokalmusik und Instrumentalmusik gegeneinander ab. Im frühen 17. Jahrhundert verband sich das Wort Kantate bzw. ›cantata‹ in Italien gern mit der von Instrumenten begleiteten Strophenarie, die über gleichbleibendem Baßthema vokale Variationen ausführte. Es blieb aber keineswegs daran gebunden. Charakteristisch für die Kantate wurde zeitweise die Rondoform (A, B, A, C, A), dann die Gliederung in Rezitativ und Arie, die Hereinnahme von Instrumental-Ritornellen als Einleitung und Zwischenspiel und später der Wechsel von Instrumentalstücken, Solo-Arien, Rezitativen und Chören (Bachs ›Weihnachts-Oratorium‹ besteht aus 6 selbständigen Kantaten solcher Art).

Die modischen Erscheinungsformen der Kantate stimmen weitgehend überein mit den jeweiligen Formschemata von Opernszenen oder -akten. Die Oper läßt sich cum grano salis als riesige Kantate oder als aus mehreren Kantaten zusammengesetzte Großform auffassen, ebenso das Oratorium und die Passion. Auch das *geistliche Konzert* ist im Grunde eine Kantate.

Inhaltlich unterschied man weltliche oder geistliche Kantaten dramatischen, lyrischen, epischen Charakters. Die Kantate konnte als Fest-, Hochzeits-, Huldigungs- oder Trauerkantate, in kleiner Besetzung als intime Solo- oder Kammerkantate, in Zusammenfassung aller vokalen und orchestralen Mittel als monumentale Großform erscheinen (so etwa in Bachs ›h-Moll-Messe‹).

Im 17. und 18. Jahrhundert waren nahezu alle Meister der Oper, des Oratoriums und der Passion zugleich Kantatenkomponisten. Als erste weltliche Kantaten gelten Caccinis monodische Gesänge und Arien in der ›Nuove musiche‹ (1601), als erste Kirchenkantaten die hundert ein- bis vierstimmigen ›Concerti ecclesiastici‹ (1602) von *Ludovico Viadana* (1564 bis 1627). Neu an diesen geistlichen Konzerten sind Viadanas beigefügte Erläuterungen über das Generalbaßspiel der Orgel, und neu ist die Anwendung von Galileis monodischem Prinzip auf die ›musica sacra‹. Das ›Konzertieren‹ der Gesangsstimme bleibt hier freilich noch auf wenige dialogisch geführte Partien beschränkt. Der Begriff ›concerti‹ findet sich im 16. Jahrhundert schon bei Willaert und dann bei Andrea und Giovanni Gabrieli, also bei jenen Meistern, die zum Barock überleiten und Kontrastwirkungen durch geteilte Chöre und Instrumentalgruppen anstreben. Er ist während des Barock keineswegs nur für Instrumentalkonzerte gebräuchlich, noch Bach bezeichnete seine Kantaten bisweilen als ›concerti‹.

Mit der Zeit drängte die weltliche Kantate das Madrigal zurück, überflügelte die Kirchenkantate die geistliche Motette. Die unübersehbare Schar der italienischen Kantatenmeister überragen Alessandro Grandi, Luigi Rossi, Monteverdi, Cavalli, Legrenzi, Stradella, A. Scarlatti, Lotti, Francesco Durante, Marcello und Pergolesi.

Die Instrumentalmusik (Canzone, Sonate, Konzert)

Röhren erblick' ich hier von anderer Gattung, gezeuget
In dem eh'rnen Gefild der Erde, mächtigen Klanges!
Aber sie klingen nicht von unsrem Atem erreget:
Aus der Höhle hervor der stierhautgefügeten Bälge
Dringet hinein der Wind an der Wurzel tönender Röhren;
Sieh ein kräftiger Mann, mit raschen Fingern begabet,
Rühret der Tasten Reih': zusammenstimmend den Pfeifen.
Und im Wechselspiel ertönen sie, lieblichen Sanges.
Griechisches Gedicht auf die Wasserorgel (etwa 360 nach Christi)

Wie realistisch geht es in diesen alten Versen zu! Präzise sind da die wesentlichen Teile des Orgelmechanismus beim Namen genannt, ohne Umschweife ist der technische Ursprung des Klanges angedeutet. Das Unpersönliche, Künstliche der Vorgänge wird gesehen, zugleich aber das Phänomen des ›lieblichen Sanges‹ beifällig vermerkt. Das Ganze liest sich wie der Auftakt zu einem Hymnus an die reine Instrumentalmusik.
Tausend Jahre später gibt es noch kaum Anzeichen einer wesentlichen Entwicklung, da sich die mittelalterliche Kirche den Musikinstrumenten verschließt (die östlich-orthodoxe tut es noch heute); allein der Orgel räumt sie zögernd eine gewisse Sonderstellung ein. Die anderen ›Werkzeuge heidnischer Verführungskunst‹ bleiben ausschließlich Mittler weltlicher Musik. Bilder bezeugen ihre Verwendung bei festlichen Umzügen, im Kriege, bei der Jagd, bei Lustbarkeiten aller Art, doch eine Literatur fehlt nahezu völlig. Ein paar Sätze für ›organum purum‹ aus dem 12. und 13. Jahrhundert (Riemann vermutet in ihnen früheste Anzeichen sich verselbständigender Orgelmusik), einige Estampies aus dem 13. Jahrhundert und eine Reihe ein- oder zweistimmiger Tanzsätze, Spielmannsmusiken aus dem 13. bis 15. Jahrhundert sind erhalten. Bei ihnen allen handelt es sich wohl um ›cantiones sine textu‹, um Übertragungen von Gesängen.
Erst im 16. Jahrhundert tauchen zunächst vereinzelt neben solchen Übertragungen in den Orgel- und Lauten-Tabulaturen des Kontinents Originalkompositionen für diese Instrumente auf. Diego Ortiz schreibt in Spanien seine frühen Anmerkungen zur Improvisation von ›Chaconnen für Solo-Gambe und Cembalo‹, in Frankreich und Deutschland entstehen selbständige kleine Bläser- und Streicherstücke, in England die Virginalmusiken, in Italien die Orgel-Ricercari Willaerts, die Ricercari, Canzonen und Toccaten Merulos* und endlich die mehrchörigen Bläser- und Streichersätze der beiden Gabrieli. All diese Renaissance-Werke markieren den Weg der abendländischen Instrumentalmusik in die neuzeitliche Autonomie. Großartige Leistungen der Instrumentenbauer ermöglichen und begleiten diesen Weg.
Es ist ein Weg in die Künstlichkeit schlechthin. Mit der Trennung vom Wort verabsolutiert sich die Instrumentalmusik des Barock als ›tönend bewegte Form‹. Sie ist

---

* *Claudio Merulo (1533 bis 1604), Organist der Markuskirche zu Venedig; nicht zu verwechseln mit Tarquinio Merula (um 1600 bis nach 1652); u. a. Kirchenkapellmeister und Organist an Sant' Agata zu Cremona (siehe Seite 162).*

nun zwar Kunst um der Kunst willen und eindeutiger Zweckbestimmung entrückt; doch sie wird nicht oder nur selten ›absolut‹ verstanden, sondern ebenso wie die Vokalmusik als Ausdruck des Gefühls- und Seelenlebens aufgefaßt und im Sinne der ›Affektenlehre‹ mit ›Vergleichswerten‹ befrachtet. Sie spezialisiert sich in den verschiedenartigsten Besetzungs- und Formgattungen, duldet aber eine zwanglose Zusammenfassung des Gegensätzlichen in einheitlichen Formkomplexen und begleitet das gesellige Leben fortan als unentbehrliche ›Zweck-‹ und ›Gebrauchsmusik‹. Für die Menschen jener versunkenen Epoche verkörperte sie als Idee die Einheit in der Vielfalt; sie hob die Isolierung des einzelnen auf und ließ ihn teilhaben am Universellen.

Canzone

Orgel, Laute und Cembalo waren die natürlichen Wegbereiter der mehrstimmigen instrumentalen Kunstmusik, denn sie vermochten als einzelne Harmonie-Instrumente polyphone Vokalsätze vollständig wiederzugeben. Durch Übertragung der vokalen Kompositionstechnik auf die Orgel entstand aus der Motette in Italien das Orgel-Ricercar, bisweilen auch Fantasia genannt, aus der französischen Chanson in Frankreich und Italien die Orgel-Canzone (daher Canzone francese). Aus dem Ricercar wurde später die Fuge, aus der Canzone über manchen Umweg hin die Sonata. Der Begriff ›Sonata‹ besagte freilich zunächst nur ›Klingstück‹, er wurde wahllos auf verschiedenartige Instrumentalstücke angewendet. Reine Orgelstücke waren demgegenüber die Toccaten (Tastenstücke; *toccare* = antasten). Charakteristisch für die Toccata wurde die Verbindung von pathetischem Akkordspiel und technisch virtuosem Laufwerk. Gern stellte man die Toccata dem Ricercar als Präludium voran. Toccata und Ricercar beeinflußten einander wechselseitig, indem das Ricercar figurativ angereichert und die Toccata mit Imitationen durchsetzt wurde.

Die autonome Orgelmusik gipfelte im frühen 17. Jahrhundert in *Girolamo Frescobaldi* (1583 bis 1643). Er wurde 1608 Organist der Peterskirche zu Rom und behielt diese

Beispiel aus einer Toccata cromatica von Frescobaldi, 1635

Stellung mit kurzen Unterbrechungen (Mantua, Florenz) zeitlebens. Man pries ihn als größten Orgelvirtuosen seiner Zeit. Musikbesessene aus vielen Ländern kamen nach Rom, um ihn zu hören, wenn er seine Ricercari, Canzoni francese und Toccaten vortrug oder frei an der Orgel phantasierte. Als Spieler und Komponist war Frescobaldi ausgesprochener Affektmusiker. Berühmt war sein ›tempo rubato‹ (›geraubtes‹, freies Zeitmaß). Schon hundert Jahre vor den ›Mannheimern‹ verwendete er bewußt Tempo-Beschleunigungen und ›ritardandi‹ als Ausdrucksmittel. Seine Canzonen zeigen bisweilen Variationsform, die Ricercari baute er gern über ein einzelnes Thema auf. Durch Festigung der tonalen Basis und der Statik der Form näherte er das Ricercar der Fuge an. Bemerkenswert neben den Orgelwerken sind seine ›Toccate e partite‹ für Cembalo. Mit Frescobaldi erlosch die europäische Bedeutung der italienischen Orgelmusik. Die Führung auf diesem Gebiet übernahm nun Deutschland.

Girolamo Frescobaldi

Auch die Musik für Streicher- und Bläser-Ensembles ging überall von vokalen Formen aus, so in Italien von den einheimischen Villanellen, Frottolen, Madrigalen und den französischen Chansons. Im 16. Jahrhundert wurde – ähnlich wie schon im 14. Jahrhundert – von den italienischen Edelleuten erwartet, daß sie außer dem Gesang zumindest ein Instrument beherrschten. Raffaels Freund Baldassare Castiglione erwähnt in seiner Sittenschilderung ›Cortigiano‹ (1528) als charakteristisch für die Gesellschaftsmusik neben dem A-cappella-Gesang den Sologesang zur Laute, zu einem Tasteninstrument und auch bereits zu einem Violenquartett. Die Literatur für diese Besetzungsart lieferten die A-cappella-Sätze. Nur eine Stimme wurde gesungen, die anderen wurden durch Instrumente ersetzt. Man spielte nach den Stimmbüchern der Sänger und übertrug gelegentlich auch wohl alle Stimmen auf Instrumente. Später ging man dazu über, Stücke gleich für Gesang oder Instrumente zu entwerfen, und endlich entstanden die ersten autonomen Instrumentalsätze, die ›Canzoni a sonar‹ des *Florentino Maschera* (1584), entstand die berühmte ›Sonata pian e forte‹ G. Gabrielis

(1597) für 2 vierstimmige Instrumentalchöre (meist Bläser) und seine ›Sonate für 3 Violinen mit Generalbaß‹ (1615). Zugleich mit ihr wurden mehrchörige Instrumentalsätze für Streicher-, Holz- bzw. Blechbläser veröffentlicht, die sein Onkel A. Gabrieli bereits vor 1580 komponiert hatte. Bei beiden Meistern ›konzertieren‹ verschiedenartige Instrumentalchöre miteinander, ergeben sich instrumentale ›Echowirkungen‹ durch stärkere oder schwächere Besetzung, die oft schon genau vorgezeichnet ist.
Neben der venezianischen ›konzertierenden‹ Orchestercanzone (Sonate), aus der später Concerto grosso und Solokonzert hervorgingen, entstanden in Bologna Orchester-Canzonen für nur einen Instrumentalchor. Sie leiteten als Intraden, Ritornelle oder Sinfonien Chorwerke ein, traten aber auch selbständig auf. Von ihnen stammen die späteren Formen der klassischen Orchestermusik ab. Beispiele dafür sind die ›Canzoni alle francese a 4 voci per sonar‹ (1596 bis 1603) von *Adriano Banchieri* (1565 bis 1634). Etwa im letzten Drittel des 16. Jahrhunderts öffnete die Kirche den Blas- und Streichinstrumenten ihre Pforten. Die Orchestercanzone entwickelte sich nunmehr im Rahmen der geistlichen Musik. Die einzelnen Teile der ›canzone‹ erhielten innerhalb der Liturgie die Funktion von Vor-, Zwischen- und Nachspielen. G. Gabrielis Canzonentyp umfaßt meist zwei in Zeitmaß, Rhythmus und Satzbild gegensätzliche Teile. Sein Formschema wurde in der Folge auf bis zu 10 oder 12 selbständige Teile erweitert. Stets kontrastieren die einzelnen Sätze miteinander (langsame monodisch-melodische Sätze gegen lebhafte polyphone, $^2/_4$- gegen $^3/_4$-Takt usw.).

Sonate: Ihre Anfänge und Erscheinungsformen

Entscheidenden Einfluß auf den Gang der Dinge gewannen bald nach 1600 Monodie und Generalbaßpraxis. Genauso wie damals auf vokalem Gebiet das Madrigal von der weltlichen Kantate oder die Motette vom geistlichen Konzert überflügelt wurde, wichen die Orchester-Canzonen nach der Jahrhundertmitte monodischen Instrumentalformen. Die Umbildung erfolgte über eine verwirrende Vielzahl von Spielarten und kristallisierte sich dann einerseits in der Trio- und Solosonate, andererseits im Concerto grosso und Solokonzert.
Trio- und Solosonate gingen als verschiedene Besetzungstypen aus der Orchester-Canzone hervor durch Reduzierung der Stimmen und Einbeziehung des Generalbasses. Die Triosonate ist eine Canzone für zwei Melodie-Instrumente und Generalbaß, die Solosonate eine Canzone für ein Melodie-Instrument und Generalbaß. Der Name Sonate für die beiden Typen bürgerte sich ein, nachdem eine bestimmte Mehrsätzigkeit der Form sich durchgesetzt hatte.
G. Gabrielis ›Sonate für 3 Violinen mit Generalbaß‹ (1615) war zwar spätestens 1612 entstanden und somit das erste erhaltene monodische Instrumentalstück, aber noch keine Triosonate. Das erste Beispiel dieser Gattung stammt von *Salomone Rossi* (um 1587 bis 1665). In seiner Sammlung ›Varie sonate‹ (1613) steht eine ›Sonate für 2 Violinen und Basso continuo‹. Die erste ›Solo-Sonate für Violine und Basso continuo‹ (1617) schuf *Biagio Marini* (1597 bis 1665).

Die Triosonate hat zweierlei Gestalt, sie erscheint als Kirchensonate (Sonata da chiesa) oder als Kammersonate (Sonata da camera, auch Partita genannt). Die Kirchensonate betont genau wie die Canzone in ihrem Formaufbau Spannungskontraste. In der Regel umfaßt sie vier Sätze: langsam, lebhaft, langsam, lebhaft. Die langsamen Sätze verlaufen vorwiegend monodisch, die lebhaften polyphon und nicht selten fugiert. Die weltliche Kammersonate* dagegen reiht stilisierte Tanzsätze in lockerer Folge

Das Trio, nach einer Radierung von Wenzel Hollar, 17. Jahrhundert

(suitenartig) aneinander. Beide Bezeichnungen wandte wohl erstmalig *Tarquinio Merula* in seiner Sammlung ›Sonate per chiesa e camera‹ an, die er 1637 in Cremona, der Stadt der Geigenbauerfamilien Amati, Guarneri und Stradivari, herausgab. Die Grenzen zwischen Kirchen- und Kammersonate waren von Anbeginn fließend.

Die Kirchensonate ist ihrer Funktion entsprechend zwar strenger gearbeitet, im Gegensatz zur solistisch besetzten Kammersonate sind bei ihr ferner die Melodie-Instrumente zunächst grundsätzlich mehrfach besetzt, auch gibt es Unterschiede im Generalbaß (die Kirchensonaten verwenden Orgel oder Baßlaute mit Cello, die Kammersonate mit Vorliebe Cembalo mit Cello). Die Kammersonate endlich bevorzugt tänzerische Rhythmen und volksliedhafte Melodik und zeigt selten fugierte Sätze.

---

* Der Begriff Kammermusik ist neuerdings gebräuchlich für solistisch besetzte Instrumentalstücke, also für unbegleitete und begleitete Solostücke, Duos, Trios, Quartette usw. bis hin zu den Nonetten und Dezetten (Gegensatz: Orchestermusik). Das Wort ›Kammer‹ verbindet man aber auch mit kleinen Spezialorchestern, solistisch besetzten Vokal-Ensembles, kleinen Opern ohne Chor usw.
Ursprünglich war Kammermusik jede weltliche Instrumental- oder Vokalmusik, die von den Musikern einer höfischen Verwaltung (der ›Kammer‹) aufgeführt wurde, nicht aber die öffentliche Theater- und die Kirchenmusik. Im Hinblick auf die frühbarocke Instrumentalmusik besagt der Zusatz ›Kammer‹ also noch keineswegs, daß sie solistisch aufgeführt wird. Der moderne Sinn des Begriffes ergab sich erst allmählich nach 1750.

Doch alle diese Merkmale vereinigen sich schließlich in einem solistisch besetzten Typus unter dem Sammelbegriff Triosonate.
Die Solosonate erscheint vornehmlich für Violine und Generalbaß (Cembalo mit Cello), aber auch für Cello, Blockflöte, Oboe. Auch sie entstand im Rahmen der Kirchenmusik, wurde aber besonders als Violinsonate zum weltlichen Paradestück der Virtuosen.
Naturgemäß waren die Anfänge der Trio- und Solosonate formal, satztechnisch und stilistisch noch unausgewogen. Zahllose Meister widmeten sich ihrer Vervollkommnung. Ihre Wegbereiter nach Gabrieli waren Rossi, Marini, Merula und Massimiliano Neri (1644 Organist der Markuskirche zu Venedig, später in Köln). Sie wurden überflügelt vom venezianischen Opern- und Oratorienmeister *Giovanni Legrenzi* (1626 bis 1690). In seinen sieben Sonatensammlungen gibt es zwar noch unterschiedliche Besetzungen von 2 bis 7 Instrumenten sowie Schwankungen in der Satzzahl und -anordnung, doch seine frischen, geistreichen Werke zeigen im Gefüge der einzelnen Sätze ungewöhnliches Formgefühl, melodische Phantasie und Sinn für kammermusikalische Klangwirkungen. Bei *Giovanni Battista Vitali* (1644 bis 1692) und *Giovanni Battista Bassani* (1657 bis 1716), dem Oratorien- und Kantatenmeister, wird dann die Viersätzigkeit und der auf Kontrastwirkungen berechnete Wechsel langsamer und lebhafter Sätze schon vorherrschend.

Corelli: Trio- und Solosonate

Ihre Vollendung gewann die Triosonate durch *Arcangelo Corelli* (1653 bis 1713), den bedeutendsten Komponisten der italienischen Streichermusik des Barock. Er stammte aus Fusignano bei Imola und arbeitete sich aus kleinen Verhältnissen zum ersten Violinvirtuosen seiner Zeit empor. Nach Studienjahren in Bologna und Rom führte ihn sein Weg, vermutlich über München, Heidelberg, Hannover und Paris, 1680 wieder nach Rom, wo er 1682 unter Scarlatti Konzertmeister der Königin Christina von Schweden wurde. Später trat er als Kapellmeister in die Dienste verschiedener Kardinäle. Man erhob ihn in den Adelsstand. Seine künstlerische Hinterlassenschaft umfaßt 48 Triosonaten (je 24 Kirchen- und Kammersonaten, 1683 bis 1694), 12 Violinsonaten (1700) und 12 Concerti grossi (1712).
Eine verblüffend kleine Werkzahl! Sie ist bezeichnend für diesen Mann, der in allem anders zu sein scheint als seine Zeit. Rings um ihn überboten einander die Barockmeister in einer monströsen Vielschreiberei. Er dagegen arbeitete durchschnittlich drei Monate an einer Triosonate, ein halbes Jahr an einer Violinsonate, ein Jahr und länger an einem Concerto grosso. Rings um ihn experimentierte man verschwenderisch mit den verschiedensten Besetzungsarten. Selbst die Kirchenorchester entfalteten nun eine bis dahin beispiellose Klangpracht. Legrenzi etwa kombinierte in der Markuskirche Orgeln, Violinen, Violetten, Tenorviolen, Gamben, Kontrabaßviolen, Theorben, Cornetts, Posaunen, Fagotte. Corelli schrieb – sieht man vom stereotypen Generalbaß ab – fast ausschließlich für Violinen, Violen, Celli und Bässe. Die ›Pastetenbäcker‹ unter den Komponisten und die Virtuosen aller Schattierungen waren ihm ein Greuel.

Er mied geigerische Mätzchen, strebte eine ausgewogene Technik und edle Tongebung an und suchte die Ausdruckswerte der Musik zu mehren. Seine Prinzipien bilden das Fundament der ›klassischen‹ italienischen Geigenschule.

Als Kapellmeister war Corelli in Italien ohne Vorbild. Bisweilen verstärkte er sein Orchester auf über hundertfünfzig Streichinstrumente (46 erste, 44 zweite Violinen, 24 Bratschen, je 22 Celli und Kontrabässe): prunkvolles, typisches Barock! Mit diesem beispiellosen Ensemble musizierte er, als handle es sich um ein Quartett mit Basso continuo! Wie sein französierter Landsmann Lully zwang er die Musici der einzelnen Klanggruppen, diszipliniert zu spielen. Zum ersten Male in der Geschichte des italienischen Orchesters erlebte die staunende Mitwelt den gemeinsamen Bogenstrich großer Streicherchöre und ein ›unisono‹ von äußerster Perfektion. Gewiß erscheinen diese Neuerungen dem 20. Jahrhundert selbstverständlich, doch sie standen fremd in jener Zeit, die den Spielern ein Höchstmaß an individueller Freiheit einzuräumen gewohnt war, und sie wurden erst diesseits des Barock von Johann Stamitz abermals verwirklicht.

Ebenso unzeitgemäß suchte Corelli auch die Solisten dem Gesetz des autonomen Kunstwerkes zu unterwerfen. Er notierte seine Violinsonaten nicht als Skizzen, sondern zeichnete sie mit allen Verzierungen und Kadenzen auf und forderte, daß man seine Vorschriften befolgte. Eine frühe Auflehnung gegen das Improvisationsprivileg der Virtuosen, mit dem nahezu hundert Jahre später noch Mozart zu rechnen hatte! Daß Corelli von seiner Zeit nicht nur angenommen, sondern in vielem nachgeahmt wurde, gehört zu den überraschenden Fakten, die das Barock so rätselhaft anziehend erscheinen lassen. Corelli stellte der überströmenden Fülle das Maß entgegen und wurde verstanden. Er verlieh der italienischen Instrumentalmusik einen entschiedenen Zug zur Klassizität, der ihr fortan ebenso eigentümlich blieb wie etwa der deutschen Musik jener Epoche das Streben, sich antiklassisch ›ins Unbegrenzte zu verströmen‹.

Corellis Werke erscheinen meist in typisierter Form. Wer das Formgesetz einer seiner Triosonaten kennt, besitzt das Schema aller. Die Triosonaten sind meist viersätzig; langsame monodische und lebhafte polyphone Sätze lösen einander ab. Die einzelnen Sätze zeigen vorwiegend zweiteilige, bisweilen dreiteilige Gliederung; sie sind in der Regel aus einem Thema gebaut. Durch Wiederholungen von Formteilen wird eine vollendete architektonische Statik erzielt. Kirchen- und Kammersonate sind einander weitgehend angenähert. Die Zugehörigkeit einer Triosonate zu einer dieser beiden Gattungen ist oft nur noch an der unterschiedlichen Besetzung des Basso continuo zu erkennen (Orgel bzw. Baßlaute mit Cello für die Kirchensonaten, Cembalo mit Cello für die Kammersonaten; heute meist stilwidrig vereinheitlicht: Cembalo mit Cello). Beiden Gattungen sind 2 Violinen als Melodie-Instrumente gemeinsam (mehrfach bzw. solistisch besetzt!). Inhaltlich bleibt die Herkunft der Kammersonaten aus der Suite spürbar an der volkstümlichen Haltung ihrer Gedanken und an ihrer tänzerischen Rhythmik. Doch auch hier gibt es Überschneidungen mit den Kirchensonaten. Sakrale und weltliche Musik sind bei Corelli nicht antithetisch.

Corellis Violinsonaten und seine tänzerisch beschwingten Violinsuiten haben etwa das gleiche Formschema wie seine Triosonaten. Es wurde von seinen Nachfolgern übernommen und bald ebenso in Rom und Neapel wie in Brüssel, London oder Madrid Ausgangspunkt einer Entwicklung, die über immer freiere Varianten fortführt in neue subjektive Ausdrucksbereiche.

Corelli-Nachfolge: Trio- und Solosonate

Soweit diese Entwicklung von italienischen Meistern getragen wurde, stellt sie sich dar als eine Bereicherung der Instrumentalmusik mit individuellen Ausdruckswerten bei gleichzeitigem Nachlassen formschöpferischer Absichten – ein Phänomen, das später in der von der ›Wiener Klassik‹ sich lösenden Romantik eine merkwürdige Entsprechung fand.
Corellis Formtypus – der stillen Schönheit seines Stils organisch zugehörig – wurde bei seinen Nachfolgern bald der mehr oder weniger zufällige Rahmen für eine stetig sich verfeinernde, herbstlich üppige Virtuosenkunst. Er erfuhr Erweiterungen, Einschnürungen, Überspielungen; die klassische Viersätzigkeit wurde gefährdet durch Umstellung der Sätze, durch eingefügte Zwischenglieder (Überleitungen) oder Zusammenziehung mehrerer Sätze und wich schließlich der monodischen Dreisätzigkeit der galanten Zeit. Die Farbwerte der Harmonik verselbständigen sich ähnlich wie in der Malerei. In Figuren aufgelöste Akkorde tragen die virtuose Melodik, die immer bewußter und hellhöriger aus dem Geist der Instrumente, aus ihrem spezifischen Klangcharakter unter Berücksichtigung ihrer außerordentlich gesteigerten technischen Spielmöglichkeiten hergeleitet ist. Die Violine wird zur belcantistisch hochgezüchteten Primadonna unter den Instrumenten.
Das deutet sich schon an in den Violin- und Triosonaten des Opernmeisters *Tommaso Albinoni* (1674 bis 1745) und bei *Antonio Caldara* (1670 bis 1736), dem Schüler

Aus einer Violinsonate von Tommaso Albinoni

Legrenzis. Durch ihn wurde die italienische Kammermusik in Wien und Madrid heimisch. *Francesco Geminiani* (1674 bis 1762), Schüler Scarlattis und Corellis, bereitete ihr vor allem in London den Boden, während *Felice dall'Abaco* (1765 bis 1742) sie in München und Brüssel durchsetzte. In seinen meisterhaften Trio-, Cello- und Violinsonaten ist er Corelli durchaus ebenbürtig. Er unterscheidet sich jedoch von ihm durch sein subjektives Ausdrucksvermögen, er ist männlicher, schroffer, problematischer und ungleich dynamischer. Mit dem wesensverwandten Lassus teilt er die deutsche Wahlheimat und München als engeren Wirkungsbereich.
Unabhängig von Corelli entfaltete *Tommaso Vitali* (1665 bis 1747, Sohn Giovanni Battista Vitalis) seine Fähigkeiten in schönen Kammer- und Kirchensonaten. Bezeichnend für seinen Stil ist seine formstrenge, phantasievolle Ciacona (Chaconne) für

Faksimile nach einem Autograph Antonio Caldaras

Violine und Cembalo. Der Opernmeister *Francesco Maria Veracini* (1685 bis 1750, Neffe Antonio Veracinis) wurde dann neben Antonio Vivaldi (um 1680 bis 1743), *Nicolo Porpora* (1686 bis 1766) und dem Lyriker *Pietro Locatelli* (1693 bis 1764) Vertreter des virtuosen Übergangsstils der Violinsonate, während die Triosonate in den dreißig Beiträgen G. B. Pergolesis schon weit der Zeit voraus ihre frühklassische Vorprägung erfuhr. Besonders der Mailänder *Giovanni Battista Sammartini* (1704 bis 1774) beeinflußte nach Pergolesi die Entwicklung des galanten und frühklassischen Stils. Gluck war sein Schüler, Mozart hat ihm manches zu danken. In seinen kraftvoll subjektiven, bisweilen ein wenig theatralischen Kammermusiken, Concerti grossi und Solokonzerten finden sich Parallelen zum dynamischen Stil der ›Mannheimer‹.

Die italienische Violinsonate des 18. Jahrhunderts gipfelt in den Beiträgen von *Giuseppe Tartini* (1692 bis 1770). Nach abenteuerlicher Jugend gelangte er zur Entfaltung seiner phänomenalen geigerischen Fähigkeiten. 1721 wurde er 1. Violinist an der Basilika Sant'Antonio zu Padua. Er leitete das Orchester der Basilika bis zu seinem Tode. 1728 gründete er in Padua eine Geigenschule, die bald internationalen Ruhm erlangte. Viele Virtuosen, darunter die Deutschen Graun und Naumann, gingen aus ihr hervor.

Tartinis schöpferische Leidenschaft galt vor allem der virtuos behandelten Solovioline. In seinen hundertfünfzig Violinsonaten und weit über hundert Violinkonzerten, aber auch in seinen Triosonaten und Sinfonien für Streicher führen die ersten Violinen melodisch; die zweiten gesellen sich gern in parallelen Terzen oder Sexten zu ihnen. Die Bratschen geben als Mittelstimmen die fehlenden Harmonietöne, gelegentlich verstärken sie auch die Bässe. Damit ergibt sich ein durchaus monodisches Klangbild. Imitierende Polyphonie – sie war für Corelli noch Mittel eines strengen Bauwillens – tritt bei Tartini nahezu ganz zurück. Sie ist in seinen Allegri ersetzt durch ein rhythmisch markantes, virtuoses Figurenspiel der Violine.

Formal zeigen Tartinis Violinsonaten, für deren Stil die ›dämonische‹, legendenumwitterte ›Teufelstrillersonate‹ typisch ist, zwar vorwiegend noch die Viersätzigkeit der Corellischen Muster, doch wesensmäßig gehören sie schon der betont subjektiven Übergangszeit an, die dann zur Wiener Klassik hinführt. Von dieser trennt Tartini freilich noch eine gewisse Formelhaftigkeit im Melodischen und die Generalbaßpraxis. Überdies sind seine meist zweiteilig gegliederten, auf tonartliche und dynamische Gegensätzlichkeit berechneten Sätze noch im Sinne des Barock jeweils auf nur einem Thema aufgebaut. Für die Wiener Klassik dagegen ist die dualistische Gespanntheit zweier gegensätzlicher Themen (männlich-weiblich) und das Prinzip motivischer Entwicklungen charakteristisch. Hierfür gibt es bei Tartini nur wenige Ansätze.

Giuseppe Tartini, Schöpfer der ›Teufelstrillersonate‹

Eine merkwürdige Nebenrolle spielte in Italien die Cembalomusik. Im 17. Jahrhundert trat nach Frescobaldi eigentlich nur *Bernardo Pasquini* (1637 bis 1710) mit nennenswerten Orgel- bzw. Cembalo-Toccaten, Suiten und Sonaten hervor. Im 18. Jahrhundert besaß Italien dann in dem Neapolitaner *Doménico Scarlatti* (1685 bis 1757, Sohn Alessandro Scarlattis) einen überragenden Cembalomeister. Er entfaltete schon früh phänomenale Fähigkeiten als Organist und Cembalist. 1715 wurde er Kapellmeister an Sankt Peter, 1719 ging er als Hofcembalist nach London. Bevor er nach Neapel zurückkehrte, wirkte er viele Jahre in Lissabon und Madrid. Die Cembalomusik verdankt ihm neue, weit in die Zukunft wirkende Impulse. In nahezu 500 meist einsätzigen Sonaten und ›Esercizi‹ entwickelte er aus dem Klangcharakter des Cembalo einen spieltechnisch virtuosen und zugleich poetischen Stil, der Schule machte. Auffallend an vielen Werken das spanische Kolorit! Scarlatti war auch beteiligt an der Ausprägung des nachbarocken Sonatenhauptsatzes. Es gibt bei ihm schon Sonaten mit zwei gegensätzlichen Themen, kleiner Durchführung und kleiner Reprise! Seinen Anregungen folgte der Opernmeister *Francesco Durante* (1684 bis 1755) – er schrieb bereits zweisätzige Sonaten –, folgten *Benedetto Marcello* (1686 bis 1739), *Padre Martini* (1706 bis 1784) und andere.

Concerto grosso: Corelli und Nachfolger

Eine besonders schöne und für das italienische Barock charakteristische Erscheinungsform der Instrumentalmusik ist das Concerto grosso. Für die Gattung bezeichnend ist der Wetteifer zwischen einem chorisch besetzten Orchester – dem Grosso (auch Tutti oder Ripieno genannt) – und einer kleinen Gruppe von Solisten – dem Concertino. Das Grosso umfaßte in der Regel Gruppen von 1. und 2. Violinen, Violen und Bässen. Die Gruppenspieler nannte man Ripienisten im Gegensatz zu den Solisten, den Prinzipalspielern. Das Concertino umfaßte zunächst zwei Soloviolinen und Generalbaß, also die Besetzung der Triosonate! Später wurde das Grosso durch Bläser erweitert, und auch im Concertino übertrug man neben den Violinen (oder auch Celli) gern Bläsern solistische Rollen.

Der Name Concerto grosso taucht 1698 bei Lorenzo Gregori auf, doch nicht von ihm stammen die ersten Beispiele der Gattung; viele einander überkreuzende Wege führen von ihr zurück zur mehrchörigen altvenezianischen Orchestercanzone. Von dieser unterscheidet sich das Concerto grosso charakteristisch durch sein solistisches Concertino. Die Hervorhebung der Soli entsprach der Neigung der Zeit, das einzelne zu verherrlichen, sie fand ihren letzten Ausdruck im Solokonzert, bei dem nur ein Instrument dem Chor der Ripienstimmen konzertierend gegenübertritt. Technisch ermöglicht wurde diese Entwicklung durch die Leistungen der Cremonenser Geigenbauer. (Auch Oboe, Flöte, Horn und Fagott wurden damals zu charaktervollen Solo-Instrumenten.)

Gleichsam über Nacht war das Concerto grosso da. In den siebziger Jahren des 17. Jahrhunderts traten Giovanni Maria Bononcini und Alessandro Stradella mit Werken hervor, in denen zwei Soloviolinen (nebst Generalbaß) mit dem Tutti konzertieren. Schon in den nächsten Jahrzehnten führte dann Corelli die junge Gattung ihrem ersten Höhepunkt zu. Seine ›Zwölf concerti grossi‹, Werk 6 (8 Kirchen- und 4 Kammerkonzerte) wurden zwar erst 1712 in Rom gedruckt, sie waren aber damals längst bekannt. Nach dem Bericht des Deutschen *Georg Muffat* (1645 bis 1704) hat Corelli eines von ihnen bereits 1682 in Rom aufgeführt.

Abweichend von den Kirchen- und Kammersonaten, denen sie formal entsprechen, umfassen diese Concerti 4 bis 8 Sätze, die einander im Wechsel langsam (sanglich),

lebhaft (polyphon) folgen. Die einzelnen Sätze sind zwei- bzw. dreiteilig gegliedert und dann bereits deutliche Vorbildungen des klassischen Sonatensatzes (mit formrundenden Reprisen = Schlußwiederholungen). Die Statik der Form tritt durch den einfachen Kunstgriff solcher Wiederholungen geradezu bildhaft in Erscheinung. Charakteristisch ist der auf das feinste ausgewogene Wetteifer von Grosso und Concertino. Beide lösen einander im Vortrag gleicher oder auch selbständiger Themen ab. Die Soli sind in der Notierung nicht schwieriger gehalten als die Gruppenstimmen, doch ist anzunehmen, daß sie virtuos ausgeziert wurden.
Corellis ›Kirchenkonzerte‹ (Nr. 1 bis 8) sind in feierlich großartigem, zugleich volkstümlich schlichtem Stil entworfen, rhythmisch prägnant und beseelt von lyrischer Ausdruckskraft. Eines der schönsten Beispiele hierfür bildet das ›Weihnachtskonzert in g-Moll‹, Nr. 8. Auf das Largo-Pastorale dieses Werkes sei besonders hingewiesen. In den friedvollen Terzengängen der Solovioline über den Liegetönen des Streicherchorus sind Hirtenmusik und mütterliches Wiegenlied unnachahmlich angedeutet. Die ›Kammerkonzerte‹ (Nr. 9 bis 12) wirken demgegenüber leicht und tänzerisch. Im Sinne der französischen Suite bevorzugen sie die wechselnden Rhythmen stilisierter höfischer Tänze. Tanzformen – so etwa Gigue, Bourrée, Menuett oder Sarabande – finden sich freilich auch in den Kirchenkonzerten.
Kirchen- und Kammerkonzert verschmelzen später formal und wesensmäßig. Dennoch werden noch bis hin zu Bach viele Concerti grossi ausdrücklich für den Gebrauch in der Kirche geschaffen. Andere wiederum sind »vornehmlich unter Belustigung großer Fürsten und Herren, bey herrlichen Mahlzeit, Serenaden und Zusammenkünften der Music-Liebhaber und Virtuosen« bestimmt (Muffat). Man konsumierte sie also neben Suiten und dergleichen ohne viel Umstände als ›Tafelmusiken‹. Meist haben diese »notwendigen und nützlichen Stücke« (Scheibe) ein außerordentlich hohes Niveau.
Unausschöpfbar ist die Flut der Concerti grossi, die sich in der ersten Hälfte des 18. Jahrhunderts über Europa ergießt. Schon sehr bald kommt es zu einer verwirrenden Vielfalt reizvoller Spielarten. Oboe und andere Bläser dringen in das Concertino ein, die Schreibweise wird aufgelockert, es ergeben sich Überschneidungen mit dem Solokonzert, amüsante oder tiefsinnige ›Programm-Concerti‹, und bereits Vorläufer des graziös-empfindsamen galanten Stils. Die Entwicklung nimmt nun denselben Verlauf wie bei den Trio- und Violinsonaten, das heißt, hier wie dort bereichert man die Gattung mit individuellen Ausdruckswerten, während die formschöpferischen Absichten zugleich nachlassen.
Von Corellis älteren Zeitgenossen widmete sich schon der vielseitige Scarlatti dem Concerto grosso. Seine Werke zeigen den melodieseligen, farbenfrohen Stil der Neapolitaner. Aus dem Nachlaß von *Giuseppe Torelli* († 1708) wurden zwölf ausdrucksvolle, formschöne Beispiele 1709 veröffentlicht; dem gleichen Meister sind prachtvolle Konzertsinfonien (1698, ohne Soli) zu danken. Tommaso Albinonis (siehe Seite 165) Concerti – darunter schon solche mit zwei konzertierenden Oboen – gefielen Johann Sebastian Bach derart, daß er über drei ihrer Themen Fugen schrieb. Von Corellis Schülern sind als die begabtesten *Pietro Locatelli* (1693 bis 1764) und *Francesco*

Geminiani (1674 bis 1762) zu nennen. Beide waren vortreffliche Violinvirtuosen und hervorragende Kontrapunktiker. Locatelli war die empfindsamere Natur. Manchem seiner Werke liegt ein Programm zugrunde. Geminianis Concerti zeigen klassisch strenge Formen, fugierte Tutti umrahmen die virtuosen Soli. Eines seiner Konzerte nannte er bereits ›L'Arte della Fuga‹ (Kunst der Fuge!). Er hat auch die Violinsonaten seines Lehrers Corelli in Concerti grossi umgearbeitet. Daß dies ohne Gewaltsamkeiten und Stilbruch möglich war, bezeugt die innere Verwandtschaft der beiden Gattungen: Sie dienen dem virtuosen Einzel- oder Wechselgesang der Soli.

Die Entwicklung schwingt ungebrochen fort zu den schon erwähnten Meistern Caldara, Abaco, Marcello und endlich zu Vivaldi und Tartini. Späte Gipfelleistungen des europäischen Concerto grosso sind dann Händels Beiträge in England und in Deutschland Johann Sebastians Bachs ›Brandenburgische Konzerte‹. In der Folgezeit erlosch das Interesse an der Gattung, ihre Schätze gerieten in Vergessenheit. Corelli wurde 1888 durch Chrysander wieder ausgegraben, doch erst die ›Barockrenaissance‹ des 20. Jahrhunderts machte die Werke der großen und kleinen Meister wieder lebendig.

Solokonzert: Vivaldi und Nachfolger

Das Solokonzert ergab sich zwanglos aus dem Concerto grosso, indem statt eines Concertino nur ein Instrument mit dem Tutti wetteiferte. Das geschah erstmalig in Torellis ›Concerti musicali‹ (1698). Sie sind als Orchestersuiten angelegt und mit Soli einer Prinzipalvioline durchsetzt. 1700 folgte Albinoni mit klangschönen ›Concerti‹ (Opus 5), in denen eine ›Violino concertato‹ dem Streichertutti gegenübersteht. Diesen frühen Violinkonzerten gesellten sich schon ein Jahr später die ersten ›Cellokonzerte‹ des Cellovirtuosen Giuseppe Jacchini. Die Produktion vor allem von Violinkonzerten schnellte nun hoch und überflügelte bald die der Concerti grossi.

Antonio Vivaldi (um 1680 bis 1743) gab dem italienischen ›Violinkonzert‹ seine klassische Prägung. Er gehörte zu den hervorragendsten Virtuosen seiner Zeit. 1703 empfing er die priesterlichen Weihen, doch ein Leiden machte ihm die Ausübung seines Amtes unmöglich. Er wandte sich daher ganz der Musik zu und wurde noch im selben Jahr Lehrer und später Direktor des Mädchenkonservatoriums ›Ospedale della pietà‹ zu Venedig. Diese Stellung behielt er mit Unterbrechungen zeitlebens.

›Il preto rosso‹ (der rote Priester), wie man Vivaldi wegen seiner flammend roten Haare nannte, hat nahezu 50 Opern, mehrere Oratorien, dazu kirchliche und weltliche Musiken in unübersehbarer Fülle geschaffen, an Instrumentalmusiken allein rund 70 Solo- und Triosonaten, 23 Sinfonien und 444 Konzerte bzw. Concerti grossi für die verschiedensten Besetzungen (so für 2, 3, ja 4 Violinen im Concertino; Flöten-, Oboen- und andere Bläserkonzerte). Bezeichnend für die lange Inkubationszeit, die den Werken dieses ›Großmeisters des Violinkonzerts‹ beschieden war, ist, daß sein Name noch 1906 im zweibändigen Brockhaus fehlt. Natürlich fehlen dort auch Legrenzi, Geminiani, Locatelli und viele andere Barockmeister, die gegenwärtig aus den Konzert- und Rundfunkprogrammen kaum noch fortzudenken sind.

Mit seinen Violin- und Triosonaten (zumeist Jugendwerken) steht Vivaldi noch im Schatten Corellis. In seinen Concerti grossi geht er indessen als ›Klangzauberer‹ völlig neue Wege. Auf die Entfaltung wahrhaft barocker Klangpracht versteht er sich ebenso wie auf zarteste Farbwirkungen. Durch ungewohnte Streicher- und Bläserkombinationen erreicht er Wirkungen von bisweilen schon romantischer Modernität. Sehr ausgeprägt ist sein altmeisterlicher Sinn für lapidare Formen. In seinen Violinkonzerten stellte er klassische Formmuster auf; ihr Grundriß wurde fortan für alle barocken Solokonzerte, also auch für Bläser- und Klavierkonzerte, verbindlich. Neu an diesem Grundriß ist die stereotype Dreisätzigkeit (Allegro – Andante – Allegro), neu sind auch die Gliederungen der Sätze. Den Schwerpunkt des Ganzen bildet das erste Allegro. Es beginnt stets mit einem Tutti, ihm folgt ein Solo mit entweder eigenem oder frei aus dem Tutti abgeleitetem Thema. Der Satz verläuft als mehrmaliger Wechsel von Tutti (dies stets mit gleichem Thema!) und Solo, es ergibt sich also etwa eine Rondoform (A–B–A–C–A–B–A). Zu den thematischen Gegensätzen kommen tonartliche: das erste Tutti steht in der Grundtonart, es wird vom Solo in der Dominanttonart beantwortet; in der Folge werden Paralleltonarten berührt; der Schlußteil steht wieder in der Grundtonart. Mit dem technisch relativ einfach gehaltenen Tutti kontrastiert die Solovioline in virtuosen Passagen, Doppelgriffen und anderen geigerischen Effekten. Andante und Schluß-Allegro (Finale) haben bei ähnlicher Form andere Funktionen. Die drängende Bewegung und der oft geradezu dramatisch erregende Dialog des 1. Satzes finden im beseelten Gesang des Andante ihre Entspannung, das meist spielerisch musikantische Finale bringt dann den festlich hellen Ausklang.

Als einer der ersten übernahm Johann Sebastian Bach diesen Formtypus. Sechs Violinkonzerte Vivaldis hat er in Klavierkonzerte umgearbeitet. Vivaldi verpflichtet sind auch Marcello, Geminiani, Locatelli, Händel (mit Oboen- und Orgelkonzerten) und nicht zuletzt Tartini, faszinierender Vorbote des Violinkonzerts der Wiener Klassik.

Die neapolitanische Oper

Belcanto

Gegen Ende des 17. Jahrhunderts verlagerte sich das Zentrum der italienischen Musizier-Oper von Venedig nach Neapel, das damals alle italienischen Städte an Bevölkerungsdichte, Wohlstand und Musikbesessenheit übertraf. Der kunstliebende König verpflichtete tüchtige Musiker, er unterstützte mehrere Konservatorien und baute Opernhäuser, deren prunkvolle Inszenierungen Unsummen verschlangen.

Die günstige Konstellation lockte Opernbeflissene aus vielen Ländern nach Neapel. Wer als Komponist sein Glück machen wollte – in Prag, Wien, Madrid, in Petersburg, Dresden oder London –, hier oder bei einem der neapolitanischen Maestri, die bald zum lebenden Inventar jeder angesehenen Bühne gehörten, mußte er sein Handwerk erlernt haben. Der neapolitanische Operntyp wurde vorherrschend in Europa und blieb es während des ganzen 18. Jahrhunderts, trotz Paris – das eigene Lösungen vorzog – und trotz aller ›Reformen‹. In Italien wirkte er nach bis zur Mitte des 19. Jahrhunderts. Der venezianische Operntyp wurde in Neapel sozusagen auf Hochglanz poliert und auf zwei Formen, die ›opera seria‹ und die ›opera buffa‹ (die ernste und die komische Oper), festgelegt. Bis etwa zur Mitte des 17. Jahrhunderts dominiert

Die Vertreibung der italienischen Schauspieler aus Paris im Jahre 1697, Stich nach dem Gemälde von Watteau, 1718

die ›seria‹, dann wird sie von der ›buffa‹ zurückgedrängt. Beiden gemeinsam ist das in Venedig entstandene einfache Grundschema. Wurde in der venezianischen Oper das Drama der Musik untergeordnet, so wird die Musizier-Oper in Neapel dem ›primo uomo‹ und der ›prima donna‹ ausgeliefert.
Herauf steigt – man muß es schon so pathetisch sagen – die Ära des Belcanto, des ›schönen Gesanges‹. Schön singen aber können nur die Italiener, darüber ist man sich in Europa bald einig. Eine Oper ohne Star aus dem Süden wird undenkbar. Man besucht die Oper, um die Ausstattung zu bewundern und sich zu berauschen am unerhörten Stimmreiz einer Francesca Cuzzoni oder Faustina Bordoni, eines Cafarelli oder Farinelli. Noch Friedrich II. wird vom Belcantotaumel seines Jahrhunderts ergriffen. Bekannt ist sein Ausspruch: »Eine deutsche Sängerin? Ich könnte ebenso leicht erwarten, daß mir das Wiehern meines Pferdes Vergnügen machen könnte!«

Im Brennpunkt der Barockoper, dieser virtuos hingezauberten Welt des schönen Scheins, steht Orpheus in der Maske des perfektionierten Belcantisten. Sein Gesang ist nicht Natur und will es nicht sein. Er will nicht Steine und Götter rühren um der Liebe willen. Er verabsolutiert sich, ist da um seiner selbst willen, ist Inbegriff des ästhetisch Schönen und künstlich bis in den letzten Hauch. Er meidet den Chor, die Gruppe, das mittelalterliche ›Wir‹. Er dient nicht, weder Gott noch dem eigenen Vergnügen. Er ist und will sein der Triumph des Machbaren über das Elementare, selbstherrliche Leistung gegen die Natur. Aus seiner sublimen Künstlichkeit, seiner brennenden Kälte gleichsam, gewinnt er seine Faszination. Nur in der absoluten Stilisierung sind die Zufälligkeiten des menschlich allzu Menschlichen getilgt, verflüchtigt sich das Banale, wird die makellos schöne Stimme zum trügerischen Medium reiner Empfindung.

Die Belcantisten kannten ihre Macht und wußten sie zu nützen. Text, Musik und Ausstattung der Opern bildeten nur den Hintergrund für ihr Auftreten. Sie bestimmten, wann eine Arie zu singen war und von welcher Art sie sein mußte. Wechselten die Sänger, so wechselten auch die Arien! Hasse hat aus diesem Grunde Texte Metastasios zweimal, einige sogar viermal vertont! Niemand fand etwas dabei, es war die Regel.

In seiner ›Fröhlichen Wissenschaft‹ pries Nietzsche »die Unnatürlichkeit, derentwegen man in die Oper geht«. Er gab ihr und ihren Illusionen den gleichen Rang wie »der Unlogik, mit der der Grieche die wildeste Leidenschaft in schöne Rede kleidet«. Er hatte noch Sinn für die Paradoxien der Belcanto-Oper, im Gegensatz zu seinem Jahrhundert, dem sie sich vom Standpunkt des Wagnerschen Musikdramas als tiefster Niedergang der Gattung darstellte.

Gewiß – man tat im 17. Jahrhundert, was man konnte, um aus dem »feierlichsten und schönsten aller Schauspiele das lächerlichste zu machen« (Gluck). Man entwertete das Wort durch sinnlose Wiederholungen und Fiorituren und kümmerte sich wenig um einen logischen Verlauf der Handlung. Doch das blieb irrelevant, denn der singende Mensch triumphierte, und zwar immer wieder nur in der eigens für ihn geschaffenen Arie. Das Lieblingskind der Neapolitanischen Schule ist die Da-capo-Arie in ihren tausend Spielarten. Man findet sie in der Kantate, dem Oratorium, der Passion genauso wie in der Oper. Sie setzt sich überall durch, wo gesungen wird. Ihre Form spiegelt sich selbst in der reinen Instrumentalmusik. Sie ist ihrem Jahrhundert ebenso zugehörig wie die Motette dem Mittelalter oder das Madrigal der Renaissance.

Herr der Verwandlungen

Die Abhängigkeit der neapolitanischen Oper von der Arie wird erst ganz verständlich, wenn man die darauf abgestimmten Texte prüft. Unter dem Schutze des Adels bildete sich eine Art Diktatur bestimmter Librettisten. Vor allem Wien wurde zur Hochburg einiger italienischer Poeten; ihre Textbücher wurden von den namhaften Maestri Europas vertont. Silvio Stampiglia, um 1700 Hofpoet in Wien, führte der ›seria‹ ethisch fundierte, einfach und würdig dargestellte Texte zu. Sein ›Mario fugitivo‹ – er verherrlicht die aufopfernde Gattenliebe – hatte Nachfahren bis hin zu Cherubinis ›Wasserträger‹ und Beethovens ›Fidelio‹. Stampiglias Nachfolger Apostolo Zeno (1668 bis 1750), Historiograph und Hofpoet in Wien von 1718 bis 1729, wollte aus der Oper eine »Schule der Tugenden« machen (Kretschmar), doch es fehlte ihm die Gabe, Charaktere zu zeichnen. 12 Oratorien- und 47 Operntexte sind von ihm überliefert. Unter ihnen ragen ›Temistocle‹, ›Merope‹ und ›Iphigenie in Aulide‹ durch das wirkungsvolle Pathos ihrer Sprache hervor.

Etwa nach der gleichen Schablone arbeitete auch *Pietro Metastasio* (1698 bis 1782) seine höfisch-heroischen Tragödien aus; doch er war geschmeidiger und raffinierter als Zeno. Vor allem verherrlichte er die Liebe in süßen Vierzeiler-Paaren, die er unbekümmert um Sinn oder Unsinn der Situation da einflocht, wo ihm für Eros eine Da-capo-Arie am Platze schien. Damit traf er den Zeitgeschmack genau. Seine bilderreichen, sprachlich geschliffenen Verse waren die ideale Grundlage für die stilisierten ›Herzensgrüße‹ der Maestri und Sänger, seine rund sechzig Operndichtungen erlebten Hunderte von Vertonungen, darunter solche von Hasse, Händel, Gluck, Haydn und Mozart. 1730 wurde Metastasio in Wien Hofpoet Maria Theresias, und er blieb es bis zu seinem Tode. Seine Monopolstellung war danach allerdings längst erschüttert durch die ›Reformatoren‹ Gluck – Calzabigi.

Bezeichnend für diesen Mann, der eigentlich Trapassi hieß, und für die Zeit, die ihn über Corneille und Racine stellte, war sein selbstgewählter Name Metastasio – er bedeutet ›Herr der Verwandlungen‹. Trapassi machte diesem Pseudonym Ehre. Alles wurde ihm – und der Perückenzeit – zur Analogie. Er bildete die sogenannte ›Vergleichs-Arie‹ durch. Darunter versteht man eine bilderreiche Versfolie für den Gesang, worin möglichst Weniges beim Namen genannt wird und möglichst Vieles hinter einem Vergleich verschwindet. Da wird etwa die Liebe zur Morgenröte, der Zorn zur Mittagshitze, der Tod zur düsteren Nacht. Ein Spiel, das sich beliebig fortsetzen läßt. Die Dichter der Zeit betrieben es bis zum Exzeß.

Affektenlehre und Barockmusik

Der lyrisch-pathetischen Affektsprache Metastasios entsprach in der Barockmusik ein Stil, der weitgehend mit den Anschauungen einer pedantisch ausgeklügelten Affektenlehre in Einklang gebracht wurde (etwa Heinichen, 1728; später unter Rousseaus Einfluß modifiziert von Quantz und Philipp Emanuel Bach). Die Affektenlehre forderte, die Musik solle die Natur nachahmen, und sie bot für jeden Melodieschritt, aber auch für die Klänge, Rhythmen, Zeitmaße und Tonstärken ›Vergleichswerte‹, die sich zum Teil derart einbürgerten, daß sie noch heute den Freunden tonaler Musik selbstverständlich erscheinen. Dahin gehört die Auffassung, die in der Dur-Leiter enthaltene große Terz, Sexte und Septime und große Tonschritte überhaupt gäben dem Hellen, der freudig erregten Leidenschaft Ausdruck, die in der Moll-Leiter enthaltene kleine Terz, Sexte und Septime und alle kleinen Tonschritte (Halbtöne) dagegen riefen melancholische Empfindungen wach.

Man versuchte, diese Auffassung mit Analogien aus der Natur zu begründen, übersah dabei aber das Vieldeutige der zum Vergleich herangezogenen Lebensvorgänge. Mit der Begrenzung auf übergangsarme Kontrastwirkungen beraubte man sich vieler Ausdrucksmöglichkeiten. Die einseitige Stilisierung führte zur Festlegung musikalischer Formeln und ging oft so weit, daß man Melodien nur aus Moll-Intervallen und engen Tonschritten entwarf, um Melancholie auszudrücken – und umgekehrt. Wie relativ der Wert eines solchen Verfahrens ist, wird deutlich an vielen Dur-Weisen, in denen melancholische Empfindungen zum Ausdruck kommen, etwa ›Ach ich habe sie verloren‹ aus Glucks ›Orpheus‹, ›Am Brunnen vor dem Tore‹, ›Ich weiß nicht, was soll es bedeuten‹.

Im Sinne der Affektenlehre wurden auch die Zeitmaße, Tonstärken und Rhythmen auf Gegensätze stilisiert. Die allmählichen Übergänge (accellerandi und ritardandi bzw. crescendi und diminuendi) überließ man weitgehend dem Gutdünken der Interpreten; systematisch wandten erst die ›Mannheimer‹ sie an. Jedenfalls sind Angaben über derartige Schattierungen in den zeitgenössischen Drucken sehr selten. Dennoch läßt sich der Begriff ›Terrassen-Dynamik‹ nach den neuesten Forschungsergebnissen nicht mehr allgemein auf die Barockmusik anwenden. Er trifft zu für die Echowirkungen, die das Barock sehr liebte. Sie wurden hervorgerufen durch mehrere getrennt – in verschiedenen Räumen – aufgestellte Orchester. Sonst aber sind der damaligen Musizier-Praxis dynamische Übergänge nicht fremd gewesen. Vortragszeichen, die man in Handschriften etwa Frescobaldis oder Corellis ermittelte, bestätigen es.

In der Rhythmik bevorzugte man für jedes Tonstück Grundrhythmen, wie sie sich in Volks- und Gesellschaftstänzen bzw. in der Dichtung darboten (Jambus, Trochäus usw.). Man brachte sie in Übereinstimmung mit den metrischen Gliederungen (Taktarten), die in der Regel innerhalb eines Tonstückes nicht wechseln. Rhythmen, welche die metrischen Betonungen überschneiden (Synkopen), treten erst im Spätbarock häufiger auf. Polyrhythmen und Polymetren – also einander überlagernde ungleiche Rhythmen und Metren –, die schon Giovanni Gabrieli im 16. Jahrhundert verwandte, wurden nicht benutzt.

Auch zu Farben setzte man die Klänge oder Tonarten in Beziehung. So glaubte man zwischen C-Dur und Weiß, c-Moll und Schwarz, G-Dur und Rot, F-Dur und Grün, B-Dur und Blau Analogien zu erkennen*. Es gab kaum Empfindungswerte, zu denen man nicht Entsprechungen in Formeln melodischer, klanglicher und rhythmischer Art herstellte.

Was die Barockmusik durch die Festlegung auf Ausdrucks- und Formtypen, Spiel- und Gesangsmanieren und auf die damals noch wenig differenzierte Tonalität an Nuancenreichtum einbüßte, das gewann sie gerade aus solcher Begrenzung an Klarheit und sinnfälliger Überzeugungskraft. Durch ihre Typenhaftigkeit entgeht sie dem Sentimentalen. Durch ihren monodischen Grundzug wirkt sie frei und subjektiv, durch ihre Formstrenge gewinnt sie Haltung selbst im Ausdruck leidenschaftlicher

---

* *Im 20. Jahrhundert hat die Farben-Ton-Forschung (Georg Anschütz) solche Phonopsien (Tonsicht), die man auch als ›odition coloré‹ bezeichnet, wissenschaftlich und experimentell untersucht und dabei eine Fülle von Wechselbeziehungen zwischen Farb- und Toneindrücken ermittelt.*

Empfindungen. Stets ordnet sie das Persönliche dem Gesetz des Ganzen unter. Wie sie wirklich geklungen hat, das läßt sich freilich nur sehr bedingt noch ausmachen. Nicht zu erneuern ist ihr improvisatorisches Element, sind die subjektiven Auszierungen der Melodik besonders in langsamen Tonstücken und freien Kadenzen. Unwiederbringlich dahin ist auch die von vielen Zeitgenossen gerühmte Klangsinnlichkeit der Wiedergabe durch phänomenale Sänger, Instrumentalvirtuosen und Orchester (Corelli, Lully). Vieles läßt darauf schließen, daß die Interpretationskunst sich keineswegs auf eine nuancenarme Schwarzweißzeichnung beschränkte, sondern daß sich in ihr sublimierte, was in den Partituren bewußt ausgespart erscheint: jene feinen Zwischenfarben und Übergänge des ›chiaroscuro‹ (Helldunkel), durch die sich vom Typischen das Individuelle charakteristisch scheidet.

In der klingenden Symbiose von Allgemeinem und Besonderem liegt wohl das eigentliche Geheimnis jener Faszination, welche die italienische Barockmusik damals zum Maßstab der europäischen hat werden lassen.

Alessandro Scarlatti

Begründer der ›Neapolitanischen Opern-Schule‹ war *Alessandro Scarlatti* (1659 bis 1725), Vater des Cembalomeisters Doménico Scarlatti. Sein Stil war nicht neu, aber er errang als Melodiker und Klangzauberer der venezianischen Musizier-Oper die europäische Vormachtstellung. Er knüpfte etwa an bei seinem neapolitanischen Lehrer *Francesco Provenzale* (1627 bis 1704), bei den Venezianern Legrenzi und Pallavicino und bei *Alessandro Stradella* (1645 bis 1681), dessen abenteuerliches Leben in Genua durch Mord endete. Diesem leidenschaftlichen Musiker sind wertvolle Kantaten, Oratorien und Opern im venezianischen Stil, aber auch schöne Concerti grossi und Kammermusiken zu danken. Er gewann direkten Einfluß auf Händel.

Scarlatti schuf über 600 Solokantaten, 14 Oratorien, 200 Messen und 114 Opern. Seine erste Oper entstand 1679 für Rom, wo er 1680 Hofkapellmeister der Königin Christina von Schweden wurde, seine letzte, ›Griselda‹, 1721. 1684 kam er nach Neapel. Er blieb dort bis 1702, dann ging er als Kirchenkapellmeister nach Rom. Von 1708 bis 1718 und von 1722 bis zu seinem Tode war er als Hofkapellmeister und Leiter eines Konservatoriums wieder in Neapel tätig. Zu seinen Schülern zählen Leo, Logroscino, Durante und Hasse. In Händel weckte er den Sinn für das klare Pathos und die schwelgerische Klangschönheit der italienischen Opernkunst.

Deutlicher als andere wies Scarlatti der Musik seines Jahrhunderts im Positiven und Negativen Richtung und Ziel. Negativ wirkten sich gelegentliche Äußerlichkeiten seines Stils aus, die man zum Prinzip erhob. Hierher gehört der stereotype Wechsel von unmelodischem Secco-Rezitativ und nachlässig deklamierter Da-capo-Arie, gehört ferner die völlige Unterdrückung der Chöre. Beides ist aber für Scarlatti keineswegs typisch.

Als Positiva hingegen sind zu verzeichnen seine Ariosi und Accompagnati – in ihnen erweist er sich als Erbe Monteverdis (ihm fehlte allerdings dessen musikdramatisches

Alessandro Scarlatti, Begründer der
›Neapolitanischen Opernschule‹,
Kupferstich nach dem Gemälde von Solimène

Genie) –, dann seine bisweilen von neapolitanischen Volksliedern angeregte, ausdrucksvolle Melodik, seine Polyphonie – sie trug ihm später den Namen ›italienischer Bach‹ ein –, sein Sinn für instrumentale Klangfarben und seine Opern-Ouvertüren mit den Formteilen Allegro – Andante – Allegro. Ihr Schema wurde maßgebend für verschiedene Gattungen der barocken Instrumentalmusik, so für das Solokonzert bei Vivaldi und Bach, für die Kammersinfonie bei Sammartini und die Triosonate bei Pergolesi. In diesem Schema ist auch das der klassischen Sinfonie (ohne Menuett) schon vorgezeichnet.

Beginn der Instrumentaleinleitung einer Arie aus dem ›Telemaco‹ von Alessandro Scarlatti

Zu seinen Hauptwerken gehören ›Tigrane‹ (1715) und ›Theodora‹ (1693). Die Da-capo-Arie erschien übrigens in diesem Werk nicht erstmalig! Scarlatti hat sie weder erfunden noch übermäßig oft angewandt. Der Florentiner Tenaglia stellte nach Monteverdis Ansätzen ihr Schema schon 1661 in seinem ›Cleano‹ (Rom) auf, Pallavicino verwandte es unter anderem im ›Befreiten Jerusalem‹ (1687, Dresden). Nicht als Formalist wurde Scarlatti zum Haupt der neapolitanischen Schule; in seinen Kantaten und Oratorien, seinen bis zu zehnstimmigen Messen und seinen Opern entstanden Muster eines beseelten und vergeistigten Stils, dessen Schönheit die Zeitgenossen hinriß. Aber auch Komik lag diesem vielseitigen Künstler. In manchen seiner Opern treiben neapolitanische Volkstypen ihre derben Späße, unterbrechen lustige Villanellen reizvoll das Pathos der ernsten Partien. Gegen Ende seines Lebens gelang Scarlatti noch eine wirkliche ›buffa‹, der ›Trionfo dell'onore‹ (1718). In ihr nahm er als Ahne Verdis mit philosophischer Gelassenheit und befreiendem Humor Abschied vom Getriebe dieser Welt.

Die Meister der ›seria‹

Man ist übereingekommen, die Meister der neapolitanischen Schule in drei bzw. vier Gruppen zusammenzufassen. Danach gehören zur älteren Gruppe, die in Scarlatti und Händel gipfelt, etwa die Brüder *Giovanni Battista* (ca. 1670 bis ca. 1750) und *Marc Antonio Bononcini* (1677 bis 1726), dann Händels Freund *Antonio Caldara* (um 1670 bis 1736), der in seinen Kammermusiken fortlebt, der intrigante *Niccolo Porpora* (1686 bis 1766), bekannt durch seine Kontroversen mit Händel und Hasse und als Lehrer Haydns, der vielseitige *Benedetto Marcello* (1686 bis 1739) – er schrieb nicht nur prachtvolle Konzerte, Kammermusiken und Psalmen, sondern auch eine bissige Satire auf das Opern-Unwesen ›Il teatro alla mode‹ (Venedig, 1721) – und endlich *Leonardo Vinci* (1690 bis 1730) und *Leonardo Leo* (1694 bis 1744).
Die zweite Gruppe, die von Scarlattis deutschem Schüler *Johann Adolf Hasse* (1699 bis 1783) starke Impulse erfuhr, bereitete das Reformwerk Glucks vor. Sie wird gebildet von Meistern wie *Niccolo Jomelli* (1714 bis 1744), *Tommaso Traëtta* (1727 bis 1779), *Antonio Maria G. Sacchini* (1734 bis 1786) und *Francesco di Majo* (1740 bis 1770). Auch der Buffomeister *Niccolo Logroscino* (um 1700 bis 1763) steht ihr als Schöpfer des Ensemble-Finales nahe. In seinem ›Governatore‹ (1747) vereint er zum guten Schluß erstmalig Freund und Feind in einem krönenden Solo-Ensemble. Sein Beispiel machte Schule. Später baute man die Finale gern zu großartigen Formkomplexen aus, in denen Soli und Chöre in einer Art musikalischer Apotheose ›die Moral von der Geschichte‹ besingen.
Alle diese Meister bemühten sich, den Opern-Schlendrian zu überwinden. Hasse vor allem und Jomelli opponierten gegen Metastasio. Sie vertonten ihn zwar, doch sie verlangten von ihm Änderungen, Vereinfachungen, Abweichungen vom Schema, etwa Texte für ›accompagnati‹, für Ensemble- und Chorszenen. Zeigte er sich unnachgiebig, so arbeiteten sie die Texte selbst um. Sie mieden übertriebenen Ziergesang und deklamierten im allgemeinen natürlich. Gelegentlich deuteten sie die inneren Vorgänge der Handlung schon psychologisch aus. Ihre Charakterisierungskunst war beträchtlich. Sie verkürzten die Da-capo-Arie zur ›Dal-segno-Arie‹, das heißt, sie ließen den Da-capo-Teil (A) nur vom zweiten Abschnitt des ersten Teiles (A) an wiederholen und schrieben dies mit einem Zeichen (segno) in der Partitur vor (siehe Schema der Da-capo-Arie, Seite 153). Sie übernahmen aus England, Spanien und Deutschland Folkloristisches, aus der französischen Oper Ritornelle, Tänze, Balletts. Sie arbeiteten ihre Ensembles, ihre Chor- und Orchestersätze sorgfältig aus und zeichneten sie oft

polyphon durch. Jomelli ging hierin bisweilen so weit, daß Mozart ihn »zu gelehrt« fand!

Die Meister der dritten Gruppe, die sogenannten Neu-Neapolitaner, vertreten schon die verspielte Endstufe des Barock, das Rokoko bzw. die Frühklassik. Bezeichnend für sie sind Anmut und Grazie des melodischen und rhythmischen Ausdrucks im Rahmen formschöner, gefälliger ›Gesellschaftsopern‹. Das Pathos der Hasse-Jomelli-Gruppe verflüchtigt sich bei ihnen zur feinen, andeutenden Geste. Sie sagen nichts direkt und verstehen sich meisterhaft auf die Kunst zierlicher Arabesken. Formal bereicherten sie die Gattung durch Arien und Ensembles in Variationen- oder Rondoform und durch vokale Sonatensätze. Sie übernahmen die dynamischen Effekte der ›Mannheimer‹.

Den führenden Männern dieser Gruppe ist Mozart in seinen Jugendopern verpflichtet. Die Texte zu drei dieser Opern stammen von Metastasio, ein vierter wurde von ihm überarbeitet. Zu nennen sind hier *Pietro Guglielmi* (1727 bis 1804), *Giuseppe Sarti* (1729 bis 1802), *Johann Christian Bach* (1735 bis 1782) und endlich *Niccolo Piccini* (1728 bis 1800), ein nobler Charakter und bedeutender Könner. In Paris suchte man ihn gegen Gluck auszuspielen, doch er wurde dort selbst ein Gluck-Enthusiast und bekannte sich bald in einer Reihe ernster Opern zu ihm. Seine größten Erfolge errang er indessen mit seinen komischen Opern.

Die Meister der ›buffa‹

Die letzte Gruppe der Neapolitaner pflegte vor allem die ›buffa‹. Sie erreichte ihren Höhepunkt wiederum in Mozart. Die Anfänge der ›buffa‹ reichen ins 17. Jahrhundert zurück (siehe Seite 101, ›Römische Schule‹). Auch in Venedig wurde die ›seria‹ gelegentlich schon durch komische Szenen und parodistische ›Intermezzi‹ aufgelockert. In Neapel gingen aus solchen Ansätzen dann abendfüllende ›buffa‹ hervor, zunächst etwa bei Alessandro Scarlatti, Vinci, Logroscino, Piccini. Stofflich griff man in ihnen und im ›Intermezzo‹, das weiterhin beliebt blieb, gern zurück auf Begebenheiten aus dem Volksleben. Anregungen in Fülle bot die ›commedia dell'arte‹ mit ihren charakteristischen Typen (Arlecchino, Pulcinella usw.). Von der ›seria‹ hob sich die ›buffa‹ bald vorteilhaft ab. Sie mied Wortschwulst und endlose Da-capo-Arien, bevorzugte bewegliche Dialoge, kleine Liedformen und einen natürlichen, volkstümlich drastischen Stil. Ihre Stärke war die musikalische Charakterzeichnung. Sie nahm sich die ›seria‹ aufs Korn und parodierte sie derart, daß man ihrer überdrüssig wurde. Nach der Jahrhundertmitte lief sie ihr den Rang ab. Sie hatte die Lacher auf ihrer Seite, das entschied ihren Sieg.

Doch die ›seria‹ bestand weiter. Sie verwandelte sich – sieht man von Glucks Reform ab – in die höfische Gesellschaftsoper des Rokoko. Die ›buffa‹ hingegen wurde nun zum verfeinerten musikalischen Lustspiel, zum bürgerlich volkstümlichen Rührstück, zur Zauberoper mit Posseneinschlag. Man durchsetzte sie mit besinnlichen Partien und führte ein sentimentales Liebespaar ein. So näherten sich ›seria‹ und ›buffa‹ ein-

ander auf eine verblüffende Weise. In Mozarts ›Zauberflöte‹ verschmolzen sie mit dem Volkslied, dem Choral, dem deutschen Singspiel und der ›musica sacra‹.
Andererseits fanden Elemente der ›buffa‹ aber auch Eingang in die ›Gesellschaftsoper‹. Sie übernahm gelegentlich den leichten Sprechstil (›parlando‹) der ›Buffo-Rezitative‹, die prestissimo dahinjagende ›Buffo-Arie‹ und das ›Buffo-Finale‹, das Arien und Ensembles aneinanderreiht oder in freier Rondoform abläuft. So oder so – aus ›seria‹ und ›buffa‹ ergab sich ein reizvoller Mischtyp, die ›opera semiseria‹, die halbernste Oper.
Der begabteste Librettist der ›buffa‹ war *Carlo Goldoni* (1707 bis 1793). In rund 200 Lustspielen und Libretti stellte er den Typendramen Zenos und Metastasios zeitkritische Charakter-Komödien im Sinne Molières entgegen. Durch ihn wurde die ›buffa‹ aus einem ›Marionettenspiel‹ zu einer ›Menschenoper‹. Ein schönes Beispiel mit besinnlich-sentimentalem Einschlag ist Piccinis ›La buona figliuosa‹ (1760, nach Goldoni). Von diesem Werk spinnen sich viele Fäden hin zu Mozart. Die Charakterisierungskunst geht hier über das reich akzentuierende ›parlando‹ und die vokale Melodik hinaus, sie bezieht auch das Orchester mit ein.
Piccini ist freilich undenkbar ohne *Giovanni Battista Pergolesi* (1710 bis 1736). Er schuf die erste kleine, noch heute lebendige ›buffa‹, das heitere Intermezzo ›La serva padrona‹ (1733, Neapel). Mit sechzehn Jahren begann Pergolesi zu komponieren, mit

Beginn der Arie des Umberto aus ›La serva padrona‹ von Pergolesi

sechsundzwanzig starb er. Für sein umfangreiches Schaffen – immerhin ein Dutzend Opern bzw. Intermezzi, zwei Oratorien, fünf Messen, das ›Stabat mater‹, zahlreiche andere Kirchenmusiken und bezaubernde Triosonaten, Sinfonien und Konzerte – blieben ihm also nur knapp zehn Jahre! Sein Musizieren ist ein begnadetes Spielen mit Rhythmen, Harmonien, Motiven und Formen, ein anmutiges, unentwegtes ›Sich-Aussingen‹. Die ungebrochene Einfachheit seiner Natur wird deutlich bei einer Gegenüberstellung seiner beiden Hauptwerke, der ›Serva padrona‹ und des ›Stabat mater‹. Es gibt in ihnen keine Wesensunterschiede, sondern nur Stimmungsgegensätze, das Heitere und das Ernste. Schlichte Texte finden hier den einfachsten, vollendet musikalischen Ausdruck.
In der ›Serva padrona‹ verwandte Pergolesi eine neuartige Kompositionsmethode. An die Stelle klischierter monodischer Belcanto-Melodien setzte er kurze, einprägsame

Motive. Sie schwingen sich vom Gesang hinüber zum Orchester, durchdringen dessen Geäder belebend und machen die Instrumente wirklich zu Partnern der Sänger. Oft baute er aus solchen Motiven ganze Szenen! Entsprechendes gilt für sein ›Stabat mater‹. Die bewundernswerte Ökonomie erstreckt sich in beiden Werken auch auf den äußeren Aufwand. Jeweils nur zwei Sänger treten in ihnen auf, die Orchester sind auf Streicher beschränkt, im ›Stabat mater‹ kommt nur Orgel hinzu.
Pergolesis Begabung erweist sich nicht minder an seinen phantasievollen Instrumentalmusiken. Mit ihrer symmetrischen Formstruktur und ihren ›singenden Allegri‹ – die über Johann Christian Bach für Mozart wichtig wurden – gehören sie schon in den Umkreis frühklassischen Musizierens.
Mit einer italienischen Operntruppe gelangte ›La serva padrona‹ 1752 nach Paris. Dort wurde sie Anlaß zu heftigen Fehden zwischen ›Nationalisten‹ und ›Buffonisten‹. Die Italiener mußten zwar das Feld räumen – sie wurden ausgewiesen –, doch die Franzosen, einmal auf den Geschmack gekommen, kopierten Pergolesi und hatten – ihre ›opéra-comique‹! Ihr Wegbereiter wurde Rousseau mit seinem ›Dorfwahrsager‹ (1752).
Beliebte Buffakomponisten der galanten Zeit und der Klassik waren Piccinis Schüler *Pasquale Anfossi* (1727 bis 1797), der Klangzauberer *Giovanni Paisiello* (1741 bis 1816) – sein ›Barbier von Sevilla‹ (1782) lebt noch heute neben Rossinis gleichnamiger Oper in Italien – und vor allem *Domenico Cimarosa* (1749 bis 1801), unsterblich durch seine ›Heimliche Ehe‹ (1792). *Ferdinando Paër* (1771 bis 1839) versuchte sich auch in ›Schreckensopern‹. Ein Jahr vor Beethovens ›Fidelio‹ schrieb er über den gleichen Stoff eine ›Leonore‹. Sein Anliegen, einen Nachklang des Rokoko hinüberzuretten ins 19. Jahrhundert, scheiterte. Er wurde von Rossini mühelos überspielt.

Spanien

Nach dem großartigen Aufstieg im 16. und frühen 17. Jahrhundert verlor Spaniens Kunstmusik nahezu jede europäische Resonanz. Die spanischen Maestri beugten sich dem Genius der italienischen Musik auch in der Oper, obgleich die Voraussetzungen für eine Nationaloper nicht ungünstiger zu sein schienen als anderswo.
In den spanischen Schauspielen, ›fiestas‹ und ›pastorales‹ spielen einheimische Lieder und Tänze schon seit dem 15. Jahrhundert eine bedeutende Rolle. Im 16. Jahrhundert wurde die Zarzuela ausgeprägt. Man führt sie auf *Juan del Encina* (1469 bis 1537) zurück, von dem bereits Sologesänge mit Instrumentalbegleitung, sogenannte Eglogas, erhalten sind. Die Zarzuela entsprach im frühen 17. Jahrhundert etwa dem italienischen Intermezzo, sie wurde bei höfischen Festen oder in ernsten Schauspielen als unterhaltsame Einlage gebracht. Die Libretti stammten in der Regel von den ersten Dichtern des Landes. 1629 machte eine Zarzuela Lope de Vegas die Runde: ›La selva sin amor‹. Der Text ist erhalten, die Musik verschollen. Aus Bruchstücken schließt

man auf ihre national-spanische Herkunft. Auch Calderon war nebenbei ›Librettist‹. Sein ›Celos aun del aire matan‹ wurde 1662 von Hidalgo vertont. Der erste erhaltene Akt mischt »italienisches Rezitativ, heimische Melodik und Polyphonie« (Haas).
Als nach dem Muster Venedigs auch in Spanien überall öffentliche Opernhäuser entstanden, wurde die italienische Oper für die aristokratischen Kreise zur Mode. Aus der ›Zarzuela‹ aber wurde ein abendfüllendes volkstümliches Singspiel (ohne Rezitative!), das später Elemente der französischen und der Wiener Operette in sich aufnahm. Über manche Wandlungen hin verkörpert die Zarzuela noch heute für den Spanier das Herzstück der nationalen Volkskunst. Die Opern- und Kunstmusik der Welt verdankt ihr in erster Linie Folkloristisches, also eigentümliche Klangwirkungen, Instrumentationseffekte, melodische Wendungen, Rhythmen und Tanzformen wie Bolero, Fandango, Seguidilla, Sarabande.
Auf dem Umweg über Italien suchten spanische Komponisten den Anschluß an die europäische Musik. Unter ihnen war *Vicente Martin y Solar* (1754 bis 1806), der als Organist in Alicante begann. Er hatte mit einer Oper in Madrid Erfolg, gewann dann Italien im Sturm und ging von dort nach Wien, wo seine Oper ›Una cosa rara‹ (›Eine seltsame Sache‹) über Mozarts ›Figaro‹ triumphierte (1786). Als Mozart im Jahr darauf seinen ›Don Giovanni‹ in Prag herausbrachte, nahm er ergötzliche Rache: Die Musikanten, die Don Juans Gäste beim Festgelage mit Tafelmusik unterhielten, mußten eine Melodie aus der Oper seines erfolgreichen Konkurrenten spielen. Alsbald trat Leporello vor und fragte: »Che cosa rara, Maestro? Spielen Sie lieber etwas von Mozart!« Durch diesen Scherz, der noch heute gelegentlich bei Aufführungen des ›Don Giovanni‹ gebracht wird, ist Vicente Martin y Solar ein Zipfelchen Unsterblichkeit zuteil geworden.

Frankreich

Die Oper

Lully: Eine Welt gegen die Welt

Die französische Oper gibt es erst seit Lully. Sie hat zwar im szenischen ›ballet de cour‹ und weiter zurück in den ›entremets‹ (ital. = ›intermezzo‹), ›cartels‹ und ›caroussels‹, den Maskenaufzügen des 14. bis 16. Jahrhunderts, dann in den Liederspielen Adam de la Hales und in den Mysterienspielen bedeutsame Ahnen, doch es mußte erst ein Italiener zum Franzosen werden, damit sie zu sich selbst fand.
Vierzehn Jahre alt war dieser in Florenz als Sohn eines Müllers geborene *Jean Baptiste Lully* (1632 bis 1687), als er nach Paris kam. Zunächst war er Küchenjunge der Mlle. de Montpensier, dann ihr Musikpage. Es dauerte nicht lange und er spielte eine der ›24 violons‹ du roi Louis XIV. 1652 ernannte ihn Ludwig XIV. zum Chef dieses

Die ›Zarzuela‹. Ein Spanier in Wien. Jean Baptiste Lully

Jean Baptiste Lully, gestochen von Jean Roullet, nach dem Gemälde von Paul Mignard

Orchesters. Ein Jahr später wurde Lully Hofkomponist und Chef eines Kammerorchesters von ›16 petits violons‹, dem er unvergleichliche Leistungen abtrotzte. Für des Königs Hoffeste in Versailles komponierte er bis 1671 rund 30 ›ballets héroiques‹. Gemeinsam mit Molière entwarf er aber auch heitere Tanzszenen, sogenannte ›comédie ballets‹ als Einlagen in dessen Komödien. Der König fand so viel Gefallen an diesen Pantomimen, daß er darin mitunter selbst als Tänzer auftrat.

Abwartend verhielt sich Lully gegenüber der Oper. Man kannte das neue Genre in Paris schon von Anbeginn, aber man lehnte es ab. 1642 verpuffte Cavallis ›Egisto‹ in Paris, dann scheiterten Luigi Rossis ›Orfeo‹ (1647) und Cavallis ›Serse‹ (1660). Besser gefiel Cavallis ›Ercole amante‹ (1662), doch man führte das Werk erst auf, nachdem Lully es durch eine Balletteinlage und eine Ouvertüre dem französischen Geschmack angenähert hatte. Sein Beispiel sollte in Paris Schule machen bis hin zu Wagners ›Tannhäuser‹.

In allen europäischen Hauptstädten hatte die italienische Oper gesiegt, warum blieb ihr der Erfolg in Paris versagt? Es lag an Unwägbarkeiten. Die Libretti, diese krausen Schauergeschichten im barocken Zeitkostüm, verletzten den Wirklichkeitssinn des Franzosen, er lachte über sie. Und dann die Kastraten – der Franzose verabscheute sie. Nicht minder zuwider waren ihm Belcanto und Da-capo-Arie, denn sie spielten Fangball mit Versen, Worten und Silben, und das galt in Frankreich als Todsünde wider die Sprache. Vor allem aber: Es gab in diesen Opern keine Balletts, und es gab keine Chöre, das Bedeutende zu verherrlichen, keine Ritornelle, keine ›Programmusiken‹ im Geiste Janequins.

Der Mißerfolg der italienischen Oper rief nun französische Musiker und Poeten auf den Plan. Aus Elementen des ›ballet de cour‹, des ›comédie-ballets‹ und der italienischen Oper entwickelten sie etwas Neues, das sie ›La Pastorale‹ nannten. Der Komponist *Robert Cambert* (1628 bis 1677) und der Dichter *Pierre Perrin* (1620 bis 1675) hatten mit mehreren Werken dieser Art solchen Erfolg, daß ihnen der König 1659 eine Art Monopolstellung für öffentliche Aufführungen einräumte. Sie gründeten ein Theater, die ›Académie royale de musique‹, und brachten dort 1671 die erste französische Oper, ›Pomone‹, mit großem Beifall heraus; 1672 ließen sie ›Les peines et les plaisirs de l'amour‹ folgen. Ihr Sieg schien gesichert.

Doch nun schaltete Lully sich ein. Er erkannte seine Chance, brachte seine Konkurrenten durch Intrigen zu Fall und erreichte, daß der König deren Vorrecht auf ihn übertrug. Noch im selben Jahr führte er in der ›Académie royale‹ ein aus älteren eigenen Balletts und Maskenspielen zusammengestelltes ›pasticcio‹ auf. Und von 1673 bis 1687 inszenierte er dort außer weiteren Balletts alljährlich eine neue Musiktragödie. Einige unter ihnen repräsentieren den reinen Typ der klassischen französischen Oper.

Nach Schilderungen von Zeitgenossen war Lully eine vielseitige, energische, aber auch herrische Natur. Er tyrannisierte alle, die mit ihm zu tun hatten, und bisweilen auch den König. Er war Komponist, Tänzer, Schauspieler, Violinvirtuose, Dirigent, Choreograph und Regisseur und überwachte die pomphafte Inszenierung seiner Werke nach einem genau ausgearbeiteten Plan bis ins Detail. Seine kühle, willensbetonte Art prägt sich auch in seiner Musik aus. Sie ist wie gemeißelt, präzise durchdacht, streng im Stil, schmucklos monumental.

Lullys bevorzugter Librettist wurde der Dichter *Philippe Quinault* (1635 bis 1688). Seine Texte sind Tragödien im Sinne Corneilles und Racines. Im Gegensatz zu seinen italienischen Kollegen, die ihre aktuellen ›Reißer‹ mit antiken Namen und Handlungsmotiven verbrämten, erstrebte Quinault ernsthaft eine Renaissance der antiken Tragödie. Auch er segelte freilich auf den Wogen seiner Zeit an diesem unerreichbaren Ziel vorbei. Indessen erreichte er, daß seine Muster lange Zeit gültig blieben. Noch

Rezitativ aus ›Cadmus et Hermione‹, 1673, von Lully
Charakteristisch für die exakte Deklamation ist der Taktwechsel

Gluck – ein Jahrhundert nach Lully – vertonte seine ›Armida‹ neu. Das Pathos der Quinaultschen Alexandriner und fünffüßigen Jamben entspricht der Haltung seiner heroischen Gestalten. Sie sind überzeugend dargestellt, doch von der Antike trennt sie Quinaults rationalistische Auffassung. Es gab für ihn kein Transzendieren in die mythische Wirklichkeit von Hellas, sein Umgang mit den Göttern war Theater. Sein Gott war ein König dieser Erde: ›Le roi soleil‹. Im Sturm der Französischen Revolution mußten seine Dramen zwar zerschellen, doch in Verbindung mit Lullys Musik veranschaulichen sie das Zeitalter des Sonnenkönigs auf das deutlichste.

Lully inszenierte seine Tragödien mit barockem Pomp. Er drapierte sie mit Schaustellungen aller Art, mit kultischen oder kriegerischen Aufzügen, Seeschlachten, Gewittern, Faun- und Nymphenballetts. Das Fundament dieser theatralischen Augenweide bildet seine strenge, schmucklose Musik. Alles an ihr ist auf lapidare Wirkungen berechnet. Ihr geregeltes ›Schreiten‹ entsprach den vorgeschriebenen ›pas‹ der Hofetikette und schmeichelte dem Machtbewußtsein des ›roi soleil‹. Jedem Werk ist ein selbständiger szenischer Huldigungsprolog an den König vorangestellt. Der König steht auch im Mittelpunkt aller dieser Opern! Ihm sind ihre Helden nachgebildet. Während der Handlung sorgten eingestreute, an ihn direkt sich wendende Hymnen, Chöre und spontane Verneigungen der Sänger dafür, daß man es nie vergaß!

Auch die Ouvertüre, welche dem Prolog folgt, gehörte zum Zeremoniell. Ein majestätisches Grave mit streng punktierten Rhythmen leitet sie ein. Ihm schließt sich ein lebhafter, meist fugierter Mittelteil und eine geraffte Wiederholung des Grave an. Dieses Formschema (langsam – lebhaft – langsam) kehrt das der graziösen italienischen Ouvertüre oder Sinfonia (lebhaft – langsam – lebhaft) um. Es wurde wichtig für die Introduktion der französischen und deutschen Instrumentalsuite, aus ihm ergab sich das Formgesetz des klassischen ersten Sonatensatzes (langsame Einleitung – Allegro) sowie vieler romantischer und spätromantischer Ouvertüren.

Lullys Rezitative sind kurz, sie deklamieren den französischen Text stets sinngemäß und im Rhythmus der Sprache. Keinerlei Koloraturen belasten die schlichte liedartige Melodik der ebenfalls exakt deklamierten, vorwiegend kurzen zweiteiligen Airs (Arien). Formstrenge und rhythmisches Leben sind für sie bezeichnender als klang-

sinnlicher Reiz. Ihr stolzes Pathos ist auch den meist monodisch gesetzten Chören eigen. Die Gesamtform wird aufgelockert durch Instrumental-Ritornelle und Ballettmusiken. Ähnlich wie Monteverdi verwandte Lully die Ritornelle bisweilen schon leitmotivisch. Er ließ sie auch wohl pantomimisch ausdeuten oder illustrierte mit ihnen bestimmte Vorgänge. In den Balletts reihte er gern höfische Tanzformen wie Courante, Gaillarde, Gavotte, Menuett suitenartig aneinander. Mit Vorliebe brachte er großangelegte Chaconnen (Tanzvariationen über ostinate Baßthemen).
Als Instrumentator verwandte er neben den Streichinstrumenten Flöten, Oboen, Fagotte, Trompeten, Hörner, Pauken und die Harfe zur Charakterisierung der dramatischen Vorgänge. Bezeichnend für seine genau ausgearbeiteten Partituren sind klangvolle ›Unisoni‹ der Streicher.
Lully hat auch einige Kirchenmusiken geschaffen. Von ihnen hat vor allem ein ausdrucksvolles ›Tedeum‹ die Zeiten überdauert. Lullys Zeitgenossen vermerkten, seine Respektlosigkeit mache nur vor Gott halt und vor der Kirche. Es gibt allerdings einen Bericht über sein Sterben, wonach er noch zu guter Letzt ein ergötzliches Spiel mit der Kirche inszenierte. Er benutzte zum Taktschlagen stets einen Stab, den er laut gegen den Boden stieß (andere Maestri nahmen einen Geigenbogen oder eine Notenrolle – so noch Weber! – und schlugen damit gegen ein Pult. Der geräuschlose Taktstock ist ein Geschenk des 19. Jahrhunderts). Eines Tages traf Lully mit diesem Stab den eigenen Fuß. Die Verletzung führte zu einer Blutvergiftung, und es gab keine Rettung mehr. – Ein Geistlicher kam und ermahnte ihn, er solle für sein Seelenheil ein Opfer bringen. Lully: »Gut, ich verbrenne mein letztes Werk.« So geschah es. Der Geistliche reichte ihm die Sterbesakramente und verließ ihn. Draußen traf er einen Bekannten Lullys und erzählte ihm den Vorgang. Der Bekannte eilte ins Sterbezimmer: »Meister, was taten Sie?« Lully (sterbend): »Ruhig, mein Freund, ich habe eine Abschrift...«
Selbst wenn es sich hierbei um eine Anekdote handelt, so bezeugt sie Lullys Tapferkeit und seinen Humor, Eigenschaften, die er zeitlebens bewies. An die Welt, die er zu verherrlichen schien, glaubte dieser Skeptiker im Grunde nicht. Der Stachel seiner Kunst war der Zweifel. Daher ihre sorgsam aufgetürmte Monumentalität (als ob sie Nichtiges verewigen könnte!), daher ihre oft so marionettenhaft starre Rhythmik, ihr lastendes Moll. Vordergründig gesehen ist sie grandios gemachtes Theater, im Kern jedoch Auflehnung: eine Welt gegen die Welt!

Rameau und die ›tragédie lyrique‹

Lully fand viele Nachahmer, doch lange Zeit keinen Nachfolger. Aus der Schar seiner Jünger ragten durch eine gewisse Eigenart heraus etwa *André Campra* (1660 bis 1744) und dessen Schüler *André Destouches* (1672 bis 1749). Bei ihnen wurde Lullys höfischheroischer Operntyp zur ›tragédie lyrique‹, zur lyrischen Tragödie. Sie bereicherten das Orchester um einige Klangfarben. Das ›comédie-ballet‹ verselbständigte sich bei ihnen gelegentlich zum intermezzoartigen ›opéra-ballet‹. Berühmtes Beispiel: Campras ›Les fêtes vénitiennes‹, das fünf in sich geschlossene Tanz-Einakter (mit eingestreuten

Rezitativen und Airs) suitenartig aneinanderreiht. Die ›opéra-ballets‹ wurden der ›tragédie lyrique‹ gefährlich, sie parodierten sie gern. Man führte sie in Theatern auf, die eigens für die neue Gattung entstanden.
Während des Interregnums von Campra und Destouches gewann die italienische Partei in Paris an Boden. Und das hatte noch Folgen.

Philippe Rameau, Stich von J.G. Sturm

Zunächst jedoch trat *Philippe Rameau* (1683 bis 1764), einer der größten Meister Frankreichs, auf den Plan. In Dijon kam er zur Welt. Nach Wanderjahren, die ihn bis nach Italien führten, wirkte er in verschiedenen Städten seiner Heimat als Organist, Theoretiker und Clavecinist. Darüber wurde er fünfzig Jahre alt, Begründer der neuzeitlichen Harmonielehre und Fortsetzer François Couperins mit zahllosen programmatischen ›pièces de clavecin‹. Als Theoretiker stand er zunächst in Widerspruch zu Zarlino (siehe Seite 132). 1737 bekannte er sich zu ihm und baute nun – weit über ihn hinausgehend – die tonale Funktionslehre aus in seiner Schrift ›Démonstration du principe de l'harmonie‹ (1750; ...zentrale Stellung der Tonika zwischen Ober- und Unterdominante, Umkehrbarkeit der Akkorde, Tonartverwandtschaften usw.). Sie bildet das theoretische Fundament der tonalen Musik.
In Paris war Rameau seit 1732 ansässig. 1745 wurde er Hofkomponist Ludwigs XV. Seinen ersten Opernerfolg hatte er als Fünfzigjähriger mit ›Hippolyte et Aricie‹ (1733). Die französische Partei jubelte ihm zu, die italienische bekämpfte ihn, zunächst ohne Erfolg. Mit 22 Opern, darunter ›Castor et Pollux‹, ›Dardanus‹ und ›Zoroastre‹, führte er die ›tragédie lyrique‹ einem neuen Höhepunkt zu. Er war der eigentliche Erbe Lullys und Mittler zwischen ihm und Gluck.
Rameaus Leitstern war ›la belle et simple nature‹, die schöne und einfache Natur. Er betrachtete sie mit den Augen des Franzosen und suchte sie in seinen Musiken unermüdlich nachzubilden. Die Programm-Musiker d'Indy und Dukas und der Impres-

sionist Debussy haben Anfang des 20. Jahrhunderts einige seiner Opern in liebevollen Bearbeitungen wieder herausgebracht. Er war ihnen wesensverwandt, obwohl seine Kompositionsweise von der ihren grundverschieden ist.
Als Baumeister musikalischer Formen stand Rameau noch jenseits der Wende zur Klassik und Romantik. Doch als Harmoniker, Instrumentator und Programm-Musiker erschloß er der Musik nach Lully neue Bereiche. Sein polyphoner Orchestersatz ist Träger einer melodisch und rhythmisch lebensvollen, harmonisch eigenwilligen Klangwelt. Alle seine Mittel setzte er bereits bei der psychologischen Ausdeutung der Handlungsvorgänge ein. Die reichere Klangsinnlichkeit und Poesie seiner Sprache begrenzte er nicht auf die zweiteiligen Airs und gelegentlichen Da-capo-Arien, sie kamen auch seinen Rezitativen zugute, die sich oft zu dramatischen Ariosi auswachsen, und sie steigern den Reiz seiner Ritornelle und Ballettmusiken. Aus seinen mächtigen Chören hebt er mitunter Soli charakteristisch heraus. Seine Ouvertüren zeigen frei die Lullysche Form. In ihrem lebhaften Mittelteil verzichtete er auf das strenge ›fugato‹, sie wurden damit geeigneter für ihre neue Aufgabe, in die Oper einzuführen.
In der ›Tonmalerei‹ hatte man seit Lully viel durch Naturbeobachtungen hinzugelernt. Es gab bereits Komponisten, die ans Meer reisten, um Studien für eine ›Sturmmusik‹ zu treiben, andere belauschten den Gesang der Vögel und übernahmen ihn stilisiert in ihre Programm-Musiken. Damals schon war Frankreich das Land der Spezialisten auf diesem Gebiet. Das blieb fortan so über Berlioz im 19. Jahrhundert bis zu Messiaen im 20. Jahrhundert.
So verschieden die Wege der französischen Programm-Musiker sind – von Janequin, Lully, Couperin und Rameau gehen sie aus.
Rameaus Opern teilten das Schicksal der Lullyschen; als höfische Tragödien im Sinne Quinaults, den Rameaus Librettisten variierten, sind sie der bürgerlichen Nachwelt fremd geworden. Doch seine Kunst lebt fort in herrlichen Bruchstücken aus lyrischen Tragödien, in tonmalerischen Ouvertüren, Ballett- und Clavecinmusiken und in Concerts für Clavecin, Flöte, Streicher.

Der Weg zur Clavecinmusik · Orgel, Laute, Cembalo

Nach Lullys Tod stellte man Tänze und andere Instrumentalmusiken aus seinen Opern zusammen und gab sie – jeweils in Verbindung mit einer seiner Ouvertüren – als Suiten (ordres) heraus. Man hielt sich dabei nicht an eine bestimmte Ordnung – wie die Italiener und Deutschen in ihren frühen Tanzsuiten –, sondern überließ sich dem holden Ungefähr, ein wenig leichtfertig zwar, doch mit ausgesprochenem Sinn für Wirkung, so daß diese ›ordres‹ bald Anklang fanden. Sie wurden zu Mustern der französischen Opernsuite und diese zum sine qua non der höfischen Tafelmusiken, sei es in Wien oder Petersburg, London oder Madrid.
Damit erschöpft sich der Beitrag Frankreichs zur barocken Instrumentalmusik keineswegs. Abseits vom aufreibenden Opernbetrieb entfaltete sich im späten 17. und

frühen 18. Jahrhundert die unvergleichliche Kunst der Clavecinisten (Cembalisten). Ursprünglich war das Clavecin ein Nebeninstrument der Orgelmeister und Lautenisten, und diese waren meist identisch. Das spiegelt sich in ihren Kompositionen, die nach Belieben auf der Orgel, der Laute oder dem Clavecin spielbar waren. Schon bei *Jean Titelouze* (1563 bis 1633), dem Stammvater der malerischen französischen

*Die Klavierspielerin,
Radierung von Wenzel Hollar, 1635*

Orgelkunst war das so. Und es bleibt auch noch so bei den Lautenmeistern des 17. Jahrhunderts, in deren fein ziselierten monodischen Airs (Melodiestimme und 2 bis 3 phantasievoll geführte freie Begleitstimmen auf einem Instrument vereint) die mittelalterliche Lautenkunst herbstlich verdämmert. Einer von ihnen, *Jacques Gaultier* (ca. 1600 bis 1670; Vetter des größeren Denis Gaultier), war von 1617 bis 1647 königlicher Hoflautenist in London. Er brachte die Stücke und Spielmanieren der englischen Virginalisten nach Paris. Fortan wandte sich das Interesse der Hausmusikkreise und der höfischen Gesellschaft dem Cembalo zu, das so viel anpassungsfähiger als die Laute der modischen Vorliebe für zierliche Schnörkel und flinke Passagen zu entsprechen wußte.

Der silberig rauschende, zugleich etwas spitze, ›gerissene‹ Ton des Cembalo und der dunklere, mysteriöse der Laute haben eines gemeinsam: sie verklingen rasch. Fraglos sind Laute und Cembalo hierdurch im Nachteil gegenüber den Streich- und Blasinstrumenten, die einen Ton lange auszuhalten und durch An- oder Abschwellen zu modulieren vermögen. Daher ersann man für sie ›tremblements‹, Tonwiederholungen, die der melodischen Linie Nachdruck verleihen, ›agréments‹, modische ›Manieren‹, Ornamente, die immer wieder zu einem Hauptton zurückkehren und gleichsam eine klingende Aura um ihn bilden. Begreiflich, daß die Laute in diesem Wettstreit um eine vorgetäuschte Sanglichkeit dem wendigeren Clavecin unterlag. Sie war indessen eine wackere Verliererin! Bevor sie abtrat und eine reiche Kultur mit ihr zu Grabe sank, wurde sie die große Lehrmeisterin der Clavecinisten. Die Grundlage ihrer Satztechnik verdanken sie ihr. Der Deutsche Froberger, der ›Mozart des 17. Jahrhunderts‹, unternahm eine Reise nach Paris eigens zu dem Zweck, dort von den Lautenisten das zu erlernen, was sich von ihrer Kunst auf den Klaviersatz anwenden ließ. Und noch Johann Sebastian Bach stellte der Laute beträchtliche Aufgaben. Seine ›Klaviersuite in e-Moll‹ (Bach-Werke-Verzeichnis Nr. 996) war zunächst für Laute entworfen!

Jenseits und diesseits der Alpen

Nicht technische Gründe allein bewirkten die nachlassende Bedeutung der Laute: das Klangideal der Zeit war gegen sie. Dagegen erlebte nun das Cembalo seine große Stunde. Wie zuvor in England, so übernahm es nun in Frankreich und dann auch in Deutschland eine führende Rolle in der Haus- und Gesellschaftsmusik. In Italien blieb es jedoch – sieht man vom Sonderfall Doménico Scarlatti ab – im wesentlichen auf seine dienende Generalbaßrolle angewiesen.
Nicht von ungefähr ergab sich diese Trennung in eine cis- und transalpine Verhaltensweise. Sie entsprach der unterschiedlichen Musiziergesinnung. Man kann sagen: Die Einstellung zum Cembalo wird nun in der Kunstmusik zum Gradmesser für gewisse regional mehr oder weniger deutlich hervortretende musikalische Grundeigenschaften

Johann Kellerthaler, Katzenklavier, Stich nach Callot

der Menschen Italiens, Frankreichs, Englands und Deutschlands (ja Nord-, Mittel- und Süddeutschlands).

Der Italiener gibt seinem Empfinden einen sehr direkten, leidenschaftlichen Ausdruck. Für Reflexionen scheint in seiner Musik wenig Raum gelassen, er will sich aussingen, auch als Instrumentalist. Das im Grunde unsangliche Cembalo ist ihm zwar ein willkommenes Begleitinstrument, aber mehr auch nicht. Selbst die sanglichere Orgel, die er zunächst ihrer Natur entsprechend polyphon behandelt (Frescobaldi!), verliert sein Interesse, sobald der Belcanto sich durchsetzt. Seine Domäne sind neben der Vokalmusik die Solistenkonzerte und alle Erscheinungsformen der Kammermusik, in denen einzelne virtuos hervortreten.

Diesseits der Alpen dagegen vergrößert sich der Kreis der Liebhaber, die dem Cembalo als Soloinstrument ihre Neigung zuwenden, ständig. Hieraus spricht eine andere Musiziergesinnung. Der Liebhaber – als einzelner – findet nicht mehr Genüge an den Aufgaben, die ihm als Sänger oder Vorsänger im Chor, als Streicher oder Bläser im Orchester zufallen. Er singt und fiedelt zwar weiterhin nach Herzenslust mit seinesgleichen, doch überdies wünscht er sich mehrstimmige Werke, die den Geist beschäftigen und die er allein ausführen kann. Im Cembalo findet er sein Instrument. Es wird für ihn zu einem Orchester en miniature.

Der Mangel an Sanglichkeit stört ihn nicht. Er liebt den verwehenden, abstrakten Klang der Cembalosaiten gerade deshalb, weil nichts daran an das aufdringliche Pathos der Belcantisten in Konzert und Oper erinnert. Er liebt das Cembalo, weil aus der Vielfalt seiner gleichartigen Töne mehrstimmige, weiträumige Architekturen sich fügen lassen, weil es ihm in der Stille dient, zu Hause oder im geselligen Kreis und ihn anregt, sich frei phantasierend seinen Gedanken zu überlassen.

Die Clavecinisten um Couperin

Auf die englischen Virginalmusiken scheint das englische Sprichwort gemünzt: »Durch tausend Jahre tragen die Amseln ein Lied.« Alles, was den selbstbewußten, mitunter ein wenig nüchternen, zum Puritanismus neigenden Engländer bewegt, ist in ihnen mit naiver Unbefangenheit ausgesagt. Sein trockener Humor, die dunkel schweifende Phantastik seiner Träume, sein galoppierender Übermut, die verhaltene Melancholie der englischen Landschaft – nichts fehlt in diesen kleinen Genrebildern. Anspruchslos sind sie nebeneinandergestellt, als gelte es, das eine im Vorübergehen aus dem anderen zu begreifen und wieder auszulöschen; damit eines sich einpräge: die Erinnerung an uralte Volksweisen und Tänze, die unermüdlich variiert, mit Figuren umspielt oder auch fugiert werden.

Trugen die Virginalisten das Amsellied Old Englands in vielfältigen Varianten eine Wegstrecke weiter durch die Zeit, so wollten die Clavecinisten Frankreichs mit ihren Stücken die höfische Gesellschaft des ›siècle Louis Quatorze et Quinze‹ auf eine möglichst angenehme Weise unterhalten. Vielleicht, da sie nur das im Sinn hatten, gelang ihnen viel mehr. Ihre ›Pièces de clavessin‹ bildeten bald das Entzücken der Höfe

Europas. Sie drangen aber auch über jene exklusiven Zirkel hinaus und wurden eifrig gepflegt von einer breiten Schicht bürgerlicher Liebhaber. In Deutschland gewannen sie wesentlichen Einfluß auf die junge Klavierkunst* von Froberger bis hin zu Bach und Mozart.

Bereits unter Ludwig XIII. reihte die Clavecinmusik gern eine Folge von Tänzen aneinander. Allmählich bildete sich für diese ›Tanzzyklen‹ oder ›Suiten‹ ein Schema heraus. Es umfaßte: Allemande (ruhiger Tanz in geradem Takt), Courante als Nachtanz (ungerader Takt, lebhafte Charaktervariation der Allemande), selbständige Sarabande (ungerader Takt, gravitätisch) und bisweilen noch selbständige Gigue (lebhafter gerader Takt). All diese Tänze standen in der gleichen Tonart, denn sie waren grifftechnisch noch angewiesen auf die Saitenstimmung der Laute! Bei *André de Chambonnières* (1602 bis 1672), dem Organisten und Hofclavecinisten des ›roi soleil‹, ist das drei- bis viersätzige Suitenschema schon die Regel. Es wurde vorbildlich auch für die deutsche Klaviersuite.

Chambonnières begründete den europäischen Ruf der Clavecinmusik. Seine Suiten sind tänzerisch empfunden, sie waren aber nicht zum Tanzen bestimmt, sondern wurden als intime Salonmusiken, als feine autonome Kunstgebilde ästhetisch genossen. Auf das zierlichste stilisiert, fügen sie sich vollendet ein in den verschnörkelten Lebensrahmen der Zeit.

Chambonnières Schüler *Louis Couperin* (1626 bis 1661) erweiterte die ›Suite‹ mitunter um Prélude (Vorspiel), Chaconne, Passacaglia, Menuett und andere Sätze. Sie wurde bei ihm zu einer freien Folge tänzerisch gehaltener Genrebilder und absoluter Spielmusiken. Louis war der erste namhafte Vertreter einer weitverzweigten Organistenfamilie. Sein Neffe *François Couperin* (1668 bis 1733), Organist wie er und königlicher Clavecinist, führte die barocke französische Klavierkunst ihrem Höhepunkt zu. Neben vier Büchern ›Pièces de clavecin‹ gab er vier ›Concerts royaux‹ (im 3. Band der ›Klavierstücke‹), einige Kammermusiken und ein ›Lehrbuch über die Kunst des Klavierspiels‹ (1717) heraus.

Die Zeitgenossen nannten ihn bewundernd ›le Grand‹. In Deutschland hatten ihm Johann Kaspar Ferdinand Fischer, Kuhnau und Johann Sebastian Bach viel zu danken. Während Lully als Musiker die gesammelte Energie und Machtfülle des französischen Hochbarock repräsentiert, wurde Couperin zum Inbegriff dessen, was an lässiger Grazie, an Eleganz, Esprit, Clarté, an Skepsis und Melancholie, an Gefühl für die ›Vanitas vanitatum‹ in der französischen Musik des Rokoko fortlebt. Nichts Gewaltsames war in seiner Natur. Im Vorwort zu seinem ersten ›Klavierbuch‹ bekannte er: »...jayme beaucoup mieux ce qui me douche, que ce qui me surprends« (»...ich liebe viel mehr das, was mich berührt, als das, was mich überwältigt«).

Er liebte die feine, andeutende Geste. Er sagte nichts laut, um so mehr berührt seine Kunst, je öfter man sie hört. Er wollte die Welt nicht verändern. Unermüdlich sang er ihr Lied in ›musiquettes‹, die zierlich sind wie die Rötelzeichnungen Watteaus. Die

---

* *Viele deutsche Meister des 18. Jahrhunderts (so Johann Sebastian Bach) zogen das singende Clavichord dem Cembalo vor. Für beide Instrumente schrieb noch bis 1780 ausschließlich Ph. E. Bach. Bei Haydn – etwa seit 1780 – und Mozart vollzog sich der Übergang zum Hammerklavier, das dann um 1800 die Rivalen verdrängte.*

TAFEL 5

Bild 1 (oben links) Erzengel Israfil, die Posaune des Jüngsten Gerichts blasend, persische Miniatur, 1400. *Bild 2 (oben rechts)* Indische Flötenspielerin, Miniatur der Kangra-Schule, um 1700. *Bild 3 (unten links)* König David betet zu Gott; aus einem Gebetbuch. *Bild 4 (unten rechts)* Handglockenspiel als Sinnbild der Musik, Kodexmalerei, 1241.

TAFEL 6

Bild 1 (oben links) Allegorische Darstellung der ›Musik‹, Kathedrale von Chartres: Glockenspiel, Fiedel, Psalterium, 12. Jahrhundert. *Bild 2* Pythagoras mit Laute, Ulmer Münster, 15. Jahrhundert. *Bild 3 (unten links)* Figur aus der Musikantengruppe des Frieses am Münster zu Straßburg. *Bild 4 (unten rechts)* Bordeaux, Saint-Croix, Westportal.

TAFEL 7

Bild 1 Canterbury, Kathedrale, Kapitell der Mittelsäule in der Südostkapelle. *Bild 2* Die Musikanten Davids mit Tamburin, Harfe und Geige, Kreuzgangkapitell im Kloster Saurade, Toulouse.

TAFEL 8

Bild 1 (oben links) Bildnis Hans Sachs', nach einem alten in Nürnberg erschienenen Druck. *Bild 2 (oben rechts)* König David im Tempel, Gemälde von Pieter Lastmann, 1618. *Bild 3* Giovanni Palestrina führt seine ›Missa Papae Marcelli‹ vor Papst Pius IV. auf, 1565, Lithographie nach dem Gemälde von Joseph M. de Lemud.

Fülle seiner Impressionen ließ sich in viersätzigen Tanzfolgen nicht bändigen. In seinen ›ordres‹ (Suiten) reiht er bis zu 20 Bilder aneinander: Tänze, Miniaturporträts von Damen der Gesellschaft oder von großen Männern – auch Lully und Corelli sind mit ›Apotheosen‹ vertreten –, dann Marktszenen, Naturschilderungen und anderes. Bisweilen scheinen sich die Konturen seiner Gebilde unter der Vielfalt der Ornamente in einen Rausch von Licht und Klang aufzulösen. Auch hierin ist er Watteau wesensverwandt – Watteau, dem Maler.
Unter seinen Zeitgenossen gab es eine Reihe hervorragender Clavecinisten – etwa Chambonnières Schüler *Henri d'Anglebert* (1628 bis 1691), *Louis Nicolas Clérambault* (1676 bis 1749), *Claude Daquin* (1694 bis 1772) oder *Louis Marchand* (1669 bis 1732), Bachs Rivale in Dresden. Sie alle waren auch berühmte Orgelmeister. Doch Couperin le Grand erreichte keiner von ihnen, auch nicht Rameau, der ihm sicherlich am nächsten kam und ihm als Kolorist bisweilen überlegen ist.

England

Von Purcell bis Boyce

In England war die Zeit nach der großen Elisabeth und nach Jakob I. für die Künste nicht günstig. Die Regierungsjahre Karls I. (1625 bis 1649) waren von politischen, kirchlichen und kriegerischen Wirren erfüllt.
In die unruhige Regierungszeit unter Karl II., Jakob II. und Wilhelm von Oranien fiel das kurze Wirken von *Henry Purcell* (1658 bis 1696). Er wurde nur wenig älter als Mozart. In Westminster kam er als Sohn eines Chorsängers der königlichen Kapelle zur Welt. Sein Lehrer war neben anderen *John Blow*, der mit seinem musikalischen Maskenspiel ›Venus und Adonis‹ einen beachtlichen Beitrag zum altenglischen Musiktheater gab. 1680 wurde Purcell Organist der Westminster-Abtei, nach zwei Jahren Organist der königlichen Kapelle. Später übertrug man ihm noch weitere Ämter; sie brachten ihm eine Fülle neuer Aufgaben, aber wenig Lohn ein.
Purcells Gesamtwerk umfaßt 25 Bände mit Beiträgen zu den verschiedensten Gattungen. Unter seinen Kirchenmusiken gebührt den herrlichen ›anthems‹ die Palme. Sie weichen oft vom A-cappella-Prinzip ab und bevorzugen die freie Kantatenform mit Gliederungen in Chöre und monodische Soli, die von Streichern, Bläsern oder von der Orgel begleitet werden. Hinzu kommen eigenwillige Hymnen, Psalmen, Chor-Kanons, Cäcilien-Oden, Motetten, das ›Tedeum‹ von 1694 und eine Reihe von Festkantaten.
Unter Purcells weltlichen Kompositionen gibt es viele Chor- und Sololieder, in denen der Stil der italienischen Madrigale ins spezifisch Englische übertragen ist. Vorbilder für sein Vokalschaffen fand er aber auch bei den altenglischen Meistern und bei den Talenten seiner Zeit, die das heimische Liedgut in achtbaren Bearbeitungen pflegten. Hier sind zu nennen seine einst sehr beliebten ›catches‹, drastisch-ulkige Singkanons,

in denen die englische Neigung für Schnurrpfeifereien (Shakespeares Narren!) sich Luft macht.

In seinen Theatermusiken verwertete Purcell die verschiedensten Anregungen. Viel verdankte er den englischen Maskenspielen oder ›masques‹, Schauspielen vorwiegend mythologischen Inhalts mit Musikeinlagen. Die Gattung entstand im frühen 16. Jahrhundert. Sie übernahm im 17. Jahrhundert Stilelemente der italienischen Monodie (Rezitativ, begleiteten Sologesang) und gipfelte 1656, also noch zur Zeit Cromwells,

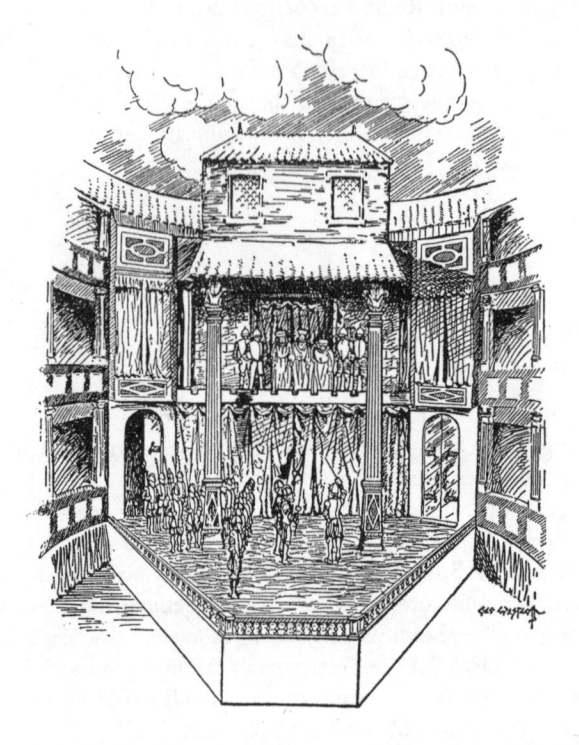

Rekonstruiertes Bühnenbild eines Londoner offenen Theaters zu Beginn des 17. Jahrhunderts von Albright

in der ersten durchkomponierten englischen Oper ›The siege of Rhodes‹. Der Text stammt von Sir William Davenent, die Musik als ›pasticcio‹ von vier Komponisten. Unter Karl II. wurde dann der höfische Stil des ›roi soleil‹ maßgebend. Die Oper nahm die ›masques‹ als Intermedien in sich auf. Daneben entwickelten sich ›heroic plays‹, verwandt etwa den ›ballets héroiques‹ Frankreichs. Kennzeichnend für England wurden indessen nicht durchkomponierte, sondern singspielartige Opern, also gesprochene Schauspiele mit Arien, Chören, Ensembles und Ballettmusiken. Ihre Meister vor Purcell waren vor allem *Matthew Locke* (1632 bis 1677) und *John Banister* (1630 bis 1679), der unter französischem Einfluß stand. Zusammen mit Purcells Lehrer Humphrey verfaßte er eine Schauspielmusik zu Shakespeares ›Sturm‹.

Purcell vereinte französische, italienische und englische Einflüsse in einem Stil von unverwechselbarer Eigenart. Seiner Heimat verdankt er das Atmosphärische seiner

Melodik und Rhythmik, die Vorliebe für altenglische und schottische Tanzliedtypen (›hornpipes‹, ›ballads‹), aber auch manche Eigenart der Satzweise, so etwa die Basso-ostinato-Technik, die schon die Virginalisten reizvoll in ihren ›grounds‹ zu handhaben wußten. Sehr ausgeprägt ist sein Sinn für das Schauerlich-Phantastische, höchst neuartig zu dieser Zeit seine Vorliebe für ungewöhnliche Harmonien, für gewagte Durchgänge, Querstände, Septimenparallelen und für den jähen Wechsel von Dur und Moll.

Zu 54 Theaterstücken hat Purcell Bühnenmusiken geschaffen. In seinen letzten Lebensjahren stattete er einige Schauspiele so reich mit Ouvertüren, Interludien, Arien, Chorliedern und Ballettmusiken aus, daß sie den Charakter von Opern gewannen. Das trifft zu auf ›King Arthur‹ (1691), ›Dioclesian‹ (1690), ›The Fairy Queen‹ (1692, Dichtung frei nach Shakespeares ›Sommernachtstraum‹) und ›The Indian Queen‹ (1695). Die Spielmusiken zum ›Sommernachtstraum‹ (für Streichinstrumente und Basso continuo) enthalten Ouvertüren, Interludien, Hornpipes, Charaktertänze, darunter einen ›Affentanz‹, einen ›Tanz für das Gefolge der Nacht‹ oder ›für die grünen Männer‹, ferner ›Airs‹ und eine großartige ›Chaconne‹.

Das dramatische Schaffen Purcells findet seinen stärksten Ausdruck in seiner einzigen durchkomponierten Oper ›Dido und Aeneas‹ (1689). Formal entspricht sie etwa dem französischen Operntypus Lullys (ein Prolog und eine französische Ouvertüre gehen ihr voraus) in Verbindung mit Elementen der neapolitanischen Rezitativoper Cavallis und der englischen ›masques‹. Gewiß – Purcell spielt hier virtuos mit den Mitteln, die ihm die Zeit zutrug, doch stilistisch ist seine Musik unabhängig von den Vorbildern und eigenartig bis ins Detail. In seiner Charakterisierungskunst und in der Überzeugungskraft seiner leidenschaftlichen Ausdruckssprache erreicht er bisweilen Monteverdi.

Nicht nur als Kirchenkomponist und Musikdramatiker überragt Purcell seine Zeitgenossen, auch seine Instrumentalmusiken sind in ihrer Art unübertrefflich; sie bilden den wichtigsten Beitrag Englands zur barocken Kammermusik. Erhalten sind 15 ›Fantasien für 3 bis 7 Streichinstrumente‹ (1680), 22 ›Triosonaten‹ (1683 bis 1697), 8 ›Klaviersuiten‹, ›Lessons for harpsichord or spinet‹ und Orgelwerke. In den Triosonaten verwandte er als erster Engländer die über Frankreich eingeführte italienische Besetzung (zwei Violinen und Basso continuo) anstelle der landesüblichen Gambenchöre oder Bläser. Ihr Formschema ist ungewöhnlich. Auf zwei langsame Sätze folgen zwei lebhafte, die meist durch ein kurzes Grave verbunden sind.

Johann Sebastian Bach hat eine ›A-Dur-Toccata‹ und eine Fuge von Purcell kopiert. Noch in unserem Jahrhundert hat man diese Kopien als Arbeiten Bachs hingenommen, ein Zeichen für ihren Rang! In Purcell gipfelt die englische Kunstmusik überhaupt. Seine Werke sind zeitlos, Uraltes tönt in ihnen wider, Zukünftiges deutet sich an. Sie sind streng und frei, ursprünglich und künstlich, lyrisch und dramatisch; sie überzeugen unmittelbar und bleiben voller Rätsel.

Die Überfremdung, die in England schon zu Purcells Lebzeiten mit der Restauration des Königstums in den Künsten einsetzte, vertiefte sich nach seinem Tode und hielt lange an. Die höfische englische Oper geriet nun völlig ins italienische Fahrwasser. Im 18. Jahrhundert erkämpfte Händel der ›seria‹ neapolitanischen Typs in London

Seite aus ›The Beggar's Opera‹ (›Die Bettleroper‹), Musik von Pepusch, Text von Gay, Ausgabe von 1777

imponierende Siege. Doch der englische Bürger ertrug die modische Künstlichkeit der seria nur gerade so lange, bis ihn eine Parodie von ihr befreite. Händel scheiterte als Opernmeister an ›The Beggar's Opera‹ (1728), der ›Bettleroper‹ des aus Berlin zugewanderten *Johann Christian Pepusch* (1667 bis 1752) und seines englischen Librettisten *John Gay*. Der Witz ihres Stückes ist ebenso einfach wie schlagkräftig. Das ganze Schema der ›seria‹ wird parodiert. Aus ihren antiken Heroen werden Bettler und Gauner, nicht eine einzige ›anständige Person‹ geistert über die Bühne, ›aber alles ist menschlich!‹ Die Rezitative fallen fort, drastische Dialoge verbinden die Gesänge. Die Gesangstexte karikieren den verschrobenen Stil der Libretti; sie werden zu Gassenhauermelodien, zu Volks- und Tanzliedern oder auch zu Parodien von Belcanto-Arien abgesungen. ›The Beggar's Opera‹ ist das markanteste Beispiel der englischen Lieder- oder ›ballad opera‹. Sie wirkte fort in zahllosen Nachahmungen, sprang hinüber auf den Kontinent, gewann Einfluß auf das deutsche Singspiel und reinigte – (genau 200 Jahre nach der Londoner Uraufführung in Pepuschs Geburtsstadt Berlin

schnoddrig modernisiert von Brecht und Weill) – als ›Dreigroschenoper‹ (1928) abermals eine stickig gewordene Opernatmosphäre. Zugleich geißelte sie als zeitkritische Satire den Zustand der aus den Fugen geratenen bürgerlichen Gesellschaft.
1728 Pepuschs ›Bettleroper‹, 1733 Pergolesis ›La serva padrona‹, 1752 Rousseaus ›Dorfwahrsager‹: drei grundverschiedene Werke der ›heiteren Muse‹, die Epoche machten! Im 19. Jahrhundert gesellten sich die Operetten Offenbachs zu ihnen.
Was der tüchtige Kapellmeister und Organist Pepusch sonst noch schuf, etwa an Kammermusiken, Konzerten und Sinfonien, zeigt italienische Faktur wie die meiste Musik um ihn her. Die national-englische Kunstmusik kapselte sich ein. Zur europäischen Entwicklung lieferte sie während des 18. und 19. Jahrhunderts keinen überragenden schöpferischen Beitrag mehr. Sieht man von Händel ab, so bleibt einzig zu nennen der Schüler Pepuschs, *William Boyce* (1710 bis 1779). Seine Schauspielmusiken Kantaten, Anthems und Orgelpräludien haben hohes Niveau. Neben Johann Christoph Bach lebt er in gediegen gearbeiteten Sinfonien und Kammermusiken fort als der eigentliche Meister des englischen Rokoko.
Anders verhält es sich mit der englischen Musizierpraxis. Die Spielkultur der Solisten und Orchester wurde von vielen Ausländern gerühmt. Der traditionsbewußte, ausdrucksvolle und klangschöne Vortragsstil der Laienchöre blieb in seiner Art unerreicht bis zur Gegenwart.
Der Bedarf Englands am ›holden Luxus‹ ausländischer Musik war außerordentlich groß. Durch die Musikbesessenheit des weltoffenen Inselvolkes wurde England fortan zum Dorado festländischer Musiker. Es kamen Geminiani, Johann Christoph Bach, Gluck, Haydn, der junge Mozart, Weber, Mendelssohn, Berlioz, Meyerbeer, Paganini, Spohr, Chopin, Wagner, Bruckner, Tschaikowskij, der Walzerkönig Johann Strauß und viele andere. Sie wurden gefeiert wie nirgendwo sonst, aber die schöpferische Antwort auf ihre Kunst blieb aus. Erst seit dem 19. Jahrhundert gewann die Stimme Englands im Konzert der Völker wiederum Gewicht.

Deutschland (17. und 18. Jahrhundert)

Allgemeines

In Deutschland ist das ganze 17. Jahrhundert überschattet vom Dreißigjährigen Krieg (1618 bis 1648). Die großartigen Ansätze des vergangenen Jahrhunderts versinken in ihm. Den Überlebenden und ihren Nachkommen bleibt für die letzten Jahrzehnte die Aufgabe, aufs neue sich einzurichten im zugewiesenen Teil der Welt, äußerlich und innerlich.
Ersteres geschieht bemerkenswert schnell und mit Hilfe der europäischen Nachbarn. Das Habsburger Kaisertum hat kaum noch Einfluß auf den Lauf der Dinge und genug zu tun, die Bedrohung aus dem Osten (die Türken vor Wien!) abzuwehren. Die

Herren der deutschen Länder und Ländchen – auch sie ohne wirkliche Macht – erlangen rasch wieder einen gewissen Wohlstand. Bald gebärden sie sich absolutistischer als der Sonnenkönig. Für ihre Hofhaltung wird Versailles Vorbild. Das aber bedeutet Anpassung an den modischen Geschmack des Auslands. Ein Heer von Höflingen, Diplomaten, Wissenschaftlern und Künstlern aus Italien, Frankreich, England, selbst Spanien strömt ins Land; eine Überfremdung des gesamten Lebensstiles ist die Folge. Denn der höfischen ›façon de vivre‹ paßt sich weitgehend auch das erstarkende Bürgertum an, allerdings zum Ärger vieler, die mit dem Kantor Fuhrmann der Ansicht sind: »Was denn in Italien (und anderswo) nicht taugt und das Land ausspeiet, das kommt zu uns gelaufen.«

Gleichwohl – es ergibt sich eine günstige Konstellation. Die Künste und Wissenschaften profitieren vom wachsenden Reichtum der Feudalherren und Bürger und nicht minder – trotz allen Gezeters – von der Überfremdung. Denn es ist Schönes und Wesentliches im Ausland entstanden, wovon man lernen kann, ohne von vorne beginnen zu müssen. Man baut darauf weiter nach eigenem Gesetz. Bald setzt eine Entwicklung ein, die dann im 18. Jahrhundert auf allen Gebieten sich faszinierend auswirkt: »Deutschland holt nicht nur nach, was es in anderthalb Jahrhunderten versäumte; es summiert und krönt auch die Leistungen der anderen Länder, trägt die eigenen wie die fremden aufgestauten Spannungen aus und vermag die Probleme von Gotik, Renaissance und Reformation auf einer höheren Ebene der für alle gültigen Lösung zuzuführen.« (Richard Benz)

Das läßt sich nachprüfen an den Großen des 18. Jahrhunderts, an Leibniz und Kant, an Lessing, Goethe und Schiller, an Schlüter, Fischer von Erlach und Balthasar Neumann – und in der Musik an Telemann, Händel, Bach und seinen Söhnen, an den Friderizianern, den Mannheimern und Wienern, an Gluck, Haydn und Mozart. Dieses Wachstum wurzelt im 17. Jahrhundert, das man ohne zwingenden Grund ›das dunkelste‹ der deutschen Geschichte zu nennen pflegt.

Die deutsche Sprache ist damals allerdings noch meist »wurzellose Nachahmung des Fremden: von fremder Metrik, fremder Wortbildung und Wortfügung und gelehrtem Inhalt fremder Herkunft bestimmt« (Benz). Das ist so bei Opitz und kaum anders bei Hofmannswaldau und Lohenstein. Doch hinter dem Gitterwerk manierierter Sprache: welch ein Reichtum an Eigenem und in die Zukunft Wirkendem bei den Mystikern, bei Jakob Böhme und Gryphius, beim ›Schlesischen Boten‹ Angelus Silesius! Welch redliches Bemühen bei den Pietisten Francke und Spener, welche Lebensfülle im ›Simplicissimus‹ Grimmelshausens! In den schlichten protestantischen Choraldichtungen jener Zeit wirkt eine unzerstörbare Kraft und eine unwiederholbare Einheit von Sprache, Wesen und Ausdruck. Einer nur aus der großen, fast anonymen Schar religiöser Dichter möge hierfür zeugen: *Paul Gerhardt* (1607 bis 1676), der Schöpfer von rund 120 Liedertexten, darunter ›Befiehl du deine Wege‹, ›O Haupt voll Blut und Wunden‹, ›Nun ruhen alle Wälder‹.

Erst recht fragwürdig aber wird jene Plakatierung im Hinblick auf die Musik. Wäre da nur das evangelische Gemeindelied in seiner unerschöpflichen melodischen Vielfalt, das die Erscheinungsformen der Kirchenmusik als ›cantus firmus‹ durchzieht, und gäbe es nur den einen Namen Heinrich Schütz, so dürfte man das 17. Jahrhundert reich nennen. Doch da ist anderes noch, das einen schönen Schein vorauswirft auf Kommendes. Die Deutschen zeigen sich damals beseelt von einer reinen, ungebrochenen Kraft, es gibt Eigenes in Fülle und Wachstum und Verheißung, trotz mörderischer Krisen.

Evangelische Kirchenmusik

Unauffällig, von keinem Lande beachtet, nahm die deutsche evangelische Kirchenmusik ihren Weg durch die ›dunkle‹ Zeit. Ärmlich sind ihre Mittel, herb ihre Äußerungen, gemessen an der melodischen Süße und am klanglichen Reiz fremder Schöpfungen. Doch sie trug alles aus, was die Menschen jener Tage bewegte: In ihren Bereichen erwachte der Genius der deutschen Musik zu sich selbst.
Innere und äußere Gründe trugen hierzu bei. In der Barbarei des Krieges versank das Reich. Keine ›weltliche‹ Idee war da, fähig, der Dichtung und der mit ihr damals noch meist verbundenen Musik Sinn und Inhalt zu geben. Ihren eigentlichen Halt fanden die Menschen in ihrem Glauben. Er war zwar die Ursache ihrer Not, doch aus ihm entsprang auch ihre Zuversicht. Und sie gaben sich ihm hin mit einer Unbedingtheit, die heute nicht mehr begreifbar erscheint. Folgerichtig sind Dichtung und Musik des 17. Jahrhunderts im wesentlichen religiös bestimmt, und zwar nicht nur in ihren kirchlichen, sondern nahezu ebenso auch in ihren weltlichen Erscheinungsformen bis hin zu den frühen ›religiösen‹ Opern Hamburgs. Sie stehen unter dem gleichen Gesetz.
Daß sich die Kirchenmusik in relativ vielen Formgattungen entfalten konnte, wurde äußerlich dadurch begünstigt, daß die von Luther eingeführte Ordnung des Gottesdienstes während des ganzen 17. Jahrhunderts und noch zur Zeit Bachs im wesentlichen gültig blieb! Ihr weitgesteckter Rahmen ermöglichte im Mit- und Nebeneinander von Gemeinde- und Kantoreigesang, von Orgel- und anderem Instrumentalspiel ein ungleich reicheres musikalisches Geschehen als die Neuordnung der Nach-Bach-Zeit, die phantasielos und aus rein praktischen Erwägungen den Kirchenchor und jede konzertante Musik aus dem Gottesdienst ausschaltete.

Choral (17. und 18. Jahrhundert)

Herzstück der Kirchenmusik blieb auch im 17. Jahrhundert das evangelische Gemeindelied. Doch zum kollektiven ›Wir-Lied‹ der Lutherzeit gesellte sich nun gern das innigere ›Ich-Lied‹. Neben Luthers ›Ein feste Burg ist unser Gott‹ oder Philipp Nicolais ›Wachet auf, ruft uns die Stimme‹ sang man nun Paul Flemings ›In allen meinen Taten‹, Paul Gerhardts ›Du meine Seele singe‹ oder Johannes Francks ›Jesu meine Freude‹. Dem subjektiven Zug der Dichter folgten in ihren Melodien und

Bearbeitungen – bald deutlich unter dem Einfluß der italienischen Monodie – nach Melchior Franck, Haßler, Schein und Scheidt zahllose brave Kantoren und Organisten landauf, landab, unter ihnen vor allem *Johann Crüger* (1598 bis 1662), Organist zu Sankt Nikolai in Berlin. Paul Gerhardt und Johannes Franck waren seine Lieblingsdichter. Noch im heutigen Kirchengesangbuch (1949) ist er mit 17 Melodien führend, darunter Perlen wie ›Nun danket alle Gott‹ und ›Fröhlich soll mein Herze springen‹.
Die ungeheure Produktivität auf diesem Gebiet erklärt sich aus dem Streben, jeden Sonntag des Kirchenjahres durch besondere Choräle zu charakterisieren! Konstant blieben einzig die in der deutschen Messe festgelegten Gesänge bzw. die sie vertretenden Choräle. Es wechselten dagegen von Sonntag zu Sonntag die Lieder, die ihren Platz vor der Evangelienlesung hatten. Hier lag der praktische Anreiz und die Aufgabe, fortgesetzt Neues hervorzubringen. Schon im 16. Jahrhundert entstanden Gesangbücher mit Liedern für jeden Sonntag des Kirchenjahres. Im 17. Jahrhundert schwollen sie gewaltig an, gegen Ende des Säkulums umfaßten sie mehrere tausend Choräle! Das Viele ist freilich selten zugleich das Wertvolle. Während und bald nach dem Dreißigjährigen Krieg entstanden noch eine Reihe Choräle, denen die Kraft echter Glaubens- und Volkslieder eignet. Sie gehörten damals zum Leben wie Wasser und Brot. Doch als dann Not und Angst von den Menschen wichen, als neue weltläufige Anschauungen und Möglichkeiten sich auftaten, lockerte sich allmählich das Verhältnis zwischen Bürger und Kirche, Mensch und Religion. Man bedurfte ihrer nicht mehr unbedingt, sie traten in den Hintergrund.
Im aufklärerischen 18. Jahrhundert schwand mit den verblassenden Glaubensinhalten die Kraft, noch echte Choräle schaffen zu können. Die Gattung sank ab in einem Meer von Nachahmungen und lyrisch verschwommenen, privaten ›Liederlein‹ nach der welschen Manier. Bach stemmte sich zwar dem Verfall entgegen, viele Weisen der großen Choralzeit von Luther bis Crüger sind seinen Kirchenmusiken auf das herrlichste einverwoben. Doch weder er selbst noch irgend jemand nach ihm hat eine neue Choralmelodie von bleibendem Wert zu schaffen vermocht. Fortan hielt man sich konservativ an die alten Gesangbücher. Aus ihnen werden von Zeit zu Zeit Auswahlen in Neubearbeitungen von unterschiedlichem künstlerischem Wert für den Gemeindegesang zusammengestellt.
Als weltläufiger Ableger des Chorals entstand um 1750 das geistliche Lied für das häusliche Musizieren. Dichter wie Gellert, Klopstock und Claudius widmeten sich ihm; Komponisten wie *Carl Philipp Emanuel Bach* (1714 bis 1788), *Johann Adam Hiller* (1728 bis 1804) und *Johann Christoph Kittel* (1732 bis 1809) schmückten ihre schönen Texte mit empfindsamen Weisen im homophonen Stil der galanten und klassischen Zeit.
Der stolze Dom der barocken evangelischen Kirchenmusik, der durch Bach vollendet wurde, ist nicht denkbar ohne den Choral.
Im wesentlichen aus dem Choral entfaltete sich die strenge und freie Orgelmusik zur ersten Europas, er gibt auch den Motetten und vielen Kantaten, Passionen und Oratorien jener großen Zeit ihr Gepräge.
Andererseits ist dieser Dom aber auch nicht denkbar ohne Monodie, Generalbaß,

Rezitativ, Arioso und Arie, ohne den Prunk venezianischer Mehrchörigkeit und den Glanz südländischer Bläserrhythmen, nicht denkbar ohne die beiden Gabrieli, ohne Monteverdi, Frescobaldi und Sweelinck, ohne Titelouze, Chambonnières, Lully und die Orgelmeister der Elisabethanischen Zeit. Das ganze Abendland trug dazu bei, ihn zu ermöglichen.

Orgel (17. und 18. Jahrhundert)

Der letzte franko-flämische Meister, *Jan Pieter Sweelinck* (1562 bis 1621), gewann speziell auf die norddeutsche Orgelmusik einen derartigen Einfluß, daß man ihn als ›deutschen Organistenmacher‹ bezeichnet hat. Von Haus aus lag ihm das kontrapunktische Denken der alten Niederländer im Blut, doch sein polyphoner Stil wurde aufgelockert durch die farbenfrohe venezianische Manier, die er an Ort und Stelle bei Zarlino studierte. Besonders die feine imitatorische Frühform des Ricercar alias Fantasia, dann die Canzona und die Toccata brachte er mit heim. Er entwuchs schon in Italien der pseudovokalen Manier der ›Koloristenschule‹ und gelangte zu einer instrumentgerechten, autonomen Orgelmusik. Von 1580 bis zu seinem Lebensende war er Organist in Amsterdam. Hier lebte er sich ein in die vielstimmige Satzweise der altfranzösischen Chansons, hier wurde er vertraut mit der elisabethanischen Klavier- und

*Samuel Scheidt,
Schüler Sweelincks,
überragender Orgelmeister
des deutschen Frühbarock*

Orgelmusik. In solcher Weise europäisch gebildet, vermochte er als überragender schöpferischer Geist in phantasievollen kirchlichen und vornehmlich weltlichen Liedbearbeitungen (für Klavier bzw. Orgel) Muster eines eigenen Stils aufzustellen, die sich weit ins 17. Jahrhundert hinein auswirkten. Mit seinen einthematigen Orgelfantasien bereitete er der Fuge den Weg. Die >koloristische< Ziertechnik, die er in vielen Liedbearbeitungen und virtuosen Orgeltoccaten anwendete, fand später ihren Niederschlag in den Choralvorspielen Georg Böhms, von dem sie dann Bach übernahm.

Generationen norddeutscher Organisten sind Sweelinck verpflichtet. Von seiner Kunst und von der ausländischen überhaupt unterscheidet sich ihre Kunst jedoch charakteristisch durch ihre Bindung an den Choral. Das wird zuerst deutlich an Sweelincks überragendem mitteldeutschem Schüler *Samuel Scheidt* (1587 bis 1654) aus Halle. In seinem Hauptwerk, den >Tabulatura nova<, räumte er der strengen Choralbearbeitung und -variation eine zentrale Stellung ein. Choräle für das ganze Kirchenjahr erschienen hier jeweils in ebenso vielen Variationen, wie die Texte Strophen haben. Im Gegensatz zu Sweelinck vermeidet es Scheidt, in seinen Choralbearbeitungen die Melodien zu >kolorieren<. Sie gewinnen bei ihm die Kraft echter >canti firmi<. Er führt sie im polyphonen Satz unverändert durch alle Stimmen und läßt sie stets deutlich hervortreten. Das erreicht er durch eine subtile Registrierungskunst, abgestimmt auf einen virtuosen Gebrauch der verschiedenen Manuale, in Verbindung mit oft schon zweistimmigem Pedalspiel! Das gleiche Prinzip wandte er gelegentlich auch auf weltliche Lieder an. In freien Fantasien und Toccaten dagegen entfaltete er nach dem Vorbild Sweelincks eine reiche figurative Ornamentik. Als phänomenaler Spieler entwickelte er intuitiv bereits fast alle heute bekannten spieltechnischen Möglichkeiten. Der Weg, den der Orgelbau fortan nahm, ist im wesentlichen durch seine Forderungen vorgezeichnet. Viele seiner Sätze sind alternativ für Klavier gedacht.

Scheidts eigenwillige Prinzipien griffen vom mitteldeutschen Raum bald nach Norddeutschland über. Vor allem seine Choralbearbeitungen gaben der dortigen Sweelinck-Nachfolge starke Impulse. Von Sweelincks Schülern *Jakob Praetorius* (1586 bis 1651) und *Heinrich Scheidemann* (1595 bis 1663) schwingt die Entwicklung fort über den Lübecker Meister *Franz Tunder* (1614 bis 1667), die Scheidemann-Schüler *Matthias Weckmann* (1619 bis 1674) und *Johann Adam Reinken* (1623 bis 1722) zu *Dietrich Buxtehude* (1637 bis 1707), *Vincent Lübeck* (1654 bis 1740), *Georg Böhm* (1661 bis 1733) und *Nicolaus Bruhns* (1665 bis 1697).

Vorwiegend italienischen, aber auch französischen Einflüssen war Süddeutschland ausgesetzt. Hier endete die Einflußsphäre des Chorals, hier wirkte sich die formklare, sinnenfreudige Kunst Frescobaldis aus in den virtuosen Toccaten, Capricci und Fantasien seiner Schüler *Johann Jakob Froberger* (1616 bis 1667) und *Johann Kaspar Kerll* (1627 bis 1693). Der Nürnberger Liedmeister *J. Erasmus Kindermann* (1616 bis 1655) suchte in gewichtigen Orgelfugen den Schönklang der Venezianer und den kontrapunktischen Prunk der Niederländer zu verbinden. Kerlls Schüler *Johann Pachelbel* (1653 bis 1706) wurde nach Scheidt und Froberger zum entschiedensten Vermittler europäischer Spielkultur. Zu Eisenach verband ihn Freundschaft mit der Familie Bach.

In seinen Werken versöhnen sich die strenge, choralgebundene Orgelmusik Nord- und Mitteldeutschlands mit der freieren des Südens. Bezeichnend für seine zugleich gediegene und großzügige Art und neu in der Form sind seine Choralpartiten und Choralvorspiele.

Für Bach wurde Pachelbel vor allem bedeutsam durch seine Choralvorspiele. Sie verkörpern den wohl sinnfälligsten Typus dieser schönen Gattung: Jede Zeile der Choralmelodie wird zunächst in einem kleinen Vorspiel fugiert und erscheint dann schlicht harmonisiert als ›cantus firmus‹. Aus einer Folge solcher Fughetten baut sich der Choral einprägsam auf. Von Pachelbel übernahmen dieses Formschema außer Johann Sebastian Bach schon seine Oheime Johann Christoph Bach und Johann Michael Bach,

Fagottbauer und Trompetenmacher, nach Christoff Weigel, 1698

dann Händels Lehrer Friedrich Wilhelm Zachau aus Halle und Bachs Vetter, der tüchtige Lexikograph und Organist *Johann Gottfried Walther* (1684 bis 1748). Einen anderen Typus des Choralvorspiels vermittelte der Lüneburger Kantor Georg Böhm an Bach. Er ›koloriert‹ die Melodie im Sinne Sweelincks, das heißt: Er schmückt sie mit Ornamenten und läßt sie über einfachen Harmonien frei ausschwingen. Einen dritten Typus des Choralvorspiels und auch bereits genialische Formvorlagen für seine ›Präludien und Fugen‹ fand Bach bei Dietrich Buxtehude in Lübeck. Dieser wohl größte deutsche Organist zwischen Scheidt und Bach legte seine Choralvorspiele bisweilen als virtuose Choralfantasien an. Er löste die Choralmelodien in Motive auf und gestaltete aus ihnen rhapsodisch ausschwingende polyphone Orgelhymnen von machtvoller Ausdruckskraft.

Die Orgelkunst nach Bach verebbte in seinen Söhnen und Schülern und blieb dann lange Zeit bedeutungslos.

Von der musikalischen Predigt

Choral- oder Lied-Motette, Spruch-Motette über Psalmen und Bibelsprüche, Choral- und Motetten-Passion – kurz, alle Formgattungen der evangelischen Kirchenmusik, die im Jahrhundert der Reformation ihre Wurzeln haben oder schon damals zur Blüte kamen – verändern während des 17. und frühen 18. Jahrhunderts ihr Wesen unter dem Einfluß besonders der italienischen Musizier-Gesinnung. Die vokale A-cappella-Polyphonie weicht allenthalben instrumentbegleiteten, in ihrer Struktur vorwiegend monodischen Gebilden. Auf dem Wege über das geistliche Konzert münden alle diese Formen nun ein in das weite Gebiet der Kantate. Der A-cappella-Motette bleibt zwar noch bis hin zu Bach ein bescheidenes Reservat als im Freien – bei Begräbnissen und dergleichen – zu singende Motette, doch im Rahmen der liturgischen Musik ist um die Wende zum 18. Jahrhundert der Sieg der mit Opernelementen durchsetzten Kantate längst entschieden.

Einbruchstelle für das geistliche Konzert ist innerhalb der Lutherischen Liturgie die ›Predigt-Motette‹ (A. Schweitzer), die ihren Platz nach der Evangelienlesung vor der Predigt hatte. Hier waren die Kantoren nicht gebunden an die feststehenden Messetexte, sondern konnten nach freier Wahl Choraltexte, Bibelworte und -sprüche vertonen, die mit dem Evangelium bzw. mit der jeweiligen Sonntagsepistel im Zusammenhang standen. Hier konnten sie jeden einzelnen Sonntag durch eine Motette oder Kantate charakterisieren, und zwar weit subjektiver als im Choral vor der Evangelienlesung. Diese Möglichkeit löste bald eine Flut von Motetten- bzw. Kantatenzyklen für das ganze Kirchenjahr aus (Bach schuf fünf vollständige Zyklen, insgesamt annähernd 300 Kantaten). Mit jeder Kantate gesellte sich – wie Albert Schweitzer es ausdrückt – »zur deutschen Predigt über das Sonntagsevangelium eine ›musikalische Predigt‹ als ›Nebensonne‹«.

Die Kantoren setzten hier in uneingeschränkter schöpferischer Freiheit die ganze Vielfalt der gegebenen Mittel ein. Sie taten es aus echtem religiösem Gefühl mit einer schönen, oft rührend naiven Unbefangenheit, wie man sie später bei keinem Meister der aufklärerischen Zeit mehr antrifft.

Heinrich Schütz

Überragender ›musikalischer Prediger‹ des 17. Jahrhunderts war *Heinrich Schütz* oder Henricus Sagittarius, wie ihn seine humanistisch gebildeten Zeitgenossen nannten. Als Sohn eines wohlhabenden Grundbesitzers und Gastwirtes kam er in Köstritz (Reuß) am 8. Oktober 1585 zur Welt. Im benachbarten Weißenfels, wo das väterliche Gasthaus ›Zum Schützen‹ noch heute steht, wuchs er heran. Als eines Tages dem musikliebenden Landgrafen Moritz von Hessen seine Stimme auffiel, nahm er ihn als Kapellknaben mit nach Kassel und ließ ihm eine vielseitige, streng protestantische Erziehung zuteil werden. In der Musik unterwies ihn der tüchtige Hofkapellmeister Georg Otto. Doch Schütz wollte Jurist werden. So schickte ihn sein Landgraf, wenn

Heinrich Schütz, genannt Sagittarius

auch ungern, als Studiosus der Rechte nach Marburg. Erst mit 24 Jahren (1609) ließ sich Schütz von ihm überreden, als Stipendiat zu Giovanni Gabrieli nach Venedig in die musikalische Lehre zu gehen.

Schütz nahm sein Studium in der Lagunenstadt ernst und konnte seinem Gönner bald als erste reife Leistung eine Anzahl harmonisch kühner fünfstimmiger italienischer Madrigale zuschicken. Nach Gabrielis Tod versuchte er abermals, zur Juristerei umzuschwenken; doch der Landgraf beorderte ihn nach Kassel zurück und machte ihn 1613 zum Hoforganisten. 1614 begleitete Schütz seinen Herrn nach Dresden. Dort fand der sächsische Kurfürst Johann Georg derart Gefallen an dem jungen Maestro, daß er ihn sich von seinem hessischen Vetter ›auslieh‹. Aus solchem Provisorium wurde nach langwierigen Verhandlungen 1617 ein Dauerverhältnis. Schütz wurde anstelle von Michael Praetorius, den der Wolfenbüttler Hof für Dresden nicht freigab, zum sächsischen Hofkapellmeister ernannt, und er blieb in diesem Amt zeitlebens.

An seinem Hochzeitstage (1619) veröffentlichte er sein erstes Großwerk, die mehrchörigen ›Psalmen Davids‹. Dann entstanden – neben einer Reihe von Gelegenheitsarbeiten für höfische Festlichkeiten – die ›Auferstehungshistorie‹ (1623) und die vierstimmigen ›Cantiones sacrae‹ (1625), Schöpfungen von unbändig subjektiver Ausdruckskraft, mit denen die farbenprächtige konzertante Satzkunst der Venezianer und das monodische Musiziergefühl des katholischen Südens Einzug hielten in die protestantische Kirchenmusik.

Den Choral vernachlässigte Schütz in seinen Kirchenmusiken fast völlig. Damit stand er im Gegensatz zur Kantorentradition, in der er aufwuchs. Er war der Ansicht, die naiv gereimten Choraltexte seien für die freie Entfaltung der Phantasie ebenso hinderlich wie die ihnen zugehörenden einfachen Melodien. Daher vertonte er meist biblische Texte, ohne sich an Choral-canti-firmi zu binden. In den ›Psalmen Davids‹ übertrug er den freien »Stylo rezitativo, welcher bis dato in Deutschland fast unbekannt ist«, so auf den Chor, daß die polyphon geführten Stimmen den Text in gleichen Rhythmen sinngemäß deklamierten. Durch Aufspaltung des Chores in konzertierende Klanggruppen und Hervorhebung einzelner Soli steigerte er die Wirkung ins Dramatische.

Eine Verschmelzung spätgotischer, niederländischer, deutscher und italienischer Stilelemente gelang ihm in der großartig deklamierten ›Historia der fröhlichen und siegreichen Auferstehung unseres einigen Erlösers und Seligmachers Jesu Christi‹, dem ersten deutschen Oratorium. Den Text hatte einer seiner Amtsvorgänger, der Italiener Scandello, im wesentlichen aus dem ›Lukas-Evangelium‹ zusammengestellt. Auch hinsichtlich der Besetzung und der Gesamtform verdankt Schütz diesem Meister viel. Ähnlich wie jener übertrug er die Partien Christi und aller Einzelpersonen auf zwei Stimmen. Damit und mit der unsichtbaren Aufstellung des Chores strebte er eine Distanzierung von jedem Realismus an. Keine Äußerlichkeit sollte die sakrale Wirkung der Musik schwächen. Nur der Evangelist tritt solistisch hervor. Er rezitiert seinen Bericht in herbem Lektionston, ein Gambenquartett begleitet ihn. Vom Organisten als dem Generalbaßspieler forderte Schütz, er solle dem Gesang improvisierend »zierliche und appropriierte Läuffe oder passagi« hinzufügen.

Offenkundiger noch als diese ›Oster-Historie‹ trägt der polyphone Motettenzyklus der

›Cantiones sacrae‹ überkonfessionelle Züge. Diese heiligen Gesänge zu lateinischen Texten des Sanktus Bernhardus und Sanktus Augustinus, hingebetet in einem äußerst subjektiven, mystisch-hymnischen Tonfall, gereichen beiden Kirchen zur Zierde als reine Emanationen einer christlich-religiösen Natur.

Die Oper ›Dafne‹ (1627; siehe Seite 223), die zweistimmigen ›Opitz-Madrigale‹ (1627) und die profunden ›Psalmenlieder‹ zu Texten von C. Becker (1628) – Schützens einzige größere Sammlung gereimter, strophischer Chorlieder für den protestantischen Gottesdienst – stehen am Ausklang dieser ersten gewichtigen Schaffensperiode.

Eine zweite Reise nach Venedig (1629) bringt für den Meister künstlerischen Auftrieb mit sich. Er hört die neuesten ›rappresentazione‹ und ›Madrigalkomödien‹ und steht ein Jahr lang in Verbindung mit Monteverdi! Der »redende stilo« (Schütz) dieses Großen wird für ihn zum entscheidenden künstlerischen Erlebnis. Seine überkonfessionellen ›Symphoniae sacrae‹ zu lateinischen Texten (Band I; 1629), herrlich deklamierte Solokantaten mit obligaten Instrumenten, bezeugen es. 1630 kehrt er tatendurstig nach Dresden zurück.

Indessen – die Schrecken des Dreißigjährigen Krieges brechen nun auch über Sachsen herein. Die Künste verstummen. Für die Dresdener Kapelle gehen die Mittel aus. 1634 erhält auch Schütz Urlaub. Er folgt einem Ruf des dänischen Königs Christian IV. nach Kopenhagen, doch es hält ihn dort nicht lange. Die Sorge um seine Musici treibt ihn nach Dresden zurück. Sie bestürmen ihn mit Bitten und sehen in ihm ihre letzte Hoffnung. Selbstlos versucht er, ihnen und ihrer Kunst zu helfen. Was er erreicht, ist wenig und ohne Bestand. Zweimal noch muß er aus der Stadt weichen, findet er für kurze Zeit ein Refugium in Kopenhagen. 1644 kehrt er endgültig nach Dresden zurück.

Die schöpferische Ausbeute dieser unsteten Jahre sind – neben Gelegenheitsarbeiten – die ›Musikalischen Exequien‹ (1636) und zwei Bände ›Kleine geistliche Konzerte‹ (1636 bis 1639). Die ›Exequien‹ sind als ›Teutsche Begräbnis-Missa‹ für den Prinzen Heinrich Postumus von Reuß entworfen. Als der Prinz sein Ende nahen fühlte, ließ er für sich einen Sarg bauen und darauf die Bibelsprüche anbringen, die er besonders liebte. Aus diesen Sprüchen hat Schütz den Text seiner ›Missa‹ zusammengestellt. Sie ist geschrieben für sieben Soli, geteilten Chor und Generalbaß und bildet in ihrer schlichten Sprache als erstes ›Deutsches Requiem‹ (Schweitzer) ein Kleinod der protestantischen Kirchenmusik. Gabrielis und Monteverdis Errungenschaften sind hier völlig unbefangen schöpferisch erneuert. Eine derart reine, fromme Musik ist später eigentlich nur noch Schubert oder Bruckner zugefallen. Im großartigen Ausklang des Werkes kommt es zu einem dramatischen Gegeneinander der Chöre: Während die Trauernden verzagt klagen »Herr, nun lässest Du Deinen Diener«, empfängt schon die ›Himmels-Cantorey‹ den Entschlafenen frohlockend mit dem Hymnus »Selig sind die Toten«.

Eine weitere monodische Stilklärung ergibt sich in den ›Kleinen geistlichen Konzerten‹ über deutsche Bibeltexte. Sie wurden wegen des Krieges nur für 1 bis 5 Stimmen »sampt beygefügtem Basso continuo vor die Orgell« entworfen, enthalten aber für Aufführungen unter günstigeren Voraussetzungen einige Instrumental-Ritornelle.

Mehrere dieser Konzerte – man könnte sie nach dem damaligen Sprachgebrauch auch Dialoge, Symphoniae, konzertierende Motetten oder Kantaten nennen – werden von solch einem Ritornell eingeleitet, das gewöhnlich dann vor dem Schlußchor wiederkehrt. In Nr. 28 (Band II, 1639) ist es wunderschön hinmusiziert über den lieblichen Verkündigungs-Cantus des Engels: »Sei gegrüßet, Maria, du Holdselige«.

Aus dem ›Kleinen geistlichen Konzert‹, Nr. 28 von Heinrich Schütz

Oratorienartig sind die ›Sieben Worte Christi am Kreuze‹ (1645) vertont. Unbefangen stellt der Sechzigjährige hier spätgotische und barocke Stilmittel nebeneinander. Die Rolle des Evangelisten singt teils ein hoher Tenor, teils ein Sopran oder, altertümelnd, ein vierstimmiger Motettenchor; Christi Worte dagegen, begleitet vom Generalbaß und zwei zusätzlichen Instrumenten (Violen?), werden durchgehend im neuen Rezitationsstil Monteverdis solistisch vorgetragen. Außerordentliche dramatische Wirkungen gehen von vielen Dialogen der ›Symphoniae sacrae‹ aus (drei Bände, 1629, 1647, 1650). Die Dialoge des II. und III. Bandes sind im Gegensatz zu denen des I. Bandes über deutsche Evangelientexte entworfen. Sie vereinen in sich eine unerhörte Vielfalt vokaler und instrumentaler Ausdrucksmittel. Berühmtestes Beispiel ist die packende dreichörige, vom Orchester begleitete Szene »Saul, warum verfolgst du mich?«. An ihr entzündete sich im 19. Jahrhundert die Schütz-Renaissance.
H. Kretschmar kommentiert (im ›Führer durch den Konzertsaal‹, Band II, Seite 95): »...Gewiß sind der Kunst Schützens in erster Linie jene frommen deutschen Züge eigen, die wir in der Welt eines Jakob Böhme, Angelus Silesius, Flemming, Paul Gerhardt finden. Aber ... der ›Saul‹ ist ein vollwertiges Seitenstück zur Kunst Michelangelos... Ein so wilder Satz, wie ihn hier die vier Posaunen vorführen – er beginnt wie Bachs d-Moll-Toccata für Orgel –, ist bis heute nicht wieder geschrieben worden, kaum wird sich ein moderner Dirigent getrauen, ihn so spielen zu lassen, wie er in Tempo und Dynamik gedacht ist. Hier in Schütz hielt die Vorsehung einen Großmeister für das Volloratorium bereit, leider waren keine Dichter da.« Das Textproblem, das hier berührt wird, erwies sich als eine Crux für die Oratorienkomponisten bis hin zu Bach. Schütz umging die Dichterlinge seiner Zeiten, indem er sich an reine Bibeltexte hielt.
Band III seiner ›Symphoniae sacrae‹ enthält zumeist Kantaten noch aus der Kopenhagener Zeit. Ihnen folgte im Jahre des Westfälischen Friedens die ›Geistliche Chormusik‹. Das Werk ist den Thomanern gewidmet und steht am Eingang der letzten, von großen Pausen zerklüfteten Schaffensperiode. Sie umfaßt die für die Schulmusik bestimmten ›Zwölf geistlichen Gesänge‹ mit der ›Messe über deutsche Lieder‹ (1657), dann das ›Weihnachtsoratorium‹ (1664), die ›Matthäus-‹, ›Lukas-‹ und ›Johannes-Passion‹ (1665 bis 1666) – die Echtheit einer vierten, ›Markus-Passion‹, wird an-

gezweifelt – und den Schwanengesang, das ›Deutsche Magnifikat‹ (1671). Die ihm zugeordneten ›Psalmen 119 und 100‹ sind nur in Bruchstücken erhalten.
Eine Sternstunde protestantischer Kirchenmusik erfüllt sich mit diesen Werken. Sie tragen das Signum einer priesterlichen Persönlichkeit; die subjektiven Akzente treten in ihnen zurück; als überpersönliche und doch so menschliche ›musikalische Predigten‹ stehen sie völlig im Dienste der Liturgie. Schütz spricht in ihnen zum Volk in allen seinen Schichten; jedes Ausdrucksmittel ist ihm hierbei willkommen.
In der ›Geistlichen Chormusik‹ und später in der mystischen Trias der Passionen setzt sich die reine A-cappella-Polyphonie wieder durch, der Passions-Evangelist gibt seinen Bericht im unbegleiteten Lektionston. Im schlichten Gesang der Kantorei genau wie in den ariosen Rezitativen seiner anderen Werke prägte Schütz einen zugleich stillen und von brennendem Pathos durchglühten melodischen Deklamationsstil aus, wie er bis heute kaum je wieder erreicht wurde. Er ließ sich dabei leiten von einem subtilen Gefühl für die deutsche Sprache, für den natürlichen Sinn- und Empfindungsgehalt ihrer Wort- und Satzgebilde. Seine Werke scheinen kühl errechnet und bis ins Detail mit geradezu juristischer Spitzfindigkeit durchdacht. Mit wenigen Mitteln erzielt er großräumige Wirkungen durch eine sehr bewußte Gegenüberstellung oder Zusammenfassung unterschiedlich behandelter Chöre, Soli und Instrumentalpartien.
In seinem formal und satztechnisch revolutionären, in der Wirkung aber zeitlos volkstümlichen ›Weihnachtsoratorium‹ verwendet er neben den üblichen oratorischen

Titelblatt zur ›Dafne‹ von Heinrich Schütz, Breslau, 1627

DAFNE.
Auff deß Durchlauchtigen/
Hochgebornen Fürsten vnd Herrn/
Herrn Georgen/ Landtgrafen zu Hessen/
Grafen zu Catzenelnbogen/ Dietz/
Ziegenhain vnd Nidda;
Vnd
Der Durchlauchtigen / Hochgebornen Fürstinn vnd Fräwlein/ Fräwlein Sophien
Eleonoren/ Hertzogin zu Sachsen/Gülich/Cleve
vnd Bergen / Landtgräfinn in Thüringen/
Marggräfinn zu Meissen/ Gräfinn zu
der Marck vnnd Ravenspurg/
Fräwlein zu Ravenstein
Beylager:
Durch Heinrich Schützen/ Churfürstl.
Sächs. Capellnmeistern Musicalisch in den
Schawplatz zu bringen/
Auß mehrentheils eigener erfindung
geschrieben von
Martin Opitzen.
In Vorlegung David Müllers/
Buchführers in Breßlaw.

Mitteln nahezu gesprochene Secco-Rezitative; höchst neuartig läßt er die Instrumente in das Geschehen eingreifen: In selbständigen Zwischenspielen lösen sie einander ab, um je nach der Art ihrer Zusammenstellung einen der zehn damaligen Stände zu charakterisieren. Doch belanglos sind solche und andere technische Feinheiten und Ausdruckssymbole angesichts der esoterischen Kraft und Lieblichkeit der Musik! Selten nur in der Geschichte der Musik finden sich Eingebungen von derart unirdischer Reinheit wie in dieser Weihnachtshistorie.

Man kann nicht von den Kunstwerken dieses Großen sprechen, ohne in Verehrung des Menschen zu gedenken, der sich in den Wirren seiner Zeit als getreuer Eckart der deutschen Musik und der deutschen Musiker bewährte. Als Schütz 1644 nach Dresden zurückkehrte, fand er dort kaum noch Freunde vor. Die allgemeine Not aber und die der Musizi war unbeschreiblich. Er zögerte keinen Augenblick, ihnen durch Zuwendungen, Fürsprachen, Eingaben zu helfen; er war besessen von seiner Aufgabe und mutig bis zur Selbstgefährdung. Täglich mußte er Niederziehendes erfahren. In Dresden wie überall bevorzugte man offenkundig die ins Land strömenden Italiener und ihre Unterhaltungsmusik, die nichts mehr zu schaffen hatte mit der Kunst Gabrielis und Monteverdis. In grandioser Selbsttäuschung hielt Schütz für vertan, wofür er sein Leben lang gekämpft hatte; immer dringender bat er, man möge ihn entlassen.

Doch seine Handlungen widersprachen auf eine rätselhafte, aufrüttelnde Weise der oft schriftlich und mündlich beteuerten Resignation. Je einsamer und hoffnungsloser der Alternde wurde, desto unbedingter kämpfte er für die Reinerhaltung seiner künstlerischen Ziele.

Dresden war fortan nur das Versuchsfeld für seine hochgesteckten Pläne. Er half einzelnen, doch er hatte das Ganze im Sinn. An seiner Aufgabe wachsend, wurde er zum überragenden Organisator des mitteldeutschen Musiklebens seiner Zeit. Immer wieder – nach dem Kriege – unternahm er von Dresden aus Reisen, nach Wolfenbüttel, Teplitz, Zeitz, Leipzig. Wohin er kam, setzte er sich ein für die Erneuerung der Hofkapellen, der Stadtkantoreien und Schulen. Er sichtete die Archive und machte viele Werke der Praxis wieder zugänglich. Er erkämpfte Stellen für den künstlerischen und erzieherischen Nachwuchs; ein schwieriges Unternehmen angesichts der Tatsache, daß damals auf einen deutschen Musiker rund zehn italienische kamen. Er reorganisierte das Unterrichtswesen und hielt seine Schüler an, über Monodie und Basso continuo den Kontrapunkt nicht zu mißachten. Unablässig suchte er ihnen »den rechten Weg zu dem Studio Contrapunkti« zu erschließen, ohne dessen Beherrschung niemand »andere Arten der Komposition in guter Ordnung angehen und dieselben gebührlich handeln oder traktieren« könne. So bereitete er als Lehrer – der Mode zuwider – eine neue Ära deutscher Polyphonie vor; in Bach sollte sie sich vollenden!

Man nannte Schütz, der hoch in den Achtzigern am 6. November 1672 in Dresden starb, ›Vater der deutschen Musik‹, ›Vater der deutschen Musiker‹. Bald nach seinem Tode wurde er nahezu vergessen. Viele seiner Werke – wohl mehr als erhalten sind – fielen Bränden zum Opfer. Doch in den Schülern – in Christoph Bernhard vor allem und in Johann Theile – lebte sein künstlerisches Vermächtnis fort. Über sie gelangte es zu Bach, freilich nur noch aus zweiter Hand. Nirgends erwähnt Bach den Namen

Schütz, nicht die kleinste seiner Kompositionen fand sich unter den vielen Abschriften, die Bach von alten und zeitgenössischen Meistern anfertigte. Erst 1834 wies C. von Winterfeld in seiner Studie ›Johann Gabrieli und seine Zeit‹ wieder auf Schütz hin. Und erst 1885 setzte mit dem Beginn der Gesamtausgabe seiner Werke durch Philipp und Friedrich Spitta (weitergeführt seit 1929 durch Heinrich Spitta) die Schütz-Renaissance ein. Sie hat wesentliche Teile der Kunst und einen Abglanz der verehrungswürdigen menschlichen Gestalt dieses ›Musicus excellentissimus saeculi sui‹ (Inschrift auf seinem Grabstein) der Welt zurückgewonnen.

Geistliches Konzert, Kantate, Passion, Oratorium (17. und 18. Jahrhundert)

Die Leistungen des 17. Jahrhunderts auf dem Gebiet des Geistlichen Konzerts, der Kantate, der Passion und des Oratoriums gipfelten zwar in Heinrich Schütz, doch er trug die Entwicklung nicht allein, viele Meister waren daran beteiligt. Im Gegensatz zu Schütz verbanden sie die aus Italien übernommenen Gattungen mit dem Choral. Das ergab sich zwanglos, da sie im allgemeinen der Kantorentradition verbunden blieben.
Schon vor Schütz und neben Haßler wandelte *Michael Praetorius* (1571 bis 1621) auf den Spuren der Venezianer. Man findet bei ihm mehrchörige Predigt-Motetten, in denen die Möglichkeiten räumlichen Musizierens großartig genützt sind. Er zeigte sich »von jetziger neuer art und italienischen Manier« derart berauscht, daß er in seinem theoretischen Hauptwerk ›Syntagma musicum‹ (drei Bände; 1615 bis 1619; eine Fundgrube zeitgenössischer Instrumentenkunde und Musizierpraxis) alle nur denkbaren vokalen und instrumentalen Besetzungsvarianten dieser Manier mit hinreißender Beredsamkeit darstellte. Er hat freilich das Land seiner Sehnsucht nie betreten. So nimmt es nicht wunder, wenn das Atmosphärische der südlichen Kunst und ihre frei hinströmende monodische Melodik, wenn Rezitativ und Arioso bei ihm noch kaum

Aus den ›Opella nova‹
(2. Teil, 1626)
von Johann Hermann Schein

eine Rolle spielen. Mit enthusiastischer Freude dagegen und mit ausschweifender Einbildungskraft widmete er sich klanggewaltigen polyphonen Experimenten. So europäisch auch immer er sich an der Schwelle von der Hochrenaissance zum Barock gebärdete, er blieb im Grunde ein mitteldeutscher Kantor; sein ganzes Schaffen konzentrierte sich liebevoll auf den Choral.
Der ›neuen Concertenmanier‹ Viadanas folgte dann als erster Schützens Freund, der Leipziger Thomaskantor *Johann Hermann Schein* (1586 bis 1630). In seinen ›Opella

nova‹ (zwei Teile, 1618 bis 1626) erweist auch er sich bei aller Modernität als bodenständiger sächsischer Kantor. Wie sehr seine Liebe dem Gemeindelied gehörte, erweist sich abermals an den schönen, kräftig harmonisierten Chorälen des Leipziger Gesangbuches ›Cantionale‹ (siehe Seite 113), das er ein Jahr vor seinem frühen Tode herausgab. Seine entscheidenden Erfolge errang er indessen mit weltlichen Musiken, wovon noch zu sprechen sein wird.

Nirgends verleugnet Schein die gediegene Schulung, die ihm der Niederländer *Rogier Michael* (1550 bis 1618), Schützens Amtsvorgänger in Dresden, hat zuteil werden lassen. Das ›Dresdener Gesangbuch‹ von 1593 enthält ein halbes Hundert wertvoller Choralsätze dieses trefflichen Meisters. Seine ›Historie von der Empfangnuß unseres Herrn Jesu Christi‹ (1602) gehört heute als Kleinod der Historienliteratur vor Schütz wieder zum Repertoire manches Kirchenchores.

Daß man Schütz, Schein und Scheidt als die drei großen ›S‹ ihrer Zeit stets gemeinsam nennt, ist begründet. Sie waren nicht nur nahezu gleichaltrig, sondern sie ergänzten einander in ihren Bereichen. Schütz repräsentiert Geistliches Konzert, Kantate, Oratorium, Passion (Oper und Ballett) des Frühbarock, Schein weltliches Chorlied und Orchestersuite, Scheidt die Orgelmusik des gleichen Zeitabschnitts. Jeder von ihnen hat auch außerhalb seines Spezialgebiets Vortreffliches aufzuweisen. Ebenso wie Schein hat auch Samuel Scheidt (siehe Seite 202) noch vor Schütz, ab 1621, ›Geistliche Konzerte‹ von bleibendem Wert veröffentlicht.

Der Begriff ›Kantate‹ bürgerte sich bald nach 1650 in Deutschland ein. Der rein protestantischen, orchester- und generalbaßbegleiteten Choral-Kantate lag stets eine Choralmelodie zugrunde. Die Strophen des Gemeindeliedes wurden im Wechsel von Chor und Soli etwa im Sinn von Choralfantasien vertont. Dieser Typus gipfelte in den späten Kantaten Johann Sebastian Bachs.

Die ebenfalls instrumentbegleitete freie Kantate war demgegenüber nicht auf den Choral angewiesen. Zum Bibelwort und Evangelientext traten bei ihr gegen Ende des 17. Jahrhunderts freie dichterische Zutaten. Sie fanden musikalisch zunächst in ariosen Soli, später in Arien und Da-capo-Arien ihren Ausdruck. Oft beginnt die freie Kantate mit einem motettenartigen Chor über Bibelworte, ihm folgen Arien, den Abschluß bildet eine vom Chor oder von der Gemeinde gesungene Choralstrophe. Bisweilen wachsen sich diese Kantaten zu großen lyrischen oder dramatischen Szenen mit selbständigen instrumentalen Vor-, Zwischen- und Nachspielen aus; auch als Solokantaten kamen sie der Neigung der Zeit zum Belcanto entgegen.

Die hier skizzierte Entwicklung wurde neben und nach den drei großen ›S‹ von vielen Kantoren des 17. und frühen 18. Jahrhunderts getragen. Unter den norddeutschen Meistern ragen hervor *Thomas Selle* (1599 bis 1663) und die Schütz-Schüler *Johann Vierdanck* (1612 bis 1646), *Christoph Bernhard* (1627 bis 1692) und Matthias Weckmann (siehe Seite 202). Weckmann gründete in Hamburg ein Collegium musicum. Er führte mit dieser studentischen Liebhabervereinigung im Dom Kantaten und Dialoge auf, die schon deutlich oratorienhafte Züge trugen. In Lübeck setzte Franz Tunder ihre Tradition eigenwillig fort in seinen kirchlichen ›Abendmusiken‹. Unter seinem Schwiegersohn Dietrich Buxtehude (siehe Seite 202), dem Lehrer Johann

Sebastian Bachs, lockten diese ›Abendmusiken‹ Musikbegeisterte aus ganz Europa an. Alljährlich vor Weihnachten brachte Buxtehude hier eigene Orgel- und Chorwerke zu Gehör. Rund 150 phantasievolle Kantaten, eine ›Missa brevis‹, Bruchstücke eines ›Weihnachtsoratoriums‹ und eines ›Jüngsten Gerichts‹ sind von ihm überliefert. An Bedeutung stehen ihm nahe mit ihren Kantaten der Lüneburger Georg Böhm und der Husumer Nicolaus Bruhns (siehe Seite 202).
In Mitteldeutschland gesellten sich zu ihnen *Andreas Hammerschmidt* (1612 bis 1675) und die Thomaskantoren *Sebastian Knüpfer* (1632 bis 1676), *Johann Schelle* (1648 bis 1701) und *Johann Kuhnau* (1660 bis 1722). Kuhnau, Bachs unmittelbarer Vorgänger in Leipzig, war ein vielseitig gebildeter Mann, ebenso trefflich in seinen Kirchenkantaten und ersten deutschen Klaviersonaten wie als Schriftsteller; sein satirischer Roman ›Der musikalische Quacksalber‹ (1700) geißelt die Auswüchse der italienischen Mode. Auch Süddeutschland hat vortreffliche Meister aufzuweisen, darunter Erasmus Kindermann (siehe Seite 202) und die Brüder *Johann Philipp Krieger* (1649 bis 1725) und *Johann Krieger* (1652 bis 1735) aus Nürnberg. Die Werke aller dieser Meister werden heute wieder gepflegt!
Zwei Namen wurden noch nicht genannt: Rosenmüller und Telemann. *Johann Rosenmüller* (etwa 1620 bis 1684) stammt aus Ölsnitz im Vogtland. 1651 wurde er in Leipzig Organist, doch 1655 kerkerte man ihn wegen eines Sittlichkeitsvergehens ein. Nach abenteuerlicher Flucht fand er in Venedig eine Bleibe. 1674 kehrte er nach Deutschland zurück. Die letzten Lebensjahre wirkte er als Hofkapellmeister in Wolfenbüttel. Durch ihn gewann die freie Kantate über madrigalische Dichtungen entschieden an Raum, bis sie dann mit der Choral-Kantate in die Bachschen Oratorien und Passionen einmündete. Ähnlich weltoffen beeinflußte Rosenmüller mit seinen Suiten und Sonaten die deutsche Instrumentalmusik. Die Gegenwart, hellhörig für seine faustische Unruhe und für die Phantastik seines klanglich zerklüfteten Ausdrucksstils, sieht in ihm einen vorfrühen ›Romantiker‹ des deutschen Mittelbarock (siehe Seite 220).
Drei Jahre vor Rosenmüllers Tod, und vier Jahre bevor Bach und Händel zur Welt kamen, wurde in Magdeburg *Georg Philipp Telemann* (1681 bis 1767) geboren. Früh regte sich seine Begabung. Als angehender Jurist und Neuphilologe gründete er 1701 in Leipzig ein studentisches Collegium musicum. Statt die Pandekten zu wälzen, komponierte er im Laufe dreier Jahre neben einem Bündel Kantaten 21 Opern! 1704 wurde er Organist an der Neuen Kirche. Da man ihm nun den Umgang mit dem Theater verbot, ging er noch im gleichen Jahre als Kapellmeister nach Sorau. Auf Reisen durch Oberschlesien wurde er mit slawischer Musik vertraut. 1709 wurde er in Eisenach Kapellmeister. Mit Johann Sebastian Bach, der im benachbarten Weimar tätig war, schloß er Freundschaft. 1712 ging er als Kapellmeister nach Frankfurt am Main, 1721 wurde er städtischer Musikdirektor in Hamburg. Dort ist er gestorben.
Sein Fleiß war selbst für barocke Verhältnisse phänomenal. Er hat allein über 600 Kantaten und Motetten hinterlassen, Material genug für zwölf volle Kirchenjahre! Hinzu kommen Passionen und Oratorien, Krönungs-, Trauer- und Hochzeitsmusiken, Hamburger ›Kapitänsmusiken‹, rund 40 Opern, 600 Orchestersuiten, ferner Serenaden, Lieder, Klavier- und Kammermusiken ohne Zahl, kuriose Programmstücke, Jagd-

szenen, Idyllen, Wassermusiken und anderes. Verständlich sein Stoßseufzer, er habe sich »mit der Zeit ganz marode melodiert«!

Sein Ruhm überstrahlte zu seinen Lebzeiten den Bachs und Händels bei weitem. Er verdiente die Huldigung der Zeitgenossen, denn er war gleichsam der verkörperte Zeitgeist. Er sagte nur Erfreuliches, und er war vielseitig, ohne charakterlos zu sein. Stets gab er ein wenig mehr, als man von ihm erwartete, aber er verausgabte sich nicht und belastete seine Hörer nicht mit Problemen. Das ›metaphysische Element‹ der Bachschen Musik findet sich nirgends bei ihm. Er war eine diesseitige Natur und ausgesprochener noch als Händel Realist, mit beharrlichem Enthusiasmus dem Hellen zugewandt, ohne zu schwärmen. Er spielte Fangball mit Tönen, Rhythmen und Klangfarben wie mit Empfindungen, kühl bis ans Herz, sokratisch gelassen. Und er hatte Humor. Als musikalischer Spaßmacher sucht er seinesgleichen. Er durchschaute seine Zeit bis auf den Grund und entsprach ihren Wünschen mit unvergleichlichem Spürsinn für Wirkung. In allen ›Manieren‹ zu Haus, bevorzugt er neben der polnischen die französische. Die polnische verhalf ihm zu aparten melodischen und rhythmischen Reizen. Einmal meinte er: »Ein Aufmerksamer könnte von ihnen (den Polen) in 8 Tagen Gedanken für ein gantzes Leben erschnappen...« Die französische Manier entsprach seiner rationalen Wesensart am ehesten. Er kleidete seine Gedanken zwar gern auch »in einen italiänischen Rock«, doch das Temperament der Südländer war ihm fremd. Indem Telemann Altes und Neues, Fremdes und Vertrautes mit leichter Hand verband, wurde er eine der wesentlichsten Übergangserscheinungen zwischen Hochbarock und Rokoko.

Passion und Oratorium des 17. und 18. Jahrhunderts teilten in Deutschland formal etwa die Entwicklung der Predigt-Motetten. Genau wie jene gründeten sie sich auf den Choral, sie nahmen aber auch Elemente der italienischen Oper in sich auf und verwandelten sich schließlich in großräumige Kantaten, oder richtiger, sie umfaßten Folgen verschiedenartiger Kantaten und wuchsen sich zu geistlichen Opern aus.

Schon bei Schütz erwies sich die Bedeutung der Textfrage für Passion und Oratorium. Daß freie meditative Dichtung sich zu den Bibelworten gesellte, war wohl erstmals der Fall in der ›Johannes-Passion‹ (1643) des Kantatenmeisters Thomas Selle. Nach Schützens Tod brachte sein Schüler *Johann Theile* (1673) eine ›Deutsche Passion‹ heraus, die sich musikalisch schon vorwiegend in Arien über madrigalische Dichtungen ergeht. Wie der vielseitige Selle hielten es seine Kollegen, von Bernhard und Buxtehude im Norden bis hin zu Fux im Süden. In ihren Werken gewann die freie betrachtende oder lyrische Dichtung immer mehr Raum.

Die Entwicklung wurde 1704 auf die Spitze getrieben durch den Hamburger Poeten Hunold Menantes. Seine Passionsdichtung ›Vom blutigen und sterbenden Jesus‹ enthält überhaupt keine Worte der Heiligen Schrift. Mehr Anklang fand freilich der Hamburger Ratsherr Barthold Heinrich Brockes mit einem Passionstext, worin er Bibelwort (für den Evangelisten) und freie Dichtung (für Arien und Chöre) miteinander verband. Seine Vorlage wurde damals oft vertont, unter anderen von Händel, Keiser, Mattheson und Telemann. Auch Bach übernahm aus Brockes' Text Partien in seine ›Johannes-Passion‹.

Sieht man von Händel und Bach ab, so zeigt sich: Die allgemeine Entwicklung auf diesem Gebiet treibt nun unter der Einwirkung von Rationalismus und Aufklärung unaufhaltsam der Verweltlichung zu. Parallel zur Emanzipation der Texte von der Heiligen Schrift läuft die Emanzipation der Gattungen von ihrer kultischen Zweckbestimmung. Die Kirche, der Kultraum, wird spürbar zum Konzertsaal. Mit dem Aufwand an artistischen Mitteln (Belcanto, Koloratur usw.) wächst die Distanz zwischen Gemeinde und sakralem Kunstwerk. Das kultische Erlebnis wird geschwächt oder überdeckt vom Interesse an den ästhetischen ›Reizwirkungen‹ der Texte und der Musik. Freies Oratorium und strenge Passion verschmelzen des öfteren zur noch liturgisch gemeinten oratorischen Passion, aus der schließlich das opernhafte Passions-Oratorium hervorgeht; es löst sich von der Liturgie. Folgerichtig wird schon eines der ersten Werke dieses Typus, ›Der Tod Jesu‹ des friderizianischen Opernmeisters *Karl Heinrich Graun* (1701 bis 1759), im Theater uraufgeführt!
Ironie des Schicksals: Während man Bachs ›Matthäus-Passion‹ hundert Jahre unbeachtet ließ, führte man Grauns ›Tod Jesu‹ noch bis zur Schwelle des 20. Jahrhunderts alljährlich am Karfreitag in Berlin auf. Eine ähnliche Auszeichnung wurde weder Telemanns ›Tag des Gerichts‹ (1761) noch Philipp Emanuel Bachs ›Israeliten in der Wüste‹ (1775), noch Dittersdorfs ›Hiob‹ (1786) zuteil. Alle diese Werke fielen der Vergessenheit anheim. Mit ihnen erhob sich jedoch die überkonfessionelle Gattung des frühklassischen ›Konzert-Oratoriums‹ aus den Trümmern einer großen Zeit. Sie fand ihre klassische Ausprägung in Joseph Haydns Beiträgen.
Stofflich hielt sich das Konzert-Oratorium gern an Themen aus dem Alten und Neuen Testament, die es naturselig, subjektiv und mit bukolischer Phantasie ausdeutete. Angehaucht vom Geiste Rousseaus, Klopstocks, Herders, Miltons, strebte es im allgemeinen bürgerlich erbauliche, der Idylle zuneigende, empfindsame Wirkungen an. Musikalisch decken sich seine Erscheinungsformen mit dem jeweiligen Stande des homophonen Stils in Oper und Sinfonie von Gluck bis Haydn.

Katholische Kirchenmusik

Die katholische Kirchenmusik in Süddeutschland und Österreich übernahm weit bereitwilliger als die strenge, choralgebundene des Nordens jedes sich darbietende italienische Stil- und Ausdrucksmittel. Schon früh entstanden dort konzertierende Motetten, Messen und Concerti ecclesiastici mit vokalen und instrumentalen Wechselchören und generalbaßbegleiteten ariosen Soli.
Um die Wende zum 18. Jahrhundert wurden dann auch Rezitative und orchesterbegleitete Arien und Da-capo-Arien häufiger. Mit ihnen hielt der melodische Charme der neapolitanischen Oper, hielten Belcanto und virtuose Koloratur Einzug in die prunkvoll barocke ›musica sacra‹ dieser Gebiete. Von hier aus drangen Elemente ihres betörend dekorativen Kantatenstils dann über deutsche und italienische Mittler unaufhaltsam gen Norden vor.

Musik des Barock

Die ersten mehrchörigen Messen und ›cantiones sacrae‹ im neueren venezianischen Stil finden sich bei dem aus Bayern stammenden *Johann Stadlmayer* (1560 bis 1648) und bei dem Regensburger *Gregor Aichinger* (1564 bis 1648), einem Schüler Gabrielis. Der Wiener Hofkapellmeister *Johann Heinrich Schmeltzer* (um 1623 bis 1680) gehört mit seinen Orchestermessen und weltlichen Musiken bereits zur jüngeren Generation Rosenmüllers. Ihn überragt beträchtlich der in München und Wien wirkende Orgelmeister Johann Kaspar Kerll (siehe Seite 202) mit Geistlichen Konzerten, Messen und Kantaten im Stil seines zweiten Lehrmeisters Carissimi. Typisch barock ist seine Freude am überströmenden Vielerlei. Er produzierte nebeneinander Cantiones sacrae, Orgeltoccaten, Ausstattungsopern und andere Musiken für die höfische Unterhaltung.

›Recitativo accompagnato‹, des Anfione aus der Oper ›Niobe‹, 1688, von Agostino Steffani

Auch der Italiener *Agostino Steffani* (1654 bis 1730), Musiker, Diplomat und Geistlicher in einer Person, ist hier mit wertvollen Kirchenmusiken, Kammerduetten, Kantaten und Opern zu nennen. Er verbrachte fast sein ganzes Leben in Deutschland und erlangte die Würde eines Bischofs und Apostolischen Vikars. Beträchtlich war sein Einfluß auf Händel. In seiner Kunst gelang ihm eine Verschmelzung des italienischen Stils mit dem Lullys. Ähnlich vielseitig war als Komponist der aus Böhmen zugewanderte Violinvirtuose *Heinrich Ignaz Franz Biber* (1644 bis 1704). Er verströmte seine reiche Begabung in zahlreichen Messen, Requiems, Opern, Kirchen- und Kammersonaten.
Weit ins 18. Jahrhundert hinein führt dann die Kunst des großen Wiener Organisten und Hofkapellmeisters *Johann Joseph Fux* (1660 bis 1741). Er war Schüler Kerlls. Mit fünfzig Messen, zahlreichen Oratorien, Opern und Instrumentalwerken gab er den Vielschreibern seiner Zeit kaum etwas nach. Er übertraf sie aber an Können, Phantasie und Ursprünglichkeit. Die Nachwelt hat lange Zeit nur seinen ›Gradus ad Parnassum‹ beachtet. Generationen strebsamer Jünger Polyhymnias – unter ihnen Mozart – übten sich anhand dieser Kontrapunktlehre im strengen Satz Palestrinas. Neuerdings erleben manche Kirchen- und Instrumentalmusiken Fuxens eine verdiente Renaissance. Er mischt in ihnen weltoffenen Sinnes Elemente des französischen, römischen, venezianischen und – behutsamer – des neapolitanischen Stils. Seine individuelle Handschrift erklärt sich aus seiner ausgeprägt österreichischen Wesensart. Er war bäuerlicher Herkunft; daher seine Strenge, seine eigensinnige Gründlichkeit, die sich

aber mit Wiener Verbindlichkeit paart. Musikantisch inspirierte, poesieerfüllte Kunstwerke sind ihm zu danken.
Nach seinen wieder zugänglich gewordenen Werken zu urteilen, ist Fux ungeachtet seiner prunkvoll barocken Kanonik und seines bisweilen altväterlich strengen Formwillens als Ausdrucksmusiker ein Vorbote des galanten Stils. Von ihm führen Wege zu den ›Mannheimern‹ Franz Xaver Richter und Ignaz Holzbauer und zu den Dresdenern Hasse, Heinichen, Naumann. Seine Melodik weist ihn zumindest ›mundartlich‹ als den geheimen Ahnen des klassischen Wiener Stils aus.

Weltliche Musik

Chor- und Sololied (17. Jahrhundert)

Im ersten Drittel des 17. Jahrhunderts ergab sich in Deutschland der Übergang vom älteren polyphonen Cantus-firmus-Lied und Madrigal Lassus', Lechners und Haßlers zum Generalbaßlied. *Valentin Haußmann* (um 1600) und der reichbegabte, im großen Krieg verhungerte *Melchior Franck* (1573 bis 1634) trugen mit ihren weltlichen Gesängen dazu bei, das strenge Cantus-firmus-Lied madrigalisch aufzulockern. *Johann Staden* (1581 bis 1634) schrieb nach 1625 dann schon Lieder im monodischen Stil.
Entschieden in Fluß geraten die Dinge beim Thomaskantor *Johann Hermann Schein* (siehe Seite 211). In seinem ›Venuskränzlein‹ (1609), Chor-Lieder über eigene Texte, wandelt er noch auf den Pfaden Haßlers. Doch in der ›Musica boscareccia‹ (›Waldliederlein‹) und in den ›Diletti pastorali‹ (›Hirtenlust‹) geht er über zum generalbaßbegleiteten Chor- und Solo-Lied. Für die ›Waldliederlein‹, anmutige Liebes-Terzette, stellte er experimentierfreudig gleich sechs Aufführungsmöglichkeiten frei. Man kann sie ›a cappella‹ oder ›in ein Corpus‹ (mit Cembalo bzw. Laute), aber auch als Tenor- bzw. Sopranduette oder als Solo-Lieder mit unterschiedlicher Instrumentalbegleitung singen. Neu an diesem Parodieverfahren ist die konsequente Bezifferung der Baßstimme; sie bezeichnet eindeutig den Übergang zum Generalbaßlied. Mit den frischen Gesängen seines späten ›Studentenschmaus‹ (1626) wandte sich Meister Schein direkt an die Herren Studiosi seines Leipziger Collegium musicum. Das wirkte sich, wie vieles von ihm, auf das schönste aus. Dichter wie Paul Fleming und Simon Dach, Musiker wie Thomas Selle und Heinrich Albert gehörten dem Collegium an. Sie waren begeistert vom ›neuen Ton‹ der draufgängerischen Lieder und trugen sie bis nach Hamburg, Königsberg, Reval.
Als wären mit solchem Auftakt die Herzen und Münder entsiegelt worden, fanden sich nun auf einmal vielerorts Poeten und Musici, das Dasein nach Kräften in Liedern zu preisen. Sie schlossen sich zwanglos in Gruppen zusammen, die gleich Inseln der Zuversicht das dunkle Gefälle der Zeit überragen. Wortführer solcher Gruppen waren natürlich die Dichter. Ihre Paladine waren weltzugewandte Kantoren und Stadtpfeifer, rechtschaffen bürgerliche Musiker zumeist.

Bevorzugter Dichter in Königsberg war damals Simon Dach, ungekröntes Haupt des Dichterkreises ›Die Kürbis-Hütte‹. In Hamburg wurden Johann Rist und der Prediger Elmenhorst tonangebend. Um Opitz, Fleming und Georg Neumark scharten sich die Musici des sächsisch-thüringischen Raumes. In Frankfurt residierten Schreiber, Grefflinger und andere Verseschmiede. Ungleich an Charakter und Wert wie ihre Poetereien sind die Melodien, die sie auslösten. Vom volkstümlichen Liebes-, Studenten- und Naturlied spannt sich der Bogen zur verschnörkelten, mythologisch-allegorischen ›Vergleichsdichtung‹. Sie steuert geradenwegs auf Metastasio zu!

Wolfgang Dorsch, Pritschenmeister, Scheibenzieher und Komödiant. Seine Tracht ist bezeichnend für den verschnörkelten, mit allerlei Zierat überladenen Stil jener Tage. Merkwürdiger Kontrast: die einfachen Hütten im Hintergrund des Bildes

Ein bedeutender Meister jener Zeit ist der Königsberger Domorganist *Heinrich Albert* (1604 bis 1651). Der Krieg nahm ihn hart mit; er starb 21 Jahre vor seinem Lehrer und Vetter Heinrich Schütz und hinterließ acht Bände ein- und mehrstimmige ›Arien‹ (1638 bis 1650). Die Texte dichtete er zum Teil selbst, viele stammen von seinem Freund Simon Dach. Eine Perle seiner Kunst ist das Volkslied ›Anke von Tharau‹, ein Hochzeitslied für die Tharauer Pfarrerstochter Anna Neander. In den späten Bänden seiner Arien tritt das Solo-Lied zugunsten von Chor-Liedern zurück, ein Zeichen für die damals wieder zunehmende Freude am mehrstimmigen Gesellschaftslied.

Mit Rücksicht hierauf stellte man die Art der Wiedergabe meist frei. Das Chorlied bevorzugten etwa Georg Böhm, Sebastian Knüpfer und Erasmus Kindermann, das Sololied Schützens Konzertmeister *Christian Dedekind* (1628 bis 1715). Der begabte Ansbacher *Johann Wolfgang Franck* (1641 bis nach 1695) gab mit seinen ›Geistlichen

Liedern‹ (1681 bis 1685) zu Texten von Elmenhorst schöne Muster innig frommer Lyrik. Er stand mit ihnen vermittelnd zwischen Choral und weltlichem Lied.
Alle Liedmeister der Zeit übertraf der schlesische Dichterkomponist *Adam Krieger* (1634 bis 1666), der ›Schubert des 17. Jahrhunderts‹. Samuel Scheidt war sein Lehrer. Mit 23 Jahren (1657) gab er eine Sammlung ›Arien‹ zu eigenen Texten heraus. Er war Organist an der Leipziger Nicolaikirche und Anwärter auf das Thomaskantorat. Als man ihm dieses Amt vorenthielt, ging er zu Schütz nach Dresden. Dort starb er im Alter von 32 Jahren. Man vermutet, daß viele seiner Werke zusammen mit Werken von Schütz beim Brande der königlichen Bibliothek in Dresden vernichtet wurden.
Kein Liedmeister fand damals solchen Anklang wie Krieger. Besonders in Studentenkreisen liebte man seine schwermütigen wie seine derb-humorigen Liebes- und Trinklieder. Was ihn bewegte, das spiegelt seine Kunst rein und unmittelbar. Sie ist groß, weil sie natürlich ist. Seine Lieder sind in der Regel ein- bis dreistimmig gesetzt und strophisch gebaut. Zwischen die einzelnen Strophen fügte er stets drei- bis fünfstimmige Streicher-Ritornelle ein. Herrliche Beispiele seiner Kunst sind sein ›Vergebliches Ständchen‹ (›Nun sich der Tag geendet hat‹) und das schwermütige ›Weicht, ihr Gedanken, weicht von mir!‹.
Auf den Spuren Kriegers suchte der redliche *Philipp Heinrich Erlebach* (1657 bis 1714) sein Glück. Auch er erreichte Schönes, doch die Stücke seiner ›Harmonischen Freude‹ (1697 und 1710) sind kaum noch als ›Lieder‹ anzusprechen. Form und Stil der italienischen Arie wirken sich in ihnen aus. Ähnliches gilt von Händels ›Deutschen Arien‹, von Johann Sebastian Bachs ›24 geistlichen Liedern‹ (in Schemellis Gesangbuch, 1736) und seinem nachdenklichen ›Tabakslied‹. Ganz allgemein läßt sich sagen: Opern-Arie und Kantate verdrängen seit etwa 1700 das Lied. Es folgt nun eine ›liederlose Zeit‹ von annähernd einem halben Jahrhundert (vergleiche Seite 341).

Instrumentalmusik (etwa 1600 bis 1750)

Die bevorzugte Erscheinungsform der Instrumentalmusik in Deutschland ist während des 17. und frühen 18. Jahrhunderts die Suite oder Partita. Sie leitet sich wie in Italien, Frankreich und England aus Tanzliedern her. Während man im 16. Jahrhundert solche Tänze noch aus mehrstimmigen Vokalsätzen gewann, ging man Anfang des 17. Jahrhunderts dazu über, sie direkt für Instrumente zu erfinden. Die Suite (Folge) ist eine mehrsätzige, zyklische Form. Sie tritt auf als Orgel-Partita, als Lauten-, Cembalo- und Orchestersuite.
Für die deutsche *Orchestersuite* ist von Anbeginn der Wechsel von ruhigen und lebhaften Tanzsätzen charakteristisch. Zu den ruhigen Vortänzen gehören etwa die Allemande aus Deutschland, Basse danse oder Branle aus Frankreich, Paduana (Pavane, auch Calata) und Passamezzo (etwas lebhaftere Paduana) aus Italien und die spanische Sarabande (langsamer Dreiertakt!). Zu den lebhaften Nachtänzen zählen Courante (auch Tripla), Gaillarde (auch Galliarde oder Gagliarde) und Tourdion aus Frankreich, Saltarello und Piva aus Italien, Gigue (auch Jig) aus England.

Die charakteristischen Merkmale der einzelnen Volks- und Gesellschaftstänze wurden stilisiert in die Suite übernommen. Die Geschlossenheit der zyklischen Form wurde erreicht durch eine für alle Sätze verbindliche Tonart – man wählte sie zunächst aus spieltechnischen, nicht aus ästhetischen Gründen (siehe Seite 192) –, ferner durch Übernahme von Motiven aus dem Kopfsatz in die anderen Sätze. Dies führte alsbald zur Ausprägung der Variationensuite. In ihr ist allen Sätzen ein Thema gemeinsam. Es wird von Fall zu Fall rhythmisch verändert, individuell umgeformt, auch wohl mit neuen Motiven durchsetzt und nachahmend durch die Stimmen geführt.

Ein phantastischer Reichtum an volkstümlicher und doch ausgeprägt subjektiver Gebrauchsmusik verströmte sich in die Suite. Nahezu jeder Kapellmeister und Kantor in fürstlichen oder städtischen Diensten beteiligte sich an der Produktion. Einer der ersten Meister war zu Beginn des 17. Jahrhunderts Hans Leo Haßler mit den chorischen Instrumentalsätzen aus seinem ›Lustgarten‹ (1601; siehe Seite 121). Er würfelte die Sätze scheinbar noch bunt durcheinander, doch ergab sich bei ihm schon die charakteristische Folge: einleitende marschartige Intrade mit anschließendem Satzpaar Paduana (Pavane)–Gagliarda. Beträchtlich an Beliebtheit gewann die Suite durch Tanzsätze, die um diese Zeit mit englischen Schauspieltruppen nach Deutschland kamen. Vor allem die Engländer William Brade und Thomas Simpson, die beide in Deutschland ansässig wurden, förderten mit ihren Sammlungen die Entwicklung.

Die viersätzige *Variationensuite* nahm um 1615 Gestalt an bei dem Organisten Paul Peuerl. Als Normalschema setzte sich nun die Folge Pavane–Gaillarde, Allemande–Courante durch. Johann Hermann Schein (siehe Seite 211) erweiterte dies Schema in seinem ›Banchetto musicale‹ auf 5 Sätze. Er fügte zwischen erstes und zweites Satzpaar noch eine Courante ein. Bei Johann Neubauer wuchs die Suite auf sechs Sätze an (1649).

Um 1650 änderte sich das Grundschema der Suite. Das erste Satzpaar (Pavane–Gaillarde) fiel fort. An die Spitze trat eine italienische Sinfonia, ein Präludium oder ein anderer Einleitungssatz. Ihm folgen Allemande–Courante, Sarabande–Gigue. Bisweilen wurde als Finale noch eine Passacaglia oder Chaconne angefügt. Vor die Gigue wurden nach Belieben weitere Tänze wie Gavotte, Rigaudon, Bourrée, Menuett, Passepied, Tripla, Volta usw. als ›Intermezzi‹ eingeschoben. Ihren Höhepunkt erreichte die Suite des Mittelbarock mit den Beiträgen von *Johann Rosenmüller* (siehe Seite 213). Bei ihm änderte die Suite auch ihren Charakter. Er begann mit derb-volkstümlichen ›Gebrauchsmusiken‹ im Stil der Zeit. Hierher gehören seine frühen ›Suiten‹ (1645) und die urwüchsige ›Studentenmusik‹ (10 Suiten, 1654), »denen Herren Studenten zu Dienst und Gefallen« gemacht, »wenn sie etwan vornehme Herren und Standespersonen mit einer Nacht-Music beehren wolle«. Ein direkter Weg führt von diesen ›geringen Liederlein‹ zu den Cassationen oder Divertimenti, den Ständchenmusiken der Haydn-Zeit! Ganz anders dagegen seine venezianischen Suiten; er nannte sie ›Sonate da camera a 5 Stromenti et Basso continuo‹ (1667). Sie sind nicht mehr zweckgebundene Gebrauchsmusiken, sondern wollen als konzertante Spielmusiken ästhetisch gewertet sein. Reich gegliederte Sinfoniae gehen den vier stilisierten Tanzsätzen (Allemande, Corrente, Ballo und Sarabande) voraus. In Rosenmüllers letztem Werk

›12 Sonate a 2, 3, 4, e 5 Stromenti d'Arco et Altri et Basso continuo‹ (1682) weichen die Tanzsätze freien, an die Form der italienischen Kirchensonate sich anlehnenden Instrumentalsätzen rhapsodischen Charakters. Sie sind Beispiele eines melodisch und harmonisch kühnen Ausdrucksstils, der durchaus schon in romantische Bezirke vorstößt. Die Wahl der Instrumente stellte Rosenmüller noch frei. Sein Hinweis ›et Altri‹ besagt, daß die Streichinstrumente (›Stromenti d'arco‹) durch Bläser ersetzt werden können.

Allegro-Thema der Sinfonia aus der ›Sonata da camera D-Dur‹ von Johann Rosenmüller, 1667

Rosenmüllers späte Beiträge stehen abseits der allgemeinen Entwicklung. Diese neigte schon zu seinen Lebzeiten dem Typus der französischen Suite zu. Ihren vier Tanzsätzen (Allemande–Courante, Sarabande–Gigue) wurden nach Belieben freie Sätze, oft programmatischen Inhalts, hinzugefügt. Die Einleitung bildet stets eine Ouvertüre nach dem Schema der Lullyschen Opern-Ouvertüre. Daher die Gattungsbezeichnung ›Ouvertürensuite‹ oder auch kurz ›Ouvertüre‹. Ihr Stil ist farbenprächtig und unterhaltend, ihr Satzbild monodisch aufgehellt. Fugiert ist meist der lebhafte Mittelteil der Ouvertüre, doch auch sonst sind polyphon geführte Sätze mit reicher kanonischer Arbeit keineswegs selten. Die Instrumentation ist bewußt auf Gegensätze berechnet und oft mit Elementen des Concerto grosso durchsetzt. Die Ouvertürensuite blieb in Deutschland bis zur Mitte des 18. Jahrhunderts vorherrschend. Überragende Beispiele sind die vier ›Ouvertüren‹ von Johann Sebastian Bach. Wertvolle Ouvertüren sind auch zu danken Johann Philipp Krieger, Johann Joseph Fux, Georg Philipp Telemann, ferner dem Lully-Schüler *Johann Fischer* (1646 bis 1721), *Georg Muffat* (um 1645 bis 1740) – von ihm sind auch schöne Concerti grossi nach dem Muster Corellis erhalten –, *Christoph Graupner* (1683 bis 1760) und *Johann Friedrich Fasch* (1688 bis 1758). Händels Suiten, die ›Wassermusik‹ und die ›Feuerwerksmusik‹ stehen als freie Folgen von Spielmusiken außerhalb dieses Kreises.

Die *Klaviersuite* des 17. Jahrhunderts fand ihren überragenden Meister in dem Stuttgarter *Johann Jakob Froberger* (1616 bis 1667). Er beendete seine Studien in Rom bei Frescobaldi und brachte es dann in Wien zum Hoforganisten Kaiser Ferdinands III. Auf Reisen, in Frankreich, lernte er die dortige Suitenliteratur kennen. Seine Klaviersuiten zeigen alle Merkmale des viersätzigen französischen Typus. Bei ihm trennen sich Klavier- und Orgelmusik deutlich als Gattungen. Auch der Organist *Johann Kaspar Ferdinand Fischer* (1650 bis 1746) pflegte in seinen wertvollen Cembalosuiten den französischen Typ. Als direkter Vorläufer von Johann Sebastian Bachs ›Wohltemperiertem Klavier‹ erwies er sich in seinem Zyklus ›Ariadne musica‹ (1715). Die Präludien und Fugen dieses Zyklus sind nach einem konsequenten Plan in 20 Tonarten geordnet. Fischers Versuch stellt die erste, wenn auch noch unvollständige Nutzanwendung dar von A. Werkmeisters ›gleichschwebender Temperatur‹ (1691), welche die Oktave in 12 gleiche Halbtöne teilt und dadurch auf dem Klavier Modulationen durch den ganzen Quinten- und Quartenzirkel ermöglicht. Nach Tonarten geordnete Zyklen gab es zwar schon vordem, so bei Rosenmüller, Pachelbel und Buxtehude, doch sie blieben noch auf den alten Tonartenumkreis, das heißt auf die über den Tönen von F-Dur damals errichteten Tonarten beschränkt; sie waren Endprodukte einer abgeschlossenen Entwicklung, während Fischers und Bachs Sammlungen sich auswirkten bis in die >Neue Musik< der Gegenwart.

Die Lautensuite klang nach den Meistern des 16. Jahrhunderts aus in den virtuosen Sätzen der letzten Lautenmeister *Esajas Reusner* (1636 bis 1679), dem Zeitgenossen Rosenmüllers und *Silvius Leopold Weiß* (1686 bis 1750), dem Zeitgenossen Johann Sebastian Bachs, der ebenfalls noch Suiten für Laute geschaffen hat.

Als Schöpfer der Klaviersonate leitete der Thomaskantor Johann Kuhnau (siehe Seite 213) eine neue Epoche der Klaviermusik ein. Er begann wie seine Zeitgenossen mit Suiten: >Klavierübung< (1689 bis 1692). Im 2. Teil dieser Sammlung steht neben Suiten unvermittelt die erste mehrsätzige Klaviersonate (B-Dur). Kuhnau übertrug darin cum grano salis das Formschema der italienischen Kammersonate (Trio- bzw. Violinsonate) auf das Klavier. 1696 ließ er >Frische Clavier-Früchte< mit sieben weiteren Sonaten folgen. Sie sind viersätzig und zeigen in der Satzfolge das italienische Kontrastprinzip (Vivace, Adagio, Allegro, Andante). Natürlich schrieb auch Telemann Klaviermusik. Seine >Sechs Sonatinen< und drei Hefte >Fantasien< leiten spielerisch hin zur galanten Zeit des Rokoko. Ihren Höhepunkt aber erreichte die deutsche Klaviermusik des Barock in den Suiten, Inventionen, Präludien, Fugen, Variationen und Konzerten Johann Sebastian Bachs.

Viele Formen der italienischen Instrumentalmusik wurden von den deutschen Musikern übernommen und in liebevollem Bemühen allmählich gleichsam >eingedeutscht<. Den Corellischen Typus der chorisch besetzten Kirchensonate pflegten vor allem die Orgelmeister Johann Adam Reinken und Dietrich Buxtehude, ferner die Violinvirtuosen *Nicolaus Adam Strungk* (1640 bis 1700) und Ignaz Franz Biber (siehe Seite 216) sowie Bachs Verwandter und Freund *Johann Gottfried Walther* (1684 bis 1748), Organist und Hofmusikus in Weimar, berühmt durch sein >Musikalisches Lexikon< (1732, das erste dieser Art). Spezialist des Concerto grosso war neben Muffat der Gothaer Hofkapellmeister *Gottfried Heinrich Stölzel* (1690 bis 1749). Den Vivaldischen Typus des Violinkonzerts variierten *Christoph Graupner* (1687 bis 1760), *Johann Pisendel* (1687 bis 1755) und Telemann. Bei der Mehrzahl dieser Musiker finden sich auch Trio- und Violinsonaten, angeregt durch italienische Muster.

Im Solo-Violinspiel entwickelten neben Strungk, Biber und Pisendel die Virtuosen *Paul von Westhoff* (1656 bis 1705; in Weimar neben Bach tätig) und *Johann Jakob Walther* (1650 bis ?) einen Vortragsstil, der sich charakteristisch gegen den der Italiener abgrenzt. Sie erschließen ihrem Instrument neue technische und klangliche Möglichkeiten, sie wagen doppel- und mehrgriffige Passagen, fliegende Staccati und andere neue Stricharten, sie erweitern das Spiel in den hohen Lagen und verwenden die sogenannte >Scordatura< (das Umstimmen der Saiten) zur Erzielung eines reichen Akkordspiels und frappanter Klangwirkungen. Während die italienischen Maestri der Corelli-Nachfolge einen >schönen< Geigenton pflegen, schrecken die deutschen in ihrem Streben nach phantastischen, ausdrucksstarken Wirkungen nicht vor rauhen und bizarren Effekten zurück. Der Typ des ›faustischen‹, des ›dämonischen‹ Geigers wird Mode. Naturgemäß kommt es hier wie in Italien im Buhlen um den Beifall der Menge gelegentlich zu artistischen Scharlatanerien. Ein kurioses Beispiel ist Johann Jakob Walthers ›Serenata‹ (1688). In der Präambel des Werkes rühmt sich Walther, er könne mit seinem Solo-Instrument »einen ganzen Geigenchor, dazu eine tremolierende Orgel, eine Gitarre, einen Dudelsack, zwei Trommeln und Pauken (!), eine Drehleier und eine sanfte Harfe« nachahmen.

Die Oper (bis etwa 1750)

Die Bewegung des Lebens geschieht nicht immer durch diametrale, große Gegensätze, sondern durch eine Zersetzung hindurch.
Jacob Burckhardt

Die Geschichte der deutschen Oper begann dreißig Jahre nach der Italiens und rund vierzig Jahre vor der Frankreichs mit einem verheißungsvollen Auftakt. 1627 führten Kräfte der Dresdener Hofkapelle in Torgau die erste deutsche Oper ›Dafne‹ von Heinrich Schütz unter seiner Leitung auf. Der Text – eine freie Übersetzung des gleichnamigen Librettos von Rinuccini (siehe Seite 138) – stammte von dem mit Schütz befreundeten Martin Opitz. Die Partitur dieser Chor-Oper im florentinischen Stil ist leider verbrannt – ein unermeßlicher Verlust!
Die Musik der ersten überlieferten deutschen Oper ›Seelewig‹ (1644, Nürnberg) von *Sigismund Theophil Staden* (1607 bis 1655), Text von Harsdörfer, bewegt sich vorwiegend in strophischen Liedformen, in Volks- und Kirchenliedern. Sie weist kaum Rezitative und keine dramatischen Züge auf. Der Text kreist allegorisch um einen geistlichen Stoff. Der Untertitel ›Geistliches Waldgedicht‹ kennzeichnet seine Herkunft aus der Gedankenwelt der alten humanistisch-moralisierenden Schulstücke.
Nach dem Dreißigjährigen Krieg strömten italienische Opernunternehmungen ins Land. Sie überspielten die schwerfälligen deutschen Experimente ohne weiteres. Die Städte hatten zwar qualifizierte Kantoreien, Stadtpfeifereien und studentische Collegia musica, doch keine Primadonnen und Kastraten, keine spezialisierten Komponisten und Dichter. Zudem bevorzugten die Fürsten meist italienische Orchester.
Schon zu Schützens Lebzeiten drang die italienische Oper nach Dresden vor. Auch in Wien, München, Hannover und Berlin wurde sie bald tonangebend, und sie blieb es dort und andernorts bis hoch ins 18. Jahrhundert hinein. Demgegenüber fehlte es nicht an leidenschaftlichen und beharrlichen Versuchen, eine nationale Oper ins Leben zu rufen. Als Zentren solcher Bestrebungen wurden wichtig Weißenfels, Braunschweig, Altenburg, Leipzig, Nürnberg und besonders Hamburg. Alle diese Zentren entstanden unter dem direkten oder mittelbaren Einfluß von Heinrich Schütz.
So vertonte etwa in Braunschweig auf Schützens Empfehlung der Thüringer Liedmeister *Johann Jakob Loewe* (1628 bis 1703) geistliche Singspiele (Musik verschollen), deren deutsche Texte der braunschweigische Herzog Ulrich selbst verfaßte. Sie wurden

bei Hoffesten von deutschen Kräften aufgeführt. 1690 baute man ein öffentliches Opernhaus für 2500 Personen und richtete es nach venezianischem Muster ein. Alsbald war der Bedarf an Werken von deutschen Komponisten nicht mehr zu befriedigen. Zu den Singspielen etwa von Erlebach, Krieger und Keiser gesellten sich nun französische und italienische Opern, zunächst mit übersetzten Texten und in deutscher Darstellung. Bei dem Lully-Schüler *Johann Sigismund Kusser* (1660 bis 1727) und mehr noch bei Kussers Schüler *Georg Kaspar Schürmann* (1672 bis 1751) drangen französische und italienische Stilelemente in das deutsche Singspiel ein. Schürmann vertonte zwar nur deutsche Stoffe, zum Beispiel ›Heinrich der Vogler‹; doch als dann in Braunschweig der Weg freigegeben wurde für Primadonnen und Kastraten, war dort der Traum von der deutschen Oper ausgeträumt. Mit dem Belcanto setzte sich der neapolitanische Operntyp durch. 1735 wurde die deutsche Oper aufgelöst.

Ähnlich verlief die Schicksalskurve der jungen deutschen Oper in Weißenfels, Altenburg, Leipzig und Nürnberg. Während man in Braunschweig anfangs musikalisch und dichterisch eigene Wege ging, zeigten sich in Weißenfels nur die Musiker relativ unabhängig. Die Dichter bevorzugten mythologische Stoffe. Ihre Libretti waren Übersetzungen oder Nachahmungen französischer und italienischer Vorlagen. Hauskomponisten in Weißenfels waren Johann Philipp Krieger (siehe Seite 213) und sein Sohn Johann Gotthelf Krieger. Sie lieferten dem Hof von etwa 1680 bis 1732 im Durchschnitt ein Werk jährlich. Erhalten sind Bruchstücke von Johann Philipp Kriegers Opern. Sie zeigen, »wie schwer es den deutschen Musikern wurde, sich in die Monodie zu finden« (Kretschmar). Sie bewegen sich in einem »durch Koloraturen modernisierten Motettenstil« und sind »im Ausdruck etwas eintönig und allzusehr zum Munteren geneigt«. Der ›muntere‹ Ton Fischers wurde symptomatisch für das benachbarte Altenburg, wo neben Grosser der Gothaer Hofkapellmeister Gottfried Heinrich Stölzel (siehe Seite 222) die deutsche Richtung hervorragend vertreten haben soll. Seine Altenburger Werke sind nicht erhalten. Für Nürnberg, Prag, Bayreuth, Gera und Gotha schrieb er Opern über mythologische Stoffe. Das steht nicht recht im Einklang mit der auffallenden Vorliebe des Altenburger Hofes für das mit derb-volkstümlichen Figuren durchsetzte komische Singspiel. Diese Vorliebe ist belegt durch Textbücher, die sich direkt aus alten deutschen Moralitäten und Schulkomödien herleiten. Man hielt sich in Altenburg bis 1728 an diesen Typ. Gespielt wurden die Stücke von Studenten.

In Leipzig, das von 1693 bis 1720 ein ständiges Opernunternehmen hatte, war Nicolaus Adam Strungk (siehe Seite 222) die zentrale Figur unter den Komponisten und zugleich Chef der Oper. Er selbst hielt sich zwar vorwiegend an mythologische Stoffe, zum Beispiel ›Alceste‹ oder ›Ariadne‹, er zog aber auch Deutsche zur Mitarbeit heran, darunter den Studiosus Telemann. Man spielte bei Strungk auch italienische Werke, jedoch mit übersetzten Texten und deutschen Kräften. Bevor Nürnberg sich den Italienern ergab, bevorzugte man dort wie in Braunschweig biblische Themen, wie in Altenburg lustige Singspiele à la Schulkomödie.

Zum Mittelpunkt der nationalen Opernbestrebungen wurde die freie Hansestadt Hamburg. Das Opernhaus am Gänsemarkt wurde dort 1678 mit dem geistlichen

Singspiel ›Adam und Eva‹ des Schütz-Schülers *Johann Theile* (1646 bis 1724) eröffnet. Der Text stammt von dem ›kaiserlich gekrönten Poeten‹ Richter. Der ›erschaffene, gefallene und aufgerichtete Mensch‹ ist darin dargestellt. Die Richtung war damit zunächst festgelegt. Sie entsprach den Wünschen der frommen Gründer des Unternehmens, des Ratsherrn Schott und des Organisten Johann Adam Reinken, denen die protestantische Geistlichkeit ihr Placet erteilte. Die Stücke muten an wie Erneuerungen mittelalterlicher Mysterienspiele. Realistische Szenen in urwüchsig derber Sprache lockern die geistlichen Fabeln auf. Nicolaus Adam Strungk, der später nach Leipzig ging, und der Ansbacher Johann Wolfgang Franck (siehe Seite 218) waren im ersten Jahrzehnt nach Theile die bevorzugten Komponisten. Leider sind von ihren Werken nur Bruchstücke erhalten, einfache strophische Gesänge zumeist, teils im Stil der Franckschen ›Geistlichen Lieder‹, teils leichtere Lieder im Volkston. Kastraten und Primadonnen wurden in Hamburg nicht geduldet. Bis etwa 1700 sangen und spielten »Schuster- und Schneidergesellen, in den Frauenpartien Blumenmädchen und andere Personen, die im öffentlichen Verkehr die Schüchternheit sich abgewöhnt haben...« (Kretschmar). Die Anforderungen an die stimmlichen Leistungen waren gering, alles Interesse galt den prunkvollen Ausstattungen. Sie waren mit phantastischen Effekten durchsetzt und lockten bald Gäste aus ganz Europa an. Neben geistlichen Singspielen bot die Oper ihrem Publikum auch Lully und einige Italiener, freilich in großzügig abgeänderten deutschen Fassungen.

Bald nach 1680 wandte sich die Geistlichkeit gegen die Oper. Grund war die Verwilderung der Texte. Man versetzte darin Christus auf den Olymp, führte in weihevolle Handlungen reichlich freie Liebesszenen und Hanswurstiaden ein, gab Zoten zum besten und sank im Niveau tief unter die Venezianer. Ein Kantor Fuhrmann verfaßte eine Schrift gegen ›Die an der Kirche gebaute Satanskapelle‹, ein Dr. Reißer verriß die Oper in seiner ›Teatromania‹ oder ›Die Werke der Finsternis in den öffentlichen Schauspielen‹ (1681). Gewiß steckt pharisäische Zimperlichkeit in diesen Schriften, doch eines erwies sich an dem Streit: Nicht die Oper, sondern das Oratorium ist die angemessene Kunstform für biblische Stoffe.

Man versuchte in Hamburg, noch bis 1690, für das Bürgertum durch eine Renaissance des Mysterienspiels ein neues kultisches Theater zu schaffen. Der Prediger Elmenhorst (siehe Seite 218) forderte von der Kanzel herunter zum Besuch der Oper auf; auch verteidigte er sie in seiner ›Dramatologie‹ von 1688. Doch er verschwendete seine Liebe an eine verlorene Sache. Man wandte sich von den geistlichen Stoffen ab und mythologischen zu. Die Poeten, die jetzt Mode wurden – Christian Postel etwa oder Balthasar Feind und Hunold Menantes (siehe Seite 214) –, waren keine Dramatiker. Sie schauten der Menge aufs Maul und neigten der Posse, der Hanswurstiade, der Parodie im Stil der Bettleroper zu. Da die antiken Themen ohnehin meist nur Vorwand waren, ersetzte man sie oft kurzerhand durch zeitnahe Schauergeschichten, durch die ›Leipziger Messe‹ etwa oder das ›Hamburger Schlachtfest‹, den ›Störtebecker‹ und andere Moritaten, die Gelegenheit zu plattdeutschen Dialogen boten.

Tragisch wurde das Versagen der Dichter für einige hervorragende Musiker, von denen unter anderen Verhältnissen zumindest wohl Keiser imstande gewesen wäre, den Ruf der deutschen Oper mit Werken von Dauer zu begründen. 1692 kam sein Lehrer *Sigismund Kusser* von Braunschweig nach Hamburg. Er pachtete das Opernhaus und inszenierte dort von 1693 bis 1696 eine Reihe gediegener Werke. Aus erhaltenen Bruchstücken erwies sich, daß er dem Singspiel Elemente der französischen und italienischen Oper zuzuführen suchte, ohne dessen deutsche Eigenart preiszugeben. Bahnbrechend wirkte er als Dirigent. Er disziplinierte das Orchester nach dem Muster Lullys. Die Sänger schulte er italienisch. Alles, was er unternahm, diente dem Ziel, mit deutschen Kräften Leistungen von europäischem Niveau zu verwirklichen. Er scheiterte am Unverstand seiner Geldgeber. Da er sich zu Konzessionen nicht bereit zeigte, mußte er Hamburg verlassen. Er versuchte sein Glück noch in Würzburg, Augsburg und Stuttgart, wandte dann aber resignierend dem Theater den Rücken und folgte einem Ruf als Domkapellmeister nach Dublin (Irland).

Unter *Reinhard Keiser* (1674 bis 1739) erlebte die Hamburger Oper zwischen 1697 und 1710 ihre zweite Glanzzeit und ihren Niedergang. Keiser stammte aus dem Weißenfelser Gebiet. Als Kirchenmusiker wurde er an der Thomasschule in Leipzig ausgebildet, die Opernpraxis vermittelte ihm Kusser in Braunschweig, dem er dann in die Stadt an der Alster folgte. Nach Kussers Fortgang hatte er mit seinen Opern und als Dirigent derartige Erfolge, daß er 1703 das Theater am Gänsemarkt in eigene Pacht übernehmen konnte. Doch er führte ein extravagantes Leben und geriet in Schulden. 1706 vertrieb ihn der Bankrott aus Hamburg. 1709 kam er mit einem Bündel neuer Opern zurück, 1717 mußte er abermals davon. Kopenhagen und Ludwigsburg waren die nächsten Stationen. 1728 wurde er in Hamburg Domkapellmeister. Diese theaterferne Stellung blieb ihm für den Rest seines Lebens.

Keisers Lebenswerk umfaßt 116 Opern für Hamburg, dazu zahlreiche Kirchenmusiken, Oratorien, Kantaten und Instrumentalwerke. Nicht viel davon blieb erhalten. Immerhin vermitteln etwa 35 Opern-Partituren einen Begriff von seiner ganz außerordentlichen Begabung, freilich auch von seiner Charakterschwäche. Man rühmt vor allem seine frühen Opern über mythologische Stoffe, etwa den ›Adonis‹ (1697), dann ›Octavia‹ (1705), ›Almira‹ (1706) und ›Crösus‹ (1710). Doch schon damals gelegentlich – so im fatalen ›Störtebecker‹ (1704) – und nach 1710 verschiedentlich war er bereit zu üblen Konzessionen. Machwerke wie die ›Leipziger Messe‹ und das ›Hamburger Schlachtfest‹, Travestien wie ›Der lächerliche Prinz Jodelet‹ (1726) sind bezeichnend für seinen künstlerischen Abstieg und für den Verfall der Hamburger Oper überhaupt. 1738 schloß dort das deutsche Unternehmen, 1739 starb Keiser, 1740 zog der Italiener Angelo Mingotti mit seiner Truppe in Hamburg ein.

In seiner guten Zeit hat Keiser für die Entwicklung der deutschen Oper viel erreicht. Ihm gelang die Verschmelzung der französischen, italienischen und deutschen Schaffensweise. Seine deutschen Strophenlieder zeigen die gleiche Anmut und Formvollendung wie seine italienischen Da-capo-Arien, seine französischen Chansons, Balletts, Rondeaux und Ouvertüren. Mit feinem Sprachgefühl sind seine Rezitative und Ariosi deklamiert, wirkungssicher die dramatischen Szenen gebaut. Es gibt in ihnen eine Fülle packender Einzelheiten, doch sie fügen sich nicht zum überwältigenden Ganzen; sie sind verschwendet an unzulängliche Texte.

Dieser Mann hat einmal Europa fasziniert. Mattheson nannte ihn bewundernd »le plus grand homme du monde«. Ähnlich pries ihn ein Menschenalter später noch Hasse. Händel übernahm von ihm, wie Kretschmar nachwies, einige der schönsten Stücke in den ›Josua‹, in ›Agrippina‹, ja in den ›Messias‹! Wegen seines eleganten Buffotones und der subjektiv empfindsamen Melodik sieht man in ihm einen Vorboten der galanten Zeit, Kretschmar nennt ihn geradezu den größten lyrischen Melodiker vor Mozart! Seine leidenschaftliche Fürsprache ist ungehört verhallt. Keisers Werke sind praktisch vergessen.

Keisers Vorbild folgte *Telemann* in einigen Hamburger Opern. Seiner Melodik fehlt zwar der sinnliche Schmelz Keiserscher Liebesarien und das strahlende Pathos Händelscher Kantilenen – er wirkt kühler, gelassener als diese beiden –, doch er übertrifft sie als Humorist. Sein witziger ›Geduldiger Sokrates‹ (1721) hatte bei einer Neuaufführung (Krefelder Händelfest 1934) viel Erfolg. Mehrfach spielte man neuerdings auch sein drolliges Intermezzo ›Pimpinone‹ (1725).

Georg Friedrich Händel

Händel wurde am 22. Februar 1685 zu Halle an der Saale geboren, er starb am 14. April 1759 in London. Sein Vater, Barbier und Hofchirurg, entstammte einer schlesischen Handwerkerfamilie, mütterlicherseits waren seine Vorfahren meist Geistliche und Gelehrte. Da der Vater sich der Neigung des Kindes zur Musik widersetzte, betrieb Händel seine ersten Studien am Cembalo heimlich mit Wissen der Mutter. Eines Tages reiste die Familie nach Weißenfels. Dort fügte es der Zufall, daß man den Jungen an die Orgel ließ. Sein freies Phantasieren entzückte den anwesenden Herzog von Sachsen-Weißenfels. Er veranlaßte, daß Händel zu Friedrich Wilhelm Zachow, dem Organisten der Marktkirche zu Halle, in die Lehre kam. So wuchs er auf in der soliden mitteldeutschen Kantorentradition.

In Weißenfels faszinierten ihn dann die Opern von Johann Philipp Krieger, in Berlin, am Hofe der Prinzessin Sophie Charlotte, wurde er vertraut mit weltlichen Instrumentalsuiten, virtuosen Concerti und Belcanto-Arien. Mit siebzehn Jahren ging er als Studiosus der Rechte nach Halle. Doch sein Drang zur Musik war nicht zu bändigen. Er übernahm eine Organistenstelle an der dortigen Dom- und Schloßkirche und wagte schon nach Jahresfrist den Sprung nach Hamburg.

1703 wurde er dort 2. Geiger in Keisers Opernorchester. Als eines Abends der die Aufführung leitende Cembalist nicht erschien, sprang Händel für ihn ein. Er meisterte seine Aufgabe aus dem Stegreif so gut, daß Keiser ihn fortan als Kapellmeister heranzog. Mit neunzehn Jahren führte Händel seine ›Passion nach dem Evangelisten Johannes‹ in Hamburg auf; er fand mit ihr noch wenig Beifall, doch schon ein Jahr darauf errang er mit den deutschsprachigen Opern ›Almira‹ und ›Nero‹ durchschlagende Erfolge. Zwei weitere Opern, ›Daphne‹ und ›Florinda‹, kamen erst 1708 in seiner Abwesenheit zur Aufführung. Er war damals schon zwei Jahre – seit Keisers Bankrott – in Italien.

Georg Friedrich Händel, nach dem Bilde von Hudson, gestochen von W. Bromley, 1789

Von diesen frühen ›deutschen‹ Opern ist nur ›Almira‹ erhalten. Sie zeigt Händel auf den Spuren Keisers in schwärmerischen deutschen Liedern, eleganten französischen Tänzen und dramatischen italienischen Da-capo-Arien. Von Keiser übernommen ist die Unsitte, einige Arien in italienischer Sprache singen zu lassen. Der Wandel des Zeitgeschmacks tritt in ihr naiv zutage. Die anti-italienische Haltung der frühen Hamburger Oper ist einer grotesken Unentschiedenheit gewichen: Man unterhält sich in deutschen Rezitativen und singt dann abwechselnd italienische Bravour-Arien und deutsche Lieder. Händel vertrödelt nicht viel Zeit mit derlei Ungereimtheiten; er entscheidet sich für den ›stilo italiano‹ und bricht alsbald auf, ihn an Ort und Stelle zu studieren.

Florenz ist sein erstes Reiseziel. Er erregt Aufsehen mit virtuosen Orgelimprovisationen und gewinnt die Freundschaft einflußreicher Adeliger. Mit einem Opernauftrag in der Tasche reist er weiter nach Rom, wo er dem greisen Corelli begegnet. Dort erschließt sich ihm die Welt der Concerti grossi, der Kirchen- und Kammersonaten. 1708 schreibt er unter dem Eindruck der Kunst Carissimis für den Kardinal Ottoboni ein österliches Solo-Oratorium, ›La resurrezione‹ (›Die Auferstehung‹), und ein allegorisches Oratorium ›Il trionfo del tempo e del disinganno‹ (›Triumph der Zeit und der Weisheit‹), eine Art geistliche Solo-Oper mit reizvollen Arien im ›stilo italiano‹ und nur zwei kurzen Chören. Eine mehrgliedrige Ouvertüre nach Art der Concerti grossi Corellis leitet das Werk ein. Die Arien sind auffallend reich und virtuos instrumentiert.

In Rom kommt es um diese Zeit zu dem berühmten Orgel- und Cembalo-Wettspiel zwischen Händel und Doménico Scarlatti. An der Orgel siegt Händel durch seine großartige Improvisationskunst, am Cembalo besteht er ehrenvoll neben dem Italiener. Nach einem kurzen Intermezzo in Florenz, wo er die Aufführung seiner Oper ›Rodrigo‹ betreibt – man weiß nicht, mit welchem Ergebnis –, führt ihn sein Weg nach Neapel, ins Hauptquartier Alessandro Scarlattis. Die Kunst dieses Großen erschließt ihm den Zauber des Belcanto, dem er nun auf Jahrzehnte verfällt. Es entstehen Solokantaten, die Terzettkantate ›Acis und Galathea‹ und einige Triosonaten. 1709 reist Händel mit Agostino Steffani, der ihm seit Hamburg in väterlicher Freundschaft zugetan ist, nach Venedig, wo noch im gleichen Jahr seine Oper ›Agrippina‹ mit größtem Erfolg über die Bretter geht. Steffani empfiehlt ihn dem Kurfürsten von Hannover als seinen Nachfolger. 1711 wird Händel hannoverscher Hofkapellmeister. Seine italienischen Studienjahre sind damit abgeschlossen.

Bevor Händel seine Stellung in Hannover antrat, machte er einen Abstecher nach London, um dort seine Oper ›Rinaldo‹ aufzuführen. Sie gefiel über die Maßen. An dieser Partitur erwies sich zum erstenmal in reifer Form Händels Fähigkeit, sich fremder Stile zu bedienen, ohne sich an sie zu verlieren. Das Werk ist eine Solo-Oper im venezianisch-neapolitanischen Stil, also ohne Chöre, mit 32 Arien und nur 2 Duetten. Ein Wagnis sondergleichen für das London jener Tage, wo man keineswegs proitalienisch eingestellt war, sondern konservativ an der altenglischen Chortradition festhielt und in Purcell die nationale Musik verkörpert sah. Gewiß, vier oder fünf Jahre vor Händel war schon Bononcini als Wegbereiter des italienischen Stils nach London gekommen. Doch ehe seine ›Camilla‹ (1706) in Szene gehen konnte, mußte er sie ins Englische übersetzen lassen. Händel dagegen ließ den englischen Text seines ›Rinaldo‹ ins Italienische übersetzen, und so führte er sein Werk zum Siege.

Zugute kam ihm dabei sein Spürsinn für das, was den Engländern eine italienische Oper schmackhaft machen konnte. Er fügte seiner Lullyschen Ouvertüre eine englische Gigue an, er spann die Themen der Ouvertüre in Intermezzi und programmatischen Szenenmusiken fort und sparte nicht mit Tanzsätzen. Schlicht deklamierten deutschen Gesängen stellte er virtuose Belcanto-Arien gegenüber, doch er verzichtete auf das

Musik des Barock

übliche Da capo, sofern es den dramatischen Fluß der Handlung beeinträchtigte. Selbst den Mangel an Chören ersetzte er gelegentlich durch einen einfachen Kunstgriff. Er verlegte den Chor gleichsam ins Orchester: Ein Sänger trug eine Partie zunächst ohne jede Begleitung vor, dann wiederholte er sie, umspielt vom virtuos geführten Chor der Instrumente.

Der günstige Widerhall der Londoner Premiere hatte für Händel einschneidende Folgen. Er nahm nun zwar seine Tätigkeit in Hannover auf, ließ sich aber bei der ersten

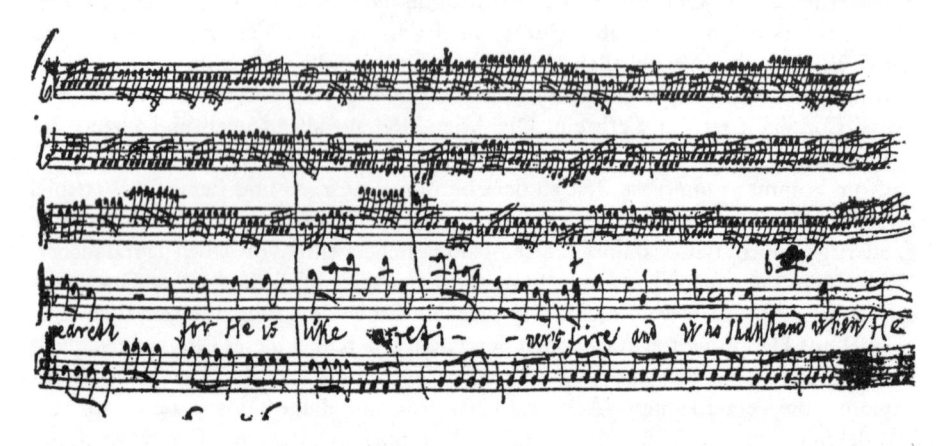

Faksimile der Notenhandschrift Händels

Gelegenheit für eine weitere Englandfahrt Urlaub geben. 1712 war er wieder in der Themsestadt, und er blieb fortan dort. Möglicherweise zunächst nicht aus freiem Entschluß, sondern weil er sich mit seinem ›Utrechter Tedeum‹ von 1713 die Ungnade seines Herrn zuzog, der sich durch den Utrechter Frieden, bei dessen Feier das ›Tedeum‹ erklang, benachteiligt fühlte. Andererseits trug gerade dieses Werk und ein mit ihm zugleich aufgeführtes ›Jubilate‹ Händel die Gunst der englischen Königin Anna und ein Jahresgehalt von 200 Pfund ein. Er konnte es gebrauchen, denn mit den Opern jener Zeit – ›Pastor fido‹ (1712), ›Teseo‹ (1713), ›Silla‹ (1714) und ›Amadigi‹ (1715) – suchte er vergeblich den Erfolg des ›Rinaldo‹ zu erneuern.

Das ›Utrechter Tedeum‹ eröffnet nahezu unvermittelt Händels großartiges Chorschaffen in englischer Sprache. Er folgt darin bewußt dem Vorbild von Purcells ›Tedeum‹ (1694), entschiedener als jener aber zieht er das Orchester zur Begleitung und in selbständigen Vor- und Zwischenspielen heran. Reiche Chorgliederungen, volkstümliche Themen, konzertant umspielt von Holzbläser-Ornamenten und hellen Trompetenrufen, profunde Unisono-Gänge der Streicher- und Chorstimmen nehmen als spezifisch Händelsche Charakteristika schon Wirkungen seiner späten Oratorien vorweg. Jähe Tempi- und Tonartwechsel steigern die Dramatik der einzelnen Abschnitte.

In den nächsten Jahren lebte sich Händel ganz in den englischen Chorstil ein. Nach dem Tode der Königin bestieg 1714 der hannoversche Kurfürst Georg Ludwig als Georg I. den englischen Thron. Er machte Händel sogleich zu seinem Kapellmeister und verdoppelte sein Gehalt. Die hübsche Legende, Händel habe den Grollenden gelegentlich einer Themsefahrt mit seiner ›Wassermusik‹ versöhnt, kann demnach nicht stimmen. Denn diese auf Streichergrundlage pompös mit Bläsern besetzte ›Freiluft-Suite‹ entstand frühestens 1715.

Um diese Zeit war Händel zugleich Musikdirektor des Herzogs James of Chandos, der nahe der Stadt in Canons sein Schloß hatte. Für ihn schuf er zwischen 1716 und 1718 seine berühmten ›11 Chandos-Anthems‹, monumentale Kirchenkantaten für Soli, drei- bis vierstimmigen Chor, Orchester und Orgel über englische Psalmentexte. Die Nr. 1 ist eine Bearbeitung des ›Jubilate‹ von 1713, das seinerseits aus einer Jugendarbeit und einer aus ihr in Rom entwickelten Soprankantate hervorging. Die anderen Anthems – einige umfassen acht oder mehr Sätze – gehen von Purcells Kathedralmusiken aus. Sie entfalten in großangelegten polyphonen Chorstücken und virtuos instrumentierten Naturschilderungen elementare Wirkungen von echt barocker Kraft und Fülle. Ein weiter Bogen spannt sich von ihnen zum pomphaften, von Trompetengeschmetter überglänzten ›Krönungs-Anthem‹ für Georg II. (1727), das wahrhaft dem Jubel eines Volkes festlichen Ausdruck verleiht, dann weiter über verschiedene Hochzeits-Anthems (1734 bis 1736) hin zum weihevollen ›Trauer-Anthem‹ (1737) für Königin Karoline, in das eine schöne Choralweise aus der Hallenser Zeit, ›Herr Jesus Christ, du höchstes Gut‹, als Erinnerungsmotiv verwoben ist, und endlich zum Oratorium ›Israel‹ (1739), dessen Einleitung das umgewandelte ›Trauer-Anthem‹ bildet.

Ein anderer Bogen spannt sich vom ›Utrechter Tedeum‹ zu den drei ›Chandos-Tedeums‹ von 1718 bis 1720 und zum ›Dettinger Tedeum‹ von 1743. Die ›Chandos-Tedeums‹ gehen thematisch direkt zurück auf das ›Utrechter Tedeum‹.

Der Kreis von Händels ›Passionen‹ schließt sich – nach dem Hamburger Erstling (1704) und der oratorischen ›Resurrezione‹ von Rom (1708) – mit der deutschen Passion ›Der für die Sünden der Welt gemarterte Jesus‹ (entstanden 1716 bei einem Besuch in Hannover). Ihr liegt der oft vertonte Text des Hamburger Ratsherrn Brockes zugrunde. Sie enthält neben konventionellen Partien starke Eingebungen, so besonders das dramatische Ensemble ›Erwachet doch‹. Händel übernahm es später nebst anderen Abschnitten in seine ›Esther‹. Die Passion bildet neben den ›Deutschen Arien‹ von 1717 seine letzte größere deutschsprachige Vokalkomposition.

Wieder in London, ging Händel zunächst konsequent den pro-englischen Weg weiter. Er verbündete sich mit den Dichtern der englischen Aufklärung, Alexander Pope und John Gay. Sie lieferten ihm 1720 die Texte seiner ersten englischen Oratorien ›Esther‹ und ›Acis und Galathea‹. Wichtig: Sie wurden nicht als Oratorien, sondern als ›masques‹ von kostümierten Darstellern aufgeführt und wollten das englische Musikdrama im Anschluß an Purcells Chor-Oper erneuern! Der Versuch, mit ihnen den italienischen Operntyp zu verdrängen, den Bononcini damals in London durchsetzte, mißlang. Es blieb bei internen Aufführungen in Canons. Ein Dutzend Jahre später arbeitete Händel beide Werke um und führte sie als ›Oratorien‹ in London auf, wiederum szenisch und im Theater!

Zunächst jedoch waren ihm alle Reformgelüste verleidet. Er schwenkte plötzlich wieder ins italienische Fahrwasser ein, brachte mit Hilfe des Adels und einer kleinen Subvention des Königs eine Art Opern-GmbH zustande – sie nannte sich ›Royal academy of music‹ –, pachtete das Haymarket-Theater und begann dort 1720 einen ebenso eigensinnigen wie großartigen Kampf für den Typ der neapolitanischen Solo-Oper. Die 14 Opern, die er bis 1728 herausbrachte, sind chorlose Arienbündel, aufgereiht an Rezitativen. Es sind Perlen darunter wie ›Radamisto‹, mit dem die ›Academy‹ eröffnet wurde, ›Ottone‹ (1723), dann ›Giulio Cesare‹ (1724), ›Tamerlano‹ (1724) ›Rodelinda‹ (1725) – zu diesen drei schrieb ihm der Deutsche Nicola Haym die vortrefflichen Texte –, ›Admeto‹ (1727) und ›Siroe‹ (1728), Text von Metastasio.

Der sogenannte ›Chor Händels‹, satirischer Stich von Hogarth, 1731

In ihnen durchbrach Händel allerdings verschiedentlich das Schema der neapolitanischen ›Musizier-Oper‹ in großartigen Accompagnati und weitgespannten dramatischen Szenen. Überall, wo menschliche Leidenschaften und Charaktere, wo ›Seelendramen‹ zu gestalten waren oder wo Stimmungsbilder, Unwetter, Nachtszenen zu schildern waren, wuchs er weit über die Zeitgenossen hinaus, hier wirkt seine Kunst noch heute wie ein Naturereignis.

Er hatte damals die Genugtuung, mit diesen Opern seine italienischen Konkurrenten Bononcini, Ariosti und Lotti zu besiegen. Doch es nützte ihm wenig. Die Primadonnen und Kastraten wurden aufsässig, weil er ihnen zumutete, neben virtuosen Da-capo-

Arien schlichte Lieder zu singen, in denen kein Raum war für Improvisationen. Einem Teil des englischen Adels mißfiel, daß er als Deutscher zur ›halbdeutschen‹ Hofhaltung des Königs gehörte. Er wurde englischer Staatsbürger (1726), doch die Nationalisten verabscheuten die italienische Manier, die er vertrat. Jonathan Swift verriß sie in ›Gullivers Reisen‹ (1726). Nach Georgs I. Tod wandten sich Pope und Gay offen gegen ihren früheren Freund Händel, weil er ihre Hoffnungen auf eine nationalenglische Oper enttäuschte: Gay, besonders radikal, im Text der ›Beggar's opera‹ (1728, siehe Seite 196). Er travestierte die italienische Manier darin so hinreißend, daß die statuarische ›opera seria‹ fürs erste dem Gelächter der Stadt anheimfiel. Händel machte Konkurs.

Doch er gab nicht auf. 1729 unternahm er eine Reise nach Italien, um dort neue Stars zu werben. Mit ihnen eröffnete er noch im selben Jahr in London seine zweite Opern-Academy im ›King's Theatre‹. Die dem hannoverschen Königshaus zugetane Adelspartei unterstützte ihn. Mit ›Lotario‹ (1729), ›Partenope‹ (1730), ›Poro‹ (1731) und ›Ezio‹ (1732, beide Texte von Metastasio!), vor allem aber mit dem durchweg inspirierten, glutvoll dramatischen ›Orlando furioso‹ (1733) schien sich ihm das Opernglück noch einmal zuzuwenden. Doch die stockenglische Adelspartei unterstützte aus Affront gegen den König ein Konkurrenzunternehmen des Italieners Nicolo Porpora (siehe Seite 178). Händels Stars liefen zu ihrem Landsmann über. Händel mußte abermals schließen, wagte aber noch eine dritte Academy im ›Covent Garden‹. Dort versuchte er es neben Solo-Opern mit Chor-Opern (!), so etwa mit dem umgearbeiteten ›Pastor fido‹ (1734), dem er auch einen ›Ballettprolog‹ mitgab, oder mit ›Ariodante‹ (1735), ›Alcina‹ (1735) und ›Atalante‹ (1736). 1737 mußte er aber seinen Triumph über Porpora (in drei Opern) mit dem wirtschaftlichen und gesundheitlichen Zusammenbruch bezahlen. Nur knapp entging er dem Schuldturm.

Er erlitt einen Schlaganfall, unterzog sich in Aachen einer ›Roßkur‹, kehrte gesund nach London zurück und nahm – als Privatmann – mit einigen Solo-Opern Abschied vom paradoxen Ideal, dem er Jahrzehnte geopfert hatte. Zwei dieser Opern, ›Xerxes‹ oder ›Der verliebte König‹ (1738) und die allerletzte, ›Deidamia‹ (1741), zeigen einen ungewohnten Händel. In einem Feuerwerk zärtlich galanter und kapriziöser Arien versprüht er Raketen eines überlegenen Humors, macht er sich wohl auch ein wenig lustig über den eigenen, so würdevoll pathetischen Stil. Freilich ist ein melancholischer, bisweilen das Tragische streifender Grundzug in all dem unüberhörbar. Das Rokoko, ja Mozart künden sich an in der schwebenden Leichtigkeit dieser feinen Gebilde.

Den amüsanten ›Xerxes‹ (mit dem so ganz und gar ironisch gemeinten ›Largo‹ als Glanznummer des ›verliebten Königs‹!) hat der von Händel besessene Kunsthistoriker Oskar Hagen während seiner ›Göttinger Renaissance‹ (1920 bis etwa 1930) nebst einem Dutzend gewichtiger ›opera seria‹ des Meisters auf Zeit und Widerruf für die Bühnen zurückerobert. Das reizende Schäferspiel ›Deidamia‹ ist dann im Händeljahr 1959 in der Münchner Staatsoper zum Vergnügen aller, die dabei sein durften, wieder auferstanden. Man wird diese geistreiche, diese so humane Parodie des ›steifen‹ Barock so bald nicht wieder einsargen.

Über welche Kraftreserven mußte dieser Mann verfügen, daß er nach nahezu tödlichem Sturz so ohne alle Bitterkeit vom Vergangenen sich zu lösen wußte. Er hatte immerhin in rund 40 Opern Menschenbilder beschworen; seine Träume, sein Denken und Fühlen und mehr: eine verzehrende überpersönliche Sehnsucht hatte ihren Ausdruck in ihnen gesucht. Sie sind – offen oder uneingestanden – Huldigungen eines Deutschen an den Genius Italiens. Nun scheint das alles zu versinken im schmunzelnden Spott zweier Partituren, als sei es der Rede nicht wert. Und ist doch nicht verloren, sondern mündet in die umfassendere Welt der Oratorien, die inzwischen schon großartig sich entfaltet hat.

Es ist schon sonderbar – da kämpfte Händel nach dem ersten Bankrott von 1728 noch über ein Jahrzehnt für eine Sache, an die er im Grunde nicht mehr glaubte, an die er seit Gays frecher ›Beggar's Opera‹ als Realist nicht mehr glauben konnte. Er wußte es zumindest seit dieser Zeit, daß die Menschen nicht so sind, wie sie in seinen ›seriae‹ über die Bühne stolzieren, denkmalhaft, in abgezirkelter Pose, unerträglich widernatürlich. Maßlos konnte er sich erzürnen, wenn die Kastraten und Primadonnen die schlichten Da capos seiner Arien mit improvisierter Kehlkopfakrobatik verhunzten! Doch er selbst hatte die ›seria‹ in England durchgesetzt. Nun war sie in all ihrer statuarischen Unnatur das sublim stilisierte Modeideal des pseudo-absolutistischen Hofes und des ästhetisch genießenden Adels, von dem er damals noch abhing. Das Bürgertum aber versagte sich der ›seria‹. Keine der großartigen Naturschilderungen Händels, kein noch so gelungenes Largo, Lamento oder Furioso, überhaupt keine musikalische Einzelheit änderte etwas daran. Die Hybris des Belcanto, die Vergottung der Stars widerten den Bürger an. Er suchte in der Oper Menschen, Konflikte und Handlungen, die er verstand, die seine leidenschaftliche Anteilnahme herausforderten. Da er sie in der ›seria‹ nicht fand, wandte er sich ab. Und Händel?

Als ausgesprochener Tatmensch, der sich nach außen verschwendete, der in allem, was er schuf, die breite, allgemeine Wirkung anstrebte, fand er Wege, sich dem Adel und dem Bürger verständlich zu machen. Zur selbstverschuldeten Fron der ›seria‹, der er bis zu ihrem ›exitus‹ mit eigensinniger Verbissenheit diente, bürdete er sich das leidenschaftliche Vergnügen der Chor-Oper und des bürgerlichen Oratoriums auf, die beide für ihn im Begriff ›musical drama‹ zunächst noch zusammenfielen. Zweigleisig also verlief für ihn das dritte Jahrzehnt, zweigleisig wie das öffentliche Leben, in welchem Aristokratie und Bürgertum weitgehend noch neben- und kaum miteinander existierten, zumindest in Fragen des künstlerischen Geschmacks. Diese Zweigleisigkeit sollte Händel erst aufgeben, als er Kunstwerke geprägt hatte, zu denen Adel und Bürgertum, zu denen das ganze englische Volk pilgerte, um sich selbst zu begegnen. 1741 war es soweit. Da schrieb Händel seine letzte ›seria‹, es entstand sein ›Messias‹.

Was im Umkreis des ›Messias‹ heranreifte, mögen einige Daten andeuten. 1732 fing Händel als Oratorienmeister genau da wieder an, wo er 12 Jahre zuvor stehengeblieben war. Er modernisierte seine beiden Chandos-Oratorien von 1720, ›Acis und Galathea‹ und ›Esther‹. Dann entstanden die biblischen Oratorien ›Deborah‹ (1733) und ›Athalia‹ (1734), das weltliche ›Alexanderfest‹ (1736, die sogenannte ›Große Cäcilien-Ode‹, eine Huldigung an die Macht der Musik), der allegorische ›Trionfo‹ (1737, zweite

Fassung der römischen Vorlage von 1708) und – schon nach der Krise – die biblischen Oratorien ›Saul‹ (1738), ›Israel in Ägypten‹ (1739) und die allegorische ›Kleine Cäcilien-Ode‹ (1739); sie bildet mit dem ›Alexanderfest‹ eine geistige Einheit. 1740 folgte das weltlich-allegorische ›L'Allegro, il Pensiero ed il Moderato‹ (etwa ›Frohsinn, Schwermut und Mäßigung‹), 1741 ›Samson‹. 1742 kam der ›Messias‹ in Dublin heraus, 1743 erklang er zum ersten Male in London. 1744 folgten ›Joseph‹ und die weltliche ›Semele‹, 1745 ›Belsazar‹ und der weltliche ›Herakles‹, 1746 das über

Händel-Karikatur aus dem Jahre 1754

Psalmentexte gesungene ›Gelegenheitsoratorium‹ (aus Anlaß des schottischen Aufstandes) und ›Judas Maccabäus‹ (zum englischen Sieg über die ›schottischen Rebellen‹), 1748 ›Alexander Balus‹ und ›Josua‹, 1749 ›Salomo‹ und ›Susanna‹, 1750 das Märtyrer-Oratorium ›Theodora‹ und 1751 ›Jephta‹. Im Jahre des ›Jephta‹ erblindete Händel. Sein letztes Werk ist die ergreifende dritte Fassung des römischen ›Trionfo‹ von 1708. Er diktierte sie seinem Schreiber 1757 in die Feder.
Insgesamt hinterließ er annähernd 30 Oratorien, davon, einschließlich des ›Messias‹, 15 biblische und 7 allegorische bzw. mythologische, und mehrere Bearbeitungen. In all diesen Werken äußert sich eine von hohem Ethos getragene unabhängige Weltauffassung.
Den Namen ›Oratorium‹ wählte Händel anfangs mit Rücksicht auf die puritanische Geistlichkeit, die gegen eine ›Veroperung‹ von biblischen Stoffen Bedenken erhob (erstmalig 1732 bei ›Esther‹). Doch keines seiner Werke entsprach der modischen Erscheinungsform der Gattung, dem chorlosen neapolitanischen Solo-Oratorium. Im

Gegenteil. Die Arie wurde in ihnen immer mehr ausgespart und bisweilen – so im
›Israel‹ – nahezu völlig von riesigen Chören und Doppelchören verdrängt. Es gibt
für diese kolossalen Chor-Fresken überhaupt keine Vorlagen innerhalb der oratorischen Gattung. Von fern mögen sie an Carissimis älteren Typ erinnern, doch der ist
weit mehr von Arien durchsetzt, hat noch den ›Testo‹ (siehe Seite 155), auf den
Händel in der Regel verzichtete, und ist seiner Bestimmung nach liturgisch oder halbliturgisch. Händels Oratorien dagegen sind von Anfang an ›musical dramas‹, englische
Musikdramen, Chor-Opern für das ganze Volk. Bis zum ›Saul‹ (1739) einschließlich
führte er sie auch szenisch auf. Nahezu alle gliederte er – im Gegensatz zur zweiteiligen liturgischen Form – nach dem üblichen Opernschema in drei Akte. ›Deborah‹
etwa oder ›Saul‹, ›Judas Maccabäus‹, ›Belsazar‹, ›Herakles‹ und ›Samson‹ verkörpern formal eine extreme Reform der ›seria‹ auf national-englischer Grundlage, durchaus vergleichbar der späteren Reform Glucks!
Sonderbare Gegensätze: Zur gleichen Zeit, in der überall in Deutschland die ›seria‹
triumphiert, scheitern Porpora und Händel mit ihr in London. 1738 wird das Hamburger Unternehmen als letztes Bollwerk der deutschen Oper geschlossen. Im selben
Jahr pachtet Händel in London das ›Haymarket-Theater‹, um dort fortan seine englischen Reformwerke aufzuführen. Die frühe Hamburger Oper versucht, mit der
Erneuerung des mittelalterlichen Mysterienspiels im geistlichen Singspiel eine Art
kultisches Theater für das deutsche Bürgertum zu schaffen. Händel erreicht Ähnliches
für das englische Bürgertum mit seinen Oratorien. Antikes Chordrama und Renaissanceoper sind ihre geistigen Ahnen. Wenn Händel nach dem ›Saul‹ auf Kostüm und
theatralische Aktion verzichtete – was keineswegs für alle Spätwerke erwiesen ist –,
so deshalb, weil er der Szene nicht mehr bedurfte, um die Grundidee aufleuchten zu
lassen, die in Varianten jedes dieser monumentalen Volksepen beherrscht.
Immer steht – in den biblischen Oratorien – ›Gottes auserwähltes Volk‹, stehen alttestamentarische Heroen stellvertretend für das englische Volk und seine Großen im
Mittelpunkt. In den Chören äußert das Volk Liebe, Haß, Angst, Verzweiflung, Zuversicht und Gottvertrauen. Der einzelne – seine Konflikte, sein Versagen oder seine
Bewährung – wird nicht um seiner selbst willen dargestellt, er verkörpert das allgemeine Schicksal. In den allegorischen und mythologischen Oratorien ist das kaum
anders. Da sind moralische Prinzipien, ist eine ethische Lebensphilosophie das movens
der Betrachtungen und leidenschaftlichen Bekenntnisse.
Auch im reich mit Arien durchsetzten, sakralen ›Messias‹ ist der Chor Träger eines
Volksepos. ›Alle Völker‹ eilen herbei, dem Kinde in Bethlehem zu huldigen, sie klagen

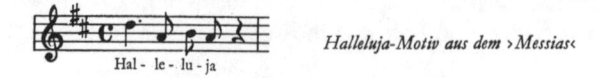

Halleluja-Motiv aus dem ›Messias‹

um den Gekreuzigten und preisen den Erlöser, den Erfüller des Alten Bundes. Der
Sinn der Arien zielt stets ins Allgemeine. Der Schlußteil, Jahrtausende löschend, verherrlicht dann den Kampf der Christen gegen die Heiden und den Sieg des Christen-

tums in der Welt. In ihm brandet der dithyrambische ›Halleluja-Jubel‹ auf, in ihm steht die herrliche Arie ›Ich weiß, daß mein Erlöser lebt‹, verströmt sich die hymnische Erregung des Volkes in der ›Amen-Fuge‹ des Schlußchores.

Daß eine szenische Darstellung des ›Messias‹ die mit ungeheurer Einbildungskraft beschworenen geistigen Visionen zerstören würde, versteht sich. Dieses Werk bildet nicht nur stofflich, sondern auch formal einen Sonderfall. Den englischen Text hat Händel selbst aus den Evangelien, den Propheten, aus Psalmen und Bibelsprüchen zusammengestellt. Er gliederte ihn musikalisch im Sinne des norddeutschen Kantorenoratoriums in mehrere große Kantaten (21 Chöre, 14 Arien, 1 Duett). Den ganzen Zyklus vertonte er während der kurzen Zeit von nur drei Wochen. Seinen Zustand bei der Abfassung des ›Halleluja-Chores‹ umschrieb er mit den Worten des Apostels Paulus: »Ob ich im Leibe gewesen bin oder außer dem Leibe, ich weiß es nicht. Gott weiß es.«

Händels enorme Konzentrationsfähigkeit und seine besessene Arbeitswut bezeugen freilich nicht nur diese Daten. Für den Chorkoloß ›Israel‹ mit seinen Fugen, Doppel- und Quadrupelfugen benötigte er 27 Tage, und so ging es fort in allem, was er hervorbrachte. Weder die Flüchtigkeit im Skizzieren des Satzbildes noch die barocke Großzügigkeit im Verlagern ganzer Partien aus einem Werk ins andere – selbst fremde Einfälle, Arien und Chöre übernahm er gelegentlich in freier Umgestaltung – mindern diese Arbeitsleistung. Es bleibt das Phänomen einer Produktivität, die sich unersättlich zeigt im Glorifizieren des Diesseits in seiner brausenden Lebensfülle.

Charakteristisch für Händels kraftvoll männlichen, episch breiten Stil sind die hellen, jubelnden Töne, ist die strahlende Einfachheit volkstümlicher Themen, ist die Versöhnung von Monodie und Polyphonie auf der Grundlage einer sinnfälligen Harmonik und Rhythmik. Seine Fugen sind oder wirken geringstimmig. Das mystische Hell-Dunkel der Rembrandtschen Farbgebung ist ihnen durchaus fremd. Sie schwingen fast pseudomonodisch aus in satten, warmen, robust eindeutigen Farbtönen, wie sie der Weltmann Rubens in seiner Palette bevorzugte. Gewiß berührte Händel auch das Stille und Dunkle. Elegien, Haßgesänge, Nachtbilder von düsterer Großartigkeit stehen in seinen Partituren keineswegs vereinzelt. Aber jenes »mitten wir im Leben sind mit dem Tod umfangen« (Luther), das immer wieder aus den Werken Bachs schwermütig aufklingt, tönt seine Musik nur selten wider.

Ganz der Tagseite des Lebens zugewandt sind Händels Instrumentalmusiken. Die Stilmerkmale der Vokalwerke finden sich entsprechend auch bei ihnen. Meist äußerte sich Händel in Formen, die er von italienischen, aber auch französischen, deutschen oder englischen Vorlagen übernahm. So zeigen seine rund 50 frühen, leicht hingestrichelten Kammermusiken, seine unterhaltsamen Flöten- und Violinduette, Solo- und Triosonaten in der Regel das Formschema der Corellischen Kirchen- und Kammersonate. Dann wieder schrieb er durchsichtige Klavierfugen im freistimmigen italienischen Stil – eine von ihnen lebt in prunkvoller Verwandlung als Chorfuge fort in seinem ›Israel‹ – und, ebenfalls für Klavier, eine Chaconne, ein elegantes Capriccio und anderes.

In all diesem sah er freilich nur Nebenprodukte. Seiner Natur angemessen waren die großen Formen der Orchestersuite und des Konzerts, das zeigen seine ›Wasser-‹ und

›Feuerwerksmusik‹ (1717 bzw. 1749), vor allem aber seine vier- bis sechssätzigen festlich hochgestimmten zwölf ›Concerti grossi‹, Werk 6 (1739). Er verbindet in ihnen die Suitenform mit Corellis oder Vivaldis konzertanter Manier. Gern beginnt er sie mit einer französischen Ouvertüre. Ihr läßt er stilisierte Tanzsätze, Gavotten, Giguen, Menuette, aber auch Fugen oder Passacaglias folgen. Als Concerti grossi sind auch die ›Oboenkonzerte‹, Werk 3 (1733), angelegt. Eine besonders üppige Ausstattung zeigen die beiden doppelchörigen Concerti. In ihnen wetteifern mit dem Streicher-Tutti zwei Concertini, das eine Mal bestehen sie aus je 2 Oboen und Fagotten, das andere Mal aus je 2 Hörnern, Oboen und Fagotten. Die ›Sechs Orgelkonzerte‹, Werk 4 (1738), sind virtuose Spielmusiken im Formgewand der Vivaldischen Solokonzerte. Concerti grossi sind wiederum die späten Orgelkonzerte (1740 bzw. posthum 1760). Das Streicher-Tutti ist in ihnen um Bläser vermehrt, die Orgel fungiert als Concertino. Händel hat sie als Intermezzi für seine Oratorien geschrieben.

Merkwürdig spät reiften Händels wertvollste Instrumental- und Chorwerke heran. Sie entstanden zum überwiegenden Teil im Jahrzehnt nach dem Zusammenbruch von 1737. Seine Schaffenskurve erreichte ihren Scheitelpunkt erst nach seinem 55. Lebensjahr. Als er den ›Messias‹ niederschrieb, war er 56 Jahre und keineswegs unbestritten anerkannt. Immer noch hatte er in London gegen »Vorurtheil und Haß« anzukämpfen.

Deshalb brachte er den ›Messias‹ dann auch in der irischen Stadt Dublin heraus, wo er viele Freunde hatte. Im Findlingshospital erklang das Werk 1742 zum erstenmal. Der Erfolg übertraf alle Erwartungen. Nun verschloß sich auch London dem ›Messias‹ nicht länger. Diese Aufführungen dort im Herbst 1743 entschieden Händels Sieg endgültig. Als bei der Premiere der ›Halleluja-Jubel‹ aufbrandete, erhob sich unwillkürlich der König und mit ihm die Menge. Alle hörten den Satz stehend an. Das wiederholte sich bei den rund 30 Aufführungen, die Händel zu Lebzeiten noch leitete, und das ist in England Sitte geblieben bis auf den heutigen Tag!

Händels Verhältnisse besserten sich nach 1743 zusehends. Alles, was er fortan herausbrachte, wurde als nationales Ereignis gewertet. Dennoch war sein Lebensabend von Einsamkeit umdüstert. Nach seiner Erblindung wurde er menschenscheu. In dem Tusculum, wo er zurückgezogen lebte, diktierte er seinem deutschen Schreiber Korrekturen seiner Werke. In seinem berühmten Testament, einem wahren ›document humaine‹, vermachte er sein Vermögen den Armen Londons, seiner Dienerschaft und seinen Verwandten, seine Partituren dem König. Nie hat er sein deutsches Vaterland vergessen. Seine Reisen dorthin, zu der Mutter, zu Freunden und Verwandten, und viele rührende Einzelzüge aus seiner Korrespondenz – etwa mit Telemann – bezeugen es.

Gegen Ende seines Lebens wandte er sich überraschend der Welt noch einmal zu. Obwohl blind, leitete er in einem letzten großen Veranstaltungszyklus all jene Oratorien, die er für seine besten hielt. Während der Aktpausen spielte er, wie früher, seine Orgelkonzerte, phantasierte er wohl auch frei über Themen, die ihm der Augenblick eingab. In der Karfreitagsnacht des Jahres 1759 entschlief er. Man bestattete ihn bei den Großen der Nation in der Westminster-Abtei.

Johann Sebastian Bach

Vermutlich hat Bach selbst die Chronik seiner Familie aufgezeichnet. Sein Sohn Philipp Emanuel setzte sie fort. Von ihm erhielt sie *Johann Nikolaus Forkel* (1749 bis 1818), Bachs erster Biograph. Nach dieser Chronik weist der Bachsche Stammbaum 53 Musiker auf!

Stammvater der Familie war der Bäcker *Veit Bach* (1550 bis 1590) aus Wechmar bei Gotha. Schon er stand mit der Musik auf gutem Fuß. Wenn er zur Mühle fuhr, spielte er dort auf seiner ›Cythringen‹ (einer kleinen Zither) ›unter währendem Mahlen‹ allerlei lustige Lieder. »Es muß doch hübsch zusammen geklungen haben«, meint Johann Sebastian. »Wiewohl er doch dabey den Tact sich hat imprimieren lernen; und dieses ist gleichsam der Anfang zur Musik bey seinen Nachkommen gewesen.« Veits Sohn *Hans Bach* war dann schon ›Spielmann‹. Er hatte drei Söhne: Heinrich, Christoph und Johann.

Heinrich war der Vater der berühmten Oheime Sebastians, der Organisten *Johann Christoph* (Eisenach) und *Johann Michael* (Arnstadt). Letzterer war der Vater von Maria Barbara, der Base und ersten Frau Johann Sebastians. Heinrichs Bruder Christoph hatte zwei Söhne. Der eine, *Johann Christoph*, war Hof- und Stadtmusikus in Arnstadt, der andere, *Johann Ambrosius* (1645 bis 1695) dasselbe in Erfurt bzw. Eisenach. Er heiratete Elisabeth Lämmerhirt, eine Kürschnerstochter aus Erfurt. *Johann Sebastian* war das sechste und jüngste Kind aus dieser Ehe.

Vielerorts im mitteldeutschen Raum wirkten ›Die Bache‹ als Organisten, Kantoren oder Stadtpfeifer. Alljährlich veranstalteten sie ein Familientreffen – in Eisenach, Erfurt oder Arnstadt. Dabei wurde fleißig musiziert. Wie sich's geziemte, begann man mit Chorälen. Doch dabei blieb es nicht. »Sie sangen nämlich nun Volkslieder, teils von possierlichem, teils auch von schlüpfrigem Inhalt zugleich miteinander aus dem Stegreif so, daß zwar die verschiedenen extemporierten Stimmen eine Art von Harmonie ausmachten, die Texte aber in jeder Stimme anderen Inhalts waren. Sie nannten diese Art Quodlibet, und konnten nicht nur selbst von Herzen dabey lachen, sondern erregten auch ein ebenso herzliches ... Lachen bey jedem, der sie hörte« (Forkel).

Bach erscheint in der Familienchronik als Nr. 24. Sein eigenhändig geschriebener Lebenslauf lautet in bescheidener Kürze: »Joh. Sebastian Bach, Joh. Ambrosii Bachens jüngster Sohn, ist geboren in Eisenach An. 1685, den 21. Merz. Ward (1) Hofmusikus in Weimar bey Herzog Johann Ernesten An. 1703. (2) Organist in der Neuen Kirche zu Arnstadt 1704 (3) Organist zu St. Blasii Kirche in Mühlhausen An. 1707. (4) Kammer- und Hoforganist in Weimar, An. 1708. (5) an eben diesem Hofe An. 1714 Conzertmeister zugleich. (6) Kapellmeister und Director der Kammer-Musiken am Hochfürstl. Anhalt Cöthenschen Hofe An. 1717. (7) Wurde von dar An. 1723 als Director Chori Musici u Cantor an der Thomas-Schule nach Leipzig vociert; allwo er noch bis jetzo nach Gottes H. Willen lebt, u zugleich von Haus aus als Kapellmeister von Weißenfels u Cöthen in function ist...«

Philipp Emanuel fügte dem hinzu: »Starb 1750 d. 30 Julius.« Er hat dann zusammen mit Johann Friedrich Agricola, einem Schüler Johann Sebastians, im Auftrag der

Musik des Barock

Johann Sebastian Bach

›Mizlerschen Sozietät der musikalischen Wissenschaften‹ den ›Nekrolog‹ für seinen Vater verfaßt (erschienen 1754). Außer einer Werkliste enthält er eine biographische Würdigung. In ihr finden sich auch Anekdoten aus Bachs Leben. Die erste führt zurück in seine Kindheit.

Jugend (Ohrdruf, Lüneburg)
Mit zehn Jahren verwaiste Johann Sebastian. Sein ältester Bruder Johann Christoph, ein Schüler Pachelbels, Organist in Ohrdruf, nahm ihn und seinen Bruder Johann Jakob zu sich und ließ sie im dortigen Gymnasium ausbilden. In der Musik förderte er sie aber wohl nicht so, wie es sich Johann Sebastian wünschte. Philipp Emanuel erzählt nun, sein Vater habe sich eine vom Bruder verwahrte Sammlung von Orgel- und Klavierstücken berühmter Zeitgenossen heimlich verschafft und die Stücke nachts bei Mondschein abgeschrieben. Ein halbes Jahr sei das gut gegangen, dann sei der Bruder draufgekommen und habe ihm die Noten weggenommen.
Mit fünfzehn Jahren erhielt Johann Sebastian in Lüneburg eine Freistelle an der Schule Sankt Michael. Im Kirchenchor schätzte man seine helle Sopranstimme. Nach dem Stimmbruch übernahm man ihn als Geiger in das Orchester; so wurde er nun in der Praxis vertraut mit den besten Werken deutscher und italienischer Kirchenmusik. Bald zog man ihn auch als Cembalisten und Organisten heran. Theoretisches interessierte ihn merkwürdig wenig, autodidaktisch übte er sich in der Komposition. Werke von ihm aus jener Zeit sind zwar nicht einwandfrei nachweisbar, doch mögen einige Choräle, eine ›g-Moll-Klaviersuite‹ und einige Orgelstücke, die sich in seinem Nachlaß fanden, damals entstanden sein.
Es gab in Lüneburg zwei Organisten, von denen er viel lernen konnte, den Schütz-Schüler Johann Jakob Loewe (Nikolaikirche) und Meister Böhm von der Johanneskirche (siehe Seite 202 bzw. 203). Keiner wußte so wie jener die alten Choralweisen mit schönen Ornamenten à la Sweelinck auszuzieren. In den Ferien wanderte Bach nach Hamburg. Dort hörte er die Choralvorspiele Reinkens und hatte seine Freude an den ›schönen Liederchen‹ deutscher Opern, freilich ohne Lust zu verspüren, selbst unter die Opernschreiber zu gehen. Des öfteren führte ihn sein Weg auch nach Celle. Dort residierte Herzog Georg Wilhelm von Braunschweig. Er hatte eine hugenottische Prinzessin zur Frau; sie gewährte vielen Glaubensgenossen Asyl. Ihr zu Liebe war die Hofhaltung französisch orientiert. Man spielte Lully, die frühen Meister der ›tragédie lyrique‹ und viel französische Orgel- und Clavecinmusik. Eine andere Welt erschloß sich damit für Bach: Er wurde vertraut mit Lullys Ouvertüren, ›comédie-ballets‹ und Suiten und hörte sich ein in die andersartige Rhythmik, Formen- und Klangwelt der Franzosen; er bekam einen Begriff von ihrer realistischen Deklamation in Rezitativen, Airs, Couplets und fühlte sich hingezogen zu ihren phantasievollen Programm-Musiken. Besonders Couperins zierliche Manier gefiel ihm. Er variierte sie später in seinen französischen Klaviersuiten. Auch seine Orchestersuiten (Ouvertüren), Kantaten und andere Werke bis hin zur ›Kunst der Fuge‹ lassen erkennen, welche Fülle von Anregungen er dem ›stile francese‹ verdankte!

Arbeitsweise
Einige Abschriften, die Bach in Celle von französischen Werken machte, sind erhalten. In Verbindung mit späteren Entwürfen gewähren sie Einblick in seine Arbeitsweise. Wie die Altmeister der Gotik sah er im Kopieren von Meisterwerken das zuverlässigste Mittel, sein kompositorisches Handwerk zu vervollkommnen. Jede Kopie schärfte seinen Blick für das Wesen der Formen und Satzweisen, für alles, was den Stil eines Meisters, eines Landes, einer Zeit ausmachte. Meist ließ er einer Kopie Bearbeitungen folgen; in ihnen suchte er bestimmte Probleme zu lösen. Er änderte zum Beispiel die Figuration einer Vorlage im Sinne anderer Manieren, er übertrug Streicherstücke für Cembalo, Instrumentalstücke für Chor oder arbeitete monodische Sätze in polyphone um. Von solchen Studien ging er über zu eigenen Werken. In ihnen hielt er konservativ fest an den Sprachmitteln und Formen, die er vorfand. Weniger die subjektive Aussage als die möglichst deutliche Formulierung eines Gedankens, die vollendete Durchbildung einer Form war sein Ziel. Immer wieder überarbeitete er seine Werke. Dieser strengen, selbstkritischen Schaffensweise verdankte er seine unvergleichliche handwerkliche Meisterschaft.
Durch aufmerksames »Betrachten der Werke der damaligen berühmten Komponisten und angewandtes eigenes Nachsinnen« (Forkel) bildete sich Bachs Geschmack, wuchs seine Sicherheit, gelangte er dahin, die ganze Vielfalt der abendländischen Satzweisen und Formen sich anzueignen. Alle seine Werke zeigen die Vorzüge und Mängel zeitüblicher Schemata, doch jede Formgattung verdankt ihm Beiträge von höchster künstlerischer Vollendung. Er schien das in seiner Bescheidenheit nicht wahrzunehmen. Manches Werk, das heute zu den größten Kunstleistungen zählt, entwarf er für Lehrzwecke, etwa als »Auffrichtige Anleitung...« für »denen Liebhabern..., besonders aber denen Lehrbegierigen«. Und nur »darneben« hoffte er, man möge auch »einen starken Vorgeschmack von der Composition... überkommen...«. Aus seinem Leben ist keine Äußerung überliefert, aus der hervorgeht, daß er in seinen Kompositionen etwas Besonderes sah. »Ich habe fleißig sein müssen«, bekannte er einmal, »wer ebenso fleißig ist, der wird es ebenso weit bringen können.«

Arnstadt und Mühlhausen
Mit achtzehn Jahren wurde Bach in Weimar Geiger in der Kapelle des Prinzen Ernst. Gelegentlich vertrat er auch den Hoforganisten. Wichtig wurde hier für ihn der Violinvirtuose Paul von Westhoff (siehe Seite 222). Er lernte von ihm manches, was später in seinen Solosonaten sich auswirkte. – Schon wenige Monate darauf übersiedelte Bach als Organist nach Arnstadt.
Dort nützte er seine freie Zeit, um seine Virtuosität als Orgelspieler zu steigern, auch gelangte er nun als Komponist zu ersten schönen Ergebnissen. 1704 entstand die ›Osterkantate für vier Soli‹ ›Denn du wirst meine Seele nicht in der Hölle lassen‹. Sie ist im Stil geistlicher Konzerte entworfen, üppig instrumentiert – charakteristisch der Fanfarenjubel dreier Trompeten! – und anziehend durch den jugendlichen Schwung ihrer Sprache. – Im selben Jahr schrieb er als Abschiedsgabe für den Bruder Johann

Jakob, der als Oboist nach Schweden ging, eine stimmungsvolle Programmusik, das ›Klavier-Capriccio über die Abreise seines geliebten Bruders‹. Im Stil Kuhnaus schildert er zunächst in einem Arioso den Versuch, den Bruder von seiner Reise abzuhalten. Dann gibt er eine ›Vorstellung unterschiedlicher Casuum, die ihm in der Fremde könnten vorfallen‹. Ein melancholisches ›Lamento der Freunde‹ und eine Abschiedsszene folgen. Endlich mündet eine ›Aria di Postiglione‹ in eine lustige Fuge über das Posthornthema. – Ein ähnliches Programmstück für den Ohrdrufer Bruder, fünf Choralbearbeitungen, mehrere Orgel-Präludien und Fugen, darunter die leidenschaftlich phantastische in c-Moll, sowie einige Klavier-Toccaten waren die weitere Ausbeute dieser Jahre (bis 1707). Die Orgelwerke stehen unter dem Einfluß von Pachelbel und Buxtehude.

Zu Buxtehude zog es Bach besonders hin. Er wanderte im Herbst 1705 nach Lübeck, um den greisen Meister zu hören. Buxtehudes Virtuosität in der freien Figuration, seine kühnen Choral-Fantasien, Toccaten und Fugen faszinierten ihn derart, daß er nahezu ein Vierteljahr in Lübeck blieb, vermutlich in persönlichem Umgang mit dem Meister.

Der Lübecker Urlaub war eines der wichtigsten Ereignisse in Bachs Lehrjahren. Er verdankte Buxtehude vielfältige Anregungen für eigenes Schaffen und suchte fortan neben seiner Leidenschaft für die Orgel auch als Chorleiter und Chorkomponist dem Vorbild nachzueifern.

In Arnstadt bot sich ihm dazu freilich kaum Gelegenheit. Man war wenig erbaut von den Neuerungen, die er aus Lübeck mitbrachte, und warf ihm vor, daß er an der Orgel »in dem Choral viele wunderliche Variationes gemacht hätte, viele fremde Töne mit eingemischet, daß die Gemeinde darüber confundiret (verwirrt) worden«. Sehr verübelte man ihm, daß er »ohnlängst eine fremde Jungfer habe auf das Chor bieten und musizieren lassen« (Frauen war damals das Singen in der Kirche untersagt!). Dies und anderes mehr verleidete ihm die Arbeit. Als ihn ein Angebot aus Mühlhausen erreichte, griff er mit Freuden zu. 1707 wurde er dort Organist an der Sankt-Blasius-Kirche. Im selben Jahr ehelichte er seine Base Maria Barbara, die besagte ›fremde Jungfer‹.

Seine Tätigkeit in Mühlhausen ließ sich zunächst gut an. Zur Ablösung des Rates, die dort jedes Jahr erfolgte, komponierte er die obligatorische ›Ratswahlkantate‹ (1708), eine reichgegliederte ›Glückwünschende Kirchenmotette‹. Das Werk wurde sogar gedruckt, eine Auszeichnung, die keiner von Bachs rund 300 Kantaten zu seinen Lebzeiten mehr zuteil wurde! Zwei weitere Kantaten, ›Aus der Tiefe rufe ich‹ und ›Der Herr denket an uns‹, sowie herrliche Orgelchoral-Partiten (Choral-Variationen) bezeugen sein rasches künstlerisches Reifen und seine menschliche Gelöstheit in dieser glücklichen Zeit. Doch er wurde dann in einen Streit zwischen orthodoxen Lutheranern und Pietisten hineingezogen. Die Orthodoxen wollten wie Luther alle künstlerischen Möglichkeiten der Kirchenmusik dienstbar machen; Bach stand naturgemäß auf ihrer Seite. Die Pietisten dagegen ließen nur den unbegleiteten Gemeindegesang gelten; sie waren der Meinung, daß jede Instrumental- und Kantoreimusik als ›weltliches Blendwerk‹ das Seelenheil der Gläubigen gefährde. Bach sah auf

Musik des Barock

die Dauer keine Möglichkeit, in Mühlhausen eine ›regulierte Kirchenmusik zu Gottes Ehren‹ durchzusetzen. Er bat um seine Entlassung; man gab ihn ungern frei.

Frühes Bildnis
Nur wenige zeitgenössische Bachbilder sind erhalten. Das erste entstand etwa 1707/08, das letzte 1747; sie umspannen also einen Zeitraum von vierzig Jahren. Das macht sie in Anbetracht der spärlichen Äußerungen Bachs über seine Kunst besonders wertvoll. Sie geben Auskunft über den Stürmer und Dränger, über den Virtuosen auf der Höhe seiner Laufbahn und über den Thomaskantor.
Das frühe Bild eines unbekannten Malers zeigt den Arnstädter, vielleicht auch den Mühlhäuser Bach im ersten Jahr seiner glücklichen Ehe. Der beherrschende Eindruck geht aus von den Augen und von der breit ausladenden, eigensinnigen Stirn. Der Blick ist ernst, kritisch abwägend, nachdenklich. Die kräftige Kinn-, Mund- und Nasenpartie lassen auf vitale Energie, auf Willensstärke und Stetigkeit im Handeln schließen. Man sieht, daß dieser Mann aufbrausend sein kann, aber auch, daß er unbeugsam ist. Man glaubt, daß er in schlichter handwerklicher Gesinnung seinem Dienst nachgeht und vertraut der Überlieferung, wonach er im Freundeskreis beim abendlichen Quodlibet-Cantus aus dem Stegreif die schnurrigsten Einfälle zum besten gab, daß er Sinn hatte für Humor. Der Anflug von Skepsis und Melancholie in seinen Zügen spricht nicht dagegen.

Von Bachs Kunstauffassung
Ein anziehendes Bild, wenn auch nicht unbedingt das eines Musikers. Dies war bezeichnend für Bach und blieb es zeitlebens: Er trug sein Künstlertum nicht zur Schau. Er diente seiner Kunst, und mit ihr diente er Gott. »Aller Music... Finis und Endursache«, so diktierte er seinen Schülern 1738, soll »anders nicht, als nur zu Gottes Ehre und Recreation des Gemüths sein. Wo dieses nicht in Acht genommen wird, da ist's keine eigentliche Music, sondern ein Teuflisches Geplerr und Geleyer.«
Mit diesem Leitsatz gab Bach selbst den Schlüssel für seine großartig einheitliche Lebens- und Kunstauffassung. Er lebte und schuf noch aus der reinen Kraft seines Glaubens, unangefochten von den aufklärerischen Gedankengängen seiner Zeit. Daher gab es für ihn auch keinen Wesensunterschied zwischen profaner und sakraler Musik. Mit ›Jesu juva‹ (Jesu hilf) oder ›Soli Deo Gloria‹ (nur zu Gottes Ehre) begann oder beendete er nahezu jede Handschrift. Für den Ruhm Gottes oder seines Fürsten wählte er naiv die gleichen Töne: Ebenso unbefangen wie die Meister des Mittelalters übernahm er Teile aus seinen weltlichen Werken in die geistlichen – Zeichen einer freien und fröhlichen Kunst, in der sich Kirche und Welt versöhnen.
Alles in seiner Kunst wurde ihm zum Gleichnis: die Motive und Themen, die Mehrstimmigkeit, die Klänge und Rhythmen, die Tonarten, die Formen. So symbolisierte die Dreistimmigkeit für ihn die Dreieinigkeit, der Cantus firmus Gottes Allmacht, die Fuge das geordnete Weltall, der Choral die Gemeinde. Tonartenkreise, in denen er die

Teile seiner Passionen einander zuordnete, geheime Zahlensymbole für die Tage des Monats oder des Jahres, für die Zehn Gebote, die Jünger, die Schar der Engel, aber auch Motive für den Zorn, die Demut, die Schlange, das Kreuz oder den Hahn deuten immer wieder darauf hin, daß er die Musik zur Heiligen Schrift, zu den Erscheinungen des Kosmos und zu seiner Um- und Innenwelt in Beziehung setzte.
Für idyllische oder düstere Naturstimmungen, für fließende, stockende, ungestüme Bewegungen, für jede Regung des Empfindens ersann er melodische, rhythmische, klangliche Motive – Formeln, die auf das eindringlichste einem bestimmten Grundgefühl Ausdruck geben. Hierin war er durchaus Kind seiner Zeit (siehe Affektenlehre, Seite 174). Oft – so in den Inventionen, Fugen und polyphonen Chorsätzen – läßt er aus jeweils nur einer solchen Formel und ihren Kontrapunkten das Stimmengeäder, die Rhythmen, die ganze tönend bewegte Form hervorgehen. Dieselbe einheitliche Struktur erreicht er in den monodischen Arien, indem er die Solostimme über ostinaten Baßthemen und Harmoniefolgen, über unentwegt wiederkehrenden fließenden oder zerklüfteten rhythmischen Figuren sich entfalten läßt.
Hier wie dort ist mit dem Thema das Gesetz der Form, der Charakter der Gegenstimmen, die Grundstimmung, ja die Besetzung im wesentlichen vorgezeichnet. Die Fugenthemen haben eine andere Struktur als die der freieren Formen, die Orgelthemen unterscheiden sich von den Klavier- oder Violinthemen. Unablässig stellt sich ein solches Thema im Rahmen der Form vor dem Spannungshintergrund der Kontrapunkte dar. Es bleibt stets sich gleich, obwohl es in mancherlei Gestalt erscheint: lebhaft oder langsam, auf- oder absteigend, rückläufig, als Spiegelbild, in Dur oder Moll, laut oder leise, in den Außen- oder Mittelstimmen, in wechselnder Besetzung. Dabei enthüllt es seine Wesenszüge, ohne Entwicklungen zu durchlaufen, wird es zum flüchtigen Gleichnis einheitlicher Vorstellungen, zum deutbaren Abbildферngerückter, sozusagen typischer Empfindungen, wie sie sich dem betrachtenden Geist objektiv darstellen.
Es gibt in Bachs Werken großartige Vorwegnahmen späterer Kompositionsweisen, Partien, in denen gegensätzliche Themen oder Motive aufeinanderprallen fast wie in der spätklassischen Sinfonie. Doch anders als dort hält sich Bach auch im Ausdruck dramatischer Vorgänge stets im Rahmen einfacher Kontrastwirkungen: seine Themen verändern ihr Wesen nicht, sie verharren im Typischen, sie bleiben Bausteine übergeordneter Architekturen. Den Ausdruck des subjektiv Emotionalen strebte Bach nicht an, als Persönlichkeit trat er fast anonym zurück.
Das gilt auch für seine herrliche Lyrik, für die empfindungstiefen Arien in den Kantaten und Passionen. Auch in ihnen stellte er nicht – wie später die Romantiker – den Widerstreit seiner Gefühle bekenntnishaft dar, auch sie geben stets abgeklärten, allgemein menschlichen Empfindungen Ausdruck.
Die Singstimmen behandelte er gern wie Instrumente. Erst verhältnismäßig spät übernahm er die Gesangsmanier der Italiener, freilich ohne die subjektiven Übertreibungen des Belcanto. Die Soli blieben stets als ›obligate‹ Stimmen dem Gesetz des Ganzen unterworfen. Sein Verhältnis zum Wort war ungleich. Den Traktätchenversen seiner Kantatendichter konnte er mit großartiger Gleichgültigkeit begegnen, unbe-

kümmert komponierte er an ihrem Wortschwall vorbei. Bibelworte indessen, Choralverse, Rezitativtexte und alle Wortgebilde, deren Poesie ihn unmittelbar anrührte, deklamierte er genau und mit bewundernswertem Einfühlungsvermögen.

Er verwandte dieselben Sprachmittel wie seine Zeitgenossen. Doch während sie ihre Themen – etwa in Variationen – gewöhnlich nur virtuos umspielten und gleichsam nur immer anleuchteten, durchdrang er die seinen, enthüllte er ihre innerste Natur. Der meditative, ja mystische Grundzug seines Wesens, die universelle schöpferische Kraft seines Geistes teilte sich auf eine nicht zu erklärende Weise seinen Werken mit. Erhöht über die Wirren dieser Welt erscheinen sie wie Sinnbilder der Wahrheit.

Weimar

1708 wurde Bach in Weimar Kammermusikus und Organist des Herzogs Wilhelm Ernst, eines gebildeten Fürsten, der seine Residenz in einen Ziergarten der Künste zu verwandeln suchte. Als orthodoxer Lutheraner begünstigte er eine reiche ›regulierte‹ Kirchenmusik. Das kam Bachs Wünschen auf das schönste entgegen, aber seine Stellung war zwiespältig. Als Kammermusikus unterstand er Johann Samuel Drese, auch mußte er bei Jagden mitmachen. Das schien ihm zwar zu behagen – man spürt es an seiner fröhlichen ›Jagd-Kantate‹ (1716), der ersten seiner rund zwanzig ergötzlichen weltlichen Kantaten, aus denen er mancherlei später herübernahm in seine geistlichen Musiken –, doch er wollte vorankommen, Kapellmeister werden.

Günstiger war seine Position als Organist der Schloßkirche; da redete ihm niemand drein. Johann Gottfried Walther (siehe Seite 203), der in gleicher Funktion an der Stadtkirche tätig war, beugte sich willig seinem Genius und spielte als Freund und Kollege die schöne Rolle eines selbstlosen Anregers. Begreiflich, daß Bach sich in erster Linie dem Orgelspiel widmete. Er hatte in der Schloßkapelle ein herrliches Instrument zur Verfügung (die Kapelle brannte später vor Goethes Augen nieder) und reifte nun zum überragenden Orgelvirtuosen seiner Zeit heran. Der Herzog hätte alle Ursache gehabt, ihn auszuzeichnen, doch er schien seine Fähigkeiten nicht zu erkennen. Er erhöhte zwar sein Einkommen, ernannte ihn zum Konzertmeister ›mit angezeigtem Rang nach dem Vizekapellmeister‹ und machte ihn zum Lehrer seiner Neffen Johann Ernst und Ernst August. Doch im Grunde waren das geringe Vergünstigungen: Bach blieb ›drittbester‹ Musikus bei Hofe.

Nahezu unbeachtet von der Öffentlichkeit entfaltete sich in diesen Jahren Bachs schöpferische Begabung. Während des Weimarer Jahrzehnts (1708 bis 1717) entstanden die meisten seiner Orgelwerke: Präludien und Fugen vor allem, Choralvorspiele, Orgelchoräle, Toccaten, Canzonen, die ›c-Moll-Passacaglia‹ und anderes in verschwenderischer Fülle. Nach 1714 ferner ›von Amts wegen‹ rund 25 Kantaten, dann die ›Klavier-Toccaten‹ und freie Bearbeitungen für Klavier bzw. Orgel von sechs Concerti grossi und Violinkonzerten Vivaldis, von drei Violinkonzerten seines Schülers Herzog Johann Ernst, von zweien Telemanns und von zwei Oboenkonzerten Marcellos. Daneben sind überliefert über hundert Seiten Abschriften von fremden Werken. Die Kopien und Bearbeitungen lehren wiederum, wie gründlich Bach sich über alle

Zeitströmungen informierte und wie sehr er die Vorlagen übertraf. Er bedurfte nicht weiter Reisen – wie Händel –, um sich in fremde Stile einzuleben. In seiner stillen Studierstube begegnete er dem Geist Europas.

Da sind die Orgelwerke. Welche Spannweite der Entwicklung von Frescobaldi zu Bach! Etwa Bachs Fugen über ein Thema – wie klärt und festigt sich ihre dreiteilige Grundform an der Dur-Moll-Harmonik: einheitliche Tonartbereiche umgrenzen nun das polyphon-melodische Geschehen; erste und letzte Durchführung stehen in der Grundtonart, die mittlere kontrastierend in der Dominanttonart! Reichere, doch nicht minder klare Raumgliederungen zeigen die gewaltigen Doppel- und Tripelfugen. Innerhalb solcher Grenzen aber stieß Bach kühn zu Klangkombinationen vor, die weit jenseits jeder damaligen Erfahrung lagen (die ›Chromatische Fantasie‹). Er übertraf als Harmoniker nicht nur die Zeitgenossen, sondern auch die nachfolgenden Generationen bis über Beethoven hinaus. Noch Reger bekannte: »All die harmonischen Sachen, die man heute ... als so großen Fortschritt anpreist, die hat ... Bach schon längst und viel schöner gemacht – sehen Sie sich einmal seine Choralvorspiele an!«

Für die drei Grundtypen des Choralvorspiels, die in den Zeilenfughetti Pachelbels, den ›kolorierten‹ Chorälen Böhms und den Choral-Fantasien Buxtehudes vorgebildet waren (siehe Seite 203), für die von ihnen ableitbaren Mischformen und überhaupt für jede Erscheinungsform der Orgelmusik stellte Bach in Weimar unvergleichliche Muster auf. In den frühen Werken dieser Zeit überwiegt die Freude an virtuosem Laufwerk und majestätischer Klangpracht. Später klärt sich der Stil an romanischen Vorlagen; zurückhaltender werden die melodischen Linien mit Ornamenten geschmückt, monumental treten die Umrisse der Formen hervor, die Ausdruckssprache wird herb und verinnerlicht.

Von den 25 Weimarer Kantaten sind nur wenige vor 1714 entstanden, so wohl der berühmte ›Actus tragicus‹ (›Gottes Zeit ist die allerbeste Zeit‹). Er ist noch im Sinne der alten Kirchenkantate in wechselnde Chöre, Soli und Zwischenspiele gegliedert und eines der erhabensten Beispiele für Bachs mystischen Jenseitsdrang. Sein Glaube durchglüht seine Todesgesänge im Ausdruck einer rätselhaften Zuversicht. Wie friedvoll – in der herrlichen Sonatina zu Beginn des ›Actus tragicus› – der seraphische Gesang zweier Blockflöten über den dunklen Achtelgängen der Gamben, den stillen Harmonien des Continuo! Verwandte Stimmungen tragen das Schlußlied ›Es ist genug, Herr, wenn es dir gefällt‹ aus der Leipziger ›D-Dur-Solokantate‹ ›O Ewigkeit, du Donnerwort‹ (200 Jahre später übernahm Alban Berg dieses Lied in sein Violinkonzert) – sie durchziehen die Tenor-Arie ›Ach schlage doch bald, sel'ge Stunde‹ aus der Leipziger Kantate Nr. 95, die mystische Arie ›Komm, süßer Tod‹ (aus Schemellis Gesangbuch, 1736) und viele andere Gesänge.

In den Kantaten nach 1714 gab Bach die Form des Kirchenkonzerts auf. Unter dem Einfluß zweier Kantatendichter, der Prediger Eduard Neumeister und Salomo Franck, übernahm er die italienische Modeform. Seine Kantaten werden nun Folgen von Liedern und Da-capo-Arien, aufgereiht an Rezitativen. Mitunter sind sie von Chören umrahmt. Im Wesen unterscheiden sie sich naturgemäß von den Mustern. Die Soli sind als ›obligate‹ Stimmen einbezogen in ein polyphones Geschehen, worin jede Stimme Anteil hat an der Textausdeutung. Choräle bilden die Themen der Chöre und Instrumental-Ritornelle; bisweilen gehen ganze Arien aus Choralmotiven hervor! Die Gesamtformen sind reich gegliedert und oft von dramatischem Leben erfüllt. Unter den Weimarer Kantaten gibt es Perlen wie ›Komm, du süße Todesstunde‹, die ›Osterkantate‹ ›Der Himmel lacht‹ und die Solokantate ›Meine Seele rühmt‹.

Den Herzog schien nichts von alledem zu beeindrucken. Nach dem Tode Dreses ernannte er dessen Sohn zum Kapellmeister. Damit wurde Bach als Kantatenkomponist ausgeschaltet, er zog sich grollend an seine Orgel zurück. Im selben Jahr ehelichte sein Schüler Herzog Ernst August die Schwester des Fürsten Leopold von Anhalt-Köthen. Er empfahl Bach seinem Schwager, und dieser bot ihm 1717 die Hofkapellmeisterstelle an. Bach sagte zu, doch sein Herr gab ihn nicht frei. Nun verlangte Bach seine Entlassung wohl derart stürmisch, daß ihn der Herzog auf einen Monat einsperren ließ.

Bach nutzte die Zeit der unfreiwilligen Muße; er arbeitete an seinem ›Orgelbüchlein‹. So bescheiden der Titel dieses Lehrbuches, »Worinnen dem anfahenden Organisten Anleitung gegeben wird, auff allerhand Arth einen Choral durchzuführen ...«, so außerordentlich der Inhalt. Das Werk umfaßt 45 Choralvorspiele, nach den Sonntagen des Kirchenjahres geordnet. Von jedem Choral gibt Bach eine kunstvolle Bearbeitung, worin er den Melodien freie Motive hinzugesellt, die den Grundgedanken und den Stimmungsgehalt der Texte ausdeuten. Das ist als Idee so neu, daß man meinen könnte, hier sei der Themen-Dualismus der Spätklassik vorweggenommen. Doch anderes liegt vor; Bachs Motive streiten nicht wider die Choräle, sie tragen sie und bilden die Aura dieser herben gotischen Engelkonzerte.

Köthen

Am 2. Dezember 1717 wurde Bach »mit angezeigter ungnädiger Demission des Arrestes befreit«. Es begann für ihn eine glückliche Zeit. Noch im Dezember trat er sein neues Amt als »Kapellmeister und Director der Kammermusiken am Hochfürstl. Anhalt-Cöthenschen Hofe« an. Damit erreichte er die höchste Stufe seiner äußeren Laufbahn. Er gewann die Freundschaft des musikliebenden Fürsten, dem er sogleich mit der Geburtstags-Kantate ›Durchlaucht'ster Leopold‹ huldigte, und konnte nun im Rahmen seiner Aufgaben frei wirken.

Seine Familie hatte sich inzwischen vergrößert. Maria Barbara hatte ihm sieben Kinder geschenkt. Drei von ihnen starben früh, doch eine Tochter, Catharina Dorothea, und drei Söhne wuchsen heran. Von ihnen erlangten Wilhelm Friedemann und Carl Philipp Emanuel musikgeschichtlichen Rang.

Daß Köthen eine kleine Residenz war, empfand Bach als wohltuend. Für die nötige Abwechslung sorgte sein Fürst. Bach durfte ihn auf seinen Reisen begleiten und erhielt oft Gelegenheit zu konzertieren. Einen Nachteil mußte er freilich in Kauf nehmen: Köthen war calvinistisch. An eine ›regulierte Kirchenmusik‹ war dort nicht zu denken. Er schrieb zwar nebenher drei oder vier ›Geistliche Kantaten‹, dann die großartige ›g-Moll-Fantasie für Orgel‹, die ›g-Moll-Fuge‹, die ›C-Dur-‹ und die ›F-Dur-Toccata‹ sowie Zusätze zum ›Orgelbüchlein‹, doch zu Aufführungen dieser Werke in Köthen kam es nicht. So trat nun der Kirchenmusiker fast ganz zurück hinter den Meister höfischer Gebrauchsmusiken.

Man hat von orthodoxer Seite bisweilen versucht, die sechs Köthener Jahre als ein Abirren Bachs von seinem eigentlichen Ziel hinzustellen. Die Menschheit verdankt diesem ›Abirren‹ eine verschwenderische Fülle von unvergänglichen Klavier-, Kammer- und Orchestermusiken; an Klavierwerken das ›Clavierbüchlein vor Wilhelm Friedemann Bach‹, die kleinen ›Präludien und Fughetten‹, die 24 Präludien und Fugen des ›Wohltemperierten Klaviers‹ (I. Teil, 1722; ›temperierte Stimmung‹ und Bedeutung des Werkes für die neue Musik siehe Seite 221 bzw. 267), die ›Chromatische Fantasie und Fuge‹, ›Die französischen und englischen Suiten‹, das ›1. Clavierbüchlein für Anna Magdalena Bach‹, die ›zwei- und dreistimmigen Inventionen‹ (jüngst meisterhaft analysiert von J. N. David). Sodann an Kammermusiken die ›Sonaten und Partiten (Suiten) für Geige allein‹, die ›Suiten für Cello allein‹ – darunter die ›c-Moll-Suite‹ für das von Bach erdachte ›Violoncello piccolo‹ (ein kleines Cello, wie die Bratsche zu spielen, daher bisweilen ›Viola pomposa‹ genannt) –, die ›Sonaten für Geige und Cembalo‹, für ›Viola da Gamba und Cembalo‹, die ›G-Dur-Triosonate‹ – das Urbild der G-Dur-Gambensonate – und die ›Flötensonaten‹. Und endlich an Orchesterwerken die ›C-Dur- und h-Moll-Suite‹, die ›Violinkonzerte‹ mit dem ›Doppelkonzert‹ und die sechs ›Brandenburgischen Konzerte‹ (Concerti grossi), so genannt nach dem musikliebenden Markgrafen Ludwig von Brandenburg, für den sie geschrieben wurden.

Alle damals üblichen Form- und Besetzungsgattungen sind in diesen Werken vertreten. Und nicht nur das. Dem Klavier (hier Synonym für Clavichord und Cembalo, siehe Fußnote Seite 192) erschloß Bach in den polyphonen Solowerken neue spieltechnische und klangliche Möglichkeiten. Er verwandte als erster den Daumen als 5. Spielfinger und entwarf neue Fingersätze, er ermöglichte das Spiel in allen Tonarten (›Wohltemperiertes Klavier‹) und überbot diese Neuerung noch (in der ›Chromatischen Fantasie und Fuge‹) durch die Einführung bis dahin unbekannter chromatischer Modulationen, er ließ das Klavier Rezitative singen und entwickelte in den Inventionen – lange Zeit vor den Klassikern – eine höchst eigenartige Motivtechnik.

In den Ensembles löste er das Klavier allmählich von seiner Generalbaßrolle. Echt konzertant verwandte er es in den Violin-, Flöten- und Gambensonaten (siehe ›Sonata g-Moll für obligates Cembalo und Flöte‹, Seite 136!) und später als erster in den ›Klavierkonzerten für 1 bzw. 2, 3, 4 Klaviere‹, die er in Leipzig für eigene Konzerte mit dem Telemannschen ›Collegium musicum‹ schrieb. Im ›Italienischen Konzert‹ (2. Teil der ›Clavierübung‹, 1735) übertrug er den Vivaldischen Konzerttyp auf das doppelmanualige Cembalo (ohne Orchester). Auf der Solovioline exerzierte er reale vierstimmige Fugen!

Das Ölbild von J. J. Ihle aus dem Jahre 1720 zeigt den 35jährigen Meister dieser Kostbarkeiten in der eleganten, modischen Tracht des ›Hochfürstl. Anhalt-Cöthenschen Hofes‹; es zeigt aber auch das Oberhaupt der Familie Bach. Er ist seit kurzem Witwer.

Der Schatten dieser Heimsuchung ist über ihm. Und er hat Sorgen, nicht nur in der Familie, auch im Beruf. Der Ausdruck von Selbstsicherheit in den zusammengerafften, energischen Zügen täuscht nicht darüber hinweg. Man spürt eine verzehrende Unruhe hinter der Maske des Höflings; aus den kurzsichtigen, von Schreibarbeit überanstrengten Augen spricht bohrender Ernst.

Was waren das für Berufssorgen? Hatte er nicht alles, was er sich nur wünschen konnte, Freiheit, einen noblen Herrn? Fast ein Jahrzehnt später noch schwärmte er von Köthen, schrieb er einem Jugendfreund, er habe »vermeinet«, dort seine »Lebenszeit zu beschließen«. Und doch zog es ihn fort; er fürchtete, in Köthen das innerste Ziel seiner Kunst zu verfehlen. Er entbehrte sein Kantorat, seine Orgel.

Als im Herbst 1720 die Organistenstelle zu St. Jacobi in Hamburg durch den Tod Frieses frei wurde, reiste er sogleich hin und bewarb sich. Noch vor dem Wettstreit um die Nachfolge konzertierte er im Beisein des 97jährigen Reinken vor der Prüfungskommission und geladenen Gästen in der St.-Katharinen-Kirche. Nachdem er abschließend Variationen über den Choral ›An Wasserflüssen Babylons‹ improvisiert hatte, sagte ihm Reinken: »Ich dachte, diese Kunst wäre ausgestorben; ich sehe aber, daß sie in Ihnen noch lebt.« Man erließ Bach das offizielle Probespiel. Seine Wahl schien sicher, doch da ›kaufte‹ ein anderer Bewerber die Stelle für 4000 Gulden!

Das war wenige Monate nach Maria Barbaras Tod. Ein Jahr darauf, im Spätherbst 1721, ehelichte Bach *Anna Magdalena Wilcken* (1701 bis 1760), die musikalische Tochter des Weißenfelser Hof- und Feldtrompeters Johann Caspar Wilcken. Sie sang vortrefflich, wurde am Cembalo, im Generalbaßspiel und in der Theorie Bachs gelehrige Schülerin und – sie kopierte fleißig seine Werke. Ihre Notenschrift ähnelte seiner mit der Zeit zum Verwechseln. Zwei ›Clavierbüchlein‹ (1722 bzw. 1725), die Bach ihr widmete, bezeugen den Einklang ihrer Herzen. Anna Magdalena schenkte Bach 13 Kinder (7 Töchter und 6 Söhne); von ihnen erlebte die jüngste Tochter, Regina Susanna, noch den Anbruch des 19. Jahrhunderts. Zwei Söhne wurden hervorragende Musiker: *Johann Christoph Friedrich* (1732 bis 1795), der ›Bückeburger Bach‹, und der Benjamin der Familie, *Johann Christian* (1735 bis 1782), bekannt als ›Mailänder‹ oder ›Londoner Bach‹.

Kurze Zeit nach Bach heiratete sein Fürst. Die Fürstin war, wie Bach erbittert feststellte, eine ›Amusa‹, sie bewirkte, daß Leopolds Interesse für die Musik spürbar nachließ. Grund genug für Bach, seine Bemühungen um einen anderen Wirkungskreis energisch fortzusetzen. 1723 ging er als Nachfolger des Thomaskantors Kuhnau nach Leipzig. Fürst Leopold trennte sich ungern von ihm; er beließ ihm die ›function‹ eines ›Capellmeisters von Haus aus‹, wofür Bach ab und an Kompositionen lieferte, und blieb ihm zeitlebens († 1728) freundschaftlich zugetan.

Leipzig
Leipzig bedeutete äußerlich einen Abstieg für Bach. Er hat auch »ein vierthel Jahr« gezögert, den Anstellungsvertrag zu unterschreiben, da es ihm »garnicht anständig seyn wollte, aus einem Capellmeister ein Cantor zu werden«, es dann aber »in des

Höchsten Namen« doch gewagt. Er wurde nun zwar städtischer »Director Chori Musici und Cantor der Thomasschule« mit der Auflage, die Musik an den beiden Hauptkirchen, St. Thomas und St. Nicolai, zu leiten, doch nicht, wie es zuvor üblich war, zugleich Universitätsmusikdirektor und auch nicht amtierender Organist. Überdies fand er in Leipzig eine »wunderliche und der Music wenig ergebene Obrigkeit«. Mit seiner Freiheit war es nun vorbei. Er durfte die Stadt ohne Einwilligung des Bürgermeisters nicht verlassen, er schuldete ihm, dem Rat der Stadt, den Kirchenbehörden und dem Rektor der Thomasschule Gehorsam und geriet bald in einen Hexenkessel interner Schwierigkeiten, die um so unerträglicher wurden, je störrischer er dagegen Sturm lief.

Zu seinen Obliegenheiten an der Thomasschule gehörte es, die Alumnen im Lateinischen, im Gesang und instrumentaliter zu unterrichten. In jeder der beiden Hauptkirchen hatte er (abwechselnd) allsonntäglich eine Kantate und am Karfreitag eine Passion aufzuführen. Hinzu kamen Hochzeits- und Begräbnismotetten, aber auch weltliche Huldigungs-Kantaten und Instrumentalmusiken. Als Musikdirektor mußte er überdies eine bestimmte Anzahl von ›Unterhaltungskonzerten‹ leiten, und zwar in einem Kaffeehaus bzw. über Sommer in einem Kaffeegarten. Er spielte dort mit seinen Schülern Suiten, Konzerte, Sonaten, ließ wohl auch Arien und Kantaten singen.

Seine Einkünfte waren schwankend und kaum höher als in Köthen. Es ist ein Brief erhalten, worin er seinem Jugendfreund Erdmann die Verhältnisse schildert. Darin heißt es: »In Thüringen kann ich mit 400 Thalern weiterkommen als hiesigen Orthes mit noch einmal so vielen hunderten, wegen der excessiven kostbaren Lebensarth.« Und weiter: »Meine itzige Station belaufet sich etwa auf 700 Taler, und wenn es etwas mehrere, als ordinairement Leichen gibt, so steigen nach proportion die accidentia; ist aber eine gesunde Lufft, so fallen hingegen auch solche, wie denn voriges Jahr an ordinairen Leichen accidentia über 100 Thaler Einbuße gehabt.«

An künstlerischen Kräften standen Bach zur Verfügung: 12 bis 16 ›brauchbare‹ Chorsänger (Schüler), deren beste er als Solisten (!) einsetzen mußte, und etwa 20 Instrumentalisten. Acht von ihnen waren Stadtpfeifer ohne besondere ›exercitio‹, die anderen dilettierende Schüler. Ab und an konnte Bach Studenten, etwa vom Telemannschen ›Collegium musicum‹, das er von 1729 bis 1740 leitete, hinzuziehen; dann hatte er an die dreißig Sänger zusammen. Das waren die Mittel, mit denen er seine Kantaten und Passionen darstellen mußte! Sofern er nicht selber die Orgel traktierte, war er auf mittelmäßige Organisten angewiesen.

Mit seinem ersten Rektor, J. H. Ernesti, stand Bach gut, doch der Brave starb 1729. Bach schrieb zu seiner Beerdigung die Motette ›Der Geist hilft unserer Schwachheit auf‹. Er stand nun allein. 1730, ein Jahr nach der ›Matthäus-Passion‹, kam es zu schweren Angriffen. Man warf ihm Nachlässigkeit vor und äußerte bei der Neuwahl des Rektors, man hoffe, dabei mehr Glück zu haben als bei der Wahl des Kantors! Als Bach sich wehrte und in einem heftigen Schreiben an den Rat tatkräftige Unterstützung forderte, da er nicht mehr wisse, wie er »die Music in einen besseren Stand setzen könne«, fand er taube Ohren. Man bemängelte die Qualität dreier Kantaten, die er zur 200-Jahr-Feier der Augsburger Konfession aufführte (darunter ›Ein feste Burg‹, siehe Seite 254), und kürzte seine Einkünfte. Er war den Streit müde und bat seinen Freund Erdmann, ihm bei der Suche nach einer neuen Stelle behilflich zu sein, »da... fast in stetem Verdruß, Neid und Verfolgung leben muß«.

Doch er blieb dann in Leipzig. Man wählte zum neuen Rektor Johann Matthias Gesner, einen energischen Schulmann, der Bach von Weimar her kannte und schätzte. So besserte sich Bachs Lage unverhofft. Auch an seinen Kindern hatte er um diese Zeit Freude. Stolz schrieb er an Erdmann: »Insgesamt aber sind sie gebohrene Musici und kann versichern, daß schon ein Concert vocaliter und instrumentaliter mit meiner Familie formiren kan, zumahle da meine itzige Frau gar einen sauberen Soprano singet, und auch meine älteste Tochter nicht schlimm einschläget.« Sehr wohl mochte er daheim mit den Seinen damals den ›Streit zwischen Phöbus und Pan‹ (1731) oder die ergötzliche ›Kaffee-Kantate‹ (1732) probiert haben. Bald mußte er sich derlei Freuden versagen. Die Kinder wurden flügge.

Als Gesner 1734 einem Ruf nach Göttingen folgte, verlor Bach seinen entschiedensten Freund. Er suchte Rückhalt beim Dresdener Hof und bemühte sich um einen Titel, um besser gegen den Rat auftreten zu können. Fürsprecher hatte er in Dresden in Hasse, dem Chef der Hofoper, und in der Primadonna Faustina Bordoni. Zudem war sein Sohn Friedemann seit 1733 dort Organist. Er übersandte ›Kyrie‹ und ›Gloria‹

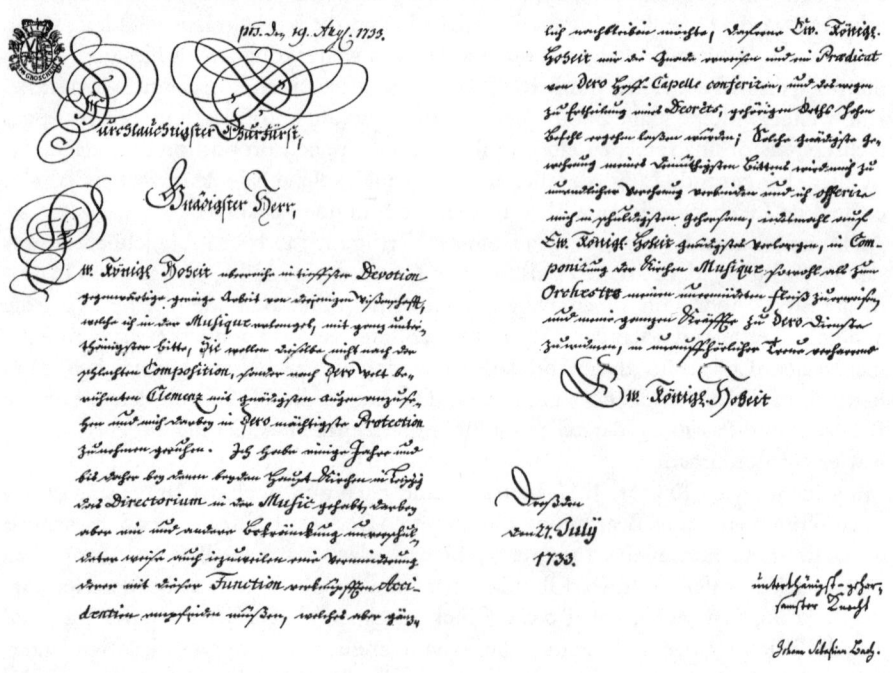

Faksimile des Schreibens von Johann Sebastian Bach
an den Kurfürsten Friedrich August von Sachsen gelegentlich der Übersendung des ›Kyrie‹ und ›Gloria‹ der ›h-Moll-Messe‹

seiner ›h-Moll-Messe‹ (1733) dem sächsischen Kurfürsten und polnischen König August III. für das katholische Hochamt der königlichen Kapelle und bat, er möge ihm »ein Prädikat von dero Hoff-Capelle konferiren«. Zugleich verpflichtete er sich, auf Verlangen »in Componierung der Kirchen-Musique sowohl als zum Orchestre meinen unermüdlichen Fleiß zu erweisen...«. Auch suchte er mit weltlichen Kantaten, darunter ›Herkules am Scheidewege‹ und ›Der zufriedengestellte Aeolus‹ (1734), des Königs Gunst zu erlangen. 1736 wurde er zum königlichen Hofkompositeur ernannt. Mit einem Orgelkonzert in Dresden stattete er seinen Dank ab. 1738 begrüßte er die königliche Familie in Leipzig mit der beifällig aufgenommenen Kantate ›Willkommen, ihr herrschenden Götter‹ (verschollen; Text von Gottsched).
Seine Gegner waren nun zwar eher zu Kompromissen bereit, doch man schätzte Bach nicht, seine schwerblütige polyphone Kunst fand in Leipzig wenig Anklang. Man wünschte sich dort ›gefälligere‹ Kirchenmusiken im Stil der homophonen italienischen Opern und Konzerte. In Dresden war es dasselbe. Dort lagen ›Kyrie‹ und ›Gloria‹ der ›h-Moll-Messe‹ ungenutzt herum (›Credo‹, ›Sanctus‹, ›Benedictus‹ und ›Agnus dei‹ dieser Messe vollendete Bach 1734 bis 1738).
Es wurde nun stiller um ihn, und das schien ihm recht zu sein. Er schränkte seine amtliche Tätigkeit selbst auf das Notwendige ein und übernahm nur noch selten Auftragsarbeiten. Bald nach 1740 trat er kaum noch in der Öffentlichkeit hervor. Es bliebe der Eindruck grauer Resignation, wäre da nicht die künstlerische Ernte dieser Jahre. Sie umfaßt die heitere ›Bauern-Kantate‹ (›Mer han en neue Oberkeet‹, 1742), die späten mystischen ›Choral-Kantaten‹ (bis 1744), die fein ziselierten, vergeistigten ›Goldberg-Variationen‹ (1742, über ein Thema aus dem 2. ›Clavierbüchlein für Anna Magdalena‹, mit sprühend heiterem Quodlibet-Kehraus) – Bach schrieb sie für seinen Schüler Johann Theophilus Goldberg, den Cembalisten des russischen Gesandten in Dresden, Graf Kayserlinck – und die 24 neuen Präludien und Fugen des ›Wohltemperierten Klaviers‹ (2. Teil, 1744).
Abgesehen von den Kirchenkantaten und anderen Vokalwerken entstanden während der Leipziger Zeit bis 1745 neben den schon erwähnten Klavierkonzerten (Klavier – wie stets bei Bach – Synonym für Cembalo bzw. Clavichord; siehe Anmerkung Seite 192) das ›Tripelkonzert für Flöte, Violine und Klavier‹, zwei Violinkonzerte, dann an Klavierwerken die vier Teile des großen Studienwerks ›Clavierübung‹: 1. Teil = ›6 Partiten‹ (1726 bis 1731), 2. Teil = ›Italienisches Konzert‹ und ›h-Moll-Partita‹ (1735), 3. Teil = ›Choralvorspiele für doppelmanualiges Cembalo bzw. Orgel, umrahmt vom ›Präludium‹ und von der großen ›Tripelfuge in Es-Dur‹ (1739), 4. Teil = ›Goldberg-Variationen‹ (1742) und ›c-Moll-Fantasie‹ (1738). Ferner an Orgelwerken außer Umarbeitungen älterer Werke die Orgel- bzw. Cembalosonaten für Friedemann (ca. um 1730; dreistimmig, daher Trios genannt), die vier letzten monumentalen ›Präludien und Fugen‹ (C-Dur, h-Moll, e-Moll, Es-Dur) und die im 3. Teil der ›Clavierübung‹ enthaltenen Orgelstücke, unübertreffliche Beispiele für Bachs abgeklärten Altersstil. Bearbeitungen vieler Kantaten und der Passionen kamen hinzu. Die letzte Fassung der ›Matthäus-Passion‹ entstand 1745. Die Bibelworte sind in ihr mit roter Tinte hervorgehoben.

Bach war nun sechzig Jahre alt. Bis auf die beiden großen Spätwerke – ›Das musikalische Opfer‹ und ›Die Kunst der Fuge‹ – war sein Lebenswerk im wesentlichen abgeschlossen.

Anmerkungen zu den Leipziger Vokalwerken
Von Bachs ›300 geistlichen Kantaten‹ (5 vollständige Jahrgänge, nach den Sonntagen des Kirchenjahres geordnet) sind an 200 erhalten, rund 50 aus Arnstadt, Mühlhausen, Weimar und Köthen, rund 150 aus Leipzig. Von ihnen entstammen annähernd 120 den Jahren 1723 bis 1736, die übrigen dem nächsten knappen Jahrzehnt. Formal bewegen sich diese ›musikalischen Predigten‹ etwa im Rahmen der in Weimar nach 1714 ausgeprägten Schemata, freilich mit reichen Abwandlungen; inhaltlich wurden sie abgestimmt auf die jeweilige Sonntags-Epistel des Kirchenjahres. In den frühen dreißiger Jahren schrieb Bach vorzugsweise Solokantaten mit Arien, Duetten und schlichtem, vierstimmigem Schlußchoral, später in der Regel wieder Choralkantaten, in denen die Rezitative und Arien der Soli von großen Chören umrahmt sind. Allen gemeinsam ist ein mystisch religiöser Grundzug.
Wie weit Bach in ihnen schon um 1730 gelegentlich vom italienischen Formschema abwich, dafür nur ein Beispiel, der Einleitungssatz der Reformationskantate ›Ein feste Burg‹ (1730). In ihm übertrug er den Pachelbelschen Typus des Choralvorspiels in riesigen Ausmaßen auf Chor, Orgel und Orchester; das heißt, er fugierte die erste Choralstrophe abschnittsweise und krönte jede Zeilenfuge durch einen Kanon mit ihrem Thema in majestätischer Verbreitung. So entfaltet sich die Choralmelodie allmählich als Ganzes, Sinnbild unzerstörbarer Glaubenskraft. Ähnliches wurde nie zuvor gestaltet. Hier erweist es sich, wie sehr die Pachelbelsche Instrumentalform dem Wort zugehört, aus dem sie einmal hervorging.
Die Texte der Leipziger Kantaten sind ungleichwertig. Einige stammen von Franck und Neumeister, einige späte von Marianne von Ziegler, die meisten (ab 1724) von dem Postbeamten Henrici, Pseudonym *Picander*. Seine Domäne waren Possen und Satiren, man spürt es an den Texten zu Bachs weltlichen Kantaten. In den geistlichen Libretti glich er Bibelsprüche und Choral-Verse geschickt dem Arienschema oder dem freien rhythmischen Fluß der Rezitative an. Das Buch zur ›Matthäus-Passion‹ ist seine sprachlich beste Leistung. Den Plan des Ganzen hat Bach allerdings mitbestimmt. Gelegentlich dilettierte Bach auch selbst als Poet, so in den Huldigungs-Kantaten ›Durchlaucht'ster Leopold‹ und ›Tönet ihr Pauken‹, im Hymnus an die Musik ›O angenehme Melodei‹ (aus der Hochzeits-Kantate ›O holder Tag‹) und in mancher Parodie. Seine Verse sind Dokumente rührender Wort-Ohnmacht.
Laut Nekrolog hat Bach fünf Passionen geschaffen. Erhalten sind – abgesehen von einer ›Lukas-Passion‹, deren Echtheit angezweifelt wird – nur zwei, die nach Johannes und nach Matthäus. Eine dritte aus dem Jahre 1725 ist verschollen. Eine vierte nach Markus (1727) ist teilweise erhalten in der ›Trauerode‹ für Königin Christiane Eberhardine (1727, Text Gottsched); die Eck-Chöre und mehrere Arien aus diesem Werk hat Bach in jene Passion übernommen.

Die ›Johannes-‹ und die ›Matthäus-Passion‹ sind oratorische Choral-Passionen (siehe Seite 114 bzw. 215), biblische Dramen, die sich durch die Bezeichnung ›Passion‹ gegen andere, stofflich freie Oratorien abgrenzen; Gegenstand ihrer Darstellung ist die Passion Jesu. Wie die Evangelien, denen sie folgen, heben sie sich im Wesen voneinander ab. Die Johannes-Passion bezieht die Vorgeschichte des Leidensweges Jesu bis zu seiner Gefangennahme nicht mit ein, in ihr sind auch die Worte Jesu knapper wiedergegeben als bei Matthäus; sie wirken in der Vertonung Bachs merkwürdig statuarisch, abstrakt, wie nicht von dieser Erde. Im Ganzen überwiegen die dramatischen Szenen. Beide Werke sind ihrer liturgischen Zweckbestimmung entsprechend zweiteilig gegliedert, erster und zweiter Teil umrahmten ursprünglich die Predigt.

Johann Sebastian Bach
Niederschrift aus der ›Matthäus-Passion‹

Einige Arientexte der ›Johannes-Passion‹ sind angeregt durch Vorlagen aus der Passionsdichtung des Hamburger Ratsherrn Brockes, die schon Händel, Mattheson und Keiser vor Bach vertonten. Der Verfasser der Umdichtungen ist nicht ermittelt worden. Brockes' schwülstig versifizierten Passionsbericht hat Bach durch den Text des Evangeliums ersetzt; das kam seinem Werk sehr zugute.
Es entstand bereits in Köthen, ist aber für Leipzig bestimmt und dort, wie man annimmt, von Bach zum ersten Male am Karfreitag 1723 im Nachmittags-Gottesdienst aufgeführt worden. Mit welcher Wirkung, weiß man nicht. Für eine Wiederaufführung 1727 hat Bach einige Stücke herausgenommen und neue eingefügt. Aus späteren

Korrekturen und Anmerkungen von seiner Hand läßt sich schließen, daß die Passion zu seinen Lebzeiten mindestens viermal aufgeführt wurde.

Der Aufwand an Mitteln ist bescheiden: Soli, Chor, kleines Orchester (mit Violend'amore und Lauten) und Orgel. Die Worte Jesu (Baß), die Rezitative des Evangelisten (Tenor) und der anderen Soli werden nur von der Orgel begleitet, jedoch mit besonderen Klangfarben (Registern) für Jesu Worte. Noch im Sinne der mittelalterlichen Passion behandelte Bach die Nebenfiguren in den Arien stimmlich bewußt neutral (z. B. Tochter Zion = Baß, Petri-Rezitative = Baß, seine Reue-Arie dagegen Tenor). Dem Chor sind die vielfältigsten Aufgaben gestellt. Er trägt die Handlung in den dramatischen Partien der Priester, der Kriegsknechte und des Volkes, ihm sind aber auch besinnliche Partien und die Choräle anvertraut; ursprünglich soll die Gemeinde diese Choräle mitgesungen haben.

Der Text des monumentalen Einleitungschores – ›Herr, unser Herrscher ... zeig uns durch deine Passion, daß du ..., auch in der größten Niedrigkeit, verherrlicht worden bist‹ – umschließt die beiden Grundgedanken des Werkes. Bach gibt ihnen Ausdruck in einer zugleich schmerzlich erregten und feierlich erhabenen Musik, die seinen großartigsten Eingebungen zugehört. Es ist, als versammle sich die Menge erschauernd unter dem Kreuz in der düsteren Todeslandschaft um Golgatha.

Der erste Teil der ›Passion‹ behandelt im Bericht des Evangelisten und im dramatischen Wechselgesang zwischen Jesus und den Häschern, Petrus und der Menge die Szenen von Jesu Gefangennahme bis zur Verleugnung des Petrus, der zweite Teil umfaßt die Geißelung, Jesu Verhör durch Pilatus, Jesu Kreuzigung und Tod und die Grablegung.

Von den zehn Chorälen hat der Stockmannsche Choral ›Jesu Leiden, Pein und Tod‹ für die ›Johannes-Passion‹ eine ähnliche Bedeutung wie ›O Haupt voll Blut und Wunden‹ für die ›Matthäus-Passion‹. Er beendet den ersten Teil und wird im zweiten während der Kreuzigungsszene noch zweimal gesungen. Die knappen dramatischen Choreinwürfe des ersten Teiles, in dem sich nur drei Arien finden, überragt der ausgeführtere Satz ›Bist du nicht seiner Jünger einer?‹.

Im zweiten Teil sind die Worte Christi und der Bericht des Evangelisten umbrandet von großen realistisch-dramatischen Chorszenen und kurzen, wilden Rufen der Menge. Den ersten Abschnitt charakterisieren die in ihrer chromatischen Thematik dunkel glosenden Chorsätze ›Wäre dieser nicht ein Übeltäter‹, ›Wir dürfen niemand töten‹ und die fanatischen Rufe ›Nicht diesen, sondern Barrabam‹. Ruhepunkte bringen nur der Choral ›Ach großer König‹ und das schöne Baß-Arioso ›Betrachte meine Seele‹. – Im zweiten Abschnitt dominieren die dramatischen Chorszenen.

Zur Kreuzigungsszene leitet ein erregender Wechselgesang zwischen der Menge und der Tochter Zion (Baß) über. In ihm wird der Chor eindringlich zum Gang nach Golgatha aufgefordert. Die Kreuzigungsszene mit den Worten Christi und dem Bericht des Evangelisten enthält zwei große dramatische Chorszenen. Die erste bringt musikalisch eine Wiederholung des Spottchores ›Sei gegrüßet...‹ zu den Worten der Hohenpriester ›Schreibe nicht der Judenkönig‹; in der zweiten würfeln die Kriegsknechte unter dem Kreuz um Christi Rock (Fuge). – Christus vereint Johannes

TAFEL 9

Bild 1 (oben links) Drei musizierende Mädchen, nach einem Gemälde, 16. Jahrhundert. *Bild 2 (oben rechts)* Musizierendes Paar, Kupferstich von Crispin de Passe, 17. Jahrhundert. *Bild 3 (unten links)* Die Lautenspielerin, Gemälde von Gerard Terborch. *Bild 4 (unten rechts)* Lautenspieler, Joos van Craesbeeck, Mitte des 17. Jahrhunderts

TAFEL 10

Bild 1 Hausmusik, nach einem Gemälde von Cornelis de Vos, 17. Jahrhundert. *Bild 2* Hausmusik, Clavichordspielerin, Gemälde von Caspar Netscher, 17. Jahrhundert.

TAFEL 11

(Von oben links nach rechts) Bild 1 Claudio Monteverdi (1567 bis 1643). *Bild 2* Johann Hermann Schein (1586 bis 1630). *Bild 3* Arcangelo Corelli (1653 bis 1713). *Bild 4* Henry Purcell (1659 bis 1695). *Bild 5* Antonio Vivaldi (1675 bis 1743). *Bild 6* Johann Christoph Pepusch (1667 bis 1752). *Bild 7* François Couperin (1668 bis 1733). *Bild 8* Georg Philipp Telemann (1681 bis 1767). *Bild 9* Johann Sebastian Bach (1685 bis 1750).

TAFEL 12

(Von oben links nach rechts) Bild 1 Wilhelm Friedemann Bach (1710 bis 1784). *Bild 2* Carl Philipp Emanuel Bach (1714 bis 1788). *Bild 3* Johann Christian Bach (1735 bis 1782). *Bild 4* Joseph Haydn (1732 bis 1809). *Bild 5* Wolfgang Amadeus Mozart (1756 bis 1791). *Bild 6* André Grétry (1742 bis 1813). *Bild 7* Karl Friedrich Zelter (1758 bis 1832). *Bild 8* Friedrich Silcher (1789 bis 1860). *Bild 9* Albert Lortzing (1801 bis 1851).

mit seiner Mutter und stirbt. Der Leitchoral, worin die Menge ihr Mitgefühl äußert, und die mit einer Baß-Arie verwobene Fantasie über den gleichen Choral umrahmen eine herrliche zweiteilige Alt-Arie ›Es ist vollbracht‹. Sie knüpft in einem schwermütigen Zwiegesang zwischen Alt und Viola da Gamba (Adagio) an Christi Letzte Worte an und geht dann über in einen verklärten Hymnus über den Sieg des Herrn (Allegro). Die dunkel weihevolle Stimmung der Choralfantasie schwingt fort in den Stücken des letzten Abschnittes, im erregenden Tenor-Arioso ›Mein Herz, in dem die ganze Welt‹, in der Sopran-Arie ›Zerfließe, mein Herze‹ und, nach der Grablegung, in dem erhabenen Chor ›Ruht wohl, ihr heiligen Gebeine‹. Der schlichte Choral ›O Herr, laß dein lieb Engelein‹ gibt dem Werk einen friedvollen Ausklang.

Zur Stunde, in der Bach seine ›Matthäus-Passion‹ zum ersten Male in der Thomaskirche aufführte (Karfreitag 1729), spielte man in der Neuen Kirche eine Passion von Fröber. Während sie das Interesse der Leipziger auf sich zog, wurde Bachs Werk kaum beachtet. Nur das private Urteil einer alten Adeligen ist überliefert. »Mitsamt viel hoher Ministri« lehnte sie die Passion ab: »Behüte Gott, ihr Kinder, ist es doch, als ob man in einer Operakomödie wäre!« Später, in Mizlers ›Musikalischer Bibliothek‹ (1736 bis 1754), kehrt ihr Urteil modifiziert wieder. Da ist die Rede von einer »unvergleichlichen Passionsmusik, welche wegen der allzu heftigen in ihr ausgedrückten Affekte in der Kammer eine gute, in der Kirche aber eine widrige Wirkung gehabt habe«. Bei Marpurg (1786) findet das Werk schon nur noch indirekt Erwähnung als »ein gewisses sehr künstliches Passionsoratorium eines gewissen großen Doppelkontrapunktisten«. Die Neuaufführung durch Mendelssohn in der ›Berliner Singakademie‹, 1829, löste bei den Zuhörern zwar ›tiefe Ergriffenheit‹ aus, doch schon drei Jahre darauf hieß es in einer Königsberger Kritik: »Ein Teil der Zuhörer lief schon in der ersten Hälfte zur Tür heraus, andere nannten das Werk veralteten Trödel.« Nach Kretschmar, der das zitierte, verglich man damals Bachs ›Passion‹ mit einer »kolossalen ägyptischen Pyramide« und zog ihr den ›Tod Jesu‹ von Graun als »anmutigen griechischen Tempel« weit vor. Noch Wagner gebrauchte ähnliche Vergleiche in seinem kuriosen Urteil über Bach. Er verehrte zwar den »musikalischen Wundermann«, sah aber, befangen im Fortschrittsglauben des 19. Jahrhunderts, in seiner Sprache nur erst einen Anfang: »Die Sprache Bachs steht zur Sprache Mozarts und endlich Beethovens in dem Verhältnisse wie die ägyptische Sphinx zur griechischen Menschennatur: wie die Sphinx mit dem menschlichen Gesichte aus dem Tierleibe erst noch herausstrebt, so strebt Bachs edler Menschenkopf aus der Perücke hervor.« Schumann dagegen, auf dessen Anregung die Gründung der Bach-Gesellschaft zurückging, erkannte in Bach den »Einen«, aus dem »von allen immer wieder neu zu schöpfen« sei; kleinlaut meinte er: »Wir alle sind Stümper gegen ihn.«

Mit ihren vier Stunden Dauer übersteigt die ›Matthäus-Passion‹ jedes herkömmliche Maß. Sie umfaßt 78 Nummern, darunter außer den Worten Jesu (Baß) und den Rezitativen des Evangelisten (Tenor) und der anderen Soli 15 Arien, von denen 9 mit einem längeren Arioso und 4 mit einem Chor verbunden sind, ein Duett, mehrere monumentale und viele kleinere Chorsätze, 12 Choräle, einen figurierten Choral, einen Choral als ›Cantus firmus‹ im Einleitungschor und einen in Verbindung mit einem

Arioso. Der Aufwand an Mitteln ist etwa doppelt so groß wie in der ›Johannes-Passion‹: außer den Soli werden zwei Chöre, zwei Orchester und zwei Orgeln eingesetzt. Man vermutet, daß Bach bei der Aufführung in der Leipziger Thomaskirche die beiden Klanggruppen getrennt auf dem Orgelchor und einer Empore aufstellte, wobei er als zweite Orgel vielleicht ein Regal verwandte.
Der Text ist aus dem Evangelium und aus freien Dichtungen Picanders (siehe Seite 254) zusammengestellt. Inhaltlich bringt der erste Teil in drei Abschnitten zunächst Jesu Passions-Weissagung, die Verschwörung gegen ihn, seine Salbung durch das Weib und die Einsetzung des Abendmahls; sodann die Szenen am Ölberg und in Gethsemane und endlich den Verrat des Judas und Jesu Gefangennahme. Der zweite Teil bringt in vier Abschnitten zunächst Jesus vor Kaiphas und Petri Verleugnung; sodann Jesus vor Pilatus, Reue und Tod des Judas, Jesu Geißelung und Verhöhnung; sodann Jesu Kreuzigung und Tod; und endlich die Grablegung. – Der erste Teil umfaßt also die in der ›Johannes-Passion‹ übergangene Vorgeschichte des Leidensweges. Er zeigt Jesus im Kreise der Jünger und läßt in liebevoll ausgemalten Episoden seine menschlichen Züge hervortreten. In beiden Teilen der ›Matthäus-Passion‹ sind den dramatischen Szenen besinnliche Partien gegenübergestellt.
Die musikalische Form des Werkes ist dementsprechend außerordentlich reich an Gegensätzen, das heißt an dramatischen, epischen und lyrischen Abschnitten, die einander im Wechsel von Rezitativen, Arien, Chören und Instrumental-Ritornellen folgen. Die Instrumentation ist darauf abgestimmt. Die Rezitative des Evangelisten und der Nebenfiguren werden vom Continuo (Orgel und Streichbaß) begleitet, die Worte Jesu dagegen nach altvenezianischer Manier von Streicherharmonien wie mit einem Heiligenschein umgeben; nur bei Jesu Ruf »Eli, Eli ...« schweigen die Streicher. Von den kammermusikalisch fein instrumentierten Arien – Bach läßt in ihnen gern einzelne Bläser oder Streicher mit den Soli konzertieren – heben sich im Klang und in der Struktur sowohl die schlicht vierstimmig gesetzten Choräle als auch die großen polyphonen Chor- und Instrumentalsätze charakteristisch ab. Monumentale Chöre umrahmen das Werk, eine Choralfantasie beendet den ersten Teil, ein Wechselgesang zwischen Chor und Alt-Solo leitet den zweiten Teil ein. Wie ein rotes Band durchzieht die Choralmelodie ›O Haupt voll Blut und Wunden‹ das Ganze. Bach bringt sie fünfmal, zuletzt nach der Kreuzigung zu den Worten »Wenn ich einmal soll scheiden« und nicht in Dur, sondern in der dunklen phrygischen Tonart.
Die Ausdruckssprache der ›Matthäus-Passion‹ wirkt gelöster, wärmer, sozusagen vertrauter als die der herben ›Johannes-Passion‹. Das äußerst Kunstvolle des Stils nimmt man kaum wahr. Die in Jahrhunderten zusammengetragenen satztechnischen, formalen und instrumentatorischen Mittel der Musik stehen hier im Dienst einer in allen Einzelheiten volkstümlich schlichten Aussage. Das Abendland verehrt in der ›Matthäus-Passion‹ den Inbegriff der Bachschen Kirchenmusik.
Das volkstümliche ›Weihnachtsoratorium‹ stammt aus dem Jahre 1734. Es umfaßt 6 große Kantaten, je eine für die drei Weihnachtsfeiertage, für Neujahr, Sonntag nach Neujahr und Epiphanias. Sie sind liturgisch als Einheit gedacht, aber musikalisch nur durch ihre festlich helle und zugleich innige Grundstimmung zu natürlicher Einheit

gebunden. Die Organik des Stils ist erstaunlich, wenn man bedenkt, daß Bach die Musik fast aller textlich freien Teile aus seinen weltlichen Kantaten zusammenstellte.
Den Text fügte Picander aus Bibelworten und freien Dichtungen zusammen. Jede Kantate behandelt einen anderen Abschnitt der Weihnachtsgeschichte: Geburt des Kindes – Verkündigung an die Hirten – Die Hirten finden das Kind – Namensgebung – Die Weisen aus dem Morgenlande – Herodes' Nachstellungen. Die Form zeigt stets eine ähnliche Gliederung. Meist leitet ein Chorsatz ein; nur die 2. Kantate beginnt mit einer instrumentalen ›Hirtenmusik‹, einem weihnachtlichen Stimmungsbild von berückender melodischer und klanglicher Ausdruckskraft. Dem jeweiligen Bericht des Evangelisten folgen dann Arien, Rezitative, Duette, Chöre, Choräle, in denen sich die Empfindungen spiegeln, die der Bibeltext in einzelnen oder in der Gemeinde auslöst. Alles ist auf einen besinnlichen, intimen Ton abgestimmt, von dem sich die Jubelchöre und Arien festlich hell abheben.
Bach hat noch ein ›Oster-‹ und ein ›Himmelfahrts-Oratorium‹ geschaffen. Beiden fehlt das eigentliche Merkmal der Gattung: epischer Bericht und in Einzelpersonen und Chor sich darstellende Handlung. Sie sind also ›Kantaten‹ mit stimmungsvollen Chören, Arien und Duetten. Das gilt auch für das festlich helle ›Magnificat in D-Dur‹. Reine Chorwerke sind die sechs zum Teil doppelchörigen ›Begräbnis-Motetten‹. Sie gehören zu den wenigen Werken Bachs, die nach seinem Tode nicht alsbald in Vergessenheit gerieten. Die Thomaner pflegten sie weiterhin. Eines dieser harmonisch kühnen polyphonen Gebilde, ›Singet dem Herrn ein neues Lied‹, sangen sie unter ihrem Kantor Doles (Bachs Schüler) 1789 für Mozart.
Der Kreis der großen vokal-instrumentalen Werke schließt sich mit der ›h-Moll-Messe‹ (Entstehung siehe Seite 253). Eine Gesamtaufführung des riesigen Werkes hat Bach nie beabsichtigt, die Maße der 4 Chor-Kantaten (a. ›Kyrie‹, b. ›Gloria‹, c. ›Credo‹, d. ›Sanctus‹, ›Benedictus‹ und ›Agnus dei‹) sprengen den liturgischen Rahmen. Man vermutet aber, daß er einzelne Teile im Gottesdienst hat singen lassen.
Der Messetext und die anscheinend katholische Haltung der Musik einiger Partien spricht nicht dagegen. Abschriften, die Bach von geistlichen Musiken italienischer Meister machte, bestätigen, daß er neben protestantischen Werken auch solche der ›musica sacra‹ in den Gottesdienst einbezog. Seine ›h-Moll-Messe‹ zeigt, wie eingehend er sich mit der katholischen Musik und mit dem Messetext beschäftigt hat. Er verzichtete auf den Choral, er verwandte im ›Credo‹ die Gregorianische Weise ›Credo in unum Deum‹, er deklamierte das Lateinische durchaus im Sinne der ›musica sacra‹ in teils prunkvoll festlichem, teils abstrakt strengem, überpersönlichem Stil. Die Polyphonie wirkt sich in den großen Chorfugen und kanonischen Stimmführungen der ›h-Moll-Messe‹ weit selbstherrlicher aus als in den Passionen, in denen es keine ›streng‹ durchgeführte Fuge gibt. Dennoch läßt sich nicht sagen, die ›h-Moll-Messe‹ sei ein katholisches Werk. Bach übernahm verschiedene Textänderungen der ›Deutschen Messe‹, und er fügte auch in dieses Werk freie Teile aus seinen Kantaten ein. Immer wieder wird die erhabene Strenge des Messe-Stils in schlichten, liedseligen Gebilden und frei hinströmenden Abschnitten von subjektiv lyrischem Ausdruck gemildert oder durchbrochen. Bach fühlte sich hier nicht an ein bestimmtes kirch-

liches Dogma gebunden, er musizierte, wie es sein religiöses Gewissen und sein Genius ihm eingab. So gesehen ist die ›h-Moll-Messe‹ ein zugleich katholisches und protestantisches, ein überkonfessionelles Werk christlicher Haltung.
Als nichtliturgische Kirchenmusik ist die ›h-Moll-Messe‹ das erste und überragende Beispiel einer Konzert-Messe (ihre vier Kantaten erklangen erstmals im Zusammenhang 1835 in Berlin). Von ihren vierundzwanzig Nummern entfallen drei auf das ›Kyrie‹, je acht auf ›Gloria‹ und ›Credo‹ und fünf auf ›Sanctus‹, ›Benedictus‹ und ›Agnus dei‹. Innerhalb der Nummern überwiegen die polyphonen Chorsätze, die verbindenden Arien und Duette sind ihnen gegenüber auffallend leichtflüssig und konzertant angelegt. Der Eindruck des Ganzen und besonders der Chorsätze ist erhaben-großartig, doch nicht statuarisch. Wiederum stehen die mit höchster Meisterschaft eingesetzten Kunstmittel im Dienst einer schlichten, allgemeinverständlichen Aussage.

Ausklang
Auf dem Altersbild von E. G. Haußmann (1746) hält der Thomaskantor den ›Canon triplex a 6 voci‹ in der Hand, den er 1747 nebst »Kanonischen Veränderungen über ›Vom Himmel hoch‹« der ›Mizlerschen Sozietät der musikalischen Wissenschaften‹ als Einstandsgabe überreichte, als er (nach Händel und Telemann) deren Mitglied wurde. Man erkennt, daß seine Augen krank sind. Seit 1740 plagte ihn dies Übel. Es minderte seine Schaffenskraft und führte schließlich zu seiner Erblindung. Völlig blind wurde er jedoch erst in seinem letzten Lebensjahr infolge mehrerer Operationen, die unheimlicherweise derselbe Kurpfuscher vornahm, der später in London Händel mit negativem Erfolg behandelte! Das andere, ausdrucksvollere Bild eines unbekannten Malers zeigt Bach drei Jahre vor seinem Tode.
Im Entstehungsjahr dieses Bildes (1747) erlebte Bach durch die Reise nach Potsdam zu Friedrich II. noch eine erfreuliche Unterbrechung seiner Leipziger Misere. Sein Sohn Philipp Emanuel, damals Kapellmeister bei Friedrich II., vermittelte die Zusammenkunft, von der die ›Spenersche Zeitung‹ einen Bericht brachte. Danach geruhte der König »unverweilt, in eigener höchster Person dem Kapellmeister Bach ein Thema vorzuspielen, welches er in einer Fuge ausführen sollte. Es geschah dieses von gemeldetem Kapellmeister so glücklich, daß nicht nur Se. Majestät dero allergnädigstes Wohlgefallen darüber zu bezeugen beliebten, sondern auch die sämtlichen Anwesenden in Verwunderung gesetzt wurden. Herr Bach fand das ihm aufgegebene Thema so ausbündig schön, daß er es hernach in Kupfer stechen lassen will«.
Wieder in Leipzig, entwarf Bach über das ›Thema regium‹ sein ›Musikalisches Opfer‹ (1747) und schickte es dem König in drei Sendungen mit einer Widmung zu. Die erste Sendung umfaßt ein dreistimmiges ›Ricercar‹ (Fuge), ›6 Rätselkanons‹ und eine ›Fuga canonica in Epidiapente‹, die zweite eine große ›Fuga a 6 voci‹ und zwei weitere Kanons, die letzte einen ›Canon perpetuus‹ und die ›Triosonate für Flöte, Violine und Basso continuo‹. Alle diese Stücke sind abgeklärte, abstrakt-polyphone Gebilde, Kunstwerke jener seltenen Art, die Goethe »zugleich höchste Naturwerke« nannte.
Nach dieser Zeit hatte Bach kaum noch Kontakte zur Umwelt. Meist lebte er in einem

verdunkelten Raum, da ihn das Tageslicht schmerzte. In solcher Abgeschiedenheit reifte sein letztes großes Werk, die ›Kunst der Fuge‹ heran. Bach entwarf den Zyklus für Studienzwecke. In einer Reihe von Fugen und Kanons über ein Thema und seine Veränderungen stellte er die Möglichkeiten tonaler Polyphonie und die Form-Varianten der Fuge (einfache, Doppel-, Tripel-, Spiegelfuge usw.) noch einmal systematisch dar. Er nannte seine Gebilde schlicht ›Kontrapunkte‹ und zeichnete sie als abstrakt-melodische Linien auf, ohne Instrumente für sie zu bestimmen (nur 2 Fugen bearbeitete er nachträglich für zwei Cembali). Neuerdings haben Wolfgang Graeser, Matyas Seiber und andere das Werk mit Orchester- bzw. Kammermusik-Bearbeitungen für die Konzertwiedergabe erschlossen. Es umfaßt nicht nur die Quintessenz Bachscher Kunst: Ein halbes Jahrtausend abendländischer Polyphonie erfüllt sich in seiner vergeistigten Sprache.

Johann Sebastian Bach
Niederschrift aus dem ›Musikalischen Opfer‹

Die abschließende Quadrupelfuge blieb unvollendet. »Über dieser Fuge, wo der Name B.A.C.H. als Contrasubjekt angebracht worden, ist der Verfasser gestorben«, vermerkte Philipp Emanuel im Autograph. Das ist nicht wörtlich zu nehmen. Außer der ›Kunst der Fuge‹ beschäftigten Bach bis zuletzt die berühmten ›Achtzehn Choräle für Orgel‹ (meist Choralvorspiele aus der Weimarer Zeit). Er überarbeitete sie teilweise zum 15. Mal (!), bis sein Augenlicht erlosch. Noch auf dem Sterbebett umkreisten seine Gedanken dies Werk; seinem Schwiegersohn Altnikol diktierte er die krönende achtzehnte fugierte Choralfantasie in die Feder: ›Wenn wir in höchsten Nöten sein‹. Zu derselben Choralmelodie singt man noch einen anderen Text. Als Bach sein Ende nahen fühlte, bat er Altnikol, er möge diesen anderen Text als Überschrift einsetzen. Er lautet: ›Vor deinen Thron tret' ich hiermit.‹

Interludium · Mitte zwischen Gotik und Gegenwart

Den Stoff sieht jedermann vor sich, die Form ist ein Geheimnis den meisten, den Gehalt findet nur der, der etwas dazu zu tun hat.
Goethe

In Europa ist seit langem kein ernst zu nehmender Musiker denkbar – er sei Lehrer, Virtuose, Komponist oder dies alles zugleich, der nicht irgendwann einmal bei Bach in der Lehre gestanden hätte. Und es gibt keine Richtung der Neuen Musik – sie eifere Bach nach oder strebe von ihm fort –, die ihm nicht Einsichten, Maßstäbe, Prinzipien des Handwerklichen zu danken hätte. Ähnliches gilt für die Literatur, die Architektur, für manches der Musik scheinbar ganz fern liegende Gebiet. Bach ist der ruhende Pol in der Erscheinungen Flucht, der Fels, auf dem es sich bauen läßt zu jeder Zeit.
Kein Zeitgenosse Bachs erkannte den Rang seiner Werke. Nur ein kleiner Freundeskreis schätzte sie, die breite Öffentlichkeit ging achtlos an ihnen vorüber. In Scheibes ›Critischem Musicus‹ von 1737 kann man lesen: »Dieser große Mann ... ist in der Musik dasjenige, was ehemals der Herr von Lohenstein in der Poesie war. Die Schwülstigkeit hat beide von dem Natürlichen auf das Künstliche und von dem Erhabenen auf das Dunkle geführt; man bewundert an beiden die beschwerliche Arbeit und eine ausnehmende Mühe, die doch vergebens angewandt ist, weil sie wider die Vernunft streitet.«
Mode und Zeitgeist waren gegen Bach. Sein Lieblingssohn Johann Christian nannte ihn despektierlich »die alte Perücke«. Kaum tot, schien er für die Welt vergessen. Seine Werke verstaubten in Archiven; viele verschluderte Wilhelm Friedemann, viele lagen bei Carl Philipp Emanuel herum. Man verwandte seine Partituren als Packpapier, man gab sie Gärtnern zum Umwickeln der Bäume gegen Ungeziefer und derlei mehr.
Doch dann kam die Auferstehung. Mozart lernte einiges von ihm kennen und wurde sein Bewunderer; seine Spätwerke und liebevollen Bearbeitungen bezeugen es. Der Göttinger Universitätsmusikdirektor Forkel machte 1802 mit einer ersten, enthusiastisch gehaltenen biographischen Studie auf Bach aufmerksam. Von Neefe erhielt Beethoven ein seltenes Exemplar des ›Wohltemperierten Klaviers‹. Es wurde ›seine Bibel‹ und begeisterte ihn zu dem Ausspruch: »Nicht Bach, sondern Meer soll er heißen.« In Berka spielte der Organist Schütz aus demselben Werk Goethe vor. Dieser faßte (1827) seinen Eindruck in die Worte: »Ich sprach mir's aus: als wenn die ewige Harmonie sich mit sich selbst unterhielte, wie sich's etwa in Gottes Busen, kurz vor der Weltschöpfung möchte zugetragen haben. So bewegte sich's auch in meinem Innern, und es war mir, als wenn ich weder Ohren, am wenigsten Augen, und weiter keine übrigen Sinne besäße noch brauchte.« Durch Zelter wurde Mendelssohn auf Bach hingewiesen. Hundert Jahre nach der Erstaufführung der ›Matthäus-Passion‹ begann mit der Neuaufführung des Werkes durch Mendelssohn (1829) die eigentliche Bach-Renaissance.
Sie setzte naturgemäß zögernd ein, denn nur weniges von Bach war damals erreichbar. Doch mit der Gründung der ›Bach-Gesellschaft‹ (1850), deren Vorstand Robert Schumann und der Thomaskantor Moritz Hauptmann angehörten, änderte sich das. Immer

mehr Werke wurden zugänglich gemacht. Unaufhaltsam drang Bach in die Kirchen- und Schulmusik, die Haus- und Konzertmusik ein. Bach-Forschung und -Pflege wurden zu einem nationalen Anliegen. 1873 bis 1880 legte Philipp Spitta seine große Bach-Biographie vor. 1900, im Gründungsjahr der ›Neuen Bach-Gesellschaft‹, konnte der 56. Band der Werke Bachs im Druck erscheinen. 1901 veranstaltete die neue Gesellschaft ihr ›1. Bach-Fest‹, 1904 erschien das ›1. Bach-Jahrbuch‹, 1908 veröffentlichte Albert Schweitzer sein Bach-Buch. Das Schrifttum über Bach schwoll ins Uferlose an. 1946 kam es zur Gründung der ›Internationalen Bach-Gesellschaft‹ in Schaffhausen. Seit 1956 wächst die ›Neue Bach-Ausgabe‹ heran. Die Forschungsergebnisse von Gelehrten aus aller Welt kommen ihr zugute.

Bachs Aufstieg vollzog sich im Rahmen umwälzender weltanschaulicher und gesellschaftlicher Veränderungen. Daß ihn seine Zeit nicht gerecht würdigte, ist begreiflich. Schon als Kirchenmusiker war er damals ›Randfigur‹ (siehe Seite 253). In seiner Polyphonie lebte unzeitgemäß jene mittelalterliche Denkweise fort, die es unternahm, »die Welt als Ganzes durchzukonstruieren und darin dem einzelnen einen irgendwie notwendigen Ort zuzuweisen« (Guardini). Erst im Stimmverband gewinnt bei ihm die einzelne Stimme Bedeutung. Er betont in seiner polyphonen Melodik das ›Wir‹.

Doch seine Zeit – absolutistisch noch und doch schon bürgerlich – betonte längst und entschieden das ›Ich‹. Ihrer Wesensart entsprach jede Musik, in der einzelne Stimmen individuell hervortraten (Belcanto!). Bach mußte ihr fremd erscheinen. Scheibe warf ihm denn auch vor, er lasse »alle Stimmen miteinander und in gleicher Schwierigkeit« arbeiten, man könne »darunter keine Hauptstimme« erkennen.

Die Entwicklung stand im Zeichen der homophonen Musik. Die kontrapunktische Satzweise, das Bauen mit feststehenden Themen, die Kanon-Technik fiel der Verachtung anheim. Carl Philipp Emanuel Bach sagte zu dem Engländer Burney, »ihm wäre es allemal ein sicherer Beweis, daß es demjenigen ganz und gar an Genie fehle, der sich mit einem so knechtischen Studieren abgeben könnte«. Die Fuge, Sinnbild einer Weltordnung, wich der klassischen Sonate, dem Gefäß zielstrebiger musikalischer Entwicklungen. Sie wurde fortan Medium subjektiver Empfindungen, poetischer, idealistischer Bekenntnisse, esoterischer ›Seelendramen‹. Ihre Hauptmittel wurden wandelbare, gegensätzliche Themen und Motive, ›Subjekte‹ gleichsam, Spieler und Gegenspieler, zwischen denen es zu leidenschaftlichen Auseinandersetzungen kommen konnte. »Eine Fuge zu machen ist keine Kunst«, schrieb Beethoven, »ich habe deren Dutzende in meiner Studienzeit gemacht... die Phantasie will auch ihr Recht behaupten, und heutzutage muß in die althergebrachte Form ein anderes, ein wirklich poetisches Element kommen.«

Und doch fand gerade das individualistische bürgerliche 19. Jahrhundert zu Bach hin. Die Gründe hierfür wurden deutlich ausgesprochen. Beethoven nannte ihn »Urvater der Harmonie«. Gleiches sagte Goethe. Hegel sah in ihm den Aufstieg der Musik »vom bloß Melodischen ..., das als die tragende einende Seele bewahrt bleibt ..., zum Charaktervollen«. Liszt, Wagner, Bruckner, Schumann, Brahms – jeder äußerte sich ähnlich. Bachs Formenwelt, seine Satzweise, seine Gesetze waren demgegenüber das ›Althergebrachte‹.

Fasziniert waren die Komponisten vor allem von Bachs Harmonik, von den Raumwirkungen seiner polyphonen Klangwunder. Sie lernten von ihm, durch melodische Belebung der Begleitstimmen die Tiefenwirkung der Klangräume zu steigern. Gemäß dem Gesetz ihrer Zeit gelangten sie freilich zu einer andersartigen Polyphonie. Schon Mozart und der späte Beethoven schrieben wieder Fugen. Doch sie verwandelten diese Form (wie jede andere auch). Nicht mehr das >Sosein<, sondern das >Sowerden< suchten sie künstlerisch darzustellen. Polyphonie wurde nun Mittel zielstrebiger Sinfonik und sinfonischer Dramatik, Mittel auch, sublime malerische Wirkungen zu erzielen.

Jenseits aller Form- und Stilprobleme aber erlebte und rühmte man den Menschen Bach, den Charakter, den Mystiker, den Gottverherrlicher, den Sänger des Todes. Durchaus die >Inhalte< seiner Musik beschäftigten die Phantasie. So berichtete Mendelssohn, Goethe habe über die Ouvertüre der >D-Dur-Suite< geäußert, es gehe »darin so pompös und vornehm zu, daß man ordentlich die Reihe geputzter Leute, die von einer großen Treppe heruntersteigen, vor sich sehe«. Die Romantiker waren ergriffen von der >dämonischen< Ausdrucksgewalt der Orgelwerke und Passionen. Sie erfühlten die >verschwendeten Innigkeiten< der dunkelgründigen Kathedralmusiken, die Lyrik der Arien, und entdeckten den subjektiven Melodiker Bach. Wo er ihrem Wunschbilde nicht zu entsprechen schien, da bearbeiteten sie ihn. Sie überzogen seine Partituren mit Vortragszeichen, betonten das Pathos, die Gefühlsseiten seines Wesens und fügten seinen Werken Melodien hinzu (Beispiel: Gounods Bearbeitung des >C-Dur-Präludiums<!). Er wurde romantisch >überhitzt<. Und dies so sehr, daß die Kirche zeitweilig glaubte, sich seinen Kantaten verschließen zu müssen, da ihr subjektiver Ausdrucksstil eine religiöse Andacht der Gemeinde nicht aufkommen lasse!

Das 20. Jahrhundert ging im allgemeinen den umgekehrten Weg. Es >entromantisierte< Bach wieder. Man säuberte seine Werke von fremden Zutaten und strebte historisch getreue Wiedergaben an. Man löste seine Werke von hineinempfundenen Inhalten und vertiefte sich in die ursprünglichen Absichten des kombinatorischen Geistes, des Formschöpfers, des großen Ordners im Reich der Töne. Ihm huldigten – nach Reger – so verschiedene Naturen wie Schönberg, Strawinsky, Hindemith, Fortner, David, Hartmann. Polyphones >Musik-denken< wurde typisch für viele Richtungen der >Neuen Musik<. »Alle Kunst soll Wissenschaft und alle Wissenschaft Kunst sein« – von dieser Maxime der Brüder Schlegel ließ man sich leiten. Analysierend und interpretierend wurde die abstrakte Schönheit der Bachschen Linearität, der Bachschen Formstrukturen ans Licht gehoben.

Im Zuge der Zeit blieben einseitige Experimente mit Bach indessen nicht aus. Man >versachlichte< seine Werke, man >unterkühlte< sie und suchte den >perfekten Mechanismus< ihres Ablaufs darzustellen. Menschen, die die klangsinnliche Reizwirkung einer Musik mehr beeindruckt als ihre geistige Aussage, werden dadurch in der ohnehin für ihre Spezies naheliegenden Ansicht bestärkt, Bachs Musik sei schwierig, gefühlsarm, konstruiert, sie beschäftige nur den Verstand. Sie sehen in Bach einen Systematiker und Ordnungsfanatiker, ja einen Widersacher der freien Kunst. Anderen dagegen, die an einem zweckfreien >Glasperlenspiel<, an einer möglichst absoluten Musik Gefallen finden, scheinen Bachs Werke neuerdings selbst in der unterkühltesten Wiedergabe noch überladen mit Ausdrucks- und Symbolwerten. Sie sehen >historisch< in der ja keineswegs von Bach allein vollzogenen Verbindung der alten Kontrapunktik mit der »so eingänglichen« tonalen (Dur-Moll-)Harmonik »etwas Hybrides« (Handschin).

Sie empfinden Bachs Stil als einen verspäteten, >quasi-gotischen< Manierismus des Barock. Eine annähernd absolute Musik ist für sie die kirchentonartlich gebundene, modale >musica reservata< des 14. bis 16. Jahrhunderts, in der die Ton-Materie ohne Rücksicht auf den Sinn der Texte nach rein musikalischen Gesetzmäßigkeiten geordnet scheint, darin verwandt einigen >klingenden Architekturen< der aharmonischen >Neuen Musik<.

Nun ist die absolute – oder wie man neuerdings sagt, die >integrale<, die beziehungslos für sich allein bestehende Musik allerdings nur eine Fiktion. »Das integrale Kunstwerk ist das absolut widersinnige« (Adorno). Indem Musik erklingt und gehört wird, tritt sie notwendig aus ihrer Integration heraus, das heißt, sie wirkt sich aus; indem sie sich auswirkt, gewinnt sie Bedeutung, wird sie gedeutet: magisch, kultisch, philosophisch, ästhetisch, je nachdem. Während Jahrtausenden war das so, immer wird das so sein, mag diesem Vorgang ein illusionistischer Grundzug eignen oder nicht. Indem Musik gedeutet wird, werden ihre absoluten Werte zu Beziehungswerten, sie erhalten Symbol-Charakter.

Was eine Musik den Menschen bedeutet, kann heute dies und morgen jenes sein. Das hängt von vielen teils konstanten, teils wandelbaren Faktoren ab, die einander im Wechsel der Konventionen bedingen oder ausschließen. Je wesentlicher die Beziehungswerte einer Musik zum zeitlos Menschlichen sind, je einfacher ihre Symbole sich darbieten, unabhängig vom Wandel der Konventionen, desto dauerhafter wird sie sich dem Leben verbinden.

Bachs Musik ist äußerst reich an solchen Beziehungswerten. Viele nun sehen eine Erklärung hierfür gerade in dem Umstand, daß in ihr das Linienspiel der Stimmen an die tonale Harmonik gebunden ist. Ja sie weisen darauf hin, die tonale Harmonik sei als >drittes Element< die Voraussetzung für die Deutbarkeit von Musik überhaupt und sehen in der Tonalität »eine Kraft wie die Anziehungskraft der Erde« (Hindemith). Sie berufen sich darauf, daß die erdrückende Mehrheit der Menschen heute noch ebenso wie vor 5000 Jahren die Beziehungen zwischen den Tönen instinktiv oder bewußt qualitativ, im weitesten Sinne also >tonal< werte. Das heißt, sie rechne mit Zentraltönen, auf welche die Intervalle im Sinne von Spannung und Entspannung, von Dissonanz und Konsonanz bezogen sind. Die Pentatonik im alten China, die Ragas der Inder, die Reihen des antiken Hellas, ja die zwei-, drei- und mehrstufige Melodik aller Naturvölker bestätige dies.

In der Tat kommt es in Bachs Polyphonie durch die tonale Harmonik zu einer unüberhörbaren Versöhnung von Einzelstimme und Stimmverband, von >Individuum< und >Gruppe<. Das zwischen Spannung und Entspannung stets den Ausgleich suchende Miteinander der Stimmen erweckt den Eindruck des organischen, >beseelt< melodischen Strömens. Jede Stimme ist völlig sie selbst, doch jede weiß sich den anderen zugehörig; alle, so verschieden ihre Wege auch sein mögen, scheinen von der gleichen Empfindung, vom gleichen Denken durchdrungen. Das Vielfältige fügt sich zum Sinnbild der Einheit.

Bei der ›Neuen Musik‹ – soweit in ihr die Antithese zur Tonalität vertreten wird, nämlich: Die Intervalle sind quantitative Werte, es gibt keine Zentraltöne im Rahmen der ›temperierten Stimmung‹ und somit auch keine auf sie beziehbare Harmonik – erwächst gerade aus diesem Umstand für viele der Eindruck des zufälligen oder mechanischen Nebeneinander im kollektiven Stimmverband. Alles läuft zwar gesetzmäßig ab, doch etwa so wie das Leben im Straßenbild einer Großstadt. Jeder folgt anscheinend nur seinem Gesetz. Jeder geht seiner Wege, keiner weiß etwas vom anderen. Im verwirrenden Hin und Wider der Bewegungen findet nichts Gemeinsames einen erkennbaren Ausdruck.

Indessen – dieser gegenwärtig vorherrschende Eindruck der aharmonischen ›Neuen Musik‹ ist kein Argument gegen sie. Daß es eine Auffassung 5000 Jahre hindurch nicht gab, besagt nicht, daß sie unmöglich sei und ebensowenig, daß nicht gerade sie für die Zukunft bedeutsam werden könnte. Von Ptolemäus über Kopernikus zu Planck oder Einstein, von der Heterophonie über die isorhythmische Motette oder die Quadrupelfuge zu den Strukturen der aharmonischen, seriellen, synthetischen Musik – welche Wandlung der Anschauungen, welch unübersehbare Fülle von verwirklichten ›Unmöglichkeiten‹! Feststellen läßt sich lediglich, daß die aharmonische Musik und die von ihr aus ins Unbegrenzte klanglicher und kombinatorischer Möglichkeiten sich vorwagende Musik gegenwärtig der Allgemeinheit noch mehr oder weniger unzugänglich ist. Ihre Ordnungen und Symbole, ja selbst ihre ›ästhetischen Werte‹ erschließen sich einstweilen nur über »das geduldige, analytische und intellektuelle Studium« (Krenek).

Mag sein, daß die aharmonische Musik, indem sie die allgemeine menschliche Aufnahmefähigkeit überfordert, stets nur als ›musica reservata‹ wenigen etwas bedeuten wird und daß Th. W. Adorno genau ihre Grenzsituation ermittelt hat mit seiner These: »Die Verfahrensweise der neuen Musik stellt in Frage, was viele Fortschrittliche von ihr erwarten: in sich ruhende Gebilde, die in den Opern- und Konzertmuseen ein für allemal sich betrachten ließen.« Doch wo liegen die Grenzen menschlicher Aufnahmefähigkeit? Führt der Weg der aharmonischen Musik, indem sie die gewohnten Beziehungswerte zum Menschlichen entwertet, notwendig über den »Verfall des Einfalls« (Krenek) ins Gestaltlose? Spätere Zeiten werden die scheinbar nur ›koexistenten‹ Grundströmungen unserer Gegenwart zusammenschauen und ein Urteil darüber fällen, ob und welchen Werken der ›Neuen Musik‹ die Kraft überzeitlicher Gleichnisse innewohnt.

Was aber hat die Erörterung dieser Probleme mit Bach zu tun? Bach steht als melodischer Harmoniker historisch gesehen im Mittelpunkt der abendländischen Musikentwicklung!

Zu ihm führen die Wege hin (allmähliche Lösung von den Kirchentonarten, den modi, während des 15. bis 17. Jahrhunderts, immer entschiedenere Bevorzugung der Dur-Moll-Geschlechter bis zur Konstituierung der funktionellen Tonalität) – von ihm gehen sie aus (allmähliche Differenzierung und Verschleierung der Tonalität während des 19. und frühen 20. Jahrhunderts bis zu ihrer Preisgabe durch Hauer und Schönberg).

Heute berufen sich sowohl die Vertreter der tonalen als auch die der atonalen (aharmonischen) Musik auf Bach. Letztere weisen darauf hin, daß er als erster in seinem ›Wohltemperierten Klavier‹ die von Andreas Werkmeister 1691 postulierte ›gleichschwebende‹ oder ›temperierte Stimmung‹ anwandte, die ohne Rücksicht auf die Naturtonreihe die Oktave künstlich in 12 gleiche Halbtöne teilt. Erst diese Stimmung ermöglichte es, auf Harmonie-Instrumenten (Klavier, Orgel usw.) frei zu modulieren und in jeder beliebigen Tonart zu spielen (für ›fis‹ und ›ges‹ bzw. ›dis‹ und ›es‹ usw. weisen die Harmonie-Instrumente jeweils nur eine Taste auf, obwohl diese Töne in der ›reinen‹ Stimmung voneinander abweichen). Die älteren Stimmungen für Tasteninstrumente (15. bis frühes 18. Jahrhundert) waren ›ungleichschwebend‹. Sie brachten die 7 Töne der C-Dur-Reihe rein und fügten nur für die 5 fehlenden Halbtöne (die schwarzen Obertasten des Klaviers) Mittelwerte ein. Die ›gleichschwebende‹ Stimmung dagegen enthält außer den Oktaven überhaupt keine reinen Intervalle. Sie sind alle gegeneinander ›verstimmt‹.

Die Anhänger der atonalen Musik argumentieren nun so: Indem Bach die ›temperierte Stimmung‹ einführte, wurden alle tonalen Modulationen, alle tonalen Spannungen und Entspannungen irreal, fiktiv. Bachs ›Wohltemperiertes Klavier‹ bildet den Ausgangspunkt einer Entwicklung, die über Wagners ›Tristan‹-Chromatik, über Debussys ›autonomen Klang‹ direkt hinführt zu Schönbergs Atonalität oder, wie man heute sagt, zur ›polyplanen Chromatik‹. Schönberg zog aus Bachs erstem Schritt in die temperierte Stimmung nur die letzte logische Folgerung, indem er feststellte, daß es in dieser Stimmung reale Zentraltöne effektiv nicht gibt.

Die Anhänger der tonalen Musik wenden hingegen ein, daß Bach, ebenso wie alle ›tonalen‹ Musiker nach ihm, die ›temperierte Stimmung‹ ausschließlich im tonalen Sinn anwandte und daß deren Abweichungen von der ›reinen Stimmung‹ derart geringfügig seien, daß jeder Hörer sie unwillkürlich im Sinn der natürlichen Tonordnung ›umhöre‹. Wäre dies nicht der Fall – so argumentieren sie –, dann wären Klavierkonzerte unerträglich, da in ihnen das Klavier ›temperiert‹ gestimmt ist, während zum Beispiel die Streicher unwillkürlich nach der ›reinen‹ Stimmung intonieren, das heißt zwischen ›fis‹ und ›ges‹ tatsächlich unterscheiden.

Nun ist das mit dem ›Umhören‹ freilich so eine Sache. Es ist eine Illusion. Ein ›temperiertes‹ und ein ›reines‹ fis, das ist zweierlei, so heute wie eh und je. Seit man beides mischt oder auch nur temperiert spielt, ist relativ geworden, was man als tonale Musik wahrnimmt. Die Hörempfindlichkeit in bezug auf die tonalen Qualitätswerte der Tonstufen ist im Laufe von 250 Jahren durch jede temperierte Musik herabgemindert worden. Es gibt zwar noch Abendländer, denen die Gleichzeitigkeit temperierter und reiner Töne geradezu physischen Schmerz bereitet (Schumanns Krankheit!), doch sie sind weit in der Minderheit. Im allgemeinen ist der Sinn für den ästhetischen Reiz reiner Tonstufen, der in der einstimmigen fernöstlichen Melodik noch heute eine überragende Rolle spielt (die feinen Viertel- und Achtelton-Abweichungen sind als

Ornamente einzig hieraus verständlich), im Abendland mehr oder weniger verkümmert. Der bewußte Verzicht auf die reine Intervall-Qualität, die bewußte Hinnahme nivellierter Durchschnitts-Tonwerte – das ist der Preis, der zu entrichten war, damit die mehrstimmige tonale Musik, gestützt auf ihr gesamtes Instrumentarium, im vollen Tonartenbereich des Quinten- und Quartenzirkels frei sich entfalten konnte.

Das ist aber auch der Preis, der die exakte theoretische Voraussetzung der atonalen Musik bildet. Ob mit ihr eine andere Konvention des Musikhörens heraufziehen wird, steht dahin. Darum geht es letzten Endes aber auch gar nicht. Wenn es gelingt, die neu gesehenen Mittel der Musik schöpferisch einander zuzuordnen, dann werden die besten Leistungen der ›neuen‹ Musik Dauer erlangen neben denen der ›alten‹.

Wie dem auch sei – ein unerhörter Zuwachs an klanglichen Möglichkeiten hat sich aus Bachs erstem Schritt in die temperierte Stimmung ergeben. Ohne Frage hat er weder die Relativierung der Tonalität beabsichtigt noch überhaupt die ungeheuren Folgen seines Schrittes voraussehen können. Doch ebenso wie in ihm eine Musik-Epoche zum Abschluß kam, steht er rätselhaft vieldeutig am Eingang der ganzen neuzeitlichen Entwicklung.

Mag nun Musik fortan tonal oder atonal oder wie immer gemeint sein – (die ›Elektronenmusiker‹ haben die Halbtongrenze längst unterschritten. Sie verwenden bei der Montage ihrer synthetischen Musik minimale Stufenwerte aus dem Ton- und Geräusch-Kontinuum; Tonalität und ›zwölftönige‹ Atonalität sind für sie bereits historische Begriffe) –, jede für Menschen bestimmte Musik wird notwendig auf deutbaren Beziehungswerten beruhen müssen. Denn nur über sie hin vermag gestaltete Musik mit dem Leben zu kommunizieren. Ob nur drei Töne oder ob das ›Ton-Kontinuum‹ das Material einer Musik bildet, und welches Ordnungsprinzip ihr zugrunde liegt, das ist demgegenüber von sekundärer Bedeutung.

Wie in der Vergangenheit aber werden auch in Zukunft nicht Systeme, sondern überragende schöpferische Persönlichkeiten das Schicksal der Musik bestimmen. Machaut ist nicht durch Mozart oder Schönberg zu entwerten. Systeme sind vergänglich. Unvergänglich aber sind in der Kunst die Meisterwerke als Sinnbilder dessen, was Menschenlos ausmacht.

Zu Bach führen die Wege hin, von ihm gehen sie aus. Seine Musik duldet und überdauert jede Deutung. Den Menschen des 20. Jahrhunderts – dieser Zeit der ›verlorenen Mitte‹ – ist sie unentbehrlich; sie finden in ihr Sinnbilder für eine in sich heile, einheitliche Weltordnung.

Zahllose auf allen Kontinenten – von unterschiedlicher Bildung, Konfession und Hautfarbe – hören oder spielen täglich Bach aus dem einfachen Grunde, weil er ihnen gefällt, weil er ihr Leben bereichert. Es bedeutet ihnen wenig oder nichts, daß Bachs Musik ›poly-melodisch‹ ist, daß in ihr das protestantisch betonte, musikalische Barock gipfelt, daß Kirche und Welt sich in ihr versöhnen, daß sie alles zuvor in Jahrhunderten Geschaffene zusammenfaßt. Sie begegnen ihr unbefangen, frei von Bildungs-Maximen. Sie lieben sie um ihrer selbst willen.

Die Klassik *(etwa 1730 bis 1810)*

Der Begriff Klassik kennzeichnet die letzte in sich abgeschlossene, historisch übersehbare Periode der abendländischen Musik. Schon bald nach 1700, während des Hochbarock, bahnte sich diese Periode an, und sie reicht mit ihren ›klassizistischen‹ Ausläufern noch weit in das 19. Jahrhundert hinein. Sie weist eine verwirrende Fülle antagonistischer Strömungen auf, die wie jene der anderen Künste in Wechselbeziehung standen zur gesellschaftlichen und weltanschaulichen Entwicklung im allgemeinen. Die Emanzipation des Bürgertums machte überall Fortschritte und erreichte mit der Französischen Revolution, also zur Zeit der französischen und deutschen Aufklärung, des literarischen ›Sturm und Drang‹, der frühklassischen und frühromantischen Dichtung, ihr entscheidendes Stadium.

Der Übergang von der feudalistischen zur bürgerlichen Gesellschaftsordnung zeichnete sich auf dem Gebiet der Musik ab im Werden neuer Formen der geselligen Musikpflege. Schon um 1700 entstanden im fortschrittlichen England aus den sogenannten ›consorts‹ des Adels die ersten öffentlichen Konzertveranstaltungen für Adel und Bürgertum. 1725 gründete in Paris Anne Danican, genannt Philidor (Bruder François André Philidors, siehe Seite 279) die berühmten ›concerts spirituels‹; sie standen jedem Bürger gegen Eintrittsgeld offen. In Deutschland verwandelten Berufsmusiker und Liebhaber ihre ›Academien‹ und studentischen ›collegia musici‹ in ähnliche Einrichtungen. Etwa seit 1750 gewannen die reisenden Virtuosen in der bürgerlichen Gesellschaft einen breiten Wirkungskreis. Erscheinungen wie Paganini oder Liszt im 19. Jahrhundert sind ohne ein bürgerliches Publikum undenkbar. Hamburg hatte seit 1761 einen öffentlichen Konzertsaal, in Leipzig gründete Hiller im selben Jahr seine Liebhaberkonzerte; 1781 gingen daraus die Gewandhauskonzerte hervor. 1783 folgte Berlin mit seinen ›Concerts spirituels‹ (unter Reichhardt), 1790 gründete dort Fasch die ›Singakademie‹, 1809 Zelter die ›Berliner Liedertafel‹ (siehe Seite 391). In Wien blieben die Privatkonzerte des Adels am längsten tonangebend. Erst 1812 bildete sich dort die bürgerliche ›Gesellschaft der österreichischen Musikfreunde‹. Alle diese Einrichtungen stützten sich noch weitgehend auf die aktive Mitwirkung von Liebhabern, ein schönes Zeichen für den hohen Stand der privaten Musikpflege. Nun erst entstanden, wiederum ausgehend von London (1813), überall in den Metropolen ›Philharmonische Gesellschaften‹. Ihre nur noch aus Berufsmusikern bestehenden Orchester wurden vom Bürgertum finanziert. Entsprechendes galt für einige Opernorchester und Ensembles und für Kammermusikvereinigungen aller Art. Die Fachmusiker konsolidierten sich in einem sozial geachteten bürgerlichen Berufsstand.

Die Folge war eine Verschärfung der Konkurrenz, die Leistungen steigerten sich, die Anforderungen an die Musiker wurden größer. Damit war der Weg vorgezeichnet für eine systematische Verbesserung und Vermehrung der klanglichen und technischen Mittel der neuzeitlichen Musik. Er führte in das Spezialistentum, in die Autonomie von Kunstwerk und Interpretation, aber auch in die Isolation von Komponist, Interpret und Hörer. Die Kluft zwischen Liebhaber und Berufsmusiker vertiefte sich, der Dilettant sah sich auf die Hausmusik verwiesen; im öffentlichen Musikleben (das Chorwesen ausgenommen) gesellte er sich zum nur noch rezeptiven Publikum. Mit der Verallgemeinerung dieser Entwicklung wurde um 1830 die heute noch gültige Grundlage der modernen Musikpraxis verwirklicht.

Innentitel der ersten Ausgabe von Goethes ›Die Leiden des jungen Werthers‹, 1774 Um diese Zeit entstand Mozarts schwermütige ›kleine‹ g-Moll-Sinfonie (K. 138). Goethe äußerte später, damals habe eine ›epidemische Melancholie‹ die Gebildeten erfaßt

Entsprechend verlief die innere Entwicklung. Der Charakter der bislang vorwiegend höfisch oder kirchlich orientierten Kunstmusik änderte sich. Ein neues bürgerliches Lebensgefühl erfüllte die Schaffenden und steigerte ihr Selbstbewußtsein. Als der ›dritte Stand‹ gegen den Absolutismus Sturm lief, da wurden viele Komponisten zu Sängern der Revolution, zu Sängern einer neuen Freiheit und Menschenwürde. Und der Sieg des Bürgertums war dann auch ihr Sieg. Als Freie unter ihresgleichen stellten sie sich nun ihre Aufgaben selbst. Schon lange vor der Französischen Revolution aber wurde die Musik unter dem Zugriff einer rebellischen Jugend aus einer trockenen ›Sprache der Gelehrsamkeit‹ (wie sie es sah) zu einer ›Sprache der Empfindung‹, der hellen, flammenden Leidenschaft, und als solche im Sinne Rousseaus ›Nachahmung

der Natur‹. Daß die Großen jener Epoche über die Widersprüche, Halbheiten, Verirrungen und Teilsiege der Zeit hinausgelangten zu vollendet durchgebildeten, allgemeingültigen Schöpfungen, das verlieh ihrer Kunst klassischen Rang.
Die ›klassische‹ Musik scheint unserer Gegenwart indessen nicht das zu sein, was das fortschrittsgläubige 19. Jahrhundert in ihr sah, nämlich: Höhepunkt der abendländischen Musikentwicklung bis dahin überhaupt. Palestrina, Lassus, Monteverdi, Schütz, Händel und Bach sind anderes und mehr als nur ›Wegbereiter‹ jener ›Gipfelgestalten‹, die die Klassik repräsentieren. Auch sie sind Klassiker, nur waren ihre Zielsetzungen, ihre Möglichkeiten und Mittel verschieden. Ganz allgemein läßt sich sagen, daß die mit der Renaissance einsetzende Individualisierung der Musik während des 18. Jahrhunderts ein neues Stadium erreichte. Bald nach Bachs Tod wurde der Ausdruck des Subjektiv-Emotionalen zum Anliegen der Musiker. Sie gaben die überkommenen konstruktiv-polyphonen Formen auf oder machten sie ihren Absichten gefügig. Sie entwickelten neue Ausdrucksformen, um nicht nur das Zuständliche einzelner Empfindungen, sondern ihr Werden und Vergehen in dynamischen Entwicklungen darstellen zu können. Die großen Meister gelangten hierbei noch einmal zu einem klassischen Gleichgewicht zwischen Form und Inhalt, Gestalt und Wesen. Jenseits der Klassik führt dann der Weg während des 19. Jahrhunderts in die Krise des Individualismus und zu den Ansätzen einer Neuorientierung, die im 20. Jahrhundert abermals eine Umwertung aller Werte auslöst.
Die Klassik hat ihren Auftakt in der galanten und empfindsamen Zeit, ihren ›Sturm und Drang‹ in den ›Mannheimern‹ und in der Frühklassik, ihre Reife in der Hochklassik der Wiener Schule, das heißt in den späten Opern Glucks und Mozarts und in den Kammermusiken, Sinfonien und Konzerten des mittleren und späten Haydn bzw. Mozart und des mittleren Beethoven. Mit diesen und anderen Meistern ging bald nach 1750 die Führung im europäischen Konzert auf langehin an Deutschland und Österreich über.
Die deutsch-österreichische Klassik ist kein isoliertes Phänomen. Sie wird verständlich aus den auf sie zukommenden und mit ihr sich vereinigenden Strömungen der europäischen Musik. Wenn Gluck 1773 im Pariser ›Mercure de France‹ den »lächerlichen Unterschied der musikalischen Nationalsprachen« ablehnte, wenn Mozart aus Paris an seinen Vater schrieb, er könne nun »so ziemlich alle Arten und Stile von Komponisten nachahmen«, so ging es ihnen um »die Universalsprache unseres Kontinents« (Chabanon über Gluck, 1785). Ähnlich sah König Friedrichs II. Flötenmeister Quantz im »deutschen Geschmack« einen »aus dem Geschmack verschiedener Völker mit gehöriger Beurteilung das Beste auswählenden Kunstgeschmack«. Auch Goethes Vorstellungen von großer Musik entsprangen kosmopolitischer Gesinnung. Er genoß die italienische Musik »durch den verfeinerten äußeren Sinn«, die »in bezug auf Verstand, Empfindung, Leidenschaft gesetzte« französische und deutsche Musik dagegen nahm nach seiner Ansicht »mehrere menschliche Geistes- und Seelenkräfte in Anspruch«. Und er forderte, in den Werken der Meister müsse notwendig das eine mit dem anderen sich vereinigen.
Die Grenzen zwischen den einzelnen Stufen der Klassik sind fließend. Überblickt

man jene Zeit als Ganzes, so stellt sie sich im Sinne der Goetheschen Forderung dar als ein allmähliches Ineinanderübergehen des sinnlichen italienischen, des rationalistischen französischen und des gedankenschweren, leidenschaftlichen deutschen Stils, eine Verbindung, aus der dann der ›klassische‹ Stil als die musikalische »Universalsprache unseres Kontinents« hervorging.

Dieser im einzelnen verwirrend vielfältige Vorgang wird übersichtlicher, wenn man

›Les Amusements du Parnasse‹, Titelblatt des III. Teiles dieses Werkes von Michel Corrette, 1737

in der Mitte des 18. Jahrhunderts (Bach † 1750, Händel † 1759) die äußere Zäsur zwischen Barock und neuer Zeit sieht. Das Hochbarock gipfelt in Bach und Händel und klingt dann allmählich ab. Doch das Neue – soweit es nicht in diesen beiden Meistern schon sich ankündete – entfaltete sich längst neben ihnen und an ihnen vorüber. Die Frühklassik wird im allgemeinen auf die Zeit von etwa 1760 bis 1780 (Haydn, Mozart) datiert, die Hochklassik auf die Zeit von 1780 bis etwa 1810 (Haydn, Mozart, Beethoven); das, was nach 1810 bis zum Tode Beethovens noch entstand, wird cum grano salis der Romantik zugeordnet. In der Beurteilung der galanten und der empfindsamen Zeit, die man unter dem Sammelbegriff musikalisches Rokoko entweder dem Barock zuteilt, sozusagen als deren ›verspielte Endstufe‹, oder schon in den Bereich des Neuen einbezieht, weichen die Meinungen leicht auseinander.

Sieht man im musikalischen Rokoko eine im Barock entstehende, auf die Klassik zuwandernde Strömung, also einen kontinuierlichen Übergang zur Klassik, so treten deren Ursprünge deutlich in Erscheinung.
Der galante Stil bildete sich vor in der französischen Lautenmusik des 17. Jahrhunderts und ging von ihr um 1700 auf die französische Clavecinmusik über. Sie hatte im Gegensatz zur offiziellen höfischen Musik gleichsam privaten, intimen und eben – galanten Charakter. In ihren sublim stilisierten Tanzsätzen und Miniatur-Porträts lockerte sich der ›gelehrte‹ kontrapunktische Stil auf und verflüchtigte sich zum einfachen homophonen Satz (den die italienische Oper längst kannte). Zwar gab es in diesen Stücken noch kanonische Imitationen und selbst ›fugati‹, aber man nahm derlei nicht mehr allzu ernst. Gewöhnlich musizierte man mit zwei oder drei Stimmen, und selbst von ihnen fiel bald die eine, bald die andere unter den Tisch. Aus dem strengen, geregelten Miteinander gleichwertiger Stimmen wurde ein freizügiges Neben- und Nacheinander kleiner melodischer Wendungen und Motive. Aber immer noch entstanden aus diesem unterhaltsamen Spiel mit zierlichen Arabesken einheitliche Gebilde. Man trieb geistreiche Konversation, doch man wahrte Distanz und mied dialektische Spannungen. Das Vokabular dieser etwas kühlen, verschnörkelten Plaudereien entsprach im allgemeinen noch den Spielregeln der zeitüblichen Affektenlehre. Die barocken Formen aber wurden nun allmählich bagatellisiert und zerspielt. Aufklärerische Ironie, auch wohl das ein wenig müde, resignierende, vorrevolutionäre Laisser-aller waren wider sie.
Der neue Ton machte Schule in der Kammer- und Orchestermusik und sprang auch hinüber nach Deutschland. Vater Bach bettete die zierliche Spielmanier Couperins

Aus ›Les canaries‹ von François Couperin

noch einmal ein in seinen ›gelahrten‹ Stil, doch seine Söhne, aber auch schon Telemann, Keiser und andere Ältere, sodann die norddeutschen, die Berliner, die friderizianischen Meister und auch die älteren Wiener übernahmen den galanten Stil in ihre neumodischen Instrumentalmusiken. Etwa bei Carl Philipp Emanuel Bach klang er ab. Aber kein deutscher Meister war nur diesem Stil zugetan. Man vertrat ihn in einzelnen Werken oder Werkgruppen und bald schon nicht mehr oder nicht mehr rein.
Das hatte seine Gründe. Von Italien waren inzwischen die Vorboten des ›empfindsamen Stils‹ ins Land gekommen. In den Instrumentalwerken dieser Art sind die glutvoll sinnlichen, belcantistisch ausschwingenden Instrumental-Melodien ›empfindsam‹ mit kleinen Seufzer-Motiven (vorschlagartigen Vorhalten) und anderen ›süßen‹ Zieraten geschmückt; die neue Manier erweckte bald überall helles Ent-

zücken. Die Italiener zeigten aber auch Sinn für rhythmische und dynamische Gegensätze, sie entwickelten in ihren ›buffa‹ die Personen-Charakteristik und steigerten den subjektiven Ausdruck der Musik. Pergolesi tat das in ›La serva padrona‹ und in seinen Triosonaten schon in den zwanziger Jahren. Im allgemeinen hielt man sich freilich auch in Italien zunächst noch an die barocken Formschemata. Erst mit der

Seufzermotive aus einer Sonate von Doménico Scarlatti

Corelli-Nachfolge änderte sich das. Der Klaviermeister Doménico Scarlatti, gleichaltrig mit Bach und Händel, führte in den Sonatensatz gelegentlich schon ein zweites Thema, eine kleine Durchführung und Reprise ein und gab so bereits vor der Jahrhundertmitte Vorformen des klassischen Sonatensatzes! Was sich bei ihm noch absichtslos zu ergeben schien, das erhob Glucks Lehrer Giovanni Battista Sammartini zum Prinzip. Er steigerte nicht nur die dynamischen Gegensätze und den subjektiven Ausdruck, sondern schuf vor allem in der bewußten Gegenüberstellung zweier kontrastierender Themen ein neues dualistisches Spannungsfeld. Damit war das barocke Prinzip der einheitlichen, auf einfache Spannungskontraste (etwa langsam-lebhaft, homophon-polyphon) gestellten Form gesprengt und die Grenzlinie zur neuen Zeit überschritten. Die Musik wurde nun in sich dualistisch gespannt, sie wurde zielstrebig und in ihren Aussagen dialektisch. An die Stelle des konstruktiven, sozusagen statischen Prinzips des Barock trat das dynamische der Klassik. Die barocken Formen wurden abgelöst von der Entwicklungsform der klassischen Sonate. Sie wurde zur klassischen Form schlechthin und – modifiziert – bald auf alle Gattungen der Instrumentalmusik angewendet. Ihre Durchbildung erfolgte im wesentlichen bei den ›Mannheimern‹, bei Carl Philipp Emanuel Bach und den Wiener Meistern.
Vor einer Betrachtung der klassischen Instrumentalmusik erscheint es angebracht, dem Weg zu folgen, den das französische und deutsche Musiktheater seit der Jahrhundertmitte in die neue Zeit nahm. Am Ausgangspunkt dieses Weges standen jene Männer, denen der musikalische ›Sturm und Drang‹ direkt und indirekt stärkste Impulse verdankt: Pergolesi und Rousseau!

Opéra-comique (von Rousseau bis Grétry)

Zwei Jahre nach dem Tode Bachs wurden Paris und Leipzig Schauplätze bedeutsamer Ereignisse. In der Seinestadt spielte man die erste ›opéra-comique‹ nach italienischem Muster, in der Stadt des Thomaskantors ein deutsches Singspiel nach englischem Muster. Beide Aufführungen hatten Folgen weit über Tag und Jahr hinaus.
In Paris entbrannte 1752 über Pergolesis ›La serva padrona‹ ein heftiger Kampf zwischen den Anhängern der ›buffa‹ und denen der ›tragédie lyrique‹, also Rameaus. Es schien dabei nur um Stilfragen zu gehen, doch ein epochales Politikum stand

hinter diesem Streit um musische Dinge. Er war der Auftakt zu jener leidenschaftlichen Auseinandersetzung zwischen Bürgertum und Absolutismus, die vierzig Jahre später in den Stürmen der Französischen Revolution mit der Ausrufung der Republik ihr Ende fand.

Gewiß – man bekämpfte Rameau. Man nannte seine Musik konfus, uneinheitlich, lärmend. Und dies, obgleich er als Tonmaler dem Naturideal Rousseaus und der Enzyklopädisten nahestand. Im Grunde aber wandte man sich gegen die Gattung, der er anhing, gegen die ›tragédie lyrique‹, gegen die steife Pracht ihrer Huldigungsprologe und byzantinischen Libretti. Philosophen und Literaten der Aufklärung, Diderot, d'Alembert und natürlich *Jean Jacques Rousseau* (1712 bis 1778), schlugen sich auf die Seite der ›Buffonisten‹. Daß auch der Baron Grimm zu ihnen hielt (er führte später Mozart in Paris ein), hatte ästhetische Gründe; er wäre kein Deutscher gewesen, hätte er nicht für italienische Musik geschwärmt.

Es gelang Rameaus Freunden zwar, die Italiener samt ›Serva padrona‹ vorübergehend aus Paris zu verdrängen, doch Rousseau, ›erschüttert‹ von Pergolesis ›buffa‹, dichtete und komponierte ›Le devin du village‹ (›Der Dorfwahrsager‹), die erste ›opéra-comique‹ in französischer Sprache. Für die harmlose ländliche Handlung lieferte ihm Trincheras italienische ›Tavernarola aventorosa‹ das Modell. Er schmückte das kleine Spiel mit hübschen, aber dilettantischen Rezitativen, Chansons, Couplets, Romanzen. Noch 1752 kam es im Privattheater des Königs (!) heraus. Gegenüber der Loge, in der Ludwig XV. und die Pompadour dem Spektakel beiwohnten, saß Rousseau in einer Loge – unrasiert. Der König, entzückt von der Pastorale, ließ ihn zu einer Audienz bitten. Rousseau, unter anderem Vorkämpfer demokratischer Ideale, lehnte ab, sich sprechen zu lassen.

1753 spielte man das Stück zum erstenmal öffentlich in der ›Académie‹ und mit sensationellem Erfolg. Es erlebte 400 Wiederholungen, bevor es im Strudel der Zeit versank. ›Tant de bruit pour une omelette?‹ Nun, das Stück bereitete der höfischen Tragödie ein Ende. Es ging darin ähnlich zu wie in den derben Pariser Vorstadtschwänken, den ›vaudevilles‹ (voix de ville – Stimme der Stadt). Jene waren allerdings musikarm. Ein paar Gassenhauer, aufgetischt von den letzten Spielleuten der ›Ménestrandie‹ (siehe Seite 62), mitgesungen von den ›bourgeois‹ – das konnte die ›tragédie lyrique‹ nicht zu Fall bringen. Oder doch? Viele Vaudevilles wurden aus Gründen der Staatsräson verboten. In den vierziger Jahren verhinderte des Königs Polizei die Aufführung eines zum Volksstück erweiterten Vaudeville des Dichters Favart!

Rousseaus ›Dorfwahrsager‹ hatte ein zwar bürgerliches, aber harmloses Libretto (die Fabel lebt fort in Mozarts ›Bastien und Bastienne‹). Dem König gefiel es, er ergötzte sich am echt pariserischen Idiom der Lieder. Und niemand merkte, was da vor sich ging: Auf dem Umweg über Pergolesi und unter dem Kriegsgeschrei der italienischen Partei gelang dem Vaudeville der Sprung aus den Vorstädten ins Zentrum der Metropole!

Unheimlich absichtslos geschah das. Rousseau wollte wirklich die Italiener kopieren! Bekannt ist sein antifranzösischer Ausspruch: »Wenn du nur schön findest, was dich

berauschen sollte, dann wage nicht zu fragen, was das Genie ist... Du kannst es ja doch nicht fühlen: mache französische Musik!« Später kam er darauf, die französische Sprache sei unsingbar, sie sei schuld an der schlechten französischen Musik. Um dem Übel abzuhelfen, ›erfand‹ er – freilich 160 Jahre nach Landi (siehe Seite 149) – ›das erste Melodram der Musikgeschichte‹, den Monolog ›Pygmalion‹ (1770, Lyon).
Nach einigen parodistischen Exzessen gegen Rameau entfernte sich die ›comique‹ von ihrem Ausgangspunkt Rousseau. Sie wurde zur bürgerlichen Spieloper. Vaudeville und bürgerliches Schauspiel (Diderot) bildeten den Kern der Libretti. Diese Volksstücke begeisterten den Bürger, sie stärkten sein Selbstbewußtsein – ein Politikum von größter Tragweite! Die Fassaden der höfisch-heroischen ›tragédie‹ wurden hier niedergerissen. An die Stelle ihrer Götter traten nun Adlige, Bürgermeister, Richter, reiche Kaufleute. Bewährten sie sich – gut, sonst verfielen sie gerechter Strafe. Die ledernen Heroen und Heroinen wichen Bürgern und Bürgerinnen aus Fleisch und Blut. Bürgerstube und ländliches Panorama verdrängten Säulenhalle, Tempel und Götterhain.
Das sonderbarste aber: Die ›comique‹ war bald nicht mehr komisch. Sie wurde zum sentimentalen Rührstück, zur ins Exotische ausweichenden Zauberoper und endlich zur aufrüttelnden Schreckens- und Revolutionsoper. ›Comique‹, das besagte bald nur noch: Die bürgerliche Oper gab das Erbe des Vaudeville, den gesprochenen Dialog zwischen den Gesängen, niemals preis, sie blieb ›Singspiel‹ in jeder Gestalt.
Eines war die ›comique‹ stets: realistisch und aktuell. Sie wechselte ihr Gesicht mit der Stunde und mit der Zeit, die sich in ihren Menschenbildern überdeutlich spiegelte. Sie führte das erwachende Bürgertum mit Grazie und Elan. Sie gab ihm Leitbilder. Obwohl nur Randerscheinung im großen Welttheater, stand sie mitten im brodelnden Leben der Nation.
Nach ihrem Siege wurde man in Paris wieder tolerant gegenüber dem Fremden, wie es sich geziemt für eine Metropole. Einer italienischen Operntruppe gab man eine Dauerkonzession in einem Spezialtheater, die deutschen Sinfonien der ›Mannheimer‹ begeisterten ihr Publikum in den ›concerts spirituels‹. Die Beliebtheit der ›comique‹ beeinträchtigte das nicht. Sie übernahm nun zwar Mittel und Formen der ›seria‹ und ›buffa‹, nicht aber deren Geist und nicht den Belcanto. Die Musik blieb dem Drama untergeordnet. Das zeigte sich schon an der Ouvertüre. Sie führte in freier Form in die Handlung ein und wurde damit zur Programmsinfonie (lange vor Berlioz!). Die ins Große geweiteten musikalischen Szenen wurden reich gegliedert in polyphone Programm- und Ballettmusiken, Militärmärsche, pathetische Chöre und gallische Liedformen – Chansons, Couplets, ›Liebesduette‹ und ›Romanzen‹. Rezitative gab es nicht, bisweilen leiteten Ariosi zu dramatischen Arien über. Auch das Rüstzeug der ›tragédie lyrique‹ wurde nicht verschmäht, doch bis in Einzelheiten des Tonfalls blieb die ›comique‹ ihr bürgerlicher Gegensatz. Sie näherte sich später Gluck, wurde aber auch ihm nicht hörig. Unverwechselbare Merkmale ihres Stils: sinnvolle Deklamation aller Texte und – bis ins Detail tänzerisch inspirierte Musik! Davon lernte Europa. Bevor Gluck ›tragédie lyrique‹ und ›seria‹ verschmolz, schrieb er für manche Vaudeville-Komödie tänzerische Couplets, Airs und dergleichen. Auch Mozarts Opern

wären ohne die ›comique‹ nicht, was sie sind. Der stolze, federnde Elan seiner ›Don-Giovanni‹-Musik (Champagner-Arie!) ist in der ›comique‹, nicht in Spanien zu Hause! In Mozarts ›Entführung‹ gibt es ein Quartett (Nr. 21), das er ›Vaudeville‹ nannte. Der Ausdruck besagt hier in übertragener Bedeutung etwa ›Rundgesang‹.
Ähnlich wie in Italien verlief auch in Frankreich die Entwicklung. Unmerklich fast wandelte sich die Formenwelt des Barock und Rokoko, überfluteten motivische Entwicklungen die Statik der Architekturen, steigerten dynamische Effekte der ›Mannheimer‹ das Pathos der Sprache.
Dennoch – ihre Aktualität wurde der ›comique‹ zum Verhängnis. Wenige Werke und Namen überdauerten: etwa *Egidio Romoaldo Duni* (1709 bis 1775) und *François André Danican*, genannt Philidor (1726 bis 1795), *Pierre Alexandre Monsigny* (1728 bis 1817) und *André Erneste Modeste Grétry* (1742 bis 1813). Jeder von ihnen steht für eine Gruppe Wesensverwandter. Duni (französierter Italiener) bereicherte die Ausdruckswerte des Orchesters. Er gliederte die Szenen wirkungsvoll in Chor-, Solo- und Ensemble-Partien. Philidor (noch heute berühmt als ›erster Schach-Weltmeister‹) vertrat die derb-satirische Richtung. Der Lyriker Monsigny, ein melodisches Naturtalent von hohen Graden, bevorzugte zarte Stimmungsmalereien.
Der Belgier Grétry, der Begabteste der Gruppe, gab sich theoretisch ›gluckischer‹ als Gluck, in der Praxis wich er jedoch beträchtlich von ihm ab. Die parodistische Funktion der ›comique‹ verlor sich bei ihm völlig. Die Ironie Voltaires, mit dem ihn Freundschaft verband, wurde integrierendes Element seines erregenden Ernstes. Wie Monsigny versuchte er einmal, Rezitative in die ›comique‹ einzuführen, doch setzte er sich bei den Franzosen nicht damit durch. Fast fünfzig Opern, ein Requiem, sechs Sinfonien, Divertimenti, Quartette und andere Kammermusiken bezeugen seine Fruchtbarkeit. Wichtiger ist: Er erschloß der ›comique‹ neue Themen. In seiner exotischen ›Zémire et Azor‹ (1771) klingt Romantisches an, sie ist eines der ersten ›Erlösungsdramen‹ vor Wagner. Das gilt auch für sein Meisterwerk ›Richard Löwenherz‹ (1784). In ihm verwandte er schon musikalische ›Erinnerungsmotive‹. Dämonisch phantastische Bezirke streift sein ›Ritter Blaubart‹ (1789). Den Typ der Freiheitsoper vertritt etwa sein ›Wilhelm Tell‹ (1791); er steht im Umkreis seiner vielen ›Schreckens- und Revolutionsopern‹. Beträchtlich war Grétrys direkter Einfluß auf Mozart, Beethoven und Spohr.
Die wichtigsten Librettisten der ›comique‹ des 18. Jahrhunderts waren Favart, Sédaine und Marmontel. Grétrys Schwiegersohn Bouilly verfaßte die Texte von Cherubinis ›Wasserträger‹ und Gaveaux' ›Leonore‹. Dieses Buch arbeiteten dann Sonnleithner und Treitschke um für Beethovens ›Fidelio‹.
Die Linie der ›comique‹ führte im 19. Jahrhundert von Grétry weiter zu Isouard, Boieldieu, Auber und anderen. Nahezu unerreicht unter den Librettisten der Bourbonenzeit und des Bürgerkönigtums blieb Eugène Scribe.

Deutsches Singspiel und nationale Oper (von Standfuß bis Dittersdorf)

Ein deutsches Gegenstück zu Rousseaus ›Dorfwahrsager‹ ist das Singspiel ›Der Teufel ist los‹ (1752, Leipzig) von *Johann Georg Standfuß* († 1756), Text von Christian Felix Weiße. Die Fabel entstammt einer englischen ›ballad opera‹ von Coffey, die 1731 als ›The devil to pay‹ in London und 1743 als ›Der Teufel ist los‹ oder ›Die verwandelten Weiber‹ (wohl mit englischer Musik) in Berlin über die Bretter ging. Coffeys Stück ist eine Nachahmung der berühmten ›Beggar's opera‹ von Gay und Pepusch (1728, London; siehe Seite 196).
Französische ›comique‹, englische ›ballad opera‹, deutsches Singspiel: drei verblüffend ähnliche Typen aus der großen Opernfamilie! Überall die gleiche Form – gesprochener Dialog mit Liedeinlagen (von Schauspielern gesungen) –, die gleiche Haltung – bürgerlich-demokratisch, respektlos ›anti-höfisch‹ –, der gleiche derb-volkstümliche Slang – handfestes Zeittheater mit Possen-Einschlag, aktuell zugespitzt für den ›dritten Stand‹!
Der Familienähnlichkeit entsprach die reinigende Funktion, die alle drei zu erfüllen hatten. Die ›ballad opera‹ nahm in England der ›seria‹ den Wind aus den Segeln, die ›comique‹ entthronte in Frankreich die ›tragédie lyrique‹, das Singspiel weckte in Deutschland aufs neue den Wunsch nach einer nationalen Oper. Es wurde ebenso wichtig für Mozart wie für Weber, für Lortzing, Nicolai, Humperdinck!
Historisch stellen sich alle diese Bestrebungen heute dar als Glieder eines übernationalen Zeitgeschehens, leicht deutbar als Begleiterscheinungen der bürgerlichen Emanzipation. Zu ihrer Zeit waren sie durchaus national gemeint, ungeachtet ihrer kontinentalen Ansatzpunkte (Komponist der ›Beggar's opera‹ ein Deutscher, erster ›comique‹- bzw. Singspiel-Text italienischer bzw. englischer Herkunft!). Der Austausch zwischen den Nationen kam durch diese Bestrebungen nirgends zum Stillstand. Für das, was gefällt, gibt es keine Landesgrenzen.
›Der Teufel ist los‹ hatte in Deutschland außerordentlichen Erfolg. Mit einer der Wanderbühnen, die ihre große Zeit damals erlebten (es sei erinnert an die Neubersche, die Kochsche, die Schönemannsche Truppe!), kam das Stück weit herum. Es machte Schule, und bald gab es Singspiele zu Hunderten, freilich meist minderer Qualität. Zehn Jahre nach Standfuß' Tod tat sich Weiße mit dem Sachsen *Johann Adam Hiller* (1727 bis 1804) zusammen. Durch sie gewann das Singspiel nun einen überragenden Auftrieb. Sie begannen mit einer geglückten Neufassung von ›Der Teufel ist los‹ (1766). Hiller war ein ungewöhnlicher Mann. Kein Genie zwar, doch bemerkenswert vielseitig. Er war nicht nur das ›As‹ unter den Singspielkomponisten, sondern auch das Haupt der ›Sächsischen Liederschule‹. Er schrieb reizende ›Kinderlieder‹, liebäugelte mit der ›seria‹ Hassescher Prägung, leitete ab 1763 die Leipziger ›Liebhaberkonzerte‹ und machte aus dem Unternehmen 1781 die ständige Einrichtung der Gewandhauskonzerte. Er bildete tüchtige Musiker aus – Beethovens Lehrer Neefe war sein Schüler – und brachte es auf seine alten Tage noch zum Thomaskantor (1789)! Nebenher verfaßte er manche Musikerbiographie.
In seinen Singspielen folgte Hiller entschieden der ›comique‹. Er übernahm aber auch

von der ›seria‹, was ihm recht erschien. So war bald alles einträchtig wieder beieinander: ›seria‹, ›comique‹ und deutsche Liedseligkeit. Lessing mochte derlei Volksstücke nicht. Er meinte: »Jeder Zuschauer glaubt einen Vetter, einen Schwager, ein Mühmchen aus seiner Verwandtschaft darin zu finden.« Je nun – der hausbackenen Weiße-Hillerschen Mischung blieb der Erfolg treu. Ihre Haupttreffer nach ›Der Teufel ist los‹ waren ›Lottchen am Hofe‹, ›Liebe auf dem Lande‹, ›Dorfbarbier‹ und ›Die Jagd‹.
Neben Hiller taten sich mit Singspielen hervor *Georg Benda* (1722 bis 1795), *Johann André* (1741 bis 1799) und *Christian Gottlob Neefe* (1748 bis 1798). Sie vertraten wie er das vorbiedermeierliche deutsche Rokoko. Bei ihnen wurde aus dem Rüpelspiel der Frühzeit – parallel zur ›comique‹ – ein Rührstück, ein Zauberspiel, ein Gesellschaftsspektakel mit solider bürgerlicher Moral. Der einfache Form-Grundriß weitete sich. Man wagte sich an Ouvertüren, an dramatische Szenen mit Rezitativen, Arien, Chören und steuerte geradenwegs auf die Oper zu. Doch der Ehrgeiz allein führte noch nicht zum Gelingen.

Götter
Helden
und
Wieland.

Titelblatt der ersten Ausgabe von Goethes Prosafarce auf Wieland, die 1774 erschien

Eine Farce.

Auf Subscription.

Leipzig, 1774.

Die Dichter ließ der Traum von der großen, heroischen deutschen Oper nicht ruhen. Klopstock, Lessing, Herder diskutierten über die Möglichkeiten ihrer Verwirklichung. Einer aber, Wieland, versuchte die Aufgabe zu lösen. Er entwarf, frei nach Euripides, eine fünfaktige ›Alceste‹ und fand in *Anton Schweitzer* (1735 bis 1787) einen Komponisten, der diese Tragödie durchkomponierte. 1773 kam der Opern-Koloß in Weimar heraus. Das Ergebnis: Goethe schrieb seine vernichtende Satire ›Götter, Helden und Wieland‹. Auch ein zweites Werk der beiden Tapferen, die ›Rosamunde‹ (1780), fiel durch. Erfolg hatte dagegen der Wiener *Ignaz Holzbauer* (1711 bis 1783) mit seinem ›Günther von Schwarzburg‹ (1777, Mannheim). Er wirkte seit 1753 in Mannheim und beherrschte sein Handwerk glänzend. Er hatte schon elf ›seriae‹ und viele (noch heute geschätzte) Sinfonien, Konzerte und Kammermusiken im dynamischen Stil der ›Mannheimer‹ geschrieben und gab nun in dieser deutschsprachigen Oper sein Bestes. Mozart und Beethoven rühmten sie und lernten von ihm. Doch seine Oper litt an einem schwachen Metastasionischen Text (von Klein) und versank wieder (1961 erinnerte der Sender Frankfurt mit einer interessanten Konzert-Aufführung an das Werk). In Kopenhagen scheiterten bald darauf *Johann Gottfried Naumann* (1741 bis 1801) mit einem ›Gustav Wasa‹ (1786) und sein Anhänger *Friedrich Ludwig Aemilius Kunzen* (1761 bis 1817) mit einem ›Oberon‹ (1789) bei dem Versuch, es Gluck gleichzutun. Beide waren begabte Musiker, doch ihnen fehlte Glucks Konsequenz und ein Dichter wie Calzabigi!

Mancher Dichter, der Gutes für die Oper hätte wirken können, verfehlte andererseits seinen musikalischen Partner. So auch Goethe. Seit er als Studiosus in Leipzig (1765 bis 1768) Hillers Stücke mit »viel Vergnügen« in sich aufnahm, gehörte seine Zuneigung dem Singspiel. Er entwarf reizende Texte (›Claudine von Villabella‹, ›Erwin und Elmire‹, ›Jery und Bätely‹, ›Lila‹, ›Die Fischerin‹, ›Scherz, List und Rache‹). Sie wurden mehrfach vertont, am treffendsten wohl von Reichardt (siehe Seite 343). Doch zu Mozart suchte er keinen Kontakt. Er sah ihn als Kind einmal in Frankfurt, dann nicht mehr. Später bekannte er: »All unser Bemühen, uns im Einfachen und Beschränkten abzuschließen, ging verloren, als Mozart auftrat.« Und er träumte von einer zweiten ›Zauberflöte‹!

Seine Lied-Symbiose mit dem braven Zelter (siehe Seite 391) wiegt nicht auf, was durch seine Reserviertheit gegenüber Mozart versäumt wurde. Nun – Mozart bedurfte keiner vollendeten Wortschöpfungen. Er brauchte geschickt gebaute, theaterwirksame Handlungen mit klar gezeichneten Gestalten und einfachen, unmittelbar wirkenden Situationen, und er war in Wien nicht verlegen um Librettisten, die seinen Wünschen entgegenkamen. Auch an Mustern für seine deutschen Singspiele fehlte es ihm dort nicht. Von den Alt-Wiener Burlesken des 18. Jahrhunderts spannte sich der Bogen volkstümlicher Zauberpossen und Liederspiele über Haydns ›Der neue krumme Teufel‹ (1751), Glucks eingedeutschte ›comique‹ ›Die Pilger von Mekka‹ (1764) bis hin zu *Ignaz Umlaufs* ›Bergknappen‹ (1778), dem ersten von Kaiser Josef II. offiziell geförderten national-österreichischen Singspiel (vier Jahre vor Mozarts ›Entführung‹). Neben und nach Mozart blühte die Gattung noch eine Zeitlang fort in Zauberspielen und Rührstücken von *Paul Wranitzky* (1756 bis 1808), *Wenzel Müller* (1767 bis 1835), *Johann Schenk* (1753 bis 1836), *Josef Weigl* (1766 bis 1846) und *Karl Ditters von Dittersdorf* (1739 bis 1799). In seinen Sinfonien, Konzerten und Kammermusiken strebte er Mozart und Haydn nach. Reizende musikalische Miniaturen enthalten seine komischen Opern ›Doktor und Apotheker‹ (1786) und ›Hieronymus Knicker‹ (1789). Es sind Meisterwerke, man spielt sie noch heute gelegentlich. In seinen charmant hingeplauderten ›Lebens-Erinnerungen‹ findet sich Lesenswertes über manchen berühmten Zeitgenossen, nicht zuletzt über Christoph Willibald Gluck, den er 1763 auf seiner Reise nach Bologna begleitete.

Christoph Willibald Gluck

Als Gluck zur Welt kam (2. 7. 1714), stand Händel am Beginn seiner Londoner Laufbahn. Als Gluck seine erste Oper schrieb (1741), schrieb Händel seine letzte. Als Gluck starb (15. 11. 1787), hatte Mozarts ›Don Giovanni‹ gerade seine Feuerprobe bestanden, war Beethoven siebzehn Jahre alt. Zwischen Hochbarock und Hochklassik also spannte sich der Lebensbogen dieses Künstlers, der ausersehen war, die italienische und die französische Barockoper zu erneuern mit Werken von klassischem Rang.

Er stammte aus Erasbach bei Berching und bewies schon als Kind, daß er das Zeug hatte, sich durchzusetzen. Als der Vater – Förster des Fürsten Lobkowitz – ihn nicht Musiker werden lassen wollte, lief er davon. Man griff ihn zwar auf, doch er durfte nun in Komotau die Schule besuchen und ging später als Studiosus der Logik und Mathematik nach Prag. Dort nutzte er die Freiheit anders, als man daheim dachte: Er schlug sich als Sänger und Cellist durch. Fürst Lobkowitz hörte davon und nahm ihn als Hausmusikus zu sich. 1736 schickte er ihn nach Wien zum Fürsten Melzi, und dieser ließ ihn von Giovanni Battista Sammartini in Mailand ausbilden. Er wurde damit Schüler eines Meisters, der als ›Mannheimer des Südens‹ in seinen Concerti und Sinfonien schon entschieden den frühklassischen Stil mit heraufführte. Bei ihm lebte sich Gluck ein in die Form- und Stilgesetze der neapolitanischen ›seria‹.
Mit 27 Jahren brachte er in Mailand seine erste Oper ›Artaserse‹ (1741, Text nach Metastasio) heraus. Bis 1745 entstanden für Mailand, Venedig, Turin und Cremona acht weitere ›seriae‹ und zwei ›pasticci‹. Dann folgte er einer Einladung, eine Oper für London zu schreiben, reiste über Paris, wo er vermutlich Opern Rameaus kennenlernte, nach London und führte sich dort mit ›La caduta dei Giganti‹ (1746) und einem Pasticcio ›Artamane‹ nicht schlecht ein. Händel meint zwar: »Er versteht vom Kontrapunkt soviel wie mein Koch Waltz«, ließ sich aber doch herbei, mit ihm zu konzertieren. Als Frucht seiner kammermusikalischen Studien bei Sammartini brachte Gluck in London sechs von edlem Pathos erfüllte Triosonaten heraus. Der Corellische Formtyp ist in ihnen auf drei Sätze begrenzt. Charakteristisch für ihren zwischen Barock und Klassik vermittelnden Stil sind kurze melodische Wendungen und ausdrucksvolle Motive, aus denen oft ganze Sätze entwickelt werden. Die gleiche ›Motiv-Technik‹ (siehe ›La serva padrona‹, Seite 180) findet sich auch schon in Glucks frühen Opern! Sie unterscheiden sich durch ihren herben Tonfall eigenwillig von der Flut glatter Modeprodukte, wirken aber als Ganzes noch ein wenig schwerfällig. Von Händel lernte Gluck nun, die Gesamtform einer ›seria‹ klar durchzukonstruieren und durch starke Kontraste die dramatische Wirkung zu steigern. Er lernte von ihm, das Einfache einfach zu sagen.
Gleichwohl – London schien nicht das rechte Pflaster für Gluck zu sein. Er kehrte nach Deutschland zurück und wurde Kapellmeister der wandernden Operntruppe Angelo Mingottis, der schon 1740 nach dem Zusammenbruch Keisers die ›seria‹ in Hamburg durchsetzte. Mit ihm kam er zunächst nach Dresden, der Hochburg Hasses

Christoph Willibald Gluck,
›*L'arbre enchanté*‹, *1775.*
Stich von H. F. Gravelot

und der Bordoni. Hasse, Jomelli und auch Traëtta hatten manches mit Gluck gemeinsam. Sie vertonten Metastasio, rebellierten aber intern gegen seine Diktatur (siehe Seite 174) und mühten sich unablässig, die ›seria‹ glaubwürdiger zu machen. Doch ihre Möglichkeiten waren begrenzt, ihnen fehlte ein Dichter! So blieb vorläufig alles beim alten. Hasse errang zwar mit seinen ›seriae‹ europäische Erfolge, aber sie hielten nicht an. Auch Traëtta und Jomelli konnten ihr Idol nicht retten, ihre Kunst sank mit ihnen zu Grabe. Ebenso erging es dem friderizianischen Opernmeister *Karl Heinrich Graun* (1701 bis 1759) in Berlin. Nur sein Oratorium ›Der Tod Jesu‹ überdauerte ihn.
Auch Gluck segelte noch eine Weile im Fahrwasser der ›seria‹. Als Kapellmeister Mingottis schrieb er für den Dresdener Hof eine Hochzeits-Serenata ›Le nozze d'Ercole et d'Elbe‹; für Wien bzw. Kopenhagen die Huldigungsopern ›Semiramide riconusciuta‹ und ›La contesa dei Numa‹. Dann wagte er sich im Auftrage Prags an Metastasios ›Ezio‹, überraschte Neapel mit ›La clemenza di Tito‹ und ließ sich – wieder in Prag – 1752 mit einem ›Issipile‹ feiern. Im selben Jahr wurde er Kaiserlicher Hofkompositeur in Wien. Noch einige ›seriae‹ für die österreichische Metropole und zwei

für Rom – ›Camilla‹ und ›Antigone‹ (1756; der Papst verlieh ihm dafür den Orden ›Vom goldenen Sporn‹; seither nannte er sich, nicht ganz zutreffend, ›Ritter Gluck‹) – und der Traum der neapolitanischen Belcanto-Oper war für Gluck ausgeträumt. Mittlerweile hatte der Kaiser Geschmack an ›vaudevilles‹ und ›comiques‹ gefunden! Er verpflichtete ein französisches Ensemble und ließ sich das Neueste aus Paris im Original vorspielen. Sein Hofkompositeur Gluck fing Feuer und machte sich daran, selbst derlei Stücke – meist Einakter nach Texten Favarts – zu schaffen. Er nannte sie ›Comédies mélées d'Ariettes‹, ›Komödien mit beigemischten kleinen Arien‹, oder auch schlicht und recht ›Vaudevilles avec airs nouveaux‹, also ›Vaudevilles mit neuen, eigenen Liedern‹. Er begann, ein wenig unsicher noch, mit ›Tircis et Doristée‹, lebte sich aber rasch in die französische Sprache und den ihr angemessenen Deklamationsstil ein; nachprüfbar an reizenden ›musiquettes‹ wie ›Der Zauberbaum‹, ›Der betrogene Kadi‹ und ›Die Pilger von Mekka‹. Man übersetzte sie später ins Deutsche und nannte sie ›Singspiele‹, sie sind aber ›vaudevilles‹, teilweise ›comiques‹.

In alten Traktaten kann man lesen, Gluck habe das Vaudeville von den »Eierschalen fremder Gassenhauereinlagen« befreit, es gleichsam ›hoffähig‹ gemacht. Man kann aber auch sagen: Das Vaudeville befreite Gluck vom Gerümpel der ›seria‹! Was weder Hasse, Jomelli noch sonst einer der ›Rebellen‹ unternahm, das tat nun Gluck fast absichtslos. Mit sichtlichem Vergnügen wechselte er hinüber ins Lager der Jugend, ins Lager derer, die mit ihren ›ballad operas‹, ›comiques‹ oder Singspielen der Zopfzeit zu Leibe rückten! Es war nicht seine Absicht, zu ›reformieren‹. Man spielte ihm Favarts Texte zu, und sie gefielen ihm; sie waren natürlich, das entflammte ihn. Wie leicht gingen ihm damals die Airs, die mitreißenden Tanz-, Trink- und Soldatenlieder von der Hand, wie schlicht und humorvoll musizierte er in diesen Jahren! Bei Favart fand er, was er suchte: ›Einfachheit, Wahrheit und Natürlichkeit‹! Gab es eine bessere Lehre für einen Meister der ›seria‹?

Volkstümliche Vaudevilles schreiben, das hieß für ihn keineswegs, sich einseitig auf den französischen Stil festlegen. Er gab nicht auf, was er vom alten Fux in Wien, von Sammartini, Rameau, Händel, von Hasse oder Jomelli gelernt hatte. Seine ›Pilger von Mekka‹ etwa sind musikalisch tatsächlich eine Mischung von ›comique‹, ›buffa‹ und Singspiel. Man findet in ihnen vom einfachsten Chanson bis zur Da-capo-Arie, vom Duett oder Terzett bis zum Buffo-Finale das ganze Rüstzeug dieser Typen. Nicht einmal der Tonfall der Wiener Lokal-Posse fehlt. Etwa ein ›Liederl‹ wie dieses:

Lied des Kalenders aus ›Die Pilger von Mekka‹

– wo sollte es sonst her sein? (Mozart variierte es später.) Gluck spielte mit den unbegrenzten Möglichkeiten des heiteren Musiktheaters seiner Zeit, doch er verlor sich nicht an die ›buffa‹. Sie war im Grunde nicht seine Sache.

Bezeichnend ist, daß die ›Pilger von Mekka‹ erst jenseits der historischen Wende

Die Klassik

*Christoph
Willibald Gluck
nach dem Bilde von
J. Duplessis
gestochen von
S. C. Miger in Paris
1775*

entstanden, die sich 1762 mit ›Orpheus und Eurydike‹ anbahnte. Ebenso andere Gelegenheitsarbeiten, die man später für unbegreifliche ›Rückfälle‹ in die ›seria‹ hielt. Darunter der großartige ›Telemach‹. Nach einer älteren Lesart soll er schon 1750 für Rom entworfen und später ›überarbeitet‹ worden sein, doch er stammt erst aus dem Jahre 1765. Nicht daß, sondern wie Gluck ›rückfällig‹ wurde, ist entscheidend: Kein Jota seiner musikalischen Überzeugung gab er preis. Gewiß – er diente hier einem Libretto (von Coltellini), das nicht immer zu überzeugen vermag, und er scheiterte deshalb. Doch die Musik ist zum überwiegenden Teil so geartet, daß er sie in spätere

Reformopern einbauen konnte. Dasselbe konnte er mit Bruchstücken aus ›seriae‹ und ›comiques‹ wagen, die vor der Wende entstanden, denn seine Entwicklung verlief organisch. Die Eigenart des Musikers Gluck war längst ausgeprägt, als die ›Reform‹ des Operndramatikers einsetzte! Sie ergab für das Musiktheater eine Erneuerung des antiken Dramas aus dem humanistischen Lebensgefühl des 18. Jahrhunderts oder – anders gesagt –: das Musikdrama.

Die Reform packte zunächst das Übel der ›seria‹ bei der Wurzel. Sie begann bei der Dichtung. Ein glücklicher Zufall führte 1761 den Italiener *Raniero Calzabigi* (1714 bis 1785) nach Wien, wo ihn Graf Durazzo, Intendant des Wiener französischen Theaters, mit Gluck bekannt machte. In leidenschaftlichen Debatten fanden sich die beiden zu einer Gemeinschaftsarbeit zusammen.

Calzabigi hatte eine dunkle Vergangenheit. Als Freund Casanovas in dessen Affären verwickelt, entwich er jung nach Paris, wo er Metastasios Werke ins Französische übersetzte. Dann wurde er Parteigänger Rousseaus und der Enzyklopädisten, opponierte mit ihnen gegen Rameau und schrieb eine bissige Satire gegen die ›tragédie lyrique‹. Wieder mit Casanova zusammen, gründete er – begünstigt von der Pompadour – eine mysteriöse Staatslotterie, floh nach deren Zusammenbruch und tauchte bald darauf als ›Geheimrat der Niederländischen Handelskammer‹ in Wien auf. In ähnlich abenteuerlichem Stil verlief sein weiteres Leben.

Erstes Dokument seiner Beziehung zu Gluck ist die Präambel zu der dreiaktigen Ballettmusik ›Don Juan‹, die Gluck 1761 nach einem Szenarium Angiolinis entwarf. Die Handlung entspricht etwa der von Mozarts ›Don Giovanni‹. Die Musik ist reich an feinen malerischen Zügen, dramatischen Gegensätzen und aufwühlend leidenschaftlichen Episoden. Sie deutet die Vorgänge sinnfällig und übertrifft als tänzerische Programm-Musik weit, was die ›tragédie lyrique‹ jener Tage zu bieten hatte. Im Finale steht jener dämonische ›Furientanz‹, der dann hinüberwanderte in den ›Orpheus‹, wo er neben dem ›Reigen der Seligen‹ und der Arie ›Ach ich habe sie verloren‹ zum Inbegriff originaler ›Orpheus‹-Musik wurde.

Gluck und Calzabigi brachten in Wien drei Reform-Opern in italienischer Sprache heraus: ›Orpheus und Eurydike‹ (1762), ›Alceste‹ (1767) und ›Paris und Helena‹ (1769). Calzabigis Verdienst besteht darin, daß er sich in seinen Texten radikal von Metastasio und seiner Schule lossagte und die Würde des Dramas wiederherstellte. Während ihm als humanistische Romanen Diderot, Rousseau und Voltaire nahestanden, blieb ihm Lessing fremd, der Shakespeare damals ins Gespräch brachte und der deutschen Klassik neue Horizonte erschloß. Calzabigis poetische Phantasie entflammte sich an den Fabeln der griechischen Antike. Er reinigte sie von modischen Zutaten und suchte sie in schlichter Sprache zu erneuern. Seine Gestalten sind Menschen, verstrickt in echte Konflikte, getrieben von echten Leidenschaften. Gewiß, sie sind klassizistisch, auf eine gewandelte Art wiederum statuarisch gesehen, Geschöpfe eines Talents, nicht eines Genies. Doch sie sprechen »die Sprache des Herzens« (Gluck) und empfangen aus Glucks Musik die Faszination mythischer Bilder.

Gluck sah seinen Dichter so: »Er allein ist es, der mich in den Stand gesetzt hat, die Quellen meiner Kunst entwickeln zu können ... Denn die genannten Werke (›Orpheus‹, ›Alceste‹, ›Paris‹) sind voll der glücklichsten Situationen, der fruchtbarsten und erhabensten Züge, die dem Komponisten Gelegenheit genug gaben, große Leidenschaften auszudrücken und eine energische, ergreifende Musik zu schaffen. So viel auch ein Komponist Talent besitzt, so wird er doch niemals andere als mittelmäßige Musik machen, wenn der Dichter nicht einen Enthusiasmus in ihm erweckt, ohne welchen die Produkte aller Kunst schwach und ärmlich sind.« Calzabigi, sehr von sich überzeugt, bestätigte seinem Komponisten immerhin: »Wenn Gluck der Schöpfer des Musikdramas war, so hat er es doch nicht aus dem Nichts geschaffen – ich lieferte ihm den Stoff, wenn Sie wollen: das Chaos, – und die Ehre dieser Schöpfung kommt uns gemeinsam zu.« Womit er nicht unrecht hat.

In seiner Vorrede zur ›Alceste‹, aus der oben zitiert wurde, äußerte sich Gluck auch über seine Absichten als Musik-Dramatiker: »Es war mein Vorsatz, alle jene Mißbräuche von Grund auf zu beseitigen, die teils durch die übel beratene Eitelkeit der Sänger, teils durch die allzu große Gefälligkeit der Tonsetzer in die italienische Oper eingeführt waren und die... aus dem feierlichsten und schönsten aller Schauspiele das lächerlichste und langweiligste machen. Ich war bedacht, die Musik auf ihre wahre Aufgabe zu beschränken, das ist: der Dichtung zu dienen, indem sie den Ausdruck der Empfindungen und den Reiz der Situationen verstärkt, ohne die Handlung zu unterbrechen oder durch unnütze oder überflüssige Zieraten abzuschwächen...«

Ein anderes Mal sagte er: »Ehe ich arbeite, suche ich vor allem zu vergessen, daß ich Musiker bin. Ich vergesse mich selber, um nur meine Personen zu sehen!« Man hat kritisiert, er sei arm an Phantasie, seine Musik sei unsinnlich, spröde, frigid. Wagner nannte ihn einen ›methodischen Revolutionär‹. Sicher hatte er Methode, aber war er ein ›Revolutionär‹? Er wollte nichts umstürzen, sondern die dramatische Musik ihrer Bestimmung wieder zuführen, damit sie ›für die Poesie‹ das sei, »was die Lebhaftigkeit der Farben und eine glückliche Mischung von Schatten und Licht für eine fehlerfreie und wohlgeordnete Zeichnung sind«. Daher vermied er es, mit ihr »das Feuer der Szene« zu ersticken.

Das ›Neue‹, das Gluck anstrebte, war handwerklich das Ergebnis einer methodischen Zuordnung von Techniken, Stilmitteln und Ausdrucksmöglichkeiten, die längst erprobt waren, teils von den Zeitgenossen und von ihm selbst, teils von älteren Meistern bis zurück zu Monteverdi. Er mied Da-capo-Arien, ›trockene‹ Rezitative und den Belcanto. Aus vorwiegend knappen Liedern und Arien, aus Tänzen und Chören fügte er große musikalische Szenen zusammen, deren Struktur bis ins Detail dramatisch bedingt ist. An die Stelle der Secco-Rezitative treten von Streichern begleitete ›Ariosi‹ und ›Accompagnati‹. Streicher-Tutti bilden schon im klassischen Sinn den Klanggrund des Ganzen. Die anderen Instrumente verwandte Gluck »immer nur im Verhältnis zu dem Grade des Interesses und der Leidenschaft«. Die Einheit von Dichtung und Musik erreichte er durch melodische Wendungen, Motive (siehe die Trios, Seite 283) und ›musikalische Gebärden‹, die sich im Sinne Monteverdis der sprachlichen Gestik innig verbinden.

Die Ouvertüre verband er von der ›Alceste‹ an als ›Programm-Ouvertüre‹ mit dem Ganzen. Formal bildete er den klassischen Ouvertürentyp aus, sein Schema entspricht

Gluck, Originalseite aus ›Orpheus und Eurydike‹

etwa dem des klassischen Sonatenhauptsatzes (langsame Einleitung, Exposition, Durchführung, Reprise). Inhaltlich spiegeln die Ouvertüren die Grundspannungen der Handlungen wider, der Hörer wird durch sie »in das Mitgefühl an einem erhabenen tragischen Konflikt versetzt« (Wagner). Die Ouvertüre zur ›Iphigenie in Aulis‹ leitet unmittelbar in die Szene über (Wagner gab ihr den noch heute gültigen Konzert-Abschluß). In den Opern selbst reihte Gluck nicht musikalische Einzelbilder aneinander; er gab nicht das Zufällige einer Stimmung, eines Affekts, einer Situation, sondern stellte das Werden von Charakteren in musikalischen Entwicklungen dramatisch dar. Das trennt ihn vom Barock, dem er entstammt und stilistisch noch nahesteht, das verbindet ihn mit der Klassik.

›Orpheus und Eurydike‹ fand in Wien nur geringen Beifall. Man bemängelte, daß nur drei Hauptakteure auftraten (Orpheus, Eurydike, Eros) und war enttäuscht vom unsanglichen Stil des Ganzen. Den Orpheus sang der Alt-Kastrat Guadagni mit rühmenswerter Zurückhaltung (siehe hierzu Seite 150). Das Werk setzte sich nur langsam durch. In ›Alceste‹ verwirklichte Gluck seine Grundsätze weit entschiedener. Hier prallten die Meinungen bereits heftig aufeinander. Sonnenfels berichtet darüber im Wiener ›Diarium‹: »Ein ernsthaftes Singspiel ohne Kastraten, eine Musik ohne Solfeggien oder, wie ich es lieber nennen möchte, ohne Gurgelei, ein wälsches Gedicht ohne Schwulst und Flitterwitz – mit diesem dreifachen Wunderwerke ist die Schaubühne nächst der Burg wieder eröffnet worden.« Doch es gab auch Spötter, zu ihnen gehörte Leopold Mozart! Immerhin – bei Wiederholungen schlug die Stimmung um, und man wollte »zwei Jahre lang keine andere Oper hören und sehen« (zeitgenössisches Urteil). In ›Paris und Helena‹ wagte sich Gluck wohl am weitesten vor, die Kenner waren entzückt von seiner außerordentlichen Musik. Doch das Werk – man nennt es heute gern Glucks ›Tristan‹ – scheiterte an Calzabigis psychologisierender, wenig bühnenwirksamer Dichtung. Das trug wohl zur Entfremdung zwischen Gluck und Calzabigi bei; jedenfalls trennten sie sich. Die ›Helena‹-Musik ist nicht vergeudet, große Teile übernahm Gluck später in seine Pariser Opern.

Anfang der siebziger Jahre nahm sein Schicksal eine bedeutsame Wendung. Der französische Attaché in Wien, du Rollet, entwarf für ihn nach Racines ›Iphigenie in Aulis‹ ein französisches Libretto. Es gefiel Gluck, und er vertonte es alsbald. Du Rollet ebnete ihm den Weg nach Paris: Auf seine Veranlassung lud ihn die Dauphine Marie Antoinette (die spätere Königin) ein, sein neues Werk selbst einzustudieren. 1773 traf Gluck in Paris ein. 1774 kam ›Iphigenie in Aulis‹ dort unter seiner Leitung mit ungeheurem Erfolg heraus. Nach der Reform der ›seria‹ nun also die der ›tragédie lyrique‹! Für die Kenner der Gluckschen ›vaudevilles‹ und ›comiques‹ kam sie nicht überraschend. Sie war im Grunde längst vollzogen und wurde hier auf den großen Stil des Rameauschen Operntyps angewandt. Die Franzosen nahmen das Ganze denn auch sogleich als den langersehnten Gegensatz zur ›tragédie‹. Romain Rolland sah es später ebenso. Er sagte: »Spontane Melodien, die einfach zum Herzen sprechen. Der Stil ... kommt, mit einem Wort, mehr von der ›opéra-comique‹ als von Rameau her.«

Man hatte Gluck zur Lieferung von sechs Opern für Paris verpflichtet. Da er verhältnismäßig langsam arbeitete, ließ er der ›Iphigenie‹ zunächst Bearbeitungen des ›Orpheus‹ und der ›Alceste‹ folgen. Kennzeichnend für die Schwierigkeiten, die er zu überwinden hatte, um seine Absichten mit dem verfügbaren Personal zu verwirklichen, sind zahllose Zusammenstöße bei den Proben. Die Sängerin der Iphigenie beschwerte sich, ihre Rolle enthalte ›nur gesprochene Musik‹, sie aber wünsche ›große Arien zu singen‹. Er mußte ihr drohen, sie abzusetzen, ehe sie sich fügte. Von den Tänzern des ›Furientanzes‹ erreichte er erst nach heftigen Debatten, daß sie den Gesang des Orpheus mit ›in wilder Raserei‹ hinausgeschrienen ›Nein!‹ unterbrachen; es wurde ein düster großartiger Effekt von beklemmender Realistik. Das Orchester zwang er zu gehauchten Pianissimi und ›aufbrüllenden‹ Fortissimi, ganz im Sinne der ›Mannheimer‹! Es waren unerhörte Ansinnen an die wohltemperierten Artisten der königlichen Akademie, Sturmzeichen einer neuen Zeit und Zeugnisse für den echten Dramatiker.

Als bezeichnend für Glucks Charakterisierungskunst sei hier ein Beispiel aus der ›Iphigenie auf Tauris‹ eingefügt. Die Worte »le calme rentre dans mon cœur« (»die Ruhe kehrt in mein Herz zurück«) interpretiert das Orchester mit unruhigen Sechzehnteln, heftigen Akzenten und dynamischen Kontrasten. Als man Gluck auf diesen Widerspruch hinwies, antwortete er: »Orest lügt. Die Instrumente aber lügen nicht. Orest tötete seine Mutter.«

Die Wiener Kämpfe waren ein Kinderspiel gegen die in der Seinestadt. Das zeigte sich bald. Die Anhänger der ›tragédie‹ empfanden Glucks Wirken als Herausforderung. Sie riefen Piccini (siehe Seite 179) nach Paris und versuchten, ihn gegen Gluck auszuspielen. Sie ließen ihn den gleichen ›Roland‹ in Musik setzen, den Gluck gerade vertonte. Als Gluck das erfuhr, verbrannte er sein Manuskript. Piccini aber machte den ›Piccinisten‹ einen Strich durch die Rechnung: Als er ›Iphigenie‹ hörte, ging er zu den ›Gluckisten‹ über! Nun streute man aus, Gluck verdanke seine Erfolge nur den

Gluck, Beispiel aus ›Iphigenie auf Tauris‹ (»...die Ruhe kehret in mein Herz zurück...«)

guten Texten. Seine Antwort: Er vertonte – nach Lully – Quinaults veraltete ›Armide‹ noch einmal und hatte Erfolg (1777). ›Iphigenie auf Tauris‹ (1779) brachte dann den endgültigen Sieg. Die ›Piccinisten‹ gaben sich geschlagen. Der Mißerfolg des lyrischen ›Echo und Narziß‹ (1779) änderte daran nichts mehr. Aber er bewirkte, daß Gluck Paris 1780 verärgert verließ.
Er kehrte nach Wien zurück. Hier entstand nur noch eine deutsche Bearbeitung der ›Iphigenie in Tauris‹. Glucks Plan, eine ›deutsche‹ Oper zu schaffen – er wählte dafür die ›Hermannsschlacht‹ von Klopstock, dessen ›Oden‹ er 1774 als Klaviergesänge vertonte –, ging nicht mehr in Erfüllung. Über der Arbeit erlag er einem Schlaganfall.
Glucks Pariser Erfolg wuchs sich erst sehr allmählich zu einem europäischen aus. Im Lande des Belcanto konnte Gluck nie recht Fuß fassen, verständlich! Auch Calzabigi lehnte man dort ab. Er galt als ›Hauptverderber‹ (Arteaga) des neuen Musiktheaters, weil er »dem Auge zu wenig bietet und die Lustbarkeit des Theaters in eine Qual verwandelt«. Der Engländer Burney rühmte Gluck zwar, war aber dennoch der Ansicht, seine Musik sei nur etwas »für Länder mit schlechten Sängern«. Wagner vertrat später in seiner Schrift ›Oper und Drama‹ (1851) den Standpunkt: »...die so berühmt gewordene Revolution Glucks ... bestand in Wahrheit nur darin, daß der musikalische Komponist sich gegen die Willkür des Sängers empörte ... im übrigen aber blieb es in Bezug auf den ganzen unnatürlichen Organismus der Oper durchaus beim Alten ... In der Stellung des Dichters zum Komponisten war nicht das mindeste geändert; eher war die Stellung des Komponisten gegen ihn noch diktatorischer geworden...« Trotz seiner kritischen Haltung setzte Wagner sich in Dresden energisch für Gluck ein. Er brachte vier seiner Opern heraus, warb für sie in Aufsätzen, gab der ›Iphigenie in Aulis‹ einen neuen dramatischen Abschluß und ihrer Ouvertüre eine

Konzertfassung. Gluck mag ihm damals wichtig gewesen sein als Beispiel gegen den Belcanto, an das er anknüpfen konnte, um die historische Folgerichtigkeit seines eigenen deklamatorischen Gesangsstils nachzuweisen.

In Deutschland leben heute von Glucks über hundert Bühnenwerken noch drei oder vier, und mit Ausnahme des ›Orpheus‹ sind auch sie nur selten zu hören. Immerhin – sie leben! Gluck hat einmal gesagt, sie seien »ganz auf die Wahrhaftigkeit der menschlichen Natur aufgebaut« und könnten daher erst versinken, wenn diese Natur selbst sich einmal verändere. Zwei Jahrhunderte seither haben ihm recht gegeben.

Gluck-Nachfolge

Die Gluck-Nachfolge konzentrierte sich im wesentlichen auf Paris. Von den französierten Italienern eiferten ihm dort noch Piccini und Sacchini (siehe Seite 178) – in seinen letzten Opern brach er noch aus der Unentschiedenheit der Hasse-Jomelli-Gruppe aus –, *Antonio Salieri* (1750 bis 1825), *Luigi Cherubini* (1760 bis 1842) und *Gasparo Spontini* (1774 bis 1851) nach. An Franzosen kamen hinzu *François Joseph Gossec* (1734 bis 1829), *Nicolas Dalayrac* (1753 bis 1809), *Jean François Lesueur* (1760 bis 1837) und *Etienne Nicolas Méhul* (1763 bis 1817). Auch ein Deutscher, *Johann Christoph Vogel* (1756 bis 1788), ist hier zu nennen. Zwanzigjährig gesellte er sich in Paris zu Gluck. Sein ›Goldenes Vlies‹ (1786) erweckte Hoffnungen, denen sein früher Tod ein Ende setzte. Seine zweite Oper ›Demophon‹ (posthum 1789) hielt sich lange auf dem Spielplan, sie soll voll feiner und erhabener Züge sein. Er hat auch Sinfonien und Kammermusiken hinterlassen.

Mit diesen und anderen Männern trat nun Paris als europäische Opernmetropole in den Vordergrund, und zwar bis hin zu Meyerbeer. Man strebte Gluck nach, doch mit der Französischen Revolution, der Napoleonischen Ära und der Romantik überlagerten andere Zielsetzungen sein Vorbild. Salieri schloß sich Gluck schon 1771 in Wien mit seiner ›Armide‹ an. Er folgte ihm nach Paris, reüssierte dort mit den Opern ›Danaides‹ (1784), ›Horace‹ (1786) und ›Terrare‹ (1787), wurde 1788 auf Glucks Vorschlag in Wien Hofkapellmeister und als Kirchenmusiker Leiter der Hofsängerkapelle. Beethoven, Schubert und Liszt lernten von ihm. Im Text seines ›Terrare‹ gab Beaumarchais, Dichter des revolutionären ›Figaro‹, eine harte Lektion ›in tyrannos‹.

Cherubini, der weitaus bedeutendste dieser Gruppe, war schon nicht mehr im eigentlichen Sinne Gluckianer. In seinem vielseitigen Schaffen spiegelt sich die europäische Entwicklung vom Spätbarock bis zur Romantik. Er stammte aus Florenz. In Venedig übte er sich bei Sarti im ›Palestrinastil‹. Dort und in London, wo er die ›Philharmonischen Konzerte‹ leitete, hatte er mit neapolitanischen ›seriae‹ Erfolg. 1786 wurde er in seiner Wahlheimat Paris Glucks Anhänger. Während der Französischen Revolution hielt er zu den Jakobinern. 1795 wurde er Inspektor des Pariser ›Conservatoire‹. Da er sich dann Napoleon nicht beugte, mußte er Paris verlassen. In Wien (1805 bis 1806) lernte er Haydn und Beethoven kennen, nahm er Gedankengänge der deutschen Romantik in sich auf. 1816, nach Napoleons Sturz, wurde er in Paris Professor und 1822 Direktor des ›Conservatoire‹. Sein Lebenswerk umfaßt Kirchenmusiken, ein Oratorium, Revolutionsgesänge, Ballette und andere Instrumentalmusiken, rund dreißig Opern und gediegene theoretische Schriften. Von den Opern ist nur ›Démophoon‹ (1788) eine ›tragédie lyrique‹ im Sinne Glucks. Danach ging Cherubini über zur ›opéra-comique‹. Schon seine Schreckensoper ›Lodoisca‹ (1791) steht jenseits der Wende. In der Rettungsoper ›Elisa‹ (1794) bilden idyllische und wild-schauerliche

Maria Luigi Cherubini

Naturstimmungen den Hintergrund. Nach der tragischen ›Medea‹ (1797) entstand sein Hauptwerk, der ›Wasserträger‹ (1800), eine ernste, kraftvoll natürliche, hochgestimmte Freiheitsoper großen Stils, Vorbild für Beethovens ›Fidelio‹. 1803 pfiff man Cherubinis ›Anacréon‹ in Paris als ›deutsche Musik‹ aus, 1806 begeisterte seine Schreckensoper ›Faniska‹ in Wien Beethoven und selbst Haydn, 1813 neigte er sich mit ›Les Abencérages‹ der deutschen Frühromantik zu, dann verstummte er auf diesem Gebiet (Seiten 418 und 421). Beethoven sah in ihm den größten Musiker seiner Zeit. Von seinen Opern hielten dem Urteil der Nachwelt stand ›Medea‹ und der ›Wasserträger‹.
Nur mit seinen Schreckensopern ›Raoul de Crequi‹ und ›Léhéman‹ (1801) gehört Dalayrac in diesen Zusammenhang; seine eigentlichen Erfolge errang er mit tänzerisch beschwingten lyrischen Komödien und lyrischen Dramen, sein Hauptwerk ›Les deux Savoyards‹ (1789) hielt sich in Frankreich. Zum Inbegriff der Schreckensoper wurde damals die unheimliche ›Caverne‹ (1793) von Lesueur, dem Lehrer von Berlioz, Thomas und Gounod. Ihn überragt Méhul. Von seinen Opern wird ›Joseph in Ägypten‹ (1807) wegen seiner melodisch edlen, ausdrucksstarken Musik noch heute gelegentlich hervorgeholt. In seinem ›Ariodant‹ (1799) verwandte er schon ein zentrales musikalisches ›Leitmotiv‹! Spontini, Schüler Piccinis, kam 1803 nach Paris.

Dort übernahm er vom Gluckschen Nachklang, was ihm gut schien. 1807 hatte seine ›Vestalin‹ einen überwältigenden Erfolg. Er wurde mit ihr zum musikalischen Repräsentanten der Napoleonischen Ära. Gluck sei hier »modernisiert«, urteilte Kretschmar noch 1919! Doch Spontinis weitere Entwicklung lehrte, daß ihn Welten von Gluck trennen. Durch seinen äußerlich effektvollen, lärmenden Stil – in ›Ferdinand Cortez‹ (1809), ›Olympia‹ (1819), ›Alcidor‹ (1825) und ›Agnes von Hohenstaufen‹ (1829) – machte er die französische Oper italienischer Provenienz reif für den dann einsetzenden Siegeszug der ›Großen Oper‹. Von 1820 bis 1841 residierte er als Hofkapellmeister in Berlin. Wegen seiner »napoleonischen Anmaßung« und seiner Intrigen vertrieben ihn die Berliner kurzerhand bei einer Aufführung von Mozarts ›Don Giovanni‹ durch ein Pfeifkonzert vom Dirigentenpult. Er kehrte nach Italien zurück. Dort starb er ein Jahrzehnt später in seiner Vaterstadt Maiolati.

Johann Stamitz und der Mannheimer Stil

Rätselvolles Spiel des Zufalls! 1751, ein Jahr nach Bachs Tode und ein Jahr vor Rousseaus ›Dorfwahrsager‹ bzw. Standfuß' ›Der Teufel ist los‹, spielte man in den ›concerts spirituels‹ in Paris zum ersten Male eine Sinfonie von *Johann Stamitz* (1717 bis 1757), dem Begründer und Haupt der Mannheimer Schule. Schlagartig setzte sich damit die rebellische ›melodia germanica‹ in der Seinestadt durch. Viele französische Komponisten stellten sich alsbald um, allen voran der Opern- und Kirchenmusiker *Gossec*, verdienstvoller Organisator bürgerlicher ›Liebhaberkonzerte‹. Er übernahm Stamitz' Neuerungen in seine frischen Orchester- und Kammermusiken, holte manchen ›Mannheimer‹ ins Land und führte ihre Werke auf. Damit ebnete er der deutschen Instrumentalmusik bis hin zu Haydn den Weg. 1754 besuchte Stamitz die französische Metropole, aber erst 1755, nach triumphalen Erfolgen, gab man ihn dort wieder frei.
Er stammte als Sohn deutsch-österreichischer Vorfahren aus Böhmen und begann seine Laufbahn als Violinvirtuose. In Frankfurt fiel er dem Kurprinzen Karl Theodor von der Pfalz auf, der ihn zu seinem Kammermusikus und bald nach seiner Thronbesteigung (1745) zum Konzertmeister und Musikdirektor in Mannheim machte. Alsbald zwang der junge Maestro seinen Musici einen völlig neuen, dynamischen Vortragsstil auf. Zwar hatten vor ihm schon Pergolesi, Sammartini oder Jomelli den üblichen Gegensatz von laut und leise im Vortrag durch Übergänge zu schattieren und zu beleben gewußt. Doch Stamitz ging systematisch vor. Seine ›Orchester-crescendi‹ und ›diminuendi‹, seine ›accellerandi‹ und ›ritardandi‹, seine ›sprechenden Pausen‹ und andere Feinheiten wurden zu charakteristischen Merkmalen eines neuen leidenschaftlichen Stils. Insonderheit der »präzise Vortrag, die feurige, seelenvolle Exekution und die Gleichheit im Bogenstrich« (›Berliner-Musik-Zeitung‹, 1793) machten sein Orchester zum berühmtesten Europas und den Mannheimer Vortragsstil zum maßgebenden der Zeit.
Die neue Interpretationsweise war nicht Attribut einer im übrigen konventionellen Musik, sondern Mittel des subjektiven Ausdrucksstils, den Stamitz aus der ›galanten‹

und ›empfindsamen‹ Manier genialisch kombinierte. Ein Stil, der in allem schon den extremen Gegensatz zum barocken bildet. Gewiß – Pergolesi und G. B. Sammartini hatten ihn auf ihre Weise vorbereitet, doch keiner vermochte wie Stamitz »die Bewegungen der Leidenschaften so auszudrücken, wie sie aus der Seele herauskommen« (D. Webb, 1769). Im Grunde enthält dieser Satz schon das ästhetische Programm des musikalischen ›Sturm und Drang‹, nämlich: Verzicht auf das erklügelte Formel-Vokabular der ›Affektenlehre‹, aber auch auf die Manieren des galanten und empfindsamen Stils. Nicht länger der Zustand der Leidenschaften, sondern ihre Bewegung, ihr Entstehen und ihr Vergehen wird nun Aufgabe der künstlerischen Darstellung, parallel zur Lehre Rousseaus.

Giovanni Battista Sammartinis Verfahren, zwei Themen in seinen Sonaten einander gegenüberzustellen, findet sich bei Stamitz nur gelegentlich und noch ohne bewußte Absicht. Aber er verwandelt das polyphone Miteinander gleichwertiger Stimmen grundsätzlich in ein periodisches Nacheinander homophoner Linien. Er verändert seine Themen unentwegt, greift Motive aus ihnen heraus und führt sie wie Pergolesi in freier Bewegung durch die Begleitstimmen. Er entwickelt ganze Sätze aus unscheinbaren Bewegungsimpulsen als erregende ›crescendi‹, die er nach pathetischem Höhepunkt kurz entspannt. Ja er gelangt schon zur Viersätzigkeit der klassischen Sinfonie und gibt diesen Zyklen eine einheitliche Stimmung. Seine Zeitgenossen äußerten, er spanne eine »Kurve der Leidenschaft« über sie hin. Die Sequenz (die Aneinanderreihung von bestimmten Motiven und Akkordfolgen auf verschiedenen Tonstufen) verwendet er nicht mehr im Sinne des Barock, sondern als freies Ausdrucksmittel innerhalb einer psychologischen Entwicklung; er wagt plötzliche Tonartenkontraste, schroffe Sforzati und anderes mehr. Es finden sich bei ihm schon mozartisch süße melodische Wendungen, hingesungen über fein ziselierten Begleitungen, die nichts anderes sind als in Bewegung umgesetzte Dreiklänge. Mit alldem wurde Stamitz freilich noch nicht zum ›Klassiker‹. Doch er erreichte während seines kurzen Lebens Entscheidendes: Er gelangte in den besten seiner vielen Kammermusiken, Sinfonien, Violinkonzerten und Orchestertrios zu Mustern eines subjektiven Ausdrucksstils, der in Verbindung mit seiner dynamischen Vortragsweise schon alle Elemente des späteren klassischen Stils enthält. Es gibt nach ihnen kein Zurück mehr in die versinkende Welt des Barock.

Die neue Sonate (Form, Anwendungsgebiet)

Der Weg, den Stamitz und seine Vorgänger freigelegt hatten, führte nun über tastende Versuche zur Umbildung älterer Formen in die zyklische viersätzige Sonatenform (Allegro, Andante, Menuett mit Trio, Allegro). Sie wurde bald in allen Gattungen der klassischen Instrumentalmusik vorherrschend. Nur das Solokonzert blieb auf drei Sätze beschränkt. In den Varianten der Kammermusik, die sich nun verselbständigten und endgültig gegen die Orchestermusik abgrenzten (also Solo- und Duo-Sonate, Trio, Quartett, Quintett usw.), findet sich der viersätzige neben dem dreisätzigen

Typus. Einzig die aus der Suite abgeleiteten Divertimenti – also die ›Cassationen‹, ›Serenaden‹ und ›Ständchenmusiken‹ (siehe Seite 305) – wahrten bis gegen Ende des 18. Jahrhunderts die lockere vielsätzige Reihenform.
Das Kernstück der zyklischen klassischen Sonatenform ist ihr erster Satz, der Sonatenhauptsatz. Er wurde bei den ›Mannheimern‹, den norddeutschen und Wiener Meistern durchgebildet. Sein Schema liegt etwa bei Philipp Emanuel Bach schon in den Grundzügen vor. Es ist im Gegensatz zum meist zweiteiligen barocken Sonatensatzschema dreiteilig gegliedert und grundsätzlich auf zwei kontrastierende Themen gestellt. Das erste Thema ist in der Regel rhythmisch energisch (männlich), das zweite lyrisch sanglich (weiblich). Wird – wie gelegentlich beim ›Londoner‹ Bach oder bei Mozart – auch das erste Thema sanglich, so spricht man von einem ›singenden Allegro‹. Der normale Sonatenhauptsatz ist die charakteristische Ausdrucksform einer in sich dualistisch gespannten, zielstrebigen subjektiven Musik. Hier das Schema:

1. Teil Exposition (Themenaufstellung). Das Haupt- oder Kopfthema steht in der Grundtonart, das sangliche Seitenthema kontrastierend in der Dominanttonart oder in der Moll-Parallele zur Grundtonart. Eine Gruppe zusätzlicher Gedanken beendet als Coda (Schluß) die Exposition, die meist wiederholt wird.
2. Teil Durchführung. Hier sind die Themen – oder Motive aus ihnen – Gesprächspartner. Oft kommt es zwischen ihnen (so später bei Beethoven) zu dramatischen Konflikten. Über Modulationen in entferntere Tonarten leitet ein entspannender Rückführungsteil dann über zum dritten Teil.
3. Teil Reprise. Sie bringt eine bisweilen verkürzte oder veränderte Wiederholung des Expositionsmaterials, aber beide Themen nun in der Grundtonart. Eine Coda, die sich zu einer zweiten Durchführung auswachsen kann, beendet den Satz in der Grundtonart.
Der Exposition geht bisweilen eine selbständige langsame Einleitung voraus.

Gelegentlich findet dieses Schema auch auf das Schluß-Allegro oder Finale Anwendung, womit dann den beiden ›Ecksätzen‹ der Gesamtform besondere Bedeutung zukommt. Oft hat das Finale Rondoform, der langsame zweite Satz Variationsform. Der dritte Satz, das Menuett, ist dreiteilig (a–b–a; das ›Trio‹ bildet kontrastierend den sanglichen Teil b). In Beethovens Sinfonien tritt an die Stelle des Menuetts das Scherzo. Die einzelnen Sätze der zyklischen Form werden mit der Zeit innig aufeinander bezogen.
Das Klavier scheidet als Generalbaßinstrument aus dem Orchester und aus der Kammermusik allmählich aus. Es gesellt sich als selbständiger Partner nun in der Violinsonate, im Klaviertrio, Klavierquartett usw. und im Klavierkonzert den anderen Instrumenten zu. Die Generalbaßpraxis erlischt.
Auf der Grundlage des chorischen Streichquintetts bildet sich allmählich die Normalbesetzung des klassischen Orchesters heraus. Sie umfaßt bis einschließlich Beethovens Sinfonien in der Regel ein bis zwei Flöten, zwei Oboen, zwei Klarinetten (diese zunächst nur in Mannheim und Paris; berühmt Mozarts Klage: »Ach, hätten wir doch

auch Klarinetten!«), je zwei Fagotte, Hörner, Trompeten, Pauken, je sechs 1. und 2. Geigen, vier Bratschen, je drei Celli und Kontrabässe. Selten kommen noch ein bis zwei Hörner, drei Posaunen, Kontrafagott, Piccoloflöte und weiteres Schlagzeug hinzu (zum Beispiel in Beethovens ›Neunter Sinfonie‹).

Die Mannheimer Schule

Der Stilwandel vollzog sich in stürmischem Tempo. Die ›Mannheimer‹ um Johann Stamitz nahmen hieran den entschiedensten Anteil. Von den älteren ›Mannheimern‹ stellte der konservative Mähre *Franz Xaver Richter* (1709 bis 1789) sein eminentes kontrapunktisches Können aufgeschlossen in den Dienst des Neuen. Er bewahrte die begleitenden Mittelstimmen im homophonen Satz vor Verödung, einer Gefahr, der viele Mit- und Nachläufer Stamitzens erlagen. Gewiß fand sich noch Spätbarockes bei Richter, doch in vielem neigte er schon dem neuen Stil zu. Er führte gelegentlich in seine Sinfonien zweite Themen ein, er wagte kleine Durchführungen und entwickelte in ihnen ein freies, alle Stimmen durchflutendes, zielstrebiges Motivspiel; in sechs Streichquartetten (den ersten vor Haydn!) löste er sich vom Generalbaß, in acht Sonaten für obligates Klavier, Violine und Cello gab er frühe Vorbilder des klassischen Klaviertrios. – Kompromißloser dem Neuen zugewandt war der von Mozart und Beethoven gepriesene Ignaz Holzbauer (siehe Seite 281). Etwa die Linie Stamitz' hielten *Giuseppe Toeschi* (1724 bis 1788), *Anton Filtz* (um 1730 bis 1760) und *Ignaz Fränzl* (1736 bis 1811).
Die jüngeren ›Mannheimer‹ brachten dann das Haupt der Schule bald aus der Mode. Stamitz' Schüler *Franz Beck* (um 1730 bis 1809) erregte Aufsehen mit ausdrucksvollen Sinfonien, in deren Kopfsatz der Themendualismus zum Prinzip erhoben ist. Der ganze Satz ist bei ihm eine Art Durchführung und erfüllt von echt dialektischer Spannung. Damit wurde die Homophonie, deren Domäne bislang die kleine dreiteilige Form war (das Beste bei Stamitz sind seine Menuette!), fähig, im Sonatenhauptsatz sinfonische Entwicklungen zu tragen. In zwei ›Divertimenti‹ schrieb Beck schon die später normale klassische Orchesterbesetzung vor. Speziell die Holzbläser verwandte er delikat. Etwa 1767 ging er nach Frankreich. – Die Vorzüge des ›galanten‹ und des ›empfindsamen‹ Stils vereinigte der in Mannheim geborene *Christian Cannabich* (1731 bis 1798) in seinen feingliedrigen Kammermusiken, Violinkonzerten und Sinfonien mit den Neuerungen Becks. Er gab dem Sonatenhauptsatz eine deutlichere Gliederung und bezog die Sätze der zyklischen Form inniger aufeinander. Seine Vorliebe waren ›konzertante‹ Sinfonien, in denen einzelne Instrumente solistisch hervortreten. Er war Stamitz-Schüler und als Konzertmeister dessen Nachfolger. Als Orchester-Erzieher soll er seinen Lehrer übertroffen haben. Auf vielen Konzertreisen mehrte er das Ansehen der ›Mannheimer‹. Das tat auch Johann Stamitz' ältester Sohn und Schüler *Karl Stamitz* (1746 bis 1801). Im In- und Ausland feierte er Triumphe als Bratschen- und Viola-d'amore-Virtuose. Seine Kammermusik und seine Sinfonien sind heute beliebter als die seines großen Vaters. Er pflegte vor allem die ›konzertante‹ Sinfonie

(Mozart übernahm den Typus von ihm). Sein Bruder *Anton Stamitz* (1754 bis 1820) ist bemerkenswert als Lehrer des Geigers Rodolphe Kreutzer, dem Beethovens ›Kreutzer-Sonate‹ gewidmet ist. Dem Mannheimer Stil huldigte auch *Ferdinand Fränzl* (1770 bis 1833), Sohn von Ignaz Fränzl, in schönen Violinkonzerten.

Die Wiener Schule

Für Wien wurde der in Italien vorgebildete Sonatentyp Ausgangspunkt einer eigenen Entwicklung. Schon um die Jahrhundertmitte entstanden dort viersätzige Sinfonien (mit Menuett), aber auch suitenartige Divertimenti, deren Ecksätze die dreiteilige Sonatensatzform aufweisen. Den Sammartinischen Dualismus übernahm dort etwa gleichzeitig mit Beck der Fux-Schüler *Georg Christian Wagenseil* (1715 bis 1777). Er fügte unabhängig von Mannheim dem Durchführungsteil die Reprise als Wiederholung der Exposition an und gab so dem dualistischen Sonatenhauptsatz die ›klassische‹ dreiteilige Gliederung! Wagenseil war Musiklehrer und Klaviermeister der Kaiserin Maria Theresia. Er wollte mit seiner Kunst unterhalten, nichts weiter. Aber er wußte in seinen zierlichen Sinfonien, Klavierkonzerten und Divertimenti Italienisches, Mannheimisches und Wienerisches so eigenartig zu mischen, daß selbst Haydn und Mozart ihn bewunderten und von ihm lernten. – *Georg Matthias Monn* (1717 bis 1750), Organist der Wiener Karlskirche, hätte wohl das Zeug gehabt, den Sprung in die neue Zeit noch mitzumachen, doch er starb jung. Galante, ein wenig altväterliche Divertimenti, Sinfonien und Konzerte, in denen der subjektive Ton der Frühklassik verheißungsvoll anklingt, bezeugen seine Begabung. Arnold Schönberg bearbeitete 1932 sein ›g-Moll-Cellokonzert‹.

Die Meister der Wiener Schule, die diesen beiden Wegbereitern folgten und den Stil der klassischen Instrumentalmusik weiter durchbildeten, stehen dann schon im Lichtkreis Haydns und Mozarts. Viele von ihnen leben mit dem einen oder anderen Werk noch fort, ein Zeichen für das hohe Niveau der höfischen deutsch-österreichischen Gesellschaftsmusik im ausgehenden 18. Jahrhundert. Da sind zu nennen *Leopold Mozart* (1719 bis 1787) – er warnte seinen Sohn Wolfgang Amadeus noch eindringlich vor dem exaltierten ›Mannheimer goût‹ –, der Singspielmeister *Franz Asplmayer* (um 1721 bis 1786) – er schloß sich den ›Mannheimern‹ an –, dann der tüchtige, etwas hausbackene *Michael Haydn* (1737 bis 1806), Bruder Joseph Haydns, und Karl Ditters von Dittersdorf (siehe Seite 282). Nach ihrem Werdegang waren der geniale *Joseph Martin Kraus* (1756 bis 1792) und der konziliante *Franz Danzi* (1763 bis 1826) zwar ›Mannheimer‹, wesensmäßig gehören sie aber in den Umkreis Haydns und Mozarts. Sie waren Schüler des Sonderlings *Abt Vogler* (1749 bis 1814), der bei Padre Martini in Bologna und bei Valotti in Padua studierte. 1775 gründete Vogler in Mannheim eine Schule, er unterwies seine Schüler in einem eigenen Tonsystem. 1783 ging er auf Reisen, die ihn bis in den Orient führten. 1786 bis 1799 war er in Stockholm seßhaft, dann wieder auf Reisen, diesmal mit einer kleinen Orgel eigener Konstruktion. Vielerorts erregte er Aufsehen mit seinen musikalischen ›Schlachten- und Seesturmgemälden‹. 1803 bis 1804 machte er in Wien Beethoven mit einer Oper Konkurrenz, 1808 wurde er Hofkapellmeister in Darmstadt. Auch Carl Maria von Weber und Meyerbeer waren seine Schüler. Weber verehrte ihn zeitlebens, Schubert nannte ihn einen Scharlatan. Er war ein unruhiger Geist, ein skurriler Weltverbesserer und Phantast. Als Lehrer und Anreger nimmt er aber eine Art Schlüsselstellung ein zwischen Wiener Klassik und früher Romantik. Von seinen Werken ist nichts geblieben.

Die Norddeutsche Schule

In der Norddeutschen Schule – sie ist im wesentlichen identisch mit dem Kreis der friderizianischen Meister – wehte eine ganz andere Luft als in Wien. Nach Ansicht des schon oft zitierten Engländers Burney hatte dort nur Carl Philipp Emanuel Bach den Mut, »inmitten von Nachahmern Original zu sein«. Der König begünstigte den Stil des französischen Rokoko. Seine Architekten, Bildhauer, Maler und Poeten hatten sich danach zu richten. Lessing (Freund Carl Philipp Emanuel Bachs) und andere drangen in Potsdam durch, nicht da sie Voltaire nicht zu gewinnen wußten. Mit der Musik sah es ein wenig anders aus. In der Oper schwor Friedrich II. auf Karl Heinrich Graun

Trommler und Pfeifer Militärmusiker Mitte des 18. Jahrhunderts

und Hasse, also auf die belcantistische ›seria‹, in der Instrumentalmusik bevorzugte er den galanten französischen Stil. Gluck bedachte er »mit den heftigsten Ausdrücken und Schimpfworten« (Schletterer). Nach seiner Ansicht hatte Gluck »garkeinen Gesang« und keine Ahnung »vom großen Operngenre«. Die Potsdamer Musiker mußten »graunisch« und »quantzisch« sein, sonst waren sie »vor Verfolgung nicht sicher«, notierte Burney. Und weiter: »Die Musik ist in diesem Lande vollkommen im Still-

Die Klassik

stehen, und sie wird es so lange bleiben, als Seine Majestät den Künstlern so wenig Freiheit in der Kunst läßt, wie den Bürgern im öffentlichen Leben, da er zu gleicher Zeit Herrscher über das Leben, das Vermögen und die Geschäfte seiner Untertanen sein will, wie der Regulator ihrer kleinsten Vergnügen.«

Das sind harte Worte. Aber sie kamen gleichsam post festum, sie kennzeichnen die Lage von 1770, also sieben Jahre nach dem Siebenjährigen Krieg! Und da war die ›musische‹ Zeit von Sanssouci längst dahin. Ein paar Jahrzehnte zuvor war dort noch ein Dorado moderner Geistigkeit und Musikpflege. Gewiß – der Musik waren Grenzen gesetzt, sie war betont höfisch. Doch innerhalb dieses Rahmens hielt man Schritt mit dem Neuen. Während die ›Mannheimer‹ revolutionär vordrängten und die Wiener aus dem Schönen ringsum das Beste leichten Sinnes sich aneigneten, gingen die Friderizianer behutsam, aber gründlich zu Werk. Das hatte sein Gutes. Sie alle waren gediegene Könner und insbesondere Kontrapunktiker. Genau besehen verbreiterten sie auf ihre Art den Weg, den – bei den ›Mannheimern‹ – Richter ging. Sie taten das Ihre zur Überwindung der Generalbaßpraxis, sie waren beteiligt an der Umwandlung der barocken Formen und an der Abgrenzung der einzelnen Besetzungsgattungen der neuen Kammer- und Orchestermusik. Sie lockerten die Satzweise homophon auf, ohne die Polyphonie preiszugeben, und näherten sich als Melodiker mit Maßen dem subjektiven, ›empfindsamen‹ Stil. Gelegentlich führten sie zweite Themen in ihre Allegri ein und wagten auch schon kleine motivische Durchführungen. Dualistische Kontroversen wird man darin freilich nicht finden.

Der älteste Friderizianer, *Johann Joachim Quantz* (1697 bis 1773), ist als Lehrmeister seines flötespielenden, ›auch‹ komponierenden Königs*, als ›Klassiker der Flötenkomposition‹ und Verfasser einer zeitgeschichtlich aufschlußreichen Flötenschule in die Geschichte eingegangen. In seinen Flötenkonzerten und Sonaten gingen französische ›clarté‹, italienische Sanglichkeit und deutsche Polyphonie jene denkwürdige Mischung ein, die seither kennzeichnend blieb für den Stil abendlicher, kerzenüberglänzter musikalischer Lustbarkeiten in Sanssouci.

Doch Friedrich II. hatte auch Spezialisten für andere Bereiche der galanten ›musica instrumentalis‹. So war *Johann Gottlieb Graun* (um 1700 bis 1771), Bruder des Opern- und Oratorienmeisters K. H. Graun (siehe Seite 215 bzw. 284), ungeachtet seiner Orchesterwerke der eigentliche Kammermusiker dieses Kreises, der temperamentvolle Böhme *Franz Benda* (1709 bis 1786) hingegen als des Königs Violinvirtuose ›in Funktion‹. Seine brillanten Violinkonzerte, Sonaten und Capricen wirken weit neumodischer als die seiner Kollegen. Als Kammercembalist endlich stand – nach Studienjahren (Jura) in Leipzig und Frankfurt an der Oder – von 1740 bis 1767 *Carl Philipp Emanuel Bach* (1714 bis 1788) in des Königs Diensten. Zugleich war er Kapellmeister der Prinzessin Anna Amalia. Als nach dem Siebenjährigen Krieg die Verhältnisse in Potsdam sich änderten, folgte er einem Ruf der ›freien‹ bürgerlichen Stadt Hamburg. Dort wurde er als Nachfolger seines Paten Telemann Kirchenmusikdirektor.

---

* *Friedrich II. schrieb mehr als 100 Flötensonaten, mehrere Flötenkonzerte, eine Sinfonie, Arien, Märsche und anderes.*

Die Bach-Söhne – England, Italien, Frankreich

Carl Philipp Emanuel, zweitältester der Bach-Söhne, war unter den bedächtigen Friderizianern der bei weitem fortschrittlichste; ein eigenwilliger, schöpferischer Kopf, vielseitig gebildet, universell interessiert. Er war Anhänger Rousseaus, befreundet mit Lessing, Klopstock, Gellert, Voß, aufgeschlossen für die Anregungen aus Mannheim, Wien, Paris. Die stürmische Entwicklung speziell der Klaviersonate bestimmte und trug er vom Spätbarock bis in die Hochklassik hinein. Er war der erste, der die Bedeutung des ›dualistischen Prinzips‹ in seiner ganzen Tragweite erkannte; in seinen

Carl Philipp Emanuel Bach, zeitgenössischer Schattenriß

Hamburger Spätwerken ist die ›dialektische‹ Musizierweise (die klassische Motivtechnik) schon konsequent angewandt, das heißt im klassischen Sinn bewältigt. Doch sein ›Sturm und Drang‹ war anderer Art als der von Johann Stamitz; sein kritisch-kontrollierender Kunstverstand führte ihn zu gesicherten Ergebnissen. Vom Vater hatte er die profunde Schulung, die ›inneren Zügel‹, die Beharrlichkeit, die Gabe der Selbstkritik.
In seinen Frühwerken folgte Philipp Emanuel dem väterlichen Vorbild. Aber schon im Mittelsatz seiner ›a-Moll-Triosonate‹ (1740) findet sich das neue Sammartinische Schema neben der homophonen Satzweise des empfindsamen Stils. Andererseits bezeugt seine Vorliebe für galante Schnörkel und ein wenig zopfige Redewendungen die solide Bedächtigkeit seines Wesens. Gewiß war da zunächst die ›Friderizianische Diktatur‹ mit im Spiel. Doch auch später verlor sich dieser Zug nur allmählich. Erst in den ›Hamburger Trios‹ von 1777 ist der Generalbaß aufgegeben und erst in den drei Klavierquartetten von 1788 der hochklassische Stil verwirklicht. Hier und in manchen Klaviersonaten (siehe Notenbeispiele Seite 302) frappiert die Verwandtschaft der leidenschaftlich subjektiven, von schroffen dynamischen Gegensätzen durchsetzten Ausdrucksweise mit der Beethovens.
Carl Philipp Emanuel schuf weltliche und geistliche Lieder, Oden, Kantaten, Oratorien, Passionen, Klavierkonzerte, darunter ein Doppelkonzert für Cembalo, Pianoforte und Orchester (seit etwa 1780 schrieb er gern für das neue, volltönende ›Hammerklavier‹!),

Flötenkonzerte, ein Cellokonzert, Sinfonien, mehrere hundert Klavierwerke, meist Sonaten, so die ›Preußischen‹ (1742), die ›Württembergischen‹ (1745), die ›Sonaten mit veränderten Reprisen‹ (1760), sechs Bände ›Sonaten, freie Fantasien und Rondos‹ (1779 bis 1787; seine Hauptwerke) und Kammermusiken. Sein theoretischer ›Versuch über die wahre Art, das Klavier zu spielen‹ (1753 bzw. 1762) gibt erschöpfend Auskunft über das Generalbaßspiel, über die galanten Verzierungsmanieren und über seine neue Art, das Klavier ›singen‹ zu lassen.

Aus der Durchführung einer Klaviersonate von Carl Philipp Emanuel Bach

Die Klassiker verehrten ihn. Haydn schrieb: »Wer mich gründlich kennt, der muß finden, daß ich dem Emanuel Bach vieles verdanke, daß ich ihn verstanden und fleißig studiert habe.« Mozart meinte rundheraus: »Er ist der Vater, wir sind die Bub'n. Wer von uns was rechts kann, hat's von ihm gelernt.«

Carl Philipp Emanuels ältester Bruder *Wilhelm Friedemann Bach* (1710 bis 1784) geistert seit Brachvogels Roman als Prototyp des ›verkommenen Genies‹ durch die Musikgeschichte. Oper (Graener) und Film (Gründgens) zeigten ihn als Helden kitschiger Stories. Das kompensiert freilich nicht den Verlust, den die Kunst zu beklagen hat, weil er scheiterte. Prüft man seine musikalische Hinterlassenschaft (Suiten, Sinfonien, Klavierkonzerte, Orgel- und Klavierwerke, Kammermusiken, Kantaten, Motetten), so ergibt sich das Bild einer außerordentlichen, aber verwilderten Begabung. Man findet bei ihm – mitunter in ein und demselben Werk – neben Belanglosem und Konventionellem Abschnitte und Sätze, die ihresgleichen nicht haben in der Zeit. Gewöhnlich folgt er barocken Formmustern, satztechnisch steht er eher dem Vater nahe als den Brüdern. Doch unvermittelt durchbricht er alle Schranken der Konvention in lyrischen Gesängen von schon romantischer Subjektivität und Ausdruckskraft. Bisweilen verwirklicht er in schroffen Spannungsstauungen und Entladungen von bizarrer Großartigkeit schon Klangvorstellungen, die weit ins 19. Jahrhundert bis auf Reger vorausweisen.

Aus einer Klaviersonate von Friedemann Bach

Nahezu vergessen ist der zweitjüngste der Bach-Söhne, der ›Bückeburger‹ *Johann Christoph Friedrich Bach* (1732 bis 1795). Stilistisch gehört er mit seinen Sinfonien und Kammermusiken in den Umkreis der ›Mannheimer‹, auch Mozarts und Haydns.
Der Benjamin der Familie, der ›Mailänder‹ bzw. ›Londoner‹ *Johann Christian Bach* (1735 bis 1782), entfernte sich von der Tradition des Vaterhauses am weitesten. Nach Johann Sebastians Tod wuchs er bei Philipp Emanuel auf. 1754 machte er sich heimlich davon und wanderte über die Alpen nach Bologna. Dort wurde er Schüler des Padre Martini. 1760 konvertierte er und wurde daraufhin Domorganist in Mailand.

Handschrift Carl Philipp Emanuel Bachs

Kirchenmusiken und Opern im italienischen Stil machten ihn bekannt. 1762 wurde er Musikmeister der Königin von England und bald der verwöhnte Liebling der Londoner. Gemeinsam mit dem Köthener Gambenvirtuosen *Karl Friedrich Abel* (1725 bis 1787), einem Schüler seines Vaters, gründete er in London die ›Bach-Abel-Concerts‹. In ihnen führten die beiden alternierend ihre ›empfindsamen‹ Sinfonien, Konzerte und Kammermusiken im ›italienisch-mannheimischen‹ Stil zum Sieg. Der konservative William Boyce (siehe Seite 197) wirkte mit seinen schlichten ›galanten‹ Werken ihnen gegenüber schon ein wenig antiquiert.
Johann Christians Ruhm überstrahlte zu seinen Lebzeiten den des Vaters und aller Brüder bei weitem. Neuerdings hat manches von ihm eine verdiente Renaissance erlebt. Stilgeschichtlich ist er wichtig durch seinen Einfluß auf den jungen Mozart. Wolfgang Amadeus hörte bei ihm in London die ersten betörend süßen »singenden Allegri«, die ersten Sinfonien im formschönen Stil Pergolesis, Sammartinis und jüngerer Meister, vor denen der Alte Fritz seinen Kapellmeister Reichardt also warnte: »Hüt' Er sich für die neuern Italiener; son'n Kerl schreibt Ihm wie 'ne Sau.«
Die ›neuern Italiener‹ konzentrierten sich nun immer ausschließlicher auf die Oper

(siehe Seite 187). Die große italienische Instrumentalmusik klang ab in Nachzüglern wie *Pietro Nardini* (1722 bis 1793) und *Gaetano Pugnani* (1731 bis 1790). Einzig der jüngere *Luigi Boccherini* (1743 bis 1805) vertrat damals sein Land mit neuartigen schwärmerischen Sinfonien, Konzerten und Kammermusiken verschiedener Gattung. Er ging von Sammartini aus und übernahm 1768 in Paris den ›Mannheimer Stil‹; 1785 wurde er in Madrid Hofkapellmeister des Königs. Er machte in Spanien Haydn heimisch und glich sich dessen Stil so sehr an, daß man ihn dort scherzhaft ›la mujer de Haydn‹ (›Haydns Frau‹) nannte.

Auch in Frankreich suchten die Komponisten nun vor allem mit Opern (und Ballettmusiken) ihr Glück. Die konzertante Instrumentalmusik wurde vorwiegend aus Deutschland importiert. Auf dem Spezialgebiet des Violinkonzerts entwickelte *Jean Marie Leclair* (1697 bis 1764), angeregt durch Muster Tartinis, einen spezifisch pariserischen Typus des spätbarocken Violinkonzerts. Er wurde aber im ausgehenden 18. Jahrhundert verdrängt durch äußerlich effektvolle Virtuosenkonzerte, in denen von echtem Konzertieren nichts mehr zu finden ist. *Giovanni Battista Viotti* (1753 bis 1824), italienischer Herkunft, führte dann in seiner französischen Wahlheimat das virtuose Violinkonzert klassischer Prägung einem neuen Höhepunkt zu. Sein noch heute geschätztes, schon frühromantisch ausdrucksvolles ›a-Moll-Konzert‹ (Nr. 22) liebte Brahms sehr. Von Viotti beeinflußt wurden in ihren brillanten Konzerten, Sonaten, Capricen und Etüden *Pierre Rode* (1744 bis 1830) und der Schlesier *Rodolphe Kreutzer* (1766 bis 1831, siehe Seite 298). Schlesischer Herkunft war wohl auch der genialische ›Stürmer und Dränger‹ *Johann Schobert* (um 1730 bis 1767), Schüler Wagenseils. Er übernahm manches von den ›Mannheimern‹ und vom französischen Stil. In der Stadt Couperins trug er als letzter großer Cembalomeister entschieden dazu bei, die Formen und die Ausdruckssprache der (generalbaßlosen) neuen Kammermusik mit ›obligatem‹ Klavier durchzubilden. Seine Klaviersonaten, -trios, -quartette und -konzerte hat Mozart eifrig studiert. Leider starb Schobert allzufrüh (laut Riemann) »nebst Weib, Kind, Dienstmädchen und drei Freunden nach Genuß selbstgesammelter Pilze«. Sein Kollege François Joseph Gossec (1734 bis 1829, siehe Seite 294) und andere Opernmeister schrieben zwar auch Instrumentalmusiken im Stil der ›melodia germanica‹, doch keiner konnte mit jenem Meister wetteifern, von dem Grétry damals sagte, seine Sinfonien schlügen jede französische Oper –: mit Joseph Haydn.

Joseph Haydn

Joseph Haydn kam am 31. März 1732 in dem kleinen österreichischen Flecken Rohrau (im flachen Burgenland) als Sohn eines Kleinhäuslers und Handwerkers zur Welt. Er war das zweite von zwölf Kindern. Das Geld im Elternhaus reichte gerade zum Nötigsten. Die nächste Stadt lag fern, an eine geregelte Schulbildung war nicht zu denken. Doch es fügte sich, daß ein Verwandter, der Dorfschullehrer Frankh, Gefallen an Joseph fand. Er nahm den Sechsjährigen mit nach Hainburg. Haydn lernte bei ihm singen, **Geige**, Orgel, Spinett spielen und die Pauke schlagen. Noch als alter Mann war er seinem Mentor hierfür dankbar, »wenn ich gleich ... mehr Prügel als zu essen bekam...«. Zwei Jahre darauf entdeckte der Wiener Domkapellmeister Reutter Josephs »schwache, doch angenehme Stimme«, und er wurde nun mit Einwilligung der Eltern Sängerknabe im Domchor von Sankt Stephan. Außer im Singen förderte man ihn dort wenig. Jedenfalls haperte es bei Haydn zeitlebens mit der Allgemeinbildung, mit den Sprachen, der Rechtschreibung – nie fand er später Gelegenheit, das im Stift Versäumte nachzuholen. »Eigentliche Lehrer habe ich nicht gehabt«, bekannte er im Alter. »Mein Anfang war überall gleich mit dem Praktischen – erst im Singen und Instrumentalspiel, hernach in der Komposition.«

Joseph Haydn, Schattenriß von Lavater

Als er im Stimmwechsel war, setzte Reutter ihn kurzerhand auf die Straße. Er verbrachte eine Nacht im Freien, dann nahm ihn ein Musikant bei sich auf. Nun hieß es Geld verdienen, zum Tanz aufspielen, Unterricht geben. »Ich mußte mich acht Jahre lang kummervoll herumschleppen«, erinnerte sich Haydn später. »Es gehen durch dieses schlechte Brot viele Genies vorzeitig zugrunde.« Doch er lernte Unschätzbares in diesen Jahren auf Tanzböden und bei abendlichen Ständchenmusiken auf den Gassen des musiktrunkenen Wien. Bald komponierte er selbst Tänze und Ständchenmusiken, die man dort ›Serenaden‹, ›Divertimenti‹ oder ›Cassationen‹ nannte. Ihre Form ist sinnfällig ihrem Zweck angepaßt: Mit einem marschartigen ›Presto‹ erscheinen drei oder vier Musikanten vor dem Haus der Dame, der das Ständchen gilt. Dann spielen sie ein ›Menuett‹. Zeigt sich die Dame am Fenster, so folgt das eigentliche ›Ständchen‹, ein gefühlvolles Adagio. Wird es gnädig aufgenommen, so gibt man ein ›Menuett‹ zu und trollt sich mit einem ›Presto‹, sofern man nicht ins Haus gebeten wird. Vielleicht lernte Haydn bei solch einer Cassation den Theaterdirektor Bernardon kennen. Für ihn schrieb er – zwanzigjährig – die Musik zu einer Posse ›Der krumme Teufel‹. Doch das Stück wurde verboten. So mußte das Musikantendasein fortgesetzt werden, bis ein merkwürdiger Zufall weiterhalf. Haydn fand Unterschlupf in einer Dachstube eben des Hauses, in dessen ›bel-étage‹ Metastasio wohnte! Durch ihn lernte er Nicolo Porpora kennen, und dieser verpflichtete ihn für sechs Dukaten monatlich als Korrepetitor und – Diener. Haydn hatte »endlich die Gnade..., von dem berühmten Herrn Porpora die echten Fundamente der Satzkunst zu erlernen«. Das heißt, er wurde nun vertraut mit dem modischen ›stilo italiano‹. Und er durfte dabeisein, wenn Wagenseil, Gluck und dessen Famulus Dittersdorf zu Gast waren. Wagenseil gab ihm den ›Gradus ad Parnassum‹ seines Lehrers Fux zum Studium. Er begleitete Arien aus Glucks Opern, hörte Sinfonien von Stamitz, spielte hingerissen frühe Klaviersonaten von Carl Philipp Emanuel Bach!

Haydn brauchte Zeit, die Eindrücke zu bewältigen. Er war – wie Bach und Gluck – ein Spätentwickler, aber wie sie auch ein zäher, verbissener Arbeiter. Seine frühen Klaviersonaten schon weisen es aus, aber auch die Tänze und Cassationen dieser Jahre. Ein neuer Ton wurde mit ihnen in der Kunstmusik vernehmlich. Sie klingen so kräftig, frisch und anheimelnd, als sei die Natur selbst mit im Spiel. Rousseau sagte einmal: »Musik drückt zwar Dinge nicht direkt aus, sie erweckt aber die gleichen Gefühle, die wir haben, wenn wir sie erblicken.« War es dies, was da deutlicher als je zuvor in Tönen eingefangen schien von dem jungen Genius, so daß die Leute sagten, es seien in seiner Musik Tierstimmen zu hören oder das Ticken einer Uhr, man spüre darin den Wind oder die warme Sonne über einer weiten Landschaft?

Aber gab es das nicht längst? Waren sie nicht alle neuerdings auf eine ›Nachahmung der Natur‹ aus, Gluck so gut wie Stamitz oder Carl Philipp Emanuel Bach? Zwischen ihnen und Haydn zog sich ein Graben. Sie waren belastet mit Vergangenem, Haydn war naiv. Sie suchten das Alte zu überwinden, Haydn stand von Anbeginn auf der Seite des Neuen. Sie schlugen sich herum mit ästhetischen Problemen, sie diskutierten über Wert und Unwert der ›Affektenlehre‹, über Sinn, Form und Sprache des musikalischen Dramas, über Rousseau, Diderot, Algarotti. Sie rebellierten, reformierten, proklamierten.

Haydn tat nichts dergleichen. Wußte er überhaupt, wer Rousseau war? Er las keine Bücher, er sprach nicht einmal einwandfrei Deutsch. Das zeigen seine Briefe. Wichtige Schreiben setzten Freunde für ihn auf, zeitlebens. Gluck kostete es unsägliche Mühe, den gekünstelten Stil des Musiktheaters zu vereinfachen. Er vergaß darüber fast, daß er Musiker war. Haydn war einfach und nur Musiker. Völlig unbefangen lebte er sich in seine Aufgaben ein. Er bekannte: »Ich hörte das Schönste und Beste, was es in meiner Zeit zu hören gab ... und suchte mir zunutze zu machen, was auf mich besonders gewirkt hatte... Nur, daß ich nirgends bloß nachmachte.«

Wie dem auch sei – er gelangte in Werken von klassischer Prägung über die Experimente der Vielen hinaus. Er versöhnte Homophonie und Polyphonie in der klassischen Motivtechnik, er schuf die klassische Hausmusik und bildete das Streichquartett, die Sinfonie und das weltliche Oratorium im Sinne und mit den Mitteln des klassischen Stils durch. Für seine Quartette und Oratorien gilt sinngemäß, was Guido Adler zur Zentenarfeier 1909 im Hinblick auf seine Sinfonien sagte: »Haydns symphonische Reform ist eines der größten Kulturwunder.«

In Weinzierl, wo der Fünfundzwanzigjährige des öfteren beim Freiherrn von Fürnberg zu Gast war, gab es drei Musikliebhaber: den Ortspfarrer (Geiger), den Gutsverwalter

(Bratscher) und einen Cellisten. Sie wollten mit Haydn Hausmusik treiben. Er wählte für sich ebenfalls die Geige und schrieb für den Kreis zögernd sein erstes Streichquartett. Daß vor ihm schon Richter für die gleiche Besetzung schrieb, wußte er nicht. Er erfand also die Gattung abermals. Der Beifall ermutigte den »bis zur Ängstlichkeit Bescheidenen«, er entwarf nun in kurzer Folge ein rundes Dutzend ähnlicher Stücke (ohne Generalbaß), und zwar in Form fünfsätziger ›Ständchenmusiken‹. Satztechnisch sind sie noch recht primitiv, von echter Partnerschaft zwischen den Instrumenten kann man kaum sprechen. Immerhin – in diesen Divertimenti waren böhmische und Wiener Volkslieder und Tänze so charakteristisch und amüsant verarbeitet, daß sie bald weithin bekannt wurden. Die Wiener Kritiker bemängelten freilich, Haydn führe Gassenhauer in die seriöse Musik ein, sie nannten ihn einen Verderber der Musik und einen vulgären Spaßmacher.

Mit 27 Jahren wurde Haydn Kammerkomponist und Musikdirektor des Grafen Morzin in Lukaveč bei Pilsen. Er war nun Leiter eines Orchesters und mußte sich dem höfischen Geschmack anpassen. Das tat er unbefangen mit Kammer- und Tafelmusiken (darunter ein klangschönes Oktett und eine erste Sinfonie!), die alle noch Divertimento-Charakter haben. Um diese Zeit verliebte er sich in eine Tochter des Friseurs Keller. Als sie ihn abwies, ließ er sich von ihrem Vater überreden, ihre ältere Schwester Marianne zu ehelichen. Sie verleidete ihm bald das häusliche Leben. Es war ihr, wie Haydn bitter äußerte, gleichgültig, ob sie einen Schuster oder einen Musiker zum Manne hatte, sofern er nur Geld hereinbrachte. Kann man es ihm verargen, daß er eines schönen Tages in der italienischen Sängerin Luigia Polzelli seine Muse fand?

Als Graf Morzin 1761 seine Kapelle auflösen mußte, wurde Haydn 2. Kapellmeister des Fürsten Paul Esterházy in Eisenstadt. 1766 rückte er zum 1. Kapellmeister auf. Damit hatte er seine Lebensstellung erlangt. Rund 30 Jahre stand er in den Diensten der Esterházys. Nach dem Tode seines ersten Herrn übernahm ihn dessen Bruder und

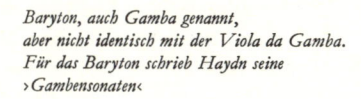

Baryton, auch Gamba genannt, aber nicht identisch mit der Viola da Gamba. Für das Baryton schrieb Haydn seine ›Gambensonaten‹

Nachfolger Fürst Nicolaus Joseph. Haydn fühlte sich in Eisenstadt und im ländlich gelegenen Schloß Esterháza am Neusiedler See so sehr in seinem Element, daß er dort »zu leben und zu sterben« wünschte. – Indessen – als man ihm 1790 eine auskömmliche Pension gewährte, zog er es doch vor, als freier Mann nach Wien überzusiedeln. 1791 folgte er einer Einladung nach London, 1794 unternahm er eine zweite Konzertreise dorthin. Als vermögender Mann kehrte er 1795 nach Wien zurück.

In Esterháza »war und blieb Haydn ein fürstlicher Bedienter, der für die Unterhaltung seines glanzliebenden Herrn als Musiker zu sorgen hatte« (Wagner). Laut Dienstvertrag mußte er allzeit »in weißen Strümpfen, weißer Wäsche, eingepudert, und entweder in Zopf oder Haarbeutel... sich sehen lassen, ... alltäglich ... Vor- und Nachmittag in der Antichambre erscheinen« und Kompositionsaufträge abwarten. Dafür erhielt er außer seinem Gehalt von 400 Gulden »den Offizier-Tisch oder einen halben Gulden des Tags Kostgeld«. Wagner meinte abfällig, Haydn sei »submiß und devot« gewesen. Nun – Haydn war zwar ›Höfling‹, doch er verstand es, seinen Geschmack und seine Kunstanschauungen durchzusetzen, bisweilen bauernschlau auf Umwegen, bisweilen direkt, mit entwaffnendem Humor. Und er wußte sich mit der Zeit so viel Respekt zu verschaffen, daß ihn die Esterházys mit ›Herr von Haydn‹ anredeten. Er legte hierauf freilich keinen Wert: »Ich bin mit Kaisern, Königen und vielen großen Herren umgegangen und habe manches Schmeichelhafte von ihnen gehört: aber auf einem vertraulichen Fuße will ich mit solchen Personen nicht leben, und ich halte mich lieber zu Leuten von meinem Stande.«

Das zu wissen, ist für die Beurteilung seiner Kunst nicht unwesentlich. Wichtiger freilich ist, was er über das Schaffensklima in Esterháza zu sagen wußte: »Ich konnte als Chef eines Orchesters Versuche machen, beobachten, was den Eindruck hervorbringt und was ihn schwächt, also verbessern, zusetzen, wegschneiden, wagen, ich war von der Welt abgesondert. Niemand in meiner Nähe konnte mich an mir selbst irremachen und quälen, und so mußte ich original werden.« Dies war die eine Seite. Die andere: »Was ich aber bin, ist alles ein Werk dringendster Not.«

Haydns ›Not‹ bestand in der erdrückenden Fülle von Pflichtarbeiten, die sein Amt mit sich brachte. Er mußte unentwegt komponieren: Tafelmusiken, Divertimenti, Sinfonien, Klavier- und Violinkonzerte (diese für den Virtuosen Tomasini), Opern, Begrüßungs- und Festkantaten, Kirchenmusiken – und alles in Mengen. Nicolaus, eifriger Gamben-Dilettant, war unersättlich. Eines Tages befahl er Haydn, »... sich emsiger als bisher auf die Komposition zu legen und besonders solche Stücke, welche man auf der Gambe spielen mag, und wovon wir noch sehr wenige gesehen haben, zu komponieren«. Haydn entsprach diesem Befehl mit rund 175 Gambensonaten! (siehe Abbildung Seite 307). Und es blieb nicht dabei, hinzu kamen Klaviersonaten, Trios und Quartette bündelweise, edelste Hausmusik, geboren aus »dringendster Not«.

Dem höfischen Geschmack zu entsprechen, war nicht einfach. Die Gäste auf Schloß Esterháza kannten sich aus in der europäischen Musik. Wo Haydn die Zeit hernahm, sich auf dem laufenden zu halten über die Experimente der ›Mannheimer‹, über das Neueste aus Frankreich, Italien, Norddeutschland und Wien, blieb ihm überlassen.

Die Streichquartette

Haydn wuchs mit seinen Aufgaben, beharrlich schritt er fort von der Nachahmung zum Eigenartigen, vom Belanglosen zum Charakteristischen, vom Typischen zum ›klassisch‹ Individuellen.

Das Intimste und Schönste von Haydns Fabulierkunst umschließen seine 76 Streichquartette (mit den Bearbeitungen der sieben Adagios, Werk 51: ›Sieben Worte des Erlösers am Kreuze‹, sind es 83; siehe Seite 316). Betrachtet man sie chronologisch, so gewinnt man einen Überblick nicht nur über die Entwicklung dieser Gattung, sondern der Instrumentalmusik überhaupt während eines halben Jahrhunderts, vom Rokoko zur Hochklassik. Denn in ihnen wird Schritt für Schritt und vorbildlich für alle Gattungen die klassische Sonatenform und der klassische Stil durchgebildet.

Die ›Zwölf Weinzierler Quartette‹, Werk 1 und 2 (siehe Seite 306), bezeichnete Haydn bei seiner Bestandsaufnahme ohne Rücksicht auf die Besetzungen noch als ›Divertimenti‹. Sie sind das auch, doch drängt in ihnen schon manches darüber hinaus. In den ›6 Quartetten‹, Werk 3 – ihre Echtheit wird neuerdings bestritten –, ist die fünfsätzige Reihenform der ›Ständchenmusiken‹ begrenzt auf vier, gelegentlich sogar nur drei oder zwei Sätze! Das Hauptstück der ›Divertimenti‹, die ›Serenade‹, büßt ihre zentrale Stellung ein; die Ecksätze gewinnen ihr gegenüber an Bedeutung. Der 1. Satz verläuft etwa im Sinne der Form des Sonatenhauptsatzes. In ihm gibt es bereits hervortretende Motive, die sich vom Hauptthema lösen und kleine Durchführungen beherrschen. Die 1. Violine führt bisweilen schon ein Gespräch mit der 2. Violine und dem Cello. ›Mannheimische‹ Dynamik differenziert den Klang, den lyrischen Ausdruck. Im allgemeinen aber werden hier im Sinne des Rokoko noch Episoden aneinandergereiht.

In den ›6 Quartetten‹, Werk 9 (1769), den ersten, die Haydn als ›Streichquartette‹ gelten ließ, ist die Reihenform des Divertimento überwunden. Viersätzigkeit ist die Norm,

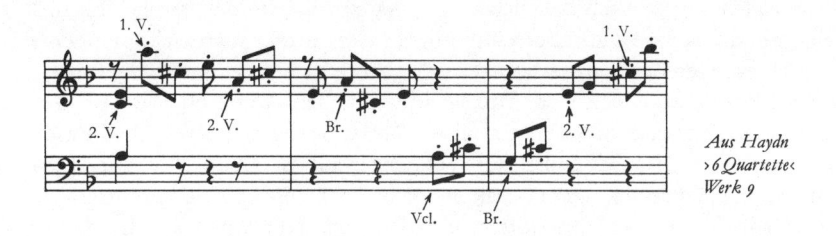

Aus Haydn ›6 Quartette‹ Werk 9

der 1. Satz Hauptsatz. Ihm folgt ein entspannendes Menuett, diesem ein lyrisch-sangliches Adagio (die frühere ›Serenade‹) und ein heiteres Finale-Allegro. Die Einheit des Ganzen wird durch Motive betont, die in verwandelter Form allen Sätzen gemeinsam sind. Die individuelle Variation wird einbezogen und wirkt sich formbildend aus; gelegentlich beteiligen sich alle Stimmen an der Themenbildung, das heißt, die vier Partner tragen einen Gedanken wie in Rede und Gegenrede bruchstückweise vor, er entsteht als Ganzes erst aus diesem Nacheinander. Man spielte diese Stücke nicht mehr im Freien oder als Tafelmusiken, sondern im geselligen Kreis vor Kennern als Konzertstücke. Sie beanspruchen die ungeteilte Aufmerksamkeit der Hörer. Die Gattung hat sich in ihnen nun gegen andere Kammermusiken abgegrenzt und verselbständigt.

Ein ähnliches Bild zeigen die ›6 Quartette‹, Werk 17 (1771). Zu einer Krise kam es dann in den ›6 Sonnen-Quartetten‹, Werk 20 (1772). Es gibt in ihnen merkwürdige Satzumstellungen und Experimente. Überschneidungen mit Prinzipien der älteren Triosonate, Suite und Opern-Sinfonia. Die Einheit des Formganzen (nicht die der einzelnen Sätze!) erscheint gefährdet, alles bisher Erreichte in Frage gestellt. Ausgelöst wurde die Krise durch das Studium von Werken Bachs, sie führte zu einer ernsten Auseinandersetzung mit der barocken Polyphonie. Haydn schien von Zweifeln befallen, ob sein Weg der rechte sei. Drei Finale legte er als Fugen an, und zwar als Fugen mit zwei, drei, ja vier Themen! Eigenartig kontrastieren hierzu die anderen Sätze. Es gibt unter ihnen folkloristische Menuette ›à la zingarese‹, Adagios mit brucknerisch weitgespannten Themen und Kopfsätze mit höchst neuartigen Durchführungen und Motivdialogen. Nur gelegentlich sind auch hier die Stimmen in die Ordnung kanonischer Polyphonie gezwungen. Einmal wählte Haydn in dieser Gruppe schon die Satzfolge, die dann in seinen ›klassischen‹ Quartetten und Sinfonien zur Regel wird: Allegro, Andante, Menuett, Finale.

Erst ein Jahrzehnt nach der Krise veröffentlichte Haydn wieder Streichquartette, und zwar die ›6 Russischen Quartette‹, Werk 33 (1781). Sie sind dem Großfürsten Paul von Rußland gewidmet und »auf eine ganze neue, besondere Art« ausgeführt. Es ist die ›klassische Art‹ und die Motivtechnik, die ihr zugrunde liegt, ist das Ergebnis von Haydns Auseinandersetzung mit der barocken Polyphonie! In dieser Technik sind Polyphonie und Homophonie versöhnt.

Die Unmöglichkeit, Themen oder Motive im streng polyphonen Satz ›individuell‹ sich entfalten zu lassen, wurde Haydn bei seinen Fugen-Experimenten bewußt. In den ›Russischen Quartetten‹ hatte er nun den ebenso einfachen wie schöpferischen Einfall, das ›freie‹ Motivspiel nach Belieben auf den ganzen Sonatensatz auszudehnen. Damit erreichte er die völlige Gleichberechtigung der vier Partner auch im homophonen Stil. Alle Gliederungen des Sonatensatzes wurden für dynamische motivische Entwicklungen erschlossen, an denen jeder Partner individuellen Anteil nimmt. Das Gespräch kann um ein Thema oder auch nur um ein Motiv kreisen, das sich rhythmisch oder dynamisch ändert, das sich umkehrt, in Sequenzen auf- und niedersteigt und bei seinen Verwandlungen ständig neue Charaktereigenschaften enthüllt. Es können aber auch gegensätzliche Themen oder Motive in dialektische Kontroversen und dramatische Auseinandersetzungen verstrickt werden. Die ›Motivtechnik‹ läßt sich ferner auf alle Sätze der Großform anwenden. Diese wird damit zum Gefäß eines sinfonischen Geschehens, das organisch aus der Keimzelle schon eines einzigen Motivs hervorgehen kann (Beispiel: Beethovens ›Fünfte Sinfonie‹!).

Es gibt keinen Bereich der subjektiven Ausdrucksmusik, dem sich Haydns Motivtechnik nicht geschmeidig anpassen läßt. Sie ist die Technik nicht nur der klassischen Musik, sondern seither die der individualistischen Musik schlechthin. Mozart und Beethoven wandten sie im Rahmen ihrer Absichten an, ebenso später Berlioz, Wagner, Schumann, Brahms, Richard Strauss und Schönberg. Da es zum Wesen dieser Technik gehört, den Themen und Motiven die Freiheit zu beliebiger Wandlung einzuräumen, wird mit der Zeit eines ihrer wichtigsten Mittel die Variation als Entwicklungsprinzip.

Das Jahr der ›Russischen Quartette‹ ist das Geburtsjahr des klassischen Stils. Es gibt satztechnisch zwar nichts in diesen Quartetten, was nicht schon früher von Haydn und anderen Meistern angebahnt oder erprobt wurde, doch erst hier tritt die neue Sprache konsequent in Erscheinung, und von hier aus setzt sie sich allgemein durch. Erst mit diesen Werken ist der Sieg der zyklischen Sonatenform (mit dem dualistischen Sonatenhauptsatz) entschieden. Sie wird nun als Entwicklungsform zur wandelbaren Konstante in allen Gattungen der Instrumentalmusik.

Die lockere Gedankenreihung des galanten Stils sinkt zurück: »Das ist es, was so vielen Komponisten fehlt«, sagt Haydn, »sie reihen ein Stückchen an das andere, brechen ab, wenn sie kaum angefangen haben, aber es bleibt auch nichts im Herzen sitzen, wenn man es angehört hat.« Mit Haydns Motivtechnik und Entwicklungsform sind die Voraussetzungen für eine dialektisch-dramatische Sinfonik gegeben, die dann Beethoven verwirklichte. Haydn selbst war kein Dramatiker. Man findet zwar auch bei ihm gelegentlich echte Motivkonflikte, Stauungen und Entladungen stürmisch-dramatischer Natur, Partien von einer expressiven Kraft, die in dämonische Bezirke reicht, doch im allgemeinen wahrte er in seiner Kunst die Distanz des Epikers. Seine klassischen Werke sind – um mit Schiller zu sprechen – erfüllt von einer »Ruhe, die aus dem Gleichgewicht, nicht aus dem Stillstand der Kräfte, die aus der Fülle, nicht aus der Leerheit fließt und von dem Gefühl eines unendlichen Vermögens begleitet wird«.

Die Quartette, die er nun noch schuf – die ›Preußischen‹, Werk 50 (1784 bis 1787), die ›Tostschen‹, Werk 54, 55, 64 (1789 bis 1790), die ›Apponyi-Quartette‹, Werk 71 und 74 (1793), die ›Erdödy-Quartette‹, Werk 76 (1796 bis 1798) und die beiden letzten, ›Werk 77‹ (1799), (›Werk 103‹, aus dem Jahre 1803, blieb Torso) –, sind Einzelwerke von charakteristischer Eigenart, auch wenn sie in Gruppen veröffentlicht wurden. Beispiele bieten sich zwanglos an, so etwa das ›Frosch-Quartett‹, Werk 50 Nr. 6, mit seiner Häufung skurriler Naturlaute, das ›Lerchen-Quartett‹, Werk 64 Nr. 5 – von ihm führt ein gerader Weg zur ›Szene am Bach‹ in Beethovens ‹Pastorale› –, oder das grandseigneurhafte, rhythmisch schwungvolle ›Reiter-Quartett‹, Werk 74 Nr. 3, aus der Londoner Zeit. Dann – aus dem Umkreis der ›Schöpfung‹ – das ›Hexen-‹, das ›Quinten-‹ und das herrliche ›Kaiser-Quartett‹ mit den Variationen über ›Gott erhalte Franz den Kaiser‹ (siehe Seite 345) und nicht zuletzt ›Werk 76 Nr. 4‹ mit der schon romantischen Schilderung eines Sonnenaufgangs im 1. Satz. Alle diese Werke gehören nebst vielen frühen ›Divertimento-Quartetten‹ in ihrer bezaubernden Mischung aus Naivität und Weisheit, Gassenhauerfrechheit und Frömmigkeit, Freizügigkeit und Bindung zum Schönsten unserer Haus- und Kammermusik.

Die Klassik

Die Sinfonien
Die in den ›Russischen Quartetten‹ durchgebildete Satztechnik wandte Haydn alsbald auch in seinen Sinfonien an. Die frühen Sinfonien (bis etwa 1773) für Esterháza sind noch konventionelle Gebrauchsmusiken, ›Quasi-Sinfonien‹, verwandt ebenso dem theatralischen Typus der italienischen Opern-Sinfonie wie der französischen Programm-Suite. Die neue zyklische Form ist zwar schon in Umrissen da, doch im Kopfsatz fehlen oft die zweiten Themen, die Durchführungen sind nur erst angedeutet, die Satzfolgen aus Episoden locker gereiht. Meist liegen diesen Werken kleine Programme zugrunde. Ihre vom Fürsten ›anbefohlenen‹ Themen – etwa ›Auf dem Anstand‹, ›Der Schulmeister‹, ›Die Tageszeiten‹ (ein Zyklus von drei Sinfonien = ›Der Morgen‹, ›Der Mittag‹, ›Der Abend‹) – kamen Haydns Neigung zu realistischen Schilderungen sehr entgegen. Man höre etwa das eigenartige ›Rezitativ‹, das dem schönen Adagio des ›Mittag‹ vorausgeht und die große Kadenz (Duett: Violine, Cello!) gegen Ende dieses Satzes, dann die elementare ›Sturmmusik‹ im ›Abend‹, das frische, von Hornsignalen durchzogene Waldstück ›Auf dem Anstand‹ oder die ›Abschieds-Sinfonie‹! Mit diesem Werk wollte Haydn vom Fürsten für seine Schutzbefohlenen den längst fälligen Urlaub erwirken. Wie machte er das? Er fügte dem Finale den Torso eines Adagio an, worin ein Musikus nach dem anderen ein melancholisches Solo zum besten gibt, dann seine Kerze ausbläst und sich trollt, zum Zeichen, daß er nicht mehr kann und mag. Schmunzelnd gewährte der Fürst den Urlaub.
Die ›Abschieds-Sinfonie‹ entstand im Jahr der ›Sonnen-Quartette‹. Sie und ihr melancholischer Schlußspaß sind im Grunde Ausdruck der gleichen Krise, die aus den Quartetten und auch aus den Klavierwerken jener Zeit spricht. Sie schwelt fort noch in den Sinfonien der siebziger Jahre: Sie alle sind Ausbrüche eines leidenschaftlichen ›Sturm und Drang‹. Erst in der ›C-Dur-Sinfonie‹ (1777) etwa zeichnet sich die Konsolidierung der Anstrengungen auf das eine große Ziel ab, das dann 1781 in den ›Russischen Quartetten‹ erreicht wurde.
Durch sein ›Tedeum‹ und seine Quartette war Haydn inzwischen weithin bekannt geworden. Man wurde auch in Paris auf ihn aufmerksam und bat ihn um Sinfonien. Er lieferte rund 60 und wurde mit ihnen tonangebend. Von Paris verbreitete sich sein Ruhm über Europa. Die interessantesten ›Pariser Sinfonien‹ entstanden 1781 bis 1788; ›La chasse‹ (›Die Jagd‹ Nr. 73) leitet diese Gruppe ein. Ihre drei ersten pastoralen Sätze wurden nachträglich dem Finale vorangestellt; dieses schuf Haydn ursprünglich als Zwischenaktmusik für eine seiner Opern. Bemerkenswerter Zusammenhang zwischen Oper und Sinfonie! Noch die Sinfonien von Johann Stamitz können die Herkunft der Gattung aus der Opern-Sinfonia nicht leugnen. Erst Haydn verwirklichte den autonomen Typ der reinen ›Konzert-Sinfonie‹.
In ›La chasse‹ wandte Haydn die Motivtechnik der ›Russischen Quartette‹ erstmals auf das Orchester an. Damit wuchsen der Instrumentation zwangsläufig eine Fülle neuer Aufgaben zu. In den linear polyphonen Stücken des Barock konnten die Einzelstimmen noch durchgehend im Sinne der Orgel-Register von demselben Instrument oder derselben Instrumentengruppe gleichsam zeichnerisch dargestellt werden. Nun aber mußten sich die Instrumente oder Instrumentgruppen immer häufiger in der

Führung ablösen, die Farbwerte der Streicher und Bläser mußten charakteristisch eingesetzt werden, damit das Motivspiel in allen Details lebensvoll hervortrat. Das weite Gebiet der ›durchbrochenen Arbeit‹ und auch das der ›Klangmalerei‹, der subtilen Schattierungen und Übergänge wurde damit betreten. Ein unermeßliches Versuchsfeld für die Bemühungen von Jahrhunderten!
Die Sinfonien nach ›La chasse‹ sind keine ›Programm-Sinfonien‹ mehr. Die Pariser gaben ihnen dennoch drollige Titel wie ›Der Bär‹ oder ›Das Huhn‹, verleitet durch ein auffallendes Motiv, durch die sprechende Gestik einer Bläserfigur, durch irgend

Handschrift Haydns zur ›11. Londoner Sinfonie in D‹

etwas, worin sie eine ›Nachahmung der Natur‹ zu erkennen glaubten. Haydn überwand in diesen Sinfonien nun auch allmählich das Episodische. Er blieb bei seinen Themen und ließ sie Abenteuer bestehen, lustige, ernste, je nachdem. Und er fabulierte mit so viel Liebe und Anmut, daß seine Hörer nicht gleichgültig bleiben konnten. Die fortan gültige Form der Sinfonie wurde in diesen Werken durchgebildet. Ihr Schema: 1. Allegro (dualistischer Sonatenhauptsatz mit Durchführung), 2. Andante oder Adagio (meist Variationssatz), 3. Menuett (mit Trio) und 4. Finale (Allegro; Rondo- oder Sonatenhauptsatz-Form).
Mit den beiden noch für Paris geschaffenen ›G-Dur-Sinfonien‹ des Jahres 1788, der Nr. 88 und der ›Oxford-Sinfonie‹ Nr. 92 (sie erklang erstmals 1791 in Oxford), erreichte Haydn gleichzeitig mit Mozart die Ebene der ›klassischen‹ Sinfonie. Doch während sich Mozarts Leben damals schon seinem Ende zuneigte, war es Haydn vergönnt, in weiteren anderthalb Jahrzehnten seine schöpferischen Fähigkeiten noch einzigartig zu steigern. Mit den ›Zwölf Londoner Sinfonien‹ (1791 bis 1795) schenkte er der Welt vollendete Muster einer Sinfonik, die sich dann unmittelbar in Beethoven fortsetzte. Schon die ältere ›Pariser‹ Nr. 88 hat Beethoven offenkundig beeindruckt; sie enthält ein Thema, das ihn zum Hauptthema des Finales seiner ›Achten‹ anregte.

Den ›Londoner Sinfonien‹ verdankt er viele satztechnische, thematische und formale Anregungen. Etwa in Nr. 102 und Nr. 104 (der ›letzten‹) gibt es Vorlagen für seine dramatischen Durchführungen; auch der drastische Humor seiner Scherzi klingt hier schon an. Die Krone der ›Londoner‹, die ›Sinfonie mit dem Paukenwirbel‹ Nr. 103 (1795), hat ein Andante mit einer außerordentlich ›freien‹, harmonisch kühnen Variationsfolge. Von da zu Beethovens ›Eroica-Variationen für Klavier‹, Werk 35, ist es nur

Joseph Haydn

noch ein kleiner Schritt. Wesensmäßig sind Haydn und Beethoven freilich durch Welten getrennt. Haydn vertritt die höfisch-gesellige Musik des ausgehenden 18. Jahrhunderts. Beethoven, als Charakter, als Temperament und in seinen Anschauungen ihm durchaus konträr, erprobte nur kurze Zeit den Stil jener versinkenden Welt, dann riß es ihn fort zu neuen Zielen. Man sagt, erst mit ihm sei die Musik in eine ›neue Freiheit‹ gelangt. Genau besehen stimmt das nicht. Haydn hat ihr in lebenslanger Bemühung den Weg in diese Freiheit erschlossen. Er und auch Mozart bewegten sich völlig ungezwungen in ihr. Beethoven nützte sie nur anders, er sah und wollte anderes. Von Haydn stammt der Ausspruch: »Die freien Künste und die so schöne Wissenschaft der Komposition dulden keine Handwerksfesseln!«

Freundschaft mit Mozart
Man kann nicht von Haydns späten Werken sprechen, ohne seiner Freundschaft mit Mozart zu gedenken. Denn diese Freundschaft blieb nicht auf die geselligen Bereiche beschränkt, sie wirkte sich in der Kunst der beiden Männer aus. Schon in den siebziger Jahren empfing Mozart auf seine divinatorische Art von manchem Werk Haydns

Anregungen; seine Sinfonien und Kammermusiken aus jenem Jahrzehnt weisen es aus. 1781 lernte er in Wien Haydns ›Russische Quartette‹ kennen. Er vertiefte sich in ihre »ganz neue, besondere Art« und erprobte sie in sechs herrlichen Quartetten, die er dem väterlichen Freunde als die »Frucht einer langen und mühevollen Arbeit« widmete. Anderen aber sagte er: »Von Haydn habe ich gelernt, wie man Quartette schreiben muß.« Und: »Keiner kann alles, schäkern und erschüttern, Lachen erregen und tiefste Rührung und alles gleich gut, wie Haydn.«

Ähnlich verhielt sich Haydn. 1785 begegnete er Leopold Mozart in einer Gesellschaft. Er trat sogleich auf ihn zu und bekannte: »Ich sage Ihnen vor Gott als ein ehrlicher Mann, Ihr Sohn ist der größte Komponist, den ich von Person und dem Namen nach kenne.« Und er setzte sich für Mozart ein, wo er konnte. In Wien suchte er ihm eine Kapellmeisterstelle zu verschaffen. Als Prag bei ihm eine Oper bestellte (1782), trat er bescheiden zugunsten Mozarts zurück. Daß Mozart nur von wenigen erkannt wurde, erzürnte ihn tief (siehe Zitat Seite 337). Als er in London hörte, daß Mozart gestorben sei, sagte er erschüttert zu Burney: »Glauben Sie mir, ich bin nichts gegen Mozart.« Nach Wien aber schrieb er: »Die Nachwelt bekommt nicht in hundert Jahren wieder so ein Talent.«

Daß Mozart von dem älteren Haydn lernte, ist begreiflich. Er fand bei ihm die durchgebildete neue Kompositions- und Instrumentationsweise sowie vollendete Muster für die Entwicklungsform der klassischen Sonate. Was er von ihm übernahm, wurde freilich alsbald ›mozartisch‹. Daß aber Haydn auf seine alten Tage noch bei Mozart in die Lehre ging, ist das eigentliche Wunder dieser Freundschaft. Nach Mozarts Tode kam es in Haydns Schaffen zu einer beglückenden Symbiose mit mozartischem Wesen. Immer war für Haydn eine etwas nüchtern handwerkliche, kühl bewußte Art bezeichnend. Ihr verdankte seine naiv-humorvolle, seine so graziöse und zu Herzen gehende Musik ihre makellose Klarheit. Keiner dieser Züge verlor sich in den Alterswerken, doch Haydns Melodien wurden nun hintergründiger, ›mozartischer‹, wenn man so will. Chromatische Durchgänge und Modulationen, irisierende Klangfarben und Harmonien steigern die Leuchtkraft seiner Sprache bisweilen ins schmerzhaft Erregende. Im Grunde aber blieb er, der er war; stets fand er wieder zu der ihm eigenen »Ruhe ..., die von dem Gefühl eines unendlichen Vermögens begleitet wird«.

Die Vokalwerke

Lange Zeit fiel es Haydn merkwürdig schwer, die menschlichen Stimmen in seiner Kunst so überzeugend sprechen zu lassen wie die Instrumente, und das, obwohl er als Sängerknabe begann und technisch durchaus erfahren war im Vokalsatz. Er selbst meinte zwar, er wäre sicher ein trefflicher ›Opernkomponist‹ geworden, wenn er »nur das Glück gehabt hätte, nach Italien zu kommen!«, doch daran lag es nicht. Er war epischer Sinfoniker und kein Dramatiker; zudem war sein Verhältnis zur Dichtung recht unsicher, sozusagen wahllos vertonte er, was man ihm gab. Er hat rund zwei Dutzend Opern hinterlassen, darunter drei zu Libretti von Goldoni und eine zu einem Metastasio-Text. Unter den frühen Opern für Eisenstadt und Esterháza gibt es reizende ›buffae‹, so etwa ›Die Welt auf dem Monde‹, ›Der Apotheker‹ oder ›Die Sängerin‹. Ihre Texte wirken noch heute ergötzlich. Hier war es kaum nötig, die Typen zu charakterisieren, sie wirken durch sich selbst und regten ihn zu frischen, witzig pointierten Musiken an, die im Zusammenhang mit den pikanten oder drastisch-drolligen Szenen unmittelbar zünden. Es sind Charakterstücke, sozusagen mit ›obligatem‹ Gesang, ›Vokalisen‹ in Arienform, gesangstechnisch glänzend geführt. Haydns späte Opern bewegen sich dagegen zwischen der ›seria‹ und Gluck. Ihre meist tragischen Texte stellten ihn vor Aufgaben, die ihm künstlerisch fernlagen. Als Vokalkomponist erreichte er in ihnen verschiedentlich schon die Höhe der Oratorien, doch seine Musik ist nicht von der Szene her inspiriert, sie gehört in den Konzertsaal. Das gilt auch für die in London entstandene letzte Oper ›Orfeo ed Euridice‹ (Uraufführung 1951 in Mailand unter Erich Kleiber). Sie enthält schöne Arien und Chöre und ein großangelegtes ›tragisches‹ Finale (übertragen 1960 vom Frankfurter Sender); für die Bühnen dürfte sie dennoch kaum zu retten sein (Haydns ›Liedschaffen‹ siehe Seite 345).

Unter Haydns ›Kirchenmusiken‹ nehmen ›Die sieben Worte des Erlösers‹, Werk 51, aus dem Jahre 1785 eine Sonderstellung ein. Er schuf diese Karfreitagsmusik für die Kathedrale von Cadix. Sie umfaßt eine weihevolle Introduktion, sieben Orchester-Adagios und ein düsteres Schluß-Presto. ›Il terremoto‹ (›Das Erdbeben‹), also nur Instrumentalmusiken. Nachträglich bearbeitete Haydn das Werk für Streichquartett. Er hat in ihm religiöse Empfindungen »dergestalt ausgedrückt, daß es dem Unerfahrensten den tiefsten Eindruck in seiner Seele erweckt« (Haydn). Später hörte er sein Werk in einer Bearbeitung des Passauer Domkapellmeisters Frieberth als Kantate, mit untergelegtem Text. Er wollte nun selbst eine oratorische Fassung schaffen und bat den Baron van Swieten, ihm bei der Lösung der Textfrage zu helfen. Dieser vermittelte ihm jedoch dann den Text der ›Schöpfung‹. So führt von ›Werk 51‹ unmittelbar ein Weg zu den späten Oratorien. – Haydns frühes, in neapolitanischem Stil entworfenes weltliches Oratorium ›Die Heimkehr des Tobias‹ (1775) enthält den charakteristischen Sturmchor, doch das Werk hielt sich nicht. Nahezu vergessen sind auch Haydns ›Stabat mater‹, seine ›Psalmen‹ und das erste ›Te deum‹, in denen er italienischen Mustern folgte. Das feierliche zweite ›Te deum‹ (1800) dagegen und die Instrumental-Motette ›Des Staubes eitle Sorgen‹ – nach Kretschmar eine »geistliche Parodie« des Sturmchores aus dem ›Tobias‹ – werden noch heute geschätzt.

Von Haydns 14 Messen sind die ›Cäcilien-Messe‹ (1782) und die ab 1796 entstandenen, nämlich die ›Pauken-Messe‹ und die ›Heilig-Messe‹ (1796), die ›Nelson-Messe‹ (1798), die ›Theresien-Messe‹ (1799), die ›Schöpfungs-Messe‹ (1801) und die ›Harmonie-Messe‹ (1802), gehaltvolle Beispiele der ›musica sacra‹ seiner Zeit. Fast jede von ihnen hat freilich wegen ihres ›weltlichen‹ Tonfalles einmal Widerspruch erregt. 1806 zog der Wiener Erzbischof Sigismund von Hohenwardt ernstlich in Erwägung, sie vom Gottesdienst auszuschließen. Im ›Benedictus‹ der ›Mariazeller Messe‹ verwandte Haydn zum Beispiel eine Melodie aus einer seiner komischen Opern, im ›Incarnatus‹ der ›Heilig-Messe‹ das Thema eines leichtfertigen Kanons (ähnlich wie drei Jahrhunderte zuvor Dufay, siehe Seite 81), oft gab er heiteren Empfindungen Ausdruck bei Abschnitten, die eine ernste Musik vorauszusetzen scheinen. »Ich weiß es nicht anders zu machen«, verteidigte er sich. »Wie ich's habe, so geb' ich's. Wenn ich aber an Gott denke, so ist mein Herz so voll Freude, daß mir die Noten wie von der Spule laufen. Und da mir Gott ein fröhliches Herz gegeben hat, so wird er mir's schon verzeihen, wenn ich ihm fröhlich diene.«

Beim Studium der Vokalwerke seines Freundes Mozart mochte Haydn erkannt haben, was es heißt, sich in Dichtungen einzufühlen und sie schöpferisch zu vertonen. In London hörte er dann sechs Oratorien Händels, von dem er bis dahin nichts kannte,

Faksimile des Konzertzettels der ersten Aufführung von Haydns ›Schöpfung‹

und auch den ›Messias‹. Wie verwandelt kehrte er nach Wien zurück. Von dem Vermögen, das ihm seine ›Londoner Sinfonien‹ und Konzerte einbrachten, kaufte er ein Haus (seine Frau Marianne wollte es als ›Witwensitz‹ haben, doch er überlebte sie um ein gutes Jahrzehnt). Dort entstand während der Jahre 1796 bis 1798 ›Die Schöpfung‹. Ihr englischer Text stammt von Lidley und ist nach Miltons ›Paradise lost‹ entworfen. Baron van Swieten übertrug ihn frei ins Deutsche, er beriet Haydn auch bei der Komposition. Unerschöpflich erscheint Haydns Phantasie in diesem Werk, souverän verfügt er über die vielfältigsten Mittel, die er in den Opern und Messen, den Divertimenti, Quartetten und Sinfonien in lebenslanger Arbeit sich erwarb. Arien und Rezitative, A-cappella-Chöre und große fugierte Chöre mit hervortretenden Soli folgen einander in buntem Wechsel, getragen vom Schönklang eines Orchesters, das in allen seinen Regungen das Signum klassischer Vollendung trägt.

Drei Teile umfaßt das Werk. Im sinfonischen Vorspiel beschwört Haydn in kühnen chromatischen Gängen und dunkel glosenden Harmonien mit wenigen Motiven die ›Vorstellung des Chaos‹, vielleicht das großartigste Gebilde seiner Phantasie. In den beiden ersten Teilen werden die sechs Schöpfungstage des Herrn bis zur Erschaffung des Menschen dargestellt. Realistisch malt Haydn das Tosen der Elemente, Donner, Blitz und Sturm, andächtig besingt er den ersten Aufgang der Sonne, des Mondes, der Sterne, freudig die Geburt der Vögel, der Insekten, der Tiere des Wassers und der Erde und die der Menschen. Im letzten Teil entführt die etwas weitschweifige Phantasie den Dichter ins Paradies, wo Adam und Eva vor dem Sündenfall eifrig duettierend in schöner Harmonie mit Gott Vater sich ihres Daseins erfreuen. Ein sonderbares Stück Poesie; doch die Musik, hymnisch sich steigernd im Chorjubel des Finales, brandet darüber hin.
Der Erfolg der ersten öffentlichen Aufführung (1799) war überwältigend. Haydn gönnte sich keine Ruhe. Unverweilt begann er die Komposition der ›Jahreszeiten‹. Wieder stammt der Text von einem Engländer, Thomson, und wieder besorgte van Swieten die Übersetzung. 1801 wurde das Werk vollendet. In seinem Mittelpunkt steht der Mensch. Wie er ›Frühling‹, ›Sommer‹, ›Herbst‹ und ›Winter‹ erlebt, das wird in kleinen und großen Genrebildern, in ländlichen Idyllen, Volks- und Jagdszenen ausgemalt. Haydns Musik ist reich an feinen und drastischen Zügen, weiträumig in den Formkonturen, liebevoll durchgezeichnet bis ins Detail und vielleicht noch volkstümlicher als die der ›Schöpfung‹. Auch die ›Jahreszeiten‹ wurden enthusiastisch aufgenommen. Man überschüttete Haydn mit Ehrungen. Doch er war müde geworden über der Arbeit und klagte: »Die Jahreszeiten haben mir das Rückgrath gebrochen.« Zurückgezogen verbrachte er den Rest seiner Jahre. Als er, siebenundsiebzigjährig, am 31. Mai 1809 starb, sank mit ihm eine Epoche dahin.

Wolfgang Amadeus Mozart

Mozarts Kunst entfaltete sich nach Gesetzen, die außerhalb aller Vergleiche liegen. In jedem Abschnitt seines Lebens brachte er Werke hervor, die in ihrer Art vollkommen sind. Schon die erste Sinfonie (K. 16), die er achtjährig in London schrieb, beginnt mit einem ›singenden Allegro‹ über ein Thema, das wie jenes der letzten, der ›Jupiter-Sinfonie‹ (K. 551), in sich dualistisch gespannt ist. Im Moll-Andante der ersten Sinfonie vertraute er dem Horn dasselbe alt-sakrale Motiv an, dem er später noch in drei Sinfonien, zwei Messen und einer Violinsonate sich zuwandte, bevor er es zur Keimzelle aller Themen seiner ›Jupiter-Sinfonie‹ und endlich zum Hauptthema von deren Finale machte. Auch in anderen Werken des Kindes deutet sich an, was für die Kunst des Mannes bezeichnend ist: der freie Schwung anmutiger Linien, die feine Ironie, die kühle, verspielte Eleganz, das Zärtliche, der schwärmerisch lyrische Tonfall, aber auch die schmerzhafte Spannung, das Sprunghafte, Nervöse, Leidenschaftliche, das Irrationale der Aussage. Nie hat man den Eindruck, Mozart habe mit seiner Aufgabe gerungen; es schien ihm alles zuzufallen.

»Das Wunderbare ist immer schön, weil es nichts von sich weiß« (Baudelaire). Nun war Mozart gewiß in der Lage, sich Rechenschaft zu geben über seine Kunst. Er verfügte in seinem Fach über eine umfassende Bildung und über den ausgeprägtesten Kunstverstand. Seine Werke zeigen eine Symmetrie, die bis ins letzte errechnet und gleichsam nach dem ›Goldenen Schnitt‹ ausbalanciert scheint. Dennoch war er kein ›Baumeister‹ im Sinne der Alten. Er war kein Systematiker, das zeigen schon seine Äußerungen zur Musik; sie wirken meist improvisiert und unverbindlich, oft widersprechen sie einander auch.

Mozart: aus dem Hauptthema des Finales der ›Jupiter-Sinfonie‹

Einmal lobte er den ›französischen‹ Stil, ein andermal fand er ihn abscheulich. Einmal wollte er nur noch ›deutsch‹, dann nur noch ›italienisch‹ komponieren. Er verschrieb sich in seiner Kunst auf die Dauer weder bestimmten satztechnischen, formalen oder ästhetischen Grundsätzen noch folgte er in ihr moralischen oder ethischen Maximen. Stil, Ästhetik, ›Goldener Schnitt‹ – er hatte es in den Fingerspitzen.
Seine Schwägerin Sophie Haibl berichtete: »Er war selbst in der besten Laune sehr nachdenkend, einem dabei sehr scharf ins Auge blickend, und auf alles, mochte es heiter oder traurig sein, überlegt antwortend, und doch schien er dabei an etwas ganz anderem tief nachdenkend zu arbeiten.« Goethe notierte: »Der dämonische Geist seiner Kunst hatte ihn in seiner Gewalt, so daß er ausführen mußte, was jener gebot.«

Kindheit, frühe Reisen
In Salzburg, wo zis- und transalpine Lebensart in freund-feindlichem Nebeneinander sich behaupten, wurde Wolfgang Amadeus Mozart am 27. Januar 1756 geboren, wenige Jahre nach Bachs und vor Händels Tod. Sein Vater *Leopold Mozart* (1719 bis 1787), Sohn eines Augsburger Buchbinders, bezog 1733 als Theologiestudent die Salzburger Universität; doch er fühlte sich zu anderem hingezogen, verschaffte sich auf eigene Faust eine gediegene Allgemeinbildung und wagte endlich sein Glück als Musikus. Graf Thurn vermittelte ihm eine Anstellung beim Fürsterzbischof. In dessen Diensten rückte er allmählich vom Violinisten zum Hofkompositeur und Vizekapellmeister (1762) auf. Ein wenig hausbackene Serenaden und Divertimenti, ›Hochzeits-Menuette‹ und Kammermusiken, aber auch reizvolle ›Programm-Musiken‹, darunter die glöckchenselige ›Musikalische Schlittenfahrt‹ oder die meist Haydn zugeschriebene ›Kindersinfonie‹, weisen ihn als Meister des galanten Stils aus.
Seine größeren Wagnisse – Kantaten, Kirchenmusiken, Oratorien und Opern – sind vergessen. Ein Dokument zur Zeitgeschichte ist sein pädagogisch trefflicher ›Versuch einer gründlichen Violinschule‹ (1756). 1748 heiratete er *Anna Maria Pertl* (1720 bis 1778), die Tochter eines Gemeindepflegers aus Sankt Gilgen, ein einfaches, etwas derbes, zur Fröhlichkeit neigendes Wesen, der man alle Tugenden einer rechtschaffe-

Die Klassik

nen Frau und Mutter nachsagte. Wolfgang Amadeus war das siebente und letzte Kind aus dieser Ehe. Von seinen Geschwistern wuchs nur die fünf Jahre ältere Schwester *Maria Anna* (1751 bis 1829), genannt Nannerl, mit ihm auf.
Beide besuchten nie eine öffentliche Schule. Der Vater war ihr einziger Lehrer in den allgemeinen Fächern, den Sprachen (Italienisch, Französisch) und der Musik. Als er Wolfgangs Begabung erkannte, brachte er es über sich, ihm seine eigene Laufbahn zu opfern; er hörte auf zu komponieren und lebte fortan nur noch für ihn und für Nannerl; auch sie zeigte sich musikalisch außerordentlich veranlagt. Schon im dritten

Wolfgang Amadeus Mozart, Kupferstich von Robert Reyher

Lebensjahr lernte Wolfgang spielend Klavier, Geige, Blattspiel, Theorie, im vierten komponierte er sein erstes Lied und den Torso eines Konzerts, das zwar richtige Klangvorstellungen erkennen ließ, aber unspielbar schwierig gesetzt war. Er hatte ein ans Wunderbare grenzendes Klangempfinden. Von einer Geige, die man ihn spielen ließ, behauptete er, sie sei »einen halben viertel Ton tiefer gestimmt« als eine andere, die er tags zuvor spielte. Es erwies sich, daß er recht hatte.
Schon im Herbst 1762 konnte Vater Leopold mit seinen Sprößlingen eine Konzertreise nach München und Wien unternehmen. Vor allem Wolfgang erregte Aufsehen. In Wien phantasierte er vor der Kaiserin Maria Theresia am Klavier. Die kaiserliche Familie war entzückt, sein Ruf als ›Wunderkind‹ damit begründet.
Vater Leopold nützte die Situation. Im Sommer 1763 brach er mit der Familie zu einer Europareise auf. Sie währte drei Jahre und wurde für Wolfgang zu einer Triumphfahrt durch Deutschland, Frankreich, England, Holland, Belgien und die Schweiz. In Frankfurt hörte der vierzehnjährige Goethe den jungen Genius. Unvergeßlich blieb ihm das Bild »des kleinen Mannes in seiner Frisur und Degen«. Noch 1830 sprach er zu Eckermann von dieser einzigen Begegnung mit Mozart.
In Paris, wo ihn Baron Grimm (siehe Seite 277) bei Hof einführte, spielte Wolfgang

vor dem Königspaar, vor der Pompadour und in zwei öffentlichen Konzerten. Er übertraf die höchsten Erwartungen. Die Anforderungen, die man täglich an ihn stellte, schienen ihm nichts auszumachen. Er fühlte sich in seinem Element und fand noch Muße zu geregelten Studien mit dem Vater. Er ›kontrapunktierte‹ fleißig, arbeitete Werke von Johann Schobert (siehe Seite 304) in Klavierkonzerte um und entwarf seine ersten vier Violinsonaten; sie erschienen alsbald im Druck. Daß er mit acht Jahren die technische und geistige Reife für derlei Stücke hatte, erwies sich in London. Nach Gala-Vorstellungen vor der königlichen Familie entstanden dort weitere sechs Violinsonaten, Klaviersonaten für zwei und vier Hände (für Konzerte mit Nannerl) und die ersten Sinfonien (siehe Seite 318). Man vermutete im Vater den Urheber. Darauf nahm sich Johann Christian Bach den kleinen Mann einmal vor und prüfte ihn gründlich. Wolfgang mußte über gegebene Themen phantasieren, aus dem Stegreif Begleitungen entwerfen, fremde Stücke ›prima vista‹ transponieren und instrumentieren. Ergebnis: Bach erklärte, mancher Kapellmeister kenne sich in seinem Fach zeitlebens nicht so gut aus wie dieses Kind.
Neue Triumphe in Den Haag. In Lille erkrankten Nannerl und Wolfgang lebensgefährlich. Erst nach vier Monaten konnte man die Reise fortsetzen. November 1766 traf Familie Mozart wieder in Salzburg ein. Wolfgang hatte sich auffallend verändert. Er machte einen fahrigen Eindruck, war blaß, schmal, nervös. Sein Kopf wirkte übergroß, unschön, sein Gesichtsausdruck »eher greisenhaft als kindlich«.
Unfaßbar, was nun geschah! Mit zehn Jahren schrieb Wolfgang sein erstes Oratorium, mit elf – nach einer neuen Konzertreise – seine erste Oper ›Apollo und Hyacinthus‹, mit zwölf – neben vielem anderen – zwei weitere Opern, die italienische ›La finta semplice‹ und das deutsche Liederspiel ›Bastien und Bastienne‹ (Text nach Rousseaus ›Dorfwahrsager‹). Im selben Jahr dirigierte er seine erste Messe. Herbst 1769 wurde er Erzbischöflicher Konzertmeister, kurz darauf brach er mit seinem Vater zu seiner ersten Italienreise (1769 bis 1771) auf.
Sein Stern erstrahlte nun im hellsten Glanze. Wo immer er konzertierte, feierte man ihn. In Rom erregte er Aufsehen mit einer phänomenalen Gedächtnisleistung. Er hörte dort in der Sixtinischen Kapelle zweimal das neunstimmige ›Miserere‹ von Allegri, dann schrieb er das Werk auswendig nieder (siehe Seite 101). Der Papst verlieh ihm das ›Ritterkreuz zum Goldenen Sporn‹. Der junge ›Cavaliere‹ (als Erwachsener legte Mozart diesen Titel wieder ab) unterwarf sich nun freiwillig mehreren schwierigen Prüfungen mit dem Ergebnis, daß man ihn einstimmig als ›compositore‹ zum Mitglied der ›Accademia dei Filarmonica‹ zu Bologna wählte, eine Auszeichnung, die sonst nur Volljährigen zuteil wurde. Die ›Accademia‹ zu Verona ehrte Wolfgang ebenso. In all dem Durcheinander gedieh ihm noch eine Oper für Mailand; 1770 ging dort sein ›Mitridate, re di Ponto‹ mit glänzendem Erfolg in Szene. März 1771 waren Vater und Sohn wieder in Salzburg. Dort schrieb Wolfgang sein zweites Oratorium, dann folgte die zweite Italienreise. Sie gipfelte in Mailand mit der festlichen Aufführung der ›serenata‹ ›Ascanio in Alba‹ (1771). Mozart siegte mit diesem Werk über Hasses Festoper ›Ruggiero‹, kleinlaut bekannte Hasse: »Der Jüngling wird uns alle vergessen machen.«

Die Klassik

Um diese Zeit starb in Salzburg der Erzbischof. Graf Hieronymus von Colloredo wurde sein Nachfolger. Zu seiner Einsetzung schrieb Mozart in Salzburg die Oper ›Il sogno di Scipione‹ (1772) und noch im selben Jahr, während der dritten Italienreise, für Mailand die ›seria‹ ›Lucio Silla‹. Nebenher wuchs die Zahl seiner Sinfonien auf vierundzwanzig, die der Violinsonaten auf zweiundzwanzig – bezaubernd graziöse lyrische Stücke wie die ›romantischen‹ Sonaten (K. 55–60) sind dabei. Zum ersten Streichquartett, das er 1770 in Lodi schrieb, gesellten sich zehn weitere (1772, sie alle haben noch den Charakter von Divertimenti). Und so ging es fort schon fast ins Uferlose mit Gelegenheitsarbeiten, die niemand zählte. Im Frühjahr 1773 hieß es Abschied nehmen von Italien.

Die fünf Salzburger Jahre
Mozart war siebzehn Jahre alt, als er wieder in Salzburg eintraf. Graf Colloredo, sein neuer Herr, zeigte wenig Verständnis für ihn. Er ordnete ihn den Leib- und Kammerdienern unter und ließ ihn am Gesindetisch essen. Konzertreisen? Colloredo gewährte keinen Urlaub. Wohin sollte man auch reisen? Seit Wolfgang kein ›Wunderkind‹ mehr war, kamen keine Einladungen mehr. Schon sein ›Lucio Silla‹ war in Mailand nur noch ein halber Erfolg gewesen. Dem Vater, der sich in Italien um einen neuen Opernauftrag für ihn bemühte, zeigte man die kalte Schulter. Und London? Paris? Sieben Jahre war es her, da schrieb der Zehnjährige in Versailles für eine Tochter Ludwigs XIV. sein erstes Violinkonzert, das süß-kindliche ›Adelaide-Konzert‹. Längst hatte man ihn dort vergessen.

Handschrift des jungen Mozart aus dem Londoner Skizzenbuch

Es schien Mozart wenig auszumachen. Er war reisemüde und glücklich, daheim bleiben zu dürfen; und er nahm auch den neuen Herrn zunächst nicht allzu ernst. Er hatte zu tun, anderes wünschte er sich einstweilen nicht. Allein im ersten Jahr (1773) entstanden sechs neue Streichquartette (K. 168–173) – spürbar unter dem Einfluß von

Haydns ›Sonnen-Quartetten‹ (Auseinandersetzung mit der barocken Polyphonie, zwei Fugen-Finale) –, ferner das Doppelkonzert für zwei Violinen, das erste Klavierkonzert (K. 175, Nr. 5), sechs Klaviersonaten und zwei Sinfonien, die zärtlich heitere in C-Dur (K. 200) und die schwermütige ›kleine‹ in g-Moll (K. 183). Sie ist unter den 41 erhaltenen Sinfonien die einzige in Moll außer der ›großen‹ ›g-Moll-Sinfonie‹ (K. 550; 1788), steht aber auch im Kreise der jugendlich schwärmerischen Werke des Jahres 1773 als frühe Äußerung des ›tragischen Genies‹ rätselhaft isoliert da. Goethe, der im selben Jahr den ›Werther‹ schrieb, sprach später von einer »epidemischen Melancholie«, die damals die Gebildeten erfaßt habe! Nun – wenn überhaupt, dann wurde Mozart von dieser seltsamen Krankheit nicht lange gepeinigt; das lehren die übermütigen Instrumentalwerke der nächsten Jahre, die weiteren ›Salzburger Sinfonien‹, die fünf Violinkonzerte (1775) und herrlichen ›Salzburger Serenaden‹, unter ihnen die ›quasi concerti grossi‹ – die ›Notturna‹ und die ›Haffner‹, eine Hochzeitsgabe für die befreundete Tochter des Salzburger Bürgermeisters – und die bezaubernde Echo-Serenade für vier Orchester.

Hinzu kamen die Credo-Messe, weitere Kirchenmusiken, ein halbes Hundert Menuette und zwei Opern. Für die eine, ›La finta giardiniera‹ (›Die Gärtnerin aus Liebe‹; Text von Calzabigi und Coltellini), erwirkte ihm der Vater den einzigen Urlaub dieser Jahre. Mozart schrieb sie 1774 im Auftrage des bayrischen Kurfürsten und erntete im Münchener Karneval 1775 mit ihr viel Beifall. Die Gestalten, die er in drastischer Schwarzweiß-Manier musikalisch nachzeichnete, wirken zwar noch wie Marionetten, dennoch aber ist dieses Werk ein erster wichtiger Versuch, in der Oper die Diktatur des Wortes und damit die der ›Affektenlehre‹ abzuschütteln, der damals noch alle Musiker sich beugten. Freilich – die Gabe, das Komische und das Tragische ineinander zu sehen und das Leben in seiner unausschöpfbaren Weite und Vielfalt liebevoll ironisch im Spiegel der heiteren Kunst zu vergeistigen, diese Gabe besaß Mozart damals noch nicht. Sie wurde ihm erst mit der Lebenserfahrung zuteil.

Die andere Oper, ›Il re pastore‹ – sie ist eher eine seriöse dramatische Kantate – schrieb er im selben Jahr für Salzburg. Er hatte zwar Erfolg, doch Graf Colloredo gab ihm keinen neuen Auftrag. Fast zwei Jahre noch nahm Mozart ähnliche Zurücksetzungen hin, dann kündigte er dem Erzbischof den Dienst auf. In Begleitung der Mutter (der Vater erhielt keinen Urlaub) wagte er eine Konzertreise nach Paris.

Abschied von der Jugend (Paris, Salzburg)
Opernaufträge und eine Anstellung erhoffte er sich. Doch er zeigte wenig Geschick, sich durchzusetzen. Er war vertrauensselig und undiplomatisch, verärgerte Wohlwollende, schaffte sich unnötig Feinde, war sprunghaft, aufbrausend und unglaublich verspielt. In München erreichte er nichts, in Augsburg war ihm das Schäkern mit dem ›Bäsle‹ Anna wichtiger als die Zukunft, in Mannheim vergaß er gar sein Reiseziel Paris. Er verliebte sich dort in Aloysia Weber, die gesangbeflissene Tochter eines armen Notenkopisten, und wünschte alsbald eine ›Primadonna‹ aus ihr zu machen (sie war gerade fünfzehn!). Mit ihr und der ganzen Familie Weber wollte er nach

Italien. Entflammt schrieb er es dem Vater. Der setzte ihm den Kopf zurecht: »Fort mit dir nach Paris!«

1778 kam Mozart mit seiner Mutter dort an. Sein wichtigstes Ziel, einen Opernauftrag, erreichte er nicht. Das öffentliche Interesse galt dort der Kontroverse Gluck–Piccini, für ›Provinzler‹ blieb kaum eine Chance. In den ›concerts spirituels‹ hatte Mozart zwar Erfolg mit der ›Pariser Sinfonie‹ (K. 297), in der er bewußt mit französischen und ›Mannheimer‹ Effekten spielte, und auch seine ›Konzertante Sinfonie‹ (K. Anhang I, Nr. 9 = jetzt Nr. 297b), die ›Petits riens‹ und das heitere ›Doppelkonzert für

›Bäsle‹, Zeichnung Mozarts aus dem Jahre 1779

Flöte und Harfe‹ fanden Beifall. Doch eine Anstellung war nicht zu erlangen, das Geld wurde knapp. In dieser aussichtslosen Lage starb seine Mutter. Er wagte nicht, es dem Vater zu schreiben, behutsam deutete er zunächst nur die Möglichkeit des Schlimmsten an; erst in einem zweiten Brief teilte er es ihm mit. Der Vater rief ihn nach Salzburg zurück. Auf der Heimreise, in München, wurde Mozart zu allem Mißgeschick abermals Bitteres zuteil. Aloysia Weber, die dort inzwischen ihre Karriere als Sängerin begonnen hatte, wandte sich von ihm ab.

Recht als verlorener Sohn kam er 1779 in Salzburg an. Der Erzbischof, durch den Vater milde gestimmt, machte ihn zum Hoforganisten. Es entstanden nun Kirchenmusiken – Litaneien, Vespern, eine ›C-Dur-Messe‹, die trompetenhelle ›Krönungsmesse‹, fünfzehn schöne Kirchensonaten (mit Orgel) – und bald auch wieder Instrumentalmusiken, so 1780 das ›Konzert für zwei Klaviere‹, die ›Konzertante Sinfonie für Geige und Bratsche‹ und drei Sinfonien, eine schöner als die andere. Zudem gedieh ihm der Torso einer deutschen Oper ›Zaïde‹, eine genialische Vorstudie zur ›Entführung aus dem Serail‹, und eine Schauspielmusik zu Geblers ›Thamos, König von Ägypten‹. Überraschend kam dann ein Auftrag aus München, Graf Colloredo gewährte Urlaub, und in wenigen Wochen entstand die ›seria‹ ›Idomeneo, re di Creta‹. Am 29. 1. 1781 leitete Mozart die Erstaufführung in München. Es wurde nur ein Achtungserfolg.

›Große heroische Oper‹, barock gesehene, statuarische Antike und Mozart, das will nicht ganz aufgehen, trotz herrlicher Partien der Musik. Es gelang Mozart zwar, Belcanto, französische, Gluckische und deutsche Stilelemente zu vereinen und er verfügte nun bereits über die »Universalsprache unseres Kontinents« (Chabanon), doch das Libretto kam seiner Begabung wenig entgegen. Er konnte sich nicht erwärmen an der ihm fremden Ideenwelt mythischer Gestalten, am zwangvoll durchgehaltenen Ernst der Geschehnisse, am steinernen Pathos der Sprache. Der Gedanke, das Ganze ironisch zu nehmen, kam ihm nicht, er war damals noch der Ansicht: »In einer ›opera seria‹ muß vor allem viel Gelehrtes und Vernünftiges sein!« So suchte er sich dem »hohen Kothurn« der Sprache anzupassen; aber er entwarf kein Musikdrama im Sinne Glucks, er schrieb barock stilisierte, formstrenge, archaische Chöre, Arien und Rezitative und fügte aus ihnen das schöne Mosaik einer oratorischen Konzertoper.

Der Vater hatte vorausgesehen, daß der Stoff nicht das Rechte sei, »wegen der sogenannten Populare«. Mozart suchte ihn mit dem Hinweis auf seine Musik zu beruhigen; sie sei, so schrieb er ihm, »für aller Gattung Leute, ausgenommen für lange Ohren!« Es war ein Irrtum. ›Idomeneo‹ blieb ein Stiefkind der Bühnen, keine der vielen Bearbeitungen (u. a. von Richard Strauss und Wolf-Ferrari) vermochte daran etwas Wesentliches zu ändern.

Sprung in die Freiheit – ›*Die Entführung*‹

Zur Zeit des ›Idomeneo‹ war Mozart längst wieder »Salzburg-müde«, eigenmächtig überschritt er in München seinen Urlaub. Graf Colloredo beorderte ihn nach Wien. Dort flammten die alten Gegensätze wieder auf. Bei einer heftigen Aussprache (am 9. 5. 1781) wies Colloredo Mozart die Tür: »Ich will mit einem solch elenden Buben nichts mehr zu tun haben!« Vater Leopold suchte zu vermitteln, doch Colloredos Haushofmeister Graf Arco entschied den Fall auf seine Manier: Als Mozart sich unnachgiebig zeigte, versetzte er ihm einen Fußtritt. An eine Versöhnung war nun nicht mehr zu denken, Mozart blieb in Wien. Möglicherweise hatte er das Zerwürfnis gewollt. Denn schon einen Tag vor der Auseinandersetzung nahm er Quartier bei ›den Webers‹, die in Wien wohnten, seit Aloysia Weber dort als Sängerin an der kaiserlichen Oper tätig war. Sie hatte inzwischen den Hofschauspieler Joseph Lange geheiratet; von ihm stammt das ausdrucksvolle Ölbild Mozarts.

Im Hause Weber entspann sich alsbald eine Liebelei zwischen Mozart und Konstanze, einer jüngeren Schwester Aloysias. Nach einer Kuppler-Komödie, die sich über ein gutes Jahr hinzog (Mutter Weber spielte in ihr die Hauptrolle), schlossen die beiden gegen die Warnungen Leopold Mozarts den Bund fürs Leben (am 4. 8. 1782). Drei Wochen aber vor diesem Tag, am 16. Juli 1782, wurde im Wiener Burgtheater ›Die Entführung aus dem Serail‹, das schönste deutsche Singspiel, aus der Taufe gehoben. Zwischen der Erstaufführung des ›Idomeneo‹ und dem Beginn der Komposition der ›Entführung‹ lagen nur wenige Monate. Sie waren entscheidend für Mozarts Leben und für seine Kunst. Damals wagte er den Sprung in die vermeintliche Freiheit einer bürgerlichen – in Wahrheit höchst unbürgerlichen Existenz, unter deren Fragwürdig-

Die Klassik

keiten er bitter zu leiden haben sollte –, damals vollzog sich mit rätselhafter Plötzlichkeit seine Entwicklung zum Musikdramatiker.
Während Mozart Konstanze umwarb, entstand ›Die Entführung‹, und bald nach der enthusiastisch aufgenommenen Premiere führte er Konstanze heim. »Jetzt fängt mein Glück erst an«, schrieb er dem Vater, und er war überzeugt, man werde »mit Hülfe des Unsicheren ganz gut hier leben.« Verhängnisvoller Irrtum. Oft wurde Konstanze.

Titelblatt des Klavierauszuges aus der ›Entführung‹, Ende des 18. Jahrhunderts

verantwortlich gemacht für die Zerrüttung seiner Existenz. Nun – seine künstlerische Entfaltung hat sie gewiß nicht gehemmt; seine Hauptwerke entstanden während der Ehe mit ihr. Zudem enthalten seine Briefe an sie und über sie viele untrügliche Zeichen der Liebe – löscht das nicht alles aus, was gegen Konstanze zu sprechen scheint? Gewiß – sie hatte Fehler. Und manche ihrer Fehler waren den seinen zu ähnlich, um die Gefahr nicht zu mehren, in der er dahinlebte nach seinem dunklen Gesetz. Er war dem »dämonischen Geist seiner Kunst« verfallen, das in erster Linie bewirkte seinen unheimlich raschen Kräfteverbrauch.
›Die Entführung‹ »schlug alles nieder!« (Goethe; siehe Zitat Seite 282). Die Fabel des Singspiels: Der spanische Edelmann Belmonte und sein Diener Pedrillo werden bei dem Versuch, Constanze und ihre Zofe Blondchen aus dem Serail des Türken Bassa Selim zu entführen, vom Haremswächter Osmin erwischt. Es scheint um sie geschehen zu sein, doch Bassa Selim zeigt sich großmütig. Er verzichtet auf Constanze und

schenkt den Liebenden die Freiheit. Mozart übernahm diese Fabel von dem gleichnamigen Singspiel Johann Andrés, den Text Friedrich Bretzners arbeitete Gottlieb Stephanie der Jüngere frei für ihn um. Das ›Türken-Milieu‹ war damals Mode; es findet sich in vielen Singspielen und – abgewandelt – auch in der Instrumentalmusik jener Zeit (›Janitscharenmusik‹, Märsche ›à la turca‹ usw.). Die aktuelle Ursache für derartige Orientalismen: Man befürchtete einen neuen Überfall der Türken und verdrängte seine Angst im Gelächter über komische Typen à la Osmin oder in der Rührung über humane Türken à la Bassa Selim. Bis ins Private setzte sich das fort. Mozart zum Beispiel sah in seinem Peiniger, dem Grafen Colloredo, einen bösen ›Mufti‹, und er machte sich – aus der Ferne – über ihn lustig.

Stephanies modisches Libretto ist theaterwirksam und amüsant; im Gegensatz zu den vorwiegend ironischen ›buffa‹-Texten jener Zeit läßt es auch Raum für ›gemütvolle‹ Szenen. Die Figuren sind einfach und realistisch gesehen, die Tendenz ist human: mehr brauchte es nicht! Selbst der Fehler, den man diesem Text gern ankreidet – Bassa Selim hat nur eine Sprechrolle –, ist eher ein Vorzug. Vielleicht umging Mozart bewußt mit diesem Kunstgriff die undankbare Aufgabe, die salbungsvolle Schlußansprache Selims vertonen zu müssen. Kein falscher Ton beeinträchtigt den Zauber seines musikalischen Märchens von Liebe, Eifersucht und Glück. Er war fünfundzwanzig, als er ›Die Entführung‹ schrieb, nicht fünfunddreißig; ›Die Entführung‹ ist keine ›Zauberflöte‹, sondern ›nur‹ ein Singspiel. Mozart wollte »nichts Gelehrtes und Vernünftiges« in diesem Stück, doch »desto mehr Tändelndes und Lustiges«.

Aber er wollte noch etwas anderes, für die Zeit der Gluckschen Opernreform geradezu Abenteuerliches! In den Monaten nach seinem ›Idomeneo‹ hatte er erkannt, daß Glucks und Monteverdis These – Vorrang der Poesie über die Musik in der Oper – für ihn nichts taugte. Wenn er diese These auf den Kopf stellte, dann war sie richtig! Unbefangen schrieb er dem Vater: »Bei einer Opera muß schlechterdings die Poesie der Musik gehorsame Tochter sein!« Also Revolution wider den Geist des Musikdramas? Rückfall in die vor-Gluckische ›Musizieroper‹, die überall so gefiel, »weil da ganz die Musik herrscht und man darüber alles vergißt...«? Nun – Mozart gab Auskunft über seine Vorstellungen; er forderte, daß »der Plan des Stückes gut ausgearbeitet, die Wörter aber nur bloß für die Musik geschrieben sind«!

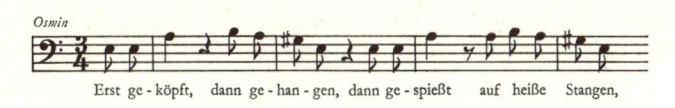

›Die Entführung aus dem Serail‹, Arie des Osmin

Und er trieb es nun gleich auf die Spitze mit seiner ›Revolution‹. Es gibt eine aufregende Randglosse von ihm zur Arie des Osmin (»Beim Barte des Propheten«). Er habe diese Arie seinem Poeten »ganz angegeben«, schrieb er dem Vater, »und die Hauptsache der Musik davon war schon fertig, ehe Stephanie ein Wort davon wußte...«! Was er aber Stephanie vorlegte, das war bereits das bewußt entworfene musikalische Porträt des wütenden Osmin! Denn weiter heißt es zu dieser noch wortlosen ›Wut-Arie‹: »... ein Mensch, der sich in einem so heftigen Zorn befindet, überschreitet alle Ordnung, Maß und Ziel; er kennt sich nicht – so muß sich auch die Musik nicht mehr kennen...« Mozart übernahm hier also als Musiker die Funktion des Poeten! Wie er sich den Tobenden vorstellte, so zeichnete er ihn. Aus der musikalischen Einbildungskraft wuchs die Gestalt, nicht aus der des Dichters. Entscheidend aber: Überschritt Mozart in dieser Arie »alle Ordnung«, schrieb er wirklich eine Musik, die sich »nicht mehr kennt«? Selbst in der Darstellung des Maßlosen folgte er bewußt dem Maß seiner Kunst: »Weil aber die Leidenschaften, heftig oder auch nicht, nie bis zum Ekel ausgedrückt sein müssen, ... so habe ich keinen fremden Ton zum F, sondern einen befreundeten, aber nicht den nächsten, d-Moll, sondern das verwandte a-Moll gewählt.«

»Genie, das ist einer, den kein Lehrer ruinieren kann«, sagte Mozart. Im ›Idomeneo‹ lief er noch am Gängelband der ›Affektenlehre‹; hier, in der ›Entführung‹, vertonte er nicht mehr Worte – ›engstufig‹ die traurigen, ›weitstufig‹ die fröhlichen –, hier bildete er Menschen! Schon als Jüngling war er ein kluger Menschenbeobachter und ›Seelenkenner‹ (man lese seine Briefe). Jetzt wurde ihm diese Gabe in seiner dramatischen Kunst zur zweiten Natur (wie wenig wußte er sie im Lebenskampf zu nutzen). Nicht nur Osmins Arie spielte er Stephanie zu, er gab ihm viele Anregungen, er arbeitete intensiv mit am Plan des Stückes, er war sozusagen sein eigener Dramaturg.

Unverwechselbar treten die einzelnen als Typen, Charaktere und Individualitäten in seiner Musik hervor. In jeder Arie, in jedem Lied oder Chanson, in allen Situationen der Handlung, ja im Ensemble ist um sie stets eine besondere Aura. Und sie scheinen nur möglich in diesem einen Spiel; ihm eignet ein spezifisches musikalisches Klima; folkloristische Gegensätze, nur hier so anzutreffende Tonarten-Bezüge, Klangfarben und Instrumental-Wirkungen tragen dazu bei, dieses Klima zu erzeugen. In der an sich italienisch stilisierten Ouvertüre charakterisieren Janitscharenklänge das ›türkische‹ Milieu, Belmontes Liebesweise bildet hierzu den ›spanischen‹ Kontrast (ihr klagendes c-Moll hellt sich in der unmittelbar an die Ouvertüre anschließenden ersten Szene in zuversichtliches C-Dur auf). In jedem Akt bedingen und durchdringen einander Milieuschilderung und Charakterzeichnung. ›Nur‹ ein Singspiel? ›Seria‹, ›buffa‹ und Liederspiel, Belcanto, Vaudeville und deutsche Liedseligkeit in einzigartigem Zusammenklang; trotz der gesprochenen Zwischentexte eine ›commedia dell'arte‹ aus dem Geiste der Musik!

Die Jahre danach

»Ich getraue mir den Glauben auszusprechen, daß in der ›Entführung‹ Mozarts Kunsterfahrung ihre Reife erlangt hatte und dann nur die Welterfahrung weiterschuf« (Carl Maria von Weber). Nun – beides läßt sich bei Mozart wohl kaum trennen, bis zuletzt wirkten sich neben der Welterfahrung Kunsterfahrungen in seinem Schaffen aus. Es gab damals keinen bedeutenden Musiker, von dem er nicht Anregungen empfing. Er selbst bekannte einmal, er könne »so ziemlich alle Arten und Stile von Kompo-

nisten nachahmen«. Doch er legte sich nicht fest, spielend löste er sich aus einseitigen Bindungen. Er wies aber auch keinen gangbaren Weg in die Zukunft. In nichts gelangte die Entwicklung auf seinen Spuren über ihn hinaus, niemand außer Haydn vermochte in seiner Nachfolge anderes zu sein als Epigon, »Er ist die fertige und runde Zahl, die gezogene Summe, ein Abschluß und kein Anfang« (Busoni).
Der Publikumserfolg der ›Entführung‹ wirkte sich zwar günstig aus, in mancher Stadt spielte man das Werk; doch der Kaiser gab Mozart keinen neuen Auftrag, er mochte ›Die Entführung‹ nicht: »Zu schön für unsere Ohren und gewaltig viel Noten, lieber Mozart!« Wie er dachten viele aristokratische und bürgerliche Liebhaber. Sofern sie es nicht mit den Franzosen hielten oder mit Gluck, lebten sie noch in der Vorstellungswelt der höfischen ›seria‹ mit ihren abgezirkelten Typen und ihrem Minimum an diskreter Gesangsbegleitung; ›Die Entführung‹ mußte sie befremden. Heinse etwa fand schon im ›Idomeneo‹ »zuviel Pomp an Instrumenten«; Goethe mißfielen Text und Musik der ›Entführung‹, er war »erschreckt« von der aufdringlich realistischen Sprache des Orchesters. Das Werk warf alle seine Vorstellungen vom deutschen Singspiel über den Haufen (siehe Seite 282). Etwa ein Jahrzehnt verging, ehe er Mozarts rückhaltloser Bewunderer wurde. Erst in Mozarts Todesjahr führte er ›Die Entführung‹ in Weimar auf und bald danach ›Figaro‹, ›Don Giovanni‹, ›Così fan tutte‹, ›Titus‹ und ›Zauberflöte‹.
»Mit Hülfe des Unsicheren« brachte Mozart sich und die Seinen schlecht und recht über die nächsten Jahre. Er gab Unterricht, konzertierte und schrieb Auftragsmusiken, so die herrlichen ›Bläser-Serenaden‹ (1782), die unvollendete ›c-Moll-Messe‹ (1783), die sechs ›Haydn-Quartette‹ (1782 bis 1785), dunkel-lyrische Klaviersonaten und Phantasien, dazu die ›c-Moll-Fuge‹, die Bearbeitungen Bachscher Fugen, weitere Trios, die beiden ›Klavierquartette‹, das ›Horn-Quintett‹, das ›Quartett für Klavier und Bläser‹, die ›Maurerische Trauermusik‹ (1785), die ›Haffner‹-, die ›Linzer‹-, die ›Prager‹-Sinfonie und – von 1782 bis 1786 rund 14 weitere Klavierkonzerte, darunter die in ›d-Moll‹ (K. 466), ›A-Dur‹ (K. 488) und ›c-Moll‹ (K. 491), Gebilde, die in der Konzertliteratur zwischen Bach und Beethoven ihresgleichen nicht haben, absolute Höhepunkte auch in der Gruppe der 25 ›Konzerte für das Hammerklavier‹, mit denen Mozart den virtuos-konzertanten Stil der Gattung auf lange hin festlegte.
Merkwürdig wenig Werke in Moll hat Mozart geschaffen. Von seinen über 600 Werken stehen nur knapp drei Dutzend in Moll (seine Lieblingstonarten waren C-, D-, Es- und B-Dur, seltener finden sich A-, G- und F-Dur). Dennoch wird wohl niemand den Eindruck haben, er sei ein ›Dur-Komponist‹. Seine Harmonik ist meist durchwirkt von feinen chromatischen Trübungen, sie irisiert undefinierbar zwischen Dur und Moll. Etwa die ›A-Dur-Klaviersonate‹ (K. 331) – sie entstand in Paris nach dem Tode der Mutter (siehe Notenbeispiel) – ist sie ein Dur-Werk? Oder die späten romantischen ›c-Moll-Fantasien für Klavier‹ (K. 396 und 475) – sind sie Moll-Werke?

Aus der ›A-Dur-Klaviersonate‹ von Mozart

Mozart gehörte einer untergehenden Epoche an, und er wußte es. Manch bizarre Klanggebärde, mancher dämonische Ausbruch in seiner Musik läßt ahnen, wie sehr er seiner Zeit auf den Grund sah. Vielleicht als der letzte unter den Großen versöhnte er in den Sinnbildern seiner Kunst noch einmal das Auseinanderstrebende. Selten ist in seiner Musik die Ruhe Bachs oder Haydns, nie der idealistische Überschwang Beethovens, bisweilen die todessüße Schwermut Schuberts. Ein Unvergleichliches ist ihr eigen: die heitere Weisheit des Blutes, der Sinne, des Herzens. Seine Musik verklärt das Tragische, sie strömt ungetrübt aus einer ›religio‹, die ganz Liebe ist. Richard Strauss bekannte: »Fast unmittelbar auf Bach folgt Mozart mit der Vollendung und absoluten Idealisierung der Melodie der menschlichen Stimme... Die Mozartsche Melodie ist – losgelöst von jeder irdischen Gestalt ... – tiefstes Eindringen der künstlerischen Phantasie, des Unbewußten, in letzte Geheimnisse ...«

›Figaros Hochzeit‹
Es vergingen vier Jahre nach der ›Entführung‹, bevor Mozart wieder mit dem Theater in Berührung kam. Der Kaiser wünschte etwas Musik zu der einaktigen Komödie ›Der Schauspieldirektor‹ von Stephanie. Eine harmlose Farce, Kulissen-Atmosphäre, Primadonnen-Gezänk, ein bißchen Eifersucht. Mozart machte das Ganze schmackhaft mit einer schnell hingeworfenen Ouvertüre, mit zwei Arien, einem hinreißend komischen Streit-Terzett und einem Finale ›à la vaudeville‹. Seine Musik gefiel. Erfolg: Der Kaiser beauftragte ihn, eine italienische Oper zu schreiben. Am 1. Mai 1786, nach aufregendem Hin und Her, konnte Mozart in der Wiener Hofoper seine ›commedia per musica‹ ›Le nozze di Figaro‹ (›Figaros Hochzeit‹) aus der Taufe heben. ›Aufregend‹ war die Vorgeschichte dieser Oper für die Beteiligten vor allem durch die Schwierigkeiten, eine Genehmigung für das Libretto des Theaterdirektors und Hofpoeten *Lorenzo Da Ponte* (1749 bis 1838) zu erlangen. Denn dieses Libretto war eine Übersetzung von Beaumarchais' kraß antihöfischer Komödie ›Le mariage de Figaro ou une folle journée‹ (1784; 2. Stück einer Trilogie: 1. Stück = ›Le barbier de Sévilla‹, 1775; 1816 vertont von Rossini. 3. Stück = ›La mère coupable‹, 1792). Napoleon nannte später Beaumarchais' ›Figaro‹ den »Auftakt der Französischen Revolution«! Zwar dachte niemand in Wien an Revolution, doch der Kaiser mochte nicht mit dem Feuer spielen. Als Schikaneder 1785 eine ›Figaro‹-Übersetzung inszenieren wollte, ließ er ihm das Theater schließen. Da Ponte drang mit dem gleichen Stoff erst durch, nachdem er die Vorlage durch Streichung gefährlicher Pointen politisch entschärft hatte. Die Fabel: Graf Almaviva, vernarrt in Susanna, die Kammerzofe der Gräfin, will seinem Kammerdiener Figaro die Einwilligung zur Hochzeit mit Susanna erst geben, wenn diese ihm zuvor ein Schäferstündchen gewährt. Er besteht also auf seinem ›Herrenrecht‹. Figaro, im Bunde mit der Gräfin und mit Susanna, tritt ihm entgegen. Nicht in offenem Kampf, durch pikante Intrigen wird das Schäferstündchen vereitelt und alles zum guten Ende gebracht. Einbezogen in dieses Spiel um Politik und Liebe sind viele Randfiguren (darunter Cherubin, Marzelline, Bärbchen, Bartolo, Basilio); Verwechslungs- und Verkleidungsszenen würzen die Handlung, die in einem tollen Wirbel kleiner und

kleinster Ereignisse vorüberzieht. Die Schwäche des Librettos – das Abflauen der Spannung im abendlichen Parkbild des letzten Aktes – überspielte Mozart mit herrlichen Serenade-Musiken.

Es gibt kaum ein lebendigeres Sittenbild des Rokoko als diese ›folle journée‹, diesen ›tollen Tag‹. Das empfand wohl schon Mozarts Zeitgenosse, der *Freiherr von Knigge* (1752 bis 1796), denn von ihm, dem sehr daran lag, die Nachwelt ›Über den Umgang mit Menschen‹ des Rokoko ins Bild zu setzen, stammt die erste deutsche Übertragung des Textes. Und es ist selbstverständlich, daß man dieses Stück noch heute in stilechten Dekorationen spielt, während man andere Opern bis herauf zu Wagner möglichst zu modernisieren sucht, um sie dem Hörer der Gegenwart nahezubringen. Alle Gestalten dieser ›commedia per musica‹ sind Wesen einer realen, einer zugleich poetischen Wirklichkeit; sie sind jeder Zeit vertraut und doch niemandes Kumpan.

›Figaro‹ ist wirklich eine ›commedia per musica‹, also eine Komödie durch die Musik, und genauer die erste durchkomponierte Musik-Komödie der Geschichte. ›Durchkomponiert‹ besagt hier, daß kein Detail mehr isoliert steht, obwohl nirgends eine bewußt gesteuerte Motiv-Technik zu bemerken ist. Eines entsteht aus dem anderen in unaufhörlicher Bewegung, und doch hat jede Figur ihr unverwechselbares Profil und ihre charakteristische Funktion im dramatischen Organismus.

Nach der aufsässigen, hinreißend schwungvollen Ouvertüre folgen einander Arien, Rezitative und Ensembles, fast wie in der älteren ›buffa‹; doch jedes Detail ist einbezogen in den kompositorischen Gesamtplan. Jede ›Nummer‹ ist als autonome Form durchgebildet, sie alle aber sind zugleich dramatisch motiviert und Glieder eines einheitlichen musikalischen Geschehens, das selbst die geschwinden ›parlandi‹ umfaßt, worin man Konversation treibt, sich herrisch gibt oder servil, intrigant, ironisch, naiv, kokett, je nachdem. Unmerklich verdichten sich die ›parlandi‹ zu ausdrucksvollen ›accompagnati‹, empfindsamen Liedern und Arien, reichgegliederten dramatischen Szenen und Ensembles (die Finale im 2. und 4. Akt!). Schillernde Vielfalt in der harmonischsten Einheit! Das reich und farbig getönte Orchester beschränkt sich nicht darauf, den Gesang zu begleiten, ihn rhythmisch und klanglich zu grundieren, es kontrapunktiert die Stimmen in den lyrischen und dramatischen Höhepunkten mit selbständigen Instrumental-Melodien von bestrickendem Reiz und hat wesentlichen Anteil am Wunder dieser ›psychologischen Polyphonie‹.

›Don Giovanni‹

Der Kaiser ließ ›Figaro‹ schon nach wenigen Aufführungen absetzen. Immerhin – in Prag fand die Oper Januar 1787 unter Mozarts Leitung solchen Beifall, daß man ihm einen neuen Auftrag gab. Er eilte nach Wien zurück, entwarf dort für seine ›lieben Prager‹ den ›Don Giovanni‹, dann machte er sich mit Konstanze auf die ›Reise nach Prag‹ (Mörike hat sie poetisch nachgezeichnet). Erst dort entstand die Ouvertüre des Werkes. Mozart schrieb sie in der Nacht vor der Aufführung nieder. Konstanze hielt ihn wach mit Märchen »vom Aschenputtel und ähnliches, das ihn Tränen lachen machte«. Die Premiere, am 29. Oktober 1787, wurde ein großer Erfolg.

Das italienische Libretto stammt wieder von Da Ponte. »Dramma giocoso«, also »heiteres Drama« nannte er sein Stück. Er ging darin nicht vom Urbild aller ›Don-Juan‹-Dichtungen, dem Schauspiel des Spaniers *Tirso de Molina* (1571 bis 1648) aus, er plünderte vielmehr recht bedenkenlos ein Libretto, das *Giovanni Bertati* (1735 bis 1815) für *Giuseppe Gazzaniga* (1743 bis 1818) schuf; auch Molières ›Don Juan ou le festin du Pierre‹ (1665) verdankte er Anregungen. Wie dem auch sei – selten sind Elemente der ›buffa‹ und ›seria‹ derart bühnenwirksam gemischt worden, wie in dieser ›semiseria‹.
Die Fabel darf als bekannt vorausgesetzt werden. Auf der einen Seite stehen spanische Hidalgos und Edelfrauen – der Komtur, seine Tochter Donna Anna, ihr Verlobter Don Ottavio und Donna Elvira –, auf der anderen volkstümliche ›buffa‹-Figuren – der Bauer Masetto, seine Verlobte Zerline und Leporello, Diener und Schatten Don Juans. Die Handlung spielt sozusagen auf drei Ebenen. Da sind einmal die komödiantisch ausgespielten ›buffa‹-Episoden – sie bleiben nicht auf die Volkstypen beschränkt –, dann die dramatischen Ereignisse zwischen Don Juan und seinen adeligen Gegenspielern und endlich, aus den Konflikten heraufbeschworen und sie überschattend, die eigentliche Tragödie Don Juans. Sie ergibt sich zwangsläufig aus seinem Wesen, seinen Taten und seiner Gesinnung und findet ihre Darstellung vor allem in den Komtur-Szenen.
Da Ponte sah in Don Juan den ausschweifenden Verführer in der Maske des spanischen Hidalgo. Er ließ ihn in die umfriedeten Bezirke seiner Opfer einbrechen, getrieben vom maßlosen Begehren, zynisch, ohne Hemmungen vor Verbrechen; er nannte ihn einen schurkischen Wüstling, betonte das im Untertitel seines Stückes ›Il dissoluto punito‹ (›Der bestrafte Wüstling‹) und ließ Don Juan scheitern an der Auflehnung gegen das moralisch-religiöse Prinzip, verkörpert im ›steinernen Gast‹. Damit folgte er im wesentlichen den humanistischen ›Don-Juan‹-Autoren seiner Zeit.
Sie alle ließen Don Juan vom Teufel holen, doch sie sahen darin stets den Endeffekt einer Wüstlings-Komödie, nicht den Schlußpunkt einer Tragödie. Auch bei Da Ponte ist das so. Folgerichtig fügte er der gespenstischen Höllensturz-Szene einen heiteren Epilog an: Die Hauptakteure finden sich wieder ein und verkünden in einem fröhlichen Sextett, wie schön es auf der Welt sei ohne das Scheusal Don Juan. Mozart vertonte diesen Ausklang auch, und er ließ ihn in Prag spielen; doch noch im selben Jahr strich er ihn für die Wiener Aufführung, und er duldete fortan kein ›ossìa‹ mehr! Das sollte Gesetz sein für jede Aufführung, denn mit dieser Korrektur gab Mozart zu erkennen, daß es ihm nicht um das ›giocoso‹, sondern um das ›dramma‹, die Tragödie ging.
Damit unterschied er sich von seinen Vorgängern, distanzierte er sich auch von Da Ponte. Ohne den konventionellen Epilog tritt der tragische Charakter seines Werkes eindeutig in Erscheinung. Mit dem gleichen düsteren Mahnruf, der in der letzten Szene die Katastrophe auslöst, hebt die Ouvertüre unheimlich an (niedersteigende Oktaven und Quarten der Bläser, Urbilder vieler ›Schicksalsrufe‹ der Romantik!). Diese Rufe umklammern eine faszinierende Folge von heiteren, drastisch-komischen, bizarren, frivolen, innigen, dramatischen und tragischen Gesängen oder – um mit Richard Strauss zu sprechen – ein »Scherzo mit tödlichem Ausgang«, ein tönendes ›specta-

culum mundi‹, aufsteigend und versinkend mit der Musik und nur aus ihr, aus dem Gesang verständlich (die formale Struktur des Ganzen ist wieder nahezu herkömmlich in Rezitative, Lieder, Arien, Ensembles und Tänze gegliedert).

Nebenbei – Mozart war der erste Opernmeister, der nichts mehr aus einer seiner Opern in eine andere übernahm. Tat er es doch einmal, dann zitierte er sich, dann spielte er Theater im Theater. So hier, in der Bankettszene des 2. Aktes; da läßt sich Don Juan etwas aus Sartis ›Fra Due litiganti‹, aus der ›Cosa rara‹ Martin y Solars (siehe Seite 182) und aus Mozarts ›Figaro‹ vorspielen. Oft mußte Mozart sich freilich noch zu Konzessionen an seine Primadonnen herbeilassen. Er tat es – leicht für sie entflammt – bisweilen nicht einmal ungern, er nahm einfach einer Darstellerin eine Arie fort und schenkte sie einer anderen. Davon weiß die Gräfin im ›Figaro‹ ein Lied zu singen, Susanna ein anderes. In ›Così fan tutte‹ wandte Mozart dieses Verfahren sozusagen systematisch an, lächelnd und tief zerknirscht pries er da die ›Austauschbarkeit der Liebe‹, und doch ist am Ende alles wieder im Lot.

›Don Giovanni‹ ist die erste ›Atheisten-Tragödie‹ der Opernliteratur. Don Juan scheitert nicht an seiner zerstörerischen Haß-Liebe zu den Frauen. Die Frauen finden ihn großartig, noch seinem windigen Double Leporello laufen sie nach, wenn der nur seinen Umhang trägt! Den ›Verführer‹ Don Juan hätte Mozart fraglos in einem spritzigen ›buffo‹-Finale freisprechen können. Donna Elvira tut das ohnehin. Aber auch der Mord am Komtur ist nicht die Ursache der Tragödie, sondern nur eines unter anderen Verbrechen, die Don Juan begeht, weil er im Widerstreit liegt mit Gott und der Welt. Seine Natur treibt ihn in tragische Grenzsituationen. Es erweist sich: Sein Furioso zwischen Lust und Qual, seine Sinnenraserei, seine Kriminalität – dies alles ist der Ausdruck seines dämonischen Nihilismus; er leugnet einen übergeordneten, ewigen Weltsinn. Sein Ich und seine Wünsche sind seine Welt. Was er begehrt, das nimmt er sich, wer sich ihm in den Weg stellt, den beseitigt er. Das stolze, rabiate »No!«, mit dem er in der Stunde der Abrechnung dem Mahnruf des Jenseits trotzt, bewirkt seinen Untergang; dieser frei gewählte Untergang aber ist zugleich seine Rechtfertigung. Noch in der äußersten Gefährdung seiner Existenz steht er ein für seine Taten, bekennt er sich zu seiner Welt, bleibt er Don Juan.

Man hat ihn mit Faust verglichen. Don Juan ist aufsässig und unersättlich wie Faust und ihm gleich in der ›dämonischen‹ Unbedingtheit seines Wesens. Doch Faust ist nicht denkbar ohne seinen verwegenen Anspruch auf ein Sein auch in der metaphysischen Welt, auf ein ›Über-sich-Hinaus‹. Er ist Gottsucher, auch in seiner Auflehnung gegen ihn, im Bunde mit der schwarzen Magie. Für Don Juan existieren weder Himmel noch Hölle, er ist Materialist, ganz nur von dieser Erde: »Im ewigen Entschwinden hastet er dahin.« (Kierkegaard)

Neuerdings glaubt man im Problem Don Juan (wie andererseits in dem Hamlets) das des Tragischen schlechthin zu erkennen; es ist das Problem vieler Tragödien unserer entgotteten Zeit. Man sollte es nicht verabsolutieren, vor allem nicht getrennt von Mozarts Musik durchdenken, sonst überhört man, daß mit dieser Musik ein Irrationales der Tragödie sich verbindet, jenes »magische Zeichen, das uns lehrt, daß die Welt einen Sinn hat«. (Hermann Hesse)

Der Weg bis 1790
Hundert Dukaten erhielt Mozart für sein Werk. In Prag bemühte man sich (Haydn war mit im Spiel!), ihn für eine neue Oper zu gewinnen, doch es zog ihn heimwärts und damit in den Mahlstrom des Niederganges. ›Don Giovanni‹ fiel in Wien durch. »Nichts für die Zähne meiner Wiener«, meinte der Kaiser. Und – nichts für das Deutschland seiner Zeit, das mußte Mozart nun erfahren. In München verbot man eine Aufführung »wegen Erregung öffentlichen Ärgernisses«, in Berlin sah man in dem Werk »eine Beleidigung des gesamten weiblichen Geschlechts« und so fort. Immerhin – der Kaiser machte Mozart zu seinem ›Kammerkompositeur‹ mit einem Gehalt von 800 Gulden. Warum gab er ihm so wenig? Gluck erhielt vom Kaiser 2000 Gulden, ohne sie nötig zu haben. Nun – Mozart stand nicht höher im Kurs. Was galt Mozart schon in der Welt, in Rom, Paris, London? Er war eine Wiener Lokalgröße.

Mozart kam mit dem Gehalt nicht zurecht. Er machte Schulden und bettelte alle Welt an, so daß man ihn zu meiden begann. In seine Kunst aber ging nichts ein von dieser Misere. Noch im Jahre des ›Don Giovanni‹ reiften die ›Kleine Nachtmusik‹ und das schmerzhaft schöne ›c-Moll-Klavierkonzert‹ (K. 491) mit dem herrlichen Variationen-Finale, dem schwermütigen Gegenstück zu Schuberts Variationen über ›Der Tod und das Mädchen‹, dazu neue Messen (insgesamt sind es 15) und andere Kirchenmusiken. Doch Todesgedanken beschäftigten ihn nun oft. In seinem letzten Brief an den Vater, der 1786 starb, kann man lesen: »Da der Tod (genau zu nehmen) der wahre Endzweck unseres Lebens ist, so habe ich mich seit ein paar Jahren mit diesem wahren besten Freunde des Menschen so bekannt gemacht, daß sein Bild nicht allein nichts Schreckendes mehr für mich hat, sondern recht viel Beruhigendes und Tröstendes! Und ich danke meinem Gott, daß er mir das Glück vergönnt hat, ihn als den Schlüssel zu unserer wahren Glückseligkeit kennen zu lernen... Ich lege mich nie zu Bette, ohne zu bedenken, daß ich vielleicht (so jung als ich bin) den anderen Tag nicht mehr sein werde – und es wird doch kein Mensch von allen, die mich kennen, sagen können, daß ich im Umgange mürrisch oder traurig wäre.«

Im Jahre darauf (1788) schrieb er das virtuose ›Krönungskonzert‹ (erst 1790 spielte er es in Frankfurt), andere Konzerte, Klavierfantasien, Kammermusik und in kaum acht Wochen (!) das ›Dreigestirn‹ der letzten Sinfonien, die ›Es-Dur‹- (K. 543), die ›g-Moll‹- (K. 550) und die ›Jupiter‹-Sinfonie (K. 551). An seiner Lage änderte sich nichts. 1789 nahm ihn ein Schüler mit nach Berlin (er selbst hatte kein Geld). Unterwegs konzertierte er in Dresden. In Leipzig phantasierte er an der Orgel der Thomaskirche. Dort sangen für ihn die Thomaner unter Doles eine von Bachs Motetten, dort studierte er mit brennendem Eifer alle erreichbaren Manuskripte Bachs. In Berlin wurde seine ›Entführung‹ gegeben; man feierte ihn zwar, hielt ihn aber nicht. Der König bestellte ein paar Streichquartette (die ›Preußischen‹; 1789 bis 1790), das war alles. Niedergeschlagen schrieb er nach Hause: »Mein liebes Weibchen, du mußt Dich schon mehr auf mich freuen als auf mein Geld.« Wieder in Wien (1789), mußte er ein Konzert absagen, weil sich nur ein Subskribent gemeldet hatte! Doch ein Wunder geschah: Der Kaiser gab Da Ponte den Auftrag, für Mozart ein Libretto zu schreiben! Er erzählte ihm eine ›wahre Begebenheit‹, über die man damals in Wien herzlich lachte,

und Da Ponte entwarf seinen komödiantischsten Text: ›Così fan tutte‹ (›So machen's alle‹). Am 26. Januar 1790 wurde die ›buffa‹ in Wien aus der Taufe gehoben.
Ihre Fabel? Don Alfonso wettet mit zwei Offizieren – Guglielmo und Ferrando –, ihre Bräute Fiordiligi und Dorabella seien wankelmütig wie alle Frauen. Die Liebhaber stellen ihre Bräute auf die Probe. Sie tun, als zögen sie in den Krieg, kehren aber als Albaner verkleidet zurück und umwerben die Schönen, ein jeder die Braut des anderen. Die Zofe Despina, mit Alfonso im Bund, spielt in mancherlei Verkleidung die Kupplerin. Nach einigem Sträuben lassen sich Fiordiligi und Dorabella von den Albaniern trösten, ja sie unterzeichnen mit ihnen den Ehekontrakt. Alsbald kehren die ›Krieger‹ zurück. Hochnotpeinliche Beichte, Tränen der Reue, dann stiftet Don Alfonso Frieden: »Schnell umarmt euch, seid vernünftig! Lachen werdet ihr dann künftig, und ich selber lache mit.«
Und Mozarts ›Così fan tutte‹? Eine zauberhafte »Komödie der Irrungen«, funkelnd von zärtlichen, ironischen, humorvollen und tiefsinnigen Einfällen; seine vielleicht sublimste Kunstäußerung, geboren aus schmerzlich heiterer Welterfahrung: »...tiefstes Eindringen der künstlerischen Phantasie, des Unbewußten, in letzte Geheimnisse...« (Richard Strauss)
Es dauerte lange, bevor man die Schönheit dieses Werkes erkannte und würdigte, ja

Wolfgang Amadeus Mozart

bevor man überhaupt geneigt war, Mozart die Verbindung mit einem so ›sittenwidrigen‹ Libretto zu verzeihen! Richard Wagner, weder im Leben noch in seiner Kunst übertrieben prüde, empfand Genugtuung, daß es Mozart »nicht möglich war, ... zu ›Così fan tutte‹ eine Musik wie die des ›Figaro‹ zu erfinden; wie schmählich hätte dies die Musik entehren müssen!« Beethoven äußerte seine Abneigung kaum minder kraß, ihm waren auch die »Frivolitäten« im ›Figaro‹ und ›Don Giovanni‹ ein Greuel. Der unüberbrückbare Gegensatz zwischen den Anhängern einer ›musique engagée‹ und einer ›musique pure‹ spricht aus diesen Urteilen. Dabei war Mozart als Musikdramatiker nicht minder ›engagée‹ als Beethoven oder Wagner, freilich ereiferte er sich in seiner Kunst nie für moralische oder ethische Maximen. Im 19., auch noch im frühen 20. Jahrhundert versuchte man immer wieder, Da Pontes Text einen moralischen Anstrich zu geben, ja man trennte Mozarts Musik von ihm und verband sie mit anderen Texten: Shakespeares ›Verlorene Liebesmühe‹ und Calderons ›Dame Kobold‹ haben einmal dafür herhalten müssen.

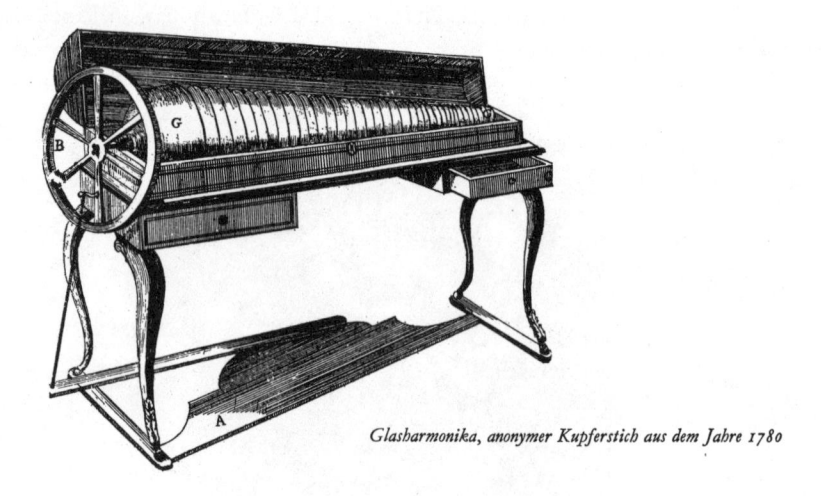

Glasharmonika, anonymer Kupferstich aus dem Jahre 1780

›Così fan tutte‹ brachte die Bildungsphilister seiner Zeit vollends gegen Mozart auf. Schlimm für ihn war auch, daß gerade jetzt der Kaiser starb. Von dessen Nachfolger Leopold hatte er wenig Gutes zu erwarten, das bekam er bald zu spüren. Er reiste nach Frankfurt zu den Krönungsfeierlichkeiten, in der Hoffnung, vor seinem neuen Herrn konzertieren zu dürfen. Ergebnis: Erst nach des Kaisers Abreise konnte er ein »kaum beachtetes« Konzert geben. In Wien gab man ihm keine Aufträge. Bearbeitungen fremder Werke (z. B. von Händels ›Messias‹) und andere Handlangerdienste brachten ein paar Gulden. An eigenen Werken entstanden um diese Zeit das letzte ›Klavierkonzert B-Dur‹ und die beiden letzten Streichquintette.

TAFEL 13

Bild 1 (oben links) ›Schalmeyen‹. *Bild 2 (oben rechts)* ›Basson-Flöte‹. *Bild 3 (unten links)* ›Clarinett‹. *Bild 4 (unten rechts)* ›Zwerch-Pfeiffer‹. Kupferstiche aus dem ›Theatrum Musicum‹, gestochen von Christoph Weigel, Nürnberg, 1720.

TAFEL 14

Bild 1 Bühnenbild einer Oper am französischen Hofe, 17. Jahrhundert. *Bild 2* Szenenbild aus der Oper ›Angelica vincitrice di Alcina‹ von Piero Pariati, 1716, Kupferstich von Mathäus Küsel.

TAFEL 15

Orgelwerk im Reichsstift zu Roggenburg, 18. Jahrhundert.

TAFEL 16

Bild 1 ›Zauberflöte‹, Karton zum Wandgemälde in der Wiener Oper von Moritz von Schwind. *Bild 2* Apollo und die neun Musen, Gemälde von Heinrich Maria von Hess.

Das letzte Jahr
»Ohne daß sie gelohnt werden, ist das Leben großer Genien traurig und gibt der Nachwelt leider wenig Aufmunterung zu fernerem Streben... Es erzürnt mich, daß dieser einzige Mozart noch nicht bei einem kaiserlichen oder königlichen Hof engagiert ist! Verzeihen Sie, meine geehrten Herren, wenn ich aus dem Geleise komme: aber ich habe den Mann zu lieb...« Das hatte Haydn im Jahre des ›Don Giovanni‹ nach Prag geschrieben, um dem Freund zu helfen. Nun, 1791, machte er sich auf die Reise nach London. Schwerlich ahnte er, in welcher Misere er Mozart zurückließ. Beim Abschied äußerte Mozart Todesgedanken; nicht um sich, um Haydn zeigte er sich besorgt.
Schöne Kammermusik entstand noch, so das seraphische ›Adagio und Rondo für Glasharmonika‹ – er schenkte es der blinden Virtuosin Marianne Kirchgesser –, entzückende Kinderlieder, das ›Ave verum‹ und anderes. Überraschend kam dann ein Auftrag: Der Wandertheaterdirektor *Emanuel Schikaneder* (1748 bis 1812), Mozarts Logenbruder und selbst in finanziellen Schwierigkeiten, bat ihn um etwas Musik für eine deutsche ›Zauberposse‹. Er erhoffte sich von dem Stück eine Sanierung seines ›Theaters im Freihause auf der Wieden‹. Die Posse hieß ›Die Zauberflöte‹.
Den Titel übernahm Schikaneder von dem Märchen ›Lulu oder die Zauberflöte‹, zu finden in Wielands Märchensammlung ›Dschinnistan‹. Mehreren Märchen dieser Sammlung, so dem ›Oberon‹, aber auch zeitgenössischen Zauberstücken entlehnte er Elemente der bekannten Handlung. Nur Papageno und Papagena, die lustigen Vogelmenschen, sind seine Erfindung (er war dann auch Papagenos erster Darsteller). Interessant ist, wie aus seinem Text das endgültige Libretto hervorging. Mozarts Komposition war schon weit gediehen, da führte man im ›Theater in der Leopoldstadt‹ ein ähnliches Singspiel auf, die ›Zauberzither‹ von Wenzel Müller. Ohne zu zögern, änderte Schikaneder seinen Text. Ein Logenbruder, *Karl Ludwig Giesecke* (1761 bis 1833), half ihm dabei. Vielleicht ist das Libretto auch eine »Kollektivarbeit des maurerischen Freundeskreises« (W. Zentner). Kurzum – freimaurerische Gedankengänge wurden nun eingearbeitet, das Ganze erhielt einen sozusagen ›ethischen Sinn‹. Hierbei modelte man die Charaktere einiger Gestalten völlig um. Aus der guten Königin der Nacht wurde die gefährliche Widersacherin Sarastros. Dieser, ursprünglich ein böser orientalischer Zauberer, wurde zum ägyptischen Künder freimaurerischer Weisheit, Beschützer der Liebe Paminas und Taminos, Sinnbild aller edlen und guten Kräfte. Daß die ersten Szenen schon fertig komponiert waren, störte niemanden; man ließ sie unverändert stehen.
Ein Unikum von einem Libretto kam dabei heraus. Man bedenke: Tamino, entflammt vom Bilde Paminas (der Tochter der Königin der Nacht), die der ›böse‹ Sarastro geraubt hat, macht sich auf, sie zu retten. Es kommt aber nicht zu dem erwarteten Reckenkampf mit Sarastro, denn dieser erweist sich als eine Art Gralshüter, dem man als anständiger Kerl nur huldigen kann. Er hat Pamina auch nicht für sich geraubt, sondern sie nur ›entrückt‹, um sie mit Tamino zu vereinigen, sofern dieser sich zuvor einigen ›Prüfungen‹ unterwirft, von deren Ergebnis es außerdem abhängt, ob er in den ›Bund der Geweihten‹ aufgenommen wird. Tamino besteht diese Prüfungen, Hand in Hand schließlich mit der Geliebten, gefeit gegen jedes Versagen freilich durch

den Klang eben jener ›Zauberflöte‹, die ihm die Königin der Nacht gab, um ihn gegen Sarastro zu schützen! Auch das ›Glöckchenspiel‹ des drolligen Versagers Papageno stammt von ihr. Wen stört es schon, daß sie dann als böser Dämon von Sarastro vernichtet wird, ohne daß ihre Tochter Pamina davon überhaupt Notiz nimmt! Wen stört die mysteriöse Doppelrolle der drei Damen, der drei Knaben! Helfen sie nicht als Geschöpfe der Königin der Nacht durchaus Sarastro? Und Monostatos, der bösartige, liebestolle Mohr, Überbleibsel aus der ersten Fassung? Niemand findet etwas dabei, daß Sarastro so wenig Menschenkenntnis hat, Pamina diesem Lüstling anzuvertrauen. Der Mohr wird bestraft – die Guten aber werden belohnt.
Für Mozart war dieses Paradoxon von einem Singspieltext ein ungeheurer Glücksfall. Er konnte nun eine Oper schreiben, in der, wie er es sich immer gewünscht hatte, »ganz die Musik herrscht und man darüber alles vergißt«. Gewiß – in dem Spiel ist die Logik aufgehoben, aber es ist ja ein Märchen! Und läuft nicht in diesem Märchen durch die Musik dennoch alles in einem höheren Sinne richtig? Die Gestalten, die da aus dem Unbestimmten hervorgehen als Stimmen, als Gesang – leben sie nicht und sind sie nicht dennoch ›richtig‹ gesehen als Typen, Charaktere, Spieler und Gegenspieler?
Wie die ›Entführung‹, wie ›Figaro‹, ›Don Giovanni‹ und ›Così fan tutte‹ hat auch die deutsche ›Zauberflöte‹ einen besonderen Werkstil. In ihm fand – nach Bach, Händel, Gluck und Haydn – die »Universalsprache unseres Kontinents« auf eine neue und unnachahmliche Art Anwendung. Anders gesagt – Elemente der Wiener Lokalposse, des deutschen Singspiels, der ›buffa‹ und der ›seria‹, der ›comique‹, der barocken Polyphonie und Cantus-firmus-Technik, der galanten, empfindsamen und klassischen Homophonie, der naiven und gelehrten, der Volks- und Kunstmusik wurden hier zu Mitteln einer einheitlichen Ausdruckssprache, die man getrost ›romantisch‹ nennen darf, sofern man diesen Begriff nicht historisch, sondern in überzeitlichem Sinn versteht.

Mozart: a) Hauptthema; b) Seitenthema aus der Ouvertüre der ›Zauberflöte‹

Ein Beispiel für Mozarts rätselhafte Fähigkeit, Stilelemente miteinander zu verschmelzen, bietet die Ouvertüre. Formal und strukturell sind in ihr Elemente der barocken Fuge und klassischen Sonate ähnlich vereinigt wie im Finale der ›Jupiter-Sinfonie‹. Die Umrisse der Sonatenform sind gewahrt, Expositionsteil und Reprise aber als ›fugati‹ angelegt und von nur einem Thema getragen; das zweite ›sangliche‹ Sonatenthema wird nicht selbständig eingeführt, es bildet den Kontrapunkt des ›fugato‹-

Themas, ist also zwar sein Gegensatz (im Sinne der Sonate), strukturell jedoch von ihm abhängig, mit ihm eins (im Sinne der Fuge). Die Durchführung verläuft zwar frei im Sinne der Sonate, doch wieder über nur ein Thema und dessen Kontrapunkt. Die barocke polyphone Satzweise ist hier durchaus in den Dienst einer sinfonisch-dramatischen Entwicklung klassischer Prägung gestellt! In den drei Bläser-Akkorden, die dem ersten ›fugato‹ (Allegro) und auch der Durchführung vorangestellt sind, erkannte die Romantik freimaurerische ›Klang-Symbole‹. Das mag zutreffen, denn diese Akkorde leiten in der Oper auch die letzten ›Prüfungen‹ der Liebenden ein (die ›Feuer‹- und ›Wassermusik‹). Es gibt in der ›Zauberflöte‹ ferner Instrumente – etwa Flöte, Glöckchenspiel und Horn –, die Mozart entsprechend den Regie-Anweisungen des Textes als Symbolträger einsetzte, und Tonartbeziehungen, die sich als Klangsymbole deuten lassen. Eine systematisch durchgeführte, assoziativ gemeinte Motiv-Technik gibt es aber auch in dieser Musizieroper nicht.

Hermann Abert stellte die ›Zauberflöte‹ als Sinnbild einer freien humanen Grundhaltung Lessings ›Nathan‹ und Goethes ›Iphigenie‹ an die Seite. Er erwähnte in diesem Zusammenhang auch Beethovens ›Neunte Sinfonie‹. Das könnte dazu führen, Mozart hier eine bewußt ethische Zielsetzung zuzusprechen, ähnlich jener, die dann in den ›per-aspera-ad-astra‹-Musiken des 19. Jahrhunderts vertreten wurde. Derartiges aber lag ihm gewiß fern, obwohl seine Musik analog zu dem nachträglich veredelten Possentext tatsächlich den Sieg der Mächte des Lichtes über die der Finsternis verherrlicht und obwohl seine ›Zauberflöte‹ ein »Hohes Lied menschlicher Bewährung« genannt werden darf. Die in ihr sich äußernde Humanitas ist aber im Grunde dieselbe wie in ›Così fan tutte‹ und allen seinen Opern, Chor- und Instrumentalwerken: Sie kennt keine Absicht. Wenn aber ein Besonderes die ›Zauberflöte‹, diese zugleich volkstümlichste und geheimnisvollste Partitur Mozarts, auszeichnet, so vielleicht die Kraft, die den Scheiternden befähigte, in diesem musikalischen Märchen heiterer Lebensweisheit und unbesiegbarer Zuversicht Ausdruck zu geben.

Während Mozart an der ›Zauberflöte‹ arbeitete, erreichte ihn der Auftrag, für die Krönungsfeierlichkeiten Leopolds II. eine Oper zu schreiben. Innerhalb von 18 Tagen entstand nun ›La clemenza di Tito‹ nach einem alten Text Metastasios. ›Titus‹, dieser schöne Rückfall in die ›seria‹ (die Vorzüge und Mängel des ›Idomeneo‹ sind ihm zu eigen), wurde unter Mozarts Leitung am 6. September 1791 in Prag aufgeführt; die Oper gefiel, fand aber nicht die ersehnte Anerkennung ›bei Hofe‹. Mozart eilte zurück nach Wien und beendete die ›Zauberflöte‹. Noch im gleichen Monat, am 30. September, ging sie mit stärkstem Beifall in Szene. Schikaneder machte ein glänzendes Geschäft, Mozart ging fast leer aus. Immerhin – nun schien sich alles zum Guten zu wenden. Ungarische Adelige wollten ihm eine Rente aussetzen, aus Amsterdam kam ein verlockendes Angebot. Zu spät!

Eine Nierenerkrankung warf ihn nieder. Daheim, sich selbst überlassen – Konstanze erholte sich von ihrer letzten Niederkunft in einem Bade –, arbeitete er besessen an einem ›Requiem‹, das ein Unbekannter unter mysteriösen Umständen bei ihm bestellt hatte. (Der Unbekannte war ein Bote des Grafen Waldegg, der das Werk als sein eigenes

Faksimile des Theaterzettels zur Erstaufführung der ›Zauberflöte‹

herausgeben wollte. Er stellte die Bedingung, Mozart dürfe nie nach dem Auftraggeber forschen.) Der »unheimliche Fremde« peinigte die Phantasie des Kranken, er hielt ihn für einen Boten des Todes und wähnte sich von Salieri vergiftet. Noch im Fieber beschäftigte ihn das ›Requiem‹. Er vollendete zwar keinen der 12 Sätze mehr völlig, förderte aber mit Ausnahme des ›Sanctus‹, ›Benedictus‹ und ›Agnus dei‹ das Werk so weit, daß es später nach seinen Skizzen von seinem Schüler *Franz Xaver Süßmayr* (1766 bis 1803) beendet werden konnte. Etwa der ›Introitus‹, dann das aufgewühlte sechsteilige ›Dies irae‹ mit dem erschütternden ›Lacrimosa‹ oder das ›Histias‹ im ›Offertorium‹ (Mozarts letzte Komposition) sind großartige Eingebungen des Sterbenden. Stilistisch vollzog sich in dem erhabenen Torso eine Abwendung vom hymnisch subjektiven Tonfall der frühen Messen, eine Hinwendung zur objektiven Haltung der reinen ›musica sacra‹, zur mystischen Polyphonie Johann Sebastian Bachs.

Mozart fühlte, daß es mit ihm zu Ende ging, doch er ließ nicht vom Requiem. Als ihm das Schreiben unmöglich wurde, diktierte er Süßmayr. Unter Tränen äußerte er: »Habe ich nicht gesagt, daß ich es für mich schreibe?« Fieberphantasien verwirrten seinen Geist. Nun erst holte man den Arzt, rief man Konstanze zurück. In der Todesnacht traf sie in Wien ein. Am Abend dieses 5. Dezember 1791 musizierten Freunde an Mozarts Lager aus seinem ›Requiem‹. Darüber schwand ihm das Bewußtsein. Die Schwägerin berichtete: »Sein Letztes war es noch, wie er mit seinem Munde die Pauken in seinem ›Requiem‹ ausdrücken wollte.«

Der Tote sollte beerdigt werden. Konstanze lag krank danieder. Geld war keines da. Der reiche Baron van Swieten empfahl den Verwandten ein ›Armengrab‹. Wenige Freunde nur folgten dem Trauerkondukt. Als es zu regnen begann, kehrten sie um. Ohne Geleit fuhr der Wagen zum Friedhof. Nach einiger Zeit wollte Konstanze ihres Mannes Grab aufsuchen. Sein Totengräber war inzwischen gestorben, der neue wußte nicht Bescheid. So kam es, daß niemand Mozarts letzte Ruhestätte kennt.

Weltliches Solo- und Chorlied (18. Jahrhundert)

Die »liederlose Zeit« nach Adam Krieger (siehe Seite 219), in der die italienische Zier-Arie und Solo-Kantate das deutsche Lied aus der geselligen Musik verdrängten, währte nahezu ein halbes Jahrhundert. Mit dem Abflauen der Generalbaßzeit regte sich dann ein neuer bürgerlicher Liederfrühling. Das Generalbaßlied wurde zum Klavierlied, und auch das Chorlied lebte in mancherlei Gestalt wieder auf. Starke Impulse empfing das Lied vom deutschen Singspiel, vom französischen ›vaudeville‹ und von der englischen ›ballad opera‹. Seit etwa 1750 kam es zu einer ständigen Wechselwirkung zwischen Singspiel-, Klavier- und Chorlied. Schöne Beispiele hierfür finden sich im 18. und 19. Jahrhundert bei Hiller, Gluck, Mozart, Weber, Lortzing, Nicolai, Humperdinck und anderen.

Barock und Rokoko klingen noch ineinander in den Sololiedern und mehrstimmi-

gen Volksliedern, die *Valentin Rathgeber* (1682 bis 1750) als ›Ohrenvergnügendes und Gemütergötzendes Tafelkonfekt‹ 1733 bis 1746 herausbrachte. In seinen Quodlibets (wie's beliebt) mischte er ganz wie ›die Bache‹ nach altem Brauch Volksweisen lustig durcheinander. In manchen seiner hausbackenen Sololieder aber klingt schon jener galante Humor an, der später für Leopold Mozart oder Michael Haydn bezeichnend wurde. Gleichzeitig mit Rathgeber ließ in Leipzig ein gewisser Sperontes (alias Johann Sigismund Scholze) seine ›Singende Muse an der Pleiße‹ erscheinen (1736 bis 1745). Er versuchte darin auf Umwegen dem Lied Auftrieb zu geben, indem er den verschnörkelten Melodien galanter französischer Klavierstücke eigene oder fremde Verse unterlegte. Sein drolliges Parodie-Verfahren übernahm die kleine ›Leipziger Liederschule‹; selbst Telemann wandte es gelegentlich an. Seinen ›24 Oden‹ (1741) gab er freilich »fast für alle Hälse bequeme Melodien« mit. In den älteren ›Sing-, Spiel- und Generalbaßübungen‹ (1733) stellte er – ebenso wie der Postrat *Graefe* (1711 bis 1787) in seiner ›Odensammlung‹ (1737 bis 1743) – im Gegensatz zu Sperontes das Dichterwort wieder an den Anfang. Graefes Sammlung enthält Oden von Carl Philipp Emanuel Bach, Karl Heinrich Graun, Hurlebusch und Giovannini, dem Schöpfer des Liedes »Willst du dein Herz mir schenken«, das lange Zeit Bach zugeschrieben wurde.
Die Ballade pflegten *Johann Ernst Bach* (1722 bis 1777), Sohn von Bachs Vetter Johann Bernhard, und der Magdeburger Domorganist *Valentin Herbing* (1735 bis 1766). Beide wagten sich an Gellertsche Fabeln. Bach beschränkte sich in seinen ›Fabeln und Melodeyen‹ (1749) noch darauf, bei Strophen verschiedenen Charakters einfach die Melodien zu wechseln. Herbing zeigte sich in den ›Musikalischen Versuchen an Fabeln und Erzählungen Gellerts‹ (1759) schon weit großzügiger. In seinen kantatenartigen Vertonungen lösen Ariosi, dramatische Rezitative und selbständige Klavier-Illustrationen einander ab.
Im Bannkreis der friderizianischen Musizier-Gesinnung entfaltete sich um diese Zeit die ›Erste Berliner Liederschule‹. Ihr Initiator war *Christian Gottfried Krause* (1719 bis 1770). Ganz im Sinne seines Landesherrn suchte er das strophische Lied dem französischen Chanson (der Ariette) anzupassen. Um die Volkstümlichkeit seiner Lieder zu steigern, erfand er Melodien ohne Begleitung, dann erst versah er sie mit einfachem Klaviersatz. Was dabei herauskam, zeigen seine ›Preußischen Kriegslieder‹ (1756) zu Texten von Gleim. In seiner älteren Sammlung von ›Oden und Melodien‹ (1753 bis 1755) sind außer ihm die ›Friderizianer‹ Carl Philipp Emanuel Bach, Friedrich Benda, Johann Gottlieb Graun und Karl Heinrich Graun und – als Outsider – Telemann vertreten.
Krauses Dogmen überwand Carl Philipp Emanuel Bach in seinen ›Geistlichen Oden und Liedern‹ (1758) zu Texten von Gellert. Er entwickelte darin einen poetischen Deklamations- und Klavierstil, der über die ›12 Klopstock-Oden‹ (1776), die ›Serenaten beim Klavier zu singen‹ (1777) und die Herder-Lieder ›Bilder und Träume‹ (1798) von *Christian Gottlob Neefe* (1748 bis 1798) und über die jeder schulischen Doktrin entrückten ›Sieben Klopstock-Oden‹ (1774) von Gluck fortwirkte bis zu Beethoven und Schubert.
Wie Neefe kam auch sein Lehrer Johann Adam Hiller (siehe Seite 280) vom Singspiel

her. Er führte die ›Sächsische (Leipziger) Liederschule‹ weiter. Seinen ›Kinderliedern‹ wurde damals breite Volkstümlichkeit zuteil. Unter seinen Nachfolgern erwies sich der Begründer des Offenbacher Musikverlages André, *Johann André* (1741 bis 1799), in hübschen Klavierliedern als Meister des volkstümlichen Genres.

Da André von 1777 bis 1784 in Berlin als Kapellmeister tätig war, rechnet man ihn bisweilen auch zur ›Zweiten Berliner Liederschule‹. In ihr erreichte das Gesellschaftslied des 18. Jahrhunderts seine Reife. In den Beiträgen dieser Schule streift die Melodik allmählich ihre Formelhaftigkeit ab, sie wird sanglich und ausdrucksvoll. Gelegentlich ist das Klavier schon motivisch und lautmalerisch an der Auslegung der Texte beteiligt. Mit Vorliebe vertonte man Goethe und Schiller. Zugleich besann man sich auf das alte Volkslied. Erster Meister der Schule war *Johann Abraham Peter Schulz* (1747 bis 1800). Sein Gebiet war das Strophenlied mit einfacher Klavierbegleitung. Bisweilen kombinierte er Solo- und Chorlied, auch reine Chorlieder finden sich bei ihm, so etwa ›Des Jahres letzte Stunde‹ oder ›Warum sind der Tränen...‹, frühe Vorboten des ›Männerquartetts‹, das im 19. Jahrhundert, ausgehend von der ›Berliner Liedertafel‹, seine Blütezeit erlebte. Schulz' besondere Liebe gehörte der schwärmerischen Lyrik von Hölty, Voß, Claudius und anderen Dichtern, die dem ›Göttinger Hainbund‹ nahestanden. Ihnen verdankte er die Texte seiner ›Lieder im Volkston‹ (1782 bis 1790) und ›Religiösen Oden‹ (1786). Unvergängliche Volkslieder wie ›Alle Jahre wieder‹ oder ›Der Mond ist aufgegangen‹ (Claudius) sind bezeichnend für den Rang seiner Kunst.

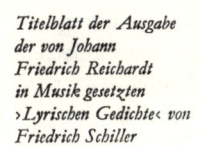

Titelblatt der Ausgabe der von Johann Friedrich Reichardt in Musik gesetzten ›Lyrischen Gedichte‹ von Friedrich Schiller

Tonangebend in der ›Zweiten Berliner Liederschule‹ war der aus Königsberg stammende *Johann Friedrich Reichardt* (1752 bis 1814). Zunächst diente er dem ›Alten Fritz‹ als letzter Hofkapellmeister in Berlin, später war er zwangsweise Kapellmeister König Jérômes in Kassel. Hiller war sein Lehrer, E. Th. A. Hoffmann sein Schüler; Weber, Loewe, Schubert hatten ihm manches zu danken. Auf nahezu allen Gebieten der Musik bewährte er sich. Ferner war er Organisator, Gründer der Berliner ›concerts spiritucls‹ und mehrerer Musikzeitschriften, studierter Philosoph, Europareisender, Parteigänger der Französischen Revolution, Salineninspektor und – Schriftsteller (›Reisebriefe‹ über Paris und Wien, ›Autobiographie‹ usw.). Seine Bühnenwerke und Instrumentalmusiken sind vergessen; sein Kinderlied ›Schlaf, Kindchen schlaf‹ wurde Volkslied; nicht wenige seiner rund 700 Lieder haben weit mehr als nur zeitgeschichtliche Bedeutung.

Reichardts Stil ist kühl, zierlich, präzise, Gluck und Mozart verpflichtet. Auch er vertonte die Dichter des ›Göttinger Hainbundes‹, ferner Schiller, Goethe – mit dem er befreundet war – und Volkslieder Herders, Brentanos und Arnims. Brentano, der seine eigenen Weisen vorzog, meinte zwar treffend, in Reichardts »Einfachheit liegt zu viel Bewußtsein, in seiner Erfindung zu viel Bekanntes, in seiner Unschuld zu viel Absicht, und in allen seinen Liedern schwebt er zwischen dem Volkston und dem Opernton...«, doch Reichardts Stellung zwischen Volks- und Kunstlied erwies sich für das Kommende als wichtig. Er führte das neue Volkslied in die Kunstmusik ein. Die Romantiker wußten das zu schätzen und rechneten ihn durchaus zu den Ihren (weit mehr als den jüngeren Zelter!), obwohl er als Musiker noch der empfindsamen Zeit zugehörte. Arnim widmete ihm seinen Epilog zum ersten Band von ›Des Knaben Wunderhorn‹!

Unter Reichardts Liedern findet man Sololieder, stets mit charakteristischer Klavierbegleitung, sodann ein- und mehrstimmige Chorlieder, die deutlich auf das ›Männerquartett‹ der ›Liedertafel‹ hinweisen. Im Zentrum stehen die 128 Lieder, Oden, Balladen und Romanzen zu Texten von Goethe (Solo- und Chorlieder), darunter ›Erlkönig‹, ›Über allen Wipfeln‹ und ›Heidenröslein‹, wohl die frühesten Goethe-Lieder von Rang; sie entstanden im persönlichen Kontakt mit dem Dichter (siehe auch Seite 282). Die ›musische Freundschaft‹ wurde indessen von Goethe jäh abgebrochen, als er erfuhr, daß Reichardt wegen seiner politisch revolutionären Anschauungen beim preußischen König in Ungnade gefallen war. Allerdings hatte sich Reichardt zuvor verschiedentlich kritisch über Goethe geäußert; ein Grund mehr zur Entfremdung.

Früher und ausgesprochener als in Berlin klang Romantisches an in der ›Schwäbischen Liederschule‹. Der genialische Dichter-Komponist *Christian Daniel Schubart* (1739 bis 1791) war ihr erster Meister. Bachs Orgelwerke und Klopstocks ›Messias‹ waren seine stärksten Jugendeindrücke. Später begeisterte ihn Jommellis Oper ›Phaeton‹. Diese Vorlieben sind bezeichnend für seinen zwischen Nord und Süd vermittelnden Stil. Er verstand hinreißend an der Orgel und am Klavier zu improvisieren, avancierte rasch zum Kirchenmusikdirektor in Ludwigsburg, brachte aber durch Liebeshändel und andere Affären seinen Herrn gegen sich auf und wurde zehn Jahre auf dem Hohenasperg eingekerkert (1777 bis 1787). Ganz Deutschland nahm Anteil an seinem Schicksal. Als er seine Freiheit zurückerhielt, war sein schöpferischer Schwung dahin. Einige inspirierte Schriften, die ›Lebenserinnerungen‹ und drei ›Liederhefte‹ (1786) sind sein Vermächtnis. Seine Lieder wurden damals selbst »auf mancher Schneiderherberge gesungen«. Sie wanderten gen Norden und Süden und kamen auch nach Wien. So erklärt es sich, daß manche melodische Floskel, manch feines Motiv aus dem schöpferischen Strandgut des unglückseligen Schubart verwandelt fortlebt in den Liedern Franz Schuberts.

Einen geruhsamen Verlauf nahm nach stürmischer Jugend das Leben des Württembergers *Christoph Rheineck* (1748 bis 1797). Er liebäugelte zunächst mit dem Theater, hatte in Frankreich mit Opern Erfolg, sagte dann aber dem Unsicheren Valet und übernahm das väterliche Gasthaus ›Zum weißen Ochsen‹ in Memmingen. Dort unterhielt er seine Gäste mit volkstümlich frischen Liedern, von denen sechs Sammlungen (1772 bis 1792) erhalten sind. Sie wirkten neben Schubarts Liedern unmittelbar ein auf Schillers Jugendfreund *Johann Rudolf Zumsteeg* (1760 bis 1802), der mit seinen klavieristisch illustrativen Balladen (etwa ›Ritter Toggenburg‹ und ›Leonore‹ von Bürger) für Schubert und Loewe wichtig wurde. So führten von Schwaben direkte Wege nach Wien, aber auch zur Schweiz, wo besonders *Hans Georg Nägeli* (1773 bis 1836) sich mit Chorliedern und als Organisator von Gesangvereinen um den frühromantischen Männerchorgesang verdient machte.

In der ›Wiener Liederschule‹ kam es zu einer Symbiose der süddeutschen Sangesweise mit der italienischen Arie, dem französischen Chanson (Ariette), der Wiener Instrumentalmusik und dem österreichischen Volkslied. Auch böhmische, ungarische und andere nahöstliche Einflüsse spielten mit herein. In der Wahl der Texte war man kaum wählerisch, die hohe Lyrik blieb nahezu unbeachtet. Wohl als erster trat der aus Böhmen stammende Hofklavierist *Joseph Anton Steffan* (1726 bis 1797) mit einer ›Sammlung deutscher Lieder für das Klavier‹ (1778 bis 1782) hervor. Neben ihm pflegten Musiker wie Hoffmann, Ruprecht oder Holzer das volkstümliche ›Wiener Klavierlied‹. Es hatte in seiner Mischung von derber Komik, zuckersüßer, leicht ironischer Sentimentalität und augenzwinkerndem Ernst weit mehr Durchschlagskraft als das literarisch fundierte aus Berlin.

Joseph Haydn veröffentlichte erst mit 50 Jahren zwei Hefte ›Klavierlieder‹ (1772 bis 1774), kleine Opernarien über meist belanglose Texte; ihre Eigenart ist gering. Ein hübscher Treffer im modischen Vielerlei ist sein ›Lob der Faulheit‹ zu Lessings amüsantem Text. In London vertonte Haydn ein Bündel ›Schottische und walisische Lieder‹ (dreistimmig, mit Klavier, Geige, Cello) und ebenfalls zu englischen Texten 14 ›Canzonettas and songs‹, wichtige Vorstudien zu den naturseligen Arien der ›Schöpfung‹. Sein letztes schönes Lied, die Weise zu ›Gott erhalte Franz den Kaiser‹ (das spätere ›Deutschlandlied‹ mit dem Text von Hoffmann von Fallersleben), hat eine weitverzweigte Ahnenreihe, die sich bis auf ein uraltes böhmisches Prozessionslied zurückführen läßt.

Von Mozart sind 31 Lieder überliefert. Sie fügen sich keiner Schule ein und sind auf kein Formschema festgelegt. Da gibt es Strophenlieder, Lieder in Arienform und

Altböhmisches Prozessionslied
(aus der Ahnenreihe des ›Deutschlandliedes‹)

U - - bi est spes me - - a

solche, die sich zu kleinen dramatischen Szenen ausweiten. Perlen wie ›Das Veilchen‹ (1785; Goethe), ›Abendempfindung‹ (1787) und ›Komm lieber Mai‹ (1791) sind darunter (das Mozart zugeschriebene ›Schlafe, mein Prinzlein‹ stammt von dem

Berliner Arzt Bernhard Flies). In Mozarts Liedern änderte sich das übliche Verhältnis zwischen Text und Musik geheimnisvoll. Die verwandelnde Kraft seiner Musik gab selbst schwachen Texten einen lebendigen Sinn; vollendeten Wortschöpfungen verband sie sich adäquat.

Musik des 19. Jahrhunderts

Vorbemerkung

In Haydn und Mozart vollendete sich die Gesellschaftsmusik des ausgehenden 18. Jahrhunderts. Beethoven, der dritte große ›Wiener Klassiker‹, erfüllte seine Aufgaben unter anderen weltanschaulichen und gesellschaftlichen Voraussetzungen nach der Französischen Revolution im frühen 19. Jahrhundert. Er ging handwerklich und stilistisch im wesentlichen von Haydn und Mozart aus, doch bald nach 1800 führte ihn sein Weg weit von ihnen und von der Tradition fort. Ein neuer Künstlertyp trat mit Beethoven in Erscheinung. Er löste seine Kunst entschiedener als irgendein Musiker vor ihm aus den überkommenen Bindungen kultischer und gesellschaftlicher Zweckbestimmung, er strebte in der Musik aus freiem Entschluß neue individuelle Ziele an und wandte sich bewußt als ›Tondichter‹ an einen neuen Hörerkreis.
Die Zeit, der er angehörte, war erfüllt von umwälzenden Vorgängen auf jedem Gebiet. Ganz allgemein stellte sie sich dar als revolutionäre Endphase des Überganges vom geschlossenen Weltbild der versinkenden Epoche zum offenen des 19. und 20. Jahrhunderts. In ihr wurde der Grund gelegt für den Aufbau der technischen Zivilisation unserer Tage, aber auch für die erregenden Kultur- und Sozialkrisen, die Klassen-, Wirtschafts- und Machtkämpfe, die weltweiten Katastrophen und Aufgaben der Gegenwart; mit ihr begann sozusagen unsere Zeit, begann jener geschichtliche Abschnitt, in dem sich das Tempo der Entwicklung in einer Weise beschleunigte, für die es in zurückliegenden Zeiträumen keine Analogien gibt.
Das gilt auch für die Musik. Nur wenige Generationen trennen uns von Beethoven. Während dieser Zeitspanne verbreitete sich nicht nur die Basis der europäischen Kunstmusik durch nationale Schulen, die sich nach dem Zusammenbruch der Napoleonischen Ära in südost- und osteuropäischen, skandinavischen und anderen Ländern bildeten, sondern es veränderten sich das Wesen der Musik und ihre gesellschaftlichen Funktionen. Gleichzeitig kam es zu einer enormen Verbesserung und Vermehrung der klanglichen und technischen Mittel der Musik, zu einer unübersehbaren Fülle neuer Reizwirkungen, zur Differenzierung und Auflösung der überkommenen Satzweisen, der Tonalität, der in Jahrhunderten ausgebildeten formalen, melodischen, harmonischen und rhythmischen Gesetzmäßigkeiten, zu neuen Ordnungen, neuen Systemen und einer immer umfassenderen Mechanisierung der Musik in Schallplatte, Rundfunk, Tonfilm und Elektronik.
Die stilgeschichtliche Entwicklung führte während der gleichen Zeitspanne zunächst von der Klassik zur Früh- und Hochromantik, dann während der zweiten Hälfte des 19. Jahrhunderts mit der Spätromantik und vielen sich abspaltenden Richtungen –

darunter Verismus, Impressionismus und Expressionismus – zu einer bis etwa 1912 ständig sich verschärfenden Krisis der individualistischen Musik und jenseits des Ersten Weltkrieges zu einer einschneidenden Wende in den verschiedenen Stilkreisen der ›Neuen Musik‹.

Wende von der Klassik zur Romantik

Beethovens Wirken fiel etwa in die Zeit der deutschen literarischen Klassik und der Romantik, jener allgemeinen Strömung im Gefolge des ›Sturm und Drang‹, die als Gegenströmung der Aufklärung korrelativ zur Klassik das geistige Gesicht des frühen 19. Jahrhunderts mitprägte, vor allem in Deutschland, modifiziert aber auch in den anderen europäischen Ländern einschließlich Rußland. Das mittelalterliche, in seiner unbedingten Gottbezogenheit majestätisch einheitliche Weltbild war damals längst in Frage gestellt durch Humanismus, Reformation und Aufklärung; es verging nun in einer »verwirrenden Uneinigkeit ohne Reibung« (E. Th. A. Hoffmann). Mit seinem Verfall aber begann ein neuer Abschnitt der individualistischen Epoche.
Im Mittelalter dienten Kunst und Wissenschaft ›dem Ruhme Gottes‹. Nunmehr dienten beide der selbstbewußten Persönlichkeit. Apodiktisch formulierte Beethoven: »So vertritt die Kunst allemal die Gottheit und das menschliche Verhältnis zu ihr ist Religion... Nur die Kunst und die Wissenschaft erhöhen den Menschen zur Gottheit.« Sich aufzulehnen gegen das Bestehende, gegen die Zufälle und Sinnlosigkeiten der Erfahrungswirklichkeit, die Welt umzudeuten und zu verwandeln, ihr Wert zu geben nach eigenem Plan und Willen, darin begriffen die Starken nun ihren Sinn. Unbegrenzte Möglichkeiten boten sich dem Schaffensdrang, jeder Schritt zu ihrer Verwirklichung wurde als Fortschritt begrüßt. »Freiheit und Fortschritt sind der Zweck der Kunst und des ganzen Lebens« (Beethoven). Die schöpferische Persönlichkeit beanspruchte und errang ein erhöhtes Ansehen innerhalb der Gesellschaft (die Großen des Mittelalters traten oft kaum aus ihrer Anonymität hervor): »Es gibt keine andere Offenbarung als die Gedanken der Weisen«, sagte Schopenhauer, und Beethoven: »Musik ist höhere Offenbarung als alle Weisheit und Philosophie.«
Während der Beethovenzeit änderte sich die allgemeine Einstellung zur Musik. Noch Kant sah in ihr »die Kunst des schönen Spiels der Empfindungen«. Der Romantiker Wackenroder hingegen fand es schon 1797 unbegreiflich, daß die Musik »im wirklichen irdischen Leben keine andere Rolle spielt als Kartenspiel oder jeder andere Zeitvertreib«. Er erlauschte in ihr eine metaphysische, »geheimnisvolle Kraft... Eben diese frevelhafte Unschuld, diese furchtbare, orakelmäßig-zweideutige Dunkelheit, macht die Tonkunst recht eigentlich zu einer Gottheit für menschliche Herzen«. Ein Jahrzehnt nach Wackenroder fand E. Th. A. Hoffmann die Vorstellung der Romantik vom Wesen der Musik erfüllt in Haydn, Mozart und Beethoven. In seiner Würdigung von Beethovens V. Sinfonie (1810) schrieb er: »Haydn faßt das Menschliche im menschlichen Leben romantisch auf; er ist kommensurabler für die Mehrzahl. Mozart

nimmt das Übermenschliche, das Wunderbare, welches im inneren Geiste wohnt, in Anspruch. Beethovens Musik bewegt die Hebel des Schauers, der Furcht, des Entsetzens, des Schmerzes und erweckt jene unendliche Sehnsucht, die das Wesen der Romantik ist. Beethoven ist ein rein romantischer Komponist, und daher mag es kommen, daß ihm Vokalmusik, die unbestimmtes Sehnen nicht zuläßt, sondern nur die durch Worte bezeichneten Affekte..., weniger gelingt. Nichtsdestoweniger ist er, rücksichts der Besonnenheit, Haydn und Mozart ganz an die Seite zu stellen.«

Hoffmanns Auffassung, die damals von vielen geteilt wurde, ist zwar zeitbedingt (die besonderen Merkmale der romantischen Musik ließen sich 1810 noch nicht erkennen, sie traten erst in den nächsten Jahrzehnten deutlich hervor), doch sie ist historisch wichtig. Indem Hoffmann nicht das Wesensfremde, sondern das Verwandte zwischen der klassischen Musik und der Romantik hervorhob, bestätigte er unbewußt die Kontinuität der Vorgänge innerhalb der größeren Zusammenhänge der individualistischen Epoche.

Naturgemäß unterscheidet sich Hoffmanns Auffassung charakteristisch von der jüngeren Deutung, die aus geschichtlichem Abstand den »Widerspruch zwischen klassischer Gebundenheit und romantischer Auflösung« (Mersmann) betont und demzufolge nur einen Teil der Werke Beethovens modifiziert der Romantik zurechnet. Diese Deutung nimmt dann auch die weiteren Vorgänge während des ganzen 19. Jahrhunderts und darüber hinaus einschließlich der impressionistischen und expressionistischen Musik »trotz aller Gegenströmungen als ablaufende Entwicklung der Romantik« (Mersmann). Sie versteht unter romantischer Instrumentalmusik (abgesehen von der Oper) Werke aus annähernd dem ganzen 19. und frühen 20. Jahrhundert und unterscheidet die Gliederungen: Frühromantik (etwa 1810 bis 1828; Schubert, E. Th. A. Hoffmann, Spohr, Weber und andere), Hochromantik (etwa 1828 bis 1850; Mendelssohn, Schumann, Chopin, Berlioz, der mittlere Liszt und andere), Romantischer Klassizismus (Brahms und andere), Romantischer Mystizismus (Bruckner), Spätromantik (Mahler, Reger, Richard Strauss, Pfitzner, der frühe Schönberg und andere).

Sieht man in der musikalischen Klassik und Romantik weniger Gegensätze als vielmehr einander ergänzende, auseinander hervorgehende Strömungen der individualistischen Musik etwa von 1750 an bis zu den letzten Spätromantikern des 20. Jahrhunderts, dann werden die Werke der Spätromantik als Produkte der manieristischen Endstufe dieser Epoche verständlich. Das individualistische Zeitalter begann zwar bereits mit der Renaissance, doch die gegenwärtig gebräuchliche Formel ›individualistische Musik‹ trifft auf den engeren Zeitraum ab 1750 insofern besonders zu, als sie das subjektiv Emotionale der neueren Musik gegen das zuständlich Typische der älteren abgrenzt. Sie gestattet es auch, die einander widersprechenden Strömungen des 19. und frühen 20. Jahrhunderts in ihrer geschichtlichen Kontinuität zu sehen. Der Begriff ›romantisch‹ aber wird damit – unabhängig von seiner historischen Bedeutung – als das ›zeitlos Romantische‹ anwendbar auf jede subjektiv emotionale Ausdrucksmusik. In solchem Sinn romantisch sind schon einzelne Werke von Friedemann und Carl Philipp Emanuel Bach oder, im 17. Jahrhundert, die Suiten Rosenmüllers, im 16. Jahrhundert die Madrigale Marenzios und ältere.

Die humanistische Klassik strebte in den Künsten eine geistige Universalität im Sinne der griechisch-römischen Antike an, die Romantik fand ihre Leitbilder in der abendländischen Mythologie und im christlichen Mittelalter. In der Klassik beruhigte sich der Überschwang des ›Sturm und Drang‹ apollinisch, in der Romantik brach das Dionysische des ›Sturm und Drang‹ gewandelt wieder durch. Doch die Übergänge zwischen den beiden Stilkreisen waren fließend. Klassik und Romantik teilten miteinander die Humanitas, den Idealismus, das Fernziel einer einheitlichen Kultur, ja sie begegneten einander in ihrem Wirklichkeitssinn. Die romantische Neigung zum Irrationalen, Phantastischen, Skurrilen, Nachtgesichtigen, zur Überhöhung der Wirklichkeit widersprach dem nicht. Der ›Unendlichkeitsdrang‹ hinderte die romantischen Künstler nicht, intensive Naturstudien zu treiben, und sie erreichten – ungeachtet der poetisierenden Übersteigerung oder Vereinfachung des Ausdrucks – in der Darstellung des Natürlichen eine Genauigkeit, die unmittelbar hinführte zum Realismus der Jahrhundertmitte. Das ist nachprüfbar an den Werken der Maler Franz Pforr, Caspar David Friedrich, Philipp Otto Runge und Moritz von Schwind, es erweist sich auch an den Naturschilderungen der Dichter und den naturseligen Stimmungsbildern der Musiker (Posthornsignale, Nachahmungen von Vogelstimmen, Quell- und Waldesrauschen usw.). Im Gegensatz zur Klassik sind die Leistungen der Romantik zwar fragmentarisch – die Romantik brachte keinen einheitlichen Stil, sondern viele sich isolierende National- und Individualstile hervor –, doch über alle Spielarten hinweg blieb eines charakteristisch für ihre Affinität zur Klassik: Es durchzog sie in den Künsten mehr oder weniger deutlich ein klassizistischer Formalismus.
In der Musik fußten Schubert und Weber, aber auch noch Mendelssohn, Schumann und jüngere Meister auf dem im späten 18. Jahrhundert vorgebildeten formalen Vermächtnis der Klassik. Die Formvorlagen wurden von ihnen zwar nicht mehr im Sinne der Klassik angewandt, sondern spielerisch abgewandelt, ins Episodische entspannt oder verschleiert. Als poetisierende Musiker verdichteten die Romantiker die mehrsätzigen Formen bisweilen zu einsätzigen, gern äußerten sie sich in liedartigen Kleinformen, die sie als ›Noveletten‹, ›Lieder ohne Worte‹ und dergleichen herausgaben. Doch selten findet man bei ihnen konturlose, nur stimmungshafte Musik. Weder die Form noch die linear melodische Zeichnung vernachlässigten sie zugunsten der freilich nun immer reicher und differenzierter behandelten Harmonik und Klangfarbe; die Bezüge zur Klassik bleiben meist eindeutig nachweisbar.
Beethoven war Klassiker und Romantiker zugleich. Das Klassische wurde in ihm romantisch, wie das Romantische in Schubert klassisch wurde. Klassisch ist im allgemeinen Beethovens Kompositionstechnik, ist das vollendete Zusammenspiel aller Faktoren seiner Kunst in einem einheitlichen Stil. Romantisch war seine Ichbezogenheit, war das Unbedingte, bisweilen Manische seines Wollens. Er lag mit der Wirklichkeit im Streit, war als Einzelgänger Prototyp der ›einsamen Genies‹ der Romantik. »Für dich«, schrieb er, »gibt es kein Glück von außen, du mußt dir alles in dir selbst erschaffen, nur in der idealen Welt findest du Freunde.« Romantisch war Beethovens Drang, auszubrechen in die musikalische Weiträumigkeit ohne Grenzen, ins Ekstatische, in die Hybris der Affekte, war sein selbstherrliches Spiel mit den Formen, deren

überlieferte Schemata er »pedantisch« fand. Stets ergaben sich die Formen bei ihm neu aus dem lebendigen Mit- und Gegeneinander der Gedanken im Sinn des »poetischen Elements«, das er der Musik integrierte. Musik war für ihn kein absolutes Tonspiel, sondern Medium des Poetischen, eine Anschauung, für die Tieck damals im Hinblick auf alle Künste die Formel fand: »Ich weiß zwischen romantisch und poetisch keinen Unterschied zu machen.«

Man mag in Beethovens Leistung eine Synthese des Klassischen und Romantischen sehen; über das Wesen seiner Kunst ist damit wenig ausgesagt. Er war ein Abschluß und ein Anfang; er schöpfte noch einmal die Möglichkeiten des 18. Jahrhunderts aus und führte ein neues Zeitalter der Musik herauf, voll von Problemen, offenen Fragen und Widersprüchen, von Aufstieg und Verfall. Alle Entscheidungen des 19. Jahrhunderts auf dem Gebiet der Musik sind – direkt oder indirekt, im Positiven und Negativen – auf ihn bezogen. »Die Wege, die uns Beethoven eröffnet«, sagte Busoni, »können nur von Generationen zurückgelegt werden. Sie mögen – wie alles im Weltsystem – nur einen Kreis bilden; dieser aber ist von solchen Dimensionen, daß der Teil, den wir von ihm sehen, uns als gerade Linie erscheint.«

Ludwig van Beethoven

Ludwig van Beethoven, geboren in Bonn vermutlich am 17. Dezember 1770, entstammte väterlicherseits einem flämischen Bauerngeschlecht. Sein Großvater Louis wurde 1733 in Bonn Kapellsänger des dort residierenden kölnischen Kurfürsten und schließlich sein Hofkapellmeister; nebenher betrieb er einen Weinhandel. Louis' Sohn Johann diente dem Kurfürsten als Tenorist. Er heiratete Maria Magdalena Kewerich, die Tochter eines rheinischen Kochs und Witwe des Kammerdieners Layen. Ludwig war das fünfte von sieben Kindern aus dieser Ehe. Die Mutter, eine rechtschaffene Frau, litt an krankhafter Melancholie. Den Vater beurteilten die Zeitgenossen sehr unterschiedlich. Die einen nannten ihn pünktlich, fleißig, haushälterisch, die anderen labil, aushäusig, trunksüchtig. Beruflich kam er zeitlebens nicht recht voran; nach dem Tode seiner Frau ging es mit ihm so bergab, daß der Kurfürst seine Einkünfte auf den 17jährigen Ludwig überschrieb, dem damit die Sorge für die Familie zufiel.

Sobald Johann die Begabung seines Sohnes erkannte, suchte er ein Wunderkind à la Mozart aus ihm zu machen. Mit acht Jahren trat Ludwig zum erstenmal öffentlich auf, doch seine erste Konzertreise nach Holland (1781) wurde ein Mißerfolg. 1782 erschienen seine ersten ›Klaviervariationen‹ im Druck, 1783 die drei ›Kurfürsten-Sonaten‹. Damals war er bereits Schüler des tüchtigen Christian Gottlob Neefe (siehe Seite 281). Er lernte bei ihm Bachs ›Wohltemperiertes Klavier‹, aber auch Werke der ›Mannheimer‹ und Franzosen, Carl Philipp Emanuel Bachs, Haydns und Mozarts kennen, wurde als Cembalist, Bratscher und Organist gefördert und theoretisch informiert. Schon 1784 durfte er Neefe an der Orgel vertreten, im Orchester als Bratscher mitwirken oder vom Cembalo aus das Orchester leiten. Er schrieb nun bereits ein Klavierkonzert, ließ aber später erst sein drittes oder viertes ›Werk 15‹ als ›erstes‹

gelten. 1785 wurde er 2. Hoforganist. Die drei Klavierquartette aus diesem Jahr sind erstaunliche Talentproben des Fünfzehnjährigen: Unterhaltungsmusiken im ›Mannheimer‹ Stil mit ausgeprägten Sonatenhauptsätzen, Adagios und Rondos. Aus dem dritten Quartett übernahm er später ein Thema und das Adagio fast wörtlich in die ›Klaviersonaten‹, Werk 2 (Nr. 1 bzw. 3).
1787 verschaffte ihm Neefe das Stipendium für eine Studienfahrt nach Wien. Dort hörte ihn Mozart am Klavier phantasieren und äußerte: »Auf den gebt acht, der wird einmal in der Welt von sich reden machen.« Aber es kam zu keinem näheren Kontakt zwischen ihnen, schon nach wenigen Wochen mußte Beethoven überstürzt nach Bonn zurück, da seine Mutter erkrankt war. Bald darauf geleitete er die »einzige Freundin« zu Grabe.
Menschlich und künstlerisch erfüllte Jahre folgten. Beethoven hatte mit seinen 17 Jahren schon viele Schüler und einflußreiche Gönner. Sein »großes Übel Melankolie«, Veranlagung von der Mutter her, wurde gemildert durch »Gefühle des Großen, des Guten«. Er fand die mütterliche Zuneigung der Frau von Breuning und war befreundet mit ihren Kindern Stephan und Eleonore, einem »der besten und verehrungswürdigsten Mädchen in Bonn«. »Heilige Freundschaft« verband ihn mit Gerhard Wegeler, dem späteren Gatten Eleonores, und mit dem Geiger Franz Ries, der ihm später seinen Sohn Ferdinand als Schüler anvertraute. Die Freunde verkörperten für Beethoven eine »idealische« Welt. Für sie entwarf er seine Werke, durch sie wurde er auch hingewiesen auf manches Gebiet außerhalb seines Berufs, auf Politik, Literatur, Philosophie. 1789 ließ er sich in der neuen Bonner Universität als ›Student der Philosophie‹ eintragen. Die Beschäftigung mit Rousseau, Kant, Shakespeare, Goethe, Schiller und mit der Antike (Homer) erschloß ihm weite Horizonte und bestärkte ihn in seinem Streben, der eigenen Kunst einen »poetischen Sinn« zu geben.
In den Werken dieser Jahre – etwa dem ›Trio für Flöte, Fagott und Klavier‹ (vor 1790), den ›Righini-Variationen‹ (1790), dem ›Flöten-Duo für Freund Degenhardt‹ (1792) und dem Entwurf zum ›1. Streichtrio‹ (1792) – ging Beethoven von Mozart und Haydn aus; doch seine Eigenart zeigt sich schon hier in der diatonischen Vereinfachung der Thematik, der dramatischen Schärfung der Dur-Moll-Kontraste, der dunklen, sprunghaften Leidenschaftlichkeit des Ausdrucks. Im ›Klaviertrio‹, Werk 1 Nr. 1, kommt bereits seine Neigung zu einer betont subjektiven, dialektisch gespannten, dynamischen Schreibweise zum Durchbruch. Unter den frühen Vokalkompositionen, meist Strophenliedern im Sinne der ›Berliner Schule‹, findet sich als Vorstudie zur ›Adelaide‹ (1795) die romantisch ausdrucksvolle ›Klage‹ (1792; Beethovens Liedschaffen siehe Seite 389). Auch die beiden im Grunde noch konventionellen ›Kaiser-Kantaten‹ (1790 bis 1792) zum Tode Josephs II. und zur Erhebung Leopolds II. bezeugen in Einzelzügen das Außerordentliche seiner Begabung.
Das Todesjahr des Vaters, 1792, brachte eine entscheidende Wende für Beethoven mit sich. Haydn, von seiner ersten Londonreise zurückkehrend, prüfte ihn in Bonn und erklärte sich bereit, ihn als Schüler anzunehmen. Graf Waldstein, einer der Förderer Beethovens – ihm ist die ›Klaviersonate‹, Werk 53, gewidmet –, erwirkte vom Kurfürsten ein Stipendium. Beethoven übersiedelte nach Wien. Zum Abschied schrieb

ihm Graf Waldstein ins Stammbuch: »Durch andauernden Fleiß erhalten Sie Mozarts Geist aus Haydns Händen.«
Haydn erwies sich indessen nicht als der ersehnte Lehrer. Jedenfalls mißtraute Beethoven bald seiner Führung, da Haydn Fehler in seinen Arbeiten übersah. Um ihn nicht zu kränken, nahm er heimlich zusätzlichen Unterricht bei dem Singspielkomponisten Johann Schenk. Von ihm ließ er seine Arbeiten korrigieren, bevor er sie Haydn zeigte.

Ludwig van Beethoven
Kupferstich von Robert Reyher

Aber auch Haydn hatte Vorbehalte gegen seinen Schüler. In einer Unterhaltung (mitgeteilt vom Flötisten Drouet) sagte er zu ihm: »Ihre Einbildungskraft ist eine unerschöpfliche Quelle von Gedanken, aber ... Ihren Launen werden Sie die Regeln zum Opfer bringen; denn Sie machen mir den Eindruck eines Mannes, der mehrere Köpfe, mehrere Herzen, mehrere Seelen hat«, so daß »immer etwas – um nicht zu sagen Verschrobenes – doch Ungewöhnliches in Ihren Werken sein wird: man wird schöne Dinge darin finden, sogar bewunderungswürdige Stellen, aber hier und da etwas Sonderbares und Dunkles, weil Sie selbst ein wenig finster und sonderbar sind und der Stil des Musikers ist immer der Mensch selbst.«
Haydns zweite Londonreise (1794) nahm Beethoven zum Anlaß, sich von seiner Lehre loszusagen. Er trieb nun noch Kontrapunktstudien bei *Johann Georg Albrechtsberger* (1736 bis 1809), dem Kapellmeister im Stephansdom, und ließ sich von *Antonio Salieri* in die italienische Vokalkomposition einführen. Beträchtliche Anregungen verdankte er auch dem Italiener *Muzio Clementi* (1752 bis 1832). Clementi, als Virtuose und Improvisator Mozarts Konkurrent, Schöpfer des methodischen Etüdenwerks ›Gradus

ad Parnassum‹ und eigenwilliger Klaviersonaten (siehe Seite 360), hatte bedeutende Verdienste um die Durchbildung der zyklischen klassischen Sonatenform und die Bereicherung der klavieristischen Spieltechnik.
Beethoven war um diese Zeit in Wien längst kein Unbekannter mehr. Empfehlungsschreiben des Grafen Waldstein hatten ihm Zugang zur aristokratischen Gesellschaft verschafft, und man hatte ihn mit offenen Armen aufgenommen, hingerissen von seiner Fähigkeit, frei am Klavier zu phantasieren. Seine Exaltiertheit nahm man gelassen mit in Kauf, ja man duldete, daß er sich offen zu den Ideen der Französischen Revolution bekannte. Er verkehrte mit den Aristokraten wie mit seinesgleichen. Allerdings spielte sein flämisches ›van‹ hierbei eine Rolle; man hielt dieses ›van‹ – wie er selbst – für ein Adelsprädikat (erst nach 1815, bei Vormundschaftsprozessen um den Neffen Carl, klärte das adelige Gericht in Wien Beethoven darüber auf, daß für ihn das bürgerliche Gericht zuständig sei. Fortan zog er sich auffällig vom Verkehr mit dem Adel zurück).
1794 verlor der Kölner Kurfürst durch die Auswirkungen der Französischen Revolution seine Besitztümer. Damit erlosch Beethovens Stipendium. Er war nun auf die Einnahmen von seinen Schülern und aus Konzerten angewiesen. 1795 gab er in Wien mit glänzendem Erfolg sein erstes öffentliches Konzert. Unter anderem spielte er sein ›B-Dur-Klavierkonzert‹, Werk 19 (umgearbeitet 1798 und später als ›zweites‹ veröffentlicht). Noch im gleichen Jahr erschienen seine ›Klaviertrios‹, Werk 1, eine Dreiergruppe, die die Reihe der klassischen Frühwerke eröffnet. Besonders das dritte ›Trio‹ (c-Moll) steht im Tonfall der geselligen Kammermusik schon fern. An die Stelle lockerer Gedankenreihung treten hier einheitliche, weitgespannte dynamische Entwicklungen. Im Rahmen der überlieferten Formschemata werden mit der an Haydn geschulten Motiv- und Variationstechnik neue Ausdrucksbereiche erschlossen. Das Echo in der zeitgenössischen Fachpresse war negativ.
Beethoven ließ es sich nicht verdrießen. Konzertreisen nach Prag, Leipzig und Berlin, wo ihn der König vergeblich zu halten suchte, mehrten seinen Ruhm. Wieder in Wien, widmete er sich intensiv seinem Schaffen. Während der Jahre 1795 bis 1802 entstanden bzw. wurden umgearbeitet oder veröffentlicht rund 50 Frühwerke, von denen viele heute zur Standardliteratur klassischer Musik gehören, darunter zahlreiche Klaviersonaten, Variationszyklen und Bagatellen, Kammermusiken der verschiedensten Besetzungsart, Gesellschaftstänze, die ersten drei Klavierkonzerte, die ersten zwei Sinfonien, die Ballettmusik ›Die Geschöpfe des Prometheus‹ und das Oratorium ›Christus am Ölberg‹. Die Echtheit der ›Jenaer Sinfonie‹ (aufgefunden 1910 von Fritz Stein), bei der es sich um ein Jugendwerk aus der Bonner Zeit handeln soll, wird angezweifelt.

Stilwandel – Schaffensweise
In diesen Frühwerken fühlte Beethoven sich leicht ein in die reiche und bunte Formenwelt aus Nord, Süd und West und in das Besondere der Meister. Er übernahm, was ihm gefiel, unbefangen und unersättlich, wie Mozart, zugleich empfindlich von Anbeginn gegen ›gewöhnliche Verbindungen‹. Zierliche Tafelmusiken sind unter diesen

Werken, völlig unpathetische Duos, musikantische Serenaden wie die ›Trios‹, Werk 8 und Werk 25, Konversationsstücke wie die frühen ›Violinsonaten‹, Werk 12, das ›Trio‹, Werk 11, das ›Bläsertrio‹, Werk 87, die Bläsermusiken zumeist, das ›Streichquartett‹, Werk 18 Nr. 3 (sein erstes überhaupt!), das übermütige ›Komplimentierquartett‹, Werk 18 Nr. 2 und die ersten beiden virtuosen Klavierkonzerte, Gebilde voll feiner, eigenwilliger Züge, Gesellschaftsmusiken, in denen nie die Grenze phantasievollen Spiels durchbrochen ist.

Daneben aber stehen Werke oder auch nur Sätze, in denen die wachsende Distanz zur damaligen Gesellschaftsmusik spürbar ist; Monologe, die jäh umschlagen in pathetische Deklamationen; erregende Selbstgespräche, die sich zugleich und oft mit erschreckender Heftigkeit an die Umwelt wenden, Bekenntnisse eines Individualisten, der besessen scheint vom Drang, sich mitzuteilen. So das Adagio aus dem ›Streichtrio‹, Werk 9 Nr. 3, einzelnes aus den ›Violinsonaten‹ von Werk 23 an, besonders Werk 30 Nr. 2, dann die ›Cellosonate‹, Werk 5 Nr. 2, einige Klaviervariationen und Sonaten, die ›Pathétique‹ und die ›Mondschein‹, das ›3. Klavierkonzert‹, das Adagio aus dem ›Streichquartett‹, Werk 18 Nr. 1, 1. Allegro und Menuett aus dem ›Quartett‹, Werk 18 Nr. 4 (c-Moll). Ein Frühlingssturm idealischer Gesinnung braust durch diese Gebilde.

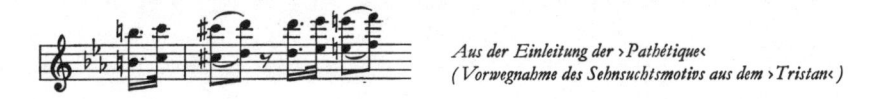

Aus der Einleitung der ›Pathétique‹
(Vorwegnahme des Sehnsuchtsmotivs aus dem ›Tristan‹)

Daß sich hier Außerordentliches anbahnte, wird deutlich, wenn man vor einem dieser Werke etwa ein Konzert Marcellos, dann ein Divertimento oder die ›A-Dur-Klaviersonate‹ (K. 331) Mozarts auf sich wirken läßt. Bei Marcello ist Musik primär ein strenges, formschönes Tonspiel. Selbstverständlich ist sie auch bei ihm zugleich Form und Ausdruck. Doch vordergründig will er ›gebaute‹ Musik. Über Empfindungen spricht er zurückhaltend, sozusagen stellvertretend für seine Zeit, und zwar in melodischen, klanglichen und rhythmischen Formeln, die einander im Sinne der barocken ›Affektenlehre‹ zugeordnet sind. Bei Mozart und den Klassikern überhaupt wird die Musik nun zwar zu einer ›Sprache der Empfindung‹, die es unternimmt, das subjektiv Emotionale vordergründig darzustellen, und schon bei ihnen beruhen die Wirkungen der Musik weitgehend auf dualistischen Themen- und Motivkontrasten und zielstrebigen dynamischen Entwicklungen; doch sie bleibt gleichnishaftes Spiel, Andeutung, stilisierte Umschreibung, und sie beschränkt sich in der Darstellung des Subjektiven bewußt auf das Maßvolle, Schöne und Zuträgliche. Ihre Erscheinungsformen sind im wesentlichen noch die einer ›zünftigen‹ Kunst, deren Gesetze die Gesellschaft als Auftraggeberin bestimmt. Die Komponisten tragen zwar originelle Nuancen hinzu, halten sich aber in der Regel an die Tabus. Für die Besten der Mozartzeit ist es noch selbstverständlich, die ›Universalsprache unseres Kontinents‹ anzustreben! Kaum aber ist diese Sprache geprägt, da will man sie nicht mehr.

Mit Beethoven – und um die Jahrhundertwende ganz allgemein – beginnt als Rück-

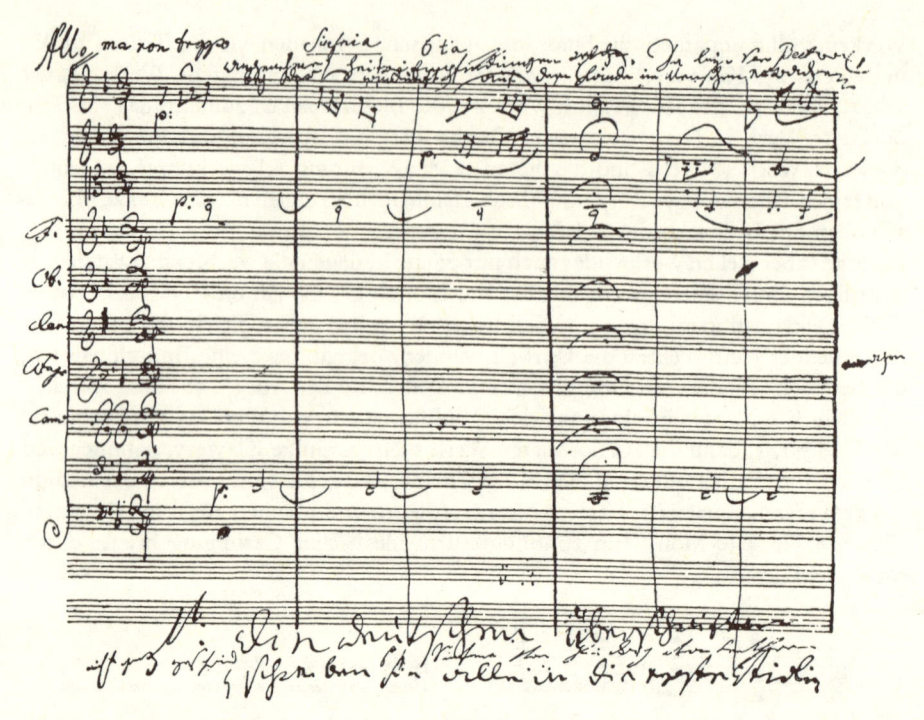

Handschrift Beethovens zur ›VI. Sinfonie F-Dur‹ (Pastorale), 1808

schlag auf die Napoleonische Ära und im Zeichen der Romantik eine neue Zeit der National- und Individualstile. Zelter »reinigt« Bach vom »welschen Tand und Flitter«, Schiller bezeichnet Haydns ›Schöpfung‹ als »charakterlosen Mischmasch«, Gluck und Mozart gelten bei aller Wertschätzung als »verhinderte Deutsche«. In Paris und Rom werden einheimische Komponisten, die Anleihen beim ›deutschen Stil‹ machen, ausgepfiffen, in Wien werden sie dafür gefeiert. Das Fluktuieren übernationaler Anregungen erlischt zwar nicht – charakteristisch hierfür im 19. Jahrhundert die Prädominanz deutscher Meister zumindest auf dem Gebiet der Instrumentalmusik –, doch zentrale Anziehungskraft gewinnen fortan die ›Nationalen Schulen‹ und in ihrem Namen große Einzelgänger, die freilich meist zugleich der einheimischen Folklore und Beethoven oder Mendelssohn, Schumann, Brahms bzw. Liszt, Wagner und anderen Deutschen ihren Tribut zollen.

Beethoven war alles andere als Chauvinist. Die Miniatur von Hornemann zeigt den Dreiunddreißigjährigen in der Tracht der französischen Revolutionäre. Viele Dokumente belegen seine zugleich vaterländische und kosmopolitische Einstellung. Als Musiker ließ er sich anregen von den Deutschen, Russen und Kroaten, von Grétry, Méhul, Cherubini, Clementi und vielen anderen. Doch er schrieb nicht mehr – wie Gluck oder Mozart – heute im ›stilo italiano‹ und morgen im ›stilo francese‹ oder ›ongarese‹: Er betonte in seiner Kunst seine Individualität.

Sein Drang, als ›Tondichter‹ eine eigene Sprache auszuprägen, erschwerte ihm das Komponieren ungeheuer. Die Zahl seiner Werke ist relativ gering; sie liegt weit unter den entsprechenden Zahlen von Haydn und Mozart. Das ist zugleich symptomatisch für den Wandel der allgemeinen Situation. Mit der Komponistengeneration um Haydn und Mozart klang die für das Barock und das 18. Jahrhundert typische ›Massenproduktion‹ ab. Das Komponieren – um mit Brahms zu sprechen – hörte nun auf, ein Spaß zu sein.

Nur am Klavier, phantasierend, überließ Beethoven sich frei seinen Einfällen; sobald er ein Werk ausarbeitete, hatte er Hemmungen zu überwinden. Mozart und Schubert vermochten überall, selbst bei anregenden Gesprächen zu komponieren; Beethoven hörte man bei der Arbeit hinter »verschlossener Tür singen, heulen, stampfen«, als bestehe er »einen Kampf auf Tod und Leben mit der ganzen Schar der Kontrapunktisten« (Schindler). Das Zitat stammt zwar erst aus der Zeit der ›Missa solemnis‹, doch schon um die Jahrhundertwende wirkte Beethoven auf seine Umgebung ›misanthropisch‹. Gewöhnlich arbeitete er an mehreren Werken zugleich. Manches scheint eruptiv herausgeschleudert, das meiste wurde mühselig errungen; seine Skizzenhefte geben Auskunft darüber. Mitunter dauerte es Jahre, bis sich aus einem unbefriedigenden Einfall das Thema eines Werkes verdichtete, nicht selten rang er ein Jahrzehnt und länger um ein Werk.

Einblicke in seine willensbetonte Schaffensweise gewähren etwa die beiden Fassungen des frühen ›Streichquartetts‹, Werk 18 Nr. 1 (1799 bzw. 1801), dann die Wandlungen des Seitenthemas aus dem Finale der ›Eroica‹ (1805) – es beschäftigte ihn schon in der arkadischen Ballettmusik ›Die Geschöpfe des Prometheus‹ (1801) und in den ›Eroica-Variationen‹, Werk 35 (1802) –, ferner die Metamorphosen des ›Freude‹-Themas aus dem Finale der ›IX. Sinfonie‹ – es geht über die ›Chorfantasie‹, Werk 80, zurück auf eine Vertonung des Bürgerschen Gedichtes ›Gegenliebe‹ aus dem Jahre 1796 –, besonders aber die ›Leonoren-Ouvertüren‹ (die 2. und 3.; 1805 bzw. 1806). In der ›dritten‹ wurde das Episodische der ›zweiten‹ überwunden, entstand aus demselben Themen-Material ein sinfonischer Organismus, in dem »die Idee des Fidelio-Dramas zur reinsten, unsichtbaren Darstellung gelangt«. (Richard Strauss)

Poetisches Element, Ausdruck und Form

Beethoven integrierte der Musik zwar ein »poetisches Element«, doch sie hörte damit nicht auf, »absolute Musik« zu sein. Das erweist sich schon an jenen frühen Werken, zu denen er sich eingestandenermaßen durch außermusikalische Vorstellungen angeregt fühlte. Im Adagio des ›Streichquartetts‹, Werk 18 Nr. 1, zum Beispiel beschäftigte ihn die Szene im Grabgewölbe aus Shakespeares ›Romeo und Julia‹. Auf einem Skizzenblatt zum Adagio vermerkte er ›Les derniers soupirs‹. Gewiß kann man aus dieser Romanze den ›Abschied zweier Liebenden‹ (Amenda) heraushören, doch die Musik wirkt auch ohne derartige Assoziationen. Ebenso verhält es sich später mit allen Werken, die Beethoven als Synonyma für poetische Ideen verstanden wissen wollte – etwa mit der ›Egmont‹- und ›Coriolan‹-Ouvertüre, der ›Eroica‹, der ›Fünften‹, der ›Neunten‹. Selbst die ›Pastorale‹ macht keine Ausnahme. Gewiß wollte Beethoven mit ihr bildhafte Vorstellungen und bestimmte Empfindungen im Hörer wachrufen. Er gab ihren Sätzen programmatische Überschriften; die poetische Idee veranlaßte ihn, Scherzo und Finale in einem großen Satz zu vereinen und eminent realistische Wirkungen anzustreben. Doch er unterband Mißverständnisse mit der Regieanweisung »Mehr Ausdruck der Empfindung als Malerei«. Nirgends opferte er dem Ausdruck die Eigengesetzlichkeit der Musik. Sie ist Medium des Poetischen und autonomes Tonspiel zugleich.

Aber das Pendel schwang bei ihm von Anbeginn weit hinüber zum Expressiven. Das wirkte sich zwangsläufig auf die sprachliche und formale Struktur seiner Werke aus. Was er auch von den Vorbildern übernahm – nie wurde bei ihm Synthese zum Kompromiß, jedes Kunstmittel gewann einen neuen Sinn.

Sein eigentliches Experimentierfeld war die Klavierkomposition. In den frühen Charakter-Variationen und Sonaten für dieses Instrument kam seine Eigenart zum Durchbruch. Hierfür ein Beispiel: Er variierte gern bekannte Themen, lehnte sich aber auch in den Sonaten mitunter an fremde Gedanken an, so etwa in der ›Pathétique‹ an ein Motiv aus Mozarts ›c-Moll-Klavier-Fantasie‹ bzw. Clementis ›Klaviersonate‹, Werk 12 Nr. 1. Neu und entscheidend ist nun, wie er dieses Motiv verwandte. Bei Mozart und

Beispiele für Motiv-Verwandtschaften bei Beethoven, Mozart und Clementi

Clementi hat es verschleierten Kadenz-Charakter innerhalb eines lyrischen Zusammenhanges, bei Beethoven verursacht es eine dialektisch dramatische Entwicklung ohnegleichen.

Gewiß fand Beethoven in Clementis Sonaten Neues – etwa das geschärfte Pathos, die gespannte Melodik, das romantisch Rhapsodische der Motivspiele in den Durchführungen –, doch diese und andere Stilelemente treten in seinen Sonaten weit entschiedener hervor als bei jenem, entschiedener auch als etwa bei *Franz Xaver Sterkel* (1750 bis 1817), *Leopold Kozeluch* (1752 bis 1818), *Anton Hoffmeister* (1754 bis 1812), *Ignaz Pleyel* (1757 bis 1831), *Johann Ladislaus Dussek* (1760 bis 1812), *Prinz Louis Ferdinand von Preußen* (1772 bis 1806) oder bei dem Mozart-Schüler *Johann Nepomuk Hummel* (1778 bis 1837), bei *Ignaz Moscheles* (1794 bis 1870) und anderen Zeitgenossen, die für das neue Lebensgefühl die neue Sprache suchten.

Während einige von ihnen schon der Salonmusik zuneigten, während sie die Form ins Episodische lyrisch entspannten oder die klavieristische Brillanz virtuos übersteigerten, strebte Beethoven nach äußerster Verdichtung des Ausdrucks und der Form, speziell der Sonatenform; sie dominiert bei ihm in allen Besetzungsgattungen. Er behielt sie zeitlebens bei, doch er löste sie aus ihrem »pedantischen« Schematismus. Sie blieb bei ihm nicht lange, was sie durch Haydn wurde und noch bei Mozart in vollendeter Schönheit sein durfte – das Gegebene, die »wandelbare Konstante« –; sie wurde durch ihn das für jedes Werk neue Ergebnis einer unwiederholbaren dynamischen Entwicklung, das mit jedem Werk konstant sich Verwandelnde.

Haydns Motiv- und Variationstechnik war auch die Beethovens, doch er verwandte sie als Dramatiker. Er schärfte die dynamischen Akzente, die Kontraste der Formgliederungen, der Instrumentation, der Rhythmik; in ihr vor allem äußert sich das Aktive, aber auch Sprunghafte seines Wesens. Nicht selten steht sie zur Metrik im Widerspruch (Synkopen), zerreißt sie die Symmetrie der Perioden (komplementäre Rhythmen, Sforzati auf unbetonten Taktteilen), bestimmt sie den stürmischen Ablauf des Geschehens. Selbst die Pause gewinnt Aussagekraft, sie ist nicht mehr nur Zäsur im periodischen Gefüge, sie kann gewaltige Spannungen in sich stauen. Der antithetische Charakter der Themen des Sonatenhauptsatzes ist über alles Bisherige hinaus betont. Die Durchführung – bei Mozart oder Haydn noch vorwiegend unterhaltsamer Dialog ungleicher Partner – ist bei Beethoven Herzstück der Form, in ihr kulminieren die dramatischen Auseinandersetzungen der Themen und Motive. Bisweilen brandet sie über die Reprise hinweg, wächst sich der ganze Satz zu einer riesigen Durchführung aus. Die anderen Sätze der zyklischen Form sind eng aufeinander und auf den ersten Hauptsatz bezogen, nicht selten entfalten sie sich aus einem gemeinsamen Grundgedanken. Das alte Verhältnis der Sätze zueinander (Allegro = vorwärtsstürmende Kraft, Adagio = verinnerlichtes Empfinden, Menuett = tänzerisches Spiel, Rondo-Finale = musikantisch drängende Bewegung) erweist sich zwar auch jetzt noch als tragfähig, es bildet aber nicht mehr die Regel. Das Finale kann zum Hauptsatz werden und ebenso wie die Innensätze der Sonatensatzform angenähert sein; das Menuett, Überbleibsel aus der barocken Tanz-Suite, ist in die dynamische Entwicklung einbezogen; als Scherzo wird es zum drastisch humoristischen oder unheimlich bizarren Charakterstück großen Formats. Mitunter ergeben sich Satzumstellungen und Reduzierungen auf drei oder auch zwei Sätze; doch wie immer der Zyklus sich darstellt, stets bilden seine Gliederungen einen Organismus.

Wo es die poetische Idee erforderte, schreckte Beethoven nicht davor zurück, überkommene Gesetze umzustoßen; doch er opferte sie nicht seinen »Launen«, wie Haydn befürchtete, er versöhnte Freiheit und Gesetz in neuen Ordnungen. Hierzu einige Beispiele.

Im Largo des ›Geistertrios‹, Werk 70 Nr. 1, wollte Beethoven einer unwirklichen Stimmung Ausdruck geben. Er erreichte das, indem er die Farbwerte der Harmonik in einem bis dahin unbekannten Maße verselbständigte. Das kurze Grundmotiv des Satzes hat kaum noch melodische Kontur, es ist klanggezeugt; in allen Verwandlungen paßt es sich dem irisierenden Wechsel der Harmonien an. Die gewohnte, in melodischen Linien zeichnerisch sich darstellende Liedform versinkt im ›Hell-Dunkel‹ ungreifbarer Übergänge und Schattierungen einer subtilen Klangmalerei. Dies ist das erste deutliche Beispiel für die destruktive, formauflösende, Kraft sich verselbständigender Klangfarben schon im Sinne des Impressionismus, zugleich aber der erste Vorstoß in ein Ausdrucksgebiet der Musik, in dem Ordnung und Form einen neuen Sinn

Beethoven: Grundmotiv aus dem Largo des ›Geistertrios‹

haben und nach neuen Gesetzen sich bilden. Die Tonarten sind zwar noch auskadenziert, doch die ›Zeichnung‹ wird gleichsam von den Klangflächen resorbiert, diese selbst bestimmen die Form.
Im Adagio des ›c-Moll-Streichtrios‹, Werk 9 Nr. 3, verlieren die tonartlichen Abgrenzungen vorübergehend ihre Bestimmtheit. Das Hauptthema dieser romantischen Klangimpression berührt bereits in den ersten sechs Takten C-Dur, d-Moll, G-Dur, a-Moll, G-Dur, c-Moll, As-Dur und wieder G-Dur, in den folgenden vier Takten durchmißt es einen ähnlich weiten Tonartenkreis. Das Seitenthema schraubt sich in Sequenzen von G-Dur über a-Moll, h-Moll, C-Dur nach D-Dur empor, erst in einem zarten Nachspiel kehrt es zur Ausgangstonart zurück. Unmittelbar darauf leuchtet das Hauptthema in Es-Dur auf, herbeigeführt durch enharmonische Umdeutung. Auch hier beruhen die Spannungen der Form weniger auf motivischen Auseinandersetzungen als auf der Ausdrucksintensität der Harmonik.
Im ›3. Rasumowsky-Quartett‹, Werk 59 Nr. 3, ferner im ›Harfen-Quartett‹, Werk 74 und in Werk 95 (um bei der Kammermusik zu bleiben), ergeben sich Formverschleierungen durch Zusammenziehung mehrerer Sätze. Beethoven erreichte sie, indem er im Ausklang der Sätze die Tonarten nicht auskadenzierte. Die Bewegung staut sich in offenen Septimakkorden und schwingt dann in anderer Richtung fort; die einzelnen Sätze sind formal klar durchgebildet. Werk 131 besteht aus sieben Sätzen, die unmittelbar ineinander übergehen. Die Hauptsätze, zwischen denen kleine vermitteln, sind als Gliederungen eines riesigen Sonatensatzes verständlich, der ein unablässiges Strömen von Melos, Klang und Rhythmus in sich birgt.

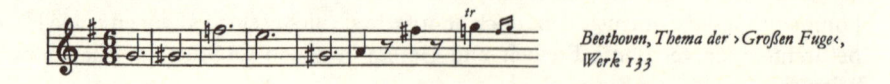

Beethoven, Thema der ›Großen Fuge‹, Werk 133

Die späte ›Große Fuge‹, Werk 133 (zunächst Finale von Werk 130), steht strukturell der Musik des 20. Jahrhunderts bereits näher als das meiste, was das 19. Jahrhundert an Musik aufzuweisen hat. Es gibt in ihr bizarre Stimmüberschneidungen und Intervallreibungen, wie sie erst etwa der späte Mahler wieder wagte. Die Form ist den

Bindungen des herkömmlichen Fugenschemas entwachsen, frei abgewandelt und ins Monumentale geweitet. Die Zeitgenossen erklärten das Werk für »monströs«. Dem ganzen 19. Jahrhundert blieb es ein Rätsel. Tschaikowskij äußerte (über alle späten Streichquartette): »Es ist ein Schimmer da, aber nicht mehr. Der Rest ist Chaos, über dem – umgeben von undurchdringlichen Nebeln – der Geist dieses musikalischen Jehova schwebt.« Noch Hugo Wolf nannte die ›Große Fuge‹ ein »unverständliches Tonstück«. Erst in unserem Jahrhundert erkannte man, daß auch in dieser kosmischen Meditation Freiheit und Gesetz im Einklang stehen. »Tantôt libre, tantôt recherchée« = ebenso frei wie kunstvoll: dieses Motto, das Beethoven seiner ›Großen Fuge‹ voranstellte, ist aufgerichtet über seinem Lebenswerk.

Die drei Schaffensperioden
Vergleicht man die ›Große Fuge‹ mit dem frühen ›Komplimentierquartett‹, so mag es scheinen, als seien diese Werke von verschiedenen Komponisten geschaffen. Dennoch gibt es Bezüge von den späten zu den frühen Werken, verläuft die Gesamtentwicklung kontinuierlich. Betrachtet man ihre mitunter exzessiv hochgerissene Kurve als Ganzes, so erkennt man zwanglos drei Schaffensperioden, deren Übergänge fließend sind.
In der frühen (etwa bis 1803; siehe Seite 356) erfolgte die Auseinandersetzung mit der Gesellschaftsmusik der Zeit, bahnte sich der Übergang zu Beethovens Individualstil an, wurde in einzelnen Werken die Grenze zur poetischen Bekenntnismusik überschritten. Nahezu alle Form- und Besetzungsgattungen mit Ausnahme der Oper wurden erprobt.
Die mittlere (etwa bis 1814) umfaßt die ›III.‹ bis ›VIII. Sinfonie‹ und in ihrem Umkreis die ›Klaviersonaten‹ bis Werk 90, darunter die ›Waldstein‹, die ›Appassionata‹ und ›Les Adieux‹, die ›32 Klavier-Variationen c-Moll‹, die letzte ›Violinsonate‹, Werk 96 (bisweilen rechnet man auch die frühen ›Violinsonaten‹ ab Werk 23 der mittleren Werkgruppe zu, denn in ihnen ist der Übergang zur repräsentativen Konzertmusik vollzogen), die ›Cellosonate‹, Werk 69, die ›Klaviertrios‹, Werk 70 und 97, das ›kleine‹ ›B-Dur-Trio‹ und die ›14 Variationen, Werk 44, dann die ›Rasumowsky-Quartette‹, das ›Harfen-Quartett‹, das ›Quartett‹, Werk 95, das ›4. und 5. Klavierkonzert‹, das ›Violin- und Tripelkonzert‹, die ›Violinromanzen‹, die Schauspielmusiken zu ›Coriolan‹ und ›Egmont‹, die Musik zu ›Die Ruinen von Athen‹, ›Wellingtons Sieg bei Vittoria‹, die erste ›Messe in C‹, die ›Chorfantasie‹, die Kantate ›Der glorreiche Augenblick‹, die Oper ›Fidelio‹ und anderes.
In den Werken dieser Periode tritt die mit ethischen und moralischen Absichten sich verbindende ›musique engagée‹ als Ausdruck der Persönlichkeit und idealischer Gesinnung in Erscheinung. Das ›Elementarische‹, das Goethe beim Anhören einer Klaviersonate Beethovens erschreckte und das E. Th. A. Hoffmann an der ›V. Sinfonie‹ faszinierte, ist in der Mehrzahl dieser Werke der strengen Kontrolle eines logisch zielstrebigen Denkens unterworfen. Im Zentrum der Instrumentalmusik stehen die monumentalen zyklischen Sinfonien. In ihnen ergeben sich Abwandlungen der überkommenen Formschemata und gelegentlich Erweiterungen der ›klassischen‹ Orche-

Faksimile einer etwa 1815 entstandenen Komposition, die Beethoven Spohr widmete

sterbesetzung Haydns (z. B. um ein 3. Horn in der ›Dritten‹, um Posaunen, Piccoloflöte und Kontrafagott im Finale der ›Fünften‹, um überdies ein 4. Horn und weiteres Schlagzeug in der ›Neunten‹), kommt es zu einer enormen Steigerung der spieltechnischen Anforderungen an die Instrumentalisten. Bezeichnend für Beethovens Ansprüche ist sein Zornausbruch, als der Geiger Schupanzigh sich einmal auflehnte: »Glaubt Er, ich denke an Seine elende Fiedel, wenn der Geist zu mir spricht?«
In der ›Dritten‹ und ›Fünften‹ (wie später in der ›Neunten‹), im ›Fidelio‹, in den Ouvertüren und anderen Werken gab Beethoven heroischer Gesinnung Ausdruck. Dennoch ist es verkehrt, in jeder seiner Kunstäußerung ›Titanisches‹ zu vermuten. Gewiß war seine Lebensauffassung heroisch, sind für seinen dynamischen Stil pathetische, kämpferische Züge charakteristisch. Doch Beethovens Pathos ist Ausdruck seines Temperaments, nicht Ausdruck des Heroischen schlechthin. Es findet sich bei ihm in vielen Werken, die dieser Sphäre ganz fern stehen.
Aus Beethovens Brief an Wegeler (1801) wird meist nur der ›titanische‹ Satz zitiert: »Ich will dem Schicksal in den Rachen greifen.« Doch er führte in diesem Brief nicht nur Klage über seine Ertaubung und Isolierung, er plauderte naiv über ein »liebes, zauberisches Mädchen« und bekannte: »Für mich gibts kein größeres Vergnügen, als meine Kunst zu treiben und zu zeigen ... Oh, es ist so schön das Leben tausendmal leben!« Wir verdanken dem ›mittleren‹ Beethoven außer ›Fidelio‹ und den heroischen Sinfonien etwa die heitere ›Vierte‹ – mag es in ihr auch »Drohungen der Tiefe« (Riezler) geben –, die idyllischen Szenen der ›Pastorale‹, die bacchantische ›Siebente‹, die

apollinische ›Achte‹, den dithyrambischen Taumel strahlender Codas, den polternden Humor und phantastischen Spuk vieler Scherzi, die dunkle Lyrik einzigartiger Adagios, die ›Gesänge an die ferne Geliebte‹, das schwärmerische ›Violinkonzert‹, die sinnfälligen ›Romanzen‹, das strömende Melos der drei ›Rasumowsky-Quartette‹ und – den ›Fidelio‹ (›III.‹ und ›V. Sinfonie‹ siehe auch Seite 368).
Beethovens einzige Oper hieß zunächst ›Leonore‹. Vor der Uraufführung im ›Theater an der Wien‹ (20. 11. 1805) änderte man den Titel in ›Fidelio‹, um eine Verwechslung mit Ferdinand Paërs ›Leonora‹ auszuschließen, die 1804 herauskam. Beide Werke und auch die ›Farsa sentimentale‹ Simon Mayrs (1805) gehen textlich zurück auf das Libretto ›Léonore ou l'amour conjugal‹, das Grétrys Schwiegersohn Bouilly für Gaveaux' gleichnamige Oper (1798) schrieb. Die bekannte, in Spanien spielende Handlung fußt frei auf Begebenheiten aus der Zeit der Französischen Revolution; ›Fidelio‹ gehört also stofflich zum Kreis der französischen Revolutions- und Schreckensopern. Der deutsche Text von *Joseph Sonnleithner* (1766 bis 1835) folgt annähernd dem Original. Die Uraufführung wurde ein Mißerfolg. Auf den Rat seiner Freunde entschloß sich Beethoven zu einschneidenden Straffungen. Der Text wurde von drei auf zwei Akte zusammengezogen. Aus der ›zweiten‹ Leonoren-Ouvertüre (die ›erste‹ wurde bereits vor der Uraufführung durch die ›zweite‹ ersetzt) wurde die ›dritte‹ (siehe Seite 359), auch sonst ergaben sich Änderungen. In dieser Form kam ›Fidelio‹ 1806 heraus, doch abermals ohne Erfolg. Schon nach einer Wiederholung zog Beethoven sein Werk zurück. Erst 1813 nahm er es wieder vor.
G. F. Treitschke (1776 bis 1842) überarbeitete den Text, vieles wurde neu komponiert, die ›dritte‹ ›Leonoren‹-Ouvertüre durch eine neue kurze ›Fidelio‹-Ouvertüre ersetzt. In dieser endgültigen Fassung siegte das Werk 1814; man spielte es en suite zweiundzwanzigmal.
Der Erfolg beeindruckte Beethoven zwar, doch er schrieb an Treitschke: »Ich bin mit dem meisten unzufrieden, und es ist beinahe kein Stück, woran ich nicht hier und da meiner jetzigen Unzufriedenheit einige Zufriedenheit hätte anflicken müssen.« Ahnte er, daß seine ›Fidelio‹-Musik untheatralisch ist, daß sie wenig mit szenischer Wirkung, mit Mimus zu schaffen hat? Nun – er glaubte an seine Opernbegabung. 1806 bewarb er sich in Wien um Opernaufträge, und er hatte auch Themen bereit wie ›Macbeth‹ und ›Coriolan‹. Man schlug es ihm rundweg ab. Auch nach 1814 wollte er durchaus Opern schreiben; nur weil er kein geeignetes Libretto fand, wurde nichts daraus. Bis zuletzt beschäftigte ihn Goethes ›Faust‹; Grillparzer entwarf für ihn auf seinen Wunsch eine romantische ›Melusine‹, doch er konnte sich mit dem Buch nicht anfreunden und ließ es liegen (1833 vertonte es Konradin Kreutzer).
›Fidelio‹ behauptete sich gegen die Gesetze des Theaters. Aus jedem Takt der Oper spricht der Sinfoniker Beethoven. Wort, Geste, alles, was des Theaters ist, steht hier im Dienst eines sinfonischen Tondramas über das Thema menschliche Bewährung. Selbstverständlich wußte Beethoven, wie man Singstimmen behandelt und Ariosi, Ensembles und dramatische Szenen baut. Er hatte es von Gluck, Mozart, Salieri und Cherubini gelernt.
Dennoch wich er von den Vorbildern ab, vom Singspiel, mit dem ›Fidelio‹ die Rezi-

tativlosigkeit teilt, wie von der formal verwandten ›opéra-comique‹. Seine Musik ist nicht von der Szene her konzipiert, sie dient der sinfonischen Idee. Die Singstimmen – auch wo ihnen schwierige Koloraturen zugewiesen sind (Leonore) – treten zu den Orchesterinstrumenten nahezu als ›pari inter pares‹, alle Mittel haben ihre unersetzliche Funktion im sinfonischen Gesamtplan. Die biedermeierlichen Einleitungsszenen wirken musikalisch fast wie Fremdkörper; zu großen, erschütternden Wirkungen weit über die Aussagekraft des Textes hinaus aber kommt es, wo die Grundidee aufleuchtet, wo sittliche Anschauungen vertreten werden. Höhepunkte solcher Art sind die dramatische Arie Leonores im zweiten Bild, der Gefangenenchor (sofern er visionär gebracht wird), die ganze Kerkerszene. Hier ergibt sich eine vollendete Übereinstimmung von Wort- und Tondrama. Wenn Leonore und Florestan einander in ›namenloser Freude‹ umarmen, ist freilich das Wortdrama eigentlich schon zu Ende. Doch die Musik erfüllt nun erst ihre sinfonische Aufgabe in der hymnischen Chorkantate des letzten Bildes (»Wer ein holdes Weib errungen«). Ohne Beispiel in der Opernliteratur und bezeichnend für den Charakter des Werkes ist, daß Mahlers Wagnis, unmittelbar vor der oratorischen Schluß-Apotheose noch eine Ouvertüre – die ›dritte Leonore‹ – einzuschieben, sich einbürgerte. Die Ouvertüre kommt hier seither erwartet, sie hat hier wirklich ihren Platz als sinfonische Quintessenz des Werkes. Der chorische Finale-Jubel entfaltet sich aus ihr sozusagen als Coda.

Man hätte Beethoven »keinen Text geben sollen«, meinte Oskar Bie, »als die Worte Hoffnung, Trost, Mensch, Bruder, Freiheit, namenlose Freude – da ist er immer wie durch einen Zauber ganz vorhanden«.

Die späte Schaffensperiode fällt etwa zusammen mit Beethovens letztem Lebensjahrzehnt. Sie umfaßt an Werken die Ouvertüre zu ›Die Weihe des Hauses‹ (1822), die ›Missa solemnis‹ (1823), die ›IX. Sinfonie‹ (1824), für Klavier die ›Bagatellen‹, Werk 119 und 126, die ›33 Diabelli-Variationen‹, Werk 120 (1820 bis 1823) [das ›Rondo capriccioso‹ ›Die Wut über den verlorenen Groschen‹ ist zwar erst 1823 erschienen, gehört aber nicht zu den Spätwerken], die ›Sonaten‹, Werk 101 (1816), 106 (1818), 109 (1820), 110 (1821) und 111 (1821 bis 1822), ferner die ›Schneider-Kakadu-Variationen‹, Werk 121a (1823), für Klaviertrio und die letzten Streichquartette, in dieser Reihenfolge: Werk 127 (1824), 132 (1825), 130 mit der ›Großen Fuge‹ als Finale (1826; die Fuge dann herausgegeben als Werk 133), 131, 135 und das neue Finale zu Werk 130 (1826).

›Missa solemnis‹ und ›IX. Sinfonie‹ stehen im Zentrum der Schöpfungen dieses Jahrzehnts. In der ›Missa solemnis‹ gab Beethoven dem Messetext die wohl subjektivste Ausdeutung, die die Geschichte aufzuweisen hat. Umfangreiche literarische Studien gingen der Vertonung voraus. Beethoven las Thomas a Kempis ›Von der Nachfolge Christi‹ und andere Kirchenschriften, er übersetzte den Messetext ins Deutsche und prüfte seine Bedeutung bis in das einzelne Wort. Ehe er sich an die Komposition wagte, suchte er Klarheit zu gewinnen über den Stil und die Mittel, die der Würde der Aufgabe entsprachen. Er vertiefte sich in die Werke der Vergangenheit, studierte Palestrina, Bach, Händel und andere Meister der ›musica sacra‹. Das wirkte sich aus im altertümlichen Klang der A-cappella-Einleitung zum »et resurrexit«, im »et incarnatus«, im Bau der großen Chorfugen, in der Feierlichkeit der Ensemblesätze und anderen archaischen Zügen (aus Händels ›Messias‹ übernahm Beethoven wörtlich den Passus »and he shall reign forever and ever« als Thema seiner Fuge über die Worte »Dona nobis pacem«). Dennoch entstand ein unverwechselbar Neues. Faustischer Zweifel und enthusiastisches Sehnen gingen mit ein in diese Bekenntnismusik. Beethoven gab ihr das Motto: »Von Herzen – möge es wieder zu Herzen gehen.«

Eines vor allem hebt die ›Missa solemnis‹ gegen die ältere ›musica sacra‹ ab; sie ist eine Chor-Sinfonie; Wagner nannte sie »ein rein sinfonisches Werk«, Furtwängler eine »Sinfonie mit untergelegtem Text«. Zum Unterschied etwa von Bachs ›h-Moll-Messe‹ und formal verwandten Werken ist die ›Missa‹ nicht in mehrere Kantaten gegliedert, sondern alle Mittel – das Orchester, die Singstimmen, die strömende Polyphonie der Fugen, die choral- und volksliedartigen Bildungen, der Wechsel von sakralem und weltlichem, mystischem und realistischem Klang (die kriegerische Marschmusik im »Dona nobis pacem«!) – sind einbezogen in ein sinfonisches Geschehen, dessen Spannungen und Widersprüche sich erst im tröstlichen Abgesang der letzten Takte lösen. Diese Struktur trennt sie auch von der zu Unrecht vernachlässigten frühen ›Messe in C‹ (1807; Haydns letzte Messen sind ihre Vorbilder). In der ›Missa solemnis‹ ist der liturgische Rahmen gesprengt, ins Riesige wachsen die Dimensionen der Sätze. Oft bestimmt das Orchester allein in Überleitungen oder dramatischen Durchführungen die Entwicklung. Die Singstimmen sind, wie im Chorfinale der ›Neunten‹, rücksichtslos überfordert und wie Instrumente behandelt. Hier wie dort scheint sich die Musik am Text zu entflammen, doch sie dient ihm nicht; beide Werke sind beispielhaft für die Einheit von Musik und Poesie bei Beethoven wie für den autonomen Charakter seiner Musik.

Das erweist sich besonders an der ›Neunten‹, in der durch den Hinzutritt der Singstimmen im Finale die Grenze zwischen Sinfonie und Kantate verwischt ist. Wagner urteilte, die Sinfonie sei in diesem Werk zu ihren äußersten Möglichkeiten aufgestiegen und habe sich dann notwendig dem Wort verbunden, ein ›Darüberhinaus‹ sei in der absoluten Musik nicht möglich. Und gerade hierin sah er die Rechtfertigung für den Stil seiner Musik-Dramen; sie setzten nach seiner Ansicht die Entwicklung vom Chorfinale der ›Neunten‹ aus fort. Nun – Beethoven war weder Opern-Dramatiker noch Theatraliker. Sowenig sein ›Fidelio‹ eine Oper wurde, sowenig wurde das Finale der ›Neunten‹ zu einer Bankrotterklärung der Instrumentalmusik. Hier, wie in der ›Missa solemnis‹, der ›Chorfantasie‹ oder im ›Fidelio‹, ist die sinfonische Grundidee das Primäre, das Wort nur ein Mittel neben anderen, um diese Idee zu verdeutlichen, und es muß sich dem gleichen musikalischen Entwicklungs- und Formprinzip beugen, das in den Sinfonien, Sonaten und Quartetten wirksam ist.

Die sinfonische Kantate im Finale der ›Neunten‹ ist angelegt als freies Rondo mit dem ›Freude‹-Thema als variiertem Refrain, also in einer Form, die Beethoven in vielen instrumentalen Finalen anwandte. Das ›Freude‹-Thema (»Freude schöner Götterfunken«) wird zunächst von den Instrumenten angestimmt und in einer Fuge durchgeführt; es versinkt dann in einem düsteren sinfonischen Abschnitt, bis mit dem Eintritt des Bariton-Solos »O Freunde, nicht diese Töne! Sondern laßt uns angenehmere

anstimmen und freudvollere!« die endgültige Wende erreicht ist. Nun erst vereinigen sich die Menschenstimmen mit den Instrumenten. Die Chorpartien gefährden nicht die sinfonische Konzeption, sie mehren Glanz und Farbe einer durch die zielstrebige Entwicklung der vorangehenden Sätze begründeten sinfonischen Apotheose.
Das ›Freude‹-Thema hat sich übrigens nicht an den Worten aus Schillers ›Ode an die Freude‹ entzündet, es stammt bereits aus dem Jahre 1796 (siehe Seite 359) und verband sich damals den Worten Bürgers: »Wenn, o Mädchen, wenn dein Blut.« Später, in der ›Chorfantasie‹, Werk 80, interpretiert es die Zeile: »schmeichelnd hold und lieblich klingen«, und erst in der ›Neunten‹ legte ihm Beethoven Schillers Worte unter. Die Kantate ist auch keine Vertonung der Ode Schillers. Nur wenige der 24 Verse wählte Beethoven aus, und auch sie arrangierte er nach den Erfordernissen des musikalischen Planes.
Eine Pause von zehn Jahren liegt zwischen der ›Achten‹ und der ›Neunten‹, eine Welt zwischen ihr und den früheren Sinfonien. Die sittliche Idee der ›Neunten‹ entspricht etwa jener der ›Eroica‹ und der ›Fünften‹, doch die innere Lage ist jeweils eine andere. Die ›Eroica‹ des Vierunddreißigjährigen wurde entworfen, um einen großen Menschen (›un grand huomo‹) zu verherrlichen. Ein mitgeteiltes ›Programm‹ hat sie nicht. Sie ist weder ein tönendes Porträt Buonapartes noch ein musikalisches ›Schlachtengemälde‹. Man weiß nur, daß der zweite Satz, der Trauermarsch, durch den Tod des Generals Abercrombie in der Schlacht bei Alexandria (1801) angeregt wurde und daß Beethoven das Werk Buonaparte hatte zueignen wollen. Er ›zertrampelte‹ aber das Widmungsblatt, als er hörte, der Korse habe sich als Napoleon zum Kaiser krönen lassen. – Das erste Allegro gibt heroischer Gesinnung in einer unvergleichlichen Kontrastierung von kraftvollen und elegischen Gedanken Ausdruck; den kämpferischen Elan der dramatischen Durchführung hat Beethoven in keinem späteren Werk mehr überboten. Auch der Trauermarsch rechtfertigt den Titel der Sinfonie, er findet als heroische Totenklage in der Literatur kaum seinesgleichen. Doch die anderen Sätze entfernen sich von dieser Grundhaltung. Das Scherzo ist ein phantastisches Nachtstück von erregender Motorik, inmitten aufgehellt durch ein waldseliges Trio mit Jagdgetümmel und Hörnerklang; das Finale, eine Symbiose von Sonatensatz und Variations-Zyklus, zieht dahin als musikantisches Bewegungsspiel teils besinnlichen, teils energischen Charakters.
Anders die ›Fünfte‹, die ›Schicksalssinfonie‹ des Siebenunddreißigjährigen. Auch sie gibt heroischer Gesinnung Ausdruck, aber die Grundidee durchglüht nun das Ganze, die Satzschlüsse sind sozusagen nur noch Atempausen, Scherzo und Finale gehen unmittelbar ineinander über. Die innere Entwicklung umspannt alle Sätze und gipfelt im Finale. Sie wird von einem Motiv aus vier Tönen getragen. Dieses ›Schicksalsmotiv‹ – so genannt, da Beethoven darüber geäußert haben soll »so pocht das Schicksal an die Pforten« – durchzieht in zahllosen Umbildungen das Geschehen; alle Themen, soweit sie nicht unmittelbar aus ihm hervorgehen, sind Gefährten seines Weges, es bildet die Quintessenz der Sinfonie. Wenn irgendein Werk, so läßt sich die ›Fünfte‹ auffassen als Symbol für den Sieg des Willens über die Materie. Mit ihr stand Beethoven im Zenit seiner Laufbahn.

Seine Schaffenslust war nicht zu bändigen. Die naturselige ›Sechste‹, die überschwengliche ›Siebente‹, die ›Achte‹ mit ihrer »lachenden Philosophie«, dazu die großen Klaviersonaten und die Kammermusik dieser Zeit, ›Geistertrio‹ und ›Trio‹, Werk 97, die letzte Violinsonate, ›Harfen-Quartett‹ und ›Quartetto serioso‹, Werk 95: welch

›Schicksalsmotiv‹ aus Beethovens ›V. Sinfonie‹

strömende Kraft ist hier losgebunden aus Verzweiflung und Ohnmacht, aus Widerwillen und Resignation! Als Mensch bewegte sich Beethoven damals frei und selbstbewußt. 1810 erlebte ihn Bettina Brentano privat und »bei einer Musikprobe mit vollem Orchester«. Sie berichtete Goethe: »... kein Kaiser und König hat so das Bewußtsein ... daß alle Kraft von ihm ausgehe, wie dieser Beethoven ... alles war durch die großartige Gegenwart seines Geistes in die besonnenste Tätigkeit versetzt.« 1812, im Jahre der ›Achten‹ sah ihn dann Goethe selbst in Teplitz und bekannte, »zusammengeraffter, energischer, inniger« habe er noch keinen Künstler gesehen. Noch war Beethovens Ertaubung von der Art, daß er öffentlich dirigieren und zumindest im Freundeskreis am Klavier phantasieren konnte, auch war er damals durchaus noch nicht ungesellig.

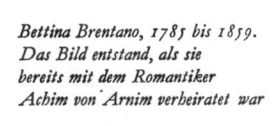

Bettina Brentano, 1785 bis 1859.
Das Bild entstand, als sie
bereits mit dem Romantiker
Achim von Arnim verheiratet war

Aber das blieb nicht so. Von Jahr zu Jahr wurde es schwieriger für ihn, mit den Menschen Kontakt zu halten. Er haderte mit Gott und der Welt (»... habe schon oft mich und den Schöpfer um mein Dasein verflucht...«), seine künstlerische Spannkraft schien bedroht. Auf den Gebieten, die ihn zentral beschäftigten – Sinfonie und Streichquartett –, kam es zu einer Stockung von zehn bzw. zwölf Jahren. Doch an den wenigen Werken jener Zeit erweist sich: Er gewann damals Abstand von der eigenen Misere und die Kraft für neue, universelle Aufgaben. In den letzten ›Cellosonaten‹, Werk 102 Nr. 1 und 2 (1815), den letzten ›Klaviersonaten‹ von Werk 101 (1816) an und in anderen Werken, die der ›Missa solemnis‹ und der ›Neunten‹ vorausgingen, ist ein Stilwandel unüberhörbar. Die Themen und Motive sind nun womöglich noch einfacher als zuvor, der Klang weitgehend entsinnlicht, das Apodiktische des Ausdrucks gemildert; die Formen weiten sich, eine unermeßliche Fülle von Bildern und Eindrücken zieht in ihnen vorüber. Homophonie und klanglich gebundene, konstruktive Polyphonie sind versöhnt. Jede Wirkung wird zur Nuance eines Stils, in dem ›actio‹ und Reflexion einander die Waage halten.

Nun war die Zeit gekommen für die ›Missa solemnis‹, die faustische Exegese des Religiösen, und die ›Neunte‹, das Hohelied der Menschenverbrüderung im Zeichen der Freude. Ein letztes Mal gab Beethoven in dieser Sinfonie heroischer Gesinnung Ausdruck. Doch nicht mehr um ein Einzelschicksal ging es dem Vierundfünfzigjährigen. Die persönliche Tragik war überwunden durch die freie Hinwendung zum Allgemeinen, das Heroische ins Mythische, ins Menschheitliche überhöht.

Mit der ›Neunten‹ schloß sich der Kreis der monumentalen Werke Beethovens; in den letzten Streichquartetten der Jahre 1824 bis 1826 wurde das geistige Fazit seines Lebens gezogen. Das gilt besonders für die Werke 132, 130 (mit der ›Großen Fuge‹) und 131, die sich als riesiger Zyklus aus einer gemeinsamen motivischen Wurzel entfalten. Der Stilwandel, der schon in den späten Cello- und Klaviersonaten sich abzeichnete (›Missa‹ und ›Neunte‹ bleiben in ihrer kämpferischen Haltung eher auf die Sinfonik der mittleren Periode bezogen), wurde hier zum gesicherten Ergebnis einer menschlichen und künstlerischen Entwicklung von Jahrzehnten. Die Kämpfe sind durchgestanden, frei überläßt sich der Geist seinen Meditationen. Erinnerungsbilder locken und entgleiten, Spannungen springen auf und befrieden sich, Episoden lösen einander ab, homophone und polyphone (die groß aufgetürmten Fugen), sublim subjektive und abstrakte, volksliedhaft schlichte, wilde, versonnene, düstere, verspielte, in buntem Wechsel scheinbar übergangslos aneinandergereiht. Und doch steht nichts für sich, eines ergibt sich aus dem anderen, eines löscht das andere. Keine Kraft zwingt den Strom der Gedanken und Empfindungen in eine bestimmte Richtung, kein Ziel mehr beeinträchtigt dies eine: »Gestaltung, Umgestaltung, des ewigen Sinnes ewige Unterhaltung« (Goethe).

Ausklang (Biographisches aus Beethovens Wiener Zeit)
Die ersten Anzeichen von Beethovens Gehörleiden machten sich schon vor der Jahrhundertwende bemerkbar. In seinem Heiligenstädter Testament (1802) heißt es: »... bedenket nur, daß seit sechs Jahren ein heilloser Zustand mich befallen...« Er verstand um jene Zeit aber noch, was man in seiner Nähe sagte, nur leise und entfernte Geräusche nahm er nicht wahr. In den ersten Jahren der Erkrankung mied er die Menschen, aus Furcht, sie könnten die Schwäche seines Gehörs entdecken. Später schlug seine Scheu oft ins Gegenteil um. Noch bis etwa 1812 stürzte er sich, wie er selbst sagte, gern »in den Trubel der Gesellschaft«.
Beruflich fühlte er sich zunächst überhaupt nicht behindert. Daß er sich in Wien nicht um eine feste Anstellung bemühte – er bekleidete nach Bonn zeitlebens kein Amt mehr –, hing jedenfalls nicht mit der Ertaubung zusammen. Um 1800 setzte ihm Fürst Lichnowsky, in dessen Haus er 1794 bis 1796 wohnte, eine Jahresrente von 600 Gulden aus. Ferner hatte er Einkünfte aus Konzerten, von seinen Schülern und Verlegern. Schon 1802 konnte er sagen: »Meine Kompositionen tragen mir viel ein..., ich fordere, und man zahlt!« Er hielt sich einen Diener und ein Reitpferd und führte ein großzügiges Leben.
Viele Frauen spielten in seinem Leben eine Rolle. Eine der ersten war seine Schülerin, die Contessa Giulietta Guicciardi, eben jenes »zauberische Mädchen«, von dem er in seinem Brief an Wegeler schwärmte. Ihr folgten die Sängerinnen Anna Mildner (die erste Darstellerin der Leonore), Christine Gerardi, Amalie Sebald, Magdalena Willmann und Therese Malfatti, folgten Bettina Brentano, Dorothea von Ertmann, die Gräfin Erdödy, die Gräfinnen Therese und Josephine Brunswik und andere. Doch stets stand am Ende Ernüchterung, Verzicht, Trennung. Beethoven war ein Einzelgänger. Er schreckte vor jeder Bindung zurück. Der ›Brief an die unsterbliche Geliebte‹, der sich in seiner Hinterlassenschaft fand (man nimmt an, daß er etwa 1812 an Therese Brunswik gerichtet war und nach der Trennung zurückgegeben wurde), enthüllt es. Inmitten gestammelter Liebesbeteuerungen findet sich dort der Satz: »Deine Liebe macht mich zum glücklichsten und unglücklichsten zugleich – in meinen Jahren jetzt bedürfte ich einiger Einförmigkeit, Gleichheit des Lebens.« Noch 1817 verschloß er sich zwar dieser Einsicht: »Nur Liebe – ja nur sie vermag dir ein glücklicheres Leben zu geben. O Gott – laß mich sie – jene endlich finden – die mich in Tugend bestärkt – die mir erlaubt ist, die mein ist –.« Doch 1823, in einer schriftlichen Unterhaltung mit Schindler über die Guicciardi, vermerkte er lakonisch in einem seiner Konversationshefte: »Und wenn ich hätte meine Lebenskraft mit *dem* Leben so hingeben wollen, was wäre für das Edle, Bessere geblieben?«
Störte man ihn bei der Arbeit, dann reagierte er hochfahrend und grob. Aus dem Jahre des ›Violinkonzerts‹ (1806) stammt sein Billett an den Fürsten Lichnowsky, der ihn zu sich bitten ließ, damit er vor geladenen Gästen musiziere: »Fürst, was Sie sind, sind Sie durch Zufall und Geburt, was ich bin, bin ich durch mich. Fürsten hat es und wird es noch Tausende geben, Beethoven gibt es nur einen!« 1808 bot ihm König Jérôme die durch Reichardts Weggang vakante Kapellmeisterstelle in Kassel an. Beethoven war auch geneigt, dem Ruf zu folgen, doch es gelang dem Erzherzog

Rudolf (seinem Kompositionsschüler von 1805 bis 1812), dem Fürsten Lobkowitz und dem Fürsten Kinsky, ihn durch Erhöhung seiner Jahresrente auf 4000 Gulden in Wien zu halten. Die Rente erwies sich später für ihn als existenzwichtig, denn sein Gehörleiden verschlimmerte sich schon nach wenigen Jahren derart, daß er seine reproduktive Tätigkeit einschränken und endlich ganz aufgeben mußte.

Sein Leiden machte ihn mit der Zeit krankhaft reizbar. Bald vermochte er seinen Hang zu abrupten Reaktionen selbst im Umgang mit Menschen, die er verehrte, nicht mehr zu zügeln. Bezeichnend hierfür ist sein Zerwürfnis mit Goethe (1812). Bei einem gemeinsamen Spaziergang in Teplitz begegneten sie dem Erzherzog Rudolf und anderen Mitgliedern der kaiserlichen Familie. Beethoven ging »mit untergeschlagenen Armen mitten durch den dicksten Haufen«, Goethe aber trat beiseite und verneigte sich tief. Grund genug für Beethoven, jäh mit Goethe zu brechen. Daheim notierte er sich: »Goethe behagt die Hofluft zu sehr. Mehr als einem Dichter ziemt. Es ist nicht viel mehr über die Lächerlichkeiten der Virtuosen hier zu reden, wenn Dichter, die als die ersten Lehrer der Nation angesehen seyn sollten, über diesem Schimmer alles andere vergessen können.« Goethe aber schrieb an Zelter: »Beethoven habe ich in Teplitz kennen gelernt. Sein Talent hat mich in Erstaunen gesetzt, allein er ist leider eine ganz ungebändigte Persönlichkeit, die zwar gar nicht unrecht hat, wenn sie die Welt detestabel findet, aber sie freylich dadurch weder für sich noch für andere genußreicher macht. Sehr zu entschuldigen ist er hingegen und sehr zu bedauern, da ihn sein Gehör verläßt, was vielleicht dem musikalischen Teil seines Wesens weniger als dem geselligen schadet. Er, der ohnehin lakonischer Natur ist, wird es nun doppelt durch diesen Mangel.« Ein Jahrzehnt später wollte Beethoven mit der Zueignung seiner Vertonung von Goethes ›Meeresstille und glückliche Fahrt‹ (für vier Singstimmen mit Orchester, Werk 112) das Vergangene vergessen machen. Er schickte Goethe das Werk; doch sowohl diese Sendung als auch einen späteren Brief Beethovens ließ Goethe unbeantwortet.

1813 erlebte Beethoven seinen bis dahin größten Triumph in Wien mit dem Schlachtengemälde ›Wellingtons Sieg bei Vittoria‹. Er entwarf die kuriose Gelegenheitsarbeit auf Anregung des Hofkammermaschinisten *Johann Nepomuk Maelzel* (1772 bis 1838; Erfinder des Metronoms, 1816) für dessen mechanisches ›Panharmonion‹, eine Art Orchestrion; er plante auch eine Reise mit Maelzel und seinem Walzenungetüm nach London, kam aber davon ab und bearbeitete das Stück für großes Orchester. Bei der Aufführung hatte Beethoven die Gesamtleitung, zwei Unterkapellmeister, Weigl und Salieri, dirigierten die auf den gegenüberliegenden Galerien postierten ›extra Schlachtenmusiken‹; als Pauker betätigte sich Meyerbeer – allerdings miserabel, er geriet aus dem Takt –, die Becken bediente der Klaviervirtuose Moscheles (er schuf den Klavierauszug des ›Fidelio‹). Das Konzert mußte mehrmals wiederholt werden. Später meinte Beethoven sarkastisch, die Schlachtensymphonie tauge zwar nichts, aber sie sei ihm lieb, weil er »die Wiener damit total geschlagen habe!« Neuerdings wird die Urfassung gern als Originalbeitrag Beethovens zur Maschinenmusik zitiert. Beethoven wurde mit ihr unversehens nach Mozart (›Beiträge zur Orgelwalzenmusik‹ – K. 608 und K. 616) und neben vielen Romantikern, die für Spieluhren, Glockenspiele und skur-

rile Musikmaschinen in Menschengestalt komponierten, zum klassischen Kronzeugen für die Legitimität des Strebens nach der Mechanisierung der Musik.
1814 trat Beethoven zum letzten Male öffentlich als Pianist auf. 1817 bat er den Klavierfabrikanten Streicher um ein Piano, »so stark es nur immer möglich ist«. Bei der Unterhaltung benutzte er Hörrohre von Maelzel. Ab 1820 konnte er sich nur noch schriftlich mit seinen Besuchern verständigen. Von den Konversationsheften, die er dabei verwandte, sind rund 11000 Seiten erhalten, wichtigstes Quellenmaterial für

Beethoven. Zeichnung von J. P. Lyser, 1833

seine Biographen. 1822 versuchte er ein letztes Mal, eines seiner Werke (›Fidelio‹) einzustudieren, doch es gab eine Katastrophe, man mußte die Probe abbrechen. Die Erstaufführung der ›Neunten‹ in einem Konzert, das ferner ›Die Weihe des Hauses‹ und drei Sätze aus der ›Missa solemnis‹ umfaßte (7. 5. 1824), leitete Beethoven nur noch zum Schein. Er richtete sich in seinen Bewegungen nach dem Dirigenten Michael Umlauf (Sohn von Ignaz Umlauf). Als der Beifall losbrach, nahm Umlauf Beethoven behutsam bei der Hand und zeigte ihm die Menschen, die erschüttert zu ihm aufsahen.
Louis Spohr schilderte in seiner Selbstbiographie (1860 bis 1861) den ungewöhnlichen Eindruck, den Beethoven als Dirigent auf ihn machte: »Beethoven hatte sich angewöhnt, dem Orchester die Ausdruckszeichen durch allerlei sonderbare Körperbewegungen anzudeuten. Sooft ein Sforzando vorkam, riß er beide Arme, die er vorher auf der Brust kreuzte, mit Vehemenz auseinander. Bei dem Piano bückte er sich nieder, und um so tiefer, je schwächer er es wollte. Trat dann ein Crescendo ein, so richtete er sich nach und nach wieder auf und sprang beim Eintritt des Forte hoch

in die Höhe. Auch schrie er manchmal, um das Forte noch zu verstärken, mit hinein, ohne es zu wissen...« Danach verkörperte Beethoven wohl als erster und sehr outriert jenen expressiven Dirigententyp, der dann im 19. Jahrhundert bis zu Reger und über ihn hinaus öfter anzutreffen ist als jener sachliche, distinguierte Typ, den – mit einem Minimum an Gestik – etwa Richard Strauss repräsentierte.

1795 hatte Beethoven seine jüngeren Brüder Carl und Johann nach Wien kommen lassen; der eine wurde mit seiner Unterstützung Beamter, der andere Apotheker. 1815, nach dem Tode des Bruders Carl, nahm Beethoven den Neffen Carl zu sich. Er richtete sich in seinem Haushalt nach ihm und setzte es in mehreren peinigenden Prozessen durch, daß Carl dem Einfluß der flatterhaften Mutter entzogen wurde. Unaufhörliche Sorgen wuchsen ihm damit zu. Carl tat nicht gut; er mußte oft die Schule wechseln, trieb sich herum und verwahrloste. Kein Wunder eigentlich, wenn man bedenkt, daß Beethoven selbst nach seiner Ertaubung ein immer sonderlicheres Leben zu führen begann. Bald verkehrte er nur noch mit wenigen ergebenen Freunden, vor allem mit Kapellmeister *Anton Schindler* (1795 bis 1864), seinem ersten Biographen.

Folgender Bericht Schindlers aus der Zeit der ›Missa solemnis‹ ist überliefert: »... kam in Begleitung des Musikers Johann Horzolka in des Meisters Wohnhause zu Mödling an. Es war 4 Uhr nachmittags. Gleich beim Eintritt vernahmen wir, daß am selben Morgen Beethoven beide Dienerinnen davongegangen seien, und daß es nach Mitternacht einen alle Hausbewohner störenden Auftritt gegeben, weil infolge langen Wartens beide eingeschlafen und die zubereiteten Gerichte ungenießbar geworden. In einem der Wohnzimmer bei verschlossener Tür hörten wir den Meister über der Fuge zum Credo singen, heulen, stampfen. Nachdem wir dieser nahezu schauerlichen Szene lange schon zugehorcht, öffnete sich die Tür und Beethoven stand vor uns, mit verstörten Gesichtszügen, die Beängstigung einflößen konnten... Seine ersten Äußerungen waren konfus, als fühle er sich von unserem Behorchen unangenehm überrascht. Alsbald kam er aber auf das Tageserlebnis zu sprechen und äußerte mit merkbarer Fassung: ›Saubere Wirtschaft. Alles ist davongelaufen, und ich habe seit gestern Mittag nichts gegessen.‹ Ich suchte ihn zu besänftigen und half bei der Toilette. Mein Begleiter aber eilte voraus in die Restauration des Badehauses, um einiges für den ausgehungerten Meister zubereiten zu lassen. Dort klagte er uns die Mißstände in seinem Hauswesen. Dagegen gab es jedoch aus vorbemeldeten Gründen keine Abhilfe. Niemals wohl dürfte ein so großes Kunstwerk unter widerwärtigeren Lebensverhältnissen entstanden sein als diese Missa solemnis.«

Doch es finden sich bei Schindler auch Notizen, aus denen hervorgeht, daß Beethoven Frühaufsteher war, daß er regelmäßig und mit Ausdauer arbeitete, sein Tagewerk mit ausgedehnten Spaziergängen unterbrach, abends gute Bücher las und meist gegen zehn Uhr zu Bett ging. In seiner Einsiedelei nahm er regen Anteil an den Geschehnissen der ›detestablen Welt‹. Viele seiner Bemerkungen zu kleinen und großen Ereignissen zeigen, daß er aufgeschlossen mit der Zeit ging; er urteilte scharf, aber selbständig und großherzig. Als er hörte, daß Napoleon gestorben sei, sagte er: »Vor siebzehn Jahren schrieb ich die Musik zu diesem traurigen Ereignis« (den Trauermarsch der ›Eroica‹). Und in sein Konversationsheft schrieb er: »Napoleon hat den Zeitgeist gekannt und die Zügel zu leiten gewußt... Ich war als Deutscher sein größter Feind, habe mich aber durch die Zeitverhältnisse ausgesöhnt... Er hatte Sinn für Kunst und Wissenschaft und haßte die Finsternis.« Deutlicher als aus derartigen Beispielen spricht die unbezwingliche Kraft seiner humanen Gesinnung aus seinen letzten Kunstwerken, den späten Streichquartetten. Sie sind anziehend wie große Naturwerke, im liebevoll ausgeführten Detail wie in der unermeßlichen Weite ihrer entgleitenden Bilder.

Die letzten Jahre brachten für Beethoven keine Erleichterung seiner Misere. Schreckliche Erlebnisse mit dem Neffen steigerten seine Anfälligkeit für ein Leberleiden, das ihn seit 1820 peinigte. Eine Kur in Gneixendorf brachte keine Besserung. Krank kam er nach Wien zurück. 1826 wurde er bettlägerig. Dennoch beschäftigten ihn neue Arbeiten. Er plante seine X. Sinfonie, eine Messe, ein Oratorium, eine Ouvertüre über das Thema B-A-C-H und anderes. Am 7. 10. 1826 schrieb er an seinen alten Freund Wegeler: »...lasse ich die Muse schlafen, so geschieht es nur, damit sie um so kräftiger erwache. Ich hoffe noch einige große Werke zur Welt zu bringen und dann wie ein altes Kind irgendwo unter guten Menschen meine irdische Laufbahn zu beschließen...« Doch sein Zustand verschlimmerte sich, Wassersucht und Lungenentzündung kamen hinzu, vier Operationen vermochten den Kräfteverfall nicht einzudämmen. Beethoven fühlte, daß es zu Ende ging. Eine seiner letzten Notizen lautet: »Plaudite amici, comoedia finita est« (»Klatscht Beifall, Freunde, das Spiel ist beendet«). Am späten Nachmittag des 26. März 1827 starb er.

Am Tage der Beerdigung blieben die Schulen Wiens geschlossen. Bei den feierlichen Exequien erklang Mozarts ›Requiem‹. Militärkordons säumten die Straßen, durch die sich der Trauerzug zum Währinger Friedhof bewegte. Am Grabe trug der Schauspieler Anschütz Gedenkworte Grillparzers vor. Unter den Trauernden sah man Franz Schubert. Er starb ein Jahr darauf.

Franz Schubert

Kindheit

Schuberts Eltern waren österreichisch-schlesischer Herkunft. Der Vater, ein Bauernsohn, heiratete 1785 im Wiener Vorort Lichtenthal die Dienstmagd Elisabeth Vietz, Tochter eines Schlossers; 1786 wurde er Schulmeister der Gemeindeschule. Das junge Paar wohnte im Haus ›Zum roten Krebs‹ in der Straße ›Zum Himmelspfortgrund‹. Dort wurde Franz Peter Seraph Schubert am 31. Januar 1797 geboren. Von seinen 13 Geschwistern wuchsen nur drei mit ihm auf: Ignaz, Ferdinand und Karl. Sie ergriffen den Beruf des Vaters, doch Ferdinand komponierte nebenher, Karl wurde ein tüchtiger Landschaftsmaler. 1812 starb die Mutter. Aus einer zweiten Ehe des Vaters gingen fünf Kinder hervor; ihre Schicksale sind unbekannt.

Schuberts Kindheit stand unter einem guten Stern. Als er vier Jahre alt war, erwarben die Eltern ein Haus. Dort fühlte er sich glücklich: »Ich war ein Bruder vieler Brüder und Schwestern. Unser Vater und unsere Mutter waren gut. Ich war allen in tiefer

Liebe zugetan...« erinnerte er sich 1822 in seinem allegorischen Lebensbericht ›Mein Traum‹. Der Vater war zwar ein wenig pedantisch und bestand darauf, daß alle Söhne Schulmeister wurden, doch er sah es gern, daß sie seine Liebhaberei, die Musik, mit ihm teilten. Er selbst unterrichtete Franz im Geigenspiel, der zwölf Jahre ältere Bruder Ignaz im Klavierspiel. Danach übernahm der Chorregent Michael Holzer seine Ausbildung im Gesang, im Generalbaßspiel, an der Orgel, der Bratsche und in der Theorie. Bald schon gestand er: »Wenn ich ihm was Neues beibringen wollte, hat er es schon gewußt. Folglich habe ich ihm keinen Unterricht gegeben, sondern mich mit ihm bloß unterhalten und ihn stillschweigend angestaunt.«

Den Elfjährigen übernahm Salieri als Sängerknaben in die k. k. Hofkapelle und verschaffte ihm eine Freistelle im Stadtkonvikt. Von 1808 bis 1813 war Franz Zögling dieses Internats. Sein Musiklehrer, der böhmische Meister Wenzel Ruczizka, förderte

Franz Schubert

ihn nach Kräften, doch auch er resignierte bald: »Den kann ich nichts lehren. Der hat's vom lieben Gott gelernt...« Als 2. Geiger des Konvikt-Orchesters und als Quartett-Bratscher wurde Franz vertraut mit der zeitgenössischen Kammer- und Orchestermusik. Zu Haydn und Mozart zog es ihn besonders hin, später wurde Beethoven der »dunkle Gott seines Daseins«. Mit 13 Jahren entwarf er seine ersten Kompositionen, eine ›Leichenfantasie‹ (verschollen), eine ›Klavierfantasie G-Dur‹ und Teile eines Streichquartetts, ein Jahr darauf eine ›Klavierfantasie g-Moll‹, eine Orchester-Ouvertüre und drei Lieder, als erstes überhaupt ›Hagars Klage‹, die freie Umarbeitung einer Vorlage Zumsteegs (siehe Seite 345).

Doch die Musik war im Konvikt nicht Hauptfach. Da Franz die anderen Fächer vernachlässigte, fielen seine Zeugnisse schlecht aus. Der Vater verbot ihm das Komponieren. Darauf sonderte sich Franz von den Kameraden ab und wurde »ernst und

wenig freundlich«. Um diese Zeit gewann er die Freundschaft des neun Jahre älteren Mitschülers Joseph von Spaun. Spaun überraschte ihn »allein im Musikzimmer am Klavier«; auf seine Aufforderung spielte ihm »der Knabe... ein Menuett von seiner eigenen Erfindung..., scheu und schamrot...«; endlich gestand er ihm, »daß er seine Gedanken öfter heimlich in Noten bringe; aber sein Vater dürfe es nicht wissen«, und auch, »daß er kein Notenpapier und kein Geld habe, sich welches zu kaufen... Ich versah ihn heimlich mit Notenpapier, das er in unglaublicher Menge verbrauchte... die Zeit der Studien verwandte er unablässig zum Komponieren, wobei die Schule allerdings zu kurz kam«. Die Folge – der Vater wies ihn aus dem Haus. Erst nach dem Tode der Mutter, 1812, kam es zur Aussöhnung.
An Werken entstanden 1812 zwei Streichquartette, das Fragment eines weiteren, die Skizzen zu einem Singspiel ›Der Spiegelritter‹, zwei Orchester-Ouvertüren, ein ›Salve Regina‹ und andere Kirchenmusiken, ein Klaviertrio (1923 veröffentlicht), ein Klavier-Andante, aber nur fünf Lieder, darunter die erste Fassung von ›Des Mädchens Klage‹ (Schiller; 2. Fassung 1815, 3. Fassung 1816). 1813 kamen hinzu eine ›Trauermusik für neun Bläser‹, drei Streichquartette, eine ›Kantate zur Namensfeier des Vaters‹, die ›c-Moll-Fantasie für Klavier‹, rund 30 ›Klavier-Menuette‹, dazu ›Allemanden‹ und ›Menuette für Orchester‹, ein halbes Dutzend Lieder, ein Männerchorlied, rund 20 Duette, Terzette und Kanons und – die I. Sinfonie. Mit dem Stimmwechsel schied Franz aus dem Konvikt aus. Der Vater setzte es durch, daß er noch ein Jahr (Herbst 1813 bis 1814) das pädagogische Seminar St. Annen besuchte, und übernahm ihn dann als Hilfslehrer an seine Schule.

Liederfrühling
Drei Jahre ertrug Franz das »Martyrium der Schule..., als ein elendes Schullasttier allen Roheiten einer wilden Jugend preisgegeben, einer Schar von Mißbräuchen ausgesetzt...«. Das künstlerische Ergebnis dieser Jahre ist überwältigend. Es entstanden: sechs weitere Opern, drei Messen und andere Kirchenmusiken, die ›II.‹ bis ›V. Sinfonie‹, darunter die ›Tragische‹ (die IV.), vier Ouvertüren, Konzertstücke für Violine und Orchester, Violinsonatinen und Klaviersonaten, das ›Klavierquartett F-Dur‹, das 7. bis 11. Streichquartett‹, viele Männerchöre, Terzette, Duette, Kanons, gemischte Chöre und – über 250 Lieder, davon allein 1815 rund 140!
Mit Liedern zu Texten von Schiller, Matthisson, Mayrhofer, Fouqué und Goethe – darunter ›Gretchen am Spinnrad‹, ›Nachtgesang‹, ›Schäfers Klagelied‹, ›Trost in Tränen‹ – begann der rätselhafte Liederfrühling des Siebzehnjährigen. Außerdem entstanden 1814 die Oper ›Des Teufels Lustschloß‹ (Kotzebue), das ›7.‹ und ›8. Streichquartett‹, Terzette, Duette, Tänze und die ›1. Messe in F-Dur‹; sie erklang am 16. Oktober in der Lichtenthaler Kirche, die sechzehnjährige Therese Grob, Schuberts Jugendliebe, wirkte als Solosopranistin mit, Schubert dirigierte sein Werk. 1815 steigerte sich seine Produktivität noch. Zu den 140 Liedern dieses Jahres kamen das ›9. Streichquartett‹, zehn Klavierstücke, Chorwerke, die ›II.‹ und ›III. Sinfonie‹, die ›2.‹ und ›3. Messe‹ und vier Opern bzw. Singspiele zu Texten von Körner (›Der vierjährige Posten‹),

Stadler (›Fernando‹), Mayrhofer (›Die Freunde von Salamanca‹) und Goethe (›Claudine von Villabella‹). Unter den Liedern sind Perlen wie ›Erlkönig‹, ›An den Mond‹, ›Heidenröslein‹, ›Rastlose Liebe‹ und ›Wanderers Nachtlied‹ (Goethe), die Klopstock- und die Ossian-Gesänge...!

Schubert komponierte unglaublich rasch, wie in Trance. Als sein ›Erlkönig‹ entstand, besuchten ihn Joseph von Spaun und Mayrhofer. Er schien sie nicht zu bemerken. Spaun erzählte: »Wir fanden Schubert ganz glühend, den Erlkönig aus einem Buche laut lesend. Er ging mehrmals mit dem Buche auf und ab, plötzlich setzte er sich, und in kürzester Zeit, so schnell man nur schreiben kann, stand die herrliche Ballade auf dem Papier. Wir liefen damit, da Schubert kein Klavier besaß (!), in das Konvikt, und dort wurde der Erlkönig noch denselben Abend gesungen und mit Begeisterung aufgenommen...« So ging es die nächsten Jahre fort – mit Liedern, Chören, Kammermusiken, Sinfonien.

Es genügte Schubert, wenn seine Musik den Freunden gefiel; was sonst aus ihr wurde, schien ihm gleichgültig. Auch um sein eigenes Fortkommen machte er sich keine Gedanken.

Er war ganz ohne Geltungstrieb, kleidete sich nachlässig, wirkte schüchtern, unbeholfen, kleinbürgerlich. »Ich bin für nichts als das Komponieren auf die Welt gekommen« – dagegen konnte er nicht an. Man erzählte sich von ihm, er nähme seine Brille selbst nachts nicht ab, damit er beim Erwachen gleich weiterkomponieren könne!

Der Freundeskreis – Die Schubertiaden

Sechs Jahre wartete Therese Grob auf ihn, dann heiratete sie einen anderen. 1816, im Jahre der ›IV. Sinfonie‹, der ›Tragischen‹, und der ›B-Dur-Sinfonie‹ hatte Schubert wieder ernste Auseinandersetzungen mit dem Vater, 1817 verließ er das Elternhaus endgültig. Zugleich quittierte er den verhaßten Schuldienst und verlor damit die einzige Anstellung seines Lebens. Freund Schober nahm ihn fürs erste auf. Bei ihm ließ es sich frei arbeiten. Es war das Jahr des ›Streichtrios B-Dur‹, der sieben melodieseligen Klaviersonaten und weiterer 60 Lieder, darunter ›An die Musik‹ und ›Trost im Liede‹ (beide Texte von Schober), ›Der Tod und das Mädchen‹ (Claudius), ›Die Forelle‹ (Schubart) und ›Gesang der Geister über den Wassern‹ (Goethe; als ›Fragment‹ 1816, als ›Männerquartett‹ 1817, für Chor und Klavier 1820, für acht Stimmen und als ›Streichquintett‹ 1821).

Fortan war Schubert wirtschaftlich nahezu auf seine Freunde angewiesen. 1818 – im Jahr der ›kleinen‹ ›C-Dur-Sinfonie‹, der ›a-Moll-Klaviervariationen‹ und der ›Petrarca-Sonette‹ – vermittelten sie ihm einen Musiklehrerposten beim Grafen Nicolaus Joseph Esterházy; auf dessen Gut Zelesz in Ungarn durfte er bei freier Station die beiden Comtessen Marie (15jährig) und Caroline (13jährig) unterrichten. Zu Caroline fühlte er sich sehr hingezogen. 1824 war er abermals auf Gut Zelesz und verliebte sich hoffnungslos in die nun Neunzehnjährige; ob sie seine Liebe erwiderte, weiß man nicht. Eine Stelle aus seinem Brief an den Bruder Ferdinand scheint auf sie anzuspielen: »Freilich ist's nicht mehr jene glückliche Zeit, in der uns jeder Gegenstand mit einer jugendlichen Glorie umgeben scheint, sondern jenes fatale Erkennen einer miserablen Wirklichkeit, die ich mir durch meine Phantasie (Gott sei's gedankt) so viel als möglich zu verschönern suche. Man glaubt an dem Orte, wo man einst glücklicher war, hänge das Glück, indem es doch nur in uns selbst ist...« Eine Tagebucheintragung aus dieser Zeit lautet: »Man glaubt immer, zueinander zu gehen, und man geht immer nur nebeneinander. O Qual für den, der dies erkennt!« Und in einem Brief an Schober heißt es: »Nun sitz ich allein hier im tiefen Ungarlande, in das ich mich leider zum zweiten Mal locken ließ, ohne auch nur einen Menschen zu haben, mit dem ich ein gescheites Wort reden könnte. Ich habe ... beinahe gar keine Lieder komponiert, aber mich in einigen Instrumentalsachen versucht ...« Er sah Caroline nach jenen Sommermonaten nicht mehr wieder, widmete ihr aber in seinem Todesjahr die ›f-Moll-Klavierfantasie‹ (vierhändig); im selben Jahr soll er geäußert haben: »Ihr ist ja ohnehin alles gewidmet.«

Franz Schubert und der Sänger Michael Vogl (links), Federzeichnung von Moritz von Schwind

Nach dem ersten Zeleszer Sommer wohnte Schubert in Wien bei seinen Freunden reihum. 1819 bis 1821 beherbergte ihn der Dichter Johann Mayrhofer (er endete später durch Selbstmord). Schubert kannte ihn vom Konvikt her und hatte schon 1815 seine ›Freunde von Salamanca‹ und ein weiteres Opernbuch (fragmentarisch) vertont; die Texte zu 47 Schubert-Liedern stammen von Mayrhofer. Bei Schober lernte Schubert 1817 den Sänger *Michael Vogl* (1768 bis 1840) kennen. Als er ihm ›Ganymed‹ und anderes vorspielte, meinte Vogl noch zurückhaltend: »Sie sind zu wenig Komödiant, zu wenig Scharlatan. Sie verschwenden Ihre schönen Gedanken, ohne sie breitzuschlagen.« Doch bald begeisterte er sich für Schubert und wurde sein leidenschaftlichster Interpret; er unterstützte ihn, ebnete ihm den Weg zu Verlegern und sang seine Lieder bei jeder Gelegenheit. In seinen ›Lebenserinnerungen‹ bezeichnete er sie als »Hervorbringung einer musikalischen Clairvoyance«, als »Dichtung in Tönen, Worte in Harmonien...«.

1819 nahm er Schubert mit ins Steyrische (siehe Karikatur von Schober). Von Steyr aus schrieb der Zweiundzwanzigjährige an seinen Bruder Ferdinand: »Im Haus, wo wir wohnen, befinden sich acht Mädchen, beinahe alle hübsch. Du siehst, daß man zu tun hat...« Für Josephine von Koller, die Tochter des Gastgebers, schrieb er die romantisch schwärmerische ›Klaviersonate A-Dur‹, Werk 120 (posthum); für den wohlhabenden Bürger Paumgartner, dem sein Lied ›Die Forelle‹ über die Maßen gefiel, das ›Forellenquintett‹ mit den Variationen über dieses Lied. In demselben Jahr entstanden in Wien die ›Hymnen an die Nacht‹ (Novalis), ›Prometheus‹ und ›Sehnsucht‹ (Goethe), ›Der Wanderer‹ (Schlegel) und die musikalische Posse ›Die Zwillingsbrüder‹ (G. v. Hofmann).

Schubert:
Thema der ›*Klaviersonate A-Dur*‹

Um diese Zeit verkehrte Schubert oft im Hause der vier Schwestern Fröhlich (Schwestern des Wiener Universitätsmusikdirektors Fröhlich). Sie sangen seine Lieder und waren bisweilen mit anderen Mädchen auch zu Gast bei den Zusammenkünften der ›Schubertianer‹ in der ›Ungarischen Krone‹, der ›Schwarzen Katze‹ oder ›Schnecke‹. Dann gab es Gesellschaftsspiele, und es wurde getanzt nach Schuberts Tänzen, die er verschwenderisch beisteuerte. Seine Freunde – Spaun, Schober, Mayrhofer, Moritz von Schwind und Hüttenbrenner (sein Mitschüler bei Salieri, bekannt mit Beethoven), zu denen seit etwa 1820 noch die Dichter Grillparzer, Bauernfeld und Senn und der Musiker *Franz Lachner* (1803 bis 1890) kamen – bezeichneten ihre Zusammenkünfte ausdrücklich als ›Schubertiaden‹, denn »durch Schubert wurden wir Freunde!« (Spaun). Die ›Schubertiaden‹ waren für das musikantisch gelöste Wien jener Tage ebenso charakteristisch wie etwa für Berlin die nächtlichen Sitzungen bei ›Lutter und Wegener‹ unter der skurril-dämonischen Ägide E. Th. A. Hoffmanns oder für Dresden die Zirkel der Romantiker Philipp Otto Runge, Hartmann, Caspar David Friedrich, Maria Alberti, Ludwig Tieck, Friedrich Schlegel, Kleist, Adam Müller, für Heidelberg die Symposien von Görres, Jean Paul, Brentano, Arnim und anderen. Nicht immer waren es Fachkumpane, stets aber ›Wahlverwandte‹, die sich in solchen ›Brüderschaften‹ fanden, um einander im Streben nach idealischen Zielen zu bestärken. Für Schubert waren die Freunde der Lebenskreis, in dem er sich erfüllte. Sie ersetzten ihm die Öffentlichkeit, die kein Verständnis für seine Kunst aufbrachte, sie sorgten und dichteten für ihn, durch sie fühlte er sich bestätigt. In seinem Brief aus Zelesz an Schober wünschte er sich »nur eine Stunde« jener Zeit zurück, »wo wir traulich« beieinandersaßen und jeder seine Kunstkinder den anderen mit mütterlicher Scheu aufdeckte, das Urteil, welches Liebe und Wahrheit aussprechen würden, nicht ohne einige Sorge erwartend; jener Zeit, wo einer den anderen begeisterte und so ein vereintes Streben nach dem Schönsten alle beseelte.«

1820 – im Jahr des schwermütigen ›c-Moll-Streichquartettsatzes‹, des ›23. Psalms‹ und der vier Kanzonen nach Metastasio und Vitorelli, beendete Schubert bald nach den ›Zwillingsbrüdern‹ das Singspiel ›Die Zauberharfe‹ (G. v. Hofmann). Beide Stücke wurden 1820 ruhmlos zu Grabe getragen, das eine im ›Kärntnertor-Theater‹, das andere im Theater an der Wien. Immerhin wurden nun breitere Kreise auf den Dreiundzwanzigjährigen aufmerksam, und es gelang Vogl, den Verleger Diabelli für ihn zu gewinnen. Diabelli erwarb 1821 die ersten zwölf Liederhefte für 800 Gulden und verdiente dann allein am ›Wanderer‹ 27000 Gulden. Schubert hatte das Nachsehen. 1821 bis 1823 wohnte er bei Schober. Dieser berichtete: »Wenn Schubert seine Kompositionen verkaufte, so schien er mit allem zufrieden, was man ihm gab ... mit geraden Worten: die Verleger haben ihn ... meist schändlich geplündert und elend betrogen.« Solange er bei Schober war, wendete er viel Zeit an Opern. 1821 bis 1822 gedieh die Musik zu ›Alfonso und Estrella‹. Im selben Jahr beendete er seine schöne ›Messe in As-Dur‹, schrieb er ein Bündel prickelnd tänzerische Militärmärsche, die ›Wandererfantasie‹ und die ›Unvollendete‹, Inbegriff romantischer Sinfonik. Dann widmete er sich wieder dem Theater. 1823 entstanden in rascher Folge die komische Oper ›Der häusliche Krieg‹, die heroische Oper ›Fierrabras‹ und die Musik zu dem schwachen romantischen Spiel ›Rosamunde‹. Von diesen Werken wurde nur ›Rosamunde‹ ein paarmal aufgeführt. Man lobte zwar Schuberts Ballettmusiken, doch sie drangen nicht durch. Nach den drei Mißerfolgen begrub er seine Theater-Illusionen. Er entwarf später nur noch Skizzen zum ›Grafen von Gleichen‹, doch es wurde nichts mehr daraus.

Seit 1823 stand es nicht mehr zum besten mit Schubert. Er zog sich eine venerische Krankheit zu und mußte ins Spital. Dort arbeitete er an dem Liederzyklus ›Die schöne Müllerin‹ (nach Texten von Wilhelm Müller), dort entstand die aufgewühlte ›a-Moll-Klaviersonate‹, Werk 143. Im Frühjahr 1824 schien es ihm besser zu gehen. Schwind fand ihn wohlauf: »Jetzt schreibt er schon lange an einem Oktett mit dem größten Eifer« (er meinte das bis auf die düstere Einleitung zum Finale nahezu gelöst-heitere ›Oktett F-Dur für Streicher und Bläser‹). »Wenn man unter Tags zu ihm kommt, sagt er ›Grüß dich Gott, wie geht's?‹ – ›Gut!‹ – und schreibt weiter, worauf man sich entfernt.« Doch schon im März schrieb Schubert an Kupelwieser: »Ich fühle mich als den unglücklichsten, elendesten Menschen auf der Welt. Denk Dir einen Menschen, sage ich, dessen glänzendste Hoffnungen zunichte geworden sind, dem das Glück der Liebe und Freundschaft nichts bietet als höchsten Schmerz, dem Begeisterung (wenigstens anregende) für das Schöne zu schwinden droht, und frage Dich, ob das nicht ein elender, unglücklicher Mensch ist? ... jede Nacht, wenn ich schlafen geh, hoff ich, nicht mehr zu erwachen, und jeder Morgen kündet mir nur den gestrigen Gram.« Es war die Zeit des schwermütigen ›a-Moll-Streichquartetts‹, der ›e-Moll-Variationen für Klavier und Flöte‹ und der ›a-Moll-Sonate für Klavier und Arpeggione‹, die Zeit, in der Schubert sich schon mit dem Quartett ›Der Tod und das Mädchen‹ beschäftigte (1826 wurde es vollendet). Es kam der melancholische zweite Sommer auf Gut Zelesz. Im November kehrte Schubert nach Wien zurück. Schwind jubelte: »Schubert ist hier, gesund und himmlisch leichtsinnig, neu verjüngt durch Wonnen und Schmerzen und heiteres Leben!«

Die letzten Jahre

Doch Schubert war nicht gesund, und er war anders geworden, sein Hang zur Geselligkeit hatte etwas Hektisches. In seinem Tagebuch notierte er: »Mich überfällt oftmals eine unbegreifliche Melancholie«, oder: »Der Mensch gleicht einem Blatt, mit dem Zufall und Leidenschaft spielen«, oder: »Mir kommt es manchmal vor, als gehörte ich garnicht in diese Welt.« Über seine Kunst vermerkte er: »Meine Erzeugnisse sind durch den Verstand für die Musik und durch meinen Schmerz vorhanden; jene, welche der Schmerz allein erzeugt hat, scheinen am wenigsten die Welt zu erfreuen.«

Ruhelos trieb es ihn um. Er wohnte nicht mehr bei den Freunden, sondern möbliert, freilich meist auf ihre Kosten. 1825 bewarb er sich ohne rechte Zuversicht und vergeblich um die Stelle eines Vizehofkapellmeisters. Im selben Jahr schickte er Goethe auf Drängen der Freunde die ›Mignon-Lieder‹, ›An Schwager Kronos‹ und ›Ganymed‹. Es war seine zweite Sendung an ihn, die erste (1816, mit ›Erlkönig‹, ›Heidenröslein‹ u. a.) war nicht beachtet worden. Diesmal kam es noch ärger: Goethe schickte ihm die Lieder ohne jede Bemerkung zurück. – Michael Vogl suchte Schubert aufzumuntern, er nahm ihn mit nach Tirol. In Gastein entstand die schöne ›D-Dur-Klaviersonate‹ (die ›Gasteiner‹) und die ›Gasteiner Sinfonie‹ (verschollen). In Wien folgten rund zwei Dutzend Lieder, meist zu Scottschen Texten, einige Männerchöre, vierhändige Klavierstücke und die ›a-Moll-Klaviersonate‹, sonst kaum etwas.

Das Jahr 1826 verlief äußerlich wieder im alten Geleise; tagsüber arbeitete Schubert, die Abende teilte er mit den Freunden. Dunkel spürten sie die Zerrissenheit seines Wesens. Hüttenbrenner schrieb: »Wer ihn nur einmal an einem Vormittag gesehen hat, während er komponierte, glühend und mit leuchtenden Augen, ja selbst mit anderer Sprache, einem Somnambulen ähnlich, wird den Eindruck nie vergessen ...« Die Ernte des Jahres: die ›Streichquartette d-Moll‹ (›Der Tod und das Mädchen‹) und ›G-Dur‹, die ›G-Dur-Klaviersonate‹ und ›Gesänge‹ zu Texten von Scott.

Im Februar 1827 hatte Schubert begonnen, die 24 Gedichte der ›Winterreise‹ von Wilhelm Müller zu vertonen. Im Oktober lag der Zyklus fertig vor. Spaun berichtete: »Schubert war durch einige Zeit düster gestimmt und schien angegriffen. Eines Tages sagte er zu mir: ›Komme heut zu Schober, ich werde euch einen Zyklus schauerlicher Lieder vorsingen ... Sie haben mich mehr angegriffen, als dieses je bei anderen Liedern der Fall war.‹ Er sang uns nun mit bewegter Stimme die ganze ›Winterreise‹ durch. Wir waren durch die düstere Stimmung dieser Lieder ganz verblüfft, und Schober sagte endlich, es habe ihm nur ein Lied darunter gefallen, nämlich der ›Lindenbaum‹. Schubert sagte hierauf: ›Mir gefallen diese Lieder mehr als alle anderen, und sie werden euch auch noch gefallen‹ ...«

Ahnte er, daß seine Tage gezählt waren? Ein unheimlicher Schaffensdrang kam über ihn. 1827 entstanden neben weiteren Chören und Liedern die beiden ›Klaviertrios‹ und das ›Notturno‹ für die gleiche Besetzung, die ›Acht Impromptus‹, Werk 90 und 142, die ›Sechs Moments musicaux‹, das ›c-Moll-Allegretto‹, die ›C-Dur-Fantasie für Klavier und Violine‹ und die ›Deutsche Messe‹. Im Todesjahr 1828 folgten ›Mirjams Siegesgesang‹ (Grillparzer; für gemischten Chor, Sopran-Solo, Klavier), der ›92. Psalm‹ (für gemischten Chor, Bariton-Solo, Klavier), ›Der Schwanengesang‹

(14 Lieder, darunter ›Atlas‹, ›Die Stadt‹, ›Der Doppelgänger‹, ›Liebesbotschaft‹; posthum zusammengestellt), weitere sieben Lieder, darunter als letztes überhaupt ›Der Hirt auf dem Felsen‹ [Wilhelm Müller (mit Klarinette und Klavier)], dann die ›e-Moll-Fuge für Orgel‹, ›für Klavier‹ (solo), die letzten ›Impromptus‹ und großen Sonaten (c-Moll, A-Dur, B-Dur), die ›große‹ ›C-Dur-Sinfonie‹, die ›Es-Dur-Messe‹ und das ›C-Dur-Streichquintett‹.

Faksimile der Einladung zu Franz Schuberts einzigem Konzert am 26. März 1828 im Haus der ›Gesellschaft der Musikfreunde‹ in Wien

Am 26. März 1828 erlebte Schubert in Wien das erste und einzige Konzert mit eigenen Werken. Die Presse reagierte negativ. An einem seiner Streichquartette bemängelte man »wüste Modulationen ohne Sinn, Ordnung und Zweck«. Er kränkelte... Sein Bruder Ferdinand nahm ihn bei sich auf. Schuberts Zustand verschlechterte sich nun rasch. Es scheint, als habe er damals in einsamer Selbstprüfung in dem Erreichten nur einen Anfang dessen gesehen, wozu er sich berufen fühlte. Denn wenige Wochen vor seinem Tode meldete er sich überraschend als Schüler im strengen Satz bei dem Kontrapunktiker *Simon Sechter* (1788 bis 1867), dem späteren Lehrer Bruckners.

Ende Oktober wurde er bettlägerig. Bald konnte er keine Nahrung mehr zu sich nehmen. Die Ärzte stellten eine Art Nervenfieber fest. Am 17. November besuchten ihn Lachner und Bauernfeld, der für ihn das Libretto ›Graf von Gleichen‹ entworfen hatte. Man kam auf die Oper zu sprechen, Schubert schien für sie entflammt und äußerte, ihm gingen »völlig neue Harmonien und Rhythmen im Kopfe herum ... darüber ist er eingeschlummert ...«. Am nächsten Tage verfiel er in Fieberphantasien, am 19. November starb er. Die Öffentlichkeit nahm kaum Notiz von seinem Tode. Man beerdigte ihn auf dem Währinger Friedhof, nahe bei Beethovens Grab.

Die Werke
Zu Schuberts Lebzeiten druckte man außer einer Auswahl seiner Lieder nur eines seiner Streichquartette, alles andere blieb Manuskript, vieles ging verloren. Die ›große‹ ›C-Dur-Sinfonie‹ (die VII. bzw. IX., 1828) fand Robert Schumann erst 1838 bei Schuberts Bruder Ferdinand, Mendelssohn führte sie im selben Jahr in Leipzig auf. Das ›C-Dur-Quintett‹ (1828) spielte man zum ersten Male 1853; die ›Unvollendete‹ (1822) hielt Anselm Hüttenbrenner bis 1865 verborgen. Widerstrebend nur gab er sie dem Dirigenten Herbeck heraus, der sie in Wien aufführte. Ein ähnliches Schicksal wurde vielen Instrumentalmusiken Schuberts zuteil; kein Wunder, daß die Öffentlichkeit in ihm noch Jahrzehnte nach seinem Tode nur den Liedmeister sah. Die Freunde hatten es kaum anders gehalten. Einmal, nach einer Quartettprobe, klopfte einer von ihnen Schubert auf die Schulter: »Davon verstehst du nichts, Franzl, schreib Lieder!«
Schubert litt zeitlebens unter dem Vorbild Beethoven. Um 1817 sagte er zu Spaun: »Wer vermag nach Beethoven noch etwas zu machen?« Später freilich, als ihm Hüttenbrenner ein Skizzenheft Beethovens zeigte, meinte er: »Wenn das Komponieren so mühsame Arbeit sein kann, dann möchte ich nicht komponieren.« Nun – seine Kunst steht nicht im Schatten der Beethovenschen, sie ist durchaus sui generis. Auf eine einfache Formel gebracht: Beethoven war Sinfoniker, auch im Lied, Schubert Melodiker, auch in der Sinfonie. Alle seine Werke sind von hier aus verständlich.

Vom Liedmeister Schubert leitet sich geradezu der moderne Begriff ›Lied‹ (französisch = ›Le Lied‹!) her. Es gibt keine Form des älteren Chor- und Gesellschaftsliedes, die nicht in seiner Kunst verwandelt fortlebt, aber auch kein neueres abendländisches Liedschaffen, das nicht als Nachfolge oder Gegensatz auf ihn bezogen ist. Mit einer Einschränkung: In ihm erfüllte sich das ›Ich-Lied‹ (auch seine Chorsätze sind Ich-Lieder, die Gruppe steht in ihnen für den einzelnen), während das kollektive Lied – also Arbeitslied, Kriegslied, politisches, nationales Lied usw. – nahezu außerhalb seiner Sphäre blieb.
In seiner Natur- und Liebeslyrik vertrat Schubert die romantische Kunstauffassung reiner als irgendein anderer Musiker. Wie Runge nicht nur malte, was er sah, sondern seine Landschaften »aus sich selbst heraus imaginierte«, vertonte Schubert nicht nur, »was die Worte sagen«, er verlieh ihnen absichtslos einen metaphysischen Sinn. Dem Unbewußten seiner Schaffensweise entsprach seine rätselhafte Frühreife. Schon seine

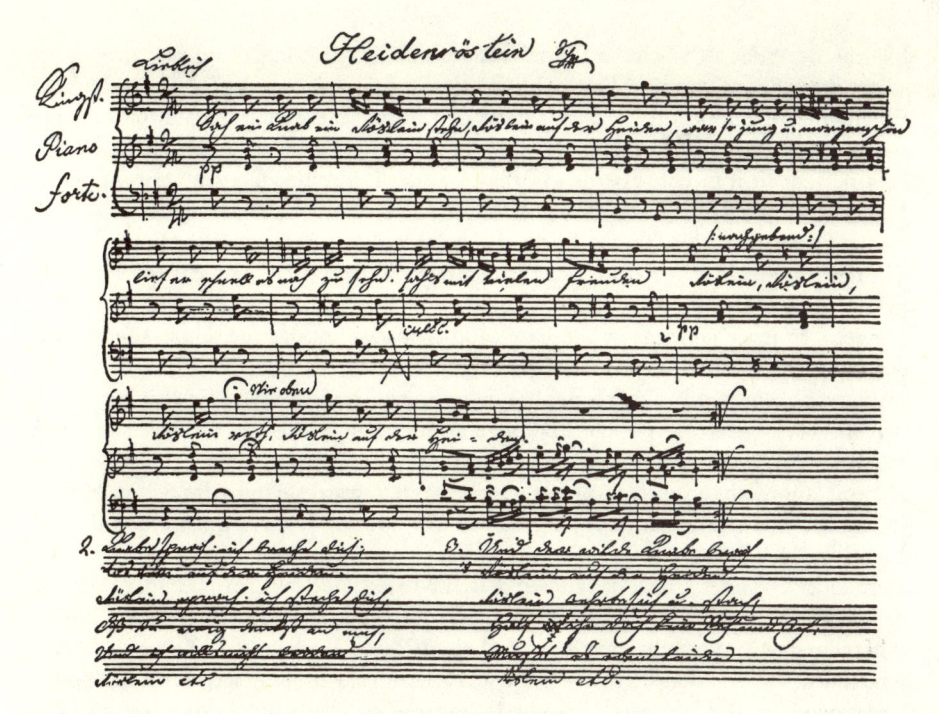

Niederschrift Schuberts von seiner Vertonung des Goetheschen ›Heidenröslein‹

ersten Lieder und Balladen umspannen die rationale und irrationale Ausdruckssphäre der Musik. ›Gretchen am Spinnrad‹ (1814), ›Heidenröslein‹ und ›Erlkönig‹ (1815; dieser als ›Werk 1‹ gedruckt) rekapitulieren nicht das ältere Gesellschaftslied, sie gehören keiner ›Schule‹ an, es trennt sie aber auch keine Entwicklung von den späten Liedern, als nur jene, die die Welterfahrung mit sich bringt.

Man vergleiche Reichardts und Schuberts ›Heidenröslein‹. Dort die zierliche Spätblüte des hochgezüchteten galanten Stils, schlichte Stimmungslyrik, nahezu ohne eigenes Profil; hier die elementare Liedweise, vom Wort inspiriert, aber Musik und Dichtung verschmolzen zu naturseliger Empfindungslyrik! Im kleinen Abgesang zu den Worten ›Röslein auf der Heiden‹ erfüllt sich die Form, dennoch bleibt alles offen für ein gelöstes Ausschwingen der Empfindung. – Auch gegen andere romantische

Vergleich der ersten Takte des ›Heidenröslein‹ von Reichardt und Schubert

Liedmeister hebt sich Schubert einzigartig ab. Sein ›Erlkönig‹ und der zwei Jahre später entstandene von Karl Loewe bieten hierfür Beispiele. Loewes Musik ist bei aller Eigenwilligkeit deskriptiv; sie reflektiert den Stimmungsgehalt der Worte und illustriert die Vorgänge realistisch, dramatisch packend. Das alles findet sich auch bei Schubert, doch er machte überdies hörbar, was der Dichtung zu sagen verwehrt ist.

Man hat in Schuberts Erkrankung (1823) die Ursache für das Doppeldeutige, bisweilen Zerrissene seiner späten Lyrik erkennen wollen. Fraglos gibt es Verhangenes, Bizarres, Grelles in seiner Kunst, das ans Pathologische rührt, aber nicht erst seit 1823. Schon in den ersten beiden ›Klavierfantasien G-Dur‹ und ›g-Moll‹ (1810 bis 1811) kündet sich jener geheimnisvolle Dur-Moll-Kontrast an, der für seine reifen Werke charakteristisch ist als unbewußte Spiegelung seiner seelischen Konstitution. Immer war etwas Fremdes um ihn, als gehöre er »garnicht in diese Welt«. Er reagierte nicht realistisch, er rettete sich in die Traumwelt seiner Kunst. Als ihn der Vater verstieß, brach ein Strom von Liedern aus ihm hervor. Rückblickend bekannte er: »Lieder sang ich nun lange, lange Jahre. Wollte ich Liebe singen, ward sie mir zum Schmerz. Und wollte ich wieder Schmerz nur singen, ward er mir zur Liebe. So zerteilte mich die Liebe und der Schmerz.«

Dem Doppelgängerischen, das sich in diesen Worten andeutet (im Jahre der ›Unvollendeten‹, also vor seiner Erkrankung!), entsprach das ›Hell-Dunkel‹ seiner Klangvorstellungen, entsprach auch von Anbeginn seine Vorliebe für Texte, in denen Kontraste wie Wanderseligkeit–Verzicht, Liebe–Verlust, Naturschwärmerei–Todesverlangen vorgezeichnet sind. Schuberts Naturgefühl war dem pantheistischen Goethes, dem irrationalen Caspar David Friedrichs, dem naiv religiösen Eichendorffs verwandt. Am Entgleitenden, Unwiederbringlichen der Bilder entflammte sich seine Phantasie zu den schönsten Eingebungen: ›Der Schiffer‹, ›Am Bach‹, ›Am Strom‹, ›Auf den Wassern zu singen‹, ›Die Forelle‹, ›Beim Winde‹, ›Die Vögel‹, ›Der Wanderer‹, ›Die Müllerlieder‹, ›Die Winterreise‹... Selbst derart friedvolle Stimmungsbilder wie ›Du bist die Ruh‹, ›Abendlied‹, ›Mondnacht‹, ›Herbst‹, ›Trost‹ sind Lieder unstillbarer Sehnsucht, nicht biedermeierliche Miniaturen.

Formal unterscheiden sich die frühen Lieder kaum von den späten. Allenfalls bevorzugte Schubert zunächst eher das Strophenlied, später die freie Fantasieform; doch eine bewußte Entwicklung läßt sich daraus nicht ablesen. Darin war Schubert mit Mozart verwandt: Er wählte intuitiv, was seiner Aufgabe entsprach. Nicht immer fiel ihm sogleich die richtige Lösung zu; von vielen Liedern gibt es zwei, drei und mehr Fassungen! Die Fülle seiner Liedtypen ist erstaunlich. Es gibt bei ihm das einfache Strophenlied (›Heidenröslein‹), das variierte Strophenlied (›Lindenbaum‹, ›Du bist die Ruh‹), das durchkomponierte Lied (›Wanderer‹, ›Prometheus‹) mit neuer Melodie für jede Strophe und freien rezitativischen Einschüben, die dreiteilige Liedform (›Der Tod und das Mädchen‹) – sie kann sich gelegentlich zu sonatenartigen Gebilden auswachsen –, die Rondo-Form (›Gretchen am Spinnrad‹), die Chaconne (›Doppelgänger‹) – also ostinates Baßthema mit vielen Variationen –, aber auch archaisch strenge dreistimmige Sätze (›Mitleiden Mariae‹), Kanons (über Texte von Schiller, Hölty usw.), Madrigale (›Gesang der Geister über den Wassern‹) und anderes.

Das Atmosphärische in Schuberts Werken beruht auf der irisierenden Harmonik. Auch hierin grenzt Schubert an Mozart. Das Ungreifbare der Klangvorstellungen – etwa im langsamen Satz von Mozarts vorletzter Sinfonie, in Mozarts ›d-Moll-Streichquartett‹ oder in seiner ›c-Moll-Klavierfantasie‹ – scheint verwandelt fortzuwirken in Schuberts ›Der Tod und das Mädchen‹, im ›c-Moll-Streichquartett‹-Satz, in der ›Unvollendeten‹, im ›C-Dur-Streichquintett‹ und vielen Liedern. Nicht eine stilistische, eine metaphysische Verwandtschaft der Werke ist hier gemeint, es verbindet sie jene »frevelhafte Unschuld«, jene »orakelmäßig zweideutige Dunkelheit« des Ausdrucks, von der Wackenroder sprach. – Charakteristisch für Schubert ist das Widerspiel konträrer Klangfarben (Dur-Moll), oft bis in die Verästelung des Melos hinein, ist der Reichtum an klanglichen Zwischenwerten weit über das damals Bekannte hinaus. Schubert hielt sich nicht mehr an die übliche Gruppierung der Formteile um die Grundtonart im Sinne des Quintenzirkels, er bezog die Terzenverwandtschaften und deren Moll-Varianten mit ein, er liebte Modulationen in entlegene Tonarten, neapolitanische Sextakkorde, enharmonische Umdeutungen und andere Mittel, das Klangbild zu differenzieren.

Der Klaviersatz gewann demgemäß in seinen Liedern starkes Eigenleben. Oft übernimmt das Klavier lautmalerisch die Situationsschilderungen (›Gretchen am Spinnrad‹, ›Ich hör ein Bächlein rauschen‹), bisweilen trägt es allein in Vor-, Zwischen- und Nachspielen die Entwicklung, stets ist es in echter Partnerschaft mit der Singstimme an der Ausdeutung der Texte beteiligt.

Polyphoner Satz ist selten; die naturhaft strömende Melodik ist eingebettet in rhythmisch klar und reich skandierte Figuren, Akkordbrechungen und Klänge. Unter den Liedern finden sich solche, die weit vorausweisen auf Impressionismus und Expressionismus (›Die Stadt‹, ›Der Wegweiser‹) oder – in der ›Winterreise‹ etwa und im ›Schwanengesang‹ solche, in denen Tiefenschichten des Bewußtseins bloßgelegt werden, visionäre Textausdeutungen von dämonischer Aussagekraft, überlegen vielen fast ein Jahrhundert jüngeren Versuchen, in denen mit raffinierter psychoanalytischer Methodik angestrebt ist, was hier durchaus als Genesis der Phantasie zu gelten hat. Selbst doppeldeutige Klänge, Ansätze mithin zur Tonalitätsspaltung sind nachweisbar (in: ›Die Stadt‹, ›Die Allmacht‹).

Schuberts naive Unbekümmertheit gegenüber der Dichtung läßt sich an seiner Textwahl ablesen. Literatur und Tagläufiges regten ihn an. Er vertonte Mayrhofer, Müller, Kosegarten, Kind und Deinhardstein neben Petrarca, Shakespeare, Claudius, Goethe, Schiller, Rückert, Schlegel und Novalis. Dichtung jeden Ranges hat nur sekundäre Bedeutung in seiner Lyrik: Im schlichten Volkslied wie im differenziertesten Kunstlied ist das Verschiedenartige zur Einheit gebunden. Was aber besagt dies anderes als – Klassizität?

Schuberts Instrumentalmusiken sind vom Lied her verständlich. Als er seine ersten reifen Lieder schuf (1814), hatte er zwar schon sieben Streichquartette, viele Klaviersachen, eine Messe, eine Oper und eine Sinfonie aufzuweisen, doch in ihnen klang Persönliches nur erst verhalten an: Haydn, Mozart und Salieri waren die Anreger.

Erst später, als er dem »dunklen Gott« Beethoven nacheiferte, brach seine Eigenart durch. In der ›Tragischen‹ nahm er sich – bis in Zitate hinein – die ›Eroica‹ zum Vorbild. Im ›Forellenquintett‹, im Oktett, in den späten Klaviersonaten, Trios, Quartetten und Sinfonien kam es zu einem Ringen mit Beethoven. Bisweilen – in anderen Werken – schien er zu resignieren, überließ er sich dem sentimentalisch Biedermeierlichen. Doch in der Auseinandersetzung mit Beethoven gelangte er zu Werken, in denen das Romantische klassischen Rang gewann. Er wußte es nicht und sah in den Quartetten und Sinfonien zeitlebens nur ›Versuche‹. Nicht lange vor seinem Tode schrieb er an Kupelwieser, er wolle sich nun endlich mit Kammermusiken »den Weg zu großen Sinfonien bahnen«.

Seine Kompositionsweise ist in den Instrumentalmusiken von der Beethovens grundverschieden. Beethoven war Dramatiker, er arbeitete mit gegensätzlichen Themen und Motiven, die dualistisch gespannte sinfonische Entwicklungen zielstrebig durchlaufen. Schuberts Instrumentalmusiken gleichen einem Wandern ohne Ziel. Charakteristisch hierfür sein liedseliges Musizieren ins Blaue hinein, der beschwingte, energische oder auch matte, stockende Wanderrhythmus in vielen Werken. Seine Themen sind Melodien, sie finden ihren Sinn in sich. Dialektische Motiv-Kontroversen sind selten, sie ergeben sich nie aus einem konstruktiven Plan und erreichen nie ein bestimmtes Ziel; sie strudeln auf und vergehen im unentwegten Strömen von Melos, Klang und Rhythmus.

Die klassische Sonatenform übernahm Schubert beiläufig, und er verwandte sie anders als Beethoven. Bei Beethoven ist diese Form in sich gespannt; Schubert entspannte sie. Damit verlor die ›Durchführung‹ des Kopfsatzes ihre zentrale Bedeutung als Schauplatz dramatischer Auseinandersetzungen, sie wurde einbezogen in das freie Strömen der Gedanken. Auch die vier Sätze der Gesamtform büßten die Funktion ein, die ihnen Beethoven zuwies; sie sind nicht mehr Gliederungen einer zwangsläufigen Entwicklung, sie folgen einander wie große Lieder, die ein inneres Thema zum einheitlichen Zyklus bindet.

Hier enthüllt sich Schuberts unbewußtes Formprinzip. In den Liedern, den kleinen und großen Instrumentalwerken – überall läßt sich Zyklisches oder lassen sich Ansätze dazu erkennen. Die über 60 Goethe-Lieder bilden einen Stilkreis, die rund 40 Schiller-Gesänge einen anderen, wieder andere die Ossian-, Novalis-, Scott- oder Müller-Lieder. Analoges findet sich in der Instrumentalmusik. Etwa die Walzer, Ländler und Eccossaisen – »kleine Genien« nannte sie Schumann, »die nicht höher über der Erde schweben, als etwa die Höhe einer Blume ist« –: man wird sie nicht einzeln spielen, denn sie gehören zusammen. Ähnliches gilt für die größeren Lied- und Fantasieformen der ›Divertissements‹, ›Impromptus‹ und ›Moments musicaux‹ – jedes dieser ›Lieder ohne Worte‹ wirkt zwar auch allein, doch Schubert selbst bündelte sie, ein inneres Thema eint sie. In der ›Wandererfantasie‹ blieb es nicht beim inneren Thema, dort und in anderen Werken bildet eines seiner Lieder das ›movens‹ der zyklischen Satzfolge. Auch die ›C-Dur-Sinfonie‹ (1828) mit ihren »himmlischen Längen« (Schumann) ist eher ein riesiger Liederzyklus als eine Sinfonie. Ihre Formgliederungen sind klassisch ausgewogen; gelegentlich kommt es zwar zu motivischen Entwicklungen und erregenden dramatischen Steigerungen, doch die Konflikte ergeben und lösen sich wie zufällig. Die Form ist nur da, zu umgrenzen, was sich melodisch ins Unbegrenzte verströmen will.

Schubert bedrängte kein Ziel auf seiner Wanderschaft. Das erklärt vielleicht auch, warum er verhältnismäßig viele Werke scheinbar unfertig beiseite legte (bekanntestes Beispiel die ›Unvollendete‹). Seine Torsi sind ›unfertig‹ nur im Sinne der überlieferten Schemata, als Kunstwerke fügen sie sich dem großen Zyklus seines Lebenswerkes vollendet ein.

Man vergegenwärtige sich seine schönsten Instrumentalmusiken: den ›c-Moll-Streichquartett‹-Satz, die ›Wandererfantasie‹, die letzten Impromptus und Klaviersonaten, das Oktett, das ›d-Moll-‹, das ›G-Dur-Streichquartett‹ und – alles in sich vereinend, was Schubert ist – die ›Unvollendete‹ und das ›C-Dur-Streichquintett‹. Wenn sich mit diesen Eingebungen überhaupt eine formschöpferische Absicht in Verbindung bringen läßt, so vielleicht diese: Durchdringung der Instrumentalformen mit dem Geist des Liedes, absolute Musik als absolute Lyrik!

Klavierlied, Ballade, Chorlied

Das deutsche Solo- und Chorlied spielte im geselligen Leben des 19. Jahrhunderts eine große Rolle. In den Befreiungskriegen, im Biedermeier, in der Hoch- und Spätromantik – überall war es dabei, als vaterländisches Lied, als Natur-, Wander- und Liebeslied, als Haus-, Konzert- und Kollektivlied, bindend und lösend, begeisternd und zügelnd, leidenschaftlich und meditativ; vergleichbar in seiner Breitenwirkung und Vielgestaltigkeit dem Gesellschaftslied des 16. und 17. Jahrhunderts, doch sehr verschieden von ihm, direkter und versponnener zugleich und reicher gelegentlich an individuellen Nuancen, aber auch gefährdeter zumeist und rascherem Wechsel unterworfen im Kommen und Gehen der Richtungen.

Bei Beethoven spielte das Liedschaffen zwar nur eine periphere Rolle, doch es spiegelt in den Gipfelleistungen – der frühen ›Adelaide‹ (1795), den sechs geistlichen ›Gellert-Liedern‹ (1803) – darunter ›Die Himmel rühmen‹ (später für Chor arrangiert), den vier ›Goethe-Liedern‹ (1810) und dem Jeitteles-Zyklus ›An die ferne Geliebte‹ (1816, sechs Teile) – den Übergang vom Gesellschaftslied des 18. Jahrhunderts zum subjektiven Konzertlied der Romantik. Es sind von Beethoven 79 Klavierlieder überliefert, darunter außer den vorgenannten sieben Hefte ›Englische, schottische, irische und walisische Lieder‹. Seine frühen Lieder zeigen meist noch die stimmungshaft in sich ausschwingende Strophenform des herkömmlichen Gesellschaftsliedes. Charakteristisch für seine Entwicklung wurde dann seine sich ändernde Einstellung zu diesem einfachen Formtypus. Er brach ihn auf, vertonte Strophe für Strophe, ja einzelne Gedanken des Textes selbständig und gelangte schließlich mit den Mitteln der motivischen Variation auch beim Lied zur Entwicklungsform der Sonate. Das läßt sich exemplarisch ablesen an seinen vier Fassungen zu dem Goethe-Lied ›Nur wer die Sehnsucht kennt‹ (von Schubert gibt es zum gleichen Text sechs Fassungen!). Konsequent schritt er da fort vom Strophenlied zur kleinen Sonatenform mit Exposition (zwei Themen), Durchführung, Reprise und Coda! Nur subjektive Wesens- und Stilmerkmale trennen die weiträumigen, bekenntnishaften Ausdruckslieder Beethovens von der Welt Franz Schuberts.

Der Weg des Sololiedes mit Klavierbegleitung führte von Schubert und seinen Freunden *Anselm Hüttenbrenner* (1794 bis 1868) und *Franz Lachner* (1803 bis 1890), von Zelters Nachfolger *Carl Friedrich Rungenhagen* (1778 bis 1851), von Mittelsmännern wie

Karl Loewe

Kreutzer, Spohr und Marschner zu Mendelssohn, Schumann, Brahms und ihrem Kreis, ferner im Rahmen der ›neudeutschen Schule‹ zu Cornelius, Hugo Wolf und anderen. Das neuere Lied, in dem diese Hauptströmungen sich mischten und verzweigten, vertraten vor allem Mahler, Richard Strauss, Reger, Pfitzner und der Schweizer Othmar Schoeck.

Auf dem begrenzten Gebiet der Ballade trat etwa gleichzeitig mit Schubert *Karl Loewe* (1796 bis 1869) hervor. Er erhielt seine Ausbildung in Köthen und Halle und wurde 1820 in Stettin Kantor und Gymnasialmusiklehrer. Die letzten Lebensjahre verbrachte er in Kiel. – Sein Lebenswerk umfaßt zwar auch Sinfonien, Opern und eine Reihe geistlicher und weltlicher Oratorien, darunter zwei ›Männerchor-Oratorien‹ als erste Beispiele einer von ihm geschaffenen, auf die ›Liedertafelei‹ zugeschnittenen Gattung, doch nur seine von Zumsteeg, Reichardt und Zelter angeregten Balladen hielten sich. Schon im ›opus 1‹ aus dem Jahre 1818, den Balladen ›Edward‹ und ›Erlkönig‹ (siehe Schubert, Seite 386), ist seine Eigenart ausgeprägt. Stets hielt er sich eng an die Dichtungen, deren Stimmungsgehalt seine Musik erschöpfend reflektiert, gleich eindringlich in der realistischen Schilderung, im naiv volkstümlichen Erzählerton wie im Ausdruck des phantastisch Romantischen. Loewe gründete seine Balladenkunst auf das Strophenlied; es bildet auch in seinen späten Balladen, etwa ›Heinrich der Vogler‹, ›Tom der Reimer‹, ›Prinz Eugen‹, ›Archibald Douglas‹ oder ›Der Nöck‹, die Basis der übersichtlich gegliederten Form. Mit Vorliebe variierte er die einzelnen Liedstrophen analog zum wechselnden Inhalt der Textstrophen, mitunter verband er mehrere kontrastierende Liedstrophen rondoartig. Seine Melodik ist sinnfällig aus der Sprachmelodie abgeleitet, die harmonisch farbig getönte Klavierbegleitung untermalt die Vorgänge illustrativ, die Rhythmik belebt den epischen Vortrag und akzentuiert die dramatischen Steigerungen eindrucksvoll. Loewes Art, durch freie rezitativische Einschübe Zäsuren zu schaffen und einzelne Gedanken leitmotivisch zu verwenden, fand Eingang in die romantische Oper; sie verdankt auch seinem realistischen Deklamationsstil Anregungen. Nach Loewe schrieben Balladen etwa Marschner, Schumann vor allem, Brahms und der Kolberger *Martin Plüddemann* (1854 bis 1897).

Das Chorlied des 19. Jahrhunderts fand in dem sangesfreudigen, biedermeierlichen *Karl Friedrich Zelter* (1785 bis 1832) den Wegbereiter und Organisator. Seine meist schlicht strophischen Weisen entsprachen Goethes Vorstellungen vom Volkslied; nie wichen sie im Ausdruck von dem ab, »was die Worte sagen«. So sah Goethe in ihm seinen eigentlichen Vertoner. Er bot ihm das ›Du‹ an und blieb ihm zeitlebens freundschaftlich verbunden. Was Zelter über Musik und Musiker dachte, machte er sich im Positiven (Bach, Haydn, Mozart, Mendelssohn) und Negativen (Beethoven, Schubert, Weber, Loewe) bereitwillig zu eigen. Pfitzner meinte später, Zelter habe es verstanden, »jedes Menschenantlitz von Goethe fernzuhalten«. Doch er übersah: Nie wäre Goethe auf Zelter derart eingegangen, hätte dieser nicht Anschauungen vertreten, die ihm willkommen waren. Goethes Einstellung zur Musik war ebenso die Voraussetzung für seine Freundschaft mit Zelter wie deren Ergebnis. Er teilte mit Zelter die Vorliebe für das Volkslied und für die zwar subjektive, doch stets Distanz wahrende höfisch gesellige Musik des 18. Jahrhunderts.

Zelters Werdegang war ungewöhnlich. Als Sohn eines Ziegelbrenners wurde er zunächst Maurermeister. Nach 1783 trieb er nebenher Musikstudien bei *Karl Friedrich Fasch* (1736 bis 1800), dem Sohn des Zerbster Suitenmeisters Johann Friedrich Fasch. Schon 1786 konnte er seinem Lehrer eine wohlgelungene Trauerkantate für Friedrich II. vorlegen; sie wurde in der Potsdamer Garnisonkirche aufgeführt. Das machte Zelter nicht übermütig. Er blieb fürs erste Maurer und half mit beim Bau der von Schinkel entworfenen königlichen Akademie. Der Zufall fügte es, daß Fasch dann im Saal dieser Akademie mit seinem ›Verein für gehobenen Chorgesang‹ Proben abhalten durfte. 1792 gab er dem Verein den Namen ›Berliner Singakademie‹. Bald darauf machte er Zelter zu seinem Stellvertreter, und nach Faschs Tod zog Zelter als Direktor der ›Singakademie‹ in eben jenes Gebäude ein, das er als Maurer mit geschaffen hatte. 1806 wählte man ihn als Assessor in die ›Akademie der Künste‹. 1807 gründete er eine Orchesterschule, ein Jahr darauf die ›Erste Berliner Liedertafel‹. Mit ihr fand nach dem gemischten Chorgesang, der in der ›Singakademie‹ weiter gepflegt wurde, nun auch der Männerchorgesang in Deutschland seine erste Heimstätte. 1809 wurde Zelter Professor der königlichen Akademie, 1819 gründete er das ›Königliche Institut für Kirchenmusik‹ in Berlin; bei gleichartigen Instituten in Königsberg und Breslau stand er Pate. Im selben Jahr wurde er Ehrenmitglied der ›Zweiten Berliner Liedertafel‹, die *Ludwig Berger* (1777 bis 1839) zusammen mit *Bernhard Klein* (1793 bis 1832) und *Gustav Reichardt* (1797 bis 1884) ins Leben rief.

Alles, was Zelter in betont vaterländischer Gesinnung als Organisator anpackte, wirkte sich weit ins 19. Jahrhundert, ja bis zur Gegenwart aus. Seine Singakademie bestand ohne Unterbrechung bis zum Tode Georg Schumanns (1952). Die ihr angegliederte ›Liedertafel‹ wurde zum Vorbild vieler ähnlicher Vereinigungen während und nach den Befreiungskriegen. Sie leitete eine neue Ära des Männerchorgesanges ein, hob sich aber durch ihre Statuten von späteren Gesangvereinen ab. Nur Dichter, Komponisten und Berufssänger wurden in sie aufgenommen. Mit Vorliebe sang man Werke der Mitglieder. Ebenso wie die ›Singakademie‹ war die ›Berliner Liedertafel‹ »auf den Nationalcharakter deutscher Beständigkeit gebaut... Das Lob des Königs gehört zu ihren ersten Geschäften« (Zelter). Welch ein Gegensatz zu Reichardt! Auch Zelters ›Institut für Kirchenmusik‹ hatte über 100 Jahre Bestand. Erst 1934 büßte es seine ursprüngliche Funktion ein.

So fortschrittlich der Organisator Zelter, so konservativ der Komponist. Seine Goethe-Lieder, Solo- und Chorlieder mit Ausnahme mancher Balladen (etwa ›König von Thule‹) gehören stilistisch noch durchaus dem abklingenden 18. Jahrhundert an; ein Kuriosum fast, da er Beethoven, Schubert und Weber überlebte! Unvergessen sind seine Verdienste um Johann Sebastian Bach. Schon in den zwanziger Jahren führte er Kantaten des Thomaskantors in der ›Singakademie‹ auf. 1827 schrieb er an Goethe: »Könnte ich dir eine von Seb. Bachs Motetten zu hören geben, im Mittelpunkt der Welt solltest du dich fühlen...« Er führte auch seinen Schüler Mendelssohn in Bachs Welt ein und gab dem Entflammten dann selbstlos den Weg frei zu jener denkwürdigen Neuaufführung der ›Matthäus-Passion‹ in der ›Singakademie‹ (11.3.1829), mit der die Bach-Renaissance einsetzte.

Unübersehbar ist die Schar derer, die im Gefolge von Zelter oder Nägeli den Bedarf der ›Liedertafeln‹ und ›Liederkränze‹ mit meist minderwertigen vierstimmig gesetzten Männerchorliedern zu stillen suchten. Gehaltvolle Männerchorlieder sind Weber (›Leyer und Schwert‹), Mendelssohn, Schumann und Brahms zu danken. Der Schwabe *Friedrich Silcher* (1789 bis 1860) schuf mit ›Ännchen von Tharau‹, ›Ich weiß nicht, was soll es bedeuten‹, ›Zu Straßburg auf der Schanz‹, ›Morgen muß ich fort von hier‹, ›Es geht bei gedämpfter Trommel Klang‹ oder ›Es waren zwei Königskinder‹ unvergängliche Volkslieder.

Diese und andere Meister pflegten auch das anspruchsvollere, aber weniger volkstümliche Lied für gemischten Chor. Es klang ab etwa bei Cornelius, Wolf, Bruckner und Bruch, bei *Friedrich Hegar* (1841 bis 1927) und *Mathieu Neumann* (1867 bis 1928). Um die Jahrhundertwende gewann das Chorwesen durch die Jugendbewegung neuen Auftrieb.

Die deutsche romantische Oper

Als Rossini 1822 in Wien mit seinem ›Barbier‹ Triumphe feierte, stand er noch im Vertrag mit dem italienischen Theaterunternehmer Doménico Barbaja. Dieser Barbaja war damals nicht nur Herr der Mailänder ›Scala‹ und eines Theaters in Neapel, sondern auch Direktor des ›Kärntnertor-Theaters‹ und des ›Theaters an der Wien‹, und er blieb es bis 1828. Das heißt, die italienische Oper war damals in Wien tonangebend. Und nicht nur dort: München unterhielt eine italienische Oper, in Dresden bestimmte im wesentlichen der Italiener Morlacchi von 1810 bis 1840 den Spielplan; sein Landsmann Rastrelli war dort von 1830 bis 1842 Hofkapellmeister, Rastrellis Vater bis 1839 Hofkomponist.
Unter solchen Verhältnissen suchte Weber in Dresden von 1817 bis 1826 für die deutsche Oper Boden zu gewinnen, doch selbst er führte vorwiegend Werke italienischer und französischer Meister auf. An deutschen Namen erschienen in seinem Opernspielplan neben Mozart und Beethoven nur Spohr, Weber, Weigl, Winter, Fränzl und Marschner, hinzu kamen einige Singspielmeister, darunter Wenzel Müller, Kreutzer, Dittersdorf, Reichardt, womit freilich der kleine Kreis der damals in Frage kommenden Deutschen auch schon beisammen war. In Berlin herrschte Spontini bis 1841, Meyerbeer bis 1847 und damit die italienisch-französische Richtung. Schumann reagierte auf diese sozusagen gesamtdeutsche Lage noch im Jahrzehnt des ›Tannhäuser‹ mit dem Stoßseufzer: »Mein Morgen- und Abendgebet gilt der deutschen Oper!«, und er sprach damit aus, was alle empfanden, die die nationale Oper anstrebten.
Ein halbes Jahrhundert vor Schumann waren die Verhältnisse noch ungünstiger. Damals fragte sich Mozart: »Jede Nation hat ihre Oper, warum sollten wir Deutschen sie nicht haben?« Aber die Nation, was war das damals? Wien, München, Berlin, Dresden? So, wie Paris Frankreich war oder Rom Italien, trotz Neapel, Mailand, Venedig? Beethoven bezeichnete noch 1808 Wien im Gegensatz zu Westfalen als »das noch einzige deutsche Vaterland«, und noch 1848 spottete Hebbel über die »Partikular-Patrioten« des deutschen Bundes (35 souveräne Fürstentümer und vier freie Städte!), die »jetzt darüber nachsinnen, wie sie sich mit Deutschland vereinigen können, ohne sich mit Deutschland zu vereinigen«. Das sei, »als wenn zwei, die sich küssen wollen, sich dabei den Rücken zuzukehren wünschten!«. Gewiß, es gab das deutsche Singspiel, es gab Mozarts ›Entführung‹ und ›Zauberflöte‹, Beethovens ›Fidelio‹ (als Grenzfall der französischen Revolutionsoper) und – seit 1821 – Webers ›Freischütz‹. Doch zahlenmäßig war in den Spielplänen das Übergewicht der ausländischen Produktion erdrückend.
Bald nach 1870 machte das Wort die Runde, Deutschland sei »zusammengesungen« worden; sicher eine vereinsmeierliche Übertreibung, aber etwas war schon daran: Schubert, Weber, Zelter, Silcher, Loewe, Mendelssohn, Schumann, Brahms – ›Am Brunnen vor dem Tore‹, ›Wer hat dich, du schöner Wald‹, ›O Täler weit, o Höhen‹, dann ›Der deutsche Liederhorst‹ von Ludwig Erk, die Liedertafelei landauf, landab und – der ›Freischütz‹; auch ohne daß darüber gesprochen wurde, empfand man: das

ist unsere Welt. Kein politisches Wort fiel in diesen Liedern und dieser Oper, doch sie waren Politika neben den betont vaterländischen Gesängen jener Zeit; sie banden den einzelnen, ohne daß er sich dessen bewußt wurde, an das mit dem Begriff Nation nur vage umschreibbare Gemeinsame und machten ihn ansprechbar für nationalpolitische Parolen. Freilich kam vieles noch hinzu. Die Mythen, Sagen und Märchen der Heimat wurden gesammelt und fanden Eingang in jedes Bürgerhaus, die deutsche Landschaft wurde für die Künste entdeckt, die Maler, Bildhauer, Musiker und Poeten wählten ihre Themen mit Vorliebe aus der heimischen Vergangenheit, in den Schulen, und Universitäten, überall wuchs die Zahl derer, die dazu beitrugen, daß auch nach den Befreiungskriegen und dem Desaster des Wiener Kongresses die vaterländische Gesinnung wachgehalten wurde.

Das deutsche Musiktheater entfaltete sich im Rahmen dieser Entwicklung. Was im ›Freischütz‹ und anderen frühromantischen Werken noch mit schöner Unbefangenheit Gestalt annahm, das wurde später, bei Wagner, zum Programm: die deutsche Oper, das deutsche Musikdrama, das deutsche ›Nationaltheater‹.

Ernst Theodor Amadeus Hoffmann

Ein besonderer Wesenszug der frühromantischen deutschen Komponisten war ihre Neigung, Wirklichkeit und Phantastik ineinander zu sehen. Das besagt nicht, ihre Opern seien unrealistisch. Sie entsprechen in der Regel den Anschauungen, die E. Th. A. Hoffmann mit bezaubernder Ironie etwa in seinen Serapionsbrüdern vertrat. Er sah im Wunderbaren keine Alternative zur Wirklichkeit, keinen Lebensersatz – er ließ es frei aus dem Leben hervorgehen, er dichtete ›Wirklichkeitsmärchen‹. Seine skurrilen Visionen verhalten sich zum Wirklichen wie freie Kontrapunkte zu einem gegebenen ›cantus firmus‹. Stets bleibt die Wirklichkeit, wie er selbst sagte, »die Basis der Himmelsleiter«, auf der man dem Dichter »in höhere Regionen nachzusteigen vermag«.

Stoffkreis und Ästhetik der frühromantischen deutschen Oper sind weitgehend auf E. Th. A. Hoffmann bezogen. Aber sein Einfluß blieb nicht hierauf beschränkt. Er regte Schumann (›Kreisleriana‹, ›Nachtstücke‹) und andere Musiker zu poetisierenden Romanzen oder Programm-Musiken an, viele Meister, von Offenbach bis Busoni oder Hindemith, vertonten Ballettszenen oder Opernlibretti nach seinen Novellen. Im Gegensatz zu anderen romantischen Dichtern blieb Hoffmann keine innerdeutsche Angelegenheit. Victor Hugo etwa oder Puschkin und Gogol, später dann die Symbolisten Rimbaud, Baudelaire, Mallarmé, ja Maeterlinck, Joyce, Kafka oder Lorca verdankten ihm Anregungen. In Frankreich soll er noch heute einer der meistgelesenen deutschen Dichter sein. Das mag sich erklären aus der merkwürdigen Scheinverwandtschaft seiner Wirklichkeitsmärchen mit den Produkten des ›romantisme réaliste‹. Für seine Phantastik, seine Ironie und seinen verspielten, bilderreichen Stil finden sich zahllose Entsprechungen in der französischen Literatur. Doch während der ›romantisme réaliste‹ das Wunderbare vorwiegend allegorisch-symbolisch verstand, sah Hoffmann, wie die deutschen Märchenerzähler und Spökenkieker oder auch wie Shakespeare, keine Scheidewand zwischen der sinnlichen und übersinnlichen Welt. Er forderte, das Wunderbare müsse »notwendig, sinnvoll und poetisch wahr« aus dem Erfahrbaren hervorgehen.

Es mag scheinen, als stünden hier nur Nuancen gegeneinander, doch auf ihnen beruht das wesentlich Andersartige der französischen und deutschen Romantik. Die französische Romantik begriff das Übersinnliche in der Poesie symbolisch, die deutsche

*Ernst Theodor Amadeus Hoffmann,
nach dem Selbstporträt des Dichters*

metaphysisch. Der Franzose liebt das Klare, Durchgeformte, Bestimmte; der Deutsche – mit Nietzsche zu sprechen – »versteht sich auf die Schleichwege zum Chaos. Und wie jegliches Ding sein Gleichnis liebt, so liebt der Deutsche die Wolken und alles, was unklar, werdend und dämmernd, feucht und verhängt ist: das Ungewisse, Unausgestaltete, sich Verschiebende, Wachsende jeder Art...«

1776, als Mozart zwanzig Jahre alt war, kam *E. Th. A. Hoffmann* in Königsberg zur Welt, 1822, im Jahr von Schuberts ›Unvollendeter‹, starb er als Kammergerichtsrat in Berlin. Über seiner Kindheit stand kein guter Stern. Die Ehe der Eltern wurde geschieden, im Junggesellenhaushalt eines schrulligen Onkels wuchs er auf. Poesie, Malerei und Musik zogen ihn an, doch er studierte Jura, wurde 1800 Assessor in Posen, 1802 nach Plotzk strafversetzt, da er seine Vorgesetzten karikiert hatte, und 1803 Rat in Warschau. Sein Beruf ließ ihm Zeit, sich künstlerisch zu betätigen. In Posen brachte er eine Singspielmusik zu Goethes ›Scherz, List und Rache‹ (1801) heraus, in Plotzk folgten ›Der Renegat‹ (1803) und ›Faustine‹ (1804), in Warschau die Musik zu Brentanos ›Lustige Musikanten‹ (1805) sowie die Opern ›Der Kanonikus von Mailand‹ (1805) und ›Schärpe und Blume‹ (1807). Die Kriegswirren 1806 machten Hoffmann stellungslos; nach Notjahren in Berlin – er suchte dort als Zeichner und Musiklehrer durchzukommen – wurde er 1808 Theaterkapellmeister in Bamberg. Dort schrieb er seinen ›Trank der Unsterblichkeit‹, ein Jahr darauf ›Das Gespenst‹, ferner eine Schauspielmusik zu Müllers ›Genoveva‹ und ein Melodram ›Dirna‹. In der Oper ›Aurora‹ (1811) suchte er dann bewußt sein romantisches Programm zu verwirklichen. Während der glücklichen Bamberger Jahre entstand auch Hoffmanns erste phantastische Dichtung, der ›Ritter Gluck‹ (1808), entstanden die Beethoven-Rezensionen (1809 bis 1812), der ›Don Juan‹ (1812) und ›Die musikalischen Leiden des Kapellmeisters Kreisler‹ (1812). 1813 bis 1814 war Hoffmann in Leipzig bzw. Dresden Kapellmeister der Sekondaschen Truppe, 1816 stellte ihn Preußen als Kammergerichtsrat in Berlin wieder ein. Dort wurde er Mittelpunkt eines romantischen Künstlerkreises, dem Ludwig Devrient, Fouqué, Tieck, Chamisso und Weber angehörten.

Seine vielen Begabungen – charakteristisch für das romantisch Doppelgängerische seiner Natur – führten nicht zu einer Zersplitterung seiner Kräfte. Er erfüllte sich als Dichter. Die Musik verdankt ihm wesentliche Anregungen. Er setzte sich ein für die ›alte und neue Kirchenmusik‹, für Bach, Gluck, Mozart und Beethoven; er gab der Musikrezension literarischen Rang, wurde der eigentliche Ästhetiker der musikalischen Frühromantik, war aber auch als Komponist eine der bemerkenswerten Übergangserscheinungen seiner Zeit.

Sein musikalisches Schaffen umfaßt außer seinem Hauptwerk, der Oper ›Undine‹ (1816), Ouvertüren, Bühnenmusiken, acht Singspiele bzw. Opern, ein Ballett, eine Messe und andere Kirchenmusik, eine Sinfonie, Klaviersonaten, ein Klavierquintett und ein Harfenquintett. Gewiß, die Mehrzahl der Werke ist klassischen Mustern nachempfunden, nicht mehr klassisch und noch nicht romantisch, doch manches, besonders das hübsche ›Harfen-Quintett‹, gehört durchaus zur wertbeständigen frühromantischen Musik. Hoffmann schulte sich an den Italienern, an Händel, Gluck und Mozart. In ihm sah er die Verbindung »des hinreißendsten zauberischen Gesanges der Italiener mit dem kräftigen Ausdruck der Deutschen«.

In der Schrift ›Dichter und Komponist‹ (1813) äußerte er zur Idee von der Oper als Gesamtkunstwerk Anschauungen, die in manchem schon Wagner vorwegnehmen. Vor allem das Verhältnis zwischen Poesie und Musik beschäftigte ihn. Da heißt es: »In der Oper soll die Einwirkung höherer Naturen auf uns sichtbarlich geschehen und so vor unseren Augen ein romantisches Sein sich erschließen, indem auch die Sprache höher potenziert..., das heißt, Musik, Gesang ist... Auf diese Weise soll die Musik unmittelbar und notwendig aus der Dichtung entspringen.« In seinen Bühnenwerken versagte sich ihm freilich die schöpferische Lösung.

Einzig in ›Undine‹ kam er seinem Ziel nahe. Der Text (nach einem Szenarium Hoffmanns von Fouqué) sucht die üblichen schauerromantischen ›Feerien‹ zu beseelen, die Personen sind Träger von Ideen, die Handlung führt im Sinnbild eines Märchens echte Konflikte befreienden Lösungen zu. Die Musik lehnt sich zwar formal und in der Instrumentation an Mozart an, sie ist aber in den Partien, in deren Mittelpunkt der Elementargeist Kühleborn und Undine stehen, eigenartig und überzeugend. Leitmotive und Leitklänge verdeutlichen die inneren Zusammenhänge, eine auch modulatorisch mitunter reiche Koloristik belebt die einprägsame Melodik und steigert die romantische Stimmung. Man spielte ›Undine‹ 1816 im Berliner ›Theater am Gendarmenmarkt‹ en suite 23mal. Weber war entzückt, er schrieb: »Dieses Werk ist eines der geistreichsten, das uns die neue Zeit geschenkt hat.« Beim Brand des Theaters (1817) gingen die Stimmen verloren, nur die Partitur wurde gerettet. Lange blieb ›Undine‹ verschollen; erst 1906 machte Hans Pfitzner sie den Bühnen wieder zugänglich. Doch es gelang nicht, sie durchzusetzen, Lortzings ›Undine‹ stand im Wege.

Carl Maria von Weber

»Da bist du ja, du Kerl! Du bist ein Teufelskerl. Grüß dich Gott!«, so empfing Beethoven 1823 seinen Besucher Carl Maria von Weber, der nach Wien gekommen war, um seine ›Euryanthe‹ einzustudieren. Und: »Das freut mich, das freut mich!«, meinte er zur ›Euryanthe‹, »so muß der Deutsche über den italienischen Singsang zu Recht kommen!«. Er überschätzte Weber keineswegs, aber er begegnete ihm nicht ›frostig‹, wie Goethe, und er krittelte nicht an ihm herum wie Zelter, Hoffmann, Schubert oder Spohr, die sich über sein »Geistreichtun« und seinen »Dilettantismus« lustig machten oder es ihm verübelten, daß er »für den großen Haufen« schrieb. Zum ›Freischütz‹ meinte Beethoven: »Das sonst weiche Mannel, ich hätt's ihm nimmermehr zugetraut. Nun muß der Weber Opern schreiben, gerade Opern..., und ohne viel daran zu knaupeln. Der Caspar, das Untier, steht da wie ein Haus. Überall, wo der Teufel die Tatzen 'reinsteckt, da fühlt man sie auch... Wenn ich's lese, wie bei der wilden Jagd –, so muß ich lachen –, und es wird doch das Rechte sein ... so was muß man hören, nur hören!«
Weber war damals schon siebenunddreißig und ein schwerkranker Mann; nur noch den ›Oberon‹ sollte er vollenden, dann erlag er der Schwindsucht. Sie war nicht sein einziges Gebrechen; er lahmte ein wenig von Kindheit an. Am 18. Dezember 1786 kam er im holsteinischen Eutin zur Welt. Der Vater, Franz Anton Weber, hatte eine halbfranzösische Mutter; Mozarts Frau Konstanze war seine Cousine. Er war vielseitig begabt, aber haltlos und oft in dunkle Affären verwickelt. Das Adelsprädikat und Titel wie Kammerherr, Baron, Freiherr verlieh er sich selbst. Carl Marias Mutter, Genovefa Brenner, stammte aus Schwaben. Ein Jahr nach Carl Marias Geburt gründete sein Vater die ›von Webersche Schauspielergesellschaft‹; damit begann ein langjähriges Wanderleben, bei dem an eine geregelte Ausbildung für Carl Maria nicht zu denken war. Er bekannte später: »Ich reifte früh in einer gefährlichen Ideenwelt... Mein Vater reiste mit mir; ich sah einen großen Teil Europas, aber nur wie im Spiegel..., denn ich sah durch fremde Augen.«
Musikunterricht hatte Weber stets nur kurze Zeit. 1796, in Hildburghausen, erwarb er die Grundlagen seines pianistischen Könnens bei dem tüchtigen I. P. Heuschkel, 1797 bzw. 1801 bis 1802 unterrichtete ihn Michael Haydn in Salzburg; bei ihm lernte er »wenig und mit großer Anstrengung«. 1798, im Todesjahr der Mutter, förderten ihn Kalcher (Theorie) und Valesi (Gesang) in München, 1803 fand er in Wien seinen

eigentlichen Lehrer in Abt Vogler. Bei ihm beendete er seine kompositorischen Studien, doch er fühlte sich damals in seinem Handwerk durchaus noch nicht sicher.
Bis zu diesem Zeitpunkt hatte er schon mancherlei komponiert, mit zwölf Jahren einige Fughetten, mit dreizehn mehrere Klaviersonaten, Variationen, Lieder, eine kleine Oper und eine Messe, die als einzige dieser Arbeiten erhalten ist. In Freiberg, 1800, entwarf er die Oper ›Das stumme Waldmädchen‹ – sie ging bis auf zwei Nummern verloren –, während des zweiten Aufenthaltes in Salzburg, 1801 bis 1802, die Oper ›Peter Schmoll und seine Nachbarn‹. Der Dialog ist verschollen, die frische, aber noch unpersönliche Spielmusik (20 Nummern) erhalten. Der hübschen Ouvertüre gab Weber erst 1807 die gültige Fassung.
1804 wurde er durch Vermittlung Voglers Opernkapellmeister in Breslau. Dort lebte er sich allmählich in seine vielseitigen Aufgaben ein. Zum Komponieren fand er wenig Zeit; das Fragment der Oper ›Rübezahl‹, eine ›Sizilianische Flöten-Romanze‹ und eine ›Chinesische Ouvertüre‹ sind etwa die Ausbeute der Breslauer Jahre. 1806 verlor Weber seine Stellung. Arg verschuldet kam er nach Carlsruhe in Schlesien. Dort entstanden ein ›Horn-Concertino‹ und die beiden einzigen Sinfonien.
Im Herbst 1807 wurde Weber Sekretär des Prinzen Ludwig in Stuttgart. Er hatte zwar die herzöglichen Töchter in Musik zu unterrichten, in erster Linie aber die verfahrenen Finanzen seines Herrn in Ordnung zu bringen, und das war, bei seiner notorischen Unbekümmertheit in Gelddingen, keine gute Position. 1809 stieß der Vater zu ihm, 1810 wurden beide in eine üble Geldangelegenheit verwickelt und nach peinlichen Verhandlungen über die Grenze abgeschoben. Der künstlerische Ertrag der Stuttgarter Zeit bestand in Liedern, Klavierwerken und Kammermusiken, dem ›1. Klavierkonzert‹ (C-Dur), der Kantate ›Der erste Ton‹, der Ouvertüre zu Schillers ›Turandot‹ und der Oper ›Silvana‹, die 1810 in Frankfurt einen Achtungserfolg hatte. Die nächsten Stationen waren Mannheim und Darmstadt. Dort betrieb Weber abermals Studien bei Vogler, nun gemeinsam mit Meyerbeer; dort schrieb er die heitere Türkenoper ›Abu Hassan‹, und er hatte mit ihr 1811 in München einen schönen Erfolg. In München entstanden mehrere Klarinettenwerke – das ›Concertino‹, die beiden Konzerte (f-Moll und Es-Dur), die ›Silvana-Variationen‹ – und das brillante ›2. Klavierkonzert‹ (Es-Dur), das er in Gotha beendete. 1812 starb sein Vater; ein Jahr darauf wurde Weber Operndirektor in Prag.
Mit den Prager Jahren begann sein Aufstieg zu einem der ersten Operndirigenten und Regisseure seiner Zeit. Er reorganisierte das Theater, aktualisierte den Spielplan und gab ihm europäisches Niveau. Dem Ensemble gehörte Karoline Brandt, seine spätere Frau, als Soubrette an. Durch Tieck und Brentano wurde er in den Kreis der Romantiker eingeführt, mit Schenkendorf, Fouqué und Eichendorff hatte er Umgang. Zum Komponieren fand er wenig Zeit, immerhin beendete er sein ›Klarinettenquintett‹ (begonnen 1811), vertonte er Körners Zyklus ›Leyer und Schwert‹, darunter die Männerchöre ›Lützows wilde Jagd‹ und ›Schwertlied‹, die ihn als Sänger der Freiheitskriege berühmt machten, und – unter dem Eindruck des Sieges von Waterloo – die Kantate ›Kampf und Sieg‹. Doch er fühlte sich in Prag nicht wohl. 1816 besuchte er Berlin in der Hoffnung, dort eine Stellung zu finden. Er war oft zusammen mit E. Th. A. Hoff-

mann und seinem Kreis, erregte Aufsehen als Pianist, erreichte aber sein Ziel nicht. Statt dessen erhielt er überraschend die Berufung als Operndirektor nach Dresden. Damit erlangte er die letzte und wichtigste Stellung seines Lebens.

1817 nahm er seine Tätigkeit auf. Er hatte einen schweren Stand gegenüber den Italienern, die König August der Starke bevorzugte (siehe Seite 393). Die deutsche Oper war der italienischen nur angegliedert. Im Ensemble war Weber auf singende Schauspieler und Dilettanten angewiesen, auch sein Chor ließ zu wünschen übrig. In mühevoller Arbeit suchte er hier Wandel zu schaffen. Da ihn der Intendant, Graf Vitzthum, förderte, konnte er vieles erreichen. Er verpflichtete Gastsänger, disziplinierte den Chor und stützte sich vor allem auf das Orchester, das unter ihm eines der besten Deutschlands wurde. In der Spielplangestaltung mußte er auf den König Rücksicht nehmen, hin und wieder nur inszenierte er ein deutsches Werk (siehe Seite 393). Nun, er war kein Chauvinist, er schätzte das Gute, »es komme, von welchem Volke es wolle«.

Bald wandte sich Weber auch wieder schöpferischen Aufgaben zu. Im Dresdener ›Liederkreis‹ lernte er den Schriftsteller Friedrich Kind kennen, und dieser entwarf für ihn 1817 nach einer Sage aus dem ›Gespensterbuch‹ von Apel und Laun den Text zum ›Freischütz‹. Die Vertonung zog sich freilich bis zum Mai 1820 hin, sie wurde unterbrochen durch eine Fülle anderer Arbeiten, darunter zwei Messen, Lieder, Chöre, Schauspielmusiken, Festkantaten, die ›Jubel-Ouvertüre‹ und Kammermusik.

Noch 1820 entwarf Weber im Auftrage des Berliner Intendanten, Graf Brühl, die Bühnenmusik zu Wolffs Schauspiel ›Preciosa‹. Auch der ›Freischütz‹ war für Berlin bestimmt. Am 14. März 1821 ging dort ›Preciosa‹ in Szene; es wurde ein günstiger Auftakt zur Premiere des ›Freischütz‹ (18. Juni), die Weber einen beispiellosen Erfolg einbrachte. Man feierte ihn als den Schöpfer der deutschen Oper. Es gab zwar Einwände (siehe Seite 397), doch das Werk setzte sich bald im In- und Ausland durch.

1822 bestellte Rossinis Impresario Barbaja (siehe Seite 393) bei Weber für Wien eine Oper »im Stil des ›Freischütz‹«. Weber war zwar mit der komischen Oper ›Die drei Pintos‹ beschäftigt, doch da er Dresden für dieses Werk nicht zu interessieren vermochte, ging er auf Barbajas Vorschlag ein. Helmina von Cézy, eine exzentrische Romantikerin, zu deren ›Rosamunde‹ Schubert um diese Zeit seine Schauspielmusik schrieb, entwarf für ihn den Text der ›Euryanthe‹. Weber, erst nach elf Umarbeitungen mit ihrem Elaborat zufrieden, schuf die Musik von Mai 1822 bis August 1823, ständig und bis zur Erschöpfung gemartert von seiner Krankheit. Am 25. Oktober ging ›Euryanthe‹ in Wien unter seiner Leitung mit gutem Erfolg in Szene.

1824 suchte er sein Leiden in Marienbad auszukurieren, doch anfälliger als zuvor kam er nach Dresden zurück. Dort erreichte ihn ein Angebot, für das ›Covent Garden Theatre‹ in London eine Oper zu schreiben. Man einigte sich auf ›Oberon‹. Februar 1825 begann Weber mit der Vertonung des englischen Textes, Januar 1826 war die Komposition im wesentlichen abgeschlossen. Bald darauf reiste er nach London. Unterwegs, in Paris, bereiteten ihm Rossini, Paër, Cherubini und andere Meister einen herzlichen Empfang. Auch in London durfte er noch Erfreuliches erleben. Man überschüttete ihn mit Ehrungen aller Art. »Die ganze Welt ehrt mich«, schrieb er an seine

Frau, »nur mein König nicht!« Die prunkvolle Aufführung des ›Oberon‹ wurde für ihn zu einem Triumph. Er vermochte noch elf weitere Aufführungen und ein Konzert zu leiten, dann verließen ihn die Kräfte. In der Nacht zum 5. Juni starb er. In der Kapelle St. Mary in Moorsfield wurde er beigesetzt. Achtzehn Jahre später holte man ihn heim nach Dresden.

Die Werke

»Weber kam auf die Welt, den ›Freischütz‹ zu schreiben.« (Pfitzner) Das ist gewiß überspitzt formuliert, doch das Echo einer Meinung, die schon zu Webers Lebzeiten galt. Schon damals sahen viele in ihm nur den Schöpfer dieses Werkes. Er litt darunter und wies auf anderes, vor allem auf ›Euryanthe‹ hin, doch es war vergeblich.
Weber verkörperte neben E. Th. A. Hoffmann als erster den Typus des deutschen Bildungsmusikers. Allmählich reifte er vom »vaterlandslosen Gesellen« zum Deutschen, vom Mozartianer und ›Mannheimer‹ zum Romantiker, vom Virtuosen und ›Bänkelsänger‹ zum zielbewußten Musikdramatiker. Seine Interessen griffen bald weit über sein Fach hinaus; Politik, Philosophie, Poesie, Malerei – alles ›affizierte‹ ihn, bezog er auf seine Kunst, die er nie isoliert sah. Lange vor Liszt, Schumann und Wagner nahm er als Musikschriftsteller in zahllosen Essays Einfluß auf die Geschmacksbildung des Publikums. Er schrieb skurrile Humoresken und einen autobiographisch aufschlußreichen Roman, er beschränkte sich nicht auf die Komposition, das Klavierspiel oder die Kapellmeistertätigkeit, er wurde zum ersten Musikorganisator neuen Stils, der alle Randgebiete einschließlich der Opernregie und Verwaltung mit einbezog. Kurz, er suchte »in der Mannigfaltigkeit immer die Einheit«.
Seine schöpferische Lebensleistung stellt sich durchaus als Einheit dar. Von Anbeginn suchte er die Verbindung von Musik und Wort, neigte seine Begabung dem Theatralischen zu, und zwar auch in den Instrumentalwerken. Sie entstanden, wie die Lieder, Chorsätze und Messen, mit wenigen Ausnahmen vor dem ›Freischütz‹ und sind meist von außermusikalischen Vorstellungen und oft von Programmen angeregt. Weber wollte »mit jedem Stück einen bestimmten Eindruck hervorrufen«. Die Wirkungen seiner Musik beruhen auf Reizkontrasten, hierin ist sie der Wagners verwandt. Er sagte von sich, daß er »die Tonarten roch und die Gerüche hörte«; ähnlich reagierte er auf Farbeindrücke und Bewegungen. Sie lösten in ihm musikalische Assoziationen aus, die er im Kunstwerk möglichst drastisch formulierte: »Ich übertreibe den Ausdruck etwas, suche ihn auf die glühendste Weise zu gestalten, überzeugt, daß das, was mir in der gereizten Stimmung vielleicht als zu stark und übertrieben erscheint, nicht so dem Zuhörer erscheint, sondern für ihn erst den Grad von Lebendigkeit erhält, der ihn in die verlangte Wärme und Mitempfindung zu versetzen vermag...« In den späten Opern stieß er in Ausdrucks- und Formbereiche vor, die für die romantische Oper bis zum ›Lohengrin‹ wichtig wurden. Sein – freilich nur partiell erreichtes Ziel war das Musikdrama, war »ein in sich geschlossenes Kunstwerk, wo alle Teile und Beiträge der verwandten und benutzten Künste ineinanderschmelzend verschwinden und auf eine gewisse Weise untergehend – eine neue Welt bilden...«.

TAFEL 17

Bild 1 Liebesduett, Stich von J. P. le Bas nach dem Gemälde von Antoine Watteau, 18. Jahrhundert. *Bild 2* Konzert im Freien, Stich von Nilson, 18. Jahrhundert.

TAFEL 18

Bild 1 Das Galakonzert, Gemälde von Francesco Guardi, 18. Jahrhundert. *Bild 2* Hauskonzert im Schloß Ludwigslust, Gemälde von David Matthieu, 1770.

TAFEL 19

(Von oben links nach rechts) Bild 1 Otto Nicolai (1810 bis 1849). *Bild 2* Gaetano Donizetti (1797 bis 1848). *Bild 3* Vincenzo Bellini (1801 bis 1835). *Bild 4* Jacques Halévy (1799 bis 1862). *Bild 5* Peter Cornelius (1824 bis 1874). *Bild 6* Charles Gounod (1818 bis 1893). *Bild 7* Jacques Offenbach (1819 bis 1880). *Bild 8* Johann Strauß (1825 bis 1899). *Bild 9* Johannes Brahms (1833 bis 1897).

TAFEL 20

(Von oben links nach rechts) Bild 1 Friedrich Smetana (1824 bis 1884). *Bild 2* Anton Bruckner (1824 bis 1896). *Bild 3* Hugo Wolf (1860 bis 1903). *Bild 4* Michail Glinka (1804 bis 1857). *Bild 5* Modest Mussorgskij (1839 bis 1881). *Bild 6* Peter Tschaikowskij (1840 bis 1893). *Bild 7* Giacomo Puccini (1858 bis 1924). *Bild 8* Edward Grieg (1843 bis 1907). *Bild 9* Leoš Janáček (1854 bis 1928).

Einen wichtigen Platz in Webers Schaffen nehmen die Klavierwerke ein. Sie entstanden, abgesehen von den Fughetten des Elfjährigen, während der Jahre 1800 bis 1821 und umfassen Tänze, Variationswerke, Charakterstücke, Sonaten, zwei Konzerte und das ›Konzertstück f-Moll‹, Werk 79 (auch in seiner Kammermusik spielt das Klavier eine Rolle). Diesen Werken, in denen Weber etwa von Mozart, von seinem Lehrer Vogler und seinem Freund Danzi ausging, eignet ein Zug zur eleganten, etwas opernhaften Melodik, zum intimen Stimmungsbild oder zur großen, episodisch gegliederten musikalischen Szene. Technisch weisen sie voraus auf den virtuosen Klavierstil Mendelssohns, Chopins und Liszts.

Die Tänze sind anspruchslose Gebrauchsmusiken, vorwiegend in dreiteiliger Liedform. In den Variationswerken wich Weber nicht von der Figural-Variation ab, stets hielt er sich an die Urgestalt seiner Themen, die er gern russisch, spanisch, ungarisch einfärbte. Mitunter ergeben sich kleine kanonische Spiele, doch im allgemeinen ist das Satzbild homophon bei farbiger, relativ einfacher Harmonik. Manches aus dieser Werkgruppe wirkt ein wenig etüdenhaft, doch etwa die ›Dorina-Variationen‹ Werk 7 und die ›Minka-Variationen‹ Werk 40 gehören noch heute als klangschöne Spielmusiken zum Repertoire der Virtuosen.

Die Sonaten sind frühe Beispiele zyklischer romantischer Fantasien. Sie lassen die Übergangsstellung Webers zwischen Klassik und Hochromantik erkennen. Die viersätzige, klassische Sonatenform ist beibehalten, doch entspannt, die freie Fantasieform der Hochromantik (Chopin, Schumann) noch nicht verwirklicht. An die Stelle thematisch-motivischer Entwicklungen (Beethoven) treten episodische Gliederungen, kontrastierende Stimmungsbilder. Das gilt für die Kopfsätze wie für die zyklische Satzfolge. Die einzelnen Sätze ergänzen einander fast wie die Teilbilder einer Programmsuite. Auffallend bei allen Sonaten sind orchestrale Wirkungen, hervorgerufen durch weitgriffiges Akkordspiel, durch quasi Klarinetten-, Horn- oder Cellokantilenen in Verbindung mit begleitenden Tremoli und anderes mehr. Hieraus versteht sich Webers völlige Zurückhaltung gegenüber dem Streichquartett, das in der selbständigen Führung aller Stimmen und ihrer dialektischen Unterhaltung seine Erfüllung findet.

Die Klavierwerke gipfeln in den Charakterstücken, also dem ›Momento capriccioso‹, der ›Polonaise Es-Dur‹ (beide 1808) und den drei Werken aus dem Jahr 1819, dem ›Rondo brillante Es-Dur‹, der ›Aufforderung zum Tanz‹ und der ›Polacca brillante Es-Dur‹, die oft für Orchester bearbeitet wurden. Sie unterscheiden sich von den anderen Werken durch den Aufwand an virtuoser Spieltechnik und ihren betont programmatischen Charakter. Einzelne Gedanken sind hier wie dort leitmotivartig verwendet, ein Zug, der die Opernnähe dieser Arbeiten dartut. Von den beiden ›Klavierkonzerten in C-Dur‹ (1810) und ›Es-Dur‹ (1811 bis 1812) verdient das glanzvolle zweite besondere Beachtung. Seine brillanten Ecksätze umschließen einen schönen konzertanten langsamen Satz. Das einsätzige ›Konzertstück f-Moll‹, Werk 79 (1815 bis 1821, letzte Niederschrift am Tage der ›Freischütz‹-Uraufführung) schildert ein ausführliches Programm so anschaulich, daß man das Stück als romantische ›Opernszene‹ bezeichnete.

Formal und strukturell entsprechen den Klaviersonaten und -konzerten die beiden

Sinfonien, die weiteren Konzerte – also das ›Horn-Concertino‹, das hübsche Fagott-konzert, die beiden prachtvollen Klarinettenkonzerte – und die Kammermusiken, von denen die der Klarinette gewidmeten wertvolle frühromantische Beiträge zur Literatur dieses Instruments darstellen. Sie entzücken noch heute durch die Frische ihrer Themen und den Klangreiz ihrer Stimmungsbilder.

An den Vokalwerken, also den Solo- und Chorliedern, Kantaten und Messen, steigerte sich Webers Sicherheit in der Stimmbehandlung, schulte sich sein Sinn für die wir-

Carl Maria von Weber

kungsvolle Kleinform und für größere Formkomplexe, in ihnen prägte sich allmählich über Nachahmungen französischer, italienischer, süd- und norddeutscher Vorbilder sein eigener Gesangstil aus.

Die rund 80 Sololieder mit Klavier oder Gitarre sind weltläufige Gegensätze zu Schuberts Lyrik. Weber bevorzugte in ihnen die einfache, bisweilen variierte Strophenform. Die meisten dieser Lieder sind Augenblickseingebungen eines »noblen Bänkelsängers«, nichts Transzendierendes eignet ihnen. – Dem Modischen huldigte Weber in den italienischen Canzonetten, Duetten und Konzert-Arien. Er erprobte in ihnen bewußt die große szenische Form der dramatischen Arie mit Rezitativen, Ariosi und belcantistischen Bravour-Kantilenen. Andererseits aber wünschte er im Gesang auch das »innere Leben, welches das Wort ausspricht, wiederzugeben«. Das drängte ihn zur Vereinfachung und Sublimierung seiner Ziertechnik, zum Studium Glucks, Mozarts und der Franzosen und zur Auseinandersetzung mit dem Liedschaffen von Johann Abraham Peter Schulz, Reichardt, Neefe und dem Volkslied.

Wesentliche Anregungen speziell für seine Männerchorlieder verdankte Weber Zelter und seiner ›Berliner Liedertafel‹, der er manche Chorlieder widmete; einige davon wirken wie Vorstudien zu den naturseligen Jäger- und Bauernchören des ›Freischütz‹. Ihren Höhepunkt erreichte die Werkgruppe in dem patriotischen Zyklus ›Leyer und Schwert‹. – Die rund zwölf kantatenähnlichen Werke, auch die reichgegliederte, einst weitverbreitete Kantate ›Kampf und Sieg‹, sind thematisch zeitgebundene Gelegenheitsarbeiten.

Stilgeschichtlich interessant sind Webers Messen. In der melodisch anmutigen Jugendmesse (1802, aufgefunden 1925 in Salzburg) bewegte er sich noch etwa im Stil seines Lehrers Michael Haydn. Durchaus charakteristisch für seine Eigenart sind dagegen die beiden festlich hellen Dresdener ›Messen in Es-Dur‹ und ›G-Dur‹ (›Jubelmesse‹) aus dem Jahre 1818; sie entstanden unmittelbar vor dem ›Freischütz‹, und diese Nähe ist deutlich bis in Einzelheiten der Harmonik, der Farbgebung und des Melos. Das ›Benedictus‹ der ›G-Dur-Messe‹ beispielsweise erinnert an ›Agathes Gebet‹, das der

Aus dem ›Benedictus‹ der ›G-Dur-Messe‹ von Carl Maria von Weber

›Es-Dur-Messe‹ an ihre ›Cavatine‹, das ›Gloria‹ der ›Es-Dur-Messe‹ nimmt eine Wendung aus der Ouvertüre fast wörtlich voraus... Beide Messen sind formal meisterhaft disponiert und bemerkenswert durch ihren Reichtum an gegensätzlichen Stimmungsbildern. Sie stehen freilich der romantischen Oper näher als der ›musica sacra‹.

Die wichtigste Voraussetzung für den ›Freischütz‹ bilden neben den Instrumental- und Vokalwerken naturgemäß Webers Schauspielmusiken und frühe Opern. Sie schärften seinen Blick für die szenische Wirkung von Musik und für die Einheit aller »Teile und Beiträge der verwandten und benützten Künste« im Rahmen des Musiktheaters.

Von den fast 15 Schauspielmusiken erwiesen sich nur zwei teilweise als wertbeständig, die zu Schillers ›Turandot‹ (1809) und Wolffs ›Preciosa‹ (1820). Von den acht Nummern der ›Turandot‹-Musik hielt sich die exotisch gefärbte Ouvertüre. Sie ging aus der ›Chinesischen Ouvertüre‹ (1806) hervor und besteht aus reizvollen Variationen über eine original-chinesische Melodie. Hindemith verwandte sie später neben Themen aus den Klavierwerken in seinen sinfonischen ›Metamorphosen C. M. von Weberscher Themen‹ (1943). Fremdländische Milieuschilderungen sind auch charakteristisch für die ›Preciosa‹-Musik. In der schwungvollen Ouvertüre folgen einander ein spanischer Bolero und ein Zigeunermarsch, beide werden dann vereint in einem feurigen Allegro. Von den elf weiteren Stücken – darunter Melodramen und Ballettmusiken über Zigeunerweisen und »lauter echt spanischen Melodien« – vertreten das deutsche Element die bekannten Chöre ›Im Wald‹, ›Die Sonn' erwacht‹ und Preciosas Lied ›Einsam bin ich, nicht alleine‹. Leitmotivisch wiederkehrende Gedanken binden das Verschiedenartige zur Einheit.

Webers erste Oper ist verschollen, von der zweiten, ›Das stumme Waldmädchen‹ (1800), sind eine schülerhafte Arie und ein Mozart nachempfundenes Terzett erhalten. Motive der Fabel kehren später wieder im Text der ›Silvana‹, auch Teile der Musik soll Weber in dieses Werk übernommen haben.
Die dritte Oper des Sechzehnjährigen, ›Peter Schmoll und seine Nachbarn‹ (1801 bis 1802; siehe Seite 398), wurde 1813 nur einmal in Augsburg gespielt. Auch wenn der Dialog erhalten wäre, würde die Musik kaum für die Bühnen zu retten sein. Sie ist – mit Ausnahme der 1807 überarbeiteten Ouvertüre – noch wenig charakteristisch für Weber, bezeugt aber seine intensive Auseinandersetzung mit dem deutschen Singspiel etwa Schenks, Wenzel Müllers und anderer. Einzelne Gedanken verwandte Weber später als Rohmaterial im ›Abu Hassan‹ und ›Oberon‹. Die Instrumentation zeigt Ansätze zu einer selbständigen Verwendung der Holzbläser, Hörner und Celli und zu eigenwilligen Klangkombinationen.
Vom Fragment des ›Rübezahl‹ (1804 bis 1805) blieb nur die Ouvertüre lebendig, und zwar in einer Neufassung aus dem Jahre 1811, die als Ouvertüre zum ›Beherrscher der Geister‹ bekannt wurde. Sie ist unter Webers Werken das erste Beispiel einer auf melodischen und dynamischen Stimmungskontrasten beruhenden, von dramatischem Leben erfüllten Programm-Ouvertüre. Er folgt hier dem typisch romantischen Leitgedanken ›per aspera ad astra‹. Die Hauptthemen stehen im Moll-Dur-Kontrast, sie tragen die Form, deren Kurve aus stürmischem Beginn zu versöhnlichem Ausklang frei aufsteigt. Die brillante Instrumentation konturiert die Themen kräftig, sie ist reich an Farbwerten und verleiht dem Ganzen einen subtilen Klangreiz. Formal ergeben sich frappante Entsprechungen zum Grundriß der Ouvertüre von Wagners ›Fliegendem Holländer‹, im Presto-Thema (F-Dur, $^6/_4$) klingt Sentas Erlösungsmotiv (Andante, F-Dur, $^6/_4$) an.
›Silvana‹ entstand »in der bösesten Zeit in Stuttgart« (1808 bis 1810), also noch vor der Ouvertüre zum ›Beherrscher der Geister‹. Das Libretto von Hiemer ist ein mißglückter Versuch, Singspielelemente, Schauer- und Ritterromantik auf einen Nenner zu bringen. Obwohl das Werk praktisch vergessen ist, sind hier für Webers Entwicklung beträchtliche Fortschritte zu verzeichnen. Auf Lortzing hinweisende Singspielwirkungen gelangen ihm in den drastisch-komischen Szenen des Knappen Krips. Verschiedentlich, vor allem in den Tanzpantomimen der sich stumm stellenden Silvana, zeigt die Instrumentation schon jene für die späten Opern charakteristische transparente Farbigkeit. Vielleicht beeinflußten diese Pantomimen Auber in der ›Stummen von Portici‹. Die Waldromantik des ›Freischütz‹ klingt an in Jägerchören und einer Gewitterszene, die Ritterromantik der ›Euryanthe‹ in den Ensembles einer großangelegten Turnierszene. Dem Ganzen fehlt freilich noch ein einheitlicher Grundplan und Stil.
Dieser Mangel ist überwunden in der einaktigen Türkenoper ›Abu Hassan‹ (1811). Ihr Textbuch stammt wieder von Hiemer. Es schildert die amüsante Geschichte des von Gläubigern bedrängten Ehepärchens Fatime und Abu Hassan. Sie stellen sich tot, um vom Kalifen und seiner Frau Zobeide Sterbegeld zu erlisten, und haben mit ihrem Streich nach aufregendem Hin und Her auch Glück. Überdies prellen sie den liebes-

lüsternen Wucherer Omar. Von der lustigen Ouvertüre (Sonatinenform) spielen Leitmotive in die Handlung hinüber. Das Ganze ist witzig, kontrastreich, dynamisch und rhythmisch lebendig vertont, die Typen sind treffend charakterisiert, die sinnfälligen Melodien derart reizvoll exotisch gefärbt (türkisches Schlagzeug, Holzbläsereffekte, Tonartenstilisierung), daß dieser kauzige kleine Nachfahr von Mozarts ›Entführung‹ noch heute sein Publikum entzückt, besonders, da das Schelmenstück vom Goldgrund reiner Lyrik sich abhebt.

Zwischen der Erstaufführung des ›Abu Hassan‹ und der des ›Freischütz‹ lagen zehn Jahre, in denen Weber als Opernmeister schwieg. Sie waren voll von Eindrücken, Erlebnissen, organisatorischen, publizistischen und künstlerischen Arbeiten, die seinen Gesichtskreis weiteten und ihn auf sein zentrales Werk einstimmten. Nimmt man die ›Eintagsfliegen‹ aus – so nannte Weber seine Pflichtarbeiten –, so läßt sich an den Werken dieser Jahre ablesen, wie er allmählich dem selektiven Klassizismus entwuchs und seinen eigenen Stil ausprägte. Seine Musik ist reicher an ausländischen Stileinflüssen, als es den Anschein hat, und zwar auch im ›Freischütz‹. Doch mit diesem Werk gab er die unmittelbare und gültige künstlerische Antwort auf den vaterländischen und romantischen Enthusiasmus seiner Zeit. Was weder Mozart mit der ›Zauberflöte‹ noch Beethoven mit dem ›Fidelio‹ gelang, das erreichte er mit dem ›Freischütz‹. Er schenkte den Deutschen ›ihre‹ Volksoper, überwand damit die absolute Vorrangstellung der italienischen und französischen Oper und bereitete den Boden für Zukünftiges.

Der ›Freischütz‹ ist – mit Weber zu sprechen – »ein Kunstwerk, wo alle Teile sich zum schönen Ganzen runden«. Er entstand keineswegs eruptiv. Während der drei Jahre, in denen er heranreifte, bewältigte Weber neben organisatorischen und reproduktiven Aufgaben, wie Jähns ermittelte, 124 andere Kompositionen. Hinzu kamen ermüdende Debatten mit dem Dichter Friedrich Kind. Seinem Textbuch fehlt zwar dramatische Folgerichtigkeit, das Genrebildhafte überwiegt; einige Szenen sind nur flüchtig auf die Handlung bezogen, die Dialoge und Gesangstexte sprachlich alles andere als poetisch. Doch die bekannte Handlung wird in drei Akten bühnenwirksam vorgetragen, die Figuren sind einfach typisierte, glaubhafte Mit- und Gegenspieler in einem realistisch-phantastischen Volksstück. Bisweilen wird bemängelt, daß Kind im Finale noch den Eremiten bemühte. Nun – der Eremit verkörpert die sittliche Idee des Stückes – Sieg des Himmels über die Dämonen der Tiefe. Diese Idee gibt der Handlung den romantisch-idealistischen und zugleich religiösen Grundzug. Es lag nahe, sie abschließend im Brennpunkt einer Gestalt kurz zu verdeutlichen (ursprünglich hatte der Eremit zwei weitere Auftritte, doch sie wurden von Weber gestrichen). Daß der Eremit Mozarts Sarastro nachempfunden ist, fällt kaum ins Gewicht.

Formal ist der ›Freischütz‹ ein Singspiel. Die Musik gliedert sich in Ouvertüre und 16 teils zu größeren Szenen bzw. Finalen erweiterten Nummern, zwischen denen gesprochene Dialoge vermitteln. Die berühmte Wolfsschluchtszene (Finale des 2. Aktes) ist ein mit Geisterchören und Soli durchsetztes Melodram, dem 3. Akt geht eine Zwischenmusik voraus. Stilistisch wirken sich im Melodram, in Ännchens Romanze,

Webers Handschrift: aus dem ›Freischütz‹

Maxens ›Durch die Wälder‹ oder Agathens ›Nichts fühlt mein Herz als Beben‹, französische Einflüsse aus. Auch die Verwendung von Leitgedanken, die geschärften dynamischen Kontraste und andere Einzelzüge bekunden Webers Vertrautheit mit den Ausdrucksmitteln der ›comique‹, auf die neapolitanische ›seria‹ und auf Rossini verweisen andererseits die Gesangsmanier in einigen Arien und die bisweilen konzertante Verwendung der Solo-Instrumente – etwa der Flöte in Kilians Schützenkönigslied oder im Andante des Eremiten, der Oboe und des Cellos in Ännchens Ariette, der Viola in ihrer Romanze und Arie. Hinzu kommen Anregungen von Gluck bis Spohr, vom deutschen Singspiel, Tanz- und Volkslied. Als Kapellmeister erwartete Weber von seinen Darstellern, daß sie in der Oper »das Gute aus allen Ländern« vereinten, nämlich »den Gesang des Italieners, das Spiel der Franzosen in der leichteren Gattung und den Ernst des Ausdrucks und korrekten Gesanges der deutschen Musik«. Als Komponist hielt Weber sich entsprechend. Das kam seiner Kunst zugute; sie ist in den Mitteln universal, im Wesen subjektiv romantisch.

Man hat ›Euryanthe‹ die »Grenzscheide der deutschen Oper« genannt. Dasselbe läßt sich schon vom ›Freischütz‹ sagen. Vieles in ihm deutet zurück ins 18. Jahrhundert, anderes weit voraus. Die Lied- und Arienformen, der Zuschnitt der Szenen und Finale, die Formstruktur überhaupt ist klassizistisch. Die Harmonik hält sich an die tonalen Funktionsgesetze, die Melodik ist aus gewohnten Skalen und Dreiklängen

hergeleitet, die Deklamation ›opernhaft‹ im konventionellen Sinn (Wortwiederholungen, melodische Silbendehnung, Ziergesang usw.); das Instrumentarium entspricht dem der Klassik, und etwa wie bei Mozart ist »die Poesie der Musik gehorsame Tochter«. Um es an einem Vergleich zu verdeutlichen: Weber ›singt‹ Lieder und Arien noch im Sinne der älteren Oper, Wagner ›deklamiert‹ Dramen. Doch durch andere Merkmale hebt sich der ›Freischütz‹ entschieden von der Tradition ab. Alle Mittel sind dem Stimmungshaften dienstbar gemacht. Nicht eine dramatische Entwicklung wird zielstrebig durchlaufen, sondern aus einem Mosaik gegensätzlicher Stimmungsbilder fügt sich ein Ganzes. Dabei wurden neue Ausdrucksbereiche erschlossen. Nie zuvor wurde der Stimmungszauber der Landschaft und des Waldes, wurde das Phantastische ähnlich überzeugend dargestellt, wurden in der Musik Licht und Schatten derart ›malerisch‹ als Farbwerte eingesetzt. Gewiß lassen sich vereinzelte Ansätze in dieser Richtung aus älteren Werken anderer Meister nachweisen, doch erst Weber führte hier den spezifisch romantischen Stilumschwung herbei.
Weitgehend erreichte er dies durch die ungewohnt pittoreske Verwendung der Instrumente. Mit erregenden Streichertremoli, dumpfen Paukenschlägen und den tiefsten Tönen der Holzbläser und Hörner malte er die nachtschwarze Welt Samiels, mit Arabesken der Piccoloflöte setzte er dem düsteren Bild Kaspars bizarre Lichter auf, die Hörner in ihrer klangvollsten Lage verwandte er unnachahmlich in den Darstellungen des Jägerlebens und der Waldstimmungen, für alle Regungen der Empfindung gewann er aus neuartigen Kombinationen der Instrumente Klangwerte von malerischem Farbreiz. – Im ›Freischütz‹ wurde Weber, ohne das klassische Instrumentarium zu erweitern, durch seine originale Instrumentationstechnik zum Schöpfer des romantischen Orchesterklanges. Noch die Gegenwart erkennt hierin ein Ereignis von weittragender geschichtlicher Bedeutung. Strawinsky, der in Weber einen »Fürsten der Musik« verehrt, bekannte, er bewundere »seine glanzvolle musikalische Technik und vor allem die zu ihrer Zeit vollständig neue Ausdruckskraft des Orchesters, die der Kunst der Instrumentierung damals ungeahnte Möglichkeiten erschloß«.
Der ›Freischütz‹ enthält zwar keine Akkorde, die damals nicht schon erprobt waren, doch auch als Harmoniker erzielte Weber neue, malerische Wirkungen. Er verwandte die Tonarten, wie der Maler seine Farben verwendet. Wie jener aus ihnen Farbflächen entwickelt, aus deren Zusammenspiel sich die Bildwirkung ergibt, so entwickelte Weber aus den Tonarten Klangflächen, die er planvoll einander zuordnete. Aus terzverwandten oder auch ferner liegenden Tonarten erhielt er die Zwischenwerte, um das Klangbild zu beleben und zu nuancieren. Die Gegenspieler der Handlung charakterisierte er konsequent durch gegensätzliche Tonartenkreise, die er gern unmittelbar konfrontierte, bisweilen im krassen Tritonusabstand (zum Beispiel C-Dur, fis-Moll). Gelegentlich verwandte er Akkorde sogar unvorbereitet, einzig im Hinblick auf ihren Farb- und Stimmungswert! Damit leitete er eine Entwicklung ein, die später, bei Debussy, zur Verselbständigung der Klänge und weitgehend zur Aufhebung der funktionellen Tonalität führte. Den verminderten Septakkord (a, c, es, fis) machte Weber, losgelöst aus jedem melodischen Zusammenhang und nur rhythmisch profiliert durch drei Paukenschläge, zu Samiels ›Klangmotiv‹, und dieser Septakkord hat als Klang-

motiv nicht nur leitmotivische Bedeutung für das ganze Werk einschließlich der Ouvertüre, er bestimmt auch den Tonartenkreis der Wolfsschluchtszene, die in ihrem mosaikartigen Nebeneinander von bizarren Kontrastklängen ohne Vorbild ist. – Die

Aus der ›Wolfsschluchtszene‹ im ›Freischütz‹

Ouvertüre – formal ein freier Sonatensatz mit Adagio-Introduktion – beschwört einleitend eine romantische Waldstimmung (Hörnerquartett) und stellt dann im Hauptteil anhand von Themen der Oper deren Leitgedanken dramatisch erregend dar. Sie wurde als markantes Beispiel einer romantischen Programm-Ouvertüre vorbildlich für Berlioz' und Liszts Programm-Sinfonien und Wagners Ouvertüren.

Das umfangreiche Bruchstück der komischen Oper ›Die drei Pintos‹ war leider nicht zu retten. Nach Webers Tod versuchte sich zunächst Meyerbeer an dem Torso, doch es wurde nichts daraus. Später ergänzte Gustav Mahler die echt komödiantische, drastisch pointierte Musik aus unbekannteren Originalwerken Webers, er hielt sich aber nicht an das ursprüngliche Textbuch von Theodor Hell, sondern an eine wenig glückliche Bearbeitung von Webers Enkel. Seine Fassung kam 1888 in Leipzig heraus, verschwand aber nach Anfangserfolgen wieder.
Von ›Euryanthe‹ und ›Oberon‹ leben eigentlich nur noch die Ouvertüren und einige Arien (im Konzert-Repertoire). Gewiß, man stellt diese Opern immer wieder einmal zur Diskussion, doch das Ergebnis bleibt entmutigend. Weber verschwendete hier seine Musik an unzulängliche Texte. Stil- und entwicklungsgeschichtlich sind beide Werke dagegen eminent wichtig. In ›Euryanthe‹ wich Weber ein erstes und einziges Mal vom Singspiel ab. Sein Ziel war ein Musikdrama (siehe Zitat Seite 400), er verwirklichte indessen eine große, durchkomponierte romantische Oper. Rezitative, die sich mitunter zu dramatischen Dialogen ausweiten, instrumentale Introduktionen und Überleitungsmusiken psychologischen, illustrativen oder tänzerischen Charakters verbinden die einzelnen Nummern und größeren Szenen. Leitgedanken und Erinnerungsmotive, die meist mit den Kopfthemen charakteristischer Arien oder Ensembles identisch sind, bewirken und erhöhen die musikdramatische Einheitlichkeit des Stils. Neue illustrative Wirkungen erreichte Weber mit realistischen Einwürfen der die Handlung kommentierenden Chöre, mit stimmungsvollen Echos im Walde und anderen naturalistischen Schilderungen von suggestiver Ausdruckskraft. Die wilden Haßgesänge des Schurkenpaares Lysiart–Eglantine, die malerischen Akzente und die Farbenpracht des virtuos behandelten Orchesters, überhaupt das Klangatmosphärische der Musik deutet unverkennbar voraus auf Wagners ›Lohengrin‹. Die Ouvertüre hat

wieder die Form eines freien Sonatensatzes. Ihre schwungvollen Außenteile, die im wesentlichen von den Leitthemen des Ritters Adolar getragen sind, umrahmen ein geheimnisvolles ›Largo pianissimo‹, das eine mysteriöse Ringgeschichte aus der Oper symbolisiert. Ein markantes Fugato leitet die weit ausholende Durchführung ein. Die Ouvertüre ist eines der glänzendsten Charakterstücke der Frühromantik.

Im ›Oberon‹ kehrte Weber wieder zur Form des Singspiels zurück. Er schmückte den Märchentext verschwenderisch mit Liedern, Arien, Ensembles und Tänzen. Im Jahre von Mendelssohns ›Sommernachtstraum‹-Musik fand er für die Feen- und Geisterwelt Oberons und Titanias, Pucks und Drolls eine Musik von betörendem Farb- und Klangreiz; sie gab den Auftakt für alle Elfen- und Geistermusiken der Romantik. Nicht minder lebendig und phantasievoll malte er die bunte Welt des Orients, die mittelalterlich ritterliche Welt Hüons und die wechselnden Stimmungen der Natur. Großartige Eingebungen sind eine Sturmmusik aus dem 2. Akt und Rezias ›Ozean-Arie‹ mit dem dithyrambischen Ausbruch »Mein Hüon, mein Gatte«. Die unterschiedlichen Ausdrucksbereiche des Werkes sind aufeinander bezogen durch ein zentrales Leitmotiv (d, e, fis). Als Ruf von Oberons Zauberhorn durchzieht es die ganze Oper, frohlockend oder geheimnisvoll klagend, aufsteigend oder in Umkehrung. Die Ouvertüre – sie entstand erst in London – ist eine der schönsten Gaben Webers. Im einleitenden Adagio beschwört der Ruf des Zauberhornes die Geisterwelt Oberons. Der Hauptteil, eingebettet in Naturstimmungen, verherrlicht in einer leidenschaftlichen Entwicklung über Melodien der Oper deren eigentliches Thema: Bewährung und Sieg der Liebe.

Varianten, komische Oper

Weber verwirklichte, was E. Th. A. Hoffmann und andere anstrebten. Sein ›Freischütz‹ wurde zum Inbegriff der frühromantischen deutschen Oper, in seiner ›Euryanthe‹ sind die Aufgaben der großen romantischen Oper in Angriff genommen bzw. vorgezeichnet: Überwindung des Schematismus der Nummernoper, Einbeziehung von formbildenden Leitmotiven, Beteiligung des Orchesters an der malerischen Illustration und der psychologischen Charakterzeichnung, Ausprägung eines neuen deklamatorischen Stils und das »vereinigte Zusammenwirken aller Schwesterkünste« (Weber) mit dem Ziel des Musikdramas.

1816 führte Weber in Prag einen Vorläufer seines ›Freischütz‹, den ›Faust‹ des Braunschweigers *Louis Spohr* (1784 bis 1859), zum erstenmal auf. Ein Werk, laut Oskar Bie »mehr Opern-Don-Juan als Dichter-Faust«, laut Joseph Gregor »das seltsamste Produkt der Kulturgeschichte der Oper«. Im bizarren ›Hexentanz‹ und anderen phantastischen Partien um Mephisto klingt schon die unheimliche Stimmung der ›Wolfsschluchtszene‹ an, ein Grund, an diese zweite ›Faust‹-Oper der Geschichte zu erinnern (die erste schrieb Wenzel Müller 1784). Sie hielt sich nicht, sie krankte an dem kuriosen Text und an einem Übermaß an weicher, elegischer Musik. Spohr war kein Dramatiker, seine Kunst ist am eindrucksvollsten in den Werken, in denen sich die Geige virtuos aussingen kann. Er galt als der größte deutsche Violinvirtuose seiner Zeit und war auch als Lehrer auf diesem Gebiet unerreicht. Mit fünfzehn Jahren wurde er Kammermusikus des Herzogs von Braunschweig, bald machten ihn Konzertreisen weithin bekannt. 1812 wurde er Kapellmeister in Wien, 1816 konzertierte er in Italien, dort hörte ihn Paganini; einem Wettkampf mit Spohr wich Paganini aus. 1817 wurde Spohr Kapellmeister in Frankfurt am Main, 1822 Hofkapellmeister in Kassel. Seine Autobiographie ist als Dokument zur Zeitgeschichte wichtig. Sie enthält freilich mitunter recht einseitige Urteile.

Spohr hinterließ zehn Opern, darunter als Hauptwerk ›Jessonda‹ (1823), ferner Oratorien, eine Messe, Männerchöre und Lieder, Ouvertüren, Sinfonien, Violinkonzerte und Concertinos, Klarinettenkonzerte und viele Kammermusikwerke der verschiedensten Besetzung. Von ihnen gehören nur noch zwei oder drei Violinkonzerte (das dritte, siebente und vor allem achte ›in Form einer Gesangszene‹) und einige Kammermusiken (besonders das ›Nonett für Streicher und Bläser‹ und das ›Klavierquintett‹, Werk 130) zum Repertoire an romantischer Konzertliteratur. Auch ›Jessonda‹, für die sich noch Richard Strauss einsetzte, ist wohl endgültig passée. Sie ist bemerkenswert durch ihre an Grétry anknüpfenden exotischen Milieuschilderungen und durch ihren Einfluß auf Wagner (Ansätze zum deklamierenden Sprechgesang, Harmonik).

In seinen Sinfonien neigte Spohr der Programm-Musik zu. Bezeichnend für die Einstellung vieler Musiker jener Übergangszeit ist etwa seine ›Sechste‹, die ›Historische Sinfonie im Stile und Geschmack vier verschiedener Zeitalter‹. In ihrem ersten Satz imitierte er den Barockstil, im zweiten Mozart, im dritten karikierte er Beethoven, den er nicht mochte, im vierten gab er eine Art ›Zukunftsmusik‹ um 1840! Stil war für ihn nicht mehr im Sinne Goethes etwas, das »lebend sich entwickelt«, sondern etwas, das sich beliebig manipulieren läßt.

Aus ›Jessonda‹ von Louis Spohr

Spohr hielt sich in seinen Instrumentalmusiken an die klassischen Formmuster, die er ins lyrisch Episodische entspannte. In allen Gattungen hat er groß gesehene und gestaltete Episoden aufzuweisen, und es gibt von ihm Reizvolles die Fülle in genrehaften, intimen Kleinbildern. Seine Klangvorstellungen bevorzugen mittlere und dunkle Tönungen; einfache, kräftige Konturen und klare, starke Kontraste sind selten. Hingegen war sein Sinn für differenzierte Klangnuancen sehr entwickelt. Er liebte alterierte Akkorde, Kadenzverhüllungen und anderes, was dazu beitrug, die Form, die Tonarten und die melodische Zeichnung zu verschleiern. Farbtönungen, die später für die

Harmonik des ›Tristan‹ charakteristisch wurden, finden sich vereinzelt schon in der ›Jessonda‹, im ›Alchimist‹ (1830) und anderen Werken, doch es lag weder System in seinen Neuerungen, noch trieb es ihn in Grenzsituationen. Er war ein vielseitiger Könner und einfallsreicher Geist, seine Kunst spiegelt in überlieferten Formen und in einer seltsamen Mischung von herkömmlichen und neuen Sprachmitteln die subjektiven Empfindungen einer noblen, im Grunde bürgerlich-biedermeierlichen Natur.

Weit entschiedener als Spohr griff *Heinrich Marschner* (1795 bis 1861) Webers Anregungen auf. Er stammte aus Zittau, wurde 1823 Webers Hilfskapellmeister in Dresden, ging 1827 nach Leipzig und 1831 nach Hannover, wo er bis zu seiner Pensionierung als Operndirektor tätig war. Von seinen zwölf Opern hielten sich ›Der Vampyr‹ (1828) und ›Hans Heiling‹ (1833) als Beispiele der romantischen Dämonenoper. Marschner mehrte als Kolorist die Ausdrucksmöglichkeiten des Orchesters, besonders durch neue Kombinationen der Blech- und Holzbläser, er baute aus Arien, Chören, Melodramen, Rezitativen und Instrumentalüberleitungen dramatische Szenen, die er systematisch durch Leitmotive aufeinander bezog, und entwickelte in den Dialogen einen Deklamationsstil, der bisweilen schon die Technik und den Tonfall späterer Sprechgesänge vorwegnimmt. Seine Spezialität war die effektvolle Gegenüberstellung von schaurlich dämonischen und biedermeierlich idyllischen Stimmungsbildern. Mit dem Vampyr kreierte er den Typus des tragisch Zerrissenen, der dann in mancher Figur Wagners sich sublimierte. Der Vampyr ist nicht einfach schlecht, wie Kaspar, er leidet unter seinem Verhängnis und erliegt ihm, schwankend zwischen Trieb und Gewissen. Auch der Erdgeist Hans Heiling ist eine zwielichtig tragische Figur. Er will sein wie ein Mensch, sehnt sich nach menschlicher Liebe und Treue und wird enttäuscht. Analogien zu ›Undine‹, zum ›Holländer‹ und zu ›Lohengrin‹ werden hier deutlich. Wagner vereinte die wichtigsten Motive des ›Fliegenden Holländer‹ in Sentas Ballade, die des ›Lohengrin‹ in der Gralserzählung. Derselbe Kunstgriff findet sich schon in der Arie des Vampyrs »Ha, noch ein ganzer Tag«; dort sind die Motive vereint, die alle mit dem Vampyr in Zusammenhang stehenden Szenen beherrschen. Sentas Ballade wurde angeregt von der Romanze »Sieh Mutter dort den bleichen Mann« aus dem ›Vampyr‹. Anderes von Marschner wirkte sich aus bis hin zur ›Walküre‹. Gewiß, neben Echtem steht in seinen Werken äußerlich Theatralisches, Akademisches, ja »fade Liedertafelei« (Wagner). Sein Rang als Wegbereiter blieb hiervon unberührt.

Mit ›Hans Heiling‹ endete fürs erste der Weg der deutschen romantischen Oper, schon sieben Jahre nach Webers Tod. Etwa auf der Grenzscheide zwischen italienischer ›Gesangslieblichkeit‹ und romantischer Naturschwärmerei versuchte *Konradin Kreutzer* (1780 bis 1849) sein Glück mit rund 30 Bühnenwerken. Sein leicht spanisch koloriertes ›Nachtlager von Granada‹ (1834), eine stimmungsvolle Mischung von ›buffa‹, Singspiel und liedseliger Chorlyrik, wurde vorübergehend fast so volkstümlich wie der ›Freischütz‹, hielt sich aber nicht.

Starken Auftrieb gewann um diese Zeit die deutsche komische Oper durch ihren biedermeierlichen Meister *Albert Lortzing* (1801 bis 1851). Er stammte aus Berlin, wuchs in der Theateratmosphäre auf und entwickelte sich früh zum Schauspieler, Sänger, Regisseur, Dirigenten und Komponisten. Im Todesjahr Schuberts brachte er in Münster seine erste kleine Oper ›Ali Pascha von Janina‹ heraus. 1833 wurde er Tenorbuffo in Leipzig. Damit begann sein glücklichstes Jahrzehnt. In ihm entstanden die Opern ›Die beiden Schützen‹ (1835), ›Zar und Zimmermann‹ (1837), ›Caramo oder Das Fischerstechen‹ (1839), ›Hans Sachs‹ (1840), ›Casanova‹ (1841) und ›Der Wildschütz‹ (1842). 1844 wurde er in Leipzig Kapellmeister, doch schon ein Jahr darauf verlor er diese Stellung. 1845 brachte er in Magdeburg seine ›Undine‹ heraus. 1846, nach dem glänzenden Erfolg seines ›Waffenschmied‹, verpflichtete man ihn an das ›Theater an der Wien‹. Dort hielt er sich zwei Jahre. Nach einer Zwischenstation in Leipzig, wo man seinen ›Großadmiral‹ (1847) und seine ›Rolandsknappen‹ (1849) beifällig aufnahm, wurde er schlechtbezahlter Kapellmeister am ›Friedrich-Wilhelmstädtischen Theater‹ in Berlin. Er schrieb noch einige Possenmusiken und die komödiantische ›Opernprobe‹ (1851), dann starb er.

Lortzing liebte Mozart und war zu Hause in den Techniken des deutschen Singspiels, der französischen ›comique‹ und der italienischen Verwechslungsspiele. Er kannte seine Grenzen und sein Publikum. Die Texte seiner Opern schrieb er sich selbst. Gern bearbeitete er erprobte Lustspiele, bisweilen solche, in denen er schon als Darsteller mitwirkte. Seine Bearbeitungen berücksichtigen bis ins Detail die Mitwirkung der

Musik. Sie sind den Vorlagen meist überlegen, kräftiger und zugleich liebevoller in der Typenzeichnung und instinktiv eingestimmt auf den Geschmack des biedermeierlichen Kleinbürgers.

Mit Lortzing kam der Typ der Spieloper auf. Formal sind alle seine Opern als Singspiele angelegt; die Ouvertüren sind mit leichter Hand aus Melodien der Opern zusammengefügt. ›Spieloper‹, das besagt einfach, diese Singspiele wollen ›gespielt sein‹, sie verlangen nach Sängern, die zugleich gute Darsteller sind. Lortzing nannte sie

Die Billardszene in Lortzings ›Wildschütz‹

›Konversationsopern‹, und er erwartete von den Sängern »Leichtigkeit des Spiels, des Vortrags, mit einem Wort die zu dieser Operngattung erforderliche Salongewandtheit«. Wo er Gelegenheit fand, trat er in seinen Opern selbst auf, um zu zeigen, wie er es meinte.

Geblieben sind von seinen über zwölf Bühnenwerken immerhin fünf, nämlich ›Die beiden Schützen‹, ›Zar und Zimmermann‹, ›Wildschütz‹, ›Undine‹ und ›Waffenschmied‹; alles Stücke, in denen er sich an das gute alte Verwechslungsschema der ›buffa‹ hielt und in denen er immer wieder Szenen der Liebe, Eifersucht, Wut, Schadenfreude, Neugier, Erwartung, Enttäuschung variierte, ohne je den Argwohn aufkommen zu lassen, aus dem vergnüglichen Spiel könne Ernst werden. Charakteristisch für jedes dieser Stücke ist – neben dem obligatorischen seriösen und lockeren Paar – irgendeine unfreiwillig komische Figur, sind Tölpel und aufgeblasene Gernegroße wie Bürgermeister van Bett oder Schulmeister Baculus.

Musikalisch verstand sich Lortzing ebenso auf frische Lieder und Tänze, mitunter recht gemütvolle Romanzen und Arien, wie auf reichgegliederte Ensembles, in denen jede Figur auf das deutlichste charakterisiert ist. Beispiele sind das kunstvoll geführte Diplomatensextett (Doppelterzett) und die Huldigungskantate (›Heil sei dem Tag‹)

aus ›Zar und Zimmermann‹ sowie das Billard-Quintett aus dem ›Wildschütz‹, eine Oper, deren feingliedrige musikalische Faktur die seiner anderen Werke übertrifft. Die romantische ›Undine‹ ist ein Ausnahmewerk. Textlich ging Lortzing hier zurück auf Fouqués Libretto zur gleichnamigen Oper E. Th. A. Hoffmanns. Seine Version ist bühnenwirksamer als die Vorlage. Der tragische Schluß ist durch einen versöhnlichen ersetzt, zwei komische Figuren, Knappe Veit und Kellermeister Hans, sind frei hinzuerfunden. Ihre Späße machten Lortzing den unheimlichen Stoff zugänglich, sie waren für ihn die Brücke, über die er sich vorwagte ins romantische Reich der Wassergeister. Seine Musik hat etwas vom Atmosphärischen der französischen ›comique‹, sie hat dunkles Pathos für den Geisterfürsten Kühleborn, eine süße, wiegende Melodie für die Quellnymphe Undine und ihre Gespielinnen, dazu Farbtöne, wie Weber sie liebte. Sie ist kontrastreich im Wechsel naiv phantastischer und realistisch komischer Wirkungen und vor allem volkstümlich. Das entscheidet nach wie vor den Erfolg dieser merkwürdigen Oper, in der Lortzing nach dem Muster der ›Euryanthe‹ bewußt Motive und Leitgedanken einsetzte, um Personen und Stimmungen zu charakterisieren und das Ganze stilistisch zu vereinheitlichen. Auch die Programm-Ouvertüre lebt von diesen Leitgedanken.

Der Königsberger *Otto Nicolai* (1810 bis 1849) verdankte der italienischen ›seria‹ und ›buffa‹ wesentliche Anregungen. Nach Lehrjahren bei Zelter in Berlin lebte er ab 1833 nahezu ein Jahrzehnt in Italien; dort begann sein Aufstieg mit mehreren Belcanto-Opern. 1841 wurde er Hofkapellmeister in Wien, wo er die noch heute bestehenden ›Philharmonischen Konzerte‹ gründete. 1847 ging er als Opernkapellmeister und Leiter des Domchores nach Berlin. Wenige Wochen nach der Erstaufführung seiner komischen Oper ›Die lustigen Weiber von Windsor‹ (1849) starb er. Er hinterließ Opern, Lieder, Ouvertüren, zwei Sinfonien und ein schönes ›Tedeum‹. ›Die lustigen Weiber‹ (Text nach Shakespeare von H. S. Mosenthal) sind der seltene Glücksfall einer volkstümlichen komischen Oper, in der Belcanto und romantische Liedlyrik, italienisches Formgefühl und deutscher Ausdruckswille, ›buffa‹ und Singspiel ganz aufeinander eingestimmt sind. Mosenthal machte aus dem ›ehrenwerten Sir Falstaff‹, der bei Shakespeare und Verdi tragikomische Züge hat, eine rein komische Figur und aus Shakespeares hintergründiger Komödie unter Auslassung mehrerer Nebenfiguren ein handfestes Libretto für ein vergnügliches musikalisches Lustspiel. Nicolai machte daraus sozusagen eine deutsche ›buffa‹ ohne Rezitative. Nur beim drolligen Katz-und-Mausspiel zwischen Falstaff und seinem eifersüchtigen Gegner Bach (alias Fluth) wich er von dieser Regel einmal ergötzlich ab. Derb volkstümliche Rüpelszenen meisterte er ebenso wie kammermusikalisch feingliedrige Ensembles, schmachtende Liebesromanzen nicht minder als Furiosi der Eifersucht oder als den Mummenschanz eines Insektentanzes im mondscheinüberglänzten Wald. Er akzentuierte seine Musik immer ein wenig drastischer als notwendig. Hierin war er Weber verwandt. Doch Webers Musik hat bei aller Virtuosität den Reiz der Unschuld, Nicolai verfügte sehr bewußt über die Skala der Gefühle und Stimmungen. Alles wirkt echt, vom ersten Hornthema der unverwüstlichen Ouvertüre an, doch stets ist raffinierte Artistik mit im Spiel; sie schafft in

diesem Stück jene dem Theater mitunter wohl anstehende Distanz, die den Hörer nie vergessen läßt, daß er im Theater ist.
Der Mecklenburger *Friedrich Freiherr von Flotow* (1812 bis 1883) nimmt sich in diesem Zusammenhang etwas fremd aus. Er wurde in Paris ausgebildet und verschrieb sich dort ganz der ›comique‹ ihrer Technik und ihren Allüren. Er konnte sehr viel. Sein ›Alessandro Stradella‹ (1844) ist ausgezeichnet in den komischen Szenen und zudem stofflich bemerkenswert; die Geschichte des italienischen Opern- und Oratorienmeisters gleichen Namens wird darin frei nacherzählt. Daß die sentimentale ›Martha‹ (1874) noch lebt, ist schon schwerer zu verstehen, auch wenn man einräumt, daß Text und Musik meisterhaft gearbeitet sind und daß neben Reißern wie ›Letzte Rose‹ oder ›Martha, Martha‹ komische Szenen stehen, die unmittelbar zünden – etwa die lustige Tanzlektion im 1. Akt, das Spinnerquartett im 2., das Spottlied der Jägerinnen im 3. oder das Buffo-Duett im letzten.
Lortzing und Nicolai blieben Einzelerscheinungen des vormärzlichen Biedermeiers. Wer sich nach ihnen der komischen Oper zuwandte, hatte sich schon mit Berlioz, Liszt und Wagner auseinanderzusetzen und fand nicht mehr zurück zum einfachen Singspiel oder zur ›buffa‹. In solcher Lage war der Mainzer *Peter Cornelius* (1824 bis 1874), Neffe des Malers gleichen Namens. Die Studienjahre verbrachte er in Berlin, 1852 ging er nach Weimar zu Liszt. Dieser führte dort 1858 seinen ›Barbier von Bagdad‹ auf, doch die Oper fiel einer gegen Liszt gerichteten Intrige zum Opfer. Cornelius übersiedelte nach Wien, wo er sich Wagner anschloß, der ihm 1865 eine Professur an der Münchner Hochschule verschaffte. Im selben Jahr hatte er mit seiner Oper ›Der Cid‹ in Weimar Mißerfolg. Eine letzte Oper ›Gunlöd‹ (nach Motiven der ›Edda‹) blieb Fragment. Cornelius starb fünfzigjährig in seiner Vaterstadt Mainz. Er hinterließ außer den Opern, deren Texte auch von ihm stammen, ›Brautlieder‹, ›Weihnachtslieder‹, Chorlieder, Kritiken und zahlreiche Übersetzungen, darunter die von Glucks beiden ›Iphigenien‹ und von ›Alceste‹, von Berlioz' ›Benvenuto Cellini‹ und Liszts ›Musik der Zigeuner‹.
Seit Weimar setzte sich Cornelius unermüdlich für die Ziele der ›Neudeutschen‹ (Liszt, Wagner) ein. Als Komponist paßte er sich ihnen aber nur mit Maßen an. »Meine Kunst soll eine einfache, heitere, beglückende sein, im Boden des Volkes, der Sitte wurzelnd.« So empfand er, als er den ›Barbier von Bagdad‹ entwarf. Von Wagner übernahm er zwar das Prinzip der durchkomponierten Oper und die Technik der Erinnerungsmotive, doch im übrigen suchte er seinen Weg nicht weit ab von der ›buffa‹. Das bleibt spürbar in der kantablen Führung der Singstimmen und der Neigung zu geschlossenen Liedformen und Ensembles. Die Einheit von Text und Musik erreichte er als Lyriker und Humorist, die dramatischen Spannungen des ›Barbier‹ sind gering. Das erwies sich zwar als nachteilig für die theatralische Wirkung, doch dank der Schönheiten der Bostana-Nuredin-Margiana-Lyrik und der bramarbasierenden Komik des Barbiers setzte sich das Werk, nachdem es manche entstellende Bearbeitung von Wagnerianern hatte hinnehmen müssen, dann doch in seiner schlichten, völlig unprätentiösen Originalgestalt als eine der reizvollsten deutschen komischen Opern durch. Während Cornelius im ›Barbier‹ seinem Ziel nahe kam, eine »innige und milde Begrenzung und

Befestigung des von Wagner in seiner besten Zeit Errungenen« zu erreichen, geriet er im ›Cid‹ trotz innerer Gegenwehr ganz in den Bann des ›Lohengrin‹, also eines Werkes, in dem das alte Opernschema schon nahezu liquidiert ist.
Im Gegensatz hierzu hielt der Königsberger *Hermann Goetz* (1840 bis 1876) grundsätzlich an seinem Prinzip fest, eine »Kongruenz dramatischer und absolut musikalischer Form« zu verwirklichen. Dementsprechend gliederte er seine einzige komische Oper, ›Der Widerspenstigen Zähmung‹ (1874, Text nach Shakespeare), im Sinne der älteren Nummernoper in Arien und Ensembles, die er mit ariosen Rezitativen verband. Bisweilen opferte er zwar die Erfordernisse der Szene einer streng symmetrischen musikalischen Form, doch das wurde reichlich kompensiert durch hübsche Gitarreständchen, polternde Streitszenen, aufregende Buffa-Chöre und fein ziselierte Ensembles, die ihre Wirkung nicht verfehlen, sofern man die mitunter zu gewichtigen Akzente mildert und das Werk leicht und komödiantisch spielt. Als Kolorist und Instrumentator war Goetz stärker als Cornelius von Wagner beeinflußt, stilistisch war er eher Schumannianer. Das bezeugen auch seine Chor- und Instrumentalwerke, von denen ein Klavierkonzert, ein Geigenkonzert und eine Sinfonie sich hielten. Sein Weg führte ihn von Königsberg über Berlin 1863 nach Winterthur (Schweiz), wo er bis 1870 als Organist tätig war. Dann zog er sich aus Gesundheitsgründen nach Hottingen zurück, wo er vor Vollendung seiner zweiten Oper, ›Francesca da Rimini‹, starb.

Abseits der großen Strömungen des Musiktheaters entstand um die Mitte des 19. Jahrhunderts in Wien als volkstümlicher Absenker der komischen Oper die klassische ›Wiener Operette‹. Sie wurde angeregt von Offenbachs ›musiquettes‹ und enthielt zunächst Elemente der musikalischen Posse, des Singspiels, der ›buffa‹ und ›comique‹. Als erster schrieb in den sechziger Jahren *Franz von Suppé* (1819 bis 1895) einaktige Operetten, darunter ›Die schöne Galathee‹ (1865). Sein abendfüllender ›Boccaccio‹ (1879) grenzt strukturell an die komische Oper. Bei *Johann Strauß* (Sohn, 1825 bis 1899) wurde aus der buffaähnlichen Operette dann die Wiener-Walzer-Operette, nachdem *Joseph Lanner* (1801 bis 1843) und *Johann Strauß* (Vater, 1804 bis 1849) den Walzer zum herrschenden Gesellschaftstanz gemacht hatten.
Die Ahnenreihe des ›Wiener Walzers‹ läßt sich über Ländler, Dreher, Schleifer und

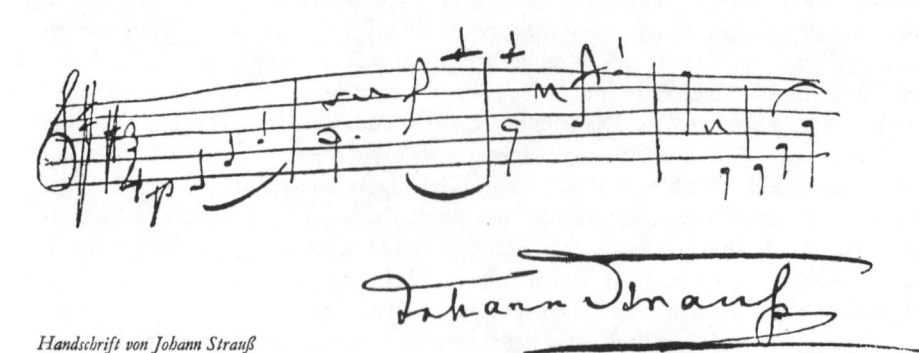

Handschrift von Johann Strauß

andere ungeradtaktige Tänze bis ins Mittelalter zurückverfolgen. Die Geschichte speziell des ›Wiener Walzers‹ begann etwa in der vor-Mozartischen Zeit mit dem Walzerlied ›O du lieber Augustin‹. Walzer und Ländler waren damals noch nahezu dasselbe, verhältnismäßig ruhige, langsame Dreher mit liedmäßiger Melodik. Man bündelte sie gern zu vieren oder fünfen, gab ihnen eine kleine Einleitung und verband die einzelnen Ländler mit einem kurzen, refrainartigen Zwischenspiel; aber auch andere Gruppierungen wurden üblich und drangen in die Kunstmusik ein. Haydn, Mozart und Beethoven (›Mödlinger Tänze‹, 1819) steuerten gelegentlich derlei zum allgemeinen Vergnügen bei, den typischen Tonfall aber traf keiner so wie Schubert (›Deutsche Tänze‹). Die Walzer von Chopin, Liszt, Schumann oder Brahms stehen dem ›Wiener Walzer‹ fern: sie sind reine Charakterstücke, Konzert-Tänze im Dreiertakt. Lanners Walzer drangen weit über die Grenzen Österreichs hinaus. Mendelssohn rühmte ihre Poesie und empfahl, sie zu »studieren«. Die suitenartige Grundform des ›Wiener Walzers‹ (große Einleitung mit Vorwegnahme der Hauptmotive, vier bis fünf kontrastierende Walzer, freies Nachspiel mit Reminiszenzen) stammt von Lanner. Bei Johann Strauß (Vater) legte der Walzer seine Verträumtheit ab, er wurde nun lebhaft, spritzig und verwandelte sich aus dem langsamen Walzer ›Alt-Wiens‹ in den leichten Geschwindoder Schleifwalzer der Franz-Joseph-Zeit. Er war operettenreif geworden.

Für die ›Wiener Operette‹ ist der Walzer zwar charakteristisch, doch es gibt in ihr auch anderes – Volkslieder, Märsche, Galopps, Quadrillen, dann die Polka, den Furiant, den Csárdás –, kurz, Lieder und Tänze aus allen Himmelsrichtungen. Stets ist sie volkstümlich, nie ›durchkomponiert‹, Musiknummern und gesprochene Dialoge wechseln ab. Die klassische Operette weist gelegentlich größere Ensembles und Finale auf, sie wird in der Regel eingeleitet von einer potpourri-artigen Ouvertüre.

Von der ›Walzer-Dynastie‹ Strauß (Vater Johann und die Söhne Johann, Joseph, Eduard) ist der ›Walzerkönig‹ Johann (Sohn) der bedeutendste. Brahms war mit ihm befreundet, für Wagner war er »der musikalischste Schädel des 19. Jahrhunderts«. Seine ›Fledermaus‹ (1874) wurde zum Inbegriff der ›Wiener Operette‹; sie ist noch gegenwärtig das meistgespielte Werk des Musiktheaters überhaupt! Von seinen annähernd 20 Operetten – er schrieb auch eine Unmenge Einzelwalzer, darunter den ›Kaiserwalzer‹, ›An der schönen blauen Donau‹, ›Geschichten aus dem Wienerwald‹ – hielten sich außer der ›Fledermaus‹: ›Eine Nacht in Venedig‹ (1883), der ›Zigeunerbaron‹ (1885) und ›Wiener Blut‹ (1899). Neben Suppé und Strauß gilt als dritter ›Klassiker‹ der ›goldenen‹ Wiener Operette *Karl Millöcker* (1842 bis 1899). Seine schönsten Werke sind ›Der Bettelstudent‹ (1882) und ›Gasparone‹ (1884). Im Schatten der drei stehen *Richard Genée* (1825 bis 1895), *Karl Zeller* (1842 bis 1898), *Karl Michael Ziehrer* (1843 bis 1922) und *Richard Heuberger* (1850 bis 1914).

Auf das ›goldene‹ Zeitalter der ›Wiener Operette‹ folgte im 20. Jahrhundert ein ›silbernes‹. Musiker wie *Oscar Straus* (1873 bis 1954) – nicht verwandt mit der ›Dynastie‹ –, *Leo Fall* (1873 bis 1925) und die Ungarn *Franz Lehár* (1890 bis 1948) und *Emmerich Kálmán* (1882 bis 1953) gehörten ihm an.

Unabhängig von der ›Wiener Operette‹ entstand aus der Alt-Berliner Lokalposse, dem ›Brettl‹ und Elementen des deutschen und französischen Singspiels die Berliner Operette. Sie wurde vertreten von *Paul Lincke* (1866 bis 1946), *Walter Kollo* (1878 bis 1940), *Jean Gilbert* (1879 bis 1942) und *Leon Jessel* (1871 bis 1942). Auch der von der Spieloper herkommende Rheinländer *Eduard Künnecke* (1885 bis 1953) stand diesem Stilkreis nahe.

Die jüngere Operette sank mit wenigen Ausnahmen ab zur Handelsware der Vergnügungsindustrie. Sie verhielt sich indifferent gegenüber der Entwicklung, die das gesellschaftliche Leben unentwegt verwandelte, blieb musikalisch im allgemeinen auf modische Tanz- und Schlagerlieder beschränkt und scheidet als vorwiegend dem musikalischen Kunstgewerbe zugehörende Gattung aus dem Kreis des hier zu Betrachtenden aus.

Neuerdings scheint sie verdrängt zu werden vom amerikanischen ›musical‹.

Wandlungen in Frankreich

Voltaire haßte die Kirche wegen ihres unduldsamen Machtanspruchs, und also schlug er vor: »Écrasez l'infâme.« Ein Dutzend Jahre nach seinem Tode schaffte der Revolutionskonvent zu Paris die Kirche ab und stellte den Gotteskult unter Strafe. Von Voltaire stammt aber auch der Satz »Si Dieu n'existait pas, il faudrait l'inventer«. Wollte er demnach – was später Marx ablehnte – Religion als »Opium fürs Volk«, aber nicht verwaltet von einer Macht neben dem Staat, sondern von diesem selbst? Der Konvent schien so etwas in Erwägung zu ziehen, denn er erfand anstelle des abgesetzten Gottes eine Art Ersatzgott für die ›bourgeois‹, ein unpersönliches »höchstes Sein« (»l'Être suprême«), eine bewußt verschwommene Umschreibung für ›la raison‹, hinter der letzten Endes die republikanische Staatsräson sich verbarg, und er befahl kultische Feiern zu Ehren dieses ›Être suprême‹.

Der Komponist Lesueur, vor der Revolution Kapellmeister an Notre-Dame, hielt sich nicht an die neue Spielregel und schrieb weiterhin »Musik für Jesus Christus«. Man sperrte ihn ein und »brachte ihn zur Vernunft«. Fortan, das heißt: bis andere Zeiten kamen, pries er nicht mehr Gott, sondern ›la raison‹, und zwar in flammenden Revolutionsgesängen und Schreckensopern.

Alle Meister in Paris taten dasselbe. Und man brauchte sie. Das befreite Volk hungerte und wollte unterhalten sein. Ein Spottvers machte die Runde: »Il ne fallait au fier Romain / Que des spectacles et du pain / Mais au Français plus que Romain / Le spectacle suffit sans pain.« Die Theaterwut der ›bourgeois‹ entsprach der allgemeinen Misere. Madame Cherubini berichtete dem braven Hiller nach Leipzig: »Morgens war die Guillotine in Tätigkeit, doch abends konnte man keinen Platz im Theater bekommen.« 1794 verfügte Robespierre über den Konvent ein Fest ›de l'Être suprême‹, Schauplatz: die Tuilerien, Zeit: 6. bis 8. Juni. Den Text des Fest-Hymnus, um den sich andere gruppierten, verfaßte Marie Joseph Chénier, der Bruder André Chéniers, den man im selben Jahr hinrichtete. Die Professoren der ehemals königlichen Académie, unter ihnen Méhul, Cherubini, Gossec und Dalayrac, ließen sich alsbald etwas

Originelles einfallen. Sie vertonten die Festgesänge, nahmen eine Geige oder Flöte zur Hand, stellten sich an den Plätzen auf einen Karren und hielten Proben ab mit allen, die des Weges kamen. Bis zum Fest hatten sie einen Chor von mehreren Tausend geschulten Jakobinern beisammen. Er sang die Hymnen, das Volk die Refrains, Fanfarengeschmetter überstrahlte die begleitenden Orchester, Kanonenschüsse rumpelten aufreizend darein. Es wurde eine bombastische Schaustellung der Macht.

Ein neuer Ton kam in die Welt mit diesen Kollektivveranstaltungen, und er fand ein vielfältiges Echo im lärmenden Pathos der Schreckensopern und Ballettmusiken, der Sinfonien und Virtuosenkonzerte. Die Komponisten überboten einander in der Aufblähung von Massenchören und Monsterorchestern. Méhul stellte drei Orchester

Spottbild Grandvilles auf die lautstarke Musik von Berlioz, 1843.
Interessant ist die Form des ›Musikgeschützes‹, sie nimmt die des späteren Lautsprechers vorweg

gegeneinander, Lesueur vier; Jahrzehnte später übertrumpfte ihn sein Schüler Berlioz: im ›Tuba mirum‹ seines ›Requiems‹ verwandte er fünf; sie umfassen, abgesehen von den meist vierfach besetzten Bläsern und den riesigen Streicherchören des Hauptorchesters, 8 Fagotte, 12 Hörner, Ophikleïden, 8 Trompeten, 16 Tenorposaunen, 16 Pauken für 10 Paukenschläger, die auf ihnen Akkorde ausführen, dazu große Wirbeltrommeln, Tamtams, 3 Paar Becken und anderes! Selbst der alternde, vergleichsweise stille Grétry konnte nicht umhin, der Republik noch mit lautstarken Revolutionsopern zu huldigen. Im Todesjahr Robespierres brachte er es auf vier; eine davon trägt den bezeichnenden Titel ›La fête de la raison‹. Grétry war dann freilich auch der erste, der warnte: »Es scheint, daß man seit der Einnahme der Bastille ... nur noch Musik mit Kanonenschlägen komponieren kann...; wenn man nicht vorsichtiger vorgeht, so wird bald Ohr und Geschmack des Volkes verdorben sein, und wir werden ... nur noch musikalische Lärmmacher haben«; und er empfahl, »wieder einen Schritt rückwärts zur Einfachheit hin zu tun«, das werde jetzt »allen Reiz der Neuheit« für sich haben. Selbst wenn er recht hatte – konnte man einen Schritt rückwärts tun zu einer Zeit, in der alles dem Fortschritt sich verbündete? Konnte man von den Ideen der Revolution in ihrem Bannkreis überhaupt anders reden und tönen als exaltiert? Oder – während der Napoleonischen Ära mit ihren Aufmärschen und Paraden, angesichts des gigantischen Pomps der kaiserlichen Hofhaltung – konnte man als Musiker da hoffen, mit Einfachheit aufzufallen? »Wer wider seine Zeit ist, der hat schon zu sterben begonnen«, sagte Jean Cocteau, und die Erfahrung eines Jahrhunderts französischer Geschichte tönt nach in seinem Wort. Die ›Marseillaise‹ von 1792, in der sich die Kunstmusik zurückneigte zum Volkslied – nur der Text von Rouget de l'Isle ist neu, die Weise übernahm Rouget frei aus der Introduktion des Oratoriums ›Esther‹ von Grison –, dieses Lied, das Armeen aufwog beim Wege Frankreichs zur ›grande nation‹, wurde nun zum Leitmotiv aller Strömungen in diesem aufgewühlten Lande, über Napoleonische Ära, Bourbonen-Restauration und plutokratisches Bürgerkönigtum hinweg, Fanal zunächst, dann kaustischer Widerhall versunkener Größe, tönender Inbegriff der Nation.

Der tänzerische Elan, das flammende Pathos und die beschwörende Geste, für die sich in allen Künsten Frankreichs bis über die Jahrhundertmitte Beispiele finden – in der ›Marseillaise‹ sind sie vorgezeichnet. Die Melodie hat klassisches Ebenmaß. Doch sie ist geschaffen zu entflammen, und tausend Kehlen angemessener als einer. Noch als Zitat – etwa in Schumanns ›Die beiden Grenadiere‹ oder Tschaikowskijs ›Ouvertüre 1812‹ – erweckt sie die Vorstellung singender Marschkolonnen. Auch die französischen Opernmusiken und Sinfonien aus den ersten Dezennien des neuen Jahrhunderts sind in der Regel gleichsam klassisch durchgeformt, doch Welten trennen sie von den Mustern des ›ancien régime‹, sie sind bezeichnend für den grell-dekorativen klassizistischen Manierismus ihrer Epoche, für den man in Frankreich die Formel ›romantisme réaliste‹, also ›realistische Romantik‹ oder ›romantischer Realismus‹ prägte. Weniger die Kompositionsweise, in der gallische und italienische Stilelemente eine eigenartige Verbindung mit Haydns Motivtechnik eingingen, als der Aufwand an klanglichen Mitteln entfremdete sie dem Einfachen. Sie büßen ihre Wirkung ein, nimmt man ihnen den Glanz der ›trompettes‹ und ›clairons‹, das Zischen und Peitschen der ›cymbales‹, den aufreizenden Wirbel der ›tambours‹, die Kanonenschläge der ›grosse caisse‹, die Spontini im Triumphmarsch der ›Vestalin‹ erstmals dem Opernorchester einverleibte. Meist steigern diese Opernmusiken lediglich den theatralischen Reiz der szenischen Vorgänge; sie wenden sich an die Sinne und Nerven, der Ausdruck seelischer Emotionen findet sich kaum in ihnen. Mit ihren hektischen Lärmausbrüchen übertönten sie nicht die innere Unsicherheit jener parvenühaften Zeit, der eine einheitliche Grundhaltung durchaus fehlte. Chateaubriand leitete diesen Mangel später aus dem individualistischen Pessimismus her, der mit der Revolution heraufzog, und er bezeichnete diesen Pessimismus als »mal de siècle«.

Die Ursachen dieser Krankheit waren in Frankreich die gleichen wie anderswo in Europa, doch die französischen Künstler begegneten den Problemen der Zeit mit einer undefinierbaren Mischung antinomischer Eigenschaften. Sie waren Atheisten und malten Heiligenbilder, sie waren brave Bürger und gaben sich anarchisch. Sie waren konservativ, doch für die permanente Revolution, hingerissen von den Ereignissen des Tages, doch voller Ironie und Skepsis; sie waren entschieden und nachlässig, unduldsam und tolerant, und dies alles zugleich. Ihre exzentrische Leidenschaftlichkeit war nicht frei von Pose, ein fatalistisches ›laisser aller‹ Prinzipienfragen gegenüber wurde ihnen und auch den Wahl-Parisern im Strudel der Ereignisse zur zweiten Natur. Hierzu noch Beispiele. – Die Themen und Funktionen der Künste veränderten sich im Zentrum der Revolution schnell und radikal. Von heute auf morgen war dort verboten, was gestern Gesetz war. Alle prominenten Komponisten der Revolutionszeit schrieben zuvor im Auftrage Ludwigs XVI. und im Sinne des ›ancien régime‹ Opern, Ballett- und Kirchenmusiken. Nach der Hinrichtung ihres Königs aber schrieben sie im Auftrage der neuen Machthaber Jubelhymnen über dieses Ereignis. Auch Cherubini schloß sich nicht aus. 1796 leitete er in der ehemals königlichen Oper einen Chor von 500 Jakobinern.

Es kam das Imperium. Republikanische Gesinnung war nun nicht mehr gefragt. Lesueur, Verfasser der ›Caverne‹, schrieb den Krönungsmarsch für Napoleon und eine pompöse Krönungsmesse, denn die Kirche war nun wieder Institution im Staate. Napoleon machte ihn zu seinem Hofkapellmeister. Auch Grétry paßte sich der neuen Lage sofort an; Napoleon verlieh ihm das Kreuz der Ehrenlegion. Mit Grétry zählten auch Méhul und Gossec, musikalischer Repräsentant der Republik, zu des Kaisers Ratgebern.

Nur Cherubini widersetzte sich dem Kaiser und fiel in Ungnade. Nach seiner für Wien geschriebenen Oper ›Faniska‹ zog er sich zunächst überhaupt aus dem öffentlichen Leben zurück. Erst 1808, achtzehn Jahre, nachdem er als Kirchenmusiker verstummte, schrieb er für die Einweihung einer kleinen Kirche in Chimay wieder eine Messe. Ihr Stil ist schlicht, streng, rein sakral. Fortan widmete er sich vornehmlich der ›musica sacra‹, viele seiner wertvollsten Werke entstanden erst jetzt, abgesehen von den älteren Opern ›Medea‹ (1797) und ›Wasserträger‹ (1800), den einzigen überdauernden Schreckensopern »von einem, der dabei war«. Sie hielten sich, da in ihnen mit musikalischem Genie und echter Überzeugungskraft humane Ideen vertreten sind.

Cherubini blieb eine vereinzelte Erscheinung; er war ein Grandseigneur und auf seine Art noch Klassiker unter den Klassizisten von Paris. Es gab dort neben ihm Komponisten, die Ludwig XVI., die Revolution, das Kaiserreich, die Bourbonen und die Juli-Revolution überdauerten und dann noch dem Bürgerkönig Louis Philippe dienten. Waren sie alle Opportunisten? Die Mehrzahl sicher nicht, das lehren die Lebensläufe. Sie meinten mit ihrer Musik nur und genau das, was sie ausdrückte, nämlich ihre eigene Leidenschaft, ihren Lebenshunger, ihre Freude darüber, daß sie noch und immer wieder dabei waren. ›Le roi est mort?‹ Was tat's: ›Vive le roi!‹ Sie machten auch kaum ein Hehl daraus, daß sie es so meinten: Nach jedem Regimewechsel ließen sie ihre älteren Musiken umtextieren. Eines ist sicher: Sie schrieben keine Bekenntnismusiken.

Ihre Opern lehren: Sie waren Realisten, aber mit einem kräftigen Schuß Ironie der phantastischen Illusion durchaus zugänglich. Alle diese bürgerlichen Meister, gleich, ob sie der ›opéra-comique‹ und ihren Spielarten zuneigten oder mit repräsentativen ›großen‹ Opern ihr Glück suchten, waren glänzende Unterhalter. Sie führten ihrer Kunst neuartige Klangwirkungen und raffinierte Instrumentaleffekte zu, sie experimentierten unentwegt und gelangten zumindest in Ansätzen zu frappanten Vorwegnahmen späterer Errungenschaften. Männer wie *Catel* (1773 bis 1830), *Berton* (1767 bis 1844), Méhul oder Grétry beispielsweise verwandten schon ›Erinnerungsmotive‹, ihr klar formuliertes Ziel war die Verschmelzung von Glucks musikdramatischen Forderungen mit Haydns Motivtechnik, also die sinfonische Oper großen Stils. Doch ihre Anregungen blieben fast ungenutzt liegen am Rande des allgemeinen Weges, der ein Fluchtweg war in die pseudo-realistischen Illusionen des ›romantisme réaliste‹. An seinem Ende stand auf tönernen Füßen die ›grand opéra‹, die kolossale Ausstattungsoper Meyerbeerscher Prägung. Ihre Scheinwahrheiten entlarvte der große Spötter Offenbach.

›Opéra-comique‹ und erste ›grand opéra‹

Opéra-comique‹ und ›grand opéra‹ bestanden in Paris nebeneinander. Jede Gattung hatte ihre eigenen Theater, jede wahrte ihre traditionelle Grundform. Die ›comiques‹ blieben auch als Schreckensopern Singspiele ohne Rezitative; seit etwa 1790 fügte man ihnen aber gern Melodramen ein, um die Wirkung der Schreckensszenen zu steigern. Hier finden sich die Vorlagen zum Melodram aus der Kerkerszene des ›Fidelio‹. – Die großen Opern hingegen waren grundsätzlich durchkomponiert; Rezitative und Accompagnati verbanden die einzelnen Gesangsnummern, Ballette waren obligatorisch. Werke anderer Formstruktur wurden für Aufführungen in der ›Grand opéra‹ ausnahmslos umgearbeitet. Das galt auch für ausländische Opern. Berühmte deutsche Beispiele sind Webers ›Freischütz‹ und Wagners ›Tannhäuser‹. 1822 gab man den ›Freischütz‹ im Pariser ›Odeon-Theater‹ als Singspiel unter dem Titel ›Robin de bois‹, doch erst 1841 übernahm die ›Grand opéra‹ das Werk unter dem Titel ›Le Freyschütz‹, und zwar mit Rezitativen von Berlioz und seiner Bearbeitung von Webers ›Aufforderung zum Tanz‹ als Ballettmusik. 1861 mußte Wagner für die Aufführung des ›Tannhäuser‹ in der ›Grand opéra‹ eine Ballett-Pantomime – das Venusberg-Bacchanale – neu einfügen.

Abgesehen von Spontinis Beiträgen war die Ernte an ›großen Opern‹ während des Imperiums und der Restaurationszeit gering. Die Librettisten bevorzugten konservativ antik-heroische Stoffe, die Kompositionen waren in der Regel akademisch trocken. Die ›Grand opéra‹ war somit weitgehend auf ein Repertoire aus älteren Opern angewiesen. Folglich grenzte sich der Hörerkreis bald auf ein ästhetisch genießendes Bildungspublikum ein. Erst Auber brachte der Gattung mit seiner ›Stummen von Portici‹ (1828) neuen Auftrieb.

Die ›comique‹ hingegen bot auch während und nach der Revolution aktuelles Zeittheater. Indessen – vor der Revolution war sie aufrührerisch und für die bestehende

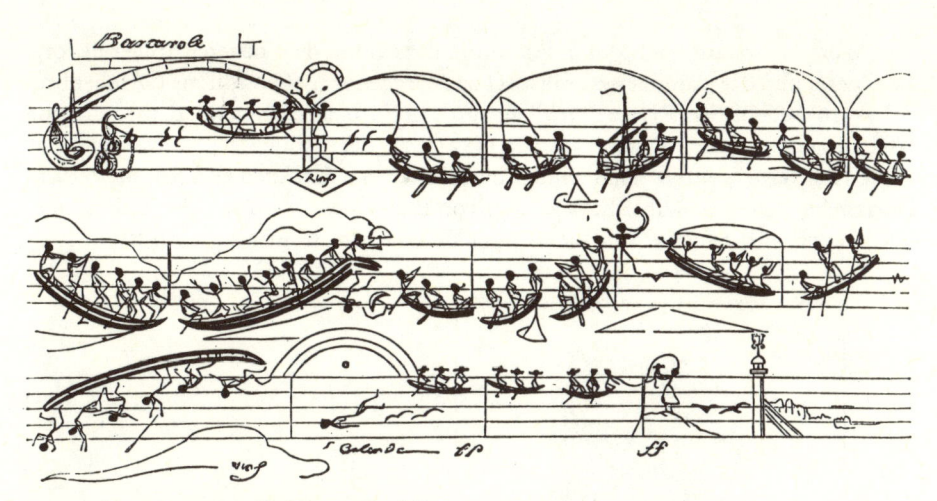

Barcarole, Notenscherz nach der Zeichnung von Grandville

Ordnung gefährlich; nun wurde sie als Schreckensoper zum Propaganda-Instrument der jakobinischen Machthaber. Damit büßte sie ihre echte zeitkritische Funktion ein. Das wirkte sich bald auf ihren Tonfall aus. Befohlene Rede klingt anders als begeisterte Rede. Die Freiheits- und Rettungsthemen wurden als Schauerthemen zum Klischee und nutzten sich ab. Der elementare Ausdruck wich dem bewußt übertreibenden, theatralischen Pathos einer nicht immer mehr redlichen Sprache. Als mit dem Regime-Wechsel dann die Antriebe zur Revolutionspose entfielen, war es um die Schreckensoper bald geschehen. Sie klang um 1810 ab.

Aber die ›comique‹ war um neue Masken nicht verlegen. Sie paßte sich wendig den politischen und gesellschaftlichen Zuständen an und sah ihre eigentliche Aufgabe darin, die Zeitgenossen mit phantastisch-romantischen, erotisch-pikanten, drolligen oder kriminellen Stoffen zu unterhalten. Verständlich, daß sie der ›grand opéra‹ zunächst den Rang ablief. Überragender Librettist der ›comique‹ war der Dichter *Eugène Scribe* (1791 bis 1861), Verfasser von rund 350 geistreichen Lustspielen, Gesellschaftsstücken und Operntexten. Er schrieb für Boieldieu, Auber, Halévy und Meyerbeer, war begabt für die heitere und für die pathetisch-tragische Oper, doch weniger interessiert an der Darstellung großer Charaktere als an der Erfindung außergewöhnlicher Fabeln und frappanter Situationen.

Unzählige Musiker bestellten neben und nach Grétry das weite Feld der ›comique‹; führend waren *Niccolo Isouard* (1775 bis 1818), *François Adrien Boieldieu* (1775 bis 1834), *Daniel François Ésprit Auber* (1782 bis 1871), *Louis Joseph Ferdinand Hérold* (1791 bis 1833), *Adolphe Charles Adam* (1803 bis 1856), *Louis Maillart* (1817 bis 1871) und *Charles Louis Ambroise Thomas* (1811 bis 1896). Sie alle waren Individualisten, aber keine Einzelgänger, wie ihre deutschen Zeitgenossen. Gern schrieben sie gemeinsam ›pasticci‹. Sie suchten den raschen Erfolg, doch mancher von ihnen ließ sein Ziel weit hinter sich mit Werken, die noch heute leben.

Der Malteser Isouard blieb zumindest in Frankreich mit dem heiteren ›Billet de loterie‹ (1810) und der prononciert realistischen Märchenoper ›Cendrillon‹ (›Aschenbrödel‹, 1810) beliebt. Sein Rivale Boieldieu wurde in Europa berühmt mit dem ›Kalif von Bagdad‹ (1800); seine ›Weiße Dame‹ (1824), zu der Scribe das grotesk-gruselige Libretto lieferte, geistert noch heute über die Bühnen der Alten und Neuen Welt. In Frankreich hielten sich überdies ›Johann von Paris‹ (1812) und ›Le chaperon rouge‹ (›Rotkäppchen‹, 1818), ein melodieseliger Beitrag zum ›romantisme réaliste‹.

Ésprit Auber, nach einer zeitgenössischen Lithographie

Auber, ein Naturtalent von hohen Graden, begann seine Laufbahn mit modischen Romanzen und Chansons. Seine gründliche Ausbildung verdankte er Cherubini, seinen ersten europäischen Erfolg errang er 1825 mit ›Maçon‹ (›Maurer und Schlosser‹, Text von Scribe). Die Partitur dieser ›comique‹ ist leicht und wirkungssicher gearbeitet, die Musik besticht durch dramatisches ›brio‹ und glänzende Milieuschilderungen. Deklamation und Charakterzeichnung lassen zwar zu wünschen übrig, doch dieser Mangel wird kompensiert durch eine delikate, auf Kontraste berechnete Stimmungsmalerei, durch volkstümliche Liebeskantilenen, Geschwindmärsche, Gebete, Romanzen, Quadrillen und Cancans in raffiniert ausgewogenem Wechsel sowie durch das rein pariserische Idiom des Melos. – Nach einigen Gelegenheitsarbeiten überraschte Auber Paris dann mit einer ›großen Oper‹. 1828 ging seine ›Stumme von Portici‹, Text wieder von Scribe, mit sensationellem Erfolg in der ›Grand opéra‹ in Szene. Ein neuer Geist zog dort mit der ›Stummen‹ ein. Bereits 1829 gab man Rossinis ›Wilhelm Tell‹, 1831 folgte Meyerbeers ›Robert der Teufel‹, 1835 Halévys ›Jüdin‹. Die nächsten Jahrzehnte herrschte dort die ›große‹, auf Wirkung berechnete bürgerlich demokratische Oper. Scribe war der bevorzugte Librettist, von Victor Hugo, Dumas, Shakespeare, Scott, Byron oder Bulwer nahm man die Stoffe.

Nach Spontinis Ansätzen ist Aubers ›Stumme‹ das erste für die Gattung ›grand opéra‹ charakteristische Werk. Formal ist die ›Stumme‹ als durchkomponierte, hochdramatische ›comique‹ ein Paradoxon, angereichert mit sinfonisch-pantomimischen Melodramen für die schweigsame Titelheldin − ein genialischer Kunstgriff, der den Erfolg mit entschied. Stilistisch ist sie unter Aubers rund 50 Bühnenwerken ein Ausnahmefall. Nirgends sonst äußerte er sich derart pathetisch und leidenschaftlich. Nicht von ungefähr machte sein Werk Epoche, war Wagner von ihm enthusiasmiert.

Marsch aus Aubers
›*Die Stumme von Portici*‹

Es enthält eine Fülle einprägsamer Nummern, ein andachtsvolles Gebet und reizvolle Barcarolen, unheimliche Chöre und mitreißende Märsche. Der Text aber ist das gleisnerische Quiproquo einer Tragödie, zugespitzt auf die theatralische Wirkung einander jagender Situationen. Die pseudo-realistischen Ereignisse gehen mit fataler Unlogik auseinander hervor, die Figuren sind fragmentarisch skizziert, sie reagieren auf vermeidbare Zufälle wie Helden und gehen an anderen Zufällen wie Marionetten zugrunde, beiläufig in heroischer Pose. Die Musik band die Brocken dieser grandiosen Montage derart mühelos zu einer betörenden Phantasmagorie, daß die Zuhörer über dem Rausch der Eindrücke gar nicht darauf kamen, über das Wesen des Stückes nachzudenken, das als Surrogat aus Schicksals- und Charaktertragödie, Rührstück, Vaudeville und Schaueroper die Tradition der ›grand opéra‹ über den Haufen warf. Ein Stück »mal de siècle« ging da vor und mit ihnen in Szene. − Die ›Stumme‹ hatte übrigens eine bemerkenswerte politische Nebenwirkung. Als sie 1830 in Brüssel herauskam, wurde sie zum Signal für den Aufstand Belgiens gegen die Niederlande. Auber ließ sich dadurch nicht auf das Glatteis der politischen großen Oper locken, seine Domäne blieb die unterhaltsame ›comique‹. Den Gipfel seines Ruhmes erreichte er mit ›Fra Diavolo‹ (1830), dem wohl schönsten und noch heute volkstümlichsten Beispiel dieser Gattung. Der Text von Scribe gab ihm, was er sich nur wünschen konnte: eine frische Liebesgeschichte, Soldaten-, Banditen- und Wirtshausmilieu, frivole, komische, pikante, sentimentale und aufregende Szenen in bunter, wirkungssicherer Mischung. Die Musik treibt die Stimmung gleich hoch mit einer drastisch pointierten, marschbesessenen Ouvertüre, und sie nützt dann die Möglichkeiten des Librettos so amüsant, sie setzt ihre Lichter und Schatten, ihre alarmierenden Crescendi und verrieselnden Diminuendi so fein, sie wechselt so mühelos und ohne Stilbruch vom schlichten Volkston zur spritzig geführten Konversation, vom Trinklied zum Gebet, vom mitternächtlichen Gauner-Palaver zur hochdramatischen Szene, daß man über den kleinen Wundern dieser Partitur ganz die große Kunstfertigkeit ihres Meisters vergißt. Unnötig zu erwähnen, daß alle seine Eingebungen tanzgeboren sind. Es war Auber nicht vergönnt, noch ein derartiges Werk zu schaffen. Er hinterließ viele weitere Opern, darunter einige, die heute noch nicht ganz versunken sind, doch Kenner seiner Spätwerke urteilen, sie seien dürre Produkte des Fleißes und der Routine.

Aubers Kollegen und Nachfolger in der ›comique‹ waren Männer seines Schlages, aber geringerer Begabung. Der beste unter ihnen war wohl Adolphe Charles Adam. Sein ›Postillion von Lonjumeau‹ (1836) ist immer noch ein Zugstück, sein ›Si j'étais roi‹ (›Wenn ich König wär'‹, 1852) sollte man getrost wieder einmal hervorholen, der naiv-romantische Text ist hübsch und unterhaltsam, die Musik sorgfältig gearbeitet, einprägsam, ›liebenswürdig‹. – Hérolds unheimliche ›comique‹ ›Zampa oder Die Marmorbraut‹ (1831) ist nun schon seit geraumer Zeit eingesargt. Sie hat fast ein Jahrhundert lang als Pendant zu Meyerbeers ›Robert der Teufel‹ ihren Zuhörern das Gruseln beigebracht. Heute wird nur noch die scharf konturierte, von Rossini beeinflußte Ouvertüre gespielt. Hérolds Spezialität waren aufreizende Ballettmusiken. – Charles Louis Ambroise Thomas hatte mit seiner sentimentalen ›Mignon‹ (1866) einen bis weit über die Gründerjahre anhaltenden Erfolg. Die beiden unverwüstlichen Reißer dieser Volksoper, das Lied ›Kennst du das Land‹ und die Koloratur-Arie ›Titania ist herabgestiegen‹ geben einen hinreichenden Begriff vom Stil seiner Musik. – Louis Aimé Maillart neigte mit seiner kleinbürgerlichen, melodiösen ›comique‹ ›Les Dragons de Villars‹ (›Das Glöckchen des Eremiten‹, 1856) der Operette zu. Ungewöhnlich war seine Begabung für die Parodie.

Metropole Paris

Im Zenit ihrer Laufbahn übersiedelten die Italiener *Gioacchino Rossini* (1792 bis 1868) und *Vincenzo Bellini* (1801 bis 1835) nach Paris, der eine 1824, der andere 1833; auch ihr unglücklicher Landsmann *Gaetano Donizetti* (1797 bis 1848) lebte nach 1839 vorwiegend dort. Südländische Gesangsoper und ›comique‹ bzw. ›grand opéra‹ als Rivalen – eine günstige Konstellation! Man bekämpfte sich zwar, doch man lernte auch voneinander und tastete sich Schulter an Schulter ein gutes Stück voran auf dem Wege zu einer gemeinsamen Sprache.

Rossini kam in Pesaro (Romagna) als Sohn einer Sängerin und eines Hornisten zur Welt. Sein Handwerk erlernte er in Bologna; mit 16 Jahren führte er dort seine erste Kantate auf, und 1810 debütierte er in Venedig mit einem Operneinakter. Nach weiteren Talentproben hatte er mit ›Tancredi‹ und ›Die Italienerin in Algier‹ (beide 1813) starke Erfolge. Auf den Gipfel seines Ruhms trug ihn dann der ›Barbier von Sevilla‹ (1816, Rom). Fortan galt Rossini als der erste Meister Italiens, und er wurde dort mit weiteren Opern enthusiastisch gefeiert. 1822 huldigte ihm Wien, 1823 London. Als reicher Mann kam er im selben Jahr nach Paris. 1824 reüssierte er dort mit der ›Reise nach Reims‹ und ein Jahr darauf mit der ›Belagerung von Korinth‹, einem Werk, worin er sich dem französischen Stil zuwandte. Unter dem Eindruck von Aubers ›Stumme von Portici‹ schrieb er dann als letztes seiner 39 Bühnenwerke die große Oper ›Wilhelm Tell‹; sie ging 1829 in der ›Grand opéra‹ in Szene.
In den rund 40 Jahren, die ihm nach ›Wilhelm Tell‹ noch blieben, komponierte Rossini außer dem belcantistisch schönen ›Stabat mater‹ (1832, erweitert 1841) und eini-

gen kleineren Kirchenmusiken und Klavierstücken nichts mehr; statt dessen machte er sich einen Namen als Lebenskünstler, Spötter, Feinschmecker und – Koch! Gefragt, warum er seine Gaben nicht nütze, meinte er lakonisch: »Italienisch habe ich genug geschrieben, Französisch mag ich nicht schreiben und Deutsch kann ich nicht schreiben.«

Überdauert haben von Rossinis umfangreichem Lebenswerk außer dem ›Barbier‹ und dem ›Stabat mater‹ nur ein paar Ouvertüren, etwa zur ›Seidenen Leiter‹, zur ›Diebischen Elster‹, zur ›Italienerin in Algier‹ oder ›Semiramis‹, und einige meister-

Gioacchino Rossini, nach dem Gemälde von H. Grevedon, 1828

haft gearbeitete Streich- bzw. Bläserquartette. Nicht zu vergessen die unverwüstliche ›Tell‹-Ouvertüre als Schulbeispiel einer nach-Weberschen Programm-Ouvertüre mit Kuhreigen, Sturm und Hirtenschalmei; ihr hektisch lärmender Schluß-Marsch schlägt freilich alle guten Geister der Musik in die Flucht. Die ›Tell‹-Oper selbst teilte das Schicksal der meisten ›großen Opern‹; sie ist kaum noch zu hören. Nach der Pariser ›Tannhäuser‹-Premiere spöttelte Rossini: »Herr Wagner hat schöne Momente, aber schlimme Viertelstunden.« Er hätte dieses Bonmot auch auf seinen ›Wilhelm Tell‹ anwenden können.

Nun, der ›Barbier‹ des Vierundzwanzigjährigen ist mehr als eine Entschädigung für ein Dutzend ungeschriebener ›grands opéras‹ in der Art des ›Guillaume Tell‹, er ist die amüsanteste italienische ›buffa‹ des 19. Jahrhunderts. Gewiß, man darf nicht mit Mozart vergleichen, mit dessen ›Figaro‹ das Libretto die Quelle teilt (siehe Seite 330), und es ist etwas daran, wenn eingewendet wird, Rossinis Melodien kämen eher aus der Kehle als aus dem Herzen, er koste Situationen aus, anstatt Charaktere zu zeichnen,

und er instrumentiere gelegentlich reichlich grell. Dennoch aber – Rossini war ein Genie des italienischen Belcanto. Man muß seinen ›Barbiere‹ von Italienern gesungen hören: Figaros Auftrittslied, Basilios große Verleumdungsarie, das 1. Finale, das bezaubernde Quintett des 2. Aktes, die geschwinden Parlandi, das rhythmische Feuer, der kalte, prickelnd sinnliche Reiz der Koloraturen, die schwerelos heitere Grazie des Ganzen – das alles ist schlechterdings unübersetzbar, ist mediterran bis ins Detail der musikalischen Gestik und heute so lebendig wie je.
Die Ouvertüre des ›Barbiere di Seviglia‹ übernahm Rossini übrigens von einer seiner älteren Opern, dem ›Figlio per azzardo‹ (1813), er stellte sie auch der tragischen ›Elisabeth‹ (1815) voran; das war möglich, denn sie ist noch ›sinfonia‹ im Sinne der alten Musizier-Oper, ohne thematischen oder stimmungshaften Zusammenhang mit der nachfolgenden Oper. Ähnlich verhält es sich mit den Ouvertüren des aus Bayern stammenden *Simon Mayr* (1763 bis 1845), der in Venedig und Bergamo wirkte. Seine katholischen Kirchenmusiken, seine Oratorien und rund 70 Opern sind zwar vergessen, doch er war wichtig für Beethoven, Spontini, Weber, Rossini, Donizetti, Meyerbeer, Wagner und Verdi. Seine Ouvertüren sind die Muster der neueren Ouvertüre; er näherte sie formal dem Sonatenhauptsatz an, erweiterte die Coda, verstärkte das Orchester um Bläser und Schlagzeug, er liebte effektvolle dramatische Crescendi, überraschende Modulationen und eine farbenprächtige Instrumentation. In den Opern selbst verband er Stilelemente der spätneapolitanischen und Gluckschen Oper; charakteristisch für ihn sind große Ensemble- und Chorszenen, eingestreute Instrumentalmusiken und gewagte früh-romantische Klangkombinationen; in Ansätzen findet sich bei ihm schon das ganze Rüstzeug der ›grand opéra‹.

Donizetti war in seiner Vaterstadt Bergamo Mayrs Schüler. Von ihm wechselte er hinüber nach Bologna zu Rossinis Lehrmeister Mattei. 1818 debütierte er mit einer Oper in Venedig, dann eiferte er in vielen ›seriae‹ und ›buffae‹ (67 insgesamt) Rossini nach. 1832 gelang ihm in Mailand mit ›Der Liebestrank‹ ein großer Wurf. Dieser ›buffa‹ folgten die ›seriae‹ ›Lucretia Borgia‹ (1833) und ›Lucia di Lammermoor‹ (1835), ferner in Paris die ›comique‹ ›Die Regimentstochter‹ (1840) und sein schönstes Werk, der ›Don Pasquale‹ (1843). Nach unsteten Jahren verfiel er in Paris geistiger Umnachtung; man schaffte ihn nach Bergamo, dort starb er. Mittlerweile hatten seine ›seriae‹ längst Europa erobert; durch Jahrzehnte berauschte man sich an ihren Kontrast-Effekten, am raffinierten Widerspruch zwischen der krassen, pseudo-realistischen Schauerromantik der Texte und dem süßen, leicht banalen Schönklang seiner eleganten Serenaden, Barcarolen und Koloratur-Arien. Seine Neigung, Sterbeszenen mit Melodien im wiegenden ¾-Takt zu untermalen oder sterbende Primadonnen hinreißende Koloratur-Arien singen zu lassen, machte Schule bis hin zu Puccini. Sein bestes gab Donizetti in den ›buffae‹. Der pfiffige ›Liebestrank‹, auch die ›Regimentstochter‹, amüsant schon durch die ebenso unglaubwürdige wie lehrreiche Liebesstory um die Marketenderin Marie, vor allem aber ›Don Pasquale‹, eine bezaubernde Symbiose von ›comique‹ und ›buffa‹, werden als echt komödiantische Spielopern wohl noch lange ihr Publikum auf eine musikalisch noble Art unterhalten.

Der jung verstorbene Sizilianer *Vincenzo Bellini* (1801 bis 1835), Schüler Zingarellis in Neapel, begann mit Instrumental- und Kirchenmusiken. Erst mit 24 Jahren wendete er sich der Oper zu. In dem Jahrzehnt, das ihm noch blieb, schrieb er elf Opern, darunter ›Die Nachtwandlerin‹, ›Norma‹ (beide 1831, Mailand) und ›Die Puritaner‹ (1835, Paris). Der poetische Reiz dieser Werke erschließt sich völlig nur im Schönklang südländischer Stimmen. Bellini war nicht eigentlich Dramatiker, eher der sozusagen romantische Lyriker dieser Gruppe und nur Italiener, nicht die Spur gallisch beeinflußt. Er mied alles Martialische, Grelle, Aufdringliche, instrumentierte zurückhaltend, steigerte aber seine im Grundzug volkstümliche Melodik oft zu hymnischer Eindringlichkeit. Etwa in der Sterbeszene von ›Romeo und Julia‹ verdichtet sich sein Belcanto in schon vor-Tristanisch chromatischen Wendungen zu einer ausdrucksstarken Lyrik, die bis hoch ins 19. Jahrhundert nachwirkte. – Die italienischen Meister in seinem Umkreis erlagen den Einflüssen aus Nord oder West. Als einziger strebte *Giuseppe Saverio R. Mercadánte* (1795 bis 1870) bewußt eine nationale Reform der ›seria‹ und ›buffa‹ an, doch erst Verdi sollte sie herbeiführen.

Als blinde Bettelweiber maskiert – gedrungen, feist der eine, hoch aufgeschossen, spindeldürr der andere – durchstreiften zur Karnevalszeit 1818 zwei Musikanten gitarreklimpernd die Straßen Roms; vor den Häusern trällerten sie ein Lied, das einer von ihnen gemacht hatte: »Blinde sind wir / sind geboren / um zu leben vom Erbarmen / spendet, spendet was uns Armen!« Es wurde ein herrlicher Spaß und ein einträgliches Geschäft dazu. Der eine war Rossini, der andere sein Freund Paganini. Sie halfen und befehdeten, schätzten und verabscheuten sich je nach Laune, fanden aber immer wieder zueinander, zuletzt in Paris, und das mag stets wie eine Prüfung gewesen sein, für beide. Denn so verschieden sie waren, sie hatten manch Gemeinsames, nicht nur in ihrem kompositorischen Dialekt, auch in ihrer Lebensauffassung, und sie wußten es. In einem glichen sie einander: Sie waren große Spieler und – sie verachteten ihr Spiel, ihr Publikum und im Grunde auch den Preis, dem sie nachjagten; doch sie spielten, gewannen und stopften sich die Taschen voll. Als der eine genug hatte, genoß er sein Leben; der andere gab erst auf, als ihm der Tod im Nacken saß. Beide hinterließen der Welt den Schatten respektabler Größe.
Niccolo Paganini (1782 bis 1840) kam in Genua zur Welt. Der Vater entdeckte schon früh seine Begabung und suchte einen Virtuosen aus ihm zu machen. Er ließ ihn auch ausbilden – bei Servetto und Costa, später bei Paër und Chiretti; doch im Grunde wuchs Paganini als Autodidakt auf. Mit 10 Jahren konzertierte er in Genua, bald darauf unternahm er mit dem Vater eine Konzertreise durch die Lombardei. Sechzehnjährig verschwand er spurlos. Als er – nach Wander- oder Gefängnisjahren (?) – 1805 in Lucca wieder auftauchte, verfügte er über ein phänomenales geigerisches Können. Ein paar Jahre war er nun Kammervirtuose der Fürstin Marie Elise in Lucca und Florenz. 1809 entzog er sich dieser Stellung durch die Flucht, darauf begann sein meteorhafter Aufstieg zum Ersten Violinvirtuosen Europas. 1828 feierte man ihn in Wien und Prag, 1829 bis 1830 durchstreifte er konzertierend Deutschland und Polen, 1831 bis 1834 Frankreich, England, Schottland, Irland und Belgien, dann bis 1837 wieder

Italien; 1838 war er zum letzten Male in Paris. 1840 erlag er in Nizza der Kehlkopfschwindsucht.

Paganini war als Virtuose ›der‹ Anreger seines Jahrhunderts. Er erschloß seinem Instrument neuartige Doppelgriffe, Doppeltriller, Flageoletts und Doppelflageoletts in chromatischer Folge, er begleitete ›coll'arco‹ (mit dem Bogen) gespielte Melodien mit Pizzicato-Akkorden der linken Hand, er pflegte das Spiel auf der G-Saite allein, erneuerte die alte Scordatura-Technik, beherrschte alle Manieren mit rätselhafter Vollendung und krönte sein Können durch eine vielseitige Bogentechnik und makellos reine Tongebung. Hinzu kam die ›unheimliche‹ Diskrepanz zwischen seinem Spiel und seinem skurrilen Äußeren. Viele Zeitgenossen, besonders diesseits der Alpen, reagierten auf seine ›dämonische‹ Erscheinung geradezu hysterisch. Sie sahen in ihm so etwas wie die diabolische Inkarnation des E. Th. A. Hoffmannschen Kapellmeisters Kreisler, und er war Scharlatan genug, auch diese Gruselrolle mit komödiantischer Perfektion zu meistern. Die Presse schürte den Paganini-Taumel mit phantastischen Essays, Heine und Börne freilich würzten ihre Hymnen mit ironischen Aperçus. Und Goethe, der Paganini in Weimar hörte, schrieb an Zelter: »Mir fehlt zu dem, was man Genuß nennt, und was bei mir immer zwischen Sinnlichkeit und Verstand schwebt, eine Basis von dieser Flammen- und Wolkensäule ... Ich hörte nur etwas Meteorisches und wußte mir weiter keine Rechenschaft zu geben... Es ist eine Manier, aber ohne Manier, ein besonderes Einzelnes, aber kein Einziges, denn es führt wie ein Faden, der immer dünner wird, ins Nichts. Es leckert nach Musik, wie eine nachgemachte Auster gepfeffert und gesäuert geschluckt wird.« Einwände erhoben auch Zelter und Spohr. Hingerissen dagegen waren Schubert, Schumann, Chopin und Liszt.

Auch mit seinen Kompositionen wirkte Paganini beträchtlich auf seine Zeit und Nachwelt ein. Er hinterließ ›24 Capricci‹ für Solovioline, zwölf Sonaten für Violine und Gitarre, drei Quartette für Violine, Bratsche, Gitarre und Cello, zahlreiche Variationswerke und zwei Violinkonzerte. Zu ihnen kam neuerdings sein 1829 für Frankfurt geschriebenes und dort 1830 gespieltes ›4. Violinkonzert‹. Die Partitur fand man 1936, die Solo-Violinstimme 1954. Stilistisch setzte Paganini in diesen Werken die Tradition Tartinis und Viottis sozusagen in der Mundart Rossinis fort. Seine ›Capricci‹, Konzerte und Variationswerke sind Musterbeispiele einer technisch äußerst anspruchsvollen, melodisch sinnfälligen Virtuosenmusik. Sie gehören noch heute zum Repertoire jedes bedeutenden Geigers. Manche seiner Themen variierten Liszt, Schumann, Brahms, Blacher, Casella, Dallapiccola und andere.

›Grand opéra‹ und französische Operette

Max Frisch sagte einmal: »Als Bühnenschreiber hielte ich meine Aufgabe für durchaus erfüllt, wenn es einem Stücke jemals gelänge, eine Frage dermaßen zu stellen, daß die Zuschauer von dieser Stunde an ohne eine Antwort nicht mehr leben können – ohne ihre Antwort, ihre eigene, die sie nur mit dem Leben selber geben können.« Die Meister der ›grand opéra‹ nach Spontini und Auber, besonders also Meyerbeer, Halévy und David – auch Rossini, Berlioz, Wagner und andere gehören mit einzelnen Werken in diesen Umkreis –, hatten andere Vorstellungen von ihrer Kunst. Sie dienten mit ihr mehr der Zerstreuung als der Sammlung. Die Wirkungen ihrer Opern beruhen auf dem Zauber fremdartiger Milieus, auf der Bildkraft einzelner Szenen und Situationen, auf der Faszination lyrischer oder dramatischer Episoden, nicht aber, oder in nur geringem Maße, auf der fortwirkenden Symbolkraft der Geschehnisse.

Unbestritten führend in dieser Kunst war der Berliner *Giacomo Meyerbeer* (1791 bis 1864), Sohn eines jüdischen Bankiers. Er war in seiner Vaterstadt Schüler von Clementi und Zelter, dann in Darmstadt von Abt Vogler. Dort schloß er sich Carl Maria von Weber freundschaftlich an. Wie jener versuchte er sein Glück zunächst mit deutschen Singspielen; doch nach Mißerfolgen wechselte er auf Anraten Salieris hinüber zum italienischen Stil. 1816 bis 1824 lebte er vorwiegend in Venedig. Hier absolvierte er unter dem Einfluß Simon Mayrs und Rossinis mit einigen talentierten Opern mühelos die Hohe Schule der südländischen Gesangsoper. Er verfügte nun über die Belcanto-Technik der Italiener und über jene der Deutschen, die mit Polyphonie Raumwirkungen erzielten und mit Klängen malten. Ein Drittes aber fehlte ihm noch. Er erwarb es in Paris, wohin er 1826 übersiedelte. Während mehrerer Jahre, in denen er nichts komponierte, eignete er sich dort das Rüstzeug der französischen Oper an. Sein Klangsinn schärfte sich, sein Formgefühl wurde sicher; er lebte sich ein in die aufreizende französische Rhythmik und in die gallische Art, Akzente scharf zu setzen. Aubers ›Stumme‹ und Rossinis ›Wilhelm Tell‹ brachten dann die Entscheidung, sie wurden seine Vorbilder.

Scribe entwarf für ihn den ›Robert der Teufel‹, eine Schauermär in fünf Akten um den Bösen als Seelenfänger. Was sich an rührenden und diabolischen Szenen in einem Libretto unterbringen ließ, war hier beisammen, vom Trinkgelage zum Schlummerlied, vom orgiastischen Liebesballett zum archaisch gefärbten A-cappella-Chor andächtiger Mönche. Die Logik schlug unentwegt Purzelbäume, doch Meyerbeers Musik, diese von jetzt an schmetternde, laute, bisweilen gemeine, bisweilen großartige, sinnbetörende Musik bewirkte, daß den Parisern bei der Premiere in der ›Grand opéra‹ (1831) ihre schon sprichwörtliche Allergie gegen abstruse Gedankengänge abhanden kam. Alle ihre Erwartungen wurden übertroffen von dem ›Nonnenballett‹. Mendelssohn war angewidert. Er schrieb: »Wenn im ›Robert le diable‹ die Nonnen eine nach der anderen kommen und den Helden zu verführen suchen, bis es der Äbtissin endlich gelingt; wenn der Held durch einen Zauber ins Schlafzimmer seiner Geliebten kommt und sie zu Boden wirft in einer Gruppe, über die das Publikum hier klatscht ..., und wenn sie ihn dann in einer Arie um Gnade bittet ... – es hat Effekt gemacht, aber ich hätte keine Musik dafür. Denn es ist gemein, und wenn das heute die Zeit verlangt und notwendig fände, so will ich Kirchenmusik schreiben ...«

Der erste Welterfolg war mit ›Robert le diable‹ für Meyerbeer nun da. Den Gipfel seines Ruhmes erreichte er 1836 mit den ›Hugenotten‹. Diesmal spitzte sein Librettist Scribe die fünfaktige Handlung auf die Massacres der Bartholomäusnacht zu. Wieder

Musik des 19. Jahrhunderts

ist die Fabel effektvoll drapiert mit Verschwörungs- und Wutchören, Waffenweihen, Prozessionen, Hochzeits- und Tanzszenen, Glockengedröhn und Flammenschein. Es gibt groß gesehene und gestaltete Episoden – in Marcel klingt Kurwenal an, Valentines heroische Todesbereitschaft ist der Sentas verwandt. Die Technik, aus der Kontrastierung von Schau und ›actio‹ Wirkungen zu erzielen, ist aufs äußerste getrieben – doch

›Die Hingerissenen‹, Karikatur zum Theater von Gustave Doré

abermals bot Scribe nur eine psychologisch abstrus geführte, lediglich auf Wirkung berechnete Handlung.
Die Musik brandet über die Ungereimtheiten des Textes hinweg. Souverän verfügte Meyerbeer über das mit Orgel, Ophikleïden, Baßklarinetten, Englischhorn und Piccoloflöten, mit großer Trommel, Tamtam und anderem Schlagzeug zusätzlich reichbestückte Orchester; er gab den Massenchören und den in ihrer strahlendsten Lage geführten Soli, was sie sich nur wünschen mochten; er erzeugte zarte, prunkvolle, freche und brutale Wirkungen, er kontrapunktierte Protestantenchoräle mit Schlachtmusiken, emphatische Liebesgesänge mit Haßchören – seine Musik enthusiasmierte ihr Jahrhundert und ist doch heute so gut wie vergessen.
1842 bis 1847 wurde Meyerbeer Generalmusikdirektor in Berlin. 1845 brachte er dort ›Das Feldlager in Schlesien‹ heraus; der Beifall ließ zu wünschen übrig. 1849 erreichte er in Paris mit dem ›Prophet‹ annähernd noch einmal den Erfolg der ›Hugenotten‹. Dann schrieb er die komischen Opern ›Nordstern‹ (1854) und ›Dinorah‹ (1859). Seine letzte ›große‹ Oper, ›Die Afrikanerin‹ (1. Fassung 1842, 2. Fassung 1860), gelangte erst nach seinem Tode, 1865, in Paris zur Aufführung.

›Der Prophet‹ ist schwächer als ›Die Hugenotten‹, auch ›Die Afrikanerin‹ steht ihnen trotz blendender Einzelheiten nach. Meyerbeer hatte zu lange an ihnen herumgefeilt. Ein ›mixtum compositum‹ ist ›Der Nordstern‹. Viel Musik aus dem schlesischen ›Feldlager‹, dazu andersartige neue. – Mit ›Dinorah‹ gelang Meyerbeer überraschend eine im wesentlichen unpathetische, leicht ironische, heiter-elegische ›comique‹! Schade

›Die Überwältigten‹, Karikatur zum Theater von Gustave Doré

um seine Musik – der krause, pseudo-romantische Text brachte sie um ihre Wirkung. – Meyerbeers Ära ist vorüber, nur noch Bruchstücke aus seinen Erfolgsopern sind ab und an zu hören. Man wagte zwar neuerdings Reprisen, doch ob sie zu einer Renaissance führen, steht dahin.

Jacques Fromental Halévy (1799 bis 1862), Sohn eines in Paris ansässigen Deutschen und einer Französin, Schüler Cherubinis, hatte nach Fehlschlägen einen Welterfolg mit seiner großen Oper ›Die Jüdin‹ (1835, Text von Scribe). Er schrieb dann noch viele Opern, drang mit ihnen aber nicht durch. Auch die ›Jüdin‹ ist heute nur noch selten zu hören. Das liegt an den Unglaubwürdigkeiten der Scribeschen Fabel, die auf einen makabren Schlußeffekt zugespitzt ist: Die Jüdin Recha, die keine Jüdin ist, wird mit ihrem Vater Eleazar, der indessen nur ihr Ziehvater ist – was niemand außer ihm selbst weiß –, in einen Kessel mit siedendem Öl geworfen, und zwar auf Geheiß und vor den Augen des Judenhassers Kardinal Brogni, der Rechas Vater ist, dies aber von Eleazar erst erfährt, als man sein Kind in den Kessel stößt. Hervorragend ist Halévys Musik in den lyrischen Partien. Es gibt Perlen in seiner Partitur, ernste, formstrenge Gebilde, die einem Vergleich mit der Kunst Glucks oder Cherubinis standhalten.

Félicien César David (1810 bis 1876) ist bemerkenswert als erster Vertreter des musikalischen ›Exotismus‹ in Europa, der sich dann auswirkte bis hin zu Messiaen. Er wuchs auf als Chorknabe an der Kathedrale zu Aix und Adept des dortigen Jesuitenstifts. 1830 kam er mittellos nach Paris und wurde auf Vorschlag von Cherubini Schüler am ›Conservatoire‹. Durch seinen Werdegang empfänglich für sozialistische Ideen, schloß er sich 1831 den Saint-Simonisten an. Damit fand er sich in Gesellschaft eigenwilliger Sozialreformer, mystisch-religiöser Weltverbesserer und Projektemacher. Lesseps etwa, aber auch Franz Liszt und die extravagante George Sand standen dem Kreis nahe. Als die Bruderschaft 1833 verboten wurde – tatsächlich wirkte sie sich aus bis zu Comte und Marx –, unternahm David eine Orientreise (Ägypten, Türkei, Rotes Meer), um dort für die Ideen Saint-Simons zu werben. Die musikalische Frucht seiner Exkursion war eine Sammlung ›Orientalischer Lieder‹ (1835) und die Chor-Sinfonie ›Le desert‹ (›Die Wüste‹, 1844), eine Verbindung von Programm-Sinfonie und Kantate mit reizvollen orientalischen Melismen und Klangwirkungen, die in Paris Aufsehen erregten. Mit diesen Werken, mit weiteren Chor-Sinfonien und fünf Opern über exotische bzw. phantastische Stoffe (zum Beispiel ›Das Weltende‹, spätere Fassung = ›Herculaneum‹) beeinflußte David die Themenwahl und den Stil des ›drame lyrique‹, das in der zweiten Jahrhunderthälfte das Erbe der ›comique‹ und ›grand opéra‹ antrat.

Den lustigen Auftakt zu diesem Stilumschwung gab *Jacques Offenbach* (1819 bis 1880) mit seinen rund hundert einaktigen ›musiquettes‹ (›Musikchen‹) und seinen Operetten. Er parodierte in ihnen die ›grand opéra‹ derart, daß fortan niemand mehr ›grands opéras‹ schreiben mochte. Auch den Hof Napoleons III. und das Pariser Gesellschaftsleben nahm er aufs Korn, niemand war vor seinem Spott sicher. Es gefiel den Leuten, daß er ihnen den Narrenspiegel vorhielt. Die Kaiserin Eugénie meinte hingerissen, das korrupte zweite Empire ihres Gatten sei nichts als eine »einzige große Operette von Offenbach!« Jacques Offenbach kam in Köln als Sohn eines Kantors der jüdischen Gemeinde zur Welt. Mit 16 Jahren ging er nach Paris. Dort absolvierte er das ›Conservatoire‹, dann wurde er Cellist der ›Opéra comique‹ und 1850 Kapellmeister des ›Théâtre français‹. 1855 gründete er ein eigenes Unternehmen, die ›Bouffes Parisiens‹. In diesem Theater durfte er nur Einakter mit höchstens vier Personen bringen, eine Theaterfreiheit gab es damals noch nicht. Nun – er hatte Erfolg mit seinen ›musiquettes‹, darunter Perlen wie ›Die Verlobung bei der Laterne‹, ›Die Insel Tulipatan‹, ›Das Mädchen von Elizondo‹ und ›Fortunios Lied‹. Die abendfüllenden Operetten (etwa vaudeville-artige, leichtgefügte ›comiques‹) brachte er an großen Bühnen heraus. Seinen bleibenden Ruhm begründeten die Operetten ›Orpheus in der Unterwelt‹ (1858), ›Die schöne Helena‹ (1864), ›Pariser Leben‹ und ›Blaubart‹ (beide 1866), ›Großherzogin von Gerolstein‹ (1867) und ›Banditen‹. In seiner Hinterlassenschaft fanden sich der Klavierentwurf und einige Orchesterskizzen zu der phantastisch-romantischen Oper ›Hoffmanns Erzählungen‹. Ein Kollege, Guiraud, instrumentierte das Werk, und 1881 hörte es Paris, betroffen von der süßen, schwermütigen, mitunter ein wenig unheimlichen Lyrik dieser ›Fantasiestücke in Callots Manier‹. Späte Demaskierung eines Musikers, der zuvor nie auch nur ein Quentchen ›Gefühl‹ hatte aufkommen lassen mögen in seinen Partituren, ohne zugleich die Lachmuskeln zu reizen.

Man nennt Offenbach den ›Vater der Operette‹. Eigentlich gebührt dieser Titel *Florimond Hervé* (1825 bis 1892), denn schon vor Offenbach brachte er in den ›Folies concertantes‹ Beispiele der Gattung heraus. Doch weder er noch *Alexander Charles Lecocq* (1832 bis 1918), noch *Robert Planquette* (1848 bis 1903) erreichten ihr Vorbild.

Von der Romantik zum romantischen Realismus

Felix Mendelssohn-Bartholdy

Felix Mendelssohn-Bartholdy, Romantiker mit biedermeierlichem Einschlag, war nach der Ansicht seines Freundes Schumann »der hellste Musiker, der die Widersprüche der Zeit am klarsten durchschaute und zuerst versöhnte«. Seine musikalische Bildung basierte auf der klassischen Tradition. Alles Extreme, übersteigert Emotionale war ihm zuwider. Die ungestümen Kraftausbrüche in Beethovens ›IX. Sinfonie‹ erschreckten ihn ebenso wie das Zerrissene, Dunkle, Exzessive in manchen Werken Schumanns. Mit heiterer Selbstironie meinte er einmal, er sei ein Philister gegenüber Berlioz, denn nicht das Grenzenlose, vielmehr das Umgrenzte, Einfache, Klare entspreche seiner Natur. Er kannte seine Grenzen genau und er hielt sich in ihnen, das war seine Stärke. Für das, was er anstrebte, war er durch Veranlagung und Erziehung prädestiniert wie keiner seiner Zeitgenossen.

Im Todesjahr Haydns, am 3. Februar 1809, kam *Felix Mendelssohn-Bartholdy* in Hamburg zur Welt als Sohn eines wohlhabenden Bankiers und Enkel des mit Lessing befreundeten Philosophen Moses Mendelssohn. 1811 übersiedelte die Familie nach Berlin. Den ersten Musikunterricht erhielt Mendelssohn bei der Mutter, dann förderten ihn Berger (Klavier), Henning (Geige) und Zelter (Theorie); zusätzlich wurde er in vier Sprachen und auch im Zeichnen und Malen systematisch unterwiesen. Die Bemühungen der Eltern, ihm eine möglichst vielseitige Bildung zu vermitteln, standen im Einklang mit ihrer weltoffenen Lebensart. Sie führten ein großes Haus, Künstler und Gelehrte waren bei ihnen zu Gast. Als Felix heranreifte, stellte ihm der Vater ein Orchester zur Verfügung, mit dem er seine Kompositionen durchgehen und als Dirigent experimentieren konnte. Mit zwölf Jahren lernte er Weber und – durch Zelter, der ihn nach Weimar mitnahm – Goethe kennen. Dieser war entzückt von seinem Wesen und seinen musikalischen Fähigkeiten und bewahrte ihm zeitlebens seine Zuneigung. Unter Mendelssohns frühen Kompositionen finden sich Kammermusiken, eine ›c-Moll-Sinfonie‹ und mehrere Singspiele. Mit sechzehn Jahren schuf er sein erstes Meisterwerk, das ›Oktett für Streicher‹; ein Jahr darauf folgte die Ouvertüre zum ›Sommernachtstraum‹; ein frisches und eigenartiges Werk, neben Webers ›Oberon‹-Musik Prototyp aller volkstümlichen Geister- und Elfenmusiken der Hochromantik.

Nach einer mißglückten Aufführung der Oper ›Die Hochzeit des Camacho‹ (1827) am Berliner ›Schauspielhaus‹ belegte Mendelssohn an der Berliner Universität Vorlesungen über Philosophie und Geschichte. 1829 wagte er mit Einwilligung Zelters in der ›Berliner Singakademie‹ jene denkwürdige Neuaufführung von Bachs ›Matthäus-Passion‹, mit der die Bach-Renaissance einsetzte. Noch im selben Jahr unternahm er eine Konzertreise nach London und Schottland. 1830 war er in Italien; von dort kehrte er über die Schweiz, Paris und London nach Berlin zurück.

Seine Wanderjahre waren damit abgeschlossen. 1833 wurde er Musikdirektor in Düsseldorf, 1835 wechselte er hinüber nach Leipzig als Chef des Gewandhausorchesters, und er behielt diese Stellung mit Unterbrechungen zeitlebens. Als Konzertmeister verpflichtete er den Virtuosen und Pädagogen *Ferdinand David* (1810 bis 1873, Schüler Spohrs), dem Leipzig dann seinen Ruf als eine der ersten Pflegestätten der Violinkunst

Felix Mendelssohn-Bartholdy, nach dem Bild von Th. Hildebrandt

verdankte. Unter Mendelssohn entwickelte sich das Orchester zu einem der angesehensten Europas. In seinen Programmen setzte er sich systematisch für das klassische und zeitgenössische Schaffen ein. Unter den Werken, die er aus der Taufe hob, waren Schuberts große ›C-Dur-Sinfonie‹ sowie das Klavierkonzert, die ›B-Dur-‹ und ›C-Dur-Sinfonien‹ von Schumann. – 1837 heiratete er Cäcilie Jeanrenaud; die Ehe war glücklich, fünf Kinder gingen aus ihr hervor. 1841 erhielt Mendelssohn von König Friedrich Wilhelm IV. einen Ruf nach Berlin; doch der Aufgabenkreis dort befriedigte ihn nicht, er kehrte nach Leipzig zurück und gründete dort 1843 das Konservatorium, an das er u. a. Moscheles, Schumann, Moritz Hauptmann und Ferdinand David als Lehrer berief. Abgesehen von einigen Konzertreisen, deren eine ihn wieder nach England führte, blieb er fortan in Leipzig. Dort starb er, achtunddreißigjährig, am 4. November 1847, ein Jahr vor der Märzrevolution.

Er hinterließ Lieder, Duette, Vokalquartette für Männer- und gemischten Chor, Motetten, Kantaten, die Oratorien ›Paulus‹ (1836) und ›Elias‹ (1846), das Fragment

›Christus‹, die Oper ›Die Hochzeit des Camacho‹ (1827), das Fragment ›Loreley‹, Orgelwerke, Klaviermusik, darunter ›Lieder ohne Worte‹, Sonaten, Variationen, Präludien und Fugen, Konzertstücke und zwei Klavierkonzerte, ein Violinkonzert, fünf Sinfonien, Kammermusik für die verschiedensten Besetzungen, die Musik zu Shakespeares ›Sommernachtstraum‹ (Ouvertüre 1826, Bühnenmusik 1842), zu Victor Hugos ›Ruy Blas‹, Sophokles' ›Antigone‹ und Racines ›Athalia‹ sowie Konzert-Ouvertüren, darunter die ›Hebriden‹-Ouvertüre und ›Meeresstille und glückliche Fahrt‹.

Als Liederkomponist gehörte Mendelssohn zur ›Berliner Schule‹, mithin zum Kreis jener Meister, deren Lieder Goethe schätzte. In den nahezu vergessenen Sololiedern hielt er es mit Zelter, der bekannte, er ließe »die Begleitung... gern so einhergehen, daß die Melodie allenfalls ohne sie bestehen könnte«. Das Klavier ist kaum selbständig an der Wortausdeutung beteiligt, die Melodien verbinden sich den Texten volksliedartig in meist unvariierter Strophenform. Mendelssohns Chorlieder stehen in der Tradition der ›Berliner Liedertafel‹; besonders lag ihm das gesellige Naturlied, ›im Freien zu singen‹. Unter seinen lyrischen Männerquartetten und ›Chören für vier gemischte Stimmen‹ sind unvergängliche Volkslieder wie ›Wer hat dich, du schöner Wald‹, ›O Täler weit, o Höhen‹, ›Wem Gott will rechte Gunst erweisen‹ oder ›Es ist bestimmt in Gottes Rat‹. Nach Mendelssohn und Silcher wurde eine derart reine, unpathetische Liedlyrik selten in Deutschland. Sie ist typisch für das Biedermeier und fand nach 1848 keinen Nährboden mehr.

Charakteristisch für Mendelssohns Klaviermusik ist ihr eleganter, empfindsam lyrischer Tonfall. Es gibt in ihr keine übersteigerten Affekte, nichts von alledem, was Mendelssohn an Berlioz tadelte, keine »neufranzösische Verzweiflungssucht und Leidenschaftssucherei«. Gewiß, manches wirkt fast akzentlos ausgeglichen, doch stets ist das Satzbild klar getönt und gezeichnet, sind die Formen den Gedanken adäquat. Schon in der frühen ›Sonate‹, Werk 6 ist die klassische Entwicklungsform ins Episodische entspannt, sie bildet den konventionellen Rahmen für ein Mosaik lyrischer Einzelbilder. In den ›Charakterstücken‹, Werk 7 verselbständigen sich dann derartige Einzelbilder, Bachisches (eine Fuge) steht neben romantisch Empfindsamem. Den Typus der dreiteiligen Liedform zeigen die 48 ›Lieder ohne Worte‹ (erstes Heft 1834, die späteren zum Teil posthum). Jedes dieser intimen Klavierstücke gibt einer bestimmten Empfindung Ausdruck. Auf Worte verzichtete Mendelssohn hier, weil sie ihm zu »vieldeutig« erschienen und »weil nur das Lied« in allen Hörern »dasselbe Gefühl erwecken kann... – ein Gefühl, das sich aber nicht durch dieselben Worte ausspricht«. Deshalb gab er auch nur wenigen Stücken allgemein gehaltene Überschriften, distanzierte er diese lyrischen Gebilde bewußt von der Programm-Musik. Lange Zeit waren die mitunter etwas sentimentalen ›Lieder ohne Worte‹ in der bürgerlichen Hausmusik heimisch. Neuerdings treten Stücke wie das feingliedrig virtuose ›h-Moll-Capriccio‹, Werk 22 oder die ›Sechs Präludien und Fugen‹, Werk 35 (1837) und vor allem die Variationswerke in den Vordergrund. Ihren Höhepunkt bilden die 17 ›Variations sérieuses‹, Werk 54 (1841) über ein dunkles d-Moll-Thema. Sie weisen satztechnisch, klanglich und in der formstrengen Anlage voraus auf Brahms.

*Anfang des Themas der
›Variations sérieuses‹
von Mendelssohn-Bartholdy*

Von der Kammermusik gehören die Jugendwerke, also die Violinsonate, die drei Klavierquartette, das Klaviersextett und das 1. Streichquartett noch zu den Versuchen; Mendelssohns Vorbilder sind hier Mozart und von den Zeitgenossen etwa Hummel. Das ›Oktett für Streicher‹ des Sechzehnjährigen ist dann schon eines seiner schönsten Kammermusikwerke überhaupt. Die acht Stimmen sind nicht im Sinne eines Doppelquartetts behandelt, sie konzertieren miteinander in einer zugleich kontrapunktischen und homophon akkordischen Satzweise, die fortan für Mendelssohns Stil bezeichnend bleibt. Seine Formsicherheit ist schon hier erstaunlich, das entspannte Sonatenschema bildet den Rahmen für ein mitreißend frisches, melodisch und rhythmisch inspiriertes Musizieren. Von den Cellosonaten ist die zweite ein für den Cellisten dankbares Stück, die beiden Klaviertrios sind Musterbeispiele romantisch-klassizistischer Ensemblekunst; der Wechsel jugendlich enthusiastischer und verhalten lyrischer Partien ist für sie bezeichnend. In den sieben Streichquartetten – eine Gattung, die ihn wegen der Stimmigkeit des Satzbildes besonders anzog (Gegensatz Weber!) – ging Mendelssohn von Haydn, Mozart, dem frühen und mittleren Beethoven aus. Sie sind meisterhaft gearbeitet, formschön, ausgeglichen im Ausdruck, problemlos musikantisch. Höhepunkte bilden das kraftvoll zupackende Eingangs-Allegro und das romantisch verhangene ›Scherzo‹ von Werk 44 Nr. 3 in Es-Dur und das schwermütige ›f-Moll-Quartett‹, Werk 80. Werk 81 blieb unvollendet. Man spielt die beiden nachgelassenen Sätze meist im Zusammenhang mit älteren Einzelstücken, einem Capriccio und einer Fuge. Würdig reiht sich den Quartetten das ›Streichquintett‹ an.

Zu den Orchesterwerken ließ sich Mendelssohn gern von Sinneseindrücken oder poetischen Vorstellungen anregen, die er in allgemein gehaltenen programmatischen Überschriften andeutete. Oft finden sich bei ihm malerische Wirkungen, mitunter phantastische oder realistische Stimmungsbilder, äußerst selten dagegen naturalistische Schilderungen von Vorgängen. Alle seine Werke sind verständlich als absolute Musik; ihre Formen sind nicht hergeleitet von Programmen, sondern autonom musikalischer Natur. Die Konzert-Ouvertüren verlaufen formal als freie Abwandlungen des Sonatenhauptsatzes, die beiden Klavierkonzerte und das Violinkonzert – eines der schönsten Beispiele der Gattung überhaupt – variieren ebenso wie die Sinfonien die klassische Form. Die ›Italienische Sinfonie in A-Dur‹, Werk 90 (1833) wurde angeregt von Eindrücken, die Mendelssohn in Italien empfing, die ›Schottische Sinfonie in a-Moll‹, Werk 56 (1842) und auch die ›Hebriden‹-Ouvertüre (›Fingalshöhle‹, 1833) von Natureindrücken während seiner Schottlandreise (1829). – Mehrere Themen der ›a-Moll-Sinfonie‹ wurden inspiriert von altschottischen Volksweisen. Nur in der ›Reformations-Sinfonie‹, Werk 107 (1829 bis 1830) folgte Mendelssohn einem detaillierten Programm. Er verdeutlichte es durch charakteristische Reformationsthemen wie das ›Lutherische‹ oder ›Dresdener Amen‹ (Wagner verwandte es im ›Parsifal‹ ebenfalls) und durch den Choral ›Ein feste Burg‹. Der sinfonische ›Lobgesang‹, Werk 52 – geschrieben zur Leipziger Gutenbergfeier 1840 – umfaßt drei Instrumentalsätze und ein Kantaten-Finale über Bibelworte. – Von den Sinfonien sind vor allem die ›Italienische‹ und ›Schottische‹ überragende Beiträge zur romantisch-klassizistischen Literatur.

Der ›Lobgesang‹ leitet als sinfonische Kantate zwanglos über zu Mendelssohns Chorwerken. Seine Kantate ›Erste Walpurgisnacht‹ (1831 bis 1832) über Goethes Gedicht

Aus dem Anfang zum 2. Teil des ›Elias‹. Niederschrift von Mendelssohn-Bartholdy

aus dem Jahre 1799 ist ein farbig getöntes, frisch zupackendes kleines weltliches Oratorium rund um den Hexen- und Druidenspuk am Blocksberg, nicht ohne leise Ironie in der Ausmalung nächtlichen, altheidnischen Brauchtums inmitten christlicher Zeit. Während diese Gelegenheitsarbeit zu Unrecht nahezu vergessen ist, hielten sich die Oratorien ›Paulus‹ und ›Elias‹ als wertvollste nach-Haydnsche Beispiele der Gattung aus der ersten Hälfte des 19. Jahrhunderts. Überblickt man die Produktion zwischen Haydns und Mendelssohns Oratorien, so findet man freilich kaum Beachtliches. Die Zeit war dem Oratorium nicht mehr günstig, den Bedarf deckte man vorwiegend aus dem musealen Fundus des 18. Jahrhunderts. Was neu hinzukam, war ephemer oder durch die Stoffwahl – phantastische, apokalyptische Themen – in die Nähe der romantischen Dämonenoper gerückt und ohne die Aktion der Szene dem allgemeinen Verständnis schwer zugänglich. Erst nach 1830 traten wirklichkeitsnahe Stoffe in den Vordergrund, man entnahm sie meist dem Alten Testament. Den Weg bis dahin bezeichnen Werke von Joseph Eybler, Friedrich Schneider, Bernhard Klein, dann ›Das

Jüngste Gericht‹ (1812) und ›Die letzten Dinge‹ (1826) von Ludwig Spohr oder ›Die Zerstörung Jerusalems‹ (1829) von Karl Loewe. Keines dieser Werke hielt sich, sie sind unsicher in der Form und verschwommen im Ausdruck.
Mendelssohn, der auf allen Gebieten der Musik das Grundübel des romantisch »Unverständlichen« mied und das »Umgrenzte, Einfache, Klare« anstrebte, ging in seinen Oratorien bewußt von den barocken Mustern Händels und Bachs aus. Händels Solo-Arien und Chorsätze, Bachs Fugen und Choralbearbeitungen boten ihm ebenso Anregungen wie die homophon-melodische Satzweise der italienischen Kirchenkomponisten des 17. Jahrhunderts. Sein Wagnis führte nicht zu steriler Restauration, in beiden Werken gelangte er zu neuen, vollendet ausgewogenen übersichtlichen Architekturen und zu einer organischen Verbindung von barocker Polyphonie und Formstrenge mit romantisch-lyrischem Melos, beiden Werken eignet die stille Kraft reiner religiöser Sinnbilder. Wenn irgendwo, dann sind in ihnen – um mit Schumann zu sprechen– »die Widersprüche der Zeit versöhnt«. Es war Mendelssohn nicht mehr vergönnt, das Triptychon ›Elias‹, ›Paulus‹, ›Christus‹ zu vollenden; während der Arbeiten am ›Christus‹ starb er.

Mendelssohn blieb »der schöne Zwischenfall der deutschen Musik« (Nietzsche). Zu einem Ausgleich der in ihr wirkenden Gegenkräfte kam es nicht. Jeder der ›Großen‹ ging seinen eigenen Weg, um jeden bildete sich eine Schule von Mit- und Nachläufern, keiner vermochte wiederherzustellen, was verloren war: die Einheit der Anschauungen, der Gesinnung, des Stils. Konnte man sie überhaupt noch wollen? Schumann bekannte: »Ich möchte nicht einmal, daß mich alle Menschen verstünden.«
Zur Mendelssohn-Schule, deren Einfluß bis Amerika reichte, gehörten in Deutschland *Ferdinand Hiller* (1811 bis 1885), *Robert Volkmann* (1815 bis 1883), *Friedrich Kiel* (1821 bis 1885), *Carl Reinecke* (1824 bis 1910), *Felix Draeseke* (1835 bis 1913) und andere einst geschätzte Musiker. Auch der vielseitige *Max Bruch* (1838 bis 1920) stand diesem Kreis nahe. Von ihm hielten sich volkstümliche Chöre, das ›Kol Nidrei‹ für Cello und Orchester und das erste von drei Violinkonzerten. Er war nicht nur Mendelssohn, sondern auch Schumann und Brahms verpflichtet.

Robert Schumann

Als Schumann vierundzwanzigjährig mit Freunden in Leipzig die ›Neue Zeitschrift für Musik‹ gründete – sie besteht noch heute –, gab er ihr die Devise mit: »Greift an, daß die Poesie der Kunst wieder zu Ehren komme.« Keiner der romantischen Einzelgänger folgte dieser Devise derart leidenschaftlich wie er, niemand – außer Chopin – kam ihrer Verwirklichung ähnlich nahe.
Robert Schumann wurde am 8. Juni 1810 in Zwickau als Sohn eines Buchhändlers und Verlegers geboren. Seine musikalische Begabung regte sich früh, zwölfjährig konzertierte er zum erstenmal öffentlich. Haydn, Mozart, Beethoven, Weber und Hummel verdankte er seine stärksten Jugendeindrücke. Als Jüngling wandte er sich enthusia-

Robert Schumann

stisch auch der Literatur zu. Goethe, Lord Byron und vor allem Jean Paul wurden seine ›Hausgötter‹. Er schrieb Gedichte und kleine Stücke, führte Tagebücher und schwankte lange, ob er Musiker oder Schriftsteller werden solle. 1826 starb sein Vater. 1828 ging er auf Wunsch der Mutter als stud. jur. nach Leipzig. Doch er vernachlässigte das Studium der Rechte und wurde Schüler des Klavierpädagogen *Friedrich Wieck* (1785 bis 1873). Gelegentlich einer Italienreise (1830) hörte er Paganini; dadurch wurde sein Entschluß ausgelöst, Musiker zu werden. Er kehrte nach Leipzig zurück und nahm die Studien bei Wieck wieder auf; in der Theorie wurde *Heinrich Dorn* (1804 bis 1892) sein Lehrer (1831). Später äußerte er: »Ich lernte mehr Kontrapunkt bei Jean Paul als bei meinem Lehrer.« Um diese Zeit entstanden seine ersten wesentlichen Klavierwerke, die ›Abegg-Variationen‹, Werk 1 (1830) und die ›Papillons‹, Werk 2 (1829 bis 1831); auch die ›Toccata‹, Werk 7 beschäftigte ihn. 1832 reiften die Studien über ›Capricen von Paganini‹, Werk 3, die ›Intermezzi‹, Werk 4 und die ›Impromptus‹, Werk 5 über ein Thema von *Clara Wieck* (1819 bis 1896), die musikalische Tochter seines Lehrers. Clara war damals mit 13 Jahren als Pianistin bereits konzertreif. Auch Schumann machte Fortschritte, doch durch ein verkehrtes Training zog er sich 1833 die Versteifung eines Fingers der rechten Hand zu und mußte seine Pianistenlaufbahn aufgeben.

Fortan widmete er sich ganz der Komposition und Musikschriftstellerei. Sein erster Aufsatz (1831) galt Chopins ›Mozart-Variationen‹ (siehe Seite 457). Um diese Zeit erfand er zwei romantische Phantasiegestalten, Eusebius – den Träumer und Schwärmer – und Florestan – den aktiven Kämpfer. Mit ihnen identifizierte er die zwei Naturen seines Ich. Als ausgleichendes Element kam der weise Meister Raro hinzu. Schumanns poetische Konzeption spielte hinüber in den ›Davidsbund‹, eine Tafelrunde, die er mit Gleichgesinnten gründete und die sich die Aufgabe stellte, gegen das Philistertum und für die Poesie in der Kunst zu kämpfen. Mit ›Davidsbündlern‹ gründete Schumann 1834 die erwähnte ›Neue Zeitschrift für Musik‹, in der er ein Jahrzehnt lang als Herausgeber und Redakteur seine idealistischen Ziele leidenschaftlich vertrat. Etwa 1835 begann seine Liebesromanze mit Clara Wieck, die inzwischen als Pianistin weithin bekannt geworden war. 1836 starb Schumanns Mutter, 1837 setzte sich Clara erstmals in einem Konzert für eines seiner Werke ein, die beiden verlobten sich heimlich; einen Heiratsantrag Schumanns lehnte der Vater ab. Quälende Jahre folgten.

Aus den ›Kinderszenen‹. Handschrift von Robert Schumann, 1845

1838 suchte sich Schumann vergeblich in Wien eine Existenz zu schaffen. 1839 kehrte er niedergeschlagen nach Leipzig zurück. – Zermürbende Kämpfe um Clara steigerten seine Anfälligkeit für krankhafte Depressionen, denen er schon seit 1833 ausgesetzt war. Damals schrieb er der Mutter: »Heftiger Blutandrang, unaussprechliche Angst, Vergehen des Atems, augenblickliche Sinnesohnmacht wechseln rasch ... Wenn Du eine Ahnung dieses ganz durch Melancholie eingesunkenen Seelenschlafes hättest...« Da Wieck sich halsstarrig einer Eheschließung Claras mit Schumann widersetzte, strengten die beiden gegen ihn eine Klage an. Das Gericht entschied zu ihren Gunsten, 1840 heirateten sie. Aus ihrer Ehe gingen acht Kinder hervor.
Bis 1839 komponierte Schumann ausschließlich Klavierstücke, außer den genannten

unter anderem die ›Sinfonischen Etüden‹ und den ›Carneval‹, die drei Sonaten und die ›C-Dur-Fantasie‹, die ›Davidsbündlertänze‹ und die ›Fantasiestücke‹, die ›Noveletten‹, ›Kreisleriana‹, ›Kinderszenen‹, ›Nachtstücke‹, ›Romanzen‹ und den ›Faschingsschwank‹.
1839, ganz plötzlich, äußerte er: »Das Klavier möchte ich zerdrücken, es wird mir zu eng zu meinen Gedanken.« Und gleich darauf: »Kaum kann ich sagen, welcher Genuß es ist, für die Stimme zu schreiben..., und wie das in mir wogt und tobt, wenn ich an der Arbeit sitze.« Es kam der eruptive ›Liederfrühling‹ des ersten Ehejahres mit 138 Liedern, darunter die Zyklen über Texte von Heine, Geibel, Chamisso, Kerner, Rückert, Eichendorff und Andersen, dazu Chamissos ›Frauen-Liebe und -Leben‹, Heines ›Dichterliebe‹, drei Hefte Romanzen und Balladen, Duette und Männerchöre. Gegen Ende des Jahres wandte sich Schumann unvermittelt der Orchesterkomposition zu. Es entstand die ›B-Dur-Sinfonie‹ und im nächsten Jahr die ›a-Moll-Sinfonie‹ (sie kam 1853 überarbeitet als ›Vierte‹ heraus), ferner ›Ouvertüre, Scherzo und Finale‹ (Sinfonietta) und der 1. Satz des Klavierkonzerts. Dem ›Sinfoniejahr‹ folgte das ›Kammermusikjahr‹ 1842 mit drei Streichquartetten, dem Klavierquintett, dem Klavierquartett und den ›Fantasiestücken für Klaviertrio‹. 1843 brachte dann das weltliche Oratorium ›Das Paradies und die Peri‹.
Um diese Zeit äußerte Schumann: »Ich habe das meiste, fast alles, das kleinste meiner Stücke, in Inspiration geschrieben, vieles in unglaublicher Schnelligkeit, so meine erste Sinfonie in vier Tagen.« Auch in späteren Jahren kam es noch dazu, daß er besessen, wie in Trance, arbeitete; doch das wurde seltener. Immer öfter und anhaltender verfiel er einem »ganz durch Melancholie eingesunkenen Seelenschlaf«. Die Höhe der frühen Genieperiode war überschritten.
1843 wurde Schumann von Mendelssohn als Lehrer für Partiturspiel an das ›Leipziger Konservatorium‹ verpflichtet. Das Amt befriedigte ihn wenig, er gab es bald wieder auf und begleitete Clara auf ihrer Konzertreise nach Rußland (1844). Danach legte er auch die Leitung der ›Neuen Zeitschrift für Musik‹ nieder und übersiedelte mit Clara nach Dresden. Dort beschäftigte er sich intensiv mit Bach. Seine ›Studien‹ und ›Skizzen‹ für den Pedalflügel, sechs ›Fugen über das Thema B-A-C-H‹ und andere polyphone Arbeiten wurden hierdurch angeregt. 1845 beendete er sein Klavierkonzert, 1846 die ›zweite‹ (eigentlich ›dritte‹) Sinfonie und die Ouvertüre der Oper ›Genoveva‹, die 1848 fertig vorlag. 1849 war wieder ein schöpferisch ergiebiges Jahr. Neue Liederzyklen, Romanzen und Balladen, das ›Requiem für Mignon‹, das ›Nachtlied‹, Kammermusik- und Orchesterwerke waren die Ausbeute.
1850 folgte Schumann einem Ruf nach Düsseldorf als städtischer Musikdirektor und Leiter der ›Sinfoniekonzerte‹. Dort entstanden das Cellokonzert und die dritte, die ›Rheinische Sinfonie‹. 1851 folgten mehrere Chorballaden, eine Messe, ein Requiem, das Oratorium ›Der Rose Pilgerfahrt‹ und das dramatische Gedicht ›Manfred‹ für Chor, Soli und Orchester. 1853 beendete Schumann die oratorischen ›Szenen aus Goethes Faust‹, das Violinkonzert und andere Werke. Mit wenigen Ausnahmen zeigen alle diese Spätwerke Spuren eines erschütternden Nachlassens der schöpferischen Spannkraft.

1853 mußte Schumann wegen seines Nervenleidens sein Amt niederlegen. Im selben Jahr lernte er den jungen Brahms kennen. Mit seinem letzten Aufsatz führte er ihn in die Musikwelt ein. 1854 sprang er in einem Anfall von geistiger Umnachtung in den Rhein. Er wurde gerettet und in die Irrenanstalt zu Endenich eingeliefert. Dort starb er am 19. Juli 1856.

Schumann war unter den Bildungsmusikern des 19. Jahrhunderts gewiß der »eingesponnenste Träumer« und Idealist, doch er war nicht eigentlich weltfremd, er hatte Verständnis für die Erfordernisse der Wirklichkeit und setzte sich tatkräftig und realistisch für Kunst und Künstler ein. Einmal bekannte er: »Im praktischen Leben stand für mich ein ebenso hohes Ideal da wie in der Kunst.« Er bemühte sich um die Verbesserung der sozialen Lage des Musikerstandes, betrieb die Gründung einer ›Agentur für Herausgabe von Werken aller Komponisten‹ mit dem Ziel, »alle Vorteile, die bis jetzt den Verlegern in so reichem Maße zufließen, den Komponisten zuzuwenden« und verlangte die organisierte Förderung aufstrebender Talente durch Aufführungen, Preisausschreiben und Stipendien. Seine Aufsätze in der ›Neuen Zeitschrift für Musik‹ sind Dokumente einer ebenso mutigen wie umsichtigen Musik-›Politik‹ unter der Devise: »Wer das Schlimme einer Sache nicht anzugreifen sich getraut, verteidigt das Gute nur halb.«

Sein Verhältnis zu den zeitgenössischen Musikern ist bezeichnend für seine Einstellung zur Kunst. Von Berlioz und Liszt, die er zunächst verteidigte, distanzierte er sich schroff, nachdem er »das nihilistische Unwesen eines hinklecksenden Materialismus« in ihrer Programm-Musik zu erkennen glaubte. »Diese Welt ist nicht die meine«, schrieb er Clara. Vieles lernte er von Mendelssohn, manches teilte er mit ihm, so die Leidenschaft für Bach, die Vorliebe für lyrische Miniaturen oder große, einsätzige Fantasieformen, die Neigung zum Stimmungshaften, Episodischen, die Freude am romantischen Schönklang, die Abneigung gegen leeres Virtuosentum. Seine Musik ist freilich aggressiver und weit leidenschaftlicher als die Mendelssohns, ihr Abstand vom Klassizismus ist größer, ihr Klangbild und ihre formalen Strukturen sind in durchaus fortschrittlichem Sinne differenziert, ihre Ausdrucksskala im Bereich des Lyrischen umfassend. Mit Chopin hatte Schumann wohl am ehesten Berührungspunkte, in beiden verkörpert sich die Poesie der romantischen Musik besonders rein. Doch Chopin war elementarer Musiker, Schumann ein reflektierender Geist (siehe Seite 457). An Clara schrieb er: »Es affiziert mich alles, was in der Welt vorgeht, Politik, Literatur, Menschen; über alles denke ich nach meiner Weise nach, was sich dann durch die Musik ... einen Ausweg suchen will. Deshalb sind auch viele meiner Kompositionen so schwer zu verstehen, weil sie an entfernte Interessen anknüpfen, oft auch bedeutend, weil mich alles Merkwürdige der Zeit ergreift und ich es dann musikalisch wieder aussprechen muß. Darum genügen mir auch so wenige (neuere) Kompositionen, weil sie ... sich ... in musikalischen Empfindungen der niedrigsten Gattung, in gewöhnlichen lyrischen Ausrufungen herumtreiben. Das Höchste, was hier geleistet wird, reicht noch nicht bis zum Anfang der Art meiner Musik. Jenes kann eine Blume sein, dieses ist das um so viel geistigere Gedicht; jenes ein Trieb der rohen Natur, dieses ein Werk des dichterischen Bewußtseins ...«

Zukunftsmusik, Zeichnung von Moritz von Schwind, die er Joseph Joachim widmete. Sie bezieht sich auf den von Clara und Robert Schumann gegründeten ›Orden der schwarzen Katze‹

Deutlicher läßt sich seine Grundeinstellung zur Musik nicht umschreiben. Auch sein Verhältnis zur Programm-Musik versteht sich von hier aus. Gewiß, er gab vielen Stücken Suggestivtitel – etwa ›Aufschwung‹, ›Träumerei‹, ›Ritter vom Steckenpferd‹, ›Blumenstück‹ usw. –, doch er betonte: »Die Hauptsache bleibt, ob die Musik ohne Text und Erläuterung an sich etwas ist.« – Seine Beziehungen zu Wagner, den er in Dresden kennenlernte, waren formell. Er verübelte ihm seine »enorme Suada und Geschwätzigkeit«, Wagner hingegen mokierte sich über den »sonderbaren, wortkargen Menschen«. Über ›Tannhäuser‹ schrieb Schumann nach dem Eindruck der Partitur an Mendelssohn: »Die Musik ist um kein Haar besser als Rienzi, eher matter, forcierter!« Nach der Aufführung urteilte er günstiger: »Er enthält Tiefes, Originelles, überhaupt hundertmal Besseres als seine früheren Opern, freilich auch manches musikalisch – Triviale!« Sein letztes Urteil über Wagner 1853: »Kein guter Musiker... die Musik abgezogen von der Darstellung ist gering, oft geradezu dilettantisch, gehaltlos und widerwärtig...«

Es wurde schon angedeutet: Schumann steht dem romantischen Klassizismus ferner als Mendelssohn. Von den überlieferten Formschemata löste er sich ähnlich entschieden wie Liszt. Auch in seinen Werken wird die »Form durch den Inhalt« bestimmt. Doch die Inhalte sind nicht oder nur sehr bedingt programmatischer, außermusikalischer Art – die Titel seiner Stimmungsbilder fand Schumann stets erst nachträglich –, sie entfalten sich aus musikalischen Zellen, einem Rhythmus etwa oder einer Klangfarbe, einem Motiv oder Thema in freier Fantasieform als »poetische Ganzheit« (Schumann). Schumann war sehr reizempfindlich, rasch entflammt und bald ernüchtert.

Demgemäß kam die Kleinform seiner Spontaneität, dem Eruptiven seiner Schaffensart besonders entgegen. Jede der zahllosen Klavier-Miniaturen, die er gern nach literarischen Gesichtspunkten zu Zyklen zusammenstellte (›Kreisleriana‹, ›Davidsbündlertänze‹, ›Noveletten‹, ›Kinderszenen‹, ›Carneval‹ usw.), ist ein poetisierendes Charakterstück, ein Mikrokosmos für sich. Doch auch die größere Form, etwa in der ›fis-Moll-Klaviersonate‹ – sie war für ihn, wie er Clara schrieb, »ein einziger Herzensschrei nach Dir« –, entfaltet sich nicht im klassischen Sinn, sondern als suitenartiger Zyklus aus selbständigen, aber verwandten ›Moments musicaux‹. Entsprechendes gilt für die ›C-Dur-Fantasie‹, die Kammermusik- und die Orchesterwerke, sie alle sind ins Große geweitete Fantasien.

Schumanns Lieder und Chorwerke ebenso wie die Kammermusik- und Orchesterwerke sind auf seine Klaviermusik bezogen. Nach Weber und neben Mendelssohn gelang Schumann die Rehabilitierung der nach-Beethovenschen Klaviermusik, die bei Kalkbrenner, Dussek, Herz und anderen in das nur Virtuose oder Salonhafte abgesunken war. Schumanns Vorbilder auf seinem »einsamen Weg« waren Bach und Beethoven, und sie ließen es »an Trostesworten, an stärkender Gabe nicht fehlen«. Bei Bach fand er das »Tiefenkombinatorische, Poetische und Humoristische« und »Wunderbares in der Verflechtung der Töne«. Er übernahm von ihm zwar kaum das imitatorische Prinzip, wohl aber seine Art, die Mittelstimmen im homophonen Klaviersatz durch feingliedrige Polyphonie zu beleben. Von Beethoven übernahm er die klassische Variationstechnik. Auch für die eigenwillige Differenzierung der Rhythmik bis zu polyrhythmischen Kombinationen fand er bei ihm und Bach Anregungen. Über Beethovens späte ›Quartette‹, Werk 127 und 131, urteilte er: »... sie scheinen mir nebst einigen Chören und Orgelsachen von Seb. Bach die äußersten Grenzen, die menschliche Kunst und Phantasie bis jetzt erreicht; Auslegung und Erklärung durch Worte scheitern hier.« Seine Selbständigkeit wurde durch die Vorbilder nicht gefährdet, er suchte als Romantiker »das Schöne ohne Begrenzung« (1838), und es erschloß sich ihm in der »poetischen Ganzheit« der Miniaturen. Die Merkmale seines Klavierstils ganz allgemein: vollgriffiger Satz bis zu orchestralen Wirkungen, doch ohne theatralische Gebärden. Selten lösen plastische Themen, meist kurze Motive das poetische Spiel mit immer anderen Umbildungen aus. Charakteristisch für das Klangbild sind verschwebende Übergänge, reich wuchernde Arabesken, ungewohnte Modulationen und eine die Metrik verschleiernde Rhythmik. Die Mittel sind virtuos eingesetzt, doch nie wird die Virtuosität Selbstzweck. Nur wenige Stücke sind melodisch volkstümlich; es überwiegen sublim getönte Stimmungsbilder von mitunter schon impressionistischem Klangreiz; die Ausdrucksskala reicht vom zart Melancholischen zum rauschhaft Ekstatischen. Abrupte Stimmungsumschwünge sind selten, jede Miniatur hat ihren Grundcharakter, die Stimmung wechselt mit den Nummern, die einander suiten- oder rondo-artig zugeordnet sind.
Die Kammermusikwerke mit Ausnahme der drei Streichquartette, von denen das erste in a-Moll das schönste ist, wirken wie Klavier-Fantasien mit obligaten Streichern, deren Passagen und Begleitfiguren oft vom Klavier her erfunden sind. Das ›Klavier-

quartett‹ und das ›Klavierquintett‹, aber auch das erste der ›Drei Klaviertrios‹ und die ›Zweite Violinsonate‹ gehören zur Standardliteratur an hochromantischer Kammermusik. – Die Orchesterwerke haben den Charakter übertragener Klavierfantasien. Seine ›Erste Sinfonie‹ nannte Schumann ›Frühlingssinfonie‹. Sie wurde »in feuriger Stunde geboren« und ist erfüllt von jugendlichem Enthusiasmus. Ihre Sätze sind poetisierende Stimmungsbilder, ausgelöst im glücklichen ersten Ehejahr durch ein

›Genoveva‹ von Robert Schumann, Szenenbild von der Leipziger Aufführung, 1849

Gedicht von Adolph Böttcher; ursprünglich trugen sie die Bezeichnung ›Frühlingsbeginn‹, ›Abend‹, ›Frohe Gespielen‹ und ›Voller Frühling‹. Dritter und vierter Satz gehen unmittelbar ineinander über. Das Formschema der Beethovenschen Sinfonie bleibt in Umrissen spürbar, ein Leitgedanke (»Im Tale zieht der Frühling auf«) hat Bedeutung für alle Sätze, die stimmungsmäßig und durch überleitende Gedanken aufeinander bezogen sind. Die fünfsätzige ›Dritte Sinfonie‹ (die ›Rheinische‹) ist eine Huldigung an die rheinische Lebensart. Auch sie wurde, wie die ›Erste‹, von außermusikalischen Vorstellungen angeregt; doch beide sind keine Programm-Musik im Sinne Liszts. Für sie gilt, was Schumann in seinem Aufsatz über Berlioz äußerte: »Man irrt ..., wenn man glaubt, die Komponisten legten sich Feder und Papier in der elenden Absicht zurecht, dies oder jenes ... zu schildern und zu malen.« – Die zweite (eigentlich dritte) Sinfonie ist formal die geschlossenste, doch ihre Gedanken sind ungleich im Wert. Schumanns Krankheit wirkte sich hier schon lähmend aus. Die Sätze mit Ausnahme des schönen Adagios sind durch ein Schicksalsmotiv miteinander verbunden. Es hat den Charakter eines wiederkehrenden Mottos in einer episodischen Folge von Stimmungsbildern. Von Schumanns sinfonischem Hauptwerk, der ›Vierten‹ (eigentlich ›Zweiten‹), liegen zwei Fassungen vor. Die frühe ist der schon krankhaften späten absolut vorzuziehen; auch die Bezeichnung ›Sinfonische Fantasie für großes Orchester‹, die Schumann zunächst wählte, ist zutreffender als ›Sinfonie‹. Die vier Sätze des klassischen Schemas sind in einen großen Satz zusammengezogen. Die Untergliederungen bleiben erkennbar, sind aber durch gemeinsame Themen vereinheitlicht. Der Wert des Werkes beruht auf seinem Reichtum an ausdrucksvoller Lyrik.

Übertroffen werden die Sinfonien von Schumanns ›Klavierkonzert‹, dem wohl wertvollsten der Romantik überhaupt. In einem Brief an Clara nannte er es »ein Mittelding zwischen Sinfonie, Konzert und großer Sonate«. Er erneuerte in ihm den Stil des Beethovenschen Konzerts. Klavier und Orchester konzertieren gleichwertig, die drei Sätze wachsen thematisch aus einer Wurzel, auch die Solo-Kadenz des Klaviers ist dem Ganzen poetisch integriert. Virtuosität und berückender Schönklang stehen im Dienst verinnerlichter romantischer Gedanken. Weder das schöne Cellokonzert noch das späte Violinkonzert können sich mit dem Klavierkonzert messen. – Von den sieben Ouvertüren umfassen die zur Oper ›Genoveva‹ und zu ›Manfred‹ romantische Bekenntnismusik von zwingender Ausdruckskraft.

In den Liedern und Balladen kam Schumann mitunter seinem »einzigen Schubert« nahe, doch er hatte ein völlig anderes Verhältnis zum Liede als jener. Er wollte sich zwar »totsingen wie eine Nachtigall« und seine Liedbesessenheit war zeitweise grenzenlos. Doch er ›sang‹ seine Lieder nicht eigentlich, er entwarf sie am Klavier, ohne dieses Medium sind sie undenkbar. Nicht die durch sich allein wirkende Gesangs-Melodie – wie beim Volkslied –, sondern die unlösbare Einheit von Poesie, Klavier und Gesang ist für sie bezeichnend. Bisweilen dominiert das Klavier, oft umrahmt es den Gesang mit selbständigen Vor- und Nachspielen. So entstanden von Texten angeregte Klavierdichtungen, über denen die Singstimme in freien melodischen Bögen ausschwingt. Unvergleichliche Beispiele dieser Lyrik: ›Die Lotosblume‹ (Heine), ›Daß du so krank geworden‹ (Kerner), ›Mondnacht‹ (Eichendorff) oder – von den Balladen – ›Die beiden Grenadiere‹ (Heine). Manche späten Lieder, etwa ›Kommen und scheiden‹ aus dem Lenau-Zyklus Werk 90 (1850), weisen schon impressionistische Strukturen auf.

Fast völlig vernachlässigt wird gegenwärtig Schumanns Chorschaffen. In dem Oratorium ›Das Paradies und die Peri‹ (1843) nach dem Roman ›Lalla Rookh‹ (1817) von Thomas Moore (1779 bis 1852) ging Schumann formal von den Mustern Händels und Bachs aus. Der Grundton seiner Sprache ist episch-lyrisch, doch sie hat wenig dramatische Spannkraft; das beeinträchtigt ihre Wirkung. Schönes findet sich unter den lyrischen Sologesängen. Ähnliches gilt von dem idyllischen Oratorium ›Der Rose Pilgerfahrt‹ (1851) und von den Kantaten. Auch die lyrisch wertvolle Oper ›Genoveva‹ krankt an ihrem Mangel an dramatischem Leben. Formal ist sie interessant als Versuch, unter weitgehendem Verzicht auf Rezitative zu einheitlichen Szenen vorzustoßen und einen neuen lyrischen Deklamationsstil zu entwickeln. Immer wieder hat man versucht, ›Genoveva‹ für die Bühnen zu retten; es gelang nicht.

Hector Berlioz

Hector Berlioz (1803 bis 1869), Vater der modernen ›Programm-Sinfonie‹ und Schöpfer mehrerer Opern und oratorischer Werke, war eine der merkwürdigsten Erscheinungen des 19. Jahrhunderts. Vielleicht das Auffallendste an ihm und jedenfalls das, was sich folgenschwer auswirkte, war seine paradoxe Einstellung zu den Aufgaben seiner Kunst. In den Opern wollte er, wie Wagner schrieb, die Dichtung durch die Musik ersetzen, in den Sinfonien hingegen ordnete er die Musik Programmen unter, die er selbst als »stellvertretende Libretti« bezeichnete. Seine Opern nannte man »szenische Programm-Musiken«, seine Programm-Sinfonien sind zweckentfremdete Opernmusiken, Nothelfer eines magischen Theaters.
Berlioz kam in Côte Saint-André als Sohn eines Landarztes zur Welt. Der Vater ermöglichte ihm das Medizinstudium in Paris, doch er beschäftigte sich dort mit den Künsten – mit Vergil, Shakespeare und Gluck vor allem. Später erinnerte er sich: »Ich las wieder und wieder die Partituren von Gluck, schrieb sie ab, lernte sie auswendig...; an dem Tage, da es mir ... vergönnt war, Iphigenie in Tauris zu hören, schwor ich mir ..., daß ich, trotz Vater, Mutter, Onkel, Tanten, Großeltern und Freunden, Musiker werden würde.« Als er seinen Entschluß dem Vater mitteilte, sperrte der ihm den Wechsel. Berlioz fristete sein Leben nun als Theater-Chorist, er wurde Schüler des ›Conservatoire‹, gab es bald wieder auf, da ihn der akademische Drill anwiderte, und trieb Studien auf eigene Faust. Exaltierte ›Sturm-und-Drang‹-Periode. Eine Messe, zwei Ouvertüren und die ›vulkanische‹ erste Fassung der ›Phantastischen Sinfonie‹ lagen schon vor, als er die Fron des ›Conservatoire‹ als Schüler von Lesueur und Reicha abermals auf sich nahm, um sich am ›Rompreis‹ beteiligen zu können. 1830 errang er diese Auszeichnung, sie ermöglichte ihm drei Studienjahre in Rom.
Nach seiner Rückkehr wurde er Musikkritiker am ›Journal des débats‹. Als Musiker konnte er sich nicht ernähren, seine neutönerischen Werke pfiff man gewöhnlich aus. Er führte ein schwieriges, gehetztes Leben, nicht selten am Rande der wirtschaftlichen Not. Einmal erwies sich Paganini als Retter. Er bestellte bei ihm ein Bratschenkonzert und gab ihm durch Geldzuwendungen auch die nötige Schaffensfreiheit. Allerdings fand Paganini dann den Bratschenpart zu wenig virtuos und spielte ihn nicht. Berlioz arbeitete das Konzert nun um in die Programm-Sinfonie ›Harold in Italien‹ (1834, nach Byrons ›Childe Harold‹); der Solobratsche übertrug er das zentrale Leitmotiv des Werkes.
Seine Misere verschärfte sich mit der Zeit durch deprimierende Familienverhältnisse. Den Ausgleich suchte er in vielseitiger Tätigkeit. Er wurde sein eigener Librettist und fand neben der Komposition Zeit für zahllose Essays kritischer, pädagogischer und

kunstästhetischer Natur. Er bearbeitete Webers ›Freischütz‹, Glucks ›Alceste‹ und ›Orpheus‹ – seither ist es üblich, den Orpheus von einer Altstimme singen zu lassen – und gab eine ›Instrumentationslehre‹ heraus, die mit dem ›Supplement‹ von Widor bzw. den Zusätzen von Richard Strauss noch heute die Grundlage jeder umfassenden Spezialschulung bildet. Seine ›Memoiren‹ und ›Musikalischen Grotesken‹, seine ›Reisebriefe‹, ›Orchesterabende‹ und ›Lettres intimes‹, geschrieben in einem nervösen, geistreichen Stil, sind Fundgruben zur Zeitgeschichte der Künste.
Die Franzosen erkannten Berlioz zu Lebzeiten nicht an. Sie empfanden den Widerspruch von Maß und Maßlosigkeit in seinen Werken und das skurril Pathologische seines Wesens als lächerlich. Er selbst nannte sich »un crescendo de Beethoven!«, sie nannten ihn »Don Quixote der Musik« und gewährten ihm so etwas wie Narrenfreiheit; ihre Karikaturen sprechen da Bände. 1839 gab man ihm einen kleinen Posten am ›Conservatoire‹, 1852 wurde er Bibliothekar an diesem Institut; einer Professur hielt man ihn nicht für würdig. Erst Jahrzehnte nach seinem Tode fand er in seinem Vaterland die verdiente Anerkennung.
Lichtblicke in seinem Dasein waren Konzertreisen ins Ausland (1843 bis 1861), wo er mit seinen Werken lebhaften Beifall fand. In Deutschland ebneten ihm Liszt und Schumann den Weg, in Dresden verbündete sich ihm Wagner. Sein Hymnus über Berlioz an Liszt gipfelt in der Feststellung, »daß in dieser Gegenwart nur wir drei Kerle eigentlich zu uns gehören, weil nur wir uns gleich sind«.
Es gibt von Berlioz drei ziemlich theaterfremde Opern. Formal entsprechen sie konservativ etwa den Mustern der Gluck-Spontini-Schule; ihr Bestes sind die Chöre und malerischen Illustrationsmusiken. Sie heißen ›Benvenuto Cellini‹ (1838, Paris), ›Béatrice et Bénédict‹ (1862, Baden-Baden) und ›Die Trojaner‹ (nach Vergils ›Aeneis‹; 1. Teil – Eroberung Trojas, 1890, Karlsruhe; 2. Teil – Die Trojaner in Sparta, 1863, Paris;) und bewegen sich gattungsmäßig zwischen ›comique‹, ›grand opéra‹, ›drame lyrique‹, Oratorium und Sinfonie. Die Texte der beiden letzten stammen von Berlioz. Er hatte zu wenig Theaterblut fürs Theater und zu viel für die Sinfonie. Wie andere Romantiker litt er unter dem Fluch seiner literarisch-musikalischen Doppelbegabung. Selten nur war er imstande, seine poetischen und musikalischen Fähigkeiten in der Kunst zu koordinieren. »Mensch gewordenes Paradoxon« nannte ihn Saint-Saëns.
Für seine ›Trojaner‹ beispielsweise suchte er »die richtige musikalische Form..., diese Form, bei welcher die Musik ganz zurücktritt oder doch nur die demütige Sklavin der Worte ist«. Im selben Atemzug aber wollte er die Musik dieser Oper »frei und stolz, souverän und siegreich; ich will, daß sie alles erobern soll, daß alles in ihr aufgehen soll, daß es für sie keine Alpen und Pyrenäen gibt«. Und er warf Wagner vor, er wolle die Musik »ganz entthronen, sie auf ausdrucksvolle Akzente beschränken...«. Berlioz hielt die Musik zwar für »so mächtig, daß sie ganz allein in manchen Fällen den Sieg davontragen« werde, doch er selbst hinderte sie in seinen Opern hieran. Bisweilen unterwarf er sie den Texten derart, daß sie die Kraft einbüßte, den Ausdruck der Worte zu steigern, überall dort aber, wo es etwas zu illustrieren gab, überflutete er die Szene mit sinfonischen Schilderungen auf Kosten der theatralischen Wirkung.

Eine merkwürdig unentschiedene Form zwischen Musiktheater, Oratorium und Sinfonie wählte er in der dramatischen Legende ›Fausts Verdammung‹ (1. Fassung 1829, gültige 1846). Sie ›kann‹ szenisch aufgeführt werden, muß es aber nicht. Als ›Konzertoper‹ gehört sie zu seinen stärksten Werken. Ein reines Oratorium ist die ›trilogie sacrée‹ ›L'enfance du Christ‹ (1854). In ihr wie in dem pompösen ›Requiem‹ (1837, Instrumentarium siehe Seite 419) und auch im dreichörigen ›Tedeum‹ steigerte er die klanglichen und technischen Möglichkeiten der Musik außerordentlich, stets sein Ziel vor Augen: »Man soll ausdrucksvoll und wahr sein, dabei aber doch der Musik ... neue Mittel geben, um sie wirkungsvoll zu machen.«

Hector Berlioz, Karikatur von E. Carjat

Im Mittelpunkt seines Schaffens stehen die ›Programm-Sinfonien‹. An sich war ›Programm-Musik‹ damals nichts Neues, eine andere Bezeichnung nur für Illustrationsmusik oder Tonmalerei. Schon im 16. Jahrhundert gab es das, etwa in den A-cappella-Gesängen Janequins, dann bei den Clavecinisten, bei Couperin und Rameau, aber auch bei Bach und seinen Söhnen, bei Leopold Mozart, Haydn und Dittersdorf. Viele der älteren Tonmalereien wurden angeregt durch außermusikalische Vorstellungen, und oft sind in ihnen Simultan-Effekte derart verwendet (beim Schlachtgetümmel etwa Kanonenschläge der Pauken, Trompetensignale, Trommelwirbel, bei Waldszenen Vogelstimmen, Jagdsignale, Echowirkungen...), daß sich im Hörer die entsprechenden Bilder wohl einstellen mochten. Doch alle diese ›Unterhaltungsmusiken‹ sind zunächst einmal autonome Tonspiele. Mitunter verband man erst nachträglich mit ihnen Programm-Titel aufgrund von Zufallswirkungen, die der Komponist gar

nicht beabsichtigt hatte (Haydns Sinfonien ›Der Bär‹, ›Das Huhn‹, ›Die Uhr‹). Stets aber blieb das Illustrative beschränkt auf allgemeine Stimmungsbilder, Zustandsschilderungen, Kontrastwirkungen und dergleichen.
Berlioz hingegen wollte bis ins einzelne festgelegte lyrisch-dramatische Handlungen musikalisch darstellen. Er ging hierbei etwa von Beethovens ›Pastorale‹ aus, machte sich aber Beethovens Mahnung »Mehr Ausdruck der Empfindung als Malerei« nicht zu eigen, sondern stellte sich das Ziel, die dichterische Vision möglichst realistisch in Tönen auszumalen. Nach seiner Ansicht verfehlten die ›Programm-Sinfonien‹ ihren Sinn, wenn sich die Hörer nicht vor der Aufführung über den Verlauf der vertonten Geschehnisse informierten. So vorbereitet aber – das war seine Überzeugung – würden sie über das Medium der Musik diese Vorgänge als Traumbilder wieder in sich wachzurufen vermögen und weit intensiver an ihnen teilhaben, als das im Theater möglich sei.
Eine verführerische, spezifisch romantische Maxime! Nur eben – keine rein musikalische Zielsetzung mehr. Sie drängte Berlioz zwangsläufig in die Rolle des Orchestervirtuosen. Je differenzierter und reicher die technischen und klanglichen Mittel, desto fähiger mußte nach seiner Ansicht die Musik sein, auszudrücken, was er ihr abverlangte. Folgerichtig trieb er das Orchester zu damals phänomenalen Leistungen hoch, was ihm zu Recht den Namen des ersten ›Klangzauberers‹ und ›Zukunftsmusikers‹ seines fortschrittsgläubigen Jahrhunderts eintrug. Sein Orchester (siehe Seite 419) ist erstaunlich durchorganisiert. Die vermehrten Streicher, vielfach geteilt oder chorisch vereint, die Holz- und Blechbläser, zu chorischen Familien erweitert, die Harfen und pompösen Schlagzeug-Batterien wetteifern, Klangwirkungen von unerhört neuartigem Reiz zu erzeugen. Wagner war hingerissen: ». . . die Gewalt der nie zuvor von mir geahnten Virtuosität des Orchestervortrags [hat] auf mich geradezu betäubend gewirkt. Die phantastische Kühnheit und scharfe Präzision, mit welcher hier die gewagtesten Kombinationen auf mich eindrangen, trieben mein eigenes musikalisch-poetisches Empfinden mit schonungslosem Ungestüm scheu in mein Inneres zurück. Ich war nun ganz Ohr für Dinge, von denen ich bisher keinen Begriff hatte.« Liszt reagierte ähnlich, auch für ihn wurde Berlioz zum Vorbild. Heine fand Berlioz' Musik »urweltlich«, »vorsintflutlich«. Sie erinnerte ihn an »gigantische, ausgestorbene Tiere, an Fabelreiche mit prunkenden Sünden, an aufgetürmte Unmöglichkeiten«. Aber es gab damals auch Einwände. Brahms' Freund, der Geigenvirtuose Joachim, fühlte sich von Berlioz' Musik »in zunehmendem Maße abgestoßen« und befürchtete dessen »unheilvollen Einfluß auf die Entwicklung der Musik durch Veräußerlichung«. Der Komponist Adam meinte: »Er ist alles, was man will . . ., aber ein Musiker ist er nie und nimmer.« Mendelssohn fand Berlioz' Musik »unbeschreiblich eklig«, ihn selbst aber schätzte er: »Der macht mich förmlich traurig, weil er ein wirklich gebildeter, angenehmer Mensch ist und so unbegreiflich schlecht komponiert.«
Wichtig für die allgemeine Entwicklung wurden von Berlioz' ›Programm-Sinfonien‹ vor allem die ›Phantastische Sinfonie‹ (1830 bis 1832) und ›Harold in Italien‹ (1834). In ihrem Schatten stehen die ›Trauer- und Triumphsinfonie‹ (1840) und eine Reihe effektvoller Ouvertüren, darunter die zu Shakespeares ›König Lear‹ (1831) und der

musikantische ›Römische Karneval‹ (1844), entworfen als neue Zwischenaktmusik zum ›Benvenuto Cellini‹. Zwei weitere Werke, ›Lélio oder Die Rückkehr zum Leben‹ (1831, Fortsetzung der ›Phantastischen Sinfonie‹), und die dramatische Sinfonie ›Romeo und Julia‹ (1839) beziehen Melodram, Soli und Chöre mit ein, sind also dem Oratorium angenähert.

Am Beispiel der ›Phantastischen Sinfonie‹ sei Berlioz' Technik und damit im wesentlichen die der Programm-Musik überhaupt erläutert. Stets ist bei dieser Art Musik das Programm zuerst da. Berlioz gab seinem Werk, das er als autobiographisches Bekenntnis verstanden wissen wollte, den Untertitel ›Episode de la vie d'un artiste‹. Er gliederte das Programm in fünf Teile, denen eine kontinuierliche Handlung zugrunde liegt. Im 1. Teil lernt der Künstler ein Mädchen kennen. Er verliebt sich in sie; seine Eifersucht erwacht. Im 2. Teil besucht er mit der Geliebten ein Ballfest. Im 3. Teil, ›Szene auf dem Lande‹, träumt er von ihr. Ein Hirtenlied, das zwei Schäfer einander zuspielen (Oboe und Englischhorn), erfüllt ihn mit Hoffnung. Die Sonne scheidet, aufs neue überfällt ihn Eifersucht. Ferner Donner kündet nahendes Unheil. Im 4. Teil nimmt der Künstler Gift, »nachdem er die Gewißheit erlangt hat, daß seine Liebe verschmäht wird«. Er »versinkt in einen tiefen, todesähnlichen Schlaf. Ihm träumt, er habe seine Geliebte ermordet, er sei zum Tode verurteilt, und werde zum Richtplatz geführt« (Programmzitat). Der ›Gang zum Hochgericht‹ und die Exekution werden in diesem Teil mit grausigen Einzelheiten geschildert. Im 5. Teil, ›Traum in der Walpurgisnacht‹, wohnt der Hingerichtete inmitten von Gespenstern seinem eigenen Begräbnis bei. Die Geliebte tanzt einen schamlosen Hexentanz. Die Trauerfeier, eine Parodie des ›Dies irae‹, mündet in einen orgiastischen Tanz um das Grab.

Den fünf Programmteilen entsprechen fünf sinfonische Sätze. Die ›klassische‹ Form ist also mit Rücksicht auf das Programm um einen Satz erweitert. Spätere Programm-Musiker reduzierten die Satzfolge gern, oft bis auf einen einzigen, übersichtlich gegliederten Satz. Nach Möglichkeit glichen sie ihre Programme einem bewährten Formschema, etwa dem Rondo an (Beispiel: Strauss' ›Till Eulenspiegel‹). Solche Stücke lassen sich nach Belieben programmatisch oder als absolute Tonspiele verstehen.

Berlioz suchte die Übereinstimmung von programmatischem Inhalt und im wesentlichen konservativer Form in der ›Phantastischen Sinfonie‹ durch Leitmotive in Verbindung mit einer raffinierten ›musique charactéristique‹ herbeizuführen. Er identifizierte das Hauptthema als ›idée fixe‹ mit der Heldin. Es taucht in allen Sätzen

›Idée fixe‹ aus der ›Phantastischen Sinfonie‹ von Berlioz

beziehungsvoll auf und ändert seinen Charakter so, wie es die Handlung vorschreibt. Relativ leicht und mit gewohnten Mitteln ließen sich die ersten drei Teile musikalisch charakterisieren. In den letzten Sätzen dagegen war das Programm nur unter Aufbietung enormer Mittel einigermaßen glaubhaft in Töne umzusetzen. Hier entfaltete Berlioz seine instrumentatorische Virtuosität exzessiv. Düstere Marschklänge veranschaulichen den ›Gang zum Hochgericht‹, ein harter Schlag des vollen Orchesters das niedersausende Henkersbeil, Pauken- und Trommelwirbel, schrille Holzbläserfiguren und Blechbläserschreie, makabre Ostinati in den tiefen Registern untermalen die Schrecken der Szene. Das Finale entfesselt einen musikalischen Hexensabbat von brueghelscher Phantastik. Ein grausiger Effekt in dieser Klangorgie ist die infernalische Parodie des ›Dies irae‹.

Später überbot man dergleichen zwar technisch, doch der modernen Instrumental-Koloristik war hier der Weg gewiesen. Oft scheinen Berlioz' Einfälle geradezu vom Timbre der Instrumente inspiriert, seine Klangfarbenmixturen sind dann das eigentlich Reizvolle, sie bedingen und steigern die Aussagekraft der melodischen und harmonikalen Substanz.

Mag Berlioz' Lebenswerk fragmentarisch sein und in sich zwiespältig –: Selbst wo er irrte, erzwang er mit seinen »aufgetürmten Unmöglichkeiten« Entscheidungen, erschloß er neue Wege, und sei es, indem er Widerspruch erweckte. An Berlioz schieden sich die Geister. Nie war eine wohltemperierte Atmosphäre um ihn; Tumulte, Pfeifkonzerte, Schlägereien waren die Begleitmusik seines Weges. Niederlagen mußte er hinnehmen, Triumphe wurden ihm zuteil; zu rebellieren und rebellisch zu machen, das war sein Schicksal. Er war einer der überragenden Anreger seines Jahrhunderts. Von ihm profitierten Liszt, Wagner, Strauss und ihre Gefolgsleute überall in Europa. Er allein bewirkte, nach Ansicht der Franzosen, daß die national-französische Musik sich relativ frei hielt vom Einfluß Wagners und der Italiener. ›Grand libérateur‹, diesen Ehrentitel verlieh dem Toten die ›grande nation‹.

Frédéric Chopin – Franz Liszt

Mit Paganini, Chopin und Liszt emanzipierte sich das bürgerliche Virtuosentum. Die reisenden Virtuosen waren fortan nicht mehr Lückenbüßer in gemischten ›Akademien‹ und Liebhaberkonzerten, sie standen im Mittelpunkt eigener Veranstaltungen. In ihren Programmen war »Großes und Kleines, Gutes und Schlechtes wahllos durcheinandergemengt« (Robert Haas). Paganini umrahmte seine Virtuosenstücke gern mit Sätzen einer Beethoven-Sinfonie, Liszt bot »ein wirres Durcheinander« aus »Opernphantasien, Transskriptionen und Paraphrasen, daneben ausgesprochene Bravourreißer«. Bald nach 1830 wurden neben gemischten Orchesterkonzerten intime Solokonzerte üblich, doch erst Liszt und Clara Schumann konnten es wagen, Beethovens Klaviersonaten und andere, bis dahin der Haus- und Salonmusik vorbehaltene Stücke öffentlich zu spielen.

Das autonome Virtuosentum, eine typische Erscheinung des liberalen 19. Jahrhunderts, zeitigte eine verwirrende Fülle nationaler und individueller Spielarten in fruchtbarer Wechselwirkung mit den Kompositionsweisen der schöpferischen Musiker. Gewiß, der Ruhm der Virtuosen ist vergänglich. »Wir ... vermögen keine tieferen

Spuren einzudrücken, als leichter Sand sie aufnimmt. Ein Windhauch kräuselt darüber hin, und alles ist verweht und vergessen«, klagte die alternde *Wilhelmine Schröder-Devrient* (1804 bis 1860), und wohl jeder Virtuose kommt einmal an den Punkt, ihr zuzustimmen. Dennoch ist Selbsttäuschung in dieser Resignation. Die mittelbare Wirkung des Virtuosen gewinnt mitunter eine gar nicht abschätzbare Bedeutung. Die Schröder-Devrient, »unvergleichliche Fidelio-Darstellerin« ihrer Zeit, beeinflußte,

Die Schauspielerin Wilhelmine Schröder-Devrient in ›Montecchi e Capuleti‹ von Bellini

ohne es zu wissen, Wagners Opern-Reform, der sie übrigens »keine besondere Sympathie entgegenbringen konnte« (O. Keller). Wagner bekannte in seiner ›Zukunftsmusik‹, sie habe auf ihn »im höchsten Grade bestimmend gewirkt«, und »sie im Auge, bildete sich in mir eine gesetzmäßige Anforderung nicht nur für die musikalisch dramatische Darstellung, sondern auch für die dichterisch musikalische Konzeption eines Kunstwerkes aus, dem ich kaum noch den Namen Oper geben möchte«. Querverbindungen solcher Art sind in der Kunst durchaus nicht ungewöhnlich. Seltener findet man Erscheinungen, in denen Virtuosentum und schöpferische Veranlagung einander positiv ergänzen oder bedingen. Weber sah die Gefahr dieser Konstellation, der viele Komponisten erliegen. »Diese verdammten Klavierfinger«, notierte er sich, »sie sind bewußtlose Tyrannen und Zwingherren der Schöpfungskraft.« Nur wenige wurden mit diesen Tyrannen fertig. Zu ihnen gehörten Chopin und – bedingt – Liszt.

Frédéric Chopin kam am 22. Februar 1810 in einem Dorf bei Warschau als Sohn eines Lothringers und einer Polin zur Welt. Kapellmeister Joseph Xaver Elsner führte ihn in die Musik ein. Schon mit neun Jahren trat er als Wunderkind auf, 1829 begründete er in Wien seinen internationalen Ruf als Pianist und Komponist. In Stuttgart überraschte ihn die Nachricht von der Besetzung ›Kongreß-Polens‹ durch die Russen. Damit war

Frédéric Chopin,
nach einer zeitgenössischen Lithographie

ihm die Rückkehr in die Heimat verschlossen. Über München gelangte er 1831 nach Paris, wo man ihn als Künstler und Lehrer mit offenen Armen aufnahm. Liszt, Berlioz, Meyerbeer, Heine und Balzac suchten seine Freundschaft, die exzentrische George Sand wurde in freier Bindung seine Gefährtin. Indessen, schon nach wenigen Jahren mußte Chopin sich wegen eines Brustleidens aus der Öffentlichkeit zurückziehen. 1838 bis 1839 suchte er vergeblich Heilung in Palma auf Mallorca, wohin ihn die Sand begleitete. 1845, in Paris, trennte er sich von ihr. Die Anstrengungen einer Konzertreise nach England führten 1848 zu seinem Zusammenbruch, am 17. Oktober 1849 starb er in Paris. Sein Lebenswerk umfaßt außer einer Cellosonate, einem Trio und 17 Liedern nur Klaviermusik, und zwar Mazurken, Polonaisen, Nocturnes, Balladen, Etüden, Scherzi, Impromptus, Präludien, Walzer, Variationen, drei Sonaten und zwei Klavierkonzerte.

Chopin gehörte, wie Mozart, zu den frühreifen Naturen. Seine Entwicklung, wenn man von einer solchen überhaupt sprechen kann, durchlief keine deutlich abgrenzbaren Phasen. Er steigerte im Laufe der Jahre seine Virtuosität und verfeinerte seine Ausdrucksmittel, doch der Charakter seiner Musik wurde hiervon kaum berührt. Die frühen ›Konzert-Etüden‹, Werk 10, und die Klavierkonzerte des Zwanzigjährigen sind ebenso reif wie etwa die späte ›As-Dur-Polonaise‹, Werk 53 (1840), oder die ›Polonaisen-Fantasie‹, Werk 61 (1845). Chopin komponierte nicht nach vorbedachtem Plan, seine Werke sind Abbilder spontan wechselnder Stimmungen. Er war eine äußerst sensible, reizbare Natur, »aristokratischer Enthusiasmus« und Melancholie waren die kontrastierenden Komponenten seines Wesens. In seinem Selbstporträt heißt es: »Nach außen bin ich lustig, namentlich wenn ich mich unter den Unsrigen (die Unsrigen nenne ich die Polen) befinde – aber innerlich mordet mich etwas, trübe Ahnungen, Unruhe oder Schlaflosigkeit, Sehnsucht, Gleichgültigkeit gegen alles; Lebenslust,

gleich darauf Todesverlangen, eine selige Ruhe, eine Erstarrung, Geistesabwesenheit und mitunter allzu genaue Erinnerungen quälen mich.« Dieser ans Pathologische grenzenden Veranlagung entsprach die quälende Schaffensweise Chopins, der von sich sagte, er halte sich für das »unentschlossenste Geschöpf der Welt«.
George Sand notierte sich: »Sein Schaffen war unmittelbar, mirakulös. Die Gedanken kamen ihm ... unerwartet ... am Klavier, plötzlich, vollkommen, erhaben ... Dann aber begann die peinlichste Arbeit, deren ich jemals Zeuge gewesen bin ... was er aus einem Gusse konzipiert hatte, suchte er beim Aufschreiben ängstlich zu analysieren ... Dann schloß er sich ganze Tage in seinem Zimmer ein, weinte, lief auf und ab, zerbrach seine Feder, wiederholte und veränderte hundertmal einen Takt, den er ebenso oft aufschrieb und wieder ausstrich, und begann am folgenden Tage wieder mit ... verzweifelnder Beharrlichkeit. Er konnte so sechs Wochen bei einer Seite zubringen, um sie schließlich so zu schreiben, wie er sie am ersten Tage ... entworfen hatte.«
Schumann, der ihn in seinem ersten Aufsatz 1831 enthusiastisch mit den Worten begrüßte, »Hut ab, ihr Herren, ein Genie!«, lernte ihn 1835 in Karlsbad kennen. Später äußerte er über den Freund: »Wenn von Schwärmerei, Grazie, wenn von Geistesgegenwart, Glut und Adel die Rede ist, wer dächte da nicht an ihn, aber wer auch nicht, wenn von Wunderlichkeit, kranker Exzentrizität, ja von Haß und Wildheit?«
Die unter dem Eindruck der Eroberung Warschaus durch die Russen 1831 entstandene ›Revolutions-Etüde‹ des glühenden Patrioten oder das maßlose Scherzo der ›b-Moll-Sonate‹, Werk 35, und das gespenstisch dahinjagende Presto-Finale derselben Sonate mochten ihn zu diesen Worten ebenso angeregt haben wie die grazilen, innigen, feurig beschwingten »unendlichen Melodien« der Balladen, Nocturnes oder Scherzi. Schumanns Chopin-Liebe war indessen nicht frei von krankhafter Exaltation. Einmal wurde sie ihm zur Traumbrücke seiner Sehnsucht nach Clara. Um sich mit ihr »geistig sehen und treffen zu können«, verabredete er brieflich mit ihr, sie solle zur gleichen Stunde wie er dasselbe ›Adagio‹ von Chopin spielen, dann wisse er, daß sie ganz bei ihm sei.
Man hat Schumann den ›deutschen Chopin‹ genannt. Gewiß, es gibt Gemeinsames zwischen den beiden. Charakteristisch für sie sind stimmungsvolle Miniaturen mit verschleierten Formumrissen, sind Nuancen des Melos und der Harmonik und auch Klangmixturen, die es vordem so nicht gab. Etwa Schumanns ›Abegg-Variationen‹ (1830) und Chopins ›Variations brillantes‹ (1832) wirken bis in die formale Struktur wie Pendants (Chopin kannte Schumanns Werk nicht). Doch auch das Andersartige tritt hier zutage. In Chopins ›Variationen‹ wechseln zarte und leidenschaftlich aggressive Partien, sie sind melodisch sinnfällig, klanglich delikat, im Ausdruck elegant. Schumanns ›Variationen‹ sind komplizierter, fülliger, dichter im Satz, alles ist vom Motiv aus entwickelt, die feingliedrige Ornamentik ist weniger dekorativ als bei Chopin, die metaphysische Komponente im Ausdruck spürbar. Chopin gab in seiner Kunst stets nur sich, seine Empfindungen und Stimmungen. Schumann hingegen knüpfte in der seinen auch »an entfernte Interessen« an, das »für sich sinnende und wirkende Individuum« war ihm konträr. Mit zunehmendem Alter gelangte er immer

entschiedener zu einer konstruktiven, polyphonen Satzweise und zur Einbeziehung aller Besetzungs- und Formgattungen einschließlich Oratorium und Oper. Chopin genügte zeitlebens das Klavier, sich auszusprechen. Als ›Klavierpoet‹ gab er freilich Unvergleichliches. Schumann schwärmte, keiner könne an ihn heranreichen, »nur mit den Lippen, den Saum zu küssen«.

›Impromptu‹, Handschrift Frédéric Chopins, 1837

Chopin lebte zu einer Zeit, in der man die klanglichen, orchestralen und technischen Möglichkeiten des Klaviers bis ins letzte erprobte und wie unter einheitlichem Impuls, unter Abwandlung des klassischen Stils, in Klein- und Fantasieformen einen neuen, zeitgemäßen Klavierstil anstrebte. Virtuosen wie Hummel vor allem, dann Dussek, Kalkbrenner, Herz, Ferdinand Hiller und der Engländer John Field waren hieran beteiligt. Ihnen, aber auch Bach, Mozart, dem späten Beethoven und Bellini verdankte Chopin Anregungen technisch-methodischer, formaler und klanglicher Art. Doch er kopierte sie nicht, schon früh verwirklichte er sein Ziel, sich »eine eigene Welt zu schaffen«. Chopins Technik suchte Schumann aus gegebenen Voraussetzungen zu erklären: »Je älter ich werde, je mehr sehe ich, wie das Klavier ... in drei Dingen ... eigentümlich sich ausspricht, durch Stimmenfülle und Harmoniewechsel (wie bei Beethoven, Franz Schubert), durch Pedalgebrauch (wie bei Field) oder durch Volubilität (Beweglichkeit, wie bei Czerny, Herz) ... Komponisten wie ... Chopin wenden alle drei Mittel vereint an und werden daher von den Spielern am meisten geliebt.« Über die Poesie der Musik Chopins äußerte sich Schumann gern in schwärmerischen Metaphern –: »Lauter fremde Augen, Blumenaugen, Basiliskenaugen, Pfauenaugen, Mädchenaugen« entdeckte er in ihr.
Chopin war ein Einzelgänger, und das erklärt sich nur zum geringen Teil aus seinem

Emigrantentum und seiner Krankheit. Man weiß nur, daß er sich fremd fühlte in der Gesellschaft, die ihn hofierte; die Kunst wurde ihm zum Lebensersatz. Was ihn bewegte, spiegelt sich in ihr derart unmittelbar wie bei kaum einem anderen Romantiker. Berlioz, aber auch Weber, Mendelssohn oder Schumann ließen sich oft durch außermusikalische Vorstellungen anregen, die Reflexion spielte bei ihnen eine mehr oder weniger große Rolle. Für Chopin gab es keine tonmalerischen, literarischen oder ethischen Beweggründe; selten findet sich bei ihm Deskriptives, nahezu alle seine Musik ist reine Empfindungslyrik. Mit Vorliebe wählte er für seine Stücke kleine dreiteilige Liedformen oder rondo-artige, der freien Fantasie angenäherte Repetitionsformen. Sie sind den Stimmungs-Miniaturen seiner Tänze, Nocturnes, Préludes oder Impromptus bzw. den größeren Etüden, Balladen und Scherzi angemessen. Auch die drei großen Sonaten und die Klavierkonzerte haben den Charakter lyrischer Improvisationen. Bezeichnend für sie ist die episodische Folge von Stimmungsbildern und das freie Strömen einander nach dem Kontrast-Prinzip ablösender Gedanken. In den Konzerten dominiert der Solist, das Orchester begleitet ihn und tritt nur gelegentlich selbständig oder konzertant in Aktion.

Chopin war kein Folklorist, doch viele seiner Einfälle sind angeregt von der polnischen Volksmusik, unverhüllt in den Polonaisen und meist auftaktlosen, rhythmisch zündenden Mazurken, mittelbar in allen Werken. Französisch wirken die Formklarheit und Leichtigkeit, der Esprit und die Eleganz seines Stils. Völlig sein Eigentum sind die in feinsten Farbbrechungen oszillierenden, bisweilen schon impressionistischen Klangvorstellungen, ist die lebensvolle Ornamentik seines Melos. Er erreichte die Überwindung des Virtuosentums durch seine Beseelung und begründete einen Klavierstil sui generis, ohne den die weitere Entwicklung über Liszt zu den Impressionisten nicht denkbar ist.

Franz Liszt (1811 bis 1886) stammte aus Raiding bei Ödenburg in Ungarn. Seine Mutter war Österreicherin, sein Vater ein ungarischer Gutsverwalter schwäbischer Herkunft. Schon mit acht Jahren konzertierte Liszt in Preßburg mit derartigem Erfolg, daß ungarische Magnaten ihm ein Studien-Stipendium aussetzten. Die Eltern übersiedelten mit ihm nach Wien, dort unterrichteten ihn Salieri und *Carl Czerny* (1791 bis 1857, Schüler Beethovens; noch heute sind seine ›Schule der Geläufigkeit‹ und andere instruktive Werke im Gebrauch). 1823 kam Liszt mit den Eltern nach Paris. Dort beendete er seine Studien bei Paër und Reicha. Konzertreisen nach London und durch die französischen Departements verliefen ermutigend. Als der Vater starb (1827), war Liszt als Virtuose und Lehrer bereits selbständig. Bestimmend für seine weitere musikalische Entwicklung wurde die Begegnung mit Paganini, Berlioz und Chopin.

Er legte größten Wert darauf, eine über sein Fach hinausgehende, möglichst umfassende Allgemeinbildung zu erlangen. Zwanglos wuchs er zunächst in den französischen Kulturkreis hinein. Abgesehen von der klassischen und romantischen Literatur interessierten ihn besonders der Saint-Simonismus (siehe Seite 434, David) und die demokratisch-liberalen Ideen des katholischen Theologen Félicité Robert de Lamennais. Unter seinem Einfluß wollte er schon als Jüngling Priester werden. – Mit Berlioz,

Schumann und Wagner teilte er die Neigung, in Essays seine ästhetischen Grundsätze darzulegen und zu Kunst und Künstlern Stellung zu nehmen.
Sein Ziel, der erste Virtuose seiner Zeit zu werden, erreichte Liszt in wenigen Jahren. 1835 gesellte sich zu ihm die Gräfin Marie d'Agoult. Der freien Verbindung entstammten drei Kinder. Von ihnen wurde *Cosima* (1837 bis 1930) später die Frau Hans von Bülows, dann Richard Wagners. 1844 trennte sich Liszt von der Gräfin d'Agoult, 1848

Franz Liszt,
nach einem zeitgenössischen Stahlstich

wurde er Hofkapellmeister in Weimar. Dort war die Fürstin Caroline Sayn-Wittgenstein seine Gefährtin. Unter ihrem Einfluß gab er seine Virtuosentätigkeit nahezu auf und widmete sich nach Möglichkeit der Komposition von Orchesterwerken. Mit ihnen wurde er neben Wagner zum Haupt der ›neudeutschen Schule‹. Sein Wunsch, die Fürstin zu ehelichen, scheiterte, der Papst versagte seine Einwilligung. 1861 kam es zum Zerwürfnis mit Weimar. Liszt ging nach Rom, dort nahm er 1865 die niederen Weihen. Fortan schuf er vornehmlich Werke der ›musica sacra‹. Etwa seit 1870 lebte er abwechselnd in Budapest, Rom oder auf Reisen. Mit 75 Jahren starb er in Bayreuth. – Er hinterließ rund 150 Klavierwerke, zwei Klavierkonzerte, Programm-Sinfonien, Sinfonische Dichtungen, Oratorien und viel Kirchenmusik, ferner zahllose Bearbeitungen und Transkriptionen fremder Werke, Paraphrasen über Opernthemen, Essays über klassische und zeitgenössische Musiker, über ›Die Zigeuner und ihre Musik in Ungarn‹, ›Über zukünftige Kirchenmusik‹ und anderes.
Liszt war einer der großen Anreger seines Jahrhunderts, ein Revolutionär mit idealistischen Zielen. Die drei Bereiche, zu denen er wesentlich Neues beitrug, sind die Klavier-, Orchester- und Kirchenmusik.
Bis etwa 1840 schrieb er fast nur Klaviermusik. Einen Begriff von seiner Entwicklung

bis dahin vermittelt der Vergleich der frühen ›Zwölf Etüden‹ (1826) mit den verwandten zwölf ›Grandes Études‹ aus dem Jahre 1837. Die frühen Etüden sind wirklich noch Übungsstücke fast à la Czerny, die aus demselben Material entwickelten späteren Etüden sind poetisierende Konzertstücke von orchestraler Klangfülle; sie übertreffen – abgesehen von den ›Paganini-Etüden‹ – an virtuosem Raffinement und Ausdruckskraft im Sinne des französischen ›Style énorme‹ alles, was es damals auf diesem Gebiet gab. In der dritten Fassung (1851) tritt die technische Brillanz dann etwas zurück zugunsten der Verdeutlichung der nun auch in Überschriften betonten Programme – zum Beispiel ›Mazeppa‹, ›Wilde Jagd‹, ›Schneetreiben‹ usw. Zwischen den ersten Fassungen entstanden viele Transkriptionen von Orchesterstücken, ferner Opern-Paraphrasen und Bearbeitungen, in denen man heute Geschmacksverirrungen sieht. Für Liszt hatten diese Arbeiten den Sinn, dem Klavier die Klangfülle des Orchesters zu erschließen. Er war der Ansicht: »Im Bereich seiner sieben Oktaven umschließt das Klavier den ganzen Bereich eines Orchesters, und die zehn Finger genügen, um die Harmonie wiederzugeben, welche durch den Verein von Hunderten von Musizierenden hervorgebracht werden.« Sein Ziel wird hier ganz deutlich: Während bis einschließlich Chopin die Klaviermusik noch vornehmlich für den Hausgebrauch oder den Salon gedacht war, stellte Liszt sie rivalisierend mit der Orchestermusik in den großen Rahmen des bürgerlichen Konzertsaals. Daher die prononcierte Al-fresco-Manier, die pompöse, ›rauschende‹ Klanggebärde, die weit ausholende theatralische Gestik seines Stils.

Liszt war überzeugt, die nach-Beethovensche Sinfonik müsse scheitern, solange man es unternehme, neue Gedankengänge und Klangvorstellungen in überkommenen Formen und mit alten Techniken zu realisieren. »Kunst ausüben«, sagte er, »heißt eine Form zum Ausdruck eines Gefühls, einer Idee schaffen und verwenden«, und er wollte »die Form durch den Inhalt« bestimmt sehen. Die Folge: Er löste sich entschieden vom Klassizismus. Seine Experimente gingen vom Klavier aus, denn als Virtuose konnte er seine revolutionierenden Vorstellungen am ehesten durchsetzen. Ohne weiteres ließen sich die Bindungen an konventionelle Form-Schemata und Satzweisen in der Improvisation abstreifen, nur in ihr ließen sich auch – abseits von abstrakter Konstruktion – neue Formstrukturen entwickeln, rein aus dem ›Gefühl‹ oder aus der bewegenden ›Idee‹. Daher improvisierte er seine Stücke, ihr ›movens‹ bilden stets bestimmte Empfindungen und Eindrücke oder Programme. Die 26 Stimmungsbilder

Aus dem ›Sposalizio‹ von Franz Liszt

aus den ›Années de Pèlerinage‹ für Klavier sind hierfür charakteristisch. Etwa das ›Sposalizio‹ aus diesem Zyklus ist eine freie Improvisation über nur einen melodisch aufgelösten Klang. Strukturell Ähnliches wird man vordem kaum finden, auch nicht bei Chopin. Von hier oder von den realistischen ›Wasserspielen der Villa d'Este‹, von der harmonisch kühnen ›h-Moll-Sonate‹ (1853) und anderem führen Wege zu den Klangspielen des musikalischen Impressionismus.

Die Orchesterwerke einschließlich der Klavierkonzerte sind ›Programm-Musiken‹ – das verbindet sie mit den ›Programm-Sinfonien‹ von Berlioz –, doch nahezu stets ergibt sich ihre Form unabhängig von konventionellen Schemata aus den Programmen – das hebt sie entschieden von Berlioz' klassizistischen Mustern ab. Liszt prägte für die neue Gattung die Bezeichnung »Sinfonische Dichtung«. Es gibt in ihr keine absolute Musik mehr, sondern nur »Musik nach den Erfordernissen der auszudrückenden Ideen«. Nach Liszts Ansicht »beanspruchen Handlung und Sujet dieser Symphoniegattung ein über der technischen Behandlung des musikalischen Stoffes stehendes Interesse, und die unbestimmten Eindrücke der Seele werden durch einen exponierten Plan, der hier vom Ohre, ähnlich wie ein Bilderzyklus vom Auge aufgenommen wird, zu bestimmten Eindrücken erhoben«. Die Wahl der Stoffe kennzeichnet Liszts kosmopolitische Einstellung. Zur ›Bergsinfonie‹ und zu ›Mazeppa‹ lieferte ihm Victor Hugo die Themen, in ›Les Préludes‹ folgte er Lamartine, in der Sinfonie über die ›Divina commedia‹ Dante, in den ›Festklängen‹ und ›Idealen‹ Schiller, im ›Prometheus‹ Herder, in der ›Faust-Sinfonie‹ Goethe; das Programm der ›Hunnenschlacht‹ leitete er von einem Gemälde Kaulbachs ab.

Titelblatt zu Lysers ›Musikalischem Bilder-ABC‹

Mit Ausnahme der ›Dante‹- und ›Faust‹-Sinfonie umfassen diese Werke nur einen Satz. In ›Mazeppa‹ oder in der ›Hunnenschlacht‹ dominiert die naturalistisch-realistische Handlungsschilderung, im ›Prometheus‹ oder in den ›Idealen‹ näherte sich Liszt eher der Beethovenschen These: »Mehr Ausdruck der Empfindung als Malerei.« Stets verwandte er in seinen ›Sinfonischen Dichtungen‹ gegensätzliche Leitmotive zur Ver-

deutlichung der programmatischen Inhalte, seine Koloristik ist reich an neuen klanglichen und instrumentatorischen Reizwirkungen. Die ›Durchführung‹ – in der älteren Sinfonie vornehmlich begrenzt auf den Mittelteil des Kopfsatzes – umfaßt bei ihm grundsätzlich das ganze Werk. Dieses Prinzip wurde maßgebend für die europäische Programm-Musik bis zu Richard Strauss. Die Probleme, die Berlioz noch zu schaffen machten (Diskrepanz zwischen klassizistischer Form und programmatischem Inhalt usw.), sind in diesem Prinzip überwunden. Offen blieb freilich die Frage nach dem ästhetischen Wert der Programm-Musik überhaupt.
Auch als Kirchenmusiker ging Liszt neue Wege. In der Schrift ›Über die Kirchenmusik der Zukunft‹ (1834) äußerte er, die ›musica sacra‹ müsse Theater und Kirche vereinen, sie müsse dramatisch und heilig, majestätisch und schlicht, streng und still sein. Vorbilder fand er zunächst – wie Berlioz – in den pompösen Messen der Napoleonischen Zeit, besonders bei Lesueur und im theatralischen Stil Spontinis. Doch anders als jene Klassizisten wandte er auch in den geistlichen Oratorien und Messen konsequent den in der Instrumentalmusik erprobten ›neudeutschen Stil‹ an.
Die Oratorien ›Legende von der heiligen Elisabeth‹ (1862 bis 1866) und ›Christus‹ (1866 bis 1873) sind Beispiele für Liszts Anschauung, das Oratorium sei »ein ideales Drama, dessen Stimmung, Leidenschaft und Handlung die Schranken der Bühne überschreiten...«. In beiden Werken sind Text und Musik der Struktur des Musikdramas angenähert, sie sollen entworfen sein als geistliche Gegenstücke zu Wagners ›Tannhäuser‹ und ›Lohengrin‹. Die in den ›Sinfonischen Dichtungen‹ entwickelte Leitmotivtechnik wurde auf sie übertragen, das Orchester hat eine wichtige, in selbständigen Zwischenspielen mitunter tonmalerische Funktion, die Deklamation ist frei aus der Wagnerschen hergeleitet, einzelne Figuren der Handlungen sind durchgehend mit bestimmten Instrumenten charakterisiert. Als Leitgedanken verwandte Liszt gern mittelalterliche Themen, das Oratorium ›Christus‹ entwickelte er aus 14 altchristlichen Gesängen.
Seine Messen, also die ›Messen für vierstimmigen Männerchor und Orgel‹ (1848, umgearbeitet 1869), die ausdrucksvolle ›Graner Festmesse‹ (1855) und die ›Missa choralis‹ (1865), die ›Ungarische Krönungsmesse‹ (1867), das ›Requiem‹ (1868) und die anderen Kirchenmusiken sind für den liturgischen Gebrauch bestimmt. Aus diesem Grunde bezog Liszt hier Gregorianische Weisen, Choräle und Elemente des Palestrinastils mit ein. Darin entsprach er den restaurativen Bemühungen des 1867 von Franz Witt gegründeten ›Cäcilienvereins‹. Dennoch enthalten auch die Messen, wie nicht anders zu erwarten, in erster Linie subjektiv romantische Bekenntnislyrik.
Einst enthusiasmierte Liszt Europa, gegenwärtig ist seine Musik sehr in den Hintergrund getreten. Die selbstherrliche Virtuosität und das Pathos seiner Sprache werden als zeitfremd empfunden. Das mag sich ändern oder nicht: Als überragender Anreger und Virtuose, als Vorkämpfer Wagners, Initiator des ›Allgemeinen deutschen Musikvereins‹ und selbstloser Förderer vieler Musiker gehört er fraglos zu den großen humanen Erscheinungen seines Jahrhunderts.

Richard Wagner

»Mein Leben ist ein Meer von Widersprüchen, von dem ich wohl nur nach meinem Tode aufzutauchen hoffen darf«, schrieb Wagner an Otto Wesendonk, und an Mathilde Wesendonk (1861): »Das Ausrufungszeichen ist im Grunde die einzige mir genügende Interpunktion...! Das ist auch der alte Enthusiasmus, ohne den ich nicht bestehen kann, und Leiden, Kummer, ja Verdruß, üble Laune nimmt bei mir diesen enthusiastischen Charakter an, weshalb ich denn auch gewiß andren so viel Not mache.«
Ohne Frage tat er das, und Widersprüche gab es in ihm und gibt es in seiner Kunst derart viele, daß sich noch gegenwärtig weder über seinen Charakter noch über seine Kunst eine auch nur annähernd einheitliche Meinung herausgebildet hat. Nur über eines sind sich die Gebildeten unter seinen Anhängern und Gegnern einig: Er ist als Musikdramatiker die überragende Erscheinung des 19. Jahrhunderts und mit seiner ›Tristan‹-Partitur sozusagen der Erzvater der ›Neuen Musik‹.
Es ergänzen und widersprechen einander in Wagner der Dichter und Musiker, der Dramatiker, Epiker und Philosoph, der Theoretiker und Praktiker, der realistische Tatmensch und romantische Schwärmer – es wandelte sich der Revolutionär zum Bewahrer, der Kosmopolit zum pan-germanischen Nationalisten, der Judenfreund zum Judenhasser, der Demokrat, Anti-Feudalist und Anti-Kapitalist zum Freunde der Besitzenden und Günstling der Wittelsbacher und Hohenzollern, der Anarchist und Atheist zum mystisch religiösen Moralisten. Wagner ist mehr und weniger, er ist einseitiger und umfassender und immer zugleich anders, als man ihn einschätzt; er irrte und hatte recht, er war abstoßend und anziehend, schwülstig und großartig, verlogen und ehrlich, verderbt und rein; er war primitiv, lärmend, banal, humorlos, zynisch, und er war gebildet, zart, echt, frei, groß. In seiner Kunst sind Tugend und Sünde, Harmonie und Disharmonie nicht mehr unbedingt Wertgegensätze, stets aber Reizgegensätze. Er ist in ihr ein sozusagen immoralischer Moralist, ein Klingsor mit dem Parsifal-Komplex; Luziferisches ist in ihr und Erhabenes und immer der Ausdruck »des erregtesten menschlichen Gefühles nach seinem höchsten Vermögen für die Kundgebung« (Wagner). In seinem Jahrhundert wirkt Wagner wie die deutsche Variante einer Renaissancefigur, maßlos in seinem Ich-Gefühl, seinem Mitteilungs- und Geltungsdrang, seinen Ansprüchen und Zielsetzungen, ein Genie der Selbstdarstellung, Medium aller fortschrittlichen Impulse der Zeit, behaftet mit allen Merkmalen des ›mal de siècle‹.
Heute ereifert man sich nicht mehr so leidenschaftlich für oder gegen Wagner wie um die Jahrhundertwende. Das ›Problem‹ Wagner scheint bewältigt oder vorläufig eingegrenzt auf das Problem der Wagner-Inszenierung: soll man den Dionysier umdeuten in einen Apolliniker, wie weit läßt das enthusiastische Pathos seines ›Totalausdrucks‹ dies zu, kann man seine theatralische Illusionistik ausklammern, ohne die Wirkung zu zerstören, läßt sich das Geistige seiner Werke zeitnäher vermitteln, wenn man sie quasi als Oratorien darstellt, statuarisch, im Rahmen abstrakter Bühnenbilder – darum in erster Linie geht es; Erörterungen über seine Kunstprinzipien treten demgegenüber in den Hintergrund, man ist ihrer müde geworden. Das ist weitgehend

TAFEL 21

Bild 1 Musik bei Hofe, dritter von links Herzog Karl I. von Braunschweig-Lüneburg mit Herzogin Philippine Charlotte, Prinzessin von Preußen, Gemälde von Johann Heinrich Tischbein d. Ä., Mitte des 18. Jahrhunderts.
Bild 2 Hausmusik im 19. Jahrhundert, nach einem Bild von Hiddemann (1829 bis 1892).

TAFEL 22

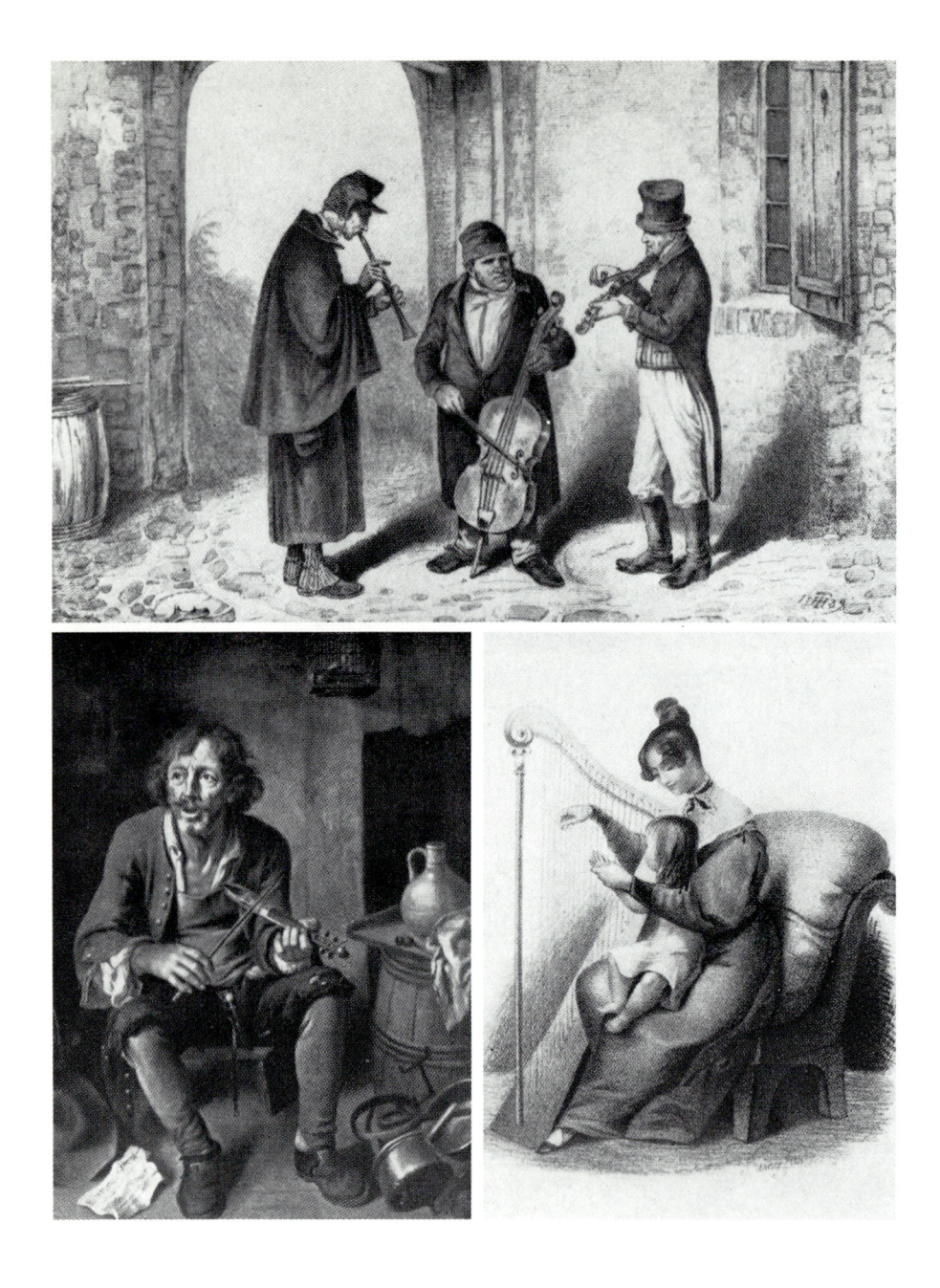

Bild 1 Musikanten, Radierung von Theodor Hosemann, 1839. *Bild 2* Bierfiedler mit Taschengeige, Gemälde von Jan van der Schlichten. *Bild 3* Harfenspielerin im Biedermeier.

TAFEL 23

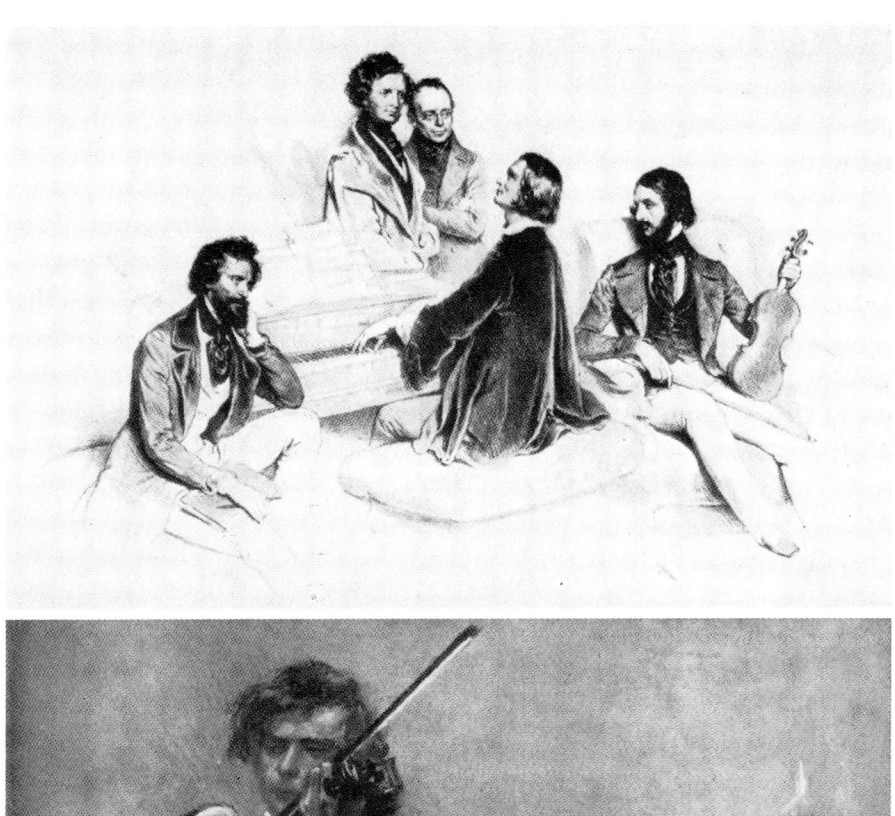

Bild 1 Matinee bei Liszt, von links nach rechts Kriehuber, Berlioz, Czerny, Liszt und Ernst. Nach einer Lithographie von Kriehuber. *Bild 2* Clara Schumann und Josef Joachim, Gemälde von Adolf von Menzel.

TAFEL 24

Bild 1 Karikatur auf die Hauskonzerte im frühen 19. Jahrhundert. *Bild 2* Croquis dramatiques, Zeichnung von Honoré Daumier, 1865. *Bild 3* Croquis musicaux, Zeichnung von Honoré Daumier, 1852.

generationsbedingt und hat seine zunächst erkennbare Ursache in der anti-individualistischen Strömung, die mit dem zweiten Jahrzehnt unseres Jahrhunderts einsetzte. Sie richtet sich aber nicht nur gegen ihn, sondern gegen die Kunstgesinnung des 19. Jahrhunderts überhaupt. Anzeichen für eine anhaltende Abwertung speziell der Kunst Wagners oder für ein Erlöschen ihrer Wirkung lassen sich hieraus nicht ablesen; sie lebt und ihr wohnt die Kraft inne, sich mit all ihren Widersprüchen zu behaupten. Das lehren die Aufführungsstatistiken. Danach stehen seine Werke zur Zeit an fünfter Stelle hinter denen von Verdi, Mozart, Johann Strauß und Puccini.

Laut standesamtlicher Eintragung wurde *Richard Wagner* am 22. Mai 1813 in Leipzig als neuntes Kind des Polizeiaktuars Friedrich Wagner geboren. Daß Friedrich sein Vater war, steht indessen nicht fest. Ein halbes Jahr nach Wagners Geburt starb Friedrich. Wagners Mutter heiratete bald darauf den Dresdner Hofschauspieler, Sänger, Maler und Lustspieldichter *Ludwig Geyer* (1780 bis 1821). Ihn hielt Wagner zeitlebens für seinen Vater, er wuchs auch unter dem Namen Richard Geyer in Dresden auf und nahm erst bei seiner Konfirmation, einige Jahre nach Geyers Tod, den Namen Wagner an. Mit den Brettern, die die Welt bedeuten, wurde er schon als Kind vertraut. Mit sieben Jahren spielte er einen der beiden Tell-Knaben; zu mancher Probe nahm ihn

Richard Wagner im Jahre 1855, nach einem Holzschnitt

Geyer mit, er weckte in ihm auch die Begeisterung für Weber. Als Wagner Weber am Pult erlebte, schwärmte er: »Nicht König, nicht Kaiser ... aber so dastehen und das Orchester dirigieren.« Die ›Szene‹ beeindruckte ihn am stärksten, für die Musik erwärmte er sich erst viel später. An der Dresdner Kreuzschule, die er besuchte, war »die Beschäftigung mit Musik nur Nebensache; Griechisch, Lateinisch, Mythologie und alte Geschichte die Hauptsache«. Er wagte sich an Übersetzungen aus der ›Odyssee‹ und entwarf ein Drama ›Achilleus‹. Shakespeare wurde sein Vorbild.
In Beethovens Todesjahr kam er wieder nach Leipzig. Er besuchte die Nikolaischule und bezog 1831 die Universität als Student der Philosophie. In seiner Neigung zur dramatischen Dichtung wurde er bestärkt durch seinen Onkel, den Philologen *Adolph*

Wagner (1774 bis 1835), der den »modernen Pedantismus in Staat, Kirche und Schule« verachtete. 1828 entwarf er, angeregt durch Shakespeares ›Hamlet‹ und ›Lear‹, ein Trauerspiel ›Leubald und Adelaide‹. »Während ich dieses vollendete, lernte ich in den Leipziger Gewandhauskonzerten zuerst Beethovensche Musik kennen; ... (seine) Musik zu ›Egmont‹ begeisterte mich so, daß ich um alles in der Welt mein Trauerspiel nicht anders vom Stapel laufen lassen wollte, als mit einer ähnlichen Musik versehen. Ich traute mir ohne alles Bedenken zu, diese so nötige Musik selbst schreiben zu können, ... und ich beschloß, Musiker zu werden.«
Den Anstoß hierzu verdankte er also dem Erlebnis einer auf ein Drama bezogenen Musik. Die »von vornherein anzustimmende Tonsprache« war für ihn stets »das Ausdrucksorgan, durch welches der Dichter sich verständlich machen muß, der sich aus dem Verstande an das Gefühl wendet« (Oper und Drama), denn »die Musik ist ein Weib. Die zeugende Kraft liegt außer ihr...«. Wagners erste Leipziger Kompositionsversuche waren dilettantisch und blieben meist unfertig liegen. Eine Ouvertüre (1830), ein kurioses Stück, in dem alle vier Takte ein Paukenschlag vorkam, wurde aufgeführt, ging aber im Gelächter des Publikums unter. Wagner betrieb nun geregelte Studien, vor allem beim Thomaskantor *Theodor Weinlig* (1780 bis 1842), der mit ihm Werke Bachs und Mozarts analysierte, und erwarb sich bei ihm die Grundlage in den Disziplinen des Kontrapunkts.
Sein künstlerisches Vorbild aber blieb Beethoven; in der ›Neunten Sinfonie‹ fand er den »mystischen Anziehungspunkt« schlechthin. An Lehrstücken entstanden 1831 bis 1832 unter anderem zwei Klaviersonaten, mehrere Ouvertüren, eine ›C-Dur-Sinfonie‹, Männerchöre und Kompositionen zu Goethes ›Faust‹, doch stets während dieser Zeit strebte er danach, die Musik dem Drama gefügig zu machen. Er bekannte, das Bild Beethovens »floß mit dem Shakespeares in mir zusammen, in ekstatischen Träumen begegnete ich beiden...«.
Die Aufgabe, die »ungeheure Diversität der Weltanschauung des Dichters und der Weltempfindung des Musikers« (1882) im Kunstwerk zum Ausgleich zu bringen, sah er schon damals undeutlich vor sich. Während der Leipziger Studienzeit, die »wie ein wüster Traum« verrann, kam aber auch sein Hang zu »brünstigen, phantastischen Ausschweifungen« (Wagner an Liszt, 1854) und zur politischen Aufsässigkeit zum Durchbruch. Er führte ein exzessives Leben und beteiligte sich an staatsgefährdenden Umtrieben, die indessen planlos und ohne Ergebnis vorüberzogen. 1832 entwarf er die Ouvertüre ›Polonia‹ (beendet 1836) als Verherrlichung der mißglückten nationalpolnischen Revolution gegen Rußland, was ihn freilich nicht hinderte, schon ein Jahr nach Beendigung dieser Ouvertüre eine Musik zur Thronbesteigung des Zaren Nikolaus (1837) zu komponieren; damals entstand auch die Ouvertüre ›Rule Britannia‹.
Fünf Jahre zuvor (1832) war Wagner in Wien, das ihn enttäuschte – einzig Johann Strauß (Vater) fand er hinreißend –, und in Prag. Dort schrieb er seinen ersten Operntext ›Die Hochzeit‹, ein »Nachtstück von schwärzester Farbe« (Wagner) nach einem mittelalterlichen Gedicht, in dem die Grundidee des ›Tristan‹ anklingt. In Leipzig begann er die Komposition, doch er kam davon wieder ab. Die erhaltenen Bruchstücke zeigen noch kaum Eigenart.

1833 wurde Wagner Chordirektor am Würzburger Theater. Dort entstand seine romantische Oper ›Die Feen‹ (nach Gozzis ›La donna serpente‹, Erstaufführung posthum in München 1888). Er nannte das Werk später eine »Nachahmung« der »damals herrschenden romantischen Oper ... nach den Eindrücken Beethovens, Webers und Marschners«. Die Oper wirkt zwar noch konventionell, ist aber für Wagners Entwicklung bemerkenswert. Textlich ergibt sich eine Vorwegnahme des Fragemotivs aus ›Lohengrin‹ und auch schon der für die Musikdramen charakteristischen Erlösungsidee. – Die musikalische Gliederung ist herkömmlich, doch Marschners drastische Kontrastwirkungen sind ebenso wirkungssicher nachgeahmt wie die schwungvolle Melodik Webers oder die sentimentalisch-pathetische Meyerbeers; ›Leitmotive‹ gibt es noch nicht.

Als Leipzig ›Die Feen‹ ablehnte, distanzierte sich Wagner von der in ihr vertretenen romantisch-deutschen Richtung. Unter dem Einfluß Heinrich Laubes, der als Schriftsteller einen realistisch-naturalistischen Standpunkt vertrat, und hingerissen von Heinses unbürgerlichem Roman ›Ardinghello‹ (1787) schloß er sich der liberalen, übernationalen Bewegung ›Junges Europa‹ (Mazzini) an: »Deutschland schien mir nur ein sehr kleiner Teil der Welt. Aus dem abstrakten Mystizismus war ich herausgekommen, und ich lernte die Materie lieben.« In seinem ›Pasticcio‹ (1834) kann man lesen: »Unsere modernen romantischen Fratzen sind aber dumme Leichengestalten... Werft sie weg – greift zur Leidenschaftlichkeit; nur ... das menschlich Fühlbare kann der dramatische Sänger repräsentieren.« Und an anderer Stelle: »Schwulst und Gelehrsamkeit (ist) das Erbübel der deutschen Oper«, hingegen »von Grétry bis Auber blieb dramatische Wahrheit eines der Hauptprinzipe der Franzosen.«

Folgerichtig verschrieb sich Wagner in seiner nächsten, komischen Oper ›Das Liebesverbot‹ der italienisch-französischen Modeoper Aubers und Bellinis. Den Text entwarf er frei nach Shakespeares ›Maß für Maß‹, die Musik beendete er in Magdeburg, wo er seit 1834 als Kapellmeister der ›Bethmannschen Gesellschaft‹ tätig war. 1836 ging das Werk dort nur einmal in Szene; dabei kam es über die ›Frivolitäten‹ des Textes zu einer Prügelei. Wagner hatte mit einem Fiasko in Deutschland gerechnet, denn schon 1835 schrieb er einem Jugendfreund: »Ich habe mir zwar vorgenommen, mich mit meiner Oper erst hier auspfeifen zu lassen; ich lasse sie aber ins Französische übersetzen, von Scribe bearbeiten und auf der opéra comique aufführen; dahin gehört sie und hinweg aus Deutschland gehöre ich!«

Über den Text äußerte er, er habe dem Shakespeareschen Stoff »den darin vorherrschenden Ernst« genommen und ihn »so recht im Sinne des ›Jungen Europa‹« umgemodelt: »Die freie offene Sinnlichkeit erhielt den Sieg rein durch sich selbst über puritanische Heuchelei...« – Musikalisch gab Wagner hier eine Stilmischung von belcantistischer Musizier-Oper und ›comique‹, fürwahr ein Kuriosum in seiner Laufbahn! Das Paktieren mit der ihm fernliegenden Musizier-Art – nur zu verstehen aus seinem verzehrenden Erfolgshunger – erwies sich indessen als nützlich. Er lernte es, wirkungsvolle Kantilenen zu formulieren, die Klangsinnlichkeit der Sprache steigerte sich, der Aufbau der Szenen wurde übersichtlich und auch die Instrumentation wurde um manche Farbnuance bereichert. Einzelne Themen sind schon für seinen Stil charakteristisch; eines von ihnen, ein Ritornell aus dem Duett zwischen Isabella und Mariana, übernahm er später wörtlich in die Rom-Erzählung des ›Tannhäuser‹. Es gibt auch bereits ein musikalisches Grundmotiv, das ›Liebesverbots‹-Motiv; er verwandte es bewußt ›leitmotivisch‹ im Sinne Grétrys oder Webers und erreichte mit ihm dramatische Kontrastwirkungen. Im ganzen überwiegt trotz eingestreuter Buffo-Szenen der Zug zur sentimentalisch-pathetischen ›comique‹. Der eigentliche Konflikt, verwandt dem Scarpia-Tosca-Konflikt Puccinis, wird nicht ironisiert, sondern leidenschaftlich ausmusiziert. Das entsprach auch Wagners Absicht, denn er verlegte den Schauplatz der Handlung nach Sizilien, »um die südliche Menschenhitze als helfendes Element verwenden zu können«.

Wagner:
Thema aus dem ›Liebesverbot‹

Um diese Zeit verlobte sich Wagner in Lauchstädt mit der Schauspielerin *Minna Planer* (1809 bis 1866). Das Verhältnis gründete sich auf einem »reinen und kräftigen Epikuräismus«, und eine glückliche Zeit war den beiden zunächst beschieden. Doch durch die Premierenkatastrophe des ›Liebesverbots‹ wurde Wagners Stellung in Magdeburg unhaltbar, überdies hatte er Schulden. Er entzog sich seiner Verhaftung und folgte Minna nach Königsberg, wohin sie inzwischen verpflichtet worden war. Unterwegs, in Berlin, hörte er Spontinis ›Ferdinand Cortez‹; der Eindruck bestimmte ihn, sich der ›großen Oper‹ zuzuwenden. Doch zunächst beendete er in Berlin die ›Polonia-Ouvertüre‹, und er berechnete sie auf »große Massenwirkung«. In Königsberg heiratete er Minna Planer (1836). Die Lage des Paares war mißlich. Erst nach langer Wartezeit wurde Wagner Musikdirektor und bald darauf durch den Bankrott des Theaters wieder brotlos. Seine Berufung an das Rigaer Theater (1837) brachte zwar fürs erste die Rettung, doch eine Ehekrise und andere Schwierigkeiten umdüsterten die Rigaer Jahre.
Der Traum, ein Werk für die Pariser ›Grand opéra‹ zu schaffen, drängte andere Pläne zurück, ja er beherrschte Wagner derart, daß er für dieses Ziel bereit war, zunächst nur als Musiker in Erscheinung zu treten. Er entwarf 1837 die Skizze einer großen Oper ›Die hohe Braut‹, schickte sie Scribe, der in Paris eine Art Monopolstellung hatte, und suchte ihn als Librettisten zu gewinnen. Gleichzeitig bat er Meyerbeer und Schumann, seinen Plan zu unterstützen, doch es wurde nichts daraus. Während sich die Verhandlungen hinzogen, arbeitete Wagner bereits am ›Rienzi‹. Die Komposition des ersten Aktes beendete er nahezu in Riga. Als er dort seine Stellung verlor und in Schulden geriet, entzog er sich 1839 allen Weiterungen durch die Flucht. Auf dem Seewege, von Pillau über Norwegen und London, erreichte er im August mit seiner Frau Boulogne-sur-Mer. Dort begegnete er Meyerbeer und erhielt von ihm Empfehlungsschreiben nach Paris, wo er mit seiner Frau im September eintraf.

Die Pariser Jahre
Die drei Jahre, die er in Paris zubrachte, waren Notjahre. Das ›Liebesverbot‹ wurde zwar auf Fürsprache Meyerbeers vom Renaissance-Theater angenommen, doch vor der Aufführung machte das Theater Bankrott. Ein Opernauftrag war nicht zu erlangen, Wagner mußte von Gelegenheitsarbeiten sein Leben fristen. Er arrangierte Mode-Arien für Cornet à piston, komponierte Bänkelsängerlieder, entwarf Klavierauszüge und schrieb hin und wieder Kritiken für die ›Gazette musicale‹. Er fand zwar Freunde, die ihm auch finanziell halfen, doch 1840 sagte er zu Meyerbeer, der ihn ebenfalls unterstützte: »Ich strotze vor Hilfsbedürftigkeit!« Für Liszt und Berlioz blieb er zunächst eine periphere Erscheinung. Minna ertrug die Elendsjahre an seiner Seite bewundernswert. Aus ihrem Brief an seinen Jugendfreund Apel spricht unbedingte Hingabe und einsichtsvolles Verständnis: »...schon ist er so weit, allen Mut aufzugeben; ohne dem ist seine höhere Bestimmung verloren. Es ruht vielleicht eine schwere Verantwortung auf denen, die sich jetzt achselzuckend von ihm wenden. Ich kann ihn nicht aufgeben ... wie schmachvoll es ist, ihn verkommen zu lassen.«
Wagner arbeitete wie besessen und an den verschiedensten Plänen zugleich. Die Komposition des ›Rienzi‹ beendete er November 1840. Er fühlte sich in diesem Werk vor allem Spontini verpflichtet, der Eindruck der »eigentümlichen Würde großer theatralischer Aufführungen« und die »scharfe Rhythmik« Spontinis zog ihn zu dem »unvergleichlichen Kunstgenre« der ›großen Oper‹ hin. Auch zu Meyerbeer bekannte er sich damals überschwenglich. In seinem Aufsatz über die ›Hugenotten‹ schrieb er: »Meyerbeer schrieb Weltgeschichte, Geschichte der Herzen und Empfindungen, er zerschlug die Schranken der Nationalvorurteile, vernichtete die beengenden Grenzen der Sprachidiome, er schrieb Taten der Musik – Musik, wie sie vor ihm Händel, Gluck und Mozart geschrieben –, und diese waren Deutsche, und Meyerbeer ist ein Deutscher... Er hat sein deutsches Erbteil bewahrt, die Naivität der Empfindung, die Keuschheit der Erfindung. Diese jungfräulich verschämten Züge tiefen Gemütes sind die Poesie, das Genie Meyerbeers... Und ist nicht jener fast heftige Drang nach religiösem Ergießen in Meyerbeers Werken eine auffallende Kundgebung dieser tiefinnerlichen Intention des Meisters? Und ist das nicht gerade ein Zug, der seine deutsche Geburt so rührend in unser Gedächtnis ruft?« (siehe Mendelssohn über ›Robert le diable‹, Seite 431)
Während der Arbeiten am ›Rienzi‹ wurde Wagner durch das erneute Erlebnis von Beethovens ›Neunter Sinfonie‹ zu seiner ›Faust‹-Ouvertüre (1840) angeregt. Sie war zunächst als erster Satz einer ›Faust‹-Sinfonie gedacht. Später, als Liszt Wagner einen zweiten, lyrischen Satz empfahl, äußerte er sich näher über den Plan: »Sehr richtig... – es fehlt – das Weib! –...Damals wollte ich eine ganze ›Faust‹-Sinfonie schreiben: der erste Teil war eben der ›einsame Faust‹ – ... das ›Weibliche‹ schwebt ihm nur als Gebild seiner Sehnsucht ... vor: und dieses ungenügende Bild ... ist es eben, was er verzweiflungsvoll zerschlägt. Erst der zweite Satz sollte nun Gretchen – das Weib – vorführen.« Danach dachte er wohl weniger an eine Beethoven-Nachfolge als an eine ›Programm-Sinfonie‹ im Sinne von Berlioz. Es gibt allerdings von ihm eine Äußerung, wonach jedes Tongemälde Beethovens den Kampf von Mann und Weib darstelle. –

Interessant ist die Anmerkung zur ›Faust‹-Sinfonie, da in ihr ein Grundthema aller seiner Bühnenwerke (mit Ausnahme des ›Rienzi‹) anklingt. Immer wieder kam er darauf zurück, 1858 mit den Worten, er wolle in seiner Kunst den »Heilsweg zur vollkommenen Beruhigung des Willens durch die Liebe, und zwar nicht einer abstrakten Menschenliebe, sondern der ... Geschlechtsliebe« nachweisen. Und er betonte zugleich seine Abweichung als »Dichter« von Schopenhauer, der die »wunderbare enthusiastische Entzücktheit in den höchsten Momenten der genialen Erkenntnis ... kaum zu erkennen scheint, da er sie nur ... im Schweigen der individuellen Willensregungen zu finden vermag«.

Beethovens ›Leonoren‹-Ouvertüre regte Wagner zu der Schrift ›Über die Ouvertüre‹ an, er machte sich in ihr Gedanken über die Verbindung von realistisch-musikalischer Schilderung und idealisierender Darstellung des Seelendramas. Eine Huldigung an sein Vorbild ist die Novelle ›Eine Pilgerfahrt zu Beethoven‹. In ›Der Künstler und die Öffentlichkeit‹ distanzierte sich Wagner vom Ideal der ›großen Oper‹: Diese und andere Schriften aus jener Zeit spiegeln in einem verwirrenden Neben- und Gegeneinander der Ansichten und in oft apodiktischen Formulierungen seine innere Unausgeglichenheit, aber auch seine Not und sein unablässiges Ringen mit den Problemen seiner Kunst.

Zu Dank verpflichtet war er Heine. In Riga fand er in Heines ›Memoiren des Herrn von Schnabelewopski‹ die Sage des ›Fliegenden Holländer‹; während der Überfahrt von Pillau nach London gewann sie für ihn »poetisch musikalische Farbe«. In Paris schloß er sich Heine an. Er suchte seinen journalistischen Stil an dem des Freundes zu schulen, sah in ihm den »wahren Stolz des deutschen Vaterlandes in Paris«, vertonte seine ›Grenadiere‹ und entwarf mit seinem Einverständnis die Dichtung des ›Fliegenden Holländer‹ (1840 bis 1841). In ihr kam seine poetisch-dramatische Begabung elementar zum Durchbruch. Die Musik entstand anschließend innerhalb von sieben Wochen. Wagner erschienen die Vorgänge dieser Wochen später als ein »dämonisches Geheimnis«.

Er hatte damals längst seine Hoffnungen auf Paris begraben und bot den ›Rienzi‹ der Dresdner Hofbühne an. 1841 wurde das Werk dort angenommen, doch es erhoben sich Widerstände, die von Paris aus nicht zu überwinden waren. Sogleich bemühte sich Wagner, heimzukehren in sein »herrliches deutsches Vaterland«. Seine stärkste Hoffnung setzte er auf Meyerbeer. Am 29. Dezember 1841 – kurz vor der offiziellen Berufung Meyerbeers nach Berlin – schrieb er an Schumann: »Lassen Sie doch Meyerbeer nicht mehr so herunterreißen, dem Manne verdank' ich alles und zumal meine sehr baldige Berühmtheit.« März 1842 wurde auf Empfehlung Meyerbeers ›Der Fliegende Holländer‹ von der Berliner Hofbühne angenommen. Ermutigt verließ Wagner mit seiner Frau Paris, um in Dresden Einfluß auf die Verhandlungen über ›Rienzi‹ zu gewinnen.

Die Entwicklung in Dresden verlief zunächst günstig, die »sehr baldige Berühmtheit« fiel Wagner am 20. Oktober 1842 mit der Erstaufführung des ›Rienzi‹ zu. Er nützte die Konstellation, erbat den ›Fliegenden Holländer‹ von Berlin zurück, und am 2. Januar 1843 ging auch dieses Werk in Dresden mit der Schröder-Devrient als Senta in Szene. Die Aufnahme war geteilt, doch Wagners Ansehen schon so gefestigt, daß er zum Königlichen Kapellmeister auf Lebenszeit ernannt wurde. Er widmete sich seinen Aufgaben mit jugendlichem Enthusiasmus, stieß aber von Anbeginn auf Widerstand und sah bald ein, daß er »nicht als Dresdener Kapellmeister sterben würde«. Seine Zerwürfnisse mit dem künstlerischen und administrativen Personal ergaben sich zwangsläufig. Er war nicht nur unberechenbar und auffahrend – er ging mit Wagemut und Phantasie daran, im Theater »eine Umkehr des Gewohnten in Bewegung zu setzen und das Unerhörte in das Leben zu rufen«, eine Todsünde wider den konservativen Betrieb. Seine extravagante ›Armida‹-Interpretation schockierte das Orchester; wütenden Angriffen sah er sich ausgesetzt, als er in Mozarts ›Don Giovanni‹ und ›Figaro‹ ungewohnte Tempi durchsetzen wollte. Erschwerend kam hinzu, daß er sich in die Belange des Dramaturgen und Regisseurs, des Bühnenbildners, Requisiteurs und Beleuchters einmischte, um jede Aufführung nach seinen Vorstellungen zu verwirklichen. In Kürze war er denkbar unbeliebt.

Die Folge – er zog sich möglichst vom Betrieb zurück und behielt sich nur besondere Aufgaben vor. Mit »liebender Hingabe« setzte er sich für die Überführung Webers von London nach Dresden ein. Aus Themen der ›Euryanthe‹ entwarf er 1844 eine ›Trauer-Sinfonie‹; bei den Feierlichkeiten hielt er die Gedenkrede, auch die Chöre, die die Stunde umrahmten, stammten von ihm. Einen Höhepunkt seiner reproduktiven Tätigkeit bildete die Aufführung von Beethovens ›Neunter Sinfonie‹ (1846). Seine Bemühungen, dem Orchester eine neuartige Struktur zu geben, fanden ihren Niederschlag in der Schrift ›Die königliche Kapelle betreffend‹ (1846); Grundsätzliches strebte er an in der Denkschrift ›Entwurf der Organisation eines deutschen Nationaltheaters für das Königreich Sachsen‹ (1848).

Die künstlerische Ernte der Dresdener Jahre umfaßt das Oratorium ›Das Liebesmahl der Apostel‹ (1843) und die Opern ›Tannhäuser‹ und ›Lohengrin‹. Die ›Tannhäuser‹-Dichtung beendete Wagner April 1843, die Komposition April 1845. Am 19. Oktober dieses Jahres kam das Werk in Dresden heraus, verstümmelt und noch ohne die letzte Venus-Szene, die Wagner erst später einfügte. Der Erfolg war lau. – Die Anregungen zur ›Tannhäuser‹-Dichtung verdankte Wagner einem Volksbuch, Ludwig Bechsteins ›Sagen von Eisenach und der Wartburg, dem Hörselberg und Reinhardsbrunn‹, und anderen Quellen. In seinem Kommentar zur Entstehung der Musik kann man lesen: »Es war eine verzehrend üppige Erregtheit, die mir Blut und Nerven in fieberhafter Wallung erhielt, als ich die Musik des Tannhäuser entwarf... Meine wahre Natur... umfing wie mit einer heftigen und brünstigen Umarmung die äußersten Gestalten meines Wesens, die beide in einem Strom: höchstes Liebesverlangen, mündeten.«

Nach dem ›Tannhäuser‹ entstand aus einer Kontraststimmung die Textskizze der zunächst als ›Satyrspiel‹ gedachten ›Meistersinger‹ (1845). Auch der ›Nibelungen‹-Stoff beschäftigte Wagner schon in Dresden. 1848 bis 1849 entstanden die Schriften ›Die Nibelungen‹, ›Der Nibelungen Mythus. Als Entwurf zu einem Drama‹, die Prosaskizze zu ›Siegfrieds Tod‹ und mehrere Fassungen der gleichnamigen Dichtung. Unter dem Einfluß Feuerbachs erschien Wagner als tiefste Ursache der schuldhaften Götter-

und Menschentragödie, die er aufeinander bezog, der Raub und Besitz des verfluchten Goldes als Machtmittel. Die Grundidee vom ›Ring des Nibelungen‹ war damit schon gewonnen, obwohl in jenen Entwürfen die Lösung noch optimistisch ist. Erst viel später, unter Schopenhauers Einfluß, wurde aus ›Siegfrieds Tod‹ die ›Götterdämmerung‹ als letztes Glied der pessimistischen Tetralogie. Während dieser Studien entstand die Komposition des ›Lohengrin‹ (1846 bis 1848). Die Dichtung – ausgehend von Wolfram von Eschenbachs ›Parzival‹, Grimms ›Deutscher Mythologie‹ und anderen Quellen, wurde 1845 beendet.

›Lohengrin‹ wurde 1848 in Dresden einstudiert, doch kurz vor der Aufführung ohne Angabe von Gründen wieder abgesetzt. Man vermutet, daß Wagner sich durch seine aufsässige sozialistische ›Vaterlandsvereinsrede‹ verdächtig gemacht hatte. Jedenfalls trug jene Maßregel ebenso wie seine inzwischen ungeheuer angewachsene Schuldenlast dazu bei, ihn politisch zu radikalisieren (›Lohengrin‹ wurde 1850 in Weimar von Liszt aus der Taufe gehoben, Wagner hörte sein Werk erst 1861 in Wien).

Er beteiligte sich am Dresdener Maiaufstand (1849) und entging knapp der Verhaftung. Seine Flucht führte ihn über Weimar, wo ihm Liszt auf das großzügigste half, nach Zürich. Dort fanden er und später auch Minna für die nächsten Jahre ein Asyl.

Die Züricher Jahre

»Bis dahin«, schrieb Wagner 1854 an Liszt, »erhielt sich mein Wesen durch das Gleichgewicht zweier in mir streitender Elemente des Verlangens, von denen ich das eine durch meine Kunst zu stillen suchte, während ich dem anderen periodenweise durch brünstige, phantastische Ausschweifungen Luft machte (Du kennst meinen Tannhäuser, diese Idealisierung dieses in der Wirklichkeit oft so trivialen Gebarens!)...«
Seit seiner Flucht suchte er diese Lebensauffassung in Einklang zu bringen mit dem Allgemeinen, und zwar im Sinne von Gedanken, die er im Dresdener Entwurf zu dem Drama ›Jesus von Nazareth‹ (1848) äußerte. Dort heißt es: »Durch die Liebe gebe ich mich an das außer mir Liegende, setze meine Kraft in das Allgemeine, mache mir somit das Nichts zu einem Etwas, nämlich durch mich selbst, der ich nun in ihm bin...«

Als Musiker verstummte Wagner während der Jahre 1849 bis 1853 völlig. Er widmete sich theoretischen Schriften, überzeugt, daß sie ihm »jetzt nötiger wären als alles unnütze Opernschreiben« (an Minna, 1850). Noch 1849 entstanden ›Die Kunst und die Revolution‹ und ›Das Kunstwerk der Zukunft‹, 1850 ›Kunst und Klima‹, 1851 ›Oper und Drama‹ (3 Teile) und ›Eine Mitteilung an meine Freunde‹. Finanziert wurde diese Tätigkeit im wesentlichen durch Liszt. Wagner setzte sich in den Schriften mit allen Fragen auseinander, die seinen Weg von der Oper, diesem »Narrenhause für allen Wahnsinn der Welt«, zum nationalen Musikdrama betrafen, und er schuf mit ihnen die theoretische Grundlage für seine späteren Kunstwerke. 1850 gab er das Pamphlet ›Das Judentum in der Musik‹ unter dem Pseudonym Karl Freigedank heraus. Fraglos war Wagners Abkehr speziell von Meyerbeer und der ›großen Oper‹ entwicklungsbedingt und insofern mit sachlichen Argumenten vertretbar, wie das weitgehend in ›Oper und Drama‹ auch geschah; doch die Form, in der er in jenem Pamphlet anonym über seine ehemaligen Freunde und Förderer herzog, die er einst als gute Deutsche pries, und die Art, in der er ihre »Unfähigkeit« zur Kunst nun aus ihrem Judentum herleitete, ist niedrig. In der erweiterten Schrift ›Aufklärungen über das Judentum in der Musik‹ (1869) überschlug sich sein Ressentiment dann in Sätzen, deren makabrer Sinn nicht mehr zu überbieten ist. Da kann man lesen: »Ob der Verfall unserer Kultur durch eine gewaltsame Auswerfung des zersetzenden fremden Elementes aufgehalten werden kann, vermag ich nicht zu beurteilen, weil hierzu Kräfte gehören müßten, deren Vorhandensein mir unbekannt ist.«

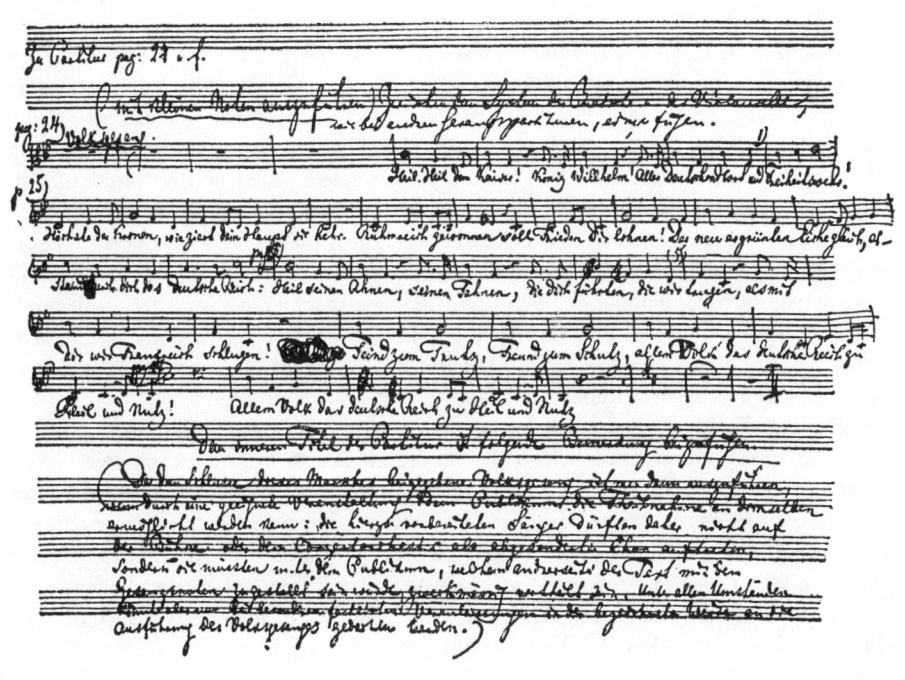

›Der Kaisermarsch‹, 1871, Niederschrift Wagners

Dieses wohl dunkelste und in seinen Auswirkungen unheilvollste Kapitel unter den nicht gerade wenigen trüben Kapiteln aus dem Leben Wagners läßt sich weder bagatellisieren, noch darf man es verschweigen. Andererseits aber ist darauf hinzuweisen, daß Wagner sich – was seine sektiererischen Schriften freilich nicht entschuldigt – auf diesem Gebiet ebenso inkonsequent verhielt wie auf anderen. Bis zuletzt gehörten die Juden Karl Tausig, Julius Lieban, Hermann Levi und Angelo Neumann zum Kreis seiner Mitarbeiter und Freunde. 1872 geriet er über die Frage ›Was ist deutsch?‹ in »eine sonderbare Skepsis«, die ihm, wie er Nietzsche mitteilte, »das ›Deutschsein‹ als ein reines Metaphysikum übrigläßt..., vielleicht mit dem einzigen Pendant des Judentums zur Seite, wenn etwa der Hellenismus doch nicht recht passen sollte«. Für seine

Inkonsequenz noch zwei Beispiele: Christentum und Politik. Beim Entwurf der ›Lohengrin‹-Dichtung hatte er einen Widerwillen gegen das christliche Element des Stoffes zu überwinden, und auch noch später bekämpfte er die »beklagenswerte Einwirkung des Christentums« auf die Kunst ähnlich scharf wie jene des Judentums; zur Zeit des ›Parsifal‹ indessen bekannte er: »...täglich werden wir den Blick auf den Erlöser am Kreuze als letzte erhabene Zuflucht zu richten haben« (›Religion und Kunst‹, 1880). – Politisch verschrieb er sich zunächst den Ideen des ›Jungen Europa‹, dann dem deutschen Nationalstaat, darauf der totalen Revolution; nach dem Dresdener Mißgeschick wurde er Anarchist: »Es kann kein wahres Kunstwerk entstehen, solange es Staaten gibt.« 1870, nach dem deutschen Sieg, schrieb er das anti-französische Lustspiel ›Eine Kapitulation‹, eine »unglaubwürdig geschmacklose, in jedem Sinne selbstverräterische Satire« (Thomas Mann). 1871 huldigte er dem jungen deutschen Staat mit dem ›Kaisermarsch‹, und alsbald schwebte ihm so etwas wie eine pan-germanische Weltherrschaft vor; 1879 grenzte er diese naiv-phantastische, aber gefährliche Anschauung immerhin auf das Kulturelle ein: »Wir können mit Hilfe aller uns verwandten germanischen Stämme die ganze Welt mit unseren eigentümlichen Kulturschöpfungen durchdringen, ohne jemals Weltherrscher zu werden« (in ›Wollen wir hoffen?‹). Seine wechselnden Ansichten haben nur eines gemeinsam, daß er sie alle auf das leidenschaftlichste vertrat. Unabhängig davon, ob oder worin man mit ihm übereinstimmt – aus den Widersprüchen seines Wesens erklärt sich die innere Spannweite seiner Kunstwerke. »Es ist bei mir alles so sehr im Zusammenhang verkettet«, schrieb er 1859, »wie alles nach meiner letzten Lebensaufgabe, meiner Kunst hinströmt, fließt aus dieser endlich auch der klare Quell zurück, der meine dörrenden Lebenspfade erfrischt.«
Nach der Flucht versagte sich ihm die Kunst zunächst. Aus dem Schweizer Asyl schrieb er 1849 (an Uhlig): »Das Kunstwerk kann selbst nicht geschaffen, sondern nur vorbereitet werden, und zwar durch revolutionieren, durch zerstören und zerschlagen alles dessen, was zerstörens- und zerschlagenswert ist.« Oder (in ›Oper und Drama‹): »Die deutsche Oper ist wert, daß sie zugrunde gehe, diese bisherige, alle Sinne für Musik und Drama beleidigende Oper war ein Irrtum, denn in diesem Kunstgenre ist ein Mittel des Ausdruckes (die Musik) zum Zwecke, der Zweck des Ausdruckes (das Drama) zum Mittel gemacht worden.« Über die Problematik dieser apodiktischen These, von der Wagner bei der Entwicklung seiner Theorie des nationalen Musikdramas ausging, wird noch zu sprechen sein. So viel aber steht fest: Durch das Gestrüpp der Tagesmeinungen und Zeitprobleme bahnte Wagner als Theoretiker mit unheimlicher Energie einen Weg für das, was er als sein eigenstes Ziel, als »Kunstwerk der Zukunft« vor sich sah. Er propagierte es und stellte es auf möglichst umfassender Basis – unter Einbeziehung historischer, philosophisch-weltanschaulicher, religiöser, sozial-, rassen- und staatspolitischer, ja klimatischer Gesichtspunkte zur Diskussion; freilich in seiner überschwenglichen Art und mit durchaus diktatorischer Phantasie, genau im Sinne seines Ausspruchs: »...ich... setze meine Kraft in das Allgemeine, mache mir somit das Nichts zu einem Etwas, nämlich durch mich selbst, der ich nun in ihm bin...«
Daß bei seinem ›Revolutionieren‹ und Reformieren neben positiven Anschauungen

Banales, Verwerfliches und Sektiererisches zutage trat, ist in diesem Zusammenhang zweitrangig. Entscheidend – im Hinblick auf das Phänomen Wagner und jenseits aller Bewertungen im einzelnen – ist die Leidenschaft, mit der er alles auf sich und sein Ziel bezog, dem er bedenkenlos Überzeugungen und Freundschaften opferte, für das er Verträge brach und hochstapelte, das er aber auf seine Weise verwirklichte gegen eine Welt von inneren und äußeren Widerständen. Auf dieser dämonisch triebhaften, immoralisch dionysischen Kraft, die sich in seiner Musik zu potenzieren scheint, beruht seine Größe, sie macht seine Kunst so unwiderstehlich für seine Anhänger, sie bewirkt freilich auch die Zurückhaltung jener, die sich an Kunst nicht berauschen, von Kunst nicht verführen und unterwerfen lassen wollen.

1850, nach der Skizzierung des Textes ›Wieland der Schmied‹, wandte sich Wagner der Nibelungendichtung wieder zu, bestrebt, den Nibelungenmythus bis ins letzte zu erklären und zu »versinnlichen«: »Nichts darf irgendwie zur Ergänzung durch den Gedanken, durch die Reflexion übrig bleiben.« Angeregt durch die erneute Beschäftigung mit Äschylos, auch mit dem ›Prometheus‹- und ›Achilleus‹-Problem, suchte er antike und altgermanische Anschauungen vom Wesen der schuldbeladenen Götter zu verbinden und umzudeuten, um einen modernen, versinnlichten Mythus zu gewinnen. Er vermenschlichte die Götter durchaus. Wotan »gleicht uns aufs Haar«, schrieb er an Roeckel, »er ist die Summe der Intelligenz der Gegenwart«. Und »Siegfried ... ist nicht der vollkommene Mensch, er ist nur die Hälfte, erst mit Brünnhilde wird er zum Erlöser«. Während er die Dichtung ausarbeitete, wurde ihm deutlich, daß er in ihr der pessimistischen Anschauung Schopenhauers folgte und daß sich in ihren Symbolen »das Wesen der Welt selbst, in allen seinen nur erdenklichen Phasen ... und in seiner Nichtigkeit ... « spiegele.

Die drei ›Tage‹ und den ›Vorabend‹ seines ›Bühnenfestspieles‹ entwarf Wagner in umgekehrter Reihenfolge; nur so erschien es ihm möglich, die Dunkelheiten des Mythus zu ergründen und in Handlung umzusetzen. Die unmittelbare Vorgeschichte von ›Siegfrieds Tod‹ stellte er dar in ›Der junge Siegfried‹ (1851, später ›Siegfried‹), die weiter zurückliegenden, das ›Ring‹-Drama verursachenden Geschehnisse in der ›Walküre‹ und im ›Raub des Rheingoldes‹ (1852, später ›Rheingold‹), dann erst arbeitete er ›Siegfrieds Tod‹ in die ›Götterdämmerung‹ um. 1853 erschien die ›Ring‹-Dichtung im Privatdruck, doch erst 1862 lag die gültige Fassung vor.

1852 wurde Wagner mit dem Textilgroßkaufmann Otto Wesendonck und seiner Frau Mathilde bekannt. Bald festigte sich das Verhältnis zur Freundschaft. 1853 löste Wesendonck Franz Liszt und andere Freunde Wagners als Mäzen ab, Mathilde aber wurde »die Muse« großer Teile der ›Ring‹-Komposition und des ›Tristan‹. Im Herbst dieses Jahres begann Wagner wieder zu komponieren. In einer »Art von somnambulem Zustand« entwarf er das Orchestervorspiel zum ›Rheingold‹; die Partitur des ganzen Werkes beendete er 1854. Damals schrieb er an Liszt: »Ich kann mich nicht auf Stroh betten und mich mit Fusel erquicken; ich muß irgendwie mich geschmeichelt fühlen, wenn meinem Geiste das blutig schwere Werk der Bildung einer unvorhandenen Welt gelingen soll ... als ich jetzt wieder den Plan der Nibelungen ... faßte, mußte

Vieles dazu wirken, um mir die nötige künstlerisch wollüstige Stimmung zu geben.«
1855 ließ Wesendonck für Wagner auf Bitten von Mathilde nahe bei seiner Villa ein
Landhaus bauen, das ›Asyl auf dem grünen Hügel‹. Während des Baues vollendete
Wagner zunächst die Komposition der ›Walküre‹ (April 1856) und bis Juli 1857 den
ersten und Teile des zweiten Aktes des ›Siegfried‹. Mittlerweile entstand auch die
Dichtung des ›Tristan‹ (1856 bis 1857). In diesem Werk fand Wagners Liebesverlangen
nach Mathilde »heilige Sättigung«, wie er es nannte. 1857 bezog er mit Minna das Asyl.
Er unterbrach die Komposition des ›Ringes‹ (erst 1871 beendete er den ›Siegfried‹,
1874 ›Die Götterdämmerung‹) und entwarf in jäh ausbrechendem Schaffensrausch
die Musik zum ersten Akt des ›Tristan‹. Sommer 1858 kam es zu einem Eifersuchts-
ausbruch Minnas, die einen Brief Wagners an Mathilde gelesen hatte; sie erkrankte
lebensgefährlich, Wagner trennte sich von ihr und wandte sich nach Venedig. Dort
entstanden die fünf ›Wesendonck-Gesänge‹ zu Gedichten von Mathilde und der zweite
Akt der ›Tristan‹-Musik, der dritte folgte 1859 in Luzern.

Umwege nach Bayreuth
Nunmehr drängte es Wagner, die Aufführung seiner Werke zu betreiben. Nach Deutschland konnte er nicht zurück, so setzte er seine Hoffnungen erneut auf Paris; 1860 traf
er dort mit Minna ein, die nun wieder mit ihm zusammenlebte. Es gelang ihm, die
Aufführung des ›Tannhäuser‹ durchzusetzen, doch er mußte dem Werk ein Ballett
einfügen. Im ›Tristan‹-Stil entwarf er das Venusberg-Bacchanale für den ersten Akt,
Frühjahr 1861 ging ›Tannhäuser‹ in der ›Grand opéra‹ in Szene. Zwei Aufführungen
verliefen befriedigend, die dritte ging unter in einem wüsten Skandal. Wagner zog sein
Werk zurück. In solcher Lage verfaßte er die Schrift ›Die Zukunftsmusik‹, auch beschäftigten ihn Vorstudien zu den ›Meistersingern von Nürnberg‹, deren Dichtung er
1861 beendete. Er kehrte als Amnestierter nach Deutschland zurück und fand nach
vergeblichen Bemühungen, den ›Tristan‹ in Karlsruhe und Wien anzubringen, 1862
eine Bleibe in Biebrich am Rhein. Dort komponierte er das ›Meistersinger‹-Vorspiel
und den ersten Akt des Werkes (bis 1863). Von Minna trennte er sich in Biebrich endgültig. Bald darauf, 1866, starb sie.
1863 hoffte Wagner in Wien die Aufführung des ›Tristan‹ zu erleben, doch nach 77 Proben wurde das Werk als unaufführbar beiseite gelegt. Inzwischen waren Wagners Schulden ungeheuer angewachsen. Konzertreisen nach Petersburg, Moskau, Prag, Budapest
und anderen Städten änderten seine mißliche Lage nicht. Es gelang ihm zwar, sich
seinen Wiener Gläubigern zu entziehen und nach abenteuerlicher Flucht die Schweiz
zu erreichen, doch seine Lebenskurve näherte sich nun ihrem tiefsten Punkt. April
1864 schrieb er an Peter Cornelius: »Mein Zustand ist sehr unheimlich, er schwankt
auf einer schmalen Zunge: ein einziger Stoß und es hat ein Ende... – Ein Licht muß
sich zeigen: Ein Mensch muß mir erstehen, der jetzt energisch hilft...« Am 30. April
äußerte er Selbstmordgedanken: »Ich bin am Ende ... ich muß irgendwo von der
Welt verschwinden!« Am selben Tag erreichte ihn die Einladung Ludwigs II., des
schwärmerischen, kurz zuvor gekrönten neunzehnjährigen Königs von Bayern.

Während Wagner mit dem Abgesandten des Königs nach München unterwegs war, starb in Paris Meyerbeer. In seiner Autobiographie, die bis an die Münchener Zeit heranführt, sah Wagner in Meyerbeers Tod ein Symbol für seine eigene Schicksalswende. Am 4. Mai begegnete er seinem Retter zum erstenmal im Nymphenburger Schloß. Der König, den schon als Kind Wagners ›Lohengrin‹ faszinierte, bezahlte Wagners Wiener Schulden, er schenkte ihm ein Haus am Starnberger See und »hält sich jetzt meistens in einem kleinen Schloß in meiner Nähe auf; in zehn Minuten führt mich der Wagen zu ihm... Ich fliege dann immer wie zur Geliebten. Es ist ein hinreißender Umgang. Dieser Drang nach Belehrung, dies Erfassen, dies Erbeben und Erglühen ... so sitzen wir oft Stunden da, einer in den Anblick des anderen verloren. Er prahlt nicht mit mir: wir sind ganz für uns« (Brief an Frau Dr. Ritter). An seinen Schüler Hans von Bülow schrieb Wagner emphatisch: »...auch nur mir konnte so etwas zuteil werden. Ich habe mir dieses Wunder gezeugt ... und eine Königin mußte diesen Sohn mir gebären...«

Entscheidend für ihn war: Der junge König »ist sich ganz bewußt, wer ich bin und wessen ich bedarf... Er fühlt, eine Königsmacht müsse wohl dazu genügen..., mich ganz meiner Muse zu übergeben und jedes Mittel herbeizuschaffen, meine Werke aufzuführen, wann und wie ich es wünsche«. Sogleich ließ Wagner Hans von Bülow nach München kommen – er wurde dort später Hofkapellmeister und Leiter der ›Königlichen Musikschule‹. Zunächst wurde ›Tristan‹ einstudiert, und am 10. Juni 1865 ging das Werk in München unter Bülows Leitung in Szene. Wagner triumphierte: »Zum ersten Male in meinem Leben war ich hier mit meiner ganzen vollen Kunst wie auf einem Pfühl der Liebe gebettet.«

Doch schon bald wurde er von der Presse und vom bayrischen Kabinett heftig angegriffen, denn er überschritt seine Grenzen, ließ sich vom König zum politischen Ratgeber machen und mischte sich in die Angelegenheiten der Regierung. Ein Darlehen von 40000 Gulden, das ihm der König gewährte, verschärfte die Krise; als Wagner es auf eine Machtprobe ankommen ließ, die darauf hinauslief, ihm feindliche Persönlichkeiten aus der Regierung zu entfernen, wurde der Druck gegen ihn so stark, daß sich der König von ihm trennen mußte. Doch er übernahm auch weiterhin die Sorge für seine Existenz. In Tribschen bei Luzern fand Wagner 1866 ein neues Asyl.

Schon in München hatte er Beziehungen aufgenommen zu *Cosima von Bülow* (1873 bis 1913), der Tochter Liszts und Frau seines Schülers. Sie besuchte ihn in Tribschen im Einverständnis mit ihrem großzügigen Gatten.

1867 vollendete Wagner die ›Meistersinger‹, am 21. Juni 1868 kam das Werk in München unter Bülows Leitung heraus. Bald darauf trennte sich Cosima ganz von ihrem Gatten und folgte Wagner nach Tribschen. Bülow verließ seinen Münchner Wirkungskreis. Beim Abschied sagte er zu Joachim Raff: »Ich habe mir nur den Vorwurf eines Übermaßes der erdenklichsten Pietät, Rücksicht, Gerechtigkeit, ja Großmut zu machen.« (1880 spendete er 40000 Gulden für ein Wagner-Denkmal in Bayreuth!) Statt seiner leitete Franz Wüllner in München die Erstaufführung des ›Rheingoldes‹ (22. September 1869) und der ›Walküre‹ (26. Juni 1870). 1869 wurde in Tribschen Siegfried Wagner geboren, 1870 die Ehe Cosimas und Wagners geschlossen. Ein Jahr darauf vollendete Wagner die Komposition des ›Siegfried‹ und große Teile der ›Götterdämmerung‹.

In Tribschen war der junge *Nietzsche* (1844 bis 1900) oft im Hause Wagner zu Gast. Er sah in Wagner den »erhabenen Vorkämpfer« seiner Ideale, widmete ihm sein erstes Buch, ›Die Geburt der Tragödie aus dem Geist der Musik‹ (1872), und erkannte in seinen Werken den Beginn der Wiedergeburt der Künste und Wissenschaften im Geiste der Antike. Doch schon nach wenigen Jahren löste er sich von Wagner. 1878 kam es zum Bruch und in der Schrift ›Menschliches – Allzumenschliches‹ (1878 bis 1880) zu offener Gegnerschaft. In seinen letzten Schriften, darunter ›Der Fall Wagner‹, ›Götzendämmerung‹, ›Antichrist‹ und ›Nietzsche contra Wagner‹, polemisierte er auf das heftigste gegen den einst Bewunderten.

Die tiefste Ursache seiner Feindschaft war das Mißtrauen gegen Wagners Aufrichtigkeit. Er löste sich von ihm, als er zu erkennen glaubte, daß sein Heroismus und sein moderner Mythus theatralisch seien. Auch Wagners Biographie empfand er als frisiert: »Er war nicht stolz genug, die Wahrheit zu sagen ... selbst in seiner Biographie blieb er sich treu – blieb er ein Schauspieler.« Als noch um Bayreuth gekämpft wurde, sah Nietzsche in Wagners Unternehmen »die erste Weltumseglung im Reich der Kunst...« und in seinem Festspielhaus eine moderne, weltumspannende Kultstätte nach antikem Muster, von der durch die Kunst eine Regeneration der Menschheit ausgehen werde. Ein phantastischer Gedanke, der sich mit Wagners Vorstellungen weitgehend deckte, nur wollte Wagner zunächst weniger eine weltumspannende als eine nationale Kultstätte, und er errichtete sein Festspielhaus bewußt in einer »Einöde, fern von dem Industriepestgeruch unserer städtischen Zivilisation«. Beide aber stellten der plura-

Titelblatt einer satirischen Schrift gegen Wagner, 1876

listischen Tendenz, die in der modernen Zivilisation nach ihrer Ansicht das Entstehen einer einheitlichen Kultur gefährdete, sozusagen totalitäre Anschauungen entgegen; sie glaubten an die Möglichkeit einer Regeneration der Menschheit unter der Führung von »Übermenschen« und hofften, Bayreuth werde zum Sammelpunkt der in ihrem Sinne positiven Kräfte werden.

Wagner plante, die Festspiele allen Schichten des deutschen Volkes unentgeltlich zugänglich zu machen, doch er sah sich gezwungen, nur für »Reiche« zu spielen. Nietzsche fand in Bayreuth zu seiner grenzenlosen Enttäuschung hinter der Fassade der nationalen Kultstätte nur – Theater, er fand, was man heute als ›Festival‹ bezeichnen würde. ›Parsifal‹ vollends erschien ihm als Verrat am freien dionysischen Drama, dessen Wiedergeburt er im ›Tristan‹ enthusiastisch gefeiert hatte. Er verurteilte ›Parsifal‹ als »religiöse Heuchelei«, Unterwerfung unter das moralisierende Theater und unverzeihlichen Kompromiß mit dem »Sklaven-Geist« der Masse.

Es bleiben noch Daten nachzutragen. 1872 übersiedelte Wagner nach Bayreuth, wo am 22. Mai die Grundsteinlegung des Festspielhauses erfolgte; 1874 bezog Familie Wagner das Haus ›Wahnfried‹. Mit Hilfe öffentlicher Spenden gelang es, den Bau des Festspielhauses durchzuführen; 1875 wurden dort die ersten Proben abgehalten, 1876, vom 13. bis 17. August, fand die erste Gesamtaufführung der Tetralogie ›Der Ring der Nibelungen‹ unter Hans Richter statt. Kaiser Wilhelm, viele deutsche Fürsten und ein auserlesenes Publikum huldigten Wagners Kunst als einem nationalen Ereignis. Die Resonanz in der Presse war zwiespältig, das finanzielle Ergebnis katastrophal. Wagner erwog, nach Amerika auszuwandern, doch der König übernahm alle Schulden, womit sich die Verhältnisse zunächst konsolidierten.

1877 führte Wagner die Dichtung des ›Parsifal‹ aus; der Stoff beschäftigte ihn seit etwa 1845, die erste Skizze entstand 1857, der erste Entwurf 1865. Die Komposition wurde Januar 1882 beendet; am 26. Juli desselben Jahres fand in Bayreuth die erste Aufführung unter Leitung von Hermann Levi statt. In Bayreuth entwarf Wagner noch verschiedene Schriften, unter anderem ›Religion und Kunst‹ (1880), ›Heldentum und Christentum‹ (1881) sowie Aufsätze für die ›Bayreuther Blätter‹. In Venedig, wohin er sich 1882 zurückzog, beschäftigte ihn das buddhistische Drama ›Der Sieger‹, doch über der Ausführung des Planes erlag er im Palazzo Vendramin am 13. Februar 1883 einem Herzschlag. In Bayreuth ist seine letzte Ruhestätte.

Der Weg zum Gesamtkunstwerk
Die frühen Werke bis zum ›Liebesverbot‹ (siehe Seite 467) lassen noch nicht darauf schließen, daß Wagner sich einmal »vollbewußt aus aller Beziehung zum Theater der Gegenwart« lösen würde. Mit dem ›Rienzi‹ (siehe Seite 469) erreichte er den Stand der ›großen Oper‹ Meyerbeers, doch auch dieses Werk ist noch eklektisch. Neu sind gelegentliche Versuche, die Übergänge zwischen den musikalischen ›Nummern‹ zu verschleiern und größere Abschnitte zu vereinheitlichen, echt ist der idealische Grundzug einzelner Partien; aber das Ganze ist überladen mit theatralischen Chor- und

Massenszenen, die aufdringlich instrumentierte Musik übertreibt den Ausdruck oft ohne Notwendigkeit. Rienzi, der römische Volkstribun, ist groß gesehen, doch einseitig idealisiert, die Nebenfiguren haben wenig Eigenleben. Die schwungvolle Ouvertüre über Melodien der Oper stellt im Sinne der sinfonischen Dichtung den Grundgedanken der Tragödie – Rienzis Kampf für die Freiheit des Volkes – musikalisch dar. Der ›Fliegende Holländer‹ (siehe Seite 470) ist das erste eigenartige Werk Wagners.

Szenenbild zum ›Parsifal‹, Bayreuther Aufführung, 1883

Die Dichtung ist eine der poetischsten, die er geschaffen hat. In Senta sah er ein einfaches »nordisches Mädchen«; ihren »Trieb zur Erlösung des Verdammten« bewirkt ein »kräftiger Wahnsinn, wie er ... nur ganz naiven Naturen zu eigen sein kann«. Sie ist Medium eines mythischen Geschehens, dem Holländer vorausbestimmt »seit bangen Ewigkeiten«, Werkzeug Gottes gegen die Hölle in seinem Innern. Er kämpft nicht um sie, unbedingte Hingabe erwartet er von ihr um seiner Erlösung willen. Sie verbindet ihr Schicksal naiv mit dem seinen, noch ehe sie ihn sieht, aus »kräftigem Wahnsinn« treu bis zum Tod. Schmucklos, in packenden dramatischen Bildern wird die mythisch-visionäre Ballade vorgetragen.

Die Musik ist noch im Sinne der ›Nummern-Oper‹ gegliedert, doch einheitlich durch das romantische Naturkolorit aller Teile und durch Erinnerungsmotive, die auch die Programm-Ouvertüre einbeziehen. Die Deklamation ist weitgehend noch konventionell opernhaft, das heißt, die Sprachmelodie ist der kantablen Wirkung untergeordnet.

Als Naturschilderer verwirklichte Wagner hier durch ein sublimes Zusammenspiel zeichnerischer und malerischer Kontrastwirkungen dynamisch-dramatische Entwicklungen, die oft die Zäsuren zwischen den Arien und Ensembles überspringen und das alte Schema verschleiern. Wandernde Leitmotive verdeutlichen die inneren Zusammenhänge der Handlung. Für die Verschmelzung von naturalistisch-musikalischer Malerei und subjektiver Lyrik gibt es zwar bei Weber, Spohr und Marschner Ansätze, doch deutlicher als dort sind hier alle Mittel zu Merkmalen eines einheitlichen lyrisch-dramatischen Werkstils erhoben. Stofflich ist der ›Holländer‹ Wagners erste romantische Tragödie, deren pessimistischer Grundzug durch die aus dem Mitleid gewonnene ›Erlösungsidee‹ ins Versöhnliche gewendet ist.

Auch in den späteren Werken – mit Ausnahme der ›Meistersinger‹ – hielt sich Wagner bewußt an Stoffe (Mythen und Sagen), die durch die Einwirkung überirdischer Erscheinungen, durch Zaubertränke und Wunder romantischen Charakter haben. Dennoch läßt er sich nur noch bedingt im Zusammenhang mit der Romantik sehen. Eher vertritt er auf seinem Gebiet als Individualist die realistisch-naturalistische Richtung. Er war im Grunde ein rationaler Systematiker. Daß es ihm gelang, der Musik eine Fülle neuer Mittel und Ausdrucksmöglichkeiten zuzuführen, ist nicht so sehr ein Zeichen romantischen Unendlichkeitsdranges als fortschrittlichen empirischen Strebens und eines außerordentlichen kombinatorischen Vermögens, unabhängig von Stilfragen. Die romantischen Musiker verhielten sich klassizistisch, Wagner mit Einschränkung nur bis zu seinem ›Lohengrin‹; er löste die autonomen Musikformen radikal auf und leitete aus der Szene für die Musik Form- und Strukturgesetze ab, die sie dem Wortdrama unterwarfen. Er suchte das Endgültige, den ›Totalausdruck‹ in einer neuen ›Wort-Ton-Sprache‹, im ›Gesamtkunstwerk‹.

Schon im ›Tannhäuser‹ und entschiedener noch im ›Lohengrin‹ (siehe Seite 472) kam es zu einer weitgehenden Angleichung von musikalischer Deklamation (in den Rezitativen) und Gesang (in den Arien usw.); beides war fortan für Wagner »untrennbar, mithin ein und dasselbe«. Die Gesänge entfalten sich nicht mehr notwendig als autonom musikalische ›Nummern‹, sondern analog zur Sprachmelodie, was freilich bisweilen sich deckt. Verswiederholungen zum Zwecke des formalen Ausgleichs werden seltener, sind aber noch nicht grundsätzlich vermieden. Rezitative im herkömmlichen Sinne gibt es nicht mehr, allenfalls rezitativartige Gebilde als ariose Auftakte oder innerhalb der Gesänge.

In beiden Werken bleibt das alte Formschema noch wirksam (besonders in den Chören, Aufmärschen usw.), doch programmatische Leitmotive tragen dazu bei, es vergessen zu machen, die dramatische Entwicklung zu verdeutlichen und den einheitlichen Werkstil zu betonen. – Im ›Holländer‹ umfaßt Sentas ›Ballade‹ im 2. Akt alle wesentlichen Leit- oder Erinnerungsmotive, im ›Tannhäuser‹ die ›Rom-Erzählung‹ im 3. Akt; im ›Lohengrin‹ dominieren Motive aus der ›Gralserzählung‹, ferner das ›Frageverbot‹ – und das ›Ortrudmotiv‹. Die Zahl der Motive ist gering; sie werden – ähnlich wie bei Berlioz – ›pseudo-sinfonisch‹ verwendet, das heißt, sie durchlaufen nicht autonom-musikalische Entwicklungen, sondern erhalten ihr Stichwort von der Szene und müssen abtreten, wenn sie es verlangt.

Die Mittel, über die Wagner in Dresden verfügte, entsprachen etwa denen des klassischen Orchesters, vermehrt um je ein Instrument in den verschiedenen Bläsergruppen. Mit diesem Instrumentarium erreichte er in ›Tannhäuser‹ und ›Lohengrin‹ weit über Berlioz hinaus Wirkungen von höchst neuartigem klangsinnlichem Reiz. Oft dominiert das Orchester; während die Sänger den Text melodisch deklamieren, übernimmt es die psychologische Ausdeutung.

Szenenbild zum ›Lohengrin‹, Weimarer Aufführung, 1850

Auch die Harmonik beider Werke ist fortschrittlich. Ausweichungen in fernliegende Tonarten, enharmonische Umdeutungen, Vorhalte, alterierte Akkorde und Trugschlüsse betonen das Malerische des Stils. Bis dahin bewegte sich die Melodik vorwiegend im Rahmen auskadenzierter Tonarten; nun büßt sie diese Bestimmtheit ein. Ihre Wendungen werden differenzierter und sind mitunter schon im Sinne des Impressionismus klangbedingt. Die Dissonanz als Reizmittel gewinnt an Bedeutung. Merkwürdig undifferenziert ist demgegenüber im ›Lohengrin‹ die Rhythmik. Die Ursache hierfür sah Wagner in dem »modernen, rhythmuslosen Sprachverse« seiner Dichtung. Anstelle eines »falschen rhythmischen Gewandes« gab er der Melodie »eine harmonische Charakteristik, die sie ... zum entsprechendsten Ausdruck der im Verse vorgetragenen Empfindung machte«. Systematisch suchte er einen klangsinnlichen »Stil der Bewegung« (Nietzsche) zu entwickeln, der nicht nur alle Wortregungen, sondern auch mimische Gebärden, ja selbst Farb- und Dufteindrücke reflektierte.

Wagners ›Tannhäuser‹ und ›Lohengrin‹. Deklamation, Harmonik, Rhythmik, Leitmotive

›Tannhäuser‹ und ›Lohengrin‹ ergänzen einander wie Spannung und Entspannung. Die effektbetonten Chor- und Massenszenen beider Werke sind noch weitgehend der ›großen Oper‹ verpflichtet. Ohne Vergleich dagegen ist der Realismus des Ausdrucks besonders in den erotischen Szenen. Das gilt vor allem für ›Tannhäuser‹ (siehe Seite 471 und 472). Wagner stellte seinen Helden zwar in den tragischen Konflikt zwischen den »zwei Naturen der Liebe«, doch die stürmische Kraft seiner Inspiration verströmte sich an die Szenen, die in »höchster Raserei« die sinnliche Liebe preisen; dort kommt es zu Steigerungen von orgiastischer Ausdruckskraft, als gehe es um die Verherrlichung des uralten Phalluskults. Selbst die ›Rom-Erzählung‹, in der (wie im ›Sängerkrieg‹) der tragische Konflikt auf das leidenschaftlichste zum Austrag kommt, empfängt ihre stärksten Impulse aus der einen Spannung, die dieses Werk im Grunde trägt. Die Szenen um Elisabeth und die christliche Liebe wirken demgegenüber konventionell, wie Konzessionen an die bürgerlich-christliche Moral.

Auch im ›Lohengrin‹ läßt Wagner keinen Zweifel, daß ihm das christliche Element nur Mittel zum Zweck war. In seiner ›Mitteilung an meine Freunde‹ heißt es: »Wem am Lohengrin nichts weiter begreiflich erscheint, als die Kategorie: Christlich-romantisch, der begreift eben nur eine zufällige Äußerlichkeit, nicht aber das Wesen... Dieses... begreift nur... das rein sinnliche Gefühlsvermögen.« – Das Problem ist dem Tannhäusers entgegengesetzt. Lohengrin sehnt sich »aus der Höhe nach der Tiefe... aus dem sonnigen Glanze der keuschesten Reine nach dem trauten Schatten der menschlichen Liebesumarmung« (Wagner). Ihm ist die Erfüllung versagt. Ein großes Decrescendo mithin ist die innere Entwicklung, abklingend im vorausbestimmten Verzicht. Der lyrisch verfliegende Traum ist eingebettet in die bekannte Fabel, die mit theatralischem Pomp opernhaft ausgespielt wird. Die stärkste Kraft gegen das christliche Element verkörpert die Heidin Ortrud. Sie ist herb, mit kräftigen Strichen

Ortruds Rachemotiv, aus ›Lohengrin‹

gezeichnet, ist Brot zum Süßwein der Elsa-Szenen. Strukturell bedeutet ›Lohengrin‹ einen weiteren Schritt in Richtung Musikdrama. Die Hauptfiguren und ihre Bereiche sind durch Leitmotive, Tonarten- und Instrumentsymbole charakterisiert, geschlossene Nummern verschleiert oder aufgelöst zugunsten einheitlicher musikdramatischer Szenen; die melodische Deklamation ist wortgezeugt. An die Stelle der Ouvertüre tritt erstmals ein ›Vorspiel‹. In ihm gibt Wagner unter Verwendung von Motiven aus der ›Gralserzählung‹ eine Darstellung von der »wunderwirkenden Darniederkunft des Grales im Geleite der Engelschar« und seiner »Übergabe an hochbeglückte Menschen...«.

Nach dem ›Lohengrin‹ strebte Wagner bewußt das ›Gesamtkunstwerk‹ an. Hier interessiert vor allem das Verhältnis, das er in diesem Komplex zwischen Sprache und Musik für wünschenswert hielt, also die neue ›Wort-Ton-Sprache‹ als eigentliches

Mittel des ›Totalausdruckes‹. Noch das Fernstliegende soll diese Sprache verdeutlichen, nichts darf »zur Ergänzung durch ... die Reflexion übrig bleiben«. Dem Hörer wird keine Freiheit mehr eingeräumt, nicht in ihm soll sich das Kunstwerk vollenden, er soll es hinnehmen als etwas Endgültiges. Speziell die Musik soll nicht weiterhin »Zweck«, sondern ausschließlich »Mittel« des Ausdrucks im Dienste des Dramas sein (siehe Zitat Seite 474).

Um dieses Ziel zu verwirklichen, entwickelte Wagner systematisch eine völlig aus der Sprache hergeleitete rezitierende Deklamationsweise und vor allem die für seine Musikdramen bezeichnende Leitmotivtechnik. Er definierte das Ergebnis dieser Technik als ein »Gewebe« von Themen, das »sich nicht nur über eine Szene..., sondern über das ganze Drama, und zwar in innigster Beziehung zur dichterischen Absicht ausbreitete«. Damit kam es praktisch zur Auflösung selbständiger musikalischer Formen. Die ›unendliche Melodie‹ trat an ihre Stelle, das heißt eine Musik pseudo-sinfonischen Charakters, die sich synchron zur Handlung entfaltet. Ihre Zellen sind wandelbare Leitmotive, durch die Personen, Gegenstände, Situationen und Empfindungen symbolisiert werden. Im ›Ring des Nibelungen‹ (siehe Seiten 471, 475) lebte sich Wagner in diese Technik ein. Wie er sie anwandte, möge ein Beispiel verdeutlichen. Im ›Rheingold‹ verlangen die Riesen von Wotan Freia als Lohn für den Bau der Götterburg. Zum Auftritt der Riesen ertönt ihr Leitmotiv. Sobald von Freia die Rede ist, hört man deren Motiv. Loge kommt hinzu – mit seinem Motiv. Er erzählt von den Rheintöchtern, vom Rheingold, von Alberich. Im Orchester klingen dazu jeweils die entsprechenden Leitmotive auf. Diese und andere Motive – im ›Ring‹ sind es rund hundert – tragen die riesige Architektur der Tetralogie. Auch die musikalischen Vor- und Zwischenspiele erhalten ihren programmatischen Sinn aus der Verknüpfung solcher Motive. Das Berlioz-Lisztsche Prinzip ist in ihnen mit äußerster Konsequenz durchgeführt.

Die Freunde absoluter Musik lehnen Wagners Motivtechnik ab, da sie die völlige Unterordnung der Musik unter das Wortdrama zur Voraussetzung hat. Freilich ist zu unterscheiden zwischen dieser Technik, gegen die es grundsätzliche Einwände gibt, und den Kunstwerken Wagners. Sie wirken am stärksten dort, wo er sein intellektuelles System ganz frei handhabte oder anscheinend vergaß, das heißt, wo er die Musik über das Drama triumphieren ließ, beispielsweise in den melodischen Entladungen (›Am stillen Herd‹, ›Fliedermonolog‹, ›Preislied‹, ›Karfreitagszauber‹ usw.). Es bedarf keiner Motivtafeln, die Werke vom ›Ring‹ an zu verstehen. Wagner selbst wünschte, man möge sie kommentarlos hinnehmen, in der »Unnahbarkeit einer Traumerscheinung«.

Begünstigt wird die Volkstümlichkeit seiner Musik durch die Faßlichkeit der Motive und ihre häufige Wiederholung, durch den Reichtum an harmonischen Nuancen und die Farbenpracht der Instrumentation. Im ›Ring‹ verstärkte Wagner das Orchester auf etwa die dreifache Besetzung des klassischen (rund 110 Mitwirkende): 4 Flöten, 3 Oboen, Englischhorn, 3 Klarinetten, Baßklarinette, 3 Fagotte, 2 Pauken und anderes Schlagzeug, 3 Trompeten, Baßtrompete, 3 Posaunen, Kontrabaßposaune, 8 Hörner, 5 Tuben (›Nibelungen‹-Tuben, für den ›Ring‹ konstruiert), 8 Harfen, je 16 erste und zweite Geigen, 12 Bratschen, 12 Celli, 8 Kontrabässe. Er setzte also jede Instrumentart familienweise ein und konnte mit diesen Mitteln eine unerhörte Vielfalt reiner oder gemischter Klangwirkungen hervorrufen. Satztechnisch entwickelte er eine differenzierte Polyphonie, auf die der von Richard Strauss geprägte Begriff ›Nervenkontrapunktik‹ zutrifft. Wagners Polyphonie dient nicht, wie die imitatorische Bachs, einem konstruktiven Bauwillen, sie hat den Sinn, die instrumentalen Mittelstimmen zu verselbständigen und jede Klanglinie einzubeziehen in die Ausdeutung der Handlung. Sie ist das zentrale Mittel seiner Charakterisierungskunst und wird im Gegensatz zur vokalen Mozarts wesentlich vom Orchester getragen. Während die Sänger die Dichtung rezitativisch deklamieren – im ›Ring‹ verwandte Wagner der altgermanischen Versform nachgebildete Stabreime –, entwirft das Orchester aus den gegebenen wandelbaren Motiven eine ›Sinfonische Dichtung‹, die sich dem Wort, der darstellerischen Mimik und Gestik verbindet und mit den Schwesterkünsten zum ›Allkunstwerk‹ verschmilzt.

Es bleiben nachzutragen Anmerkungen zum ›Tristan‹, zu den ›Meistersingern‹ und zum ›Parsifal‹. Im ›Tristan‹ erreichte Wagner die Grenzen seines Ausdrucksvermögens. Als expressiver Musiker und vor allem Harmoniker (›Tristan‹-Chromatik) ging er hier Wege, die dann zur ›Zwölftonmusik‹ des 20. Jahrhunderts hinführten. Die Dichtung wurde angeregt durch Gottfried von Straßburgs Epos ›Tristan und Isolt‹ (um 1210, unvollendet). Ihre Grundhaltung ist pessimistisch im Sinne Schopenhauers: ›Erlösung‹ von den Widersprüchen des Seins durch die Verneinung des Lebenswillens. Das kommt zum Ausdruck in den letzten Worten aus ›Isoldes Liebestod‹: »In des Welt-Atems wehendem All ertrinken, versinken, unbewußt, höchste Lust« (Die ›Liebessehnsucht‹ sublimiert sich zur ›Todessehnsucht‹). Über seine künstlerischen Absichten gab Wagner selbst erschöpfend Auskunft. Im Hinblick auf die Motivtechnik

Anfang des ›Tristan‹-Vorspiels. Die chromatisch aufsteigenden Töne (gis, a, ais, h) bilden das Motiv der Sehnsucht, die chromatisch absteigenden Töne (f, e, dis, d) das Motiv des Leidens

sprach er von den »rastlos auftauchenden, sich entwickelnden, verbindenden, trennenden, dann neu sich verschmelzenden, endlich sich bekämpfenden, sich umschlingenden, gegenseitig fast sich verschlingenden Motiven, welche um ihres bedeutenden Ausdrucks willen der ausführlichsten Harmonisation wie der selbständigst bewegten orchestralen Behandlung bedurften...«, und generell: »An dieses Werk nun erlaube ich mir die strengsten, aus meinen theoretischen Behauptungen fließenden Anforderungen zu stellen: nicht weil ich es nach meinem System geformt hatte; denn alle Theorie war ... von mir vergessen, sondern weil ich hier ... mit der vollsten Freiheit ... in einer Weise mich bewegte, daß ich während der Ausführung selbst inne ward, wie ich mein System weit überflügelte... Mit ... Zuversicht versenkte ich mich ... in die Tiefen der inneren Seelenvorgänge und gestaltete ... aus diesem intimsten Zentrum der Welt ihre äußere Form. Aller Leben und Tod, die ganze Bedeutung und Existenz der äußeren Welt hängt hier allein von der inneren Seelenbewegung ab.« Das Ergebnis: Er ließ die Musik über das Wortdrama triumphieren. Was er Nietzsche vor einer ›Tristan‹-Aufführung sagte – »Nehmen Sie die Brille ab, Sie dürfen hier nur die Musik hören« –, wiegt in diesem Zusammenhang schwerer als alle Argumente, mit denen er sein System und seine Theorie vom Gesamtkunstwerk hatte stützen wollen: »Genie ist der Fehler im System« (Paul Klee).

Eduard Hanslick, der bekannte Wiener Musikkritiker, tadelt und kritisiert Richard Wagner. Scherenschnitt von Otto Boehler

Die ›Meistersinger von Nürnberg‹ (siehe Seite 476) bedeuten in gewisser Hinsicht eine Rückwendung zur älteren Oper. Es gibt hier wieder volkstümliche Festmärsche, Tänze und Ständchen, Preislieder, Choräle, Ensembles und andere ›geschlossene Nummern‹, die unter Anlehnung an alte, zum Teil meistersingerlich-mittelalterliche Formen ›zünftig‹ gebaut sind. Dennoch ist das System nicht preisgegeben. Die ›unendliche Melodie‹ bleibt in Kraft, die Nummern sind textlich begründet und folgerichtig der von fast fünfzig Motiven getragenen Großform eingefügt. Die ›Tristan‹-Chromatik hat sich zu sinnfälliger Dreiklangstonalität beruhigt, die Nervenkontrapunktik des ›Tristan‹ ist einer frischen, neubarocken Polyphonie gewichen, die oft an Bach anknüpft, besonders in dem festlichen Programmvorspiel und der realistischen ›Prügelszene‹, einer meisterhaft gearbeiteten Doppelfuge. Die Musik dient und herrscht zugleich in diesem musikalischen Volksstück großen Stils, in dem laut Wagner ›Pedanterie und Poesie‹ versöhnt werden. – Die Handlung ist weitgehend frei erfunden. Die Namen der Meister und ihrer Weisen, auch die zopfigen Regeln der ›Tabulatur‹ verdankte Wagner Wagenseils Schrift ›Von der Meistersinger holdseliger Kunst‹ (1697). Aus dieser Quelle stammt auch der Anfang des ›Meistersinger‹-Motivs. Weitere Anregungen verdankte er E. Th. A. Hoffmanns Novelle ›Meister Martin der Küfer und seine Gesellen‹ und Lortzings Oper ›Hans Sachs‹. Die Handlung enthält autobiographische Züge. Wagners Erlebnis mit Mathilde Wesendonck klingt versöhnlich ab in Hans Sachsens Resignation, seine Erfahrungen mit dem Kritiker Hanslick beeinflußten die Problemstellung (Gegensatz Tradition–Fortschritt, schöpferische Künstler–Kritiker), personifiziert in Stolzing und Beckmesser. Im ersten Entwurf hieß Stolzings Widersacher noch ohne Umschweife Hans Lick, erst in der gültigen Fassung wurde daraus Beckmesser.

Der pessimistische ›Tristan‹ und die trotz allem »Wahn dieser Welt« sinnenfreudig dem Dasein zugewandten ›Meistersinger‹ folgen einander wieder wie Spannung und Entspannung. Der Stilwandel wird grell deutlich an Hans Sachsens schwermütigem ›Tristan‹-Zitat: »Mein Kind: von Tristan und Isolde, kenn' ich ein traurig Stück.« Musik aus weltabgewandten Sphären überschwemmt hier für Augenblicke das Bewußtsein, Musik aus Regionen, zu denen aus diesem festlich hellen Stück sonst keine Brücken mehr führen. Bemerkenswert ist die Ökonomie im Aufwand der Mittel. Schon im ›Tristan‹ war Wagner etwa auf die Besetzung des ›Lohengrin‹ zurückgegangen. In den ›Meistersingern‹ kam er – abgesehen von Harfe und Laute (für Beckmessers Ständchen) – nahezu mit der klassischen Besetzung aus. Diesem Instrumentarium entlockte er kammermusikalisch feine und großartig orchestrale Wirkungen von höchstem Klangreiz. Alle Mittel sind bewußt zur Charakterisierung der Kräfte und Gegenkräfte der Handlung eingesetzt, jede Figur ist lebensvoll gezeichnet. Das erreichte Wagner wiederum nicht – wie Mozart – durch vokale Kantilenen, sondern durch die Verschmelzung des dramatischen Dialogs mit dem außerordentlich modulationsfähigen orchestralen ›Motiv-Gewebe‹. Er registriert die Regungen der Agierenden in unmerklichen Übergängen vom intimen Gespräch zum leidenschaftlich-pathetischen Ausbruch, von der grotesken Komik zum philosophischen Ernst. ›Tristan‹ hat einen völlig anderen Stil. Handlung ist dort sozusagen Nebensache, alles kreist um die Spannungskerne ›Liebessehnsucht‹–›Todessehnsucht‹. Eruptiv durchbricht die Musik jede Schranke, ausschließlich hingegeben der dionysisch rauschhaften Darstellung der »inneren Seelenbewegung«.

Die religiös mystizistische Dichtung des ›Parsifal‹ (siehe Seite 479) variiert wie die des ›Lohengrin‹ Motive aus Wolfram von Eschenbachs ›Parzival‹ (um 1210). Hinzu kommen Anregungen aus anderen Mythen und Sagen, aus der christlichen Heilslehre, dem Buddhismus und Schopenhauers Philosophie sowie Rückbezüge auf Gestalten und Probleme, die Wagner in den Werken vom ›Fliegenden Holländer‹ an beschäftigten. Beispiele: In Kundry, der ruhelos zwischen der reinen Welt des Grals und der dämonisch teuflischen Klingsors ›Schweifenden‹, klingt das ›Holländer‹-Motiv an, in Klingsors Zaubergarten das ›Venusberg‹-Motiv; den »an der Speerwunde dahinsiechenden Amfortas« verglich Wagner mit dem todwunden Tristan. Ein buddhistischer Gedankengang fand seine Verkörperung in Kundrys zwei Gestalten: sie dient dem Gral als unscheinbare Botin, Klingsor als Verführerin. Auch christliche Motive spielen herein. Die Klingsor hörige Kundry trägt Wesenszüge der Herodias, die erlöste, büßende

Kundry solche der Maria von Magdala. Parsifal wird zur Verkörperung der Schopenhauerschen Erlösungsidee: »Durch Mitleid wissend, der reine Tor, harre sein, den ich erkor.« – Auch in der Musik bezog sich Wagner bewußt auf Themen oder Motive aus älteren Werken. So ist etwa das ›Parsifal‹-Motiv aus ›Lohengrins‹ ›Grals‹-Motiv abgeleitet, das Schmerzensmotiv des Amfortas eine Abwandlung des Wahnmotivs aus den ›Meistersingern‹, in den Liebesqualmotiven bricht die ›Tristan‹-Chromatik durch. Die zurückliegenden Stilkreise fanden in diesem abgeklärten Alterswerk ihre Sublimierung. Anders gesagt – im ›Parsifal‹ konstituierte sich die Einheit eines Lebenswerks.

Faksimile des von Richard Wagner an die Bühne des Bayreuther Festspielhauses gehefteten Zettels mit der letzten Bitte an die mitwirkenden Künstler

Sein System handhabte Wagner im ›Parsifal‹ souverän frei. Die gegensätzlichen Welten sind durch kontrastierende Motiv-Gruppen verdeutlicht. Die mit der ›Grals‹-Welt im Zusammenhang stehenden Motive sind diatonisch, rhythmisch ruhig, einfach und weihevoll; die Motive der Gegenwelt unruhig und mit Chromatik durchsetzt. Wo sich die Gegensätze überlagern – also in Amfortas und Kundry –, wählte Wagner dissonanzgeschärfte, bizarre, ›schmerzzerrissene‹ Motive. Im ganzen überwiegen epische Partien; dramatische Höhepunkte ergeben sich in den Amfortas-Szenen und in der Begegnung zwischen Parsifal, Kundry und Klingsor im 2. Akt. Die Chorszenen haben vorwiegend kultischen Charakter, die Lyrik gipfelt im ›Karfreitagszauber‹. Das Orchester entspricht etwa dem des ›Lohengrin‹, die Blechbläser sind zurückhaltend eingesetzt, Streicher und Holzbläser bilden die Grundlage des Klangbildes.

Überblickt man die Werke vom ›Ring‹ an, so stellt sich die Frage: Ist mit ihnen eine neue Gattung des Musiktheaters an die Stelle der Oper getreten? Wurde mit ihnen, wie Wagner annahm, das Ende des musiklosen Dramas und der absoluten Musik angebahnt? Die Fragen stellen, heißt sie verneinen. Wagner erreichte – wie Monteverdi oder Gluck – das Musikdrama seiner Zeit.

Giuseppe Verdi

Verdi war Wagners Antipode. Es gab kaum Gemeinsames zwischen ihnen. Der eine räumte in seinen Musikdramen – wie Monteverdi und Gluck – der Poesie den Vorrang über die Musik ein, der andere ließ in seinen Opern – wie Mozart – »die Poesie der Musik gehorsame Tochter sein«. Der eine charakterisierte die Figuren und ihre Affekte vorwiegend im Orchester, der andere im Gesang. Wagner überwand in seiner metaphysischen Kunst das Tragische durch die Erlösungsidee, bei ihm vertreten überlebensgroße mythologische Idealfiguren weltanschauliche, philosophische, religiöse Maximen. Verdi war Realist und Tragiker im Sinne Shakespeares, ihn reizte ohne intellektuelle Nebenabsicht die Darstellung ungewöhnlicher Charaktere und großer Leidenschaften vor dem Hintergrund schicksalshafter Verhängnisse. Seine Opern sind Gleichnisse des Menschlichen. Im Alter lernte er manches von Wagner, doch er kopierte ihn nicht, er war der Ansicht: »Wenn die Deutschen von Bach ausgehend zu Wagner gelangt sind, so tun sie das als gute Deutsche, und alles ist in Ordnung. Aber wenn wir, Nachkommen eines Palestrina, Wagner nachahmen, so begehen wir ein musikalisches Verbrechen und tun etwas Unnützes, wenn nicht gar Schädliches.«

Zu unruhiger Zeit kam Verdi in Roncole (Gemeinde Busseto) bei Parma als Sohn eines armen Schankwirts zur Welt (10. Oktober 1813). Das Napoleonische Reich brach damals zusammen. 1814 wurden die Franzosen von den Koalitionstruppen aus Oberitalien verdrängt, die Bauern von Roncole mußten vor den Kämpfenden in die Berge flüchten. Durch die Wiener Kongreßakte (1815) wurde Italien aufs neue zerstückelt. Jahrzehntelange Wirren, geheime nationale Einheitsbestrebungen und immer wieder aufflackernder Aufruhr waren die Folge, bis endlich nach den Freiheitskriegen von 1848 bis 1859 und 1866 das Königreich Italien in den Grundzügen verwirklicht wurde. Von frühester Jugend an erlebte Verdi die Unterdrückung und Zerrissenheit seines Vaterlandes. Sein ausgeprägter Patriotismus und sein leidenschaftliches Eintreten für die nationale Einheit verstehen sich aus diesen Erfahrungen.
Als er sechs Jahre alt war, erhielt er den ersten Unterricht bei dem Dorforganisten Baistrocchi, mit zehn Jahren wurde er Schüler des Gymnasiums in Busseto, seine musikalische Ausbildung übernahm dort Kapellmeister Provesi. Bei ihm übte er sich in der Theorie, im Partiturspielen und der Instrumentation. Mit 15 Jahren hatte er – auch als Dirigent – seinen ersten Erfolg mit einer neuen Ouvertüre zu Rossinis ›Barbier von Sevilla‹. Nun entstanden Ouvertüren, Arien, Duette, Konzerte und anderes. 1832 erhielt Verdi ein Stipendium zur weiteren Ausbildung am Mailänder Konservatorium, doch er wurde dort als unbegabt abgelehnt und betrieb nun private Studien bei Vin-

cenzo Lavigna, dem Kapellmeister der Scala. »In den drei Jahren bei ihm«, erinnerte er sich später, »habe ich nichts anderes als Kanons und Fugen in allen Spielarten gesetzt.« Zusätzlich kopierte er Werke von Corelli, Haydn, Mozart, Beethoven und Mendelssohn, und es versteht sich, daß er in der Scala Opern studierte und sich in die Praxis des Betriebes einlebte. 1834 debütierte er als Dirigent mit Haydns ›Schöp-

Inneres der Mailänder ›Scala‹, Zeichnung von L. Rupp

fung‹, zudem erhielt er seinen ersten Opernauftrag, ›Oberto, conte di San Bonifazio‹. Er kehrte nach Busseto zurück, heiratete die Tochter seines Wohltäters Barezzi und vollendete den ›Oberto‹. Doch eine Aufführung kam zunächst aus organisatorischen Gründen nicht zustande. Für Busseto schrieb Verdi um diese Zeit weitere Konzerte und sechs Romanzen für Gesang und Klavier, darunter zwei Fragmente aus Goethes ›Faust‹ (»Meine Ruh ist hin« und »Ach neige, du Schmerzensreiche«), Stücke, in denen sich sein dramatischer Stil ankündet.

1838 übersiedelte Verdi mit der Familie nach Mailand, wo er 1839 an der ›Scala‹ mit dem ›Oberto‹ solchen Erfolg hatte, daß ihn der Impresario Merelli sogleich für drei weitere Opern verpflichtete. Zunächst sollte er die komische Oper ›Un giorno di regno‹ schaffen. Frühjahr 1840 machte er sich an die Arbeit, doch im Laufe von zwei Monaten starben seine beiden Kinder und seine Frau. »Ich war allein, ganz allein!!« klagte er.

»Und in dieser gräßlichen Seelenqual mußte ich eine ›buffa‹ schreiben!« Er erfüllte seinen Vertrag, doch das Werk – eine wenig inspirierte Rossini-Nachahmung – fand bei der Aufführung eine vernichtende Niederlage. »Vom Unglück gebeugt, durch den Mißerfolg erbittert«, faßte Verdi »den Entschluß, nie wieder eine Note zu komponieren.«

Merelli entließ ihn aus seinem Vertrag, blieb ihm aber freundschaftlich verbunden und spielte ihm gelegentlich ein neues Libretto zu – den ›Nabucco‹ von Solera. Der biblische Stoff – er behandelt die Befreiung der Hebräer aus der babylonischen Knechtschaft in deutlicher Beziehung zum nationalen Unglück Italiens – und Soleras leidenschaftliche Sprache faszinierten Verdi, in kurzer Zeit vollendete er die Vertonung. Giuseppina Streppo003ni – acht Jahre später wurde sie Verdis zweite Gefährtin – übernahm die weibliche Hauptrolle, und März 1842 errang das Werk in der ›Scala‹ einen überwältigenden Erfolg. Das Klagelied der geknechteten Hebräer »Va, pensiero, sull' ali dorate« (»Flieg, Gedanke, auf goldenen Schwingen«) wurde in Italien zum Symbol des nationalen Freiheitswillens.

Klagelied der Hebräer aus Verdis ›Nabucco‹

Va pen-sie-ro sull' a-li do-ra - te

Stilistisch ist ›Nabucco‹ noch etwa eine Belcanto-Oper im Sinne Rossinis, Donizettis oder Bellinis, doch schon hier fällt die Realistik der Sprache auf. Die Musik beschränkt sich nicht auf die Zustandsschilderung von Stimmungen und Empfindungen, sie ist dynamisch im Lyrischen und Dramatischen, kräftig, bisweilen brutal akzentuiert, rhythmisch feurig, reich an Gegensätzen, melodisch und harmonisch sinnfällig bis zur Schlagerwirkung. Sie verleiht den alttestamentarischen Figuren Wirklichkeitsnähe. Das besagt nicht, sie seien ›naturalistisch‹ gesehen. »Die Wirklichkeit kopieren«, sagte Verdi, »kann etwas Gutes sein, aber Wirklichkeit erfinden ist besser, viel besser.« Ihn interessierten tragische Stoffe mit ungewöhnlichen Charakteren, doch nicht so sehr Individuen, als Typen, Träger allgemein menschlicher Wesenszüge. Und es kam ihm zunächst weniger auf folgerichtig entwickelte Handlungen als auf packende Szenen an, in denen er elementare Leidenschaften darstellen konnte. Dort und oft nur dort gewinnen die Figuren aus seiner Musik den Anschein des Wahren und Natürlichen, man glaubt ihnen und empfindet mit ihnen, auch wenn die Situationen, in denen sie sich äußern, unklar oder unlogisch herbeigeführt sind; die einzelne Cavatine oder Arie, das einzelne Ensemble überzeugt und entscheidet den Erfolg. Das entsprach durchaus der Praxis der Belcanto-Oper, die Verdi in seinen frühen Werken unbekümmert übernahm. Erst in den mittleren und späten Werken gelang es ihm, das italienische Publikum für ›Musikdramen‹ zu gewinnen, die freilich sehr verschieden sind von denen Wagners: Der Gesang, die schöne Stimme herrscht in ihnen. Dieser italienischen Grundeinstellung zur Oper blieb Verdi zeitlebens treu, obwohl er schon um 1847 einen neuen Deklamationsstil entwickelte und später dem Orchester bei der psychologischen Ausdeutung der Handlung und der Stimmungsmalerei weit größere Aufgaben stellte als seine Landsleute. Er setzte hierin Mozart fort, dem die Italiener schon zu Lebzeiten vorwarfen, er beteilige in seinen Opern das Orchester zu sehr, er stehe »mit dem Kopf im Orchester und mit den Füßen auf der Bühne« (Paisiello).

Nach dem ›Nabucco‹ schrieb Verdi ein Dutzend Opern von betont politischer Haltung, und zwar ›Die Lombarden‹ (1843), ›Ernani‹ (1844), ›Die beiden Foscari‹ (1844), ›Jungfrau von Orleans‹ (1845), ›Alzira‹ (1845), ›Attila‹ (1846), ›Macbeth‹ (1847), ›Die Räuber‹ (1847), ›Der Korsar‹ (1848), ›Die Schlacht von Legnano‹ (1849), ›Luise Miller‹ (1849) und ›Stiffelio› (1850). Er errang mit ihnen die Verehrung der italienischen Patrioten, sie sahen in ihm den Vorkämpfer eines geeinten Italien. Bei verschiedenen Aufführungen kam es zu politischen Demonstrationen. Hieraus ergaben sich für Verdi Schwierigkeiten mit der österreichischen Zensur; er mußte Operntexte und Namen ändern, Schauplätze verlegen usw., doch der Sinn der Werke war nicht zu unterdrücken. Verdis Name wurde zum Symbol der Königstreuen, der Ruf ›Evviva Verdi!‹ gleichbedeutend mit ›Evviva *Vittore Emanuele Re di Italia*!‹
Zu Beginn seiner Laufbahn unterschied sich Verdi kaum von den Durchschnittskomponisten Italiens. Er wollte, wie er offen zugab, als »Maestrino alla Moda« seine wirtschaftliche Existenz aufbauen und sichern, »romantischer Unendlichkeitsdrang« lag ihm ganz fern. Der Verlust der Familie bewirkte dann eine tiefgreifende Änderung seines Wesens, seiner Einstellung zum Leben und zur Kunst. Über den ›Troubadour‹ äußerte er später: »Man sagt, die Oper wäre zu traurig, und es gäbe zu viel Tote darin. Aber ist im Leben schließlich nicht alles Tod? Was bleibt noch übrig?« Das hätte er schon 1840 sagen können. Damals ging er aus der härtesten Prüfung seines Lebens als großer Menschengestalter und Tragiker hervor. Und er blieb fortan merkwürdig verschlossen, wortkarg, menschenscheu. In den Großstädten fühlte er sich fremd, nie verlor sich das Bäuerische in ihm. Seine Arbeitsweise war umständlich und gründlich. Er verließ sich mehr auf seinen Fleiß als auf die Inspiration, den gültigen Partituren gingen viele Skizzen voraus, doch er vernichtete sie, er ließ sich nicht gern in die Karten sehen. Die sieben Jahre von 1843 bis 1850 nannte er seine »Galeerenjahre«. Daß er damals zwölf Opern vollendete, bezeugt ebenso seinen ungeheuren Fleiß wie sein Getriebensein.
Von diesen frühen Opern werden heute nur noch wenige gespielt, sie sind musikalisch ungleichwertig und textlich zum überwiegenden Teil zeitbedingt. Für Verdis Entwicklung, die großartig folgerichtig verlief, waren sie alle wichtig; in einzelnen deutet sich sein späteres Verhältnis zur Dichtung, zur Deklamation und musikdramatischen Form schon an. Bei Shakespeare, Schiller, Lord Byron, Voltaire und Victor Hugo fand er die Stoffe. Von mehreren Libretti entwarf er vollständige Prosafassungen, die seine Librettisten (Solera, Cammarano, Maffei und Piave) dann in Verse brachten. Aus seinem Briefwechsel mit Cammarano geht hervor, daß er sich unabhängig von Wagner schon zur Zeit des ›Lohengrin‹ mit dem Problem des Musikdramas beschäftigte.
Die Konsequenzen aus seinen Überlegungen zog Verdi im ›Macbeth‹. Hier wandte er sich bewußt einem »neuen Operntypus« zu, mit dem man »entweder sehr viel Erfolg

hat oder sich den Hals bricht«. Neu an der musikalischen Struktur sind die Rezitative; sie leiten als ›parlandi‹ (Sprechgesänge) oder als geformter Gesang zu den geschlossenen Nummern über, womit der Eindruck »durchkomponierter« dramatischer Szenen entsteht. Neu für Verdi ist auch die Charakterisierung der Personen und Stimmungen durch musikalische Leitgedanken; er ging hier aus von der Ritornelltechnik Monteverdis und von französischen Vorbildern. Der Stil des Werkes wurde damals als äußerst ungewöhnlich und realistisch empfunden. Barbieri-Nini, die Darstellerin der Lady Macbeth, berichtete, ihr Duett mit Macbeth sei »... hundertfünfzigmal probiert, damit

Giuseppe Verdi

es ... mehr gesprochen als gesungen klänge«. Für die Nachtwandelszene mußte sie auf Veranlassung Verdis unermüdlich »jemand nachzuahmen suchen, der im Schlaf spricht, der ... die Worte hervorbringt, gewissermaßen ohne die Lippen zu bewegen, die übrigen Teile des Gesichts unbeweglich, die Augen geschlossen«.
In ›Luise Miller‹ (nach Schillers ›Kabale und Liebe‹) wandte sich Verdi wieder der reinen Gesangsoper zu. Die Eigenart seiner Melodik und Rhythmik tritt hier deutlich in Erscheinung. Überraschende dramatische Wirkungen erreichte er mit dem von Bellini übernommenen Kunstgriff, tragische Szenen mit tänzerisch beschwingten Melodien zu verbinden. Verfeinert haben sich seine Chortechnik und seine Fähigkeit, in den Ensembles die Charaktere voneinander abzuheben. Auch als Instrumentalmusiker hat er nun seinen Stil gefunden. Der Anteil des Orchesters an der Textausdeutung ist beträchtlich, die Ouvertüre führt überzeugend in die Grundstimmung der Handlung ein. ›Luise Miller‹ und ›Macbeth‹ wurden als gegensätzliche Beispiele aus der frühen Schaffensperiode herausgegriffen; die eine Oper ist typisch für Verdis konservatives Verharren in den Grenzen der italienischen Gesangsoper, die andere für sein fort-

schrittliches Streben nach einer neuen Form des Musiktheaters. Zur Synthese aus beidem gelangte er in der mittleren und späten Schaffenszeit.
Um die Jahrhundertmitte war Verdi in Italien längst zum führenden Maestro aufgestiegen; auch in Wien, Paris und London war er mittlerweile bekannt geworden. 1848 kaufte er sich das Gut Sant'Agata bei Busseto. 1849 ging er mit der Sängerin Giuseppina Strepponi eine freie Verbindung ein, 1859 ließ er sich mit ihr kirchlich trauen. In Sant'Agata fand Verdi Ruhe und Sammlung. Vom Komponieren erholte er sich »als Bauer«; seine Gutsverwaltung galt als vorbildlich.

In Verdis mittlerer Schaffensperiode (1851 bis 1867) entstanden die Opern ›Rigoletto‹ (1851), ›Troubadour‹ (1853), ›La Traviata‹ (1853), ›Die sizilianische Vesper‹ (1855), ›Simone Boccanegra‹ (1857), ›Aroldo‹ (1857, Neufassung des ›Stiffelio‹), ›Ein Maskenball‹ (1859), ›Die Macht des Schicksals‹ (1862) und ›Don Carlos‹ (1867). Mit ›Rigoletto‹ setzten die Welterfolge des ›bekannten‹ Verdi ein. Sicher nicht zufällig begann sein sprunghafter Aufstieg nach seiner Verbindung mit Giuseppina. Sie beeinflußte ihn auf das günstigste und war sozusagen sein künstlerisches Gewissen. Als sie vier Jahre vor ihm starb, stiftete er zu ihrem Andenken in Mailand ein Altersheim für Musiker. Es wird nach seinem Letzten Willen erhalten von den Gewinnen aus seinen Urheberrechten.
Auch die Werke der mittleren Schaffensperiode sind formal ›Nummernopern‹, doch sie unterscheiden sich wesentlich von den Frühwerken. Stofflich treten die politischen Themen zurück, im Vordergrund stehen die Probleme und Schicksale ungewöhnlicher Menschen. Rückblickend äußerte Verdi: »Ich würde heute nicht mehr über Gegenstände wie ›Nabucco‹, ›Foscari‹ usw. schreiben. Sie weisen Szenen von höchstem Interesse auf, aber sie sind ohne Mannigfaltigkeit. Es ist ... immer dasselbe.« Und er wünschte sich »neue, schöne, große, abwechslungsreiche, kühne Stoffe. Kühn bis zum äußersten, neu in der Form und bei alldem gut komponierbar. Wenn jemand sagt, ich habe das so und so gemacht, weil es Romani, Camorano und andere so gemacht haben..., dann verstehen wir uns schon nicht mehr. Gerade weil es diese Großen so gemacht haben, möchte ich es anders machen. ... Alles schrie auf, als ich einen Buckligen auf die Bühne brachte. Nun, ich war glücklich, den ›Rigoletto‹ zu komponieren...« Stets, auch in historischen Kostümen, stellte er fortan Menschen seiner Gegenwart dar, zwiespältige Charaktere, die an sich selbst scheitern, oder Gestalten, die in unlösbare Konflikte verstrickt werden und einem dunklen Fatum anheimfallen. Und es ging ihm nun nicht mehr so sehr um einzelne »Szenen von höchstem Interesse«, als um Dramen, die erheben oder erschüttern. Merkwürdig gleichgültig war ihm nach wie vor die logisch folgerichtige Verknüpfung der Handlungsmomente, doch größten Wert legte er darauf, daß die Empfindungen und Leidenschaften seiner Gestalten den Anschein des Natürlichen und Lebenswahren hatten.
Dazu ein Beispiel aus dem an schauerromantischer Verworrenheit kaum mehr zu überbietenden ›Troubadour‹. Nach der ursprünglichen Fassung sollte Azucena im letzten Bild wahnsinnig werden. Verdi wehrte sich dagegen und fand eine ungleich dramatischere, menschlich überzeugende Lösung. Er schrieb: »Erschöpft von Müdigkeit, von

Schmerz, vom Schrecken, vom Wachen, kann sie keine geordnete Rede führen. Ihre Sinne sind gelähmt, aber sie ist nicht von Sinnen. Man muß die beiden großen Leidenschaften dieser Frau bis zuletzt fortdauern lassen: die Liebe zu Manrico und den wilden Durst, die Mutter zu rächen. Wenn Manrico tot ist, wächst ihr Rachegefühl ins Gigantische, und sie sagt in äußerster Erregung: ›Er war dein Bruder ... du Tor ... Mutter, du bist gerächt!‹« Die Szene wurde nach Verdis Wunsch ausgeführt und gab der Oper den packenden Abschluß. Viele derartige Eingriffe Verdis sind überliefert, sie bezeugen seinen Realismus, seine Menschenkenntnis und seinen dramatischen Instinkt.

Die Musik zu ›Rigoletto‹, ›Troubadour‹ und ›Traviata‹ – es wurde schon angedeutet – unterscheidet sich von der der frühen Opern weniger formal als im Wesen. Die Akzente sind bestimmter gesetzt, die Kontraste deutlicher, die Themen eigenartiger und einprägsamer, die Chorsätze und Ensembles weit sorgfältiger gearbeitet. Der Anteil des klanglich differenzierteren Orchesters ist außerordentlich gestiegen, doch nirgends wird die freie Entfaltung der Singstimmen beeinträchtigt. Grobe Effekte treten zurück, die Charakterisierungskunst ist bei aller Klarheit reich an Nuancen, der Gesamtaufbau wirkt durch die Zusammenfassung mehrerer Nummern zu dramatischen Szenen einheitlich in einem für Verdi neuen Sinn. Erreicht wurde diese Vereinheitlichung durch die konsequente Einbeziehung der schon in ›Macbeth‹ erprobten dramatischen ›parlandi‹. Im ›Rigoletto‹, entschiedener noch in ›La Traviata‹ übertrug Verdi solche ›parlandi‹ auch auf Ensembles und Chorszenen, und zwar – im Gegensatz zu Wagner – ohne die Führung der Gesangsstimmen anzutasten oder sie an das Orchester abzu-

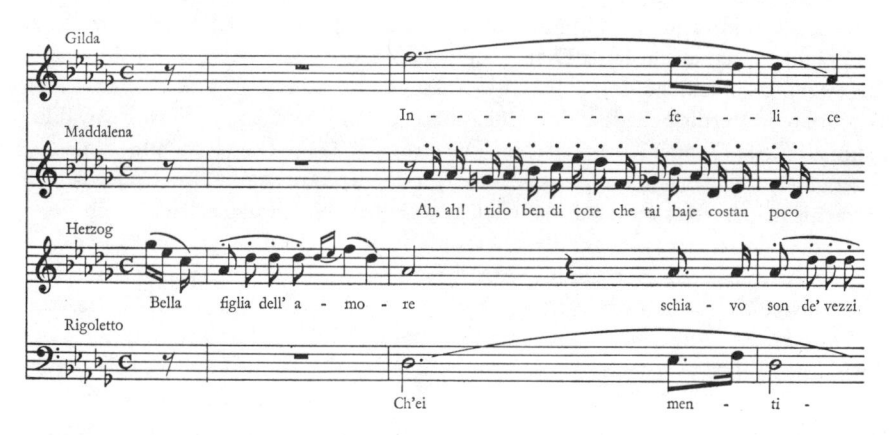

Aus dem Vokal-Quartett des ›Rigoletto‹

geben. Einige Takte des Quartetts aus dem ›Rigoletto‹ (siehe Abbildung) mögen das verdeutlichen. Jeder Solist hat hier einen eigenen Text und eine eigene, sinngemäß deklamierte Gesangslinie. Aus dem Zusammenklang der Stimmen ergibt sich eine vokale Polyphonie, die der Hörer als einheitlich empfindet, die ihn aber zugleich die einander widersprechenden Empfindungen der Handelnden wahrnehmen läßt. Das

Orchester begleitet zurückhaltend oder unterstreicht – beispielsweise in der mit Chören durchsetzten Kartenszene der ›Traviata‹ – die Gesangsstimmen im Unisono. Bisweilen sind in die musikdramatischen Szenen reich nuancierte orchestrale Stimmungsbilder einbezogen; die von Windchören durchzogene Sturm-Musik aus ›Rigoletto‹ ist ein Beispiel hierfür. Doch sobald der Gesang einsetzt, tritt das Orchester wieder zurück, eine ›sinfonische‹ Funktion, wie bei Wagner, ist ihm nie eingeräumt. Mitunter ist die Begleitung ganzer Gesangsnummern aus einem einzigen charakteristischen Motiv dynamisch entwickelt, ein Verfahren, worin Verdi die Motivtechnik fortbildete, die Pergolesi in ›La serva padrona‹ anwandte. Von derartigen, stets auf einzelne Nummern begrenzten ›Struktur-Motiven‹ sind zu unterscheiden die zentralen Grundmotive, die Verdi – freilich nicht in jedem Werk – als Leitgedanken oder im Zusammenhang mit Textzitaten als Erinnerungsmotive gebrauchte. Ein solches Grundmotiv ist das ›Fluchmotiv‹ aus ›Rigoletto‹. Das kurze Vorspiel der Oper ist von ihm beherrscht, während der Oper klingt es verschiedentlich unheimlich an. Der Fluch Monterones umdüstert alle Auftritte Rigolettos, die seiner zynischen ›Narrenrede‹ folgen.

Damit sind die musikalischen Stilmerkmale der Opern der mittleren Periode im wesentlichen angedeutet. Es bleiben nachzutragen Hinweise auf Besonderheiten der einzelnen Werke. Die selbstverschuldete und zugleich schicksalhafte Tragödie des buckligen Rigoletto – er ist als Hofnarr ein zynischer Bösewicht, zu Hause ein rührend besorgter Vater – inspirierte Verdi zu einer seiner packendsten Charakterstudien. Rigolettos ›Narrenrede‹, sein Monolog »O Menschen, o Natur, ihr habt mich beide zum Bösewicht gebildet«, sein nächtlicher Dialog mit dem Mörder Sparafucile, sein wilder Haßgesang »Ha, bald schlägt sie, die blutige Stunde« und seine Klage um Gilda bilden Höhepunkte in Verdis Schaffen. Allgemein bezeichnend für die ›Rigoletto‹-Musik ist ihre unheimliche Doppeldeutigkeit. Das Düstere oder Tragische vieler Situationen ist überzeugend mit Melodien im wiegenden $^3/_8$- oder $^3/_4$-Takt verdeutlicht. Demselben Kontrastprinzip verdanken auch die nächsten Opern eindringliche Wirkungen.
Den ›Troubadour‹ hat man geradezu »Triumph des $^3/_4$-Taktes« genannt. Manricos Serenade, Azucenas Scheiterhaufenvision, ihr aus wirren Fieberphantasien sich lösendes »In unsere Heimat kehren wir wieder« und andere Gesänge stehen im Dreiertakt. Alle Einzelheiten sind derart aufeinander abgestimmt, daß sie als Teile einer musikdramatischen Einheit erscheinen. Eine ungestüme musikantische Leidenschaft durchglüht das Ganze. Die Musik ist im Ausdruck derart lebenswahr, daß man darüber die Unglaubwürdigkeiten des Textes vergißt. Sie bewirkt, daß man mit den Gestalten empfindet, sie macht sie glaubhaft und gibt ihnen Leben.
Die zeitgenössische Kritik hatte freilich Einwände. Sie war verwirrt von den neuartigen ›parlandi‹, vom realistischen Pathos der Tonsprache und von der Rücksichtslosigkeit, mit der Verdi in Arien die üblichen Da-capo-Teile strich und auch sonst gegen die Konvention verstieß, wo ihm das aus Gründen der dramatischen Wirkung notwendig erschien. Sie urteilte, mit diesem Werk sei der italienische Belcanto zu Grabe getragen und erkannte nicht, daß der ›schöne Gesang‹ einen neuen Sinn gewonnen

hatte. In der älteren ›seria‹ war er Selbstzweck, hier wurde er legitimes Mittel musikdramatischer Charakterisierungskunst.

Die Musik des ›Troubadour‹ ist aggressiv, mitunter heroisch pathetisch (die Chorszenen!), es ist eine Musik der großen Affekte und krassen dramatischen Gegensätze. Ganz anders ›La Traviata‹. Hier waren nicht so sehr Leidenschaften als seelische Regungen darzustellen. Demgemäß findet man starke Akzente seltener, der Grundklang ist intimer, das Liniengewebe oft kammermusikalisch feingliedrig. Der Chor tritt zurück zugunsten von Arien und solistischen Ensembles, nur in der Spielsaalszene hat er eine erregende dramatische Funktion. Das Ganze wirkt einheitlich im Sinn eines lyrischen Musikdramas. Von hier führen Wege zu ›Othello‹ und ›Falstaff‹, aber auch zum Realismus Bizets und zum Verismus Puccinis. Das Schlußduett Violettas mit Alfred wurde Vorbild für Mimis Sterbeszene in Puccinis ›La Bohème‹.

›Die sizilianische Vesper‹ und den ›Don Carlos‹ schrieb Verdi für Paris. Er mußte sich auf die französische Sprache und den Stil der ›großen Oper‹ umstellen, die üblichen Ballette und den theatralischen Pomp großer Massenszenen in Kauf nehmen. Das wirkte sich nachteilig aus. Es ergaben sich Einflüsse Aubers und Meyerbeers, die fremde Sprache erzwang eine ungewohnte Führung der Singstimmen, ein hektisches Pathos beeinträchtigt mitunter den Schönklang des italienischen Melos. Dennoch enthalten beide Werke Wertvolles. Das Finale des zweiten Aktes der ›Sizilianischen Vesper‹ ist typisch für Verdis vokale Polyphonie, König Philipp im ›Don Carlos‹ eine seiner großartigsten Gestalten.

Zeitlich zwischen diesen sozusagen ›französischen‹ Opern entstanden ›Simone Boccanegra‹ für Venedig, ›Ein Maskenball‹ für Rom und ›Die Macht des Schicksals‹ für Petersburg. Stilistisch teilen sie mit den italienischen Werken der mittleren Gruppe die Übergangsstellung zu den späten Musikdramen. ›Simone Boccanegra‹ ist für Verdis Entwicklung besonders wichtig. Systematisch bildete er hier seinen neuen Deklamationsstil durch. Das ›szenische Vorspiel‹ weist mit seinem ununterbrochenen Wechsel arioser ›parlandi‹ und melodischer Entladungen weit voraus auf die Formstrukturen des ›Othello‹, der erst 30 Jahre später entstand. Auch als Lyriker und Kolorist ging Verdi hier neue Wege. – Weniger fortschrittlich gab er sich in den beiden anderen Opern, doch sie wurden weit beliebter, sie sind reich an realistischen Szenen, die Verdi zu einer leidenschaftlichen, melodisch sinnfälligen, rhythmisch mitreißenden Musik anregten. In die extrem spannungsreiche, tragische ›Macht des Schicksals‹ fügte er – zum erstenmal seit seiner mißglückten Jugend-›buffa‹ – auch wieder komische Szenen ein. Fra Melitone ist eine reine ›buffa‹-Figur. Seine ›Kapuzinerpredigt‹ (frei Schiller nachgebildet) und die Szene mit den Bettlern im Klosterhof sind erste Beispiele für die überlegene Charakterisierungskunst des Humoristen Verdi.

Etwas isoliert zwischen den mittleren und späten Werken steht ›Aida‹ (Text von Ghislanzoni), die 1871 zur Feier der Eröffnung des Suezkanals in Kairo herauskam. Ehe Verdi mit der Komposition begann, machte er eine Studienreise nach Ägypten, wo er Anregungen empfing, die sich auf den Text und die Musik auswirkten. Ghislanzoni fügte sich ihm bis in die rhythmische Formulierung einzelner Verse. Der Erfolg des

Werkes in Kairo war sensationell, doch die Presse warf Verdi Anlehnung an Meyerbeer und Wagner vor.

In einem Brief meinte er resigniert: »Ich ... ein Nachahmer Wagners!!! Ein schönes Ergebnis, wenn man nach 35 Jahren als Nachahmer enden muß!!!« Er war »die Zersetzungssucht ... von Kritikern und Winkelmaestros« leid, die »von der Musik nur die Grammatik und auch diese nur schlecht kennen«, und zog sich grollend vom Theater zurück. Erst 16 Jahre später trat er wieder mit einer Oper hervor.

›Meyerbeerisch‹ an ›Aida‹ sind Äußerlichkeiten der Form, etwa der Aufwand an theatralischen Massenszenen und das mitunter aufdringliche Pathos des auf Repräsentation eingestellten Stils, den Verdi hier bewußt forcierte: »Theater ... Theater!«, forderte er von seinem Librettisten. ›Wagnerisch‹ an der Partitur ist der Aufwand an Mitteln – der bisweilen vierfach geteilte Chor wurde auf 80 bis 120, das Orchester auf 90 Mitwirkende verstärkt, ihm wurden neue Instrumente hinzugefügt (Wagner erfand die ›Ring‹-Tuben, Verdi die ›Aida‹-Trompeten) –, ist endlich die differenzierte Klangsprache und Harmonik; sie enthält einige Nuancen, die sich auf Wagner zurückführen lassen. Im übrigen aber ist ›Aida‹ Verdis selbständige schöpferische Leistung, sie ist das erste Beispiel des aus der Gesangsoper hervorgegangenen italienischen Musikdramas und strukturell ebenso verschieden von der ›grand opéra‹ wie von Wagners ›Gesamtkunstwerk‹. Die Einheit von Wortdrama und Musik wurde im wesentlichen mit früher erprobten Mitteln erreicht. Ariose ›parlandi‹ verbinden die Nummern zu Szenen, die vokale Polyphonie ermöglicht eine gleichzeitige Charakterisierung mehrerer Personen, Charaktermotive, Tonarten- und Instrumentsymbole verdeutlichen die innere Entwicklung der Handlung. Das Orchester verselbständigt sich bisweilen in illustrativen und tonmalerischen Abschnitten. Die Charaktermotive (etwa Aidas Liebesmotiv, Priestermotiv, Amnerismotive) sind – wie in der französischen Oper seit Grétry – als Erinnerungs- oder Leitmotive verwendet, ein ›System‹ von Leitmotiven gibt es nicht, nirgends hat das Orchester sinfonische Funktion. Das Schema der Gesangsoper ist in den Grundzügen erhalten, ihr Prinzip, das heißt die absolute Prädominanz des Vokalen, blieb gültig. Bis hin zum tragisch versöhnlichen Ausklang ist ›Aida‹ das realistische Gegenstück zu Wagners metaphysischem ›Tristan‹. Ihren besonderen Reiz gewinnt die heroisch-lyrische Musik aus der exotischen Einfärbung des Melos etwa in der berückenden Einleitung zum Nilakt, im Tempeltanz oder im Gesang der Priester und Priesterinnen. Weniger die repräsentativen Glanznummern (›Triumphmarsch‹ usw.) als die ausdrucksvollen Soli und Ensembles (Aida, Amneris, Radames, Amonasro) bestimmen ihren Wert. Inbegriff der ›Aida‹-Musik: das Finale mit dem verklärten Hymnus der Sterbenden »Leb wohl, o Erde, o du Tal der Tränen«.

Während der 16 opernmüden Jahre nach ›Aida‹ widmete sich Verdi auf Sant'Agata der Landwirtschaft. An Werken entstanden das ›Streichquartett in e-Moll‹ (1873), das ›Requiem‹ (1874), ein ›Pater noster für fünfstimmigen Chor‹ und ein ›Ave-Maria‹ (1880), ferner Bearbeitungen von ›Simone Boccanegra‹ und ›Don Carlos‹; auch als Politiker spielte Verdi weiterhin eine Rolle. Schon im ersten Parlament Cavours († 1861), des ›italienischen Bismarck‹, war er Abgeordneter gewesen. 1875 ernannte ihn Victor Emanuel II. zum Senator des Königreichs Italien. Als er ihm aber den Titel eines Marchese von Busseto anbot, lehnte Verdi ab. Er fühlte sich als »Bauernsohn von Roncole« und wollte es bleiben.

Das klangschöne viersätzige Streichquartett, das in einer spielfreudigen ›Scherzo-fuga‹ gipfelt, hat Seltenheitswert unter den Beiträgen Italiens zur Kammermusik. Verdi entwarf es als »Studie« und wünschte nicht, daß es veröffentlicht wurde. Er war der Ansicht, Instrumentalmusik sei Sache der Deutschen, Vokalmusik die der Italiener. Als man ihn bat, Ehrenvorsitzender einer Mailänder Quartettvereinigung zu werden, weigerte er sich und empfahl die Gründung von Vokalvereinigungen zur Pflege Palestrinas und Marcellos. – Sein ›Requiem‹ ist die bedeutendste italienische Konzertmesse des 19. Jahrhunderts. Ein Jahr nach dem Tode des Dichters *Alesandro Manzoni* (1785 bis 1873), dessen Andenken sie gewidmet ist, erklang sie in der Mailänder Markuskirche zum erstenmal; kurz darauf wiederholte man sie in der ›Scala‹. Das Publikum erzwang Da capo der Teile, die ihm besonders gefielen. Das war gewiß ein faux pas, doch er wurde verursacht durch die wenig kirchliche, vor allem in den Solopartien ganz den Formen und dem Ausdruck der Oper zuneigende Musik. Höhepunkte des ernsten, melodisch inspirierten Werkes bilden das durch seine bizarre Dramatik überwältigende ›Dies irae‹, das lyrische ›Liber scriptum‹, das Soloterzett ›Quid sum miser‹, das ›Lacrimosa‹ und die kunstvolle achtstimmige Doppelfuge des ›Sanctus‹. Es ist Musik wie jede Musik von Verdi, leidenschaftlich, aber ohne Subjektivität; die Texte scheinen ihr nur ein Vorwand, sich zu verwirklichen. Dennoch stiftet sie unentwegt Beziehungen, und sie potenziert ihre Kraft im musikdramatischen Zusammenhang. Sie ist, wie die Mozarts, absolute Musik und Theatermusik zugleich, Bindemittel aller Einzelkünste im ›Gesamtkunstwerk‹.

1879 vermittelte der Verleger Ricordi die Bekanntschaft zwischen Verdi und Boito. Bereits drei Tage darauf gab Boito Verdi die Skizze zum ›Othello‹, doch es dauerte fünf Jahre, ehe die Skizze ausgeführt, und zwei weitere, ehe die Komposition zum Abschluß gebracht war. *Arrigo Boito* (1842 bis 1918) war ein vielseitiger und merkwürdiger Künstler. Er schrieb Musikkritiken ultramoderner Einstellung, hatte mit neuromantischen Novellen Erfolg und zählte als Komponist zur Avantgarde seines Landes. 1868 erregte er mit der Oper ›Mefistofele‹ (nach Goethes ›Faust‹) Aufsehen. Die zweite, ›Nerone‹, wuchs ihm dann freilich mit ihrer Fülle von musikalischen Problemen über den Kopf, sie beschäftigte ihn Jahrzehnte und kam erst sechs Jahre nach seinem Tod in Mailand heraus. Probleme? Boito war ›Wagnerianer‹ und wollte den Typus des Wagnerschen Musikdramas mit dem der traditionellen italienischen Oper verschmelzen. Demgemäß war er zunächst gegen Verdi eingestellt; doch eines Tages überwältigte ihn dessen Musik, und er bekannte: »Sie leben im wahren und wirklichen Leben der Kunst, ich aber in einer Welt der Halluzinationen.« Und er stellte seine eigenen Ziele als Musiker zurück, begnügte sich mit der Rolle des Librettisten und ordnete sich Verdi unter. Ein Glücksfall für die Kunst!

Über die Charaktere des ›Othello‹-Stoffes war sich Verdi schon 1881 im klaren. Zum Jago äußerte er, er müsse »eine magere, große Figur haben ... mit dünnen Lippen, kleinen Augen nahe der Nase wie bei den Affen, die hohe Stirn rückwärts geneigt, mit deutlich entwickeltem Hinterkopf ... er müßte Gutes wie Schlechtes leichthin sagen mit der Miene eines Menschen, der an alles andere denkt als an das, was er spricht. Würde ihm jemand den Vorwurf machen: ›Aber was du da ... vorschlägst, ist doch eine Gemeinheit‹ – er könnte ganz gut antworten: ›Wirklich? ... Nun, dann sprechen wir nicht mehr davon!‹«. Und weiter: »Jago ist ... der böse Geist, der alles bewegt, aber Othello ist der Handelnde. Er liebt, ist eifersüchtig, mordet und begeht Selbstmord.« Die Gestalt Desdemonas stand von Anbeginn fest, andere Figuren und Situationen wurden geändert, neue Episoden auf Verdis Vorschlag eingefügt. So blieb zwar von Shakespeare nur der Grundriß der Fabel, doch es entstand ein »in gutem Italienisch« (Verdi) geschriebenes, lebenswahres Libretto, das allen Anforderungen der Musik entsprach.

Ehe Verdi mit der Komposition begann, starb Wagner in Venedig. Verdi schrieb an Ricordi: »Traurig, traurig, traurig. Wagner ist tot! ... Ich bin ... völlig niedergeschmettert. Hier schweigt jede Erörterung.« – 1886 lag die Partitur vor; die Erstaufführung in Mailand am 5. Februar 1887 wurde für Verdi zu einem Triumph.

26 Jahre vor dem ›Othello‹ umschrieb Verdi sein Ziel mit dem Begriff ›Bühnendrama für Musik‹, eine Formulierung, die eindeutig seine von Wagner abweichende Einstellung erkennen läßt, mag es sich dabei auch nur um eine Akzentänderung zugunsten

Faksimile des Plakats zur Ankündigung der Uraufführung des ›Othello‹ in der ›Scala‹, 5. 2. 1887

der Musik handeln. Auf den ersten Blick scheint dieser Grundsatz im ›Othello‹ weitgehend aufgehoben. Die Musik ist bewußt auf das Wortdrama eingestimmt; sie registriert jede Regung der Handelnden ohne Rücksicht auf die herkömmlichen Formen der Gesangsoper. Es gibt zwar noch geschlossene Nummern, doch ihr Anteil am Ganzen ist gering im Verhältnis zu den melodischen Abschnitten, die sich frei aus dem Strom der »gesungenen Rede« lösen und oft übergangslos wieder in sie zurücksinken. Diese »Auflösung der Arie« ist ein für Italien bis dahin einmaliger Vorgang, doch sie ist kein Zeichen für die Unterwerfung der Musik unter das Wortdrama; beide verschmelzen zu einer Einheit. Die Voraussetzung dafür ist das Aufgehen selbständiger Lied- und Arienformen in ›durchkomponierten‹ Formen, die ganze Akte umspannen.

Diese großen Formen sind strukturell bis ins Detail rückführbar auf Ansätze, die sich in ›Macbeth‹, ›Traviata‹, ›Simone Boccanegra‹ und ›Aida‹ finden. ›Geschlossene‹ Abschnitte sind durch ariose ›parlandi‹ und einheitliche Koloristik nun derart aufeinander bezogen, daß der Hörer die Zäsuren zwischen ihnen kaum noch wahrnimmt. Etwa in Jagos zynischem ›Credo‹ ist die Arie zur Szene erweitert, in anderen Fällen gewinnen szenische ›parlandi‹ in Verbindung mit symmetrisch durchgeformten Instrumentalbegleitungen (dynamische Motiv-Entwicklungen à la Pergolesi) Ariencharakter. In den Ensembles und im Finale des 3. Aktes ist die vokale Polyphonie in belcantistischem Schönklang wichtigstes Mittel der unübertrefflichen Charakterisierungskunst. Durch die konsequente Individualisierung und Sublimierung der Gesangsoper und ihrer Formstrukturen wurde hier das romanische Musikdrama verwirklicht. – ›Othello‹ ist die erstaunliche Leistung eines Dreiundsiebzigjährigen. Aus seiner kühlen, überpersönlichen, mitunter ironischen Einstellung gewannen die Gestalten und Vorgänge bei aller Realistik und Differenziertheit etwas von der statuarischen Größe der antiken Schicksalstragödie.

Im ›Falstaff‹ fand die italienische ›buffa‹ eine einzigartige Stilerneuerung. Die im ›Othello‹ entwickelte Satztechnik ist hier mit letzter Konsequenz angewendet, alle Einzelheiten sind eingegliedert in anscheinend offene dynamische Großformen, die bei näherer Analyse eine geradezu klassische Symmetrie des Grundrisses und tektonischen Aufbaus erkennen lassen. Die kammermusikalisch transparente Stimmführung und das Klangbild sind farbig nuanciert, ein intimer, verspielter, lyrisch komödiantischer Grundton schwingt durch das Ganze. Die vokale Polyphonie ist ohne Einbuße an belcantistischem Schönklang bis zu neun realen Stimmen aufgefächert. Starke Akzente gibt es kaum noch, doch die Musik ist unerschöpflich reich an eigenwilligen, bisweilen aphoristisch prägnanten melodischen Wendungen und von einer Serenitas durchdrungen, der man sich beglückt überläßt. Für den ›Falstaff‹-Stoff interessierte sich Verdi schon 1849, als Nicolais ›Lustige Weiber‹ in Berlin herauskamen, doch erst 1890 entschloß er sich zur Vertonung von Boitos Libretto. Die Partitur beendete er im Herbst 1892, also mit nahezu 80 Jahren. Die Erstaufführung in Mailand am 9. Februar 1893 wurde gebührend begrüßt, doch die späteren Aufführungsziffern waren und blieben bescheiden. ›Falstaff‹ ist ein Ausnahmewerk für Kenner, das breite Publikum wird ihm wohl stets Nicolais Oper vorziehen. Die Einsicht »Die ›Lustigen Weiber‹ sind eine hübsche Oper, der ›Falstaff‹ aber eines der größten Meisterwerke aller Zeiten« (Richard Strauss) vermochte bislang hieran nichts zu ändern. – Boitos Libretto geht zurück auf Shakespeares Komödie ›Die lustigen Weiber von Windsor‹ und auf dessen ›Heinrich IV.‹ (1. und 2. Teil). Es ist besser gebaut als das Nicolais. Nicolai stellte die lustigen Weiber in den Mittelpunkt, Verdi dagegen Falstaff. Abgesehen von vielen Abweichungen in Einzelheiten: Bei Nicolai ist Falstaff eine ›nur‹ komische Figur, bei Verdi verkörpert er eine heitere Lebensphilosophie, »vergnüglicher Typus eines Schuftes, ewig wahr unter verschiedener Maske, zu jeder Zeit und an jedem Ort!« (Verdi). Am Ende des närrischen Treibens zieht er die fröhliche Lehre, dann gibt er den Einsatz zur krönenden ›Fuga-buffa‹: »Alles ist Spaß auf Erden, wir – wir sind geborene Toren.«

Den Rest seiner Jahre verbrachte Verdi zurückgezogen. 1898, ein Jahr nach dem Tode Giuseppinas, nahm er Abschied von der Kunst mit den ›Quattro pezzi sacri‹ (›Vier geistlichen Gesängen‹), darunter ein ›Tedeum für Doppelchor und Orchester‹. Zu Beginn des neuen Jahrhunderts, am 27. Januar 1901, starb er in Mailand. In der Kapelle seiner Stiftung für alte Musiker, der ›Casa di Riposa‹, ist seine letzte Ruhestätte.

Gegensätze

Johannes Brahms

Brahms wurde am 7. Mai 1833 als Sohn eines armen Kontrabassisten im Hamburger Gängeviertel geboren. Der Vater unterwies ihn im Instrumentalspiel (Geige, Cello, Horn) und vertraute ihn dann einem Kollegen an: »Min Johann soll mich so viel lehren, als Sie, Herr Cossel, dann weiß hei genug.« Sobald es anging, mußte Johann Geld verdienen. Vom zwölften Jahr an gab er Unterricht, abends spielte er für »Tween Daler un duhn« in einer Schenke. »Ich möchte diese Zeit der Dürftigkeit um keinen Preis ... missen«, äußerte er später, »sie war zu meiner Entwicklung nötig.« Durch seinen eigentlichen Lehrer *Eduard Marxsen* (1806 bis 1887) wurde er dann vertraut mit Schütz, Bach, Beethoven, den Niederländern und der barocken Kantorenmusik. Sein erstes Klavierkonzert gab er mit 15 Jahren. Um diese Zeit entstanden die ›Klaviersonaten‹, Werk 1 und 2, mehrere Lieder und anderes. Sechzehnjährig unternahm Brahms mit dem ungarischen Geiger Reményi eine Konzertreise. In Hannover bewunderte der Geiger *Joseph Joachim* (1831 bis 1907) die »Kraft und Originalität« seiner Werke und die »fatalistische Energie« seines Spiels. Sie wurden Freunde. Durch Joachim kam Brahms zu Liszt nach Weimar, doch die byzantinische Atmosphäre dort und Liszts Kunstgesinnung stießen ihn ab.

Auf Empfehlung Joachims besuchte er 1853 in Düsseldorf Clara und Robert Schumann. Sie nahmen ihn mit offenen Armen auf. Schumann erkannte in ihm den Vollstrecker seiner eigenen Absichten, den, »der da kommen mußte«, den »wahren Apostel der Musik«. Er verschaffte ihm einen Verleger und empfahl ihn in seinem letzten, enthusiastischen Aufsatz ›Neue Bahnen‹ der Öffentlichkeit als jenen Berufenen, »der uns die Meisterschaft nicht in stufenweiser Entwicklung brächte, sondern, wie Minerva, gleich vollkommen gepanzert aus dem Haupte des Kronion spränge«. Er nannte Brahms' Klaviersonaten »verschleierte Sinfonien« und schwärmte: »Wenn er seinen Zauberstab dahin senken wird, wo ihm die Mächte der Massen, im Chor und Orchester, ihre Kräfte leihen, so stehen uns noch wunderbarere Blicke in die Geheimnisse der Geisterwelt bevor.« Der Aufsatz ebnete Brahms zwar äußerlich den Weg, erschwerte ihm aber seine Aufgabe. Er war eine scheue, verschlossene, äußerst selbstkritische Natur und bezweifelte, die in ihn gesetzten Erwartungen erfüllen zu können. Andererseits spornte ihn das Lob an, sich das Höchste abzuverlangen, und fand damit seine Rechtfertigung. Als Schumann zusammenbrach, übersiedelte Brahms nach Düsseldorf, um Clara beizustehen.

Nach Schumanns Tod vermittelte ihm Clara eine Stelle in Detmold als Leiter des Hofchores und Klavierlehrer der Prinzessin Friederike. Er hatte nun »Geld fürs ganze Jahr«, seine Amtspflichten ließen ihm Zeit zum Studium barocker und klassischer Musik und zum Schaffen. Es entstanden Chorwerke, die ›Serenaden‹, Werk 11 und 16, das ›1. Klavierkonzert‹, Werk 15, und das ›Streichsextett‹, Werk 18. Das Klavierkonzert wurde in Hannover und Hamburg 1859 kühl aufgenommen, in Leipzig wurde es ausgezischt. Die Niederlage deprimierte Brahms, er sonderte sich ab und wagte sich erst 1864 wieder mit einem Orchesterwerk hervor (›Haydn-Variationen‹, Werk 56). Die ›I. Sinfonie‹, deren Skizzen ihn schon 1855 beschäftigten, veröffentlichte er 1876.

Seine Hoffnung, in Hamburg Dirigent der ›Philharmonischen Konzerte‹ zu werden, scheiterte. Er leitete dort einen Frauenchor (1860 bis 1862) und wandte sich dann nach Wien, wo er 1863 für ein Jahr Chef der ›Singakademie‹ wurde. Die nächsten Jahre war er viel auf Reisen (Nord- und Westdeutschland, Schweiz, Italien). Die Uraufführung des ›Deutschen Requiems‹ im Bremer Dom (1868) begründete seinen internationalen Ruhm. Der Erfolg steigerte sein Selbstvertrauen und löste seine fruchtbarste Schaffensperiode aus (1868 bis 1890). 1872 übernahm er die Leitung der Konzerte der ›Wiener Gesellschaft der Musikfreunde‹, ab 1875 lebte er frei seinem Schaffen, mit Ehrungen aus aller Welt überhäuft. Am 3. April 1897 starb er in seiner Wahlheimat Wien.

Sein Schaffen umfaßt – mit Ausnahme der Oper – Beiträge zu allen Gebieten der Musik, unter anderem über 200 Lieder, Volksliedbearbeitungen, geistliche und weltliche Chöre, ›Ein deutsches Requiem‹ und andere Chorwerke, Klaviersonaten und Variationswerke, Balladen, Rhapsodien, Capricen, Intermezzi und Fantasien, Orgelwerke, zwei Klavierkonzerte, ein Violinkonzert, ein Doppelkonzert für Violine und Cello, zwei Serenaden, die Haydn-Variationen, Ouvertüren, vier Sinfonien und Kammermusik der verschiedensten Besetzung, insgesamt 122 Werke.

Mit 27 Jahren ließ Brahms sich verleiten, ein Manifest mit zu unterschreiben, das sich gegen die Kunstthesen der ›Neudeutschen‹ richtete. Eine Unüberlegtheit, die Liszt, Wagner und ihre Anhänger gegen ihn aufbrachte. Die ›Konservativen‹, an ihrer

Spitze der Wiener Kritiker *Eduard Hanslick* (1825 bis 1904), spielten ihn in heftigen Polemiken gegen die ›Neudeutschen‹ aus. Fraglos schätzte Brahms weder Liszt noch Wagner. Über die ›Meistersinger‹ schrieb er an Clara Schumann: »Ich schwärme nicht – weder für dieses Werk noch sonst für Wagner. Doch höre ich mir's so aufmerksam wie möglich an und so oft – ich's aushalten kann ... Ich freue mich jedoch, daß ich nicht nötig habe, alles deutlich und laut zu sagen.« Doch der öffentliche Streit war ihm zuwider, und er hielt sich ihm fern, ja er suchte ihm die Schärfe zu nehmen. Einmal nannte er sich »den besten Wagnerianer«, sprach er von Wagners »Bedeutung, die nicht so bald einer begreift oder würdigt, so wie ich, und gewiß am allerwenigsten die Wagnerianer«. Zu Brahms' Vorkämpfern gehörte seit 1876 auch Hans von Bülow.

Johannes Brahms, Silhouette von Otto Boehler

Nicht sehr glücklich war sein Schlagwort von den »Drei großen B« (Bach, Beethoven, Brahms), denn es wurde zum Losungswort der ›Konservativen‹; auch Bülows Formulierung, Brahms' ›I. Sinfonie‹ sei die ›Zehnte‹ (das heißt die Fortsetzung der neun Sinfonien Beethovens), trug unabsichtlich dazu bei, daß man Brahms als ›Konservativen‹ abstempelte. Er war zwar romantischer Klassizist, Mittler zwischen der Tradition des 16. und 17. Jahrhunderts, des Barock, der Klassik und seiner Gegenwart, doch zugleich Erneuerer der absoluten Musik und derjenige, von dem die großen Linien der Entwicklung dann weiterführten über Reger zu Hindemith einerseits, Schönberg und Webern andererseits, während die neudeutsche Richtung mit Richard Strauss erlosch. Brahms war nach Beethoven im 19. Jahrhundert der einzige, in dessen Kunst die formschöpferische Kraft des Barock und der Klassik wiederauflebte.

Gewiß, auch in ihm wie in allen Zeitgenossen war das Romantische, das Goethe »das Kranke« nannte, waren Skepsis und herbstliche Resignation. Doch er widersetzte sich der formauflösenden Tendenz seiner Zeit und suchte sie zu überwinden. Er erkannte, daß Mendelssohn und Schumann die Sonatenform ins Episodische auflösten, was der dramatischen Natur dieser Entwicklungsform widersprach, und ging daher bewußt von Beethoven direkt aus in seinem Streben, die »verlorene Einheit« wiederherzustellen. Er mied die romantische Ornamentik und den Reiz malerischer, unbestimmt gleitender Farbspiele, hielt sich an klar profilierte Themen und modulierte zunächst so, daß die Grundtonart eines Stückes eindeutig hervortrat und die in ihm berührten anderen Tonarten die Statik der einzelnen Sätze und der Gesamtform festigten. Er betonte die von den Romantikern vernachlässigte dualistische Themenspannung, gestaltete dialektische sinfonische Entwicklungen und bediente sich vor allem der klassischen Variationstechnik Beethovens. Sie konstituiert in der Mehrzahl seiner Werke den musikalischen Zusammenhang. Als Harmoniker entfernte sich Brahms später von seiner Ausgangsstellung. In seinem ›Parzenlied‹ fand Webern eine Fülle von »ganz merkwürdigen Harmonien« und Kadenzen und meinte, es sei »eigentlich kein Grund mehr vorhanden, wieder in die Grundtonart zurückzukehren«. Ansätze mithin zur Tonalitätsauflösung (Reger, Schönberg) sind hier erkennbar. Nicht das ›Was‹, das ›Wie‹, die Arbeit bestimmt den Wert von Brahms' Kunst. Mit den Romantikern teilte er die Liebe zum Detail, zur unruhigen, nervösen Rhythmik, zur klavieristischen Feingliedrigkeit des Melos, mit Beethoven das Streben nach sinfonischer Logik, nach weiträumigen Formgliederungen und der Einheit von Gestalt und Wesen. Doch die Wurzeln seiner Kunst reichen noch tiefer hinab in die klare Formen- und Ausdruckswelt des Barock (Bach, Händel, Schütz). Die Vertrautheit mit den Satzweisen und Prinzipien dieser großen Vergangenheit belastete ihn sehr, sie hinderte ihn mitunter, sich seinen Eingebungen unbefangen zu überlassen, er manipulierte sie dann. Daher bisweilen der Eindruck des ›Gearbeiteten‹, Komplizierten, Synthetischen in seiner Kunst, daher sein Mißtrauen gegen sich selbst, seine Resignation: »Wenn die Leute eine Ahnung hätten, daß sie von uns tropfenweise dasselbe kriegen, was sie bei Mozart nach Herzenslust trinken können.« Um so bewundernswerter ist die Hieb- und Stichfestigkeit vieler seiner Werke, ist ihre vollendete Architektur und ihr Reichtum an Wesenszügen.

Brahms' Arbeitsweise war selbstquälerisch wie die Beethovens. Nur in kleineren Klavierstücken und Liedern bewegte er sich bisweilen mit der Spontaneität des Romantikers, in den großen Formen machte ihm stets die Konstruktion Schwierigkeiten. Ehe er sich (mit 40 Jahren!) entschloß, sein erstes Streichquartett herauszugeben, hatte er ›20 Probequartette‹ verworfen. Sein erstes Klavierkonzert war zunächst als Sinfonie geplant. Unzufrieden mit der Instrumentation arbeitete er es in eine ›Sonate für zwei Klaviere‹ um, und erst nach weiteren Anläufen gelang ihm die gültige Fassung. Das Ergebnis dieser Metamorphosen ist quasi eine Sinfonie mit obligatem Klavier. Der 3. Satz ist eliminiert, das ursprüngliche Finale durch ein neues Rondo ersetzt. Über einen Zeitraum von 20 Jahren reifte die ›I. Sinfonie‹! Alle Skizzen vernichtete Brahms, niemand sollte wissen, welche Mühe ihm seine Kunst verursachte.

Er begann, wie Schumann, mit *Klavierwerken*. Schon in den drei jugendlich schwärmerischen ‹Klaviersonaten›, Werk 1, 2 und 5 – sie entstanden nach dem feurigen ›Scherzo‹, Werk 4 – finden sich die romantische, klassische und barocke Komponente, um deren Synthese er zeitlebens rang. Das Melos, die Klangfarben und der Ausdruck sind ro-

Handschriftliche Skizze Brahms' zur ›Rhapsodie‹

mantisch, die Formen dem klassischen Schema nachgebildet, die Entwicklungen sind dialektisch gespannt annähernd im Sinne Beethovens (die Durchführungen), die Satzweise zeigt bei romantischer Vollgriffigkeit besonders in den Mittelstimmen eine an Bach geschulte Linearität. In jeder Sonate gibt es für alle Sätze ein Grundmotiv, aus dem die klar geschnittenen Themen weitgehend abgeleitet sind. Das Material wird ökonomisch und konsequent verarbeitet, alle Anstrengungen sind darauf ausgerichtet, die Einheit von Aussage und Form zu erreichen. In den Kopfsätzen herrscht ein teils robust kräftiger, teils scheu verhaltener Balladenton, die langsamen Sätze entfalten sich aus altdeutschen bzw. romantischen Liedern, die drei Scherzi und Finale sind auf die Kopfsätze bezogen. Mitunter wirkt die Klangfülle orchestral, man versteht, daß Schumann hier von »verschleierten Sinfonien« sprach. Das Problem der Sonate beschäftigte Brahms fortan nur noch in der Kammermusik und den Sinfonien.

In den fünf großen Klavier-Variationswerken (1853 bis 1863) stellte Brahms methodisch die in den Themen enthaltenen Möglichkeiten dar, und zwar in zyklischen Folgen von relativ einfach gegliederten Kleinformen. Systematisch erprobte er hier die barocke, klassische und romantische Variationstechnik. In den intimen ›Schumann-Variationen‹ (1853) fühlte er sich erstaunlich in den »phantasierenden« Stil der Romantik ein; zugleich aber gab er dem Ganzen Profil und Statik durch Einbeziehung barocker Satzweisen (Kanon, Umkehrung, Engführung, Erweiterung usw.); das Thema wird allmählich bis zur Unkenntlichkeit verwandelt. Ganz anders die ›Ungarischen Variationen‹ (1853). Hier hielt Brahms sich streng an die klassische Manier (das Thema bleibt kenntlich, es wird figurativ umspielt, rhythmisch oder klanglich verändert usw.). In den ›Variationen über ein eigenes Thema‹ (1861) suchte er die barocke und klassische Technik auf eine neue Weise zu verschmelzen, ebenso in den großartigen ›Händel-Variationen‹ (1861). Hier gelangen ihm Charaktervariationen von unerschöpflicher Einfallsfülle. Die Haltung ist streng, kühl; eine Schlußfuge krönt das Werk. Virtuosen Charakter haben demgegenüber die technisch äußerst anspruchsvollen ›Paganini-Variationen‹ (1863). Sie glorifizieren nicht das Virtuose – was Liszt in seinen ›Paganini-Etüden‹ unternahm –, sondern stellen als ›Studien‹ alle technischen Möglichkeiten des Klaviers methodisch in den Dienst gehaltvoller Veränderungen. Während die Variationswerke der Konzertliteratur angehören, sind von den kleineren Stücken, also den Balladen, Rhapsodien, Capricci und Intermezzi, einige auch in der Hausmusik heimisch geworden, ebenso die vierhändig gesetzten ›Walzer‹ und ›Ungarischen Tänze‹ (es gibt von ihnen auch ›Bearbeitungen für zwei Hände‹ von Brahms). An diesen ›romantischen‹ Miniaturen erweist sich Brahms' Abstand von der Programm-Musik. Keines der Stücke trägt einen Suggestivtitel, Assoziatives ist ausgeklammert, nur durch sich selbst soll die Musik wirken.

Das gilt auch für die *Kammermusik*, die zum wertvollsten Bestand der einschlägigen Literatur aus der zweiten Hälfte des 19. Jahrhunderts gehört. Bei zwei Dritteln der 24 Werke ist das Klavier beteiligt, außer den Streichern ist einmal das Horn, viermal die Klarinette einbezogen. Formal ging Brahms hier wie in den frühen Klaviersonaten von Beethoven aus, und er erreichte – etwa im 1891 überarbeiteten ›Klaviertrio‹, Werk 8, oder im späten ›Klarinettenquintett‹, Werk 115 – eine klassische Geschlossenheit der Architektur. Schönberg, der viele dieser Werke mit seinen Schülern analysierte, bearbeitete das ›Klavierquartett‹, Werk 25, für Orchester. Er übernahm auch als Schaffender direkt Brahms' Motiv- und Variationstechnik, die damit ihre fortwirkende Kraft erwies. Nahezu jedes Werk trägt die Merkmale eines Stils von hoher Eigenart. Nirgends vorher findet sich die für Brahms charakteristische Klaviertechnik (weite Griffe, wuchernde Triolen und Sextolen, Polyrhythmen usw.) oder eine ähnlich herbe, ganz aus dem Charakter der Instrumente erfühlte Bläserbehandlung in Verbindung mit einer sensitiv darauf eingestimmten Klangskala des Klaviers oder der Streicher, nirgends auch der sehr subjektive Wechsel von robusten Kraftausbrüchen und herbstlich elegischer Lyrik, der nur ihm eigene verinnerlichte Balladen- und Liederton. Bisweilen knüpfte Brahms in der Kammermusik unmittelbar an Lieder an. Hierin war er Schubert verwandt. Schönes Beispiel: die ›1. Violinsonate‹, Werk 78, genannt ›Regensonate‹, da sie auf sein ›Regenlied‹ (Klaus Groth) bezogen ist. Auch in den Orchesterwerken finden sich oft liedartige Themen oder vom Lied hergeleitete Form- und Ausdruckselemente; in vielem sind alle seine Instrumentalkompositionen vom Lied her verständlich.

Brahms' Verhältnis zum *Lied* war sehr verschieden von dem Schumanns oder Wolfs. Schumann schrieb ›Klavierlieder‹, das heißt romantische Klavierdichtungen mit obligater Gesangsstimme. Wolf entwarf kleine Klavier-Epen oder -Dramen, denen sich der Gesang in dem von Wagner übernommenen Deklamationsstil verband. Bisweilen schuf er den Klavierteil zuerst und fügte ihm erst nachträglich die Gesangsstimme hinzu. Folgerichtig gelangte er um 1900 zum ›Melodramlied‹, einer die Dichtung psychologisch ausdeutenden Klavier-Miniatur mit übergelegtem gesprochenem Text. Brahms hingegen ging über Mendelssohn zurück zur ›Berliner Schule‹, die mit Goethe im ›Strophenlied‹ die eigentliche Form des Liedes sah, oder noch weiter zurück zum klassischen bzw. vorklassischen Lied und zum Volkslied. Andererseits hielt er sich weit bewußter als Schumann an Schubert. »Es gibt kein Lied Schuberts«, bekannte er, »von dem man nicht einiges lernen könnte.« Wurden ihm Lieder zur Prüfung vorgelegt, so deckte er, wie sein Schüler Jenner bezeugte, die Mittelstimmen zu und betrachtete zunächst nur die Melodie. Folgte sie deklamatorisch der Sprachmelodie des Textes und war sie überdies eigenartig und einprägsam, dann hieß er sie gut. Brahms beteiligte zwar das Klavier bisweilen mit einem an Schumann erinnernden Nuancenreichtum am Lied, doch stets suchte er dieselbe Balance zwischen Gesang und Begleitung zu erreichen wie Schubert. Nie ließ er das Klavier dominieren, setzte er es psychologisierend oder als Mittel der Stimmungsmalerei ein. Nicht die subjektive Emotion, vielmehr das Zuständliche, Überpersönliche einer Empfindung oder Stimmung wollte er wiedergeben. Hierin unterschied er sich von den Romantikern, erwies er sich wiederum als Klassizist. Sein Verhältnis zur Dichtung war naiv; Volksliedtexte, Klassiker, Romantiker, reflektierende Lyrik der Nachromantik, Namen wie Goethe, Schiller, Tieck und Eichendorff stehen neben Platen, Hebbel, Storm, Klaus Groth und neben versunkenen wie Daumer, Schack, Sternau. Abgesehen von den ›Vier ernsten Gesängen‹, in denen Brahms Bibelworte vertonte, hielt er sich nur zweimal in Zyklen an einzelne Dichter, und zwar in den ›Magelone-Romanzen‹ (Tieck) und ›Daumer-Liedern‹. Zahlreich sind Naturlieder und Volkslied-Bearbeitungen vertreten, manches Lied entstand im Freien. Schöne Beispiele seiner Liedkunst sind ›Vergebliches Ständchen‹, ›Der Schmied‹, ›Feldeinsamkeit‹, ›O wüßt' ich doch den Weg zurück‹ oder ›Mondnacht‹ (aufschlußreich der Vergleich mit Schumanns ›Stimmungslied‹ über denselben Text). Viele Beziehungen spielen hinüber von den Sololiedern zu den Solo-Duetten und Quartetten, den Chorliedern und großen Chorwerken.

In den *Chorwerken*, schon im frühen ›Begräbnisgesang‹, dann im ›Schicksalslied‹, im ›Gesang der Parzen‹, in ›Nänie‹, in den Motetten, den ›Fest- und Gedenksprüchen‹ beschäftigten Brahms die Menschheitsfragen nach dem Sinn des Lebens und Sterbens aus einer protestantischen Haltung, wie sie sich in jener glaubensarmen Zeit ähnlich kräftig und rein nur noch vereinzelt in den Künsten äußerte. Wie Mendelssohn suchte er seine Vorbilder in der Vergangenheit. Doch während jener eher altitalienischen Mustern folgte, ging Brahms aus von den Niederländern und der herben norddeutschen Kantorenmusik der Bachzeit und entwickelte einen klassisch-romantischen Vokalstil von zwingender Eigenart. Im Mittelpunkt steht das monumentale ›Deutsche Requiem‹. Es hat mit der katholischen Totenmesse weder formal noch textlich Berührungspunkte, eher findet es in den ›Exequien‹ von Heinrich Schütz ein Gegenstück. Wie dort sind die Texte frei aus Bibelsprüchen zusammengestellt. Das Werk reifte langsam. Es war zunächst als dreisätzige Trauerkantate für die Mutter gedacht, später kamen noch vier Kantaten hinzu. Nur in drei Kantaten sind, außer dem Chor, Soli beschäftigt. Die ersten drei Kantaten stehen unter dem Motto der Klage, die letzten vier unter dem des Trostes; die sechste gipfelt in einer monumentalen Chorfuge, in der siebenten schließt sich der Kreis. Der feierliche Schlußchor ›Selig sind die Toten‹ erklingt zu derselben Musik wie der Eingangschor ›Selig sind, die da Leid tragen‹.

Durch das Ganze geht ein archaischer Zug. Altertümliche Themen stehen neben choral- oder volksliedartigen Weisen, homophone Abschnittte neben solchen, in denen die barocke Polyphonie sich zu verjüngen scheint. Die Formgliederungen sind übersichtlich und im klassischen Sinne ausgewogen; die Tonsprache meidet subjektiv emotionale Wendungen und psychologisierende Textdeutungen. Ihr Ausdruck ist überpersönlich, sakral. Die Erneuerungsbewegung der protestantischen Kirchenmusik im 20. Jahrhundert ging von diesem Werk aus.

Brahms' *Orchesterwerke* sind zuallererst und im Widerspruch zu den Thesen der ›Neudeutschen‹ absolute Musik; die autonome Würde und Reinheit der Tonkunst ist in ihnen wiederhergestellt. Selbst die ›Akademische Festouvertüre‹, eine Gelegenheitsarbeit, ist keine ›Programm-Musik‹. Brahms zitierte in ihr zwar Studentenlieder, doch er nannte das Stück ein ›Potpourri à la Suppé‹, es hat Quodlibet-Charakter. Auch die ›Tragische Ouvertüre‹ – ein düsterer sinfonischer Satz der Beethoven-Nachfolge – hat kein Programm. – Den Zugang zum Orchester erarbeitete sich Brahms mühsam vom Klavier und Lied her. Beides bleibt spürbar an seiner Instrumentation und am kantablen Charakter seiner Thematik. Der Vorwurf von Richard Strauss, Brahms (ebenso wie Schumann) schreibe nicht orchestral, seine Konzerte und Sinfonien wirkten wie Übertragungen von Klavierwerken, ist subjektiv bedingt. Strauss empfand malerisch, Brahms architektonisch. Strauss mischte Farbwerte, Brahms kontrapunktierte sie. Bei Strauss lebt mancher Einfall vom malerischen Klangreiz, für Brahms ist die Klangfarbe nur ein Mittel neben anderen, um die linearen Konturen der Themen zu verdeutlichen. Dennoch verwandte er die einzelnen Instrumente und Instrumentgruppen charakteristisch und mit erlesenem Klangsinn, seine Partituren wirken durchaus farbig, wenn auch nie ›malerisch‹.
In seiner ›I. Sinfonie in c-Moll‹, Werk 68, ging Brahms von Beethovens ›Fünfter‹ aus. Mit ihr teilt sein Werk die Weiträumigkeit und Klarheit der Architektur, die Logik der sinfonischen Entwicklungen und die Gegebenheit eines Grundmotivs (es steht dem 1. Satz wie ein Motto voraus), das die gedankliche Einheit der zyklischen Satzfolge konstituiert. Auch bei Liszt (›Leitthema‹) oder Berlioz (›Idée fixe‹) hätte Brahms derartiges finden können, doch er verband seine Grundmotive nie mit außermusikalischen Vorstellungen, sie waren ihm nicht Synonyme für Figuren oder Ideen aus Programmen, sie bilden die Zellen, aus denen sich die Haupt- und Seitengedanken der einzelnen Sätze herleiten und auf die alle Gedanken im Sinne der Beethovenschen Sinfonie bezogen sind. Die naturselige ›II. Sinfonie in D-Dur‹, Werk 73, und die energische ›Dritte‹ in ›F-Dur‹, Werk 90, sind strukturell ähnlich durchgebildet. Die Scherzi der drei ersten Sinfonien sind nicht – wie die Beethovens – bizarre Charakterstücke, sie folgen als Tanzsätze mit Romanzeneinschlag eher dem Menuett-Typus Haydns. Nur das aufgewühlte Scherzo der ›IV. Sinfonie in e-Moll‹, Werk 98, weicht von dieser Norm ab. Die ›Vierte‹ ist Brahms' sinfonisches Hauptwerk. Ihr Grundzug ist schwermütig, ihr Klangbild dunkel. Kirchentonarten und alte Satzweisen verleihen ihrer spätromantischen Thematik und Harmonik etwas Archaisches. Im Finale verband Brahms die Variationsform der Chaconne äußerst kunstvoll mit dem klassischen So-

natenhauptsatz. Ein majestätisch breites Thema aus acht ganztaktigen Tönen wird ohne Unterbrechung dreißigmal variiert; aus den lebhafteren Gegenstimmen sind die Sonatenthemen gewonnen und gleichzeitig im Sinne des Sonatenschemas (ohne Durchführung) verarbeitet, und zwar durchaus in der Sprache und mit den Mitteln der Zeit. Musikalisches Sinnbild der Versöhnung von Barock, Klassik und Romantik.

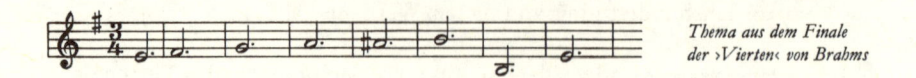

Thema aus dem Finale der ›Vierten‹ von Brahms

Die beiden ›Serenaden‹, in denen das Divertimento der Haydn-Zeit verwandelt wieder auflebt, die herben ›Klavierkonzerte‹ – eher Sinfonien mit obligatem Klavier –, die ›Haydn-Variationen‹, das ›Violinkonzert‹ – neben dem Mendelssohns das wertvollste des Jahrhunderts nach Beethoven – und das ›Doppelkonzert für Violine und Cello‹, in dem das ›Concerto grosso‹ sich verjüngt, jedes dieser Werke trägt neue und wesentliche Züge bei zum Bilde des großen Menschen und Künstlers Brahms. Inmitten einer pragmatischen, utilitaristischen Zeit gelang ihm die Sammlung der auseinanderstrebenden Kräfte der Romantik und Nachromantik, die Wiederherstellung der Kontinuität der Tradition und die Befreiung der Musik von außermusikalischen Bindungen. Von ihm führt die Entwicklung weiter zu Reger, Schönberg, Webern und Hindemith.

Anton Bruckner

»Bruckners Werke unsterblich, oder vielleicht gar Sinfonien? Es ist zum Lachen! ... Da handelt es sich um einen Schwindel, der in ein bis zwei Jahren tot und vergessen sein wird.« So reagierte Brahms privat auf die von Hugo Wolf und anderen mit betonter Kampfstellung gegen ihn selbst leidenschaftlich geförderte Bruckner-Bewegung seiner Tage. Öffentlich hielt er sich vom Streit der ›Brucknerianer‹ und ›Brahminen‹ fern. Als Bruckner starb, gesellte er sich zu den Trauernden. Ein Zeichen seines Gesinnungswechsels? Sicher aber ein Zeichen seiner Menschlichkeit. Er nahm Abschied von einem, der wie er sein Leben für die Kunst einsetzte. Heute gibt es keine Brahms-Bruckner-Kontroverse mehr, die Nachwelt erkannte, daß sie bei aller Verschiedenartigkeit dem nämlichen Ziel zustrebten, wenn auch anders und mit anderem Ergebnis. Brahms war mit den Problemen seiner Zeit belastet, er hatte ein geschultes und skeptisches Verhältnis zu den Fragen der Weltanschauung und Kunst. Die heroischen Akzente in seinen Werken, ihre Schwermut, ihr Vergrübeltes, nicht immer Unmittelbares sind Spuren seiner Zweifel und Kämpfe. Bruckner hingegen stand in einem rätselhaften Sinne außerhalb seiner Zeit, mittelalterlich mystische, barocke, romantische und realistische Züge ergänzen einander in seiner Kunst. Er war naiv, ursprünglich, primitiv und wie alle Primitiven in einem zugleich zwangsläufigen und freien Sinne unbedingt gläubig. Sein Gott war nicht der strenge Gott Luthers oder

der jansenistische Pascals, es war ›der liebe Gott‹ der ›ecclesia catholica‹; für diesen ›guten Vater‹ schlug er seine Leier mit unschuldvoller Hingabe, die freilich oft identisch zu sein schien mit naturseliger, heidnisch dionysischer Verzückung. Daher das strömend Hymnische seiner Musik. Bei Brahms überwiegt das Bewußte, bei Bruckner das Elementarische. Beide gemeinsam repräsentieren die traditionsgebundene sinfonische Musik des späten 19. Jahrhunderts, sie lösten die nachromantische Musik aus ihren literarischen Bindungen und setzten die absolute Musik wieder in ihre Rechte ein.

Anton Bruckner kam als ältester Sohn eines Dorfschullehrers am 4. September 1824 in Ansfelden bei Linz zur Welt. Der Vater hatte in der Kirche auch die Musik zu betreuen, so kam Bruckner früh mit der einfachen ›musica sacra‹ in Berührung. Den ersten Orgelunterricht erhielt er bei dem Organisten Weiß in Hörsching bei Linz. Mit elf Jahren hörte er zum ersten Male die Orgel des Stifts St. Florian. Als er dreizehn war, starb der Vater. Auf Bitten der Mutter (er hatte zehn Geschwister) nahm ihn das Stift St. Florian als Sängerknaben in Pflege. Er wurde dort zum Dorfschullehrer erzogen, erhielt Unterricht in Geige, Klavier und Orgel (auch Improvisation) und lernte einige Wiener Messen kennen. Nach weiterer Unterweisung an der Präparandie in Linz (1840) – dort soll er Bachs ›Kunst der Fuge‹ abgeschrieben haben – wurde er 1841 Unterlehrer in Windhag. Hier entstanden ein paar konventionelle Kirchenmusiken. Da die Besoldung unzureichend war, mußte er sich seinen Unterhalt als Landarbeiter verdienen. 1843 wurde er nach Kronstorf versetzt. Von dort aus konnte er leicht Steyr oder St. Florian erreichen, wo er Gelegenheit fand, sein Orgelspiel zu vervollkommnen und sich kompositorisch zu bilden. 1845 wurde er Lehrer und 1851 zusätzlich Stiftsorganist in St. Florian. Nun entstanden Männerchöre, ein ›Requiem in d-Moll‹ und eine ›Missa solemnis in b-Moll‹, Werke freilich noch ohne Eigenart. Die Absicht, sich ganz der Musik zu widmen, hatte Bruckner damals noch nicht, obwohl er über ein reiches kontrapunktisches Können verfügte und als Orgel-Improvisator Ungewöhnliches leistete. Erst ein Zufall brachte die Wendung.
1855 wurde die Stelle des Linzer Domorganisten ausgeschrieben. Beim Wettspiel der Bewerber hörte Bruckner zu. Sein Lehrer Dürrnberger (von der Linzer Präparandie) entdeckte ihn und forderte ihn auf, auch zu spielen. Bruckner – obwohl unvorbereitet – übertraf die Konkurrenten weitaus; er siegte dann auch in der zweiten Prüfung und wurde einstimmig zum Linzer Domorganisten gewählt. Zwölf Jahre verwaltete er dieses Amt. Nebenher trieb er unermüdlich Kompositionsstudien. Der konservative Wiener Musiktheoretiker Simon Sechter (bei dem sich Schubert kurz vor seinem Tode anmeldete) wurde sein Lehrer. Da Reisen nach Wien nur selten zu ermöglichen waren, blieb es meist bei schriftlichen Unterweisungen und Korrekturen. Sechter bestätigte Bruckner später: »Nie hatte ich einen fleißigeren Schüler als Sie.« Mit 37 Jahren unterwarf sich Bruckner in Wien einer Prüfung in der alten Satzkunst. Nachdem er sie bestanden hatte, sagte Kapellmeister Johann Herbeck – bekannt durch die posthume Uraufführung von Schuberts ›Unvollendeter‹ – zu seinen Kollegen: »Er hätte uns prüfen sollen.«
Die Linzer Jahre wurden für Bruckners Aufstieg entscheidend. Durch Theaterkapell-

meister Otto Kitzler lernte er Beethovens ›Neunte‹, Werke von Schumann, von Berlioz, Liszt und anderen ›Neudeutschen‹ kennen. Wagners ›Tannhäuser‹ regte ihn »unter Qualen« zu eigenem Schaffen an. 1863 entstanden eine Ouvertüre und eine ›Studien-Sinfonie in f-Moll‹ (nicht veröffentlicht); 1864 folgte die ›Konzert-Messe in d-Moll‹, 1865 eine ›Sinfonie in d-Moll‹ (umgearbeitet 1869). Später nannte er sie die »Nullte«. Er ging in ihr von Beethovens ›Neunter‹ aus; die Ecksätze sind noch recht konventionell, die Mittelsätze besser. 1865 begegnete Bruckner in München zum ersten Male Wagner. Unter dem Eindruck des ›Tristan‹ entstand die Skizze der ›I. Sinfonie in e-Moll‹ (beendet 1866, UA Linz 1868). Ihr folgten bis 1868 die ›e-Moll-Messe‹ für achtstimmigen Chor, Holz- und Blechbläser‹ und die ›f-Moll-Messe‹. Um diese Zeit wurde Bruckner nervenkrank. Das Leiden steigerte sich, als ihn eine Bekannte zurückwies, weil sie ihn »bäurisch« und »unbeholfen« fand und weil er immer »so narrisch angezogen« herumlief. Verzweifelt schrieb er an Herbeck: »Ich möchte aus der Welt gehen.« Herbeck setzte ihm den Kopf zurecht und erreichte, daß Bruckner nach Sechters Tod als dessen Nachfolger 1868 Professor für Orgel, Harmonielehre und Kontrapunkt am ›Wiener Konservatorium‹, zugleich Organist der ›Wiener Hofkapelle‹ und Leiter des Männerchores ›Frohsinn‹ wurde.

Fortan blieb Bruckner in Wien. Dort entstanden seine weiteren Sinfonien, das ›Streichquintett‹ und das ›Tedeum‹. Er war ein begehrter Lehrer – Gustav Mahler, Friedrich Klose, Arthur Nikisch, Felix Mottl, Franz Schalk und Ferdinand Löwe waren seine Schüler. Für die Durchsetzung seiner Kunst mußte Bruckner zeitlebens deprimierende Kämpfe durchstehen. Die ›Brahminen‹ unter Hanslick verrissen jedes neue Werk. Die ›Siebente‹ beispielsweise nannte Hanslick »den wüsten Traum eines durch zwanzig ›Tristan‹-Proben überreizten Orchestermusikers«, die Besprechung einer anderen Sinfonie lehnte er ab mit der Begründung, er wolle dem Publikum »die Schande des Konzertsaales ersparen«. Erst als Bruckner sechzig Jahre alt war, wurde eines seiner Werke außerhalb Österreichs aufgeführt. Die ›Fünfte‹ (1875 bis 1876) hörte er nie, von der ›Sechsten‹ (1879 bis 1881) hörte er nur die Mittelsätze. Das Werk kam erst nach seinem Tode (1899) heraus.

Schlimmer war, daß Bruckner mit Ausnahme der ›Ersten‹ und ›Siebenten‹ keine Sinfonie in der Originalgestalt herausbringen konnte. Mit der ›Zweiten‹ begann die »symphonische Lebenstragödie dieses deutschen Musikers« (Robert Haas). Zunächst wurde das Werk als unspielbar abgelehnt. Herbeck vermochte eine Aufführung dann nur zu ermöglichen, nachdem er einschneidende Kürzungen (rund 160 Takte!) und Änderungen der Instrumentation, der Dynamik, der Tempi und Phrasierungen, ja der Stimmführung vorgenommen hatte. Derart verstümmelt kam die Sinfonie heraus; mit weiteren Änderungen, die man 1877 einfügte, wurde sie gedruckt. Ähnlich erging es den anderen Sinfonien. An den Änderungen beteiligt waren auch Bruckners Schüler Schalk und Löwe; in der besten Absicht näherten sie die Instrumentation der klangsinnlicheren Wagners an und verfälschten sie damit. Bruckner war zu schüchtern und weltunerfahren, sich den Eingriffen der Freunde zu widersetzen, er duldete die Herausgabe der verstümmelten Partituren, erklärte aber unmißverständlich die eigenen Fassungen als »für spätere Zeiten« verbindlich. Erst im dritten Jahrzehnt unseres

Jahrhunderts entsann man sich dessen und rekonstruierte mühsam aus den zum Teil voneinander abweichenden Manuskripten die Originale. Sie liegen der kritischen Gesamtausgabe zugrunde, die im Auftrage der ›Nationalbibliothek‹ und der ›Deutschen Bruckner-Gesellschaft‹ geschaffen wurde. Ihr Herausgeber ist Professor Robert Haas; ihm und seinen Mitarbeitern ist die Tilgung einer der größten Kunstfälschungen des 19. Jahrhunderts zu danken. Der Streit, ob ›Bearbeitung‹ oder ›Original‹, ist seither zwar noch nicht ganz abgeklungen, doch allmählich setzt sich in der Praxis die einzig vertretbare Auffassung durch, die Robert Haas dem Druck des Originals der ›VI. Sinfonie‹ voranstellte: »An Bruckners Willensäußerung darf nichts willkürlich geändert werden, auch nicht an der Zeichengebung, wenn nicht der große Sinn und das klangliche Gleichgewicht des Ganzen zerstört werden soll.«

Anton Bruckner, Silhouette von Otto Boehler

Aus den Originalfassungen geht hervor: Bruckner mied eine malerische Instrumentationsweise. Er kam von der Orgel her und verwandte die Klangfarben der Instrumente wie Orgel-Register. Er gab mit ihnen den Themen zeichnerische Kontur und hob sie so – oft auch dynamisch – gegen die Nebenstimmen ab. Seine Klangbilder sind durchaus ›farbig‹, doch ebensowenig ›malerisch‹ wie die von Brahms. Bezeichnend für seinen sozusagen farbig-graphischen Stil: Er verwandte die Harfe zum ersten Male in der ›Achten‹ und dort nur in den Mittelsätzen je ein paar Takte lang.

Die »symphonische Lebenstragödie« überschattete zwar Bruckners letzte Jahrzehnte, aber sie verbitterte ihn nicht. Unangenehmer waren ihm die Anfeindungen der Hanslick-Clique. Es ist überliefert, er habe gelegentlich einer Audienz den Kaiser, der ihn mit dem Franz-Joseph-Orden dekorierte, gebeten: »Können Ew. Majestät nicht dem Hanslick ... verbieten, daß er mich allemal so heruntermacht?« Doch er erlebte auch Erfreuliches. Im Kriegsjahr 1871 errang er in London bei einem Organisten-Wettstreit gegen eine internationale Konkurrenz mit seiner Improvisationskunst den Preis. 1873 nahm Wagner, bei dem er oft zu Gast war, die Widmung seiner ›Dritten‹ an, 1882 stellte ihm Wagner die Aufführung aller seiner Werke »durch ihn selbst« in Aussicht. 1884 bescherte ihm den ersten außerösterreichischen Erfolg mit der ›Siebenten‹ unter Nikisch in Leipzig; ein Jahr darauf setzte Levi das Werk in München durch. Nach dem Erfolg des ›Tedeum‹ (1886) wuchs auch in Wien die Bruckner-Gemeinde, vor allem, seit Hugo Wolf sich im ›Wiener Salonblatt‹ enthusiastisch für den Meister von St. Florian einsetzte. Den äußeren Höhepunkt seiner Laufbahn erlebte Bruckner 1891 mit der Verleihung der Ehrendoktorwürde durch die Wiener Universität, an der er seit 1875 das Musiklektorat innehatte. 1892 gab er seine Ämter auf. In Schloß Belvedere, wo ihm der Kaiser eine Wohnung zur Verfügung stellte, widmete er sich seinem Schaffen. Über der Arbeit an der ›IX. Sinfonie‹ starb er. Seinem Wunsche entsprechend wurde er in der Krypta der Stiftskirche St. Florian beigesetzt.

Bruckner – obwohl ein geachteter Lehrer – begründete keine ›Schule‹, er blieb der »große Abseitige« seiner Zeit. Was er zur Struktur der musikalischen Form, der Satztechnik und Harmonik beitrug, war seinen Werken angemessen und kaum übertragbar, zudem fragmentarisch, ein gigantischer Versuch, wenn man will, nicht ganz unähnlich dem seines Schülers Mahler. Sein Einfluß auf die ›Neue Musik‹ blieb begrenzt, doch das ist kein Argument gegen seine Kunst; in ihr äußert sich ein elementares, im Religiösen verwurzeltes Naturgefühl, mit ihr kam ein reiner, hymnischer Klang in die Welt, und er wird noch lange vernehmbar sein.

In seinem Fach verhielt sich Bruckner keineswegs so unbeholfen, wie er der Mitwelt im Umgang erschien, vielmehr realistisch folgerichtig und sehr bewußt. »Kontrapunkt ist nicht Genialität, sondern Mittel zum Zweck«, sagte er einmal, und »Erst das Wissen, dann das freie Arbeiten.« Er schuf sich für seine Zwecke ein handwerkliches Rüstzeug, wie es außer Wagner und Brahms keinem Zeitgenossen zur Verfügung stand. Aus der Wahl seiner Mittel spricht – fernab von scholastischer Einseitigkeit – eine merkwürdige Mischung von konservativem und fortschrittlichem Denken.

Von der Gregorianischen ›musica sacra‹ und von Bach übernahm er die polyphone Satzweise, die Kunst der ungebrochenen Orgel-Registrierung und freien Orgel-Improvisation, von Beethoven die Formelemente der Sinfonie, von Wagner das wesentlich erweiterte Instrumentarium, die chromatisch und enharmonisch differenzierte Harmonik und barocke Pracht der Klangsprache. Anregungen von der österreichischen Kirchen- und Volksmusik, von Haydn, Mozart und Schubert kamen hinzu. Diesen Einflüssen gegenüber verhielt sich Bruckner selbständig, sein intuitiv entwickelter Stil trägt die unverwechselbaren Merkmale individueller Eigenart.

Bruckner war in erster Linie Sinfoniker. Das deutet sich schon in seiner frühen, etwas opernhaften Ouvertüre an, gilt aber auch für die ›Liturgischen Messen in d-Moll‹ und ›f-Moll‹ und für das ›Tedeum‹. Das Orchester entfaltet sich hier neben den Soli und Chören durchaus selbständig sinfonisch im Sinne Beethovens. Demgegenüber knüpft die ›e-Moll-Messe‹ eher an Palestrina an; die Holz- und Blechbläser haben begleitende Funktion, der achtstimmige Chor tritt oft a cappella in Erscheinung. Alle diese Werke überragen die Kirchenmusik der Epoche. – Bruckners einziges ›Streichquintett in

F-Dur‹ läßt sich als »verschleierte Sinfonie« bezeichnen. Das schöne Werk wirkt rein kammermusikalisch, doch die Struktur der vier Sätze ist sinfonisch. Das erst kürzlich aufgefundene ›Streichquartett in c-Moll‹ bezeichnete Bruckner selbst als »Schularbeit«. Es entstand 1862 in Linz während seiner Studienzeit bei Kitzler.
Die neun Sinfonien unterscheiden sich weniger wesensmäßig als thematisch, sie bilden einen riesigen Zyklus naturseliger, religiös-feierlicher sinfonischer Hymnen neubarokken Stils. Alle weisen nahezu denselben, von Beethoven abgeleiteten Formgrundriß auf, doch sie wirken nicht klassizistisch, sie haben den Charakter zyklopischer Orgel-Improvisationen; ein neues Raumgefühl wirkt sich in ihnen aus. Den beiden Themen des Sonatenhauptsatzes, die sich in weitgespannten melodischen Bögen entfalten (Schubert), ist ein drittes Thema hinzugefügt (Dreieinigkeit Gottes), die Gesamtform ist ins nahezu Unübersehbare geweitet, oft stauen sich die Energien der episodischen Abschnitte in Generalpausen. Die vier Sätze der zyklischen Form sind durch ein inneres Thema aufeinander bezogen, ihre Einheit ist im Finale betont. Fast regelmäßig kehrt hier in der Coda das Hauptthema des Kopfsatzes wieder, bisweilen sind alle Themen in hymnischen Schlußsteigerungen polyphon vereint. Der religiöse Charakter wird erkennbar an gelegentlichen Zitaten aus den Messen, an choralartigen Themen, Orgelpunkten und breiten Steigerungen, wie sie für Orgel-Improvisationen bezeichnend sind. Der weltlich-diesseitige Zug äußert sich in Naturmotiven und Stimmungen, volksliedartigen Einsprengseln, österreichischen Ländlerweisen und tänzerischen Episoden, mit Vorliebe in den rustikalen, bisweilen rauhnächtlich ungestümen Scherzi. Hier und in den langsamen Sätzen ist Beethovens Einfluß besonders deutlich, doch der natur elig hymnische Grundklang der Brucknerschen Ausdruckssprache ist ohne Vorbild.
In der ›I. Sinfonie in c-Moll‹ (1865 bis 1866, UA 1868) ist der viersätzige formale Grundriß aller Sinfonien bereits vorgezeichnet: drei Themen im Sonatenhauptsatz, Preisgabe dialektisch-motivischer Entwicklungen, statt dessen episodische Evolution der Themen; Übergewicht der Ecksätze über die Mittelsätze, Reprise des Hauptthemas aus dem ersten Satz in der Coda des Finale. Bruckner bezeichnete das Werk als ›Beserl‹ (Gassenbube) und meinte: »So keck bin ich nie mehr gewesen, ich komponierte eben wie ein verliebter Narr.« – Die ›II. Sinfonie in c-Moll‹ (1871 bis 1872, UA 1873) ist übersichtlicher und zugleich intimer als die anderen. Wegen ihrer vielen Generalpausen gaben ihr die ›Wiener Philharmoniker‹ den Namen ›Pausensinfonie‹. Im ungeheuer ausgedehnten Finale – es ist mit rund 700 Takten fast so lang wie die anderen Sätze zusammen – verwandte Bruckner das ›Kyrie-eleison‹-Motiv aus der ›f-Moll-Messe‹. – Die ›III. Sinfonie in d-Moll‹ (1872 bis 1873, 2. Fassung 1877, UA 1877) ist Richard Wagner gewidmet. In der ersten Fassung zitierte Bruckner mehrere Wagner-Themen, aus der zweiten sind sie eliminiert. Es lassen sich zwar Anregungen von Wagner, auch von Beethovens ›Neunter‹ und Schuberts ›Unvollendeter‹ nachweisen, doch rein treten Bruckners Naivität, seine Naturschwärmerei und Frömmigkeit, sein gesundes diesseitiges Pathos hervor. – Besonders beliebt ist die ›IV. Sinfonie in Es-Dur‹, die ›Romantische‹ (1873 bis 1874, zweite Fassung 1878, dritte 1880, vierte 1888, UA 1889). Der Neudruck von 1944 folgt in den ersten drei

Sätzen der zweiten, im Finale der dritten Fassung, und zwar Bruckners Handschrift, nicht dem entstellten Erstdruck von 1889. In einem Brief an Hermann Levi gab Bruckner für die ersten Sätze kurze Hinweise, aus denen man auf programmatische Anregungen schließen könnte: »Im ersten Satz wird bei vollständiger Nachtruhe der Tag durch das Horn signalisiert; zweiter Satz Lied, dritter Satz Jagdtrio, Tafelmusik der Jäger im Walde.« Der Eindruck wird noch verstärkt durch eine eingehendere Erläuterung des ersten Satzes an anderer Stelle (mitgeteilt von Theodor Helm): »Mittelalterliche Stadt, Morgendämmerung – von den Stadttürmen Morgenweckrufe, die Tore öffnen sich – auf stolzen Rossen sprengen die Ritter hinaus ins Freie – der Zauber der Natur umfängt sie – Waldesrauschen – Vogelsingen und so entwickelt sich das romantische Bild weiter.« Abgesehen von den allgemein gehaltenen Hinweisen an Levi – sie könnten sich schon bei Haydn finden –: die nachträgliche Erläuterung ist der naive Versuch, das Werk den ›Neudeutschen‹ verständlich zu machen. Zweifellos sind Naturstimmungen in dieser schönen Sinfonie beschworen, doch nirgends finden sich programmatische Schilderungen. – Die ›V. Sinfonie in B-Dur‹ (1875 bis 1876, UA 1894) bezeichnet man gern als ›Katholische‹, auch wohl ›Mittelalterliche‹, ›Glaubens-‹ oder ›Choral-Sinfonie‹; Bruckner soll sie seine ›Phantastische‹ genannt haben. – Die ›VI. Sinfonie in A-Dur‹ (1879 bis 1881, UA 1899) ist im Gegensatz zur pathetischen ›Fünften‹ eher ruhig, heiter und abgeklärt. Ihr wertvollster Satz ist das feingliedrige romantische Scherzo. Das Finale wirkt äußerlich pathetisch. – Den Höhepunkt seiner Sinfonik erreichte Bruckner mit der ›VII. Sinfonie in E-Dur‹ (1881 bis 1883, UA 1884). Ihre Form ist nicht ungewöhnlich, doch sie ist besonders reich an elementaren melodischen und harmonischen Wendungen, ihr originales Klangbild strahlt einen betörenden Farbreiz aus. Das Adagio soll Bruckner in der Vorahnung von Wagners Tod entworfen haben. Die Todesnachricht erreichte ihn, als er sich mit der feierlichen Coda beschäftigte. Unter den Themen darf man das weitbogige Hauptthema des Kopfsatzes als ›das‹ Brucknerthema bezeichnen. Es ist für ihn ebenso charakteristisch wie etwa das Cellothema der ›Unvollendeten‹ für Schubert. – Nahezu dieselbe Höhe hält die ›VIII. Sinfonie in c-Moll‹ (1884 bis 1887, 2. Fassung 1890, UA 1892). Sie ist mit 80 Minuten Spieldauer die längste und durch den verstärkten Aufwand an Mitteln (8 Hörner, 4 Tuben, Harfen) zugleich anspruchsvollste. Die

Bruckner: Hauptthema des Kopfsatzes der ›VII. Sinfonie‹

Mittelsätze sind umgruppiert, das Scherzo steht an zweiter, das Adagio an dritter Stelle. Im schwermütigen Ausklang des ersten Satzes klopft in der Pauke und in den Pizzicati der tiefen Streicher die ›Totenuhr‹ (Anmerkung Bruckners). In der strahlenden Coda des Finales sind die Themen aller Sätze polyphon vereint. Auch zu dieser Sinfonie gab Bruckner nachträglich (1891) ein paar Erläuterungen: »Im ersten Satz ist der Trompeten- und Cornisatz aus dem Rhythmus des Thema: die Todesverkündigung, die immer sporadisch stärker, endlich sehr stark auftritt, am Schluß: die Ergebung. – Scherzo: Hauptthema, Deutscher Michel genannt; in der zweiten Abteilung will der Kerl schlafen, und träumerisch findet er sein Liedchen nicht; endlich klagend kehrt er selber um. – Finale: Unser Kaiser bekam damals den Besuch des Zaren in Olmütz; daher Streicher: Ritt der Kosaken; Blech: Militärmusik; Trompeten: Fanfare, wie sich die Majestäten begegnen. Schließlich alle Themen; (komisch,) wie bei ›Tannhäuser‹ im zweiten Akt der König kommend, so als der deutsche Michel von seiner Reise kommt, ist alles schon im Glanze. Im Finale ist auch der Totenmarsch und dann (Blech) Verklärung.« Ein sonderbares ›Programm‹. Man kann es – ohne Nachteil für die Musik – ersetzen durch Bruckners Anmerkung zum Finale der ›Vierten‹: »... da woaß i' selber nimmer, was i' mir dabei denkt hab!« – Seine ›IX. Sinfonie in d-Moll‹ (1891 bis 1894, unvollendet hinterlassen. UA des Torso 1903) widmete Bruckner »Dem lieben Gott«. Der erste Satz ist von Todesahnung überschattet, er verhallt fragend in leeren Quinten. Auch das lebhaft bewegte, eher heiter romantische Scherzo ist nicht frei von verhangenen Stimmungen. Das feierliche Adagio durchziehen Reminiszenzen an die ›d-Moll-Messe‹ und den langsamen Satz der ›Achten‹. Als »Abschied vom Leben« bezeichnete Bruckner das Adagio. In den weltabgewandten Klängen löst sich alle Resignation in gläubige Zuversicht. Vor seinem Tod bestimmte Bruckner, anstelle des fehlenden Finales solle sein ›Tedeum‹ das Werk beschließen.

Übergänge zum 20. Jahrhundert

Italienischer Verismus – Ansätze zu Neuem

Auf dem Weg der europäischen Musik von Beethoven zur Gegenwart wurde im späten 19. Jahrhundert mit Wagner, Liszt, Brahms, Bruckner und Verdi für Musikdrama, Programm-Musik, Lied, Sinfonie und Oper eine Höhenlage erreicht, die noch deutlich auf die klassizistische Romantik bezogen blieb, bei aller Verschiedenartigkeit jener Musiker. Während sie noch wirkten, traten Kräfte ins Spiel, durch die das ohnehin differenzierte Bild vollends unübersichtlich wurde. Es kam – um nur das Wichtigste anzudeuten – bei Hugo Wolf, Strauss, Mahler und Reger zu einer Auflösung der Romantik, in Debussys Impressionismus zu einer letzten Sublimierung des französischromantischen Prinzips, es kam zum Expressionismus Schönbergs, zum Gegenstoß gegen die Romantik im Naturalismus und Verismus etwa Puccinis, zu einer Verbreiterung der Basis durch Künstler aus Ländern, deren Anteil an der europäischen Kunstmusik bis dahin kaum ins Gewicht fiel, zu einer Verschärfung der Krisis der individualistischen Musik und jenseits des 1. Weltkrieges zum Aufbruch der ›Neuen Musik‹ in Schönberg, Bartók, Strawinsky, Hindemith und anderen.

Der von Italien ausgehende Verismus spielte hierbei eine zwar von der Öffentlichkeit sehr beachtete, aber letzten Endes unbeträchtliche Rolle. Allenfalls verzögerte er die unabwendbaren Entscheidungen etwas. Er war gedacht als Reaktion gegen Romantik und Idealismus, betraf in erster Linie die Oper und übertrug auf sie die Grundsätze des Naturalismus, der etwa gleichzeitig in der Literatur (Bruneau, Sardou, Zola, dann Hauptmann, Holz) und in den anderen Künsten aufkam. Er wollte die Wirklichkeit darstellen, verband sich gern Themen mit sozialer Tendenz und bevorzugte Stoffe aus dem Leben der Bürger, Bauern und Arbeiter sowie »wahre Begebenheiten«. Der Verismus unternahm also gerade das, was der Realist Verdi ablehnte, weil er es für besser hielt, die Wirklichkeit zu »erfinden«.
Pietro Mascagni (1863 bis 1945) und *Ruggiero Leoncavallo* (1858 bis 1919) begründeten die veristische Richtung. Mascagni, ein Naturtalent, errang 1890 mit seinem Einakter ›Cavalleria rusticana‹ einen sensationellen Erfolg. In dem Werk ist eine dem sizilianischen Bauernleben entnommene Fabel textlich dem einfachen Schema der italienischen Gesangsoper angepaßt und mit einer Musik verbunden, die melodisch und rhythmisch das Idiom der sizilianischen Volks- und Tanzmusik sozusagen opernfähig machte. Die ungeschminkten, sinnlich glutvollen Tänze, Lieder und Ensembles kontrastierten derart mit den überfeinerten Produkten jener Tage, daß zum Welterfolg nur ein zweites verwandtes Stück fehlte, das mit der ›Cavalleria rusticana‹ zusammen einen Abend füllte. Es fand sich 1892 in Leoncavallos ›Bajazzo‹. In diesem kurzen Zweiakter

ist eine »wahre Begebenheit« aus dem Komödiantenleben mit naturalistischer Genauigkeit kopiert. Die schlagkräftige Musik ist handwerklich besser gearbeitet, doch weniger ursprünglich als die der ›Cavalleria‹. Ein Satz aus dem Prolog des ›Bajazzo‹ wurde bald zur Devise des Verismus: »Was er wirklich sieht, schildre der Dichter, dann erringt er der Menschen Gunst.« Leoncavallo und Mascagni schrieben noch viele Opern, doch sie hatten mit ihnen keinen Erfolg mehr.

Das Haupt der veristischen Schule war *Giacomo Puccini* (* 1858 in Lucca, † 1924 in Brüssel). Er entstammte einer Kirchenmusikerfamilie, erhielt seinen ersten Unterricht beim Vater, besuchte später das Mailänder Konservatorium als Schüler von Bazzini und Ponchielli und begann seine Laufbahn mit Kirchenmusik, wechselte aber bald hinüber zur Oper. Nach zwei Talentproben – ›Die Willis‹ (1884) und ›Edgar‹ (1889) – errang er mit ›Manon Lescaut‹ (1893) einen internationalen Erfolg. Nun entstanden ›La Bohème‹ (1896), ›Tosca‹ (1900), ›Madame Butterfly‹ (1904), ›Das Mädchen aus dem goldenen Westen‹ (1913), ›Die Schwalbe‹ (1917), drei Einakter: ›Gianni Schicchi‹, ›Schwester Angelica‹, ›Der Mantel‹ (1919), und ›Turandot‹ (unvollendet, UA mit dem Schluß von Alfano 1926). Mit einigen dieser Werke wurde Puccini um die Jahrhundertwende zum Idol einer breiten Gemeinde von Opernfreunden in aller Welt; seine Beliebtheit hielt seither an. Gegenwärtig steht er in den Spielplänen der deutschsprachigen Gebiete nach Verdi und Mozart an dritter Stelle, ähnliches gilt für die romanischen und außereuropäischen Länder.

Von Bellini, Donizetti und Verdi übernahm Puccini die Kunst des Belcanto, vom Verismus die Neigung zu brutal realistischen Effekten. Bizet schärfte seinen Blick für dramatische Ökonomie, bei Massenet fand er das Rüstzeug des ›drame lyrique‹, an Wagner und Debussy schulte er seinen Klangsinn und seine instrumentatorische Virtuosität. Er wies der Opernmusik keine neuen Wege, doch er nützte seine Möglichkeiten mit untrüglichem Instinkt für Wirkung, und er war vertrauter mit den Geheimnissen des Erfolges als irgendeiner der Zeitgenossen. Seine Stärke waren intime Charakterzeichnungen, vor allem von Frauengestalten – Mimi, Tosca, Cho-Cho-San, die kleine Lju–, und genrehafte Stimmungsbilder, in denen seine Liebe zu den kleinen Dingen des Alltags einen überzeugenden Ausdruck fand. Musikdramatische Entwicklungen gibt es in seinen Opern kaum, ihre Spannungen entspringen stets dem Augenblick, der Episode, und sie erfüllen sich mit ihr. Der Eindruck stilistischer Geschlossenheit wird mit bewirkt durch eingestreute Leitmotive und melodische Reprisen und durch eine bei allem Nuancenreichtum einheitliche Koloristik. So hat die pariserisch lockere ›Bohème‹ einen anderen Werkstil als die brutale ›Tosca‹, die exotische ›Butterfly‹, die dunkel märchenhafte ›Turandot‹ oder der makaber humorvolle ›Gianni Schicchi‹. Stets ist das Stimmungshafte, Atmosphärische der Handlungen überzeugend dargestellt. Für exotische Milieuschilderungen fand Puccini melodische Wendungen, Intervallfolgen und instrumentale Effekte von außerordentlichem, mitunter impressionistischem Klangreiz. Fast allen seinen Opern eignet ein herbstlicher, schwermütig pessimistischer Grundzug. Seine Musik ist nicht frei von Sentimentalität und theatralischem Raffinement, doch sie hat den Rang großer Opernmusik.

Im Schatten Puccinis stand *Umberto Giordano* (1867 bis 1948). Von seinen veristischen Opern wurde ›André Chenier‹ (1896) auch in Deutschland bekannt. – Abseits vom Verismus und im Gegensatz zum nach-Wagnerschen Musikdrama strebte der Deutsch-Italiener *Ermanno Wolf-Ferrari* (1876 bis 1948) eine Erneuerung der musikalischen Komödie an. Bei Goldoni fand er die amüsanten Stoffe, von ihm übernahm er den leichten Konversationston der Stegreifkomödie. Als er mit den ›Neugierigen Frauen‹ 1903 in München herauskam, begrüßte ihn die konservative Presse als »Rossini redivivus«. An den nächsten Werken, ›Die vier Grobiane‹ (1906) und ›Susannens Geheimnis‹ (1909), wurde deutlich, daß er nicht über Verdi hinausgelangte, seine Kunst war ein Nachklang der ›Buffa‹ und der deutschen komischen Oper des 19. Jahrhunderts. Nach einer veristischen Abirrung – ›Der Schmuck der Madonna‹ (1911) – schrieb er noch acht Opern, doch sie hielten sich nicht. Er hinterließ auch Oratorien und gefällige spätromantisch-klassizistische Instrumentalwerke. – *Ottorino Respighi* (1879 bis 1936), Schüler Max Bruchs und Rimski-Korssakows, vertritt den italienischen Impressionismus. Seine Bühnenwerke setzten sich nicht durch, doch geschätzt werden seine Bearbeitungen altitalienischer Renaissance- und Barockmusik und die von Liszt, Strauss und Debussy beeinflußten klangschwelgerischen Programm-Sinfonien ›Fontane di Roma‹, ›Pini di Roma‹, ›Feste di Roma‹.

Zur neuen italienischen Musik leiteten über *Ildebrando Pizzetti* (* 1880), *Gian Francesco Malipiero* (* 1882) und *Alfredo Casella* (1883 bis 1947). Bei Pizzetti bahnte sich unter dem Einfluß Strawinskys auf nationaler Basis der Umschwung von der spätromantisch-impressionistischen zur neuklassizistischen Richtung an. Deutlicher dem Neuen zugewandt ist Malipiero. Weitab von Belcanto und Verismo bereitete er mit kompromißlosen Experimenten der italienischen Gegenwartsmusik den Weg. Charakteristisch für ihn ist sowohl die bewußte Hinwendung zur altitalienischen Musik als auch der Anschluß an die Bestrebungen Debussys, Strawinskys und Schönbergs. Unter seinen Werken zu nahezu allen Gattungen findet sich eines der ersten ›athematischen‹ Klavierkonzerte: ›Variationen ohne Thema‹. – Dem Neuklassizismus stand auch Casella nahe, doch er war weit gemäßigter als Malipiero, etwa ein italienischer Françaix.

›Drame lyrique‹, Klassizismus und Impressionismus in Frankreich

Viele Probleme, die Berlioz mit seiner Kunst aufwarf, blieben in Frankreich sozusagen ungelöst am Wege liegen. Seine Zeitgenossen mieden den Bruch mit der Tradition. Sie waren gesittete Bürger, die die neuen Klangreize des ›romantisme réaliste‹ als empfindsame Koloristen ihrer konservativen Kunst nutzbar zu machen suchten. Eine gewisse Umschichtung im Formalen und Strukturellen, ein aufwendiger modischer Zuschnitt wurde von ihnen spielerisch durchgesetzt, im Grunde aber blieben sie Klassizisten aus eingewurzelter Überzeugung.

›Opéra-comique‹ und ›grand opéra‹ verschmolzen nun zum ›drame lyrique‹. Von der

›comique‹ übernahm dieser Operntyp die deutliche Gliederung in geschlossene Nummern, von der ›grand opéra‹ das obligatorische Ballett, die Rezitative und die Neigung zu größeren einheitlichen Formstrukturen. Die Stoffe waren, wie in der ›comique‹, vorwiegend bürgerlich, hinzu kamen Themen aus der Geschichte, aus Sagen und Märchen (Exotik). Die Musik der lyrischen Dramen lebt weitgehend aus tänzerischen Impulsen, neu sind ihre ausgreifenden lyrisch melodischen Entladungen und malerischen orchestralen Wirkungen. Sie bevorzugt in zunehmendem Maße die Klangfarben der romantischen Instrumentation und Harmonik (Terzverwandtschaften, Chromatik, Enharmonik), hebt sich aber durch ihren realistischen Grundzug von der idealistischen, metaphysisch romantischen Musik ab.

Der führende Musiker des ›drame lyrique‹ war *Charles François Gounod* (1818 bis 1893), Schüler Halévys und Paërs. Er war eine konservative Natur, hielt es für unerläßlich, daß in der Kunst ›raison‹ und ›passion‹ im Gleichgewicht stehen und suchte die Darstellung des maßvoll Schönen. Mit der A-cappella-Chorkunst Palestrinas war er ebenso vertraut wie mit Bach, der französischen und deutschen Klassik und Romantik (Schumann und Wagner). Sein Schaffen umfaßt Kammermusik, Sinfonien, Kantaten, Messen, Oratorien und etwa ein Dutzend Opern. Gounods Welterfolg ist ›Margarethe‹ (1859 *frz.* ›Faust‹, nach Goethes ›Faust‹). Das Werk ist typisch für den Übergang von der ›comique‹ zum ›drame lyrique‹. Die erste Fassung war eine ›comique‹ mit gesprochenen Dialogen. Erst 1869 fügte Gounod für die ›Grand opéra‹ verbindende Rezita-

Karikatur auf Gounods
›Romeo und Julia‹
von E. Peschel, 1867

tive ein. Sie kamen der einheitlichen Wirkung sehr zugute, die überdies durch Themenreprisen, die den Sinn von Erinnerungsmotiven haben, betont ist. Typisch ist ›Margarethe‹ auch für den konservativ akademischen, zugleich spätromantisch farbigen Stil der neuen Spezies. Mit Goethes ›Faust‹ hat das Werk wenig zu tun. Gounod interessierte sich als Musiker für das Liebesthema Faust–Margarethe, für Mephisto und den bunten Wechsel phantastischer, sakraler und volkstümlich heiterer Szenen. Dem entsprach die Spannweite seiner Möglichkeiten durchaus. Er charakterisierte vortrefflich und beteiligte das Orchester wesentlich an der Milieuschilderung; seine Musik ist reich an sinnfälligen, freilich mitunter sentimentalen melodischen Einfällen, sie distanziert sich von einer bloß naturalistischen Realistik durch quasi-romantische Stimmungsmalereien. Stark ist sie im Lyrischen und Tänzerischen.

Letzteres trifft auch zu auf den Stil des Adam-Schülers *Léo Delibes* (1836 bis 1891), Autor der amüsanten ›comique‹ ›Der König hat's gesagt‹ (1873) und des exotischen ›drame lyrique‹ ›Lakmé‹ (1883). In ihrer Art unübertroffen sind seine eleganten, farbig instrumentierten Ballette ›Naila‹ (1866), ›Sylvia‹ (1876), ›Coppélia‹ (1870). – Vielseitiger war *Camille Saint-Saëns* (1835 bis 1922), Schüler von Halévy und Gounod. Durch Liszt wurde er vertraut mit den Mitteln und Zielsetzungen der ›Neudeutschen‹. Er setzte sich nachhaltig ein für Bach, Beethoven, Schumann und Liszt. Von seinen zahlreichen Werken leben die Kammermusik, einige Konzerte und Sinfonien und die Oper ›Samson und Dalila‹. Paris verschloß sich dem Werk lange mit der Begründung, es sei zu oratorisch und ›wagnerianisch‹. Franz Liszt brachte es 1877 in Weimar heraus, doch erst 1892 übernahm es die ›Grand opéra‹. Saint-Saëns ging in ›Samson und Dalila‹ von der großen historischen Oper aus. Die sakral strengen bzw. dithyrambisch wilden Chorfresken der Rahmenakte und die leidenschaftliche Liebesszene des Mittelakts sind Höhepunkte des ›drame lyrique‹. Stilistisch steht das Werk dem französischen Klassizismus nahe, doch deuten Einzelzüge der farbigen Instrumentation und manche aparten Klangvorstellungen voraus auf den Impressionismus. – Der tüchtige *Emanuel Chabrier* (1841 bis 1894), Wagner-Verehrer wie Saint-Saëns – an der ersten Pariser ›Tristan‹-Aufführung war er wesentlich beteiligt –, lebt in eleganten Klavierstücken und der komischen Oper ›König wider Willen‹ (1887) fort. – *Jules Massenet* (1842 bis 1912), Schüler von Thomas, Lehrer von Charpentier, Pierné und Debussy, hinterließ ein umfangreiches Lebenswerk. Von seinen rund 25 Opern hielten sich ›Manon‹ (1864), ferner in Frankreich ›Le Cid‹ (1885), ›Werther‹ (1892) und ›Don Quixote‹ (1910). In den frühen Opern ging Massenet von Meyerbeer aus, später wurde Gounod sein Vorbild. Sein Einfluß auf Puccini war beträchtlich. ›Manon‹ steht unter den vier bekannten Veroperungen der Prévostschen Erzählung zeitlich an zweiter Stelle. Ihr voraus ging Aubers ›Manon Lescaut‹ (1856), ihr folgte Puccinis gleichnamiges Werk (1893) und in unserem Jahrhundert Henzes ›Boulevard Solitude‹ (1952). Formal ist ›Manon‹ ein Übergangswerk zwischen ›comique‹ und Musikdrama. Jeweils mehrere geschlossene Nummern sind zu einheitlichen Szenen zusammengefaßt, zwischen denen Rezitative und Melodramen vermitteln. Massenets klassizistische Neigung tritt deutlich zutage in eingeblendeten Stücken im alten Stil, das mondäne, etwas morbide Milieu der Fabel ist mit pariserischem Charme musikalisch überzeugend dargestellt.

Der bedeutendste Musiker dieses Kreises war *Georges Bizet* (1838 bis 1875), Sohn eines Pariser Gesanglehrers. Am ›Conservatoire‹ unterrichteten ihn Marmontel (Klavier) und Halévy (Komposition). 1857 beteiligte er sich neben Lecocq mit der Operette ›Le docteur Miracle‹ erfolgreich an einem Preisausschreiben Offenbachs. Im selben Jahr errang er den Rompreis. In Italien schrieb er die von Rossini und Verdi beeinflußte Oper ›Don Procopio‹ (UA 1906 in Monte Carlo), zwei Sinfoniesätze und anderes.

In Paris entstanden dann Lieder, drei Sinfonien, das Chorwerk ›Le golfe de Baya‹, die Schauspielmusik zu Daudets ›L'Arlésienne‹ (2 Suiten), die Suiten ›Roma‹ und ›Jeux d'Enfants‹ und die Opern ›Die Perlenfischer‹ (1863), ›Iwan der Schreckliche‹ (1865, UA 1951 in Bordeaux), ›Das hübsche Mädchen von Perth‹ (1867), der Einakter ›Djamileh‹ (1872) und ›Carmen‹ (1875). Wenige Monate nach dem Mißerfolg der ›Carmen‹ starb Bizet in Paris, erst acht Jahre darauf setzte sich das Werk durch. Gewiß ist ›Carmen‹ Bizets ›opus optimum‹, doch auch die frische ›C-Dur-Sinfonie‹ des Siebzehn-

Georges Bizet, 1839 bis 1875

jährigen (wieder aufgefunden 1935), die beiden ›Arlésienne‹-Suiten, in denen die provenzalische Volksmusik konzertreif wurde, Teile der ›Perlenfischer‹ und besonders ›Djamileh‹, eine melodisch inspirierte, kleine ›lyrique‹ von bezauberndem Wohllaut, bezeugen seine außerordentliche Begabung. ›Carmen‹ – Nietzsche stellte sie als Inbegriff dionysischer Opernkunst dem ›Gesamtkunstwerk‹ Wagners gegenüber – ist die volkstümlichste französische Oper des 19. Jahrhunderts. Bizet entwarf sie als ›comique‹, und nur so wird sie noch heute in Frankreich gespielt. Die in Deutschland üblichen Rezitative wurden erst nach Bizets Tod von Guiraud hinzugefügt. Stilistisch bewegt sich ›Carmen‹ frei von jedem Akademismus zwischen ›musiquette‹ und ›tragédie lyrique‹. Das spanische Milieu ist folkloristisch überzeugend angedeutet, doch im Wesen ist die Musik französisch. Bewundernswert ist die klassische Symmetrie ihrer formalen Struktur, ist der Reichtum an melodischen und rhythmischen Einfällen, die durchsichtige, farbige Instrumentation und das Vermögen, mit geringen Mitteln Personen und Situationen zwingend zu charakterisieren. Von der Realistik der ›Carmen‹-Musik lernten die Veristen ihr Bestes.

Realist war auch der Lothringer *Gustave Charpentier* (1860 bis 1956), Schüler Massenets, Gründer des Pariser Volkskonservatoriums, das den Arbeitern die beste Musik des In- und Auslandes kostenlos zugänglich machte. In seinem Musikroman ›Louise‹ (1900) löste er die herkömmliche Opernform in ein Mosaik malerisch ausgekosteter Miniaturszenen auf. Er steht dem musikalischen Impressionismus nahe.

Auch auf dem Gebiete der Instrumentalmusik hat Frankreich bedeutende Musiker aufzuweisen. Aus der Schule des Belgiers *Charles de Bériot* (1802 bis 1870) und damit indirekt aus der Viottis ging der Violinvirtuose *Henri Vieuxtemps* (1820 bis 1881) hervor. Er setzte die klassische Tradition fort in geigerisch brillanten Violinkonzerten und Sonaten. – Schüler von *François Antoine Habeneck* (1781 bis 1849), der über *Pierre Baillot* (1771 bis 1842) der Schule Tartinis entstammte, war *Edouard Lalo* (1823 bis 1892, spanischer Herkunft). Auch er versuchte sich an lyrischen Dramen, verdankte aber seine Erfolge klangschönen Violinkonzerten und Sinfonien klassizistischer Prägung. Von seinen vier Violinkonzerten ist die ›Symphonie espagnole‹ (1875) ein Zugstück für die Virtuosen; nicht minder wirkungsvoll, doch thematisch ergiebiger ist sein ›Cellokonzert in d-Moll‹ (1880). Die klanglich reizvolle ›Programm-Sinfonie in g-Moll‹ (1886) ist kennzeichnend für die Übergangslage zum Impressionismus.

Haupt der klassizistischen Schule der französischen Instrumentalmusik war der Deutsch-Wallone *César Franck* (1822 bis 1890) aus Lüttich. Er kam jung nach Paris, war dort am ›Conservatoire‹ Schüler von Reicha und Benoist, wurde 1843 Organist an den Kirchen Saint-Jean und Saint-François, 1859 an Sainte-Clotilde und 1872 Professor für Orgelspiel und Improvisation am ›Conservatoire‹. Er war als Lehrer geschätzt, stieß aber mit seinen Werken auf Ablehnung. Erst nach seinem Tode (in Paris) erkannte man seine Bedeutung. Man nennt ihn bisweilen den ›französischen Brahms‹. Beide Musiker standen auf ihre Weise noch der Romantik nahe, ihr Sinn für klare tektonische Formen war an den Klassikern geschult, ihre Neigung zur Polyphonie fand Nahrung in der Barockmusik. Dennoch ist Francks Schaffen durchaus der romanischen Musikkultur integriert. Es vereinigt in sich Züge der beiden Hauptströmungen der französischen Musik, der koloristisch-programmatischen und der klassizistisch-formalistischen. Die eine gründet sich auf Janequin und Jermisy, Couperin, Grétry und Berlioz, die andere durchzieht die gesamte französische Musik bis weit hinter Lully zurück. Die eine führte dann zum Impressionismus, die andere zum Neuklassizismus. Diese Spannung in Francks Wesen macht es verständlich, daß zu seinen deutschen Vorlieben so gegensätzliche Erscheinungen wie Bach, Beethoven, Schumann, Brahms, Liszt und Wagner gehörten. Er schrieb ›Programm-Musik‹ und absolute Musik, seine kirchlichen und weltlichen Beiträge haben einen merkwürdig unterschiedlichen Stil, sie scheinen nicht mehr aus einer Wurzel gewachsen. Das ist symptomatisch für die pluralistische Tendenz, die nun ganz allgemein deutlicher hervortritt und die Produktion immer unübersichtlicher erscheinen läßt. Weich, präraffaelitisch naiv wirken Francks Messen. Unter den Orgelwerken dagegen gibt es formstrenge Choräle, Höhepunkte der Gattung, von denen die neue französische Orgelbewegung ausging. Die Klaviermusik gipfelt in der tektonisch imponierend gebauten archaischen Großform ›Präludium, Choral und Fuge‹; indessen von Schumann und Brahms beeinflußt ist die ›A-Dur-Violinsonate‹. Ihre Form ist improvisatorisch frei, doch ein Motivkern bindet die vier Sätze zum Zyklus. Hier und deutlicher noch in der tristanisch schwelgerischen, mitunter hymnisch ekstatischen ›d-Moll-Sinfonie‹ wirkt sich eine starke dynamische Kraft formgefährdend aus, das

César Franck, aus der ›d-Moll-Sinfonie‹

freie Strömen des Melos und der Klänge deutet voraus auf den Impressionismus. – Franck war ein bedeutender Anreger. Besonders die französische Kammermusik verdankt ihm Impulse; von seinen Sinfonien schwärmte d'Indy, es gäbe überhaupt erst seit Franck eine französische Sinfonik.
Francks Schüler und Nachfolger am ›Conservatoire‹, der Organist *Charles Marie Widor* (1845 bis 1937), verdient hier Erwähnung mit seinen theoretischen Schriften, den instruktiven Ergänzungen zu Berlioz' Instrumentationslehre und als Bach-Enthusiast. Die französische Bach-Pflege geht im wesentlichen auf ihn zurück, er regte Albert Schweitzer zu seinem Bach-Buch an. Seine Kammermusik und Sinfonien drangen bei uns nicht durch, gelegentlich zu hören ist die eine oder andere seiner acht Orgelsonaten. – Ganz anders geartet ist der Franck-Schüler *Vincent d'Indy* (1851 bis 1931), er vertritt die französische ›Programm-Musik‹. Sein Stil ist formklar, farbig, elegant, seine Thematik eingängig. Von seinen vielen Werken seien erwähnt die ›Sinfonia Cévencole‹ mit Klavier, das frische ›Tripelkonzert für Flöte, Cello und Klavier‹ und der ›Choral varié‹ für Saxophon und Orchester. – Eine frappante Ähnlichkeit mit dem Stil Francks zeigen die Werke seines Schülers *Ernest Chausson* (1855 bis 1899). In Deutschland beliebt sind seine ›B-Dur-Sinfonie‹ und das musikantische Violinkonzert ›Poème‹.
Der Organist *Gabriel Fauré* (1845 bis 1924), Schüler von Saint-Saëns, hielt sich im Gegensatz zu den Franck-Schülern der Programm-Musik und der impressionistischen Koloristik fern, er folgte eher dem ›Klassizisten‹ Franck, besonders in der Kammermusik. Seine Musik ist formschön, transparent und weitgehend frei von subjektivem Pathos, seine Harmonik auf tonaler Basis außerordentlich differenziert. Er setzte nach Franck die klassische Tradition wohl am reinsten fort und wurde damit zum Vorbild für viele jüngere Franzosen, darunter für seinen Schüler Ravel und auch für Milhaud. – Einen betont malerischen, dekorativen Charakter hat die Musik von *Gabriel Pierné* (1863 bis 1938). Er war Schüler Massenets und Francks, von seinen Oratorien wurde der packende ›Kinderkreuzzug‹ (1904) in Deutschland bekannt. – Ihm verwandt als Kolorist ist *Paul Dukas* (1865 bis 1935). Seine ›C-Dur-Sinfonie‹ und das wirkungsvolle

TAFEL 25

Bild 1 Bouka-Sextett auf den Salomoninseln. *Bild 2* Uganda, ›Königliche Kapelle‹. *Bild 3* Griechenland, Volksmusikgruppe.

TAFEL 26

Bild 1 Indisches Quartett. *Bild 2* Japanische Mädchen beim Spielen alter japanischer Koto-Instrumente.

(Von oben links nach rechts) Bild *1* Gustav Mahler (1860 bis 1911). Bild *2* Richard Strauss (1864 bis 1949). Bild *3* Hans Pfitzner (1869 bis 1949). Bild *4* Max Reger (1873 bis 1916). Bild *5* Claude Debussy (1862 bis 1918). Bild *6* Alban Berg. Bild *7* Anton Webern. Bild *8* Igor Strawinsky (1882). Bild *9* Serge Prokofieff (1891 bis 1953).

TAFEL 28

(Von oben links nach rechts) Bild 1 Dimitri Schostakowitsch (1906). *Bild 2* Werner Egk (1901). *Bild 3* Boris Blacher (1903). *Bild 4* Benjamin Britten (1913). *Bild 5* Olivier Messiaen (1908). *Bild 6* Luigi Nono (1926). *Bild 7* Hans Werner Henze (1926). *Bild 8* Pierre Boulez (1925). *Bild 9* Karl-Heinz Stockhausen (1928).

sinfonische Scherzo ›Der Zauberlehrling‹ (1897, nach Goethe) sind sehr beliebt. Seine farbige Klaviermusik und das lyrische Drama ›Ariane und Blaubart‹ (1907) sind klassizistisch durchgeformt, doch klanglich von Debussy beeinflußt.

Claude Debussy

Während Dukas, Pierné und auch d'Indy stilistisch im wesentlichen noch dem 19. Jahrhundert angehören, ist Claude Debussy, obwohl er vor ihnen starb und obwohl einige seiner entscheidenden Werke bereits vor der Jahrhundertwende entstanden, als einer der großen Wegbereiter der ›Neuen Musik‹ durchaus dem 20. Jahrhundert zuzurechnen. In Saint-Germain-en-Laye kam er am 22.8.1862 zur Welt. Seine Ausbildung erhielt er am Pariser ›Conservatoire‹ als Schüler von Lavignac, Marmontel und Guiraud. 1884 gewann er mit der Kantate ›Der verlorene Sohn‹ den Rompreis auf Fürsprache Gounods, der als einziger seine Begabung erkannte; die anderen Professoren fanden sein Werk nur ›extravagant‹. Es sind freilich bizarre Klänge darin, die dem Akademischen zuwiderlaufen. Vielleicht Reminiszenzen an in Rußland Erlebtes? Dort war Debussy 1879 Pianist im Haustrio der Frau von Meck, der Förderin Tschaikowskijs, gewesen. Echte Zigeunerweisen und erregend fremdartige russische Volksmusik hörte er bei ihr. Die Studienjahre in Italien (1885 bis 1888) förderten ihn nach Ansicht der Lehrer wenig. Die Arbeiten, die er ihnen nach Paris schickte, entsetzten sie. In einem Bericht des Sekretärs der Akademie kann man lesen: »Es wäre besser, wenn er sich vor dem vagen Impressionismus, einem der gefährlichsten Feinde der Musik, mehr in acht nähme.« Nach seiner Rückkehr kam es zum Zerwürfnis. Debussy blieb in Paris, allerdings zeitlebens ohne Anstellung. Er schloß sich den impressionistischen Malern und dem Künstlerkreis um den Dichter Mallarmé an. Hier fand er Verständnis für seine Musik. 1889 hörte er den ›Tristan‹ – was ihn von einem ›Über-Tristan‹ träumen ließ – und in Bayreuth den ›Parsifal‹. Das Vorspiel zum dritten Akt und den ›Karfreitagszauber‹ empfand er als »äußerste Anstrengung eines Genies, vor dem man sich verneigen muß«. Im selben Jahr hörte er gelegentlich der Pariser Weltausstellung javanische Originalmusik, studierte er, angeregt durch Saint-Saëns, Mussorgskijs ›Boris Godunow‹. Drei Ereignisse, die sich nachhaltig auf sein Schaffen auswirkten.
1890 kam in der ›Suite bergamasque‹ für Klavier seine Eigenart zum Durchbruch. 1894 erregte er Aufsehen mit dem ersten impressionistischen Orchesterwerk ›Prélude à L'après-midi d'un faune‹ (nach einem Gedicht von Mallarmé). Ein Jahr zuvor entstand das ›Streichquartett‹, Werk 10. Damals war Debussy schon mit der Oper ›Pelléas und Mélisande‹ (Dichtung Maurice Maeterlinck) beschäftigt. Chausson und der Verleger Hartmann unterstützten ihn finanziell, und er konnte das Werk nach mehrmaliger Umarbeitung zehn Jahre später (1902) beenden. Inzwischen setzte er mit Liedern, Klaviermusik und den Orchester-Nocturnes (mit Chor), ›Nuages, Fêtes, Sirènes‹ (1899), den Weg in die impressionistische Musik konsequent fort. 1901 wurde er Kritiker an der ›Revue Blanche‹. Eine Auswahl seiner Essays erschien nach seinem Tod unter dem Titel ›Monsieur Croche Antidilettante‹. Er korrigierte darin »die Urteile der

Jahrhunderte mit der spöttischen Frechheit eines Pariser Gassenjungen« (Rolland), griff Gluck, Beethoven, Wagner an, bekannte sich zu Couperin, Rameau, Bach (»er umfaßt die ganze Musik«), Mozart und Weber und vertrat seine Ideen mit leidenschaftlicher Beredsamkeit. Von Wagner distanzierte er sich nun radikal: »Als Wagner in einem Anfall von Größenwahn schrie: ›Und jetzt habt Ihr eine Kunst!‹, hätte er ebensogut auch sagen können: ›Und jetzt hinterlasse ich Euch das Nichts, seht zu, wie Ihr herauskommt!‹« Ein anderes Mal prägte er das Gleichnis: »Bach ist der heilige Gral, und Wagner ist Klingsor, der den Gral vernichten und sich selbst an seine Stelle setzen will... Wagner ist ein schreckhafter, beunruhigender Schatten, der eines Tages sich in Nichts auflöst.«

Claude Debussy, 1862 bis 1918, Zeichnung von Sacha Guitry

Nach der Jahrhundertwende entstanden an Kompositionen noch die Klavierwerke ›Pour le Piano‹ (Sammlung, 1901), ›Estampes‹ (1903), zwei Hefte ›Images‹ (1905 bis 1907), ›Children's Corner‹ (1908, Stücke für sein Töchterchen Chouchou), 24 ›Préludes‹ (zwei Hefte, 1910 bis 1913), 12 ›Études‹ (1914) und ›Six épigraphes antiques‹ (1914), ferner die Musik zu Gasquets Drama ›Dionysos‹ (1904), die drei Orchesterstücke ›La mer‹ (1905), die drei ›Images‹ für Orchester (1909), das Mysterium ›Le martyre de Saint-Sébastien‹ (1911), das Ballett ›Jeux‹ (1913), Lieder und als letzte Werke drei Kammersonaten (1915). Gegen Ende des ersten Weltkrieges, am 25. 3. 1918, starb Debussy in Paris.

Er ist der Begründer des *musikalischen Impressionismus*. Der Begriff war zunächst gebräuchlich für eine Richtung der Malerei. Er kam 1874 auf, als Monet sein Bild ›Impression‹ (Eindruck) in Paris ausstellte, und war ebenso abschätzig gemeint wie vormals der Begriff ›barocco‹. Die Künstler um Monet – Manet, Degas, Renoir und vorübergehend Cézanne – unterschieden sich in den Zielen und der Malweise radikal vom Akademismus. Sie waren es leid, historische oder aktuelle Begebenheiten im Bilde idealisierend oder naturalistisch darzustellen. Sie wollten mit ihren Bildern nicht literarische Assoziationen wachrufen, sondern malerische Wirkungen erzielen. Aus den Ateliers gingen sie ins Freie (plein-air-Malerei), dort versuchten sie ihre Kunst an der ungestellten Wirklichkeit, die sie anders sahen als ihre Vorgänger. Das Atmosphärische um die Dinge, das Spiel des Lichts und der Farben auf Blättern, die der Wind bewegt, das Flirren und Flimmern der Luft über gleitenden Wassern, die Augenblickseindrücke flüchtiger Szenen waren ihnen wichtiger als die Objekte und ihre greifbar klaren Konturen. Am Detail, an der zeichnerisch exakten Darstellung der Motive hatten sie kaum Interesse. Weniger auf die ausgewogene ›Bild-Komposition‹ als auf die improvisatorische Wiedergabe momentaner Eindrücke legten sie Wert. Ihr Ziel erreichten sie mit einer im wesentlichen neuen Malweise; sie lösten die linearen Umrisse der Objekte auf und verwirklichten ihre Impressionen nur mit unterschiedlichen Farben, die sie scheinbar regellos nebeneinander auftrugen. Betrachtet man eines ihrer Bilder, so muß man von ihm zurücktreten. Erst auf eine gewisse Entfernung ergibt sich aus dem Gewirr der Farben der Bildeindruck.

Auch auf dem Gebiet der Literatur gab es in Frankreich Ansätze zum Impressionismus (Mallarmé, Rimbaud, Verlaine), das heißt zu einer Wirklichkeitsdarstellung durch Schilderung von Sinneseindrücken (Farben, Düfte, Töne). Die impressionistischen Lyriker waren sich einig in der Ablehnung des Reims, der Verse und Strophen und in der Forderung nach freien Rhythmen ohne Bindung an prästabilierte Formen. Doch die Poesie konnte auf diesem Gebiet kaum mit der Malerei und Musik konkurrieren, denn Wortfolgen erwecken unwillkürlich assoziative Vorstellungen. Für die Musik hingegen brachte der Impressionismus eine Fülle neuer und spezieller Möglichkeiten mit sich, denn sie in erster Linie ist fähig, Stimmungen wachzurufen, ohne mit ihnen konkrete Assoziationen zu verbinden.

Debussy lehnte für seine Kunst das Etikett Impressionismus ironisch ab: »Ich verstehe ganz etwas anderes zu machen, in gewisser Weise: Bilder der Wirklichkeit – die Dummköpfe nennen das Impressionismus – ein Begriff, der so schlecht angewandt ist wie nur irgend möglich ...«, doch das blieb Geplänkel um ein Wort, kaum anders, als wenn Schumann sich von der Romantik mit der Bemerkung zu distanzieren suchte: »Ich bin des Wortes ›Romantiker‹ von Herzen überdrüssig, obwohl ich es nicht zehnmal in meinem Leben ausgesprochen habe.« Bei anderer Gelegenheit umschrieb Debussy seine Absichten deutlicher: »Man lauscht nicht auf die tausend Geräusche der Natur, die uns umgeben, man ist nicht geöffnet gegenüber dieser so verschiedenartigen Musik ..., wir haben mitten in ihr bis heute gelebt, ohne davon Kenntnis zu nehmen. Hier ist, nach meiner Meinung, der neue Weg.« Er ließ sich zu seiner Musik von Sinneseindrücken anregen. Fast alle seine Stücke haben Suggestivtitel – beispielsweise ›Gärten im Regen‹, ›Reflexe im Wasser‹, ›Glocken durchs Laub‹ oder ›Goldfische‹, ›Delphische Tänzerinnen‹ –, doch nur wenige sind deskriptiv, sie erwecken ungreifbare Stimmungen »am Rande des Wirklichen«.

Über das von Mallarmés Gedicht angeregte ›Prélude à L'après-midi d'un faune‹ äußerte Debussy unmißverständlich: »Die Musik ... will keineswegs ein résumé des Gedichtes geben. Es handelt sich in ihr vielmehr um die Wirkung der Umgebungen, in denen sich Wünsche und Träume des Fauns in der Mittagshitze bewegen ...« Auch zu den Abschnitten von ›La mer‹ oder ›Ibéria‹ (aus den Orchester-›Images‹) teilte er nur allgemeine Titel mit, die der nachschöpferischen Phantasie freien Spielraum lassen.

Er wollte nicht revolutionierend wirken, rückblickend bekannte er: »Ich habe ganz einfach meine Natur und mein Temperament sprechen lassen.« Mit Janequin und den Clavecinisten des 18. Jahrhunderts teilte er die Vorliebe für das Genrebild und die Stimmungsmalerei. Anregungen boten ihm auch die romantische und spätromantische Musik – Chopin, Massenet, Wagner, Schumann, Grieg. Doch seine Berührung mit der Malerei und symbolistischen Dichtung und sein ungewöhnlicher Sinn für die Farb- und Stimmungswerte musikalischer Klänge brachten ihn bald in Gegensatz zur herrschenden Musik. Experimentierend drang er vor zu Form- und Klangstrukturen, die dem Gewohnten zuwiderliefen und sich tiefgreifend auf die ›Neue Musik‹ auswirkten.

Seine Abwendung vom Herkömmlichen ergab sich zwangsläufig, indem er die Grundsätze der impressionistischen Malerei auf die Musik anwandte. Er belauschte die ›tausend Geräusche der Natur‹ und suchte die flüchtigen Sinneseindrücke in Stimmungsbildern zu reflektieren. Die weit ausschwingende homophone Melodik, die kontrapunktische Verknüpfung linear geführter Stimmen, die Symmetrie überlieferter Formen (dreiteilige Liedform, Fuge, Sonate usw.) besagten ihm wenig. Nach konventionellem Beginn verschleierte er die melodischen Konturen und die linear-kontrapunktischen Bezüge, dann löste er sie auf und ersetzte sie durch eine auf der permanenten Variation basierende, bis ins Detail reichende Klangmalerei. Bald gab es bei ihm auch keine klar erkennbaren tektonischen Bezüge mehr. In den ›Rondes de Printemps‹ (dem letzten Stück der Orchester-›Images‹) erinnert nichts mehr an überkommene Formschemata, das Ganze stellt sich dar als ein freies Strömen unentwegt sich wandelnder Klänge; die einheitliche Wirkung ergibt sich einzig aus der inneren Verwandtschaft der aus einander hervorgehenden Klangkombinationen. Ohne spürbare dynamische Akzente – auch die Rhythmen sind verschwimmend – gleiten die Eindrücke vorüber. Debussys entscheidende Neuerung: Über eine Verschleierung der tonalen Funktionsharmonik (Entwertung der tonalen Modulation und Kadenz) und über polytonale Akkordbildungen (sie sind aus verschiedenen Tonarten gleichzeitig erklärbar) gelangte er zur sogenannten ›absoluten Harmonik‹, das heißt, er ließ die Klänge nicht mehr logisch im Sinne der tonalen Funktionsharmonik und Stimmführung einander folgen, er verselbständigte sie als reine Klangfarbenwerte und ordnete sie einander nach tonmalerischen Gesichtspunkten frei zu. Hinzu kam die pluralisti-

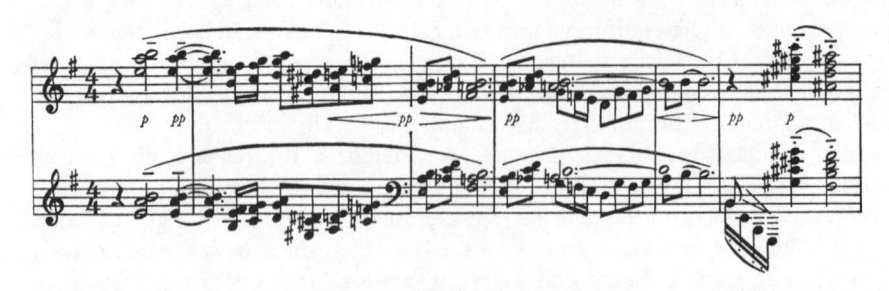

Anfang des Klavierstücks ›Et la lune descend sur le temple qui fut‹ aus den ›Images‹ von Claude Debussy

sche Verwendung alter und neuer Tonarten (darunter die Ganztonskala), die sequenzartige Reihung übermäßiger Dreiklänge, Septimen-, Nonen- und Dezimenakkorde, die Einbeziehung fernöstlicher, vor allem javanischer Reizklänge und sublimer Instrumentationswirkungen. Im letzten Orchesterwerk, dem Tanzspiel ›Jeux‹ über eine belanglose Tennisszene zwischen zwei Mädchen und einem jungen Mann, fand die impressionistische Klangmalerei ihren wohl charakteristischsten Ausdruck. Von hier führen Wege zu den kaleidoskopischen Klangspielen der Avantgarde.

Neue Ausdrucksmöglichkeiten erschloß Debussy auch der Vokalmusik in den Liedern zu Texten von Baudelaire und Verlaine, im ›Mysterium‹ und in der von Mussorgskij beeinflußten Oper ›Pelléas et Mélisande‹. Nie zuvor wurde das Atmosphärische von Wortdichtungen musikalisch ähnlich behutsam und sensibel verdeutlicht. In ›Pelléas et Mélisande‹ ist auf äußere Dramatik verzichtet. Die Gestalten sind Medien des Irrationalen, ihre Worte, ihre Gesten empfangen aus der Musik eine geheimnisvolle Bedeutung über das Sagbare hinaus. Die realen Vorgänge scheinen unerheblich, ihre Poesie wird vernehmbar in irisierenden Klängen und Tonarabesken, die den fast monoton psalmodierenden Gesang wie mit einer Aura umgeben. Dichtung und Musik verschmelzen zu einer Einheit. Die musikalische Form kommt ohne erkennbare tektonische Gliederungen aus. Sie ergibt sich aus kleinen und kleinsten, unentwegt sich verwandelnden Klangfarben- und Motivgruppen, die sich dem Empfinden als oszillierendes Ganzes darstellen.

Der musikalische Impressionismus blieb im wesentlichen mit Debussy verbunden. Er fand zwar in Frankreich (Ravel), England (Delius, Scott), Belgien (Jongen), Italien (Respighi), Spanien (de Falla), Rußland (Skrjabin) und anderen Ländern Nachfolger, ja kaum ein moderner Komponist konnte sich seinem Einfluß völlig entziehen, doch eine über ihn hinausführende ›Richtung‹ ergab sich nicht. »L'impressionisme c'est Debussy«, diese französische Apostrophierung blieb gültig. Seine bisweilen schon fast pointillistische Technik, die harmonischen ›valeurs‹ und die instrumentatorische Koloristik konnten verallgemeinert, verfeinert, überboten werden. Die stilistische Geschlossenheit und poetische Aussagekraft der Werke dieses großen »musicien français« – so nannte er sich selbst – blieben unerreicht.

Dreizehn Jahre nach Debussy kam *Maurice Ravel* zur Welt (* 7. 3. 1875 in Ciboure, Pyrenäen, † 28. 12. 1937 in Paris). Er besuchte das Pariser ›Conservatoire‹ als Schüler von Bériot (Klavier) und Fauré (Komposition). Seine Verhältnisse gestatteten es ihm, unabhängig seiner Kunst zu leben. Am ersten Weltkrieg nahm er als Soldat teil; später zog er sich in die Cevennen zurück. 1932 erlitt er einen Autounfall, an dessen Folgen er zugrunde ging. Sein kompositorisches Lebenswerk umfaßt Lieder, Klavier- und Kammermusik, zwei Klavierkonzerte, davon eines ›Für die linke Hand allein‹, ›Introduktion und Allegro für Harfe‹ (mit Streichern, Flöte, Klarinette), die Violin-Rhapsodie ›Tzigane‹, die ›Spanische Rhapsodie‹, ›Le tombeau de Couperin‹, die Balletts ›La Valse‹, ›Daphnis und Chloe‹, ›Ma mère l'Oye‹, den ›Boléro‹, das lyrische Drama ›L'enfant et les sortilèges‹, die Oper ›Eine Stunde Spanien‹ und anderes.

Ravel bekannte, erst bei Debussys ›Prélude à L'après-midi d'un faune‹ sei ihm aufgegangen, »was Musik ist«. Tatsächlich war Debussys Einfluß auf ihn groß und nachhaltig, die frühen Klavierstücke, das Streichquartett, ›Daphnis und Chloe‹, ›Ma mère l'Oye‹ und andere Werke weisen es aus. Er übernahm von Debussy die Satztechnik, ja er ging als Kolorist und Instrumentator über ihn hinaus; doch er setzte den ›reinen‹ Impressionismus nicht fort, verband vielmehr von Anbeginn die ›valeurs‹ der neuen Klangmalerei konsequent mit der klassizistischen Satzweise und Formenwelt, die ihm Fauré vermittelt hatte. Seine Musik ist bei aller Farbigkeit kühler und präziser im Ausdruck als die Debussys, ein strenger konstruktiver Formwille wirkt sich in ihr

Maurice Ravel

aus. Melodie, lineare Polyphonie und vitale Rhythmik sind neben der Klangfarbe wieder Grundelemente seines Stils, und auch die formale Disposition spielt bei ihm wieder eine wichtige Rolle. Seine Anmerkungen zu ›Daphnis und Chloe‹ sind hierfür bezeichnend. Er betonte, er habe diese Ballettmusik »nach einem sehr streng tonalen Plan aufgebaut vermittels einer kleinen Anzahl von Motiven, deren Entwicklung sinfonische Einheit schafft«. Nicht mehr nur das anscheinend freie Fluktuieren von Klangfarbennuancen, auch die in allen Gliederungen ausgewogene, zeichnerisch klar konturierte Form erschien ihm wesentlich. Das hebt ihn von Debussy ab. Seine musikalischen Intentionen decken sich eher mit denen des Malers Cézanne als mit denen Monets, doch seine Musik wirkt artistischer als die Bilder Cézannes, sie ist weniger hintergründig, unproblematischer, graziler, sie schwankt zwischen zarten Lyrismen und grellen, gelegentlich rauschhaft exzessiven Ausbrüchen. Liszt oder Chabrier zogen ihn eher an als Chopin oder Franck. Seiner südländischen Abstammung (Ravels Mutter war Baskin) entsprang seine Vorliebe für die musikalische Folklore Spaniens. Immer wieder trieb es ihn zu stimmungsvollen Klang- und Formspielen nach spanischer Weise, oft verband er sie mit Programmen. Doch er war auch anderen Anregungen geöffnet – die Zigeunermusik, der Wiener Walzer, Russisches, Fernöstliches, Amerikanisches (der Jazz) boten ihm ebenso Ansatzpunkte wie die französische Musik des 18. Jahrhunderts. Unbekümmert war er hinsichtlich archaischer Wendungen in seinem Melos. In der letzten Schaffensperiode neigte er unter dem Einfluß Strawinskys dem Neuklassizismus zu, besonders deutlich im Klavierkonzert. Die Wendung ergab sich nicht abrupt, Ravel war für den späten Anschluß an das betont antiromantische Lager durch seinen Werdegang prädestiniert. Frankreich verehrt in ihm den Zusammenfasser am Ausklang der bürgerlichen Epoche und einen jener Anreger, von denen die Entwicklung vorwärtsdrängte zur ›Gruppe der Sechs‹ (Milhaud, Honegger, Poulenc, Tailleferre, Auric, Durey) und über sie hinaus.

Albert Roussel (1869 bis 1937), sechs Jahre älter als Ravel, Schüler d'Indys und Lehrer des Tschechen Martinů, blieb nahezu unbeeinflußt von Debussy; nur als Kolorist hatte er ihm einiges zu danken. Sein Vorbild war Fauré. Als Harmoniker ging er in seinen formklaren Balletts, Konzerten und Sinfonien über ihn hinaus. Dem Fauréschen Klassizismus war auch *Jacques Ibert* (1890 bis 1962) verpflichtet. Er schrieb unterhaltsame Kammermusik, feingliedrige Balletts, witzige Opern und Konzerte, darunter ein apartes Saxophonkonzert. Sein nachimpressionistisches Oboenkonzert und das formal und klanglich bestechend schöne Flötenkonzert wurden bei uns heimisch.

*Erik Satie, 1866 bis 1925,
Zeichnung von Jean Cocteau*

Während Roussel und Ibert ungeachtet ihrer Experimentierfreudigkeit im Grunde konservativ die spätromantische Tradition fortsetzten, ging der skurrile *Erik Satie* (1866 bis 1925) nach kurzem Wagner-Enthusiasmus allem Romantischen geflissentlich aus dem Wege. Er lebte als Postbeamter in einem Vorort von Paris, sah aus wie ein Schulmeister, war befreundet mit Debussy, Ravel, Strawinsky und der ›Gruppe der Sechs‹ und der eigentliche Anreger des antiromantischen Neuklassizismus. Von Gruppenbildungen in der Kunst hielt er wenig. »Geht allein euren Weg«, riet er den Freunden, »macht das Gegenteil von mir, hört auf niemanden.« Mit seinen witzig ironischen Klavierskizzen – etwa ›Stücke in Form einer Birne‹ oder ›Bürokratische Sonate‹ – und dem nüchtern abgezirkelten Ballett ›Parade‹ (1916, für Diaghilew) – in ihm bilden Maschinengeräusche eine moderne Klangkulisse – verknüpfte man damals den Begriff ›Neue Sachlichkeit‹ in der Musik. Unter dem Eindruck von Debussys Tod entstand 1918 sein Hauptwerk, der ›Socrate‹. Über dieses ›Sinfonische Drama‹ äußerte Strawinsky, es sei »in einer einzigartigen Weise tief bewegend und voller Würde«. Milhaud bekannte sich zu Satie mit den Worten, er schriebe »eine lebendige, wache, klare, scharfe, schneidende, genau konstruierte Musik, deren ironische Art schamhaft ihre Schleier breitet über unendlich viel Zartheit«.

Die Nach-Wagner-Zeit und Wegbereiter des Neuen in Deutschland

Die Entwicklung der deutschen Oper stand im späten 19. und frühen 20. Jahrhundert im Schatten Wagners. Monumentale Helden- und Bardenopern wurden Mode. Es kam aber auch zu Versuchen, abseits von Musikdrama und Allkunstwerk die Märchenoper, Volksoper und heitere Oper auszubauen oder über den italienischen Verismus von Wagner loszukommen.
Der Liedmeister *Hugo Wolf* (1860 bis 1903) gehört mit seinem heiteren ›Corregidor‹ (1896) in diesen Umkreis. Sein Werk wurde zwar nicht, wie er es sich vorgenommen hatte, eine »ganz gewöhnliche komische Oper mit Gitarregeklimper, Liebesseufzern, Mondscheinnächten und Champagnergelagen«, sondern eher ein lyrisches Liederspiel, dem Leitmotive und verbindende Ariosi eine quasi musikdramatische Struktur verliehen, und es wirkt weder komisch, noch paßt es recht auf die Bühne – die Musik ist zu gewichtig für die leichte spanische Verwechslungskomödie und zu sehr mit psychologischen Exkursen beschäftigt –, doch es gewinnt bei jeder Begegnung durch den Reiz des Melos und die Eigenart der subtilen Klangvorstellungen, und es bestätigt auf seine Weise die Begabung Wolfs für das Lied. Wolf kam in Windischgrätz zur Welt. Er erhielt seine Ausbildung beim Vater und am Wiener Konservatorium (1875 bis 1877), wurde Musiklehrer, war 1881 bis 1882 Kapellmeister in Salzburg, von 1884 bis 1887 Kritiker am ›Wiener Salon‹-Blatt und lebte dann frei seinem Schaffen. 1898 wurde er infolge mehrerer Nervenzusammenbrüche arbeitsunfähig, bald darauf fiel er in geistige Umnachtung. Nach einem Selbstmordversuch starb er in der Wiener Landesirrenanstalt. Er hinterließ über 260 Lieder, darunter die Mörike-, Eichendorff- und Goethe-Lieder, das ›Spanische‹ und ›Italienische Liederbuch‹, die ›Gottfried-Keller-Lieder‹ und als Schwanengesang drei ›Michelangelo-Lieder‹ (1897), ferner Chorwerke, ein frühes Streichquartett, die Sinfonische Dichtung ›Penthesilea‹, die ›Italienische Serenade‹ (für Orchester oder Streichquartett) und außer dem ›Corregidor‹ das Opernbruchstück ›Manuel Venegas‹. Seine Schaffensweise war eruptiv. Oft vertonte er wie in Trance ganze Gedicht-Zyklen von Autoren, die ihn ergriffen. Jeder Liederzyklus bildet stilistisch eine Einheit. Wolf war leidenschaftlicher Wagnerianer und Brucknerianer und ein ebenso leidenschaftlicher Gegner von Brahms, den er als Schumann-Epigonen in bissigen Artikeln bekämpfte. Im Liede vertrat er die ›neudeutsche Richtung‹; es gibt nur wenige Beispiele, in denen er etwa im Sinne Schuberts der Singstimme liedhafte Melodien zuwies. In der Regel übertrug er auf sie den Deklamationsstil Wagners. Dem Klavier stellte er die Aufgabe, die Texte psychologisch und tonmalerisch auszudeuten, nicht nur in der Begleitung, die oft das Übergewicht über die Singstimme gewinnt, sondern zusätzlich in selbständigen Vor- und Zwischenspielen (siehe Kapitel Brahms, Seite 507). Die Klangstrukturen der Lieder sind außerordentlich reich an chromatischen Farbwerten. Mitunter erscheinen die Funktionen der tonalen Harmonik verschleiert, ergeben sich impressionistische Aneinanderreihungen selbständiger Akkordgebilde. Auch formal weichen die Lieder vom Herkömmlichen ab, häufig ist die Form dem Ausdruck geopfert. Stilgeschicht-

lich steht Wolf mit den Liedern und Instrumentalwerken zwischen Wagner und Bruckner, dem gleichaltrigen Mahler und Reger, der sich im Gegensatz zu Mahler leidenschaftlich für seine Werke einsetzte.
Während es Wolf versagt blieb, die Entwicklung der Oper zu beeinflussen, gelang es *Engelbert Humperdinck* (1854 bis 1921) in der freien Nachfolge Wagners mit der Märchenoper ›Hänsel und Gretel‹ sozusagen eine eigene kleine Opern-Provinz zu erschließen. Das Werk, das Richard Strauss am Weihnachtsvorabend 1893 in Weimar herausbrachte, wurde wider Erwarten ein Welterfolg und blieb es zur Freude aller kleinen und großen Kinder bis heute. Mag vieles darin auch recht ›wagnerisch‹ anmuten, die Märchenstimmung und die Lieder ›im Volkston‹, von denen Humperdinck in der Musik ausging, sind echt. Im Schatten des frischen und unbefangenen Werkes stehen die ›Königskinder‹ (1910); vier weitere Opern Humperdincks sind vergessen. – Kein besseres Schicksal widerfuhr den einst vielgespielten Märchen- und Spielopern von *Friedrich Klose* (1862 bis 1942) und *Siegfried Wagner* (1869 bis 1930). – Von *Wilhelm Kienzl* (1857 bis 1941), der mit Wagner-Nachahmungen begann, hielt sich die sentimentale Volksoper ›Der Evangelimann‹ (1895). Verblaßt ist der Welterfolg, den *Max von Schillings* (1868 bis 1933), einst ernsthafter Konkurrent von Richard Strauss, mit der kraß veristischen ›Mona Lisa‹ (1915) errang. – Repräsentant der veristischen Richtung wurde *Eugen d'Albert* (1864 bis 1932) mit dem anscheinend unverwüstlichen ›Tiefland‹ (1903). Er blieb ein Einzelfall, der Boden in Deutschland war für den Verismus nie besonders günstig. Die Hauptströmungen, aus der Spätromantik hervorgehend (und sei es im Widerspruch zu ihr), zogen an ihm vorüber.
Von den jüngeren Musikern setzten die spätromantische Tradition auf ihre Weise fort *Franz Schreker* (1878 bis 1934) mit dem impressionistisch farbenprächtigen ›Fernen Klang‹, dem ›Schatzgräber‹ und den ›Gezeichneten‹, ferner Schönbergs Lehrer *Alexander von Zemlinsky* (1872 bis 1942) mit dem ›Kreidekreis‹, der Reger-Schüler *Joseph Haas* (1879 bis 1960) mit den Volksopern ›Tobias Wunderlich‹ und ›Hochzeit des Jobs‹, *Walter Braunfels* (1882 bis 1954) mit ›Die Vögel‹ (nach Aristophanes), ›Don Gil‹ und ›Verkündigung‹ und der im ersten Weltkrieg gefallene *Rudi Stephan* (1887 bis 1915) mit dem Mysterium ›Die ersten Menschen‹. In seinen Orchesterwerken gelangte Stephan, ausgehend von Reger und vom späten Mahler, zu einem formal strengen, klanglich bisweilen schon freitonalen Ausdrucksstil von großer Eigenart.

Richard Strauss

Richard Strauss, der »große Zeitgemäße«, wie Gustav Mahler ihn nannte, kam am 11. 6. 1864 in München zur Welt. Sein Vater war Waldhornist der Münchener Hofkapelle, die Mutter entstammte der Brauereifamilie Pschorr. Vom Hofkapellmeister Mayer erhielt Strauss eine konservative musikalische Ausbildung. Mit 21 Jahren wurde er auf Vorschlag Hans von Bülows Hofmusikdirektor in Meiningen. Dort gewann ihn der Geiger Alexander Ritter für Liszt und Wagner. 1886 führte ihn seine Kapellmeisterlaufbahn nach München, dann über Weimar nach Berlin, wo er 1899

Kapellmeister der Hofoper wurde. 1917 bis 1920 leitete er eine Kompositionsklasse an der Berliner Musikhochschule, 1919 bis 1924 war er Chef der Wiener Staatsoper. Danach lebte er unabhängig seinem Schaffen; am 8. 9. 1949 starb er in Garmisch. Strauss repräsentiert in seinen besten ›Sinfonischen Dichtungen‹ und Opern die abklingende bürgerlich individualistische Epoche der Wilhelminischen Zeit. In den Jugendwerken – der Kammermusik, den frühen Konzerten und der Burleske – hielt er sich konservativ an Haydn, Mozart, Mendelssohn, Schumann und Brahms, nach seiner »Bekehrung« an Berlioz, Liszt und Wagner bzw. an die »poetische Idee« Beethovens, »dessen gesamte Schöpfungen« nach seiner Ansicht »ohne poetischen Vorwurf wohl unmöglich entstanden wären«. Zur Programm-Musik bekannte er sich mit den Sätzen: »Will man nun ein in Stimmung und konsequentem Aufbau einheitliches Kunstwerk schaffen und soll dasselbe auf den Zuhörer plastisch einwirken, so muß das, was der Autor sagen wollte, auch plastisch vor seinem geistigen Auge geschwebt haben. Dies ist nur möglich infolge der Befruchtung durch eine poetische Idee, mag dieselbe nun als Programm dem Werk beigefügt werden oder nicht.« Diese Einstellung drängte ihn in seinen ›Sinfonischen Dichtungen‹ folgerichtig zur Abwendung von der in einer ›Jugendsinfonie‹ erprobten klassischen Form, zur Übernahme der Liszt-Wagnerschen Leitmotivtechnik, zu einer Verfeinerung der spätromantischen Ausdrucksmittel und einer enormen Steigerung der äußeren Wirkung in der Koloristik und Instrumentation. Er war kein idealistischer Träumer wie Liszt, und auch das Metaphysische, Ethische, Weltanschauliche in der Musik lag ihm fern. Er war Realist, doch er sah die Wirklichkeit, wie er sie zu sehen wünschte, durch die Brille seiner bürgerlichen Vorstellungswelt und seines männlich kraftvollen, lebensbejahenden Naturells. Neben Mahler, Reger, Busoni und anderen, die sich mit den Problemen der Zeit herumschlugen, war er der einzige, der seine Aufgaben frei von Skrupeln anging, ein virtuoser Spieler, begabt mit der Kraft zur Synthese, zur zeitnahen, aktuellen Formulierung, ein Gestalter durchaus sui generis.

Mit den ›Sinfonischen Dichtungen‹ wurde Strauss zum Vollender des Berlioz-Lisztschen Ideals der Programm-Sinfonie. Er bevorzugte die einsätzige, nach den Erfordernissen der Programme auf wirkungsvolle Kontraste angelegte, mehrteilig gegliederte Form, die er mitunter dem Sonatensatz (›Don Juan‹), dem Rondo (›Till Eulenspiegel‹) oder dem zyklischen Variationssatz (›Don Quixote‹) annäherte, wodurch er der Gefahr amusikalischer Strukturen entging und die Programm-Musik mit der autonomen Musik versöhnte. Das gelang ihm vollkommen im ›Don Juan‹ und ›Till Eulenspiegel‹. In anderen Werken, etwa der einsätzigen ›Alpensinfonie‹, die er fast wie eine viersätzige Sinfonie gliederte (eine ähnliche Gliederung hat die ›Sinfonia domestica‹), erlag er der Gefahr äußerlicher Illustrationseffekte. Das Orchester, das schon im ›Till Eulenspiegel‹ den Umfang des ›Nibelungen‹-Orchesters (ohne Tuben) aufwies, verstärkte er hier auf 137 Spieler, ein Aufwand, der freilich die Schwächen der thematischen Erfindung und poetischen Gestaltung nicht zu überdecken vermochte. Strauss' koloristisches Raffinement erreichte hier seinen unüberbietbaren Gipfel, die spätromantische Programm-Musik ihr geräuschvolles Ende.

Als Opernmusiker begann Strauss mit der Wagner-Nachahmung ›Guntram‹ und dem einaktigen Singgedicht ›Feuersnot‹. Hier schon deuten sich einige Wesenszüge seines Stils an, etwa die Neigung zur Burleske, zu klar geschnittenen, sinnfälligen Themen und Motiven, die sich inmitten betörender Klangfarbenspiele behaupten, dann die Walzerseligkeit des ›Rosenkavalier‹ und überhaupt der überströmende musikantische Elan. Doch auch die Distanz zu seiner Aufgabe ist schon spürbar. Sie ließ ihn nie die Grenze des Spiels überschreiten und verlieh seiner Musik eine frische, wohltuende Kühle, auch, wo sie den Paroxismus der Leidenschaften darstellt, wie in ›Salome‹ oder ›Elektra‹, die die fortschrittlichste Periode in seiner Entwicklung bezeichnen.

Die ›Elektrische‹ Hinrichtung, Karikatur auf die Richard-Strauss-Oper ›Elektra‹ von Jüttner, 1909

In beiden Fällen handelt es sich um ›Literatur-Opern‹, das heißt um nahezu wörtliche Vertonungen autonomer Dramen (von Wilde bzw. Hofmannsthal); beide Werke verkörpern formal den von Strauss geschaffenen Typus der ›Sinfonie-Oper‹, einer Spielart des nach-Wagnerschen Musikdramas, auf die die Technik der ›Sinfonischen Dichtung‹ Anwendung fand. Leitmotive tragen die innere und äußere Entwicklung, wie im ›Tristan‹ liegt der Schwerpunkt im sinfonisch geführten Orchester; die Vokalstimmen sind – weit über Wagner hinaus – den Instrumenten so sehr nebengeordnet, daß die Zeitkritik von »Sinfonien mit begleitender Singstimme« sprach. Das Orchester ist eingesetzt zur realistischen Illustration und minuziösen ›psychoanalytischen‹ Durchleuchtung der die Bereiche des Pathologischen und Perversen einbeziehenden Dichtungen. Daraus ergab sich für die Musik eine unerhörte Steigerung des äußeren Apparates und eine entsprechende Verfeinerung der klanglichen Mittel, zugleich aber auch eine Differenzierung der tonalen Harmonik, ergaben sich Übergänge zur Polytonalität, ja Vorstöße zur Atonalität (Judenquintett in ›Salome‹).

Strauss bekannte sich zur Sinfonie-Oper mit dem Hinweis: »Daß diese ›Sinfonien‹ den Kern des dramatischen Inhalts bewegen, daß nur ein sinfonisches Orchester ... eine Handlung bis zum Ende entwickeln kann ..., das werden vielleicht erst unsere Nachkommen begreifen.« Dennoch begab er sich mit dem ›Rosenkavalier‹ wieder »ganz ins Gebiet der unwagnerschen Spiel-, Gemüts- und Menschenoper« (Strauss). Eine ähnlich radikale Stil-Umkehr findet man kaum bei einem anderen Musiker. Sie wurde von der Avantgarde als Verrat empfunden, vom bürgerlichen Publikum begrüßt. Was war geschehen? Strauss hatte sich von Wagner gelöst und seiner ›Jugendliebe‹ Mozart und damit der Musizier-Oper zugewendet. Das hatte einschneidende Folgen für seinen Stil und die Struktur seiner weiteren Opern. Das Riesenorchester wurde abgebaut – in ›Ariadne auf Naxos‹ auf 36 Musiker. An die Stelle sinfonischer Evolutionen traten weitgehend wieder geschlossene Formen, Arien und Ensembles, in denen die Singstimmen sich melodisch und belcantistisch entfalteten. Zwischen den Nummern vermittelten wieder ›parlandi‹ und ›ariosi‹, nun aber in einem neuartigen, unerhört wendig geführten Konversationston. Die neutönerische Harmonik beruhigte sich zu eindeutiger, freilich raffiniert eingefärbter tonaler Harmonik, die für die Sinfonie-Opern typische Polyrhythmik festigte sich in überkommenen metrischen Gliederungen. Elemente der ›buffa‹, ›seria‹ und ›commedia dell'arte‹, des Singspiels, der Zauberoper, der mythologischen Oper, der lyrischen Komödie, kurz, aller Form- und Ausdrucksvarianten des älteren Musiktheaters wurden in diesem Umwandlungsprozeß einbezogen und schöpferisch erneuert. Strauss erkannte, daß er mit der Umkehr seine avantgardistische Position im Musikleben preisgab. Er meinte lakonisch: »Früher befand ich mich auf Vorpostenstellung, heute bin ich fast in der Nachhut«, doch er blieb bei seiner Entscheidung. Sie war nicht ein Zeichen von Resignation, sie entsprang weiser Selbstbeschränkung und bildet die Voraussetzung für die innere Geschlossenheit seines Lebenswerkes.

Einen Glücksfall für das Musiktheater bedeutete Strauss' Arbeitsgemeinschaft mit dem ganz andersartigen *Hugo von Hofmannsthal* (1874 bis 1929). Ihm verdankte er die Dichtungen zu seinen besten Opern – ›Elektra‹, ›Rosenkavalier‹, ›Ariadne auf Naxos‹,

Aus der Oper ›Frau ohne Schatten‹ von Richard Strauss

›Frau ohne Schatten‹, ›Ägyptische Helena‹ und ›Arabella‹. Dokumentarischen Wert zur Zeitgeschichte besitzt die auch für Strauss' Schaffensweise und künstlerische Anschauungen aufschlußreiche Korrespondenz mit Hofmannsthal.

Im Schatten der ›Sinfonischen Dichtungen‹ und Opern stehen Strauss' Lieder, virtuose, etwas opernhafte Konzertlieder zumeist, gern mit impressionistisch klangspielerischen Begleitungen, wie ›Traum durch die Dämmerung‹ oder ›Das Rosenband‹. Es gibt aber auch intimere Lieder wie ›Morgen‹, ›Du meines Herzens Krönelein‹ oder ›Die Nacht‹. Den wertvollsten Beitrag bilden die ›Vier letzten Lieder‹ für Sopran und Orchester, worin er sich Eichendorff und Hesse verband. In den späten Instrumentalwerken, also den ›Metamorphosen‹, dem ›Divertimento‹, dem ›2. Hornkonzert‹ und dem ›Oboenkonzert‹, wandte er sich der absoluten Musik zu.

Hans Pfitzner

Während Strauss zu unbestrittener Weltgeltung aufstieg, fand *Hans Pfitzner* (1869 bis 1949) vorwiegend in Deutschland seine Gemeinde. Er stammte als Sohn deutscher Eltern aus Moskau, absolvierte das Hochsche Konservatorium in Frankfurt am Main, wurde 1890 Lehrer in Koblenz, 1894 Kapellmeister in Mainz, 1897 Lehrer am Sternschen Konservatorium in Berlin und 1903 dort Kapellmeister am ›Theater des Westens‹. 1908 ging er als Operndirektor und Leiter des Konservatoriums nach Straßburg. 1920 bis 1929 war er Kompositionslehrer an der Berliner ›Akademie der Künste‹, 1924 bis 1934 an der Münchner Musikhochschule. Danach lebte er ohne berufliche Bindung seinem Schaffen. In Salzburg ist er gestorben. Er hinterließ über 100 Lieder, mehrere Chorwerke, Kammermusik, Konzerte, Sinfonien und die Opern ›Der arme Heinrich‹, ›Die Rose vom Liebesgarten‹, ›Palestrina‹, ›Christelflein‹, ›Das Herz‹.
Pfitzner gilt als der ›letzte Romantiker‹. Er war eine grüblerische, verschlossene Natur und in der Musik, wie er bekannte, »übersinnlichen, metaphysischen, jenseitigen Dingen« zugeneigt. Seine Liebe gehörte Schumann und den deutschen Frühromantikern; man spürt es an den Liedern (zum Beispiel ›Nacht‹, ›Abendrot‹), in denen das romantische Lied seinen schwermütigen Abgesang fand. Als Opernmusiker schloß sich Pfitzner dem andersartigen Wagner an. Er übernahm von ihm die Technik des Musikdramas einschließlich Leitmotivik, variierte sie aber seiner Natur entsprechend. In jeder Oper gibt es neben sinfonisch durchkomponierten Szenen balladenartige und liedmäßige Gebilde. Die realistische Dramatik tritt zurück zugunsten einer stark emotionellen lyrischen ›Seelendeutung‹. Von Wagner bzw. Schopenhauer rührt die ›Erlösungsidee‹ her, die seine Opern wie ein roter Faden durchzieht. Mit dem ›Armen Heinrich‹ gab er dem Musiktheater die spätromantische Ausdrucksvariante der ›dramatischen Legende‹. Die aparte Färbung mancher Themen und Klangkombinationen beruht hier auf der Einschmelzung archaischer Mittel. In dem bekenntnishaften Hauptwerk ›Palestrina‹ behandelte Pfitzner das Thema von der schicksalhaften Sendung eines im Konflikt mit der Umwelt über sich hinauswachsenden Künstlers. Auch hier spielt Legendäres herein. Deutlicher noch als im ›Armen Heinrich‹ sind das Melos und die diatonische Klangwelt archaisch eingefärbt durch die Verwendung alter Kirchentonarten und Gregorianischer Weisen, durch Rückbezüge auf die Polyphonie der ›Niederländer‹ und harmonische Wendungen aus dem 16. Jahrhundert. Thomas Mann wies in einem Essay über das Werk auf die Wesensverwandtschaft hin,

die Pfitzner mit Eichendorff verbindet. Sie tritt zutage in der romantischen Kantate ›Von deutscher Seele‹ über Eichendorff-Verse. Hans Pfitzner bekannte, er habe den Titel gewählt, weil er »keinen besseren ... Ausdruck fand für das, was aus diesen Gedichten an Nachdenklichem, Übermütigem, Tiefernstem, Zartem, Kräftigem und Heldischem der deutschen Seele spricht«. In den späten Instrumentalwerken, der ›cis-Moll-Sinfonie‹ (hervorgegangen aus dem ›Streichquartett‹, Werk 36), der ›C-Dur-Sinfonie‹ und dem ›Streichquartett‹, Werk 50 näherte er sich strukturell einem polyphon linearen, mitunter polytonalen Ausdrucksstil klassizistischer Haltung. Gegen die Umwelt stand Pfitzner in einer Abwehrstellung, die gelegentlich in unfruchtbare Streitsucht ausartete. Seine retrospektiven, gegen Busoni bzw. Paul Bekker gerichteten polemischen Schriften ›Gegen die Futuristengefahr‹ und ›Ästhetik der musikalischen Impotenz‹ bezeugen es.

Ferruccio Busoni

Der von ihm gemaßregelte Deutsch-Italiener *Ferruccio Busoni* (1866 bis 1924) gehört zu den eigenartigsten Erscheinungen um die Jahrhundertwende. Sein unvergleichliches Klavierspiel ist verklungen, Aufführungen seiner Werke haben selbst heute, wo man sich um eine Busoni-Renaissance bemüht, noch Seltenheitswert und doch blieb er stets im Gespräch, bei den Jungen und Jüngsten vor allem, und man darf sicher sein, daß sein Name fällt, wenn von ›Neuer Musik‹ gesprochen wird, von dieser Musik, die er mit prophetischem Weitblick voraussah, der er aber mit seinen Werken nicht zugehört. Er stammte aus Empoli bei Florenz als Sohn eines italienischen Klarinettisten und einer bayrischen Pianistin. Mit neun Jahren fiel er als Wunderkind auf, mit fünfzehn wurde er Mitglied der Mailänder ›Akademie‹. 1889 war er Lehrer am Konservatorium in Helsingfors, 1890 in Moskau, 1891 bis 1894 in Boston, dann bis 1914 an der Berliner ›Akademie‹. Während des ersten Weltkrieges lebte er in der Schweiz, von 1920 bis zu seinem Tode wieder in Berlin. Er hinterließ zahllose Bearbeitungen und Transkriptionen von Werken Bachs, Mozarts, Liszts, Wagners, Schönbergs und an eigenen Werken Klavier-, Kammer- und Orchestermusik, darunter ein Violinkonzert, ein Klavierkonzert mit unsichtbarem Schlußchor, eine ›Indianische Fantasie‹, die Opern ›Sigune‹ (1888), ›Brautwahl‹ (1912), ›Arlecchino‹ (1917), ›Turandot‹ (1918), ›Doktor Faust‹ (1925) und theoretische Schriften, besonders den ›Entwurf einer neuen Aesthetik der Tonkunst‹ (1906).
Von seinen Opern erlebten ›Arlecchino‹ und ›Doktor Faust‹ neuerdings weithin beachtete Neuinszenierungen. Während er als Komponist klassizistischer Spätromantiker blieb, wurde er mit den Schriften zum Bahnbrecher der ›Jungen Klassizität‹ und ›Neuen Musik‹ überhaupt. Über die Programm-Musik äußerte er, sie habe das »dichterische, zuweilen gar philosophische Programm als wie eine Schiene sich angeschnürt«. Demgegenüber proklamierte er eine Musik, »die an und für sich Musik ist und nichts anderes«, und er forderte die »Abstreifung des Sinnlichen und die Entsagung gegenüber dem Subjektiven«, kurz: die »absolute Musik«. Unter ›Junger Klassizität‹ ver-

stand er »die Meisterung, die Sichtung und Ausbeutung aller Errungenschaften vorausgegangener Experimente: ihre Hineintragung in schöne und feste Formen«, sodann den »Abschied vom Thematischen und das Wiederergreifen der Melodie (nicht im Sinne eines gefälligen Motives) als Beherrscherin aller Stimmen, aller Regungen, als Trägerin der Idee und Erzeugerin der Harmonie, kurz: der höchstentwickelten (nicht kompliziertesten) Polyphonie«. Diese Gedanken gewannen für den ›Neo-‹ oder ›Neuklassizismus‹ (Strawinsky, Hindemith) Bedeutung.

Das »Wesen der heutigen Harmonie« begriff Busoni als ein »kaleidoskopisches Durcheinanderschütteln von zwölf Halbtönen in der Dreispiegelkammer des Geschmacks, der Empfindung und der Intention«, eine Definition, die die Funktionsgesetze der Tonalität beiseite schiebt und in gewissem Sinne Schönberg vorwegnimmt. Doch er ging noch viel weiter. Das Auskommen mit den zwölf Halbtönen innerhalb des Oktavabstandes empfand er als »einen Fall von Zurückgebliebenheit«. Er verwies darauf, in der Natur gebe es »eine unendliche Abstufung« von Tonwerten, also weit geringere Stufen als Halbtöne (zum Beispiel Drittel- und Vierteltöne usw.). Er durchdachte ein »18-Drittel-Tonsystem, basierend auf der Ganztonskala«, und es gelang ihm, »durch Erniedrigung und Erhöhung der Intervalle hundertdreizehn verschiedene Skalen festzustellen ... Damit ist aber der Schatz nicht erschöpft, denn die ›Transposition‹ jeder einzelnen dieser hundertdreizehn steht uns ebenfalls noch offen und überdies die Vermischung zweier (und weshalb nicht mehrerer?) solcher Tonarten in Harmonie und Melodie«. Diese Untersuchungen waren damals zwar theoretische Spekulationen, doch sie begegneten sich mit ähnlichen, zum Teil praktischen Bemühungen, den üblichen Tonvorrat durch die Einbeziehung von kleineren Tonstufenwerten zu erweitern (das taten Alois Hába, von Möllendorf, Geisler und andere), und sie bilden eine der unerläßlichen Voraussetzungen für die praktischen Experimente der Elektronenmusiker, über das ›Tonkontinuum‹ künstlerisch zu verfügen. Auch mit anderen theoretischen Untersuchungen, zum Beispiel über das Verhältnis zur Tradition, zu den Instrumenten, zur Form und ihren Proportionsgesetzen oder zur Ästhetik ganz allgemein, wirkte Busoni als Anreger weit über seine Zeit hinaus.

Gustav Mahler

In Amerika schloß Busoni Freundschaft mit dem etwas älteren *Gustav Mahler* (1860 bis 1911), und er bekannte ihm: »Ihre Nähe hat etwas Reinigendes.« Als Thomas Mann Mahlers ›Achte‹ in München erlebte, empfand er Mahler als den »ernstesten und heiligsten künstlerischen Willen unserer Zeit«. Diese Urteile werden bestätigt von vielen ähnlichen; aus ihnen spricht der Respekt, ja die Bewunderung für den integeren Menschen und Künstler. Mit Strauss und Reger bildet Mahler jene Dreiergruppe deutscher Musiker, in deren Kunst die Spätromantik ihren gültigen Ausdruck fand; zugleich ist er der letzte bedeutende Sinfoniker des ausgehenden 19. Jahrhunderts. In Kalischt (Böhmen) kam er als Sohn eines jüdischen Viktualienhändlers zur Welt. Mit Hugo Wolf absolvierte er das Wiener Konservatorium. Anschließend hörte er in der Wiener

Universität die Vorlesungen von Anton Bruckner. 1880 wurde er Kapellmeister in Hall. Über Olmütz, Kassel und Prag führte ihn sein Weg dann nach Leipzig. Dort stand er bereits als 2. Kapellmeister neben Artur Nikisch. 1888 übernahm er die Leitung der ›Königlichen Oper‹ in Budapest. Nun begann seine eigentliche Laufbahn, die ihn bald zum gefeiertsten Dirigenten der Zeit aufsteigen ließ. 1891 erhielt er einen Ruf nach Hamburg, 1897 wurde er Direktor der ›Wiener Oper‹ und Leiter der dortigen ›Philharmonischen Konzerte‹, 1907 ging er als Chef der ›Metropolitan Opera‹ nach New York. 1911 kehrte er krank nach Wien zurück, wo er im selben Jahre starb.

Gustav Mahler

Wie Strauss und Reger war Mahler den Strömungen einer saturierten, in ihren Ansprüchen hybriden, im Kern morschen Zeit ausgeliefert, und auch sein Lebenswerk weist Spuren des vergeblichen Ringens um die verlorene Einheit auf. In der Musik der drei ist etwas von der Überladenheit der bürgerlichen Epoche, ein Zuviel an Ornamentik, an Aufwand, an wörtlich verstandener ›grandeur‹, aber auch ein Schwanken zwischen den Stilen, zwischen Archaischem und in die Zukunft Weisendem. Ihre Wege waren freilich grundverschieden. Während Strauss sich nach ›Salome‹ und ›Elektra‹ mit bajuwarischer Unbekümmertheit für das Unproblematische und Helle entschied – schon Debussy empfand, »daß in Strauss' Musik Sonne ist« –, während Reger sich in seinem Streben nach Ordnung und Gesetz an Bach zu halten suchte, kämpfte Mahler mit »Dämonie und Feuermoral« (Gerhart Hauptmann) gegen innere und äußere Widerstände für die Sinfonie, die damals gegenüber der Programm-Musik einen aussichtslosen Stand zu haben schien. Bruckner, Schubert, Beethoven und Haydn waren seine Vorbilder, das romantische Volkslied seine »liebste Zuflucht«.
Er war ein besessener Arbeiter. Zum Komponieren blieben ihm in der Regel nur die Sommermonate, denn er nahm seine Dirigententätigkeit sehr ernst. Hier war er der Ansicht, »Tradition ist Schlamperei«. »In jeder Aufführung muß das Werk neu geboren werden.« Das führte ihn zu eigenwilligen Interpretationen vor allem von Mozart und Beethoven, was ihm Bewunderer, aber auch offene Feindschaft eintrug. In Wien reorganisierte er die Oper, demütig in seiner Hingabe an die Kunstwerke, doch ein ›Tyrann‹ in seinen Anforderungen an sich und die Mitarbeiter. Der Komponist Franz Schmidt, der damals unter ihm noch Cellist war, berichtete: »Seine Direktion brach über das Operntheater wie eine Elementarkatastrophe herein. Ein Erdbeben von ungeheurer Intensität und Dauer durchrüttelte den ganzen Bau vom Giebel bis in die Grundfesten. Was da alt, überlebt oder nicht ganz lebensfähig war, mußte abfallen und ging rettungslos unter.«
Mahler war eine im Grunde lyrische Natur. Typisch hierfür war sein Verhältnis zum Lied und zur Poesie der Romantik, zu ›Des Knaben Wunderhorn‹, Jean Paul und Rückert, die er vertonte und in deren Geist er selbst die meisten Texte seiner frühen ›Lieder eines fahrenden Gesellen‹ entwarf. An Schubert erinnert die Art, in der er

eigene Lieder oder fremde Volksweisen in den Sinfonien verwandte. Als Sinfoniker strebte er fort von der intimen Kleinform ins Großräumige, Monumentale, ja Zyklopische. Die Spieldauer seiner Sinfonien liegt zwischen annähernd einer und anderthalb Stunden. Damit ging er über Bruckner beträchtlich hinaus. Wie Schubert und Bruckner entspannte er die Großform in eine zyklische Folge von Episoden. Durch die rhapsodische Entfaltung melodisch-thematischer Gedanken und den freien Wechsel kontrastierender Gliederungen suchte er den riesigen Sätzen und Satzfolgen sin-

Hauptthema des ersten Satzes der 1. Sinfonie. Das Thema entspricht der Melodie des Liedes ›Ging heut morgen übers Feld‹ aus Mahlers Zyklus ›Lieder eines fahrenden Gesellen‹

fonisches Leben zu geben. Die Einheit der Zyklen konstituierte er im Sinne der neudeutschen Richtung durch außermusikalische Programme, die er freilich bei der Drucklegung der Werke wegließ. Einige sind erhalten. Für das Verständnis seiner Musik sind sie ohne Belang, doch sie regten ihn zum Schaffen an, Merkmal des spätromantischen Musikers, dem die »tönend bewegte Form« nur sinnvoll erschien als Ausdruck poetischer Ideen. Einmal schrieb Mahler: »Wenn ich ein großes musikalisches Gemälde komponiere, so komme ich immer an den Punkt, wo ich mir das ›Wort‹ als Träger meiner musikalischen Ideen heranziehen muß.« In mehreren Sinfonien veranlaßten ihn die Programme zur Erweiterung der Form auf fünf, ja einmal sechs Sätze und in vier Sinfonien (der II., III., IV. und VIII.) im Anschluß an Beethovens ›Neunte‹ zur Verschmelzung von Sinfonie und Kantate und zu einer Steigerung des Aufwandes an Mitteln ins Hypertrophische. In der ›Achten‹, der ›Sinfonie der Tausend‹, setzte er sieben Soli, zwei gemischte Chöre, einen Knabenchor und ein gigantisches Orchester von weit über hundert Spielern ein, um seine Klangvorstellungen zu verwirklichen, die er hier dem ›Veni, creator spiritus‹ des Hrabanus Maurus und der Schlußszene aus Goethes ›Faust II‹ verband. Im ›Lied von der Erde‹, in der ›Neunten‹ und im Fragment der ›Zehnten‹ erschloß Mahler der Musik neue Ausdrucksbereiche. Er gelangte hier bei mitunter kammermusikalischer Verwendung der Mittel zu einer linear-melodischen Polyphonie (Nebeneinander mehrerer selbständiger melodischer Linien) und zu freitonalen Klangkombinationen ohne Vorbild. Von hier führt der Weg zu Bartók, Schönberg, Strawinsky und den Klangspielen der ›Neuen Musik‹.
Es gibt Problematisches in Mahlers Partituren. Die Einheit des Stils wird in den Sinfonien mitunter gefährdet durch den schroffen Wechsel naiv volkstümlicher, grotesker, bizarrer, gedankenschwer polyphoner Partien; die tragische Zerrissenheit seines Wesens tritt dann zutage. Doch immer wieder bricht eine oft ins Ekstatische sich steigernde Naturliebe erregend durch, überzeugt der reine Ausdruck von Freude, Trauer, Resignation (die ›Kindertotenlieder‹, das ›Lied an die Erde‹!). Seine unbeirrbare religiös-ethische Grundeinstellung trug Mahler in seiner Kunst über alle Fährnisse hinaus zu gültigen Sinnbildern des Menschlichen.

Max Reger

Wie Mahler ist auch *Max Reger* (1873 bis 1916) eine der großen Übergangserscheinungen an der Wende von der Spätromantik zur ›Neuen Musik‹. Er kam als Sohn eines Lehrers in Brand (Bayern) zur Welt. Den ersten Unterricht erhielt er bei der Mutter und beim Organisten Lindner in Weiden. Mit 17 Jahren wurde er Schüler des Kontrapunktikers und Theoretikers Hugo Riemann in Sondershausen. Als Riemann Direktor des Konservatoriums in Wiesbaden wurde, folgte ihm Reger dorthin. 1894 gab er sein erstes Konzert mit eigenen Werken, 1896 wurde er zum Militärdienst einberufen, doch bald wegen Erkrankung ins Elternhaus nach Weiden entlassen. Dort blieb er bis 1901, dann war er kurze Zeit Lehrer an der Münchener ›Akademie‹. Erfolgreiche Konzertreisen nach Petersburg – wo ihn Strawinsky erlebte –, Holland, Spanien und Schweden überanstrengten ihn derart, daß er schwer erkrankte. Nach seiner Genesung (1907) folgte er einem Ruf nach Leipzig als Universitätsmusikdirektor und Kontrapunktlehrer am Konservatorium. Das erste Amt gab er bald wieder auf, das zweite behielt er nominell zeitlebens. 1911 wurde er Hofkapellmeister in Meiningen. 1914 tauschte er diese Stellung aus Gesundheitsgründen gegen die des Universitätsmusikdirektors in Jena. 1916 erlag er in Leipzig einem Herzschlag. Er hinterließ weit über 150 Werke nahezu aller Gattungen mit Ausnahme der Oper.

Reger war eine äußerst produktive, in viele Richtungen sich verströmende Natur. Der Katholik schrieb Fantasien über protestantische Choräle, der Anhänger der absoluten Musik Programm-Musik, der Bach-Jünger impressionistische Stimmungsbilder. Barocke Formstrukturen, klassisch-romantische Variationstechnik und nach-Wagnerische Klangvisionen, Naives und Überkünstliches, Archaisches und Fortschrittliches, 18., 19. und 20. Jahrhundert überschneiden einander in seinen Werken. Bezeichnend für das Unvermögen seiner Zeit, die Fülle der offenen Probleme unter einheitlichem Gesichtspunkt zu sehen, ist Regers dilatorisches Verhältnis zur Programm-Musik. Seine ersten Eindrücke waren Wagner und Liszt. Dann führte ihn Riemann zu Brahms und Bach. Damals wandte sich Reger von der Programm-Musik ab: »... das Liszt-Berliozsche Programm mit all den Neuerern, Richard Strauss, Nicodé pp., ist im Grunde ein verfehltes. Die Musik soll nicht wie bei der Programm-Musik erst der Verwirklichung eines dritten bedürfen, um ... verständlich zu sein. Die Musik soll ... als Ausfluß reinster Empfindung ohne allen reflektierenden Beigeschmack wirken.« Später jedoch widerrief er: »Ich bin absolut kein Feind der sinfonischen Dichtung, und wer das Gegenteil behauptet, lügt niederträchtig. Wenn Sie wollen, ist jedes Kunstwerk, das mir seelisch etwas offenbart, eine sinfonische Dichtung ...« Und er schrieb nebeneinander absolute und Programm-Musik. Letztere zum ersten Mal im ›Sinfonischen Prolog zu einer Tragödie‹ (1909), dann in der ›Romantischen‹, der ›Böcklin‹- und der ›Ballett‹-Suite und endlich in der ›Vaterländischen Ouvertüre‹ (1915). Alle diese Stücke sind freilich so durchgeformt, daß sie auch als absolute Musik gelten können.

Von den Zeitgenossen wurde Reger als Reaktionär bezeichnet, weil er nicht wie Strauss die Linie Berlioz–Liszt fortsetzte, sondern von Brahms und Bach ausgehend der absoluten Musik diente. Die Gegenwart sieht das anders: Nicht von der neudeutschen

Richtung, sondern von Reger führen die Entwicklungslinien weiter zur ›Neuen Musik‹. Regers Einstellung zu Bach und Brahms war frei von eklektischem Historismus. Er fand bei ihnen, was ihm seine Zeit nicht bieten konnte: die Ordnung, das Gesetz, die konstruktive Form. »Woran wir festhalten müssen«, schrieb er an Riemann, »ist die unerbittliche Logik des Satzes, die Solidität der Stimmführung.« Doch andererseits bekannte er: »Was ich nicht selbst fühle, kann ich nicht objektivieren.« Und so deutete er Bach um. Beispielsweise in Bachs Choralvorspielen sah er »feinste, objektivste und doch deshalb wieder subjektivste Musik«. Er übernahm von ihm die Fuge, die Choralvariation und andere spätbarocke Formen und über Brahms den Ausdrucks- und Formenreichtum der ›Wiener Klassik‹, er suchte beides zu verschmelzen – manche seiner Kammermusikwerke gipfeln in einer Fuge, viele Suiten, Serenaden und Sonaten sind mit kanonischen Stimmführungen durchsetzt –, er verband die überkommenen Formstrukturen mit nach-Wagnerischen Klangvorstellungen und erreichte damit Neues, weit Vorausdeutendes.

Aus ›Introduktion, Passacaglia und Fuge in b-Moll‹ Werk 96, 1906, für zwei Klaviere
Das zweite Klavier übernimmt das Fugenthema in der oberen Quintlage. (Man beachte die Stimmenüberschneidungen.)

Regers Polyphonie ist nicht die streng tonal gebundene Bachs. Sie entsprang einem neuen Verhältnis zum Klang und kann nur in diesem Zusammenhang beurteilt werden. Riemann warf seinem Schüler vor, er häufe »bewußt die letzten harmonischen Wagnisse und modulatorischen Willkürlichkeiten in einer Weise, welche dem Hörer das Miterleben zur Unmöglichkeit macht«. Die Gegenwart, der Regers Partituren keine Hörprobleme mehr aufgeben, sieht in seinen Neuerungen zwar letzte Auflösungserscheinungen der tonalen Harmonik und so etwas wie ein deutsches Äquivalent zum Impressionismus Debussys – chromatische Modulation, Enharmonik, schnelles Hinüberwechseln in die entlegensten Tonarten (»jeder Akkord ist in jeder Tonart möglich«, sagte Reger) –, doch damit zugleich die Überleitung zu den Klangstrukturen der neuen ›Wiener Schule‹ (Schönberg, Webern); in seiner Polyphonie erkennt sie die Vorstufe zur harmonisch nicht mehr gebundenen der Zwölftonmusik. Es gibt indessen bei Reger nur Ansätze in dieser Richtung, generell ist seine Harmonik tonal definierbar. Ein Beispiel für seine Übergangsstellung bietet die achtstimmige Chorfuge im Ausklang des 100. Psalms mit der Choralmelodie ›Ein feste Burg‹ (in Trompeten, Posaunen und Orgel unisono). Die anderen Instrumental- und Vokalstimmen umgeben den Fanfaren-Choral mit einer Aura, in der die einzelnen Stimmen und Harmonien sich zu verlieren scheinen, und doch bildet höchste konstruktive

Planung die Basis des polyphonen Klangwunders. Man nannte das ›Augenmusik‹ mit der Begründung, die kontrapunktischen Linien ließen sich zwar nachlesen, nicht aber mit dem Gehör unterscheiden. Nun, für »tonalitätslüsterne Ohren« (Reger) war diese Fuge kaum das Richtige, heute wirkt sie selbstverständlich.

Reger war ungeachtet seines derben, nachgerade legendären Humors äußerst sensibel und neigte zur Schwermut. »Ich lache nie innerlich«, sagte er von sich, und »Durch alle meine Werke zieht sich wie ein Leitmotiv die Choralmelodie: Wenn ich einmal soll scheiden.« Seiner Kunst diente er besessen: »Uns ist hier wenig Zeit gelassen, wir müssen schaffen.« Die Niederschrift der Werke fiel ihm unbegreiflich leicht; die Doppelfuge der ›Hiller-Variationen‹ soll an einem Nachmittag entstanden sein. Wenn sich in seinem riesigen Œuvre auch manche Spreu findet, das Beste – die Orgel- und Klavierwerke, die späte Kammermusik, die ›Hiller-‹ und ›Mozart-Variationen‹ – ist längst dem Meinungsstreit entwachsen.

Unter denen, die Reger nacheiferten, war am bedeutendsten der Kirchenmusiker *Heinrich Kaminski* (1886 bis 1946). Er hinterließ wertvolle geistliche Chorsätze, Kammermusik und Orchesterwerke. Als Mystiker war er Bruckner verwandt.

Die Entwicklung in anderen Ländern

Rußland

Bis zum 18. Jahrhundert pflegte Rußland konservativ seine aus der byzantinischen Kirchenmusik hervorgegangenen geistlichen Gesänge und seine mündlich überlieferte Volksmusik. Erst unter *Peter dem Großen* (1682 bis 1725) kam es zur näheren Berührung mit westlicher Musik. Später zog *Katharina die Große* (1762 bis 1796) italienische, aber auch französische und deutsche Musiker an ihren Hof. Sie machte Petersburg zum ersten Zentrum europäischer Musikpflege in Rußland. Doch erst nach dem Napoleonischen Feldzug nahmen russische Musiker den Wettbewerb mit dem Westen auf.

Michael Glinka (1804 bis 1857) wurde mit den Opern ›Das Leben für den Zaren‹ (1836) und ›Ruslan und Ludmilla‹ (1842) zum Schöpfer der national-russischen Oper. Er erhielt seine Ausbildung in Moskau, Italien und Berlin. Als Themen wählte er bewußt »durch und durch nationale Stoffe«. Sein Verdienst besteht in der Verschmelzung italienischer Ausdrucksweisen und Formstrukturen mit Elementen der russischen und polnischen Volksmusik. Auch unter seinen Instrumentalwerken gibt es folkloristisch Reizvolles, so etwa die auf Anregung Liszts geschaffene ›Sinfonische Dichtung‹ ›Taras Bulba‹. Für Strawinsky war Glinka »der russische Musikheld meiner Kindheit«. Ähnliche Zuneigung empfand Strawinsky für *Alexander Dargomyschskij* (1813 bis 1869), der nach seiner Ansicht »das russisch-volkstümliche Melos und den vorherrschenden Italianismus mit einer ... bezaubernden Leichtigkeit« verband. In den romantisch-phantastischen Opern ›Russalka‹ (1856) und ›Der steinerne Gast‹

Michael Glinka, Titelblatt zur Oper ›Ruslan und Ludmilla‹, 1842

(unvollendet) gelangte Dargomyschskij zu originellen Ansätzen eines spezifisch russisch-realistischen Sprechgesanges. Sein ›Steinerner Gast‹ ist als Vertonung von Puschkins unverändertem Wortdrama wohl die erste ›Literatur-Oper‹. Zwangsläufig führte hier das Gesetz der Sprache zur Preisgabe der üblichen musikalischen Gliederungen und zu deklamatorischen Experimenten ohne Vorbild. Dargomyschskijs These »Ich will, daß der Ton strikt das Wort ausdrückt« wurde verbindlich für die fünf ›Novatoren‹, die ihm und Glinka folgten.

Sie heißen Borodin, Cui, Balakirew, Mussorgskij und Rimski-Korssakow. Ihr Programm enthielt als Hauptpunkt neben Dargomyschskijs These die Forderung nach einer vom Westen möglichst unabhängigen national-russischen Kunstmusik. Vier der ›Novatoren‹ waren Dilettanten. Das war fraglos ein Nachteil – vieles, was sie unternahmen, blieb Experiment –, doch auch ein nicht zu unterschätzender Vorteil: Die Unbefangenheit, mit der sie an ihre Aufgaben herangingen, ließ sie manches erreichen, was Akademikern in der Regel verschlossen bleibt. Der einzige Akademiker der

Gruppe war *Mily A. Balakirew* (1837 bis 1910). Weniger seine Kompositionen sind wichtig als die Beharrlichkeit, mit der er sein Wissen den anderen vermittelte. Er machte sie auch mit Schumann, Berlioz und Liszt vertraut, der sich sehr für die Gruppe interessierte (er nannte sie »sein Conservatoire«). Grundlegendes leistete Balakirew mit seiner Sammlung russischer Volkslieder (1866). – Komponist aus Leidenschaft war *Alexander Borodin* (1834 bis 1887), im Hauptberuf Militärarzt, Chemiker und schließlich kaiserlicher Staatsrat. Seine schöne, als Fragment hinterlassene Oper ›Fürst Igor‹ (1890, beendet von Rimski-Korssakow und Glasunow) ist zwar formal eine westliche ›Musizier-Oper‹, doch ihr Melos ist typisch russisch und bezogen auf die altrussische Kirchen- und Volksmusik. Dramatische Szenen fehlen. Die Handlung bildet mit einer lockeren Folge lyrischer Stimmungsbilder den Rahmen für wechselnde Lieder, Chöre und Tänze. Die exotischen ›Polowetzer Tänze‹ aus dieser Oper, ferner zwei folkloristisch reizvolle Sinfonien und die Franz Liszt gewidmete ›Sinfonische Dichtung‹ ›Steppenskizze aus Mittelasien‹ wurden weithin bekannt. – Wenig Russisches enthält das umfangreiche Lebenswerk von *César Cui* (1835 bis 1918). Seine Spezialität waren Miniaturen im Stil der Schumann-Liszt-Nachfolge mit deutlich romanischem Akzent.

Am reinsten verkörpert sich die national-russische Musik in *Modest Petrowitsch Mussorgskij* (1839 bis 1881). Als Schöpfer eines neuen realistisch-expressionistischen Ausdrucksstils gab er der europäischen Musik starke Impulse. Debussy, Bartók, Janáček, Skrjabin und Strawinsky haben ihm viel zu danken. Seine Oper ›Boris Godunow‹ (1874) ist der bedeutendste Beitrag Rußlands zum abendländischen Musiktheater des 19. Jahrhunderts. Als Mussorgskij mit dem Werk beschäftigt war, schrieb er einem Freund: »Die künstlerische Darstellung der Schönheit allein ... ist grobe Kinderei ... In den menschlichen Massen wie in einzelnen Individuen gibt es ... allerfeinste Züge, ... die noch von niemanden beobachtet worden sind: ahnend sie zu entdecken ..., mit ihnen die Menschheit zu speisen, wie mit einer gesunden, noch nicht erprobten Kost – ist das nicht eine schöne Aufgabe?« Er suchte die »Wahrheit, wie bitter sie sei, die kühne aufrichtige Rede von Mensch zu Mensch«. Hierin und in der psychologischen Differenziertheit seiner Kunst war er verwandt mit Dostojewskij. Auch Mussorgskij war Dilettant. Er stammte aus Karew (Gouvernement Pskow), wurde in Petersburg erzogen und stieg auf zum Gardeoffizier. Unter Balakirews Einfluß versuchte er, Musiker zu werden. Als das mißlang, rettete er sich in eine kleine Beamtenstellung, die ihm Zeit zum Komponieren ließ. Seine Werke – soweit er sie abschloß – wurden zwar aufgeführt, aber als dilettantisch abgelehnt. Er litt unter den Niederlagen, ergab sich dem Trunk und starb 42jährig in einem Petersburger Militärlazarett. Erst nach seinem Tod erkannte man seine Bedeutung. Er hinterließ Liederzyklen, darunter die ›Lieder und Tänze des Todes‹, Klavierwerke, darunter die ›Bilder einer Ausstellung‹ (Orchesterbearbeitung von Ravel), die ›Sinfonische Dichtung‹ ›Eine Nacht auf dem kahlen Berge‹ und außer dem ›Boris Godunow‹ die Opern-Fragmente ›Howantschina‹, ›Der Jahrmarkt von Sorotschintzi‹ und ›Die Heirat‹.

Mussorgskij hielt sich im allgemeinen dem akademischen Formalismus des Westens fern. Die Quellen seiner Kunst waren das slawische Volks- und Tanzlied und die altrussische Kirchenmusik. Intuitiv entwickelte er einen Deklamationsstil, der alle Regungen der Texte auf das eindringlichste reflektiert. Charakteristisch ist die lapidare Einfachheit seiner Formulierungen, sind unmerkliche Übergänge von rezitativischen zu liedartigen Gebilden, ist der sprunghafte Wechsel melancholischer, scheu verhaltener und hemmungslos wilder Partien, der erregende Wechsel von realistisch-naturalistischen, dämonisch-phantastischen und irrationalen Wirkungen, ist die zwingende Wahrhaftigkeit des Ausdrucks auch in den Ausbrüchen eines oft bizarren Humors.

Aus dem Liederzyklus ›Die Kinderstube‹ von Mussorgskij

Spezifisch russisch an diesem Stil sind ostinate Motivreihungen, Abweichungen von der metrischen Symmetrie (häufiger Taktwechsel, ungerade, bisweilen fünftaktige Perioden), ist eine leittonarme Melodik und Harmonik und die Verwendung fremdartiger Skalen. Einige Abschnitte in Mussorgskijs Bühnenwerken sind – wo es die dramatische Notwendigkeit erforderte – mit erstaunlichem Einfühlungsvermögen italienisch, polnisch oder französisch stilisiert. Stets aber heben diese Partien betont das Fremde vom Eigenen ab! Im ›Boris Godunow‹ zeichnete Mussorgskij nicht nur erschütternde Einzelschicksale, die Oper ist ein Epos des russischen Volkes.
Nach Mussorgskijs Tod bearbeitete Rimski-Korssakow den ›Boris‹. Er stellte die Schlußbilder um, straffte die Handlung, glättete die eigenwillige Harmonik und Rhythmik und ersetzte die schmucklose Instrumentation durch eine virtuose. In dieser verfälschenden Fassung setzte sich die Oper nach 1908 allmählich durch, bis die ungleich bessere Originalfassung ans Licht kam. Sie hat inzwischen die Überarbeitung verdrängt. Die Opernfragmente ergänzten oder überarbeiteten Rimski-Korssakow, Cui und Nikolai Tscherepnin. Die ›Howantschina‹ suchten Ravel und Strawinsky später von Korssakows ›Meyerbeerisierung‹ zu befreien, doch ihr Projekt blieb liegen. Strawinsky ging in seiner ›Nachtigall‹ von Mussorgskij aus: »Warum sollte ich mich so eng an Debussy halten, wo doch der wahre Urheber dieses Opernstils Mussorgskij war?« – Zu Rimski-Korssakows Bearbeitungen äußerte er: »Was mein Gefühl betrifft..., so glaube ich, daß trotz seiner beschränkten technischen Mittel und seiner ›unbeholfenen Schreibweise‹ Mussorgskijs Original-Partituren stets unendlich mehr wahre musikalische Werte und echte Intuition aufweisen als die ›Perfektion‹ von Rimskis Arrangements.«

*Nikolai Rimski-Korssakow,
Zeichnung von Ilja Rjepin, 1888*

Nikolai A. Rimski-Korssakow (1844 bis 1908), der letzte der ›Novatoren‹, begann ebenfalls als Dilettant. Er war Seeoffizier, entwarf während einer Weltumseglung die erste russische Sinfonie, quittierte seinen Dienst und wurde Musikinspektor für die russischen Marine-Orchester. Balakirew gewann ihn für die Ziele der ›Novatoren‹. 1871 wurde er Professor für Komposition und Instrumentation am Petersburger Konservatorium. Er war damals, wie er selbst bekannte, noch »Dilettant... und nicht nur nicht imstande, einen Choral anständig zu harmonisieren«, er »hatte nie auch nur einen einzigen Kontrapunkt geschrieben und von der Fuge nur eine dunkle Ahnung«. In seinen Kompositionen strebte er »unbewußt nach sauberer und regelrechter Stimmführung und erreichte sie instinktiv und nach Gehör...«. Das wird hier zitiert, weil es charakteristisch ist für die Unbefangenheit und den Wagemut der Gruppe. Später erwarb sich Rimski-Korssakow nicht nur ein fundiertes Können, er wurde auch ein hervorragender Pädagoge. Respighi, Glasunow und Strawinsky sind seine bekanntesten Schüler. Strawinsky sprach noch 1961 vom »kostbaren Geschenk seines unvergeßlichen Unterrichts«. Stilistisch hatte Korssakow Berlioz und Liszt viel zu danken. Seine ›Sinfonischen Dichtungen‹, darunter ›Scheherazade‹, bezeugen es. Der Reiz seiner Tondichtungen beruht auf ihrem russisch-exotischen Kolorit. Außerordentlich produktiv war er auf dem Gebiet der phantastischen Märchenoper (16 Opern, unter anderen ›Schneeflöckchen‹, ›Mlada‹, ›Die Zarenbraut‹, ›Die Sage von der unsichtbaren Stadt Kitesch‹ und ›Der goldene Hahn‹). Einige dieser Opern wurden in Rußland volkstümlich. Sie sind in lockerer Bilderbogenmanier entworfen und relativ arm an dramatischer Spannkraft. Ihre lyrisch-epischen Stimmungsbilder sind farbenprächtig, bisweilen impressionistisch getönt (Korssakow kannte Werke von Debussy).

Eine andere Gruppe russischer Musiker suchte im Gegensatz zu den ›Novatoren‹ unter dem Einfluß kosmopolitischer Tendenzen den Anschluß an die Musik des Westens, vor allem an Mendelssohn, Schumann und Liszt. Der Initiator dieser ›akademischen‹ Richtung war der in Berlin erzogene Pianist *Anton Rubinstein* (1829 bis 1894). Seine formalistischen Konzerte, Sinfonien und Opern sind vergessen. Geblieben ist sein Verdienst um die Einrichtung russischer Konservatorien und die Heranbildung eines westlich geschulten Nachwuchses.

Sein bedeutendster Schüler war *Peter Iljitsch Tschaikowskij* (1840 bis 1893). Er kam in Wotkinsk (Gouvernement Wjätka) als Sohn eines russischen Ingenieurs und einer französischen Mutter zur Welt, studierte zunächst Jura, wurde Verwaltungssekretär im Staatsdienst, sattelte um und wurde 1862 am Petersburger Konservatorium Schüler Anton Rubinsteins. Nach Beendigung seiner Studien (1866) übernahm ihn dessen Bruder Nikolai als Lehrer an das Moskauer Konservatorium. Dort wirkte Tschaikowskij zwölf Jahre. 1877 heiratete er eine Schülerin, entzog sich aber der Ehe durch die Flucht und erlitt einen Nervenzusammenbruch (Selbstmordversuch). 1878 setzte ihm eine Verehrerin seiner Kunst, Frau von Meck, eine Rente aus, die ihn unabhängig machte. Der Briefwechsel der beiden – sie vermieden es, sich kennenzulernen – gibt Auskunft über Tschaikowskijs Wesen, Arbeitsweise und Einstellung zur Kunst. Als Dirigent unternahm Tschaikowskij Konzertreisen, die ihn bis nach Amerika führten. Bald nach der Erstaufführung seiner VI. Sinfonie starb er in Petersburg an der Cholera. Er hinterließ Lieder, Klavier- und Kammermusik, Suiten, Ouvertüren, Balletts, drei Klavierkonzerte, ein Violinkonzert, sechs Sinfonien, neun Opern, darunter ›Eugen Onégin‹ und ›Pique Dame‹ und theoretische Schriften.

Von den ›Novatoren‹ distanzierte sich Tschaikowskij. Er mißbilligte ihre »erschreckende Selbstüberhebung, Einseitigkeit, Unpersönlichkeit und Manieriertheit«. Um nicht ebenfalls »in den Dilettantismus zu verfallen«, erwarb er sich eine solide akademische Technik. Sein ›Idol‹ war Mozart. Beethoven bewunderte er, ohne ihn zu lieben; Brahms und Wagner lehnte er ab. Seine Vorbilder waren Mendelssohn, Schumann, Liszt und von den Franzosen Berlioz, Gounod, Delibes und Bizet. Sehr schätzte er Grieg und Mascagni. Diese Vorlieben sind bezeichnend für gewisse Wesenszüge seiner Musik; sie bewirkten zunächst, daß man ihn mißverstand. In Rußland warf man ihm Internationalismus vor, in Deutschland nannte man ihn einen Französling, in Frankreich hielt man ihn für einen klassizistischen Romantiker deutscher Färbung. Erst allmählich erkannte man, daß er als Russe die Kraft zur Synthese des anscheinend Unvereinbaren besaß. Trotz ihres westlichen Formalismus ist seine Musik im Grunde russisch. Strawinsky erklärte, Tschaikowskij sei »zwar nicht nationalistisch und volksverbunden ..., wie die ›Fünf‹, ... doch zutiefst national: im Charakter seiner Themen, in der Führung seiner Melodien und in der rhythmischen Physiognomie seiner Werke ...; er war von uns allen der am meisten russische«.

Das erkennt der westliche Hörer auch dort, wo Tschaikowskij sich pariserisch sentimental oder deutsch romantisch gab, an der Sprunghaftigkeit der Stimmungsumschwünge und den slawisch krassen Akzenten seiner Musik. Ihre Spannungen erklären sich hieraus allein freilich nicht. Sie ist reich an individuellen Zügen und spiegelt in ihrer mitunter banalen, oft schwermütigen monotonen Lyrik und den exzessiven Schmerz- und Freudeausbrüchen die merkwürdige Zerrissenheit seines Wesens. Er war in gefährlichem Maße seinen Stimmungen und Leidenschaften ausgeliefert. »Mich reut die Vergangenheit, und ich hoffe auf die Zukunft, ohne mit der Gegenwart zufrieden zu sein«, bekannte er; doch »immer... habe ich mich bemüht, in meiner Musik die ganze Qual und Ekstase der Liebe auszudrücken.« Seine subjektiv romantische Einstellung bestätigt eine Bemerkung aus einem Brief an Frau von Meck: »Glauben Sie nicht..., daß das Musikschaffen eine kalte und vernunftmäßige Beschäftigung sei. Nur jene Musik kann rühren, erschüttern und reizen, welche der Tiefe einer durch Inspiration bewegten Künstlerseele entströmt.«

Durch Berlioz und Liszt kam Tschaikowskij zur Programm-Musik. Viele Werke haben unausgesprochene oder mitgeteilte Programme, sie bedürfen ihrer aber nicht. Überblickt man sein Schaffen, so ergibt sich: Ein ungewöhnlich hoher Prozentsatz gehört zur internationalen Standardliteratur, nämlich die Opern ›Eugen Onégin‹ und ›Pique Dame‹, mindestens die drei letzten Sinfonien, das ›1. Klavierkonzert‹, das ›Violinkonzert‹, die Balletts, Suiten und Programm-Ouvertüren. Seine Musik ist bei all ihrem Gefühlsüberschwang stets melodisch, harmonisch und rhythmisch sinnfällig, formal übersichtlich, gedanklich unkompliziert. Daß sie stark im Ausdruck, romantisch im Wesen und einfach ist, erklärt ihre weltweite Beliebtheit.

Seine glänzende und eigenwillige Begabung hob Tschaikowskij weit über die Musiker der kosmopolitischen Gruppe hinaus. Auf den Nachwuchs hatte er beträchtlichen Einfluß. Sein Schüler *Sergei Tanejew* (1856 bis 1915) wurde durch eine vortreffliche Kontrapunktlehre wichtig für Strawinsky. Im Gegensatz zu den anderen ›Moskowitern‹ – so nannte Strawinsky die Anhänger Tschaikowskijs – neigte er in seinen Sinfonien und seiner Kammermusik auffallend einer von Bach ausgehenden polyphonen Schreibweise zu. Er war Skrjabins Lehrer. *Anton Arensky* (1861 bis 1906), ebenfalls ›Moskowiter‹, stand in seiner Kammermusik und seinen Klavierstücken der romantischen Salonmusik nahe. *Alexander Gretschaninow* (1864 bis 1951), der Liedmeister der Gruppe, gab sein Bestes in exotisch gefärbten ›Muselmanischen Melodien‹. *Alexander Glasunow* (1865 bis 1936) war wie Gretschaninow Schüler Rimski-Korssakows. Er hätte demnach das Erbe der ›Novatoren‹ weitertragen können. Doch schon früh – er schrieb fünfzehnjährig seine erste reife Sinfonie – wandte er sich den ›Moskowitern‹ zu und überließ sich dem Einfluß des Westens, besonders Liszts, der seine erste Sinfonie in Weimar aufführte. Strawinsky urteilte: »Das sechzehnjährige Wunderkind war schon ein fertiger trockener Akademiker.« Das mag überspitzt formuliert sein, besagt aber im Grunde zutreffend, daß Glasunow fortan im wesentlichen der westlichen Richtung treu blieb. Russisches findet sich selten bei ihm, am deutlichsten wohl in der VII. Sinfonie. Er war auf allen Gebieten der Musik, mit Ausnahme der Oper, sehr produktiv. Sein Violinkonzert und einige Streichquartette werden im Westen geschätzt. Wie Glasunow war auch Arenskys Schüler *Sergei Rachmaninow* (1873 bis 1943) westlich orientiert, doch er war als Individualität ursprünglicher. Auch er blieb freilich Spätromantiker der Liszt-Tschaikowskij-Nachfolge. Charakteristisch für seinen melodisch ausdrucksvollen, rhythmisch eigenwilligen, klanglich farbigen Stil ist das virtuose ›2. Klavierkonzert in c-Moll‹. Glasunow und Rachmaninow lebten nach der russischen Revolution in Deutschland und Frankreich. Rachmaninow emigrierte schließlich nach Kalifornien.

Alexander Skrjabin, Zeichnung von Pasternak, 1909

Zu den bemerkenswertesten Erscheinungen um die Jahrhundertwende gehört der Moskauer *Alexander Skrjabin* (1872 bis 1915). Er holte sich eine Ausbildung bei Tanejew und Arensky, erwarb sich als Pianist internationalen Ruhm, wurde 1898 Professor am Moskauer Konservatorium und lebte nach 1903 unabhängig. Er hinterließ in der Hauptsache Klavierwerke, ferner ein Klavierkonzert, drei Sinfonien und mehrere ›Sinfonische Dichtungen‹, darunter ›Le divin poème‹, ›Le poème de l'extase‹ und ›Prométheus‹ (›Poème du feu‹). Wie alle ›Moskowiter‹ war auch Skrjabin ›Pro-Westler‹. Von Schubert hielt er gar nichts, um so mehr von Chopin, Liszt und Wagner. In den Klavierwerken ging er von Chopin aus, dem er bisweilen in seinem farbigen, gefühlsbetonten Stil nahe kam. In den frühen Sinfonien folgte er Liszt und Wagner. Er war eine exaltierte, morbide Natur, literarisch interessiert und sehr zugänglich für theosophische und symbolistische Gedankengänge. Bald nach der Jahrhundertwende setzte er sich mit dem französischen Impressionismus auseinander. Anscheinend lehnte er ihn ab. So erinnerte sich Strawinsky, er habe ihm gesagt: »Ich kann Ihnen zeigen, wie man diese Art französischer Grimasse zustande bringt. Nehmen sie irgendwelche offene Quinten, lösen Sie sie mit einem übermäßigen Quartsextakkord auf und fügen Sie einen Turm von Terzen hinzu, bis Sie genug Dissonanz beisammen haben, und wiederholen Sie dann die ganze Sache in einem anderen ›Schlüssel‹, so können Sie so viel ›Debussy‹ und ›Ravel‹ fabrizieren, wie Sie wollen.« Tatsächlich aber wurde er durch Debussy und Ravel angeregt, sich ein eigenes Tonsystem auszudenken, das ihm eine individuelle Variante des französischen Impressionismus ermöglichte. Statt der bei Debussy monierten Quinten und Terzen wählte er übermäßige, verminderte und reine Quarten, baute aus ihnen in Übereinstimmung mit der natürlichen Obertonreihe einen ›mystischen Akkord‹ und leitete von ihm eine neue Reihe ab, die er seinen Kompositionen zugrunde legte. So spekulativ sein Verfahren anmutet, es ließ sich logisch vertreten, stand in einer Reihe mit anderen Überlegungen und Versuchen (Busoni, Hába, Bartók), die den Sinn hatten, das alte Tonsystem zu überwinden und der Praxis reichere Klangkombinationen zu erschließen, und es gehört mit zu den Vorstufen zur ›Neuen Musik‹. Das neue System war für Skrjabin nur ein Mittel neben anderen auf dem Weg zur Verwirklichung eines sensualistischen, mystisch religiösen ›Allkunstwerkes‹, das er in einem eigens hierfür zu erbauenden Tempel in Indien zelebrieren wollte. Im ›Prométheus‹ (›Poème du feu‹) schrieb er zusätzlich zum raffiniert gegliederten Orchester (mit Orgel und Klavier) ein ›Farbenklavier‹ vor, das während der Aufführung den Klangfarben gleichgesetzte Farbklänge auf eine Leinwand projizierte, um die stimulierende Wirkung der Musik zu potenzieren.

Polen

Bis zum 15. Jahrhundert verzeichnet die Geschichte kaum Bemerkenswertes über die Entwicklung der polnischen Musik. Im 16. Jahrhundert ändert sich das Bild. Damals wurde die ›musica sacra‹ des Westens und speziell der alten Niederländer durch Vermittler ins Land gebracht und von einheimischen Komponisten weiterentwickelt. Krakau wurde zum Zentrum eines blühenden Musiklebens, Meister wie *Sebastianus Felstinensis* (um 1490 bis 1544), *Johann Wenzel von Samter* (um 1525 bis 1572) und *Martin Leopolita* (1540 bis 1589) waren die repräsentativen Musiker. Von Felstinensis, dem ›polnischen Heinrich Finck‹, sind schöne Hymnen überliefert, von Wenzel geistliche Lieder und Motetten, von Leopolita kunstvolle fünfstimmige Messen. Im 17. und 18. Jahrhundert wurde Warschau zum Mittelpunkt höfischer Musikpflege mit westeuropäischem Akzent. Besonders die Italiener wurden geschätzt. *Marco Scacchi* (um 1600 bis 1685), Hauskomponist und Leiter der Königlichen Hofkapelle, war ihr Herold. Die polnische Volksmusik, die in charakteristischen Liedern und in Tänzen wie Krakowiak, Mazurka, Polonaise, Kujawiak und Oberek ihren Ausdruck fand, kam damals in Mode und fand weit über Polen hinaus Verbreitung. Beispielsweise Telemann – er schrieb ›polnische Sonaten‹ – hörte in Sorau polnische Musikanten und meinte bewundernd: »Man sollte kaum glauben, was derlei Bockpfeiffer oder Geiger für wunderbare Einfälle haben... Ein Aufmerksamer könnte von ihnen, in 8 Tagen, Gedancken für ein gantzes Leben erschnappen.«

Bestrebungen, eine national-polnische Kunstmusik ins Leben zu rufen, ergaben sich erst während der Romantik, sie wurden freilich empfindlich gestört durch die politischen und kriegerischen Wirren, die das Land heimsuchten. Als einer der ersten trat *Joseph Xaver Elsner* (1769 bis 1854) richtungweisend hervor. Er gründete in Warschau

Karol Szymanowski

eine ›Gesellschaft zur Förderung der Tonkunst‹. Aus ihr ging das Warschauer Konservatorium hervor. Elsners Schüler war Frédéric Chopin (siehe Seite 455), Polens bedeutendster Komponist. Schon beträchtlich vor Elsner hatte *Matthias Kamienski* (1734 bis 1821) mit ›Glück im Unglück‹ (1778) das erste Muster einer polnischen Oper aufgestellt. *Stanislaw Moniuszko* (1819 bis 1872) schuf dann die polnische Nationaloper ›Halka‹ (1854). Er schrieb überdies Messen, Klavierwerke und 400 Lieder, die ihm den Namen eines ›polnischen Schubert‹ eintrugen. Der Kammermusiker des Kreises war *Ignaz Felix Dobrzynski* (1807 bis 1867). Westlich beeinflußt wie er war der Geiger *Henri Wieniawski* (1835 bis 1880) in seinen geigerisch wirkungsvollen Salonstücken und virtuosen Violinkonzerten, waren *Ladislaus Zelenski* (1837 bis 1921), *Moritz Moszkowski* (1854 bis 1925), *Ignaz Paderewski* (1859 bis 1938) – er stieg auf zum ersten Präsidenten des freien Polen – und *Mieczyslaw Karlowicz* (1876 bis 1909). Von den Musikern, die der 1905 gegründeten Gesellschaft jungpolnischer Komponisten nahestehen, fand vor allem *Karol Szymanowski* (1883 bis 1937) internationale Anerkennung. Mit der Oper ›Hagith‹ (1912), seinen Klavier- und Kammermusikwerken, Liedern und Sinfonien steht er etwa zwischen Impressionismus und Atonalität, zwischen Debussy, Reger und Schönberg. Klanglich gemäßigter und zugleich polnischer im Melos sind die Instrumentalwerke von *Ludomir Rocycki* (* 1883) und *Gregor Fitelberg* (1879 bis 1953), der als Dirigent die Welt bereiste. Gegenwärtig verfügt Polen über mehrere Musiker, die unter Abwendung von der Folklore die neuen Techniken der seriellen, elektronischen und experimentellen Musik wagemutig erproben. Zu dieser Avantgarde, deren Arbeiten im Westen aufmerksam beachtet werden, gehören *Lutoslawski*, *Penderecki*, *Baird*, *Kotonski* und *Serocki*.

Tschechoslowakei

Die tschechische Musik läßt sich über rund ein Jahrtausend zurückverfolgen. Lange wurden Volks- und Kirchenmusik nebeneinander gepflegt. Die erstere ist dem westslawischen Kulturkreis zugehörig – charakteristische Tänze sind etwa Polka, Duenka, Furiant –, die letztere entwickelte sich weitgehend in Übereinstimmung mit den Ausdrucksformen und Techniken des Westens. Sammlungen mit polyphonen Messen, Motetten und geistlichen Liedern sind überliefert im tschechischen ›Franus-Kanzional‹ und ›Königgrätzer Spezialgesangbuch‹ (beide 16. Jahrhundert). Im 18. Jahrhundert wanderten tschechische Musiker nach Deutschland, Frankreich und England aus; einige gewannen dort wesentlichen Einfluß. Es sei erinnert an die aus Böhmen stammenden Mannheimer Johann und Karl Stamitz, Franz Xaver Richter und Anton Fils, die Berliner Franz, Johann Georg und Joseph Benda und an Anton Reicha, der in Paris der Lehrer Gounods, Berlioz', Liszts und César Francks wurde. Eine nationaltschechische Kunstmusik entfaltete sich ähnlich wie in Rußland und Polen erst im 19. Jahrhundert. Ihre überragenden Meister sind Smetana, Dvořák und Janáček.
Man hat Smetana und Dvořák als ›böhmische Musikanten‹ und ›naive Folkloristen‹ abgestempelt und damit unterbewertet. Sie sind starke schöpferische Individualitäten, in beiden kam der Gegensatz zwischen westeuropäischer Kunstmusik und tschechischer Volksmusik zum Ausgleich. Indem sie als ›böhmische Musikanten‹ die Formen, Ausdrucksmittel und Satztechniken der westeuropäischen Tonsprache meisterten, wurden sie zu ›Klassikern‹ der tschechischen Kunstmusik, indem sie als nationale (nicht nationalistische) Musiker vom böhmischen Sprachmelos und der böhmischen Volksmusik ausgingen, erschlossen sie der europäischen Musik neue Ausdrucksbereiche. Nur Auswahlen aus ihrem Schaffen sind bislang ins Ausland vorgedrungen. Smetana zählt eigentlich nur als Schöpfer der ›Verkauften Braut‹ und der ›Moldau‹, Dvořák als Sinfoniker und Kammermusiker. Es würde sich lohnen, hier Versäumtes nachzuholen.

Friedrich Smetana (1824 bis 1884) stammte aus Leitomischl. Die Ausbildung erhielt er in Prag bei Proksch und später bei Liszt. Mit seiner Hilfe gründete er 1848 in Prag eine eigene Musikschule, die er bis 1856 leitete. Dann ging er als Dirigent der ›Philharmonischen Konzerte‹ nach Gotenburg (Schweden). 1866 wurde er Kapellmeister am tschechischen ›Nationaltheater‹ in Prag. 1874 mußte er diese Stellung wegen Ertaubung aufgeben. Zwei Jahre vor seinem Tod fiel er in geistige Umnachtung; er starb in der Prager Landesirrenanstalt. Seine obenerwähnten Werke wirken ungeachtet ihrer subtilen handwerklichen Durchformung in ihrem zupackenden Realismus einfach und ungekünstelt, sie haben die Durchschlagskraft echter Vokalmusik. Daß die temperamentvolle ›Verkaufte Braut‹ das Werk eines 41jährigen ist und daß Smetana den sechsgliedrigen Zyklus ›Ma Vlast‹ (›Mein Vaterland‹), von dem die ›Moldau‹ nur ein Teilglied bildet, erst als alter, tauber Mann niederschrieb (1874 bis 1879), ist nicht zu spüren. Aus allem, was er schuf, spricht eine unverbrauchte, gesunde Kraft. Als Instrumentalmusiker schloß er sich den Grundsätzen Liszts an. Den meisten Werken, auch dem späten ›Streichquartett in e-Moll‹ (›Aus meinem Leben‹), liegen ausführliche Programme zugrunde. Er bekannte: »Die absolute Musik ist für mich in jedem Genre bereits unmöglich.« Will man ›Die Moldau‹ recht verstehen, muß man sie im Zusammenhang mit den anderen ›Sinfonischen Dichtungen‹ von ›Ma Vlast‹ sehen – 1. Vysherad, 2. Vltava (Die Moldau), 3. Sárka, 4. Aus Böhmens Hain und Flur, 5. Tabor und 6. Blánik. Sie sind durch Themen und Motive aufeinander abgestimmt und bilden nach ihrem programmatischen Grundplan einen einheitlichen mythisch-vaterländischen Zyklus. Sehr vernachlässigt außerhalb Böhmens wird Smetanas umfangreiches dramatisches Schaffen. Von seinen acht Opern soll ›Dalibor‹ ein »tschechisches Musikdrama großen Formats« sein. Die ›Beiden Witwen‹ sind nach Ansicht von Richard Strauss »eine der schönsten komischen Opern des 19. Jahrhunderts«. Niemand im Westen kennt sie. Man sagt, die Libretti ließen sich kaum übersetzen, da die Melodik ganz aus dem tschechischen Sprachmelos gewonnen sei. Wäre das stichhaltig, wieso gelang es bei der ›Verkauften Braut‹? Allerdings wurde die Verbreitung auch dieser Oper durch derartige Schwierigkeiten weit hinausgezögert. Smetana erlebte ihren internationalen Erfolg nicht mehr.

Schon zu Lebzeiten setzte sich *Anton Dvořák* (1841 bis 1904) mit seiner Instrumentalmusik – freilich auch nur mit dieser – im Westen durch. Daß er außer slawischen Tänzen und Rhapsodien, ›Sinfonischen Dichtungen‹, Sinfonien und Kammermusikwerken auch Lieder, Kirchenmusik, ein Oratorium und sechs Opern schuf, blieb nahezu unbeachtet. Erst seit dem internationalen Erfolg seiner Oper ›Die Jakobiner‹ scheint sich hierin ein Wandel anzubahnen. Dvořák stammte aus dem Flecken Mühlhausen bei Kralup als Sohn eines Gastwirts. Nach unsteter Jugend besuchte er in Prag die Orgelschule. 1862 wurde er Organist an der Kirche Sankt Adalbert und gleichzeitig Bratscher im Orchester des tschechischen ›Nationaltheaters‹. 1873 erhielt er ein Staatsstipendium, bald darauf wurde er Professor am Prager Konservatorium. 1891 folgte er einem Ruf nach New York, wo er Direktor des ›National-Konservatoriums‹ wurde. 1895 kehrte er nach Prag zurück. Dort berief ihn die Regierung als »ersten Meister der Nation« ins Herrenhaus und übertrug ihm die Direktion des Prager Konservatoriums. Diese Stellung hatte er bis zu seinem Tode inne. Auch Dvořák schloß sich zunächst Liszt und den ›Neudeutschen‹ an. Seine Ouvertüren und ›Sinfonischen Dichtungen‹

bezeugen es. Doch dann wandte er sich der absoluten Musik und damit Brahms, Beethoven und Schubert zu. Ihr Einfluß wirkte sich in seiner Instrumentalmusik ebenso aus wie der der böhmischen Volksmusik. Seine 1894 in Amerika entstandene neunte und letzte Sinfonie ›Aus der neuen Welt‹ ist ein Beispiel für seine außerordentliche formschöpferische Kraft. Er verschmolz hier im Rahmen des viersätzigen Sinfonieschemas Programm-Musik und absolute Musik, Elemente der tschechischen und amerikanischen Volksmusik (Negerspirituals und Indianerweisen) zu einem Stil von unverwechselbarer Eigenart.

Anton Dvořák, Zeichnung von Boettinger

Leoš Janáček (1854 bis 1928) war eher ostslawischen Einflüssen zugänglich. Er stammte aus Mähren (Hochwald bei Mistek-Friedeck), erhielt seine Ausbildung in Prag, Leipzig und Wien, gründete 1881 eine Orgelschule in Brünn, wurde dort 1888 Dirigent der ›Philharmonischen Gesellschaft‹ und erhielt 1919 eine Professur am dortigen Konservatorium. Erst im 7. Lebensjahrzehnt fand er internationale Anerkennung. Er hinterließ Lieder, Klavier- und Kammermusik, darunter zwei Streichquartette, Suiten, ›Sinfonische Dichtungen‹, ›Sechs Lachische Tänze‹, ein Klavierconcertino, eine Sinfonietta, eine ›Festliche Messe‹ (›Missa Glagolitica‹), elf Opern, darunter ›Jenufa‹ (1904), ›Das listige Füchslein‹ (1924, ›Aus einem Totenhaus‹; posthum 1930, Berlin) und eine wertvolle Sammlung tschechischer Volkslieder. – Janáček war ›Spätentwickler‹, er ging seinen Weg abseits der ausgefahrenen Geleise und gelangte nach kurzer romantischer Periode zu Ergebnissen, die überleiten zur ›Neuen Musik‹. Seine Oper

›Jenufa‹ ist noch etwa im Sinne der Tradition eine böhmisch-mährische Volksoper mit charakteristischen Chören, Tänzen und weit ausschwingenden melodischen Partien. Doch schon hier deuten sich die Eigentümlichkeiten seines Stils an. Er setzte die dramatischen Akzente ungewohnt scharf, ließ den Gesang, der sich wie isoliert von den nahezu impressionistisch geführten Klangfluten des Orchesters abhebt, in einer an Mussorgskij erinnernden Art aus dem Sprachmelos hervorgehen und wich von den westlichen Schemata ab, indem er ganze szenische Abschnitte aus kleinen, bisweilen manisch wiederholten Motiven formal frei und sehr dynamisch entwickelte. Entscheidend aber war schon hier die realistische Einstellung zur Aufgabe. Nach seiner Ansicht sollte der Künstler »in das Leben und die Natur eintauchen«, und zwar fernab von jeder romantischen Illusionistik. Er betrieb systematische Sprach- und Volksliedforschungen, beobachtete die Kinder und Erwachsenen seiner Umgebung bei alltäglichen Gesprächen und suchte aus der Art ihres Sprechens ihre Charaktereigenschaften und ihren Seelenzustand zu erkennen. Er notierte sich, was ihm auffiel und formte daraus Tonsymbole, er verglich sie mit dem Tonfall elementarer Volkslieder, mit dem Gesang der Vögel – auch ihn zeichnete er auf –, mit allen Stimmen der Natur und drang in täglicher Bemühung vor zu den Mitteln einer in vielem ungewohnten, melodisch, klanglich und rhythmisch höchst eigenwilligen Tonsprache. Sie ist kennzeichnend für seine späten Opern, die stilistisch etwa zwischen Debussys ›Pelléas und Mélisande‹ und Alban Bergs ›Wozzeck‹ ihren Platz haben. Janáčeks Urwüchsigkeit, sein kompromißloses Streben nach Wahrhaftigkeit und seine ethisch religiöse Haltung fanden wohl ihren reinsten Ausdruck in seiner nachgelassenen Oper ›Aus einem Totenhaus‹, zu der er sich die Dichtung nach Dostojewskijs gleichnamigem Roman selbst entwarf. »In jeder Kreatur ein Funken Gottes«, schrieb er auf das Titelblatt der Partitur. Er wollte mit dem Werk, worin er nicht Einzelschicksale, sondern das Kollektivschicksal der »Geschundenen und Erniedrigten« darstellte, sein Publikum weder unterhalten noch versöhnen, er wollte anklagen, aufrütteln, erschüttern. Das Werk ist ein Bild des Infernos, aufgerichtet als Mahnmal der Hoffnung, Würde und Brüderlichkeit.

Im Gegensatz zu Janáček waren westlich beeinflußt die Spätromantiker *Zdenko Fibich* (1850 bis 1900), *Joseph Bohuslav Foerster* (1859 bis 1951), *Vitezlav Novák* (1870 bis 1949) und *Josef Suk* (1874 bis 1935). Welterfolge errangen *Oskar Nedbal* (1874 bis 1930) mit ›Polenblut‹ (1913) und der Reger-Schüler *Jaromir Weinberger* (* 1896) mit der Volksoper ›Schwanda, der Dudelsackpfeifer‹ (1927). Von den jüngeren Tschechen hat *Bohuslav Martinů* (1890 bis 1959) mit Balletts, Sinfonien, Konzerten und Kammermusikwerken im Westen Anerkennung gefunden. Er war in Paris Schüler von Roussel, wurde dann von Debussy beeinflußt und näherte sich später der neuklassizistischen Richtung Strawinskys. In Amerika, wo er lange lebte, setzte er sich auch mit dem Jazz auseinander. Ungeachtet dieser Einflüsse wurzelt sein Schaffen in der heimischen Volksmusik. Der Prager Pädagoge *Alois Hába* (* 1893) wurde international bekannt mit seinen Viertel- und Sechstelton-Kammermusik- und Orchesterwerken und mit seiner Harmonielehre, in der er sein neues Tonsystem darlegte (siehe Seite 614).

Ungarn

Lange, bevor sich eine westlich orientierte ungarische Kunstmusik entfaltete, gab es in Ungarn eine bodenständige Volksmusik, deren Melos sich auf einer eigenen Tonleiter aufbaute und rhythmisch gekennzeichnet war durch oft wechselndes Takt- und Zeitmaß, durch ungeradtaktige Perioden, Synkopen und andere Merkmale. Sie treten charakteristisch hervor in den schwermütig-leidenschaftlichen Liedern und Tänzen Ungarns (Csárdás, Csermák, Bihari und Lavotta). Durch Zigeuner, die diese Lieder und Tänze improvisierend abwandelten – auch sie verwandten eine eigene Tonleiter –, wurden verfremdete Elemente der ungarischen Volksmusik schon während des Barock im Westen bekannt und dort stilisiert in die Kunstmusik übernommen (All'zingara, All'ongarese usw.). Beispiele finden sich schon bei Telemann, dann bei Haydn, Mozart, Schubert, Liszt und Brahms. Erst im 19. Jahrhundert bildete sich eine Gruppe ungarischer Komponisten, die der nationalen Kunstmusik Auftrieb zu geben suchte. Alle diese Musiker waren westlich geschult und schöpften eher aus der Zigeunermusik als aus der echt ungarischen Volksmusik. An ihrer Spitze stand der Opernmeister *Franz Erkel* (1810 bis 1893) mit seiner Volksoper ›Hunyady László‹ (1844). Als erster ungarischer Sinfoniker gilt *Michael Brandt*, genannt *Mosonyi* (1814 bis 1870), als erster Klavier- und Kammermusikmeister *Arpád Szendy* (1863 bis 1922). Mit ihm wetteiferte auf dem Gebiet der Kammermusik der Geiger *Jenö Hubay* (1858 bis 1937). Seine Violinromanzen und ›Csárdásszenen‹ wurden zum Inbegriff stilisierter Zigeunermusik. Breiter ist die Basis für die internationale Anerkennung, die der d'Albert-Schüler *Ernst von Dohnanyi* (1877 bis 1960) mit seiner spätromantischen Instrumentalmusik gefunden hat. Er ging von Chopin, Liszt und Brahms aus, doch auch sein Stil ist deutlich auf die Zigeunermusik bezogen. Als Harmoniker hielt er sich konservativ in den Grenzen der Tonalität. Seine Satztechnik und Instrumentation sind virtuos. Die echte ungarische Volksmusik wurde erst von Béla Bartók (siehe Seite 600) und seinem Freund *Zoltán Kodály* (* 1882) erkannt und zur Grundlage ihrer Kunst erhoben. Bartók gab der ›Neuen Musik‹ Ungarns Weltgeltung. *Alexander Jemnitz* (* 1890), *László Lajtha* (* 1892), *Mátyás Seiber* (1905 bis 1960), *Sándor Veress* (* 1907) und andere schlossen sich ihm an.

Skandinavische Länder

Auch in den skandinavischen Ländern entfaltete sich erst im 19. Jahrhundert eine nationale Kunstmusik. In *Finnland* schuf zwar schon im 16. Jahrhundert der in Rostock ausgebildete Didrik Persson Ruutha lateinische Motetten und ein Schulgesangbuch, und später wurde *Bernhard Crusell* (1775 bis 1838) berühmt mit frühromantischen Klarinettenkonzerten, doch erst der Spohr-Schüler *Frederic Pacius* (1809 bis 1891) gilt mit seinen Opern und einem Violinkonzert als Begründer der finnischen Nationalmusik. Großes Ansehen erwarb sich *Ilmari Krohn* (* 1867). Er sammelte über 5000 geistliche und weltliche Volkslieder, Tanzlieder und altfinnische Runenlieder, melodisch formelhafte Gesänge meist nur vom Umfang einer Quinte, die von der fünfsaitigen Kantele oder von einem altkeltischen Streichinstrument begleitet wurden. Sein vierbändiges Sammelwerk ›Suomen Kansan Sävelmiä‹ (1893) wurde zu einer Fundgrube für die national eingestellten Musiker. Finnlands bedeutendster Komponist ist *Jean Sibelius* (1865 bis 1957). Er studierte in Helsingfors, Berlin und Wien, war kurze Zeit Lehrer an der Universität Helsinki und erhielt 1897 eine staatliche Rente, die ihm ein freies Schaffen ermöglichte. Mit vielen Werken fand er internationale Anerkennung. In England und Amerika schätzt man vor allem seine sieben Sinfonien, in Deutschland, wo seine Auswirkung bislang begrenzt blieb, zieht man ihnen die eine oder andere ›Sinfonische Dichtung‹, den ›Valse triste‹ aus der Musik zu ›Kuolema‹ oder das ›Violinkonzert‹ vor. Sibelius war Spätromantiker, seine Kunst wurzelt in der Tradition des 19. Jahrhunderts, sie ist von Liszt, Wagner, Tschaikowskij beeinflußt und bemerkenswert durch die reine und starke Naturliebe, die aus ihr spricht. Ihr besonderer Reiz beruht auf ihrem folkloristischen Einschlag. – Im Westen geschätzt werden auch die spätromantischen Lieder (Brahms-Nachfolge) von *Irjö Kilpinen* (1892 bis 1959).

Schweden besaß in Stockholm schon im 18. Jahrhundert ein Konservatorium, ein Opernhaus und ein straff organisiertes Konzertwesen. Die besten Komponisten Europas kamen dort zu Gehör, doch die einheimische Produktion blieb lange Zeit abhängig vor allem von deutschen Vorbildern. Einer der ersten Sinfoniker Schwedens war *Franz Berwald* (1796 bis 1868). Von seinen sechs Sinfonien (Mendelssohn-Nachfolge) wurden die II. (›la sérieuse‹) und V. (›la singulière‹) als wertvolle Beispiele klassizistisch-romantischer Musik neuerdings durch den Rundfunk in Deutschland bekannt. Das Ansehen des Zelter-Schülers *Adolf Fredrik Lindblad* (1801 bis 1878) beruht auf seinen romantischen Liedern. Sie trugen ihm die Bezeichnung ›schwedischer Schubert‹ ein. Deutlich auf die schwedische Folklore bezogen sind die spätromantischen bzw. impressionistischen Programm-Sinfonien, Kammermusikwerke und Lieder von *Emil Sjögren* (1853 bis 1918), *Wilhelm Stenhammer* (1871 bis 1927), *Hugo Alfvén* (1872 bis 1960), *Natanael Berg* (1879 bis 1957) und *Ture Rangström* (1884 bis 1947). Aus diesem Kreis errang vor allem Hugo Alfvén internationale Erfolge mit seinen Sinfonien und der Programm-Rhapsodie ›Midzommervaka‹ (1904). Ähnlich geschätzt im Ausland sind die sinnfälligen, farbenprächtigen Programm-Sinfonien, Konzerte und Suiten von *Kurt Atterberg* (* 1887). – Neuerdings vollzog sich in Schweden ein überraschender Wandel. Eine Gruppe junger Musiker suchte unter betonter Abwendung von der Folklore und der konservativ-spätromantischen Richtung den Anschluß an Bartók, Strawinsky oder Schönberg, an die ›Seriellen‹ oder die ultramoderne Elektronenmusik. Eine Übergangserscheinung auf diesem Gebiet ist der Sinfoniker *Gösta Nyström* (* 1890). Er lebte als Musiker zwölf Jahre in Paris, bevor er nach Schweden zurückkehrte. Der Einfluß besonders Honeggers auf sein Schaffen ist beträchtlich. Wesentlich fortschrittlicher ist der Sinfoniker *Hilding Rosenberg* (* 1892). Nach spätromantischen Anfängen setzte er sich mit Schönberg und der Reihentechnik auseinander. Seine bislang jüngsten ›Streichquartette‹ (Nr. 7 bis 12) sind seriell gearbeitet, aber nicht atonal. Expressiv und klanglich steht er Alban Berg nahe. Besonders fühlt er sich zu Webern »mit seiner sublimen Reinheit und Schlichtheit« hingezogen. Zu den führenden Musikern der Avantgarde gehören *Sven Erik Bäck* (* 1919), *Ingvar Lindholm* (* 1921) und *Karl Birger Blomdahl* (* 1916). Er errang mit seiner frei seriellen III. Sinfonie und der problematischen Weltraumoper ›Aniara‹ (1959) auch im Ausland ungewöhnliche Erfolge.

Denkt man an die Musik *Norwegens*, so stellt sich unwillkürlich der Name *Edvard Grieg* ein. Er wurde 1843 in Bergen geboren, studierte in Leipzig und bei Niels Gade, fiel Liszt auf, erhielt durch dessen Fürsprache ein Stipendium, gründete später in Christiania einen Musikverein und erhielt 1880 vom König eine Rente, die ihm ein freies Schaffen in seiner Vaterstadt ermöglichte. Dort starb er 1907. – Er war ein Meister der kleinen Form, in einigen Liedern und Klavierstücken – intimen lyrischen Stimmungsbildern und Charakterstücken – erfüllte sich seine Begabung am reinsten. Die sinfonischen Formen lagen ihm weniger. Die Violinsonaten und Streichquartette, auch das Klavierkonzert sind dafür bezeichnend. Er entspannte hier die Entwicklungsform in zyklische Folgen lyrischer, tänzerisch beschwingter, mitunter pathetischer Episoden. Durch Richard Nordraak wurde Grieg auf die norwegischen Tänze und Volkslieder aufmerksam gemacht. Damit erschloß sich ihm seine Lebensaufgabe. Wie er sie sah, darüber gab er selbst Auskunft: »Bach und Beethoven haben auf den Höhen Kirchen und Tempel errichtet. Ich wollte ... Wohnstätten für die Menschen bauen, in denen sie sich heimisch und glücklich fühlen ... Ich habe die Volksmusik meines Landes aufgezeichnet. In Stil und Formgebung bin ich ein deutscher Romantiker der Schumann-Schule geblieben. Aber zugleich habe ich den reichen Schatz der Volkslieder meines Landes ausgeschöpft und habe aus dieser bisher noch unerforschten Emanation der nordischen Volksseele eine nationale Kunst zu schaffen versucht.« – Dasselbe Ziel setzten sich seine Landsleute *Johann Severin Svendsen* (1840 bis 1911) und *Christian Sinding* (1856 bis 1941), doch ihnen fehlte Griegs Ursprünglichkeit. Die heutige norwegische Musik vertreten mit impressionistischen oder neu-klassizistischen Werken *Fartein Valen* (1887 bis 1952) und *Harald Säverud* (*1897).

Dänemark erlebte in der Vokalmusik seinen ersten Auftrieb, als Heinrich Schütz während des Dreißigjährigen Krieges beim dänischen König in Kopenhagen Zuflucht fand. Unter seinem Einfluß stand der dänische Hoffeldtrompeter und Kammermusikus *Gabriel Voigtländer* (um 1600 bis 1643). Was man damals in Dänemarks höfischen Kreisen sang, geht hervor aus seiner Sammlung von 98 internationalen ›Oden und Liedern‹ (1642). Später bevorzugte die höfische Musikpflege französische Ballets, italienische und schließlich deutsche Opern und Instrumentalmusik. Während der Romantik kam es dann zu Bestrebungen, eine eigene Kunstmusik zu schaffen. Die Initiatoren waren der Opern- und Ballettkomponist *Johann Peter Emil Hartmann* (1805 bis 1900) und sein Schwiegersohn *Niels Wilhelm Gade* (1817 bis 1890), in dem Dänemark seinen größten Musiker verehrt. Er begann als Autodidakt, erhielt ein königliches Stipendium, ging 1843 nach Leipzig, wo er die Freundschaft Mendelssohns und

Schumanns erwarb, leitete 1844 bis 1848 zeitweise neben Mendelssohn die Leipziger ›Gewandhauskonzerte‹ und übernahm dann in Kopenhagen die Direktion der Sinfoniekonzerte. In seinen Instrumental- und Chorwerken folgte er Mendelssohn und Schumann. Als Melodiker und Kolorist übernahm er Elemente der dänischen Folklore. Bezeichnend für seine Art ist die romantische Ouvertüre ›Nachklänge aus Ossian‹. Von Gade gefördert wurde *Carl Nielsen* (1865 bis 1931). Er war ursprünglicher als Gade und in seinen Bemühungen konsequenter. Von seinen Sinfonien wurden weithin bekannt ›Espanziva‹ und ›Die vier Temperamente‹. Die zeitgenössischen dänischen Musiker suchen mehr oder weniger entschieden den Anschluß an die Strömungen der ›Neuen Musik‹. Führend sind gegenwärtig *Jürgen Bentzon* (* 1897), *Knud Aage Riisager* (* 1897), der Isländer *Jón Leifs* (* 1899) und *Aage Holmbö* (* 1909).

Schweiz

Auch in der Schweiz entfaltete sich ein reges Musikleben. Allerdings gab es dort – abgesehen von den Jodelweisen und Tanzliedern, die modifiziert allen Alpenländern gemeinsam sind – keine Folklore, die die Grundlage einer spezifisch schweizerischen Kunstmusik hätte werden können. Bedingt durch die geographische Lage und die Struktur der Bevölkerung vollzog sich die Entwicklung vielmehr vorwiegend in Übereinstimmung mit den Nachbarländern.
Schon im 8. Jahrhundert wurde die Schweiz wichtig für die geistliche Musik des Mittelalters durch die Sängerschule des Klosters Sankt Gallen. Einer der Mönche dieses Klosters war der Sequenzenkomponist Notker Balbulus (siehe Seite 52). Ein Jahrhundert später wirkte dort als Musiktheoretiker der Mönch Notker Labeo. Im 16. Jahrhundert hat die Schweiz zwei bedeutende Musiker aufzuweisen, den Gelehrten Glareanus (siehe Seite 59) und den Komponisten Ludwig Senfl (siehe Seite 88). Auch Jean Jacques Rousseau (siehe Seite 277), Verfasser des ›Devin du village‹, war Schweizer. Nach der Reformation entstanden für die reformierten Teile des Landes Gesangbücher mit zum Teil vierstimmigen Sätzen, die den Hugenotten-Psalter Claude Goudimels beeinflußten. Die weltliche Vokalmusik fand im 17. und 18. Jahrhundert ihre Pflegestätten in bürgerlichen ›Collegia musica‹, aus denen um die Wende zum 19. Jahrhundert frühromantische Musikgesellschaften und Chorvereine hervorgingen. Ihr Organisator war der ›Sängervater‹ Hans Georg Nägeli (siehe Seite 345). In seinen volkstümlichen Chorliedern stand er der ›Schwäbischen Liederschule‹ nahe.
Auf dem Gebiet der Instrumentalmusik und der Oper traten im 19. Jahrhundert *Xaver Schnyder von Wartensee* (1786 bis 1868), *Ferdinand Fürchtegott Huber* (1791 bis 1863) und *Joseph Hartmann Stuntz* (1793 bis 1859) hervor, während sich *Ferdinand Hegar* (1841 bis 1926) vorwiegend dem romantischen Oratorium widmete. Der vielseitige *Hans Huber* (1852 bis 1921) schloß sich den ›Neudeutschen‹ an; sein Schüler *Hermann Suter* (1870 bis 1926) folgte eher Brahms. Er bereicherte die Männerchor-Literatur der Schweiz. Weithin bekannt wurde seine von Naturstimmungen angeregte

Sinfonie, ein Violinkonzert und das herbe Oratorium ›Le laudi di San Francesco d'Assisi‹ (1924).

Diese Musiker überragte der Reger-Schüler *Othmar Schoeck* (1886 bis 1957). In rund 400 spätromantischen Liedern – darunter Zyklen über Texte von Claudius, Goethe, Mörike, Eichendorff, Lenau, Keller und Hesse – erwies er sich als legitimer Erbe von Brahms und Hugo Wolf. Hermann Hesse äußerte über ihn: »Ich habe hunderte von Kompositionen mit ... Schaudern über meine Gedichte ergehen lassen, in Schoecks Vertonungen ist nirgends das leiseste Mißverständnis des Textes ... überall ist mit fast erschreckender Sicherheit der Finger auf das Zentrum gelegt, ... wo um ein Wort oder um die Schwingung zwischen zwei Worten sich das Erlebnis des Gedichtes gesammelt hat ... Dieses erfühlen der Keimzelle in jedem Gedicht war mir stets das sicherste Kennzeichen für Schoecks Genialität.« Schoeck schrieb auch sieben Opern. Obgleich in ihnen die lyrische Komponente überwiegt, was ihre szenische Wirkung beeinträchtigt, enthalten sie wertvolle Musik, so daß man sie immer wieder zur Diskussion stellt. Besonders ›Penthesilea‹ (nach Kleist, 1925, Neufassung 1942) errang neuerdings nachhaltige Erfolge. Abgesehen von Kürzungen vertonte Schoeck Kleists Trauerspiel wörtlich. Die hieraus resultierenden Deklamationsprobleme überwand er durch Einbeziehung des gesprochenen oder rhythmisch deklamierten Wortes und des Melodrams sowie durch den sinnvollen Wechsel rezitativischer und arioser Partien und klangmächtiger Chorszenen. Er steigerte sich hier in einen dramatischen Ausdrucksstil, der strukturell Berührungspunkte mit der Deklamationsweise Orffs hat. Doch anders als jener war er klanglich von Debussy, Reger und Richard Strauss beeinflußt. In ›Penthesilea‹ bewegte er sich als Harmoniker etwa auf der Linie ›Pelléas et Mélisande‹ (Debussy) – ›Elektra‹ (Strauss).

Im Gegensatz zu Schoeck stand *Arthur Honegger* (1892 bis 1955) dem französischen Kulturkreis nahe. Er erhielt seine Ausbildung bei Hegar in Zürich und d'Indy in Paris, das seine Wahlheimat wurde. Neben Milhaud war er der bedeutendste aus der ›Gruppe der Sechs‹ (siehe Seite 597), die in den zwanziger Jahren der französischen und europäischen Musik starken Auftrieb gab. In Honeggers Schaffen wechselt, wie Cocteau es ausdrückte, »die Welt der Maschinen ... mit einer der Altarwände, Strebepfeiler und Kirchenfenster«. Er war ein universell interessierter Künstler, aufgeschlossen für die Antike, das Mittelalter und die Klassik nicht minder wie für die heterogenen Strömungen seiner Gegenwart; kein Revolutionär, doch eine der Übergangserscheinungen zur ›Neuen Musik‹. In seiner Tonsprache vereinigte er gallische Leichtigkeit und Formklarheit mit urwüchsiger alemannischer Kraft und Empfindungstiefe, in seinem Wesen verbanden sich diesseitige Sinnenfreude und eine ins Mystische reichende Religiosität. Seine Harmonik weist zwar gelegentlich schroffe polytonale Klangkombinationen auf, doch grundsätzlich hielt er fest an der diatonischen Tonalität. Er erkannte in ihr »das Grundprinzip der wahren Architektur, die mit den Maßen haushält, sie ordnet und sie ohne Verwirrung in Kontrast setzt«. 1921 wurde er berühmt mit dem dramatischen Psalm ›König David‹, einem großangelegten Konzert-Oratorium, das er aus der Bühnenmusik zum gleichnamigen biblischen Drama von René Morax entwickelt hatte. Zwei Jahre später erregte er Aufsehen mit der Maschinenmusik ›Pacific 231‹, einem formstrengen dynamischen Variationswerk, das er als das »Hohelied einer D-Zug-Lokomotive« bezeichnete. Er veranschaulichte darin mit absolut musikalischen Mitteln »das ruhige Atemschöpfen der Maschine beim Stillstehen, die Anstrengung beim Anziehen, das allmähliche Anwachsen der Schnelligkeit, bis sie einen lyrischen Hochstand erreicht ...«. Honegger schrieb dann noch mehrere szenische Oratorien, das biblische Drama ›Judith‹, die Tragödien ›Antigone‹ und ›Phaedra‹, die Operette ›König Pausoles Abenteuer‹, Ballett- und Filmmusik, Konzerte, fünf Sinfonien, die Sportmusik ›Rugby‹ und vieles andere. Seine religiös bestimmte Kunst erreichte ihren

›An Arthur Honegger‹, Zeichnung von Jean Cocteau

Höhepunkt in dem szenischen Oratorium ›Johanna auf dem Scheiterhaufen‹ (1938, Text von Claudel), einem Appell der Menschlichkeit gegen die Unmenschlichkeit. Formal sind hier Elemente des Schauspiels, des Oratoriums und der Oper zur Einheit gebunden. Die Spannweite der Musik reicht ohne Stilbruch von der mittelalterlichen Gregorianik zum Jazz, vom Kinderlied zur ekstatischen Chorpolyphonie, von der tonalen Dreiklangsharmonik zu polytonalen Klangvisionen.

Auch der Genfer *Frank Martin* (* 1890), der als Direktor der Musikhochschule in Köln lebt, fand internationale Anerkennung. Er neigte zunächst dem französischen Impressionismus zu, setzte sich dann mit Strawinsky, Bartók, Schönberg und Webern auseinander und gelangte, ohne sich einer Richtung zu verschreiben, zu einem Ausdrucksstil neuromantischer Haltung, in dem romanische und alemannische Wesenszüge einander durchdringen. Modifiziert übernahm er Schönbergs Zwölftontechnik, doch stets bleiben tonale Bezüge in seiner Harmonik wirksam. Am bekanntesten von seinen Instrumentalwerken wurden wohl die ›Petite Symphonie concertante‹ für zwei Streichorchester und Concertino (Cembalo, Klavier, Harfe), eine aparte neuromantische Variante des barocken ›concerto grosso‹, und das klanglich nicht minder reizvolle, formschöne ›Violinkonzert‹. Es entstand in der Nachbarschaft der phantastisch romantischen Oper ›Der Sturm‹ (nach Shakespeare), die Martin als Sechsundsechzigjähriger vollendete. Auch seine Passion ›Golgatha‹ und die religiösen Oratorien ›Et in terra pax‹ (1944) und ›Le mystère de la Nativité‹ (1960) sind wertvolle Beiträge zur neuromantischen Musik.

Eine Theater-Begabung ist der Orff-Schüler *Heinrich Sutermeister* (* 1910). Seine Vorbilder waren der späte Verdi und Debussy. In den Opern ›Romeo und Julia‹ (1940), ›Die Zauberinsel‹ (1942) und ›Die schwarze Spinne‹ (1948) suchte er italienische Sanglichkeit und impressionistische Koloristik zu vereinen. Starken Erfolg errang er mit dem ›Raskolnikoff‹ (nach Dostojewskij, 1948). Hier wandelte sich sein Stil. Die ariosen Kantilenen treten zurück zugunsten eines nuancenreichen ›parlando‹. Im Orchester aufgestellte Chöre deuten die innere Entwicklung der Handlung. Der Zwölftonmusik hielt Sutermeister sich fern. Anders geartet ist der Berner *Willi Burkhard* (1900 bis 1955). Geschult an Bach, Schütz, Strawinsky, Bartók und Hindemith gelangte er zu einem von subjektivem Pathos gereinigten klanglich herben, polyphon linearen Stil und zu einer formstrengen neubarocken Bauweise. Auf nahezu allen Gebieten der Komposition ist er mit wertvollen Werken hervorgetreten. Seine geistlichen Vokalwerke bilden Höhepunkte der zeitgenössischen Kirchenmusik, seine weltlichen Chorwerke sind hymnische Invokationen der Natur. Wie Burkhard stehen dem Neuklassizismus nahe *Robert Oboussier* (1900 bis 1957), für den sich Hindemith sehr einsetzte, und *Conrad Beck* (* 1901). Er war Schüler von Nadja Boulanger in Paris, schloß sich dort Honegger, Roussel und Ibert an und gehört mit seinen Instrumental- und Chorwerken in den Umkreis des von Fauré ausgehenden neufranzösischen Klassizismus. *Rolf Liebermann* (* 1910), ein Großneffe des Malers Max Liebermann, wurde von Scherchen und Wladimir Vogel in die Welt Schönbergs, Weberns und Bergs eingeführt. Er steht also der ›Neuen Wiener Schule‹ nahe, verwendet aber die Zwölftontechnik frei im Rahmen eines selbst entwickelten Klangsystems, das durchaus auch tonale Zusammenklänge einbezieht. Er wurde bekannt mit einem brillanten ›Furioso‹ für Orchester, einem Konzert für Jazzband und Sinfonie-Orchester und hatte internationale Erfolge mit den Opern ›Leonore 40/45‹ (1952), ›Penelope‹ (1954) und ›Schule der Frauen‹ (1957). Sie erbrachten den Beweis, daß ›Neue Musik‹ und vitale Opernmusik einander nicht ausschließen. Liebermanns Stärke sind heiter ironische, witzig pointierte Dialoge, ist die ›opera semiseria‹, in der alle Mittel des modernen Musiktheaters (bis zur kabarettistischen Wirkung) eingesetzt sind, um echte humane Ideen zu verdeutlichen. Von den jüngsten Schweizern fanden mit avantgardistischen Werken Beachtung der Burkhard-Schüler *Armin Schibler* (* 1920), der Wladimir-Vogel-Schüler *Jacques Wildberger* (* 1922) und der Fortner-Schüler *Rudolf Kelterborn* (* 1931).

Holland und Belgien

In *Holland*, das mit Belgien die franko-flämische Tradition teilt (siehe Seite 79), traten erst gegen Ende des 19. Jahrhunderts wieder Musiker hervor, die auch im Ausland Beachtung fanden. Zu ihnen gehörten *Alfons Diepenbrock* (1862 bis 1921) und *Cornelis Dopper* (1870 bis 1939). Diepenbrock gilt als Vorbild der holländischen Komponistengeneration zwischen 1890 und 1920. Er schuf fast nur Vokalwerke, darunter eine Messe, ein ›Tedeum‹ und A-cappella-Chöre, in denen er von Palestrina ausging. Am unmittelbarsten wirkt seine spätromantisch-lyrische Kunst in den ›Sinfonischen Gesängen für eine Singstimme und Orchester‹ (z. B. ›Hymnen an die Nacht‹, Novalis). Sie sind klanglich von Debussy und strukturell von Mahler beeinflußt. Während Diepenbrock als Hymniker zu einer polymelodischen, harmonisch eigenwilligen Ausdruckssprache vorstieß, ging Dopper in seinen Instrumentalwerken als ›holländischster unter den holländischen Komponisten‹ von der Folklore des Landes aus. Sein Stil ist unkompliziert, sinnenfreudig, musikantisch. – Die markanteste Erscheinung unter den jüngeren Komponisten ist *Willem Pijper* (1894 bis 1947). In den ersten Sinfonien ging er von Mahler aus, andere frühe Werke sind von Debussy beeinflußt. Um 1920, nach intensiver Beschäftigung mit der altniederländischen Polyphonie, mit Strawinsky, Milhaud und Schönberg, gelangte er zu einem eigenwilligen, gedanklich konzentrierten Ausdrucksstil. Weite melodische Bögen treten in seinen Werken zurück, aus kurzen Motiven oder Klangsymbolen sind tektonisch strenge Formen entwickelt. Für die Rhythmik sind differenzierte Polyrhythmen, für die Harmonik polytonale Klangkombinationen bezeichnend. Zu seinen besten Werken gehören die ›III. Sinfonie‹, das ›Klavierkonzert‹ und die ›Sechs sinfonischen Epigramme‹. Von seinen Schülern ist *Henk Badings* (* 1907) der im Ausland bekannteste. Nach spätromantischen Anfängen (Brahms-Reger-Nachfolge) schloß er sich Hindemith und damit dem Neuklassizismus an. Als Harmoniker verwendet er neben ungewohnten modalen Reihen gern eine aus kleinen und großen Sekunden symmetrisch gebaute Achttonreihe. Er neigt polytonalen Klangkombinationen zu, doch stets bleiben in seinen Werken Zentraltöne und tonale Intervallspannungen wirksam. In den Balletts ›Kain‹, ›Evolution‹, ›Die Frau aus Ambros‹ (1960) und in der Flüchtlingsoper ›Martin Corda‹ (1960) erzielte er mit elektronischen Klangmitteln erregende Wirkungen. Die Zwölftonmusik und die Avantgarde vertreten in Holland der Pijper-Schüler *Kees van Baaren* (* 1906), sein Schüler *Otto Ketting* (* 1935) und der Boulez-Schüler *Peter Schat* (* 1935).

Belgiens größter Komponist César Franck (siehe Seite 527) schloß sich dem französischen Kulturkreis an. Als Begründer der nationalflämischen Musik gilt *Peter Benoît* (1834 bis 1901). Er schuf geistliche Chorwerke, flämische Opern und sechs romantische Oratorien. Ähnliches Ansehen genießen in Belgien *Edgar Tinel* (1854 bis 1912) und *Joseph Jongen* (1873 bis 1953). Von den jüngeren Komponisten wurde *Marcel Poot* (* 1901) mit neuklassizistischen Kammermusik- und Orchesterwerken im Ausland bekannt. Er ist das Haupt der ›Synthetisten‹, einer jungflämischen Komponistenschule, die auf nationaler Basis den Anschluß an die europäische Gegenwartsmusik anstrebt.

Spanien

In Spanien (siehe Seite 102 bzw. 181) regten sich im 19. Jahrhundert wieder Kräfte, die eine Erneuerung der nationalen Kunstmusik und den Anschluß an die europäische Musik anstrebten; zudem besann man sich auf die große Vergangenheit. *Felipe Pedrell* (1841 bis 1922), selbst ein Komponist von umfassender Bildung, machte in dem Sammelwerk ›Hispania schola musica sacra‹ die Meister der altspanischen Kirchenmusik wieder zugänglich; auch gab er altspanische Volksweisen und Tänze, Instrumental- und Vokalwerke neu heraus. – Viele spanische Musiker studierten in Paris. *Pablo de Sarasate* (1844 bis 1908), eine eminente geigerische Begabung, war dort Schüler Alards. Er lebt nur in den künstlerisch belanglosen ›Zigeunerweisen‹ fort. – Als Begründer der modernen national-spanischen Kunstmusik gilt *Isaac Albeniz* (1860 bis 1909), Schüler Marmontels und Liszts. Er schloß sich in Paris d'Indy an und verband Elemente des französischen Stils mit solchen der spanischen Volksmusik. Von seinen folkloristisch reizvollen Klavierstücken wurden die Suiten ›Catalonia‹ und ›Iberia‹ (diese auch in Orchesterfassung) weithin bekannt. – Den Pianisten *Enrique Granados* (1867 bis 1916), Schüler Bériots und Anhänger Debussys, wies die impressionistische Klavier-Suite ›Goyescas‹ (angeregt von Gemälden Goyas) als charaktervolle Begabung aus. – Starke internationale Erfolge errang *Manuel de Falla* (1876 bis 1946). Man nennt ihn mit einer gewissen Berechtigung den »spanischen Ravel«; beide nahmen eine Entwicklung, die sie von der Nachfolge Debussys in die Nähe Strawinskys und damit des Neuklassizismus führte. Zunächst zog de Falla seiner Kunst durch eine betont nationalistische Einstellung freilich Grenzen; erst im Alter überwand er sie. Sein Versuch, mit der spanischen Folklore der Kunstmusik unverbrauchtes Material zuzu-

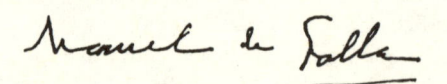

Manuel de Falla, Zeichnung von Pablo Picasso

führen, ist typisch für gleichzeitige ähnliche Bestrebungen in anderen Ländern; das Beispiel des Ungarn Béla Bartók stehe hier für viele.
Nach Studienjahren in Paris – er war dort Schüler von Fauré und Debussy – wirkte de Falla lange Zeit in Granada. Als Franco zur Macht kam, emigrierte er nach Argentinien, wo er die letzten Lebensjahre verbrachte. Bezeichnend für seine Kunst ist – weitgehend auf der Basis konventioneller Formstrukturen – die Verbindung von impressionistischen Farbwirkungen mit melodischen und rhythmischen Elementen der spanischen Volksmusik. Von seinen Werken wurden im Ausland bekannt die Balletts ›Liebeszauber‹ und ›Der Dreispitz‹, die Orchesterbilder ›Nächte in spanischen Gärten‹, die tragische Oper ›Das kurze Leben‹ (1913) und der heiter-groteske Einakter ›Das Puppenspiel Meister Pedros‹ (1923, frei nach einem Motiv aus Cervantes ›Don Quixote‹). Das schöne ›Concerto für Cembalo, Flöte, Oboe, Klarinette, Violine und Violoncello‹ (1923 bis 1926) entstand unter dem Einfluß Strawinskys, der das Werk sehr schätzte und es auch selbst dirigierte. Noch deutlicher wird de Fallas Hinwendung zum Neuklassizismus an der nachgelassenen szenischen Kantate ›Atlantida‹ (ergänzt von Ernesto Halffter, deutsche Textübertragung von Rudolf Hagelstange), die 1963 durch den Frankfurter Sender ihre konzertante Erstaufführung erlebte. Folkloristisches ist hier kaum noch spürbar, die impressionistischen Farbwerte sind einer harmonisch mitunter polytonalen, streng linearen Satzweise untergeordnet, der formale Aufbau ist planvoll und großflächig gegliedert. Gewisse Ungleichheiten des Stils ergaben sich aus der Bearbeitung. Das Werk behandelt die Größe Spaniens in Verbindung mit dem ›Atlantis‹- und ›Herkules‹-Mythos und anderen Mythen.

England

England wies auch im 19. Jahrhundert ein ähnlich vielseitiges reproduktives Musikleben auf wie im ausgehenden achtzehnten; schöpferische Kräfte regten sich zunächst kaum. Auf dem Gebiet der Kirchenmusik gab es wohl einige tüchtige Musiker, die die altenglische Tradition fortsetzten, doch ihre Leistungen hielten sich im Rahmen der konventionellen Gebrauchsmusik.
Die weltliche Musik geriet völlig unter den Einfluß der kontinentalen, vor allem deutsch-romantischen. Zunächst folgte man Mendelssohn und Schumann, dann Liszt, Wagner oder Brahms. Nur ein Komponist, *William Sterndale-Bennet* (1816 bis 1875), fand auf dem Kontinent Beachtung. Schumann verglich ihn mit Mendelssohn und rühmte die »wahrhaft zauberische Wirkung« seiner romantischen Stimmungsbilder. In England gilt er als Begründer der englischen Schule. Sie erhielt um 1880 eine breitere Basis durch die ›Parry-Gruppe‹, der neben *Sir Hubert Parry* (1848 bis 1918) der Schotte *Sir Alexander Mackenzie* (1847 bis 1935) und der Ire *Sir Charles Villiers Stanford* (1852 bis 1924) angehörten. Auch sie gingen zwar durch die deutsche Schule, doch sie bezogen sich in ihren Werken bewußt auf die englische, irische und schottische Nationalmusik und bevorzugten Stoffe der englischen Literatur.

Im Gegensatz zu ihnen war *Edward Elgar* (1857 bis 1934) eher kosmopolitisch eingestellt. Er schloß sich Wagner und Liszt an, empfing auch Anregungen von Verdi und Richard Strauss und gelangte dennoch zu einem Stil, der in England und Amerika als spezifisch angelsächsisch empfunden wird. Auf nahezu allen Gebieten der Musik trat er mit charakteristischen Werken hervor. Er instrumentierte farbenprächtig; sein Bestes gab er in den musikantischen ›Enigma-Variationen‹. – *Frederic Delius* (1863 bis 1934, deutscher Abstammung), der lange in Florida und Paris lebte, neigte impressionistischen Klangfarbenspielen zu. Bezeichnend für seinen Stil ist die bekannte Orchester-Rhapsodie ›Brigg fair‹, sind Stimmungsbilder wie ›Summernight on the river‹ oder ›On hearing the first cuckoo in spring‹. – Wichtiger für die Entwicklung der national-englischen Musik wurde der Stanford-Schüler *Ralph Vaughan Williams* (1872 bis 1958). Seinen letzten Schliff holte er sich bei Bruch in Berlin und Ravel in Paris. 1903 begann er englische Volkslieder zu sammeln und zu bearbeiten. Darüber fand er – ähnlich wie Bartók in Ungarn – seinen Stil, in dem sich Altenglisches zeitgemäß erneuerte. Weltbekannt wurde seine ›Fantasie über ein Thema von Thomas Tallis‹ (16. Jahrhundert) für Streichorchester. Ihr folgten neun Sinfonien teils programmatischen Charakters (›Londoner‹, ›Pastorale‹- und ›Antarctis‹-Sinfonie), Konzerte, Opern und Chorwerke, die in England außerordentlich geschätzt werden.

Cyril Scott (* 1879) vertritt den englischen Impressionismus. Weithin bekannt wurden seine farbigen Klavierimpressionen (z. B. ›Altchina‹, ›Lotusland‹, ›Dschungelbuch‹, ›Indische Suite‹) und die Ouvertüre ›Pelléas et Mélisande‹. Er trat auch hervor mit Schriften über fernöstliche und theosophische Gedankengänge. Diese Vorliebe teilte er mit dem Russen Skrjabin. In ihren Anfängen waren auch *Arnold E. T. Bax* (1883 bis 1953) und der in den USA lebende Dirigent *Eugen Goossens* (* 1893) vom Impressionismus beeinflußt. Bax wandte sich dann der Neuromantik, Goossens dem Neuklassizismus zu. Letzteres tat in den abgeklärten Spätwerken auch Vaughan Williams' Schüler *Arthur Bliss* (1891 bis 1945). Er war sehr experimentierfreudig und in seinen Zielen etwa Skrjabin vergleichbar. Wie jener beschäftigte er sich mit der Synästhesie von Tönen und Farben. Zu seinem Hauptwerk, der ›Colour-Symphonie‹, ließ er sich durch Farbreize anregen. Das nationale Moment tritt stärker hervor bei *William Walton* (* 1902). In England stellt man ihn neben Britten. Nach dem Kriege schrieb er eine frech-witzige Orchestersuite ›Façade‹, die ihn auf Strawinskys Spuren zeigt. Andere antiromantische Werke folgten. Doch in dem Violinkonzert und der Oper ›Troilus und Cressida‹ (1954), die inzwischen von vielen Bühnen übernommen wurde, kam neben seiner Neigung zur Satire eine starke neuromantische Expressivität zum Durchbruch. – Ein Einzelgänger ist *Michael Tippett* (* 1905). Er schulte sich an Werken der Elisabethanischen Zeit, an Beethoven, Hindemith und Schönberg, legte sich aber auf keine Richtung fest. Unter den Engländern ist er der eigentliche ›Bekenntnismusiker‹. Ein frisches, mit volksliedhafter Thematik durchsetztes musikantisches ›Konzert für zwei Streichorchester‹ machte 1940 auf ihn aufmerksam. Unter dem Eindruck des Krieges entstanden dann die ›Sinfonie 1945‹ und das Oratorium ›Ein Kind unserer Zeit‹, worin er, erschüttert von den Judenverfolgungen, eine ›Missa‹ für die Unterdrückten gestaltete. Der entscheidende Aufstieg gelang ihm mit den Opern ›Midsummer marriage‹ (1955) und ›König Priamos‹ (1962), einer Schicksalstragödie von zwingender Ausdruckskraft.

Von den jüngeren englischen Komponisten ist *Benjamin Britten* (* 1913) der weitaus bekannteste. Als er 1945 mit ›Peter Grimes‹ einen Welterfolg errang, bedeutete das: Zum erstenmal nach einer Pause von 250 Jahren trat England wieder mit einer Oper von internationalem Rang hervor. Und mehr: Es erhielt mit diesem Werk ›seine‹ Volksoper! Die Landschaft, das Milieu, die Menschen, ihre Art sich zu geben und ihre Probleme, die mit Seemannstänzen, Fischer-, Zecher-, Netzflickerliedern und sinfonischen Seestücken durchsetzte realistische Musik – alles an dieser Oper ist typisch englisch. Britten schrieb noch neun Opern, darunter eine Bearbeitung von Gay-

Benjamin Britten

Pepuschs ›Beggar's Opera‹, die Kinderoper ›Laßt uns eine Oper machen‹, ›Gloriana‹ (zur Krönungsfeier für Elisabeth II.), ferner Chor- und Instrumentalwerke der verschiedensten Art. Er ging aus von der altenglischen Kunst- und Volksmusik, war aber aufgeschlossen für alle Stile von Purcell bis Verdi, von Mozart bis Alban Berg und verschmähte kein Ausdrucksmittel, das den Klangreiz seiner melodisch und rhythmisch eingängigen Musik zu steigern vermag. Der Zwölftonmusik hielt er sich bislang fern. Seine Harmonik ist im allgemeinen tonal definierbar. Er schafft ungemein leicht und mit sicherem Instinkt für die sinnfällige Wirkung.

Für avantgardistische Experimente scheint England kein günstiges Terrain zu sein. Es gibt dort nur wenige Anhänger der Zwölftonmusik. Als ihr Haupt gilt der in Augsburg geborene *Humphrey Searle* (* 1915), ein Schüler Anton Weberns. Bekannt wurde seine eigenwillige ›Sinfonie in einem Satz‹.

Amerika

In den Vereinigten Staaten nahm die Entwicklung während des 19. Jahrhunderts einen ähnlichen Verlauf wie in England. Beide Länder erlebten damals eine Art Musikinvasion vom europäischen Kontinent her, beider Musikleben stand vorwiegend unter dem Einfluß der deutschen Romantik und Spätromantik, hier wie dort traten Männer auf, die diesen Zustand der ›Kolonisation‹ zu überwinden suchten und eine musikalische Autarkie ihrer Länder anstrebten. Die Umstände, unter denen dies geschah, waren allerdings verschieden. England hatte eine musikalische Tradition, Nordamerika hatte nichts dergleichen. So kam es denn auch zu unterschiedlichen Ergebnissen. England knüpfte an seine Tradition an und entwuchs weitgehend dem kontinentalen Einfluß, Amerika übernahm, was ihm gefiel, um es in seiner neu entstehenden Kultur zu integrieren.

Reproduktiv entwickelte Nordamerika schon früh ein reges Musikleben. 1750 spielte man in New York die ›Bettleroper‹, 1770 gab man dort Händels ›Messias‹. Rossinis ›Barbier‹ kam bereits drei Jahre nach der italienischen Uraufführung (und vor Paris!) in New York heraus, Webers ›Freischütz‹ 1825 und Wagners ›Tannhäuser‹ 1852, also zu einer Zeit, als sich das Werk noch keineswegs in Europa durchgesetzt hatte. Die Bostoner ›Philharmonie‹ wurde 1810 gegründet, die ›Handel and Haydn Society‹ 1815, die New Yorker ›Philharmonie‹ 1842. Die ›Metropolitan Opera‹ in New York besteht seit Wagners Todesjahr, die ›Carnegie Hall‹ seit 1891. Diese Institutionen dienten zunächst nahezu ausschließlich europäischen Kunstwerken.

Obwohl es schon um die Wende zum 19. Jahrhundert nordamerikanische Komponisten gab, mußte der Text der Nationalhymne ›The starspangled banner‹ (1814) noch mit einer alten englischen Melodie gekoppelt werden. Erst *Lowell Mason* (1792 bis 1872) – er hatte Verdienste um die Heranbildung von Musikerziehern und gilt als musikalischer Pestalozzi der USA – und *Stephan Collins Foster* (1826 bis 1864) schufen den Typ des nordamerikanischen Liedes. Viele ihrer Gesänge blieben in den Vereinigten Staaten als Volkslieder lebendig. Eine ähnliche Wertschätzung erlangte *John Philipp Sousa* (1854 bis 1932) mit Märschen. Er schrieb zwar auch anderes, doch man wollte von ihm nur Märsche, »die den Willen und die Kraft der Nation verkörpern«. Eine Verbreiterung der Basis erreichten *John Knowles Paine* (1839 bis 1906), *Edward Mac Dowell* (1861 bis 1908) und *Horatio Parker* (1863 bis 1919). Sie standen dem deutsch-romantischen Stilkreis nahe und waren in Europa ausgebildet. Für die USA hatten sie etwa die Bedeutung wie die ›Parry-Gruppe‹ für England. Mac Dowell wird gern als »amerikanischer Grieg« bezeichnet, in Parker sieht man drüben einen amerikanischen César Franck. Schon Mac Dowell hatte gelegentlich folkloristische Motive verwendet. Konsequent bezog dann *Henry Franklin Belknap Gilbert* (1868 bis 1928) Elemente der Indianer- und Negermusik in sein Schaffen ein. Bezeichnend für ihn sind seine ›Negro-Rhapsodie‹ und die Ballettmusik ›Dance in Place Congo‹.

Eine der merkwürdigsten Erscheinungen der amerikanischen Musik ist der Parker-Schüler *Charles Ives* (1874 bis 1954). Er stammte aus kleinen Verhältnissen, wurde in New York Leiter einer Versicherungsgesellschaft und komponierte nebenher, weil er »kein Publikum hatte«. 1922 veröffentlichte er 114 Lieder, doch erst nach dem Kriege erkannte man seine Bedeutung. Arnold Schönberg nannte ihn »einen großen Mann«. Ernst Křenek äußerte: »In seinem Werk stehen geniale Inspirationen und trivialer Dilettantismus unvermittelt nebeneinander. Was Erfindungsgabe und Vitalität anbetrifft, so steht Ives vermutlich an der Spitze der amerikanischen Komponisten.« Etwa 40 seiner Lieder, dann die ›Concord Piano Sonata‹, die ›New England Places‹ und fünf Sinfonien werden als »typischstes Amerika« bezeichnet. In vielem ging Ives unbefangen von europäischen Mustern des 19. Jahrhunderts aus. Daneben stehen Vorstöße in musikalisches Neuland, Klangvorstellungen modernster Struktur, die rätselhaft erscheinen, da Ives ohne Kontakt mit der ›Neuen Musik‹ zu ihnen gelangte. Unter seinen letzten Werken gibt es Stücke für Vierteltonklavier. – Der aus der Schweiz stammende *Ernest Bloch* (1880 bis 1959) entwickelte im Anschluß an den Neuklassizismus einen klanglich herben, formstrengen, polyphon dichten Ausdrucksstil, der charakteristisch hervortritt in seiner Kammermusik und seinem ›Concerto grosso‹ (1925). Sein Ziel war die Schaffung einer autonom jüdischen Musik.

Ein Einzelgänger und Experimentierer großen Stils ist der aus Frankreich stammende *Edgar Varèse* (* 1885). Strawinsky nannte ihn »eine noble Erscheinung in der Musik unserer Zeit«. Varèse fiel in den zwanziger Jahren auf mit den Orchesterwerken ›Amériques‹ und ›Arcana‹, in denen er der Ästhetik der Futuristen zuneigte. In dem kurzen Oktett ›Octandre‹ (1925) für sieben Blasinstrumente und Kontrabaß ging er radikal neue Wege. Jedes Instrument hat »seine eigene Melodie«, nicht nur die reinen Instrumentalklänge, sondern Verzerrungen, »Geräuschfarben« sind dem Klangbild integriert. Seine ›Ionisation‹ ist für ein Orchester von 41 Schlaginstrumenten entworfen; das Instrumentarium umfaßt auch zwei Sirenen (›Löwengebrüll‹) und Klavier, das aber nur als Schlaginstrument Verwendung findet. In diesem und anderen Werken kam es zu einer künstlerischen »Emanzipation der Geräusche«. Formal liegt in der ›Ionisation‹ etwa ein klassischer Sonatensatz vor, doch die Themen bestehen nicht aus einer Folge von Tönen, sondern aus rhythmisch einander zugeordneten Geräuschen unterschiedlicher Art und Lautstärke. In den ›Wüsten‹ (1954) kombinierte Varèse eine Orchesterkomposition mit auf Tonband gespeicherten Straßengeräuschen und anderen Schallvorgängen. Das Ganze ist eine Montage von Klängen und Geräuschen, die auf Band fixiert wurde. 1958 entwarf Varèse zusammen mit dem Griechen Xenakis die auf Band montierten Ton- und Geräuschkompositionen für das ›elektronische Gedicht‹ Le Corbusiers auf der Brüsseler Weltausstellung. Von seinen Werken, so fremd sie beim ersten Hören erscheinen mögen, gehen starke und durchaus künstlerische Wirkungen aus.

Walter Piston (* 1894) und *Roger Sessions* (* 1896) verschrieben sich dem kosmopolitischen Neuklassizismus. Piston ist ein glänzender Techniker, er hat eine Vorliebe für barocke Formen wie Fuge und Passacaglia und für einen dichten polyphonen Satz. Auch Sessions sieht im Neuklassizismus »eine Vision von Ordnung und Harmonie«, doch er ist weniger konservativ und frei von jedem Akademismus, eine ernste, problematische Natur, kühn als Harmoniker, robust im Ausdruck, doch nicht leicht zugänglich. Strawinsky schätzt vor allem seine ›II. Sinfonie‹. Im Gegensatz zu Sessions strebt *Roy Harris* (* 1898) in seinen Chor- und Instrumentalwerken einen typisch amerikanischen Stil an. Er ist schottisch-irischer Herkunft, im Westen Amerikas geboren und in Kalifornien aufgewachsen. Seine Musik ist technisch unbeholfen, formal unausgeglichen, aber stark im Ausdruck, rhythmisch schwungvoll, melodisch weitbogig, klanglich sinnfällig, dennoch unkonventionell und persönlich in den Formulierungen. Als erster aus dieser Altersgruppe errang *George Gershwin* (1898 bis 1937) Volkstümlichkeit. Er stammte aus Brooklyn und starb neununddreißigjährig in Hollywood. Seine Absicht war, eine Musik zu schreiben, die gefiel, und er besaß alle Eigenschaften, die hierzu erforderlich waren: Unbefangenheit, natürliches Empfinden, melodische und rhythmische Begabung, Klang- und Formgefühl und einen untrüg-

lichen Sinn für Wirkung. Er kam vom Jazz her, den er ›konzertreif‹ machte. Die ›Rhapsody in Blue‹ (1923), das ›Klavierkonzert in f-Moll‹ (1925) und die Ouvertüre ›Ein Amerikaner in Paris‹ (1928) sind die bekanntesten Beispiele des durch ihn hochgetriebenen ›sinfonischen Jazz‹. Auch in seiner Negeroper ›Porgy und Bess‹ (1935) herrschen Jazzrhythmen und Jazzmelos vor. – *Aaron Copland* (* 1900) stammt ebenfalls aus Brooklyn, wo er Schüler von Rubin Goldmark war. 1921 bis 1924 studierte er bei Nadja Boulanger in Paris. Dort lernte er Werke der neuen europäischen Musik kennen. Während seiner frühen Schaffensperiode stand er dem Neuklassizismus nahe. Eine ›Sinfonie für Orgel und Orchester‹, eine ›Musik für das Theater‹ (fünf Teile für kleines Orchester) und eine ›Kurz-Sinfonie‹ sind hierfür bezeichnend. In anderen Werken, so in dem ›Klavierkonzert‹, experimentierte er mit dem sinfonischen Jazz. Seine späteren Werke verkörpern, wie er selbst sagte, sein »Bestreben nach gewollter Einfachheit«. Er bezweckt mit ihnen eine Erneuerung der gehobenen Unterhaltungsmusik fernab von neutönerischen Experimenten. Weithin bekannt aus dieser Werkgruppe wurden die Orchesterwerke ›Salón México‹, das Ballett ›Billy the Kid‹ (aus Cowboyliedern entwickelt) und die Schuloper ›Second Hurrican‹. Copland schrieb auch Filmmusik (›The City‹ und ›Our Town‹) und trat als Musikschriftsteller hervor.
In den dreißiger Jahren emigrierten viele europäische Komponisten nach den USA, unter ihnen Schönberg, Strawinsky, Prokofieff, Bartók, Křenek, Milhaud, Martinů und de Falla. Amerika erhielt mit ihnen eine Elite an Lehrkräften. Das wirkte sich auf den Nachwuchs aus, wenn auch nicht in dem Maße, wie man annehmen sollte. Zwar schreiben *Samuel Barber* (* 1910), *William Schuman* (* 1910) und *Leonard Bernstein* (* 1918) neuklassizistische bzw. neuromantische Orchesterwerke freitonaler Struktur, doch größerem Interesse begegnet drüben *Carlo Menotti* (* 1911) mit seinen neoveristischen Opern ›Der Konsul‹ oder ›Das Telefon‹. Er bewegt sich als Musiker konservativ etwa im Rahmen der Klangvorstellungen des späten Puccini. – Avantgardisten wie *John Cage* (* 1912), der in sein ›prepared piano‹ Gummistücke, Nägel, Bolzen, Lineale und Papier einlegte, um neue Reizwirkungen zu erzielen – er vertritt den musikalischen Dadaismus –, werden eher als Spaßmacher denn als ernst zu nehmende Pioniere einer neuen Klangwelt eingeschätzt. Für avantgardistische Experimente scheint Amerika kein günstiger Boden zu sein. Coplands Hinwendung zu einer Musik für unvorgebildete Rundfunk- und Filmhörer wirkt symptomatisch für das, was Strawinsky 1961 in seinen ›Gesprächen‹ mit Robert Craft äußerte: »...ich habe die Befürchtung, der amerikanische Komponist von heute ist noch isolierter als 1925. Gegenwärtig neigt er stark zu der Aussage: ›Wir wollen das ganze avantgardistische Zeug Europa überlassen und unseren eigenen Musikstil entwickeln: einen amerikanischen Stil‹... Bei der Phrase ›amerikanische Musik‹ nimmt das Wort ›amerikanisch‹ nicht nur die Betonung von ›Musik‹ weg, sondern es verlangt nach tieferem Niveau. Natürlich wird eine gute, hier herangewachsene Musik eine amerikanische sein. Dazu gehören ›Ionisation‹ (Varèse), Coplands ›Klaviervariationen‹ und das Allegretto aus Sessions ›II. Symphonie‹.
Von den lateinamerikanischen Komponisten wurden bislang nur drei in Europa bekannt, der Mexikaner *Carlos Chavez* (* 1899), der Brasilianer *Heitor Villa-Lobos* (1881

bis 1959) und der Argentinier *Alberto Ginastera* (* 1916). Chavez ist unter ihnen – nach europäischen Maßstäben – der eigenartigste. Er gilt drüben als »mexikanischer Bartók«. Seine Fähigkeit, aus Elementen der mexikanischen Folklore und der europäischen Gegenwartsmusik Kunstwerke von eigenem Profil zu entwickeln, ist beträchtlich. Neue, von Varèse angeregte Wege ging er in seiner rhythmisch originellen ›Toccata‹ für mexikanisches Schlagzeugorchester. Auch Villa-Lobos und Ginastera sind europäisch geschult, doch in ihren Stimmungsbildern überwiegt das Folkloristische (stilisierte Neger- und Indianermusik). Eine Ausnahme macht die Suite ›Bachianas Brasileiras‹ von Villa-Lobos. Er hatte eine merkwürdige Vorliebe für Bach und sah in ihm eine »folkloristische Quelle von universaler Bedeutung«. In diesem Werk huldigte er Bach, indem er mit südländischem Temperament und Klangempfinden Negermelodien im polyphonen Stil verarbeitete.

Von der ›Neuen Musik‹

Sucht man das weite Gebiet der ›Neuen Musik‹ zu überblicken, so erkennt man zunächst viele einander anscheinend ausschließende Richtungen und Ziele. Doch dann zeigt sich, daß die Hauptströmungen bei aller Verschiedenartigkeit der Aspekte manches gemeinsam haben. Sie stimmen mehr oder weniger deutlich überein in der Abwendung von der Romantik, im Streben nach einer Neuordnung des Tonmaterials und in der Tendenz, der Musik den Rang einer autonomen Kunst zurückzugeben. Sie weichen voneinander ab in der Wahl und der Anwendungsweise ihrer Mittel, in den Form- und Klangstrukturen, im Verhältnis zur Tradition und zum Hörerkreis, an den sie sich wenden. Der Übergang zur ›Neuen Musik‹ ist fließend. Er betrifft alle Elemente der Musik und führt über eine Auflösung oder Umwandlung der traditionellen Gegebenheiten zu neuen Ordnungen. Ihre analytische Betrachtung ließ erkennen, daß ihnen eine zwangsläufige Entwicklung zugrunde liegt, die bis zu Bach und wesentlich weiter noch zurückreicht (zur neuen Harmonik siehe ›Interludium‹, Seite 266) und die ihre unmittelbaren Ansatzpunkte im 19. Jahrhundert fand, nämlich in Beethovens letzten Quartetten, Wagners ›Tristan‹, Mussorgskijs ›Boris Godunow‹, bei Brahms, Wolf, Mahler, Reger, Strauss, bei Debussy, Busoni und Skrjabin.

Die ›Neue Wiener Schule‹

Arnold Schönberg

Eine der wichtigsten Erscheinungen der neuen Musik war *Arnold Schönberg* (1874 bis 1951). Durch ihn vollzog sich – abgesehen von seiner künstlerischen Bedeutung – die Auflösung der funktionellen Tonalität, die ›Emanzipation der Dissonanz‹ (Vorstoß in die Atonalität) und die Auffindung und Durchbildung der dodekaphonen (zwölftönigen) Reihentechnik, die unter Ausschaltung der funktionellen Tonalität ein logisch folgerichtiges, konstruktives polyphones Komponieren mit den zwölf nicht mehr auf einen Zentralton, sondern nur aufeinander bezogenen Tönen des temperierten Systems ermöglicht, einer Technik, durch die »die organisatorische Kraft der Harmonie ersetzt werden soll« (Schönberg).
Der Vorstoß in die Atonalität bedeutet den Bruch mit dem harmonischen Empfinden der Vergangenheit und den jahrhundertelang praktizierten Gesetzmäßigkeiten des tonalen Systems. Radikale Stil-Umbrüche ergaben sich in der Geschichte schon mehr-

fach, so im alten Hellas (Timotheos von Milet), um 1000 nach Christi (Aufkommen der mehrstimmigen Musik), um 1300 (›Ars nova‹) und um 1600 (›Nuove musiche‹). Alle diese Umbrüche erfolgten zwangsläufig, sie alle waren begleitet vom heftigen Für und Wider der Zeitgenossen. Auch Schönbergs Vorstoß in die Atonalität war nur der letzte konsequente Schritt in einer langen Entwicklung (siehe Seite 267), die durch Wagner (›Tristan‹-Chromatik), den späten Mahler, Reger, Strauss (›Judenquintett‹) und vor allem Debussy in ihr Endstadium trat. Dennoch wirkte dieser Schritt auf die Zeitgenossen wie eine Katastrophe, denn mit ihm war erstmalig in der Geschichte ein Gebiet betreten, in dem es für den Hörer keine Orientierungsmöglichkeit mehr zu geben schien. An die Stelle von gewählten Zentraltönen, auf die in einem Stück die anderen Töne und Tonschritte (Intervalle) nach bestimmten Gesetzen bezogen wurden (z. B. C-Dur, c-Moll usw.), traten nun die zwölf Halbtöne des temperierten Systems als nur aufeinander bezogene Werte. Damit fielen die bislang gültigen Spannungsbezüge der Intervalle zu einem Grundton, es fielen Begriffe wie Modulation (Übergang von einer zur anderen Tonart), Konsonanz, Dissonanz und überhaupt alle Gesetzmäßigkeiten jenes harmonischen Systems, das bis dahin eine sinnvolle Auswahl und konstruktive Zusammenstellung (Komposition) aus dem gegebenen Tonmaterial ermöglicht hatte. Die ersten atonalen Kompositionen (1908 bis 1915) lösten Schockwirkungen aus, denn es fehlten den Zeitgenossen alle Voraussetzungen, um die Formstrukturen und den Sinn dieser anscheinend amorphen Gebilde zu verstehen. Erst Jahrzehnte später setzte sich die Erkenntnis durch, daß hier der entscheidende Vorstoß in eine neue Freiheit und in neue musikalische Ausdrucksbereiche gelungen war. Allerdings ist in diesen Stücken der Übergangszeit das serielle Ordnungs-Prinzip der Zwölftontechnik noch nicht oder nur in Ansätzen wirksam. Es mußte erst gefunden und durchgebildet werden, um ein gesetzmäßiges Komponieren im Rahmen der neu errungenen Freiheit zu ermöglichen.
Schon vor Schönberg hatte der Wiener *Joseph Matthias Hauer* (1883 bis 1959), ausgehend von Goethes ›Farbenlehre‹, eine eigene Zwölftonlehre entwickelt (›Über die Klangfarbe‹, 1919) und ihre Prinzipien bereits seit 1912 in einer Reihe von ›Zwölftonmusiken‹ erprobt. Seine Lehre ist unabhängig von den Gesetzen der Tonalität, sie kennt auch keine für eine kontrapunktische Entwicklung vorgegebene Thematik, verlangt aber, daß »immer wieder alle zwölf Töne der Temperatur abgespielt werden«. Ihr klangliches Grundmaterial bilden aus den zwölf Tönen ausgewählte Akkordverbindungen, sogenannte ›Tropen‹, in denen konsonante Intervalle eine beträchtliche Rolle spielen. Hauers Kompositionen – Kammermusik, Kantaten, Gesänge nach Hölderlin, Oper ›Salambo‹ – wirken ›wohlklingend‹, aber merkwürdig unsinnlich, ätherisch, spannungsarm. Sie entsprangen einer meditativen Grundeinstellung (»Der Herrgott macht die Musik«). Während ihnen und Hauers Lehre bislang kaum Erfolg beschieden war, wirkten sich Schönbergs Anschauungen und seine Zwölftontechnik schulbildend aus.

Auch Schönberg stammte aus Wien. Er sollte Kaufmann werden, bildete sich aber in der Musik autodidaktisch aus – Bach, Mozart, Brahms waren seine Anreger – und setzte es durch, Musiker zu werden. Mit achtzehn Jahren wurde er Schüler seines späteren Schwagers Alexander von Zemlinsky. 1901 bis 1903 war er in Berlin an Wolzogens ›Überbrettl‹ beschäftigt, dann wirkte er als Lehrer abwechselnd in Wien und Berlin, dort 1911 bis 1917 am Sternschen Konservatorium und von 1925 bis 1933 als Leiter einer Meisterklasse für Komposition an der Musikhochschule. 1933 emigrierte er nach Los Angeles (USA), wo er bis zu seinem Tode als Lehrer tätig war.

Arnold Schönberg, Zeichnung von André Masson

Schönberg hinterließ nur rund 50 Werke, doch was er in ihnen auf seinem unbeirrbaren Weg »zu einer höheren und besseren Ordnung« erreichte, gehört zu den richtungweisenden Beiträgen der ›Neuen Musik‹. Man unterscheidet in seinem Leben vier Schaffensperioden. Die *erste* umfaßt an Hauptwerken das von einem Gedicht Richard Dehmels angeregte Streichsextett ›Verklärte Nacht‹, Werk 4 (1899), die ›Sinfonische Dichtung‹ ›Pelleas und Melisande‹, Werk 5 (1902 bis 1903), das ›1. Streichquartett in d-Moll‹, Werk 7 (1904 bis 1905), die ›Kammersinfonie Nr. 1‹, Werk 9 (1906) und das Chorwerk die ›Gurre-Lieder‹ (1900 bis 1911). Alle diese Werke haben spätromantischen Charakter. Sie bewegen sich klanglich auf der Linie Wagner (›Tristan‹), Mahler, Reger, Strauss und sind Versuche, über Wagner hinauszugelangen zu einem möglichst differenzierten individuellen Ausdrucksstil. Die ›Gurre-Lieder‹, die erst während der zweiten Schaffensperiode vollendet wurden, gehen hierin äußerlich am weitesten (kolossales Aufgebot an Mitteln, Hypertrophie des Emotionalen und der Formausmaße). Sie bezeichnen den Endpunkt einer Entwicklung (vergleichbar etwa der ›Sinfonie der Tausend‹ von Mahler), von der sich Schönberg 1912 längst gelöst hatte. Wichtiger für seinen Weg wurden das ›1. Streichquartett‹ und die ›Kammersinfonie Nr. 1‹. Im ›1. Streichquartett‹ erprobte Schönberg mit zwingender Gestaltungskraft das von Beethoven in den späten Streichquartetten angewandte Prinzip, alle Gedanken aus einem Grundgedanken hervorgehen zu lassen: »Variation als Entwicklungsprinzip.« Das gleiche Prinzip wirkte sich später in den ›Zwölftonmusiken‹ formbildend aus. In der ›Kammersinfonie Nr. 1‹ reduzierte Schönberg die große Orchesterbesetzung auf 15 Solisten. Die Grenzen zwischen Sinfonie und Kammermusik wurden verwischt, nicht mehr die malerischen Mixturen aus verschiedenen instrumentalen Klangfarbenwerten, sondern die einzelne melodische Linie und die gleichwertige Durchbildung aller Stimmen in dem aus einem Grundthema entwickelten, somit substantiell einheitlichen polyphonen Gewebe wurden wichtig. Beide Werke basieren harmonisch noch auf tonalen Beziehungswerten, in der ›Kammersinfonie‹ ergeben sich aber durch die eigenwillige Verschränkung der Motive schon mehrdeutige Klangkombinationen, die nur noch als ›verschleiert tonal‹ bezeichnet werden können. Formal folgen beide Werke modifiziert dem klassischen Schema, die vier Sätze sind jeweils unter Eliminierung korrespondierender Gliederungen in einen einzigen Satz zusammengezogen.

In der *zweiten* Schaffensperiode – von 1908 bis 1915 – ergab sich der Durchbruch zur Atonalität oder, wie Schönberg es nannte, die ›Emanzipation der Dissonanz‹. An Werken entstanden unter anderem das ›2. Streichquartett in fis-Moll‹, Werk 10 (1907 bis 1908), die ›Drei Klavierstücke‹, Werk 11 (1908), die ›George-Lieder‹, Werk 15 (1909), die ›Fünf Orchesterstücke‹, Werk 16 (1909), das Drama ›Die glückliche Hand‹ (1910 bis 1913), das Melodram ›Pierrot Lunaire‹ (1913) und die ›Vier Orchesterlieder‹,

Einsatz des Soprans im Finale des ›2. Streichquartetts‹

Werk 22 (1914 bis 1915). Das ›2. Streichquartett‹ ist als Übergangswerk in mehr als einer Hinsicht interessant. Zunächst weicht es von der Norm ab, indem es Gesang und Instrumentalklang verbindet. Die letzten Sätze (›Litanei‹ und ›Entrückung‹) sind Vertonungen der gleichnamigen Gedichte Stefan Georges für Sopran und Streichquartett. Sodann gleicht der Verlauf des monothematischen Werkes einem wohl unbewußten Weg in die Atonalität. Die drei ersten Sätze bewegen sich frei in fis-Moll (bzw. d- und es-Moll), im Finale fehlt eine Tonart-Vorzeichnung; der Satz endet zwar in Fis-Dur, doch im übrigen sind in ihm kaum noch tonale Bezüge zu erkennen. Ohne Bindung an einen Zentralton, in differenziertester chromatischer Bewegung oder in abrupt erscheinenden Sprüngen gehen die Klangkombinationen auseinander hervor. Die Singstimme ist dem polyphonen Satzbild wie eine Instrumentalstimme eingefügt. Sind in den ›Drei Klavierstücken‹, Werk 11 noch ›verschleiert tonale Bezüge‹ nachweisbar, so fallen diese ganz in den folgenden Werken. Alle Verbindungen zur tonalen Tradition und auch zu den konventionellen rhythmischen und metrischen Gegebenheiten scheinen abgebrochen. Selbst die thematische Einheit weicht nun einer bewußten ›Athematik‹. Es gibt keine Themen mehr oder nur solche, die im formalen Verlauf fortgesetzt von anderen verdrängt werden, keines gewinnt für die Architektur erkennbare Bedeutung. Als Beispiel sei der dritte Satz der ›Fünf Orchesterstücke‹, Werk 16 herausgegriffen. Er stellt den Versuch dar, einen musikalischen Zusammenhang zu konstituieren einzig durch die künstlerische Verwendung unentwegt wechselnder Klangfarben. Zunächst gab Schönberg dem Satz den Titel ›Wechselnder Akkord‹. Später nannte er ihn, um dem Hörer eine Phantasiebrücke zu bauen, ›Sommermorgen an einem See‹. Programmatische Absichten liegen ihm nicht zugrunde. Worauf es Schönberg hier ankam, äußerte er selbst: »In diesem Stück ist es nicht notwendig, nach Themen oder Phrasen zu suchen, die besonders hervortreten sollen ... Der Wechsel der Akkorde muß unauffällig vollzogen werden; Betonung der einsetzenden Instrumente ist zu vermeiden, sobald bloß ein Unterschied in der Farbe bemerkbar ist.« Der Impressionismus als Ausgangspunkt ist klar ersichtlich. Hier wurden allerdings in einer weit über Debussy hinausgehenden atonalen Art, zu der noch eine fast punktuell wechselnde Instrumentation kommt, irreale Klangfarbenspiele verwirklicht, die unmittelbar zum Pointillismus Weberns weiterführen.

Die athematische atonale Schreibweise zwang Schönberg zu äußerster Konzentration der Aussage, um einer Monotonie durch Häufung von ›emanzipierten Dissonanzen‹ zu begegnen. Alle Stücke der expressionistischen Periode sind kurz und unerhört dicht in der klanglichen Struktur. Eine neue Art des Hörens ist die Voraussetzung, um ihre lyrischen Schönheiten und Empfindungswerte zu erkennen. In den Werken mit Vokalstimmen, vor allem im ›Pierrot Lunaire‹, kam eine weitere ›Hörschwierigkeit‹ hinzu: Das Verhältnis von Wort und Ton hatte sich extrem gewandelt. ›Pierrot Lunaire‹ besteht aus dreimal sieben Melodramen nach skurril-phantastischen, teilweise grotesken Gedichten von Albert Giraud für eine Sprechstimme und sieben Instrumente. Die Sprechstimme ist dem Gesang angenähert. Nicht nur die rhythmischen und dynamischen Akzente sind genau festgelegt, sondern auch die melodischen Kurven. Doch Schönberg verlangte von der Sprecherin, daß sie sich »des Unterschieds zwischen Gesangston und Sprechton genau bewußt wird: der Gesangston hält die Tonhöhe unabänderlich fest, der Sprechton gibt sie zwar an, verläßt sie aber durch Fallen oder Steigen sofort wieder«. In anderen (gesungenen) Stücken ergeben sich für die instrumental behandelten Stimmen als Ausdruck übersteigerter Emotion extrem weite Intervallsprünge von höchst neuartigem Reiz, ergeben sich andererseits Mischungen von Sprech- und Gesangstimme, eine Technik, die später von Honegger, Milhaud oder Orff übernommen wurde. Auffallend am ›Pierrot Lunaire‹ ist die Rückneigung zu geschlossenen Formen wie Walzer, Barcarole, Passacaglia, Kanon. Hier bahnte sich eine konstruktive Ordnung des Materials und eine Festigung der atonalen Strukturen durch Themenauswahl an. Daß alte Formen – unter ihnen auch zwei- und dreiteilige Liedformen – herangezogen wurden, wirkt zwar im Hinblick auf die Atonalität anachronistisch, es konstituiert aber den Zusammenhang mit der Tradition. Zwei Jahrzehnte später bekannte Schönberg: »Ich persönlich hasse es, ein Revolutionär genannt zu werden, der ich nicht bin. Was ich tat, war weder Revolution noch Anarchie. Ich besaß seit jeher ein stark entwickeltes Gefühl für Form.«

Es galt lange Zeit als feststehend, daß Schönberg von 1915 bis 1922 nichts produziert habe. Erst kürzlich stellte sich heraus, daß damals das Fragment des zweiteiligen Oratoriums ›Die Jacobsleiter‹ entstand. Den religiösen Text entwarf Schönberg 1915, die Musik zum ersten Teil 1917, Bruchstücke des sinfonischen Zwischenspiels und des zweiten Teiles bis 1922. Der Schönberg-Schüler Winfried Zillig instrumentierte das Fragment 1962 notengetreu nach dem Manuskript. Es erwies sich als eines der Hauptwerke Schönbergs. Abgesehen vom künstlerischen Wert ist es für Schönbergs Entwicklung wichtig, da hier, wie Zillig mitteilte, zum ersten Mal »entscheidende Prinzipien der Zwölftonkomposition« intuitiv, also noch unbewußt vorausgenommen sind. In allen wichtigen Themen des Werkes, schrieb Zillig, sei eine Sechstonreihe enthalten, die ersten Takte aber seien bereits »ein strenger Zwölftonkomplex. Die immer wiederkehrenden sechs Töne sind hier in einem Ostinato gefesselt, zu dem eine Harmonie tritt, in langen Noten der Bläser, die nicht nur die anderen sechs zur Zwölftonreihe fehlenden Töne enthält, sondern in sich die gleichen harmonischen Verhältnisse einschließt, die auch in den sechs Noten des Ostinato verborgen sind. Also eine Zwölftonreihe...!« Die Reihe ist zwar noch nicht konsequent angewandt, doch weit wichtiger erscheint: Der schöpferische Einfall ging hier dem bewußten Suchen und Finden des Prinzips voraus. Das deckt sich mit Schönbergs Grundeinstellung: »Ich entscheide beim Komponieren nur durch das Gefühl, das Formgefühl. Dieses sagt mir, was ich schreiben muß, alles andere ist ausgeschlossen. Jeder Akkord, den ich hinsetze, entspricht einem Zwang; einem Zwang meines Ausdrucksbedürfnisses, vielleicht aber auch dem Zwang einer unerbittlichen, aber unbewußten Logik in der harmonischen Konstruktion.«

Zu Beginn der *dritten* Schaffensperiode wurde Schönberg das neue Ordnungsprinzip bewußt, und er stellte die Gesetze jener Technik auf, durch die »die organisatorische Kraft der Harmonie ersetzt werden soll«. Es sind die Gesetze der Zwölfton- oder Reihentechnik. Bei ihnen handelt es sich nur um Anweisungen für eine »Methode des Komponierens mit zwölf Tönen«, nicht aber um unabänderliche Dogmen. Derartige Anweisungen hat es in der Musik immer gegeben (Melodiebildungslehre, Harmonielehre, Kontrapunktlehre, Formlehre), und sie wurden von Zeit zu Zeit umgestoßen und durch neue ersetzt. Schönbergs Gesetze unterscheiden sich von den vorausgegangenen nur dadurch, daß sie nicht auf ein zentralistisch geordnetes Tonsystem, sondern eben auf zwölf »nur aufeinander bezogene Töne« Anwendung finden. Aber es ist bezeichnend, daß seine wichtigsten Anweisungen (Monothematik, Umkehrung, ›Krebs‹, ›Spiegel‹ usw.) ausgehen von den entsprechenden Regeln der vorklassischen und klassischen Kompositionsweise. Man darf hier also von einer traditionsgebundenen Evolution sprechen.

Als Schönberg die neuen Ordnungsgesetze entwickelte, äußerte er (1922): »Ich habe eine Entdeckung gemacht, durch welche die Vorherrschaft der deutschen Musik für die nächsten hundert Jahre gesichert ist.« Seine Methode beruht im wesentlichen auf folgenden Gesetzmäßigkeiten: Für jede Komposition wird ein melodisches Thema, eine ›Grundreihe‹ aufgestellt, die alle zwölf Töne des temperierten Systems umfaßt. Die frei gewählten Intervallfortschreitungen der Grundreihe sind für die Komposition verbindlich, das heißt, alle melodischen Linien und Klangkombinationen des Stückes werden aus der gegebenen Reihe abgeleitet. Kein Ton der Reihe darf wiederholt werden, bevor alle ihre Töne verwendet sind (ausgenommen sind unmittelbare rhythmische Tonwiederholungen). Mit diesem Wiederholungsverbot wird erreicht, daß kein Ton derart hervortritt, daß er als Zentralton im Sinne der funktionellen Tonalität empfunden werden kann. Konsonante Fortschreitungen und Akkordbildungen werden durch die Anordnung der Töne der Grundreihe und durch das Wiederholungsverbot nahezu ausgeklammert. Die Grundreihe wird in ihrer Grundgestalt,

Schönberg:
Eine Grundreihe Schönbergs
und ihre Ableitungen

als deren Umkehrung (›Spiegel‹), als ›Krebs‹ (rückläufig) und als Umkehrung (›Spiegel‹) des ›Krebses‹ verwendet. Sie kann ebenso wie ihre Ableitungen auch transponiert werden, das heißt, jeder der zwölf Töne kann ihren Ausgangston bilden. Eine praktisch unbegrenzte und dennoch gesetzmäßig strukturierte Fülle von kontrastierenden melodischen und akkordischen Kombinationen wird hierdurch ermöglicht. Der rhythmische Verlauf der Reihe und ihrer Ableitungen ist freigestellt. Die Methode kann in der homophonen oder polyphonen Satzweise, sie kann in rhapsodisch freien, ungewohnt neuen und herkömmlichen Formen wie Sonate, Fuge, Rondo usw. Anwendung finden, denn sie schließt das klassische Prinzip der Wiederholung einzelner Formteile nicht aus. Sie ist logisch durchgebildet, hat ihre Ahnen in den kontrapunktischen Spielregeln der alten Niederländer (bis hin zu Bach) und im Prinzip der permanenten Variation, das von Haydn angebahnt und von Beethoven in den späten Quartetten durchgebildet ist. Sie ermöglicht, was sich dort und in allen großen Werken findet: die substantielle Einheit, den gedanklichen Zusammenhang. Sie legt der Phantasie zwar Fesseln an, aber sie gewährt dem schöpferischen Geist auch eine neue Freiheit. »Man muß der Fundamentalreihe folgen; dennoch komponiert man ebenso frei wie vorher« (Schönberg).

Damit sind einige der Grundregeln der neuen seriellen Zwölftontechnik Schönbergs angedeutet. Eine Beherrschung seiner Methode ist für das Verständnis der künstlerischen und ästhetischen Werte der Werke ebensowenig erforderlich wie etwa die Kenntnis der Bachschen Spielregeln für das Verstehen seiner Fugen. Auch Schönbergs Werke sind, worauf er selbst immer wieder nachdrücklich hinwies, »in erster Linie Werke einer musikalischen Vorstellung und nicht, wie viele annehmen, mathematische

Konstruktionen«. Präziser noch formulierte er: »Obwohl ich mich einer gesunden konstruktiven Grundlage einer Komposition auch dort nicht schäme, wo ich sie bewußt hergestellt habe, wo sie also weniger gut ist, als wo sie instinktives Ergebnis und unbewußt erzeugt ist, mag ich doch nicht wegen des bißchens Reihenkombination für einen Konstrukteur gelten, weil das zu wenig Gegenleistung meinerseits bedeutete.«
In den vierzehn Werken der dritten Periode – darunter den ›Fünf Klavierstücken‹, Werk 23 (1923), der ›Serenade‹, Werk 24 (1924), dem ›Bläserquintett‹, Werk 26 (1924), dem ›3. Streichquartett‹, Werk 30 (1927), den ›Variationen für Orchester‹, Werk 31

›Das Konzert‹, von HAP Grieshaber

(1928), dem heiteren Opern-Einakter ›Von Heute auf Morgen‹ (1930) und dem Opernfragment ›Moses und Aaron‹ (1931 bis 1932), einem religiösen Bekenntniswerk großen Stils – wurde die neue Methode zunächst tastend, dann sehr bewußt und mit fast asketischer Strenge erprobt. Daß aber die Technik nie Selbstzweck wurde, sondern frei genutztes handwerkliches Hilfsmittel blieb, dafür bieten sich in allen diesen Werken Beispiele. Immer wieder gibt es trotz konsequenter Anwendung des »Prinzips der permanenten Variation« improvisatorische Abweichungen von der Regeldetri. Formal wurden vor allem in den Instrumentalwerken die herkömmlichen Schemata modifiziert beibehalten. Der Formverlauf etwa des ›3. Streichquartetts‹ ähnelt dem des klassischen Quartetts mit Sonatensatz, Variationssatz, Intermezzo (Scherzo) und Rondo: merkwürdige atonale Parallele zu Strawinskys und Hindemiths tonalem Neuklassizismus! Die Avantgarde glaubt hierin der Atonalität nicht mehr gemäße anachronistische Relikte zu erkennen. Ihre Argumente: Diese Formen wurden unter anderen Voraussetzungen für tonale Klangkategorien geschaffen, sie hemmen die neue Freiheit und sind überflüssig, da der seriell durchorganisierten permanenten atonalen Variation selbst formbildende Gesetzmäßigkeiten innewohnen. Das hat manches für sich und wurde für die weitere Entwicklung (Webern, Stockhausen, Boulez) bedeutsam. In bezug auf Schönberg muß man es anders sehen. Er ermöglichte die serielle ›ars nova‹ der Gegenwart, wurzelte aber im Vermächtnis der Vergangenheit. Er steht an der Wende, ist Neuerer und Bewahrer zugleich, nicht anders als Monteverdi oder Beethoven.

Das wird ganz deutlich an den sechzehn Werken der *letzten* (amerikanischen) Schaffensperiode. Zu ihnen gehören das ›Violinkonzert‹, Werk 36 und das ›4. Streichquartett‹, Werk 37 (beide 1936), ›Kol Nidre‹, Werk 39 (1938), die ›Suite für Streichorchester‹, Werk 40, die ›Ode an Napoleon‹ für Sprecher, Klavier und Streichquartett, Werk 41 (1944), das ›Klavierkonzert‹, Werk 42 (1942), das ›Streichtrio‹, Werk 45 (1946), die Kantate ›Ein Überlebender von Warschau‹, für Sprecher, Männerchor und Orchester, Werk 46 (1947), die ›Violinsonate‹ (1948) und als letztes Werk der ›Psalm Nr. 130‹ für sechsstimmigen unbegleiteten Chor (1950). In allen diesen Werken wurde die Zwölftontechnik mit souveräner Freiheit angewandt. Das Wiederholungsverbot ist gelockert, nicht alle Grundreihen sind streng zwölftönig, sie werden als Ganzes oder in Teilen variiert, verschiedentlich – so im ›Kol Nidre‹, in der ›Suite für Streichorchester‹, der ›2. Kammersinfonie‹, Werk 38, dem ›Klavierkonzert‹ und Teilen anderer Werke – finden sich wieder tonal definierbare Fortschreitungen und Zusammenklänge. Das bedeutet jedoch keine Rückkehr zu den tonalen Funktionsgesetzen, vielmehr sind die Grundreihen hier so gewählt, daß auch tonale Kombinationen aus ihnen abgeleitet werden können. Sie werden nicht tonal gedeutet, sondern stellen sich nun dar als weitere Kombinationsmöglichkeiten der zwölf »nur aufeinander bezogenen Töne«. Damit fällt indessen die Abschirmung gegen die Konsonanz, vermindern sich die Hörschwierigkeiten, werden die formalen Zusammenhänge, die lyrischen und dramatischen Ausdruckswerte leichter zugänglich. Die irrealen Schönheiten der Schönbergschen Kunst, ihre humane, religiös bezogene Universalität und die absolute innere Wahrhaftigkeit seiner Tonsprache lassen sich nur ermessen von aufgeschlossenen Hörern, denen es gelingt, sich von den gewohnten Klangvorstellungen zu lösen. »Es gibt nur ein Gefäß zur Aufnahme von Werken der Einbildungskraft, nämlich die Einbildungskraft« (Schiller).

Anton Webern und Alban Berg

Schönberg ist das Haupt der ›Neuen Wiener Schule‹. Die in seinen theoretischen Schriften und Briefen niedergelegten Anschauungen, seine Werke und die nur mündlich den Schülern erklärte Zwölftontechnik begegneten nach dem zweiten Weltkrieg in vielen Ländern einem ständig wachsenden, leidenschaftlichen Interesse. Zahlreiche Komponisten der Gegenwart setzten sich mit seiner Technik auseinander, viele übernahmen sie modifiziert, einige drangen von ihr aus weiter vor zum Prinzip einer universellen Reihentechnik, in der nicht nur die horizontalen Tonfortschreitungen und die vertikalen Akkordbildungen, sondern darüber hinaus die Zeitdauer, Rhythmen, Lautstärken und Klangfarben, kurz, alle erkennbaren Elemente der Musik einem seriellen Ordnungsprinzip unterworfen werden. Um die Verwirklichung dieser und verwandter Aufgaben bemühen sich auf den verschiedensten Wegen Olivier Messiaen, Varèse, die Komponisten des Kölner Studios für elektronische Musik (Eimert, Stockhausen, Boulez) und andere.

Sie berufen sich freilich schon nicht mehr auf Schönberg, in dem sie bereits einen der letzten Vertreter der historischen, nur zweidimensional durchorganisierten Musik sehen, sondern auf seinen Schüler *Anton Webern* (1883 bis 1945), weil es in seinem

Anton Webern

Schaffen Ansätze zur universellen Reihentechnik gibt. Dieser fanatisch seiner Kunst hingegebene Wiener Musiker, den ein amerikanischer Soldat irrtümlich erschoß, als er in Mittersill (Österreich) aus dem Hause seines Schwiegersohnes trat, hinterließ nur rund 30 Werke vorwiegend vokaler Natur, also Lieder, Gesänge mit Begleitung mehrerer Instrumente, Chorlieder, Kantaten und wenige Instrumentalwerke, dazu Bearbeitungen von Werken Bachs und Schuberts.

Die von Beethoven und Brahms praktizierte Methode, durch permanente Variation eines Grundgedankens einen musikalischen Zusammenhang zu stiften, übernahm er abgewandelt von Schönberg. Wie jener löste er sich auch von der Tonalität. Die Zwölftontechnik wandte er seit etwa 1924 kompromißlos an; er sah Entsprechungen in den Strukturgesetzen Bachs: »Dem Sinn nach ist die ›Kunst der Fuge‹ das gleiche wie das, was wir in der Zwölftonkomposition schreiben.« Schon früh, in den ›Bagatellen für Streichquartett‹, Werk 9 und den ›Fünf Stücken für Orchester‹, Werk 10 gelangte Webern zu einer nur ihm eigenen neuartigen Klangfarbenmusik. Jeder Intervallschritt, aber auch die Rhythmik und Dynamik, die Klangfarbenwerte der oft von Kurzmotiv zu Kurzmotiv wechselnden Instrumente und selbst die Pausen gewannen

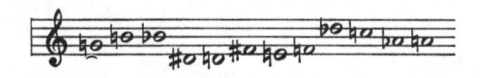

Die Grundreihe des Werkes

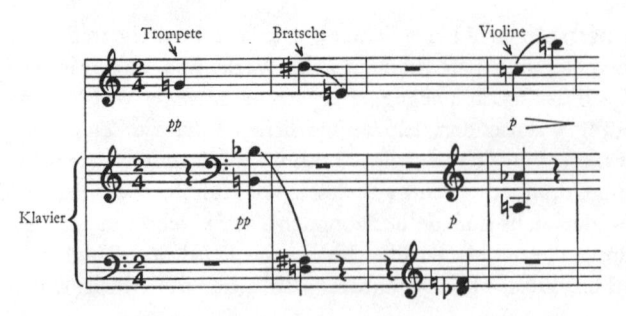

Beginn des zweiten Satzes aus dem ›Konzert für neun Instrumente‹, Werk 20 von Webern. Die Takte umfassen, in verschiedenen Oktavlagen, alle 12 Töne der Grundreihe. Mit dem letzten Ton der Violine beginnt bereits die Umkehrung der Reihe (transponiert um eine große Terz höher)

formbildende Kraft. Die hier athematischen Konstellationen zwangen Webern zu einer dichten, aphoristisch knappen Aussage. Das vierte der ›Orchesterstücke‹ zum Beispiel besteht nur aus sechs Takten, in denen die Klangfarbenwerte von neun Instrumenten pointillistisch wechselnd eingesetzt sind. Zu den ›Bagatellen‹, Werk 9 äußerte Schönberg, diese Kunstrichtung unternehme es, »einen Roman durch eine einzige Geste, ein Glück durch ein einziges Aufatmen auszudrücken«.
Auch in den streng zwölftönigen Werken faßte Webern die Grundreihe nicht als ›Thema‹, sondern im Sinne der Goetheschen Urpflanze als Keimzelle auf, aus der sich der Organismus einer Komposition pflanzenhaft entfaltet: »Die Wurzel ist eigentlich nichts anderes als der Stengel, der Stengel nichts anderes als das Blatt, das Blatt wiederum nichts anderes als die Blüte: Variation desselben Gedankens.« Gern gliederte Webern die Reihe in vier mal drei oder drei mal vier intervallmäßig korrespondierende Abschnitte, deren jeder einem bestimmten Instrument zugeteilt ist (wechselnde Klangfarbe) und seine eigene Vortragsart (staccato, legato, portato), eigene Zeitwerte (Viertel, Achtel, Triolen) und eine besondere Lautstärke hat. Im späten ›Streichquartett‹, Werk 28 verwandte Webern eine dreigeteilte Zwölftonreihe, deren Außenteile – transponiert und in jeweils anderer Tonlage – das Thema B-A-C-H enthalten. Der ebenfalls viertönige Mittelteil bringt das Thema in wiederum anderer Tonlage rückläufig. Die ganze Reihe aber – rückläufig gelesen – entspricht intervallmäßig der Umkehrung (dem ›Spiegel‹) der Reihe. Aus diesem kleinen Wunder an Symmetrie entfalten sich alle Tonschritte und Klänge. Hinzu kommen wiederum untrennbar mit dem Reihengeschehen verbundene Gesetzmäßigkeiten der Zeitdauer, Tonhöhen und Klangwerte. Dennoch wirkt das Ganze nicht konstruiert, sondern sublim lyrisch, wie ein kristallklares, unwirklich zartgetöntes Glasperlenspiel –: entmaterialisierter Klang. Von hier aus führen Wege zu Messiaen und den wagemutigen Versuchen der Elektronenmusiker. Strawinsky bekannte sich zu Webern mit den Worten: »Webern ist der Entdecker eines neuen Abstands zwischen dem musikalischen Objekt und uns, und damit eines neuen Maßes der musikalischen Zeit ... Er ist ein fortwährendes Pfingstfest für alle, die an Musik glauben.«

Alban Berg

Alban Berg (1885 bis 1935), Freund und Mitschüler Weberns bei Schönberg, ist der dritte im nun schon ›klassischen‹ Dreigestirn der ›Neuen Wiener Schule‹. Er begann mit spätromantischen Liedern und einer ›Klaviersonate‹, Werk 1, in der sich der Einfluß von Wagner und Brahms niederschlug. Im zweisätzigen frühen ›Streichquartett‹, Werk 3 (1910), den ›Vier Stücken für Klarinette und Klavier‹, Werk 5 (1913) und den dramatisch expressiven ›Drei Stücken für Orchester‹, Werk 6 (1914, ›Präludium‹, ›Reigen‹, ›Walzer‹) näherte er sich unter dem Einfluß Schönbergs einer äußerst differenzierten freitonalen, mit atonalen Klangreizen durchsetzten ›panchromatischen‹ Schreibweise. Er selbst bezeichnete die Partitur der ›Drei Orchesterstücke‹ als »die komplizierteste aller je geschriebenen«. Die deutlichsten Komponenten seiner Musik, ihre konstruktive Architektur und Expressivität, treten hier und in der Oper ›Wozzeck‹ (1914 bis 1921) charakteristisch hervor. Berg wirkt weit konservativer als Webern. Er blieb zeitlebens Ausdrucksmusiker im Sinne der spätromantischen Epoche. ›Wozzeck‹ ist eines der Hauptwerke des musikalischen Expressionismus der Schönberg-Schule; das Schaffen für das Musiktheater orientierte sich fortan weitgehend an dieser Oper. Sie entstand vor der Durchbildung der Zwölftontechnik; es gibt in ihr Rückbezüge zu Wagners ›Tristan‹, zu Debussy und Richard Strauss (›Salome‹), doch strukturell deutet sich die Abwendung vom individualistischen Ausdruckswillen der Spätromantik an. Weniger Einzelschicksale als die menschliche Tragik an sich ist dargestellt. Die Distanz zur Realistik der Vorgänge ist erreicht durch eine strenge Gliederung in archaische Formen (Präludium, Sarabande, Passacaglia, Sonate, Invention usw.). Die Harmonik bewegt sich frei in tonalen, polytonalen und atonalen Bereichen, eine sublim differenzierte Chromatik dient der Expression. Erst in späteren Werken, etwa der ›Lyrischen Suite für Streichquartett‹ (1926), dem ›Kammerkonzert für Klavier und Geige mit 13 Bläsern‹, dem Opernfragment ›Lulu‹ und dem ›Violinkonzert‹ (1935, letztes vollendetes Werk), verwandte Berg zwölftönige Reihen. Doch er benutzte sie als modifizierbare individuelle Themen und nicht, wie Webern, als Urzellen von Organismen, in denen mit der Reihe »alles an Inhalt im Keime schon da ist. Vorgebildet!« (Webern). Berg wählte die Reihe stets so, daß auch tonal analysierbare Klangkombinationen sich folgerichtig aus ihnen ergaben. Im ›Violinkonzert‹ beispielsweise ist die Reihe im wesentlichen aus großen und kleinen Terzen bzw. übereinandergestellten Dur- und Molldreiklängen gewonnen; das führte zwangsläufig zur Verwendung von konsonanten Melodieschritten und Zusammenklängen neben dissonanten, ja es ermöglichte im zweiten Satz die Einbeziehung einer Kärntner Volksweise, im abschließenden ›Adagio‹ das Zitat eines Bach-Chorals. Programmatische Vorstellungen regten Berg zum ›Violinkonzert‹ an, Rückbezüge zur spätromantischen Ausdruckswelt bleiben spürbar. Bergs Kunst ist auch für Hörer, die an tonale Musik gewöhnt sind, relativ leicht verständlich. Sie bewegt sich vital in großräumigen, oft archaischen, bisweilen freien Formen, ist reich an gegensätzlichen Ausdruckswerten und ethisch bestimmt.

Die Jüngeren

Die ›Neue Wiener Schule‹ erlangte inzwischen eine weltweite Bedeutung. Die Gesetze der freien Atonalität und der auf Webern zurückgehenden neuartigen Verkettung von Intervallgestalten stehen heute schon etwa gleichrangig neben denen der älteren Tonalität. Beide lassen sich auch aufeinander abstimmen und verbinden. Das zeigen die Werke vieler in- und ausländischer Komponisten, die diesem Kreis nahestehen. Unter ihnen ist *Ernst Křenek* (* 1900 in Wien), der Schwiegersohn Mahlers, eine markante Erscheinung. Er begann als Schreker-Schüler mit spätromantischen Werken, erprobte

TAFEL 29

Bild 1 Metropolitan Opera in New York, Blick in den Zuschauerraum. Am Dirigentenpult Dimitri Mitropoulos.
Bild 2 Tonstudio in der Universität Tokio.

TAFEL 30

Bild 1 Berliner Philharmonie, die am 15. 10. 1963 wieder eröffnet wurde. *Bild 2* Innenansicht der Berliner Philharmonie.

TAFEL 31

Bild 1 Tonstudio um 1960. Magnetophoneinheit mit Tongenerator, Ringmodulator und drei Terzfiltern. Rechts im Bild: Regelbares Oktavfilter, darauf zwei variable Terzfilter. *Bild 2* Erstes öffentliches elektronisches Konzert in Köln. Große Tonschränke statt Orchester – kritisch hörte man sich die elektronische Tonfolge von Karl-Heinz Stockhausen an.

TAFEL 32

Angestellter einer Rechenzentrale oder Musiker? Karl-Heinz Stockhausen im Studio für elektronische Musik.

viele Stile von der ›musica sacra‹ des frühen Mittelalters bis zum Jazz und sucht neuerdings, ausgehend von Schönberg und Webern, die serielle Technik eigenwillig weiterzubilden. Er schrieb Werke nahezu aller Gattungen. Unter seinen frühen Opern ist ›Jonny spielt auf‹ (1927) bemerkenswert als erste ›Jazzoper‹ (um den Negersänger Jonny) und zugleich erste Oper, in der Attribute des technischen Zeitalters (Telefon, Lautsprecher, Polizeiauto, Bahnhofshalle mit ein- und ausfahrendem Zug) in die Szene einbezogen sind. Die Struktur der Musik ist unproblematisch, die tonale Harmonik mit Reizklängen durchsetzt; Jazzrhythmen betonen die beabsichtigte breite Publikumswirkung. Demgegenüber ging Křenek in der späten Oper ›Pallas Athene weint‹ (1955) von der antiken Tragödie aus. Nicht Einzelschicksale, sondern Ideen (Freiheits- und Ordnungsbegriff, Diktatur, Demokratie) sind das ›movens‹ der aktualisierten Handlung. Die Musik ist zwölftönig disponiert, im Ausklang sind die zwölf Töne der alles beherrschenden Reihe zu »ungeheurem Klagelaut« übereinandergetürmt. – Experimentellen Charakter hat Křeneks Fragment des Pfingstoratoriums ›Spiritus intelligentiae sanctus‹ (1956) für Sprecher, Sopran, Tenor und elektronische Klänge (siehe elektronische Musik, Seite 624). Hier sind menschliche Stimmen mit elektronischen Tongemischen und Geräuschen verbunden. Das Oratorium beginnt und endet mit der Anrufung des Heiligen Geistes. Nach der Einleitung zitiert der Sprecher einen Satz Kierkegaards, später deutet er die Abschnitte des Werkes an: ›Erschaffung der Welt‹, ›Vertreibung aus dem Paradies‹, ›Turmbau zu Babel‹, ›Sprachverwirrung‹. Als elektronisches Bauelement dient ein Zentralton von 330 Hertz, der in einen dreifachen, fünffachen, siebenfachen Klang erweitert wird. Die Oktave ist in dreizehn (nicht zwölf) Tonschritte gegliedert. Daraus ergaben sich bei den Aufnahmen Schwierigkeiten für die Sänger. Von ihren melodischen Bögen ließ Křenek aus Sinustönen Modelle herstellen, in denen die Tonhöhe genau fixiert war. Phrasenweise wurden diese Modelle den Sängern vorgespielt, dann wurden die Phrasen einzeln gesungen, auf Band aufgenommen und zusammengesetzt. Chorwirkungen wurden erzielt durch die Synchronisation der normalen Bandaufnahmen mit schneller oder langsamer ablaufenden Fassungen. Nach dem ›Turmbau zu Babel‹ sind die Mittel programmatisch eingesetzt (also auch hier gibt es noch Bezüge auf die Romantik). Die Worte werden zu zusammenhanglosem Stammeln, die Stimmen verzerren sich, ein Chaos von Sprach- und Lautfetzen entsteht (›Sprachverwirrung‹) und verliert sich in ein ungeheures Rauschen, Symbol für das Wehen des Heiligen Geistes. Neuartige, erregende Wirkungen gehen von dem Werk aus. – In der Erläuterung zu einem seiner jüngeren Werke schrieb Křenek unter anderem: »Das Orchesterwerk ›Kette, Kreis und Spiegel‹ (1958) stellt im Laufe meiner Arbeiten die letzte Vorstufe zu einer totalen seriellen Integration dar... Ich habe in diesem Stück ein Element ... mit besonderer Konsequenz verwendet, nämlich die Idee der ›Rotation‹. Darunter verstehe ich eine – wiederum seriell kontrollierte – fortlaufende Vertauschung von Tönen innerhalb der gewählten Reihe. Reihen, deren Endton mit dem Anfangston der nächsten Reihe zusammenfällt, bilden die ›Kette‹. Der ›Kreis‹ ergibt sich aus bestimmten Ton-Permutationen. Die Bezeichnung ›Spiegel‹ bezieht sich darauf, daß das Anfangsthema an bestimmten Stellen des Abfolgeplanes der Töne in Spiegelform wiederholt wird.« Wie sehr dieses Streben nach konstruktiver Vereinheitlichung des Materials auf Gedankengängen der ›Neuen Wiener Schule‹ basiert, zeigt ein Ausspruch Schönbergs: »Die Anwendung dieser Spiegelformen entspricht dem Prinzip der absoluten und einheitlichen Erfahrung des musikalischen Raumes.«

Auch der Münchener *Karl Amadeus Hartmann* (1905 bis 1963) kam in Berührung mit dem Schönbergkreis. Er war Schüler von Scherchen und Webern, wurde nach 1945 Initiator der Münchener ›Musica-viva-Konzerte‹ und trug entscheidend dazu bei, daß München eines der anziehendsten Zentren zeitgenössischer Musikpflege wurde. Hartmann war ein Bekenntnismusiker; er war zwar der ›Neuen Wiener Schule‹ verpflichtet, doch er empfing überdies Anregungen von so verschiedenartigen Naturen wie Debussy, Bartók, Strawinsky und Blacher und entwickelte unabhängig von der strengen Dodekaphonie und anderen fremden Richtungen einen eigenartigen expressiven Stil, für den vor allem seine acht Sinfonien charakteristisch sind. Ihr Satzbild ist linear polyphon, ihre Formstrukturen sind bei aller Weiträumigkeit streng, ihre Klangvorstellungen bewegen sich etwa zwischen Berg und Schönberg. In Hartmanns einziger Oper ›Simplicius Simplicissimus‹ verkörpert die Titelgestalt die Idee menschlicher Freiheit und Würde vor dem sinnbildhaften Hintergrund der Tragödie des Dreißigjährigen Krieges.

Mehr oder weniger frei wandten die Zwölftontechnik Schönbergs oder die serielle Weberns in ihren Instrumentalwerken und Opern an der Schönberg-Schüler *Winfried Zillig* (1905 bis 1963), der Leipziger *Wolfgang Fortner* (* 1907) – er errang einen seiner stärksten Erfolge mit der Oper ›Die Bluthochzeit‹ (1957, nach García Lorca) – und sein Schüler *Hans Werner Henze* (* 1926). Henze, der aus Gütersloh stammt, begann avantgardistisch mit Werken, in denen er etwa alle neuen Kompositionstechniken erprobte. Doch schon in der Oper ›Boulevard Solitude‹ (1952) oder in dem Cellokonzert ›Ode an den Westwind‹ (1953) zeichnete sich der Übergang zu einem undoktrinären Ausdrucksstil ab, in dem Neues und Traditionelles zur Synthese gelangte.

Hans Werner Henze

Henze ordnet sein Tonmaterial derart modifiziert nach seriellen oder punktuellen Prinzipien, daß die neuen Techniken tonale und polytonale Klangkombinationen und improvisatorische melodische Fortschreitungen zulassen. Als Harmoniker verwendet er neben differenzierten Spaltklängen einfache Dreiklänge. Seine subtile Melodik verschmäht sinnfällige tonale Wendungen keineswegs, seine Rhythmik bewegt sich bisweilen im Rahmen einfacher metrischer Gliederungen, sie weist aber auch polyrhythmische Überlagerungen, »variable Metren« (siehe Blacher) und ametrische Strukturen auf. In der Einführung zu seiner ›Ode an den Westwind‹ betonte er: »Aller Gebrauch moderner Kompositionstechnik, der hier gemacht wurde, sollte nur zur klaren Hervorbringung der unverhüllt von einem romantischen Geist getragenen Gedanken dienen.« Das gilt sinngemäß auch für Henzes Oper ›König Hirsch‹ (1956). Sie entstand in Italien und wurde angeregt durch ein Märchenspiel Gozzis. Ihr Motto: »Ich will euch ein Märchen erzählen, nach einer alten Fabel. Aber dieses mein Märchen soll aussehen wie ein frisch gestrichener Zirkus.« Phantastische und surrealistische Wirkungen wurden hier spielerisch einander zugeordnet. Henze erläuterte: »KönigHirsch ist weder als Märchenoper noch als Traumspiel gedacht und auch nicht als eine moderne ›commedia dell'arte‹, wiewohl er von alledem etwas an sich hat. Mit seinem ganz einfachen Titel ›Oper‹ ist angedeutet, welche Disziplin angestrebt wurde. Es handelt sich auch nicht um ein modernes psychologisches Drama. Das von wunderlichen Vorgängen erfüllte Szenarium lenkt anfangs von dem Realismus, der gemeint ist, ab, um aber dann doch am Ende bestärkend auf ihn einzuwirken. Auch hinsichtlich des theatralischen Aspektes versuchte man sich in der Freiheit und in der Auffindung von Schönheit.« Musikalisch formal ergab sich eine Erneuerung der italienischen Belcantooper (mit Arien, Solo- und Chor-Ensembles, Ballett-Pantomimen usw.). Das alte Schema wurde souverän mit den Mitteln der ›modernen Kompositionstechnik‹ aktualisiert. In den Opern ›Prinz von Homburg‹ (1960, nach Kleist) und ›Elegie für junge Liebende‹ (1961) setzte Henze konsequent den im ›König Hirsch‹ beschrittenen Weg fort. Beide Werke sind wirkliche Opern mit Rezitativen, Arien, Ensembles und melodisch belcantistisch ausschwingenden Vokal-Partien, in beiden ist frei über Traditionelles verfügt, unbefangen »noch nicht Dagewesenes« gewagt. In seinem jüngsten Beitrag zum Musiktheater, der komischen Oper ›Der junge Lord‹ (1965, Berlin, Libretto von Ingeborg Bachmann nach Hauff), kam Henze zu einer vom Publikum stürmisch begrüßten Absage an die serielle Musik (mit der Begründung, diese habe nicht für komische, sondern allenfalls für unfreiwillig komische Wirkungen Vokabeln) und zu einer betonten Rückkehr zu den Mitteln und Wirkungen der auf Zentraltöne bezogenen tonalen Musik. Die während seiner seriellen Periode erworbenen handwerklichen und stilistischen Möglichkeiten werden hier nicht negiert, wohl aber der neuen, wiederum tonalen Grundkonzeption untergeordnet. »Ein Amalgam aus Mozart, Strauss und Strawinsky mit dem gemeinsamen Nenner Henze ist das Resultat« (W.-E. von Lewinski). Ist dieses Werk wirklich ›restaurativ‹ im negativen Sinn oder schlägt es die Bresche zu einer allgemeinen, vielleicht entscheidenden Neu-Orientierung? Es wird sich erweisen. Bezeichnend für Henzes Einstellung zur Kunst ist seine schon vor Jahren formulierte Ansicht: »Ein Schritt in unbekanntes Gebiet muß nicht unbedingt nach vorwärts gerichtet sein – wer kann sagen, wo vorwärts liegt?«

Als französischer Exponent der ›NeuenWiener Schule‹ gilt Henzes zweiter Lehrer *René Leibowitz* (* 1913 in Warschau), Schüler Schönbergs und Weberns. Er gab außer seriell durchkonstruierten Instrumentalwerken als erster Analysen Schönbergscher Werke und eine Zwölftonlehre heraus. – Ausgehend von der Vokalkunst ihres Landes schufen die Italiener *Luigi Dallapiccola* (* 1904) und *Luigi Nono* (* 1926) selbständige Abwandlungen von Schönbergs und Weberns neuen Techniken, die ihnen ein zugleich zeitgemäßes und traditionsbewußtes Komponieren ermöglichten. Aus den Werken der beiden Musiker spricht eine echte Humanitas. Dallapiccola, der mit archaisierenden

Werken tonaler Faktur begann, wandte sich der ›Neuen Musik‹ etwa 1940 zu. Charakteristisch für seine von ethischer Gesinnung erfüllte Kunst sind die Opern ›Nachtflug‹ und ›Der Gefangene‹, die ›Canti di Prigionia‹ (›Gesänge im Kerker‹), ›Canti di Liberazione‹ (›Gesänge der Befreiung‹) und die ›Sechs Michelangelo-Chöre‹. Die Dichtung der Oper ›Nachtflug‹ (1940) schuf der Komponist selbst nach dem Roman ›Vol de nuit‹ von Saint-Exupéry. Die Handlung kreist um den Absturz des Nachtfliegers Fabien; sein letzter Bericht während des Fluges wird von einem Funker den Agierenden in der Luftfahrtgesellschaft übermittelt. Mensch–Maschine, Mensch–Diktatur, Überwindung der von Haß beherrschten Welt durch den Tod, das sind die Probleme der packenden Handlung. Die visionäre Musik kombiniert tonale und dodekaphone Strukturen. Die Deklamation ist italienisch sanglich, gesprochene Partien unterbrechen den Gesang. In der Oper ›Der Gefangene‹ (1948) führt Dallapiccola den Gefangenen durch das grausame Spiegellabyrinth trügerischer Hoffnung, bevor er ihn durch den Großinquisitor dem Scheiterhaufentod überantworten läßt. Das in seinen Bezügen zur Gegenwart als Anklage erschütternde Werk ist musikalisch streng aus drei Zwölftonreihen entwickelt und dennoch melodisch sinnfällig und packend im Sinne des Verismus. Es widerlegt schlagend die Ansicht, dodekaphone Musik müsse notwendig abstrakt wirken. Beide Opern überzeugen unmittelbar durch ihre vitale lyrisch-dramatische Ausdruckssprache.

Deutlicher noch als Dallapiccola ging Luigi Nono von Webern aus, doch auch er assimilierte dessen Anregungen ganz als Italiener, auch für ihn ist Musik stets ›actio‹, Spannung und – Gesang. Am stärksten wirkt er in den expressiven Vokalwerken, etwa dem ›Epitaph auf F. G. Lorca‹ (drei Teile), dem ›Canto sospeso‹ über Briefe zum Tode verurteilter Widerstandskämpfer, in dem aufrüttelnden ›Victoire de Guernica‹ und der Oper ›Intolleranza‹ (1961). Sein Sinn für das Konstruktive ist sehr ausgeprägt, doch er ist kein ›Konstruktivist‹. Den ›Incontri‹ für 24 Instrumente (1955) gab er die Erläuterung mit: Hier »begegnen sich zwei Strukturen. Jede der beiden Strukturen ist in sich selbständig, sie unterscheidet sich von der anderen durch den rhythmischen Aufbau, durch das Timbre (Klangfarbe und Instrumentation) und durch die Dynamik der harmonischen und melodischen Projektion. Aber es besteht zwischen den beiden Strukturen ein Verhältnis konstanter Proportionen. So wie zwei Wesen, verschieden voneinander und selbständig in sich, sich begegnen und aus ihrer Begegnung zwar keine ›Einheit‹ werden kann, aber doch ein Sich-Entsprechen, ein Zusammensein, eine Symbiose.« – »Jede Festlegung von Grundsätzen und ästhetischen Axiomen« erscheint Nono vergeblich, »denn nur in der Wärme des Lebens schafft man frei von leeren Künsteleien und visionärem Nebel.«

Die ›Gruppe der Sechs‹ und ihre Auswirkung

Einen extrem anderen Ausgangspunkt als die ›Neue Wiener Schule‹ wählte die französische ›Gruppe der Sechs‹: *Honegger, Milhaud, Poulenc, Tailleferre, Auric* und *Durey*. Im ›Programm‹ (1920) dieser Gruppe stehen unter anderem die Leitsätze: »Es gilt auf normale Verhältnisse zurückzukommen, die Hypertrophie der bestehenden Formen zu beseitigen. Das Ideal der Sonate: Haydn. Das Ideal der Suite: Rameau. 2. Die echten französischen Traditionen müssen wiederaufgenommen werden, die auf der Scheu vor der Emphase und der gefühlsmäßigen Übertreibung beruhen. Es gilt allen romantischen Geist zu verbannen und das rechte Gleichgewicht von Gefühl und Vernunft herzustellen, das den französischen Klassizismus kennzeichnet. Unter diesem Gesichtspunkt ist Satie das Beispiel, das Vorbild der Jungen. 3. Verzicht auf den Chromatismus,

Plakatentwurf für die ›Gruppe der Sechs‹, von Jean Cocteau

das charakteristische Ausdrucksmittel der Romantik. Man darf auch nicht Schönberg folgen, dem gewaltigen Musiker, der ja eine letzte Entwicklung der Romantik bringt, die Chromatik zu ihrer äußersten Konsequenz der Atonalität führt. 4. Es gilt im Gegenteil die diatonische Harmonik in ihre herrschende Stellung wieder einzusetzen. Sie bekräftigt die reine, feste Tonalität, das Grundprinzip der wahren Architektur, die mit den Maßen haushält, sie ordnet und sie ohne Verwirrung in Kontrast setzt.« Die Mitglieder der Gruppe lebten sich bald auseinander. *Germaine Tailleferre* (* 1892) und *Louis Durey* (* 1888) vermochten sich nicht durchzusetzen, *Georges Auric* (* 1899) schwenkte ab zur Filmmusik und wurde hier nach Erfolgen mit ›Moulin rouge‹ und mit Cocteaus ›La belle et la bête‹ und ›Orpheus‹ einer der angesehensten Spezialisten Frankreichs. *Francis Poulenc* (1899 bis 1963) hielt sich noch am ehesten an das Programm. In seiner formklaren Kammermusik und seinen klangschönen tonalen Orchester-Werken war er Fauré und Satie, aber auch Ravel und Strawinsky verpflichtet. Eleganz, Ironie und eine luzide Melancholie sind die hervorstechendsten Züge seines unsentimentalen, von subjektivem Pathos nahezu freien neu-klassizistischen Stils. Der Schweizer Honegger (siehe Seite 566) entfernte sich wohl am weitesten vom Programm der ›Sechs‹. Aber auch auf die Kunst von *Darius Milhaud* (* 1892) läßt sich dieses Programm kaum anwenden. Milhaud blieb ihm zwar verbunden in der betont anti-romantischen Einstellung, im Festhalten an der »diatonischen Harmonik«, der Reserve gegenüber der Chromatik und der angeborenen Vorliebe für romanisch klare Formen, doch er legte sich auf keine Richtung und keinen Stil fest. Das war eigentlich schon entschieden, als er sich der Gruppe anschloß. Damals lag eines seiner dramatischen Hauptwerke, die abendfüllende ›Orestie-Trilogie‹ (1913 bis 1922), schon nahezu fertig vor (sie erklang im Zusammenhang erstmalig 1963 in Berlin), ein Werk von wilder expressionistischer Ausdruckskraft, vor allem im dritten Teil, den ›Euménides‹. Die Kontrastierung zarter und rücksichtslos harter Klangkombinationen wurde hier ermöglicht durch eine konsequente Erweiterung der in den Zellen diatonischen Harmonik zur polyphonen Bi- und Polytonalität (Nebeneinander von zwei und mehr Tonarten gleichzeitig). Dieses moderne Kombinationsverfahren verwandte Milhaud

Aus den ›Saudades de Brazil‹, Nr. 8. Beispiel für Bitonalität: Gleichzeitigkeit von A-Dur (oberes System) und Fis-Dur (unteres System)

zwar nicht als erster, doch er erhob es für sich zum Prinzip, und es blieb eines der typischen Merkmale seines Stils. Während ihn die Antike beschäftigte, setzte er sich in dem kubistischen Ballett ›Der Mensch und seine Sehnsucht‹ (1918) für 12 Soli und 15 Schlagzeuger auch bereits mit der Geräuschmusik auseinander. Um dieselbe Zeit entstanden das satirisch groteske Ballett ›Le bœuf sur le toit‹ (1919, Name eines Pariser Nachtlokals), die ›Saudades do Brazil‹ (1921), in denen Elemente der brasilianischen Folklore amalgamiert wurden, und das ›Ballet nègre‹ ›La création du monde‹ (1923), worin der Jazz seinen künstlerischen Niederschlag fand, entstanden sinnenfrohe provenzalische Lieder, Streichquartette, Kammersinfonien und andere Werke, in deren jedem sich eine andere Welt äußerte. Anregungen von der mittelalterlichen Gregorianik bis Schönberg, von Rameau bis Strawinsky, von Chambonnières bis Puccini und Debussy, volkstümliches Melos und Rhythmen aus Italien, Rußland, Nord- und Südamerika – fast unübersehbar vieles ging verwandelt über in einen Stil von kosmopolitischer und dennoch einheitlicher Grundhaltung. Milhaud ist Provenzale (er stammt aus Aix-en-Provence). Man spürt es an der direkten, freimütigen Art seiner Kunst, an seiner ganz unsentimentalen, frei sich verströmenden Lyrik. Er arbeitet anscheinend außerordentlich leicht. Bislang schuf er rund 350 Werke aller Gattungen (einschließlich Filmmusik), darunter mystisch-religiöse, diesseitig leidenschaftliche, weltmännisch kühle, ironische und andere, in denen er in surrealistische Bereiche vordrang. Bis ins Alter blieb er der Verwandlung, dem künstlerischen Abenteuer geöffnet. Bezeichnend hierfür: 1954, im selben Jahr, in dem er zur Dreitausendjahrfeier Jerusalems die monumentale Oper ›David‹ beendete, entwarf er eine elektronische Montage ›Poetische Studie‹, in der wohl zum ersten Male die musikalische Aleatorik, der ›gesteuerte Zufall‹, in Erscheinung trat (siehe Seite 627 Pierre Boulez).

Dimitri Schostakowitsch

›Die Sechs‹ erhielten ihren Gruppennamen im Hinblick auf ›die Fünf‹, die russischen ›Novatoren‹ (Borodin, Balakirew, Cui, Mussorgskij, Rimski-Korssakow), das ›mächtige Häuflein‹, das im 19. Jahrhundert den nationalen Realismus der russischen Musik begründete. Von den jüngeren russischen Komponisten läßt sich der Rimski-Korssakow-Schüler *Serge Prokofieff* (1891 bis 1953) zwanglos mit den französischen ›Sechs‹ in Verbindung bringen. Er lebte seit der russischen Revolution über ein Jahrzehnt in Paris, vorübergehend auch in Deutschland, Italien, Japan, Amerika und verfolgte zunächst ähnliche Ziele wie ›die Sechs‹. Seine ›Klassische Sinfonie in D-Dur‹ (1917) – sie ist bewußt Haydn nachempfunden –, die Oper ›Die Liebe zu den drei Orangen‹ (1921), die frühen Sinfonien, Konzerte und Ballettmusiken sind phantasievolle Beispiele eines russisch gefärbten Neuklassizismus. 1934 kehrte Prokofieff – enttäuscht von Mißerfolgen – nach Rußland zurück. Als man ihm dort offiziell vorhielt, er sei auf die »dekadenten formalistischen Strömungen« des Westens eingegangen, erwiderte er: »Ich werde nach einer klaren musikalischen Sprache suchen, die meinem Volke verständlich und lieb ist.« In den späten russischen Werken, darunter der hübschen lehrhaften Märchenmusik ›Peter und der Wolf‹ (1936), der ›V.‹ bis ›VII. Sinfonie‹, dem ›2. Violinkonzert‹, mehreren Opern und Ballettmusiken, bemühte er sich, den Richtlinien der sowjetischen Machthaber mit einer für jedermann verständlichen tonalen Musik zu entsprechen. Denselben Richtlinien fügte sich auch der sehr begabte *Dimitri Schostakowitsch* (* 1906), nachdem man ihn in die Verbannung geschickt, nach einer Tendenz-Sinfonie rehabilitiert und nach weiteren ›Rückfällen‹ mehrmals verwarnt hatte. Er ist heute der führende sowjetische Komponist. Die sowjetische Musik spiegelt keine freie Entwicklung. Ihr ist – ganz abgesehen von verbindlichen Anweisungen zur Struktur (volkstümliche Rhythmik, Melodik und Harmonik) – der Zwang auferlegt, »zur Herausbildung einer menschlichen Persönlichkeit beizutragen, die durchdrungen ist vom Hochgefühl einer großen Epoche« (Strawinsky).

Neue Klassizität

Béla Bartók

Was Künstler vermögen, die sich keinem äußeren Zwang beugen, das zeigte sich in unserem Jahrhundert nicht nur an Schönberg und seinem Kreis, es erwies sich ähnlich an den anderen ›Klassikern‹ der ›Neuen Musik‹, an Bartók, Strawinsky und Hindemith.
Bei *Béla Bartók* (1881 bis 1945) kam es zu einer Auffrischung und Verschmelzung der Mittel der abendländischen Kunstmusik mit Elementen der ungarischen, balkanischen, osteuropäischen und nahöstlichen Folklore, zu einer neuen Einheit von elementarer Rhythmik und Melodik und – auf freitonaler Basis – zu einer neuklassizistischen Festigung der spätromantisch-impressionistischen Strukturen. Bartók stammte aus Nagy Szent Miklós (Ungarn), war in Budapest Schüler von László Erkel, absolvierte 1903 die ›Akademie‹ in Budapest und erhielt an diesem Institut 1907 eine Professur für Klavierspiel. Europäische Studien- und Konzertreisen weiteten sein Blickfeld und machten ihn bekannt. 1934 wurde er Mitglied der ungarischen ›Akademie der Wissenschaften‹.

Béla Bartók

1940 emigrierte er nach New York, wo er 1945 in armseligen Verhältnissen starb. Die weltweite Anerkennung seiner Kunst erlebte er nicht mehr.
Um die Jahrhundertwende waren Wagner, Brahms, Richard Strauss, vor allem aber Liszt seine Vorbilder. Er begann mit einer patriotischen ›Sinfonischen Dichtung‹ ›Kossuth‹ und einer csárdás-seligen ›Rhapsodie für Klavier und Orchester‹, erkannte dann aber, »daß die irrtümlicherweise als Volkslieder bekannten ungarischen Weisen – die in Wirklichkeit mehr oder minder triviale Kunstlieder sind – wenig Interesse bieten, so daß ich mich im Jahre 1905 der Erforschung der bis dahin schlechtweg unbekannten ungarischen Bauernmusik zuwandte«. Mit seinem Landsmann Zoltán Kodály reiste er durch Ungarn, Rumänien und die slawischen Randgebiete, ja bis Südanatolien und Persien und machte von den Liedern und Tänzen, die er den Bauern entlocken konnte, Aufnahmen auf Wachswalzen. Im Laufe vieler Jahre sammelten die Freunde rund 7000 Volkslieder und Tänze, »triebhafte Schöpfungen einer von jeder Gelehrsamkeit freien Menschenrasse« (Bartók). Bei der Analyse dieser Bauernkunst stellte Bartók eigenartige, von westeuropäischen Einflüssen wie von der Zigeunermusik unberührte melodische Wendungen, Rhytmen und Metren uralten, teilweise orientalischen Ursprungs fest und setzte nun alles daran, diese Quelle der Kunstmusik zu erschließen. Er notierte sich: »Der musikalische Ausdruck, der in der Folklore verborgen ist, muß absorbiert werden, ähnlich wie der Dichter die feinsten Möglichkeiten der Sprache seinen Absichten gefügig zu machen versteht ... Das Studium der Bauernkunst war deshalb von entscheidender Bedeutung für mich, weil sie mich auf die Möglichkeit

einer vollständigen Emanzipation von der Alleinherrschaft des bisherigen Dur- und Mollsystems brachte.«

Die Hinwendung zur balkanischen Folklore kennzeichnet indessen nur eine Seite Bartóks. Mit brennendem Eifer studierte er die Strömungen der europäischen Musik von Bach zur Gegenwart, erprobte er die barocke Polyphonie, Beethovens Motivtechnik, Debussys Klangmalerei und den atonalen Expressionismus Schönbergs, stets in Verbindung mit einer folkloristisch inspirierten Melodik und Rhythmik. Im ›Andante sostenuto‹ des zweisätzigen ›1. Violinkonzerts‹ (1907, UA posthum 1958) ergab sich zum ersten Male die für Bartóks Stil typische polyphone Struktur. Der Solist hat nur eine Stimme neben gleichberechtigten anderen. Erst im zweiten Satz (›Allegro giocoso‹) spielt er sich virtuos frei mit einem vehementen folkloristischen Motiv. Den ersten Satz übernahm Bartók in die ›Zwei Porträts‹ für Orchester, Werk 5. Im zweiten ›Porträt‹ und in den ›Bagatellen‹ für Klavier, Werk 6 (1908) setzte er sich mit dem Impressionismus auseinander. Die ›Bagatellen‹ haben Studiencharakter. In jeder Studie stellte sich Bartók eine andere Aufgabe. Die ›11. Bagatelle‹ beispielsweise ist eine »Studie über den aus sieben übereinandergelagerten Terzen bestehenden Akkord, sei es mit oder ohne Grundton«, ein erstaunliches Experiment im Grenzgebiet zur Atonalität. Analoges findet sich später in den 156 ›Lehrstücken für Klavier‹ des ›Mikrokosmos‹ (1926 bis 1937), zum Beispiel etwa Stücke über die große Septime, kleine Sekunde oder Quinte, also Studien über Intervalle und ihre systematische Zuordnung. Im ›1. Streichquartett‹, Werk 7 (1908) ging Bartók aus von Beethovens Motivtechnik (Variation als Entwicklungsprinzip), die er in weiteren fünf Quartetten, die bis 1939 entstanden, bewundernswert ausbaute und mit der polyphonen Satzweise verband. Im berühmten ›Allegro barbaro‹ für Klavier (1911) brach eine neue Rhythmik elementar durch, die Oper ›Herzog Blaubarts Burg‹ aus demselben Jahr (sie kam 1918 heraus) ist ein ungarisches Gegenstück zu Debussys ›Pelléas und Mélisande‹, die Balletts ›Der holzgeschnitzte Prinz‹ (1914 bis 1916) und ›Der wunderbare Mandarin‹ (1918 bis 1919) sind schroffe, klanglich und rhythmisch kompromißlose Vorstöße in expressionistische Bereiche.

Tanz im bulgarischen Rhythmus (Nr. 152) aus dem ›Mikrokosmos‹

Um 1920 näherte sich Bartók der konsequenten Atonalität zumindest theoretisch. Er schrieb damals: »Die Musik unserer Tage strebt entschieden dem Atonalen zu.« Das atonale Prinzip erschien ihm als »die Konsequenz einer allmählich aus dem Tonalen entstandenen Entwicklung«. Und er sah in ihm keinen Widerspruch zu den überlieferten Formprinzipien: »Die atonale Musik schließt gewisse äußere Mittel der Gliederung, gewisse Wiederholungen (in weiter Lage mit Veränderungen) von bereits Gesagtem, Sequenzfolge, refrainartige Wiedergabe mancher Gedanken oder Zurückkehren beim Schluß auf den Ausgangspunkt nicht aus.« In den Werken dieser Jahre, der fast volkstümlich sinnfälligen ›Tanzsuite‹ (1923), der schwer zugänglichen großen ›Klaviersonate‹ (1926), dem rhythmisch exzessiven ›1. Klavierkonzert‹ (1926) – in seinem Mittelsatz kommt es zu einem höchst neuartigen Dialog zwischen dem Klavier und verschiedenen Schlaginstrumenten – und im ›3. Streichquartett‹ (1927) wagte er atonale Klangballungen (z.B. rhythmisch gehämmerte ›Tontrauben‹ des Klaviers von perkussivem Schallcharakter). Dennoch bleiben tonale bzw. polytonale Bezüge dominant. In den folgenden Werken, deutlich im ›2. Klavierkonzert‹ (1930 bis 1931), ergab sich eine diatonische Beruhigung des Klangbildes und eine Annäherung an die Grundsätze der Neuklassizisten.

Karl H. Wörner wies in seinem Buch ›Neue Musik in der Entscheidung‹ (Mainz 1954) darauf hin, daß Bartók um diese Zeit in einem Gespräch Bach, Beethoven und Debussy als »die drei Klassiker« bezeichnet habe. Bach, so äußerte sich Bartók, erschloß uns »den letzten hohen Sinn des Kontrapunktes«, Beethoven gab uns »die Entwicklungsform« und Debussy schärfte unseren »Sinn für die Akkorde«. Hieraus ergab sich für ihn das Problem: »Kann man diese drei Klassiker in einer Synthese vereinen und sie für die Moderne lebendig machen?« Im Grunde steht sein ganzes Lebenswerk unter diesem Aspekt: Anverwandlung der lebendigen Werte der Tradition auf der Basis einer subjektiven, folkloristisch inspirierten Melodik und Rhythmik.

So gesehen verlief Bartóks Entwicklung auffallend geradlinig. Gewiß traten bei ihm im Wechsel der Jahre unterschiedliche Ziele in den Vordergrund. Oft geriet er in Grenzsituationen, kam es zu erregenden Zerreißproben, die alles Erreichte in Frage zu stellen schienen. Doch nie ergaben sich hieraus radikale Stilumschwünge (wie bei Beethoven oder Schönberg). In großartiger Einheitlichkeit repräsentiert sich sein Gesamtwerk (besonders zu erkennen am Werkblock der sechs Streichquartette, die in einem Zeitraum von rund 30 Jahren entstanden), aufsteigend in den Werken bis 1930, gipfelnd in den Werken bis 1939, also dem ›5.‹ und ›6. Streichquartett‹ (1934 bzw. 1939), der ›Sonate für zwei Klaviere und Schlagzeug‹ (1937) – von ihr entstand auch eine Orchesterfassung –, der ›Musik für Saiteninstrumente, Celesta und Harfe‹ (1937), dem ›2. Violinkonzert‹ (1938) und dem ›Divertimento für Streichorchester‹ (1939), abklingend in den vergeistigten Spätwerken der amerikanischen Jahre, dem ›Konzert für Orchester‹ (1943), der ›Sonate für Violone allein‹ (1944) und dem ›3. Klavierkonzert‹ (1945), seiner letzten, nur nahezu beendeten Komposition, die in ihrer abgeklärten neuklassizistischen Haltung die Quintessenz seiner Kunst umschließt. Der Gefahr der Nachahmung von Gegebenem, die in der Hingabe an die Folklore für weniger begabte Musiker immer vorhanden ist, entwuchs Bartók schon im ersten Jahrzehnt des Jahrhunderts. Er ging von elementaren Mustern aus, verwandelte sie und gab ihnen eine neue Funktion in einer höheren Ordnung, fern von völkischer Sentimentalität und nationalem Ressentiment.

Die Distanz zu Bartók wird deutlich an den Leistungen seines Freundes *Zoltán Kodály* (* 1882), der seit Bartóks Tod als der führende Musiker Ungarns gilt. Seine Hauptwerke – etwa die ›Missa brevis‹, das ›Tedeum von Budavár‹, der ›Psalmus Hungaricus‹ oder die ›Tänze aus Galanta‹, die ›Maroszeker Tänze‹ und die temperamentvolle ›Hary-Janos-Suite‹ (nach dem gleichnamigen Ballett) – enthalten charaktervolle und fesselnde Musik, doch sie verharren in der Verbindung von Folklore und Tradition (Liszt-Debussy) und erschließen weder strukturell noch als Aussage neue Wege.

Igor Strawinsky

Igor Strawinsky (* 1882) hat gegen Bartók, den er sehr schätzt, einen Vorbehalt. 1961 äußerte er, »ich konnte nie seine lebenslängliche Vorliebe für die ungarische Folklore teilen. Diese Hingabe war gewiß echt und rührend, aber ich konnte nicht umhin, den großen Musiker zu bedauern«. Hier zeigt sich das Trennende zwischen den beiden, deren Entwicklung manches Gemeinsame aufweist. Auch Strawinsky – er stammt aus Oranienbaum bei Petersburg, war wie Prokofieff Schüler Rimski-Korssakows, wohnte während des ersten Weltkrieges in der Schweiz, dann in Paris, emigrierte 1939 nach den USA und lebte dort in Kalifornien – auch Strawinsky begann mit spätromantischen Werken (etwa ›Sinfonie in Es-Dur‹, 1907, ›Phantastisches Scherzo für Orchester‹, 1908, ›Feuerwerk‹, 1908) und als ›Folklorist‹. Bartók empfand Strawinskys russische Frühwerke, vor allem ›Petruschka‹ (1911), ›Le sacre du printemps‹ (1913), ›Les noces‹ (›Die Bauernhochzeit‹, 1914) und ›Renard‹ (1917), »beinahe als eine Apotheose... der reinen Volksmusik seiner Heimat«. Beide wandten sich nach ihrer Sturm-und-Drang-Zeit dem Neuklassizismus zu, Strawinsky um 1920 (mit dem Ballett ›Pulcinella‹) und auf das entschiedenste, Bartók wesentlich später und weniger apodiktisch. Während er das folkloristische Fundament nie preisgab, verlor sich das spezifisch Russische bei Strawinsky in den neuklassizistischen Werken nahezu völlig, abgesehen von den geistlichen Kompositionen, also der ›Psalmensinfonie‹ (1930), der ›Babel-Kantate‹ (1944), der ›Missa‹ (1948), dem ›Canticum sacrum‹ (1955) und ›Threni – id est Lamentationes Jeremiae Prophetae‹ (1958), in denen Elemente des russisch-orthodoxen Kirchengesanges byzantinischer Herkunft wirksam bleiben. Bartók hatte nur eine Vorliebe, die unberührte Bauernkunst; von ihr ging er in allen Werken aus. Strawinsky wechselte seine Vorlieben, beziehungsweise er erweiterte ihren Kreis unentwegt. Im Ballett ›Pulcinella‹ verwandte er Themen Pergolesis, in der Oper ›Mawra‹ (1922) ging er von Glinka aus, das ›Klavierkonzert‹ (1924) und das ›Violinkonzert‹ (1931) stehen im Zeichen Bachs, im Ballett ›Kuß der Fee‹ (1928) knüpfte er an Tschaikowskijs ›Nußknacker-Suite‹ an, das ›Capriccio für Klavier und Orchester‹ (1929) ist inspiriert von Weber, »diesem Fürsten der Musik« (Strawinsky). Haydn, Mozart, Beethoven, Rossini, Gounod, Chabrier, Debussy, die Musik des Barock, der englischen und venezianischen Renaissance (Gabrieli ist für ihn »rhythmische Polyphonie«), dann Josquin, Okeghem, Obrecht...: sie alle wurden mit der Zeit seine Vorlieben. Er studierte ihre Techniken und lebte sich in ihre geistige Welt ein, ›um etwas Neues zu machen‹.

Die Franzosen nennen ihn einen ›homme de proie‹, und das kennzeichnet ihn genau. Er ist hierin Mozart verwandt, und wie jener suchte er seine Vorlieben nicht wahllos aus. Nahezu exklusiv fühlte er sich zu Künstlern hingezogen, deren Musik »kontrolliert« und »gearbeitet« ist. Als »Jünger Apolls« bekannte er: »Für den klaren Aufbau eines Werkes – für seine Kristallisation – ist es entscheidend, daß alle dionysischen Elemente, welche die Vorstellungskraft des Schöpfers anregen und den nährenden Saft hochtreiben, rechtzeitig, bevor sie Fieber in uns hervorrufen, gezähmt und

Strawinsky spielt ›Le sacre du printemps‹, Zeichnung von Jean Cocteau

schließlich dem Gesetz unterworfen werden: Dies ist Apollons Befehl.« Einer Musik, die man ›mit geschlossenen Augen hört‹, geht er aus dem Wege. Aus diesem Grunde hat er zu Wagner und den Spätromantikern ein negatives Verhältnis. Die »triumphierende Banalität« in Richard Strauss' Opern ist ihm unerträglich, ihre musikalische Substanz erscheint ihm »billig und armselig«. Regers Musik findet er »abstoßend«. In Wagners Werk erkennt er »eine Tendenz, die (genau gesprochen) nicht in Unordnung erstrebt, sondern den Mangel an Ordnung zu ersetzen sucht. Das System der unendlichen Melodie kennzeichnet diese Tendenz eindeutig. Es ist eine Musik des dauernden Werdens, die weder einen Grund hat, anzufangen, noch aufzuhören ... Eine Kompositionsweise, die sich nicht selbst ihre Grenzen abzeichnet, wird reine Phantasie«.
Seine Auffassung, »in ihrem reinen Zustand ist die Musik ein freies Forschen des Geistes«, entspricht der Einsicht Platons: »Musik ist Erkenntnisstreben«. Komponieren bedeutet für Strawinsky, »eine gewisse Zahl von Tönen nach gewissen Intervallbeziehungen zu ordnen«, doch die Musik selbst erscheint ihm »als ein Element, das

eine Vereinigung mit unseren Nächsten schafft – und mit dem höchsten Wesen«. Das veranlaßte ihn indessen nicht, sie programmatisch zu mißbrauchen. Er verschwisterte sie mit anderen Künsten, doch nie ordnete er sie unter. Sie ist für ihn »nur Musik«, frei von außermusikalischen Assoziationen. Über ihr Ausdrucksvermögen hat er eine von der Meinung des 19. Jahrhunderts kraß abweichende Anschauung. In der ›Chronique de ma vie‹ schrieb er: »Der Ausdruck ist nie eine immanente Eigenschaft der Musik gewesen und auf keine Weise ist ihre Daseinsberechtigung vom ›Ausdruck‹ abhängig. Wenn, wie es fast immer der Fall ist, die Musik etwas auszudrücken scheint, so ist dies eine Illusion und nicht Wirklichkeit. Es ist nichts als eine äußere Zutat, eine Eigenschaft, die wir der Musik leihen, gemäß einem alten, stillschweigend übernommenen Herkommen, und mit der wir sie versehen wie mit einer Etikette, einer Formel – kurz: es ist ein Kleid, das wir aus Gewohnheit oder mangelnder Einsicht allmählich mit dem Wesen verwechseln, dem wir es übergezogen haben.«

Schon Strawinskys frühe, anscheinend exzessive Werke – auch ›Le sacre du printemps‹, diese »Schrecksekunde im Geburtsakt der neuen Musik« – enthalten »gezähmte« Musik. Der Durchbruch des Barbarischen, Primitiven, Wilden in ›Le sacre‹ erfolgt durchaus kontrolliert, das »erschreckend Neue«, der unentwegte Taktwechsel, die gehämmerten Rhythmen und Geräuscheffekte, die erregenden Ostinati und manischen Motivwiederholungen, die aufpeitschend harten, befremdenden Klangwirkungen – das alles wurde äußerst bewußt manipuliert. Die Musik rief damals einen Skandal hervor, heute wirkt sie selbstverständlich. Diaghilew, der Förderer und Auftraggeber Strawinskys, meinte schon vor der Uraufführung, ›Le sacre‹ klinge derart transparent, »daß man mit den Ohren hindurchsehen könne«. Ganz anders manche frühen Werke Bartóks; er mußte wirklich durch eine exzessiv expressionistische Periode hindurch, bevor er sein Gesetz fand. Das revolutionierend Neue von ›Le sacre‹ besteht nicht in anarchischer Regellosigkeit, sondern im vitalen und kompromißlosen Affront gegen die spätromantische Konvention, in der Preisgabe einer muffigen Ästhetik und der freien Hinwendung zum Elementaren. »In ›Le sacre‹«, schrieb Strawinsky, »habe ich meinem Orchester die Furcht anvertraut, die jeden fein empfindenden Geist vor der Macht der Elemente überkommt ... Ich habe den panischen Schrecken der Natur vor der ewigen Schönheit wiedergeben wollen, eine heilige Furcht vor der Mittagssonne, einen Pan-Schrei, dessen Anschwellen neue musikalische Möglichkeiten erschließt.« Jean Cocteau nannte ›Le sacre‹ eine Sinfonie, »erfüllt von wilder Trauer und von den Geburtswehen der Erde, Klänge von Hütten und Feldern, kleine Melodien, die aus dem Urgrund der Jahrhunderte herauftönen. Keuchen der Tiere, tiefe Erschütterungen: eine Georgica der Vorgeschichte.«

Die Hinwendung zur neuen Klassizität deutete sich bei Strawinsky etwa in der ›Geschichte vom Soldaten‹ (1918) an. Formal liegt hier eine Mischung von Schauspiel, Melodram und Ballett vor. Die tänzerische, bezaubernd stilisierte Jahrmarktsmusik gliedert sich suitenartig in kleine geschlossene Nummern unterschiedlichen Charakters. Sie läuft neben der Handlung und den Gesangstexten her, passend, aber autonom. Ein Zug ins Parodistische bricht verschiedentlich durch. Sie ist – bei tonaler

Aus dem ›Marsch des Soldaten‹ von Igor Strawinsky. Beispiel für einen verkappten Polyrhythmus

Grundhaltung der Harmonik – geschärft mit polytonalen Stimmführungen (Miteinander verschiedener Tonarten) und durchsetzt mit häufig wechselnden Rhythmen. Auch Polyrhythmen (gleichzeitige Überlagerung verschiedener Rhythmen) ergeben sich gelegentlich. Die Wirkung ist einfach, unromantisch, erfrischend kühl. Das Instrumentarium ist auf sieben Spieler reduziert. Der Abbau des spätromantischen Mammutorchesters ist bezeichnend für jenes Jahrzehnt. Er findet sich bei Schönberg, Strauss und vielen anderen. In diesem Stilwandel – er war äußerlich durch die Notlage des Krieges mit bedingt (Auflösung oder zwangsweise Reduzierung vieler Orchester) – wird generell die Abwendung vom spätromantischen Klangideal erkennbar. Nicht mehr die instrumentale Mischfarbe, vielmehr die reine Klangfarbe des einzelnen Instruments wird in Kammerbesetzung solistisch verwertet.
1920, als in Paris die ›Gruppe der Sechs‹ ihr neuklassizistisches ›Programm‹ formulierte (siehe Seite 597), schuf Strawinsky auf Anregung Diaghilews sein Ballett ›Pulcinella‹. In ihm setzte er sich erstmals mit dem 18. Jahrhundert auseinander. Konnte man in dem Ballett noch das Ergebnis einer Laune oder einfach eine Huldigung an Pergolesi sehen, von dem hier Themen verarbeitet sind, so zeigte es sich an den Werken der nächsten Jahre, der Oper ›Mawra‹ (1922), dem ›Bläser-Oktett‹ (1923), den ›Zwei Suiten für kleines Orchester‹ (1921 bzw. 1925), dem zweiteiligen Ballett ›Apollon Musagète‹ (1927) und der oratorischen Oper ›Oedipus rex‹ (1928), daß hier grundsätzlich die Hinwendung zur klassizistischen Tradition sich vollzog. Strawinsky ließ keinen Zweifel, wie das zu verstehen sei: »Die wahre Tradition ist nicht Zeuge einer abgeschlossenen Vergangenheit; sie ist eine lebendige Kraft, welche die Gegenwart anregt und belehrt .... Weit davon entfernt, die Nachahmung des Gewesenen zu bedeuten, setzt die Tradition die Realität des Dauernden voraus ... Man knüpft an eine Tradition an, um etwas Neues zu machen.« Seine Entscheidung wirbelte viel Staub auf; am ›Oedipus rex‹ schieden sich die Geister. Die Avantgarde sah in dem Werk einen Verrat an der ›Neuen Musik‹, weniger extreme Kreise begrüßten Strawinsky als Messias der von Busoni vorausgesehenen ›Neuen Klassizität‹. Was liegt vor?
Die Dichtung der Oper schuf Jean Cocteau frei nach der antiken Oedipus-Tragödie des Sophokles. Ein Sprecher (im Frack) erläutert die Vorgänge in französischer Sprache, die Agierenden (Soli und Männerchor) singen einen lateinischen Text. Sie bewegen sich gemessen oder verharren statuarisch, man sieht auf der Bühne »nur ein lebendes Monumentalbild der Geschehnisse«. Hierdurch wird bewußt Distanz zur realistischen Dramatik geschaffen. Der Chor gibt jeder Szene den Rahmen, er greift im Sinne der Antike berichtend, mahnend, klagend in die Handlung ein. Die Musik gliedert sich in strenge Formen. Die Harmonik ist tonal, das Satzbild linear durch-

sichtig, spätromantische und impressionistische Klangreize sind grundsätzlich gemieden. Bei der Deklamation ergeben sich Wort-Wiederholungen wie in der Barockoper. Die Handelnden treten nicht als Individuen hervor, lyrische Emotionen sind ausgespart, die Musik wirkt einheitlich stilisiert. Starre Motivwiederholungen und stereotype Rhythmen steigern den Eindruck des Unabänderlichen der Tragödie. Ausdrucksmittel des Mittelalters, des 18. und 19. Jahrhunderts sind verwandelt einander neu zugeordnet.

In den Werken, die dem ›Oedipus rex‹ bis 1951 folgten – erwähnt seien das Melodram ›Persephone‹ (1934), die Balletts ›Jeu de cartes‹ (1936), ›Konzertante Tänze‹ (1942), ›Zirkus-Polka für einen jungen Elefanten‹ (1942), ›Ballettszenen für eine Broadway Show‹ (1944) und ›Orpheus‹ (1947), die ›Sinfonie en ut‹ (1940), die ›Sinfonie in drei Sätzen‹ (1945), das Konzert ›Dumbarton Oaks‹ (1938), das ›Ebony-Konzert für eine Jazz-Band‹ (1945), das ›D-Dur-Konzert für Streichorchester‹ (1946) und die Oper ›The Rake's Progress‹ (1951) –, in diesen Werken blieb Strawinsky seiner Entscheidung treu, »eine neue Musik nach dem Vorbild der Klassik im 18. Jahrhundert zu schaffen. Dabei bediente ich mich der konstruktiven Prinzipien jener Klassik.« War diese Absicht gegen die Zeit gerichtet, war sie ein Anachronismus? Diente sie mißverstandenem Historismus und steriler Restauration? Sind diese Werke »überlastet mit Vergangenheit«, sind sie »zeitgenössisch getünchte Klassik«, wie von den Gegnern behauptet wird? Auch Schönberg ging von den »konstruktiven Prinzipien« der Klassik und Vorklassik aus. Auch er griff herkömmliche Formen auf und erneuerte sie seiner Gegenwart entsprechend. Der Unterschied: Schönberg schrieb atonal und gelangte zu einem neuromantischen Ausdrucksstil, Strawinsky schrieb tonal und gelangte zu einem antiromantisch-klassizistischen Stil. Seine These: »Die Dissonanz ist ebensowenig ein Faktor der Unordnung wie die Konsonanz eine Gewähr der Sicherheit.« Beide setzten sich unentwegt mit ihrer Gegenwart auseinander, und zwar auch dann, wenn sie sich Stoffen aus dem ›Alten Testament‹ oder der griechischen Mythologie zuwandten. Beide erweiterten die Bereiche der ›Neuen Musik‹, indem sie auf ihre Weise und im Rahmen ihrer Möglichkeiten der Wahrheit dienten. Strawinskys Klassizismus gründet sich auf das legitime Streben, nach vielen Richtungen fortzuschreiten und einen Ausgleich zu schaffen zwischen den Extremen. Schönberg und Strawinsky schließen einander nicht aus. Es gab derartige Alternativen zu allen Zeiten (zum Beispiel Palestrina–Orlando, Gluck–Piccini, Brahms–Bruckner). »Zur rechten Zeit«, meinte Strawinsky, »werden Entweder und Oder zu Komponenten von ein und derselben Sache.«

Was er hier andeutete, erhielt durch seine späten Kompositionen eine einzigartige individuelle Bestätigung. Die Oper ›The Rake's Progress‹ war sein letztes neuklassizistisches Werk. Er ging hier bewußt von Mozarts ›Così fan tutte‹ aus und bekannte: »›Rake‹ verdankt ›Così‹ sehr viel.« Die Form ist die der alten ›Nummernoper‹. Die mitunter belcantistisch geführten Singstimmen werden leicht, rhythmisch agil und mozartisch durchsichtig von einem kleinen Orchester (klassische Besetzung) begleitet. Kammermusikalisch feine Wirkungen nuancieren das tonale, mit polytonalen Finessen

Strawinsky, Diaghilew, Cocteau, Satie, Karikatur von Larinow

durchsetzte Klangbild. Ironische Parodien steigern die Distanz zu den Vorgängen, stets bleibt das dionysische Element »gezähmt« und »Apollons Befehl« unterworfen. Nach dieser Oper begann der Siebzigjährige, sich mit der Zwölftontechnik und mit Webern zu beschäftigen, und es geschah, was niemand hatte voraussehen können: Tastend zunächst in der ›Cantata‹ (1952), dann deutlicher in den ›Drei Shakespeare-Songs‹ (1953), den ›Dirge Canons and Song‹ (1954), im ›Canticum sacrum‹ (1955), im Ballett ›Agon‹ (1954 bis 1957), in ›Threni‹ (1958) und entschieden in den ›Mouvements für Klavier und Orchester‹ (1958 bis 1959) verwandte er modifiziert die serielle Technik. Er betonte zwar in seinem Buch ›Gespräche mit Robert Craft‹ (1961, Atlantis-Verlag, Zürich): »Die Intervalle meiner Reihen basieren auf der Tonalität. Ich komponiere vertikal, was zumindest in einer Hinsicht bedeutet, daß ich tonal komponiere«, doch er erkannte in den ›Mouvements‹ eine »Tendenz zur Atonalität«, die ihn selbst überraschte. Als Craft ihn fragte, ob er jemals die Tonalität preisgeben werde, antwortete er: »Möglicherweise. Man kann auch ohne Tonalität ein Gefühl der Rückkehr an genau denselben Ort erzeugen« (siehe Bartók, Zitat Seite 602).

Paul Hindemith

Während der greise Strawinsky noch immer als ›homme de proie‹ auf Beutezüge aus ist, während er bei Webern in die Schule geht und mit der Avantgarde (Stockhausen, Boulez) Fühlung hält, war der vierte ›Klassiker‹ der ›Neuen Musik‹, *Paul Hindemith* (1895 bis 1963), zumindest seit dem Abklingen seiner Sturm-und-Drang-Zeit der Überzeugung: »Die Tonalität ist eine Kraft wie die Anziehungskraft der Erde.« Er erwarb diese Überzeugung nicht leicht, und es wurde ihm nicht leicht gemacht, sich mit ihr gegen die Strömung der Zeit zu behaupten. Seine Stärke war seine Unbeirrbarkeit. Sie brachte ihn in den zwanziger Jahren als Avantgardisten in heftigsten Widerspruch zur Konvention, sie zwang ihn in den dreißiger Jahren zur Emigration und verursachte ihm in seinen letzten Jahren als »konservativem Restaurator« abermals Schwierigkeiten. Er vermutete, eine spätere Zeit werde die »Seriellen« von heute als »Arrieregardisten« von morgen entlarven und ihm beipflichten, doch welchen der vielen möglichen Wege die ›Neue Musik‹ zukünftig verfolgen wird, darüber läßt sich noch nicht das mindeste aussagen.

Hindemith stammte als Sohn eines schlesischen Handwerkers aus Hanau. Er besuchte die Volksschule und anschließend das Hochsche Konservatorium in Frankfurt am Main als Schüler von Arnold Mendelssohn und Bernhard Sekles. Da für ein Hochschulstudium die Mittel fehlten, schlug er sich als Mitglied einer Jazzkapelle durch. Nebenher übte er sich in der Praxis vieler gebräuchlicher Instrumente. Er fiel auf und wurde mit 20 Jahren Konzertmeister des Frankfurter Opernorchesters (1915 bis 1923), dann Bratscher im Amar-Quartett und Bratschenvirtuose. 1927 berief man ihn an die Berliner Musikhochschule. 1934 wurde seine Stellung in Deutschland unhaltbar. Nach kurzer Lehrtätigkeit in der Türkei übersiedelte er in die Schweiz. 1939 emigrierte er nach New Haven (USA), wo er an der Yale-Universität eine Professur erhielt. Von 1951 bis 1959 lehrte er abwechselnd an den Universitäten Yale und Zürich. 1963, bei einem Besuch in Frankfurt am Main, erlag er einem Schlaganfall.

Als Komponist begann Hindemith mit Werken auf der Linie Brahms–Reger. Die ›Kammermusik‹, Werk 1 bis 10, darunter die ›Drei Stücke für Cello und Klavier‹, Werk 8 (1917, erstes gedrucktes Opus) und das ›1. Streichquartett‹, Werk 10 (1920) sind für diese Periode kennzeichnend. Dann löste er sich von der Romantik und suchte in heftigem Sturm und Drang seinen Weg »aus konservativer Schulung in eine neue Freiheit«. Die respektlosen zeitsatirischen Opern-Einakter ›Nusch-Nuschi‹, ›Mörder, Hoffnung der Frauen‹ und ›Sancta Susanna‹ (1921 bis 1922), die ›Fünf Sonaten‹, Werk 11 (1920 bis 1923), das ›2.‹ und ›3. Streichquartett‹ (1922) – es wirbelte in Donaueschingen viel Staub auf –, die ›Vier Konzerte‹, Werk 36 (1924 bis 1927) und andere Werke bezeugen seine unbändige Revolte gegen die Romantik, den Impressionismus, die akademische Tradition. Wie eine Zäsur wirkt das Jahr 1922, in dem Schönberg die Zwölftontechnik bewußt wurde, Strawinsky die Oper ›Mawra‹ schrieb und Milhaud die exzessive ›Orestie-Trilogie‹ beendete. In den Werken dieses Jahres durchbrach Hindemith die Schranken des Herkömmlichen. In ›Ragtime‹ der ›Suite 1922‹ beispielsweise verwandte er das Klavier als Schlagzeug. Er verlangte: »Nimm keine Rücksicht auf das, was du in der Klavierstunde gelernt hast. Spiele dieses Stück sehr wild, aber stets sehr stramm im Rhythmus, wie eine Maschine. Betrachte hier das Klavier als eine interessante Art Schlagzeug und handle dementsprechend.« In der ›Kammermusik Nr. 1‹, Werk 24 Nr. 1 verwischte er die Grenze zwischen Orchester- und Kammermusik. Die Besetzung besteht aus zwölf Solisten einschließlich Harmonium, Klavier und Schlagzeuger, der 9 Schlaginstrumente zu bedienen hat, darunter eine »mit Sand gefüllte Blechbüchse« und eine »Sirene«. Hier und auch sonst ergaben sich Geräuschwirkungen von perkussivem Charakter, wurde der romantische Schönklang negiert, die Tonalität in Frage gestellt, die Polytonalität mit rücksichtsloser Härte erprobt, wurden Klang, Melos, Dynamik und Agogik einer maschinenmäßig ablaufenden, aus den metrischen Bindungen gelösten Rhythmik unterworfen, wurden die lyrischen Emotionen abgedrosselt oder gassenhauerisch frech parodiert, wurde kühl, antiromantisch sachlich, doch aggressiv und mit ungeheurem rhythmischen Elan »motorisch« musiziert, wurde Hindemith zum »Bürgerschreck« kat'exochen. Heute haben diese Werke längst ihre schockierende Wirkung eingebüßt und sich eingefügt in ein klares und folgerichtiges Entwicklungsbild. Während Strawinsky in seinen neuklassizistischen Jahrzehnten eher von Vorbildern aus der romanischen Klassik und Vorklassik ausging, bezog sich Hindemith auf die deutsche Barockmusik. Schütz, Händel und vor allem Bach verdankte er die satztechnischen Voraussetzungen, und zwar schon in den unbürgerlichen Entwicklungsjahren. Schroff wandte er sich ab von der Kompositionstechnik der individualistisch-spätromantischen Epoche, also vom dialektisch-sinfonischen Prinzip, vom Themen-Dualismus, vom subjektiven, gleichsam flexiblen Charakterthema. Die Themen seiner frühen Werke sind nicht mehr ›Individuen‹, die in einer Entwicklung ihre Wesenszüge enthüllen, sondern ›Objekte‹

*Otto Klemperer und Paul Hindemith,
Zeichnung von W. Strecker*

eines übergeordneten architektonischen Willens, der sich an barocken Formmustern orientierte. Schon im ersten, über weite Strecken noch subjektiv »ausdrucksgesättigten« Streichquartett ist der dialektische Durchführungsteil im Sonatensatzschema ersetzt durch ein Fugato. Toccaten und Passacaglien, Fugen und Fugati bilden dann schon die Ecksätze mancher Werke der frühen zwanziger Jahre. Die Mittelsätze entsprechen nicht mehr dem klassischen Entwicklungsschema, vielmehr hat die suitenartige barocke Reihenform für sie Modellcharakter. Das Satzbild ist hier bereits gereinigt von spätromantischen oder impressionistischen Klangfarbenmixturen. Es gibt keine außermusikalischen, literarischen Inhalte mehr. Nicht der Klang, nicht die romantische Stimmung, vielmehr das freie, rhythmisch gebändigte Spiel einander zugeordneter Linien, die reine lineare Polyphonie dominiert in klar durchkonstruierten Formen. Die ›Konzerte‹, Werk 36, Nr. 1 bis 4 sind nicht mehr virtuose Solistenkonzerte im Sinne der Klassik oder Romantik, in ihnen ist das konzertante Prinzip des 18. Jahrhunderts erneuert. Alle Instrumente konzertieren gleichwertig mit dem Solisten. Folgerichtig lebte auch das ›concerto grosso‹ wieder auf, besonders deutlich im ›Konzert für Orchester‹, Werk 38 (1925). Ein hinreißend nüchterner Schwung durchzieht diese klanglich aufsässigen neubarocken Gegenwartsmusiken.

Paul Hindemith

Das neue (alte) Ordnungsprinzip fand auch in den vokalen Kompositionen dieser Jahre, dem ›Marienleben‹ (1923) und der Oper ›Cardillac‹ (1927) Anwendung. Im ›Marienleben‹ (15 Lieder für Sopran und Klavier zu Texten von Rilke) steht die Musik der Dichtung autonom gegenüber, sie spiegelt deren mystisch-religiöse Inhalte mit absolut musikalischen Mitteln in absoluten Formen. Die Grundhaltung des Werkes erkannte Hindemith erst nachträglich. Er kommentierte: »Der starke Eindruck, den schon die erste Aufführung auf die Hörer machte, brachte mir zum ersten Male in meinem Musikerdasein die ethischen Notwendigkeiten der Musik und die moralischen Verpflichtungen des Musikers zum Bewußtsein ... Ich begann, ein Ideal ... zu erschauen, das ich dereinst zu verwirklichen imstande sein würde.« 1948 überarbeitete Hindemith das nach seiner Ansicht noch unreife ›Marienleben‹. Er gab ihm durch stärkere Betonung der Motiv- und Themenbezüge und der Tonartensymbolik die letzte gültige Form, in der – freilich auf Kosten guter Formulierungen der intuitiv starken Urfassung – klassische Ordnungsgesetze strengste Anwendung fanden.
Auch die Oper ›Cardillac‹ liegt in zwei Fassungen vor (1927 bzw. 1952). Die Urfassung entstand zur selben Zeit wie Strawinskys ›Oedipus rex‹, sie teilt mit ihm die Abwendung vom Musikdrama und Rückbezüge auf technische Manieren und Prinzipien des 18. Jahrhunderts, ist aber anders geartet. Strawinsky wählte die oratorische Form und die lateinische Sprache, um Distanz von der realistischen Dramatik zu gewinnen, er gab statuarisch stilisierte lebende Monumentalbilder, reduzierte die musikalische Substanz auf lapidare Themen, formelhafte, ostinat wiederkehrende Motive und stereotype Rhythmen, Hindemith dagegen versuchte, in überströmend freiem und doch gebändigtem Stil die barocke ›Musizieroper‹ zu erneuern. Als Text wählte er ein effektvoll dramatisiertes, phantastisch-romantisch-naturalistisches Libretto. Er ordnete ihm die Musik nicht unter, sie entfaltet sich konzertant und oft im Widerspruch zu den Vorgängen in vorwiegend dichter, linear polyphoner Satzweise und in geschlossenen Nummern und ›ariosi‹. Die Musik der Schlußszene besteht aus einer unablässig sich steigernden ›Passacaglia mit 22 Variationen‹. Zurückgewonnen war hier zwar die Autonomie der Musik, doch das Mißverhältnis zwischen Musik und Text beeinträchtigte die theatralische Wirkung. In der Neufassung (sie betrifft Text und

Musik) sind die Vorgänge psychologisch besser motiviert, sind Handlung und Musik deutlicher aufeinander abgestimmt, klangliche Härten gemildert und dramatisch wirkungsvolle Szenen hinzuerfunden. Die Neufassung ist als Oper überzeugender, die Urfassung hat als Vorzug den Reiz des spontan Musikantischen.

Es kam Hindemiths Berliner Zeit und mit ihr – in engem Kontakt zur Jugendbewegung – seine Auseinandersetzung mit der Laien- und Schulmusik, verbunden mit einer umfassenden Lehrtätigkeit, die ihn als bedeutenden Pädagogen auswies. 1927 entstanden das ›Schulwerk des Instrumental-Zusammenspiels‹, bestehend aus Gruppen leichter Stücke für Laien- und Liebhaberorchester, ferner Sing- und Spielmusiken, in denen alte deutsche Volkslieder wieder auflebten; es folgten das Spiel für Kinder ›Wir bauen eine Stadt‹ (1931), der ›Plöner Musiktag‹ (1932) und andere ›Gebrauchsmusiken‹, die »weder für den Konzertsaal noch für Künstler« bestimmt waren, sondern »Leuten, die zu ihrem eigenen Vergnügen ... musizieren oder die einem kleinen Kreis Gleichgesinnter vormusizieren wollen, interessanten und neuzeitlichen Übungsstoff« (Hindemith) bieten sollten. Auch für Theater und Film und für mechanische Instrumente (mechanische Orgel, elektrisches Klavier, Trautonium) entwarf Hindemith damals manches Stück. Doch von alledem kam er wieder ab. Konzerte, Sinfonien, Variationswerke, das Oratorium ›Das Unaufhörliche‹ (1931) und die Oper ›Mathis der Maler‹ (1934) beschäftigten ihn vordringlich. Pädagogische und künstlerische Ziele verband er wesentlich später noch einmal in den kontrapunktischen klaviertechnischen Übungen des ›Ludus tonalis‹ (1943), einem Sammelwerk, das seine Freunde gern als ›III. Teil des Wohltemperierten Klaviers‹ bezeichnen. Es umfaßt zwölf Fugen, elf Interludien, Vor- und Nachspiel. Das Nachspiel verläuft als Umkehrung und ›Krebs‹ des Vorspiels.
Naturgemäß wirkte sich die Beschäftigung mit der Laien- und Gemeinschaftsmusik darauf aus, daß sich Hindemiths Stil vereinfachte und klärte. Die motorische Rhythmik beruhigte sich und ging über in ein freies, metrisch gegliedertes rhythmisches Strömen, die klanglichen Schroffheiten verloren sich, eine freie erweiterte Tonalität, deren Gesetzmäßigkeiten Hindemith systematisch erforschte und später in der ›Unterweisung im Tonsatz‹ (1937 bis 1941) niederlegte, wurde zum Prinzip erhoben und fortan allen Werken zugrunde gelegt. Über seinen schwierigen Weg bis zur Erreichung dieses gesicherten Fundaments äußerte sich Hindemith in der ›Unterweisung‹: »Ich habe den Übergang aus konservativer Schulung in eine neue Freiheit vielleicht gründlicher erlebt als irgendein anderer. Das Neue mußte durchschritten werden, sollte seine Erforschung gelingen. Daß diese weder harmlos noch ungefährlich war, weiß jeder, der an der Eroberung beteiligt war. Weder wurde die Erkenntnis auf geradem Wege errungen, noch ging es ohne Störungen ab. Heute scheint es mir, als sei das Gebiet übersichtlich geworden, als sei die geheime Ordnung der Töne erlauscht.«
Unter der »geheimen Ordnung der Töne« verstand Hindemith die freie oder erweiterte Tonalität. Im Gegensatz zur »funktionellen Tonalität«, in der die Tonarten grundsätzlich auskadenziert werden, bezeichnet man sie bisweilen als »melodische Tonalität«. In ihr sind die alten diatonischen Reihen ersetzt durch transponible, also von jedem

Ton aus errichtbare chromatische Reihen, die aus der natürlichen Obertonreihe des jeweiligen Grundtons abgeleitet sind (C, G, F, A, E, ES, AS, D, B, DES, H, FIS). Jede melodische Fortschreitung, jedes Intervall und jeder Klang ist innerhalb dieser Reihe möglich, sofern die Bezogenheit auf den Grundton deutlich bleibt (Gegensatz Atonalität). So gewannen die Dreiklänge als aus den ersten Obertönen gebildete Klänge zwar wieder dominierende Bedeutung gegenüber Klängen, die sich aus ferner liegenden Obertönen herleiten – »Der Erdanziehung entspricht im Gebäude der Töne der Dreiklang« (Hindemith) –, doch zugleich wurde eine Fülle neuer Zusammenklänge möglich ohne Preisgabe der Tonalität. Ob das neue Ordnungs-System Zukunft hat, läßt sich nicht voraussagen, für Hindemiths Klangvorstellungen war es maßgebend. Der seriellen Technik ging Hindemith grundsätzlich aus dem Wege. Er behielt die an Bach geschulte linear polyphone imitatorische Satzweise bei und handhabte sie im Rahmen der erweiterten Tonalität mit handwerklicher Meisterschaft. Der kühle, kraß antiromantische Tonfall der Frühwerke wich in den dreißiger Jahren einer eher neuromantisch lyrischen Ausdruckssprache, die das Volkslied einbezog und sich mitunter zu Brucknerscher Hymnik steigerte. Bezeichnend hierfür sind Werke wie die Sinfonie ›Mathis der Maler‹ (1934), das Konzert nach alten Volksliedern für Bratsche und kleines Orchester ›Der Schwanendreher‹ (1935), die mystisch hymnische Schluß-Passacaglia aus der Tanzlegende ›Nobilissima visione‹ (1938), die ›Sinfonie in Es‹ (1940), die ›Sinfonia serena‹ (1946) und andere Werke aus dem fünften und sechsten Jahrzehnt bis hin zur Johannes-Kepler-Oper ›Die Harmonie der Welt‹ (1957) und zu dem Einakter ›Das lange Weihnachtsmahl‹ (1961, nach Thornton Wilder). Alle diese Werke sind Stationen eines Weges von überzeugender Folgerichtigkeit.

Thema aus dem ›Engelskonzert‹
(1. Satz der Sinfonie
›Mathis der Maler‹)

Charakteristisch für Hindemiths Kunst ist die Oper ›Mathis der Maler‹ (1934), deren Dichtung er selbst schuf. Die frei erfundene Handlung kreist um die Figur des Malers Matthias Grünewald und die Entstehungsgeschichte des Isenheimer Altars; sie zeigt den Helden im Konflikt zwischen Konvention und Menschlichkeit, Kirche und Gewissen, Liebe, Pflicht und schöpferischer Berufung. Die Musik ist im Sinne der Barockoper in geschlossene Nummern gegliedert, die durch ›ariosi‹ zu musikdramatischen Szenen zusammengefaßt sind. Das Satzbild ist linear, das Klangbild klarfarbig, herb, frei tonal. Der Ausdruck bewegt sich, bei aller Zurückhaltung im Emotionalen, besonders in den sinfonischen Vor- und Zwischenspielen und breit ausladenden hymnischen Steigerungen (aus ihnen entwickelte er die gleichnamige Sinfonie) in den Bereichen des zeitlos Romantischen. Die archaische Stilisierung der Musik entspricht dem mittelalterlichen Charakter der Handlung; sie wurde durch Einbeziehung Gregorianischer Weisen und alter Volkslieder, Bauern- und Soldatenchöre erreicht. Die Oper ist ein von ethischer und moralischer Gesinnung getragenes Bekenntniswerk, ein Gleichnis vom Wesen des Schöpferischen in der Kunst.

Einzelgänger

Strawinsky und Hindemith sind die Exponenten von Neuklassik und Neubarock. Beide Richtungen, die einander ergänzen und durchdringen, setzten sich in zahllosen Musikern fort, doch der Versuch, alte Traditionen zu erneuern, führte die Nachfolger meist ins Akademische, Epigonale, mitunter Anachronistische. Abseits dieser Strömungen und auch mehr oder weniger unabhängig von der ›Neuen Wiener Schule‹ erlangten einige Einzelgänger Bedeutung, sei es als Persönlichkeiten, deren Stil unübertragbar blieb, sei es mit Beiträgen, die sich für die allgemeine Entwicklung als fruchtbar erwiesen. Zu letzteren gehört der Mähre *Alois Hába* (* 1893). Wie Bartók in Ungarn, ging Hába in Mähren von der Folklore seines Landes aus. Er fand in den Volksliedern und Tänzen melodische Melismen, die sich in die chromatische Halbtonreihe nicht einfügen ließen, und gelangte in Übereinstimmung mit der Praxis fernöstlicher Länder und in Anlehnung an die Theorie des enharmonischen Systems der griechischen Antike zur Durchbildung zunächst eines Vierteltonsystems, das er in seinem ›2. Streichquartett‹ (1919) zum ersten Male praktisch erprobte (im selben Jahr kam die erste Jazzkapelle von den USA nach Europa). 1922 gab Hába die Schrift ›Die harmonischen Grundlagen des Vierteltonsystems‹ heraus, 1923 verwandte er auf Anregung Busonis in seinem ›5. Streichquartett‹ zum ersten Male Sechsteltöne und erweiterte damit konsequent sein »mikrotonales« System, das er theoretisch in der Schrift ›Neue Harmonielehre des diatonischen, chromatischen Viertel-, Drittel-, Sechstel- und Zwölfteltonsystems‹ (1927) begründete. Er schrieb dann noch viele apart klingende, etwa neu-impressionistische Kompositionen mit Vierteltönen, darunter eine Oper und auch Stücke für ein nach seinen Angaben konstruiertes Vierteltonklavier (das erste Vierteltonklavier – für theoretische Untersuchungen – entstand bereits 1864 in Moskau!), hatte aber mit seinen Werken damals nur vorübergehenden Erfolg. Sein Schaffen erwies sich indessen als richtungweisend für die Elektronenmusik, der weit geeignetere technische Mittel als die gewöhnlichen Instrumente und Stimmen zur Verfügung stehen, um Halbtöne in Mikrotöne von beliebiger Tonhöhe zu zerlegen. Hába lebt als angesehener Pädagoge in Prag.

Ein Einzelgänger, dessen Stil sich kaum übertragen läßt, ist *Carl Orff* (* 1895), Schüler Kaminskis. Seine Tätigkeit an der Günther-Schule für rhythmische Gymnastik in München regte ihn zu dem ›Schulwerk‹ an, das für die Musikerziehung der Jugend Bedeutung erlangte. Als Komponist versuchte er sich zunächst auf dem Gebiet der tänzerischen Volks- und Laienmusik, dann bearbeitete er den ›Orfeo‹ und andere Werke Monteverdis (›Ballo dell' ingrate‹, ›Lamento d'Arianna‹, ›Poppea‹). Schöpferisch wandte er sich dem Musiktheater zu mit der szenischen Kantate ›Carmina burana‹ (1937). Ihr folgten die Opern ›Der Mond‹ (1939), ›Die Kluge‹ (1943), die szenische Kantate ›Catulli carmina‹ (1943), die Opern ›Die Bernauerin‹ (1947) und ›Antigone‹ (1949) und das ›concerto scenico‹ ›Trionfo di Afrodite‹ (er vereinigte es 1954 mit ›Carmina burana‹ und Catulli carmina‹ zu dem Triptychon ›Trionfi‹), ferner die ›Comedia de Christi resurrectione‹ (1957), die bajuwarische Zeitsatire ›Astutuli‹

(1959), das Trauerspiel ›Oedipus der Tyrann‹ (1960) und das Weihnachtsspiel ›Ludus de nato Infante mirificus‹ (1960). – Orff erstrebt eine Erneuerung des Musiktheaters aus dem Geist der Sprache und des Tanzes, angeregt von den Anfängen der Renaissance-Oper, den Rüpel-, Mysterien- und Liederspielen des Mittelalters und der Antike. Sein Weg sei an Beispielen verdeutlicht. ›Carmina burana‹ ist etwa ein Liederspiel im Sinne Adam de la Hales (siehe Seite 65), also ein Zyklus von weltlichen Liedern und Tanzliedern (nach mittelalterlichen Texten), die in szenischem Zusammenhang gesungen und getanzt werden. Die formelhaft einfache diatonische Musik kommt nahezu

Carl Orff, Zeichnung von Caspar Neher

ohne Modulation und Mischfarben aus, fast durchgehend ist die gleiche Tonart (d-Moll) beibehalten. Die melodische Thematik ist meist auf viertaktige Perioden begrenzt, die während einer Nummer unentwegt wiederholt werden; auch die sinnfälligen rhythmischen Formeln kehren ostinat wieder. Die Dynamik kennt unterschiedliche Stärkegrade (piano, forte), aber keine Übergänge (crescendo, diminuendo). Jede Nummer hat ihre charakteristische Instrumentation – etwa Klavier, Schlagzeug und Xylophon oder Flötensolo über stereotypen Streicherakkorden usw.; A-cappella-Gesang wechselt mit begleitetem Gesang, Soli mit Chören. – In den ›Catulli carmina‹ knüpfte Orff an die ›Madrigal-Komödien‹ der italienischen Renaissance an. Durch die Trennung von Darstellung und Gesang erreichte er die Aufhebung des subjektiven Charakters der gespielten Handlung. Auf der Bühne ist eine zweite Bühne, auf der das szenische Spiel von Tänzern pantomimisch dargestellt wird. Zu seiten der zweiten Bühne, vor ihr und im Orchester aufgestellte Chöre und Soli umrahmen und begleiten die gespielte Handlung mit Gesängen zu lateinischen Texten. Das Orchester besteht aus vier Klavieren und verschiedenstem Schlagzeug (keine Bläser und Streicher). Die Gesänge Catulls erklingen a cappella (Soli und Madrigalchor), nur die Rahmenchöre werden instrumental begleitet, wobei das Schlagzeug eine wichtige und neuartige Rolle spielt. Die Musik basiert auf denselben Prinzipien wie die der ›Carmina burana‹, doch sie ist strenger in den symmetrischen Gliederungen und der motorischen Rhythmik. – In der ›Antigone‹, einer Vertonung der kaum gekürzten Tragödie des Sophokles in der freien Nachdichtung von Hölderlin, versuchte Orff eine Erneuerung des antiken Chordramas etwa im Sinne der italienischen Monodiker des ausgehenden 16. Jahrhunderts. Die Musik ist der Dichtung untergeordnet. Soli und Chöre deklamieren den Text entweder in nur rhythmisch festgelegter Sprache oder in psalmodierendem Sprechgesang meist auf einem Ton, von dem sie nur bei besonderen Anlässen in kleinen oder großen Intervallschritten abweichen. Melodische Perioden sind selten. Profiliert wird der Sprechgesang durch den Wechsel der Dynamik oder die Änderung der ostinaten Rhythmik. Das riesige Orchester – 60 zum Teil fernöstliche Schlaginstrumente, dazu Harfen, Bläser, Kontrabässe (ohne andere Streicher) und sechs Klaviere – grundiert den Sprechgesang mit ostinaten Rhythmen und Akkordfolgen. – Im ›Oedipus der Tyrann‹, einer Vertonung der Tragödie des Sophokles in der freien Nachdichtung Hölderlins, setzte Orff den in ›Antigone‹ beschrittenen Weg mit letzter Konsequenz fort. Etwa dieselben instrumentalen und vokalen Mittel sind aufgeboten, verwandte Gestaltungsprinzipien liegen der neuen Ordnung zugrunde. Auch hier dominieren rhythmisch festgelegte Sprache und dynamisch modulierter, melismenreicher Sprechgesang.

Die auf einen Zentralton bezogene monumental einfache Harmonik und die ostinate, durch das riesige Aufgebot an Schlaginstrumenten (teils eigener Erfindung) außerordentlich nuancenreich gestufte Rhythmik erzeugen erregende, ans Manische grenzende Wirkungen. Das unentrinnbar Schicksalhafte der Vorgänge ist zwingend dargestellt.

Das Ergebnis von Orffs jahrzehntelangen Bemühungen ist, abgesehen vom künstlerischen Wert seiner Werke, eine aus ältesten (auch exotischen) Quellen schöpfende, modern stilisierte Ausdruckssprache ohne Pendant.

Ein Einzelgänger ist auch der mit Orff und Hindemith gleichaltrige österreichische Kirchenmusiker und Sinfoniker *Johann Nepomuk David* (* 1895), der in Stuttgart eine Professur innehat. Seine Kunst ist auf Bach bezogen, aber auch Mozart und Bruckner verdankt er Anregungen. Orgelwerke, Messen, ein ›Requiem‹ und andere Werke der ›musica sacra‹ bezeugen den Rang seiner zugleich formstrengen und hymnisch-expressiven Kirchenmusik. In bislang neun Sinfonien gelangte David unabhängig von Hindemith zu einem linear-polyphonen neubarocken Ausdrucksstil. Die Mehrzahl der Werke ist monothematisch angelegt, das heißt, die Gedanken aller Sätze einer Sinfonie sind jeweils aus einem das ganze Werk beherrschenden Grundthema abgeleitet oder stehen zu ihm in Relation. Alle kontrapunktischen Spielarten sind aufgeboten, den polyphon dichten Satz strukturell logisch durchzukonstruieren. Die im allgemeinen tonale Harmonik ist eigenwillig mit polytonalen Klangkombinationen durchsetzt. Mit der Kirchenmusik Davids teilen seine Sinfonien die ethisch-religiöse Grundhaltung. Auf seine Musik überhaupt trifft zu, was Strawinsky ganz allgemein zur Musik äußerte: »Man könnte die Empfindung, die Musik weckt, am besten umschreiben, wenn man sie jener gleichsetzt, die in uns entsteht, wenn wir das Spiel architektonischer Formen betrachten.«

Extrem anders als die Entwicklung Davids verlief die des Dessauers *Kurt Weill* (1900 bis 1950). Als Schüler Humperdincks und Busonis begann er mit Instrumentalwerken, die seine Annäherung an die von Busoni vorausgesehene ›Neue Klassizität‹ erwarten ließen. Doch sein Sinn für das gesellschaftskritische epische Theater brachte ihn dann in Verbindung mit Dichtern wie Georg Kaiser, Caspar Neher und Bert Brecht zur Durchbildung eines neuen, nur ihm gemäßen Opernstils. Nach Anfangserfolgen mit Werken (›Der Protagonist‹ 1926, tragische Revue ›Royal Palace‹ 1927 und ›Der Zar läßt sich fotografieren‹ 1928), in denen sich seine Begabung für den stilisierten Jazz erwies, errang er mit der ›Dreigroschenoper‹ (1928) einen Welterfolg. Der Text von Brecht ist eine freie, aktualisierte Neufassung des Librettos der englischen ›Bettleroper‹ von Gay und Pepusch (1728; proletarisches Ganovenmilieu, internationales Großstadtklima, beißende Gesellschaftskritik). Die Musik ist auf Songs reduziert, zwischen denen gesprochener Text vermittelt. Die Songs – frech aufreizende oder melancholische Balladen und Moritaten im Bänkelsängerton – haben kabarettistischen Einschlag. Das Melos basiert auf primitiven, quasi naiv hingeträllerten Schlagerliedern, die Deklamation ist den Texten genau angepaßt und bis ins Detail verständlich, ein kleines, raffiniert einfach behandeltes Tingeltangel-Orchester unterstützt den Gesang. Provozierend sozialkritische Tendenz hatten auch Weills ›Mahagonny‹ (1929, später durchkomponiert, also der Oper angenähert), die Schuloper ›Der Jasager‹ (1930) und die oratorische Oper ›Die Bürgschaft‹ (1932). Sie wirkten in ihrer aufsässigen, anklägerischen Art wie reinigende Gewitter. 1933 emigrierte Weill nach den USA. Dort glich er seinen Stil in mehreren Erfolgsopern dem weniger rebellischen der amerikanischen ›Broadway show‹ an. Er beeinflußte nachhaltig die neuere Operetten- und Filmmusik.

Kurt Weill

Werner Egk

Der Bayer *Werner Egk* (* 1901) äußerte, es sei »logisch, daß die ›Dreigroschenoper‹ vor allem in den Schauspielhäusern gegeben« werde, da in ihr die Musik »akzidentiell« behandelt sei und die Sprache den Vorrang habe. Den entgegengesetzten Grundtypus des Musiktheaters fand er in Strawinskys ›Oedipus rex‹, in dem die Musik dominiere, warum man dem Werk auch so häufig im Konzertsaal begegne. Egk, ein Naturtalent des Theatralischen, Musiker und Librettist zugleich, sucht seinen Weg zwischen den Extremen ›Oedipus rex‹–›Dreigroschenoper‹ in der wirklichen ›Oper‹, in der alle Mittel des Theatralischen sich gleichrangig vereinigen. Mozarts ›Don Giovanni‹ verkörpert für ihn den Idealfall der Spezies Oper, zu der er sich mit den Worten bekannte, sie sei »die schönste, die zauberischste Ungeheuerlichkeit, unwahrscheinlicher als das geflügelte Pferd und verführerischer als die fischleibigen Sirenen«. Egk ist weder Avantgardist noch konservativ, noch Eklektiker, eher von jedem etwas, ein Musiker vom Typ Telemann und ein Artist von hohen Graden. Er spielt mit seinen Möglichkeiten, nimmt das Leichte ernst und das Ernste leicht und mischt das scheinbar Unvereinbare, ohne Widerstand zu erwecken, ein Mann der Geste, des Dekorativen, der schillernden Oberfläche, des schönen oder bizarren Scheins. Sein Postulat »Vollkommenheit der Verbindung des Dramatischen mit dem Musikalischen« ist richtig im Sinne seines Ideals, seine Anschauung, die Oper lasse »das Vergnügen am Artistischen ebenso zu wie die Aktivierung des Publikums im politischen oder moralischen Sinn«, vertritt er in seinen Bühnenwerken vital, ehrlich und mit sicherem Instinkt für Wirkung. In der Themenwahl haben ihn »vorzüglich mythische Stoffe angezogen, schöne Sinnbilder einer großen Ordnung, die zu entziffern die Heiligen, Dichter und die Gesetzgeber seit Jahrtausenden bemüht sind«. Das trifft zu auf seine Opern ›Columbus‹ (aus dem frühen Oratorium hervorgegangen 1942, letzte Fassung 1951), ›Die Zaubergeige‹ (1935), ›Peer Gynt‹ (1938), ›Circe‹ (1948), ›Irische Legende‹ (1954) und ›Der Revisor‹ (1957). Gattungsmäßig reicht die Spannweite in diesen Werken von der Volksoper mit romantischem Einschlag über die oratorische Choroper und die phantastische Zauberoper bis zur unterhaltsamen, leicht ironischen ›opera buffa‹. Formal musikalisch bevorzugt Egk die aus geschlossenen Nummern zusammengefügte große durchkomponierte Form, die Gliederungen entsprechen den in sich ausgespielten Episoden und Szenen der Handlungen. Die Libretti sind auf die Mitwirkung der Musik angewiesen und bilden mit ihr im Rahmen des Theatralischen eine Einheit. Stilistisch hat jedes Werk sein eigenes Profil, doch ihnen gemeinsam ist die optimistische Idee, daß dem Individuum auch dort, wo tragische Lösungen dies zu verneinen scheinen, durch die freie sittliche Entscheidung der »Ausbruch aus der Hoffnungslosigkeit« gelingen kann. Die Musik ist reich an Nuancen für den Ausdruck des heiter Besinnlichen, derb Realistischen, grell Humoristischen wie für den des romantisch Phantastischen oder dunkel Tragischen, doch nie wird die Grenze des spielerischen ›Als-ob‹ überschritten. Der atonalen und seriellen Satzweise hielt Egk sich fern. Seine sinnfällige tonale Harmonik ist durchsetzt mit bitonalen Reizklängen verschiedenster Provenienz. Alte und neue Satztechniken und Formvorstellungen, Anregungen aus der bayrischen Folklore, der romanischen und außereuropäischen Musik sind unbekümmert amalgamiert, die Eigenart der Musik beruht weitgehend auf dem tänzerischen Charakter der vitalen Rhythmik (häufiger Taktwechsel) und Melodik. Von hier führt der Weg zu Egks Balletts ›Abraxas‹, ›Joan von Zarissa‹, ›Chinesische Nachtigall‹, ›La Danza‹ und zu seinen freien Orchesterstücken ›Georgica‹, ›Musik für Geige und Orchester‹, ›Französische Suite nach Rameau‹, ›Orchestersonate‹ oder ›Allegria‹. Auch sie sind tänzerisch empfunden, mit klanglichen Finessen virtuos aufgezäumt und stehen als Beiträge eines spontanen musikantischen Spieltriebs im Umkreis des Tanztheaters und damit des Theatralischen.

Die Neigung zum tänzerisch Theatralischen, virtuos Artistischen teilt mit Egk der in New-chwang (China) geborene Deutsch-Balte *Boris Blacher* (* 1903). Und wie Egk steht auch Blacher, zumindest als Harmoniker und Formalist, ohne avantgardistische Ambitionen etwa im Rahmen der neuklassizistischen Tradition. Doch als Naturell und Stilist ist er ganz anders geartet. Er liebt die betont antiromantische, witzig-ironisch pointierte sozialkritische Parodie, ist unsentimental bis zur Sprödigkeit und ein Meister in der Kunst des Aussparens und Weglassens, der aphoristisch prägnanten, intellektuell abstrakten Formulierung, ein sensibler Ästhet und rationaler Systematiker. Ein halbes Dutzend Opern, darunter die Kammeroper ›Die Flut‹ und die Ballettoper ›Preußisches Märchen‹ (eine Köpenickiade von umwerfender Komik), das Oratorium ›Der Großinquisitor‹ und viele Kammermusik- und Orchesterwerke, Balletts und Suiten tragen den Stempel seiner erfrischend kühlen, sinnfälligen, strukturell eigenwilligen Kunst. Beträchtlichen Einfluß auf die neue Musik gewann er als Rhythmiker mit den von ihm erfundenen ›variablen Metren‹. Er suchte mit diesem Kompositionsverfahren »eine neue Art musikalischer Perspektive zu gewinnen«. Es handelt sich dabei um metrische Reihen, die den rhythmischen Verlauf einer Musik bestimmen. »Ich glaube nicht«, kommentierte Blacher, »daß wir auf dem Wege der Harmonik, zumindest auf dem Wege der Dissonanz heute weiterkommen ... Daher habe ich auch das Harmonische mit Absicht konventioneller gehalten, um einmal andere Wege zu erproben ... Die Zahl 2 wird seit langem als Basis der musikalischen Gestaltung angesehen. Das geht von der frühen Klassik bis zum modernen Schlager. 2, 4, 8, 16, 32 Takte bestimmen die musikalische Phrase und Periode; Tendenz der letzten 50 Jahre Musikentwicklung war es, diese Symmetrie mit vielen Taktwechseln zu durchbrechen ... Ich habe im Grunde nur das Zufällige, das andere längst gemacht haben, in ein System gebracht: aus dem Rhythmus die Form zu gewinnen.« Ein Beispiel möge das erläutern. Es folgen einander in einem Stück metrische Einheiten (Takte), die nacheinander 2, bzw. 3, 4, 5 ... bis 8 Zeiteinheiten (Viertel oder Achtel usw.) umfassen. Darauf wird die metrische Reihe in Umkehrung fortgesetzt; die Reihe und ihre Umkehrung stehen also im Spiegelverhältnis (divergierend, konvergierend). Es können aber auch andere metrische Kombinationen auftreten. Blacher schrieb in der Erläuterung zu seinem ›Orchester-Ornament‹ (1953): »Der zweite Prestoteil ist metrisch offen, das heißt nur divergierend, und zwar so, daß das Schema aus anfänglichen Werten von 2, 3, 4, 6, 8, 9 stetig zu 2 mal 2, 3 mal 3, 4 mal 4, 6 mal 6, 8 mal 8, 9 mal 9 verändert wird.« Für jedes Stück wird eine eigene Reihe aufgestellt; sie ist mit ihren Varianten und Permutationen für den metrischen Ablauf verbindlich. Erreicht wird mit dieser Methode, die der Hörer nicht zu kennen braucht, ein großer Zuwachs an ungewohnten Akzenten für die melodischen Linien und der Eindruck einer reich nuancierten schwebenden Rhythmik.

Extrem andere Beiträge zur Rhythmik der ›Neuen Musik‹ sind dem Franzosen *Olivier Messiaen* (* 1908) zu danken, der mit Musikern wie *André Jolivet* (* 1907) oder *Ives Baudrier* (* 1906) zur Gruppe ›La jeune France‹ gehört. Messiaen, Weltmann und religiöser Mystiker zugleich, Priester einer Kunst, die in einem »theologischen Regenbogen« zwischen Erde und Himmel sich spannen soll, entwickelte seine eigene Harmonie-, Melodie- und Rhythmuslehre. Zu seiner Rhythmik äußerte er: »Das Wesentliche meines rhythmischen Systems liegt darin, daß es weder das Maß des Taktes noch der Zeit kennt. Ich studierte die Rhythmik der Hindus, Griechen, Rumänen, Ungarn, auch die Rhythmik in den Bewegungen der Sterne, Atome und der menschlichen Körper.« Daraus ergab sich für ihn ein rhythmisches Weltbild mit den

Klangfarben-Dauer Partiturskizze von Olivier Messiaen

unermeßlichen langen Zeitwerten der Sterne, den langen der Berge, den mittleren der Menschen, den kurzen und ganz kurzen der Vögel, Insekten und Atome und mit »rhythmischen Individuen«, die wie Personen in einem Theaterstück handelnd auftreten: »... die erste agiert, sie führt das Spiel; die zweite wird durch die erste zum Agieren getrieben; die dritte wohnt dem Konflikt bei, ohne einzugreifen ...«. Ähnlich agieren bei ihm »rhythmische Gruppen«: »... die erste vergrößert sich ..., die zweite verkleinert sich ..., die dritte verändert sich niemals.« Aus der seriellen Zuordnung, der Überlagerung und Kontrapunktierung derartiger rhythmischer Individuen und Gruppen ergeben sich vielschichtige rhythmische Strukturen von höchst neuartigem Reiz. Hinzu kommt die freie Anwendung von in der mittelalterlichen Isorhythmik entwickelten Methoden und die Einbeziehung eines melodisch-rhythmischen Materials, das aus den systematischen Aufzeichnungen von in- und ausländischen Vogelstimmen gewonnen ist. Die Vogelstimmen werden nicht illustrativ eingesetzt, wie etwa bei Janequin und anderen altfranzösischen Musikern, sie haben Modellcharakter. Aus ihrer reihenmäßigen Verbindung und polyphonen Zuordnung ergeben sich die Strukturen der Harmonik und des Melos. Schon in dem frühen ›Quatuor pour la fin du temps‹ (1941), das Messiaen während seiner deutschen Kriegsgefangenschaft entwarf, tritt seine auf katholischer Grundeinstellung basierende mystisch religiöse Klangsprache in Erscheinung. Das Werk (Besetzung: Violine, Klarinette, Cello, Klavier) umfaßt acht betitelte Sätze, darunter ›Kristallene Liturgie‹, ›Abgrund der Vögel‹, ›Tanz der Wut‹, ›Wirrwarr von Regenbogen für den Engel, der das Ende der Zeit ankündigt‹, ›Lobgesang auf die Unsterblichkeit Jesu‹. Die Tonalität ist nicht preisgegeben, doch durch die Einführung neuer Modi (Tonleitern) sind die gesetzmäßigen Möglichkeiten melodischer Fortschreitung und klanglicher Kombinatorik wesentlich bereichert. Auch finden sich schon Ansätze zu Messiaens neuartiger rhythmischer Kontrapunktik. Rhythmische Formeln werden verkleinert, vergrößert oder umgekehrt und mit der ursprünglichen Formel kontrapunktiert. In den komplizierten rhythmischen Bildern hat die konventionelle metrische Gliederung nach Taktstrichen ihre alte Funktion eingebüßt, sie ist nur noch technisches Hilfsmittel für die Orientierung der Interpreten. – In der ›Turangalila-Sinfonie‹ (1949) ging Messiaen von indischen Anregungen aus (Turangalila; indisch = Liebesgesang). In zehn sinfonischen Hymnen wird hier die irdische und die himmlische Liebe besungen. Ein riesiges, ungewöhnliches Instrumentarium (darunter fernöstliches Schlagzeug, ›Ondes Martenot‹ und anderes), ferner rhythmische Reihen und melodische Modi der Hindu-Musik sind aufgeboten, um das wollüstig-süße Hohelied der Liebe mit einem Höchstmaß an rhythmischen und klanglichen Effekten auszustatten. Auch dieses Werk ist religiös bezogen. Aus der exotischen Einfärbung der Musik resultieren verführerische neuimpressionistische Klangreize. – In den ›Oiseaux exotiques‹ (1957) für Solo-Klavier und kleines Orchester verwandte Messiaen »Stimmen exotischer Vögel aus Indien, China, Malaya, Nord- und Südamerika ... Das Soloklavier bringt in seinen Kadenzen vor allem Rufe der folgenden Vögel: indischer Mainate, chinesischer Leiothrix, amerikanische Walddrossel, virginischer roter Kardinal, Paperling oder Bobolink, Katzenvogel oder karolinische Spottdrossel, indische Schama-Drossel. Das Schlagwerk benützt indische und griechische Rhythmen.« Wiederum ein Werk von bestrickendem neu-impressionistischem Reiz. – Den bisherigen Höhepunkt seiner Kunst erreichte Messiaen in der ›Chronochromie‹ (1960, Donaueschingen). Das Wort ist aus dem Griechischen abgeleitet (Chronos = Zeit, Chroma = Farbe) und besagt etwa ›Farbe der Zeit‹. Auch in diesem Werk sind Vogelrufe (aus Japan, Mexiko, Schweden, Frankreich) für das Melos und den Klang bestimmend, hinzu kommen Geräusche von Wasserfällen. Das rhythmische Material ist aus ›32 frei gewählten Zeitwerten‹ gewonnen, die nach einem bestimmten Plan permutiert und kontrapunktiert wurden. Die zeitlichen (rhythmischen) Vorgänge sind den klanglichen übergeordnet. Die Einbeziehung von Geräuschen geschah hier bei Messiaen nicht erstmalig. Schon in frühen

Werken, etwa den ›Timbres-durées‹ (1952), sind verwandelte Wassergeräusche, Holz- und Metallblockgeräusche und andere Mittel der ›musique concrète‹ eingesetzt. Die ›musique concrète‹ und die elektronische Musik verdanken Messiaen wesentliche Anregungen. Pierre Boulez und Karlheinz Stockhausen sind seine Schüler.

Geräuschmusik, elektronische und aleatorische Musik

In seinem ›Entwurf einer neuen Ästhetik der Tonkunst‹ (1906) proklamierte Busoni eine neue Freiheit der Tonkunst: »Nehmen wir es uns doch vor, die Musik zu ihrem Urwesen zurückzuführen, befreien wir sie von architektonischen, akustischen und ästhetischen Dogmen, lassen wir sie reine Erfindung und Empfindung sein, in Harmonien, in Formen und Klangfarben (denn Erfindung und Empfindung sind nicht allein ein Vorrecht der Melodie), lassen wir sie der Linie des Regenbogens folgen und mit den Wolken um die Wette Sonnenstrahlen brechen.« Und er bedauerte, »daß die Entfaltung der Tonkunst an unseren Musikinstrumenten scheitere, die eben nicht anders sich gebärden können, als es in ihrer Beschränkung liegt«.
Drei Jahre darauf veröffentlichte *Filippo Tommaso Marinetti* (1876 bis 1944) in Paris sein ›Futuristisches Manifest‹. Darin pries er »die aggressive Bewegung ..., den Sturmschritt, den salto mortale ... Wozu einfältig hinter uns schauen in dem Augenblick, da es notwendig ist, die geheimnisvollen Türen des Unmöglichen zu durchbrechen? ... Legt Feuer an die Regale der Bibliotheken! Lenkt den Lauf der Kanäle ab, um die Gewölbe der Museen zu überschwemmen! ... « Die futuristische Bewegung zog sogleich auch Musiker an. Es kam zu mehreren musikalischen Manifesten, die eine Absage an die Vergangenheit und die Schaffung einer radikal neuen Musik und neuer Geräuschinstrumente proklamierten.

Zu den futuristischen Musikern gehörte damals auch der Italiener *Luigi Russolo* (* 1885). Er schrieb 1913 an seinen Freund, den Komponisten Pratella: »Wir werden uns damit unterhalten, daß wir im Geiste die Geräusche der Metallrollos vor Ladenfenstern, von zuschlagenden Türen, das Schlurfen und Drängen der Menge, die Massenunruhe der Bahnhöfe, Stahlwerke, Fabriken, Druckpressen, Kraftwerke und Untergrundbahnen orchestrieren. Auch sollten die neuen Geräusche des Krieges nicht vergessen werden.« Schon 1914 veranstaltete Russolo in Mailand sein erstes Konzert mit futuristischer Geräuschmusik. Zur Verwendung kamen 15 von ihm erfundene ›intonarumori‹ (Lärmtöner) unterschiedlicher Funktion. Sie wurden teils mit Kurbeln, teils elektrisch in Tätigkeit gesetzt. Russolo unterschied ›Brummer‹, ›Kracher‹, ›Donnerer‹, ›Pfeifer‹, ›Gluckerer‹, ›Platscher‹, ›Toser‹, ›Knarrer‹ und ›Schnarcher‹. Von den aufgeführten Kompositionen trug eine den Titel ›Treffen der Aeroplane und Automobile‹. Das Konzert endete mit einer Saalschlägerei, doch die Bewegung war nicht aufzuhalten und griff bald über nach Paris; dort nannten sich die Geräuschmusiker ›bruiteurs‹ (von bruit = Lärm).

Der originelle Erik Satie (siehe Seite 535), Vater der ›neuen Sachlichkeit‹ in der Musik und Anreger der ›Gruppe der Sechs‹, interessierte sich für die ›bruiteurs‹. Sein Ballett ›Parade‹ (1916), zu dem Cocteau das Szenarium und Picasso das Bühnenbild schufen, wurde zu einem provozierenden Affront gegen Romantik und Impressionismus, gegen jede Musik, die man »mit dem Kopf in den Händen« hört. Satz- und Klangbild sind radikal vereinfacht, der Ausdruck ist trocken, ironisch, bänkelsängerisch frech, die Strukturen deuten voraus auf den Neuklassizismus. Wichtiger in diesem Zusammenhang: Satie kombinierte sein kleines Instrumentarium mit Instrumenten der ›bruiteurs‹ und gewann aus ihnen Maschinengeräusche für eine skurrile Geräuschkulisse. Auch andere Musiker ließen sich im Sinne der Futuristen von der Technik inspirieren. Strawinsky avancierte damals unabsichtlich zum »einzigen authentischen futuristischen Musiker Rußlands« (Pratella), weil er in seine Balletts exotisches Schlagzeug und Geräuschwirkungen einführte. Darius Milhaud entwarf 1920 eine Kantate über ›Landwirtschaftliche Maschinen‹ für eine Singstimme und sieben Instrumente; Francis Poulenc 1921 ›Promenades‹ für Klavier über die Eisenbahn, den Bus, das Flugzeug usw. Hindemith verwandte in seiner ›Kammermusik Nr. 1‹ (1922) neun Geräuschinstrumente, darunter eine mit Sand gefüllte Blechbüchse und eine Sirene; in der ›Suite 1922‹ behandelte er das Klavier wie ein Schlagzeug. 1923 erregte Arthur Honegger Aufsehen mit der sinfonischen Maschinenmusik ›Pacific 231‹, dem ›Hohenlied einer D-Zug-Lokomotive, die mit 120 Kilometer Stundengeschwindigkeit durch die Nacht stürmt‹; sein Werk wurde später als Illustrationsmusik mit einem Film gekoppelt, worauf Honegger sich von dem programmatischen Sinn dieser Musik distanzierte. 1927 schrieb Serge Prokofieff das Ballett ›Der stählerne Schritt‹, konzipierten Weill und Brecht die Radiokantate ›Der Lindberghflug‹, 1929 entstand das lyrische Drama ›Maschinist Hopkins‹ von Max Brand. So ging es fort auch durch die nächsten Jahrzehnte mit von der Technik inspirierten Werken ohne Zahl. Doch in diesen Werken wurden die Absichten der ›bruiteurs‹ kaum beachtet oder mißdeutet. Die ›bruiteurs‹ wollten nicht Nachahmung, nicht Tonmalerei, sie wollten eine neue autonome Musik, basierend auf neuen Klang- und Geräuschmitteln. Ihr eigentlicher Erbe wurde Edgar Varèse (siehe Seite 575). Als Beispiel seien hier zusätzlich seine ›Intégrales‹ (1926) herangezogen. In diesem von der futuristischen Musik angeregten Werk kombinierte Varèse ein Orchester aus zehn Blas- und siebzehn Schlaginstumenten. Mit diesem Instrumentarium verwirklichte er der Geräuschmusik angenäherte harte, aggressive Klang- und Geräuschvorstellungen ohne programmatische Nebenabsichten. Deutlich tritt seine Neigung zu ostinaten Motivwiederholungen über amorphen rhythmischen Strukturen hervor. Lyrische Intermezzi unterbrechen den Sturm der fremdartigen, aufreizenden Eindrücke. Das Werk wurde wichtig für den Weg zur ›musique concrète‹ und zur elektronischen Musik.

Bedeutsam für letztere wurden technisch einige Erfindungen von neuen elektrischen Klang- und Geräuschmitteln. 1920 erfand der Russe *Leon Theremin* (* 1896) das ›Aetherophon‹, ein einstimmiges elektrisches Musikinstrument mit Rundfunkröhren und Lautsprecher. Die bei Rückkoppelung auftretenden Pfeiftöne wurden in ihm moduliert, durch Einschaltung eines Drehkondensators wurde die Tonhöhe verändert. Das Instrument wurde mehrfach verbessert und auf einen Umfang von mehreren Oktaven gebracht. Die neuen Theremin-Instrumente verfügen über eine reiche Klangfarbenskala, sie finden im Rundfunk, Film und auch in Verbindung mit anderen Instrumenten Verwendung. – 1928 konstruierte der Franzose *Maurice Martenot* (* 1885) das einstimmige elektrische Spielinstrument ›Ondes Martenot‹. Es basiert technisch auf ähnlichen Prinzipien wie das ›Aetherophon‹ Theremins und vermag wie das 1929 von dem Deutschen *Friedrich Trautwein* (* 1885) hergestellte ›Trautonium‹ die Klangfarben aller konventionellen Musikinstrumente nachzuahmen. ›Ondes Martenot‹ und ›Trautonium‹ ermöglichten überdies die Erzeugung bisher nie gehörter Klangphänomene. Die Skala (etwa sieben Oktaven Umfang) ist nicht auf Ganz- und Halbtonschritte begrenzt, auch Mikrointervalle sind ausführbar. Auch diese Instrumente wurden inzwischen verbessert und von vielen Komponisten – darunter Milhaud, Honegger, Hindemith, Strauss, Genzmer, Egk, Messiaen – praktisch erprobt, meist kombiniert mit konventionellen Instrumenten und auch mit Gesang. Auch sie werden im Rundfunk, Tonfilm, Theater gebraucht und bereichern die Klang- und Geräuschskala um viele neuartige Möglichkeiten.

Diese und andere Instrumente kamen den Experimenten des Franzosen *Pierre Schaeffer* (* 1910) zugute, der mit elektro-akustischen Montagen um 1948 die ›musique concrète‹ begründete. Er erfand für seine Zwecke auch selbst zwei Hilfsinstrumente, das ›Phonogen‹ und das ›Morphophon‹. Sein von den ›bruiteurs‹ angeregtes Verfahren besteht darin, Töne und Geräusche der verschiedensten Art (etwa Straßenlärm, Glockengeläut, Regenfall, Schreie usw.) auf Schallplatten oder Band aufzunehmen und dann aus diesem Geräuschreservoir unter Ausnutzung der Möglichkeiten der Rundfunktechnik Geräuschmusiken zu montieren, die zur Schallplatten- oder Rundfunkwiedergabe bestimmt sind. Bald wurden derartige Montagen vom Tonfilm übernommen, wo sie als ›Geräuschkulissen‹ eine Rolle spielen. Durch technische Beschleunigung oder Verlangsamung, Verzerrung und Verfremdung der gespeicherten Klänge und Geräusche und durch ihre selektive Kombinierung läßt sich eine Fülle neuartiger Klang- und Geräuschphänomene erzeugen. Von Schaeffers vielen Arbeiten gelangte 1953 das ›spectacle lyrique‹ ›Orphée‹ in Donaueschingen zur Uraufführung, eine phantastische Kombination von Tanz, Pantomime, Gesang und konkreter Musik. Das Werk scheiterte zwar, doch die ›musique concrète‹ fand Anhänger unter den Musikern der Avantgarde bis hin zu Messiaen und seinen Schülern.

Im Jahre von Schaeffers ›Orphée‹ (1953) kam es im Kölner Rundfunk zur Gründung des ersten Studios für elektronische Musik (Leiter: Dr. Herbert Eimert). ›Musique concrète‹ und elektronische Musik sind nicht zu verwechseln. Beide lassen sich zwar zwanglos mischen, doch die elektronische Musik verwendet in ihrer reinen Form keine ›konkreten‹ Töne und Geräusche als Bauelemente und auch keine von Menschen spielbaren Instrumente, sondern ausschließlich Klangphänomene, die mittels elektronischer Generatoren erzeugt sind. Zu ihnen gehören die Sinustöne (obertonfreie Töne ohne spezifische Klangfarbe), das weiße und farbige Rauschen und die

›Musique concrète‹. Elektronische Musik. Stockhausens ›Gesang der Jünglinge‹

Impulse, auch ›Knacke‹ genannt (ihr Zeitwert beträgt nur etwa den hundertsten Teil einer Sekunde, so daß das Ohr die Tonhöhe und den Toncharakter nicht erkennen kann, es vernimmt nur ›Knacke‹). Die Sinustöne lassen sich in beliebiger Tonhöhe, Stärke und Dauer innerhalb des gesamten Tonbereichs erzeugen. Außer Ganz- und Halbtönen ist ihnen jeder errechenbare kleinste Zwischenwert, jeder Teilausschnitt aus dem Ton-Kontinuum zugänglich. Die Sinustöne werden für den Gebrauch umgeformt, gefärbt, gefiltert, gespreizt, mit Vor- und Nachhall versehen, gemischt, denaturiert. Man will mit diesen Bauelementen nicht den Klangcharakter der konventionellen Instrumente nachahmen (was möglich ist), sondern der Musik neue Klangwirkungen außerhalb des bisherigen Erfahrungsbereichs dienstbar machen. Die verschiedenen Klänge werden zunächst einzeln auf Tonband gespeichert und dann nach einem genau festgelegten Plan vom Komponisten in langwierigen Arbeitsvorgängen einander zugeordnet. Die Klangvorstellungen des Komponisten werden nicht in der konventionellen Notenschrift fixiert, sondern auf Meßblätter graphisch eingezeichnet. Die auf Tonband montierte elektronische Musik ist nur mechanisch reproduzierbar. Sie ist unabhängig von den Zufälligkeiten der Wiedergabe durch Menschen und entspricht exakt den Intentionen des Komponisten.
1954 wurden die vom Studio Köln erarbeiteten ersten sieben elektronischen Stücke erstmals gesendet. Sie alle sind, ausgehend von Webern, nach dem seriellen Prinzip organisiert und tragen experimentellen Charakter (Komponisten der sieben Stücke: Herbert Eimert, Karlheinz Stockhausen, Karel Goeyvaerts, Henri Pousseur und Paul Gredinger). Schon wenige Jahre darauf entstanden weitere Studios für elektronische Musik in Baden-Baden, Darmstadt, München, Mailand, Rom, Warschau, New York, in Holland, Belgien, Israel und Japan. Sie arbeiten nach unterschiedlichen, zum Teil vom Kölner Studio abweichenden satztechnischen Kompositionsmethoden.
Als Beispiel für die Verbindung von Gesang mit elektronischen Klängen, Tongemischen und Geräuschen sei das geistliche Werk ›Gesang der Jünglinge‹ (1956) von *Karlheinz Stockhausen* (* 1928) herangezogen. Die Worte sind dem ›Gesang der Jünglinge im Feuerofen‹ (Daniel 3) entnommen. Stockhausen erläuterte unter anderem: »Die gesungenen Klanggruppen sind an bestimmten Stellen der Komposition als verständliche Worte eingesetzt, zu anderen Zeitpunkten ganz unverständlich als reine Klangwerte, und zwischen diesen Extremen ist mit einer Reihe verschiedener Verständlichkeitsgrade komponiert ... Ein zwölfjähriger Junge sang alle Laute, Silben, Worte und manchmal auch kurze Wortgruppen nach genauen Angaben der Höhe, Dauer, Intensität, Farbe; diese wurden auf Tonband aufgenommen und weiterverarbeitet. (So entstanden auch sehr dichte Chorpartien durch Überlagerungen der einen Stimme mit sich selbst.) Dadurch war es möglich, die gesungenen Töne in die Familie der ausgewählten elektronischen Klänge einzugliedern und die Gesamtheit des verwendeten Klangmaterials ganz homogen zu gestalten.« Abweichend von Křeneks Fragment eines elektronischen Pfingstoratoriums aus demselben Jahr (siehe Seite 593) und anderen Versuchen wurde hier erstmalig »die Schallrichtung und Bewegungsform der Klänge im Raum ... vom Komponisten bestimmt und als eine neue Dimension für das musikalische Erlebnis erschlossen. – Der ›Gesang der Jünglinge‹ ist für fünf

Lautsprechergruppen komponiert, die rings um die Hörer im Raum verteilt sind. Von welcher Seite, von wie vielen Lautsprechern zugleich, ob mit Links- oder Rechtsdrehung, teilweise starr und teilweise beweglich die Klänge und Klanggruppen in den Raum gestrahlt werden, ist für das Verstehen des Werkes maßgeblich.« – Ähnliche Probleme – elektronische Umwandlung des Gesanges und der Sprache, Kombination

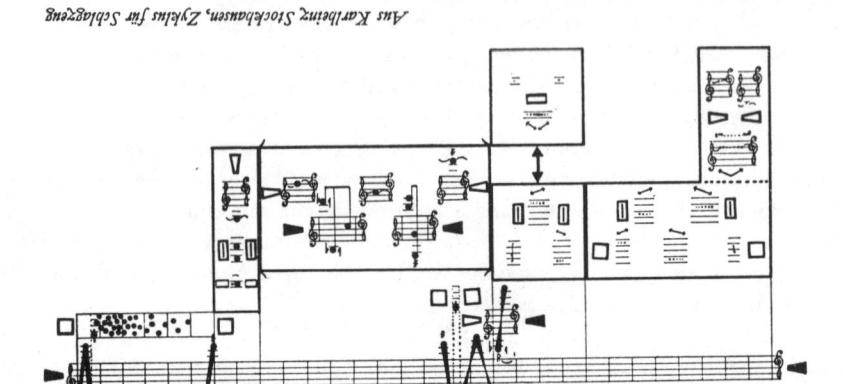

Aus Karlheinz Stockhausen, Zyklus für Schlagzeug

von instrumentaler und elektronischer Musik, Musik und Raum – beschäftigen den Franzosen *Pierre Boulez* (* 1925) in der Kantate ›Poésie pour pouvoir‹ (1958) für drei Orchester, elektronisches Band und Sprecher.

Pierre Boulez und Karlheinz Stockhausen – beide waren, wie erwähnt, Schüler von Messiaen – studierten zunächst Mathematik bzw. Technik und wandten sich nach tastenden Versuchen in den verschiedensten Kompositionstechniken der seriellen Satzweise vor allem Weberns und der elektronischen Musik zu, deren avantgardistische Exponenten sie gegenwärtig sind. Die elektronischen Mittel ermöglichten es ihnen, außer der Harmonik auch die Dynamik, die Rhythmik, den Klang, kurz, alle Formelemente der Musik streng seriellen Gesetzen zu unterwerfen und eine bis ins Detail seriell durchorganisierte konstruktive Musik anzustreben. Die Analogien zu Křeneks Bemühungen um eine ›totale serielle Integration‹ (siehe Seite 593) sind bemerkenswert als symptomatisch für die Ziele vieler zeitgenössischer Komponisten: Sie wollen eine vom Ausdruck des subjektiv Emotionalen und von allem Assoziativen möglichst freie, absolute Musik. Beides ermöglicht die ausschließlich mit synthetischem Klangmaterial arbeitende, auf die mechanische Wiedergabe angewiesene elektronische Musik. Doch sie ist nur eine Musikart neben anderen und hat einstweilen einen relativ noch sehr begrenzten Wirkungskreis; die von Sängern und Instrumentalisten ausgeführte Musik dominiert nach wie vor. Boulez und Stockhausen fanden nicht nur Wege, der ›lebendigen‹ Musik die reichen Mittel der elektronischen Musik zuzuführen, sie schrieben auch wieder reine Instrumental- und Vokalmusik. Dabei kam es zu frappanten Wechselbeziehungen.

Die im ›Gesang der Jünglinge‹ gemachten Raum-Zeit-Erfahrungen wirkten sich beispielsweise direkt aus in Stockhausens ›Gruppen für drei Orchester‹ (1958). Der Komponist erläuterte sein Werk: »Mehrere selbständige Orchester – bei den ›Gruppen‹ sind es drei – umgeben die Zuhörer; die Orchester spielen – jedes unter seinem Dirigenten – teilweise unabhängig in verschiedenen Tempi; von Zeit zu Zeit treffen sie sich im gemeinsamen Klangrhythmus; sie rufen sich zu und beantworten sich; das eine gibt des anderen Echo; eine Zeitlang hört man nur Musik von links, von vorne oder von rechts; der Klang wandert von einem Orchester zum anderen...: Funktionelle Raummusik... Jeder Klangkörper ist nun in der Lage, seinen eigenen Zeitraum erlebbar zu machen, und als Hörer befindet man sich inmitten von mehreren Zeiträumen, die wiederum einen neuen, gemeinsamen Zeitraum ausmachen. Und was die Klangkörper zum Klingen bringen, sind nicht nur ›Punkte‹ – wie im Anfang, wo alles ›kontrapunktisch‹, keimförmig war –, sondern ›Gruppen‹: Gruppen von Klängen, Geräuschen und Klanggeräuschen als selbständige Einheiten.«

Wenn drei Orchester unter drei Dirigenten ›teilweise unabhängig in verschiedenen Tempi‹ musizieren, so wird folgerichtig keine Aufführung einer anderen gleichen können. Die veränderliche Reaktionsfähigkeit der Musiker, der Zufall spielt hierbei eine Rolle. Das wurde auch einkalkuliert. Es lag in Stockhausens Absicht, die ›Unwiederholbarkeit‹ einer Aufführung zu erreichen. Jede Aufführung soll ein neues, von den Interpreten und vom Zufall abhängiges Ereignis sein.

In der farbig und rhythmisch äußerst differenzierten ›III. Sonate für Klavier‹ (1957) bezog Pierre Boulez den ›gelenkten Zufall‹ bewußt in die seriell organisierte Komposition ein. Der Interpret hat die Freiheit, verschiedene der fünf Sätze (Boulez nannte sie Formanten = Grundprinzipien) auszutauschen, sie in willkürlicher Reihenfolge zu spielen. Und nicht nur das. Den zweiten Satz, der in sich vierteilig gegliedert ist, kann er mit jedem beliebigen Teil beginnen oder beenden, auch gibt es in dem Werk starre und frei zu behandelnde Rhythmen und Zeitmaße, Noten in Klammern, die man spielen oder auslassen kann, ja Raum für Strukturen, die der Interpret nach eigenem Ermessen ausführen kann. So kommt es zu einem geöffneten Kreis von Möglichkeiten; jede Interpretation ist nur eine von vielen denkbaren Versionen des Werkes: Verbindung von Gesetz und Zufall. Wird diese den Zufall einbeziehende Kompositionsweise – man nennt sie Aleatorik (von alea = der Würfel) – auf ein Werk angewendet, an dem mehrere Spieler beteiligt sind, so ergeben sich (nach Boulez) »tönende Montagen, bei denen die Elemente in freier Wahl aufeinanderfolgen und die Initiative eines Ausführenden die Initiative eines anderen hervorruft und dann wieder eines anderen«.

Wenn hier die neue und neueste Musik in den Kreis der Betrachtungen einbezogen wurde, so geschah das nicht in der Absicht, alle ihre noch weitgehend offenen Bereiche darzustellen oder sie historisch zu bewerten, was noch nicht möglich ist, sondern aus dem natürlichen Interesse an dem, was die Gegenwart betrifft und in dem Bestreben, am Beispiel einiger führender Musiker die aus der Vergangenheit aufsteigenden Entwicklungslinien aufzuzeigen, soweit sie bereits erkennbar sind und wesentlich erscheinen. Auch hätte der Gang durch die Jahrtausende der Geschichte seinen Sinn verfehlt, wäre nicht die Gegenwart das Ziel gewesen. »Wie ich das Ganze der Vergangenheit sehe, so erfahre ich das Gegenwärtige. Je tieferen Grund im Vergangenen ich gewinne, desto wesentlicher meine Teilnahme am gegenwärtigen Gang der Dinge« (Jaspers). Zu einer entsprechenden Auffassung, nur von einem anderen Standpunkt aus, gelangte Strawinsky, der erklärte, daß »ein Mensch die Kunst einer früheren Epoche unmöglich völlig begreifen und in ihr Wesen eindringen kann, wenn dieser Mensch nicht ein lebendiges Gefühl und ein echtes Verständnis für die Gegenwart hat, und wenn er nicht bewußt an dem Leben teilnimmt, das ihn umgibt«.

Gewiß haben die Werke der extremen Avantgarde einstweilen nur erst einen sehr begrenzten Wirkungskreis gefunden. Doch das war früher mit dem Neuen nicht anders. Stets gab es eine ›musica reservata‹ für wenige, und oft beeinflußte gerade sie dann die allgemeine Entwicklung entscheidend. Zu Pessimismus besteht jedenfalls kein Anlaß. Die ›Neue Musik‹ erfüllt ihre Funktion in der heutigen Gesellschaft ebenso, wie es die Musik früherer Epochen zu ihrer Zeit tat. Das erwies sich keineswegs nur an Schönberg, Bartók, Strawinsky oder Hindemith, sondern ebenso an jüngeren Musikern wie etwa Dallapiccola, Nono, Messiaen oder Henze. Ihre Werke fanden eine weltweite Resonanz.

Die Basis der ›Neuen Musik‹ verbreitert sich ständig. Neuerdings beteiligen sich auch Künstler aus den Ländern des Nahen und Fernen Ostens und Lateinamerikas mit zeitgemäßen Werken am Wettstreit. Zahllose Interpreten widmen sich der Aufgabe, in Konzert, Theater und über die modernen Kommunikationsmittel (Schallplatte, Rundfunk) den Menschen die ›Neue Musik‹ in allen ihren Erscheinungsformen zugänglich zu machen. Eines ist den erkennbaren Hauptströmungen dieser Musik gemeinsam: sie zielen ins Übernationale, Kosmopolitische.

Anhang

I. Entwicklung der Notenschrift *(Geschichtlicher Überblick)*

Altertum

Gleichsetzung von Tönen mit Worten in China ca. 3000 vor Chr. (siehe Seiten 16 und 17).
Gleichsetzung von Tönen mit Buchstaben, Kreis- und Schlangenlinien in Indien (siehe Seite 20).
Gleichsetzung von Tönen mit Buchstaben in Griechenland (siehe Seite 34).
Zusätzliche Zeichen für Tondauern, Pausen etc. sind selten.

Griechische Notenschrift.
Fragment aus einem Chor des Orestes von Eurypides.

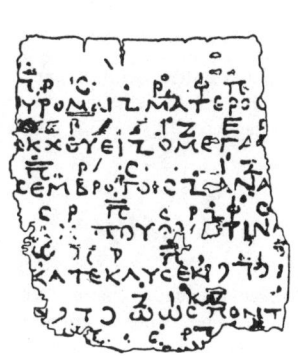

Neumenschriften (frühes christliches Mittelalter, siehe Seite 58)

Auswahl einiger Neumen (Winke, Zeichen) der Neumenschrift:

a) *Neumata simplicia (einfache Neumen)*

    (JJJ(**)• Punctus, Zeichen für einen einzelnen kurzen Ton.
       (JJJ) Virga, Zeichen für einen einzelnen längeren Ton.
       (**)• Sind Punctus und Virga benachbart, so bedeutet Punctus eine höhere Note.

b) *Neumata composita (zusammengesetzte Neumen)*

    ᴗ Pes (Podatus, Plica ascendens), Zeichen für steigendes Intervall. In heutiger Notenschrift z. B.

    ∩ Flexa (Clivis, Clinis descendens), Zeichen für fallendes Intervall, übertragen z. B.

♪ Salicus, Zeichen für zwei steigende Intervalle, übertragen z. B.

♩ Climacus, Zeichen für zwei fallende Intervalle, übertragen z. B.

♫ Pes flexus (Torculus), Zeichen für steigendes größeres und fallendes kleineres Intervall, übertragen z. B.

ω Quilisma, Zeichen für Triller.

Diese und andere Neumen, darunter solche für Vortragsmanieren, waren nur regional gültig. Man unterschied süditalienische, deutsche, französische, aquitanische, spanische Neumen. Ferner Punktneumen, Mückenfüße, verdickte Mückenfüße und andere.

Neumen aus dem Antiphonar von St. Gallen (9. Jahrhundert). Die einzelnen Zeichen sind noch nicht um eine Richtlinie gruppiert. Exakte Deutung unmöglich. Gedacht als Erinnerungsstütze.

Neumen aus dem 10. Jahrhundert. Hier sind die Zeichen um eine (rote) Richtlinie gruppiert. Sie ist mit dem Ton f gleichgesetzt, hat somit die Bedeutung eines ›Schlüssels‹ (f-Linie, f-Schlüssel). Nach unten bzw. oben von dieser Linie abweichende Zeichen bedeuten tiefere bzw. höhere Töne als f. Exakte Deutung nicht möglich.

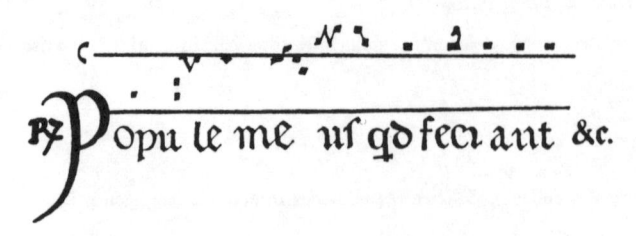

Neumen aus dem 11. Jahrhundert. Die untere (rote) Linie = f-Linie, die obere (gelbe) = c-Linie, mithin zwei Schlüssel im Quintabstand. Entzifferung problematisch.

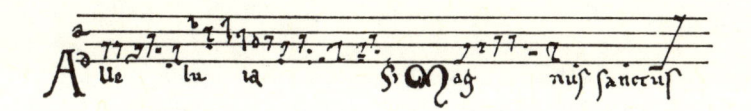

Neumen des Guido von Arezzo (11. Jahrhundert). Hier sind die Neumen durch 4 Linien begrenzt. Bedeutung der Linien (von unten nach oben): d, f (rot), a, c, (gelb, mitunter grün). Überschreitet der Tonumfang der Melodie diesen Rahmen, so kann unten bzw. oben eine 5. bzw. 6. Linie hinzugefügt werden. Tonhöhe der Neumen damit exakt festgelegt. Deutung der Zeitdauern bleibt jedoch problematisch.

Romanus Notation (8. bis 10. Jahrhundert)

Die einzelnen Töne wurden in ihr durch Buchstaben über dem Text angegeben.
Romanus Notation. Ausschnitt aus der Sequenz ›De nativitate Domini‹ des Notker Balbulus (9. Jahrhundert).

Römische Choralnotation (Nota quadrata) und Hufnagelschrift

Im 11. bis 12. Jahrhundert aus der Neumenschrift hervorgegangen. Während des ganzen Mittelalters neben Varianten gebräuchlich.

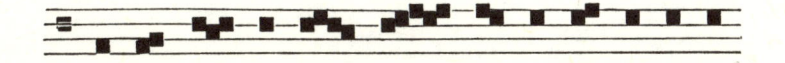

Römische Choralnotation. Spätere Umdeutung der Neumen des 11. Jahrhunderts in Nota quadrata von Martini. Ein weiteres Beispiel (Variante aus dem 15. Jahrhundert) siehe Seite 77, rechts.

Hufnagelschrift. Ausschnitt aus einer Handschrift von Michael Behaim (15. Jahrhundert). Ein Beispiel aus dem 14. Jahrhundert zeigt die Abbildung auf Seite 76.

Mensuralnotation

Entstanden im 12. bis 13. Jahrhundert. Sie wurde erforderlich für die rhythmisch eindeutige Fixierung von mehrstimmiger Musik und weist Notenzeichen von unterschiedlichem Zeitwert auf (Abbildungen dieser Notenzeichen siehe Seite 59).

Mensuralnotation. Spanische Variante. Handschrift des Troubadours Alfonso el Salio (13. Jahrhundert). Ein weiteres Beispiel zeigt die linke Abbildung auf Seite 77.

Etwa seit 1450 ersetzte man die schwarzen Notenzeichen der Mensuralnotation durch ›weiße‹ von entsprechender Form. Beispiele: Maxima ◫, Longa ◫, Brevis ▫, Semibrevis ◇, Minima ◇ und geringere Werte.

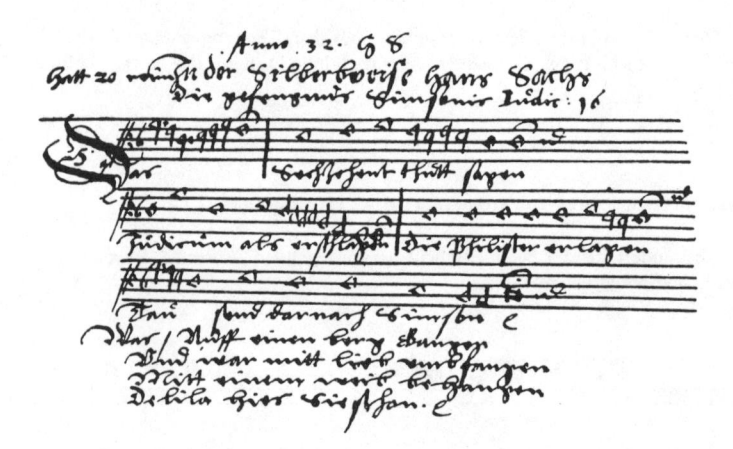

Mensuralnotation aus dem 16. Jahrhundert. Meistergesang von Adam Puschmann (1532 bis 1600). Weitere Beispiele aus der Zeit Luthers siehe die Seiten 109 bis 111.

Moderne Notenschrift

Sie ergab sich mit der Erfindung des Taktstrichs etwa um 1600 aus den verschiedenen Formen der Mensuralnotation. Ihre Kenntnis wird vorausgesetzt. Die Noten- und Vortragszeichen der modernen Notenschrift ermöglichen seither den Komponisten von tonaler, zwölftöniger und serieller Instrumental- und Vokalmusik eine weitgehend exakte Fixierung ihrer Klangvorstellungen.

Partiturseite aus dem 1. Satz von Bruckners 8. Sinfonie. Die Abkürzungen vor den Systemen bedeuten (von oben nach unten): 2 Flöten, 2 Oboen, 2 Klarinetten in B-Stimmung, 2 Fagotte, 8 Hörner in F- bzw. B-Stimmung, 3 Trompeten in F-Stimmung, 3 Posaunen (Alt-, Tenor-, Baßposaune), Kontrabaßtuba, Pauke, erste und zweite Violinen, Bratschen, Celli, Kontrabässe.

Diese Gliederung in Holz-, Blechblasinstrumente, Schlagzeug und Streichinstrumente ist üblich, aber in der Auswahl der Instrumente sehr variabel. Andere Orchesterbesetzungen siehe ›Orchesterbesetzungen‹.

Vierteltonschrift. Beispiel für die Anwendung ihrer zusätzlichen Zeichen (nach August Förster, Löbau, Der Vierteltonflügel).

II. Die Singstimmen

Man unterscheidet bei den Singstimmen zunächst *Kinder-, Frauen-* und *Männerstimmen*, ferner (nach ihrem Tonumfang) vier Hauptgattungen von Stimmen, und zwar *Sopran* (hohe Kinder- und Frauenstimmen), *Alt* (tiefe Kinder- und Frauenstimmen), *Tenor* (hohe Männerstimmen) und *Baß* (tiefe Männerstimmen).
Stimmen aus diesen vier Hauptgattungen werden in Vokalwerken gruppenweise (chorisch) oder einzeln (solistisch) eingesetzt. Da Stimmen, die den gesamten Tonumfang ihrer Gattung hervorbringen können, äußerst selten sind, hat man weitere Unterteilungen vorgenommen, um jede Stimme klangschön einsetzen zu können.

I. Chorstimmen

Für Chorstimmen ergibt sich etwa folgende Gliederung:

Erster Sopran	höchste Kinder- und Frauenstimmen. Tonumfang etwa e^1–h^2.
Zweiter Sopran	hohe Kinder- und Frauenstimmen. Tonumfang etwa h–g^2.
Alt	tiefe Knaben- und Frauenstimmen. Tonumfang etwa a–e^2.
Erster Tenor	höchste Männerstimmen. Tonumfang etwa e–a^1.
Zweiter Tenor	hohe Männerstimmen. Tonumfang etwa c–g^1.
Erster Baß (Bariton)	mittlere Männerstimmen. Tonumfang etwa B–f^1.
Zweiter Baß	tiefe Männerstimmen. Tonumfang etwa F–es^1.

II. Solostimmen

Für die Solostimmen unterscheidet man – die Oper als Maßstab genommen – nach Tonumfang, Beweglichkeit und Klangcharakter verschiedene Rollenfächer:

Soprane
1. Hochdramatischer Sopran; z. B.: Brünnhilde (in Wagners ›Ring‹).
2. Dramatischer Sopran; z. B.: Santuzza (in Mascagnis ›Cavalleria rusticana‹).
3. Jugendlich dramatischer Sopran; z. B.: Eva (in Wagners ›Meistersinger von Nürnberg‹).
4. Lyrischer Sopran; z. B.: Pamina (in Mozarts ›Zauberflöte‹).
5. Koloratursopran = Sopran mit virtuos entwickelter Beweglichkeit:
    a) Dramatischer Koloratursopran; z. B.: Königin der Nacht (in Mozarts ›Zauberflöte‹).
    b) Lyrischer Koloratursopran (Koloratursoubrette); z. B.: Susanna (in Mozarts ›Hochzeit des Figaro‹).
6. Soubrette; z. B.: Nuri (in d'Alberts ›Tiefland‹).
7. Mezzosopran = Stimmlage zwischen Sopran und Alt; z. B.: Ortrud (in Wagners ›Lohengrin‹).

Ein einheitliches Bild läßt sich für den Tonumfang dieser Stimmen nicht aufstellen. Im allgemeinen überschreiten die Solostimmen den Tonumfang der entsprechenden Chorstimmen nach der Höhe bzw. Tiefe zu. Von den Koloratursopranen werden außerordentlich hohe Töne, bis e^3, ja bis g^3 erwartet.

Altstimmen

Von den Altstimmen wird ein Tonumfang etwa von g–f^2 erwartet; Altstimme z. B.: Carmen (in Bizets ›Carmen‹).

Tenöre

Der Tonumfang ist auch hier von Fall zu Fall schwankend. Von den hohen Tenören erwartet man in der Höhe c^2.
1. Heldentenor; z. B.: Tannhäuser (in Wagners ›Tannhäuser‹).
2. Jugendlicher Heldentenor; z. B.: Radames (in Verdis ›Aida‹).
3. Lyrischer Tenor; z. B.: Graf Almaviva (in Rossinis ›Barbier von Sevilla‹).
4. Tenorbuffo (buffo = närrisch, komisch); z. B.: David (in Wagners ›Meistersinger von Nürnberg‹).
5. Charaktertenor; z. B.: Herodes (in R. Strauß' ›Salome‹).

Baritonstimmen

Tonumfang etwa A–g^1, jedoch auf die verschiedenen Fächer verteilt:
1. Heldenbariton; z. B.: Wotan (in Wagners ›Ring‹).
2. Lyrischer Bariton; z. B.: Valentin (in Gounods ›Margarethe‹).
3. Spielbariton; z. B.: Figaro (in Mozarts ›Hochzeit des Figaro‹).

Baßstimmen

Tonumfang etwa F–e^1. Russische Bässe erreichen ohne Vorbereitung tief D oder C. Ihnen fehlt aber die Höhe über c^1.
1. Seriöser Baß; z. B.: Sarastro (in Mozarts ›Zauberflöte‹).
2. Baßbuffo; z. B.: van Bett (in Lortzings ›Zar und Zimmermann‹).

Kastraten

Im 17. und frühen 18. Jahrhundert (vereinzelt noch später) waren Kastratensänger sehr beliebt. Ihre Stimmen ähnelten im Tonumfang und Klangcharakter den Sopran- und Altstimmen. (Näheres Seite 150.)

III. Orchesterbesetzungen aus drei Jahrhunderten

1. *Das Orchester von Monteverdis ›Orpheus‹ (1607)*

    2 Clavicembali, 2 Contrabassi di viola, 10 Viole da braccio, 1 Doppelharfe, 2 kleine Violinen (à la francese), 2 Chittarronen, 2 Organi di legno, 3 Gambenbässe, 4 Posaunen, 1 Regal, 1 Flautino alla vigesima seconda, 1 Clarino, 3 Trombe sordine. Zusammen 34 Spieler.

2. *Das Orchester von Cestis Wiener Serenata (1662)*

    6 Violinen, 4 Altviolen, 4 Tenorviolen, 4 Baßviolen, 1 Kontrabaß, ferner als Continuo (Generalbaß) Spinett, Theorbe, Chittarrone. Zusammen 22 Spieler.

3. *Das Orchester Händels*

    2 Flöten, 3–4 Oboen, 2 Fagotte, 2–3 Trompeten, 2 Hörner, 1 Schlagzeug, je 2–3 erste und zweite Geigen, 2 Bratschen, 4 Celli, 2 Kontrabässe und Generalbaßinstrument (Cembalo). Zusammen etwa 25–30 Spieler. Eine ähnliche Besetzung erbat *Johann Sebastian Bach* 1730 vergeblich in einer Denkschrift an die Leipziger Ratsherrn.

4. *Orchester von Mozarts ›Mitridate‹ bei der Uraufführung in Mailand (1770)*

    2 Flöten, 2 Oboen, 2 Klarinetten, 2 Fagotte, 4 Hörner, 2 Trompeten, Pauke, 28 Violinen (erste und zweite), 6 Bratschen, 2 Celli, 6 Kontrabässe. Zusammen 57 Spieler. Auffallend ist die starke Besetzung der Violinen gegenüber nur zwei Celli.

5. *Bei einem Londoner Händelfest (1784) ergab sich die riesige Besetzung*

    6 Flöten, 26 Oboen, 28 Fagotte, 1 Doppelfagott, 12 Hörner, 12 Trompeten, 6 Posaunen, 48 erste und 47 zweite Geigen, 26 Bratschen, 21 Celli, 15 Kontrabässe, 4 Pauken. Zusammen 252 Spieler.

6. *Das klassische Orchester (Haydn, Mozart, Beethoven)*

    1–2 Flöten, 2 Oboen, 2 Klarinetten, 2 Fagotte, 2 Hörner, 2 Trompeten, 2 Pauken, 6 erste und 6 zweite Geigen, 4 Bratschen, 3 Celli, 3 Kontrabässe. Zusammen 36 Spieler. Bei Mozarts Opern kommt für gewisse Rezitative Cembalo, in der ›Kerkerszene‹ von Beethovens ›Fidelio‹ ein Kontrafagott hinzu. Nur gelegentlich wird das klassische Orchester um 1–2 weitere Hörner, 3 Posaunen, Kontrafagott, kleine Flöte und weiteres Schlagzeug verstärkt.

7. *Das Orchester der Pariser Großen Oper (1810)*

    2 Flöten, 4 Oboen, 2 Klarinetten, 4 Fagotte, 1 Kontrafagott, 4 Hörner, 4 Trompeten, 3 Posaunen, 2 Pauken, ›Türkische Musik‹, je 12 erste und zweite Violinen, 8 Bratschen, 12 Celli, 6 Kontrabässe. Zusammen 75 Spieler.

8. *Das Orchester von Weber, Spohr, Marschner bis zum frühen Wagner*

    Klassisches Orchester plus 2 Hörner, 3 Posaunen, gelegentlich Kontrafagott, kleine Flöte (Webers ›Freischütz‹) und verstärkter Streicherchor. Zusammen etwa 50–55 Spieler.

9. *Das Orchester von Berlioz' ›Requiem‹ (1837)*

Ein *Hauptorchester* mit 4 Flöten, 2 Oboen, 2 Englischhörner, 4 Klarinetten, 8 Fagotte, 12 Hörner, 16 Pauken, 2 Wirbeltrommeln, 1 Tamtam, 3 Paar Becken, dazu vier *Nebenorchester* (im Norden, Osten, Westen, Süden) mit zusammen 4 Cornets à pistons, 12 Trompeten, 16 Tenorposaunen, 5 Ophikleiden. Insgesamt 142 Spieler.

10. *Das ›Nibelungenorchester‹ Wagners (1876)*

4 Flöten, 3 Oboen, 1 Englischhorn, 3 Klarinetten, 1 Baßklarinette, 3 Fagotte, 2 Schlagzeuge, 8 Hörner, 3 Trompeten, 1 Baßtrompete, 3 Posaunen, 1 Kontrabaßposaune, 5 Tuben (Nibelungentuben), 8 Harfen, 16 erste und 16 zweite Geigen, 12 Bratschen, 12 Celli, 8 Kontrabässe. Zusammen 110 Spieler.

11. *Richard Strauß, Gustav Mahler*

und andere gingen gelegentlich noch beträchtlich über diese Besetzung hinaus. Doch im 2. Jahrzehnt des 20. Jahrhunderts ergab sich allgemein ein Abbau derartiger ›Mammutorchester‹. *Strauß* selbst reduzierte sein Orchester in ›*Ariadne auf Naxos*‹ (1912) auf etwa die klassische Besetzung von 36 Spielern plus Harfe, Celesta, Klavier und Harmonium (sozusagen als alternierende Generalbaßinstrumente).

12. *Orchester von Strawinskys ›Geschichte des Soldaten‹ (1918)*

1 Klarinette, 1 Fagott, 1 Cornet à pistons, 1 Posaune, 1 Geige, 1 Kontrabaß, 1 Schlagzeuger (er bedient 7 Schlaginstrumente, vornehmlich Trommel). Zusammen 7 Spieler.
In ›*The Rakes Progress*‹ (›*Der Wüstling*‹, *1951*) – das Werk variiert formal den Grundriß der barocken ›Nummernoper‹ – verwendet Strawinsky die klassische Orchesterbesetzung. Einige ›Secco-Rezitative‹ werden wieder vom Cembalo begleitet.

Für das *Orchester der Gegenwart* läßt sich keine Besetzungsnorm aufstellen. Man findet kammermusikalische Besetzungen von 7 Spielern aufwärts und große von etwa 30 bis 80 Spielern. Zu den traditionellen Instrumenten kommen neuere wie Celesta, Saxophon, Vibraphon, Xylophon, kommen exotische, elektroakustische und elektronische Ton- und Geräuscherzeuger der verschiedensten Art.

IV. Die Musikinstrumente

Hier sind die zur Zeit allgemein gebräuchlichen Instrumente nebst einigen Frühformen und geschichtlichen Vorläufern nach Arten zusammengestellt. Weiteres Material sowie Abbildungen aus Antike, Mittelalter und Neuzeit – bis hin zu den elektronischen Instrumenten – vermittelt der Hauptteil.

I. Schlaginstrumente

a) Schlaginstrumente von unbestimmter Tonhöhe

Älteste Instrumente dieser Art:

Ruten, Schallbretter	über eine Grube gelegt, mit Ästen geschlagen oder mit den Füßen gestampft. Beobachtet bei Naturvölkern.
Klappern	zusammengebundene Muscheln oder Holzplättchen, befestigt an Armen und Beinen oder auf Stangen (Sistrum der Antike bzw. neuzeitlicher Schellenbaum)
Rasseln	hohle Holzgefäße oder Kürbisse, in denen man Steine durcheinanderwirbelte.
Holz-, Tontrommeln	der Steinzeit, hohle Baumstämme oder Tongefäße, zunächst ohne, später mit Fellbespannung. Sie wurden einzeln, paar- oder gruppenweise verwendet.
Schlitztrommeln	ohne Fell, mit schmalem bzw. breitem Schlitz, der den Klang beeinflußte. Hohle Baumstämme, bis über 2 Meter lang, bisweilen mit reicher Ornamentik, auch in Tiergestalt. Kleinere, auf erkennbare Töne eingestimmte Schlitztrommeln bilden Übergangsformen zu den Glocken.
Maultrommeln	siehe Zupfinstrumente, Bogenharfe.

Ableitungen:

Sistren	Klappern der Sumerer, Ägypter, Griechen, siehe Seite 25.
Crumata	Klappern der Iberer (altrömisch), Vorläufer der
Kastagnetten	bekanntes spanisches Klapperinstrument aus Holz.
Zimbeln	der Griechen und Römer. Zwei an Ledergurten befestigte Metallplättchen, gegeneinandergeschlagen. Artverwandt:
Becken	oder *Cymballes* (ital. *Cinelli*, daher *Tschinellen*). Tellerartige Metallscheiben an Gurten, gegeneinander geschlagen oder einzeln (hängend) mit Paukenschlägeln geschlagen bzw. bewirbelt. Mit der türkischen Janitscharenmusik im 18. Jahrhundert nach Westeuropa gekommen.
Triangel	Metallstab in Form eines gleichschenkligen Dreiecks, an einer Kante offen. Wird mit Stahlstäbchen geschlagen bzw. bewirbelt (Abbildung Seite 116).

Schellenbaum	auch Halbmond, Mohammedfahne. Ebenfalls mit den Türken nach Westeuropa gelangt.
Ratsche	neuzeitlich. In kleinem Kasten befestigte Holzzahnräder streifen beim Drehen Metall- oder Holzfedern. Rasselndes Klappergeräusch. Von Beethoven in ›Wellingtons Sieg bei Vittoria‹ verwendet.
Tam-Tam	identisch mit altchinesischem Gong.
Gong	Metallscheibe, innen stark gewölbt, mit breitem Rand. Mit Paukenschlägel oder Hammer geschlagen (indonesische Variante Abbildung Seite 8). In Westeuropa seit 1791 nachweisbar.
Damura	kleine altindische Holztrommel in Form einer Sanduhr, noch heute bei Tierbändigern gebräuchlich.
Handtrommel	orientalischer Herkunft. Flacher runder Rahmen, einseitig mit Fell bespannt, mit der Hand geschlagen.
Schellentrommel	Handtrommel persischer Herkunft, in deren Rand Schellen eingelassen sind. Vorläufer des Tamburin.
Tamburin	flache spanische Schellentrommel, in West- und Mitteleuropa seit dem Mittelalter (Abbildung Seite 116).
Tambourin	lange, enge Röhrentrommel, oben und unten mit Fell bespannt (in der Provence seit dem 16. Jahrhundert).
Kleine Trommel	auch *Rührtrommel*, Röhrentrommel, in Europa seit dem Mittelalter. Hell schnarrendes Geräusch.
Landsknechttrommel	größere mittelalterliche Röhrentrommel, dumpf polterndes Geräusch (Abbildung Seite 126).
Große Trommel	Röhrentrommel, während des 18. Jahrhunderts von der türkischen Janitscharenmusik übernommen.
Schraubentrommel	moderne kleine bzw. große Röhrentrommel. Die ältere Schnurspannung der Felle ist bei ihr der Schraubenspannung gewichen. Quer über das untere Fell der kleinen Trommel sind meist Schnarrsaiten gespannt. Lockert man sie, so wird der Ton dumpf.

b) Schlaginstrumente von bestimmter Tonhöhe

Pauken	(ital. *timpani*), Kesseltrommeln orientalischer Herkunft. Metallkessel (parabolisch oder halbkugelig), oben mit Fell bespannt, mit Paukenschlägeln geschlagen oder bewirbelt. Als ›*Päuklein*‹ im 12. Jahrhundert in Westeuropa. *Große Kesselpauken* im 15. Jahrhundert aus Ungarn eingeführt. Zunächst Schnürspannung der Felle, seit dem 16. Jahrhundert Schraubenspannung. Sie waren lange Zeit fast ausschließlich als ›*Reiterpauken*‹ gebräuchlich. Während des 18. Jahrhunderts wurden ein bis zwei Pauken (meist in Tonika-Dominantstimmung) im Orchester heimisch. Seit Beethoven differenzierterer Gebrauch. Die *Maschinenpauke* (1812) ermöglichte die Bedienung aller Spannschrauben mit einem Griff und damit ein rasches Umstimmen der Tonhöhe. Bei der *Pedalpauke* (1881) geschieht das Umstimmen durch Pedaltritte (auch chromatische Zwischentöne möglich). Tonumfang der einander ergänzenden zwei Pauken meist von F bis f. Bisweilen werden die Pauken chorisch verwendet (in Berlioz' Requiem z. B. = 8 Paukenpaare). Mehrere verschieden gestimmte Pauken können Motive, Melodien, Akkorde intonieren.

Glocken	verschiedenster Größe, Gestalt und Stimmung gibt es aus Holz, Klingstein, Glas oder Metall, mit und ohne Klöppel. *Holzglocken* aus dem Kongogebiet zeigen oft Menschengestalt, chinesische Holzglocken die von Fischen, Krebsen, Tigern. Die *Klingsteinglocken* Chinas haben Plattenform. Die schon im alten Orient verbreitete Kelch- oder Halbkugelform der *Metallglocken* leitet sich her von der Blütenkelchform. Sie wurde vom Abendland übernommen und blieb bis heute für Kirchenglocken maßgebend. Neuerdings kann man bei ihnen durch bestimmte Schmelz- und Legierungsverfahren die zu Dur oder Moll gehörenden Obertonklänge beliebig hervorheben und erhält so Glocken von unterschiedlichem Klangcharakter. *Röhrenglocken* = Metallglocken in Röhrenform. *Glasglocken* in Plattenform finden Verwendung bei der Glasharmonika (siehe Tasteninstrumente).
Glockenspiele	(franz. *Carillon*). Man unterscheidet 1. Glockenspiele, die mit Klöppel oder Hammer geschlagen werden. Zu ihnen gehören u. a. das altchinesische *King* (Abbildung Seite 18), das *mittelalterliche Glockenspiel* (Abbildung Seite 53) in Rathäusern und Kirchen, das *Glöckchenspiel* (franz. *Les jeux de timbres*) der Militärmusik, Kennzeichen: 8 bis 24 verschieden gestimmte Glöckchen, übereinander an einer Stange oder an Querträgern befestigt, und das *moderne Glockenspiel* als Orchesterinstrument. Es kombiniert Röhrenglocken aus Stahl (bzw. Stahlstäbe) verschiedener Tonhöhe. 2. Glockenspiele mit Klaviatur. Siehe Tasteninstrumente.
Xylophon	oder Holzharmonika (Strohfiedel). Verschieden gestimmte Holzstäbe auf Strohunterlage; mit Klöppeln geschlagen. Tonumfang 2 bis 5 Oktaven (heute chromatisch). In Europa ab 1511 nachgewiesen.
Marimba	afrikanische Abart des Xylophons. Die Resonanz der Tonträger (rechteckige Holzplättchen) wird durch darunter angebrachte Flaschenkürbisse verstärkt (indonesische Variante Abbildung Seite 8). Beim modernen Marimba (Orchesterinstrument) sind die Kürbisse durch Stahlrohre ersetzt. Tonumfang bis zu 5 Oktaven.
Hackbrett	(ital. *Cembalo*, franz. *Tympanon*, engl. *Dulcimer*). Trapezförmiger, mit Saiten bespannter Resonanzkasten. Die Saiten werden mit Klöppeln geschlagen. Heute noch gebräuchlich als *Cimbal* der Zigeuner und als Volksinstrument. Entstanden im Mittelalter, wohl deutscher Herkunft (daher italienisch auch *Salterio tedesco* = deutsches Psalterium). Vorläufer des Klaviers. Siehe Saiten-(Zupf-)instrumente: Psalterium, Monochord und Tasteninstrumente: Klavier.

II. Saiteninstrumente

a) Streichinstrumente, ihre Saiten werden mit einem Bogen gestrichen

Frühformen

Serinda	altindisch, noch gebräuchlich (Abbildung Seite 20).
Rebab	auch *Rabab*, *Rubab*. Lautenartiges Streichinstrument persisch-arabischer Herkunft (um 600 n. Chr.). Mit den Arabern nach Spanien gelangt (Abbildung Seite 22).

Crwth   später *Crout, Chrotta,* westeuropäisch. Um 1000 n. Chr. aus dem
                        altirischen Zupfinstrument gleichen Namens hervorgegangen
                        (Abbildung Seite 45). Nicht zu verwechseln mit der *Rotta*
                        (siehe Psalterium).
Drehleier   westeuropäisch, seit etwa 1000 n. Chr. Während des Mittelalters
                        sehr verbreitet, abermals im 18. Jahrhundert, heute selten.
                        Die Saiten wurden mit einem Rad gestrichen, daher *Radleier,*
                        aber auch *Weiber-* oder *Bauernleier, Organistrum* genannt
                        (Abbildung Seite 116).
Organistrum   ältester überlieferter Name für Drehleier.
Rebec   westeuropäisch, im 14. Jahrhundert vermutlich aus der arabisch-
                        spanischen *Rebab* und der griechischen *Lyra,* einem birnenförmigen
                        Streichinstrument (!) jener Zeit, hervorgegangen.
Trumscheit   auch *Monochord* (Einsaiter), *Trompetengeige, Marien-* und *Marinegeige*
                        genannt, im 14. bis 16. Jahrhundert weit verbreitet, diente bis ins
                        19. Jahrhundert wegen seines grellen Klanges als Trompetenersatz
                        (z. B. Signalinstrument der englischen Marine). Form: etwa
                        mannshoher Resonanzkörper aus drei schmalen, keilförmigen
                        Brettern, meist mit einer Saite bespannt (Abbildung Seite 72).
Fidel   oder *Fiedel* (lat. *fidula,* engl. *fiddle*). Name verwandt auch mit
                        Vielle (Viola), mittelalterlicher deutscher Sammelbegriff für
                        Streichinstrumente. Das Wort *fidula* zuerst belegt bei Ottfried
                        (9. Jahrhundert), das Wort *Viella* um 1150. Die Resonanzkörper
                        der deutschen Streichinstrumente waren damals im Gegensatz zu
                        den flachen französischen stark gewölbt (birnenförmig). Das
                        bespöttelten die Franzosen mit dem Wort *gigue* (Schinken).
                        Daraus wurde später *Giga* und schließlich *Geige* (Begriff *Geige*
                        schon von Praetorius angewendet, siehe Abbildung Seite 116).
Lira da braccio   (ital.), Armlira, Ende des 15. Jahrhunderts. Ihr Resonanzkörper
                        ähnelt formal schon auffallend dem der späteren Violine
                        (Abbildung Seite 116 zeigt eine Lyra de Gamba).
Viola   vorherrschend im 16. bis 18. Jahrhundert. Gebräuchlich als
                        Diskant-, Alt-, Tenor- und Baßviola. Zur Familie der Violen
                        gehören:
       Diskant-Viola in Frankreich *Quinton oder Quinte,* da mit Saiten bespannt.
                        Formal = kleine Viola da braccio.
       Viola da braccio (vom ital. *braccio* = Arm), Armviola. Mit 6 Saiten bespannt.
                        Gebräuchlich als Alt- und Tenorviola (Taille).
       Viola da gamba (von ital. *gamba* = Bein), Beinviola, kurz *Gambe* genannt.
                        Mit 6 Saiten bespannte Baßviola.
       Violone   (Contrabasso di viola), Kontrabaßviola. Mit 6 Saiten bespannt.
                        Stimmung eine Oktave tiefer als die der Gambe.

                        Ableitungen
       Viola bastarda etwas größer als die Gambe, bespannt mit bis 7 Saiten und ebenso
                        vielen Resonanzsaiten, die unter dem Griffbrett entlang
                        geführt sind.
       Viola d'amore ähnlich gebaut wie die ›bastarda‹, doch nur etwa so groß wie
                        die heutige Bratsche.
       Baryton   auch *Bariton, Gamba, Viola di bordone* genannt, eine Viola d'amore
                        in Baßlage, etwa von der Größe des heutigen Cellos.

	Mit 6 bis 7 Saiten und bis zu 24 Resonanzsaiten (unter dem Griffbrett) bespannt. Noch Haydn entwarf für dieses Instrument viele Stücke.
Viola pomposa	irreführende Bezeichnung für *Violoncello piccolo*. Von Johann Sebastian Bach entworfen, gebaut von Hoffmann in Leipzig. Gehört nicht zur Familie der Violen, ist vielmehr ein kleines fünfsaitiges Cello (Größe zwischen Cello und Bratsche). Bach schuf seine 6. Cellosuite für dieses Instrument, solistisch verwendete er es in mehreren Kantaten.
Violino piccolo	kleine Violine, belegt seit 1590, verdrängte damals allmählich die Diskant-Viola aus der weiterhin gebräuchlichen Violenfamilie. Sie zeigt erstmals die Grundform der
Violine	oder *Geige* (Herkunft des Wortes ›Geige‹ siehe Fidel). Sie ist weder eine kleine Viola noch der direkte Abkömmling einer bestimmten anderen Art, vielmehr das formal und klanglich eigenartige Endergebnis aus der langen Reihe der älteren Streichinstrumente (um 1600). Grundstimmung ihrer 4 Saiten: g, d^1, a^1, e^2; Tonumfang g bis c^4. Sopraninstrument. Von ihr im 17. und frühen 18. Jahrhundert abgeleitet: Bratsche und Violoncello.
Bratsche	auch *Viola* genannt, doch richtiger als *Altvioline* zu bezeichnen. Grundstimmung ihrer 4 Saiten: c, g, d^1, a^1; Tonumfang c bis g^3. Altinstrument (die tiefen Töne der c-Saite = Tenorlage).
Violoncello	kurz *Cello* genannt, Violine in Baß-Baritonlage. Grundstimmung ihrer 4 Saiten: C, G, d, a; Tonumfang C bis g^2. (Die hohen Töne = Tenor-Altlage.)
	Violoncello piccolo siehe *Viola pomposa*.
Kontrabaß	oder *Violone*, einziges Instrument dieser Gruppe, das in großer Violinform oder in Violaform gebräuchlich ist. Grundstimmung der 4 oder 5 Saiten: (1 C), 1 E, 1 A, D, G. Tonumfang 1 C bis e^1.
	Geigen (1. und 2.), Bratschen, Celli und Kontrabässe bilden im klassischen, romantischen und modernen Orchester das Gruppenquintett der Streichinstrumente.

b) Zupfinstrumente, ihre Saiten werden mit den Fingern oder mit einem Plectrum (Plectron), einem Stäbchen aus Schildpatt, Elfenbein, Holz oder Metall gezupft.
Man unterscheidet *Harfen, Leiern, Zithern, Lauten* und *Gitarren* nebst ihren Abarten.

Harfe	(ital. *Arpa*, franz. *Harpe*, engl. *Harp*). Man unterscheidet *Bogen-, Winkel-* und *Rahmenharfen*.
Bogenharfe	orientalischer Herkunft, etwa ab 5000 vor Chr. Wahrscheinlich entstanden aus dem Jägerbogen. Er wird zum *Musikbogen* bzw. zur *Maultrommel* (bei Naturvölkern). Die einzige Saite der Maultrommel ist mit einer Lamelle verbunden, die der Spieler im Mund hält. Sie steigert die Lautstärke des durch Zupfen hervorgerufenen, noch geräuschähnlichen Tones. Andere Bogenharfen (bei Naturvölkern), 3- bis 5saitig, sind mit einem Kürbis als Resonanzkörper verbunden. Bei altägyptischen Bogenharfen mündet der Bogen unten bereits in einem breiten, die Bogenrundung fortsetzenden Resonanzkörper (Abbildung Seite 24).

Winkelharfe etwa ab 3000 vor Chr. (Königsgräber von Ur, Chaldäa) bzw. 2000 vor Chr. (Ägypten). Der die Saiten tragende Arm bildet mit dem Resonanzkörper einen Winkel. Es gab kleine und bis übermannsgroße Exemplare dieser alten Art. Sie waren mit 4 bis 21 Saiten bespannt und bisweilen schon durch Bronzewirbel einstimmbar (Abbildung Seite 24).

Rahmenharfe annähernd vorgebildet in Ägypten und Palästina. In Irland und England seit dem 8. Jahrhundert vorhanden. Sie hat fast von Anbeginn die Form der *Spitzharfe*, d. h. ihr Resonanzkörper ist in die Länge gezogen und führt, sich verjüngend, nach oben. Der dort von ihm ausgehende, die Saiten tragende Winkelarm ist durch eine Stützstange mit dem unteren Ende des Resonanzkörpers verbunden *(Dreiecksform,* Abbildung Seite 92). Diese Grundform blieb, abgesehen von modischen Varianten (Einbuchtung des Saitenträgers, nach außen gewölbte Stützstange, Ornamentik, Trapezform des Psalteriums etc.) bis heute gültig. Die altirische *Bardenharfe* und die von ihr abgeleitete mittelalterliche *Ritter-* bzw. *Damenharfe* waren klein, tragbar, mit wenigen Saiten bespannt. Die große Harfe wies im 17. Jahrhundert bereits 43 Saiten auf. Sie waren diatonisch gestimmt, also ohne chromatische Zwischentöne. 1720 schuf Hochbrucker in Donauwörth die *Pedalharfe*. Sie gestattete das Umstimmen aller in Oktaven übereinanderstehenden Saiten um einen Halbton. Aus ihr entwickelte Erard 1820 die seither im Orchester übliche *Doppelpedalharfe*. Sie hat 7 Pedale, die ein rasches Höherstimmen aller Saiten um einen Halb- oder Ganzton gestatten. Tonumfang heute meist von ^{2}Ces bis ges^4 (bei der Grundstimmung Ces-Dur).

Psalterium oder *Psalterion*, deutsch *Rotta*. a) kleine dreieckige oder trapezförmige Rahmenharfe des Mittelalters (Abbildung Seite 56). b) zitherartiges Saiteninstrument des Mittelalters, dem hebräischen Psalter vergleichbar, vielleicht wie das Hackbrett mit Klöppeln geschlagen.

Äolsharfe Windharfe (Blasinstrument!), hier wegen des Namens erwähnt. Prinzip: in einen rohrartigen Windkanal sind quer zur Rohrwand Saiten gespannt; sie werden vom Wind zum Klingen gebracht. Im Mittelalter wurden Benutzer der Äolsharfe wegen Zauberei verklagt. Während der Romantik beliebtes Instrument in Parks etc. Heute kaum noch gebräuchlich.

Monochord (Einsaiter). 1. Zupf- und Tonmeßinstrument, als solches schon von Pythagoras verwendet. Die über einen Resonanzkörper gespannte Saite wird durch einen verschiebbaren Steg beliebig geteilt. Im 2. bis 11. Jahrhundert nach Chr. wird daraus das *Polychord* mit bis zu 19 Saiten (ital. *Manichord)*, Vorläufer des Hackbretts. 2. Streichinstrument, siehe Trumscheit.

Leier (griech. Lyra), orientalischer Herkunft, ca. 3000 vor Chr. bei den Sumerern, später in Ägypten. Grundform (im Gegensatz zu den Harfen): breiter, mitunter tierförmiger Resonanzkörper mit zwei daraus aufstrebenden Armen, die oben einen Querarm tragen. Zwischen ihm und dem Resonanzkörper sind die Saiten gespannt. Sie ruhen unten auf einem meist schräg gestellten Steg.

		Bespannung: 4 bis 7, später bis 26 Saiten. Zur Familie der Leiern gehören u. a.:
	Lyra	altgriechische Leier mit gewölbtem Resonanzkörper, oft Schildkrötenpanzer. Zwei dünne Arme, meist Antilopenhörner, tragen den Querarm. Bespannung: 7, später bis 11 Saiten. Zarter Klang (Abbildung Seite 33).
	Kithara	altgriechische Leier mit flachem Resonanzkörper, der auch die beiden aufstrebenden Arme bildet, daher kräftiger im Klang als die Lyra. Bespannung: 7, später bis 11 Saiten (Abbildung Seite 32 und Seite 33).
	Crwth	altirische Leier, der Kithara verwandt (7. Jahrhundert nach Chr.). Siehe Streichinstrument des gleichen Namens.
	Kantele	altfinnische Leier, der griech. Lyra verwandt. Als Volksinstrument noch gebräuchlich.
Zither		Name über mittelalterliche Varianten hergeleitet von der Kithara. Im Gegensatz zu dieser hat die Zither einen unter den Saiten durchgehenden Resonanzkörper (wie Psalter, Psalterium, Hackbrett). Die moderne Zither hat 5 Melodiesaiten (auf Griffbrett mit Bünden) und 28 bis 40 abwechselnd in Quinten und Quarten gestimmte Begleitsaiten. Gebräuchlich als Diskant-, Alt-, Baßzither, als *schwedische Hummel, böhmisches Scheitholz, Harzer Waldzither* u. a. Abart: herzförmige *Streichzither* mit 4 Saiten.
Laute		(ital. *liuto,* franz. *luth,* engl. *luthe*), orientalischer Herkunft, um 3000 vor Chr. in Babylon, später Ägypten, Persien. Bei den Arabern wurde daraus die *Aud* oder *A'lud.* Sie verbreitete sich von Spanien aus in Europa, dort vorherrschend im 14. bis 17. Jahrhundert, auch im Orchester verwendet. Kennzeichen: birnenförmig gewölbter Resonanzkörper mit verziertem Schalloch mitten in der flachen Oberseite. Langer Hals mit Griffbrett, Bünden, Wirbelkasten mit seitlichen Wirbeln für die 6 (aber auch 12 und mehr) Saiten. Früher hatte sie u. a. 2 Mal 5 Saiten und Melodiesaite auf Griffbrett, 5 zusätzliche daneben. Heute vorwiegend Volksinstrument. Abarten u. a.:
	Theorbe	Baßlaute mit doppeltem Wirbelkasten für die ca. 6 Griffsaiten und 8 Nebensaiten. Um 1600 Generalbaßinstrument.
	Chittarrone	eigentlich ›große Gitarre‹, indessen formal eine Baßlaute (17. bis 18. Jahrhundert) mit überlangem, mitunter für zwei Wirbelkästen etwas schräg gestelltem Hals. Generalbaßinstrument.
	Mandoline	oder *Mandola* (ital.), kleines lautenartiges Instrument mit kürbisartigem Resonanzkörper, doppelchörig, d. h. mit 2 mal 4 oder 6 Saiten von paarweise gleicher Stimmung bespannt. Wird mit Plectrum gespielt.
	Pandura	mandolineartiges Instrument der ukrainischen Kosaken.
	Domra	altrussisches Nationalinstrument, lautenartig, neuerdings mit drei in Quarten gestimmten Metallsaiten. Spitz im Klang.
	Balalaika	zur Zeit Peters des Großen aus der Domra hervorgegangen. Drei- bis sechseckiger Resonanzkörper mit langem, schlankem Hals.
	Vina	indische Variante der Laute mit halbkugelförmigem Resonanzkörper, breitem Hals mit Bünden, meist 4 Saiten.

Gitarre	Wirbelkasten zeigt oft Tierkopf, unter dem Halsende bisweilen noch kugelförmiger Resonanzverstärker.
Tanbur	persisch-arabische Lautenart mit apfelförmigem Resonanzkörper und sehr langem Hals.
	wohl im 13. Jahrhundert aus der arabischen Aud (siehe Laute) hervorgegangen, doch im Gegensatz zur Laute mit fiedel- bzw. gambenähnlichem Resonanzkörper, dessen obere und untere Platte flach und durch ›Zargen‹ (Seitenwände) miteinander verbunden sind. Hals, Griffbrett mit Bünden und Wirbelkasten wie bei der Laute, doch stehen die Wirbel nach hinten ab (nicht zur Seite). Von ihren vielen Abarten seien erwähnt:
Cister	15. bis 17. Jahrhundert, Birnenform mit langem Hals oder seitlich bizarr ausgebuchteter Resonanzkörper mit flachem, kurzem Hals. Von dieser Art hielt sich das *Cithrinchen* (auch *Englische Zither*) bis ins 19. Jahrhundert, vereinzelt (so in Hamburg) bis heute.
Banjo	auch ›Negergitarre‹, portugiesisch. Mit rundem, flachem Resonanzkörper und langem Hals.
Hawaien-Gitarre	oder *Ukulele*. In Tanzorchestern neuerdings wie das Banjo oft mit elektroakustischem Klangverstärker.
Shamisen	banjoähnliches japanisches Instrument.

c) Saiteninstrumente mit Klaviatur, siehe Tasteninstrumente.

III. Blasinstrumente

Man unterscheidet im allgemeinen *Holzblasinstrumente*, *Blechblasinstrumente* und *Blasinstrumente mit Klaviatur*. Diese Gliederung ist gegenwärtig üblich bei Orchestern, ihr entspricht auch die Anordnung der Instrumente in den Partituren (siehe ›Entwicklung der Notenschrift‹). Sie ist zwar ungenau – denn es gibt z. B. Flöten aus Metall, Hörner aus Holz usw. –, doch sie gestattet im Zusammenhang mit der Praxis eine leichte Orientierung und ist hier daher anstelle der exakteren von Curt Sachs beibehalten. Hinweise auf Überschneidungen sind eingefügt.

a) Holzblasinstrumente

Pfeifen	älteste Blasinstrumente. Nach Funden aus alter und mittlerer Steinzeit meist aus Geflügelknochen. Sie wurden etwa wie hohle Schlüssel angeblasen. Umfang: ein Ton.
Panflöte	oder *Syrinx*, antike griechische Hirtenflöte. Eigentlich ›Panpfeife‹. Besteht aus verschieden großen, floßartig verbundenen Rohrpfeifen. Abgewandelt bei Wolfgang Amadeus Mozart als Papagenos ›Zauberflöte‹. Archetyp der Orgel (Abbildung Seite 31).
Flöten	älteste Blasinstrumente mit seitlich am Rohr angebrachten Grifflöchern (für unterschiedlich hohe Töne). In China seit 2700 vor Chr. Zunächst aus Tier- oder Menschenknochen (Mexiko), Schilf, Bambusrohr oder Weidenrinden (so noch heute bisweilen als Kinderflöte), später aus Holz, Glas, Metall. Man unterscheidet *Schnabelflöten* und *Querflöten*.
Schnabelflöten	oft auch als *Längsflöten* bekannt, im Abendland sei dem 11. Jahrhundert nachgewiesen. Sie haben schnabelartige Mundstücke.

Blockflöte (ital. *flauto dolce*, franz. *flûte douce*), auch *Ploch-* oder *Blochflöte*. Schnabelflöte von ansprechendem, doch wenig modulationsfähigem Klang. Von etwa 1400 bis 1850 vorherrschend (auch im Orchester), dann von der Querflöte verdrängt. Neuerdings in der Jugend-, Schul- und Hausmusik wieder sehr beliebt. Gebräuchlich in Sopran-, Alt-, Tenor-, Baßstimmung.

Flageolett, kleine Schnabelflöte. Stimmung etwa wie Piccolo-Flöte.

Querflöte (ital. *flauto traverso*, franz. *flûte traversière*, engl. *german flute*), im Mittelalter auch *Schwegel* (Abbildung Seite 71). Gelangte vom Orient nach Deutschland und fand als ›deutsche Flöte‹ Verbreitung in Europa (seit 12. Jahrhundert). Tonerzeugung durch Anblasen der scharfen Kante eines seitlich angebrachten runden Anblaslochs. Verdrängte um 1750 die Schnabelflöte aus dem Orchester. Durch ›Überblasen‹ ist außer dem Grundton der 2. bis 5. Oberton erreichbar. Die mit Klappen versehenen Grifflöcher der modernen *Großen Flöte* erschließen zusätzlich die chromatische Reihe von h bis c⁴ und darüber. Neben der Großen Flöte gebräuchlich die ›kleine‹ oder *Piccolo-Flöte* (eine Oktave höher als die Große Flöte), mitunter auch die *Altflöte* in F- und G-Stimmung (Quinte bzw. Quarte tiefer als Große Flöte). Klang der Großen Flöte sehr modulationsfähig. Sie ist spieltechnisch das beweglichste Blasinstrument im Orchester.

Schalmeien mit doppeltem Rohrblatt d. h. mit zwei aufeinanderklappenden Zungen (Holzplättchen) im Mundstück. Beim Anblasen entstehen durch Bebungen der Zungen tonbildende Luftschwingungen. Prinzip seit 3000 vor Chr. im Orient angewendet. Wort Schalmei entstanden aus lat. *calamellus*, daraus franz. *chalemel, chalumeau*, deutsch Schalmei.

Aulos altgriechische Schalmei, eine Art Doppeloboe (Abbildung Seite 31). Aulodie, Sologesang mit Aulosbegleitung.

Bomhart oder *Pommer*, Schalmeienart, die im 14. bis 17. Jahrhundert sehr gebräuchlich war. In den verschiedensten Größen, bis zu 3 Meter Länge. Vorläufer der Oboen und Fagotte.

Oboe (franz. *haut bois* = hohes Holz), im 17. Jahrhundert in Frankreich aus der Bomhart (Pommer) hervorgegangen. Hat 9 bis 14 Klappen und einen Tonumfang von (b) h bis f³ (a³). Charakteristisch heller, etwas näselnder Klang. Seit dem Barock sehr beliebtes Orchester- und Soloinstrument.

Oboe d'amore Oboe in A-Stimmung (kleine Terz tiefer als Oboe). Hat kugelförmigen Schalltrichter mit enger Öffnung, daher gedämpfter im Klang.

Englischhorn Oboe in Altlage (F-Stimmung, Quinte tiefer als Oboe). Charakteristisch verwendet als Hirtenschalmei in Wagners ›Tristan und Isolde‹ (3. Akt).

Heckelphon Bariton-Oboe. Tonumfang von A bis f². 1904 von Heckel gebaut. Klang angenehm, voll. Wird leicht verwechselt mit der im Klang sanfteren französischen Bariton-Oboe (C-Stimmung, eine Oktave tiefer als Oboe).

Fagott (vom ital. *fagotto* = Bündel, franz. *Basson*, engl. *Bassoon*), ebenfalls Abkömmling der Bomhart (spätes 16. Jahrhundert),

	deren unförmig langes Rohr man zerlegte und ›bündelte‹. Wegen des sanften Tones früher *Dulciane* genannt. Hat bis 18 Klappen, Tonumfang von $_1$B bis es². Klang in der Tiefe sonor, Mittellage etwas näselnd, hohe Töne hell, spröde. Vorzüglich auch in komischen Wirkungen. Im Orchester Baß der Holzbläser.
Kontrafagott	Tonumfang eine Oktave tiefer als der des artgleichen Fagotts.
Schalmeien mit einfachem Rohrblatt	(Aufschlagzunge).
Dudelsack	(ital. *piva*, franz. *musette*, engl. *bagpipe*), Sackpfeife altorientalischer Herkunft, speziell schottisches Nationalinstrument mit ledernem Windsack, einer Melodie-Schalmei (6 Grifflöcher) und 1 bis 3 Hummeln oder Brummern, d. h. Pfeifen, die die Melodie mit gleichen Baßtönen unentwegt begleiten. Im Klang etwas quäkend, leiernd (Abbildung Seite 125). Im 15. Jahrhundert auch mit Doppelrohrblatt-Schalmei.
Klarinette	(ital. *Clarinetto*), um 1700 von Denner in Nürnberg aus der franz. chalumeau (Schalmei) entwickelt, zunächst mit 2, heute mit 18 Klappen. Wurde seit 1750 allmählich im Orchester heimisch. Tonumfang etwa e bis c⁴, aber in verschiedenen, klanglich voneinander abweichenden Stimmungen gebräuchlich (vorwiegend in B, A, Es). Hohe Töne hell (im forte gut), mittlere voll, weich, ausdrucksvoll, tiefe düster.
Altklarinette	im Klang gedämpfter als Klarinette. Meist in F- oder Es-Stimmung.
Bassetthorn	Altklarinette mit leicht gekrümmtem Ansatzrohr für das Mundstück und mit hochgebogenem Messingschalltrichter. Grundton 2 Töne unter dem der Altklarinette.
Baßklarinette	formal dem Bassetthorn ähnlich, aber mit geschwungenem Ansatzrohr für das Mundstück. Vorwiegend in B-, seltener in A-Stimmung. Grundton eine Oktave unter dem der Klarinette. Klang eigenartig dunkel, weich, voll.
Saxophon	formal dem Bassetthorn ähnlich, doch nicht mit zylindrischem, sondern nach unten sich verbreiterndem, gedrungenerem Schallrohr. Überdies Blechblasinstrument, aber mit Rohrblattmundstück, daher hier einzuordnen. Um 1840 in Frankreich von Adolphe Sax entwickelt. Gebräuchlich in Sopran-, Alt-, Tenor-, Bariton-, Baß- und Kontrabaßstimmung. Klang äußerst modulationsfähig.

b) Blechblasinstrumente mit trichter- oder kesselförmigem Mundstück.

Prinzip: beim Anblasen geraten die gegen das Mundstück gepreßten Lippen des Bläsers in Schwingungen, die die Tonhöhe beeinflussen. Durch Änderung der Lippenspannung werden außer dem Grundton eine Reihe von ›Naturtönen‹ (Obertöne) erreichbar. Die fehlenden Töne der vollständigen chromatischen Reihe wurden neuerdings durch ›Züge‹ (siehe Zugposaune) oder ›Ventile‹ (siehe Ventilhorn) erschlossen (Ausnahmen siehe Krummhorn, Zink, Serpent, Ophikleide, Bügelhorn).

Die Gruppe umfaßt *Hörner, Trompeten, Posaunen, Tuben* und ihre Abarten. Sie alle gingen aus gemeinsamen Frühformen hervor. Ihre Ahnenreihe beginnt mit vorgeschichtlichen Muschelhörnern bzw. hornartigen Instrumenten aus Mammutzähnen, Rind- oder Büffelhörnern. Zu geschichtlicher Zeit wurden diese naturgegebenen Grundformen dann nachgebildet oder frei variiert in Instrumenten aus Holz oder Rinde, später aus Metall.

Cankha	altindisches Muschelhorn.
Schofar	Horn aus Alt-Palästina, wohl syrischer Herkunft (Abbildung Seite 27).
Lure	hornartiges altgermanisches Blasinstrument aus Bronze, mammutzahnähnliche Form (Näheres Seite 45). Formal verwandt mit der römischen Buccina. Daher die Theorie, die Luren seien ›importierte Buccinen‹.
Buccina	altrömisches Krummhorn mit Kesselmundstück. Eine der Vorstufen der Posaune. Wurde wie das neuzeitliche Helikon über der Schulter getragen (Abbildung Seite 43).
Busine	Name hergeleitet von Buccina, frühmittelalterliches Blasinstrument von langer, fanfarenartiger Form; sarazenischer Herkunft. In ihr sieht man die eigentliche Vorstufe der Trompete und Posaune.
Jagdhorn	oder *Jägerhorn*, einfaches Signalhorn. Zunächst in der alten Tierhornform, seit dem 14. Jahrhundert außerdem mit gewundenem Rohr, so später auch *Posthorn* genannt (Abbildungen beider Formen Seite 116). Vorform des *Waldhorns* (siehe Horn). Der Wunsch, dem Jagdhorn, dem als ›Naturhorn‹ nur die ›Naturtöne‹ zugänglich waren, die lückenlose Tonskala zu erschließen, führte zu Misch- und Übergangsformen bzw. Abarten wie Krummhorn, Zink, Bügelhorn u. a.
Krummhorn	auch *Kromphorn*, mittelalterliches Holzblasinstrument mit bis zu 7 Grifflöchern und entweder mit Doppelrohrblatt (wie Bomhart) oder mit Kesselmundstück (wie Horn). Im 16. Jahrhundert in vier Größen üblich (Abbildung Seite 116).
Zink	(ital. *cornetto* bzw. *cornettino*), mittelalterliches Holzblasinstrument mit Kesselmundstück und Grifflöchern. Bis ins 17. Jahrhundert beliebt in vier Größen und zwei Typen: als gekrümmter (schwarzer) oder gerader (weißer, auch stiller) Zink (Abbildung Seite 116).
Serpent	(ital. *serpentone*, ›Schlangenrohr‹), um 1590 aus dem schwarzen Zink hervorgegangen. Holzblasinstrument mit Kesselmundstück, schlangenförmig gewundenem Rohr und Grifflöchern. Baß der Zinken. Klang roh, war bis ins 19. Jahrhundert gebräuchlich, wurde durch die Baßtuba verdrängt. Abart: *Baßhorn* (aus Holz) mit zwei wie beim Fagott ›gebündelten‹ Rohrteilen. Veraltet.
Ophikleide	der Name besagt etwa ›mit Klappen versehene Schlange‹. Ging im 19. Jahrhundert auf dem Umweg über das Baßhorn aus dem Serpent hervor, ist aber ein Blechblasinstrument mit Tonlöchern und Klappen (Klappenhorn), und gehört damit zugleich zur Familie der Bügelhörner, deren Baß sie bildet.
Bügelhorn	oder *Buglehorn*, *Klarin*, Klappenhorn, entstanden um 1770. Militärhorn, in verschiedenen Größen üblich, vorwiegend als *Althorn* und *Tenorhorn* (Baß siehe Ophikleide). Seit 1830 mit Ventilen.
Horn	oder *Waldhorn* (ital. *corno*, franz. *cor*, engl. *horn*), Ende des 17. Jahrhunderts aus dem Jagd- und Posthorn hervorgegangen. Hat sehr langes, kreisförmig eingerolltes Rohr und breiten Schalltrichter (Stürze). ›Naturhorn‹ mit beträchtlichem Tonumfang (bis zum 16. Oberton). Einige fehlende Zwischentöne erreichte man durch ›Stopfen‹ (Einführen der rechten Hand in die ›Stürze‹). Doch die ›gestopften‹ Töne klangen gedämpft

Ventilhorn	und waren nur begrenzt verwendbar (beim Ventilhorn werden sie bewußt für besondere Wirkungen eingesetzt). Mitte des 18. Jahrhunderts wurde das Horn im Orchester heimisch. Sein Klang ist weich und voll. Es wurde abgelöst vom Waldhorn mit Ventilmechanismus (1815 von den Schlesiern Stölzl und Blümel konstruiert). Prinzip: das Schallrohr wird mit Verlängerungsstücken gekoppelt, die durch Öffnen oder Schließen von Ventilen ein- oder ausgeschaltet werden. Je nach dem Grad der Rohrverlängerung ändert sich der Grundton (und damit die erreichbare Obertonreihe) um ½ bis 1½ Töne. Das Prinzip erschloß dem Horn die vollständige chromatische Reihe. Es wurde als Ventilhorn zum uneingeschränkt verwendbaren Melodieinstrument und gewann (zusammen mit Ventiltrompeten und Tuben) starken Einfluß auf den Klangcharakter des romantischen und modernen Orchesters. In verschiedenen Stimmungen gebräuchlich.
Cornet	(deutsch Kornett), französische Abart des Horns.
Cornet à pistons	französisches Ventilhorn.
Trompete	(ital. *tromba clarino*, franz. *trompette*, engl. *trumpet*). Um 1240 wie die Posaune von der *Busine* abgeleitet. Ihr zunächst langgestrecktes, gerades Rohr – typisch für die *Fanfare* des 16. Jahrhunderts – erhielt schon im 15. Jahrhundert gewundene *Bogen-* oder *Bügelform*. In D-Stimmung wurde diese Form – mit sehr engem Schallrohr und flachem Kesselmundstück – zum *Clarin-* oder *Clarinotyp* der Bach-Händel-Zeit (Bachtrompete). Ferner entstanden *Zugtrompeten* und *Klappentrompeten*. Sie wurden 1830 abgelöst von der *Ventiltrompete*, die als *Sopran-*, *Alt-*, *Baßtrompete* in verschiedenen Stimmungen gebräuchlich ist. Die von Wagner im ›Ring‹ benutzte Baßtrompete wurde nicht für ihn gebaut. Die fanfarenartige ›Aida-Trompete‹ (in H- und As-Stimmung) hat nur ein Ventil.
Posaune	(ital. *trombone*, ›große Trompete‹). Um 1240 wie die Trompete von der Busine abgeleitet. Ihre Entwicklung entsprach zunächst jener der Trompete. Im 15. bis 16. Jahrhundert entstand dann aus der Bügelform der Posaune die
Zugposaune	(Abbildungen Seite 115, 118 und 120). Prinzip: die durch ein U-förmiges Knie verbundenen geraden Rohrteile werden ausziehbar gemacht (Züge). So kann das Schallrohr nach Bedarf verlängert werden, womit sich die Grundstimmung ändert. Die chromatische Reihe ist damit erschlossen. Um 1830 entstanden zwar auch *Ventilposaunen*, doch die Zugposaune ist ihnen spieltechnisch und klanglich überlegen. Aus ihrer Familie (Diskant-, Alt-, Tenor-, Baß-, Kontrabaßposaune) ist die *Tenorposaune* die gebräuchlichste. In Verbindung mit einem Stellventil kann sie in eine Baßposaune verwandelt werden (daher Tenor-Baßposaune).
Tuba	um 1830 aus dem Bügelhorn abgeleitet, Ventilinstrument in gestreckter Bügelform. Klang hornähnlich, voll, weicher als der der Posaune. Am gebräuchlichsten ist die *Baßtuba* in C-Stimmung (sie hat bis 5 Ventile). Wagners *Nibelungen-Tuben* sind in der Form ovaler, sie haben Hornstürze und Hornmundstück. Gebräuchlich als Tenor- und Baßtuben (in B- bzw. F-Stimmung).

Euphonium	oder *Baryton*, 1843 konstruiert, etwa Tuba in Tenor-Baritonlage. Vorwiegend Militärinstrument.
Helikon	Abart der Baßtuba in kreisrunder Form. Militärinstrument, wird wie die römische Buccina über der Schulter getragen.
Bombardon	Variante der Baßtuba in Es- oder F-Stimmung, Kontrabaßtuba.

c) Blasinstrumente mit Klaviatur, siehe Tasteninstrumente.

IV. Tasteninstrumente

Man unterscheidet in der Praxis *Blas-*, *Schlag-* und *Saiteninstrumente* mit Klaviatur (Tastatur).

a) Blasinstrumente mit Klaviatur

Orgel	Ihre Geschichte beginnt mit der Panflöte und der asiatischen Sackpfeife. Aus dem 2. Jahrhundert vor Christus ist dann die *Wasserorgel* belegt. Sie gelangte zu christlicher Zeit über Byzanz nach Rom, wo sie eine Zeitlang profanen Zwecken diente. Die erste Darstellung einer *pneumatischen Windorgel* findet sich auf dem Obelisk des Kaisers Theodosius (4. Jahrhundert nach Chr.). Ihre Pfeifen erhielten von Blasebälgen aus Wind. Bald gab es Windorgeln in Rom, Spanien, England. Doch noch um 1000 nach Chr. hatten sie selten mehr als 8 bis 15 Pfeifen und einen sehr umständlichen Mechanismus (siehe Abbildung Seite 57). Die Windkanäle zu den Pfeifen wurden mit ausziehbaren Stöpseln, sodann mit Hebeln und erst seit dem 12. Jahrhundert über Tasten bedient. Bei größeren Orgeln 13. bzw. 14. Jahrhundert) wurden die Tasten so schwer, daß man sie ›schlagen‹ oder mit den Ellenbogen niederdrücken mußte. Auf die Tasten schrieb man die Buchstaben der zugehörigen Töne. Sie waren die ›Schlüssel‹ (lat. claves) für den Spieler. Das Wort *Clavis* wurde dann für die Taste selbst gebräuchlich, daher *Klaviatur*. Die Orgel wurde im 9. Jahrhundert in den Klöstern heimisch, doch erst im 13. Jahrhundert als zunächst einziges Instrument in der Kirche zugelassen. Damit begann ihr Aufstieg (14. bis 18. Jahrhundert). Damals wurde sie zur ›Königin der Instrumente‹ (siehe Kunstdrucktafel 15). Höhepunkt der Entwicklung bilden die spätbarocken Orgeln von *Arp Schnitger* (1648 bis 1720) und *Gottfried Silbermann* (1683 bis 1753). Mit der Säkularisierung wurde die Orgel dann im 19. Jahrhundert über Zwischenstufen zur *Orchesterorgel* mit differenzierten Klangfarbenskalen und später zur bombastischen *Wurlitzerorgel*, zur *Kinoorgel* des 20. Jahrhunderts. Die neue Orgelbewegung (Albert Schweitzer) wandte sich dem barocken Klangideal wieder zu. Die durchentwickelte Orgel umfaßt – wie die ältesten Muster – ein *Pfeifenwerk*, *Blaswerk* und *Spielwerk*. Das *Pfeifenwerk* bestand zunächst aus wenigen gleichartigen Pfeifen verschiedener Tonhöhe, seit etwa 1200 bildeten sich dann *Register* aus, d. h. Pfeifengruppen (vollständige Reihen) unterschiedlichen Klangcharakters, z. B. Labial- und Lingualpfeifen, Vox humana, Prinzipal, Dulciane. Hinzu kamen später

	Nachahmungen von Saiten- und Schlaginstrumenten etc. Die Register sind einzeln oder in *Mixturen* (kombiniert) spielbar. Das *Blaswerk* umfaßt die *Blasebälge* – heute meist elektrisches Gebläse – und alle Teile, die der Zufuhr der Luft zu den Pfeifen dienen *(Windkanäle, Windkasten, Windlade* etc.). Das *Spielwerk (Registerwerk)* umfaßt 1 bis 5 *Manuale* (Klaviaturen für die Hände), 1 bis 2 *Pedale* (Klaviaturen für die Füße), *Koppeln* (Knöpfe zur Auswahl einzelner bzw. zur Koppelung mehrerer oder aller Register) und andere Vorrichtungen für *Schweller, Tremulanten, Echo, Fernwerk* etc.
Portativ	kleine tragbare Orgel, selten mit mehr als 2 Oktaven Umfang (9. bis 18. Jahrhundert).
Positiv	Zimmerorgel mit 2 bis 6 Registern (Abbildung Seiten 92, 124).
Regal	Portativ mit Zungenstimmen, Kastenform. Oft zeigen die Blasebälge die Form aufklappbarer Bibeln, daher *Bibel-Regal* (16. bis 18. Jahrhundert).
Harmonium	orgelähnliches Tasteninstrument mit Durchschlagzungen ohne Resonatoren, d. h. ohne den Klang beeinflussende Schallrohre. Der Wind wird von Pedalbälgen aus an die Zungen herangeführt. Konstruiert 1810 von Grénier.
Ziehharmonika	auch *Schifferklavier*, Volksinstrument, tragbar, mit Durchschlagzungen. 1829 von Weathstone aus der *Mundharmonika* entwickelt. Die einfache *diatonische* Ziehharmonika hat etwa 30 Melodie- und 6 bis 12 Baßtasten, die große *chromatische, Akkordeon* oder *Konzertina* genannt, hat bis 140 Töne und mehrere Register.
Bandonion	kleine Ziehharmonika mit achteckigem Gehäuse.

b) Schlaginstrumente mit Klaviatur

Glockenspiel	(franz. *Carillon*). Mozart ließ für das I. Finale der ›Zauberflöte‹ ein Glockenspiel mit Klaviatur bauen. In der ersten Pariser Aufführung ersetzte man es durch ein improvisiertes Stahlstabklavier.
Celesta	Stahlplattenklavier von zartem, aetherischem Klangcharakter. 1886 von Mustel in Paris konstruiert. Tonumfang etwa 5 Oktaven (c bis c^5).
Klavierharmonika, Glasharmonika	Französischer Vorläufer der Celesta, aber mit Glasplatten.
Glasharmonika	des 18. Jahrhunderts, nicht zu verwechseln mit Klavierharmonika, kein Tasteninstrument. Bestand aus verschieden gestimmten Glasschalen, die nebeneinander wie Räder um eine gemeinsame Stangenachse rotierten. Sie wurden mit der angefeuchteten Fingerkuppe zum Klingen gebracht. Mozart verwendete das Instrument in seinem Quintett K.V. 617 (siehe Abbildung Seite 336). Der Harmonikapart wird heute meist von der Celesta übernommen.

c) Saiteninstrumente mit Klaviatur

Clavichord	nach 1300 hervorgegangen aus dem *Monochord* (siehe dort). Prinzip: man dämpfte die eine Seite des Monochords am einen Ende mit Stoff ab und ersetzte den verschiebbaren Steg durch mehrere spitze Tangenten (von lat. tangere, berühren), die mit Tasten gekoppelt waren und an verschiedenen Stellen gegen

	die Saite gedrückt wurden. Das nicht gedämpfte Teilstück der Saite ergab nun von jeder sie berührenden Tangente aus einen anderen Ton. Man übertrug das Prinzip auf *Psalterium* und *Hackbrett*, gab später jeder Saite nur eine Taste und erhielt so das durchgebildete Clavichord. Sein Klang ist sanft, schwebend. Bei niedergedrückten Tasten klingen die Saiten nach. Man kann also den Klang durch Bebungen etc. beeinflussen. Das Clavichord war Bachs Lieblingsinstrument (Abbildung Seite 92).
Kielinstrumente	ebenfalls seit 14. Jahrhundert. Prinzip: die nicht abgedämpften Saiten werden ›angerissen‹ von Federkielen, die mit Tasten gekoppelt sind. Sie klingen in ihrer ganzen Länge. Läßt man die Tasten los, so gleiten die Kiele zurück, ohne die klingenden Saiten zu berühren. Sie werden mechanisch abgedämpft. Der Klang der Kielinstrumente ist kräftiger, heller, präziser als der des Clavichords. Er kann aber vom Spieler nicht beeinflußt werden. Zur Familie der Kielinstrumente gehören:
Spinett	kleines Kielklavier, auch Tafel-Spinett genannt (Abbildung Seite 198).
Virginal	kleines englisches Kielklavier der Elisabethanischen Zeit (Abbildung Seite 107).
Harpsichord	großer englischer Kielflügel, bisweilen mit zwei hintereinander angeordneten Klaviaturen (Manualen) für Saitengruppen (Register) von unterschiedlichem Klangcharakter.
Clavecin	französischer Kielflügel mit ein oder zwei Manualen.
Cembalo	*Clavicembalo*, italienischer Kielflügel mit ein oder zwei Manualen (Abbildung Seite 118).
Hammerklaviere	Das erste Hammerklavier baute der Italiener *Bartolomeo Christofori* 1709. Prinzip: die Saiten werden mit Hämmern angeschlagen, die eine Filzkuppe tragen. Ein komplizierter Mechanismus bewirkt, daß die Hämmer beim Niederdrücken der Tasten gegen die Saiten schnellen und sofort wieder zurücksinken (bei niedergedrückter Taste!). Läßt man die Tasten los, so werden die klingenden Saiten automatisch abgedämpft. Durch ein Pedal (Fußhebel) kann man die Abdämpfung verhindern, durch ein zweites die Klaviatur verschieben, so daß die Hämmer nur zwei oder eine der meist drei gleichen Saiten anschlagen, die für jeden Ton zur Verfügung stehen. Dadurch wird die Lautstärke wesentlich herabgemindert. Gegen Ende des 18. Jahrhunderts wurden die Kielinstrumente von den Hammerklavieren für lange Zeit verdrängt. Zur Familie gehören:
Klavier	oder *Pianoforte* (›leise-laut‹), Hammerklavier mit vertikal gestelltem Saitenrahmen. Den Namen Pianoforte erfand Christofori.
Pianino	kleines Klavier.
Flügel	Hammerklavier mit horizontal ruhendem Saitenrahmen. Der Flügel wird in drei Größen von ähnlicher Form hergestellt: großer *Konzert-*, mittlerer *Salon-* und kleiner *Stutzflügel*. Tonumfang der Hammerklaviere bis zu 7¾ Oktaven (etwa $_2$A bis c^5).
Vierteltonklavier	großes Klavier oder Flügel mit zwei oder drei Manualen, konstruiert 1924 von *Förster*. Vorläufer sind ein 1864 in

Moskau entstandenes Vierteltonklavier (siehe Seite 614, *Hába*) und – aus der Renaissance – das *Archiorgano* (1561) von *Vicentino*. Es hatte 6 Tastenreihen mit 31 Stufen in der Oktave. Vierteltonschrift siehe ›I. Entwicklung der Notenschrift‹.

Anmerkung: über mechanische, elektroakustische und elektronische Klang- und Geräuscherzeuger findet der Leser Material im Kapitel ›Geräuschmusik, elektronische und aleatorische Musik‹ (Seite 622).

V. Fach- und Fremdwörterverzeichnis

Aufgenommen sind in der Regel nur jene Begriffe, die zwar im Text erwähnt, jedoch nicht hinreichend erklärt sind. Am Schluß einer Erklärung in Klammer gesetzte Ziffern stellen Seitenhinweise dar.

Absolute Musik durch sich selbst wirkende Musik. Sie will keinerlei außermusikalische Vorstellungen vermitteln. Gegensatz: Programmusik

a cappella Chorgesang ohne Instrumentalbegleitung

accellerando schneller werden, Tempo beschleunigen.

accompagnato Abkürzung für recitativo accompagnato. Siehe Rezitativ

adagio langsam. Adagio, sehr ruhiges Musikstück

affettuoso leidenschaftlich

aharmonische Musik, in ihr sind die Gesetze der tonalen Harmonik aufgehoben

Akkord Zusammenklang mehrerer Töne, z.B. Dreiklang (c-e-g), Vierklang (c-e-g-b), Fünfklang (c-e-g-b-d) u. a. Siehe Konsonanz

Akteur Opernsänger, Schauspieler

Aktrice Opernsängerin, Schauspielerin

Akustik (musikalische), Lehre vom Wesen der Töne

aleatorische Musik sie bezieht den ›gelenkten Zufall‹ mit ein

Alexandriner (so benannt nach dem altfranzösischen Alexanderepos), zwölfsilbiger Vers mit Zäsur nach der sechsten Silbe

Alla-breve-Takt $^2/_2$-Takt. Die erste Silbe ist betont

allegretto lebhaft. Allegretto, lebhaftes Musikstück

allegro schnell. Allegro, schnelles Musikstück

Alteration chromatische Veränderung eines Tones, Intervalles oder Akkordes, z.B. cis = alteriertes c, des = alteriertes d, c-gis = alterierte Quinte, cis-eis-gis = alterierter Akkord

andante ruhig. Andante, ruhiges Musikstück

andantino etwas lebhafter als andante

Anglaise altenglischer Kontertanz für mehrere Paare, die sich gegeneinander bewegen. Gegensatz ist zum Beispiel der Rundtanz, bei dem die Tänzer sich im Kreis hintereinander bewegen

animato beseelt

appassionato leidenschaftlich

Arie (Aria, Air), in der Oper = Sologesangstück lyrischen oder dramatischen Charakters. Ursprünglich in dreiteiliger Liedform. Abarten: Da-capo-Arie, große dramatische Arie, Bravour- oder Koloraturarie, lyrische Arie, Ariette (kleine A.), Kavatine (Couplet, Kanzone)

Arioso (ital.) sangliche, arienhafte Teile eines Rezitativs

Arpeggio gebrochen. Vortragszeichen (Schlangenlinie vor einem Akkord); Bedeutung: die Töne des Akkordes sollen nicht gleichzeitig, sondern kurz nacheinander hervorgebracht werden

Athematische Komposition, in ihr gibt es kein Thema, das den Aufbau bestimmt

Atonale Musik jede Musik, in der die Gesetze der tonalen Musik aufgehoben sind. Siehe tonale M. und Zwölftonm.

Auftakt unbetonter, unvollständiger Takt am Anfang eines Musikstückes oder eines seiner Teile

Badinage oder Badinerie Tändelei, übermütiges, scherzartiges Musikstück

Bagatelle Kleinigkeit, kleine Musikform der Klassik und Romantik (meist dreiteilig: a-b-a)

Ballade Lied erzählenden Charakters, ursprünglich Tanzlied. Ballade in übertragenem Sinn angewendet bei Klavier- bzw. Orchester-Ballade

Ballerina Tänzerin (Primaballerina, erste Solotänzerin)

Ballett ursprünglich Folge von Tänzen ohne szenische Handlung. Später Tanzspiel. In der Oper: Tanzepisode. Im Musiktheater aber auch selbständig als Tanzpantomime (getanzte Handlung)

Ballo (ital. Tanz)

Band kleines Tanzorchester, z. B. Jazz-Band

Benedictus siehe Messe

Berceuse Wiegenlied

Bolero spanischer Tanz im $^3/_4$-Takt (meist mit Kastagnettenbegleitung)

Bordunbaß orgelpunktartig ausgehaltene Baßstimme

Bourrée heiterer altfranzösischer Tanz im $^3/_4$- oder $^4/_4$-Takt

Buffo (ital.) närrisch, komisch. Daher opera buffa = komische Oper, Tenorbuffo = Tenor für komische Rollen

Burleske derb komisches Musikstück

Cancan schneller, wilder Tanz aus Algier

cantabile sanglich

canticum sacrum heiliger Gesang, Kirchengesang

cantus firmus (lat. = feststehender Gesang), Hauptstimme in einem streng kontrapunktischen Vokal- bzw. Instrumentalsatz

Capriccio scherzoartiges Musikstück

Cassation siehe Divertimento

Chaconne altspanischer bzw. altitalienischer Tanz im langsamen $^3/_4$- oder $^4/_4$-Takt. Zu einem Baßthema, das hartnäckig wiederkehrt (Basso ostinato) gesellen sich bei jeder Wiederholung andere Begleitstimmen. Siehe Passacaglia

Choreographie zeichnerische Festlegung von Tanzfiguren. Entwurf und Leitung von Tanzspielen

Chromatik (griech. chroma = Farbe), etwa Einfärbung, z. B. cis bzw. des = chromatisch erhöhtes bzw. erniedrigtes c. Chromatische Reihe = Reihe aller Halbtöne

coll'arco (ital.) mit dem Bogen, Vortragsbezeichnung bei Streichinstrumenten. Gegensatz ›pizzicato‹

Compostitore (ital.) Komponist

compositeur (franz.) Komponist

concerti ecclesiastici Kirchenkonzerte

Couplet kleines Lied, neuerdings Kabarett-, Operetten-, Schlagerlied

Courante (Kurante), lebhafter altfranzösischer (16. und 17. Jahrhundert) Tanz im Dreitakt ($^3/_2$, $^3/_4$, $^6/_4$)

Credo siehe Messe

crescendo (ital.) allmählich lauter werden

Csárdás ungarischer Tanz im geraden Takt (häufig mit schwermütiger Einleitung) mit lebhaftem, bis zur Wildheit sich steigerndem Hauptteil

Da capo Wiederholungszeichen: Von Anfang an wiederholen

dal segno vom Zeichen an wiederholen

Dezett Musikstück für zehn Instrumente

diatonische Reihe im tonalen System: Reihe der Stammtöne (auf dem Klavier die weißen Tasten). Diatonisch im weitesten Sinne sind alle auf einen Grundton bezogenen Reihen des tonalen Dur-Moll-Systems

Dies irae siehe Messe

diminuendo (ital.) allmählich leiser werden

Disharmonie unbefriedigender Zusammenklang

Diskant höchste Singstimme (auch Orgelregister)

Dissonanz unbefriedigender Zusammenklang. Siehe Konsonanz

Divertimento (ital.) auch Divertissement (franz.), mehrsätzige Ständchenmusik der Haydnzeit. Aus der Suite hervorgegangen

dodekaphon zwölftönig

Dominante fünfte Stufe der diatonischen Reihe, z. B. in der C-Dur-Reihe ist g die Dominante

Dreiklang siehe Akkord

Duett Stück für zwei Singstimmen mit oder ohne Instrumentalbegleitung

Duo Stück für zwei Instrumente, z. B. Klavier und Geige

Dur hart. Kennzeichen der Dur-Tonarten: große Terz. Zum Beispiel die Töne von C-Dur (aufsteigend): c, d, e, f, g, a, h, c (große Terz darin: c-e)

Eccossaise schottischer Rundtanz im Dreiertakt, später auch polkaähnlich im $^2/_4$-Takt

Ensemble in der Instrumentalmusik Zusammenspiel mehrerer Instrumente, in der Oper Gesangstücke für zwei oder mehr Sänger

esercizi (ital.) Übungsstücke, Etüden

Etüde Studie, Übungsstück

exercitti (ital.) Übungsstücke, Etüden ›Exercitii spirituali‹, geistliche Etüden
Exposition Einleitungsteil eines Musikstückes. Im Sonatenhauptsatz der 1. Teil, in dem die Themen aufgestellt werden

Falsett Kopfstimme (siehe Register). Falsettist, Sänger mit virituos ausgebildeter Kopfstimme
Fandango ruhiger national-spanischer Tanz im ³/₄-Takt
Fermate Zeichen für langes Aushalten eines Tones, Akkordes oder einer Pause
Figuralmusik gregorianische Choralmelodie, umspielt von reich figurierten Begleitstimmen. Gegensatz: Choral (im Diskant) mit einfachen, rhythmisch gleichen Begleitstimmen. Siehe Goudimel (105)
Figuration Verzierung, Umspielung einer melodischen Linie
Filieren beim Gesang den Ton ruhig ausströmen lassen
Fioriteren Verzierungen in einer Gesangsmelodie
Flageolett 1. sehr hohe Töne der Streichinstrumente von fremdartig zartem Charakter. Man unterscheidet natürliche und künstliche Flageolett-Töne. Die ›natürlichen‹ werden erzeugt, indem man die mit dem Bogen gestrichenen Saiten an bestimmten Stellen leicht mit einem Finger berührt. Die ›künstlichen‹ erhält man, indem man mit einem Finger die Saite fest niederdrückt und zugleich mit einem anderen Finger das angestrichene Teilstück der Saiten an bestimmten Stellen leicht berührt. 2. Abart der Schnabelflöte
Formanten Grundprinzipien (Ausdruck von Pierre Boulez, 627)
forte laut
fortissimo sehr laut
Foxtrott Gesellschaftstanz (siehe Jazz)
Française französischer, höfischer Tanz. Aus der Anglaise (siehe dort) hervorgegangen. Der Quadrille verwandt
fuga buffa heitere Fuge
fugato freier kontrapunktischer Satz, der anscheinend im Sinne einer Fuge anläuft, aber in der Art der Beantwortungen und formal eigene Wege geht
Fuge (lat.) die Flucht (also etwa: eine Stimme eilt dahin, die anderen streben ihr nach).

Im Barock hervorgegangen aus dem Ricercar und anderen Formen des polyphonen Stils. Vollendet durchgebildet von Johann Sebastian Bach. In der Fuge kommen alle Möglichkeiten der kontrapunktischen Satzweise (Imitation, Kanon, Umkehrung, Vergrößerung, Verkleinerung etc.) zur Entfaltung. Man unterscheidet freie und strenge, zwei- bis achtstimmige Fugen, ferner Fugen mit einem, zwei, drei oder vier Themen (= einfache, Doppel-, Tripel- oder Quadrupelfugen), Spiegelfugen, Zeilenfugen und andere.
In der Regel hat die barocke Fuge über ein Thema dreiteilige Form. Im ersten Teil (1. Durchführung) wird das von einer Stimme zunächst allein vorgetragene Thema nacheinander von den anderen Stimmen übernommen. Die freiwerdenden Stimmen kontrapunktieren das Thema sodann mit einem Gegenthema. Ein kurzes Interludium leitet über zur zweiten, freieren Durchführung. Sie steht in einer kontrastierenden, aber verwandten Tonart. Die äußerst kunstvolle dritte Durchführung steht wieder in der Ausgangstonart. Sie mündet nach großer Steigerung in eine freie Schlußkadenz
Fughette kleine Fuge
funktionelle Tonalität in ihr wirken sich die Gesetze der tonalen Harmonik aus
furioso wild

Gaillarde auch Gagliarde oder Galliarde, heiterer italienischer Tanz im ³/₄-Takt
Galopp schneller Rundtanz im ²/₄-Takt. Entstanden etwa 1824
Gavotte altfranzösischer Tanz, ruhiger Zweitakt, bisweilen mit Musette als Trio
Generalprobe letzte (bisweilen öffentliche) Hauptprobe. Ihr gehen (bei einer Oper) voraus: sämtliche Solisten-, Chor- und Orchesterproben, ferner – nach Fertigstellung des künstlerischen Gesamtplanes, der Bühnenbilder usw. und Beschaffung der Requisiten – die Stell-, Kostüm- und Beleuchtungsproben
Gesangslichter Spottgesänge, die vor den Haustüren übel beleumundeter Personen ›bei Licht‹ dargebracht wurden
Gigue altenglischer Tanz in schnellem Trippeltakt (⁶/₈, ⁹/₈, ¹²/₈)

Giocoso scherzhaft, lustig

Glissando gleitend. Vortragszeichen, üblich bei Harfe und Klavier, neuerdings auch bei Streich- und Blasinstrumenten. Beispiel Klavier: Der Spieler gleitet mit den Fingern schnell über die (weißen) Tasten, ohne jede Taste einzeln anzuschlagen. Dabei entsteht ein diffuser, geräuschähnlicher Klang, heller werdend beim Aufwärtsglissando, dunkler beim Abwärtsglissando

Gloria siehe Messe

Grand opéra Haus der Oper in Paris. ›grand opéra‹ Gattungsbezeichnung für die ›große‹ französische Ausstattungsoper

grave schwer, ruhig

Habanera ruhiger kubanischer Tanz im geraden Takt

Harmonie Wohlklang, befriedigender Zusammenklang

Harmonik Lehre von den Zusammenklängen, Harmonielehre

Harmonisation Hinzufügung von ›harmonisierenden‹ Vokal- oder Instrumentalstimmen zu einer unbegleiteten Melodie

Histias Beginn einer Zeile aus dem Offertorium: ›Histias et preces tibi, domine, laudis offerimus‹ (Opfergaben und Gebete bringen wir zum Lobe Dir dar, o Herr). Offertorium siehe Messe. Das ›Histias‹ aus dem ›Requiem‹ ist Mozarts letzte Komposition

Homophonie musikalische Kompositionsweise, in der sich alle Stimmen einer herrschenden Stimme begleitend unterordnen. Gegensatz: Polyphonie

Impromptu freies, meist lyrisches Salonstück in dreiteiliger Form mit lebhaften Eckteilen und sanglichem Mittelsatz

incarnatus Wort aus einer Zeile des Credo: ›Et incarnatus est...‹ (Er hat Fleisch angenommen). Credo siehe Messe

Instrumentarium Sammelbegriff für die in einem Orchesterstück oder einer Oper etc. verwendeten Instrumente

Instrumentation Kunst der Übertragung musikalischer Gedanken auf einzelne oder mehrere Instrumente oder Instrumentengruppen (dann auch Orchestrierung genannt)

Inszenierung szenische Verwirklichung eines Bühnenwerkes

Interludium Zwischenspiel

Intermedie siehe Intermezzo

Intermezzo, musikalisches, Zwischenspiel. Auch burleske Soloszene als Einlage oder Zwischenaktmusik. Ferner Bezeichnung für kleine Opera buffa, die zwischen einzelne Akte der Opera seria eingeschoben wurden. Die älteren Intermedien siehe (137)

Intervall Zusammenklang von zwei Tönen, z. B. c-c = Prime, c-d = Sekunde, c-e = Terz, c-f = Quarte, c-g = Quinte, c-a = Sexte, c-h = Septime, C-c^1 = Oktave, c-d^1 = None, c-e^1 = Dezime, c-f^1 = Undezime. Des weiteren unterscheidet man reine, kleine, große, verminderte und übermäßige Intervalle, z. B. c-c = reine Prime, c-cis = übermäßige Prime, c-des = kleine Sekunde, c-d = große Sekunde, c-dis = übermäßige Sekunde oder c-fis = verminderte Quarte, c-f = reine Quarte, c-fis = übermäßige Quarte. Die übermäßige Quarte bezeichnet man auch als Tritonus (Abstand von 3 Ganztönen). Beispiel für den Tritonusabstand zweier Tonarten: ›Wolfsschluchtszene‹ in Webers Freischütz (407). Siehe auch Konsonanz

Intrade Einleitungsmusik bei älteren Opern. Später wird daraus die Ouvertüre

Introduktion Einleitungsteil eines Musikstücks oder kurze Einleitungsmusik einer Oper

Introitus siehe Requiem

Isorhythmik typische Art der rhythmischen Gliederung verschiedener Formteile der Motette des 14. Jahrhunderts. Beispiel: in einer vierstimmigen isorhythmischen Motette hat jede der vier Stimmen ihre eigene Melodik und ihren eigenen Rhythmus. Hat die Motette drei Formteile, so ist das rhythmische Gesamtbild (der vier Stimmen) des ersten Teiles maßgebend für das der beiden anderen Teile. Das melodische Geschehen dagegen ändert sich in jedem Formteil bei jeder Stimme

Jazz ursprünglich eine Verschmelzung von Negergesängen (Spirituals, Blues, Ernte- und Kinderlieder) mit europäischen Märschen, Tänzen, Chorälen. Entstanden um 1900 in New Orleans, USA. Man unterscheidet den echten oder ›Hot Jazz‹, der improvisiert wird, und den angewandten oder ›Commercial Jazz‹. Echter Jazz steht immer im $^4/_4$-Takt. Besonderes Merkmal: Synkopierung der Melodie. Erster, aus dem Jazz hervorgegangener Gesellschaftstanz ist der Foxtrott. Der angewandte Jazz wurde auch in Opern übernommen. Beispiele: Křeneks ›Jonny spielt auf‹, Gershwins ›Porgy and Bess‹. Beispiel für ›sinfonischen Jazz‹: Gershwins ›Rhapsodie in Blue‹.

Jig (Gigue) englischer Tanz

Kadenz 1. Akkordfolge, die den Abschluß eines Tonstückes herbeiführt und zugleich dessen Tonart bekräftigt. 2. Bezeichnung für das unbegleitete Einzelspiel des Solisten im klassischen Konzert. Die ›Solo‹-Kadenz hat ihren Platz zwischen Reprise und Coda des ersten bzw. letzten Satzes. Sie bietet dem Solisten die Gelegenheit, seine Fähigkeiten abschließend noch einmal allein und virtuos zu entfalten

Kammer-Orchester kleines, in den Holz- und Blechbläsern solistisch besetztes Sinfonie-Orchester

Kammerton geeichter Ton von bestimmter Schwingungszahl, der für das Einstimmen der Instrumente verbindlich ist. 1858 einigte man sich in der Pariser Akademie auf das eingestrichene a (a^1) mit einer Tonhöhe von 435 Schwingungen in der Sekunde. 1950 wurde die Tonhöhe in Paris auf 432 Schwingungen in der Sekunde herabgesetzt

Kanon Richtschnur. Strenge Form der musikalischen Imitation (Nachahmung). Ein Thema wird von einer oder mehreren Stimmen notengetreu nachgesungen. Die nachahmenden Stimmen setzen in bestimmten Abständen nacheinander ein, während das Thema fortgesponnen wird (Notenbeispiel Seite 82)

Kantilene sangliche Melodie

Kantus Gesang

Kavatine in der Oper: kleines lyrisches Gesangstück

Koloratur Ziergesang. Koloratursopran siehe A II

Konsonanz Wohlklang, Harmonie. Als wohlklingend (konsonant) gelten alle Intervalle, die sich aus jedem beliebigen Grundton mit jedem seiner ersten fünf Obertöne oder die sich aus diesen Obertönen selbst bilden lassen (siehe Obertonreihe). Die übrigen sind dissonant. Entsprechendes gilt für die Akkorde. Die Dur- und Moll-Dreiklänge (und ihre Umkehrungen) gelten als konsonant, alle übrigen als dissonant

Kontertanz (Contredanse), Tanz für mehrere Paare, die sich gegeneinander bewegen (siehe Anglaise)

Kontrapunkt (vom lat.: punctus contra punctum = Note gegen Note). Mehrere selbständige und gleichwertige Stimmen werden sinnvoll miteinander verbunden. Zu den Mitteln der kontrapunktischen Satzweise gehören u. a. Kanon, Imitation, Umkehrung, Krebs, Spiegel (siehe auch Fuge)

Konzert 1. musikalische Veranstaltung. 2. Komposition für Soloinstrumente und Orchester (vom ital.: concertare = wetteifern)

Konzertmeister erster Sologeiger eines Sinfonie- oder Opernorchesters

Korrepetitor Hilfsdirigent, der den Opernsängern (Soli und Chören) ihre Rollen einstudiert. Bei Proben begleitet er auch das Ballett am Klavier

Krakowiak polnischer Nationaltanz im $^2/_4$-Takt

Kurante (Courante), alter Tanz im Dreitakt ($^3/_2$, $^3/_4$, $^6/_4$)

Kyrie siehe Messe

lacrimoso klagend, schmerzlich

legato gebunden. Gegensatz: Staccato

Leich (als ›Lai‹ ursprünglich Lied aus der Bretagne), im deutschen Minnesang mehrstrophige, nach strengen Regeln entworfene Gesänge meist allegorischen (gleichnishaften) Inhalts

lento langsam

Litanei Bittgesang

Lyra 1. altgriechisches Saiteninstrument, der Leier verwandt. 2. altes Streichinstrument (gebräuchlich etwa von 1550 bis 1750). 3. Stahlspiel der Militärkapellen (es verdrängte das ältere Glockenspiel)

Masques altenglische Schauspiele mit Musikeinlagen

Matinata Morgenlied

Mazurka polnischer Nationaltanz im lebhaften ³/₄-Takt

Melismen Verzierungen, Umspielungen einer Melodie

Melodie (vom griech.: Melos), musikalisches Thema gesanglichen Charakters, aus einem oder mehreren Motiven oder Motivgruppen zu einer in sich geschlossenen Form gestaltet. Im weitesten Sinn: das Nacheinander unterschiedlich hoher bzw. tiefer Töne im Gegensatz zum Miteinander (Harmonie, Akkord, Zusammenklang). Melodik, Lehre von der Melodie

Melos (griech. = Melodik). Unter dem ›Melos‹ eines Stückes versteht man den Stil seiner Melodik

Messe (lat. = missa), eigentliche und umfassende Form der katholischen musikalischen Liturgie; feierlicher Ausdruck des in geistiger Wirklichkeit sich vollziehenden Opfertodes Christi. Der liturgische Rahmen der Messe prägte sich bis etwa zum 8. Jahrhundert aus. Besetzungsarten der Messe: die frühen Messen umfaßten nur einstimmige A-cappella-Gesänge (solistisch bzw. chorisch) im ›gregorianischen Choralton‹. Die erste erhaltene Messe aus dem 14. Jahrhundert weist dreistimmige, chorisch besetzte A-cappella-Gesänge auf. Die A-cappella-Messen des 15. und 16. Jahrhunderts sind gekennzeichnet von der reichen polyphonen Satzkunst der ›Niederländer‹. Sie findet ihre Abklärung bei Palestrina. Seit der Wende zum 17. Jahrhundert – ausgesprochen schon bei Benevoli – umfaßt die Besetzung der Messe vokale und instrumentale Stimmen. Die katholische Kirche unterscheidet u. a. ›missae de tempore‹ für die Sonn- und Werktage des Kirchenjahres, ferner die ›missae de sanctis‹ – sie sind dem Gedächtnis Mariae, verschiedener Heiliger und Märtyrer gewidmet –, die ›missae votivae‹ für besondere Ereignisse und die ›missae de profunctis‹ oder Totenmessen, nach dem ersten Wort ihres Textes ›Requiem‹ genannt. Nicht der katholischen Liturgie zugehörig sind die ›Deutsche Messe‹ Luthers und die Konzertmesse. Ihr erstes Beispiel: Johann Sebastian Bachs ›h-Moll-Messe‹. Die feierliche Messe umfaßt 6 musikalische Teile:

1. Kyrie, Gebet zu Gott und Christus
2. Gloria, Hymne zu Ehren Gottes, zugleich Bitte um Gnade
3. Credo, katholisches Glaubensbekenntnis
4. Sanctus, Hymne auf Gottes Heiligkeit
5. Benedictus, Hymne auf Christus
6. Agnus dei, Bittgesang an Christus

Im ›Requiem‹ fallen ›Gloria‹ und ›Credo‹ fort. Dafür kommen hinzu der ›Introitus‹, Gebet um Ruhe für den Entschlafenen, das ›Graduale‹, ähnlichen Inhalts, der ›Tractus‹, Gebet um Erlösung von den Sünden, das ›Dies irae‹, Schilderung des Jüngsten Gerichts, das ›Offertorium‹, Bitte an Christus um Errettung des Entschlafenen vor den Schrecken ewiger Verdammnis, und abschließend das ›Communio‹ als feierliches Gebet zu Gott

Metrik Lehre vom Takt. Sie untersucht, ob die Teile eines Taktes betont oder unbetont sind. Siehe Rhythmik

Metronom Zeitmesser, laut tickendes Pendelgerät mit Uhrwerk. Die Anzahl der Pendelschläge pro Minute kann reguliert werden und von einer Skala abgelesen werden. Das Metronom dient den Komponisten seit Beethoven zur Feststellung des für die Interpreten verbindlichen Tempos eines Tonstückes. Erfunden 1816 von Johann Nepomuk Maelzel

Missa brevis kurze Messe

Missa solemnis allgemein feierliche Messe

Modi Tonleitern

Modulation Übergang von einer Tonart in die andere

Moll zart, weich. Kennzeichen der Molltonarten: kleine Terz. Zum Beispiel die Töne von c-Moll (aufsteigend): c, d, es, f, g, a, h, c (kleine Terz darin: c-es)

Moment musical dem Impromptu verwandtes lyrisches Salonstück

Monodrama dramatische Soloszene, auch Drama für eine Person. Beispiel: Schönbergs Monodrama ›Die Erwartung‹

Monolog Selbstgespräch. Beispiel in der Oper: ›Flieder-Monolog‹ des Hans Sachs in Wagners ›Meistersinger von Nürnberg‹ (486)

monothematisch einthematisch, Musikstück, das aus einem Thema entwickelt ist

Motiv Keimzelle eines musikalischen Themas

Musette Tonstück mit orgelpunktartiger, d. h. unentwegt ausgehaltener Baßstimme. Erscheint bisweilen als Trio oder Gavotte
musica viva lebendige Musik, Gegenwartsmusik (zu jeder Zeit)
musique engagée engagierte Musik, Tendenzmusik
musique pure reine absolute Musik
Mutation Stimmwechsel

neuromantisch Bezeichnung für die Einstellung, die aus manchen Werken zeitgenössischer Komponisten spricht. Beispiel: Henzes ›Ode an den Westwind‹
Nonett Musikstück für neun Instrumente oder Gesangstimmen
Notation Notierung, Notenschrift (siehe Anhang ›Entwicklung der Notenschrift‹)
Notturno (nocturne), Nachtmusik
Novelette kleines poetisierendes Charakterstück für Klavier
Nummern-Oper Musizieroper, deren Aufbau in selbständige ›Nummern‹, z. B. Arien, Duette, Ensembles, Chorsätze, Tänze u. a. gegliedert ist. Zwischen den einzelnen Nummern ergeben sich entweder gesprochene Szenen oder verbindende Rezitative (149)

Obertöne jeder Ton, den man als einzelnen Ton wahrnimmt, ist in der Tat nur der am deutlichsten hervortretende Grund- oder Zentralton aus einer ›natürlichen‹ Reihe von weniger deutlich mitschwingenden Tönen unterschiedlicher Tonhöhe. Die Töne aus dieser Reihe, deren Schwingungszahlen größer sind als die Schwingungszahl des Grundtones, bezeichnet man als Obertöne, und jene, deren Schwingungszahl kleiner ist, als Untertöne. Während die Untertöne im allgemeinen nicht hörbar sind, kann man die Obertöne bei den Tönen verschiedenartiger Musikinstrumente in schwankender Anzahl und Deutlichkeit wahrnehmen. Hieraus ergibt sich die unterschiedliche Klangfarbe der Töne etwa eines Hornes, eines Streichinstrumentes oder Klaviers. Besonders deutlich treten die Obertöne bei Glockentönen auf. Mitunter drängen sie sich sogar so vor, daß es schwierig ist, den eigentlichen Grundton zu bestimmen. Kaum wahrnehmbar dagegen sind die Obertöne beim Klavierton. Die in der elektronischen Musik verwendeten Sinustöne sind obertonfrei und dementsprechend ohne spezifische Klangfarbe. Die natürliche *Obertonreihe* umfaßt an sich unendlich viele Töne, die nach der Höhe zu immer enger zusammenrücken bis zu Viertel- und Achteltönen und noch kleineren Tonstufen. Aus wenigen Anfangstönen dieser Reihe sind die zwei-, drei- und mehrtönigen Melodien der Naturvölker, die Melodienformeln und Reihen der Antike und des Mittelalters abgeleitet. (Siehe temperierte und reine Stimmung)
obligates (Instrument), unbedingt dazugehörendes (Instrument)
Oktett Komposition für acht Solo-Instrumente oder Gesangstimmen
Opernbetrieb Er umfaßt alle an der Vorbereitung und Aufführung von Opern beteiligten Personen eines Theaterbetriebes: den Intendanten als Gesamtleiter mit seinem Stab von künstlerischen, technischen, kaufmännischen Beratern, Helfern, Schreibkräften usw., mehrere Kapellmeister und Korrepetitoren, den Chormeister, Bühnenmaler, Dramaturgen, die Spielleiter (Regisseure), den Ballettmeister, die Solisten (Solosänger), die Chor-, Orchester- und Ballettmitglieder, den Bühnenmeister, den Inspizienten, den Lichtmeister (Beleuchter) mit seinen Helfern, die Souffleuse, die Friseure und Garderobiers, Techniker, Handwerker, Bühnenarbeiter und Statisten
Orgelpunkt Liegetöne in der Baßstimme, die über mehrere Takte hin ausgehalten oder ständig wiederholt werden
ossia Bezeichnung für zwei verschiedene Fassungen von Takten oder Partien in Tonstücken. Allgemein etwa Variante, Änderung
ostinato hartnäckig. Daher ›basso ostinato‹ hartnäckig wiederkehrendes Baßthema. Typisch für Chaconne

Paraphrase freie potpourriartige Übertragung
Parlando Sprechgesang, siehe Rezitativ
Parodie 1. Verzerrung, Entstellung ins Lächerliche. Beispiel ›Beggar's opera‹. 2. Verbindung von geistlichen Texten mit

volkstümlichen Melodien und umgekehrt oder auch Einrichtung von Chor- oder Sololiedern für verschiedene Besetzungen

Partita Suite, Tanz- auch Variationssuite des 17. und frühen 18. Jahrhunderts

Partitur Niederschrift eines mehrstimmigen Tonstückes in übereinandergesetzten Einzelstimmen (Abb. einer Partiturseite von Bruckner Anhang I). Eine Opernpartitur enthält die Stimmen aller verwendeten Orchesterinstrumente, Solisten und Chöre. Sie vermittelt dem Dirigenten ein vollständiges Bild des Zusammenklanges und jeder einzelnen Stimme. Die Einzelstimmen für die Instrumentalisten, Chöre usw., auch die Klavierauszüge für die Solosänger werden nach ihr angefertigt

Passacaglia altitalienische Variationsform. Siehe Chaconne

Passage Abschnitt, Teilstück, Episode

Passepied lebhafter altfranzösischer Rundtanz im Dreiertakt

Pavane (auch Paduana, aus Padua), altitalienischer Tanz im geraden Takt. Gravitätisch. Stilisiert: Formteil der Suite

piano leise; pianissimo, sehr leise

piccolo klein. Daher: Piccoloflöte, kleine Flöte

pizzicato (ital.) gezupft, Vortragsbezeichnung bei Streichinstrumenten. Gegensatz: coll'arco

Polka böhmischer Nationaltanz im lebhaften $^2/_4$-Takt

Polonäse (Polonaise), polnischer Nationaltanz im $^3/_4$-Takt

Polyphonie Vielstimmigkeit (siehe Kontrapunkt). Gegensatz: Homophonie

Polyrhythmik das Nebeneinander von verschiedenen, gleichzeitig ablaufenden Rhythmen. Zum Beispiel: Die Oberstimmen verlaufen im $^4/_4$-Takt, die Bässe gleichzeitig im $^3/_4$-Takt

Polytonalität siehe Bitonalität und tonale Musik

portamento beim Gesang absichtliches Hinüberziehen eines Tones in einen anderen

Potpourri Mischmasch. Musikstücke, die aus beliebten Melodien eines oder mehrerer Werke eines oder mehrerer Komponisten zusammengestellt sind

Präludium instrumentales Vorspiel

Prélude siehe Präludium

presto sehr schnell; prestissimo, äußerst schnell

Primaballerina siehe Ballerina

Punktus contra punctum Note gegen Note, Kontrapunkt

Quadrille Karreetanz in fünf Touren, in drei- oder zweiteiligem Takt. Siehe Française bzw. Anglaise

Quartenzirkel Zusammenstellung aller B-Tonleitern (Tonleitern mit b-Vorzeichen) im Quartenabstand (C-Dur, F-Dur, B-Dur, G-Dur und weiter bis Deses-Dur). Der Zirkel schließt sich durch enharmonische Umdeutung von Deses-Dur in C-Dur

Quartett Komposition für vier Soloinstrumente oder Gesangstimmen

Quintenzirkel Zusammenstellung aller Kreuztonleitern (Tonleitern mit ♯-Vorzeichen) im Quintenabstand (C-Dur, G-Dur, D-Dur, A-Dur usw. bis His-Dur). Der Zirkel schließt sich durch enharmonische Umdeutung von His-Dur in C-Dur

Quintett Komposition für fünf Soloinstrumente oder Gesangstimmen

Quodlibet ›was beliebt‹. Potpourriartiges Musikstück. Beispiel: siehe Kapitel Johann Sebastian Bach (239)

Register 1. Bei der Orgel Bezeichnung für verschiedene Pfeifengruppen einheitlichen Klangcharakters, z. B. ›Orgelflöte‹, ›Dulciane‹ u. a. 2. Bei der menschlichen Stimme unterscheidet man drei Register, d. h. Töne bzw. Tonreihen unterschiedlichen Klangcharakters:
a) Bruststimme
Bei ihr schwingen die Stimmbänder oder Stimmlippen in ihrer ganzen Breite. Die mit Bruststimme hervorgebrachten Töne klingen, als kämen sie aus der Brust.
b) Kopfstimme (Falsett)
Beim Falsett schwingen nur die inneren Stimmlippenränder. Die Kopftöne klingen, als kämen sie vom Kopf.
c) Voix mixte = Mischstimme oder Mischregister
Bei der voix mixte schwingen die Stimmlippen nicht in ihrer ganzen Breite, aber doch breiter als bei der Kopfstimme. Die Gesangsausbildung lehrt den richtigen Gebrauch der Register und den unauffälligen Übergang von einem Register zum anderen

Reigen altdeutscher Tanz. Vorläufer der Allemande

Repertoire Spielplan. Alle Stücke, die von einem Solisten, Orchester oder Theater zum Vortrag bereitgehalten werden

Repetition Wiederholung. Daher Repetitor (Korrepetitor) der Mann, der den Sängern ihre Rollen einstudiert, bzw. sie mit ihnen ›wiederholt‹

Requisiten alle Gegenstände, die für ein Bühnenbild benötigt werden. Dafür zuständig der Requisiteur

Resonanz Mitschwingung. Als Resonanzkörper oder Resonatoren bezeichnet man im allgemeinen die Körper der Saiten-, Holz- und Blechblasinstrumente. Sie geraten bei der Tonerzeugung in Mitschwingung, verstärken den Ton und geben ihm seine spezifische Klangfarbe. Die sogenannten Selbstklinger oder Idiophone (z. B. Holztrommeln, Glocken usw.) haben keinen klangverstärkenden Resonanzkörper

Rezension Kritik

Rezitativ Sprechgesang. Tonfall und Rhythmus sind möglichst dem Sprachakzent, der Sprach›melodie‹ angepaßt. In der Oper die Stellen zwischen geschlossenen Nummern (Arien, Ensembles u. a.), in denen die Handlung vorwärts getrieben wird und jedes Wort verständlich sein muß. *Recitativo accompagnato* = vom Orchester begleitetes R. mit ariosen Steigerungen. *Secco-Rezitativ* = trockenes R., harmonisch flüchtig unterbauter Sprechgesang, bei dem das Sprechen schon überwiegt. Meist nur vom Cembalo begleitet. Dramatisches Rezitativ = oft bis zu melodischen Höhepunkten gesteigerter Sprechgesang mit motivischer (leitmotivischer) Untermalung. Parlando = sprechend. Bezeichnet den Vortragsstil äußerst rascher, nahezu gesprochener Arien (z. B. Champagner-Arie aus Mozarts ›Don Giovanni‹)

Rhapsodie Musikstück in freier Phantasieform. Rhapsode = wandernder Sänger des griechischen Altertums

Rheinländer deutscher, ziemlich ruhiger polkaähnlicher Tanz im $^2/_4$-Takt

Rhythmik Lehre von der zeitlichen Aufeinanderfolge von Tönen (in der Musik) und Bewegungen (im Tanz): kurz, lang. Siehe Metrik und Polyrhythmik

Rigaudon lebhafte Gavotte

ritardando langsamer werden

Ritornell kurzer Instrumentalsatz, der in Opern gelegentlich vor, zwischen und nach Gesangstellen unverändert wiederkehrt. Frühes Beispiel: Monteverdis ›Orfeo‹ (145). Auch in Kantaten, Suiten usw. gebräuchlich

Romanze stimmungsvolles Musikstück in freier Liedform

Rondo 1. Rundgesang. 2. Musikstück, in welchem vor und zwischen verschiedenartigen Seitensätzen stets ein bestimmtes Thema wiederkehrt. Mithin ›Rondo-Finale‹, Finale in Rondoform

Sanctus siehe Messe

Sarabande altspanischer Tanz in gravitätischem Dreiertakt

Scherzo lebhaftes, übermütiges Tonstück

Scordaturatechnik des 17. Jahrhunderts. Umstimmen der Violinsaiten beim Spielen zur Ermöglichung eines reichen Akkordspiels und frappanter Klangwirkungen

secco trocken. Siehe Rezitativ

Seguidilla lebhafter spanischer Tanz im Dreiertakt. Dem Bolero verwandt. Beispiel in Bizets ›Carmen‹

Septett Komposition für sieben Soloinstrumente oder Gesangsstimmen

Sequenz 1. Gattung der geistlichen Musik, entstanden im 9. Jahrhundert. Man unterscheidet Prosa- und Reimsequenzen. 2. Wiederholung einer musikalischen Phrase (z. B. ›Hänschen klein‹) auf einer anderen Tonstufe (›ging allein‹). Dasselbe gilt für Akkordfolgen

Sextett Komposition für sechs Soloinstrumente oder Gesangsstimmen

Sextole Untergliederung einer Note, z. B. halbe Note in 6 Achtel (anstatt vier Achtel)

sforzato Vortragszeichen (sf) für die Hervorhebung eines Tones oder Akkordes. Sforzati können auf betonten oder unbetonten Taktteilen verlangt werden

Siciliano altitalienischer Tanz im langsamen $^6/_8$- oder $^{12}/_8$-Takt

Sinfonie (Sinfonia, Symphonie = Zusammenklang). Der zunächst unverbindlich gebrauchte Name wird im 17. Jahrhundert bezeichnend für italienische Opern- bzw. Suiten-Ouvertüren. A. Scarlatti gab seinen

Ouvertüren eine dreiteilige Form: lebhaft-langsam-lebhaft. Bald wuchsen sich diese Opern-Sinfonien zu selbständigen Instrumentalstücken mit drei Sätzen (Allegro – Andante – Allegro) aus, die formal denen der barocken *Sonate* entsprachen (siehe Kap. Sonate, 161 ff.). Die ›Mannheimer‹ fügten der Sinfonie als vierten Satz das Menuett hinzu (aus ihm wird bei Beethoven das Scherzo). Bei Haydn und Mozart ist die dynamische Entwicklungsform der klassischen Sinfonie durchgebildet. Von ihr ging Beethoven in seinen Sinfonien aus. Von ihm führt die Entwicklung weiter zu den Sinfonikern des 19. und 20. Jahrhunderts: Die Programm-Sinfonie (Berlioz) und die Sinfonische Dichtung (Liszt, Richard Strauss)

Sinfonietta kleine Sinfonie

Singspiel Schauspiel mit Musik. Vorläufer der deutschen komischen Oper. Ältestes deutsches Beispiel ›Der Teufel ist los‹. Text von Weiß, erste Vertonung von Standfuß (1752), zweite Vertonung von Hiller (1766). Auch Mozart ist hier zu nennen mit ›Bastien und Bastienne‹. Mozart bezeichnet auch die ›Entführung aus dem Serail‹ bescheiden noch als Singspiel, obgleich sie in der Struktur ihrer ›Nummern‹ weit darüber hinausgeht

Skalen Tonleitern

Sologesang Einzelgesang mit oder ohne Begleitung. Siehe Monodie

Sonate ursprünglich ›Klingstück‹, Gegensatz ›Kantate‹, Singstück

Sonatine kleine Sonate

Spectaculum mundi Welttheater

Staccato kurz, abgehackt, staccato-Passage, Folge von kurz angeschlagenen, unverbundenen Tönen. Gegensatz: legato

Statist in der Oper bei Volksszenen usw. zwar kostümierter, aber stummer Mitspieler (soviel wie ›Herumsteher‹)

Synkope rhythmische Form. Merkmal der Synkope: die rhythmischen Betonungen stehen im Widerspruch zu den Taktbetonungen

Tabulaturen 1. Gesetze der Meistersinger. 2. Buchstaben-, Ziffern- oder Griffelschriften für Orgel- bzw. Lautensätze des 16. Jahrhunderts

Tarantella italienischer Tanz, äußerst lebhaft, im $^3/_8$- oder $^6/_8$-Takt. Aus Tarent stammend

Te deum (auch Tedeum), geistlicher Hymnus ›Ambrosianischer Lobgesang‹. Der Text des Hymnus wurde seither unzählige Male vertont

Tempo Zeitmaß

Terzett Komposition für drei Soloinstrumente oder Singstimmen

tonale Musik in weitestem Sinne eine Musik, deren Melodien und Akkorde in Beziehung stehen zu dem Grundton bzw. zu einem der Dreiklänge einer Tonart. *Bitonal* bzw. *polytonal* ist eine Musik, wenn ihre Akkorde eine gleichzeitige Zuordnung zu den Grundtönen bzw. Grunddreiklängen von zwei bzw. mehreren Tonarten zulassen. Sie ist dann in ihrem Aufbau nicht mehr eindeutig, sondern vieldeutig (poly = viel). In der *atonalen* Musik und in der Zwölftonmusik sind die Gesetze der tonalen Musik aufgehoben. Siehe Zwölftonmusik

Tonart Tonreihe, die nach bestimmten Gesetzen auf einen Grundton bezogen ist. Siehe Dur und Moll

Tonika erste Stufe (Grundton) einer diatonischen Reihe

Transkription Übertragung, beispielsweise von Orchesterstücken auf Klavier

Transposition Übertragung eines Tonstückes von einer Tonart in eine andere

Trautonium einstimmiges elektrisches Musikinstrument, konstruiert von Trautwein (1929). Vermag die Klangfarben vieler Musikinstrumente nachzuahmen und Töne von neuartiger Klangfärbung zu erzeugen. Hieraus entwickelt das Mixturtrautonium, das bis zu 8 Töne gleichzeitig (akkordisch) hervorbringen kann (624)

tremoli schnell aufeinanderfolgende ›lebende‹ Streichertöne

Trio a) Musikstück für drei Instrumente. b) melodischer Mittelsatz im Menuett, Scherzo, in Märchen, Tänzen usw.

Triole Untergliederung einer Note, z. B. Viertelnote in drei Achtel, anstatt in zwei Achtel

Tripelkonzert Konzert für drei Soloinstrumente und Orchester

Tritonus siehe Intervall

Tutti (Ripieno), alle. (Siehe ›Concerto grosso‹)

Unisono in Einklang, alle zusammen. Vortragszeichen für die Streichinstrumente (vor allem Violinen) im Orchester. Gegensatz: divisi, geteilt

Variation Veränderung, Umbildung
Virtuose Gesangs- oder Instrumentalsolist
vivace lebhaft
Vokalise Kantilene, die nur auf einen oder auf wechselnde Vokale (also ohne Text) gesungen wird.

Vokalmusik Gesangsmusik
Volubilität Beweglichkeit

Zentralton auch Grundton, Ton, auf den alle Intervalle und Akkorde einer Reihe bezogen sind
Zwölftonmusik atonale Musik, deren Strukturen dem Ordnungsprinzip der *Zwölftontechnik* (586 f.) streng oder frei entsprechen

VI. Personenregister

Abaco, Felice dall' 165, 170
Abbatini, Antonio Maria 101
Abel, Karl Friedrich 303
Abercrombie, General 368
Adam, Charles Adolphe 279, *423*, 426, 452, 525
Adam von Fulda 87, 118
Adam de Saint-Victor 53
Adler, Guido 306
Adorno, Theodor Wiesengrund 265 f.
Agostini, Paolo 101
d'Agoult, Gräfin Marie 460
Agricola, Alexander 87, 93
Agricola, Johann Friedrich 239
Aichinger, Gregor 216
Aist, Dietmar von 67
Alard, Delphin 570
Albeniz, Isaac 570
d'Albert, Eugen 537, 562
Albert, Heinrich 217 f.
Albert, Hermann 339
Alberti, Maria 380
Albinoni, Tommaso 165, 169 f.
Albrecht V., Herzog von Bayern 118
Albrechtsberger, Johann Georg 355
Alcuin, Flaccus 59
Aldhelm, Bischof 71
d'Alembert, Jean le Rond 277
Alexander der Große 22, 29
Alfano, Franco 522
Alfonso der Weise 65
Alfvén, Hugo 563
Algarotti, Francesco 306
Alkäos 36
Allegri, Gregorio 101, 321
Altdorfer, Albrecht 108
Altnikol (Schwiegersohn Bachs) 261
Amati 162
Ambros, August Wilhelm 17, 38, 91
Ambrosius, Bischof 50, 52
Amphion 31
Anakreon 36

Andersen, Hans Christian 443
André, Johann 281, 327, 343
Anerio, Felice 101
Anerio, Giovanni Francesco 101, 155
Anfossi, Pasquale 181
Angelus Silesius, eigentlich Johannes Scheffler 198, 208
Angiolini 287
d'Anglebert, Henri 193
Animuccia, Giovanni 99 f., 155
Anna, Königin von England 230
Anna Amalia, Prinzessin von Sachsen-Weimar 300
Anschütz, Georg 175, 375
Antonius von Padua 54
Apel, Johann August 399, 469
Arcadelt, Jakob 96, 104
Archilochos 36
Arco, Graf 325
Arenskij, Anton 554 f.
Arezzo, Guido von 58 ff., 62
Arion 31, 36
Ariosti, Attilio 232
Aristophanes 537
Aristoteles 39
Aristoxenes von Tarent 39, 40
Arnim, Achim von 344, 369, 380
Äschylos 37, 475
Ashton, Hugh 106
Asplmayer, Franz 298
Attaignant, Pierre 104
Atterberg, Kurt 563
Auber, Daniel François Esprit 279, 404, 422, *423 ff.*, 431, 467, 497, 525
August der Starke, Kurfürst von Sachsen, König von Polen 399
August III., Kurfürst von Sachsen, König von Polen 253
Augustinus, Sanktus 207
Aulenus, Johannes 87
Auric, Georges 534, 597

Baaren, Kees van 569
Bach, Anna Magdalena 249, 253
Bach, Carl Philipp Emanuel 174, 200, 215, 239, 241, 248, 260 ff., 275, 276, 296, 299, *300 ff.*, 306, 342, 351, 353
Bach, Catharina Dorothea 248
Bach, Christoph 239
Bach, Hans 239
Bach, Heinrich 239
Bach, Johann 239
Bach, Johann Ambrosius 239
Bach, Johann Bernhard 342
Bach, Johann Christian (›Londoner Bach‹) 179, 181, 250, 262, 296, *303*, 321
Bach, Johann Christoph 197, 203, 239, 241
Bach, Johann Christoph Friedrich 250, 303
Bach, Johann Ernst 342
Bach, Johann Jakob 241, 242
Bach, Johann Michael 203, 239
Bach, Johann Sebastian 107, 110, 114, 117, 120, 129, 136, 154, 157, 169 ff., 177, 190, 192, 198 ff., 202 ff., 208, 210 ff., 219, 221 f., 237, *239–261*, *262–268*, 273 f., 276, 294, 303, 306, 310, 319, 329, 334, 338, 341 ff., 344, 353, 358, 366 f., 391 f., 396, 436 f., 440, 443 f., 446, 448, 451, 458, 466, 485, 486, 489, 502, 504 ff., 508, 511, 514, 524 f., 527, 528, 530, 542, 544, 546 f., 554, 564, 568, 581, 587, 590 f., 601 f., 610, 613, 616
Bach, Maria Barbara 239, 243, 248, 250
Bach, Regina Susanna 250
Bach, Veit 239
Bach, Wilhelm Friedemann 248, 252 ff., 262, *302*, 351
Bachmann, Ingeborg 595
Bäck, Sven Erik 564
Badings, Henk 569
Baillot, Pierre 527
Baird 558
Baistrocchi (Dorforganist, Lehrer Verdis) 489
Balakirew, Mily Alexejewitsch 549 f., 552, 599
Baldung-Grien, Hans 108
Balzac, Honoré de 456
Banchieri, Adriano 161
Banister, John 194
Barbarossa, Kaiser 66
Barbaja, Domenico 393, 399
Barber, Samuel 576
Barbieri-Nini (Sängerin z. Z. Verdis) 493
Bardi, Graf 138
Barezzi, Schwiegervater Verdis 490
Bartók Béla 521, 545, 550, 556, 562 f., 567 f., 571 f., 576 f., 594, *600–603*, 608, 614, 628

Bassani, Giovanni Battista 156, 163
Baudelaire, Charles 319, 394, 533
Baudrier, Ives 619
Bauernfeld, Eduard von 380, 384
Bax, Arnold E. T. 572
Bazzini, Antonio 522
Beatrix, Fürstentochter von Burgund 66
Beaumarchais, Pierre Augustin Caron de 292, 330
Bechstein, Ludwig 471
Beck, Conrad 568
Beck, Franz 297 f.
Becker, C. 207
Beethoven, Carl 356, 374
Beethoven, Johann 374
Beethoven, Louis 353
Beethoven, Ludwig van 124, 174, 181, 247, 257, 262 ff., 273 f., 279 f., 282 f., 293, 296 ff., 310 f., 313 f., 329 f., 336, 339, 342, 349 ff., *353–375*, 380, 384, 388 ff., 396 f., 401, 405, 410, 417, 428, 435, 438, 440, 446 f., 452, 454, 458 f., 461 f., 465, 469 ff., 490, 502, 504 ff., 509 ff., 514, 521, 525, 527, 530, 538, 544 f., 553, 560, 564, 572, 581, 583, 587, 589 f., 601 f.
Behaim, Michael 69
Bekker, Paul 542
Bel, Firmin le 99
Bellay, Joachim du 104
Bellini, Vincenzo *426*, *429*, 458, 467, 491, 493, 522
Benda, Franz 300, 558
Benda, Friedrich 342
Benda, Georg 281
Benda, Johann Georg 558
Benda, Joseph 558
Benevoli, Orazio 101, 156
Benoist, François 527
Benoît, Peter 569
Bentzon, Jürgen 565
Benz, Richard 198
Berg, Alban 247, 561, 564, 568, 573, 589, *591 ff.*, 594
Berg, Natanael 563
Berger, Ludwig 392, 435
Bériot, Charles de 527, 533, 570
Berlioz, Hector 145, 150, 188, 197, 278, 293, 310, 351, 408, 415, 419, 422, 431, 435, 437, 444, 447, *449–454*, 459, 462 f., 469, 481 f., 484, 509, 512, 523, 527 f., 538, 546, 550, 552 f., 558
Bernardon 305
Bernart de Ventadorn 65
Bernhard, Christoph 210, 212, 214
Bernhardus, Sanktus 207

Bernstein, Leonard 576
Bertati, Giovanni 332
Berton, Pierre-Montan 422
Bertran de Born 65
Berwald, Franz 563
Besler 114
Bethmannsche, Familie 467
Biber, Heinrich Ignaz Franz 216, 222
Bie, Oskar 145, 366, 409
Binchois, Gilles 64, 80
Bizet, Georges 497, 522, *525 f.*, 553
Blacher, Boris 430, 594, *619*
Bliss, Arthur 572
Bloch, Ernest 575
Blomdahl, Karl Birger 564
Blondel, Spielmann 65
Blow, John 193
Boccaccio, Giovanni 77, 95
Boccherini, Luigi 304
Böcklin, Arnold 546
Boehler, Otto 513
Boëtius 40, 42
Boettinger 560
Böhm, Georg 202 f., 213, 218, 241, 247
Böhme, Jakob 198, 208
Boieldieu, François Adrien 279, 423 f.
Boito, Arigo 499, 501
Bononcini, Giovanni Battista 178, 229, 231 f.
Bononcini, Giovanni Maria 168
Bononcini, Marc Antonio 178
Bordoni, Faustina 172, 252, 284
Börne, Ludwig 430
Borodin, Alexander 549 f., 599
Bosch, Hieronymus 83, 108
Böttcher, Adolph 447
Botticelli, Sandro 83
Bouilly, Jean Nicolas 279, 365
Boulanger, Nadja 568, 576
Boulez, Pierre 569, 589 f., 599, 608, 622, *626 f.*
Bourgeois 105
Boyce, William 193, 197, 303
Brade, William 220
Brachvogel, Albert Emil 302
Brahms, Johannes 264, 304, 310, 351, 358 f., 390 ff., 417, 430, 437, 440, 444, 452, *502–510*, 513 f., 521, 527, 536, 538, 546 f., 553, 560, 562 f., 565, 566, 569, 571, 581, 583, 590 f., 600, 607, 609
Bramante, eigtl. Donato d'Angelo 83
Brand, Max 623
Brand, Michael 562
Brandt, Karoline 398

Brant, Jobst von 118
Braunfels, Walter 537
Braunschweig, Herzog Ulrich von 223
Herzog von Braunschweig 410
Brecht, Bert 197, 617, 623
Brenner, Genovefa (Mutter Webers) 397
Brentano, Bettina 369, 371
Brentano, Clemens 344, 380, 395, 398
Bretzner, Friedrich 327
Breuning, Frau von 354
Breuning, Eleonore von 354
Breuning, Stephan von 354
Britten, Benjamin 572 f.
Brockes, Barthold Heinrich, Ratsherr 131, 214, 231, 255
Brogni, Kardinal 433
Bruch, Max 392, 440, 522, 572
Bruck, A. von 112, 118
Bruckner, Anton 197, 207, 264, 351, 383, 392, *510–517*, 537, 545, 548, 607, 613, 616
Brueghel, Pieter der Ältere 108
Brühl, Karl Graf von 399
Bruhns, Nicolaus 202, 213
Brumel, Antoine 85, 93
Bruneau, Alfred 521
Brunswik, Gräfin Josephine 371
Brunswik, Gräfin Therese 371
Bull, John 107
Bülow, Cosima von 477
Bülow, Hans von 460, 477, 504, 537
Bulwer-Lytton, Edward 424
Buonaparte, siehe Napoleon
Burckhardt, Jacob 129, 223
Bürger, Gottfried August 345, 359, 368
Burgk 114
Burgkmair, Hans d. Ä. 108
Burkhard, Willi 568
Burney, Charles 263, 291, 299, 315
Busnois, Antoine 80, 93
Busoni, Ferruccio 329, 353, 394, 538, *542 f.*, 556, 606, 614, 617, 622
Buxtehude, Dietrich 117, 202 f., 212, 214, 222, 243, 247
Byrd, William 106 f.
Byron, George Gordon Nœl, Lord 424, 441, 449, 492

Cabezon, Antonio de 103
Caccini, Giulio 134, 137 f., *140 f.*, 144, 157
Cage, John 576
Cafarelli 172
Caldara, Antonio 165, 170, 178

Calderon, Pedro 182, 336
Callot, Jacques 434
Calzabigi, Raniero da 174, 282, *287–291*, 323
Cambert, Robert 184
Cammarano, S. (Camorano) 492
Camorano, 494
Campra, André 186 f.
Cannabich, Christian 297
Carissimi, Giacomo 153, *156*, 216, 229, 236
Casanova, Giovanni Giacomo, Chevalier de Seingalt 287
Cascia, Giovanni da 78
Casella, Alfredo 430, 523
Cassiodorus 40
Castiglione, Baldassare 160
Castilleio, Cristóval de 102
Catel, Charles Simon 422
Catull 615
Cavalieri, Emilio del 137, 148 f., 155
Cavalli, Pietro Francesco, eigtl. Caletti-Bruni 152, 154, 157, 184, 195
Cavour, Camillo, Graf Benso di 498
Cervantes Saavedra, Miguel de 91, 102, 571
Cesti, Marc Antonio 152 ff.
Cézanne, Paul 530, 534
Cézy, Helmina von 399
Chabanon 273, 325
Chabrier, Emanuel 525, 534, 603
Chambonnières, André de 192 f., 201, 598
Chamisso, Adelbert von 396, 443
Chandos, Herzog James of 231
Charpentier, Gustave 525, 527
Charpentier, Marc Antoine 156
Chateaubriand, François René, Vicomte de 420
Chausson, Ernest 528 f.
Chavez, Carlos 576 f.
Chénier, André 418
Chénier, Marie Joseph 418
Cherubini, Luigi 174, 279, *292 ff.*, 358, 365, 399, 418, 421, 424, 433 ff.
Cherubini, Madame 418
Chopin, Frédéric 98, 197, 351, 401, 417, 430, 440 f., 444, *454 ff.*, 532, 534, 555, 557, 562
Christina, Königin von Schweden 176
Chrysander, Friedrich 170
Ciconia, Giovanni da 78, 80 f.
Cimarosa, Doménico 181
Circe 31
Claudel, Paul 567
Claudius, Matthias 200, 343, 378, 387, 566
Clemens Maximus = Wledig, Maxim 44

Clemens non Papa, eigtl. Jacques Clement 80, 96, 104
Clemens IX., Papst (siehe Ruspigliosi) 149
Clementi, Muzio 355, 358, 360, 431
Clement, Jacques = Clemens non papa 80, 96, 104
Clérambault, Louis Nicolas 193
Cocteau, Jean 420, 535, 566 f., 597, 604 ff., 608, 623
Coffey 280
Colloredo, Graf Hieronymus von 322 ff., 327
Coltellini 286, 323
Comes, S. B. 102
Compère, Loyset 85, 93
Comte, Isidore Marie Auguste François Xaver 434
Contractus, Hermannus 53
Copland, Aaron 576
Corelli, Arcangelo 156, *163 ff.*, *167 ff.*, 175, 176, 193, 221 f., 229, 238, 276, 490
Corneille, Pierre 174, 185
Cornelius, Peter 390, 392, 415 f., 476
Corsi, Jacopo 137 f., 141 f.
Cossel 502
Costa 429
Costeley, Guillaume 104
Cotta, Johann = Cottonius, Johannes
Cottonius, Johannes 72
Couperin, François 187, 188, *191–193*, 214, 275, 304, 451, 527, 530, 533
Craft, Robert 576, 608
Cranach, Lukas 108
Cromwell, Oliver 194
Cruce, Petrus de 74
Crüger, Johann 200
Crusell, Bernhard 562
Ciu, César 549 ff., 599
Cuzzoni, Francesca 172
Cyprian de Rore 96
Czerny, Karl 458 f., 461

Dach, Simon 217 f.
Dalayrac, Nicolas 292 f., 418
Dallapiccola, Luigi 430, *595 f.*, 628
Danican, Anne (gen. Philidor, Bruder François André Philidors) 271
Danican, François André = Philidor 279
Daniel (Prophet) 625
Dante Alighieri 77, 138, 142, 462
Danzi, Franz 298, 401
Da Ponte, Lorenzo 330, 332, 334 ff.
Daquin, Claude 193

Dargomyschskij, Alexander Sergiewitsch 548, 549
Daudet, Alphonse 526
Daumer, Georg Friedrich 508
Davenent, Sir William 194
David, König 26 ff., 49, 105
David, Félicien César 431, *434*, 459
David, Ferdinand 436
David, Johann Nepomuk 81, 249, 264, 616
Debussy, Chouchou 530 f.
Debussy, Claude 188, 267, 407, 521, 523, 525, *529–533*, 534 f., 544, 547, 550 f., 553, 556 f., 561, 566, 568 ff., 581 f., 585, 592, 594, 598, 601 ff.
Dedekind, Christian 218
Degas, Paul 530
Degenhardt 354
Dehmel, Richard 583
Deinhardstein, Johann Ludwig 387
Delibes, Léo 525, 553
Delius, Frederic 533, 572
Demantius 114
Destouches, André 186, 187
Devrient, Ludwig 396
Diabelli, Anton 381
Diaconus, Johann 46
Diaghilew, Serge Pawlowitsch 535, 605 f., 608
Diderot, Denis 277 f., 287, 306
Didymos von Alexandrien 39 f., 60
Diepenbrock, Alfons 569
Dietrich, Sixt 112
Diodor 30
Dionysos 32 f., 36
Dittersdorf, Karl Ditters von 215, 280, *282*, 298, 306, 393, 451
Dobrzynski, Ignaz Felix 557
Dohnanyi, Ernst von 562
Doles, Johann Friedrich 259, 334
Doni, Giovanni Battista 141 f., 146, 148
Donizetti, Gaetano *426*, *428*, 491, 522
Dopper, Cornelis 569
Dorn, Heinrich 441
Dostojewskij, Fjodor Michailowitsch 550, 561, 568
Dowland, John 106
Draseke, Felix 440
Dragoni, Giovanni Andrea 101, 155
Drese, Johann Samuel 246, 248
Drouet 355
Dufay, Guillaume 64, *80 f.*, 87, 104, 316
Dukas, Paul 187, 528, 529
Dumas, Alexandre 424
Duni, Egidio Romoaldo 279

Dunstable, John 79 ff., 100
Durante, Francesco 157, 168, 176
Durazzo, Graf 287
Dürer, Albrecht 83, 108, 534
Durey, Louis Edmond 534, 597
Dürrnberger 511
Dussek, Johann Ladislaus 360, 446, 458
Dvořák, Anton 558 f.

Eccard, Johannes 113, 120
Eckermann, Johann Peter 320
Eduard VI. von England 105
Egk, Werner 617 ff., 624
Eichendorff, Joseph Freiherr von 386, 398, 443, 448, 508, 536, 542, 566
Eimert, Herbert 590, 624 f.
Einstein, Albert 266
Einstein, Alfred 146
Elgar, Edward 572
Elisabeth I. von England 105, 193
Elisabeth II. von England 573
Elmenhorst, Prediger 218 f., 225
Elsner, Joseph Xaver 455, 557
Encina, Juan del 181
Erasmus von Rotterdam 91
Eratosthenes 39
Erdmann 251 f.
Erdödy, Gräfin 371
Erk, Ludwig 393
Erkel, Franz 562
Erkel, László 600
Erlebach, Philipp Heinrich 219, 224
Ermanerich 44
Ernesti, Johann Heinrich 251
Ernst, Prinz von Sachsen-Weimar 242
Ernst August, Herzog von Sachsen-Weimar 246, 248
Ertmann, Dorothea von 371
Eschenbach, Wolfram von 472, 487
Escobedo, Bartolomeo 102
Esterhazy, Caroline 378 f.
Esterhazy, Marie 378
Esterházy, Fürst Nicolaus Joseph 308, 378
Esterházy, Fürst Paul 307
Eugen IV., Papst 61
Eugénie, Kaiserin von Frankreich 434
Euklid 39
Euripides 34, 37, 281
Eybler, Joseph 439
Eyck, Hubert van 79
Eyck, Jan von 79

Fairfax, Robert 106
Fall, Leo 417
Falla, Manuel de 533, 570 f., 576
Fallersleben, Hoffmann von 345
Farinelli, Carlo Broschi 151, 172
Fasch, Johann Friedrich 221, 391
Fasch, Karl Friedrich 271, 391
Fauré, Gabriel *528*, 533 ff., 568, 571, 598
Favart, Charles Simon 277, 279, 285
Feind, Balthasar 225
Felix V., Gegenpapst 80
Felstinensis, Sebastianus 556
Ferdinand I. von Österreich 108
Ferdinand III. von Österreich 221
Festa, Constanzo 97, 99
Fétis, François Joseph 20, 70, 73
Feuerbach, Anselm 471
Fibich, Zdenko 561
Field, John 458
Filtz, Anton (Fils) 297, 558
Finck, Heinrich 87, 118, 556
Fischart, Johann 108
Fischer, Johann 221
Fischer, Johann Kaspar Ferdinand 192, 221 f., 224
Fischer von Erlach 198
Fitelberg, Gregor 558
Fleming, Paul 199, 208, 217 f.
Flies, Bernhard 345 f.
Floris, Cornelis 79
Flotow, Friedrich Freiherr von 415
Foerster, Joseph Bohuslav 561
Folquet de Marseille 64
Folz, Hans 69
Forkel, Johann Nikolaus 239, 242, 262
Fortner, Wolfgang 264, 568, *594*
Foster, Stephan Collins 574
Fouqué, Friedrich Heinrich Karl, Freiherr de la Motte 377, 396, 398, 414
Françaix, Jean 523
Franck, César 527 f., 534, 558, 569, 574
Franck, Johannes 199 f.
Franck, Johann Wolfgang 218, 225
Franck, Melchior 113, 200, 217
Franck, Salomo 247, 254
Francke, August Hermann 198
Franco, Francisco 571
Frankh 304
Franko von Köln 74
Franko von Paris 74
Franz von Assisi 54, 566
Franz II., Kaiser von Österreich 311

Franz Joseph, Kaiser von Österreich 417, 513
Fränzl, Ferdinand 298, 393
Fränzl, Ignaz 297 f.
Frauenlob, Heinrich 67, 68
Frescobaldi, Girolamo *159 f.*, 167, 175, 191, 201 f., 221, 247
Frieberth 316
Friederike, Prinzessin von Detmold 503
Friedrich, Caspar David 352, 380, 386
Friedrich II. von Preußen (der ›Alte Fritz‹) 67, 172, 260, 273, *299 f.*, 303, 343, 344, 391
Friedrich der Weise von Sachsen 85, 87
Friedrich Wilhelm IV. 436
Friese 250
Frisch, Max 430
Fröber (Zeitgenosse Bachs, Komponist) 257
Froberger, Johann Jakob 190, 192, 202, 221
Fröhlich, Familie 380
Fugger, Graf in Augsburg 120
Fuhrmann, Kantor 198, 225
Fürnberg, Freiherr von 306
Furtwängler, Wilhelm 367
Fux, Johann Joseph 214, 216 f., 221, 285, 298, 306

Gabrieli, Andrea 96, *98*, 113, 121, 137, 148, 157 f., 161, 163, 201, 207, 210, 216, 603
Gabrieli, Giovanni 96, *98*, 121, 148, 157 f., 160 f., 175, 201, 206
Gade, Niels 564 f.
Gafurius, Franchius 70
Gagliano, Marco da 138, 142
Galilei, Vincenzo 137 f., 157
Garlandia, Johannes de (der Ältere) 74
Gasquet, Francis Aidan 530
Gastoldi, Giovanni Giacomo 98, 120
Gaulli, Giovanni Battista 129 f.
Gaultier, Denis 189
Gaultier, Jacques 189
Gaveaux 279, 365
Gay, John *196*, 231, 233, 280, 573, 617
Gazzaniga, Giuseppe 331
Gebler, Tobias Philipp, Freiherr von 324
Geibel, Emanuel 443
Geisler 543
Gellert, Christian Fürchtegott 200, 301, 342, 389
Geminiani, Francesco 165, 170 f., 197
Genée, Richard 417
Genzmer, Harald 624
Georg I. von England=Kurfürst Georg Ludwig von Hannover 231, 233
Georg II. von England 68, 231
Georg Wilhelm von Braunschweig 241

George, Stefan 584
Gerardi, Christine 371
Gerhardt, Paul 86, 198 ff., 208
Gershwin, George 575 f.
Gesius, Bartholomäus 114
Gesner, Johann Matthias 252
Gesualdo, Don Carlo, Fürst von Venosa 98, 148
Geyer, Ludwig 465
Ghiretti 429
Ghiselin, Jean 85
Ghislanzoni, Antonio 497
Gibbons, Orlando 107
Giesecke, Karl Ludwig 337
Gilbert, Henry Franklin Belknap 573 f.
Gilbert, Jean 418
Ginastera, Alberto 577
Giordano, Umberto 523
Giovannini, Girolamo 342
Giraldus Cambrensis 72
Giraud, Albert 585
Glareanus, Henricus, eigtl. Heinrich Loriti 59 f., 565
Glasunow, Alexander 550, 552, 554 f.
Gleim, Johann Wilhelm Ludwig 342
Glinka, Michael 548 f., 603
Gluck, Christoph Willibald 150 f., 153, 166, 173 ff., 178 f., 185, 187, 197 f., 215, 236, 273, 276, 278 f., 282, *283–292*, 293 f., 299, 306, 316, 324, 327, 329, 334, 338, 341 f., 344, 358, 365, 396, 402, 406, 415, 422, 428, 433, 449 f., 469, 489, 530, 607
Goehr, Walter 148
Goethe, Johann Wolfgang 102, 124, 154, 246, 260 ff., 273, 281 f., 319, 323, 326, 329, 339, 343 ff., 354, 363, 365, 369 f., 372, 377 f., 380, 382, 385 ff., 391 f., 397, 410, 430, 435, 437, 439, 441, 443, 462, 466, 492, 499, 504, 507 f., 524, 529, 536, 545, 566, 582
Goetz, Hermann 416
Goeyvaerts, Karel 625
Gogol, Nicolai 394
Goldberg, Johann Theophilus 253
Goldmark, Rubin 575
Goldoni, Carlo *180*, 315, 523
Gombert, Nicolaus 80, *102*, 104
Gonzaga, Herzog Vincenzo 143
Goossens, Eugen 572
Görres, Joseph von 380
Gossec, François Joseph *292*, 294, 304, 418, 421
Gottfried von Straßburg 485
Gottsched, Johann Christoph 253 f.
Goudimel, Claude *105*, 112, 155, 565

Gounod, Charles François 264, 293, 524 f., 529, 553, 558, 603
Goya y Lucientes 570
Gozzi, Carlo Graf 467, 595
Graefe, Postrat 342
Graener, Paul 302
Graeser, Wolfgang 261
Granados, Enrique 570
Grandí, Alessandro 157
Grandville, Künstlername von Ignace Isidore Gérard 419
Graun, Johann Gottlieb 300, 342
Graun, Karl Heinrich 166, 215, 257, 284, 299 f., 342
Graupner, Christoph 221 f.
El Greco = Dominiko Theotokopulos 91, 102
Gredinger, Paul 625
Greflinger, Georg 218
Gregor der Große (Papst) 46, 51, 59
Gregor, Joseph 409
Gregori, Lorenzo 168
Grétry, André Erneste Modeste 276, *279*, 304, 358, 365, 410, 419, 421 ff., 467, 568, 498, 527
Gretschaninow, Alexander 554
Grieg, Edvard 532, 553, 564, 574
Griffi, Orazio 154
Grillparzer, Franz 365, 375, 380, 382
Grimm, Baron 277, 320
Grimm, Jacob 472
Grimmelshausen, Hans Jakob Christoph von 198
Grison (Komponist des Oratoriums ›Esther‹) 420
Grob, Therese 377 f.
Grosser 224
Groth, Klaus 507 f.
Grünewald, Matthias = Mathis Nithardt 83, 91, 108, 613
Gründgens, Gustav 302
›Gruppe der Sechs‹, siehe Auric, siehe Durey, siehe Honegger, siehe Milhaud, siehe Poulenc, siehe Tailleferre 597
Gryphius, Andreas 198
Guadagni 150, 289
Guardini, Romano 263
Guarini, Battista 142
Guarneri 162
Guerrero, Francisco 102
Guicciardi, Contessa Giulietta 371
Guiot de Provins 66
Guiraud, Ernest (Kollege von Offenbach) 434, 526, 529
Guglielmi, Pietro 179

Haas, Joseph 537
Haas, Robert 182, 454, 512 f.
Hába, Alois 543, 556, 561, *614*
Habeneck, François Antoine 527
Habsburger 108
Hadrian 34
Hagelstange, Rudolf 571
Hagen, Oskar 233
Hahn, Ulrich 93
Haibl, Sophie 319
Hale, Adam de la *56*, 65, 74, 182, 615
Halévy, Jacques Fromental 423 f., 431, *433*, 524
Halffter, Ernesto 571
Hammerschmidt, Andreas 213
Händel, Georg Friedrich 131, 151, 154, 156, 170 f., 174, 176, 178, 195 ff., 203, 213, 215 f., 219, 221, *227–238*, 247, 255, 260, 273 f., 276, 283, 285, 317, 319, 336, 338, 366 f., 396, 440, 448, 469, 505 f., 573, 610
Handl, Jakob 117
Handschin, Jacques 265
Hanslick, Eduard 486 f., 503, 512 f.
Harris, Roy 575
Harsdörfer, Georg Philipp 223
Hartmann, Johann Peter Emil 264, 564
Hartmann, Karl Amadeus 594
Hartmann, Verleger 529
Hartmann, Ferdinand (Maler) 380
Hartmann von Aue 62, 67
Hasse, Johann Adolf 173 f., 176, *178*, 227, 252, 283 f., 292, 299, 321
Haßler, Hans Leo 96, 113, 117, *121*, 200, 211, 217, 220
Hauer, Joseph Matthias 267, *582*
Hauff, Wilhelm 595
Hauptmann, Gerhart 521, 544
Hauptmann, Moritz 263, 436
Haußmann, E. G. 260
Haußmann, Valentin 217
Haym, Nicola 232
Haydn, Joseph 80, 174, 178, 192, 197 f., 215, 220, 273 f., 282, 293 f., 297 f., 302 f., *304–318*, 319, 323, 329 f., 334, 337 f., 345, 349 ff., 353 ff., 358 f., 361, 364, 367, 376, 387, 391, 417, 420, 435, 438 ff., 451 f., 490, 503, 509 f., 514, 516, 538, 544, 562, 574, 587, 597, 599, 603
Haydn, Marianne 317
Haydn, Michael *298*, 342, 397, 403
Hebbel, Friedrich 393, 508
Hegar, Friedrich 392
Hegar, Ferdinand 565 f.
Hegel, Georg Wilhelm Friedrich 263

Heine, Heinrich 430, 443, 448, 452, 456, 470
Heinichen, Johann David 174, 217
Heinrich IV. von Frankreich 138
Heinrich V. von England 78
Heinrich VIII. von England 105, 106
Heinrich Postumus, Prinz von Reuß 207
Heinse, Wilhelm 329, 467
Hell, Theodor 408
Helm, Th. 516
Henning, Carl Wilhelm 435
Henrici, Pseudonym →Picander 254
Henze, Hans Werner 525, *594 f.*, 628
Herbeck, Johann 384, 511, 512
Herbing, Valentin 342
Herder, Johann Gottfried 215, 281, 342, 344, 462
Herodot 31
Hérold, Louis Joseph Ferdinand 279, 423, 426
Hervé, Florimond 435
Herz, Henri 446, 458
Hesse, Hermann 333, 566
Hesse, J. A. 86
Heuberger, Richard 417
Heuschkel, J. P. 397
Hidalgo, Juan 182
Hiemer, F. K. 404
Hiller, Ferdinand 440, 458
Hiller, Johann Adam 200, 271, *280*, 282, 341 f., 418
Hindemith, Paul 146, 264 f., 394, 403, 504, 510, 521, 543, 548, 568 f., 572, 588, 600, *608–613*, 614, 616, 623 f., 628
Hoffmann, Ernst Theodor Amadeus 343, 345, 350 f., 363, 380, *394–397*, 398 ff., 409, 414, 430, 434, 487
Hoffmeister, Anton 360
Hofhaimer, Paul 87, 117 f., 122
Hofmann, G. von 380
Hofmannsthal, Hugo von 539 f.
Hofmannswaldau, Christian Hofmann von 198
Hohenwardt, Sigismund Erzbischof von 316
Hohenzollern 464
Holbein, Hans d. J. 105, 108
Holbein, Hans d. Ä. 83, 108
Hölderlin, Friedrich 582, 616
Holmbö, Aage 565
Hölty, Ludwig Christoph Heinrich 343, 386
Holz, Arno 521
Holzbauer, Ignaz 217, *281 f.*, 297
Holzer, Michael 345, 376
Homer 35, 354
Honegger, Arthur 534, 563, *566–568*, 585, 597 f., 623
Horaz 117

Hornemann (Maler) 358
Horzolka, Johann 374
Hubay, Jenö 562
Huber, Ferdinand Fürchtegott 565
Huber, Hans 565
Hugo, Victor 394, 424, 437, 462, 492
Hummel, Johann Nepomuk *360*, 438, 440, 458
Humperdinck, Engelbert 280, 341, *537*, 617
Humphrey 194
Hurlebusch 342
Hutten, Ulrich 108
Hüttenbrenner, Anselm 380, 382, 384, 390

Ibert, Jacques 535, 568
Ignatius von Loyola 91
Ihle, J. J. 249
d'Indy, Vincent 146, 187, 528 f., 535, 566, 570
Ingegneri, Marco Antonio 101, 143, 148, 155
Isaac, Heinrich 64, 80, 85 f., 88, 93, 104, 117 f.
l'Isle, Rouget de 420
Isouard, Nicolo 279, 423 f.
Ives, Charles 574

Jacchini, Giuseppe 170
Jakob I. von England 106, 193
Jakob II. von England 193
Jähns, Friedrich Wilhelm 405
Janáček, Leos 550, 558, 560
Janequin, Clément *104*, 184, 188, 451, 527, 532, 621
Jansenius, Cornelius 511
Jaspers, Karl 628
Jeanrenaud, Cäcilie 436
Jeitteles, Alois 389
Jemnitz, Alexander 562
Jenner, Gustav Uwe 508
Jeremias 28
Jérôme Bonaparte, König 343, 371
Jesaia 27
Jessel, Leon 417
Joachim, Joseph 452, 502
Johann von Burgund, Herzog 78
Johann von Luxemburg 76
Johann XXII., Papst 74, 78
Johann Ernst, Herzog 246
Johann Georg, Kurfürst 206
Jolivet, André 619
Jomelli, Nicolo 178 f., 284 f., 294, 344
Jongen, Joseph 533, 569
Josef II. von Österreich, Kaiser 282, 354
Josquin, Desprez 64, 80 f., *83 ff.*, 87 f., 93, 96, 99, 102 ff., 118, 120, 603

Joyce, James 394
Jubal 26
Judenkünig, Hans 122
Julian, Heiliger 62
Julius III., Papst 100

Kafka, Franz 394
Kaiser, Georg 617
Kalcher, J. N. 397
Kalkbrenner, Friedrich 446, 458
Kálmán, Emmerich 417
Kambyses 22 f., 26
Kamienski, Matthias 557
Kaminski, Heinrich 548, 614
Kant, Immanuel 198, 350, 354
Karl I. von England 106, 193
Karl II. 193 f.
Karl V. 75, 79, 102, 108, 118
Karl VI. 62
Karl VII. 81
Karl VIII. 81
Karl der Große 51
Karl der Kühne 79
Karl Theodor von der Pfalz, Kurprinz 294
Karlowicz, Mieczyslaw 557
Karoline von England, Königin 231
Katharina von Aragon 105
Katharina die Große 548
Kaulbach, Friedrich 462
Graf Kayserlinck 253
Keiser, Reinhard 214, 224 f., *226 ff.*, 255, 275, 283
Keller, Gottfried 536, 560
Keller, Marianne 307
Keller (Vater von Marianne) 307
Keller, Otto 455
Kelterborn, Rudolf 568
Kempis, Thomas a 366
Kepler, Johannes 613
Kerle, Jakobus de 100
Kerll, Johann Kaspar 156, *202*, 216
Kerner, Justinus 443, 448
Ketteler, Bischof 110
Ketting, Otto 569
Kewerich, Maria Magdalena 353
Kienzl, Wilhelm 537
Kierkegaard, Sören 333, 593
Kiel, Friedrich 440
Kilpinen, Irjö 563
Kind, Friedrich 387, 399, 405
Kindermann, Erasmus 202, 213, 218
Kinsky, Fürst 372

Kirchgesser, Marianne 337
Kittel, Johann Christoph 200
Kitzler, Otto 511, 515
Klee, Paul 486
Kleiber, Erich 316
Klein, Bernhard 282, 392, 439
Kleist, Heinrich von 380, 566, 595
Klemperer, Otto 610
Kleochares 34
Kleonides 40
Klopstock, Friedrich Gottlieb 200, 215, 281, 291,
    301, 342, 344, 378
Klose, Friedrich 512, 537
Knigge, Freiherr von 331
Knüpfer, Sebastian 213, 218
Kodály, Zoltán 562, 600, 603
Koller, Josephine von 380
Kollo, Walter 418
Konfuzius 15 ff.
Konstantin 41
Kopernikus 91, 108, 131, 266
Körner, Theodor 377, 398
Kotonski 558
Kotzebue, August von 377
Kosegarten, Ludwig Theobul 387
Kozeluch, Leopold 360
Kraak 148
Kraus, Joseph Martin 298
Krause, Christian Gottfried 342
Kreisler, Fritz 430
Křenek, Ernst 266, 574, 576, *592f.*, 625 f.
Kretschmar, Hermann 174, 208, 224 f., 227, 257,
    294, 316
Kreutzer, Konradin 365, 390, 393, 412
Kreutzer, Rodolphe 298, *304*
Krieger, Adam 219, 341
Krieger, Johann Gotthelf 224
Krieger, Johann 213
Krieger, Johann Philipp *213*, 221, 224, 227
Krohn, Ilmari 562
Kuhnau, Johann 192, *213*, 222, 243, 250
Künnecke, Eduard 418
Kunzen, Friedrich Ludwig Aemilius 282
Kupelwieser, Leopold 381, 388
Kürenberg, von der 67
Kusser, Johann Sigismund 224, 226

Lachner, Franz 380, 384, 390
Lajtha, Lásló 562
Lalo, Edouard 527
Lamartine, Alphonse de 462
Lammenais, H. Félicité Robert de 459

Lämmerhirt, Elisabeth 239
Landi, Steffano 149 f., 278
Landini, Francesco 78
Lange, Joseph 325
Lanner, Joseph 416 f.
Lassus, Orlandus 80, 85, 98, 104, 114, 117,
    118–121, 122 f., 125, 165, 217, 273, 607
Lattre, Roland de, siehe Orlandus Lassus
Lassus, Roland de, siehe Orlandus Lassus
Lasso, Orlando di, siehe Orlandus Lassus
Lavater, Johann Kaspar 305
Lavigna, Vincenzo 490
Lavignac, Albert 529
Laube, Heinrich 467
Laun, Friedrich 399
Layen (1. Mann von Beethovens Mutter) 353
Lechner, Leonhard 113 f., 117, 120, 217
Leclair, Jean Marie 304
Lecocq, Alexander Charles 435, 525
Le Corbusier, Edouard 575
Lefranc 105
Legrenzi, Giovanni *154*, 157, 163, 165, 170, 176
Lehár, Franz 417
Leibniz, Gottfried Wilhelm 198
Leibowitz, René 595
Leifs, Jón 565
Le Jeune, Claudin 104
Lemlin, Lorenz 118
Lenau, Nikolaus 566
Leoninus, Magister 72, 74
Leo, Leonardo 176, 178
Leonardo da Vinci 83, 91
Leoncavallo, Ruggiero 521 f.
Leopold II. von Österreich, Kaiser 336, 339, 354
Leopold von Anhalt-Köthen, Fürst 248, 250
Leopolita, Martin 556
Lesseps, Ferdinand Vicomte de 434
Lessing, Gotthold Ephraim 198, 281, 287, 299,
    301, 339, 345, 435
Lesueur, Jean François *292f.*, 418 f., 421, 449, 463
Levi, Hermann 473, 479, 514, 516
Lewinski (W.-E.) 595
Liä-Dsi 16
Lichnowsky, Fürst 371
Lichtenstein, Ulrich von 67
Lidley 317
Lieban, Julius 473
Liebermann, Max 568
Liebermann, Rolf 568
Limburg, Gottschalk von 53
Lincke, Paul 418
Lindblad, Adolf Fredrik 563

Lindholm, Ingvar 564
Lindner (Organist in Weiden, Lehrer Regers) 546
Ling-Lun (um 2500 v.Chr.), schnitt Bambuspfeifen am Hoangho 16, 17
Linos = Meneros 31
Liszt, Cosima 460
Liszt, Franz 271, 264, 292, 351, 358, 400 f., 408, 415, 417, 430, 434, 444 f., 447, 450, 452, 454 ff., *459–463*, 466, 469, 472, 475, 484, 502 ff., 507, 509, 512, 521, 523, 525, 527, 534, 537 f., 542, 546, 548, 550, 552 ff., 558 f., 562 ff., 570 ff., 600, 603
Lobkowitz, Fürst 283, 372
Lobwasser, Ambrosius 112
Locatelli, Pietro 166, 169 ff.
Lochner, Stephan 83
Locke, Matthew 194
Löwe, Ferdinand 512
Loewe, Johann Jakob 223, 241
Loewe, Karl 336, 343, 345, *390 f.*, 393, 440
Logroscino, Logroscino 176, 178 f.
Lohenstein, Daniel Casper von 198, 262
Lope de Vega 102, 181
Lorca, García 394, 594, 596
Lorenzo der Prächtige 86, 94
Lortzing, Albert 280, 341, 397, 404, *412–414*, 415, 487
Lotti, Antonio 157, 232
Louis Ferdinand von Preußen 360
Louis Philippe (›Bürgerkönig‹) 421
Lübeck, Vincent 202
Ludwig II. von Bayern 476
Ludwig II. von Ungarn 88
Ludwig XI. 81
Ludwig XIII. 192
Ludwig XIV. 63 f., 152, 187, 194, 322
Ludwig XV. 187, 277
Ludwig XVI. 421
Ludwig von Brandenburg, Markgraf 249
Ludwig von Stuttgart, Prinz 398
Lukas van Leiden 79
Lully, Jean Baptiste 64, 152, 164, 176, *182–186*, 187 f., 193, 195, 201, 216, 221, 224 ff., 241, 291, 527
Luppi, Roberti 147
Luther, Martin 53, 69 f., 88, 91, 108, *109–111*, 112, 114, 154 f., 199 f., 237, 243, 510
Lutoslawski 558
Lutter und Wegner 380

Macchiavelli, Niccolo 91
Mac Dowel, Edward 574
Machaut, Guillaume de *75 ff.*, 78, 80, 104, 268
Mackenzie, Sir Alexander 571
Maelzel, Johann Nepomuk 372 f.
Maeterlinck, Maurice 394, 529
Maffei (Librettist Verdis) 492
Mahler, Gustav 351, 362, 366, 390, 408, 512, 514, 521, 537 f., *543–545*, 569, 581 ff., 592
Maillart, Louis Aimé 423, 426
Majo, Francesco di 178
Malfatti, Therese 371
Malipiero, Gian Francesco 523
Mallarmé, Stéphane 394, 529, 531
Mancinus 114
Manet, Edouard 530
Mann, Thomas 474, 541, 543
Manzoni, Alesandro 499
Marcello, Benedetto 157, 168, 170 f., *178*, 246, 357, 499
Marenzio, Luca 98, 121, 351
Maria von Spanien, Kaiserin 102
Maria Theresia 174, 298, 320
Marie Antoinette 290
Marie Elise, Fürstin 429
Marinetti, Filippo Tommaso 622
Marini, Biagio 147, 161, 163
Marlowe, Christopher 105
Marmontel, Antoine François 279, 525, 529, 570
Marner, Minnesänger 67
Marot, Clement 104 f.
Marpurg, Friedrich Wilhelm 257
Marschner, Heinrich 390 f., 393, *411 f.*, 467, 481
Martenot, Maurice 624
Martin V., Papst 78
Martin, Frank 567 f.
Martini, Padre 168, 298, 303
Martinu, Bohuslaw 535, 561, 576
Martin y Solar, Vicente 182, 333
Marx, Karl 418, 434
Marxsen, Eduard 502
Mascagni, Pietro 521 f., 553
Maschera, Florentino 160
Mason, Lowell 574
Massenet, Jules 522, *525*, 527 f., 532
Mattei, Abbate Stanisl. (Lehrer Rossinis) 428
Mattheson, Johann 214, 227, 255
Matthisson, Friedrich von 377
Maudit, Jacques 104
Maurus, Hrabanus 545
Mayer (Lehrer von Strauß) 537
Mayr, Simon 365, 428, 431
Mayrhofer, Johann 377 ff., 387
Maximilian I., Kaiser 79, 85, 87 f., 108, 117

Maximilian II. 108
Mazzini, Giuseppe 467
Meck, Frau von 529, 553 f.
Medici, Lorenzo di 85
Medici, Maria von 138
Méhul, Etienne-Nicolas *292f.*, 358, 418f., 421f.
Meiland, Jacob 114
Meinloh von Sevelingen 67
Melanchthon, Philipp 108
Melk, Heinrich von 67
Melzi, Fürst 283
Memling, Hans 79
Menantes, Hunold 214, 225
Mendelssohn, Arnold 609
Mendelssohn-Bartholdy, Felix 197, 257, 262, 264, 351 f., 358, 384, 390 ff., 401, 409, 417, 431, *435-440*, 443 ff., 452, 459, 469, 490, 504, 507f., 510, 538, 553, 563, 565, 571
Mendoza, Diego Hurtado de 102
Meneros = Linos 31
Menos 31
Menotti, Carlo 576
Mercadante, G. Saverio R. 429
Merelli (Impresario der Mailänder Scala) 490, 491
Mersmann, Hans 351
Merula, Tarquinio 162 f.
Merulo, Claudio 98, 158
Mesomedes 34, 137
Messiaen, Olivier 104, 188, 434, 590 f., *619-622*, 624, 628
Metastasio, Pietro 156, 173, *174*, 178 ff., 218, 232 f., 283 f., 287, 305, 315, 339, 380
Meyerbeer, Giacomo 197, 292, 299, 372, 393, 398, 408, 422 ff., 426, 428, *431-433*, 456, 467 ff., 472, 477, 479, 497 f., 525, 551
Michelangelo Buonarotti 83, 91, *129-131*, 208, 536, 541
Mildner, Anna 371
Milhaud, Darius 528, 534 f., 566, 569, 576, 585, 597, *598 f.*, 609, 623
Millöcker, Karl 417
Milton, John 215, 317
Mingotti, Angelo 226, 283 f.
Minos 28
Mirjam, Schwester Moses 26
Mizler, Lorenz Christoph 257
Molière, Jean Baptiste Poquelin 180, 184, 331
Molina, Tirso de 332
Möllendorf, Willi von 543
Monet, Claude 530, 534
Moniuszko, Stanislaw 557

Monn, Georg Matthias 298
Monsigny, Pierre Alexandre 279
Montaigne, Michel Eyquem 104
Monte, Philipp de 80, 104
Monteverdi, Claudio 96, 98, 142, *143-148*, 150, 152 f., 156 f., 176 f., 186, 195, 201, 207 f., 210, 273, 288, 327, 493, 589, 614
Montfort, Hugo von 67
Montpensier, Mlle. de 182
Morales, Christobal 102
Morax, René 566
Mörike, Eduard 36, 331, 536, 566
Moritz von Hessen 204
Morlacchi, Francesco, Intendant der Dresdner Oper 393
Morley, Thomas 106
Morungen, Heinrich von 67
Morus, Thomas 91, 105
Moore, Thomas (Komponist) 448
Morzin in Lukavec bei Pilsen, Graf 307
Moscheles, Ignaz 360, 372, 436
Mosenthal 414
Moses 26, 28
Mosonyi (eigtl. Michael Brandt) 562
Moszkowski, Moritz 557
Mottl, Felix 512
Mouton, Jean 96
Mozart, Maria Anna Thekla, ›Bäsle‹ Anna (Cousine von W. A. M.) 323
Mozart, Konstanze 331, 339, 341, 397
Mozart, Leopold 290, 298, 315, *319 ff.*, 325, 342, 451
Mozart, Maria Anna (Nannerl) 320 f.
Mozart, Wolfgang Amadeus 80, 101, 120, 150, 164, 166, 174, 179 ff., 192 f., 197 f., 216, 227, 233, 257, 259, 262, 264, 268, 273 f., 277, 279 f., 282 f., 285, 287, 294, 296 ff., 302 ff., 310, 313 ff., 317, *318-341*, 344 ff., 349 ff., 353 ff., 365, 372, 375 f., 386 f., 391, 393, 395 ff., 400 ff., 404 f., 407, 410, 412, 417, 427, 438, 440, 456, 458, 465 f., 469, 471, 485, 487, 489 f., 492, 499, 505, 514, 522, 530, 538, 540, 542, 544, 548, 553, 562, 573, 583, 595, 603 f., 607, 616 f.
Muffat, Georg 168 f., 221 f.
Mügelin, Heinrich von 67
Müller, Adam 380
Müller, Wenzel 282, 337, 393, 404, 499
Müller, Wilhelm 381 ff., 387 f., 396
Muskatblüt (Muskatblut) 67
Mussorgskij, Modest Petrowitsch 529, 533, 549, *550 f.*, 561, 581, 599

Nägeli, Hans Georg *345*, 392, 565
Nanino, Giovanni Bernardino 101
Nanino, Giovanni, Maria 101, 155
Napoleon 292 f., 330, 349, 358, 368, 374, 420 f., 463, 489, 548
Napoléon III. 434
Nardini, Pietro 304
Naumann, Johann Gottfried 166, 217, 282
Neander, Anna 218
Nebukadnezar 21
Nedbal, Oskar 561
Neefe, Christian Gottlob 262, *280 f.*, 342, 353 f., 402
Neher, Caspar 615, 617
Neithart von Reuenthal 62, 66 f.
Nenna (Chromatiker) 98
Neri, Filippo 154 f.
Neri, Massimiliano 163
Nero, Kaiser 42
Neubauer, Johann 220
Neumann, Angelo 473
Neumann, Balthasar 198
Neumann, Mathieu 392
Neumark, Georg 218
Neumeister, Eduard 247, 254
Newsidler, Hans 122
Nicodé, Jean Louis 546
Nicolai, Otto 280, 341, *414 f.*, 501 f.
Nicolai, Philipp, Zeitgenosse Luthers 69, 199
Nielsen, Carl 565
Nietzsche, Friedrich 173, 395, 440, 473, 478 f., 482, 486, 526
Nikisch, Arthur 512, 514, 544
Nikolaus, Zar 466
Nono, Luigi 595 f., 628
Nordraak, Richard 564
Notker Balbulus (Notker der Stammler) 46, 52, 565
Notker, Labeo 53, 565
Novalis, Freiherr Friedrich von Hardenberg 380, 387 f., 569
Novák, Vitezlav 561
Nyström, Gösta 563

Oboussier, Robert 568
Obrecht, Jacob 64, 80, *82*, 87 f., 93, 114, 603
Ochsenkuhn, Sebastian 122
Octavianus Scotus 93
Odoakar 41
Odysseus 31
Offenbach, Jacques 197, 394, 416, 422, *434 f.*, 525

Okeghem, Johannes 64, 80, *81 f.*, 83, 85, 87, 93, 104, 603
Olympos 35
Opitz, Martin 198, 218, 223
Oranien, Wilhelm von 193
Orff, Carl 66, 146 f., 566, 568, 585, *614–616*
Orlandus Lassus, siehe Lassus, Orlandus
Orpheus 31, 146, 150
Ortiz, Diego 103, 137, 158
Osiander, Lucas 112
Ossian, keltischer Sagenheld 388
Othmair, Caspar 118
Otto, Georg 204
Ottoboni, Kardinal 229
Ovid 42

Pachelbel, Johann *202 f.*, 222, 241, 243, 247, 254
Pacius, Frederic 562
Paderewski, Ignaz 557
Paër, Ferdinando *181*, 365, 399, 429, 459, 524
Paganini, Niccolo 197, 271, 410, *429 f.*, 441, 449, 454, 459, 461, 507
Paine, John Knowles 574
Paisiello, Giovanni 181, 492
Palestrina, Giovanni Pierluigi da 27, 81, 85, *99–101*, 102, 119, 123, 125 f., 155, 157, 216, 273, 366, 463, 489, 514, 524, 541, 569, 607
Pallavicini (auch Pallavicino), Carlo 154, 176, 177
Parker, Horatio 574
Parry, Sir Hubert 571
Pascal, Blaise 511
Pasquini, Bernardo 167
Pasternak, Boris 555
Paulus, Apostel 49
Paul IV., Papst 100
Paul von Rußland (Großfürst) 310
Paul, Jean 380, 441, 544
Paumann, Konrad 122
Paumgartner (Bürger, für den Schubert das ›Forellenquintett‹ schrieb) 380
Pedrell, Felipe 570
Penderecki (polnischer Elektronen-Musiker) 558
Pepusch, Johann Christoph *196 f.*, 280, 573, 617
Perez, Juan Gines 102
Pergolesi, Giovanni Battista 157, 166, 177, *180 f.*, 197, *276 f.*, 294, 304, 496, 501, 603, 606
Peri, Jacopo *137–145*, 148
Perikles 29, 36
Perrin, Pierre 184
Perotinus Magnus, Magister 73 f.
Pertl, Anna Maria (Frau von Leopold Mozart) 319

Peschel, E. 524
Pestalozzi, Johann Heinrich 574
Peter der Große 548
Petrarca, Francesco 77, 95, 378, 387
Petrucci, Ottaviano dei 93
Peuerl, Paul 220
Pfitzner, Hans 351, 390 f., 397, 400, *541 f.*
Pforr, Franz 352
Pherekrates 38
Philidor, François André 271
Philidor = Danican, Anne 271
Philipp II. von Spanien 79, 102 f., 105
Philipp der Gute in Burgund 79 f.
Philipp der Schöne 79, 85, 87
Piave (Librettist) 492
Picander = Christian Friedrich Henrici 254, 258 f.
Picasso, Pablo 570, 623
Piccini, Niccolo 179 ff., 291 ff., 324, 607
Piemé, Gabriel 525, 528 f.
Pijper, Willem 569
Pindar 35
Pisendel, Johann 222
Piston, Walter 575
Pius IV., Papst 100
Pius V., Papst 54
Pizzetti, Ildebrando 523
Planck, Max 266
Planquette, Robert 435
Planer, Minna 468
Platen, August Graf von 508
Platon 33, 38 f., 44, 604
Plautus 108
Pleyel, Ignaz 360
Plotin 40
Plüddemann, Martin 391
Plutarch 21, 40, 42
Poitiers, Guillaume de 65
Polzelli, Luigia, Sängerin 307
Pompadour, Marquise de 277, 287, 321
Ponchielli 522
Poot, Marcel 569
Pope, Alexander 231, 233
Porpora, Nicolo 166, *178*, 233, 236, 306
Postel, Christian 225
Poulenc, Francis 534, 597, 623
Pousseur, Henri 625
Power, Lionel 79, 106
Praetorius, Jakob 202
Praetorius, Michael *113*, 117, 120, 206, 211
Pratella, Francesco Balilla 622 f.
Prévost d'Exiles, Antoine François, Abbé 525
Prokofieff, Serge 576, *599*, 603, 623

Proksch (Lehrer Smetanas in Prag) 558
Provenzale, Francesco 176
Provesi (Lehrer Verdis) 489
Pschorr, Brauereifamilie 537
Ptolemaios, siehe Ptolemäus 39, 266
Ptolemäus = Ptolemaios 39, 131, 266
Puccini, Giacomo 428, 465, 468, 497, 521, *522*, 525, 576, 598
Pugnani, Gaetano 304
Purcell, Henry *193 ff.*, 229 ff., 573
Puschkin, Alexander Sergejewitsch 394, 549
Pythagoras 22, 28, 32, 39

Quantz, Johann Joachim 174, 273, *300*
Quei, Musikmeister 15, 17
Quinault, Philippe 185, 188, 291
Quintilianus 40, 42

Rabelais, François 91, 104
Rachmaninow, Sergei 555
Racine, Jean 174, 185, 290, 437
Raff, Joachim 477
Raffael Santi 83 f., 160
Rambeaut de Vaqueiras 65
Rameau, Philippe *186 ff.*, 193, 276 ff., 283, 285, 287, 290, 451, 530, 597 f.
Rangström, Ture 563
Rastrelli 393
Rathgeber, Valentin 342
Ravana, König 20
Ravel, Maurice 528, *533 f.*, 535, 550 f., 556, 570, 572, 598
Regenbogen, Konrad 69
Reger, Max 247, 264, 302, 351, 374, 390, 504 f., 510, 521, 537 f., 543 f., *546 ff.*, 558, 566, 569, 581 ff., 604, 609
Reicha, Anton 449, 459, 527, 558
Reichardt, Gustav 392
Reichardt, Johann Friedrich 271, 282, 303, *343 f.*, 371, 385, 390, 392 f., 402
Reichenau, Berno von der 53
Reimar 62
Reineke, Karl 440
Reinken, Johann Adams 202, 222, 225, 241, 250
Reinmar der Alte 67
Reinmar von Zweter 67
Reißer, Dr. 225
Rembrandt Harmensz van Rijn 129
Reményi, Eduard (eigtl. Eduard Hoffmann) (ungar. Geiger) 502
Remus 41
Renoir, Auguste 530

Respighi, Ottorino *523*, 533, 552
Reuchlin, Johannes 108
Reusner, Esajas 222
Reutter, Johann Adam Karl Georg (Wiener Domkapellmeister, Lehrer von Haydn) 305
Reyser, Jörg 93
Rhaw, Georg 112 f.
Rheineck, Christoph 345
Richard Löwenherz 65
Richter, Franz Xaver 217, 225, *297*, 300, 307, 558
Richter, Hans 479
Ricordi, Giovanni 499 f.
Riemann, Hugo 158, 304, 546 f.
Ries, Ferdinand 354
Ries, Franz 354
Riezler, Walter 364
Righini, Vicenzo 354
Riisager, Knud Åage 565
Rilke, Rainer Maria 611
Rimbaud, Arthur 394, 531
Rimski-Korssakow, Nikolai Andrejewitsch 523, 549, 551, *552 f.*, 554, 599, 603
Rinuccini, Ottavio 138, *141 f.*, 146 f., 223
Rist, Johann 218
Ritter, Alexander 537
Ritter, Frau Dr. 477
Rjepin, Ilja 552
Robespierre, Maximilien de 418 f.
Rocycki, Ludomir 558
Rode, Pierre 304
Roeckel (Freund Wagners) 475
Rogier Michael 212
Rolla, Allessandro (Lehrer Paganinis) 429
Rolland, Romain 290, 530
Rollet, du (frz. Attaché in Wien) 290
Romani 494
Romanus, Mönch 51
Romulus 41
Romulus Augustulus 41
Ronsard, Pierre 104
Rore, Cyprian de 97 f.
Rosenberg, Hilding 563
Rosenmüller, Johann 117, 213, 216, *220 f.*, 222, 351
Rossi, Luigi 157, 163, 184
Rossi, Salomone 161
Rossini, Gioacchino 181, 330, 393, 399, 406, 424, *426 f.*, 428 ff., 489, 491, 523, 525, 574, 603
Rossinus, Hieronymus 150
Rousseau, Jean Jacques 174, 181, 197, 215, 272, *276 ff.*, 280, 287, 294, 295, 301, 306, 321, 354, 565

Roussel, Albert 535, 561, 568
Rubens, Peter Paul 237
Rubinstein, Anton 553
Rubinstein, Nikolai 553
Rückert, Franz 387, 443, 544
Ruczizka, Wenzel 376
Rudolf II. 108
Rudolf, Erzherzog 371 f.
Rue, Pierre de la 85
Runge, Philipp Otto 352, 380, 384
Rungenhagen, Carl Friedrich 390
Rupff, Konrad 111
Ruprecht (Musiker, pflegte das volkstümliche ›Wiener Klavierlied‹) 345
Ruspigliosi, Giulio (Kardinal, später Papst Clemens IX.) 149
Russolo, Luigi 622
Ruutha, Didrik Persson 562

Sacchini, Antonio Maria G. 178, 292
Sachs, Hans (Meister Sachs) 57, *69*, 108 f., 487
Sachsen-Weißenfels, Herzog von 227
Sagittarius, Henricus = Heinrich Schütz 204
Saint-Amand, Hucbald von 59, 71
Saint-Exupéry, Antoine de 596
Saint-Saëns, Charles Camille 450, *525*, 528 f.
Saint-Simon, Claude Henry de Rouvroy 434
Salieri, Antonio 292, 341, 355, 365, 372, 376, 380, 387, 431, 459
Salomo, König 27 f.
Salzburg, Münch von 67
Sammartini, Giovanni Battista *166 f.*, 276, 283, 285, 294 f., 298, 301, 303 f.
Samter, Johann Wenzel von 556
Sand, George = Amadine-Aurore-Lucie Baronne de Dudevant 434, 456 f.
Sanherib 21
Sappho 36
Sarasate, Pablo de 570
Sardou, Victorien 521
Sarti, Giuseppe 179, 292, 333
Sartorio, Antonio 152
Satie, Erik *535*, 597 f., 608, 623
Säverud, Harald 564
Sayn-Wittgenstein, Fürstin Caroline 460
Scacchi, Marco 556
Scandello, Antonio 114, 206
Scarlatti, Alessandro 156 f., 163, 165, 167, 169, *176 ff.*, 179, 229
Scarlatti, Doménico *167 f.*, 176, 190, 276
Schack, Adolf Friedrich Graf von 508
Schaeffer, Pierre 624

Schalk, Franz 512
Schat, Peter 569
Scheibe, Johann Adolf 169, 262 f.
Scheidemann, Heinrich 202
Scheidt, Samuel 113, 117, 200, 201, *202* f., 212, 219
Schein, Johann Hermann 113, 117, 200, *211 f.*, 217, 220
Schelle, Johann 213
Schemelli, G. Chr. 219, 247
Schenk, Johann *282*, 355, 404
Schenkendorf, Max von 398
Scherchen, Hermann 568, 594
Schibler, Armin 568
Schikaneder, Emanuel 330, 337, 339 f.
Schiller, Friedrich 102, 198, 311, 343 f., 354, 358, 368, 377, 386 ff., 398, 403, 462, 492 f., 497, 508, 589
Schillings, Max von 537
Schindler, Anton 359, 371, 374
Schinkel, Karl Friedrich 391
Schlegel, August Wilhelm 102, 264, 380, 387
Schlegel, Friedrich 264
Schletterer, Hans Michel 299
Schlick, Arnolt 122
Schlüter, Andreas 198
Schmeltzer, Johann Heinrich 216
Schmidt, Franz 544
Schneider, Friedrich 439
Schober (Freund Schuberts) 378 ff.
Schobert, Johann 304, 321
Schoeck, Othmar 390, 566
Schönberg, Arnold 264, 267 f., 298, 310, 351, 504 f., 507, 510, 523, 537, 542 f., 545, 547, 558, 563 f., 567 f., 572, 574, 576, *581–589*, 590 ff., 597 f., 600 ff., 606 f., 609, 628
Schongauer, Martin 83
Schopenhauer, Arthur 350, 470, 472, 475, 485, 487, 541
Schostakowitsch, Dimitri 599
Schott, Ratsherr 225
Schreiber 218
Schreker, Franz 537, 592
Schröder-Devrient, Wilhelmine 455, 471
Schubart, Christian Daniel 344 f., 378
Schubert, Ferdinand 375, 378, 380, 383 f.
Schubert, Franz Peter Seraph 141, 207, 219, 292, 299 f., 334, 342 ff., 351 f., 359, *375–389*, 390 ff., 395, 397, 399, 402, 412, 417, 430, 436, 448, 458, 507 f., 511, 514 ff., 536, 544 f., 555, 557, 560, 562 f., 590
Schubert, Ignaz 375 f.
Schubert, Karl 375
Schulz, Johann Abraham Peter 343, 402
Schumann, Clara 454, 502 ff.
Schumann, Georg 392
Schumann, Robert 257, 263 f., 267, 310, 351 f., 358, 384, 388, 390 ff., 394, 400 f., 417, 420, 430, 435 f., *440–449*, 450, 457 ff., 468, 470, 502 ff., 512, 524 f., 527 f., 531 f., 536, 538, 541, 550, 553, 564 f., 571
Schuman, William 576
Schupanzigh, Ignaz (Geiger z. Z. Beethovens) 364
Schürmann, Georg Kaspar 224
Schütz, Heinrich 96, 98, 114, 120, 138, 156, 199, *204–211*, 212, 214, 218 f., 223, 225, 241, 262, 273, 502, 505, 508, 564, 568, 610
Schweitzer, Albert 204, 207, 263, 528
Schweitzer, Anton 281
Schwind, Moritz von 352, 379, 380 f.
Scott, Sir Walter 382, 388, 424
Scott, Cyril 533, 572
Scribe, Eugène *423 ff.*, 431 ff., 467 f.
Searle, Humphrey 573
Sebald, Amalie 371
Sechter, Simon 383, 511 f.
Sédaine, Michel (Librettist, 18. Jh.) 279
Seiber, Mátyás 261, 562
Seikilos 34
Sekles, Bernhard 609
Selle, Thomas *212*, 214, 217
Seneca 42, 156
Senfl, Ludwig *88*, 112, 117 f., 565
Senn, Jakob (Dichter) 380
Sermisy, Claudin de (Jermisy) 104
Serocki 558
Servetto (Lehrer Paganinis) 429
Sessions, Roger 575
Sforza, Kardinal Ascanio 83
Shakespeare, William 91, 105, 194 f., 287, 336, 354, 359, 387, 395, 414, 416, 424, 437, 449, 452, 465 ff., 489, 492, 500, 502, 568
Sibelius, Jean 562
Sidney, Sir Philip 105
Sigismund, Kaiser 78
Sigismund von Österreich, Erzherzog 85
Silcher, Friedrich 392 f., 437
Simonides von Keos 35
Simpson, Thomas 220
Sinding, Christian 564
Sixtus V., Papst 100
Sixtus VI., Papst 101

Sjögren, Emil 563
Skrjabin, Alexander 533, 550, 554, *555f.*, 572, 581
Solera, Librettist (Nabucco) 491 f.
Solon 36
Sonnenfels, Joseph von 289
Sonnleithner, Joseph 279, 365
Sophie Charlotte von Preußen, Prinzessin 227
Sophokles 37, 437, 606, 616
Sousa, John Philipp 574
Smetana, Friedrich 558 f., 561
Spanga, Arcangelo 156
Spaun, Joseph von 377 f., 380, 382, 384
Spener, Philipp Jakob 198
Spenser, Edmund 105
Sperontes (alias Johann Sigismund Scholze) 342
Spervogel (Minnesänger) 67
Speyer, Julian von 54
Spitta, Friedrich 211
Spitta, Heinrich 211
Spitta, Philipp 211, 263
Spohr, Louis 197, 279, 351, 364, 373, 390, 393, 397, 406, *409 ff.*, 430, 436, 440, 481, 562
Spontini, Gasparo *292 ff.*, 393, 420, 422, 425, 428, 431, 450, 463, 468 f.
Sporer, Thomas 118
Stabile, Annibale 101
Staden, Johann 217
Staden, Sigismund Theophil 223
Stadler (Librettist) (>Fernando<, Schubert) 378
Stadlmayr, Johann 216
Stamitz, Anton 298
Stamitz, Johann 164, *294 f.*, 297, 301, 306, 312, 558
Stamitz, Karl 297
Stampiglia, Silvio 173
Standfuß, Johann Georg 280, 294
Stanford, Sir Charles Villiers 571 f.
Steffan, Joseph Anton 345
Steffani, Agostino 216, 229
Stein, Fritz 356
Stenhammar, Wilhelm 563
Stephan, Rudi 537
Stephanie, Gottlieb d. J. 327 f., 330
Sterkel, Franz Xaver 360
Sternau, Alexander (Dichterin) (eigtl. Sophie Soemmering) 508
Sterndale-Bennet, William 571
Stockhausen, Karlheinz 589 f., 608, 622, *625 ff.*
Stoltzer, Thomas 88, 112, 118
Stölzel, Gottfried Heinrich 222, 224
Storm, Theodor 508

Stradella, Alessandro 157, 168, 176
Stradivari 162
Straus, Oscar 417
Strauss, Richard 141, 150, 310, 325, 330, 332, 335, 351, 359, 374, 390, 410, 450, 453, 463, 485, 502, 504, 509, 521, 523, *537–541*, 543 f., 546, 559, 566, 572, 581 ff., 592, 595, 600, 604, 606, 624
Strauß, Eduard 417
Strauß, Johann (Vater) 416 f., 466
Strauß, Johann (Sohn) 197, 416 f., 465
Strauß, Joseph 417
Strawinsky, Igor 27, 98, 264, 407, 521, 523, 534 f., 543, 546, 548, 550 ff., 556, 561, 563, 567 ff., 575 f., 588, 591, 594, 598 ff., *603–608*, 609 ff., 614, 616 f., 623, 628
Streicher, Joh. A. St. (Klavierfabrikant) 373
Strepponi, Giuseppina 491, 494
Striggio, Alesandro 143
Strungk, Nicolaus Adam 222, 224 f.
Stuart, Maria 105
Stuntz, Joseph Hartmann 565
Sturluson, Snorri 45
Suk, Josef 561
Suppé, Franz von 416 f., 509
Suter, Hermann 565
Sutermeister, Heinrich 568
Süßmayr, Franz Xaver 341
Svendsen, Johann Severin 564
Sweelinck, Jan Pieter 80, 96, 104, 107, 122, *201 ff.*, 241
Swieten, Baron van 316 f., 341
Swift, Jonathan 233
Szendy, Arpád 562
Szymanowski, Karol 557

Tacitus 44, 46
Tailleferre, Germaine 534, 597
Tallis, Thomas 106, 572
Tanejew, Sergei 544 f.
Tartini, Guiseppe *166 f.*, 170 f., 304, 430, 527
Tasso, Torquato 91, 95, 142, 147
Tausig, Karl 473
Telemann, Georg Philipp 86, 117, 135, 198, *213 f.*, 215, 221, 224, 227, 238, 246, 260, 275, 300, 342, 556, 562, 618
Tenaglia 177
Terpander von Lesbos 17, 35 f., 38 f., 41
Thales 29
Thaletas von Kreta 31
Theile, Johann 210, 214, 225
Theoderich 40

Theodosius 44
Themistokles 36
Theremin, Leon 623
Thespis 36 f.
Thomas, Charles Louis Ambroise 293, 423, 426, 525
Thomas von Aquin 53
Thomas von Celano 53
Thomas von Kempen 53
Thomson (Librettist von Haydns ›Jahreszeiten‹) 318
Thurn, Graf 319
Tieck, Ludwig 102, 353, 380, 396, 398, 508
Timotheos von Milet 38, 582
Tinel, Edgar 569
Tippett, Michael 572
Titelouze, Jean 189, 201
Tizian Vecelli 83
Todi, Jacopone da 53
Tomasini, Luigi (Virtuose) 308
Torelli, Giuseppe 156, 169, 170
Toeschi, Giuseppe 297
Traëtta, Tommaso 178, 284
Trajan 41
Trapassi (Metastasio) 174
Trautwein, Friedrich 624
Treitschke, Georg Friedrich 279, 365
Trinchera (Librettist) 277
Tritonius 117
Tschaikowskij, Peter Iljitsch 197, 363, 420, 529, *553 f.*, 555, 563, 603
Tscherepnin, Nikolai 551
Tschun, Kaiser 15, 27
Tudor, Maria 105
Tunder, Franz 117, 202, 212
Tut-anch-Amun 25
Tutilo, Mönch in St. Gallen 54

Ugolini, Vincenzo 101
Uhland, Ludwig 102
Uhlig, Theodor 474
Umlauf, Ignaz 282, 373
Umlauf, Michael 373

Valen, Fartein 564
Valesi (Lehrer Webers) 397
Valois 104
Valotti (Lehrer von Padre Martíni) 298
Varèse, Edgar *575*, 577, 590, 623
Vecchi, Orazio 139
Veldecke, Heinrich von 67
Venantius Fortunatus 45

Veracini, Antonio 156, 166
Veracini, Francesco Maria 166
Verdelot, Philippe 96
Verdi, Giuseppe 154, 178, 414, 428, 465, *489 bis 502*, 521 ff., 525, 568, 572 f.
Verdi, Giuseppina 502
Veress, Sándor 562
Vergil 449 f.
Verlaine, Paul 531, 533
Viadana, Ludovico 157, 211
Vicentino, Nicola 96 f.
Vierdanck, Johann 212
Victor Emanuel II. 499
Vietz, Elisabeth (Mutter Schuberts) 375
Vieuxtemps, Henri 527
Villa-Lobos, Heitor 576 f.
Vinci, Leonardo 178 f.
Viotti, Giovanni Battista 304, 430, 527
Vitali, Giovanni Battista 156, 163, 165
Vitali, Tommaso 165
Vitorelli (Librettist) 380
Vitry, Bischof Philipp de 62, 74 f., 80
Vittoria, Tomaso Ludovico da 102, 114
Vitzthum, Graf 399
Vivaldi, Antonio 166, *170 f.*, 177, 222, 238, 246
Vogel, Johann Christoph 292
Vogel, Wladimir 568
Vogl, Michael 379, 381 f.
Vogler, Abt *298*, 398, 401, 431
Voigtländer, Gabriel 564
Volkmann, Robert 440
Voltaire, François-Marie Arouet 279, 287, 299, 418, 492
Voß, Johann Heinrich 301, 343
Vulpius, Melchior 114

Wackenroder, Wilhelm Heinrich 350, 387
Wagenseil, Georg Christian *298*, 304, 306, 486
Wagner, Adolph 465
Wagner, Friedrich 465
Wagner, Minna 472 f., 476
Wagner, Richard 69, 126, 141, 145, 173, 184, 197, 257, 264, 267, 279, 288 f., 291, 308, 310, 331, 336, 358, 367, 394, 396, 400, 404, 407 f., 410, 412, 415 ff., 422, 425, 427 f., 431, 439, 445, 449 f., 452, 454 f., 460, 463, *464–489*, 491 f., 495 f., 498, 500, 503 f., 507, 512, 514 ff., 521, 523 ff., 530, 532, 535 ff., 546 f., 553, 555, 563, 571 f., 574, 581 ff., 591 f., 600, 604
Wagner, Siegfried 477, 537
Waldegg, Graf 339
Waldstein, Graf 354, 356

Walther, Johann 111 ff.
Walther, Johann Gottfried 203, 222, 246
Walther, Johann Jakob 222 f.
Walther von der Vogelweide 62, 67
Walton, William 572
Wartensee, Xaver Schnyder von 565
Watteau, Jean-Antoine 192 f.
Webb, D. 295
Weber, Aloysia 323 ff.
Weber, Carl Maria von 186, 197, 280, 299, 328, 341, 343, 351 f., 391 ff., 396, *397–409*, 411 f., 414, 422, 428, 431, 435, 438, 440, 446, 450, 455, 459, 465, 467 f., 471, 481, 530, 574, 603
Weber, Franz Anton 397
Weber, Konstanze 325 f.
Webern, Anton 504 f., 510, 547, 564, 567 f., 573, 585, 589, *590 f.*, 592 ff., 608, 626
Weckmann, Matthias 202, 212
Wegeler, Gerhard 354, 364, 371, 375
Weigl, Josef 282, 372, 393
Weill, Kurt 197, *617*, 623
Weinberger, Jaromir 561
Weinlig, Theodor 466
Weiß, Silvius Leopold 222
Weiß (Organist, Lehrer Bruckners) 511
Weiße, Christian Felix 280
Wen, Musikmeister 16
Werbecke, Caspar von 85
Werkmeister, Andreas 221, 267
Wesendonk, Mathilde 464, 475 f., 487
Wesendonk, Otto 464, 475 f.
Westhoff, Paul von 222, 242
Weyden, Rogier van der 79
Wickram, Jörg 108
Widor, Charles Marie 450, 528
Wieck, Clara 441 f.
Wieck, Friedrich 441
Wieland, Christoph Martin 281, 337
Wieniawski, Henri 557
Wilbye, John 107
Wilcken, Anna Magdalena 250
Wildberger, Jacques 568
Wilde, Oscar 539
Wilder, Thornton 613
Wilhelm I., Kaiser 479

Wilhelm Ernst, Herzog 246
Willaert, Adrian 80, *96 f.*, 98, 104, 148, 157 f.
Williams, Ralph Vaughan 572
Willmann, Magdalena 371
Winter, Peter von 393
Winterfeld, Carl von 211
Wipo von Burgund 53
Witt, Franz 463
Wittelsbacher 464
Wledig, Maxim = Clemens Maximus 44
Wolf, Hugo 141, 363, 390, 392, 507, 510, 514, 521, *536 f.*, 543, 566, 581
Wolff, Pius Alexander (Librettist, Webers ›Preciosa‹) 399, 403
Wolf-Ferrari, Ermanno 325, 523
Wolfram von Eschenbach 62, 67
Wolkenstein, Oswald von 67
Wolzogen, Ernst von 583
Wörner, Karl H. 602
Wranitzky, Paul 282
Wüllner, Franz 477
Wyatt, Sir Thomas 105

Xenakis 575

Zachau, Friedrich Wilhelm 203, 227
Zarlino, Gioseffo 40, *60*, 96, 132, 187, 201
Zelenski, Ladislaus 557
Zeller, Karl 417
Zemlinsky, Alexander von 537, 583
Zelter, Karl Friedrich 262, 271, 282, 344, 358, 372, 390, *391 f.*, 393, 397, 402, 414, 430 f., 435, 437, 563
Zeno, Apostolo 156, 174, 180
Zentner, W. 337
Zeus 28
Ziani, Antonio 152
Ziani, Pietro Andrea 152, 154
Ziegler (geb. Romanus), Christiane Marianne von 254
Ziehrer, Karl Michael 417
Zingarelli, Nicola Antonio (Lehrer Bellinis) 429
Zillig, Winfried 586, 594
Zola, Emile 521
Zumsteg, Johann Rudolf *345*, 376, 390

VII. Sachregister *

Abendmusiken 212
Académie royale de musique 184
Accademia dei Filarmonica Bologna 321
A cappella A V
accellerandi (Mannheimer) 294
accelerando A V
Accentus 51
Accompagnato 176, 178, 232, 288, 331, 422, A V
Achttonreihe 569
Achtelton-Abweichung 267
Aetherophon 623
Affektenlehre *174–176*, 245, 306, 323, 328, 357
Affektsprache 83 f., 91, 133, 138, 146
Air 104, 185 ff.
Akademismus 530, 614
Akkord 132 ff., 138, 153, 339, 362, 387, 407, 482, 532, 556, 585, 601, A V
Akkordeon A IV 654
Aleatorik 599, 627
Alexandriner (Ptolemaios) 39, A V
Allegro 295 f., A V
– singendes 296, 303
Allemande 192, 219 f.
Allgemeiner deutscher Musikverein 463
Alt A II
Altargesang 111 f.
Alt-Berliner Lokalposse 417
Alteration A V
altgriechische Musiktheorie 38 ff., 44
altgriechische Notenschrift 34, A I
altindische Notenschrift 20
altjüdische Tempelmusik 26, 28
A'lud oder Aud 22, A IV 647
Ambrosianische Hymnen 44
Ambrosianische Lobgesänge 50
Ambrosianische Totenlitaneien 70
Anapäst 34
Anglaise A V
Anthem (anthem) *106*, 193, 197, *231*
Antiphon 51, 53, 69, 109
Antiphonale 52

äolisch (siehe Reihen, griechische)
Äolsharfe A IV 646
apollinische Musik 32 f., 126
Apollons Befehl 604, 608
Arie 140 f., 152 ff., A V
Ariette, siehe Arie A V
Arioso 140, 146, 148, 152, 176, 188, 258, 278, 402, 498, 540, 611, 613, A V
ars antiqua 70–74
ars nova *74–78*, 79 f., 582, 589
Asosra 26
Athematik 523, 584
Atonalität (auch Aharmonik) *267 f.*, 539, 589, *581 f.*, 592, 601, 608, 613
aubes (Zwiegesänge) 65
Augenmusik 548
Aulodie 32
Aulos 30, 32 f., 35, 37, 42, A IV 649
autos sacramentales (Lope de Vega) 102

Bacchanalien 42
Bach-Abel-Concerts 303
Bach-Ausgabe, Neue 263
Bach-Choral 592
Bach-Forschung 263
Bach-Gesellschaft 257, 263
Bach-Renaissance 262, 392, 436
Bagatelle 356, A V
Balalaika A IV 647
ballad 195
Ballade 76, 345, 378, 386, 389 ff., 617, A V
ballad opera 280, 341
ballatas (Balladen) 65, 77, 94
Ballett 212, 524, 618, A V
ballet de la cour 104 f., 182, 184
ballet héroique 194
Balletti 121
Ballettmusik 42, 184, 186, 188, 194 f., 233, 278, 304, 356, 381, 403, 419, 421 f., 426, 476, 534, 574, 595, 619
Ballo 220, A V

* *Die Zusätze A I bis A V verweisen auf die entsprechenden Teile des Anhangs*

Baluan 11
Bambuspfeifen 16, A IV 648
Band A V
Bandonion A IV 654
Banjo A IV 648
Barcarole *152*, 425, 428, 585
Barde 43 ff.
Bariton A II
barritus 46
barocco 129, 530
Barock 25, 91, *127–268*, 279, 283, 289, 295, 312, 341, 359, 504 f., 510, 523, 603, 610
Barockrenaissance 170
Baryton (Streich-), 307, A IV 644
Baryton (Blas-), siehe Euphonium
Baß A II
Baßbuffo A II
Basse danse 105, 219
Basso continuo *134*, 161, 195, 210, 221, 250, 260
Basso-ostinato 103, 195, 245 (ostinato A V)
Bassonflöte, Tafel XIII, Bild 2
Bauernmusik, ungarische 600
Baylada 102, 104
Becken 419, A IV 641
Belcanto *171 ff.*, 184, 191, 215, 224, 229, 234, 245, 263, 278 f., 291 f., 325, 328, 428 f., 496 f., 522 f.
Benedictus A V
Berliner Liedertafel 271, 343, 392, 403, 437
Berliner Liederschulen (siehe Komponistenschulen)
Berliner Singakademie 257, 391, 436
Berliner Singtafel 391
Berufssänger 35, 62
Besetzung 163, 195, 249, 296 f., 307, 361, 364, 609, A III
Bettleroper 225, 574, 617
Bewegungsform der Klänge 625
Beziehungswert 265
bezifferter Baß 134
Biedermeier 388 f., 415, 437
Bihari, Tanz 562
Bitonalität 598
Blasinstrumente A IV 648
Bläser- und Streicherstücke (erste) 98, 105, 158
Bogentechnik (Paganini) 430
Bogenstrich, gemeinsamer 164
Bolero A V
Bombardon A IV 653
Bomhart oder Pommer A IV 649
Bordunbaß 72, 77, A V
Bouffes Parisiens 434

Blockflöte A IV 649
Bouka (Negerschalmei) Tafel XXV, Bild 1
Bourrée 169, 220, A V
Brahmine 510, 512
Branle 105, 219
Bratsche A IV 645
Brevis 59, A I 634
Brucknerianer 510
Bruiteurs 622 f.
Buccina 42, A IV 651
Buffo A V
Buffo-Finale 180
Bühnendrama für Musik (Verdi) 500
Bulle Papst Johanns XXII. 74, 78
Buri 20
Burleske 282, 538 f., A V
Bußpsalmen 101, 119

caccia 77, 94
Cäcilien-Oden 193
Cäcilienverein 463
camerata *137 f.*, 140
Cancan 424, A V
Cankha 20, A IV 651
cantica 49
canti carnascialeschi 86, 94
cantigas (Marienlieder) 65
cantilena 73
Cantionale 113
cantiones clericorum, profanae, sacrae 66, 98, 106, 207, 216
cantus firmus 72, 74, 81 f., 84, 114, 123, 125, 202, 217, 244, A V
Canzone, vokale 65, 95
Canzone, instrumentale (C. francese) 105, *159 f.*, 161 f., 168, 201, 246
Canzonette, vokale 95, 121, 152
Capricio 202, 237, 438, 507, A V
Caprice 300, 304, 503
Carmen, instrumentales 85
carmina 86
Carmina burana 66, 614 f.
Carnegie Hall 574
caroussels 182
cartels 182
Cassation 220, 296, 305 f., A V
Catches 107, 193
Cavatine 152, 491
Celesta A IV 654
Cello A IV 645
Cembalo A IV 655
Cembalomusik (siehe Klaviermusik)

Chaconne *103*, 165, 186, 192, 195, 220, 237, 386, 509, A V
Chanson 76, 80 f., 84 f., 93 ff., *104 f.*, 119, 160
chanson de geste 65
Charakter-Komödie (Goldoni) 180
chassé 76 f.
Ché 18
Cheironomie 25, 37, 58
Chitarrone 138, A IV 647
Chor 10 ff., 25, 27, 33, 35 ff., 46, 51 ff., 98
- ballade 443
- drama 57, 137, 236 f., 616
- fantasie 367 f.
- fuge 237, 259, 367, 499, 508, 547
- kantate 366 f., 434, 545
- lied 217 f., 341–346, 384, 389 ff., 402 f., 437, 508, 590
- Männer-C. 37, 345, 377, *389 ff.*, 402, 410, 436, 443, 466, 511, 565
- tragödie 37
Choral 49 ff., 106, *110 ff.*, 117, 155, *199 f.*, 202, 206, 211 ff., 231, 439, 463, 546 f.
- bei Bach 239 f., 243 f., 248, 254–259
- Bearbeitung 112, 202, 243, 440
- Dichtung 109, 198
- fantasie 203, 212, 247 ff., 257 f.
- Kantate 112, 212, 253 f.
- Motette 112 ff.
- Passion 112, 114, 204, *255–258* (Bach)
- Variation 79, 243, 250, 547
- Vorspiel 112, 202 f., 241, 246 ff., 253 f., 261, 547
Chromatik 21, 41, 59, 96 ff., *249*, 267, 315, 524, 613, A V
- Tristan-C. *485 f.*, 582, 592
Chromatische Richtung 97
Chromatismus 597
Chronochromie 621
Chrotta 45 f., 62, A IV 644, 647
Ciacona 103, 165
Cimbal, siehe Hackbrett A IV 643
Cister A IV 648
Cithern 26
Cithrinchen A IV 648
Clarinette Tafel XIII, Bild 3
Clavecin 105, A IV 655
Clavecinmusik *188–193*, 241, 275, 451, 532
Clavicembalo 138, A IV 655
Clavichord 249, Tafel X, Bild 2, A IV 654
Coda *296*, 365 f., 390, 515 f.
Collegium musicum 212 f., 223, 249, 271, 565
comédie-ballets 184, 186

Commedia dell'arte 142, 179, 328, 540, 595
Commedia per musica (siehe Oper)
commedie erudite 142
Concentus 51
Concerts spirituels 271, 278, 294, 324, 343
Concertino *168 ff.*, 238
Concerto ecclesiastico 98, 215, A V (siehe auch Konzert, geistliches)
Concerto grosso 161, 163, 166, *168–170*, 171, 176, 221 f., 229, *238*, 246, 249, 568, 611
Concerto musicale (Torelli) 170
Concerto scenico 614
conductus 73
Congregazione dell'Oratorio 154
Continuo, siehe Basso-C.
Cornet A IV 652
Corrente 220 (siehe Courante)
Couplet 152, 241, 277 f., A V
Courante 186, 192, 219 f., A V
cours d'amour 65
Credo 110, 253, 259, A V
Crescendi (Mannheimer) 175, 294 f.
crescendo A V
crescendo bei Beethoven 373
crescendo de Beethoven (Berlioz) 450
Crumata A IV 641
Crwth 43, 45 f., A IV 644, 647
Csárdás 417, 562, A V
Csermák 562
Cythara 49

Da-capo-Arie 146, *152 f.* und ferner
Dadaismus 576
Daktylos 34
Damura 20, A IV 642
dansa 65
Davidsbund 442
Deklamation 37, 44, 52, 85, 93, 114, *138 ff.*, *145*, *185*, *209*, 241, 245 f., 259, 278, 285, 342, 391, 407, 411, 449, 463, 480 f., 483 f., 491, 495, 497, 536, 551, 566, 617
Deuteragonist (2. Schauspieler) 37
Deutsche Bruckner-Gesellschaft 513
Deutsche Messe (Luther) *110*, 259
Deutschlandlied 345
Dezett 162, A V
Dezimenakkord (siehe A V Akkord, Intervall)
Dialoge *37*, 55, 57, 65, 179, 196, 208, 212, 225, 280, 405, 411, 524
Dialog-Lauden 155
Diaphonia cantilena (Zwiegesang) 71
diatonisch, siehe Reihen, griechische und A V

Dies irae 53 f., 341, A V
Dilettant 271 f., 399, 549 ff.
Diminuendi (Mannheimer) 175, 294
diminuendo A V
Dionysien 35 f.
dionysische Musik 32, 79, 126, 604, 608
dionysisches Drama 479
Discantus 72
Disharmonie 464, A V
Diskant 75, 77 f., 80, A V
Diskantlied 75 ff., 80, 94, 104, 137, 155
Diskant-Tenorlied 80
Dissonanz 39, 73, 77, 146, 265, 482, 556, 582, 607, A V
– Emanzipation der D. 581, 584
Distichon 45
Dithyramben 33, 36
Divertimento 220, 279, 296 ff., *305*, 307 ff., 317, 319, 322, 357, 510
Docta sanctorum (päpstliche Bulle) 74
doctores of music 78
dodekaphon A V
Dodekaphonie 594, 596
Dominante 77, 187, A V
Doppelchörigkeit 96, 98
Doppelflöte 24, 26, 42
Doppeloboe 21, 33, Tafel I, Bild 1
Doppelschalmei 33
dorisch (siehe Reihen, griechische)
drame lyrique (siehe Oper)
dramma per musica (siehe Oper)
Dreher 416
Drehleier 62, A IV 644
Dreiecksharfe, ägyptische 24, 26, A IV 646
Dreiklang 39, 533, 594, A V
Dreisätzigkeit 171
Dresdener Gesangbuch (Rogier Michael) 212
Dresdener Hofkapelle 223
Dresdner Kreuzschulchor 111
Dritteltöne 22, 543, 614
Druiden (weissagende Priester) 43
Dualismus 40, 60, *132 f.*, *296 ff.*, *301*, *310 f.*, 313
– Dur-Moll-D. 39 f., 60, *361*, 388
– Themen-D. 248, *276*, *305*, 610
Dudelsack 110, A IV 650
Duenka 558
Duett 146 (erstes) und A V
Duo A V
Dur A V
Durchführung 276, *296*, 300, 309 f., 313 f., 339, 361, 368, 388, 390, 463, 520, 610
Durchimitation 81 f., 84, 96 f.

Durchschnitts-Tonwert, nivellierter 268
Dynamik 276, 310, 361

Eccossaise 388, A V
Echowirkung 97, 175, 323
Edda 44
Einstimmigkeit 10, 17, 19 f., 49–69, *132*, 267
Eitzsches Tonwort 59
Elegie 36, 237, 595
elektronische Musik 349, 558, 563, 569, 593, 599, 614, 622 f., *624–627*
Engel (Symbolik bei Bach) 245
Engelsmusik 61
Englischhorn A IV 649
Enharmonik *41*, 97, 362, 387, 482, 524, 547, 574
Ensemble A V
entremets (ital. intermezzo) 182
Enzyklopädisten 277, 287
Eselsfest 57
Essay (Debussy) 529
Estampie 65, 158
Ethoslehre 30, 43
Etüde 304, 355, 456, 459, 461, A V
Eumenidenchor (Ächylos) 37
Euphonium A IV 653
Evangelienharmonie 114
Evangelist 114, 206, 208 f., 214, 256 f., 259
Evening Services (Abendandachten) 106
Exercitii spirituali 154, A V
Exotismus 434
Exposition *296*, 298, 338, 390
Expressionismus 350, 387, 521, 585, 592, 601

Fachmusiker 271
Fagott A IV 649
Fahrende 44, 46, 61 f.
fancies (Fantasien) 107
Fandango (Tanz) 182
Fanfaren-Akkord 144
Fanfaren-Choral (Reger) 547
Fantasia 201
Fantasie 103, 257, 386, 401, 444 ff., 458 f., 503, 546
Farbe 16, *175*, 531, 571, 625
Farbenklavier 556
Farce 55, 281, 330
Fastnachtspiele 57
Fauxbourdon 78 ff.
favola in musica (siehe Oper)
Feerien 396
Festchöre 35
Fest- und Freudentänze, christliche 57
Fetischtrommel 9

Fiedel 66 f., 118, A IV 644
Figuralmusik 100, A V
Figural-Variation 401
Figuration 79, 107, 243, A V
Film 302, 612, 623 f.
Filmmusik 567, 576, 597, 599, 617
Finale *296*, 367, 509, 515, 517
Fiorituren 77, A V
Firgandrey (altgerman. Tanz) 62
Fitzwilliam Virginal Book 106
Flachtrommel 21, siehe Handtrommel A IV 642
Flageolett 430, A V
Flöte A IV 648
Flötenschule (Quantz) 300
Folia (Follia) 103
Folklore 534, 563, 565, 569, 570, 577, 600 ff. 614, 618
France, la jeune (siehe Komponistenschulen)
Freudenhymnen 37
Frideizianer (siehe Komponistenschulen)
Fronleichnamssequenz 53 f.
frottola 86, 94, 155, 160
fugato A V
Fuge 129, ihre Erscheinungsformen A V
– bei Frescobaldi 159 f., Sweelinck 202, K. F. Fischer 221 f., Händel 236 ff., Bach 243 ff., 253 f., 256, 259, 261, 263 f. Haydn 310, Mozart 338 f., Beethoven 362 f., 367, 370, Mendelssohn 437 ff., Schumann 443, Verdi 490, 502, Reger 547 f., Schönberg 587, Hindemith 610, 612
– Zeilen-F. 203, 247, 254
Fughette A V
Fünfchörigkeit (Gabrieli) 98
Furiant 417, 558
Futuristisches Manifest 622

Gaillarde 105, 107, 186, 219, A V
Galopp 417, A V
Gambe, siehe Viola, A IV 644
Ganzes Jahr (= Grundton f) 17
Ganztonskala, siehe Reihen
Gassenhauer 38, 50, 95, 111, 196, 307
Gassenhawerlin 119
Gavotte 180, 220, 238, A V
Geige, siehe Violine, A IV 645
Geigenschule, klassische italienische 164
Gelbe Glocke (= Grundton f) 17
Gemeindegesang 110 ff., 199
Generalbaß 129, *132–136*, 200, 208, 296 f., 301, 341, 376
Geräuschmusik 621, 622 ff.

Gesangbuch 112, 219, 247, 565
Gesangston (Schönberg) 585
Gesangverein 68, 345
Gesellschaft der österreichischen Musikfreunde 271
Gesellschaft zur Förderung der Tonkunst 557
Gesellschaftsmusik 94, 97, 160, 190, 298, 349, 357, 363
Gewandhaus 271, 280, 436
Gigue (Tanz) A V
Gitarre 24, 105, A IV 648
Glasharmonika 337, A IV 654
Glocken A IV 643
Glockenspiel 18, 20, 372, A IV 643, 654
Glockenspiele A IV 643, 654
Gloria 110, A V
Gluck-Schule (siehe Komponistenschulen)
Gong 18, A IV 642
Gotik 25, 83, 85, 198, 242
Göttinger Hainbund 343 f.
Gravicembalo 145
Gregorianik *51 f.*, 54, 58, 61, 64, 66, 72 ff., 76, 81, 92, 100, 109, 111, 114, 463, 567
Griffschrift 93
grounds 107, 195
Grundton (siehe Zentralton)
Gruppe der Sechs (siehe Komponistenschulen)
Guidonische Hand 59 f.
gymels (Zwillingsgesänge) 78

Hackbrett A IV 643
Halleluja-Jubilation 51 f.
Hammerklavier 301, A IV 655
Handel and Haydn Society 574
Handschrift, Manessische 66 ff.
Handschrift, Jenaer 66
Handschrift, Kolmarer 66
Handtrommel 24, 66, A IV 642
Harfe 9, 21, 23 ff., 43, 45, 66 f., Tafel VII, Bild 2, A IV 645
Harfner (germanischer) 45 f.
Harmonie A V
Harmonielehre 60, 187, 586, 614, 620
Harmonik, bei Monteverdi 146, Corelli 165, Bach 247, 263 ff., *266 ff.*, Haydn 315, Mozart 329, Beethoven 361 f., Schubert 386 f., Weber 406 ff., Spohr 410 f., Wagner 482, 485 ff., Verdi 498, Brahms 505, 509, Bruckner 514, Debussy 532 f., Ravel 534, Wolf 536, Richard Strauß 539 f., Busoni 543, Mahler 545, Reger 547 f., Mussorgski 551, Skrjabin 555 f., Schönberg 581 f., Webern 590 f., Berg 592,

Bartók 601 f., Strawinsky 605 ff., Hindemith 609 ff., Haba 614, Orff 615 f., Messiaen 619 ff., Elektroniker 625 ff.
Harmonium A IV 654
Heckelphon A IV 649
Helikon A IV 653
heroic plays 194
Heterophonie *11*, 17, 19, 21, 41, 66, 266
Hexachord (Sechstonreihe), siehe Reihen
Hexameter 34
Hindu-Musik 621
Hirtenpfeife 26, A IV 648
Histrionen 61
Hochbarock 192, 214, 271, 274, 283
Hochklassik *273 f.*, 283, 301, 309
Hochromantik 349, *351*, 389, 401, 435
Homophonie 84 f., 263, 297, 306, 310, 338, 370, A V
Horn 24, 35, A IV 651 f.
hornpipe (Tanz) 107, 195
Huehuetl (mexikanische Trommel) Tafel II, Bild 3
Hufnagelschrift 59, A I
Hugenottenpsalter 104 f., 112, 155
Humanismus 91, 131, 350
Hupfauf (Tanz) 122
Hymne *49 ff.*, 79, 88, 92, 102, 106, 109, 137, 185, 193, 419, 556

Ich Lied 199, 384
idée fixe (Berlioz) 145, *453*, 509
Illustrationsmusik 450, 623
Impressionismus 350, 362, 389, 461, 482, 521, 523, 525, 527, 529, *530 f.*, 533 f., 547, 555, 558, 567, 572, 585, 601, 609, 623
Impromptu 389, 456, 459, A V
Improvisation 82, 84, 87, 103, *134 f.*, 151, 164, 233, 259
Indianermusik 560, 574, 577
In dulci jubilo 54
Institut für Kirchenmusik (Zelter) 392
Instrumente A IV
Instrumentarium 18, 20, 26, 32, 42, 67, 145, 186, 407, 606, 621, A III, A V
Instrumentation A V
Interludium, siehe Oper und A V
Intermedium 142, siehe Oper und A V
Intermezzo 220, 238, 503, 507, 588, 623, A V – szenisches siehe Oper
Internationale Bach-Gesellschaft 263
Intervall 10, 19, 39, 74, 79, *265 f.*, *268*, 569, 582, 590, A V
Intrade 161, 220, A V

Introduktion 185, A V
Introitus A V
Invention 222, 245, 249, 592
ionisch (siehe Reihen, griechische)
Isorhythmik 75 f., 620, A V

Jagdhörner 45, A IV 651
Jahrmarktsmusik (Strawinsky) 605
Jale 59
Jambus 34
Jazz 534, 561, 567, 576, 593, 614, 617, A V
Jazzkapelle, erste 614
Jeux partis 65
Joculatores 55, 61
Jongleurs 44, 61
jubilus 72
Jugendbewegung 392, 612
Junge Klassizität 542
Junges Europa (Mazzini) 467, 474

Kadenz 77, 132 f., und später, siehe auch A V
Kammermusik 162 (Fußnote)
Kammersonate 162 ff.
Kammerton 34, A V
Kammersinfonie 584
Kanon 78, 80 ff. u. a., siehe A V
Kanon-Technik 82, 263
Kantate 93, 114, 129, 140 f., *154 ff.*, 161, 173, 193, 200, 204, 211 ff., 215 f., 219, 301 f., 323, 434, 571, 590, 614, 623, 626
– Kirchen K. 157, 213, 231, 247, 253 bei Schütz 208, Händel 237, Bach 241, 243, 245 ff., 251, 253, *254-260*, Haydn 316 f., Beethoven 363, 367 f., Weber 398, 402, Mendelssohn 436, 439, Brahms 508, Mahler 545, Orff 614 ff.
– Solo-K. *157*, 176, 207, 212, 229, 247 f., 254, 341
Kantele, altfinnische Leier 563, A IV 647
Kantilene A V
Kapelle, päpstliche 80, 83, 98 f., 101, 150
Kareen (spartanische Wettkämpfe) 35
Kastagnetten A IV 641
Kastrat (Sänger) *150 f.*, 184, 223 ff., 232, 234, A II
Keren 26
Kin (K'in) 16, 18
King, Abbildung Seite 18
Kinnor 26
Kirchenmusik 43, *51-57*, 72 ff., 81 ff., 99 ff., 109–115, 154–157, 193, 199–216, 230 f., 246 ff., 254 ff., 316 ff., 339 ff., 366 f., 403, 439 f., 463, 499, 508 f., 514, 568, 616

694

Kirchenmusikreform 110
Kirchensonate 162 ff.
Kirchentonarten (siehe Reihen)
Kithara 30 ff., 35 ff., 42, 45, A IV 647
Kitharodie 32, 35
Klangband 71, 80
Klang (-farbe, -malerei, -symbol, -wert) 267, 313, 339, *532 ff.*, 566, 584, 590 ff., 601, 627
Klappern 9, 45, A IV 641
Klarinette 296 f., 402, A IV 650
Klassik 181, 188, *269-346*, 349 ff., 401, 407, 504, 510, 524, 566, 607, 610 f., 619
Klassizismus 420, 439, 444, 461
– französischer *523 ff.*, 535, 568, 597
– romantischer 351, 445, 481
Klassizität 164, 387 (Neue) 523, 534 f., 543, 568 ff., 575 f., 588, 599, *600-613*, 623
Klavier A IV 655
Klaviermusik 192 (Fußnote), bei Kuhnau 222, D. Scarlatti 167 f., 276, Bach 248 f., 253, 261, Bach-Söhne 301 ff., Mozart 321, 323, 329, 343, Beethoven 354, 356 f., 360 f., 363, 366, 370, Schubert 377 f., 381 f., 386 ff., Weber 401, Schumann 441 f., 446 ff., Chopin 454 ff., Liszt 459 ff., Brahms 505 ff., Debussy 529 f., Ravel 533, Bartók 600 ff.
Klingrohre 9
Knochenpfeifen 45, A IV 648
Koloratur A V
Komponist (Zusammensetzer) 70
Komponistenschulen:
  Berliner Liederschulen *342 f.*, 354, 437, 507
  Englische 79
  Franko-flämische (alt-niederländische) 96 f., *79-88*, 102, 113, 146, 201
  Gluck-Nachfolge 450
  Gruppe der Sechs 543 f., 566, *597 ff.*, 606, 623
  Koloristen (Orgel) *121 f.*, 201
  Kölner Studio für elektronische Musik 590, *624 ff.*
  La jeune France 619
  Leipziger Liederschule 280, *342 f.*
  Mannheimer 160, 166, 175, 290, *294 ff.*, 298 f., 303 f., 354
  Nationale 358, *548-577*
  Neapolitanische 173, *176 ff.*, 298 f.
  Neudeutsche 390, 415, *460*, *503 f.*, 509, 512, 516, 525, 536, 547, 559, 565
  Neuflämische (Synthetisten) 569
  Neue Wiener 547, 568, *581-596*, 597, 614
  Norddeutsche (Frideizianer) *299 f.*, 460
  Notre Dame 72 ff.

Novatoren (russische), auch ›Mächtiges Häuflein‹ *549 ff.*, 599
Nürnberger 69
Römische *99 ff.*, 179
Schwäbische Liederschule 344
Sweelinck 201 ff.
Venezianische *69 ff.*, 113, 117, 121
Wiener 298 f.
Wiener Liederschule 345
Königgrätzer Spezialgesangbuch 558
Königliches Institut für Kirchenmusik (Zelter) 392
Konsonanz 10 f., *39 f.*, 60, 73, 79, 582, 607, A V
Kontrabaß A IV 645
Kontrafagott A IV 650
Kontrafakte 50, 117
Kontrapunkt 72, A V
Kontratenor 75, 80
Konzert, geistliches *157*, *204*, *207 f.*, 211 ff., 216, 242
Konzert (Solokonzert) *170 f.*, 237 f., 246, 249, 253, 296 ff., 308, 320 ff., 323 f., 329, 334, 356 f., 363, 398, 401 f., 410, 430, 438, 448, 456, 460, 505, 509, 533, 535, 538, 541, 553, 555, 561, 563, 567, 572, 576, 592, 599, 607, 611 ff., A V
Konstanzer Konzil 78
Konzil von Trient 100
Koryphäe (Vorsänger) 37
Kothurn (Stelzschuh) 37
Koto-Instrument (Japan) Tafel XXVI, Bild 2
Krakowiak (Tanz) 556, A V
Krebs 84, *586 f.*, 612
Kreuzfahrer 49, 55, 67
Kriegslied 9, 384
Krummhörner 122, A IV 651
Krupetien 37
Kujawiak (Tanz) 556
Kultmusik 18 f., 23, 25, 38, 57
Kultpantomime 8
Künstlerkreise, romantische 380, 396
Kurante, siehe Courante
Kurrende 111
Kyrie 110, A V
Kyrie eleison (Kyrieleis) 51, 54

Lamentationen 101 f.
Lamento 147
Ländler 388, 416 f., 515
langue d'oc 64
langue d'oïl 65
Lärmtöner 622
laudas (Lobgesänge) 65, 155

695

Laute 21 f., 24 ff., 105 f., 118, 134, 159 f., 217, A IV 647
Lautenmusik 86, 97, 102 ff., *121 ff.*, 188 ff., 219, 222, 279
Lauten-Tabulaturen 93, 122 f., 158
Lautsprechergruppe 626
Lavotta (Tanz) 562
Leich 54, A V
Leier 9, 21, 27, 43, 46, A IV 646 f.
Leier, ägyptische, Tafel 1, Bild 1
Leipziger Collegium musicum 213, 251
Leipziger Gesangbuch Cantionale (Schein) 212
Leipziger Liederschule, s. Komponistenschulen
Leipziger Thomaner 111
Leise 54, 109
Leitmotiv, siehe Motiv
Lektionen (Lesungen) 51, 54, 111, 114
L'homme armé (Soldatenlied) 81, 84
Librettisten (siehe Personenregister): Bachmann, Berlioz, Boito, Calderon, Calzabigi, Fouqué, Goethe (282), Goldoni, E. Th. A. Hoffmann, Hofmannsthal, Kind, Lope de Vega, Maeterlinck, Metastasio, Papst Clemens IX (149), Pfitzner, Quinault, Rinuccini, Schikaneder, Scribe, Wagner, Wilde u. a.
Libretto *141 f.*, 254, 336 f., 500
Liebhaberkonzert 271, 280, 294, 454
Lied (z. B. geistl. und weltl. Volkslied, Chor, und Sololied etc. siehe entsprechende Kapitel im Inhaltsverzeichnis), ferner: aubes (Zwiegesänge), ballad, ballade, ballata, Baylada, caccia, canti carnascialeschi, cantica, cantiga, canti spirituali, Canzone, Canzonette, carmina, carmina burana, catches, Chanson, chanson de geste, chassé, Couplet, cours d'amour, dansa, Dialog-Laude, Diskantlied, frottola, Gassenhauer, Gassenhawerlin, gymel, Hugenottenpsalter, Ich-Lied, jeux partie, Kreuzfahrerlied, Kriegslied, lauda, Leich, Leise, Madrigal, Päan, planch, Quodlibet, Refrainlied, Reigenlied, Rondella, rondel, sirventes, Skolien, Tanzgesänge, tenzone, Vagantenlieder, Vaudeville, Vedagesänge, Villancico, Villanella, Vilotta, Virelai, Wir-Lied
— bei Brahms 503, *507 f.*, Mahler 544 f., Mendelssohn 436 f., Mussorgskij 550 f., Schoeck 566, Schubert 376 ff., *384–387*, Schumann 443, 446, 448, R. Strauss 540 f., Weber 398, 402 f., Wolf 536 f.
Liederbuch: Lochamer, Berliner, Glogauer, Münchener, Deutsches 55
liederlose Zeit 219, 341

Liederschulen, siehe Komponistenschulen
Liederspiele 56, 65, 182, 282, 321, 328, 536, 615
Liedertafel 68, 344, 392
Lied-Motette, siehe Motette
Ligaturen (Ornamenttypen) 59
Linosklage 31
Lira grande 138
Litaneien 19, 101, 324, A V
Liturgie 28, *50 ff.*, 75, 78, 81, 110, 114, 155, 161, 204, 209, 215
Lobgesänge 49
Lokalposse 338
Longa 59, A I
Lü (Gesetz) 17
Lure 45, A IV 651
lydisch (siehe Reihen, griechische)
Lyra 24, 26, 31 f., 35 f., A IV 647, A V
Lyrik 33, 35 f., 64 f.

Madrigal 77, *94–98*, 101 ff., 119 ff., 141, 148, 157, 160 f., 173, 193, 217, 386
Madrigal-Komödie 137, *139*, 207, 615
Magaudi 20
Magnus liber organi 72
Mandoline A IV 647
Manieren 34, 86, 96, 122, 124 f., 134 f., 175, 189, 198, 201, 211, 214, 295, 302, 430
Manierismus 66, 101, 129, 265, 351, 420
Männerchor, siehe Chor
Marienlieder 64 ff.
Marimba A IV 643
Marionettenspiel (Goldoni) 180
Marseillaise 70, 420
Maschinenmusik 327, 535, 566, 609, 622 ff.
Masque 193 ff., 231, A V
Maxima 59, A I
Mazurka (Tanz) 456, 459, 556, A V
Mehrchörigkeit 85, 120, 201
Mehrstimmigkeit 10 f., 17, 21, 41, 44, 59, *70–88*, 100, 111, *132 f.*, *267*, 582
Meistersinger 64 ff., 93, 109, 117 f., 485 f.
Melismen 11, 17, 20, 34, 54, A V
melodia germanica 294, 304
Melodie 9 f. (Ursprung) A V
Melodische Formeln (Typen etc.) 17 ff., 26 ff., 32, 34, 37, 43, 46, 50
Melodielehre 41, 586, 620
Melodram 149, *278*, 403, 405, 411, 422, 453, 507, 525, 566, 585, 605, 607
Ménestrandie 62, 277
Ménestriers (-Minstrels) 62 f.
Mensural-Notation (siehe Notenschrift)

Menuett (Tanz) 169, 177, 186, 192, 220, 238, *296 ff.*, *305*, *309 f.*, *361*, *509* A V, siehe auch Sonatenform
Merseburger Zaubersprüche 44, 46
Messe *52*, 57, 74, 105 f., 119, 176 f., 200, 215 f. 356, 410, 524, 556 ff., 569, 616, ihre Erscheinungsformen, Besetzungsarten, Formteile A V
- bei Niederländern 79 ff., Venezianern 96 ff., Palestrina 100 ff., Luther 110 f. (Deutsche M.), Schütz 207, Bach 259 f., Haydn 316 ff., Mozart 321, 324, 341, Beethoven 366 f., Schubert 375, 377, 387, Weber 398 ff., 402 f., Berlioz 419, 449, Liszt 463, Verdi 499, Brahms 508 f., Bruckner 514 f.
Metallglocken 18, A IV 643
Metrik A V
metrische Reihe, siehe Reihen
Metronom A V
Metropolitan Opera 544
Metrum, variables 594, *619*
Mimik 26
Minnesänger 36, 55, 62, 64 ff.
Minima 59, A I
Ministeriale 62
Minstrels 44, 61 f.
Miracles 56
Modi 266, 621 (siehe Reihen) A V
Modulation 17, 221, 249, 267, 387, 446, 532, 547, 582, A V
Moll A V
Monochord 23, 39, A IV 646
Monodie 78, 93, 100, 106, 114, 120, *137 ff.*, 143, 161, 193 f., 199 f., 207, 210, 237, 616
Monothematik 586, 616, A V
Montage 268, 425, 575, 599, 624, 627
Morning Services (Morgenandachten) 106
Morphophon 624
Motette *73 f.*, 79 f., 84 ff., 96 ff., 101 ff., 105 f., 110, 119 f., 159, 193, 204, 206 ff., 215, 243, 251, 259, 302, 436, 508, 556, 558
- Choral-M. 112 f.
- isorhythmische 75 f.
- Lied- und Spruch-M. 113, 204
- Predigt-M. 204, 211, 214
Motetten-Passion 114
Motetus 73 ff.
Motiv A V
- Erinnerungsm. 279, 408, 415, 422, 480 f., 496, 498, 524
- Leitmotiv *145*, 391, 396, 401, 408 f., 411 f., 453, 462 f., 468, 481, *483–488*, 538
- Klangmotiv 407

Motiv, Seufzermotiv 275 f.
Motivtechnik 180, 245, 249, 288, 301, 306, 310 ff., 331, 339, 356, 361, 496, 507, 601
Mundorgel Tscheng 18
Murmun (Tanz) 62
Muschelhörner 9, 20, A IV 650
musica enchiriadis 71
musica ficta 133
musica humana 61
musica instrumentalis 61, 300
musica mundana 61
musica profana 61, 86
musica reservata 85, 87, 265 f., 628
musica sacra 27 f., 61 u. a.
musica viva 143, 594, A V
musical, amerikanisches 418
musical drama 234, 236
Musik, absolute A V
Musikbogen 9, siehe Harfe A IV 645
Musik
- aleatorische 627, A V
- individualistische 273, *351*, 358, 521, 610
- serielle 266, 558, 590 f., siehe Reihentechnik
- synthetische 266, 268
Musikdrama 144, 231, 287 f., 367, 394, 400, 408 f., 463, 467, 472, 474, 483, 489, 491 f., 497 ff., 501, 521, 523, 525, 536, 539, 541, 611
Musiktheorie (antike) 22, 38, 40 f., 44
musique charactéristique 453
- concrète 622 ff.
- engagée 336, 363, A V
- pure 363, A V
musiquette 192, 285, 416, 434, 526
Mysterienspiel 56 f., 182, 225, 236, 615

Nabla (Nablium, Nebel) *23 f.*, 26, 39
Nachtanz 219
Naguar 20
Nationale Schulen, siehe Komponistenschulen
Naturalismus 521
Naturtonreihe, siehe Reihen und A V
Negermusik 560, 574, 576, 560
Nekabhim 26
Nervenkontrapunktik 485 f.
Neubarock (Hindemith) 614
neudeutsche Schule (siehe Komponistenschulen)
Neue Klassizität, siehe Klassizität
Neumenschrift 37, 58 f., 66, 72, A I
Neuromantik 572, A V
Neue Sachlichkeit 535
Neue Wiener Schule (siehe Komponistenschulen)
Neue Zeitschrift für Musik 440, 443 f.

Nicolaibrüderschaft 62
Nocturne 456 ff.
Nomos (pl. nomoi, Gesetz) 34 ff., 49
Nonett 162, A V
Norddeutsche Schule (siehe Komponistenschulen)
Nota quadrata 59, A I
Notendruck 93
Notenschrift 20, 34, 58 f., 70, 75 ff., 93, A I
Novatoren (siehe Komponistenschulen)
Nürnberger Schule (siehe Komponistenschulen)
nuove musiche 141 f., 582
Nymphenburger Festspiele 148

Oberek (polnischer Tanz) 556
Obertonreihe (siehe Reihen) A V
Oboe 21 f., 24 f., 33, Tafel I, Bild 1, A IV 649
Odeion (in Athen) 36
odition coloré 175
Offertorium 110, siehe Messe A V
Offizien (Meß- oder Stundengottesdienste) 54
Okarina 18
Oktave 10, 17, 19, 21, 33, 39 f., 59 und Intervall A V
Oktett A V
Olympische Spiele (antike) 35
Ondes-Martenot 621, 624
Oper und ihre Erscheinungsformen (z.B. opera buffa und seria, opéra comique, Singspiel usw.) siehe Inhaltsverzeichnis.
 Opernmeister, soweit dort nicht geführt, siehe Personenverzeichnis.
 Hinweise auf die Oper *vor* ihrem Entstehen geben die Ziffern: 37, 56 f., 93, 123, 129
Oper, ihre Erscheinungsformen außer den im Inhaltsverzeichnis hervorgehobenen:
 Belcantooper 173, 285, 414, 491, 595
 Choroper 37, 138, 149 f., 223, 231, 233 f., 236, 618
 Commedia per musica 331
 Dämonenoper, romantische 411, 439
 Drama per musica 138, 140, 142
 Dramma giocoso 332
 Favola in musica 140, 143
 geistliche Oper 149, 214
 Gesellschaftsoper 179 f.
 Interludium 147, 195
 Intermedie 137, 139, 142, 194
 Intermezzo 179 ff., 227
 Jazzoper 576, 593
 Kammeroper 619
 Komödie, musikalische 523

Konversationsoper 413
Konzertoper 156, 325, 451
Legende, dramatische 541
Literaturoper 539, 549
Märchenoper 536 f., 552, 595
Musiquette (Musikchen, kleiner Einakter) 285, 416, 434
Musizieroper 148, 152 f., 171 f., 176, 232, 327, 428, 467, 540, 550, 611
Nummernoper 409, 480, 494, 607, A V
oratorische Oper *606 f.*, 617 f.
Pasticcio 151, 156, 194, 283, 423
Revolutionsoper (auch Schreckensoper, Freiheits- oder Rettungsoper) 181, 278 f., 293, 393, *418 f.*, 421 ff.
Schuloper 576, 617
Semiseria 149, 180
Sinfonieoper 422, 539 f.
Solooper 148, *150 ff.*, 176, 229, 232 ff.
Spieloper 278, 413, 428, 540
Vaudeville 104, *277 f.*, 290, 328, 330, 341, 425
Veristische Oper 350, *521 ff.*, 536 f., 576, 596
Zauberoper 179, 540, 618
Opéra-ballet 186 f.
Operette 57, 182, 416 ff., 430, 434, 567, 617
– Berliner 417 f.
– französische 182, 430, *434 f.*
– Wiener 182, *416 f.*
Opern-Paraphrase (Liszt) 454, 460 f.
Opern-Sinfonia, siehe Sinfonia
Opernsuite, französische 188
Ophikleide 419, 432, A IV 651
Oratorium 37, 56, 93, 114, 141, 148 f., *154–157*, 173, 211–216, 356, 436, 448, 450 f., 572, 612, 618 f.
– bei Schütz 206–210, Händel 229 ff., 234–238, Bach 258 f., Haydn 316 ff., Mendelssohn 439 f., Berlioz 453, Liszt 463, Honegger 566 ff., Schönberg 582 f., Krenek 593, Stockhausen 625
Orchester 21, 67, 122, 138, 256, 258, 261, 372, 419 f., 452, 461, 482, 484 f., 488, 493, 495, 498, 509, 538 ff., 545, 556, 575, 590 f., 607, 615 ff., 623, A III
Orchestrion 372
ordre 188, 193
Organum 10 f., *71*, 79 f.
Orgel 50, 57, 86, 93, 102, 110, 112 f., 134, 158 f., 193, 235, 238, 250, 256 f., 344, 376, 432, 511, 513 ff.
– von ihrer Geschichte, ihrem Mechanismus etc. A IV 653 f.

Orgelmusik 87, 96 ff., 102 f., 105 f., 121 f., 158 ff., 188 f., 193, 201 ff., 206 f., 212, 216, 219, 231, 238, 241, 243, *245 ff.*, 253, 302, 324, 437, 503, 527, 546 ff., 616
Orgelpunkt A V
Ornamentik 19, 59, 73, 80, 102, 125, 134 f., 193, 202, 457, 505, 544, 619
Ossia 332, A V
Ostersequenz 54
Ostinato A V
Ouvertüre bei Monteverdi 144, Scarlatti 177, Lully 184 f., Rameau 188, Purcell 195, Händel 229, 238, Gluck 288, 291, Mozart 328, 330 ff., 338, Beethoven 364, 366, 375, Weber 398, 404 f., 407 ff., Rossini 427 f., Mendelssohn 435, Wagner 483, Brahms 509
Ouvertürensuite 221, 241

Päan, Festlied 35
Paduana, siehe Pavane
Panathenäen 35
Panflöte 18, A IV 648
Pantomime 8, 42, 57, 147, 595, 624
paraphonista (Parallelsänger) 70
Paraphrase 460 f., A V
parlando 180, 331, 493, 495 ff., 501, 540, 568, A V
Parodie 1. siehe Kontrafakte
    2. 196, 225, 254, 426, 453 f., 608, A V
Partita 219, 253, A V
Partitur A I, A V
– elektronische 625, Abb. 626
Passacaglia, siehe Chaconne und A V
Passamezzo (Tanz) 219
Passepied (Tanz) 220, A V
Passion 112, 114, 142, 148, 157, 173, 200, 204, 211–215, 231, 568
– bei Schütz 208 f., Bach 245, *254–258*
Passionsspiel (Bild) 63
Pasticcio (siehe Oper)
Pastoraldrama 138
Pastorale, La 184, 277
pastorales 65
Pauke 9, 18, 20, 22, 27, 297, 419, A IV 642
Pavane (Tanz) 105, 107, 219, A V
Pentameter 34
Pentatonik (siehe Reihen)
Persiflage 57
Pfeife 9, 16, 26, 45, A IV 648
Pfeiferkönig 62
Pfingstleise 54
Pfingstsequenz 54

Philharmonie, Bostoner 574
Philharmonie, New Yorker 574
Philharmonische Gesellschaft 271
Phonopsie (Tonsicht) 175
Phorminx 33, siehe Kithara A IV 647
phrypisch 258 (Bach) und siehe Reihen, griechische
Piano 373, A IV 655
Piccoloflöte A IV 649
Pietisten 198, 243
Piva (Tanz) 219
Pizzicato 147, A V
planchs (plains) 65
Platten aus Klingstein 18, siehe Glocken A IV 643
Pointillismus 533, 585, 591
Polka 417, 558, A V
Polonaise 456, 459, 556, A V
Polyphonie 71, 80, 82 ff., A V
polyphone Melodik (auch Polymelodik) 247, 545, 569
polyplane Chromatik 267
Polyrhythmus 19, 175, 446, 507, 569, 606, A V
Polytonalität 532, 539, 566, 569, 592, 606, 609, 616, A V
portamento 19, 22, A V
Portativ 110, A IV 654
Posaune 20, 26, A IV 652
Positiv A IV 654
Posse 225, 305, 337, 412, 416 f.
Präludium 121, 203, 220 ff., 246, 249, 253, 437, 456, 692, A V
Predigt-Motette, siehe Motette
Prélude 192, 459, A V
Primadonna 150 ff., 172, 223 ff., 232, 234, 333
Primo uomo 150, 152, 172
Prinzipalspieler 168
Programm-Musik bei Janequin 104, Rameau 187 f., Couperin 193, Bach 241, 243, Gluck 288, Beethoven 359 f., 368, Weber 400 f., 404, 408, Spohr 410, Lortzing 414, Rossini 427, David 434, Mendelssohn 438 f., Schumann 444 f, 447, Liszt 460 ff., Brahms 509, Bruckner 516 f., Ravel 534, R. Strauss 538 f., Mahler 544 f., Reger 546, Tschaikowsky 554, Smetana 559, Dvořák 560, Sibelius 563, Křenek 593, Honegger 623
– *Sinfonie* 278, bei Berlioz 449 ff., Liszt 460, Wagner 469, Respighi 523
– siehe auch Sinfonische Dichtung
Pröomium 35
Proportz (Nachtanz) 123

699

Protagonist (1. Schauspieler) 37
Psalm 49 ff., 88, 101, 105, 109, 178, 193, 204, 231, 237, 547, 566
psalmodieren 27, 37, 50, 533
Psalter 26
Psalterium 18, 46, 56, A IV 646
Pukuta 10
pythische Spiele 35

Quadrille (Tanz) 417, 424, A V
Quadrivium 61
Quadrupelfuge 237, 261, 266 und Fuge A V
Quadruplum 73, 75
Quartbässe 66
Quarte 10, 39, 74, 556 und Intervall A V
Quartenzirkel 222, A V
Quartett 495, siehe Streichquartett und A V
Quart-Organum 71
Quintbässe 25, 66
Quinte 10, 19, 39, 74, 556, 563 und Intervall A V
Quintenzirkel 17, 222, 387, A V
Quintett A V
Quodlibet 239, 342, A V

Rabab, Rebab, Rubab 22, A IV 643
Raga 19, 34, 265
Raginit 19
Rahmenharfe 43, 45, A IV 646
raison 418 f., 524
Rappresentazione 207
Rassel 9, 21, 24, 45, A IV 641
Rätselkanon 260
Raummusik, funktionelle 627
Ravanastron 20
Rebec 62, A IV 644
recitativo accompagnato 153, A V
Refrain 10, 27, 52, 56, 65, 419
– variierter 367
Refrainlieder 76
Regal 110, A IV 654
Register, siehe Orgel, A IV 653, A V
Reihen (Tonarten, Tonleitern, Skalen, Modi)
– Achttonreihe 569
– chromatische 21, *41*, 96 ff., *267*, 329, 485 f., 524, 582, 592, 597, 613, A V
– der Primitiven 9
– Diatonische (erste) 19, 39 ff., 59
– Fünftonreihe (pentatonische Reihe) 17, 39, 265
– Ganztonreihe (Debussy) 533
– Griechische 38 ff.
– Grundreihe (zwölftönige) 586 f., 589 ff.

Reihen, Kirchentonarten (Modi) 50 f., *59 f.*, 74, 98, *132 f.*, 266, 509, 541
– Metrische R. 619
– Naturtonreihe (siehe Obertonreihe)
– Obertonreihe 10, 45, *267*, 613, Obertöne A V
– rhythmische 19, 590 f., 620 f.
– Sechstonreihe (Hexachord) 59, 586
– Siebentonreihe (Terpanders) 39
– Viertonreihe (Tetrachord) 39 ff.
– Zwölftonreihe, siehe Grundreihe
Reihentechnik 563, 581, 589 f.
– serielle 590 f., 593 ff., 608 f., 613, 625 f.
Reimsequenz 52 f.
Reimoffizien 54
Renaissance 25, 49, 83, 85, 88, *89–126*, 146, 198, 273, 351
Reprise 168 f., 276, *296*, 298, 338, 361, 390, 515, 522
Resonanz A V
Responsorien 50 ff.
Requiem, siehe Messe A V
Rezitativ 50 f., 57, 138 ff., 185 (Ntb.), A V
Rhapsode 35, 43, A V
Rhapsodie 37, 503, 507, 576, A V
Rhythmik (Rhythmus) 9 ff., 17, 19, 25, *34*, 59, 75, 84, 91, 102, 133, 186, 244, 290 f., 349, 316, 388, 482, 534, 561, 587, 598 f., 601, 604, 606, 615 f., 619 ff., 626 f., A V
Rhythmuslehre (Mesiaen) 620
Ricercar 97 f., 158 ff., 201, 260
Ridewanz (Tanz) 62
Rigaudon (Tanz) 220, A V
Ripieno 168 und Tutti A V
Ritardandi (Mannheimer) 160, 294
ritardando A V
Ritornell 145 f., 161, 178, 188, 207 f., A V
Ritualmusik 9, 17
Röhrentrommel 24 f., A IV 642
roi des violons (Oberhaupt der Ménestrandie) 63
Rokoko 179, 181, 192, 197, 214, 233, *274 f.*, 279, 281, 299, 309, *331*, 341
Romantik 165, 264, 274, 292 f., 299, 339, *350–416*, *435–517*, 521, 531, 541, 544 f., 553, 557, 573, 581, 593, 597, 609, 611, 613
romantisme réaliste *394 f.*, 420, 422, 424, 523
Romanus-Notation 58, A I
Romanze 277 f., 344, 394, 405, 412 f., 424, 443, A V
Römische Schule (siehe Komponistenschulen)
Rondeau (Tanzlied) 76
Rondella (Tanzlied) 76
rondels (Rundgesänge) 65
Rondo A V

Rondo, in der Sonatenform 171, 296, 313, 361, 367
Rotation (Křenek) 593
Rotta 66, A IV 644 und 647
Rundharfe 23, 25, siehe Bogenharfe A IV 645
Runen 44, 563
Rüpelspiel 37, 615

Sächsische (Leipziger) Liederschule (siehe Komponistenschulen)
Sackpfeife 26, 62, siehe Dudelsack A IV 650
Saiteninstrumente 9, 18, 20 f., A IV 643 ff.
Salonmusik 192, 361, 454, 554, 557
Saltarello (Tanz) 219
Saltirsanch 46, 62
Sanctus 110, A V
Sängerkrieg auf der Wartburg 44, 65
Sarabande 169, 182, 192, 219 f., 592, A V
Satire 178, 196 f., 281, 287, 474, 572
Satyrspiel 36 f., 57
Saxophon A IV 650
Schallrichtung (Stockhausen) 625
Schalmei 21, 33, Tafel XIII, Bild 1, A IV 649 f.
Schalmey, Tafel XIII, Bild 1
Schauspielmusik 324, 399, 403, 526
Scherzo A V
- in der Sonatenform *296*, 314, 361, 368, 509, 515 ff.
Schlager 619
Schlaginstrumente 9, 21, 67, 616, A IV ff.
Schlagzeug 20, 22, 24, 297, 364, 405, 419, 432, 577, 609, 622, A III
Schleifer (Tanz) 416
Schofar 26, A IV 651
Schola cantorum (klösterliche Sängerschule) 51
Schreittänze 37, 57, 105, 122
Schulchöre 111
Schulmusik 117, 208, 263, 611 f.
Schwäbische Liederschule (siehe Komponistenschulen)
Schwerttänze 46
Scordatura-Technik 222, 430, A V
Scruti (Vierteltöne) 19
Secco-Rezitativ, siehe Rezitativ A V
Seguidilla (Tanz) 182, A V
Sekundgänge 70
Sekundreibungen 81
Semibrevis 59, A I
Septett A V
Septime, siehe Intervall A V
Septimenparallele 195
Sequenz 146, 195, 295, 310, 362, 533, A V
- geistliche *52 ff.*, 64 f., 109

Serenade 169, 213, 296, *305*, 309, 319, 321, 331, 503, 547
seriell, siehe Reihentechnik
Serinda 20, A IV 643
Serpent A IV 651
Sexte 167, 174, Intervall A V
Sextett (Mozart) 332, A V
Shamisen A IV 648
Simultan-Effekt 451
Sinfonia (als Ouvertüre) 185, 220, 310, 312, 428, siehe Sinfonia A V
Sinfonie 161, 167, 177, 180, 554, 560, 563, 567, 584, 594, 599, 607, 612 f., 616, 621, A IV
- bei Stamitz, Ph. E. Bach, Richter 294 ff., Haydn 312–314, Mozart 318, 323 f., 329, 334, Beethoven 356, 359 ff., 363 f., 367 ff., Schubert 387 f., Mendelssohn 438 f., Schumann 443, 447, Brahms 505, 509 f., Bruckner 510 ff., Mahler 545
Sinfonie-Oper, siehe Oper
Sinfonische Dichtung (Programm-Musik) bei Liszt 460 ff., Wagner 480, 484 f., Wolf 536, R. Strauss 538, Busoni 542, Skrjabin 555, Dvořák 559 f.
Sinfonisches Drama (Satie) 535
Singakademie 271, 391 f., 503
singerlin (Knappen) 67
Singgedicht 539
Singschule (Frauenlob) 67 f.
Singspiel 56 f., 180, 182, *223 ff.*, 236, 278, *280 ff.*, 285, 289, *325 ff.*, 338, 341 f., 377, 393, 395, 404 ff., *412 ff.*, 422, 431, 435, 540, A V
Sinuston 624 f.
sirventes 65
Sistren 24, A IV 641
Sitar 20
Skala (siehe Reihen)
Skalde 45 f.
Skias 36, 38
Skolien 34, 36
Soliloquenten 114
Solmisation 58 f.
Sonate 99, 129, 135 f., 158 ff. u. a., A V
- barocke *161–168* u. a.
- klassische 295 ff. u. a.
Sonatenform, barocke 161 f., 165, 167, 169, 171, 177, 222, 237
- klassische 276, *295 ff.*, *309*, 313, *361 f.*, 390
- romantische, spätromantische 388 f., 401, 437, 445, 447, 453, 461, 504 ff., 509, 515, 545
- neubarocke 610
Song 617

Sonnenhymnen 23
Sopran A II
Spätromantik 349, *351*
Sphärenmusik 33, 61
Sphärenharmonie 39
Spiegel *586*, 593, 619
Spielgrafenamt 62
Spielmann (Spielleute) 46, 62 ff., 74
Spielmannsmusiken 158
Spieluhr 372
Spinett 122, A IV 655
Spondeus 34
Sprechgesang 35, *50*, 56 f., 93, 137 ff., 410 f., 493, 549, 616
Sprechstimme (Schönberg) 585
Stabreim 45, 485
Stadtpfeifer 62, 64, 217, 223, 239, 251
Stagione 149
Starspangled Banner 574
Stil *124 ff.*
– empfindsamer *273 ff.*, 294 f., 297, 300 f., 303
– galanter 166, 169, 181, 227, *273 ff.*, 294 f., 297 f., 303
stilo concitato 147 f.
stilo francese 241, 358
– italiano *229*, 306, 358
– ongarese 358
– rappresentativo 140
– recitativo 138, 140, 206 f.
Stimm-Maskierungen 11, 34
Stimmung, reine 267
– temperierte oder gleichschwebende 39, 41, 221, *266 f.*
Streichinstrumente A IV 643 ff.
Streichinstrument, indisches, Tafel III, Bild 4
– lettisches, Tafel III, Bild 2 und 3
Streichquartett bei Richter 297, Haydn *306 f.*, *309 ff.*, Mozart 322 f., 329, 334, Beethoven 357, 359, 362 f., 369 f., Schubert 375 ff., 383 f., 387, Mendelssohn 438, Schumann 443, 446, Schönberg 583, Webern 591, Hindemith 610
Sturm und Drang, literarischer 271, 350, 352
Suite 121, 123, 164, 167, 169 f., 188, *192 f.*, *219 ff.*, 237 f., 241, 249, 296, 310, 361
Symposion 36
Synkope 175, 361, 562, A V
Synthetisten (siehe Komponistenschulen)
Syrinx, siehe Panflöte
System, altchinesisches 15 ff.
– altindisches 19 f.
– assyrisches 21
– arabisches 22

System, altgriechisches 33 f., 38 ff.
– Busonis 543
– tonales (auch Tonalität, tonal usw.) 41, 59 ff., *132 ff.*, 187, *265–268*, 349, 543, 579, 581 ff., A V
– Skrjabins 556
– Zwölftonsystem 581 ff.
– Vierteltonsystem 561, 614

Tabulatur 69, 93, 121 f., 486, A V
Tafelmusik 169, 182, 188, 307 f., 310, 356, 516
Tal 20
Tamburin 21, Tafel VII, Bild 2, A IV 642
Tambourin A IV 642
Tamtam 9, 20, A IV 642
Tanz siehe: Allemande, ballet de la cour, ballet héroique, Ballo, Barcarole, Basse danse, Bolero, Bourrée, Branle, Cancan, caroussel, cartel, Courante, Dreher, Duenka, Eccossaise, Fandango, christliche Fest- und Freudentänze, Firgandrey, Furiant, Gaillarde, Galopp, Gavotte, Gigue, hornpipe, Hupfauf, Krakowiak, Kujawiak, Ländler, Mazurka, Menuett, Nachtanz, Oberek, Opéraballet, Paduana, Passamezzo, Passepied, Pavane, Piva, Polka, Polonaise, Proportz, Quadrille, Ridewanz, Rigaudon, Saltarello, Schleifer, Schreittänze, Schwerttänze, Seguidilla, Tarantella, Tripla, Tripotay, Volta, Walzer
Tanzgesänge 10
Tarantella A V
Tare 20
Tasteninstrumente A IV 653 ff.
Tempelmusik 19, *26 ff.*, 49 f.
tempo rubato 159
Tenor A II
– bei Luther 70
– als Hauptstimme 72
– instrumentaler 73, Notenbeispiel 75
Tenorlaute 138, siehe Laute A IV
Tenorposaune 419, A IV 652
tenzone 65
Teponaztli (mexikan. Zungentrommel) Tafel III, Bild 1
Terrassen-Dynamik 175
Terz 19, 39, 60, 167, 174, 556, Intervall A V
Terzett A V
Testo (Erzähler) 147, 155 f., 236
Tetrachord (Viertonreihe) – siehe Reihen
Tetralogie 472, 484
Theorbe (Baßlaute) 141, A IV 647
Theremin-Instrument 624
Thespiskarren 37, 150

Tibia (röm. Flöte) 42
Tierhorntrompete 9, A IV 650
Thomasschule (in Leipzig) 251
Toccata 144, 159, 201, 246, 610
Ton, konkreter 624
Tonalität – siehe System tonales
Tonarten (Tonleitern, Skalen, Modi), siehe Reihen A V
Tonarten-Symbolik 32 ff., 37, 60, 244, 483, 498, 611
Tonika 77 f., 187, A V
Tonika Do 59
Tonkontinuum 268, 543, 625
Tonmessungen 39
Tonschrift, siehe Notenschrift
Tonsystem, siehe System
Tontrommel 45, A IV 641
Toph 26
Tourdion (Tanz) 219
Transkription 460 f., A V
Transposition 19, 41 u. a., A V
Trautonium 612, 624, A V
tremblement 189
Tremoli 147, A V
Triangel A IV 641
Tridentinum 54, 101, 119
Trinklied 36 f., 77, 219, 285
Trio A V
Triosonate, siehe Sonate
Tripelfuge, siehe Fuge A V
Tripla (Courante) 220
Triplum 73, 75
Tripotay (Tanz) 62
Tritagonist (3. Schauspieler) 37
Tritonus A V
Trochäus 34
Trommel 9, 18, 20 ff., 24 ff., 45, 66, Tafel II, Bild 3, A IV 641 f.
Trompete 20, 22, 24, 26, 35, 42, 144, A IV 652
Tropen (Troparien) 51, 54 f., 92
Tropen (bei Hauer) 582
Troubadour 44, 56, 62 ff., 74
Trouvère 62 ff.
Trumscheit 72, A IV 644
Tuba 42, A IV 652
Turbae 114
Tutti 168, A V

Udukai 20
Ukulele A IV 648
Umkehrung 506, 586 f., 591, 619
Unisono 164, 496, A V

Vagantenlieder 62, 66
Variation A V
– als Entwicklungsprinzip: bei Haydn 310 f., Beethoven 356, 361, 389, Schumann 446, Brahms 503, 505 ff., Reger 546 f., Schönberg 583, 587 f., Bartók 601
Vaudeville, siehe Oper
Vaudeville (Chanson) 104, 279
Vedagesänge 19
Verismus – siehe Oper
Vielle 62, 66, siehe Fiedel A IV 644
Vierteltön 10 f., 19, 34, 39, 41
Vierteltön-Abweichung 267
Vierteltönklavier 575, 614, A IV 655
Vierteltonsystem – siehe System
Villancico 102, 104
Villanella 94 ff., 104, 119 f., 155, 160
Vilotta 95
Vina 19 f., A IV 647
Viola 406, A IV 644
Viola da Gamba 257, A IV 644
Viola d'amore 297, A IV 644
Violine, Tafel VII, Bild 2, A IV 645
Violinmusik – siehe Solokonzert und Sonate
virelai 65
Virginal 106, A IV 655
Virginalmusik 106 ff., 158, 189, 191, 195
Virtuose A V
Vokalmusik A V
Vokalise 316, A V
Volta (Tanz) 220
Vorspiel 212, 318, 387, 612 f.
Vorspiel, sinfonisches 318, 613

Walzer 416 f.
Wasserorgel 42, siehe Orgel A IV 653
Wechselgesang 10, 27
Weihnachtsleise 54
Weißes Rauschen 624 f.
Widderhorn 26, A IV 650
Wiener Gesellschaft der Musikfreunde 217, 503
Wiener Klassik 165, 167, 171, 299, 349, 547
Wiener Schule (siehe Komponistenschulen)
Winchester Tropar 72
Wirbeltrommel oder Rührtrommel, siehe kleine Tr. A IV 642

Xylophon A IV 643

Zarzuela 181 f.
Zauberposse 282, 337
Zeitwert (Webern) 591

Zentralton 17, 19, 34, 39, 45, 59, *132*, *265 ff.*,
   569, 581, 595, A V
Ziehharmonika A IV 654
Zimbel A IV 641
Zinken 122, A IV 651
Zirkuslieder (cantica) 49
Zither 9, 26, A IV 647
Zupfinstrumente 21, 46, 67, A IV 645
Zweiklänge 41

Zweistimmigkeit 71 f., 78
Zwillingsgesänge (siehe gymel)
Zwölftonlehre 582 (Hauer), 595 (Leibowitz)
Zwölftonmusik 265–268, 485, 547, 568 f., 573, 582 f., A V
Zwölftontechnik 567 f., 582, *586 f.*, *589 ff.*, 592, 594, 601, 608
Zymbeln 26

VIII. Bildnachweis

Bei den nachfolgend genannten Archiven und Agenturen möchten wir uns bedanken für die freundliche Unterstützung bei der Zusammenstellung der Abbildungen für den Textteil und auch für die Bereitstellung der reproduktionsreifen Vorlagen für den Tafelteil.

Textteil

Archiv für Kunst und Geschichte 32, 124, 162, 189, 274, 432, 433
Historia-Photo, Bad Sachsa 8, 45, 53, 56, 57, 71 (2), 76, 77, 83, 103, 109, 113, 118, 123, 139, 289, 336, 364, 416, 419, 423, 442, 506, 513, 526, 552, 555, 560
Historisches Bildarchiv Handke, Bad Berneck 33
Kulturhistorisches Archiv Brigitte Seuss, Frankfurt am Main 18, 20, 22, 24, 27, 31, 42, 43, 58, 60, 68, 72, 86, 87, 92, 97, 99, 111, 115, 116, 119, 120, 125, 126 (2), 160, 166, 167, 172, 177, 183, 187, 189, 205, 218, 228, 230, 240, 252, 272, 281, 286, 293, 299, 305, 307, 314, 320, 335, 355, 369, 376, 390, 395, 402, 411, 424, 427, 436, 441, 456, 460, 493

Beim Bayerischen Rundfunk bedanken wir uns besonders für die Überlassung der Veröffentlichungsrechte der Abbildungen und Faksimiles auf den Seiten 530, 534, 535, 544, 557, 567, 570, 573, 583, 588, 590, 591, 594, 597, 599, 600, 604, 608, 610, 611, 615, 617, 626
Hier nicht aufgeführte Textabbildungen stellte uns freundlicherweise der Autor zur Verfügung. Sämtliche Notenbeispiele wurden nach handschriftlichen Vorlagen des Autors im Hause Gerhard Stalling AG, Oldenburg (Oldb), angefertigt.

Tafelteil (Die Ziffern vor dem Schrägstrich beziehen sich auf die Tafelseiten.)

Archiv für Kunst und Geschichte, Berlin 2/3, 3/1, 8/2, 9/1, 9/2, 10/1, 13/1 bis 4, 14/2, 16/1, 16/2, 18/1, 18/2, 22/1, 25/3, 29/1
Bildarchiv Marburg 1/1, 4/1, 5/3, 6/3, 6/4, 7/1, 7/2, 9/3, 9/4, 11/9, 12/4, 12/5, 15, 23/2
Conti-Press Heinz Fremke, Hamburg 28/3, 28/6, 28/9
Deutsche Presse Agentur, Frankfurt am Main 27/6, 28/7, 28/8
Historia-Photo, Bad Sachsa 2/1, 2/2, 3/2, 3/3, 4/2, 5/4, 6/2, 8/1, 8/3, 11/1 bis 8, 12/1 bis 3 und 6 bis 9, 14/1, 19/1 bis 9, 20/1 bis 9, 21/1, 21/2, 23/1, 24/1, 27/1 bis 3, 27/5, 27/8, 27/9, 28/1, 28/2
Historisches Bildarchiv Handke, Bad Berneck 1/3, 5/1, 5/2, 6/1, 10/2, 17/1, 17/2, 22/2, 22/3, 25/1
Ullstein Bilderdienst, Berlin 25/2, 26/1, 26/2, 28/4, 28/5, 30/2, 31/2
Harry Wagner, Berlin 30/1
Westdeutscher Rundfunk, Köln 31/1, 32

Hier nicht aufgeführte Tafelbilder wurden dem verlagseigenen Bildarchiv entnommen.

Inhaltsverzeichnis

Einleitung · *Von der Musik der Naturvölker* 7
Musik im Altertum
    China 15
    Indien 19
    Mesopotamien 20
    Ägypten 22
    Palästina 26
    Hellas 28
        Begegnung dreier Kontinente 29
        Musik-Gesinnung 30
        Musik-Praxis 35
        Musik-Theorie 38
    Rom 41
    Kelten und Germanen 43

Musik im abendländischen Mittelalter
    Einstimmige geistliche Musik des Mittelalters 49
        Psalmen, Hymnen und Choräle 49
        Sequenzen und Tropen 52
        Geistliche und weltliche Volkslieder 54
        Geistliche Schauspiele und ihre Abarten 55
        Notenschrift, Solmisation, Kirchentonarten 58
    Einstimmige weltliche Musik des Mittelalters 61
        Die Spielleute 61
        Troubadours, Trouvères, Minnesänger und Meistersinger 64
    Mehrstimmige Musik des Mittelalters 70
        Anfänge – ars antiqua (7. bis 13. Jahrhundert) 70
        Ars nova (14. und frühes 15. Jahrhundert) 74
        Franko-flämische Musik (Die alten Niederländer des 15. und 16. Jahrhunderts) 79

Musik des 16. Jahrhunderts *(Renaissance)*
    Italien 94
        Gesellschaftslieder (Frottola, Villanella, Madrigal) 94
        Venezianische Schule 96
        Römische Schule 99
    Spanien, Frankreich, England 102
    Deutschland 108
        Kirchenmusik 109

  Weltliche Musik. 117
  Vom Stil in der Musik (Zwischenbemerkung). 124

Musik des Barock *(Generalbaßzeit; ca. 1600 bis 1750)*
  Vom Wesen des Barock 129
  Vom Generalbaß in der Musik des Barock 132
Italien. 137
  Die Barock-Oper 137
  Anfänge: Florenz. 137
    Vincenzo Galileis Monodie 137
    Jacopo Peri · ›Dafne‹ und ›Euridice‹ – Musikalische Prosa 138
    Giulio Caccini · ›Euridice‹ – ariose Kantilenen 140
    Rinuccini · Symbiose von Dichtung und Musik 141
  Mantua, Venedig. 143
    Claudio Monteverdi 143
  Wandlungen: Rom 148
  Venedig 149
  Oratorium, Kantate, geistliches Konzert. 154
  Die Instrumentalmusik (Canzone, Sonate, Konzert) 158
  Canzone 159
  Sonate: Ihre Anfänge und Erscheinungsformen 161
  Corelli: Trio- und Solosonate 163
  Corelli-Nachfolge: Trio- und Solosonate. 165
  Concerto grosso: Corelli und Nachfolger. 168
  Solokonzert: Vivaldi und Nachfolger. 170
  Die neapolitanische Oper. 171
  Belcanto 171
  Herr der Verwandlungen 173
  Affektenlehre und Barockmusik 174
  Alessandro Scarlatti. 176
  Die Meister der ›seria‹ 178
  Die Meister der ›buffa‹ 179
Spanien 181
Frankreich 182
  Die Oper. 182
  Lully: Eine Welt gegen die Welt 182
  Rameau und die ›tragédie lyrique‹ 186
  Der Weg zur Clavecinmusik · Orgel, Laute, Cembalo 188
  Jenseits und diesseits der Alpen 190
  Die Clavecinisten um Couperin 191
England. 193
  Von Purcell bis Boyce 193
Deutschland (17. und 18. Jahrhundert) 197
  Allgemeines 197
  Evangelische Kirchenmusik 199
  Choral (17. und 18. Jahrhundert) 199
  Orgel (17. und 18. Jahrhundert) 201
  Von der musikalischen Predigt 204
  Heinrich Schütz 204
  Geistliches Konzert, Kantate, Passion, Oratorium (17. und 18. Jahrhundert) 211
  Katholische Kirchenmusik. 215

Weltliche Musik... 217
Chor- und Sololied (17. Jahrhundert)... 217
Instrumentalmusik (etwa 1600 bis 1750)... 219
Die Oper (bis etwa 1750)... 223
Georg Friedrich Händel... 227
Johann Sebastian Bach... 239
    Jugend (Ohrdruf, Lüneburg)... 241
    Arbeitsweise... 242
    Arnstadt und Mühlhausen... 242
    Frühes Bildnis... 244
    Von Bachs Kunstauffassung... 244
    Weimar... 246
    Köthen... 248
    Leipzig... 250
    Anmerkungen zu den Leipziger Vokalwerken... 254
    Ausklang... 260
Interludium · Mitte zwischen Gotik und Gegenwart... 262

Die Klassik *(etwa 1730 bis 1810)*

Opéra-comique (von Rousseau bis Grétry)... 276
Deutsches Singspiel und nationale Oper (von Standfuß bis Dittersdorf)... 280
Christoph Willibald Gluck... 283
Gluck-Nachfolge... 292
Johann Stamitz und der Mannheimer Stil... 294
Die neue Sonate (Form, Anwendungsgebiet)... 295
Die Mannheimer Schule... 297
Die Wiener Schule... 298
Die Norddeutsche Schule... 299
Die Bach-Söhne – England, Italien, Frankreich... 301
Joseph Haydn... 304
    Die Streichquartette... 309
    Die Sinfonien... 312
    Freundschaft mit Mozart... 314
    Die Vokalwerke... 315
Wolfgang Amadeus Mozart... 318
    Kindheit, frühe Reisen... 319
    Die fünf Salzburger Jahre... 322
    Abschied von der Jugend (Paris, Salzburg)... 323
    Sprung in die Freiheit – ›Die Entführung‹... 325
    Die Jahre danach... 328
    ›Figaros Hochzeit‹... 330
    ›Don Giovanni‹... 331
    Der Weg bis 1790... 334
    Das letzte Jahr... 337
Weltliches Solo- und Chorlied (18. Jahrhundert)... 341

Musik des 19. Jahrhunderts

- Vorbemerkung ... 349
- Wende von der Klassik zur Romantik ... 350
  - Ludwig van Beethoven ... 353
    - *Stilwandel – Schaffensweise* ... 356
    - *Poetisches Element, Ausdruck und Form* ... 359
    - *Die drei Schaffensperioden* ... 363
    - *Ausklang (Biographisches aus Beethovens Wiener Zeit)* ... 371
  - Franz Schubert ... 375
    - *Kindheit* ... 375
    - *Liederfrühling* ... 377
    - *Der Freundeskreis – Die Schubertiaden* ... 378
    - *Die letzten Jahre* ... 382
    - *Die Werke* ... 384
  - Klavierlied, Ballade, Chorlied ... 389
- Die deutsche romantische Oper ... 393
  - Ernst Theodor Amadeus Hoffmann ... 394
  - Carl Maria von Weber ... 397
    - *Die Werke* ... 400
  - Varianten, komische Oper ... 409
- Wandlungen in Frankreich ... 418
  - ›Opéra-comique‹ und erste ›grand opéra‹ ... 422
  - Metropole Paris ... 426
  - ›Grand opéra‹ und französische Operette ... 430
- Von der Romantik zum romantischen Realismus ... 435
  - Felix Mendelssohn-Bartholdy ... 435
  - Robert Schumann ... 440
  - Hector Berlioz ... 449
  - Frédéric Chopin – Franz Liszt ... 454
  - Richard Wagner ... 464
    - *Die Pariser Jahre* ... 469
    - *Die Züricher Jahre* ... 472
    - *Umwege nach Bayreuth* ... 476
    - *Der Weg zum Gesamtkunstwerk* ... 479
  - Giuseppe Verdi ... 489
- Gegensätze ... 502
  - Johannes Brahms ... 502
  - Anton Bruckner ... 510

Übergang zum 20. Jahrhundert

Italienischer Verismus – Ansätze zu Neuem ... 521

›Drame lyrique‹, Klassizismus und Impressionismus in Frankreich ... 523
- Claude Debussy ... 529

Die Nach-Wagner-Zeit und Wegbereiter des Neuen in Deutschland ... 536
- Richard Strauss ... 537
- Hans Pfitzner ... 541
- Ferruccio Busoni ... 542
- Gustav Mahler ... 543
- Max Reger ... 546

Die Entwicklung in anderen Ländern	548
Rußland	548
Polen	556
Tschechoslowakei	558
Ungarn	562
Skandinavische Länder	562
Schweiz	565
Holland und Belgien	569
Spanien	570
England	571
Amerika	573

Von der ›Neuen Musik‹

Die ›Neue Wiener Schule‹	581
Arnold Schönberg	581
Anton Webern und Alban Berg	589
Die Jüngeren	592
Die ›Gruppe der Sechs‹ und ihre Auswirkung	597
Neue Klassizität	600
Béla Bartók	600
Igor Strawinsky	603
Paul Hindemith	608
Einzelgänger	614
Geräuschmusik, elektronische und aleatorische Musik	622

Anhang

I. Entwicklung der Notenschrift *(Geschichtlicher Überblick)*	631
II. Singstimmen	637
III. Orchesterbesetzungen aus drei Jahrhunderten	639
IV. Die Musikinstrumente	641
V. Fach- und Fremdwörterverzeichnis	657
VI. Personenregister	669
VII. Sachregister	689
VIII. Bildnachweis	705

24.XI.1995